直隶总督兼北洋大臣
杨士骧奏议全集〔上〕

王泽强 辑校

上海三联书店

直隶总督兼北洋大臣杨士骧

1905 年 7 月 11 日,山东巡抚杨士骧与威海卫租界行政长官洛克哈特合影

1908 年,直隶总督杨士骧拨款修建的直隶图书馆

亭陰日靜觀遊絲

水曲人間詠幽竹

杨士骧书法

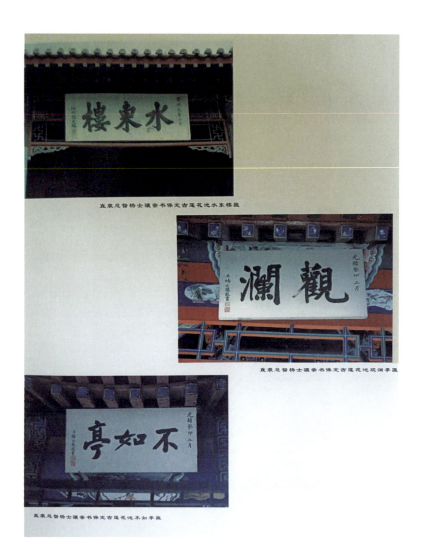

保定名胜莲花池,直隶总督杨士骧书写的匾额,大字楷书,磅礴大气

杨士骧《奏为成立咨议局设立会议厅定期集议》折片，台湾故宫博物院藏军机处录副

杨士骧奏折《井陉煤矿与德商订立合办合同由》，台湾故宫博物院藏军机处录副

即遵鄭蔡等議照原開梁敦彥

譯函清先後至津函後查礦務議員現經詳細閱

道蔡紹基為礦竭力直員李法順為後礦

總辦橋續前議稅後辯論核訂會十七條經

漢納根承認遵守口查此次會始就緒推中國主權地方

合同內容礦為數年會始就緒推中國主權地方本臨城煤礦

治理華民生計云者均無損業經斷錄會

同治商外務部農書之高部均遵照章與准立

榮除礦蔡紹基等將華洋文會同詳細核

對會臼該法為盡押仍洽諮農書之高部農徐

開礦执照詳將會同暨附件錄具清單恭呈

御覽理合膳摺具

奏伏乞

皇太后

皇上聖鑒訓示謹

奏

光緒三十四年七月初九日奉

朱批 該部知道單併發欽此 七月初七日

奏為揀員請補知縣員缺以資治理恭摺仰祈

聖鑒事竊查接管卷內日照縣繆潤紱經正任

撫臣奏請調補齊河縣知縣先緒三十年九月

初九日奉

旨應以五日後行文按山東省照限減半計算扣至

九月二十九日作為關缺日期歸九月分裁缺

是月分祗此一缺毋庸製範例應揀員請補定

例撤回留省另補人員無論何項缺出人地相

宜即照舊准留量請補不積各項班次之缺等語查

有前任齊河縣知縣王啟勳年六十三歲直隸

清苑縣人由監生遵例報捐員外郎改捐知縣

貧戶花翎六年調補齊河縣知縣九年因桃園大工

合龍案內出力保以直隸州知州在任候補十

九年因黃河連年搶險案內出力保准免補直

並分缺先前選用光緒元年九月分裁製山東

海陽縣知縣二年四月領憑到任七

月報捐同知升衙復於晉省賑捐案內

隸州知州以知府在任候補歷委代理諸城寮

安署理鄉城寮陵軍縣等縣知縣三十年經正

任撫臣奏請開缺另補正月十二日奉

旨扣至是年二月初一日作為留東日期書經咨部

在案據著布政使吳瑞夆按察使沈廷杞會詳

請以該員授日照縣知縣等情列前書換臣

朝廷幹查得該員老成歷明白安詳進以補

授日照縣知縣未及具

奏卽事移交前來臣覆加查察淘選勝任與例示

屬相符合無仰懇

天恩俯准以開缺留省另補知縣王啟勳授日照

縣知縣不積各項班次之缺如蒙

俞允誠員衛缺相當毋庸退部引

見亦毋庸聲敍恭詢除咨部外理合恭摺具陳伏乞

皇太后

皇上聖鑒敕部核覆震施行謹

奏

吏部議奏

奏為報銷山東省光緒二十六年分民運案引銷
完案敷分數恭摺仰祈

聖鑒事竊查山東應銷安邱等十八州縣民運案引
銷完案敷分數例應按年

題銷案將光緒二十五年以前之案銷例造報在
案竊壹光緒二十六年分山東應銷民運商運
額案十七萬一千二百四十道徐案八萬三千
一百八十道內除各商領賸案八萬二千三百
七十道尚應銷額案餘案十七萬二千五道
內有章邱等商運三十九州縣應銷額案餘案
十四萬一千一百三十五道誠完八分二釐三

三萬六百六十道誠完一分七釐八毫二絲
現已催銷全完內除應徵銀數未及三百兩者
照例均不請敘外所有徵銀在三百兩以上之撫
知縣歆璐及前官並未徵解接仕之員一官
全完一年案引之諸城縣莊洪烈邑縣
知縣胡師孝陽縣如縣莊綸儀核與議敘之
例相符應俟隨同商運案引

奏銷案內一併彙奏

奏請議敘以示鼓勵據運使張運芬造冊詳請

奏咨前來臣覆查無異除將清冊咨送部科查照
外所有光緒二十六年分民運案引銷完案數
分數理合恭摺具陳伏乞

絲應行另案

奏銷實應銷安邱等民運二十八州縣額案餘案三
萬九百十五道內有租界佔壓地畝之膠州攤
裕額案三十九道即墨縣攤裕額案二百十一
道共二百五十道計裕一毫五絲應隨同銷完
线案並存賸餘案一併繳銷其餘實銷題餘案

皇太后

皇上聖鑒敕部核銷施行謹

奏

戶部知道

前　言

　　杨士骧(1860—1909),字萍石,号莲府,安徽泗州梁集(今属江苏盱眙)人,生于江苏淮安,光绪十二年进士,翰林院庶吉士,历任会典馆修纂官及帮总纂官、国史馆协修官、功臣馆纂修官、北洋支应局总办、直隶通永道、直隶按察使、直隶布政使、山东巡抚、直隶总督兼北洋大臣等职,头品顶戴,陆军部尚书衔,诰赠太子少保,谥"文敬"。有《杨文敬公奏议》《广东全省总图说》(合著)《大清律例新编》(合著)《山东通志》(主修)等著作。

　　清朝地方官员中,只有总督、巡抚、将军、都统等封疆大吏可以直接给皇帝上奏折。杨士骧的奏议始于光绪三十一年二月初八日,止于宣统元年五月初十日,即任山东巡抚、直隶总督兼北洋大臣等职期间。此前只有零星的几份通过别人代转的谢恩折子。根据制度规定,地方高官的奏折经朱批后送回原主,让其了解朝廷的批文内容,此后还得及时上缴朝廷,统一存档。不少地方高官上奏时留存底稿,去世后家人根据存稿出版其生前奏议。杨士骧做事极为小心谨慎,公文很少留稿,去世后,家人搜集到的奏议底稿只有114份,还有10份给外务部、军机处的电报稿。家人把这些材料编为10卷本《杨文敬公奏议》,于宣统三年刻印出版,后来被收入《晚清四部丛刊》第三编。

　　光绪二十六年,杨士骧由翰林院外放,出任直隶通永道道台,后来历任直隶按察使、直隶布政使、山东巡抚、直隶总督兼北洋大臣加陆军部尚书衔等要职,掌握实权只有短短的八年时间,但处于特殊的历史转型时期,又在山东、直隶这样极为重要的省份担任一把手,经历了许多重要历史事件,处理了大量的复杂棘手的政务,正如其子在《杨文敬公奏议》后记中所说:"先公奏疏,自巡抚山东以迄易簀,前后凡四年,值国家多故,庶政更新,经画万端,夜以继日。其间忧惶揆度有非毓瑛、毓琨等所能仰窥万一者。"情况的确如此,因此他的奏议有着特别重要的历史文献价值。

　　十多年前,我就开始关注泗州杨氏家族,不断收集、积累相关材料,2023 年 4

月出版了《译坛泰斗杨宪益及其家族名人研究》后，便着手整理这些资料。在扬州大学工作的泽京弟为我复印了《杨文敬公奏议》，还花费了大量时间和精力为我收集到台北故宫博物院收藏的清廷军机处录副档中的杨殿邦、杨士琦、杨士骧等人奏议的电子档。其实，中国第一历史档案馆编纂的《光绪朝朱批奏折》，早在1996年就由中华书局影印出版，煌煌120大册，由于定价很高，读者面又极窄，个人买不起，许多图书馆都望而却步，我供职二十多年的淮阴师院的图书馆也不例外。2016年秋天，我到淮师图书馆特藏室向侯富芳主任提及急需查阅此典籍，并咨询能否购买一套，她当即表示立即向领导反映并建议购买。令人十分惊喜的是，不久，一整套《光绪朝朱批奏折》影印本便入藏淮师图书馆特藏室，我因此有机会读到了大量的杨士骧奏议文本。在此，向他们表示衷心的感谢。

有了《杨文敬公奏议》复印本、台北藏军机处录副电子档及《光绪朝朱批奏折》影印本，我就着手整理、汇集杨士骧的奏议。本书标题取自此三种文献，不改动。这三种文献有重复，同时又互为补充，此外还从其他文献中辑轶到一小部分杨士骧奏议。至2023年秋，我完成了《直隶总督兼北洋大臣杨士骧奏议全集》的辑校工作，共收集到杨士骧奏议1231份，此外还有一些电文、咨呈、札事、诗文、信函等文献。台北藏军机处录副档多数系行、草体，许多字辨不出，我曾为不识其中的一些草书字而苦恼多日，为一些难字到处请教。淮师同事董守志博士、中共淮安市委办程福康先生、常州市文联杨东建博士、《淮海晚报》副总编王卫华等友人，在此方面提供许多帮助，在此向他们深表谢意。

杨士骧的奏议内容十分广泛，如对当时山东、直隶（今河北、天津）两省及顺天府（今北京市）的省、府、州、县等各级文武官员的定期考核及不定时的增补、弹劾、升降、任免、嘉奖、惩治等结果，人才举荐，各个州县每个月的天气、粮食价格，黄河、运河、永定河等大小河流的治理及经费筹措，各个海关、榷关的税收征缴，长芦盐场及各州县食盐运销状况，各地土匪围剿情况，外国租界涉外事务交涉情况，练兵及兵饷筹集情况，各个州县每年两季的钱粮缴纳情况，灾民救济及安置状况，建立新式学堂经费筹集及开办状况，各个州县大量的命、盗死罪案件的案由及审判、处治意见，奖励捐资助学的请求报告，修筑铁路、开设矿山、皇陵维护经费、商业贸易等，"商埠"筹建、开辟、经营，铸造货币的请示报告，交纳朝廷摊派的军费及其他杂费，改革税收的建议报告，查禁鸦片的情况汇报等等，几乎涉及到当时这两省一府社会生活的方方面面，是研究1905年至1909年间山东、河北、天津、北京等地政治、经济、金融、军事、农业、水利、工商、税务、卫生防疫等等方面历史的第一手文献，因此，杨士骧奏议全集的辑校、出版无疑是一项有意义的工作。

目　录

第一辑　署理山东巡抚之前奏议

第二辑　署理山东巡抚时期奏议

直隶总督兼北洋大臣杨士骧奏议全集

第三辑　任山东巡抚时期奏议

第四辑 署理直隶总督兼北洋大臣时期奏议

直隶总督兼北洋大臣杨士骧奏议全集

第五辑　任直隶总督兼北洋大臣时期奏议

附录一　电文、咨呈、札事、诗文、信函等文献

附录二　未收录相关文献存目

第一辑

署理山东巡抚之前奏议

奉旨以知府分省补用恭谢天恩事折

分省补用知府、臣杨士骧跪奏，为恭谢天恩，仰祈圣鉴事。

本月二十四日，吏部以臣带领引见，奉旨"著以知府分发省分补用。钦此。"窃臣皖江下士，知识庸愚，芸馆备员，愧虫雕之无补；棘闱校士，惭鹗荐之未精。涓答莫伸，冰兢时懔。兹复恩纶下逮，俾得骤历升阶，闻命自天，抱惭无地。查，知府荣膺典郡责任，专城整顿地方，表率僚属，在在均关紧要。如臣梼昧，惧弗克胜，惟有求宸训，敬谨遵循，俾到省后于一切差委事宜，矢慎矢勤，以期仰答高厚鸿慈于万一。所有微臣感激下忱，谨缮折叩谢天恩，伏乞皇上圣鉴。谨奏。

光绪二十四年七月二十六日。

（台北故宫藏档，文献编号：408017940）

分发直隶补用道恭谢天恩折

分发直隶补用道、臣杨士骧跪奏，为恭谢天恩，仰祈圣鉴事。

本月初四日，吏部以臣带领引见，奉旨"著照例用。钦此"。窃臣一介庸愚，素无知识，十年词馆，惭无补于丝毫；千里邦畿，冀稍伸其尺寸。涓埃未报，兢惕方深。兹复渥荷温纶，准予补用。自天闻命，俯地增惭。伏念直隶为繁要区，道员有监司之责，如臣梼昧，惧弗克胜，惟有求宸训，敬谨遵循，俾到省后于一切差委事宜，矢慎矢勤，以期仰答高厚鸿慈于万一。所有微臣感激下忱，谨缮折叩谢天恩，伏乞皇上圣鉴。谨奏。

光绪二十四年八月初六日。

（《光绪朝朱批奏折》第 13 辑，424）

奏谢补授臬司并请陛见折

三品衔、新授直隶按察使、臣杨士骧跪奏，为恭谢天恩，仰祈圣鉴事。

臣恭阅邸钞，光绪二十八年九月初六日，内阁奉上谕"杨士骧著补授直隶按察使。钦此。"臣当即恭设香案，望阙叩头谢恩。伏念臣一介迂生，十年迁秩，言从史馆,出试王畿。甫备兵巡,旋权臬事。未有涓埃之效,久叨高厚之施。半岁以来,百端待理。极目疮痍之后,元气启苏;阙心讼狱之繁,嚣风未泯。披星治事,弗惭吏职之多衍;监水知情,益警民伤之可念。兹仰蒙特简,遽予真除,何意资新绩浅之凡材,遂荷逾格超迁之宠擢。六条责重,益严专守之官方;三辅望高,更幸近依于京阙。受恩弥渥,报称逾难。敢不勉竭庸愚,以冀稍酬知遇?况在千里封圻之内,倍殷九重瞻恋之忱。惟有吁恳圣慈,准其陛见,俾得跪聆训诲,有所遵循。所有微臣感激下忱,谨缮折叩谢天恩,伏乞皇太后、皇上圣鉴。谨奏。

光绪二十八年九月十五日。

光绪二十八年九月十八日奉朱批:"毋庸来见。"

（台北故宫藏档,文献编号:149879）

奏谢赏头品顶戴恩折

头品顶戴、直隶按察使、臣杨士骧跪奏,为恭谢圣恩,仰祈圣鉴事。

臣于光绪二十八年十月二十六日奉顺天府尹臣行知,以顺天赈抚善后、洋务出力案内十二月二十三日片奏请赏加头品顶戴,奉旨"著照所请。钦此。"臣当即恭设香案,望阙叩头谢恩。伏念臣起家秘省,试吏近畿,昔通潞之备兵,乃京门之从事,久依辇毂,曾供指画之微蒙;渥荷丝纶,竟予头衔之特进。秩峻银青金紫,恩自天来;地高赤甸黄图,浑光春至。光荣逾格,循有增惭。臣惟有勉竭,冀酬知遇,自念坠露轻尘之效,何敢言功?仰蒙高天厚地之施,惟知戴德。所有微臣感激下忱,谨缮折叩谢天恩,伏乞皇太后、皇上圣鉴。谨奏。

光绪二十八年十二月二十九日。

光绪二十九年正月初五日奉朱批:"知道了。"

（台北故宫藏档,文献编号:153200）

奏蒙补授直隶布政使谢恩请见折

头品顶戴、调补直隶布政使、按察使、臣杨士骧跪奏,为恭谢圣恩,仰祈圣鉴事。

臣恭阅邸钞,光绪二十九年六月初九日,内阁奉上谕"杨士骧著补授江西布政使等因。钦此。"初十日复奉上谕"杨士骧著补授直隶布政使等因。钦此。"迭闻恩命,感悚莫名。臣当即恭设香案,望阙叩头谢恩。伏念臣猥以庸愚,渥叨知遇,有从秘省,出试近畿。始通潞之备兵,洎保阳之陈臬。六条察吏,方惭奉职之多疏;三辅移官,已逢迁阶之遇骤。兹复仰承特简,晋管藩条,远回章贡双流,旋返幽燕列郡,仍还旧治,再荷新恩。窃直隶为首善要区,藩司有承宣重寄,自惟梼昧,深惧弗胜。在朝廷为地择人,期收就熟驾轻之效;在微臣瞻天仰圣,弥切戴高履厚之思。惟有吁恳恩慈,准其陛见,跪聆训诲,俾有遵循。所有微臣感激下忱,谨缮折叩谢天恩,伏乞皇太后、皇上圣鉴。谨奏。

光绪二十九年六月十一日。

光绪二十九年六月十四日奉朱批:"毋庸来见。钦此。"

（台北故宫藏档,文献编号:158050）

奏谢授直藩恩折

头品顶戴、调补直隶布政使、臣杨士骧跪奏,为恭报微臣接印日期,叩谢天恩,仰祈圣鉴事。

窃臣于本月初六日、初十日叠奉谕旨补授江西布政使、调补直隶布政使,当即具折谢恩,吁请陛见,奉朱批"毋庸来见。钦此。"兹于二十四日,由调任布政使周浩将藩司印信、文卷委员赍送前来。臣即于是日恭设香案,望阙叩头谢恩,祗领任事。伏念臣备员近甸,历践外台,溯领差之递迁,愧片长之未效,复蒙特简,晋管藩条。首善自京师,愈懔承宣之重;中书长行省,敢云敷布之优?当朝廷振兴为治之初,正井邑绥集方苏之后,维新庶政,待理百端,举凡兴学、练兵、劝农、兴艺,均已及时创办,仍须渐次推行。臣自揣迂疏,深虞陨越,惟有随时随事禀承督臣,认真经理,力戒因循,固不敢以急切图功,亦不敢以艰难避事,常持勤怀,冀答生成,应期不负高厚鸿施于万一。所有恭报微臣接印任事日期缘由,理合恭折叩谢天恩,伏乞皇太后、皇上圣鉴。谨奏。

光绪二十九年六月二十六日。

光绪二十九年六月二十八日奉朱批:"知道了。钦此。"

（台北故宫藏档,文献编号:158319）

第二辑

署理山东巡抚时期奏议

到山东巡抚任谢恩折

头品顶戴、署理山东巡抚、直隶布政使、臣杨士骧跪奏,为恭报微臣接印任事日期,叩谢天恩,恭折仰祈圣鉴事。

窃臣奉命署理山东巡抚,当即恭折谢恩,吁恳陛见,钦奉朱批"毋庸来见。钦此",遵即交卸直隶布政使印务,取道天津,于光绪三十一年二月初六日行抵山东省城,初八日经前署抚臣胡廷干派委抚标中军参将刘云会、济南府知府胡建枢,将王命旗牌、关防、文卷赍送前来,当即恭设香案,望阙叩头谢恩,祗领任事。伏念臣曾列外台,今权使节,感隆恩之逾格,懔重寄之难承。查,山东地本要冲,时方多事,审近局以全交涉,良费谋谟;创互市以挽利权,尤烦区画。军实为建威之具,简练宜准乎新章;河防为生命所关,兴缮无忘于夙夜。综列治内治外诸政策,胥当实心实力以经管。如臣轻材,深惧弗克胜任,惟有随时随事,秉承北洋大臣,认真经理,斟酌机宜,以期仰答高厚鸿施于万一。所有微臣接印任事日期并感激下忱,理合恭折叩谢天恩,伏乞皇太后、皇上圣鉴。谨奏。

光绪三十一年二月初八日。

朱批:"知道了。钦此。"

(《杨文敬公奏议》卷一;《光绪朝朱批奏折》第21辑,237)

请将刘填优先选用片

再,查正任抚臣周馥奏续保惠民县境刘旺庄等处堵口出力人员一案内,有兵部候补郎中刘填请免补本班,以知府分省补用,嗣准吏部咨开。查奏定章程,无论异常、寻常劳绩,不准保举分省补用等语。该员所请奖叙核与定章不符,应令另核奏明请奖等因,当经正任抚臣周馥转饬在案。兹据该员刘填禀称,拟请改奖以知府不论双单月遇缺优先选用等情前来。臣复加查核,所请改奖与异常劳绩尚属相符。合无仰恳天恩俯准,将兵部候补郎中刘填,以知府不论双单月遇缺优先选用,出自鸿慈逾格。除将履历咨部外,谨附片具陈,伏乞圣鉴,训示。谨奏。

朱批:"吏部议奏。"

光绪三十一年。

(《光绪朝朱批奏折》第21辑,101)

光绪三十年分山东应解直隶武卫右军月饷解清折

再,前准户部咨,光绪三十年分直隶武卫右军月饷需银一百一十万两,统由山东解京款内按月拨解直隶交纳等因,当经正任抚臣周馥饬据司道,将光绪三十年山东应解京饷银八十九万两,先后解赴直隶布政司衙门暨天津粮饷局交纳,作为武卫右军月饷,经臣于光绪三十年十二月初四日奏明在案。除解尚短银二十一万两,复经遵照部文,饬据督粮道周开铭在于光绪三十年漕折银内如数提出,陆续赴直隶粮饷局交纳清楚,详请具奏前来。臣复查无异,除咨部外,所有光绪三十年分山东应解直隶武卫右军月饷,均经批解清款缘由,理合附片陈明,伏乞圣鉴,训示。谨奏。

朱批:"户部知道。"

光绪三十一年。

(《光绪朝朱批奏折》第 63 辑,759)

具陈上交朱批奏折情况片

再,查东省应缴朱批,光绪三十年六月二十九日以前,业经前抚臣恭缴在案。兹从光绪三十年七月初一日起,至十二月二十九日止,计正任抚臣周馥钦奉朱批折片九十三件,护理抚臣尚其亨钦奉朱批折片十件,臣接印后钦奉朱批折片七十四件,共计一百七十七件,理合一并恭缴。除敬谨包封备文咨呈军机处查照外,谨附片具陈,伏乞圣鉴。谨奏。

朱批:"知道了。"

光绪三十一年。

(《光绪朝朱批奏折》第 33 辑,330)

朱萧氏捐助赈银,请照拟给奖片

再,山东黄河上年伏汛期内,利津县薄庄堤堰漫溢,灾民困苦,待赈孔殷。虽经前抚臣胡廷干委员分投散放赈抚,无如款绌用繁,不敷分布。即经督办下游河工候补道朱式泉,遵其父母之命,捐助赈银一千两,兑交利津县,按照灾区核实散放,并称不敢仰邀奖叙,兹据赈抚局司道详请奏奖前来。臣查,绅民捐助赈银至一千两者,例得建坊。今朱式泉仰体亲心,慨捐赈款,洵属急公好善,核与建坊之例相符。合无仰恳天恩俯准,将朱式泉之父、三品封典、前即墨县知县朱衣绣,其母三品命妇朱萧氏,给予"乐善好施"字样,照例在于原籍自行建坊,以昭激劝,出自逾格鸿慈。谨附片陈请,伏乞圣鉴,训示。谨奏。

朱批:"著照所请,礼部知道。"

光绪三十一年。

(《光绪朝朱批奏折》第 32 辑,311)

请将邹平等县短拨米石折给银两片

再,邹平、淄川、长山、新城、利津五县,应征大漕正耗米石例系拨运青州,供支满营兵糈。遇有灾缓,由司照章按石折给实银八钱。迨光绪二年、九年,邹平等县因灾缓征,米价较昂,先后奏准每石折给实银一两,如邹平等县蠲缓兵米数在五百石以上,即在禹城等四县应征大漕内补拨;系在五百石以下,即由司按石折银给发,历经照办在案。

兹查,光绪三十年分,邹平等五县应拨三十一年青州满营兵米内,邹平、长山、利津三县共缓征正耗米三百七石三升九合七勺,又长山、新城两县因铁路占用地亩,共免征正耗米十石六斗八升九合五勺,统计五县共不敷米三百一十七石七斗二升九合二勺。现在米价昂贵,每石需银二两数钱,以银八钱,不过买米四斗,该兵丁等苦累异常,殊堪悯恻,拟请援照历办成案,由司每石折给实银一两,以示请体恤。据布政司吴廷斌、督粮道周开铭会详请奏前来。臣复查无异,合无仰恳天恩俯念满兵困苦,准将邹平等县短拨米石,每石折给实银一两,由司随饷给领,俾资糊口,出自鸿慈。除咨部查照外,谨附片具陈,伏乞圣鉴,训示。谨奏。

朱批:"户部知道。"

光绪三十一年。

(《光绪朝朱批奏折》第 63 辑,760)

拟请派员采买大米片

再,东省产米无多,各营就地购粮,耗费过重,向系派员分赴南省采购,历经正任抚臣周馥奏明办理在案。兹据粮饷局详称,自光绪三十年购米二万馀包,至今年馀,各营存米无多,不敷一年兵食。拟请援案派员前往江苏镇江、安徽芜湖等处采买大米六千包,附搭轮船至青岛,由火车装运来东,以资军食。沿途关卡免完厘税,照验放行等情前来。臣复查无异,除由臣发给护照,委员前往购运,并分咨查照外,谨附片陈明,伏乞圣鉴,训示。谨奏。

朱批:"知道了。"

光绪三十一年。

(《光绪朝朱批奏折》第 63 辑,758)

交纳东海关四成洋税银两片

再,据登莱青胶道、东海关监督蔡汇沧禀,东海关扣出四成洋税银两,前经北洋大臣袁世凯奏拨直隶协饷,饬将前项四成洋税解交天津支应局兑收等因。兹于洋税并商局税四成项下动支银五万两,饬委候补知县侯于鲁于本年闰四月二十五日,解赴天津支应局交纳。臣复查无异,除分咨查照外,理合附片陈明,伏乞圣鉴。谨奏。

朱批:"该部知道。"

光绪三十一年。

(《光绪朝朱批奏折》第 63 辑,851)

光绪三十一年山东省练兵经费银解清片

再,前准户部咨,山东省原派练兵经费银五十五万两,光绪三十年先提银二十万两,业已如数解清,经前署抚臣胡廷干奏报在案。兹查,光绪三十一年,山东省原认练兵费银十九万二千两,内由运司筹解银一万二千两,东海关筹解银一万两,督粮道筹解银一万两,筹款局筹解银十六万两。又增认银三十五万八千两,内由藩司筹解银八万八千两,督粮道筹解银十三万两,筹款局筹解银十四万两。以上原增认共银五十五万两,经臣饬据司道关局如数分解户部暨驻济北洋粮饷分局兑收,先后详请具奏前来。臣复查无异,除咨户部暨练兵处查照外,所有光绪三十一年山东省应解原增认练兵经费均经解清缘由,谨附片陈明,伏乞圣鉴。谨奏。

朱批:"练兵处、户部知道。"

光绪三十一年。

(《光绪朝朱批奏折》第 63 辑,761)

交纳光绪三十一年分北洋武卫右军月饷银两片

再,前准户部咨,光绪三十一年分北洋武卫右军月饷共需银一百十二万两,自应查照上年办法,仍由山东应解京饷及漕折项下按月拨解北洋交纳等因,当经前署抚臣胡廷干分别转行,遵照办理在案。臣查,山东省光绪三十一年应解京饷藩库地丁项下,原拨银四十万两,续拨银五万两,运库盐课加价项下银二十一万两,东海关常洋税银三万两;又藩库解部边防经费银十二万两,解部吉林练饷银三万两,粮道库解部边防经费银五万两并漕折银二十三万两,共银一百十二万两。据各该司道陆续解赴天津北洋陆军粮饷局交纳,作为武卫右军及改编陆军月饷,先后详请奏咨前来。臣复查无异,除分咨外,理合附片陈明,伏乞圣鉴,训示。谨奏。

朱批:"户部知道。"

光绪三十一年。

(《光绪朝朱批奏折》第 63 辑,762)

请以英瑞署藩司片

再,藩司尚其亨丁忧开缺,业经臣恭折奏明,请旨简放。所遗藩司篆务即应委员接署,俾责专成。查,有盐运使英瑞,综核精详,有体有用,前经署理藩篆,措置裕如,堪委署理。递遗盐运使篆务,查有候补道吴煜,老成练达,为守兼优,堪以委署。除分檄饬遵,并咨部查照外,谨附片陈明,伏乞圣鉴,训示。谨奏。

朱批:"知道了。"

光绪三十一年。

(《光绪朝朱批奏折》第 22 辑,121)

请赏给古得西三等第一宝星片

再,据学务处司道会同高等学堂监督详称,东省高等学堂正、备斋学生毕业,业将学堂教习管理各华员详请奏奖在案。兹查,学堂外国各教员有英文科美国教员古得西,于光绪二十八年入堂,已满三年,当差最久,训迪有方,理应详请奏明颁赏宝星,以示我国家嘉与远人,有功必录之意等语。臣查,光绪七年及二十二年二十三年,总理衙门先后具奏厘定宝星章程式样各折内载,三等第一宝星给各国二等、三等参赞领事官、正使随员、水师头等管驾官、陆路副将、教习等一条,历经奉旨"依议。钦此。"今古得西在堂充当教习,实系劳绩卓著,援例吁恳天恩赏给山东高等学堂英文科外国教员古得西三等第一宝星,以资鼓励。如蒙俞允,出自逾格鸿施。除咨外务部学务大臣查照外,谨会同山东学政臣载昌附片陈请,伏乞圣鉴,训示。谨奏。

朱批:"览。"

光绪三十一年。

(《光绪朝朱批奏折》第 112 辑,161)

交纳光绪三十一年分专使经费银片

再,前准直隶总督臣袁世凯、两江总督臣周馥、湖广总督臣张之洞电准外务部、户部电,六月十四日,奉上谕"特简大员分赴各国考求政治,所有经费著外务部、户部议奏"等因,"此次经费岁需甚钜,山东岁能认筹若干,酌定咨复"等因。伏查,亲贵出洋考求政治,实为自强宏业之基,东省无论如何为难,自应勉力筹备,当经每年认筹银四万两,先在工赈捐款内借拨银四万两,由上海义善源商号解交上海道兑收,作为山东认解光绪三十一年分专使经费。兹由藩库在酌提钱粮盈馀项下筹银一万两,运库历年积存尾款项下筹银一万两,东海关洋税六成及商局税二成项下筹银一万二千两,洋税四成项下筹银八千两,共银四万两,解交工赈局归款等情,据藩、运两司暨东海关道先后详请奏咨前来。臣复查无异,除分咨外务部查照外,谨附片具陈,伏乞圣鉴。谨奏。

朱批:"该部知道。"

光绪三十一年。

(《光绪朝朱批奏折》第33辑,008)

保奖东省学堂教习、管理员等片

再,臣查,光绪二十七年抚臣袁世凯开办东省学堂,原奏拟将教习、管理各员三年保奖一次,奉旨允准。迨二十九年学务大臣奏定学堂章程,议定各省学堂所派员绅,每届五年,准照同文馆成案择优保奖。三十年六月,政务处议复湖广督臣端方奏湖北武备学堂奖章,又片陈各省学堂员绅应俟五年届期,察看各该省办理情形及成就学生人数多寡,再行分别酌定奖额,奉旨"依议。钦此",自应钦遵办理。

惟东省学堂开办最早,上年正任抚臣周馥奏请考试毕业,原系参合新旧两章变通办理。臣此次会同学臣载昌考试高等学堂正、备斋毕业学生,业于正月二十四日会同奏奖在案。该学堂教习、管理员等,或训迪精勤,或经理劬瘁,计时将及五年。现在毕业学生已有一百八十二名之多,程度均在六十分以上,皆由该员等不辞辛劳,认真管理教授,方能得有成就。此次学生既已毕业,所有在事各员似亦宜随案请奖,以励既往而策将来。且于政务处议定学堂保奖新章"与其拘定年限,不若改以毕业人数为衡之语"尤属相符。合无仰恳天恩,俯准择尤保奖,以昭激劝之处,谨请旨施行。除将在事各员分咨学务大臣、吏礼两部查照立案外,理合会同学臣载昌附片具陈,伏乞圣鉴,训示。谨奏。

朱批:"政务处学务大臣知道。"

光绪三十一年。

(《光绪朝朱批奏折》第105辑,661)

请将孔祥霖仍留山东办事片

再,在籍翰林院编修孔祥霖,前于光绪二十八年十月经正任抚臣周馥奏调,襄办山东学校、农商等务，并请免扣资俸，奉朱批"著照所请。钦此。"是年十月十四日，该员适丁母忧，百日葬亲后，即到省会办学务处兼理农工商务，并总理兖沂曹济农桑会各事宜。二十九年夏秋间，赴日本考察各项要政，回来做办，两年以来卓著成效，现于本年正月十四日服满，例应起复回京供职。惟东省学校、农商正在扩充之际，事务繁要，该员襄助一切，均稍得力。

查，直隶督臣袁世凯奏调编修赵士琛、检讨阎志廉、中书包源、苏相瑞等，起复后仍留直省襄办学务，遇应轮补，到班照常补选升转，免扣资俸，奉旨"著照所请，礼部知道。钦此。"今该员事同一律，且以圣裔清班，宣劳桑梓，尤足以仪型多士，联络官绅，拟恳天恩俯准，将该员仍留山东办事以裨教养而资熟手。该员系曾充学试等差人员，屡经觐见，现在经理地方要政，请暂免赴京引见，遇应升转到班，请准照补用，出自逾格鸿施。谨附片陈请，伏乞圣鉴，训示。谨奏。

朱批："吏部议奏。"

光绪三十一年。

（《光绪朝朱批奏折》第 22 辑，122）

姻亲曹允源应否回避请旨定夺片

再，查例载，外官有关刑名、钱谷、考核、纠察者，本身儿女姻亲应令官小者回避。又，督抚有至亲应回避者俱令回避，邻省凡应行回避之员，如无总督兼辖省分，即以连界省分改制等语。查，有山东青州府知府曹允源，江苏吴县进士，由兵部郎中补放保定府遗缺知府，奏补直隶宣化府知府，光绪二十八年调补大名府知府。前曾将女聘与臣之次子为室，旋因臣简放直隶臬司，该员例应回避。经直隶督臣袁世凯以该员现虽调补大名府知府，原系简放之员，请于连界省分请旨缺内开单，请旨简员对调，经吏部开单请旨简调斯缺，于二十九年正月初一日到任。三十年正月间，曾经正任抚臣周馥奏保贤能，奉旨"著传旨嘉奖。钦此"。

兹臣仰邀恩命署理山东巡抚，该员系臣儿女姻亲，例应回避。惟定例各部院署任堂官，除本任之员身在外任暂无回任期限，奉旨派令长署，其司员等有应回避者仍令回避外，其有本任出差等项事，故奉旨暂行派署者概令毋庸回避等语。至外任署事人员遇有应行回避姻亲，应否以署事人员久暂分别回避与否，则例无明文。臣系署事人员，所有姻亲山东青州府知府曹允源应否回避，相应据实奏明，请旨遵行。除咨吏部查照外，谨附片具陈，伏乞圣鉴，训示。谨奏。

朱批:"吏部议奏。"

光绪三十一年。

(《光绪朝朱批奏折》第22辑,123)

请以熙臣代理莱州府知府片

再,准吏部咨,安徽徽州府知府曹允源,祖籍安徽,仍应照例回避,奉朱笔圈出"湖北襄阳府知府著曹允源调补,邓嘉缜著调补安徽徽州府知府。钦此"。所遗青州府知府员缺,亟应先行委员接署。查有调补登州府知府段友兰,堪以署理,以便曹允源交卸清理,交代给咨赴鄂。又,在任候补知府、正任济宁直隶州知州、调署莱州府知府李恩祥,业已保升道员,所遗莱州府知府员缺,查有试用知府熙臣堪以代理,据藩、臬两司会详前来。除批饬遵照并咨部查照外,谨附片陈明,伏乞圣鉴。谨奏。

朱批:"吏部知道。"

光绪三十一年。

(《光绪朝朱批奏折》第22辑,125)

刘长庚请开缺回旗修墓片

再,据正任青州府海防同知刘长庚禀称,祖茔年久失修,请开缺回旗修墓等情,由布政使吴廷斌详请核办前来。臣查,刘长庚,镶红旗汉军拔贡生,由国子监助教呈请开缺分发,以同知补用捐指山东。光绪二十四年五月补授今职,十一月到任,三十一年五月卸事。今请开缺回旗修墓,并无经手未完事件,应即照准。所遗青州府海防同知员缺,系属选缺,按照二留一咨新章轮应归选。除分咨查照外,理合附片具陈,伏乞圣鉴。谨奏。

朱批:"吏部知道。"

光绪三十一年。

(《光绪朝朱批奏折》第22辑,127)

请将周锡庆开去本缺以知府仍留山东补用片

再，在任候补知府、准补安邱县知县周锡庆，从事菱防历有年所，由候补知县应保补缺，复免补直隶州知州，以知府在任候补，俟离知县任归知府班后加三品衔。三十年十二月间，准补安邱县知县。兹据该员禀请开去安邱县知县本缺，以知府补用等情，由河防局会同藩司详请具奏前来。臣查，该员周锡庆本系知府在任候补，历办河工，勤劳卓著。查，顺天西路同知林绍清请开去本缺，以知府补用，奏准有案。该员事同一律，合无仰恳天恩俯准，将该员周锡庆开去安邱县知县本缺，以知府仍留山东补用，出自鸿施。如蒙俞允，所遗安邱县知县员缺，东省现有应补人员，应俟接准部复，再行照例拣员请补。除咨吏部查照外，谨附片具奏，伏乞圣鉴，训示。谨奏。

朱批："著照所请，吏部知道。"

光绪三十一年。

（《光绪朝朱批奏折》第 22 辑，126）

陈请契税改革办法片

再，据布政使吴廷斌详称，东省税契银两本系奏明作为各学堂常年经费，频年收支仅仅足抵。现在科举已停，学务亟待扩充。且先锋队营制改编饷需，正虞支绌，又复添筹练兵经费银八万八千两，全赖税契收有赢余，稍资弥补。若不设法预筹，必致临时贻误。

查，民间置买产业，或托名典契，希图隐漏，或减价书写，以多报少，积弊丛生，不可究诘。自非行用官纸，不克杜绝弊窦。兹拟仿照直隶办法，由司备具三联契纸，盖用司印，嗣后民间典买房地，皆用官纸书写，违者作为私契，官不为据。又契价如有暗减，由官查出，照契价收买入官，另行估变。又此次定章以前旧买田房所执白契，限一年内由业主自誊官纸，粘连原契补纳税银。现买房地限六个月投税，倘逾一年不税，照例追契价，一半充公，并由各牧令于乡保牙纪中择其诚实可靠者派充官中，专司填契报官。似此明定章程，税契可望起色。惟有治法赖有治人，牧令中果能实力奉行，集成钜款，拟将该员量予奖叙。其缺分瘠苦者，并请酌予津贴。牙纪不辞劳怨，实力查催，亦拟酌给奖赏。倘牧令不知振作，牙纪从中弊混,分别撤参治罪等情,详请奏明立案前来。臣查,税契一项系国家例有进款,并非分外搜求,只缘隐漏成习,遂致收数无多。该司所拟整顿办法,民间既无从作弊,牧令亦各顾考成,庶收数可期日旺,于饷项不无裨益。相应请旨俯准敕部立案,俾可永远遵守。谨附片陈请,伏乞圣鉴。训示。谨奏。

朱批:"户部知道。"

光绪三十一年正月至三十三年七月。

(《光绪朝朱批奏折》第79辑,105)

改派英慈致祭泰山片

再,查前准礼部咨开,光绪三十年恭逢慈禧端佑康颐昭豫庄诚寿恭钦献崇熙皇太后七旬万寿,钦奉恩诏,应遣官祭告五岳四渎等,祀山东东岳泰山、东镇沂山、少昊金天氏陵、帝尧陶唐氏陵、先师孔子阙里,拟派布政使尚其亨致祭,由部开单具奏,奉旨"依议。钦此",钦遵咨行到东。时值布政使尚其亨报丁忧,又值新任青州副都统英慈尚未来东,当经调任抚臣胡廷干电请军机处代奏另行派员祭告,奉电旨"著改派英瑞前往等因。钦此",并经胡廷干恭录转行,自应遵照办理。惟是臣甫于二月初八日接署抚篆,山东省事繁款绌,头绪甚多,必须各司道随时商榷,以期妥洽。现署藩司英瑞尤多经手要件,一时尚难出省致祭。伏查,东省每届恭逢恩诏致祭,各处向系钦派青州副都统前往,历办有案。兹查,新任青州副都统英慈业已到东,所有所致祭东岳泰山等处,合无仰恳天恩援案改派该副都统祭告之处,请旨遵行,理合附片陈情,伏乞圣鉴,训示。谨奏。

朱批:"著改派英慈前往祭告。"

光绪三十一年。

(《光绪朝朱批奏折》第30辑,402)

交纳光绪三十一年分应解内务府部分经费银片

再,据前署布政使英瑞详报,光绪三十一年分应解内务府经费银二万两,兹先由地丁等款项下筹解银一万两、平余银二百五十两、台费等项银八十两,饬委候补知县臧大勋解赴户部并内务府交纳。臣复查无异,除分咨查照外,谨附片陈明,伏乞圣鉴。谨奏。

朱批:"该衙门知道。"

光绪三十一年正月。

(《光绪朝朱批奏折》第 90 辑,267)

交纳山东运库应解内务府部分经费银片

再,据署盐运使吴煜详报,山东运库应解光绪三十一年分内务府常年经费银一万两,兹先由盐课项下备银五千两、平余抬费银一百六十五两,檄委候补盐经历王宗煜解赴内务府交纳等情。臣复查无异,除分咨查照外,谨附片陈明,伏乞圣鉴。谨奏。

朱批:"该衙门知道。"

光绪三十一年正月。

(《光绪朝朱批奏折》第 90 辑,269)

交纳山东藩库应解奉天、黑龙江部分俸饷银片

再,据布政使吴廷斌详报,山东藩库应解光绪三十一年奉天俸饷银十一万两、黑龙江俸饷银七万两,又补拨奉天甲辰年俸饷银五千两。兹先筹措奉天俸饷银三万两、黑龙江俸饷银二万两,又临清关应解光绪三十一年奉天俸饷银二万两,如数支出,发交山东志成信商号具领,汇解盛京、户部交纳。臣复查无异,除咨部查照外,谨附片陈明,伏乞圣鉴。谨奏。

朱批:"户部知道。"

光绪三十一年正月。

(《光绪朝朱批奏折》第 90 辑,268)

具陈抽收土药税银两片

再,潍县等处抽收土药税银,向归东海关监督派员稽征,业将截至光绪二十

九年十二月底止收支银数报销在案。兹自光绪三十年正月初一日起，至十二月底止，照章每土药百斤收关税银十六两，共收银五千三百七十二两。内除留支一成局用银五百三十七两二钱，实存银四千八百三十四两八钱。据东海关监督登莱青胶道何彦升造册，详请奏咨前来。臣复查无异，除清册咨部外，谨附片陈明，伏乞圣鉴。谨奏。

朱批："户部知道。"

光绪三十一年。

（《光绪朝朱批奏折》第 78 辑，708）

姚光浚试署期满堪以实授片

再，试署平阴县知县姚光浚，于光绪三十年二月十八日到任，扣至三十一年二月十八日，试署一年期满，例应实授。据布政使吴廷斌、署按察使沈廷杞会详请奏前来。臣查，该员姚光浚，明白安详，堪以实授。除将该员亲供履历咨部查照外，理合附片陈明，伏乞圣鉴，敕部查照施行。谨奏。

朱批："吏部知道。"

光绪三十一年二月。

（《光绪朝朱批奏折》第 21 辑，282）

交纳东海关四成洋税银两片

再，据登莱青胶道、东海关监督何彦升禀报，东海关扣出四成洋税银两，前经北洋大臣袁世凯奏拨直隶协饷，饬将前项四成洋税解交天津银钱所兑收等因。兹于洋税并商局税四成项下动支银五万两，饬委试用县丞刘毓瀛，于光绪三十一年三月二十一日解赴天津银钱所交纳。臣复查无异，理合附片陈明，伏乞圣鉴。谨奏。

朱批："该部知道。"

光绪三十一年三月。

（《光绪朝朱批奏折》第 63 辑，548）

请以王荫楠补授荣成县知县折

头品顶戴、署理山东巡抚、直隶布政使、臣杨士骧跪奏，为拣员请补知县员缺，以资治理，恭折仰祈圣鉴事。

窃查，荣成县知县刘应忠，经正任抚臣奏请开缺另补，于光绪三十年十月十六日奉旨，应以五日后行文，按东省照限减半计算，扣至十一月初五日作为开缺日期，归十一月份截缺。是月分出有邱县、宁阳、荣成等县三缺，当经前署抚臣督同藩、臬两司擘定荣成第三缺在案，自应拣员请补。定例，知县改教、撤回、迴避、降补等项缺出，应以候补、即用人员相间酌量补用等因，是月制定第一之邱县、第二之宁阳县系以即用候补人员分补。今荣成县一缺轮应仍以即用人员酌补。

查，有即用知县王荫楠，年三十六岁，直隶祁州人，由附生应光绪十七年辛卯科乡试中式举人，二十四年戊戌科会试后大挑一等，以知县用签分陕西，奉旨截留候咨。光绪二十九年癸卯，补行辛丑壬寅恩正并科会试，中式贡士，保和殿复试三等，殿试三甲，朝考三等，闰五月初七日引见，奉旨"以知县即用。钦此"，签分湖南，亲老告近，改掣山东。三十年三月二十八日领照到省。据署布政使英瑞、署按察使沈廷杞以该员才识明敏，局度安详，堪以请补荣成县知县等请会详请奏前来。

臣到任未满三月，例不加考，惟查以之补授荣成县知县，洵堪胜任。合无仰恳天恩俯准，以即用知县王荫楠补授荣成县知县。衔缺相当，毋庸送部引见，亦毋庸声叙处罚。除咨部查照外，理合恭折具陈，伏乞皇太后、皇上圣鉴，敕部核复施行。谨奏。

朱批："吏部议奏。"

光绪三十一年三月。

（《光绪朝朱批奏折》第 21 辑，334）

具陈光绪二十九年经征临仓钱粮未完一分以上名单折

头品顶戴、署理山东巡抚、直隶布政使、臣杨士骧跪奏，为山东省光绪二十九年经征临仓钱粮未完一分以上各员开单具陈，恭折仰祈圣鉴事。

窃查，前准部咨，经征各项钱粮办理奏销之时，应先将未完一分以上各员开单奏报,以便稽核等因,历经遵办在案。兹查,山东省各州县征光绪二十九年分临清仓钱粮,现当查办奏销之际,所有案内未完一分以上各官职名暨实征已未完银数,据署布政使英瑞、督粮道周开铭开单详请具奏前来。臣复核无异,除饬将未完银两赶紧督催征解外,理合缮具清单,祗呈御览。再,此案,臣于光绪三十一年二月二十二日,据该司道等具详合并陈明,谨恭折具陈,伏乞皇太后、皇上圣鉴。谨奏。

朱批:"该部议奏,单并发。"

光绪三十一年三月初二日。

(《光绪朝朱批奏折》第 91 辑,473)

恭报光绪三十年十二月分雪泽情形并呈粮价清单折

头品顶戴、署理山东巡抚、直隶布政使、臣杨士骧跪奏,为恭报光绪三十年十二月分雪泽情形,并呈粮价清单,恭折仰祈圣鉴事。

窃查,光绪三十年十一月分山东省各属雨雪、粮价,业经前署抚臣胡廷干查明开单,奏报在案。兹查,十二月分通省一百七十州县,除海丰、定陶、宁海、文登、荣成等五州县未报得雪外,其馀历城等一百二十州县先后据报于月之中旬十二、十八、十九、二十,下旬二十一等日,各得雪一、二、三、四、五、六、七、八寸及尺许不等。地方民情,均称安谧,堪以仰慰慈廑。谨将各属市集粮价缮具清单,祗呈御鉴,为此恭折具陈,伏乞皇太后、皇上圣鉴。谨奏。

朱批:"知道了。"

光绪三十一年三月初二日。

(《光绪朝朱批奏折》第 97 辑,478)

张扶、张栋捐资助学,请照拟给奖片

再,查福山县已故花翎道衔、二品封职张扶,于该员宗祠内捐银三千两设立合族义学,又于所建支祠内捐银三千两附设本村义学,并将烟台大街市房岁租充作两处常年学费,又捐银一千两为本地商帮倡设蒙养学堂。其胞弟、江苏试用巡检张栋后加捐一千两以助其成,由登莱青胶道据情禀请奏奖前来。

臣查,官绅士民捐银一千两以上助地方善举者,例得请旨建坊。又学堂章程内开,绅董一人捐资较钜者奏明给奖等语。兹张扶、张栋兄弟先后迭捐钜资,惠庇寒畯,洵属好义急公,有裨学务,核与请奖例章相符。合无仰恳天恩俯准,给予已故花翎道衔职员张扶"乐善好施"字样,由该家属自行建坊;给予江苏试用巡检张栋蓝翎六品顶戴,以资观感,出自恩施逾格。

再,张栋所捐银两查与由巡检捐蓝翎并加六品顶戴报部实银有盈无绌,合并陈明。除咨部查照外,理合附片具陈,伏乞圣鉴。谨奏。

朱批:"著照所请,该部知道。"

光绪三十一年三月。

(《光绪朝朱批奏折》第 80 辑,842)

阳信县捐资助学士民,请照拟给奖片

再,据前署阳信县知县缪润绂禀称,上年创建阳信高等小学堂大小瓦舍七十一间,工程浩大,所需经费由县境六十二里士民共筹垫制钱一万串有奇,初议设法捐还,嗣经县属拔贡生刘观勋等集众妥议,情愿将士民筹措之资悉数捐入学堂,以尽踊跃乐输之忱,洵属好义急公,自应量予奖励等情,由学务处司道详请奏奖前来。臣查,士民捐助地方善举数在千两以上者,例准请旨建坊。今该县士民公捐经费数在制钱一万串以上,与建坊之例相符,相应仰恳天恩俯准给予"急公好义"字样,由该县士民等自行建坊,以示优异而昭激劝。除咨部查照外,理合附片具陈,伏乞圣鉴。谨奏。

朱批:"著照所请,该部知道。"

光绪三十一年三月。

(《光绪朝朱批奏折》第 80 辑,843)

河工凌汛平稳折

头品顶戴、署理山东巡抚、直隶布政使、臣杨士骧跪奏,为凌汛期内黄河两岸防护平稳,恭折仰祈圣鉴事。

窃查,黄河岁分四汛,桃、伏、秋三汛固关紧要,而凌汛工程亦甚吃重。当冬令河冻，一届春融，上下游寒暖不齐，未能一律消释，往往上游冰泮，下游融化较迟，以致去路不畅，水势抬高，时有漫溢之患。且河流弯曲处所，冰块拥积，铲伤埽坝，亦属堪虞。上年春间，王庄、扈家滩等处失事，可为前车之鉴。去冬，天气和暖，河冰时结时解，迨至十二月间，风雪严寒，河水冻结，叠经前署抚臣胡廷干严饬工员多备凌椿及敲凌器具，加意防护，嗣据各督办道员等先后禀报，如中游王家棃行大堤后戗被冰撞毁数十丈，下游刘旺庄、王庄等处或埽坝蛰陷，或漏洞迭出，情形危险，均经在工各员督率弁勇随时抢护完固，工程一律平稳。前署抚臣未及具奏，卸事移交前来。

臣此次抵东，道经河上察看，河水畅流，冰全消释，埽坝各工亦均稳实，洵堪仰慰宸廑。臣仍当严饬工员赶培堤堰，宽备物料，认真防守凌汛，不敢稍有疏懈。所有凌汛期内黄河两岸防护平稳缘由，谨恭折具陈，伏乞皇太后、皇上圣鉴。谨奏。

朱批："知道了，钦此。"

光绪三十一年三月初二日。

（《光绪朝朱批奏折》第 100 辑，561；《杨文敬公奏议》卷一）

杨茂周等人捐资助学，请照拟给奖片

再，查奏定学堂章程内载，绅董能捐设公立私立各小学堂者，地方官分别给奖；其一人捐资较钜者，禀请督抚奏明给奖等语。又户部奏定请奖新章，凡报效学堂经费者，准照赈捐章程，按五成实银奖给贡监衔封等项，均经通行遵照在案。

兹据奉安县禀称，廪生杨茂周将旧日义塾改作小学堂，独力从新整顿，增建屋宇，广购书籍，约共用银一千两，又捐京钱一千二百千，发商生息，作为常年经费，拟请由廪生奖给贡生加光禄寺署正衔，并给五品封典。

又据滋阳县禀称，邑绅候选训导、廪贡生王玉屏请将本城奎星楼街自己住宅，改建初等小学堂，计宅基五分五厘，房屋九间，并购置堂中应用书籍，共值京钱一千四百余千。又捐缴京钱一千六百千以作常年经费，共合银在一千两以上。拟请由候选训导奖给蓝翎并加同知职衔。又据乐陵县禀称，奎文阁典籍杜泽近因开办学堂筹款甚艰，捐银五百两作为经费，拟请移奖其子杜景诗监生并加布经历职衔，杜景陵监生并加布理间职衔各等情，由提学司核明详请奏奖前来。臣复加查核，均与请奖之例相符，合无仰恳天恩俯准照拟给奖，以资激劝。除将各员履历咨部查照外,理合附片具陈,伏乞圣鉴。谨奏。

朱批:"著照所请,该部知道。"

光绪三十一年三月。

(《光绪朝朱批奏折》第 80 辑,844)

派员筹筑河堤片

再,利津县薄庄于上年八月间漫溢,水由徒骇河入海,业经正任抚臣周馥前往勘明,河直流畅,不能堵筑,拟定修堤、迁民、移设盐垣办法三条,奏奉朱批"著照所请。钦此",钦遵在案。臣查黄河改由徒骇河入海,所有筑堤工程事属创立,与寻常修堤不同,必须委派熟悉工程之员,方能办理得力。查,中游总办署济东泰武临道丁达意,历办大工,悉合机宜,堪以派为该工督办,筹画一切。道员何国桢总办下游,该处堤工是其专责,应即派为该工总办,协同丁达意督饬各员,将薄庄迤下南北两岸应修堤段,察看河流,审定形势,妥速勘议兴筑。其薄庄迁民事宜,亦关紧要,即派道员朱庆元等前往办理。至移设盐垣一节,俟筑堤迁民各事就绪,再行次第筹议。臣仍当督饬各员认真经理,期于工款两有裨益。除分檄饬遵外,理合附片陈明,伏乞圣鉴。谨奏。

奉朱批:"知道了。钦此。"

光绪三十一年三月初二日。

(《杨文敬公奏议》卷一)

焦尚氏等人捐资助学,请照拟给奖片

再,士民捐助地方善举银一千两以上者,例准请旨建坊。兹据署平度州知州张世卿禀称,县属蓼兰乡已故监生焦连成之继室节妇焦尚氏,因兴学为方今急务,情愿捐出地二十亩,请在该屯创立初等小学堂一处。按每亩京钱二百千核算,值京钱四千贯,合银在一千两以上。又据署邹县知县张汝炘禀,据县属土旺庄孀妇杜孔氏呈称,氏夫胞兄弟四人氏止一子,先继与夫二兄为嗣,今春氏夫病故,无人承继,因商同族邻等,仍令氏出继之,子杜荣李一支双桃,所有氏夫所遗地亩房宅约值银二千余两,除还氏夫债欠一千余两外,尚余银一千,情愿全数捐入高等小学堂作为经费各等情,由提学司核明,详请奏奖前来。臣查,焦尚氏、杜孔氏所捐银两均与建坊之例相符,合无仰恳天恩给予"乐善好施"字样,准其在原籍自行建坊,以示旌异。除咨部查照外,理合附片具陈,伏乞圣鉴。谨奏。

朱批:"著照所请,该部知道。"

光绪三十一年三月。

(《光绪朝朱批奏折》第80辑,845)

请以马魁元补授即墨营守备折

头品顶戴、署理山东巡抚、直隶布政使、臣杨士骧跪奏,为拣员请补陆路守备员缺,恭折仰祈圣鉴事。

窃照即墨营守备丁庆鹤因病出缺,业经前署抚臣胡廷干附片奏报声明,遗缺扣留外补,接准部咨,以所遗即墨营守备系陆路推补之缺,按照新章系第一轮第二缺,应用卓异人员,既据扣留外补,行令拣选合例人员请补等因。东省现无卓异人员,照章应于拣发守备班内遴员请补。

当经胡廷干查有拣发守备马魁元,现年五十四岁,系山东济南府德州人,由武生应光绪十四年戊子科本省乡试,中式武举人,庚寅科会试未第,呈请以千总、把总两用。十九年开考,补驻京提塘差官,嗣于二十三年在京随同南城练勇局官绅拿获贼匪出力,经兵部奏请以守备补用并戴花翎,旋经带领引见,奉朱笔圈出"著以营守备用。钦此。"是年十月回东收标,候补在案。胡廷干未及具奏,调任卸事,移交核办前来。

臣到任未及三月,例不加考,惟传询该员于营务尚属明白,以之请补即墨营守备,实堪胜任。虽到标名次在拣发守备邵禄阶之后,惟邵禄阶与此缺人地不甚相宜。合无吁恳天恩俯准,以拣发守备马魁元补授即墨营守备员缺。如蒙俞允,该员于保升守备时业已引见,现在请补守备,衔缺相当,毋庸给咨送部,合并陈明。谨会同登州镇总兵臣李安堂合词恭折具陈,伏乞皇太后、皇上圣鉴,敕部议复施行。谨奏。

朱批:"兵部议奏。"

光绪三十一年三月初二日。

(《光绪朝朱批奏折》第49辑,695)

审办窦周仔因救父致毙缌麻服兄案，按律定拟折

头品顶戴、署理山东巡抚、直隶布政使、臣杨士骧跪奏，为审明因救父致毙缌麻服兄人犯，按律定拟，遵章改题为奏，恭折仰祈圣鉴事。

窃照刑部奏定章程，各省寻常命盗案件由死罪减等，例应载明请旨定夺及声明援例两请者应令随时奏明备录供招，咨部查核等因，咨行遵办在案。前据臬司审解商河县案犯窦周仔，因救父情切，扎伤缌麻服兄窦长杰，越日身死一案，经前抚臣审明，先将招册宗图咨部，未及具奏卸事。

臣确加复核，缘窦周仔，籍隶商河县，与缌麻服兄窦长杰分居，素睦无嫌。窦长杰曾向缌麻服叔，即窦周仔之父窦玉文买用豆楷，短欠制钱五百文，屡索无偿。光绪二十九年闰五月十三日，窦玉文与窦长杰路遇，向索前欠，窦长杰回复无钱，窦玉文不允，窦长杰斥说薄情，并随口混骂。窦玉文回詈，窦长杰拔出身带镰刀，扎伤窦玉文右腮颊倒地，骑压窦玉文身上，一手搭住窦玉文咽喉，一手举刀向扎。适窦周仔路过瞥见，窦玉文面红气塞，势甚危急，情切救护，乘势夺获镰刀，向窦长杰吓扎一下，适伤其右腿，侧跌倒地。经窦玉聪闻闹趋至劝歇，问明情由，报县验伤，取辜饬医。讵窦长杰延至六月十三日，因伤殒命，复报县验讯，通详审拟，由府解司，驳审招解，供认前情不讳。诘非有心致死，案无遁饰。

查律载，卑幼殴本宗缌麻兄死者斩，又例载父被本宗缌麻尊长殴打，实系事在危急，卑幼情切救护，因而殴死尊长者，于疏内声明减为杖一百，发边远充军，照例两请，候旨定夺各等语。此案窦周仔因窦长杰被伊父窦玉文索讨欠钱，口角争殴，窦长杰用刀扎伤窦玉文倒地，骑压身上，一手搭住咽喉，一手举刀向扎，该犯瞥见，情切救父，辄用夺获镰刀扎伤窦长杰，越二十九日身死。

查窦长杰，系该犯缌麻服兄，自应按律问拟。窦周仔合依卑幼殴本宗缌麻兄死者斩律拟斩监候，惟死者窦长杰刃伤犯之父窦玉文，服属缌尊，复骑压身上，手搭咽喉，举刀向扎，该犯见伊父面红气塞，事在危急，夺刀向窦长杰吓扎适毙，核与两请之例相符，应由部核复时请旨定夺。如蒙圣恩准，将该犯窦周仔照例减为杖一百，发边远充军。

查，该犯恭逢光绪三十年正月十五日恩诏，事在正月初一日以前，系救父情切致毙本宗缌麻服兄，由斩候减等拟军，不在不准援免之列，应准援免。释放后，再有犯加一等治罪，仍追埋葬银二十两，给付尸亲具领，以资营葬。窦玉文伤经平复，应与讯系劝阻不及之窦玉聪均毋庸议。理合恭折具陈，伏乞皇太后、皇上

圣鉴,敕部核复施行。谨奏。

朱批:"刑部议奏。"

光绪三十一年三月初九日。

(《光绪朝朱批奏折》第 108 辑,542)

请将山东本届计典展限三个月再行举办片

再,查光绪三十年大计,经前署抚臣胡廷干奏请展缓至本年三月举行,奉旨允准在案,转瞬届期,自应依限办理。唯臣甫经到任,东省属僚贤愚未能深悉,举劾即难悉当,从权考核,不足以昭慎重。合无仰恳天恩,俯准将山东本届计典展限三个月再行举办,俾得详加考察,以副圣主澄叙官方之意。除咨部外,谨附片具陈,伏乞圣鉴。谨奏。

朱批:"吏部知道。"

光绪三十一年三月。

(《光绪朝朱批奏折》第 21 辑,344)

请将现办赈捐再行展限一年折

头品顶戴、署理山东巡抚、直隶布政使、臣杨士骧跪奏,为山东省赈捐限满,仍难停止,请再展限一年,以资接济,仰祈圣鉴事。

窃查,山东省赈捐前因限满,势难停止,经正任抚臣周馥于上年三月奏准展限一年,接续劝办。计自光绪三十年三月初九展限之日起,至三十一年三月初九日又届一年限满,察看地方万难停止,缘滨河各属频年灾歉,民困已深,春抚冬赈相继迭乘用款,至为繁钜。上年利津县簿庄漫溢,虽属地居工尾暂缓堵筑,然修堤、迁民在在需款。当此库藏告匮之时,全赖振捐藉资挹注。若遽行停止,势将束手。明知近日捐成弩末,劝办维艰,然舍此更属一筹莫展。且各省筹垫应行归补之款以及南绅挪放义赈之款,必须劝捐归还,尤难截止,据工赈局司道详请展限前来。臣查,该司道等所请均系实在情形,合无仰恳天恩俯念山东赈需紧要,准将现办赈捐再行展限一年,俾资周转而苏民困。理合恭折具陈,伏乞皇太后、皇上圣鉴,训示。

再，光绪二十八年十月十八日，经正任抚臣周馥附片奏请，将武职参游等官援案报捐二品顶戴，经部议准，声明俟山东振捐限满停止。此次赈捐既请展限一年，所有武职报捐二品顶戴，自应照案一体收捐，仍俟赈捐限满再行停止，合并陈明。谨奏。

朱批："户部议奏。"

光绪三十一年三月初九日。

（《光绪朝朱批奏折》第 80 辑，776）

恭报正月分雪泽情形并呈粮价清单折

头品顶戴、署理山东巡抚、直隶布政使、臣杨士骧跪奏，为恭报光绪三十一年正月分雪泽情形，并呈粮价清单，恭仰祈圣鉴事。

窃查，光绪三十年十二月分山东省各属雪泽粮价，业经臣查明开单奏报在案。兹查，本年正月分通省一百七州县内蓬莱、黄县、福山三县，据报于月之上旬初二、中旬二十等日各得雪一、二寸不等，其余历城等一百四州县均未得雪，幸上年冬间雨雪沾足地脉，滋润麦苗，不致受伤，民情亦极安谧，堪以仰慰慈廑。谨将各州县市集粮价缮具清单，祇呈御览，为此恭折具陈，伏乞皇太后、皇上圣鉴。谨奏。

朱批："知道了。"

光绪三十一年三月初九日。

（《光绪朝朱批奏折》第 97 辑，481）

报销光绪三十年分黄河防汛抢险经费银两数目折

头品顶戴、署理山东巡抚、直隶布政使、臣杨士骧跪奏，为报销光绪三十年分黄河防汛抢险经费银两数目，恭折仰祈圣鉴事。

窃查，山东黄河上、中、下三游，上自曹州府菏泽县入境起，下至利津县海口止，两岸堤埝险工林立，修防极关要紧。所有历届拨用经费银两，截至光绪二十九年止，业已按年造册奏销在案。

兹据河防局司道详称，三十年防汛经费额拨司道各库并临清关库共银六十万两，嗣因经费不敷，奏经部中议准由司局各库加拨银十万两，先后拨解到局，转发工员承领,核实动用。该司道等督同承办各员详细勾稽,计三十年分上、中、下三游,南北两岸抢厢扫段修盖堡房需用一切工料,并雇用民夫津贴暨各防营弁勇口分,三游炮船管带官薪、总分各局委员盐粮扣存减平、湘平、平馀等项,应归户核销银十八万一千四百二十六两零,工部核销银五十一万六千九百二两零,两工请销银六十九万八千三百二十八两零。查收款项下,是年共收到原续拨经费银七十万两,连同三十年支发河防各营弁勇口粮银两内扣出平馀银一千五百三十七两零,统共收银七十万一千五百三十七两零。内除拨还二十九年防汛案内不敷银四万二千一百八十二两零,实收银六十五万九千三百五十五两零,尽数动支,尚不敷银三万八千九百七十三两零,已由局设法挪垫支拨清楚,应俟部复核准再归下届防汛案内造报。

所用银数俱系实用实销,并无浮冒等情,造具细数清册,加具印结,呈请奏咨前来。臣复核无异,除册结分咨户、工二部查照外,所有光绪三十年分动支黄河防汛抢险经费银两数目,理合恭折具陈,伏乞皇太后、皇上圣鉴,敕部核销施行。谨奏。

朱批:"该部知道。"

光绪三十一年三月二十四日。

(《光绪朝朱批奏折》第 100 辑,570)

新泰县知县员缺出请留外补片

再,据署布政使英瑞详报,准补新泰县知县程仁均于光绪三十一年三月二十四日在署观城县任内病故。所遗新泰县知县员缺,东省现有应补人员,请留外补等情,请奏前来。臣复查无异,除饬将观城县印务委员接署并咨部查照外,谨附片具奏,伏乞圣鉴。谨奏。

朱批:"吏部知道。"

光绪三十一年三月。

(《光绪朝朱批奏折》第 21 辑,345)

请以袁励端补授邱县知县折

头品顶戴、署理山东巡抚、直隶布政使、臣杨士骧跪奏,为拣员请补知县员缺,以资治理,恭折仰祈圣鉴事。

窃查,邱县知县张承福经正任抚臣奏请降补开缺,于光绪三十年十月十六日奉旨,应以五日后行文,按东省照限减半计算,扣至十一月初五日作为开缺日期,归十一月分截缺。是月分出有邱县知县降补、宁阳县知县改教、荣成县知县撤回另补等三缺,例应掣定先后,当经前署抚臣督同藩、臬两司掣得邱县知县第一缺在案,应即挨次序补。定例,知县改教、撤回、回避、降补等项缺出,应以候补、即补人员相间酌补等因。东省知县改教等项,上次已积过即用、候补两班,今此一缺应用进士、部属中书改就知县。是班只有郑师灼一员,系光绪三十年三月十六日到省,尚未期满甄别,例应扣补。轮应接用拔贡主事改就知县之员,现尚无人,仍应接用进士即用人员。

查,有即用知县袁励端,年三十五岁,顺天府宛平县人,由监生应光绪二十三年丁酉科本省乡试中式举人,二十四年戊戌科会试中式贡士,殿试三甲,朝考三等。五月十二日引见,奉旨"以知县即用。钦此"。签分山东,于光绪二十四年六月初十日在部领照起程,未及到省,途次丁继母忧,回籍守制。二十七年二月十三日服满起复,遵例分发原省。据布政使英瑞、按察使沈廷杞以该员年富力强,讲求吏治,堪以请补邱县知县等情会详请奏前来。

臣到任未满三月,例不加考,惟详加查察,以之补授邱县知县,洵堪胜任,与例亦属相符,相应仰恳天恩,俯准以即用知县袁励端补授邱县知县。如蒙俞允,该员系即用知县请补知县,衔缺相当,毋庸送部引见,亦毋庸声叙参罚。除咨部查照外,理合恭折具陈,伏乞皇太后、皇上圣鉴,敕部核复施行。谨奏。

朱批:"吏部议奏。"

光绪三十一年三月二十八日。

(《光绪朝朱批奏折》第 21 辑,335)

请以曹侗试署宁阳县知县折

头品顶戴、署理山东巡抚、直隶布政使、臣杨士骧跪奏,为拣员试署知县员缺,以资治理,恭折仰祈圣鉴事。

窃查,宁阳县知县王可培,经正任抚臣奏请改教开缺,于光绪三十年十月十六日奉旨,应以五日后行文,按东省照限减半计算,扣至十一月初五日作为开缺日期,归十一月分截缺。是月分出有邱县、宁阳、荣成等县三缺,例应掣定次序,当经前署抚臣督同藩、臬两司掣得宁阳县知县第二缺在案,自应拣员请补。定例,知县改教、撤回、回避、降补等项缺出,应以候补、即用人员相间酌量补用等因,是月掣定之第一邱县一缺,业以即用人员请补。今宁阳县一缺,例应以候补人员酌补。

　　查,有候补知县曹倜,年五十二岁,江苏江阴县人,由附贡生报捐盐大使衔,复遵新海防例报捐县丞,双月选用。光绪十四年,因在惠民姚家口合龙案内出力,保准免选本班以知县不论双单月选用。十六年捐指山东试用,十七年因下游河工抢险出力保加同知衔,十九年因抢护险工异常出力保俟分发到省后归候补班补用,二十年二月赴部呈请分发,蒙钦派王大臣验看,三月十五日由吏部带领引见,奉旨"著照例发往。钦此"。四月初六日领照到省,二十一年委令代理聊城县知县,二十三年报捐花翎,二十四年委署冠县知县。在任闻讣丁母忧,回籍守制,服满起复,二十七年回东,二十八年委署长山县知县,现署平度州知州。据署布政使英瑞、署按察使沈廷杞以该员精明稳练,办事实心,堪以请署宁阳县知县,会详请奏前来。

　　臣到任未满三月,例不加考,惟详加察查,以之试署宁阳县知县,洵堪胜任,与例亦属相符。合无仰恳天恩,俯准以候补知县曹倜试署宁阳县知县。如蒙俞允,该员衔缺相当,毋庸送部引见,亦毋庸声叙参罚,仍俟试署期满,如果称职,另请实授。除咨部查照外,理合恭折具陈,伏乞皇太后、皇上圣鉴,敕部核复施行。谨奏。

　　朱批:"吏部议奏。"

　　光绪三十一年三月二十八日。

　　(《光绪朝朱批奏折》第21辑,336)

遵保提镇大员折

　　头品顶戴、署理山东巡抚、直隶布政使、臣杨士骧跪奏,为遵旨查明东省现在提镇武职,谨举所知,恭折仰祈圣鉴事。

　　窃臣于光绪三十一年三月十一日承准军机大臣字寄,光绪三十一年三月初六日奉上谕"朝廷现当讲求武备之际,提镇大员必须简任得人,方足以资整顿。所有单开之记名提督哈连升、总兵马进祥等,保举武职人员刘绍基等,现在或在本籍,或在外省,著该督抚各就所知,查明有无事故,其年力何如,才识何如,或堪胜陆路,或堪胜水师,迅速查明,各出具切实考语,限于一个月内奏到,以便简用。

将此各谕令知之。钦此",遵旨寄信前来。臣遵将单开提镇、武职各员详确查访,惟记名提督李葆珠现在东省办理营务处,其馀各员虽姓名间有所知,非在原籍,即居他省,大半物故居多,一时无从确查。当即密饬营务处、兖登两镇,按照单开衔名确切查复,旋据复同前因。

臣查,记名提督李葆珠,安徽亳州人,年六十三岁,弱冠投河南军营,随同原任山东巡抚臣张曜剿办捻狪,转战河南、山东、直隶等省,度陇逾湟,相随出关,无役不从。熟于边陲形势,迭歼巨股,积功荐保提督。新疆平定,借补河南荆子关副将。经原任河南巡抚臣裕长以该提督朴诚猛鸷勇略超群保奏,奉朱批"送部引见。钦此",于光绪二十五年十月初三日奉上谕:"李葆珠著开去荆子关副将底缺,仍以提督记名简放,发往山东差遣委用。钦此。"到东即充嵩武军海防营统领,旋充省防营务处。该提督夙著战功,年力尚健,久役关陇,于陆路为宜,应如何简用之处,出自圣裁。除饬取履历咨送军机处查照外,所有遵旨查明缘由,理合恭折复陈,伏乞皇太后、皇上圣鉴,训示。谨奏。

朱批:"李葆珠著仍交军机处存记。钦此。"

光绪三十年三月二十九日。

(《光绪朝朱批奏折》第 49 辑,739。《杨文敬公奏议》卷一)

考查州县官员结果清单折

头品顶戴、署理山东巡抚、直隶布政使、臣杨士骧跪奏,为考查州县事实分别等次,缮具清单,恭折具陈,仰祈圣鉴事。

窃查,接管卷内,光绪三十年五月十四日奉上谕"朕钦奉慈禧端佑康颐昭豫庄诚寿恭钦献崇熙皇太后懿旨,从来民为邦本,国家用人行政无非为民,州县之设原以与民相亲,嗣后责成督抚考查州县,必以为守俱优,下无苛扰,听断明允,缉捕勤能,为地方兴利除害,于学校、农工诸要政悉心经画,教养兼资,方为克尽厥职。著自本年为始,每届年终,各该督抚将各州县胪列衔、名、年岁、籍贯清单,注明何年月日补署到任,经征钱粮究欠分数及有无命盗各案、词讼已结未结若干起、监禁羁押各若干名,均令据实开报。其寻常公罪处分准予宽免,不准讳饰,任内兴建学堂几所,种植、工艺、巡警诸要政是否举办,一并分别优劣,开列简明事实,不准出笼统宽泛考语。奏到后著交政务处详加查核,分起具奏请旨劝惩等因。钦此",当经正任抚臣周馥分行钦遵,嗣因各属经征钱漕于十一月间方能踣跃、命盗、学堂、种植等事非年终不能稽核，经前署抚臣胡廷干奏请展缓至本年三月举行，奉旨允准。各前署抚臣均未及核办，先后卸事。

臣到任后接准移交，复经查照直隶办法，发给课绩表式行司，分饬照填送，由该管道、府、厅、州加结送司在案。兹据藩、臬两司会详此项课绩表，已由各属陆续送司。表内所开事实，如钱粮、漕米、命案、盗案、词讼、监禁、羁押、学堂、种植、工艺、巡警等项条分缕晰，查与月报档案均属相符，复将各员会同认真考核，互相比较，凛遵谕旨，分别优劣，综计程度高下列为三等：钱漕以全数清完者为优等，完至九分以上者为平等，征完不及九分者为次等。命案盗案，则以全数破获者为优等，未获不及十名者为平等，十名以上者为次等。自理词讼，则以全数审结者为优等，未结者在十起以下者为平等，十起以上者为次等。监押人犯无病毙者为优等，病毙在十名以下者为平等，十名以上者为次等。学堂以办成开学者为优等，案已筹妥尚未开学者为平等，未曾开办者为次等。种植以树艺多者为优等，树艺少者为平等，无树艺者为次等。工艺以办有成效者为优等，甫经劝办者为平等，尚未劝办者为次等。巡警以募有巡兵者为优等，甫经开办尚未就绪者为平等，因无经费尚未开办者为次等。综核全表优事及半则列为优等，平事及半则列为平等。统计十府三直隶州列优等者九十六员，平等者八十二员，次等者三员，按属汇订成本，详请核办等情前来。

臣思此次考查州县事实系钦奉懿旨举办，仰维慈宫爱民之切，圣上励治之勤，期在更化同风，焕新百度，凡属职膺民社宜如何濯磨振奋，以顾考成。东省庶政殷繁，历经整理，自升任抚臣袁世凯设馆课吏，督饬讲求，各前抚臣加意用人，勤求治理。近来亲民之吏类能明习政要，赴事程功，第察各属民俗异宜，即政绩未能一律。如登莱青暨泰安沂胶等属民尚朴诚，地方安富，催科抚字易于见功；济武两属河患频仍，民生困敝，征赋不免减色，教养亦费经营；至兖曹东暨临济各属则民强俗悍，讼狱滋丰，理治较难于他属，往往同一明干之吏授以善地则措置裕如，任以剧区则遽难奏效，此由地方之各异，非尽吏治之不齐。

臣到任未及三月，各属贤否，虽不能尽知确切，第随时考查地方应办事宜，大致亦略悉梗概。平日面询治理，证核公牍，均与开事实相符，尚多克称厥职。其有在任以来久不及筹办者，情有可原，暂宽责备，将来如查有虚劣不职之员再当随时参解，决不稍事姑容，致滋贻误。除将表册咨送政务处查核各道、府、厅、州印结存查外，理合缮单具奏，恭呈御览，伏乞皇太后、皇上圣鉴，敕下政务处核复。

再，各员年岁、籍贯、补署任卸日期及各项政绩均于表内登明，其清单仅列衔名等次，余不备载，合并陈明，谨奏。

光绪三十一年三月二十九日。

(《光绪朝朱批奏折》第21辑,341;《杨文敬公奏议》卷一)

保荐陈万清、方致祥、靳呈云片

再,臣维练兵莫要于求将,而求将以勇敢、廉正为主。昔臣胡林翼有言,勇敢固将帅之本分,必廉洁正直,则粮饷不欺,赏罚不滥,乃可固结士心,历久长胜,洵为笃论。至于料敌应机,用智为先,权谋将略均不可少。方今朝廷勤求颇牧,举凡嘤嗋宿将,或苦战功高,早经涸谢;或凯旋解甲,屏寂乡间;下至偏裨佐尉,姓名疏远,均尚仰邀眷注,缕细垂询。即此,鼓鼙之兴思,足动赫跋之忠奋,在臣僚同深钦感。臣抵任东省,每于统兵各员详加考察,求其堪副勇敢廉正之选者,备极器重,谨举所知,以备圣明采择。

查,武卫右军先锋队后路统领、奏保总兵副将陈万清,朴实勇敢,胆略不群,身经百战,家无余资,经升任抚臣袁世凯委统武卫右军先锋队,驻扎青州,巡护铁路矿务,因应得宜,廉勤自矢,且防且练,于新式操法认真讲求,劳勚最深,为宿将中不可多得之才。补用总兵方致祥,久历戎行,诚朴英毅,廉隅自饬,纪律严明,曾经护理山西大同镇总兵及署理山东曹州镇总兵,措置裕如,军民爱戴。记名总兵靳呈云,从铭军嵩武军转战东、豫、关陇多年,谋勇兼裕,暗练戎机,稳慎安详,操守廉正。

以上三员均在东省统兵有年,勤劳懋著,操守亦均可信,堪胜专阃之任。合无仰恳天恩俯准,将陈万清、方致祥、靳呈云三员敕交军机处存记,遇有总兵缺出,请旨简放,出自逾格鸿施。谨附片密陈,伏乞圣鉴,训示。谨奏。

朱批："陈万清等均著交军机处存记。"

光绪三十二年三月二十九日。

(《光绪朝朱批奏折》第50辑,430;《杨文敬公奏议》卷一)

交纳光绪三十一年上半年固本兵饷银片

再,据署布政使英瑞详报,光绪三十一年分应解固本兵饷银六万两,兹将上半年应解银三万两,饬委利津县县丞张嵒解赴户部交纳等情。除咨部外,谨附片陈明,伏乞圣鉴。谨奏。

朱批:"户部知道。"

光绪三十一年三月廿九日。

(《光绪朝朱批奏折》第 63 辑,590)

陈明本年练兵经费已提前筹解缘由片

再,臣承准军机大臣字寄光绪三十一年二月十三日奉上谕"户部奏请,饬各省筹解练兵经费,不得稍有拖欠等语。练兵为根本至计,饷项尤练兵要需,乃各省认筹练兵经费,未能如数如期解到,以致部库筹垫,兼顾为难。著各将军、督抚按照认解数目,每月先期筹解,毋稍宕延。并著户部查照京饷、甘饷成案,分别劝惩,随时奏明办理。原片著钞给阅看,将此通谕知之。钦此。"遵旨寄信前来等因。承准此,查山东应解前项练兵经费光绪三十年之款,业经按照户部派定银二十万两,先后解清,前署抚臣胡廷干奏报在案。

至认筹三十一年烟酒税银十六万两,又酌提商运票课钱价盈馀银一万两,东海关、督粮道各节出银一万两,盐运司节出银二千两,共银十九万二千两,已于正月二十八日解过银八万两。就认筹之数,按月摊算,计已解至五月。饷需攸关,东省无论如何为难,臣自当督饬司道设法腾挪,依限筹解,以资接济。除电复户部并咨练兵处查照外,所有东省应解本年练兵经费,已提前筹解缘由,理合附片陈明,伏乞圣鉴。谨奏。

朱批:"户部知道。"

光绪三十一年三月廿九日。

(《光绪朝朱批奏折》第 63 辑,591)

报销山东省光绪二十八年分驿站钱粮折

头品顶戴、署理山东巡抚、直隶布政使、臣杨士骧跪奏,为报销山东省光绪二十八年分驿站钱粮,遵章改题为奏,缮具清单,恭折仰祈圣鉴事。

窃查,驿站钱粮例应按年报,所有光绪二十七年分驿站夫马等项,业经正任抚臣周馥开单奏报在案。兹查山东省光绪二十八年分夫马工科等项并买马银两,除奉裁外,应支无闰银十五万七千六百八十六两零。内济南等十府,济宁、临清二直隶州,历城等州县驿站项下,共支银一十三万八千二百九十两零。其买马未用及夫马建馀等项共银一万九千三百九十五两零,与另收德州等州县皮脏变价银二百七十六两,统已解司。至历城县西关递运所二十八年分应付夫价,除减平外,实支银六十九两零,按照部章在地丁银内给领还款。又带征二十八年分夫马驴头闰月银四千四百三十七两零,应候部示遵行。据署布政使英瑞备具各属总散册揭,加具印结,详请奏咨前来。臣复查无异,除册结送部外,所有收支银数,理合遵章改题为奏,缮单恭折具陈,伏乞皇太后、皇上圣鉴,敕部核销施行。谨奏。

朱批:"该部知道,单并发。"

光绪三十一年四月初一日。

(《光绪朝朱批奏折》第 90 辑,231)

具陈尚其亨任期内钱粮收支情况折

头品顶戴、署理山东巡抚、直隶布政使、臣杨士骧跪奏,为藩司接受交代钱粮,恭折仰祈圣鉴事。

窃查例载,布政司新旧交代定限两个月结报呈详,督抚具题,嗣奉上谕"凡有专系具题之件,均著改题为奏等因。钦此",自应钦遵办理。

兹据署布政司英瑞详称,该司应接前任布政司尚其亨一案交代,自光绪三十年十一月初四日到任起,至光绪三十一年正月初四卸事前一日止,接收旧管正杂银共四十五万六千八百六十八两九钱六分七厘,新收正杂银共五十二万六千五百七十两二钱一分六厘,开除正杂银共四十二万八千九十九两六钱九分八厘,实在正杂银共五十五万五千三百三十九两四钱八分五厘。内除历前司借支青州满营续案生息等银一十二万九千三百六十两四钱二分四厘,又除借支奉部摊凑赔款不敷镑价银一十万两,应俟划抵洋款后再行归还外,实存库银三十二万五千九百七十九两六分一厘。

至借青州满营续案生息银两,当时系属笼统动用,并未指明何款,无从厘剔,是以历任册内仍将各年应存银数开列,应俟查明细数,再行分别拨正提还归款等情,造具册结,呈请盘查,奏咨前来。臣亲诣藩库复查,银数相符。除将送到册结加结咨部查核外，理合恭折具陈，伏乞皇太后、皇上圣鉴。谨奏。

朱批："户部知道。"

光绪三十一年四月初一日。

（《光绪朝朱批奏折》第84辑，635）

交纳一成半出使经费银折

再，据登莱青胶道东海关监督何彦升禀报，前奉总理各国事务衙门奏准添拨出使各国经费，令各关将洋税六成、商局税六成各作为十成，提出一成半存作出使经费，全数解沪等因。前已解至第一百七十六结止，兹将第一百七十七结提出一成半出使经费银一万九百九十八两零，饬委试用府经历洪德浩于光绪三十一年三月二十六日解赴江海关道衙门交纳。臣复查无异，理合附片陈明，伏乞圣鉴。谨奏。

朱批："该部知道。"

光绪三十一年四月。

（《光绪朝朱批奏折》第90辑，243）

交纳第一百七十四结止提存前项减余六厘银片

再，据登莱青胶道东海关监何彦升禀报，前奉户部奏准通商各关征收洋税及洋药税厘项下，向每百两开支倾镕折耗银一两二钱，自光绪二十五年起，减半开支六钱余银六钱，提存解部交纳。嗣奉户部奏拨光绪二十八年加拨边防经费案内声明，提解各关倾镕折耗一款，自二十八年起，改解江海关道拨抵偿款各等因。查，东海关征收外洋并商局税及洋药厘金项下应提前项减除六厘银两，前已解至一百七十三结止。兹将第一百七十四结止提存前项减余六厘银四千八十八两零，饬委试用府经历洪德浩，于光绪三十一年三月二十六日解赴江海关道衙门交纳。臣复核无异，理合附片陈明，伏乞圣鉴。谨奏。

朱批："该部知道。"

光绪三十一年四月。

（《光绪朝朱批奏折》第90辑，244）

坝工经费请仍照案拨用折

头品顶戴、署理山东巡抚、直隶布政使、臣杨士骧跪奏，为光绪二十九年办理戴村坝工用过经费，请仍照案拨款，以重修防，恭折仰祈圣鉴事。

窃查接管卷内，光绪三十年二月初九日，准工部咨会议山东省统筹运河修防用款，核减常年经费而重河务一折，令将光绪二十九年三月间奏请修复戴村坝工添砌片石大堤，并附奏堵筑堤缺、疏浚淤浅、添修闸座等项工需统行归并办理，在于道库河银藩库节省运工项下动用兴修，分年匀支，不得挪动司道正款等因，当经正任抚臣周馥转饬兖沂曹济道兼管运河事务张莲芬查照办理去后，旋据该道以常年经费已减而又减，工多款少，无可匀拨戴村坝工程用款，详请照案准拨奏明办理等情，前署抚臣胡廷干未及核办卸事，移交前来。

臣查，东境运河，北自东阿县属之陶城埠起，至临清州止，计长二百余里；南自东平州十里堡起，至峄县出山东界止，计长五百四十里。南北气脉所关，商旅、民田所系，允宜认真疏浚，未便因漕粮停运，视作可缓之工。二十八年夏间，汶水大发，东平州被淹甚重，济宁州一带运河干涸可为前车之鉴。

查，南北运河自二十五、二十七等年以来，均未挑挖，虽节省经费十余万两，而农田水淹、商旅坐困，兼之漕粮蠲缓，赈抚兼施，现复筹筑圩堤需用巨款，实属得不偿失，公私隐受其累。溯查历办各工岁约需银十六万之谱，少亦需银十二、三万两不等。其大挑另款堵筑专案，尚不在内。正任抚臣周馥奏定核减常年经费，每年岁修银三万两，系为培修堤堰而设；抢修银二万两，系为伏秋购买桩料临时抢险而设；募夫挑工银二万五千两，系为峄汛大泛口、滕汛十字河、济汛泗河口、汶汛分水口、刘老口等处，两府洸泉沙十数小河口，随时捞刮而设，每年共银七万五千两，较历年用款已减去十分之五。办理本虞竭蹶，且运工费驰已久，近年认真整顿，得以官商船只往来无阻。南北气脉藉以流通，所恃额定经费统筹全局，核定经理，期收得尺得寸之效。方今时事孔艰，库款奇绌，苟可节省，断不容稍事浮滥，只以戴村坝各项工程共估报银十一万数千两。原奏声明饬由司道各库挪凑，系指节省挑工经费而言。前抚臣于奉旨允准后，已在道库并藩库节省运河挑工银两如数动用，系以运河之款办理运河之工，并非挪动司道库正款。现在工已告竣，款已支用，若将戴村坝工巨款归并常年经费款内，分年匀支，势必趋于敷衍，仍蹈从前积习，实于河务大有关系。

现臣督饬该道于无可腾挪之中力求搏节,将堵筑堤缺疏浚淤浅四、五万金,遵照部文归入常年经费内,分年筹办。所有戴村坝工用过工款,应请在于道库河银藩库节省运工项下开支,相应仰恳天恩俯准,照案拨用,以重河防。除咨户、工二部查照外,谨恭折具陈,伏乞皇太后、皇上圣鉴,训示。谨奏。

朱批:"该部知道。钦此。"

(《光绪朝朱批奏折》第 100 辑,562;《杨文敬公奏议》卷一)

连甲、沈廷杞应饬本任各专责成片

再,新授山东按察使连甲,现已来东,应即饬赴新任。署按察使沈廷杞,应饬回济东泰武临道本任,各专责成。除分檄饬遵并咨部查照外,谨附片陈明,伏乞圣鉴。谨奏。

朱批:"知道了。"

光绪三十一年四月。

(《光绪朝朱批奏折》第 21 辑,427)

陈恩畲试署期满堪以实授片

再,试署临邑县知县陈恩畲,于光绪三十年四月二十二日到任,扣至三十一年四月二十二日,试署一年期满,例应实授。据布政使吴廷斌、按察使连甲会详请奏前来。臣查,该员陈恩畲稳练安详,堪以实授。除将该员亲供履历咨部查照外,理合附片陈明,伏乞圣鉴,敕部查照施行。谨奏。

朱批:"吏部议奏。"

光绪三十一年四月。

(《光绪朝朱批奏折》第 21 辑,428)

报销善后局第八十二次收支各款银数折

头品顶戴、署理山东巡抚、直隶布政使、臣杨士骧跪奏,为报销山东省善后局第八十二次收支各款银数,缮具清单,恭折具奏,仰祈圣鉴事。

窃查,山东省善后总局经理各防营饷项并制造事宜一切收支数目,向按半年报销一次,业已截至光绪二十九年十二月底止,作为第八十一次造册报销在案。

兹自光绪三十年正月起至六月底止,左翼防军四营、右翼防军四营,利捷亲军营、水师炮船四号官弁勇夫薪粮并随营文武员弁盐粮,及各营洋枪匠工食,共支银八万四千二百一十六两零。又东昌府巡勇口粮银三千五百四十两,又沂州府巡勇口粮银三千一百八十六两,又青州满营挑练佐卫练军马步各营月饷银一万二千两,由青州副都统自行支放造报,又左右翼各营制造旗帐、器械等项银六千五两零。以上共支银十万八千九百四十八两零,遵照部章,薪粮等项共扣四分减平银三千六百三十七两零。又收一分平余银一千二十九两零,内除提解报销饭银一百九两零,实扣收银九百二十两零,又扣收六分减平银一千八十两零,以上共收平余并减平银五千六百三十八两零。又收藩库银一十一万九千九百九十七两零,又收运库银三千两,又收临清关解到抚标饷银项下匀拨左右翼马,遂加饷库平银一千四百五十两,共收银一十三万八十五两零。内除统共支银十万八千九百四十八两零,尚存银二万一千一百三十七两零,除解交藩库减平银四千七百一十八两零,又拨还善后第八十一次支发各工局缮书、工食、纸张、油烛等项筹垫银三百三两零,实剩银一万六千一百一十五两零,拨入善后第八十三次报销案内造报,据善后局司道造具总细各册详请奏咨前来。臣复核无异,除清册咨部外,理合缮具清单,恭折具奏,伏乞皇太后、皇上圣鉴,敕部核销施行。谨奏。

朱批:"该部知道,单并发。"

光绪三十一年四月初一日。

(《光绪朝朱批奏折》第 63 辑,554)

请以刘维翰补授长山县知县折

头品顶戴、署理山东巡抚、直隶布政使、臣杨士骧跪奏,为拣员请补知县员缺,以资治理,恭折具陈,仰祈圣鉴事。

窃查,长山县知县余则达升补胶州直隶州知州,于光绪三十年十一月初三奉旨,应在第五日行文,山东省照限减半计算,扣至十一月二十二日作为开缺日期,归十一月分截缺。是月只此一缺,毋庸签掣,例应按班序补。查升调遗一项,上次用至议叙后正途分缺间止。今此一缺,东省无补原缺等项人员。至实缺丁忧起复、候补知县凌汉,捐升同知候选,前于新泰县知县补缺案内声明扣补,其余无人轮用。郑工遇缺先前无人,应接用新海防遇缺先人员。惟查病故、休一项,适出有东阿县一缺,亦应用新海防遇缺先人员,例应签掣先后序补。当经前署抚臣胡廷干掣得长山第一缺,应即挨次请补。查正途新海防遇缺先童益升,加捐过班未满六月之限。

查,有各样出身新海防遇缺先补用知县刘维翰,年三十六岁,山西洪洞县人,由增贡生遵新海防例报捐知县,指分山东试用,光绪二十三年三月十三日由吏部带领引见,奉旨"照例发往。钦此",五月初二日领照到省。二十七年加捐遇缺先补用免试用。据署布政使英瑞、署按察使沈廷杞以该员年富力强,留心吏治,堪以补授长山县知县,会详请奏前来。

臣到任未满三月,例不加考,惟查以该员请补长山县知县,洵堪胜任,与例亦属相符。合无仰恳天恩,俯准以新海防遇缺先补用知县刘维翰补授长山县知县,衔缺相当,毋庸送部引见,亦毋庸声叙参罚。除咨吏部查照外,谨恭折具陈,伏乞皇太后、皇上圣鉴,敕部核复施行。谨奏。

朱批:"吏部议奏。"

光绪三十一年四月初二日。

(《光绪朝朱批奏折》第21辑,365)

具陈英瑞任期内钱粮收支情况折

头品顶戴、署理山东巡抚、直隶布政使、臣杨士骧跪奏,为运司交代,依限造册结报,恭折仰祈圣鉴事。

窃查,例载运司交代定限两个月结报呈详督抚具题,嗣奉上谕"凡有专系具题之件,均著改题为奏等因。钦此",自应钦遵办理。兹据署盐运使吴煜详称,应接前任盐运使英瑞一案交代。查,英瑞自光绪三十年十一月初四日回任起,至三十一年正月初四日卸事前一日止,任内经管收支正杂钱粮应入题案旧管银十九万八千八百四十九两五钱八分四厘,新收银十七万七百三两六分,开除银十万一百六十七两二钱三分五厘,应存银二十六万九千三百八十五两四钱九厘,内除加价等借支运本银三万八百九十七两,实存银二十三万八千四百八十八两四钱九厘。造具册结,详请盘查具奏前来。臣亲诣运库,逐细复查,数目相符。除将送到册结加具印结咨部查核外,理合恭折具陈,伏乞皇太后、皇上圣鉴。谨奏。

朱批:"户部知道。"

光绪三十一年四月初二日。

（《光绪朝朱批奏折》第 84 辑,636)

请以金猷大调补寿光县知县折

头品顶戴、署山东巡抚、直隶布政使、臣杨士骧跪奏,为拣员请补知县要职,以资治理,恭折仰祈圣鉴事。

窃查,寿光县知县田恂回籍修墓开缺,光绪三十年八月二十四日奉旨,应以五日后行文。按东省照限减半计算,扣至九月十四日作为开缺日期,归是月分截缺。所遗寿光县知县员缺,系"繁、疲、难"兼三要缺,例应在外拣员调补。

查,有肥城县知县金猷大,年五十岁,浙江秀水县人,由监生兼袭云骑尉世职,报捐县尉,指分山东试用。光绪十五年因堵筑徐家沙等工案内出力,保准免补,以知县仍留本省补用,并加同知衔。十六年因堵筑张村西纸坊等工出力,保准俟补缺后以直隶州知州用,十一月十二日由部带领引见,奉旨"照例发往。钦此。"十二月十三日到省,十九年因堵筑胡家岸等工异常出力,保俟补知县后免补直隶州,以知府在任候补,七月报捐花翎。二十年加捐遇缺先补用,免试用。历署陵县知县,代理齐河等县知县。二十一年请补肥城县知县,二十二年七月到任。二十七年因黄河抢险案内出力,保俟离知县任归知府班后加三品衔。二十九年委署禹城县知县。

据署布政使英瑞、署按察使沈廷杞,以该员勤政爱民,体用兼备,调补寿光县知县,实于地方有裨等情会详请奏前来。臣到任未满三月,例不加考,惟查该员调补寿光县知县,洵堪胜任,与例亦符,合仰祈天恩俯准,以肥城县知县金猷大调补寿光县知县。如蒙俞允,该员衔缺相当,毋庸送部引见。所遗肥城县知县缺,山东现有应补人员,应留外拣员请补。除咨部查照外,谨恭折具陈,伏乞皇太后、皇上圣鉴,敕部核复施行。谨奏。

朱批:"吏部议奏。"

光绪三十一年四月初二日。

再,新授山东按察使连甲现已来东,应即饬赴新任。署按察使沈廷杞,应饬回济东泰武临道本任,各专责成。除分檄饬遵并咨部查照外,谨附片陈明,伏乞圣鉴。谨奏。

朱批:"知道了。"

（《光绪朝朱批奏折》第 21 辑,364)

请以王敬勋补授日照县知县折

头品顶戴、署山东巡抚、直隶布政使、臣杨士骧跪奏，为拣员请补知县员缺，以资治理，恭折仰祈圣鉴事。

窃查接管卷内，日照县知县缪润绂，经正任抚臣调补齐河县知县，光绪三十年九月初九日奉旨，应以五日后行文，按山东省照限减半计算，扣至九月二十九日作为开缺日期，归九月分截缺。是月分只此一缺，毋庸掣签，例应拣员请补。定例，撤回留省另补人员，无论何项缺出，人地相宜，即准酌量请补，不积各项班次之缺等语。

查，有前任齐河县知县王敬勋，年六十三岁，直隶清苑县人，由监生遵例报捐员外郎，改捐知县，并分缺先前选用。光绪元年九月分，签掣山东海阳县知县，二年四月领凭到省，六月到任，七月报捐同知升衔。复于晋省赈捐案内赏戴花翎，六年调补齐河县知县，九年因桃园大工合龙案内出力保以直隶州知州在任候补。十九年，因黄河连年抢险案内出力，保准免补直隶州知州以知府在任候补。历委代理诸城、乐安，署理聊城、乐陵、单县等县知县。三十年，经正任抚臣开缺另补，正月十二日奉旨，扣至二月初一日作为留东日期，业经咨部在案。据署布政使英瑞、署名按察使沈廷杞会详，请以该员补授日照县知县等情，到前署抚臣胡廷干查得该员老成稳慎，明白安详，堪以补授日照县知县，未及具奏卸任，移交前来。

臣复加查察，洵堪胜任，与例亦属相符，合无仰恳天恩俯念员缺紧要，准以留省另补知县王敬勋补授日照县知县，不积各项班次之缺。如蒙俞允，该员衔缺相当，毋庸送部引见，亦毋庸声叙参罚。除将该员履历清册咨部外，理合恭折具陈，伏乞皇太后、皇上圣鉴，敕部复核施行。谨奏。

朱批："吏部议奏。"

光绪三十一年四月初七日。

（《光绪朝朱批奏折》第 21 辑，458）

报销光绪二十七年分德、常二仓钱粮收支数目折

头品顶戴、署理山东巡抚、直隶布政使、臣杨士骧跪奏，为报销山东省光绪二

十七年分德、常二仓钱粮收支数目,恭折仰祈圣鉴事。

窃查,东省德、常二仓钱粮银米,例应按年报销,业将光绪二十六年以前之案循例造报在案。兹查光绪二十七年东省德、常二仓收支本折等项钱粮旧管项下二十六年奏销案内,积存本色正耗等米三万六百三十三石三斗二合,折色银一千八百九十六两七钱三分六厘,新收项下本色月粮并本色正耗麦攻斛尖等米二万五千八百四十二石一斗八升七勺。内除各州县兑支各营兵丁月粮米八千四百二十七石七升四合四勺,应另在兵粮案内造报外,实征完解仓本色正耗并麦攻斛尖等米一万七千四百十五石一斗六合三勺,折色正耗月粮并麦攻小麦、粟米、屯粮商税等银五万八千九百九十三两三钱七分九厘。内除各州县兑支各营兵丁月粮银七千三百二十六两四钱六厘,应另在兵粮案内造报外,实征完解仓折色正耗米、折并粟麦米折屯粮商税等项共银五万一千六百六十六两九钱七分三厘,连旧管共米四万八千四十八石四斗八合三勺,共银五万三千五百六十三两七钱九厘,开除项下支过驻德满营官兵俸饷月粮、暨仓夫工食等米一万一千七百二十五石五斗五升七合二勺,拨武卫右军先锋队月饷并筹解偿款河防、边防经费等项共银五万二千一百六两五钱二分,实存本色正耗等米三万六千三百二十二石八斗五升一合一勺,折色银一千四百五十七两一钱八分九厘。

据督粮道周开铭造具册结咨,由署布政使英瑞加结核转前来。臣复核无异,除册结咨部外,谨恭折具陈,伏乞皇太后、皇上圣鉴,敕部核销施行,谨奏。

朱批:"户部知道。"

光绪三十一年四月二十日。

(《光绪朝朱批奏折》第 91 辑,475)

恭报二月分雨雪情形并呈粮价清单折

头品顶戴、署理山东巡抚、直隶布政使、臣杨士骧跪奏,为恭报光绪三十一年二月分雨雪情形,并呈粮价清单,恭折仰祈圣鉴事。

窃查,光绪三十一年正月分,山东省各属雪泽、粮价业经臣查明,开单奏报在案。兹查,本年二月分,通省一百七州县,除荣成一县未报雨雪外,内济阳、德州、德平、泰安、肥城、新泰、莱芜、东平、东阿、平阴、阳信、海丰、乐陵、商河、滨州、沾化、蒲台、滋阳、曲阜、宁阳、邹县、泗水、滕县、峄县、汶上、阳谷、寿张、菏泽、单县、城武、曹县、定陶、钜野、郓城、濮州、范县、观城、朝城、兰山、郯城、费县、莒州、蒙阴、沂水、日照、聊城、堂邑、博平、茌平、清平、莘县、冠县、馆陶、高唐、恩县、乐安、临朐、安邱、临清、夏津、武城、邱县、济宁、金乡、嘉祥、鱼台、胶州、高密、即墨等六十九州县。据报于月之上旬初一、初二、初五；中旬十九、二十；下旬二十一、二十三、二十四、二十五、二十七等日各得雨一、二、三、四、五寸不等。又福山、栖霞、宁海、文登四州县，于月之上旬初二各得雪一、四、五、六寸不等。又历城、章邱、邹平、淄川、长山、新城、齐河、齐东、万城、临邑、长清、陵县、平原、惠民、青城、利津、益都、博山、临淄、博兴、高苑、寿光、昌乐、诸城、掖县、平度、昌邑、潍县、蓬莱、黄县、招远、莱阳、海阳等三十三州县，于月之上旬初二、初三、初九、初十；中旬二十；下旬二十一、二十三、二十四、二十五等日各得雪一、二、三、四寸，雨一、二、三、四寸不等。原田沾足，禾麦蓬生，民情亦极安谧，堪以仰慰慈廑。谨将各属市集粮价缮具清单，祗呈御览，为此恭折具陈，伏乞皇太后、皇上圣鉴。谨奏。

朱批："知道了。"

光绪三十一年四月二十日。

（《光绪朝朱批奏折》第 97 辑，501）

具陈应承袭、接袭云骑尉各世职情况折

头品顶戴、署理山东巡抚、直隶布政使、臣杨士骧跪奏，为查明应承袭接袭云骑尉各世职汇案，恭折具陈，仰祈圣鉴事。

窃照阵亡殉难官绅应袭世职，向系汇案奏报。又兵部奏定新章，各省承袭世职于造具宗图册结送部时，另单抄录议准原案粘连咨文盖用印信一并送部等因，于光绪二十九年六月初五日具奏，奉旨"依议。钦此"，钦遵在案。

兹查，光绪二十九年分应承袭云骑尉年已及岁应发标张元杰、郭行庚、张俊卿、金升堂、安长治；应接袭云骑尉年已及岁应发标之尹承照、房庆龄、宫镇清、曹建武、马焕东、苏宝森、孙名铣；应接袭云骑尉年已及岁请在籍养亲之赵作朴；应接袭云骑尉年未及岁之周兆续，均经前抚臣分别验看，逐案查核相符，将张元杰等十二名先后发标学习，统以吏、兵二部汇奏奉旨之日作为收标日期，仍照二十七年山东省奏准新章停给世俸银两。赵作朴请在籍养亲，应暂缓发标。周兆续俟及岁时，再行验看核办。除宗图册结送部外，理合敬缮清单。恭折具陈，伏乞皇太后、皇上圣鉴，训示。谨奏。

朱批："兵部议奏，单并发。"

光绪三十一年四月二十日。

（《光绪朝朱批奏折》第 49 辑，760）

河工桃汛平稳折

头品顶戴、署理山东巡抚、直隶布政使、臣杨士骧跪奏，为桃汛期内黄河两岸各工防护平稳，恭折具陈，仰祈圣鉴事。

窃照东省黄河本年凌汛工程防护平稳情形，业经臣奏报在案。查凌汛过后，河水时涨时落，臣即通饬上、中、下三游总办道员，赶将春厢培堤各事，分别赶办，加意修防。一面购运砖石秸料以备大汛，迨节交清明，桃汛叠次涨发，据各总办先后禀报险工，如上游南岸孙楼等五处、中游北岸陶城埠等五处、南岸王家梨行等四处、下游北岸唐家等八处、南岸梯子坝等七处，均因水势抬高，埽坝时有蛰陷，其大溜顶冲处所更属异常吃重。幸经各总办竭力督工，分投抢厢稳固。现在节逾立夏，桃汛已过，两岸工程一律平稳，洵堪仰慰宸廑。臣仍当严饬各总办督率在工营委员弁，多备料物，认真修守，无稍疏虞。所有桃汛期内各工防护平稳缘由，理合恭折具陈，伏乞皇太后、皇上圣鉴，谨奏。

朱批："知道了。钦此。"

光绪三十一年四月二十二日。

（《光绪朝朱批奏折》第 100 辑，564。

（《杨文敬公奏议》卷一）

请以程丹桂补授宁海州知州折

头品顶戴、署理山东巡抚、直隶布政使、臣杨士骧跪奏，为拣员请补知州员缺以资治理，恭折仰祈圣鉴事。

窃查，宁海州知州张树勋修墓开缺，于光绪三十年九月二十四日奉旨，应以五日后行文。按山东省照限减半计算，扣至十月十三日作为开缺日期，归十月分截缺，是月分只此一缺，毋庸掣签，例应拣员请补。查山东知州一项，按照一咨二留新章，上次出有平度州一缺系归部铨选，又出有莒州一缺系留归外补。今此一缺，例应以候补班前与候补正班酌量请补。查候补正班内科甲出身人员均与此缺不甚相宜。

兹查,有候补班补用知州程丹桂,年五十一岁,直隶延庆州廪生,于光绪三年恭逢恩诏,由籍荐举孝廉方正,五年二月朝考,三月初六日引见,奉旨"以直隶州州同州判用。钦此",签掣直隶州州同。十七年因修居庸关沟道路,工竣保俟选缺后以知州即补。二十二年,因顺天赈椠堤工告竣,保奖四品衔。二十五年指分山东,八月十二日引见,奉旨"著照例发往。钦此",十一月十一日到省,二十七年因剿办济属匪犯案内出力,保准免补本班,以知州仍留原省补用,现署堂邑县知县。

据署布政使英瑞、署按察使沈廷杞以该员年力富强,讲求吏治,堪以补绥宁海州知州会详请奏前来。臣到任未满三月,例不加考,惟查该员请补宁海州知州,衔缺相当,毋庸声叙参罚。除咨部查照外,谨恭折具陈,伏乞皇太后、皇上圣鉴,敕部核复施行。

再,该员保举知州,尚未引见,应俟奉旨饬部议准,再行给咨引见,合并陈明。谨奏。

朱批:"吏部议奏。"

光绪三十一年四月二十二日。

(《光绪朝朱批奏折》第 21 辑,402)

报销山东通省光绪二十八年抽收各项厘金并支存银数折

头品顶戴、署理山东巡抚、直隶布政使、臣杨士骧跪奏,为报销山东通省光绪二十八年抽收各项厘金并支存银数,缮单具陈,恭折仰祈圣鉴事。

窃查,山东省各海口抽收百货厘金,向归州县经理解交省局;洋药厘金归并东海关征收汇报;腹地土药税厘归于省局稽征,与东海关课款各不相涉。嗣因开办土药税厘,将腹地土药一项统归土药局征收汇解。至部议开源节流案内奏明,省城贩卖洋药坐商十二家,各岁捐银二十四两,系属铺捐,与按货抽厘者不同,是以仍照向章归并厘金项下办理。河路盐货厘捐先后在洛口、安山、姜家沟、馆陶、石村等处设卡抽收。所有收支各项银数,截至光绪二十七年年底均经分起奏报造册,咨部在案。

兹据筹款总局司道详称,督饬局员检齐卷宗,逐加稽核,自光绪二十八年正月起至十二月底止,除支局用外共收过海口、陆路、河路各项厘金银十三万九千一百零七两零九分九厘四毫。连上届奏销案内存银四万九千二百二十六两八钱七分四厘七毫,统共银十八万八千三百三十三两九钱七分四厘一毫。除支解固本京饷及认还俄法借款,并洋务局经费、挑挖小清河工需等项,共银十二万二千四百两,实存各项厘金及糖茶加成,共银六万五千九百三十三两九钱七分四厘一毫,留备固本京饷等用,归入下届造报。

再,光绪二十七年报销案内实在项下,实存各项厘捐银四万四千零九十七两七钱六分九厘,单内误开八分九厘;实存二十五年糖茶二成银二千零四十八两七钱二分七厘,单内误开三分七厘,以至与咨部文册各数均不相符,应请于此次单内就案更正,合并陈明等情,详请具奏前来。臣复加查核,收支各款均属相符。比较前三年收数,尚属有增无减。局用经费按照部章应支一成银一万三千九百余两,今仅支银二千零六十余两,亦尚节省。除饬造具总细各册咨部查照,并令认真稽征外,理合缮具简明清单,恭折具陈,伏乞皇太后、皇上圣鉴。谨奏。

朱批:“户部知道,单并发。”

光绪三十一年四月二十二日。

(《光绪朝朱批奏折》第 78 辑,646)

奏销山东机器局光绪二十六年分动用经费折

头品顶戴、署理山东巡抚、直隶布政使、臣杨士骧跪奏,为报销机器局光绪二十六年分动用经费银两数目,恭折仰祈圣鉴事。

窃查,山东机器局制造各项军火,应需经费银两,向由藩库筹拨,按年造册报销。凡有添购物料,应先专案报明;修理房屋等项,亦应随折声叙。所有光绪二十五年分收支各项银数,业经正任抚臣周馥奏销在案。

兹有二十六年正月起至十二月底止,造成各种西式火药二十四万三千六百五十斤,大铜帽火四百八十四万粒,各种后膛枪子九十二万九千八百颗,各种洋铅丸一百八十九万九千二百八十三粒;修配各种洋枪二千七百四十九杆、来福洋枪六千三百九杆,添造各厂机器,做成装盛军火箱盒;砌成各厂大炉、房屋水沟;并采买外洋铜、铁、钢、铅各种物料暨员弁、匠役薪水,工料运脚等项,应归户部核销银二万七千三百五十八两九钱五分六厘七毫九丝二忽,兵部核销银一万四千四百四十八两七钱六分五厘,工部核销银五万四千九百一两五钱二分八厘三毫,共应销银九万六千七百十八两七钱五分九丝二忽。计收光绪二十五年报销案内结存库平银八千七百九十三两六分一厘六毫六丝八忽。又兵部核删二十五年报销夫价、水脚银九十两七分二厘，共存银八千八百八十三两一钱三分三厘六毫六丝八忽。陆续共拨过藩库库平银六万六千六百两，南运局库平银二万七千两，又前任盐运使丰伸泰报效军饷，奏明拨作制造枪炮经费京平银二万两，合库平银一万八千八百两。除支用外，实存库平银二万四千五百三十四两三钱八分三厘五毫七丝六忽，归入下届造报。

所有支款项下应扣六分减平银两，均已解存藩库。据总理局务署布政使英瑞、署按察使沈廷杞、分省补用道刘恩驻等造册详请奏咨前来。臣复加查核，均系实用实销，尚无浮冒弊端。除清册分咨户、兵、工三部查照外，所有报销机器局光绪二十六年分动用经费银数缘由，理合恭折具陈，伏祈皇太后、皇上圣鉴，敕部核销施行。谨奏。

朱批："该部知道。饮此。"

光绪三十一年四月二十六日。

（《光绪朝朱批奏折》第102辑，376）

具陈征收土地税厘数目片

再，山东省征收土地税厘，前经奏定章程，每百斤价银二百两收税厘两项各十六两，另收关税银十六两，局用经费现准部咨按一成留支，业将光绪三十年四月底以前收支银数附片奏明在案。兹据筹款总局司道详称，土地税厘系属尽征尽解，并无定额。计自光绪三十年五月初一日起至三十一年四月底止一年期满，共收税厘银十一万七千三百九十九两零，除留支一成局费银一万一千七百三十九两零。又支光绪三十年武卫右军先锋队月饷银一万两，又支凑解英德洋债银一万两，下余银八万五千六百五十九两零，仍存藩库，留作先锋队营饷并英德洋债之用等情，呈请具奏前来。臣复查无异，除仍饬随时认真稽征，并饬造册分送部科外，谨附片具陈，伏乞圣鉴。谨奏。

朱批："户部知道。"

光绪三十一年五月。

（《光绪朝朱批奏折》第84辑，657）

会奏派何彦升接办济南商务局片

再,济南开埠以来,经营创始,头绪纷繁,前经曾委直隶试用道蔡汇沧来东筹办,甫有端倪,现委该员接署东海关道篆务,所遗商埠局差,亟须遴员接办。查,丁忧、前东海道何彦升,精通交涉,开迈宏深,在任之时,适当严守中立,相机应付,中外交孚,以礼去官,同深怅惜。东省外交繁剧,迫切需材,拟俟该员百日后,仍调来东,接办商务局务,以资得力。谨合词附片具陈,伏乞圣鉴,训示。谨奏。

朱批:"知道了。钦此。"

光绪三十一年五月初五日。

(《杨文敬公奏议》卷一)

筹议挑练旗兵折

头品顶戴、署理山东巡抚、直隶布政使、臣杨士骧跪奏,为筹议青、德两营裁并旗兵乾饷并拨给荒地垦租,俾资添练,以恤旗困而励军心,恭折仰祈圣鉴事。

窃维驻防满营生齿日繁,额设饷糈难资腾饱,经前副都统会同前抚臣袁世凯议编佐卫练军,奏明挑选精壮,添筹饷项,频年训练,颇有起色。嗣以旗丁仍多困苦,复经正任抚臣周馥奏将官山荒地酌拨认垦,尚未办就。臣到任后,正议筹办,准新任青州副都统英慈到东,敬传面奉懿旨,命与臣会商,"再由驻防内挑练士卒以期有用等因。钦此。"亟应会同商酌,妥拟办法,以副朝廷精求武备整奋防营之至意。

查,现署运使吴煜曾由前抚臣派往查办前任青州副都统参案,办事认真,深悉青、德两营积弊,复命前往,检齐旧档,悉心参究。查青州驻防八旗,额设领催六十四名,前锋三百名,马甲一千一百九十六名。每马一匹,四季牵算,月支乾银一两五钱。近以料值昂贵,不敷喂养,额马倒毙疲瘦,于操防难期得力,不如酌裁无用之马,添练有用之兵。拟裁额马八百匹,每月省出乾银一千二百两,岁可得银一万四千百两用。再添练马队一百五十名,步队一百名,月饷悉照佐卫练军饷章开支,馀项添给马乾,以期膘壮。似此核实,筹并兵马,减资给足,德营亦一律照此办理。至青、德两营制兵,齿繁饷薄,自须筹给生业,俾顾身家。前指官山荒地,多系零星区亩,不便分拨。

兹查利津、乐安两县毗连，境内有海滩淤地约六百余顷。以此拨给旗丁，足资生计。惟该处距满营稍远，安土重迁，自垦诸多未便，且此项淤地滨临大海，尤虑海潮为患，难奠室家。现由满营派员，会同印委勘丈立界，就近招佃，垦种计亩，议租为数亦巨，按春秋两季，催征发营匀放，旗丁无边垦之烦，而得养赡之实，用恤旗困而广皇仁。臣与该副部都统往复晤商，意见相同。如蒙俞允，俟抽练成军，招垦竣事，再行详细具奏。

正在会议间，现值陆军第五镇镇统吴长纯抵东，遵照陆军第一、二镇章程，由青德满营闲散余兵内挑选精壮五百名编入新军训练。得此分练，于饷项尤属有益，应俟第五镇成军后再报明练兵处查照。所有会议挑练青德马部队旗兵裁并乾饷，暨拨给两营垦租缘由，除咨部查照外，谨会同青州副都统臣英慈合词共折具奏，伏乞皇太后、皇上圣鉴，训示。谨奏。

朱批："练兵处、兵部知道。钦此。"

光绪三十一年五月初七日。

（《杨文敬公奏议》卷一；《光绪朝朱批奏折》第 35 辑，193）

出省巡阅片

再，东省黄河大汛，瞬将水势日涨，两岸春厢培堤各工将次完竣，秸石各料亦陆续购运，薄庄新堤工程现正趱办，亟应前往查勘。臣现定于五月十二日由泺水口登舟下驶，督饬总办各员筹商修守事宜，并拟绕赴沿海巡视一切。所有臣署日行公事，循例檄委藩司代拆代行，遇有紧要事件仍包封送臣行次核办。谨附片具陈，伏乞圣鉴。谨奏。

朱批："知道了。钦此。"

光绪三十一年五月初七日。

（《杨文敬公奏议》卷一）

报销光绪三十年分临清户关征收解支银两折

头品顶戴、署理山东巡抚、直隶布政使、臣杨士骧跪奏，为报销光绪三十年分临清户关征收解支银两数目，恭折仰祈圣鉴事。

窃查,临清户关税务一年应收原额银二万九千六百八十四两,铜斤水脚银七千六百九十二两三钱一分三厘,盈馀银一万一千两,又耗银四千八百三十七两六钱三分一厘,共应征正耗银五万三千二百一十三两九钱四分四厘。向系按年报销,业将光绪二十九年以前之案造册奏报在案。兹据办理临清关补用知府吴震泽,将光绪三十年分征收解支数目造具册结,呈请奏咨前来,臣复加查核。该关自光绪三十年正月初一日起至年底一年期满,除免征银两不计外,实收船料、货税、粮食原额银二万九千六百八十四两,铜斤水脚银七千六百九十二两三钱一分三厘,盈馀银一万一千两,溢收银七万五千七百一十四两六钱九分九厘七毫,又耗银一万二千四百九两一钱一厘二毫,共银十三万六千五百两一钱一分三厘九毫。内除正银项下动支役食银一百七十四两,支解羊毛饭食银三百两,采办寒羊皮价银一千五十两,拨解过光绪甲辰年奉天、吉林官兵俸饷银二万八千两,山东黄河防汛经费银二万两,善后局抚标左右两营军饷银三万二千两。耗银项下动支一年经费各款银六千三百四十五两二钱,一五加平银一千九百二十九两四钱六分四厘,共银八万九千七百九十八两六钱六分四厘,尚应存银四万六千七百一两四钱四分九厘九毫。查照光绪二十九年八月十九日奏案,全数拨充山东抚标左右两营饷需之用。除将册结咨部外,谨恭折具陈伏乞皇太后、皇上圣鉴,敕部核销施行。谨奏。

朱批:"该部知道了。"

光绪三十一年五月初七日。

(《光绪朝朱批奏折》第 74 辑,528)

审办朝城等州县十起命盗案件,摘叙简明事由折

头品顶戴、署理山东巡抚、直隶布政使、臣杨士骧跪奏,为审办朝城等州县寻常命盗案件,遵章汇为十起,摘叙简明事由,敬缮清单,恭折仰祈圣鉴事。

窃照部章,各省寻常命盗案件由题改奏者一律改为汇案具奏,并将斩绞监候为一项,每次至多以十案为率,仍令备录供招咨部查核。又现奉刑部奏准新章,嗣后斩监候各条俱改为绞监候,并革除刺字各等因,咨行遵照在案。

前据臬司转据曹州等府审办朝城等州县罪应拟斩监候人犯吕釜堎(即吕釜勋)、马士见、赵二蛮,拟绞监候人犯刘薪溃、周豆、刘庭瀚、龙四、赵建友、李东全,犯妇吴王氏,拟军人犯戴富黄、徐芝汉、李二党、赵留根,拟流人犯张小漫,拟徒人

犯董刹,共十起十六名口,由司先后分别招解,经前抚臣逐案审明,先将招册送部,未及汇报卸事。

臣复核无异,查该犯等恭逢恩诏,事在正月初一日以前,吕荃垛(即吕荃勋)系故杀,拟以斩候;马士见、赵二蛮系窃贼施放洋抢,拒捕伤人,各拟斩候,应遵新章俱改为绞监候。刘薪溃系斩杀拟绞,刃伤要害奇重,均在不准援免之列,应不准援免。马士见、赵二蛮、刘薪溃仍照章于秋审时酌入缓决。周豆、刘庭瀚、龙四、赵建友、李东全、吴王氏俱系斩杀拟绞,董刹系械窃拟徒,均不在不准援免之列,应准援免;释放后再有犯,各加一等治罪。戴富黄、徐芝汉、李二党、赵留根系窃盗拒捕,为从拟军;张小漫系窃贼逾贯,为从拟流,均在不准援免之列,应不准其援免。理合汇案,摘叙简明事由,敬缮清单,恭折具陈,伏乞皇太后、皇上圣鉴,敕部核复施行。谨奏。

朱批:"刑部议奏,单并发。"

光绪三十一年五月初七日。

(《光绪朝朱批奏折》第108辑,555)

奏报补行光绪三十年分大计应举应劾各员名单折

头品顶戴、署理山东巡抚、直隶布政使、臣杨士骧跪奏,为补行光绪三十年分大计,分别应举应劾各员,缮具清单,恭折仰祈圣鉴事。

窃查,前准吏部咨,"光绪二十七年十二月起扣至三十年十二月,三年之期已届,其各省官员大计,卓异者应行按额荐举,佐杂、教职亦不得全举一途。其有干六法者,应照例统为一本参奏,仍令该督抚等,将不谨、浮躁等官俱确按实迹详细登注,不得笼统参奏等因",咨行到东。时值前署抚臣胡廷干到任未久,奏准展缓至本年三月举行,未及核办卸事。臣接署抚篆,未及三月,因东省属僚贤愚未能深悉,复经陈请续行展限三个月,奉奏朱批"吏部知道。钦此。"当即分别转行,钦遵在案。转瞬展限将届,自应照例补办。

据布政使吴廷斌详称,到任未满三月,无从考察;署按察使沈廷杞察得正、杂、教职堪应举荐各员,以及有干六法者,会同分别开报前来。窃维三年计典,黜陟幽明,必须考察公明确当,庶足以仰副圣主澄叙官方之至意。兹臣博访周谘,悉心甄别,并会同学政臣载昌,将通省教职秉公考核,闻见相同。除不入举劾平等官员,填注考语造册,咨送吏部查核外,谨将应举应劾各员,分缮清单恭呈御览,理合会同山东学政臣载昌恭折具陈,伏乞皇太后、皇上圣鉴,敕部核复施行。再东河河缺改归山东管辖,仅十一缺不敷列保,合并陈明。谨奏。

朱批:"吏部议奏,单二件并发。"

光绪三十一年五月初十日。

(《光绪朝朱批奏折》第21辑,466)

报销光绪三十年分临清工关征收解支银两折

头品顶戴、署理山东巡抚、直隶布政使、臣杨士骧跪奏,为报销光绪三十年分临清工关征收解支银两数目,恭折仰祈圣鉴事。

窃查,临清工关税务于乾隆元年归并临清大关征收,一年应征原额银四千五百七十二两七钱四分,盈余银三千八百两,又耗银八百三十七两二钱七分四厘,共应征正耗银九千二百十两一分四厘。向系按年报销,业将光绪二十九年以前之案造册报销在案。兹据办理临清关补用知府吴震泽,将光绪三十年分征收解支数目造具清册,呈请奏咨前来。

臣复加查核,该关自光绪三十年正月关河起至年底一年期满,共收短载盐货原额银四千五百七十二两七钱四分,盈余银三千八百两,溢征银六百三两三钱九分,又耗银八百九十七两六钱一分三厘,共银九千八百七十三两七钱四分三厘。内除正银项下拨解过光绪甲辰年奉天、吉林官兵俸饷银二千两,耗银项下动支解吏盘费银三十两、工部四季饭银二百二十四两,一五加平银一百四十四两二钱九分六厘,共银二千三百九十八两二钱九分六厘,尚应存银七千四百七十五两四钱四分七厘。查照光绪二十九年八月十九日奏案,全数拨充山东抚标左右两营饷需之用。除将清册咨部外,谨恭折具陈,伏乞皇太后、皇上圣鉴,敕部核销施行。谨奏。

朱批:"该部知道。"

光绪三十一年五月初十日。

(《光绪朝朱批奏折》第74辑,530)

恭报三月分雨泽情形并呈粮价清单折

头品顶戴、署理山东巡抚、直隶布政使、臣杨士骧跪奏,为恭报光绪三十一年三月分雨泽情形并呈粮价清单,恭折仰祈圣鉴事。

查,光绪三十一年二月分山东省各属雨雪、粮价,业经臣查明开单,奏报在案。查,三月分通省一百七州县,除新泰、莱芜、日照、益都、寿光、栖霞、莱阳、宁海、文登、海阳、夏津、即墨等十二州县未报得雨外,其余历城等九十五州县先后据报于月之上旬初一、初二、初六、初七、初八、初九,中旬十二、十三、十九、二十,下旬二十五、二十六、二十七等日,各得雨一、二、三、四寸不等。麦苗芄茂,四野青葱,地方民情均极安谧,堪以仰慰慈厪。谨将各属市集粮价缮具清单,祗呈御览。为此恭折具陈,伏乞皇太后、皇上圣鉴。谨奏。

朱批:"知道了。"

光绪三十一年五月初十日。

(《光绪朝朱批奏折》第 97 辑,512)

请以张振乾调补曹州中营游击折

头品顶戴、署理山东巡抚、直隶布政使、臣杨士骧跪奏,为拣员调补游击以实营伍,恭折具奏,仰祈圣鉴事。

窃照曹州中营游击黄占元,因开缺归副将升班候补,当经前署抚臣胡廷干附片奏报,接准部咨,以所遗曹州中营游击系陆路题调要缺,行令拣员请补等因。

臣于通省实缺游击内逐加遴选,查有武定营游击张振乾,现年五十岁,系河南汝阳县人,由武进士花翎侍卫当差期满,于光绪十九年五月选授山东武定营游击,经兵部带领引见,奉旨"著准其补授。钦此"。是年七月领札到东,八月檄饬赴任供职。嗣因河工抢险案内出力,经前抚臣张人骏汇案奏准加副将衔。

该员精力强壮,缉捕勤能,以之调补曹州中营游击,洵堪胜任。合无仰恳天恩俯准,以武定营游击张振乾调补曹州中营游击。如蒙俞允,该员系现任游击调补游击,衔缺相当,毋庸送部引见。其所遗武定营游击员缺,东省现有应补人员应请扣留外补,合并陈明。除将履历印册照章送部查核外,谨会同曹州镇总兵臣任永清合词恭折具奏,伏乞皇太后、皇上圣鉴,敕部核复施行。谨奏。

朱批:"兵部议奏。"

光绪三十一年五月二十九日。

(《光绪朝朱批奏折》第 49 辑,806)

恭报光绪三十年山东省征收下忙钱粮分数折

　　头品顶戴、署理山东巡抚、直隶布政使、臣杨士骧跪奏，为光绪三十年山东省征收下忙钱粮，核计分数，循例具报，恭折仰祈圣鉴事。

　　窃查，户部定章，各省征收上下两忙钱粮，丰年以额征为准，灾缓之年以实征为准，均按八分计算，上忙匀为三分，下忙匀为五分。自光绪二十三年更定分数考成，藩司督催上、下两忙钱粮，上忙定为四分，下忙定为五分，仍于截数后分忙奏报。上忙能完至四分，下忙能完至五分，始准免其议处，历经遵照在案。

　　兹据布政使吴廷斌详称，光绪三十年山东通省州县暨归并卫所，起运地丁正耗，同鱼台县湖地升科田赋，暨庆云县民粮，除被潮鹹废，沿河坝塌堤占沙压，并划归德、英两国租界，暨上忙缓征外，实应征银二百九十九万五千五百七十三两六钱九分三厘。照章按十分核算，上忙应征四分银一百一十九万八千二百二十九两四钱七分七厘，自二月开征起至六月底止，除各属留支外，已完解藩库银一百四十五万四千一百三十一两二钱三分五厘，计长完银二十五万五千九百一两七钱五分八厘，业经前署抚胡廷干于上年十二月间奏报在案。今查下忙钱粮，除因灾捐缓，暨上忙已完留支外，实尚应征银一百七十四万一千一百三十六两九钱八分二厘，自八月开征起至年底止，已完解藩库银一百二十七万七千五百四十二两五钱九分七厘，连上忙长完银二十五万五千九百一两七钱五分八厘，二共银一百五十三万三千四百四十四两三钱五分五厘。内除灾前溢完蠲额，流抵次年正赋银一百八十七两三分四厘，核计征完五分二厘八毫。又收起运折色脚价银三千四百九两八钱五分二厘，课程银八十四两二钱三分二厘，牛驴牙杂银十八两八钱二厘，统计下忙完解藩库正杂银一百二十八万一千五十五两四钱八分三里。

　　查光绪三十年系灾缓之年，应以实征银数为准统计上、下两忙，共征完九分二厘八毫，较之部定应完九分之数有盈无绌，造册呈请奏咨前来。臣复加查核，银数相符，所以督催职名系前署抚臣胡廷干在藩司任内，暨署布政使英瑞、前布政使尚其亨三任督征。除清册咨部查照外，理合循例恭折具陈，伏乞皇太后、皇上圣鉴。谨奏。

　　朱批："户部知道。"

　　光绪三十一年五月二十九日。

　　（《光绪朝朱批奏折》第 69 辑，329）

请以王光麟调补曹州镇标濮州营守备折

头品顶戴、署理山东巡抚、直隶布政使、臣杨士骧跪奏，为拣员更补守备员缺，恭折仰祈圣鉴事。

窃照濮州营守备刘安邦病故，遗缺前经正任抚臣周馥奏请以裁缺千总李邦彦升补，接准部咨，以李邦彦前在河标左营千总任内未经俸满，行令拣选合例人员升补等因。伏查，濮州营守备，系陆路题调之缺，臣于通省实任守备内逐加遴选，非现居要缺，即人地不宜。

兹查，有抚标右营守备王光麟，现年五十四岁，系直隶景州人，由武生应同治癸酉科顺天乡试中式武举，会试未第，签掣兵部，当差期满，因办理军报出力，由部奏准以营守备尽先补用，并加都司衔，分发山东候补到标。于光绪二十五年正月，经前抚臣张汝梅奏准补授曹右营守备，旋经题请调补抚标右营守备，经部核准，由东给咨于二十八年九月经兵部带领引见，奉朱笔圈出"著照例准其补授。钦此"，祗领部札回东，是年十二月檄饬赴任供职。

该员讲求捕务，以之调补濮州营守备，与例相符，合无仰恳天恩俯准以抚标右营守备王光麟，调补曹州镇标濮州营守备，洵堪胜任。如蒙俞允，该员系现任守备调补，守备衔缺相当，毋庸送部引见。其所遗抚标右营守备员缺，系陆路部推之缺，东省现有应补人员应请扣留外补，合并陈明。除将履历印册照章送部查核外，谨会同曹州镇总兵臣任永清合词恭折具陈，伏乞皇太后、皇上圣鉴，敕部核复施行。谨奏。

朱批："兵部议奏。"

光绪三十一年五月二十九日。

（《光绪朝朱批奏折》第 49 辑，807）

预筹河防经费片

再，查东省黄河地处下游，工长险钜，历年防汛经费不敷应用，每于额拨银六十万两外，添拨抢险银两。光绪二十八、九、三十等年，先后奏请续拨十万两或十五万不等，均经奉旨，允准在案。惟抢险万紧之秋，往往因经费支拙，待款待料，每至怠误事机。

本年桃汛期内，河水叠涨，幸赖料物应手，得以抢护平稳。转瞬伏秋大汛，为日方长，各游险工林立，急须多办备防料物，免致临时束手。而额拨经费六十万两，办理春厢等工，所馀无几，势不得不预为筹画。与其事急请款竭蹶堪虞，何若提早宽筹，妥为布置？应请照案预筹抢险经费银十万两，在款项并未加增，于工程实有裨益。据河防局司道具详请奏前来。

臣复加细核，委系实情，拟请援照上年成案，在于藩库及工赈捐款内各拨银五万两，以备抢险要需。臣深知筹款奇艰，仍当严饬工员趱办物料，撙节动用，不准丝毫靡费。除咨部查照外，理合附片陈明，伏乞圣鉴，训示。谨奏。

奉朱批："户部知道。钦此。"

光绪三十一年六月初一日。

（《杨文敬公奏议》卷一）

巡阅河堤海疆事竣回省折

头品顶戴、署理山东巡抚、直隶布政使、臣杨士骧跪奏，为巡阅河堤海疆事竣回省，恭折仰祈圣鉴事。

窃臣渥承恩命，权抚山东，任剧材轻，深虞陨越。全省政要首重两端，河堤为岁帑之漏卮，海疆乃邻交之关键，亟宜及时巡阅，免致坐昧事机。当于五月十二日带印出省，奏报在案。是日，由省赴雒口登舟，遍历上、中、下三游，道经险工处所及本年春厢培堤各工逐段履勘，详加考验，并询民疾苦。薄庄新堤，现正修筑，严饬在事员弁夯砑坚实，不准有草率偷减情弊。时将伏汛，水势虽长，工程尚稳。臣复督饬三游总办，无论平险各工，妥筹修守，不得稍涉大意。舟行三日，抵利津县黄流入海之处而止，复由利津遵陆至周村，由火车至青岛会晤德大臣师孟，察看该处情形。由胶州遵陆至烟台，接见各国领事，考察商税暨地方一切。由烟台借乘北洋海琛快船至威海，英提督舰队预来护迎，英大臣骆任廷相见颇洽。次日，仍乘海琛快船至羊角沟，改乘民船，取道小清河遄返。六月十七日，抵省。青岛、烟台、威海、羊角沟等处华商迎谒之际，访问商情，甚为详晰。东海关道何彦升随行各埠，藉助考察。此次水陆奔驰，计三十馀日，河堤、交涉两端，粗得大概，于大局不无裨益。

又，臣经过地方雨泽霑足，禾穗蕃滋，农田可卜有秋，均堪上纾宸廑。所有巡阅事竣回省情形，理合恭折驰陈，伏乞皇太后、皇上圣鉴。谨奏。

朱批:"知道了。钦此。"

光绪三十一年六月二十四日。

(《杨文敬公奏议》卷一)

恭报四月分雨泽情形并呈粮价清单折

头品顶戴、署理山东巡抚、直隶布政使、臣杨士骧跪奏,为恭报光绪三十一年四月分雨泽情形,并呈粮价清单,恭折仰祈圣鉴事。

窃查,光绪三十一年三月分山东省各属雨泽、粮价,业经臣查明开单奏报在案。兹查四月分通省一百七州县,除淄川、长山、新泰、东平、曲阜、泗水、汶上、阳谷、寿张、钜野、濮州、观城、朝城、莘县、乐安、掖县、招远、夏津、济宁、嘉祥等二十州县未报得雨外,其余历城等八十七州县先后据报于月之上旬初一、初二、初三、初四、初十,中旬十五、十六,下旬二十二、二十九、三十等日,各得雨一、二、三、四、五寸不等,麦收中稔,秋禾勃兴,地方民情均极安谧,堪以仰慰慈廑,理合将各州县市集粮价缮具清单,恭折具陈,伏乞皇太后、皇上圣鉴。谨奏。

朱批:"知道了。"

光绪三十一年六月廿四日。

(《光绪朝朱批奏折》第 97 辑,530)

交纳一成半出使经费银片

再,据登莱青胶道、东海关监督何彦升禀报,前奉总理各国事务衙门奏准添拨出使各国经费,令各关将洋税六成、商局税六成各作为十成,提出一成半存作出使经费,全数解沪等因,前已解至第一百七十七结止,兹将第一百七十八结提出一成半出使经费银九千二百三十六两零,饬委山东委用知县陈兆琛,于光绪三十一年六月十二日解赴江海关道衙门交纳。臣复查无异,理合附片陈明,伏乞圣鉴。谨奏。

朱批:"该部知道。"

光绪三十一年六月。

(《光绪朝朱批奏折》第 90 辑,273)

请将加拨抢险经费银仍在藩库动支片

再，臣前因黄河抢险需款，恳请预拨经费银十万两，于本年五月二十九日附片具奏，恭奉朱批"户部知道。钦此"，钦遵在案。嗣准户部咨称，"所请经费十万两，与历届加拨章程不符，碍难如数照准。其二十八、九、三十等年续拨抢险经费十万、十五万两不等，原因险工需款孔急，是以权宜办理，岂可视为常例？应令照案加拨五万两，在工赈捐款内动拨，不得动用藩库银款"等因前来。

窃查，东省黄河河窄低弯，险工日多，需款日急。其紧要关键全在大汛以前布置周妥，临时方免竭蹶，历年漫决频仍，迄无宁岁，筹堵筹赈动辄百数十万两，推原其故，多由事前不能多拨款项，一旦变起，仓促措手不及，更滋糜费。臣前次拜折后，叠据各游纷纷请款，即赶饬司局将经费十万两照数筹出，分拨三游，严饬工员宽备料物，提前筹画，竭力抵御。迨甘、豫等省叠报水涨，工程屡出钜险，幸赖款料应手，逐一抢修稳固。现在秋汛方长，经费十万两早经动用，所馀无几。

此次出省巡河，亲见两岸工程甚属齐整，若河水不再奇涨，今年可望安澜。此皆事前布置得宜，裨益河工匪浅。虽若较例多请五万两，近数年多系两次请拨，并有不止十万之数，傥能通工平稳，所费虽多，所保全者实大，且与部臣权宜办理之说亦不相背。合无仰恳天恩俯准，将加拨抢险经费银五万两，仍在藩库动支，以符原请十万两之数，河工幸甚！大局幸甚！臣深知帑项支绌，筹款维艰，自当督饬工员撙节动用，既不敢丝毫浪费，亦不敢贻误要工，理合附片陈请，伏乞圣鉴，训示。谨奏。

朱批："户部知道。"

光绪三十一年七月。

（《光绪朝朱批奏折》第 100 辑，584）

戴村坝灰石等工完竣报销用过工料银数折

头品顶戴、署理山东巡抚、直隶布政使、臣杨士骧跪奏，为修理戴村坝灰石等工完竣报销用过工料银数，缮具清单，恭折仰祈圣鉴事。

窃查，运河戴村坝遏汶济运，关系重要，历年失修，商民交困。光绪二十八年夏间,汶水大发,复将土堤全行冲决,灰石各坝亦多损坏,经正任抚臣周馥亲诣察看情形,奏请添建片石长堤,并修理旧坝各工,期以两年竣事。光绪二十九年三月十六日,奉朱批"著即分别次第,核实办理,务期款不虚糜。钦此。"旋准部咨令俟工竣开单奏报,照例造具清册图说印结送部核销等因,当经转行兖沂道兼管运河事务张莲芬、管理运工直隶候补道窦延馨遵照办理在案。

兹据该道等详称,于二十九年春间鸠工兴修,将戴村坝太隍堤改建片石,长堤玲珑,乱石滚水,三石坝多半残损亦应修补,并力趱办于大汛前一律完竣。三十年春间,复将三合土灰坝加修完补,总计所做片石堤及头尾接缝处添做两石坝,并挑水雁翅修补灰石各坝,挑筑拦水坝堰,切滩挑挖泄水河等工共用过经费银十一万五千一百八十一两五分五厘二毫,内动用藩库节省挑挖运河经费银十万五千四百三十三两四分七厘二毫,运河道库银一万二千七百四十八两五钱三厘,造具销册给具图结,呈请奏咨前来。伏查前项坝工,业经正任抚臣周馥派员验明,委系工程稳固,并无草率偷减情事。臣复核册开收支各款细数,均属相符,亦无浮冒情弊。除将册结图说分咨户、工二部核销外,所有办理戴村坝灰石各工现已完竣缘由,理合缮具简明清单,恭折具陈,伏乞皇太后、皇上圣鉴,敕部核销施行。谨奏。

朱批:"该部知道,单并发。"

光绪三十一年七月初七日。

(《光绪朝朱批奏折》第 100 辑,565)

交纳本年分应解户部垫拨内务府部分经费银片

再,据布政使吴廷斌详报,光绪三十一年分应解户部垫拨内务府经费银二万两,前已解过银一万两,又解过内务府平馀抬费等项银三百三十两在案。兹又于地丁等款项下筹解银一万两,平馀银二百五十两,抬费等项银八十两,饬委候补知县吕耀鼎解赴户部并内务府交纳。臣复查无异,除分咨查照外,谨附片陈明,伏乞圣鉴。谨奏。

朱批:"该衙门知道。"

光绪三十一年七月至十二月。

(《光绪朝朱批奏折》第 90 辑,393)

恭报五月分雨泽情形并呈粮价清单折

头品顶戴、署理山东巡抚、直隶布政使、臣杨士骧跪奏，为恭报光绪三十一年五月分雨泽情形，并呈粮价清单，恭折仰祈圣鉴事。

窃查，光绪三十一年四月分山东省各属雨泽粮价，业经臣查明开单，奏报在案。兹查，五月分通省一百七州县，除阳信、海丰、滨州、沾化、单县、日照、临朐、蓬莱、福山、栖霞、招远、宁海、即墨十三州县未报得雨外，其余历城等九十四州县先后据报于月之上旬初一、初四、初八、初九，中旬十一、十九，下旬二十二、二十三、二十四、二十五、二十九等日各得雨一、二、三、四、五寸及深透不等，秋禾蓬勃，众绿丛生，地方民情均极安谧，以仰慰慈厪，理合将各州县市集粮价缮具清单，恭折具陈，伏乞皇太后、皇上圣鉴。谨奏。

朱批："知道了。"

光绪三十一年七月十四日。

（《光绪朝朱批奏折》第 97 辑，537）

奏明练兵经费现已筹足原额缘由折

头品顶戴、署理山东巡抚、直隶布政使、臣杨士骧跪奏，为东省添筹练兵经费，遵旨照原额凑解，恭折具陈，仰祈圣鉴事。

窃臣承准军机大臣字寄光绪三十一年五月二十四日奉上谕"练兵处、户部奏，各省应解练兵经费，拟令按月匀摊，报解开单，呈览一折，著该督抚按照单开各节如数按期筹解。倘再延逾短绌，即著练兵处、户部按照京饷、甘饷成案，随时奏参。至三十年分户部奏派一款，著一并扫数报解，不准丝毫蒂欠等因。钦此。"计单开山东每年原派银五十万两，遵旨寄信前来。

臣查，筹饷练兵，实为自强至计。方今列强环处，国备竞张，考其计学家言，并以军实操防列度支中一最多数。近虽财政支绌，而竞争自存之策舍此莫由。当事臣功，竭运军谋，不遗余力，各疆臣共怀邦本，自应众擎并举，勉为其难。溯臣供职直藩，曾预北洋兵事，军储急切，待用方殷，新军规制宏深，饷械繁重，外人观听所系，即国势强弱所关，全赖厚集军需，庶足以资筹备。自蒙恩命，移摄齐封，每思北洋拱卫神京，而东省实为左辅，必门户之绸缪加密，斯屏藩之声势乃雄。是于此项筹解款宗,益应勉竭愚衷,冀为联壤巩固之针。

唯东省本非财赋之区,司库奇绌,解支几已不敷,其关卡釐税暨地丁盈馀,屡经查提抵用,频年筹付赔款,财力常苦告疲。自队伍改编后,拨解饷需亦须筹备巨款,加以创办各项新政,繁费并兴。现在,各省铜元充斥,银价骤涨。原提州县盈馀,势将酌减,颇费周章。百计筹维,左支右绌,计维勉力腾挪,以裨要款。

查,田房税契一项,访问民间,尚有减价报税情事,现饬切实整顿,收数可期少旺。又筹款局所收烟酒杂税,整顿溢出之项,正任抚臣周馥奏明尽数充作抚标两营月饷暨各项要政。又粮道库漕折馀存,历经工赈紧要之需,奏请留用。以上各款,现值饷需孔亟,应一并暂行移缓救急。当经分饬司道尽心筹画,兹据该司道等议定,自三十一年起,由藩库田房税契项下添筹银八万八千两,筹款局烟酒杂税项下添筹银十四万两,又粮道库拨胜漕折银十三万两,共银三十五万八千两,同前筹定十九万两千之数,共凑足五十万两。唯税契、杂税、漕粮三项,均视年岁之丰歉分收数之多寡,未能必其年有此数。如遇减收年分,除年例部拨京饷各款外,其余无论何款,随时酌商画提,以济饷需而免贻误等情,详请具奏前来。臣复核无异,除饬司道局将认筹各款分期报解,并分咨练兵处、户部查照外,所有遵旨添筹练兵经费,现已筹足原额缘由,谨恭折具陈,伏乞皇太后、皇上圣鉴。

再,三十年分户部奏派之款,山东二十万两,业经照数筹解,合并声明。

朱批:"知道了。"

光绪三十一年七月十四日。

(《光绪朝朱批奏折》第 63 辑,609)

具陈各属已未清结交代缘由折

头品顶戴、署理山东巡抚、直隶布政使、臣杨士骧跪奏,为各属交代循照半年汇报定章,分别已结、未结,缮单具陈,恭折仰祈圣鉴事。

窃查,山东各州县交代前经奏明查办二参,凡有亏空立即参办,每届半年汇报一次,作为定章,限内算明有应交款项者勒限一个月完缴,逾限不完即行参追,并照新章一任一清,不准有一官两任交代名目加展限期,历经遵办在案。

兹查,光绪三十年七月初一日起至十二月底止,又届半年汇报之期。据布政司吴廷斌造册详请具奏前来,臣复加查核,上次开报勒限完缴之前,署黄县知县康鸿逵已将欠款解清,此次新案交代自光绪三十年七月初一日起至十二月底止,统计结报,三十五起内有前代理东阿县知县季桂芬、前寿张县知县李诚保、前新泰县知县田宝蓉、前署惠民县知县丁乃清四员,或因缺况苦累,或业经病故,或另案降补,均有短交银两未清核计,为数无多。今若遽予参追,则反杜其借贷之门,于公款仍无裨益,拟再勒限一个月,严催完缴,逾限不完即行参追。其余三十一起俱系各清各任,并无未完银两,调署人员亦无一官两任交代展限之事。所有各属已未清结交代缘由,理合缮具清单祗呈,伏乞皇太后、皇上圣鉴。谨奏。

朱批:"户部知道,单并发。"

光绪三十一年七月十四日。

(《光绪朝朱批奏折》第 84 辑,702)

蓬莱县员缺请留外补片

再,据布政使吴廷斌详报,准补蓬莱县管锡仁,于光绪三十一年六月二十七日在省寓病故。所遗蓬莱县员缺,东省现有应补人员请留外补等情具奏前来。臣复查无异,除咨明吏部查照外,理合附片具奏,伏乞圣鉴。谨奏。

朱批:"吏部知道。"

光绪三十一年七月。

(《光绪朝朱批奏折》第 21 辑,608)

冀彩岚等五员捐银助学,请照拟给奖片

再,据布政司会同学务处详查,临清州故绅候选守备冀辉前遵其故父冀彩岚遗命,将住宅三十二间捐作书院,现就该书院改设师范学堂,计契价库平银三千两。该故绅冀辉又捐建闸口桥梁,计工费银二千两,并捐设水会,置备水龙七驾以及救火器具共值银三千两。

又,临清州监生高鹏风家不中赀,愿以自置铺房三处,计屋五十一间,连地基一亩八分零,共值京钱二千六百千,捡齐契据,呈缴捐作学产。

又,烟台职商候选同知梁礼贤、万奎基二人,在烟台设立蒙养学堂,专收贫民子弟及乞丐幼童,教以四书五经并西国语言文字、浅近算法。该堂设立将近十年,其中教习四人、学生六十余人,每岁经费约在二十金之谱,皆该丞等自行捐资

各等情,汇案详请奏奖前来。

臣查,官绅士民因地方善举捐银在一千两以上者,例得请建坊。今核冀彩岚等五员所捐银数均在千金以上,与建坊之例相符,合无仰恳天恩给予"乐善好施"字样,准其在原籍自行建坊,以示旌奖。谨附片陈请,伏乞圣鉴,训示。谨奏。

朱批:"著照所请,礼部知道。"

光绪三十一年七月。

(《光绪朝朱批奏折》第80辑,841)

交纳本年分应解内务府部分经费银折

再,光绪三十一年分山东运库应解内务府常年经费银一万两,前已解过头批银五千两,平馀抬费银一百六十五两,详经奏报在案。兹据盐运使张莲芬详报,在于盐课加价等款内动支第二批银五千两,平馀抬费银一百六十五两,饬委试用盐大使锡志解赴内务府交纳等情。臣复查无异,除分咨查照外,谨附片陈明,伏乞圣鉴。谨奏。

朱批:"该衙门知道。"

光绪三十一年七月。

(《光绪朝朱批奏折》第90辑,394)

徐寿彭、胡俊采、徐宗海等三员仍照原请奖叙片

再,查前署抚臣胡廷干奏保劝办山东工赈捐出力人员一案,嗣经吏部先后议复,内开在任候补直隶州、山东单县知县徐寿彭,请俟归直隶州知州后以知府补用。查,知府非知县应升之阶,该员尚未离知县任,所请系属层递预保,核与定章不符,应令另行核办。又开在任候选道湖北罗田县胡俊采,俟归道员后加二品衔,查定章凡预保加衔者其有升任之人,只准就现官应升一阶,预请不得越阶层递预保。该员系现任知县,所请核与定章不符,应改为寻常加一级。又指分山东试用从九品徐宗海请加六品衔,该员捐案尚未核准,所请奖叙应请撤销各等因,经臣行知工赈局分别转饬去后。

兹据该局详称,单县知县徐寿彭于光绪二十七年剿办拳匪出力案内,蒙升任

抚臣袁世凯奏保,以直隶州知州在任候补,拟请查照原保案据改为俟升补直隶州知州后,以知府补用。

在任候选道湖北罗田县知县胡俊采,已于光绪三十年七月丁忧,缺应以道员归部选用。查道员请奖二品升衔与定章相符,拟请仍照原请奖叙。

指分山东试用从九品徐宗海,于光绪二十七年在顺直赈捐案内报捐,领有部照,旋于三十一年六月赴部验照核准,是该员捐案兑实在保案以前,拟请仍照原请奖叙各等情恳请一并奏奖前来。臣复加查核,徐寿彭、胡俊采、徐宗海等三员声复各节,与保奖章程均属相符。合无仰恳天恩俯赐敕部照拟,分别给奖,以昭激劝出自鸿慈。谨附片具陈,伏乞圣鉴,训示。谨奏。

朱批:"吏部议奏。"

光绪三十一年七月。

(《光绪朝朱批奏折》第 21 辑,607)

请将向来岁科试拨入府学文生援案拨归州学折

头品顶戴、署理山东巡抚、直隶布政使、臣杨士骧跪奏,为新改直隶州暨所属两县向来岁科试拨入府学文生,应请援案拨归州学,恭折具陈,仰祈圣鉴事。

窃照山东胶州暨高密、即墨两县原隶莱州府治,经前抚臣以胶州地当海疆要冲,又为铁路至省首站,交涉事繁,倍于往昔,于光绪三十年四月间奏请改为直隶州,即以高密、即墨二县隶之。旋以该三州县岁科两试,仍请借棚莱州府附考,以节经费,先后由政务处、吏部、礼部核议复奏,奉旨允准,咨行钦遵办理,各在案。伏查胶州学岁科两试额进、附生各二十二名,近年以来,学臣因到考文童比前为少,均未拨入府学。例定廪生三十名,增生三十名,三年二贡。高密县岁试、科试额进、附生各十六名,岁试拨入府学一名,科试拨府二名,廪生、增生各二十名,二年一贡。即墨县岁科额进、附生各十五名,拨府各二名,廪岁科试额进、附生各八名,廪、增生各二十名,二年一贡,向不拨入府学,应请悉循其旧。其武科业已停止,现无考取武生,毋庸更议。兹据布政使吴廷斌、署按察使沈廷杞援案会详请奏前来。臣复核无异,除分咨户、礼二部外,谨会同山东学政臣宗室载昌合词恭折具奏,伏乞皇太后、皇上圣鉴,敕部议复施行。谨奏。

朱批:"该部议奏。"

光绪三十一年七月十四日。

（《光绪朝朱批奏折》第 105 辑，306）

具奏光绪三十年分经征钱粮未完一分以上名单折

头品顶戴、署理山东巡抚、直隶布政使、臣杨士骧跪奏，为光绪三十年分经征钱粮未完一分以上各员，缮单具陈，恭折仰祈圣鉴事。

窃查，州县征收地丁钱粮，前经户部条奏，应将未完一分以上之员先行开单奏报，以严稽核，历经遵办在案。兹据布政使吴廷斌详称，光绪三十年分各属经征起运存留钱粮，除全完及未完不及一分者仍归奏销案内另行造报外，所有未完一分以上之曲阜县知县朱行祺等三员开册，详请具奏前来。臣复核无异，其未完银两仍饬经征及接征之员设法催征，如有续完，另行核办。除清册咨部查照外，理合缮具清单祗呈御览。

再，此案臣于七月十一日据布政使详报，合并陈明，为此恭折具奏，伏祈皇太后、皇上圣鉴，敕部查核施行。谨奏。

朱批："该部议奏，单并发。"

光绪三十一年七月十五日。

（《光绪朝朱批奏折》第 69 辑，348）

具陈英瑞任期内收支钱粮情况折

头品顶戴、署理山东巡抚、直隶布政使、臣杨士骧跪奏，为藩司接收交代钱粮，恭折仰祈圣鉴事。

窃查，例载布政司新旧交代，定限两个月结报呈详，督抚具题，嗣奉上谕"凡有专系具题之件，均著改题为奏等因。钦此"，自应钦遵办理。兹据布政司吴廷斌详称，该司应接前署布政司英瑞一案交代，查英瑞自光绪三十一年正月初四日到任起，至本年四月十九日卸事前一日止，接收旧管正杂银共五十五万五千三百三十九两四钱八分五厘，新收正杂银共六十八万六千七百七十一两六钱九分五厘，开除正杂银共六十六万三千七百六十二两三钱九分七厘，实在正杂银共五十七万八千三百四十八两七钱八分三厘，内除历前司借支青州满营绩案生息等银一十二万九千三百六十两四钱二分四厘，外实存库银四十四万八千九百八十八两三钱五分九厘。至借支青州满营绩案生息银两，当时系属笼统动用，并未指明何款无从厘剔，是以历任册内仍将各年应存银数开列，应俟查明细数，再行分别拨正提还归款。又借支奉部摊凑赔款不敷磅价银十万两，业经划抵洋款照数归还等情，造具册结呈请盘查，奏咨前来。臣亲诣藩库复查，银数相符。除将送到册结加结咨部查核外，理合恭折具陈，伏乞皇太后、皇上圣鉴。谨奏。

朱批："户部知道。"

光绪三十一年七月十五日。

（《光绪朝朱批奏折》第 84 辑，703）

奏销山东省光绪二十九年分漕项钱粮等款折

头品顶戴、署理山东巡抚、直隶布政使臣杨士骧跪奏，为山东省光绪二十九年分漕项钱粮等款奏销，恭折具陈，仰祈圣鉴事。

窃惟江淮抚臣恩寿咨漕督奉旨裁撤，请将漕务归各省办理，奏奉朱批"该部知道。钦此"。恭录咨会，并将山东粮道造送光绪二十九年漕项钱粮奏销册籍卷宗咨送到东。

臣查，咨送卷内据督粮道周开铭详称，光绪三十年起运二十九年分漕项钱粮额征轻赍行月里料、赡军、润耗、盘拨、路费、更名、地亩、拨收、米折、小料、津租、德州额编额征行粮、折色等项正耗，共银十万五千一百十二两二钱二分九厘。内务除摊蠲津租银一千五百七十一两一钱九分四厘。又灾前已完缓漕已征解存到库由道动用银五千七十一两二钱一分二厘。又已完解道流抵次年正赋并缓征及未完共银四千六百四两七钱六分五厘。又已完解道正耗银九万三千八百六十五两五分十厘，前项银两由道分别动解讫。又额征本色行粮并岁改润耗、德州额编额征行粮本色共米四万六千七百四十八石一斗九升二合六勺，内豁除摊蠲米一百八十七石一斗九升四合四勺。又摊缓米三千八百十三石九斗八升四合四勺，已完米四万二千七百四十七石一升三合八勺。前项米石由道全数变价动解讫，造具已未完解各数简明四柱名册，请具奏等情，因册造数目稍有未符，迭次驳查，兹据更正复送前来。臣复核无异，除原册分咨部科仓道查核外，理合恭折具陈，伏乞皇太后、皇上圣鉴，饬部议复施行。再，各属未完银两分任核计，均不及一分，合并声明，谨奏。

朱批："户部知道。"

光绪三十一年七月二十六日。

（《光绪朝朱批奏折》第71辑，295）

奏报东海关光绪三十年分抽收洋药厘金动支存剩银数折

头品顶戴、署理山东巡抚、直隶布政使、臣杨士骧跪奏，为东海关光绪三十年分抽收洋药厘金动支存剩银数，缮具清单，恭折仰祈圣鉴事。

窃照东海关抽收洋药厘金，前经奏明，自一百三十八结以后，按结支剩银两移缓就急，专供山东省海防军饷银，由户部等衙门议准照办。所有光绪二十九年十一月十三日第一百七十三结以前收支银两数目，业经正任抚臣周馥开单奏报，并造册送部核销在案。兹据东海关监督、登莱青胶道何彦升详称，旧管项下存银七千五百七十三两零，自光绪二十九年十一月十四日第一百七十四结起，至三十年十一月二十五日第一百七十七结止，按照税厘并征新章，统共征收洋药厘金银三万二千四百九十六两零，连旧管共银四万七十两零，内除支海防军饷银二万八千两，额支洋药缉私并各项善举经费银四千两。又照洋税章程，每两扣提一分二厘倾镕火耗银三百八十九两零，计共开除银三万二千三百八十九两零，实剩银七千六百八十两零，存俟续收银两一并分别解支，另行造报等情，造册呈请奏咨前来。臣复查无异，除将清册分咨外务部暨户部查照核销外，所有东海关光绪三十年征收洋药厘金银两并动支存剩各数，谨照历届成案缮具清单，祗呈御览，为此恭折具陈，伏乞皇太后、皇上圣鉴，敕部核销，施行。谨奏。

朱批："该部知道，单并发。"

光绪三十一年七月二十六日。

（《光绪朝朱批奏折》第74辑，556）

交纳一成半出使经费银片

再，据登莱青胶道、东海关监督何彦升禀报，前奉总理各国事务衙门奏准添拨出使各国经费，令各关将洋税六成、商局税六成各作为十成，提出一成半，存作出使经费，全数解沪等因。前已解至第一百七十八结止，兹将第一百七十九结提出一成半出使经费银一万九千七百一十两零，饬委候补知县张瑞昌于光绪三十一年八月二十二日解赴江海关道衙门交纳。臣复查无异,理合附片陈明,伏乞圣鉴。谨奏。

朱批:"该部知道。"

光绪三十一年八月。

(《光绪朝朱批奏折》第 90 辑,305)

请以邓际昌补授济宁直隶州知州折

头品顶戴、署理山东巡抚、直隶布政使、臣杨士骧跪奏,为沿河直隶州知州员缺紧要拣员请补,以裨地方,恭折仰祈圣鉴事。

窃查,济宁直隶州知州李恩祥保升道员开缺,于光绪三十一年二月初二日奉旨,应以第五日行文,按山东省照限减半计算,扣至二月二十一日作为开缺日期,归二月分截缺。所遗济宁直隶州知州员缺,系"冲、繁、难"沿河外调要缺,例应在外拣员调补。东省并无简缺,直隶州知州无可拣调,例应于候补人员内拣员请补。查候补直隶州知州班内,虽有特旨在任尽先即补及记名分发各员,例应先尽酌补,惟该员等非现居要地,即于此缺人地未宜。且该州地当水陆交冲,民回杂处,匪徒易于混迹,举凡修理河防、稽查弹压在在均关紧要,为东省沿河第一繁剧之区,非明干有为之员不足以资治理。际此时局艰难,维新百度,尤须为地择人,不得不格外谨慎。就候补班内逐加拣选,专择明干有为熟悉河工之员,以期缓急因应。

据布政使吴廷斌、署按察使沈廷杞会查,有候补同知直隶州知州邓际昌,堪以补授济宁直隶州知州等情,详请具奏前来。臣查,邓际昌,年四十四岁,江苏如皋县人,由监生报捐县丞职衔,光绪十八年因堵筑胡家岸漫口合龙出力,保准以县丞不论双单月尽先选用,遵例捐指东河试用。二十二年,因堵筑北赵家漫口合龙出力,保准免补本班以知县仍归原省补用。二十三年,因堵筑西韩家等处漫口合龙出力,保俟补缺后以直隶州知州补用并随带加三级,嗣因委办河工、海防、洋务等事异常出力,经前抚臣张汝梅奏保,奉旨"著送部引见。钦此"。二十四年,请咨赴部引见,奉旨"著免补知县,以同知直隶州补用。钦此"。二十五年,签掣山东,旋丁母忧,回籍守制。二十八年正月初八日服满,起复回东,六月因曹州府属剿匪出力,保俟补缺后以知府补用,并赏戴花翎。二十九年四月初十日,赴部引见,奉旨"著照例发往。钦此。"是月二十九日,领照到省,业经期满甄别在案。

该员实心任事，为守兼优，现代理齐河县知县，办理河工事宜以及地方一切新政，均臻妥善，洵为僚属中不可多得之员，以之请补济宁直隶州知州实堪胜任。虽调缺请补与例稍有未符，但人地实在相需，例得专折奏请。合无仰恳天恩，准以候补同知直隶州知州邓际昌补授济宁直隶州知州，期于员缺有裨。如蒙俞允，该员衔缺相当，毋庸送部引见，亦毋庸声叙参罚。除咨部外，谨恭折具陈，伏乞皇太后、皇上圣鉴，敕部查核施行。谨奏。

朱批："吏部议奏。"

光绪三十一年八月初二日。

（《光绪朝朱批奏折》第 21 辑，623）

恭陈伏汛期内各游抢护险工平稳情形折

头品顶戴、署理山东巡抚、直隶布政使、臣杨士骧跪奏，为伏汛期内，黄河三游险工一律抢护平稳，恭折具陈，仰祈圣监事。

窃照东省黄河本年桃汛工程防护平稳情形，业经臣专折奏报在案。入夏以来，河水迭涨，维时臣赴工履勘，当经督饬各游总办相机布置，多备料物，切实修防，以期有备无患。迨节交庚伏，阴雨连绵，山水并发，水势陡涨九尺有奇。河南万锦滩、沁河等处迭次电报涨水，甘肃宁夏府水志涨过九字，来源极旺，各处纷纷报险。计上游南岸大小高寨、靳庄、孙楼、临黄堰之廖桥、李桥，中游北岸之枯河、官庄、豆腐窝、张村、五里堡、南坛、赵庄、席家、道口、桃园、纸坊、葛家店、李上台、鄢家渡，南岸之杨庄、小鲁庄、傅庄、陈孟圈、王家、梨行，胡家岸下游北岸之唐家刘、旺庄、归仁镇、白龙湾、清河东西、邵家、大小崔家、张毛家、马张家、菜园、宋家集、牛王庄、宫家，南岸之梯子坝、小李家、董家、大周毛家、亚家、蝎子湾、刘春家、吕家窑、三合庄、十里堡、王家院等处，俱因大溜淘刷，其吃紧扫坝，走失蛰陷，不一而足，甚至随相随蛰，岌岌可危。其尤为险重工多之处，如上游南岸之双合岭、二道坝，大溜顶冲蛰扫十馀座，溃及后戗合子坝，旧险新生，尤为危险。中游北岸之娘娘庙、济阳东关，南岸之姬庄店子、杨史道口，迭出新险，溜逼堤根，势极淘涌。当经拼力添修扫坝，力与水争。又北岸之王家窑，南岸之葛庄、霍家溜，新砌石坝亦被大溜刷塌，赶紧用石抛护。下游北岸之綦家嘴，溜忽上堤，将柳坝冲塌，护沿刷去，因赶购秸料，抢修扫坝，并于堤后帮戗一百三十丈。南岸之道旭庄因溜向南滚淤滩，被水刷去，一面赶运砖石料物，一面抢加土戗，修筑坝基。冯庄向本无工，溜势南趋，刷堤五十馀丈，当即砍柳挡护。宁海庄大堤被溜刷去十馀丈，扫段忽出漏洞，连夜捆枕分投填塞。

综计以上各工，屡濒于危，几生巨患，经各该总办亲身督工，无论风雨，昼夜奔驰抢护，始得化险为夷，并据先后禀报前来。现在，伏汛已过，通工一律平稳，洵堪仰慰宸廑。惟秋汛方长，防务不容稍懈，臣当严饬各游总办督率在工员弁，认真修防，不得稍涉大意，力保安澜，以固河防而苏民困。所有伏汛期内各游抢护险工平稳情形，理合恭折具陈，伏乞皇太后、皇上圣鉴。谨奏。

朱批："知道了。"

光绪三十一年八月初五日。

（《光绪朝朱批奏折》第 100 辑，573）

具陈吴煜任期内钱粮收支情况折

头品顶戴、署理山东巡抚、直隶布政使、臣杨士骧跪奏，为运司交代依限造册结报，恭折仰祈圣鉴事。

窃查，例载运司交代定限两个月结报呈详，督抚具题，嗣奉上谕"凡有专系具题之件，均著改题为奏等因。钦此"，自应钦遵办理。兹据盐运使张莲芬详称，应接前署盐运使吴煜一案交代，查吴煜自光绪三十一年正月初四日到任起，至五月十一日卸事前一日止，任内经管收支正杂钱粮应入题案旧管银二十六万九千三百八十五两四钱九厘，新收银十八万一千八百八十八两七钱六厘，开除银十八万三千七百三十三两六钱九分七厘，应存银二十六万七千五百四十两四钱一分八厘，内除加价等借支运本银三万八百九十七两，实存银二十三万六千六百四十三两四钱一分八厘，造具册结详请盘查，具奏前来。臣亲诣运库，逐细复查，数目相符。除将送到册，结加具印，结咨部查核外，理合恭折具陈，伏乞皇太后、皇上圣鉴。谨奏。

朱批："户部知道。"

光绪三十一年八月初五日。

（《光绪朝朱批奏折》第 84 辑，715）

请以高凌云升补兖州府运河同知折

头品顶戴、署理山东巡抚、直隶布政使、臣杨士骧跪奏，为拣员升补要缺同知，以资治理，恭折仰祈圣鉴事。

窃查，准补兖州府运河同知姚延寿，于光绪三十一年二月初三日奉旨勒令休致，应以第五日行文，按山东省照限减半计算，扣至二月二十日作为开缺日期，归二月分截缺。所遗兖州府运河同知，系管河题调要缺，惟山东河工同知前经分别裁留，只此一缺，无可拣调，亦无坐补原缺、裁缺即用、回避即用、新选新补、留省另补并实缺丁忧起复，暨钦奉特旨留工并先尽次尽候补人员，例应于现任人员内拣员升调。据布政使吴廷斌会同兖沂曹济道兼管运河事务黎大钧查，有在任候补同知、现任兖州府捕河通判高凌云，堪以升补兖州府运河同知等情，详请具奏前来。

臣查，高凌云，年五十四岁，直隶建昌县人，由优廪生于光绪十四年戊子科中式顺天乡试举人，遵例报捐国子监学正录，十八年十月十六日经部带领引见，奉旨补授国子监学正。二十一年九月题销试俸，捐免历俸，截取以通判外用，旋丁母忧，服满起复，遵例以通判呈请，分发东河。二十四年十一月十三日由吏部带领引见，奉旨"照例发往。钦此"。二十五年二月到工，委署兖州府捕河通判，嗣因两宫回銮，调豫办理渡差。二十七年十月，因黄河两届安澜内案保准俟补缺后以同知用。十一月，因办渡差出力，保加四品衔。二十八年，奏署兖州府捕河通判，到任试署一年期满。三十年十二月十一日，请咨赴部引见，奉旨"准其实授。钦此"，三十一年三月十四日回任。

该员老成谙练，熟悉修防，且于运河情形尤为熟悉，以之升补兖州府运河同知，洵堪胜任，与例相符。合无仰恳天恩俯准，以在任候补同知、现任兖州府捕河通判高凌云升补兖州府运河同知，实于要缺有裨，衔缺亦属相当。惟该员尚未赴引，应俟奉准部复再行送部引见，仍照例试署一年，期满果能胜任，再行保请实授。所遗兖州府捕河通判员缺，东省现有应补人员应请扣留外补。除咨部外，谨恭折具陈，伏乞皇太后、皇上圣鉴，敕部查核施行。谨奏。

朱批："吏部议奏。"

光绪三十一年八月初六日。

（《光绪朝朱批奏折》第 21 辑，624）

奏陈应举劾人员名单折

头品顶戴、署理山东巡抚、直隶布政使臣杨士骧跪奏，为查明属员贤否，分别举劾，以示劝惩，恭折具陈，仰祈圣鉴事。

窃维中国以郡县治天下，吏治隆污关乎邦本强弱，权衡举措，乃树风声。方今朝政奋兴，变通求治，一切教养经营之策，治安裁判之方，不惜参仿时宜，冀臻上理。东省交涉繁重，将欲图强进化，必需讲求内政为先，行政司法之权本为地方官所分任籍，非慎选民牧，妙用激扬，亦奚以发达新谟，濯磨治理？臣抵任后接见僚属，批答文书，诚勉不遗余力，嗣因行河巡海经过各属地方，考政绩之废兴，取民生之利病，诚以事实。回省后，复详稽文牍，考察群言，益知究竟。

查有济南府知府胡建枢，器识闳通，能任劳怨；调补泰安府知府吴筠孙，任事勤能，为守具备；胶州直隶州知州余则远，应变有才，能知大体；署平度州知州请补宁阳县知县曹偁识练才优，谙于交涉；准补东平州知州张世卿廉慧勤明，循声卓著；署惠民县知县正任乐陵县知县王学曾朴实廉勤，学识优裕；署齐河县知县邓际昌，实心任事，吏畏民怀；署范县知县王鸿瑞缉捕勤能，事无废弛；调署潍县知县邹县知县宋朝桢器识明达，勤求治理。以上各员，拟请传旨嘉奖，以昭激劝。

署夏津县知县候补直隶州知州王翰琛，疏脱要犯，庸玩不振；济南府通判赵作新不知检束，声名平常；莱芜县知县方名洋任意苛罚，罔恤民艰；钜野县知县项景升缉捕不力，罔顾职守；代理滋阳县知县张检怠忽性成，狱务不慎；栖霞县知县韩寿椿纵容丁役，习气太深；候补知府彭宝铭性贪才庸，操守难信；滋阳县典史杨彦臣狱务废弛，几酿巨案；黄县平邑集巡检梁鲲遇事张皇，不知政体。以上各员拟请旨即行革职。高苑县知县王大堃年力衰庸，听断竭蹶；潍县典史刘械身有病疾，拟请开缺，以原品休致。又查，有署台庄营参将何成忠举动任性，擅责平民；台庄营守备王殿华籍查营田，巧取民利；济北营河营哨官候补副将邓彦仪行为荒谬，被控有案；署梁山营都司于德升营务废弛；东平泛把总王以信胆大妄为；拟请一并革职，以示惩儆。此外，如尚有应行举劾之员，仍当随时考察，据实上陈，以仰副圣朝澄叙官方之至意。所有分别举劾属员缘由，是否有当，理合恭折具陈，伏乞皇太后、皇上圣鉴，训示。

再，所遗参劾各缺，东省现有应补人员，应俟奉旨后照例留补、叙补，合并声明。谨奏。

朱批："另有旨。"

光绪三十一年八月。

（《光绪朝朱批奏折》第 21 辑，625）

恭报六月分雨泽情形并呈粮价清单折

头品顶戴、署理山东巡抚、直隶布政使臣杨士骧跪奏，为恭报光绪三十一年六月分雨泽情形，并呈粮价清单，恭折仰祈圣鉴事。

窃查，光绪三十一年五月分山东省各属雨泽、粮价，业经臣查明开单，奏报在案。兹查六月分，通省一百七州县先后据报，于月之上旬初一、初二、初三、初四、初五、初六、初七、初八、初九，中旬十一至二十，下旬二十二、二十三、二十四、二十五、二十六、二十七、二十八、二十九等日，各得雨一、二、三、四、五寸及深透不等。甘雨应时，百谷蕃育，秋稔可卜，民物咸熙，堪以仰慰慈廑，理合将各州县市集粮价，缮具清单，恭折具陈，伏乞皇太后、皇上圣鉴。谨奏。

朱批："知道了。"

光绪三十一年八月初五日。

（《光绪朝朱批奏折》第 97 辑，551）。

奏报接递豫省遣回流民用过银数折

头品顶戴、署理山东巡抚、直隶布政使、臣杨士骧跪奏，为接递豫省遣回流民用过银数缮具清单，恭折仰祈圣鉴事。

窃查，接管卷内，光绪三十年十一月间，接准河南抚臣陈夔龙电称，山东流民在豫甚多，恐滋事端，已派员分起资遣回东，请饬入境首站曹县接收管领等因，当经前署抚臣胡廷干飞饬沿途经过州县，妥为接管，按名按站发给口粮，护送回籍在案。

据赈抚局司道详称，自光绪三十年十一月二十四日起至十二月十八日止，计由曹县接递河南遣回流民四起，共大小七千一百六十九名口。查照豫省资遣章程，不分大小名口，每人一里给予口粮制钱一文。自曹县起，经行城武、金乡、济宁、滋阳、曲阜、泗水、费县而至兰山、郯城各本籍安置，逐站按口给发，以钱合银，共用过库平银四千八十二两二钱八分八厘，应请归入赈抚项下造报等情，请奏咨立案前来。臣复查无异，除分咨查照外，所有接递豫省遣回流民用过银两数目，谨缮单恭折具呈，伏乞皇太后、皇上圣鉴。谨奏。

朱批："知道了，单并发。"

光绪三十一年八月初六。

（《光绪朝朱批奏折》第 90 辑，290）

审办汶上等州县十起寻常命案，摘叙简明事由折

头品顶戴、署理山东巡抚、直隶布政使、臣杨士骧跪奏，为审办汶上等州县寻常命案，遵章汇为十起，摘叙简明事由，敬缮清单，恭折仰祈圣鉴事。

窃照部章，各省寻常命盗案件，由题改奏者一律改为汇案具奏，并将斩绞监候为一项，每次至多以十案为率，仍令备录供招咨部查核等因，咨行遵照在案。

前据臬司转据兖州等府审办汶上等州县罪应拟绞监候人犯李二、刘进苞、张大三、潘庆、史裔盅、于闰女、米董振，相于芭、刘孟锁、岳作寅共十起十名，由司先后招解，经前抚臣逐案审明，未及汇报卸事，臣复核无异。查，该犯等恭逢光绪三十年正月十五日恩诏，事在正月初一日以前俱系依斗杀律拟绞，不在不准援免之列，应准援免，释放后再有犯各加一等治罪。除将招册送部外，理合汇案摘叙简明事由，敬缮清单，恭折具陈，伏乞皇太后、皇上圣鉴，敕部核复施行。谨奏。

朱批："刑部议奏，单并发。"

光绪三十一年八月初六日。

（《光绪朝朱批奏折》第 108 辑，572）

曹允源应否回避，请旨定夺折

再，准吏部咨山东青州府知府曹允源与臣系儿女姻亲，例应回避，将安徽、河南、直隶请旨知府各缺开列清单，恭候简调一员，于光绪三十一年五月二十三日，奏奉朱笔圈出"山东青州府知府曹允源，著调补安徽徽州府知府。钦此"，钦遵咨行到东。

当经饬据曹允源禀称，该员应试入仕，虽系江苏吴县籍贯，惟祖籍安徽，世居徽州府歙县之榕村，五世祖始自歙县迁居苏州，安徽系属祖籍，自少又寓居皖中

二十余年,理合据实陈明等情前来。

臣查例载,外官督抚以下,凡祖籍地方员缺概令回避。又道光十六年八月初六日上谕"嗣后文职官员,遇有应行回避之缺不行,呈明到任以后别经发觉,将视同捏报之上司属员一并异处"各等语。今该员曹允源祖籍安徽歙县,自少又寓居皖中二十余年,臣与缔姻,知之最悉,不敢不据实陈明。查光绪二十八年户部郎中胡祖谦,简放安徽徽州府知府,当以祖籍安徽奏明回避有案,曹允源事同一律,应否回避祖籍在山东连界省分,另行简员封调之处,理合请旨遵行。除分咨吏部暨安徽巡抚查照外,谨附片具奏,伏乞圣鉴,训示。谨奏。

朱批:"吏部议奏。"

光绪三十一年六月(《光绪朝朱批奏折》第21辑,570)

报销光绪二十九年分办理运河各工用过银两数目折

头品顶戴、署山东巡抚、臣杨士骧跪奏,为报销光绪二十九年分办理运河各工用过银两数目,恭折仰祈圣鉴事。

窃查,山东运河堤岸残缺,河身淤浅,挑濬修防均关紧要。经正任抚臣周馥奏明,删并繁冗名目,减定常年经费,自光绪二十九年为始,每年岁修经费银三万两,抢险经费银二万两,募夫挑工银二万五千两,共银七万五千两,奉旨饬部议准,咨经转行,遵办在案。兹据兖沂道兼管运河事务张莲芬会同管理运工直隶候补道窦廷馨详称,二十九年分运河工程办过岁修峄滕鱼济钜嘉汶上东平等汛各工四十三段,计长三千九百十丈八尺,用过例帮二价银二万九千九十九两七钱八分九厘。又峄滕等汛抢险各工八十段计长三千三百九十四丈二尺,用过银一万九千九百八十九两二钱八分四厘。又,挑挖济滕峄东平州同汶上五汛各工一百十二段计长七千八百七十丈五寸,用过募夫工价器具津贴银两二万四千九百九十七两三钱九分九厘。

以上通共用过银两七万四千九百八十六两四钱七分二厘,动用兖运二库河银夫食银两较之原定常年经费有减无增,俱系实用实销,并无浮冒等情,由运河捕河两厅造具册结,详道加具印结,呈请奏咨等情,因图说漏未呈送,当经饬据现任兖沂道查案补送前来。臣复核无异,除将册结图说分咨户、工二部查照外,所有光绪二十九年分办理运河各工动用银数,谨恭折具陈,伏乞皇太后、皇上圣鉴,敕部核销施行。

再,运河经费岁有定额,且抢险挑淤全在临时相机办理,均难预计,应请免其先行估报,以昭简便,合并陈明。谨奏。

朱批:"该部知道。"

光绪三十一年七月二十六日。

(《光绪朝朱批奏折》第100辑,571)

报销光绪三十年分办理运河各工用过银两数目折

头品顶戴、署山东巡抚、直隶布政使、臣杨士骧跪奏,为报销光绪三十年分办理运河各工用过银两数目,恭折仰祈圣鉴事。

窃查,山东运河堤岸残缺,河身淤浅,挑濬修防均关紧要,经正任抚臣周馥奏明,删并繁冗名目,减定常年经费,自光绪二十九年为始,每年岁修经费银三万两,抢险经费银二万两,募夫挑工银二万五千两,共银七万五千两,奉旨饬部议准,咨经转行,遵办在案。所有光绪二十九年分办理运河各工用过银数业经造册奏销在案。兹据兖沂道兼管运河事务张莲芬会同管理运工直隶候补道窦廷馨详称,三十年分运河工程办过岁修峄滕鱼济钜嘉汶上东平等汛各工四十七段,计长五千六百五十二丈,支用过例帮二价银二万九千九百八十五两九钱四分二厘。又峄滕等汛抢险各工六十一段,计长六千九十八丈四尺,用过银一万九千九百八十七两三钱四分二厘。又,挑挖济滕峄东平州判汶上钜嘉六汛各工一百七段,计长七千六百七十九丈五尺,用过募夫工价器具津贴银两二万四千九百八十五两一厘。以上通共用过银七万四千九百五十八两二钱八分五厘,动用兖运二库河银夫食银两较之原定常年经费有减无增,俱系实用实销,并无浮冒等情,由运河捕河两厅造具册结,详道加具印结,呈请奏咨等情,因图说漏未呈送,当经饬据现任兖沂道查案补送前来。臣复核无异,除将册结图说分咨户、工二部查照外,所有光绪三十年分办理运河各工动用银数,谨恭折具陈,伏乞皇太后、皇上圣鉴,敕部核销施行。谨奏。

朱批:"该部知道。"

光绪三十一年七月二十六日。

(《光绪朝朱批奏折》第100辑,572)

交纳东海关三结应解外务部三成船钞银两片

再，据登莱青胶道东海关监督何彦升禀报，东海关应解外务部三成船钞银两，业经解至第一百七十六结止，兹自光绪三十年八月二十二日第一百七十七结起，至三十一年五月二十八日第一百七十九结止，共征收外洋并招商局船钞五万一千四百四十八两三钱。除将七成银三万六千十三两八钱一分，按月由税务司领交总税务司按结报销外，所有提出三成银一万五千四百三十四两四钱九分，已饬委试用府经历洪德浩解赴外务部交纳。臣复查无异，理合附片陈明，伏乞圣鉴。谨奏。

朱批："该部知道。"

光绪三十一年八月。

（《光绪朝朱批奏折》第 90 辑，390）

交纳东海关四成洋税银两片

再，据登莱青胶道、东海关监督何彦升禀报，东海关扣出四成洋税银两，前经北洋大臣袁世凯奏拨直隶协饷，饬将前项四成洋税解交天津银钱所兑收等因。兹于洋税并商局税四成项下动支银五万两，饬委候补知县沈桐，于光绪三十一年八月二十七日解赴天津银钱所交纳。臣复查无异，理合附片陈明，伏乞圣鉴。谨奏。

朱批："户部知道。"

光绪三十一年九月。

（《光绪朝朱批奏折》第 63 辑，661）

保荐蔡汇沧折

太子少保、北洋大臣、直隶总督、臣袁世凯；头品顶戴、署山东巡抚、臣直隶布政使、臣杨士骧跪奏，为时局日艰，敬举办理交涉人才，以备任使，恭折具陈，仰祈圣鉴事。

窃维治国之要，人才为先。方今万国交通，列强环伺，庶政纷乘，而待理事机蕃变而日新,非有通晓中外情形,明达时务之人才,不足以济艰难而备缓急。然今之谈洋务者,往往薄植无本,甚或徒占习气,并无实济,奔走肆应则有余,折冲御侮则不足,求其更历政事,老持成重,体用兼赅者,尤不可多得。

兹查,有直隶试用道蔡汇沧,品端学粹,心细才长,向在南洋办理通商交涉事宜,于洋务夙称练达,历经前督臣沈葆桢、刘坤一交章论荐。该员淡泊自矢,不喜趋营,服官数十年,迄未置身通显,为国家大用。臣世凯与之相处最久稔,知其明通朴实,为守俱优,曾于莅直后奏调该员随办商约洋务。该员于各国条约素所究心,遇事研求反复,不厌精详。继又委办银号、粮饷、转运各差,该员躬亲规画,实力整顿,措置裕如。上年七月,侍郎臣铁良奏调随赴江南等省查考事件,差竣回津,准铁良函,称该员多所赞助,深资得力。

臣士骧奉命莅东,商调该员赴东相助,派令综理商埠、洋务各事,皆能筹策周详,条理精密。该员实心任事,不矜才,不使气,而守正不阿,廉能卓著,实为今日宦途所仅见。惟其年逾六旬,亟宜假以尺寸,俾资展布。合无仰恳天恩俯念时局日艰,交涉人才难得,可否准将道员蔡汇沧饬交军机处存记,量予录用之处,出自鸿施逾格,谨合词恭折具陈,伏乞皇太后、皇上圣鉴,训示。谨奏。

朱批:"蔡汇沧,著交军机处存记。钦此。"

光绪三十一年九月初一日。

(台北故宫藏档,文献编号:408001956)

因灾缓征,请援案折银给发折

头品顶戴、署理山东巡抚、直隶布政使、臣杨士骧跪奏,为光绪三十年青州满营兵米因灾缓征,不敷支放,拟请援案折银给发,以济兵食,恭折仰祈圣鉴事。

窃查,青州满营兵米,向在邹平、长山、淄川、新城、利津等五县所征大漕正耗米内全数拨运,遇有灾缓不敷兑拨,动支附近各属仓谷,嗣因仓谷无存,由司按石折银给发。迨后连岁缓征,兵食不足,经前抚臣陈士杰奏请,自光绪十一年冬漕为始,如邹平等五县因灾蠲缓兵米数在五百石以外者,将禹城、临邑、平原、商河等四县大漕改拨,仍以德州等处豆改米抵补漕额。旋因禹城等四县亦有灾缓,拨运吃重,复经前抚臣张曜奏请,自十五年冬漕为始,添拨乐陵、德平、陵县、德州等四州县大漕,同原拨之禹城等四县,均匀拨兑,以昭公允。至齐东、章邱、济阳等三县,亦有运青蓟粮兵米,例系作正开销,遇有缓征,无款抵补,仍照旧案领银折放，以顾兵食物，均奉谕旨允准，历经遵办在案。

查，光绪三十年分邹平等县应兑青州兵米不敷米石，业经臣查照成案，奏请折银给发在案。尚有齐东县因秋禾被水缓征米七百六十一石二斗六升，原系蓟粮拨运作正开销，无款抵补，自应援照历办成案，每石折给实银八钱，以示体恤。据布政使吴延斌、督粮道周开铭会详前来。臣复查无异，合无仰恳天恩俯念兵需紧要，准将齐东县光绪三十年缓征不敷兵米，援照从前历办成案，折给银两，由藩司随饷发领。出自逾格鸿慈，除分咨户、兵二部查照外，理合恭折具陈，伏乞皇太后、皇上圣鉴，训示。谨奏。

朱批："该部知道。"

光绪三十一年九月初五日。

（《光绪朝朱批奏折》第 63 辑，640）

恭报七月分雨泽情形并呈粮价清单折

头品顶戴、署理山东巡抚、直隶布政使、臣杨士骧跪奏，为恭报光绪三十一年七月分雨泽情形，并呈粮价清单，恭折仰祈圣鉴事。

窃查，光绪三十一年六月，山东省各属雨泽粮价，业经臣查明开单，奏报在案。兹查七月分通省一百七州县，除淄川、清平、安邱、莱阳、海阳五县未报得雨外，其余历城等一百二州县先后据报，于月之上旬初一、初三、初四、初八、初九、初十，中旬十一、十二、十三、十七、十八、十九、二十，下旬二十一、二十二、二十三、二十四、二十七等日，各得雨一、二、三、四、五寸及深透不等。秋禾业已登场，民情亦称安谧，堪以仰慰慈廑，理合将各州县市集粮价缮具清单，恭折具陈，伏乞皇太后、皇上圣鉴。谨奏。

朱批："知道了。"

光绪三十一年九月初七日。

（《光绪朝朱批奏折》第 97 辑，561）

请以李元绐入祀乡贤祠折

头品顶戴、署理山东巡抚、直隶布政使、臣杨士骧跪奏，为公举崇祀乡贤，遵章改题为奏,恭折仰祈圣鉴事。

窃照礼部奏定章程,入祀乡贤名宦,应改为八月前汇奏一次。又定例各省呈请入祀乡贤,该督抚学政当于所列事迹确加查核,实系品行端方、学问纯粹,方准题请。其仅称乐善好施,并无经术文章足为士林矜式者,不得率行吁请各等因,遵办在案。

兹查,前据布政使尚其亨详称,已故训导李元缃籍隶章邱县,由岁贡生应道光己酉科顺天乡试中式举人,咸丰元年荐举孝廉方正,七年选授钜野县训导。幼有至性,长擅清才,家本寒素,仰给舌耕以供父母甘旨。其姊早寡无子,养之终身,乡党交称之。读书研究性理之学,身体力行,务臻实践,尝为日省薄自资,镜察孜孜刻励,虽老弗衰。其秉铎也,厘订课程,训迪周详,视肄业诸生如子弟,造就颇多,士林翕服。当咸丰同治间,发捻诸逆窜扰山东时,该故员以礼去官,在籍办理团练。因其所居之庄为省东通衢,遂与庄人议筑土堡,布置守御,井井有条,贼至不得入,而附近避难者胥赖获全。又以官军所至,车马差徭往往猝不及备,商允绅民预集粮草,供支军储,兵民利便,各庄皆做则焉。生平不作无益之事,如酿资捐建书院、考棚,葺县志,订族谱,创义学,采访忠义节孝,有裨于风俗人心,诚非浅鲜。所著有《五子近思录注释》十四卷,《居业录注释》四卷,甫脱稿而卒,实同治十三年正月也。跡其生平行事,允为先正典型。据该县绅士在籍内阁中书艾肇旭等联名胪陈事实,请祀乡贤以重儒修等情,由县造具册结至府,详司转请,具奏前来。

臣查,该故员李元缃,品臻纯粹,学有本原,孝友著于庭帏,人言无闲事,功被于桑梓。舆论交孚,洵为后进之楷模,宜沐旌扬之盛典。合无仰恳天恩俯准,将已故钜野县训导李元缃,入祀章邱县乡贤祠,以昭矜式,而顺舆情。除将事实册结咨部外,谨会同山东学政臣宗室载昌合词恭折具陈,伏乞皇太后、皇上圣鉴,训示。

再,该故员身殁在三十年以外,子孙并无现任九卿者,兹值汇办之期,请祀乡贤。尚有章邱县已故捐职高赤诚一员,因其事实与例未符,业已转饬,确切查明,另行核办,合并陈明。谨奏。

朱批:"礼部议奏。钦此。"

光绪三十一年九月望日。

(《光绪朝朱批奏折》第30辑,369;《杨文敬公奏议》卷一)

请以恭曾补授莱州府知府折

头品顶戴、署理山东巡抚、直隶布政使、臣杨士骧跪奏，为遴员请补知府员缺，以裨地方，恭折仰祈圣鉴事。

窃查，准补莱州府知府萧凤文，于光绪三十年十二月十二日病故，应以病故之日作为开缺日期，业经附片奏请开缺，声明扣留外补，应归十二月份截缺。是月分只此一缺，毋庸掣签，例应按班拣员请补。定例，道府同知、直隶州通判、知州，轮补病故休选缺，先尽候补班前酌补一人，次将候补正班酌补一人等语。今莱州府知府一缺，现在东省坐补原缺、裁缺即用、回避即用、新选新补、留省另补并实缺丁忧起复，以及记名分发与郑工及新海防遇缺先、旧海防先、海防即旧例银捐遇缺先、银捐遇缺并各项候补班前人员均无人，应以候补正班人员请补。据布政使吴廷斌、按察使连甲查，有候补知府恭曾，堪以请补莱州府知府，会详请奏前来。

臣查，恭曾，年五十四岁，内务府镶黄旗汉军廷琦佐领下人，由官学生报捐县丞，指分四川试用。光绪元年因克复兴义府新城案内出力，保准免补本班以知县仍留原省归候补班补用。五年捐离原省，改指山东，加捐同知升衔。十三年，丁忧回旗守制，限满起复。十五年，到山东，因堵筑河王庄等处合龙案内保准俟补缺后以直隶州用，加随带一级。十六年，补授昌邑县知县，嗣因连年河工抢险出力，奏保免补直隶州知州以知府在任候补，并加三品衔。经部核准。免补直隶州知府，在任候补，俟得知府后加三品衔。十九年，在晋赈捐局奖戴花翎，复因十七、八两年黄河抢险出力保准俟补知府后，以道员尽先补用。二十年，报捐离知县任过班知府，仍归山东补用，遵例赴部引见。二十一年十一月十七日奉旨"保举山东候补知府恭曾，照例用。钦此。"十二月二十七日领照回东，期满甄别，历署沂州、泰安等府知府。该员老成谙练，明白安详，以之请补莱州知府，实堪胜任，与例亦属相符。合无仰恳天恩俯准，以候补知府恭曾补授莱州府知府，实与地方有裨，衔缺相当，毋庸送部引见，亦毋庸声叙参罚。除咨部查照外，理合恭折具陈，伏祈皇太后、皇上圣鉴，敕部核复施行。谨奏。

朱批："吏部议奏。"

光绪三十一年九月初七日。

（《光绪朝朱批奏折》第 21 辑，691）

请以崔庆贤补授新泰县知县折

头品顶戴、署理山东巡抚、直隶布政使、臣杨士骧跪奏,为拣员请补知县员缺,以资治理,恭折仰祈圣鉴事。

窃查,准补新泰县知县程仁均,于光绪三十一年三月二十四日病故,应以病故之日作为开缺日期,归三月分截缺,业经奏请开缺,声明扣留外补。是月分只此一缺,毋庸掣签,例应按班序补。查知县病故休一项,上次用至大挑正班止,今此一缺,东省现无坐补原缺、裁缺即用、回避即用、新选新补、留省另补人员,应用实缺丁忧起复人员。查,实缺丁忧起复班内徐致愉一员起复,以知州到省,旋请注销知州保案,仍归知县原班选用,未经投供候选,遂即分发来省,例应扣补一缺,方准序补。其余无人,轮用郑工遇缺先无人,应接用新海防遇缺先人员。上次栖霞县知县鲍诚墡病故一缺,系以各项出身新海防遇缺先知县韩寿椿请补;朝城县知县方朝治休致一缺,系以新海防遇缺先曾任佐贰实缺知县程寿武请补,此次应用正途及曾任人员。查正途出身之新海防遇缺先知县童益升,系光绪三十年十月初五日准咨,尚未扣满六个月之限,例应扣补,别无正途出身及曾任事缺人员,应以各项出身人员请补。据布政使吴廷斌、按察使连甲查,有各项出身新海防遇缺先补用知县崔庆贤,堪以请补新泰县知县等情,会详请奏前来。

臣查,崔庆贤,年五十一岁,河南辉县人,由监生报捐县丞,指分山东试用,光绪十七年到省,十八年因惠民县白茅坟漫口合龙案内出力,保准免补本班,以知县补用并加同知衔。十九年五月十一日,经吏部带领引见,奉旨"照例用。钦此。"六月初七日到省,期满甄别,旋因丁忧回籍守制,服满起复,二十八年四月二十五日回东,遵新海防例报捐分缺先补用,复加捐遇缺先补用,免试用。三十年七月初四日,接准部咨。

该员稳练安详,明白吏事,以之请补新泰县知县实堪胜任,与例亦属相符。合无抑恳天恩,准以新海防遇缺先补用知县崔庆贤补授新泰县知县。如蒙俞允,该员衔缺相当,毋庸送部引见,亦毋庸声序参罚。系捐纳人员,仍令试俸三年。除咨部查照外,谨恭折具陈,伏乞皇太后、皇上圣鉴,敕部核复施行。谨奏。

朱批:"吏部议奏。"

光绪三十一年九月初七日。

(《光绪朝朱批奏折》第 21 辑,692)

丁忧出缺，请旨迅赐简放折

太子少保、北洋大臣、直隶总督、臣袁世凯；头品顶戴、署山东巡抚、直隶布政使、臣杨士骧跪奏，为道员丁忧出缺，先行遴员会委署理，请旨迅赐简放，以重职守，恭折仰祈圣鉴事。

窃于光绪三十一年九月初五日，据山东登莱青胶道兼东海关监督何彦升呈称，于本年八月二十二日丁本生母忧出缺。查该道员缺，以分巡而兼监督征税筹防，事本繁重，向隶北洋三关，每遇补署，均系两省核办。昔年盛宣怀、龚照瑗、刘含芳均以直隶道员任事在案。烟台为渤海咽喉，与旅顺、威海、胶澳诸港远近错峙，控驭攸资。目前邻战虽停，而俄船尚有八艘羁泊口内，并有俄员兵数百人归我管束。因应善后关系甚钜，且各国领事驻烟，现议济南开埠事宜与各领事颇多交涉，更形烦重，事机纷集，非中外素着声望之员万难胜任。臣士骧接据呈报，亟应遴员委署，当与臣世凯慎重电商，期得精熟干练之员方克有济。

兹查，有咨调山东差遣直隶试用道蔡汇沧，心精力果，识见宏通，在沪在津经办交涉者垂三十年，华洋输服。历次划定上海美国租界，筹议苏州开埠章程，区画周详，极称得手。臣士骧自奉恩命移摄齐封，即行咨调来东，会同臣世凯檄委办理商埠局务。

该道运筹精密，动合机宜，于山东情形亦颇谙悉，业经臣等具疏论荐，奉旨存记。以之委署是缺，实为人地相宜。除檄饬遵照外，所遗山东登莱青胶道兼东海关监督员缺紧要，相应请旨迅赐简放，以重职守。所有道员丁忧出缺，先行会委署理缘由，谨合词恭折具陈，伏乞皇太后、皇上圣鉴，训示。谨奏。

朱批："另有旨。"

光绪三十一年九月十二日。

再，济南开埠以来，经营创始，头绪纷繁，前经会委直隶试用道蔡汇沧来东筹办，甫有端倪，现委该员接署东海关道篆务，所遗商埠局差，亟须遴员接办。查丁忧前东海关道何彦升精通交涉，开迈宏深，在任之时适当严守中立，相机因付，中外交孚，以礼去官，同深怅惜。东省外交繁剧，迫切需材，拟俟该员百日后仍调来东，接办商埠局务，以资得力。谨合词附片具陈，伏乞圣鉴，训示。谨奏。

朱批："知道了。"

（台北故宫藏档，文献编号：408001964）

请将常例七项捐再行展限一年折

再,山东省惠民等县刘旺庄等处,前因黄河漫溢,经正任抚臣周馥奏请,将常例准捐之捐免本班等七项由山东收捐一年,专作黄河办公之用。经部议准,于光绪二十八年九月十九日,奉旨"依议,钦此"。嗣于上年限满,又经周馥附片奏请展限一年,于三十年九月十三日奉朱批"著照所请,户部知道。钦此",钦遵各在案。

伏查,此项捐输自上年九月展办起,截至本年九月又届一年限满,理应依限停止,无如东省频遭河患,无岁不灾,前次冯、刘两工用款固钜,以及宁庄、王庄、薄庄等处相继漫溢,需款更繁,多系挪垫应付。本年伏汛盛涨,险工迭出,幸随时竭力抢护,共保无虞,而所需砖石等项工用亦复不赀,全赖此项捐输,籍资弥补。若将工捐依限停止,更属无从周转。合无仰恳天恩,准将常例七项捐再行展限一年,由臣督饬劝捐,各员广为劝办,以济工需。据工赈捐局司道详请具奏前来,理合附片陈请,伏乞圣鉴,训示。谨奏。

朱批:"户部议奏。"

光绪三十一年九月十五日。

(《光绪朝朱批奏折》第 100 辑,576)

具报山东省各属本年二麦约收分数折

头品顶戴、署理山东巡抚、直隶布政使、臣杨士骧跪奏,为山东省各属光绪三十一年二麦约收分数,循例具报,恭折仰祈圣鉴事。

窃查,二麦收成例应将约收分数先行奏报,兹据济南等十府,暨临清、济宁、胶州三直隶州并所属各州县场灶,光绪三十一年二麦约收分数报由布政司吴廷斌汇核具详前来。臣复加查核,济南、东昌、泰安、武定、兖州、忻州、曹州、登州、莱州、青州等十府,暨临清、济宁、胶州三直隶州并所属各州县场灶,二麦收成,通省丰歉,合计约五分有余。除俟刘获齐查明实收分数,另行造册具报外,所有通省各属光绪三十一年二麦约收分数理合循例恭折具报,伏乞皇太后、皇上圣鉴。谨奏。

朱批："知道了。"

光绪三十一年九月十五日。

（《光绪朝朱批奏折》第 93 辑，668）

具陈光绪三十年经征临仓钱粮未完一分以上名单折

头品顶戴、署理山东巡抚、直隶布政使、臣杨士骧跪奏，为山东省光绪三十年经征临仓钱粮未完一分以上各员开单具陈，恭折仰祈圣鉴事。

窃查，前准部咨经征各项钱粮办理奏销之时，应先将未完一分以上各员开单奏报，以便稽核等因，历经遵办在案。兹查，山东省各州县经征光绪三十年分临清仓钱粮，现当查办奏销之际，所有案内未完一分以上各官职名暨实征已、未完银数据，布政使吴廷斌、督粮道周开铭开单详请具奏前来。臣复核无异，除饬将未完银两赶紧督催征解外，理合缮具清单，祗呈御览。

再，此案臣于光绪三十一年十二月十四日据该司道等具详，合并陈明，谨恭折具陈，伏乞皇太后、皇上圣鉴，敕部查核施行。谨奏。

朱批："该部议奏，单并发。"

光绪三十一年九月十八日。

（《光绪朝朱批奏折》第 91 辑，497）

报销光绪二十八年分德、常二仓钱粮收支数目折

头品顶戴、署理山东巡抚、直隶布政使、臣杨士骧跪奏，为报销山东省光绪二十八年分德、常二仓钱粮收支数目，恭折仰祈圣鉴事。

窃查，东省德、常二仓钱粮银米，例应按年报销，业将光绪二十七年以前之案循例造报在案。兹查，光绪二十八年东省德、常二仓收支本折筹项钱粮、旧管项下二十七年奏销案内积存本色正耗等米三万六千三百二十二石八斗五升一合一勺，折色银一千四百五十七两一钱八分九厘，新收项下本色月粮并本色正耗麦改斛尖等米二万五千八百四十二石一斗八升七勺。内除各州县兑支各营兵丁月粮米八千四百二十七石七升四合四勺，为应另在兵粮案内造报外，实共征完解仓米一万七千四百十五石一斗六合三勺。折色正耗月粮并麦改小麦粟米屯粮商税等

银六万五百三十七两六钱八分一厘,内除各州县兑支各营丁兵月粮银七千三百二十六两四钱六厘,应另在兵粮案内造报外,实征完解仓银五万三千二百一十一两二钱七分五厘,连旧管共米五万三千七百三十七石九斗五升七合四勺,共银五万四千六百六十八两四钱六分四厘。开除项下支过驻德满营官兵俸饷月粮暨仓夫工食等米一万一千七百四十三石三斗九升五勺。又回銮经费武卫右军先锋队月饷,并筹解偿款、边防、铁路经费等项,共银五万三千三百九十三两二钱七分。实存本色正耗等米四万一千九百九十四石五斗六升六合九勺,折色银一千二百七十五两一钱九分四厘。据督粮道周开铭造具册结咨,由布政使吴延斌加结核转前来。臣复核无异,除册结咨部外,谨恭折具陈,伏乞皇太后、皇上圣鉴,敕部核销施行。谨奏。

朱批:"户部知道。"

光绪三十一年九月廿一日。

(《光绪朝朱批奏折》第 91 辑,491)

报销海防中正、马步两营第二次收支各款银数折

头品顶戴、署理山东巡抚、直隶布政使、臣杨士骧跪奏,为报销山东省海防中正、马步两营第二次收支各款银数,谨缮清单,恭折具陈,仰祈圣鉴事。

窃查,山东沿海防军中、右、后三营,前因该军驻扎处所切近胶州、威海租界,地面辽阔,非用马队不能调度灵便,当经正任抚臣周馥奏明,该军中、右、后三营改编马步、中正两营,自光绪二十九年三月起改照先锋队饷章一律办理,业已截至光绪二十九年十二月底止,作为第一次开单报销在案。兹自光绪三十年正月初一日起至年底止,该两营用过银两应作为第二次报销,计支饷银、医药、犒赏、帐棚及采买价值、修理枪械、物料等款银九万二千八十七两零,又恤赏烧埋等项,支银一万一百三十两零。以上各款,共支银十万二千七百六十五两零。收款项下,计收善后第八十三次报销案内存剩银三万六百五十六两零,又收藩库银三万五千一百三十两零,又收东海关银二万八千两,共收银九万三千七百八十七两零。内除拨还海防第一次报销案内不敷银一千五百二十九两零,计不敷银一万五百七两零,应俟东海关续解洋药厘金拨还归款。据善后局司道开造总细各册,详请奏咨前来。臣复核无异,除清册咨部外,理合缮具清单,恭折具陈,伏乞皇太后、皇上圣鉴,敕部核销施行。谨奏。

朱批:"该部知道,单并发。"

光绪三十一年九月二十一日。

(《光绪朝朱批奏折》第 63 辑,651)

报销善后局第八十三次收支各款银数折

头品顶戴、署理山东巡抚、直隶布政使、臣杨士骧跪奏,为报销山东省善后局第八十三次收支各款银数,缮具清单,恭折仰祈圣鉴事。

窃查,山东省善后总局经理各防营饷项并制造事宜一切收支数目,向按半年报销一次,业已截至光绪三十年六月底止,作为第八十二次造册报销在案。兹自光绪三十年七月起至十二月底止,左翼防军四营、右翼防军四营、利捷亲军营、水师炮船四号官弁勇夫薪粮,并随营文武员弁盐粮及各营洋枪匠工食,共支银九万一千六百四十两零。又东昌府巡勇口粮银三千五百四十两,又沂州府巡勇口粮银三千一百八十六两,又青州满营挑练佐卫练军马步各营月饷银一万二千两,由青州副都统自行支放造报。又左右翼各营制造旗帐、器械等项银六千十五两零。以上共支银十一万六千三百四十五两零,遵照部章,薪粮等项共扣四分减平银三千九百三十三两零,又收一分平馀银一千一百三两零。内除提解报销饭银一百十六两零,实扣收银九百八十六两零,又扣收六分减平银一千八十两零。以上共收平馀并减平银六千两零。又收上届第八十二次存剩银一万六千一百十五两零,又收藩库银十一万八千三百五十二两零,又收运库银三千两,又收临清关解到抚标饷银项下匀拨左右翼马队加饷库平银八千八百五十两,共收银十五万二千三百十九两零。内除统共支银十一万六千三百四十五两零,尚存银三万五千九百七十三两零,除解交藩库减平银五千十四两零,又拨还善后八十二次支发各公局缮书、工食、纸张、油烛等项筹垫银三百二两零,实剩银三万零六百五十六两零,拨入海防第二次报销案内造报。据善后局司道造具总细各册,详请奏咨前来。臣复核无异,除清册咨部外,理合缮具清单,恭折具奏,伏乞皇太后、皇上圣鉴,敕部核销施行。谨奏。

朱批:"该部知道,单并发。"

光绪三十一年九月二十一日。

(《光绪朝朱批奏折》第 63 辑,652)

交纳第五届新案赔款银折

头品顶戴、山东巡抚、臣杨士骧跪奏,为山东省应解新案赔款,自光绪三十一年十二月分起至三十二年十一月分第五年届满,均已按月匀解清款,恭折仰祈圣鉴事。

窃查,山东省每年奉派新案赔款银九十万两,按月匀分解交上海道收存转付,经前抚臣袁世凯督饬司道筹议酌提地丁盈馀银三十万两,盐斤加课加价等项银二十八九万两,清理漕费银三十万两,业将光绪三十年十二月分第四期起,至三十一年十一月分一年届满,按月分清解奏报在案。兹自光绪三十一年十二月分起至三十二年十一月分第五年届满,共应解银九十万两,同补水银一万四千七百八十七两,均经按月委员解赴上海道兑收汇付。至盐斤加课加价等款,本年仅止二十八万两,不敷之款已由藩库挪垫凑解足数。据各该司道先后详请奏咨前来。臣复核无异,除咨各部查照外,理合恭折具陈,伏乞皇太后、皇上圣鉴。谨奏。

朱批:"该部知道。"

光绪三十二年九月二十八日。

(《光绪朝朱批奏折》第 84 辑,1008)

黄河安澜折

头品顶戴、署理山东巡抚、直隶布政使、臣杨士骧跪奏,为节交霜降,黄河普庆安澜,恭折驰陈,仰慰圣怀事。

窃臣于伏汛期内曾将工程一律平稳情形奏报在案。入秋以后,甘、豫等省仍报涨水,加以本省山泉暴涨不消,秋汛搜底淘根,溜力彪悍。经臣严饬工员加意防护,迨节交白露,河水犹陆续增涨二、三、四、尺不等,两岸工程叠生巨险,如上游之阎潭、红庙、靳庄、国庄、孙楼、廖桥、李桥;中游之姬庄、北店子、葛庄、霍家溜、郭口、豆腐窝、五里堡、南塂、杨史道口、葛家店、鄢家渡、胡家岸、王家梨行、铁匠庄;下游之白龙湾、马张家、小崔家、牛王庄、宫家、王庄、毛庄、亚家、蝎子湾、卞庄、宁海、刘旺庄、董家、小高家、张肖堂、王平口、傅家窝、张家滩、宋家集、董王庄、扈家滩、梯子坝、郑家、王家院、王旺庄、打渔张家窝、头寺,或埽段蛰陷,或堤身坍溃。其尤险者，上游双合岭及小高寨，砖坝被溜刷塌，土坝随之坍陷。岳庄一带本系平工大溜，猝至坝角，立见吊蛰。中游陈孟圈、尚家各埽，水势汹涌，随厢随蛰。济阳东关娘娘庙迭出新险，岌岌可危。下游冯庄、綦家嘴、唐家、邵家、张毛家、三合庄、十堡、堡圈、董家奇险环生，防不胜防。归仁镇鱼鳞埽回溜冲击，蛰走多座，均经在工员弁及沿河周县先后抢护稳固，据三游各总办禀报前来。

臣查，东省黄河自光绪二十六年安澜以后无岁不决，动辄一岁决至数次，曼衍成灾，频忧昏垫。近年防汛额款之外，砖石各料及培堤工程均经奏拨专款，原期择要培修，为逐渐补苴之计，顾工多势险，非得在事员役实心瘁力，则成功殊不可期。臣到任以来，深知河工为东省要政，当此百度维新费用支绌之时，工防少一分漏卮，即新政多一分财力。若复虚縻帑项，无益河防，不惟无以答圣明眷顾之恩，苏百姓流离之困，即再照往岁裒集巨款恐亦万办不到。全局通筹，彷徨忧虑，前值伏汛抢险，臣深恐防范偶疏，特乘工役吃紧之会亲身巡历河堤周回，查勘自沿流各道迄河海交会之冲，见河窄堤危，异常浩瀚。虽薄庄甫经改道，海口尚行通畅，而来源盛大，奔涛狂溜，不减常年，每遇坐湾顶冲处所，走埽刷堤，层见叠出。臣目击危迫情形，万分焦急，当与三游各总办切定工员赏罚章程，竭诚激厉。一面宽筹经费，饬令多备砖石秸料，务期布置完密。及至秋汛水涨，报险之文络绎不绝，臣一再严饬工员拼力抵御，不准稍有疏忽。诸员亦踊跃，用命昼夜抢护，力与水争，卒用化险为夷，使数年来纵横荡决之狂流竟能安轨循维，不至泛溢为患。现届霜降，三游一律安澜，实为近年所未有，此皆仰赖皇太后、皇上福庇，河神效灵。

臣欣幸之余，倍深儆惕，相应恳恩颁发大藏香并御书匾额一方，由臣祗领虔诣大王庙悬挂，祀谢以答神麻。现在水已归槽，仍当严饬在工文武认真防守，勿得稍涉大意。所有节交霜降三汛安澜缘由，理合恭折驰陈，伏乞皇太后、皇上圣鉴，训示。谨奏。

朱批："另有旨。钦此。"

光绪三十一年十月初二日。

（《光绪朝朱批奏折》第 100 辑，546；《杨文敬公奏议》卷一）

具陈光绪三十一年分二麦实收分数折

头品顶戴、署理山东巡抚、直隶布政使、臣杨士骧跪奏，为山东省光绪三十一年分二麦实收分数,缮单恭折具陈,仰祈圣鉴事。

窃查,光绪三十一年二麦约收分数业经臣奏报在案,兹据布政使吴廷斌详称,查得光绪三十一年山东通省济南等十府属临清、济宁、胶州三直隶州并所属共一百七州县,及收并四卫一所,暨永利等十四场灶地,通计二麦实收五分有余,造具清册,请奏咨前来。臣复查无异,除将清册分咨部外,理合开具清单,祇呈御览。为此恭折具陈,伏乞皇太后、皇上圣鉴。谨奏。

朱批:"知道了。"

光绪三十一年十月初五日。

(《光绪朝朱批奏折》第 93 辑,680)

报销抚标前军左右两营第四次收支款各款银数折

头品顶戴、署理山东巡抚、直隶布政使、臣杨士骧跪奏,为报销山东抚标前军左右两营第四次收支各款银数,谨缮清单,恭折仰祈圣鉴事。

窃照山东抚标马步八营于光绪二十七年间先后裁撤六营,酌留抚标、前军左右两营,所需饷项先由收存新海防捐输项下动支,嗣因捐输无款,改由东海关常、洋两税馀剩及临清关税项下筹拨接济,业已截至光绪二十九年十二月底止,作为第三次造册报销在案。兹自光绪三十年正月初一起至十二月底止,该两营官弁勇夫及正杂支销,自应悉遵奏案,按照武卫右军先锋队营制饷章办理,计支饷银、医药、犒赏、帐棚及修理枪械物料筹款银九万一千二百九十二两零。又恤赏、烧埋等项支银四百六十六两零,又购制号衣袄裤靴帽等项支银一万三千三百六十六两零,以上各款共销银十万五千一百十九两零。收款项下,计收光绪二十九年抚标第三次报销案内,存剩银五万三千八百十四两零。又东海关洋税银五万两,常税银一万二千六百七十八两零,又临清关税正耗盈馀银七万五千八百七十六两零,又南运局解还借用光绪二十八年临关税银五千一百八十三两零。以上统共收银一十九万七千五百五十三两零,计存剩库平银九万两千四百三十三两零,拨入下届案内造报。据善后局司道造具总细各册,详请奏咨前来。臣复核无异,除清册咨部外,理合缮具清单,恭折具奏,伏乞皇太后、皇上圣鉴,敕部核销施行。谨奏。

朱批:"该部知道,单并发。"

光绪三十一年十月十八日。

具陈光绪三十一年分秋禾约收分数折

头品顶戴、署理山东巡抚、直隶布政使、臣杨士骧跪奏,为查明山东省光绪三十一年分秋禾约收分数,恭折仰祈圣鉴事。

窃照每年秋禾约收分数,例应先行奏报。兹查,山东各属本年春末夏初时雨时旸若,农田普律播种,迨节交庚伏,阴雨连绵,黄运各河水势日涨,幸均先期布置多备料物,切实修防,尚无漫溢之处。惟雨水过多,早晚秋禾间有被灾,轻重不等,除灾歉各处归入秋灾案内办理外,其余州县成熟村庄收成称中稔。据布政使吴廷斌查明,济南、东昌、泰安、武定、兖州、沂州、曹州、登州、莱州、青州等十府属,暨临清、济宁、脐州三直隶州并所属各州县卫所场灶,早晚秋禾约收七分有馀,详请具奏前来。臣复查无异,除查明实收分数另行具报外,所有通省各属光绪三十一年秋禾约收数理合恭折具陈,伏乞皇太后、皇上圣鉴。谨奏。

朱批:"该部知道。"

光绪三十一年十月十八日。

恭报八月雨泽情形并呈粮价清单折

头品顶戴、署理山东巡抚、直隶布政使、臣杨士骧跪奏,为恭报光绪三十一年八月雨泽情形并呈粮价清单,恭折仰祈圣鉴事。

窃查,光绪三十一年七月分山东省各属雨泽、粮价,业经臣查明开单奏报在案。兹查八月分通省一百七州县内,章邱等九十七州县,先后据报于月之上旬初二、初三、初三、初八、初九、初十,中旬十一、十四、十五、十六、十七、十八,下旬二十四、二十五、二十六、二十七、二十八等日,各得雨一、二、三、四、五寸及深透不等,其余历城、淄川、德州、德平、平原、青城、商河、蒲台、恩县、文登等十州县虽未得雨,地脉尚润,秋收将次完竣,民情均甚安谧,堪以仰慰慈廑。理合将各州县市集粮价缮具清单,恭折具陈伏乞皇太后、皇上圣鉴。谨奏。

朱批:"知道了。"

光绪三十一年十月十八日。

（《光绪朝朱批奏折》第 97 辑，575）

修筑薄庄河堤工竣折

头品顶戴、署理山东巡抚、直隶布政使、臣杨士骧跪奏，奏为东省黄河薄庄两岸修筑堤工一律完竣，恭折具陈，仰祈圣鉴事。

窃照黄河北岸利津县境薄庄地方，于上年六月间漫溢成口，水由徒骇河入海，河直流畅，不能堵筑。当经正任抚臣周馥亲往履勘，拟于两岸筑堤束水以保完善，奏明在案。臣本年到任后，以筑堤事属创办，复经奏派候补道丁达意为督办，候补道何国祺为总办，妥筹兴办去后，该道等遵即赴工勘定堤基，估计土方，檄调熟悉工程之员及薄庄失事之文武员弁，同赴南北两岸，分段修筑。南岸新堤，上自七龙河旧堤起，下至大牡蛎觜滩前止，计长四千六百六十余丈；北岸上自西盐窝护庄捻头起，下至沾化县境之后马厂止，计长四千一百八十余丈。地势高下不齐，堤身一律如式。底宽自十丈至六、七丈不等，顶宽自三丈五尺至二丈不等，高自一丈一尺至七尺不等，惟南岸上段正当老河旧身，土性异常松浮，北岸上段距口门甚近，全系新淤沙土，南北两下段又系荒凉之区，土夫多不愿往，且地多沟洼，工作在在棘手，经丁达意等激励各员，倍加感奋，自二月中旬兴工，至五月底一律告竣。据道员丁达意、何国祺禀报前来，经臣委派候补道杨辰前往逐段验收，高宽丈尺均属相符，夯硪坚实，委无草率偷减情弊。

臣前次赴工，新堤正在赶办，亲履勘检，土足硪坚，毫无弊混，惟新堤迤下地近海滨，潮汐往来，碍难施工。综计此项新堤八千余丈，兴工四月阅之久，在事员弁奔走于泥淖之中，拚力修筑，迅速蒇事，得以束水中行，出海顺畅。两岸新堤历过伏秋两汛，虽水势浩瀚、风浪冲突，均未出险，实系修筑坚固，成效可证。利津、沾化两县保全村庄盐滩不少，洵堪仰慰宸廑。至徒骇河与黄河汇流，深恐黄水顶托清水，不能下注，已引由九山河入海，计自邵家屋子起，至王家沟止，共挑挖九百余丈。现在徒骇河尾闾，亦十分通畅，合并声明。除饬将各工用过土方工料银两造具册结核明奏销外，所有薄庄修筑堤工一律完竣缘由，谨恭折具奏，伏乞皇太后、皇上圣鉴，训示。谨奏。

朱批："该部议奏。钦此。"

光绪三十一年十月十八日。

请以童益升补授肥城县知县折

头品顶戴、署理山东巡抚、直隶布政使、臣杨士骧跪奏，为拣员请补知县员缺，以资治理，恭折仰祈圣鉴事。

窃查，肥城县知县金猷大调补寿光县知县，接准部咨，系光绪三十一年五月十三日奉旨，应以五日后行文。按山东省照限减半计算，扣至六月初二日，作为开缺日期，归六月分截缺。是月分出有蓬莱县知县病故、肥城县知县升调二项，按照新章，均应用实缺丁忧起复人员，例应制定先后序补。经臣督同藩、臬两司掣得肥城县第二缺，即应按班序补。查知县升调遗一项，上次用至议叙后分缺间第一各项出身新海防例遇缺先补用知县刘维翰止，今此一缺，东省现无坐补原缺、裁缺即用、回避即用、新选新补、留省另补人员，应用曾任实缺丁忧起复人员。查签掣第一之蓬莱员缺，业以实缺丁忧起复补用知县徐致愉请补，其余无人轮用，郑工遇缺先无人，应仍接用新海防遇缺先人员。据布政使吴廷斌、按察使连甲查，有正途出身新海防遇缺先补用知县童益升，堪以请补肥城县知县等情，会详请奏前来。

臣查，童益升，年三十五岁，安徽望江县人，由优廪生中式光绪十七年辛卯科本省乡试举人，二十四年报捐誊录，由部咨送会典馆当差。二十六年《会典》全书告成，议叙以知县分发各省试用，呈请分发签掣山东，经部带领引见。二十七年十二月十一日，奉旨"著照例发往。钦此。"二十八年二月十一日领照到东，二十九年在山东工赈捐出力案内奖叙同知衔并花翎，遵新海防例报捐分缺先补免试用，复加捐遇缺先补用免试用，三十年十月初四日接准部咨。

该员年力富强，讲求吏治，以之请补肥城县知县，实堪胜任，与例亦属相符。合无仰恳天恩俯准，以新海防遇缺先补用知县童益升补授肥城县知县，衔缺相当，毋庸送部引见，亦毋庸声叙参罚。该员系捐纳之员，仍令试俸三年。除咨部外，谨恭折具陈，伏乞皇太后、皇上圣鉴，敕部核复施行。谨奏。

朱批："吏部议奏。"

光绪三十一年十月三十日。

（《光绪朝朱批奏折》第 21 辑，842）

会奏商撤胶高德兵折并清单

头品顶戴、署理山东巡抚、直隶布政使、臣杨士骧跪奏，为密陈商办胶州、高密两处撤退德国兵队情形，并将议定善后条款照录进呈，恭折会奏，仰祈圣鉴事。

窃自光绪二十五年夏间，德人在山东省修造胶济铁路，因高密乡民聚众阻工，先后由青岛派兵赴胶、高两处驻扎，自行保护铁路。迨是年冬间，臣世凯署理山东抚篆，派员查办议结，驻胶德兵旋即撤回青岛。二十六年夏秋间，拳匪滋事，德人又派兵一队分驻胶州，并于城北车站旁价购民地十四亩，修造兵房。二十九年秋间，又于兵房附近之沈家河续租民地七亩，安设水管，以便取汲，并经正任抚臣周馥商允照办。至高密所驻兵队，先在城内书院占住。二十七年秋间，又在城外古城地方议租民地九十馀亩，修造兵房，曾经议定租地合同，以六个月为限，并由臣世凯迭次函电德督沛录，切实声明，限满即须撤兵退租，乃限期未满，臣世凯即奉命署理直隶总督，遂将全案移交前护抚臣胡廷干酌核办理。迨至二十八年夏间，高密兵房修成，德兵始由城内移驻，旋又商由古城至小王庄火车站修筑马路一道，维时六个月，限期久已届满，迭经历任抚臣商令撤退，德人均藉词展缓，延宕至今。此德兵分驻胶、高之前后情形也。

臣士骧于本年正月间过天津时，即与臣世凯晤商，以德兵久驻环界，核与议租胶澳专约不符，亟须商令撤退。惟德人派驻兵队，系于乡民阻工、拳匪滋事之时，以保护铁路藉口。现在地方平静，商令撤退，必须筹办铁路巡警自任保护之责，庶免别滋口实。臣士骧到任后，驰赴东路察看情形，晤商德督师孟，促其从速撤退兵队，一面商由臣世凯饬派北洋巡警官刘全富来东，挑练巡警，自环界外之丈岭起，至济南省城西关车站止，分段拨驻，按站稽查，严定章程，申明赏罚，务使沿路安静无事。行之数月，中外称便，行旅相安。师孟前来济南省城，亦盛称铁路巡警得力，足资保护。臣士骧复商令撤退胶高兵队，师孟亦允转商。迨后正值京津商撤各国驻兵，胶、高所驻德兵以遂同时拟撤。师孟旋派德员冯克来省，议定撤兵善后事宜，臣士骧面与会议。冯克以所议条款商改之处太多，未敢作主，折回青岛再商。旋又承准外务部咨令派员从速商订，遂于十月十五日，饬派调东之直隶候补道徐抚宸、留东补用知府李德顺、胶州直隶州知州余则达等，驰赴青岛，会同德员，仍遵照臣士骧上次改订条款草稿，依次磋商，共计商订撤兵善后事宜五款：

第一款，德员原议胶州兵队一个月始行撤完，改为自条款画押之后，即时全行撤退。

第二款，德员原议高、密兵队，须俟六个月青岛兵房造竣，方能撤退，改为条款画押之后，首先撤退四分之一，两个月内再撤四分之一。余存兵队，再限两个月内一律全撤，不再展限。

第三款，德员原议派驻铁路巡警，必须预先知照，改为自条款画押之日起，不论胶、高德兵撤竣与否，即将环界铁路内全归中国巡防保护，并于环界内各车站全行拨驻巡队，又于交界附近地方添设公所，亦拨驻巡队若干名，以资保护弹压。

第四款，德员原议胶、高两处兵房，德人仍留自用，并由德人派人照管，听其商立学堂，改为胶、高两处兵房全由中国购回，自行管业，留作地方公用，或设立学堂。其造房原价四十九万六千三百八十八元之数，亦议定分年递减，共减去九万六千三百八十八元有奇，即以实价四十万银元购回。

第五款，德员原议即墨城外，德人拟设兵房一所，以便偶有出操之兵在彼栖宿，改为德国如照约过调兵队道经胶高，当于两礼拜前预先知会，俾将余闲之处借住数日。至议在即墨另设兵房一节，应即删除，无庸置疑。

以上五款，凡有关中国主权之处，均经臣士骧先与冯克在省磋商大概办法，旋又饬由该员等按照前议，在青岛与师孟等屡议屡改，再四磋磨，将环界内主权全行设法收回，撤兵限期均商令提前赶办。所有保护铁路、弹压地方一切事件，亦全归中国地方官会同巡警官妥筹办理。至胶、高两处兵房价值，虽一再议减，尚属便宜，然为数已复不少，若不乘机购回，将虑德人惜此巨款，别生枝节，或以议租胶澳专约载明，准其过调兵队，借口随时由青岛拨兵自住，或故不肯售，昂价居奇，皆在意中。臣士骧会同臣世凯电商外务部，均极以购回为是。明知库款奇绌，既为消弭隐患，势不能不设法商购，以保主权。德员等此次会议亦甚平和，是以不及浃旬即已次第就范，由该员等遵饬议缮条款，草底呈送。前来，复经臣士骧详加考核，与臣世凯会同外务部往返电商核准定议，饬由该员等照缮华德文各四份，于十月三十日，在青岛送交师孟眼同签押，十一月初二日，赍回省城呈由臣士骧签押，讫以华德文各两份，派员赍送青岛交师孟收存。再以华德文各一份，咨送外务部存案，一份留存东抚署中备查。昨据胶州直隶州余则达电禀，胶州德兵已于本月初八日一律撤竣，高密德兵同时亦已撤退四分之一，余仍依限匀撤。至两处兵房工程均甚坚固整齐，约共三百余间，堪以留备地方公用暨设学堂等用。胶州兵房于十二日交出，臣士骧已饬由地方官派员接收，妥为看管。高密兵房，须德兵依限撤竣，再行交接。所有环界内铁路巡警事宜已饬巡警官刘全富即于本月初五日安设妥贴,并饬会同地方官随时妥为保护弹压,务与环界外铁路巡警联络一气,并酌派熟悉交涉人员驰赴胶高处会同妥商办理,务期敦笃邦交,慎固封守,庶足仰慰宸厪。除俟高密德兵依限撤完,届时另行奏报外,谨先将议定撤兵善后条款,照录恭呈御览,恳请饬下外务部立案。所有商办胶高撤兵情形暨进呈善后条款各缘由,谨合词恭折密陈,伏乞皇太后、皇上圣鉴,训示。谨奏。

奉朱批:"该衙门议奏,单一件片三件并发。钦此。"

光绪三十一年十月三十日。

谨将议定中德会订胶高撤兵善后条款照缮清单恭呈御览:

大清国钦命署理山东巡抚部院提督军门杨、大德国钦命署理总督胶澳文武事宜大臣师,为订立条款事。

查,前承大德国大皇帝允将胶高所驻德兵撤退,藉以敦睦,兹经彼此公同商订善后各款如下:

第一款　胶州德国兵队于此件画押之后即时全行撤退。

第二款　高密德国兵队于此件画押之后即先撤退四分之一,于两个月内再撤四分之一。其馀兵队再限两个月内,以全力在青岛赶造兵房马棚,以便限内全行撤退,愈速愈妙。如两个月内不能造竣,届时亦须全行撤退,不再展限。

第三款　自此件画押之日起,勿论胶高德兵撤尽与否,即将环界内铁路全归中国地方官暨巡警官巡防保护,并由巡警官酌派巡队至多二百四十名分站匀驻,一切事宜均照环界外铁路巡警章程办理。又于胶州城府近地方设立巡警办事公所一处,派驻巡队至多一百名,以便轮流替换,为保护铁路弹压地方之用。中国如在该地内派驻兵营筹办兵法等事,仍照胶澳条约办理。

第四款　德国在胶高地方所修各项工程,如兵房、马棚、操场、马路、水管等,暨以上各处所占地基、所造房屋暨房屋内外应附各件,共计原价银元四十九万六千三百八十八元四角八分,内除拨还中国代付地租五千元,又将岁修等项二万一千三百八十八元四角八分作为分年递减,又格外通融议减七万元外,即以实价四十万银元全行售归中国自行管业,另立契约。所有房价自交胶州兵房之日起两年内分四批交清,再此项房屋由中国买回后留为地方公用,并添设学堂等用。

第五款　如遇德国照约过调兵队,道经胶高,暂住数日,当于两礼拜前预先知会,俾将馀闲之处借住,并不取值。

以上条款照缮校对,华德文各四份,彼此语意相符,签定后,以华德文各两份交大清山东巡抚部院衙门存案,华德文各两份交大德总督胶澳文武事宜大臣衙门存案,以便查核,分别转行,遵照办理。

大清光绪三十一年十一月初二日。

大德一千九百五年十一月二十八日。

奉朱批:"览。钦此。"

(《杨文敬公奏议》卷一)

择尤保奖山东高等学堂办学人员折

头品顶戴、署理山东巡抚、直隶布政使、臣杨士骧跪奏,为山东高等学堂已届五年,办有成效,遵旨将办理学堂人员照章择尤保奖,缮单恭折具陈,仰祈圣鉴事。

窃东省高等学堂正、备斋学生毕业,经前署抚臣胡廷干会同学臣载昌详加考试,分别等次,于光绪三十一年正月二十四日专折奏请奖给出身,并声明拟将办理学堂人员择优保奖,附片请旨,恭奉朱批"政务处学务大臣知道。钦此。"此前署抚臣未及核办卸事,移交到臣,当即钦遵转行,遵照去后。兹据学务处司道会同高等学堂监督,将该堂各教习、管理员开单详请奏奖前来。

臣查,该学堂自二十七年经升任抚臣袁世凯奏明开办以来,计时已历五稔。上年正、备斋毕业学生一百八十二名,业经学务大臣会同礼部议准,于本年六月十八日奏请照拟给奖,奉旨"依议。钦此。"各学生仰沐恩施,益加奋力,现在升级肄业,臣不时到堂考察,谕令各教员、管理员检察品行,研究科学,鼓其奋发有为之气,坚其曾累日进之心。各学生恪守规程,向学不辍,毫无嚣张习气,皆由该员等平日课导约束认真不懈之所致。此次毕业学生,既邀恩准给奖,所有在事出力之教员、管理员,自应照政务处议定各省学堂,每届五年保奖一次新章,按其劳资酌请奖励,俾以后各学堂员绅热心教育,造就益宏,以仰副朝廷兴学育才至意。臣复查,该堂单开各员实系在事出力,尚无冒滥,谨分别异常,寻常,照常择优保奖,缮具清单,恭呈御览。合无仰恳天恩俯准照拟给奖,以示鼓励,出自逾格鸿施。除将各员履历清册分咨政务处学务大臣,暨吏、礼两部查照外,理合会同山东学政臣载昌恭折具奏,伏乞皇太后、皇上圣鉴,训示。谨奏。

朱批:"该衙门议奏,单一件、片三件并发。"

光绪三十一年十月三十日。

(《光绪朝朱批奏折》第 105 辑,639)

秋禾被灾恳恩蠲缓钱漕折

头品顶戴、署理山东巡抚、直隶布政使、臣杨士骧跪奏,为查明本年各属秋禾被灾轻重情形,恳恩蠲缓钱漕,以纾民力,缮具简明清单,恭折仰祈圣鉴事。

窃查,本年山东地方自春徂夏,雨泽调匀,麦收尚称中稔,秋禾一律播种,正期雨旸时若,普庆丰登,讵料六、七月间,节次大雨,黄、运各河水势日涨,虽均先期布置切实修防,幸未漫决,而雨水过多,低洼之区禾稼均已被淹,并因天时不齐,有被旱、被虫、被沙、被碱、被风、被雹之处。兼之沿黄、淄、徒骇、小清各河附近村庄旧有水冲沙压堤占挖,各地形同釜底,几至无岁无灾,甚有颗粒不收者。据青城等九十四州县先后报经各该道、府、州,督同勘议,由布政使吴廷斌核明,详请具奏前来。

臣复加查核被灾情形,轻重不等,民情困苦,自应量予调剂,以示体恤。合无仰恳天恩俯准将青城等九十四州县,暨收并卫所并盐场成灾最重者应征钱漕全行豁免,成灾七分者蠲免十分之二,蠲剩银米分作二年带征,灾前溢完银两流抵次年正赋。其勘不成灾,情形较重者钱漕并缓,较轻者缓漕征钱,无漕者仍缓本年钱粮,最轻者缓征旧欠。至分缓钱粮兵米,照例在于成熟村庄应征漕米内照数拨补,统归大漕项下核缓。其阖境缓漕者,即在于附近成熟征漕各州县分别划拨,以免缺额。至被灾村庄,例应按户给赈,今年均系改赈为抚,缘抚可择人而施,穷黎同沾惠泽。

此次各州县灾村,由臣督同司、道妥筹办理,除行司开具村庄银米细数并督勘道、府、州职名清册送部查核外,所有查明各属本年秋禾被灾,议请分别蠲缓新旧钱漕缘由,理合缮具简明清单,恭折具陈,伏乞皇太后、皇上圣鉴,训示。谨奏。

朱批:"另有旨。钦此。"

光绪三十一年十月三十日。

(《光绪朝朱批奏折》第 69 辑,377)

请再予夏辛酉节制各营之权片

再,云南提督夏辛酉奉调来东,助臣剿办曹匪,亟应重其事权,方能得力。前臣请将在曹先锋及巡防各营均归该提督调遣，仍恐呼应不灵，拟再予以节制各营之名，以一事权而资统率，理合附片奏明，伏乞圣鉴，训示。谨奏。

朱批："陆军部知道。"

光绪三十一年十一月。

（《光绪朝朱批奏折》第 119 辑，051）

具陈归还英、德、俄、法借款情况片

再，山东省应还英、德、俄、法借款，自光绪二十二年起，每年原拨银三十九万两，嗣于二十五年因佛郎磅价昂贵，原拨银数不敷除，盐斤加价二万两，遵照部文毋庸加拨外，其余银三十七万两，按二成五加拨银九万二千五百两，共原续拨银四十八万二千五百两。内由藩库筹解银三十二万五千两，运库筹解银五万七千五百两，东海关筹解银十万两。英、德按二月、五月、八月、十一月分解，俄、法按三月、九月分解，历经遵照办理。

查，光绪三十一年二月、五月限内应还英、德本息银一十四万二千五百两，三月限内应还俄、法本息银一十一万八千五百两，业经各该司道依限解赴上海道衙门兑收汇付，详经奏明在案。所有光绪三十一年八月、十一月限内应还英、德本息银一十四万二千五百两，九月限内应还俄、法本息银七万九千两，均经按月解赴上海道衙门兑收汇付。据各该司道先后详请奏咨前来。臣复核无异，除分咨查照外，谨附片陈明，伏乞圣鉴。谨奏。

朱批："该部知道。"

光绪三十一年十一月。

（《光绪朝朱批奏折》第 84 辑，802）

交纳本年山东运库协济南河工工需银两折

再，山东运库每年协济南河工需银三千两，向解漕运总督衙门兑收，现在漕运总督业已裁撤，改设江北提督，所有前项工需银两自应解归提督衙门应用。兹据盐运司张莲芬详报，应解光绪三十一年分工需银两三千两，现已如数措齐，发交协成乾票号汇解江北提督衙门交纳等情，请具奏前来。臣复查无异，除分咨外,谨附片陈明,伏乞圣鉴。谨奏。

朱批:"户部知道。"

光绪三十一年十一月。

(《光绪朝朱批奏折》第100辑,585)

委派人员办理薄庄修堤、迁民、移设盐垣事宜片

再,利津县薄庄于上年八月间漫溢水,由徒骇河入海,业经正任抚臣周馥前往勘明,河直流畅,不能堵筑,拟定修堤、迁民、移设盐垣办法三条,奏奉朱批"著照所请。钦此",钦遵在案。臣查,黄河改由徒骇河入海,所有筑堤工程事属创立,与寻常修堤不同,必须委派熟悉工程之员方能办理得力。

查,中游总办署济东泰武临道丁达意,历办大工,悉合机宜,堪以派为该工督办,筹画一切。道员何国祖,总办下游,该处堤工是其专责,应即派为该工总办,协同丁达意督饬各员将薄庄迤下南北两岸应修堤段察看河流,审定形势,妥速勘议兴筑。其薄庄迁民事宜亦关紧要,即派道员朱庆元等前往办理。至移设盐垣一节,俟筑堤迁民各事就绪,再行次第筹议。臣仍当督饬各员认真经理,期于工款两有裨益,除分檄饬遵外,理合附片陈明,伏乞圣鉴。谨奏。

朱批:"该部知道。"

光绪三十一年十一月。

(《光绪朝朱批奏折》第100辑,586)

会奏赎回德国兵房片

再,德人在胶、高两处所造兵房,议定以实价四十万两银圆,约合库平银二十八万两,由中国购回,当经臣等于奏报商办撤兵折内详细奏陈在案。查,此项兵房定价四十万圆,曾经饬由该员与德人议明于两年内分四批交付,本月十二日接收胶州兵房,即经臣士骧饬由筹款局暂行借垫十万圆作为第一批应交房价,下余三十万圆于两年内分批付清,均须预为筹备。

惟查东省库款向本支绌,近年添拨赔款、练兵经费、常备军月饷等项,及本省筹办新政各项用款为数滋巨,更属支出异常,司局存款久已罗掘一空。所有此项

房价四十万圆,东省实无可筹拨,然权衡现在情形,德兵甫议撤退,所造兵房又适在环界之中,如不由我备价购回,势必仍为德人所有,将来如以照约过调兵队藉口,仍来往于两处兵房,必又丛生枝节。

臣等与外务部往返电商多次,均以备价购回藉保主权为善策,万不能因本省无款可筹,少涉迁就,致滋贻误。惟有吁恳天恩俯念购回胶、高两处兵房关系甚重,饬下户部指拨的款二十八万两,俾得按期交付此项房价,以符愿议而弥后患。除分咨外务部、户部查照外,谨合词附片密陈,伏乞圣鉴,训示。谨奏。

朱批:"著照所请,户部知道。钦此。"

光绪三十一年十一月十七日。

(《光绪朝朱批奏折》第112辑,266;《杨文敬公奏议》卷一)

王延伦补授钜野县知县折

头品顶戴、署理山东巡抚、直隶布政使、臣杨士骧跪奏,为拣员请补要缺知县,以资治理,恭折具奏,仰祈圣鉴事。

窃查,钜野县知县项景升,于光绪三十一年八月十七日奉旨革职,应以五日后行文,按东省照限减半计算,扣至九月初六日作为开缺日期,归九月分截缺。所遗钜野县知县员缺,系"繁、疲、难"兼三要缺,例应在外拣选调补,如无合例堪调之员,始准以候补即用人员题补等语。该县素称难治,地瘠民悍,盗贼众多,巡辑抚绥,均系紧要,非精明干练之员,弗克胜任。据布政使吴廷斌、按察使连甲于现任知县内逐加遴选,非现居要缺,即人地未宜,实无堪调之员。查,有即用本班尽先补用知县王延伦,堪以请补钜野县知县,会详请奏前来。

臣查,王延伦,年四十六岁,直隶定州人,由增生考取光绪十一年乙酉科优贡,十二年丁戌科朝考二等引见,七月初一日奉旨"以教职用。钦此。"应十九年癸巳恩科本省乡试中式举人,二十四年戊戌科会试中式贡士,二十九年癸卯补行复试殿试三甲,朝考二等引见。五月初七日,奉旨"以知县即用。钦此。"签掣福建,遵例捐离原省,改指山东,仍归原班即用,复遵新海防例报捐本班尽先补用,旋在山东赈捐局奖给花翎同知衔。三十年二月初四日,领照到省。

该员学识兼优,讲求吏治,以之请补钜野县知县实堪胜任,与例亦相属符,合无仰恳天恩俯准,以即用本班尽先补用知县王延伦补授钜野县知县,实于要缺有裨。如蒙俞允,衔缺相当,毋庸送部引见,亦毋庸声叙参罚。除咨部外,谨恭折具陈,伏乞皇太后、皇上圣鉴,敕部核复施行。谨奏。

朱批:"吏部议奏。"

光绪三十一年十一月十八日。

(《光绪朝朱批奏折》第21辑,913)

预筹明年河防经费折

头品顶戴、署理山东巡抚、直隶布政使、臣杨士骧跪奏,为照案预筹光绪三十二年黄河防汛经费,恳恩俯准照拨,以资修防,恭折仰祈圣鉴事。

窃查,东省黄河自光绪十八年为始,每年额拨银六十万两作为防汛经费,历经前任抚臣奏请照拨在案。查,本年伏秋大汛异常盛涨,上、中、下三游,险工林立,埽坝时有蛰陷,经在工各员抢护稳固,现在存储料物均已用罄,来年修防事宜亟须提前预备。查,河工修防以正料为大宗,向趁冬令价值合宜,分投购运,以免临时束手。所有光绪三十二年防汛经费,拟请仍照应届成案拨银六十万两内,由司道各库拨银五十万两,又藩运两库解筹备饷需银各五万两存留备用,据河防局司道详请奏拨前来。臣复核无异,相应吁恳天恩俯准照拨,以资修防。臣仍当严饬在工各员核实动用,如有不敷,再酌量情形另请续拨,不敢任其稍涉糜费。所有照案预筹三十二年黄河防汛经费缘由,除咨部查照外,理合恭折具陈,伏乞皇太后、皇上圣鉴,训示。谨奏。

朱批:"户部知道。钦此。"

光绪三十一年十一月十八日。

(《杨文敬公奏议》卷一)

恭报九月分雨泽情形并呈粮价清单折

头品顶戴、署理山东巡抚、直隶布政使臣杨士骧跪奏,为恭报光绪三十一年九月分雨泽情形,并呈粮价清单,恭折仰祈圣鉴事。

窃查,光绪三十一年八月分山东省各属雨泽、粮价,业经臣查明开单,奏报在案。兹查九月分通省一百七州县内,历城等七十四州县先后据报于月之上旬初七、初九,中旬十五、十六、十九、二十等日,各得雨一、二、三、四寸,及深透不等。

其余新泰、滋阳、曲阜、宁阳、邹县、泗水、峄县、菏泽、单县、城武、曹县、定陶、巨野、郓城、兰山、莒州、沂水、日照、堂邑、茌平、清平、冠县、馆陶、高唐、恩县、临朐、文登、荣成、济宁、金乡、嘉祥、鱼台、即墨等三十三州县，虽未得雨，地脉尚润。秋收业已完竣，麦禾均可播种，民情安谧，堪以仰慰慈厪，理合将各州县市集粮价，缮具清单，恭折具陈，伏乞皇太后、皇上圣鉴。谨奏。

朱批："知道了。"

光绪三十一年十一月十九日。

（《光绪朝朱批奏折》第 97 辑，590）

恳请将山东黄河工款重要七项常捐再展限一年折

头品顶戴、署理山东巡抚、直隶布政使、臣杨士骧跪奏，为山东黄河工款重要七项常捐实难停止，恳恩准再展限一年，以资弥补，恭折仰祈圣鉴事。

窃臣前以河工挪款暨砖石等需全赖工捐接济，奏请展限劝办，奉朱批"户部议奏。钦此"，钦遵在案。现经部驳，于光绪三十一年十一月初三具奏"奉旨依议。钦此"，由户部抄录原奏，咨行到东。伏查，此项捐输自光绪二十八年经正任抚臣周馥奏准，由东收捐专作黄河办公之用，迄今已展办两年。苟工款有可补苴，臣亦何敢再三渎请？今如部议，谓合计该省所收及津局劝募七项长捐自开办起至现在止，约收捐款早逾原请四十三万之额等语，不知四十三万之数周馥原奏，但指冯刘两工而言，嗣后宁海庄、王庄、薄庄等处相继漫决，用款浩繁，大半皆赖工捐挹注。

臣莅东后，深知黄河工程顷刻千变，每因款绌用繁，抢渡不能得力，致贻无穷之患。当即筹挪巨款，预饬在工员，并多购秸石各料，认真修守，以备不虞。夏间伏讯盛涨，奇险迭出，幸赖物料齐全，防护应手，始得仰叨福庇，获庆安澜，薄庄新堤亦遂以次告竣。然总计各工用款实已不赀，事前挪借应付，不过移缓就急，方冀恩准展办工捐，或可徐图归补。且查岁抢经费本无砖石一项，即此一项已非数十万不能办。前年周馥奏陈黄河办法拟在地粮赢余屯田缴价及七项常捐三项内分年拨款，作为加培堤身抛石砌坝之用。惟各属屯价所缴无多，近来银价日昂，赢余亦未能照数提解，所恃以济用者仅有工捐一项。即使收数踊跃，亦不过勉强维持。若再遵议停止，不特挪移之款无从归垫，即砖石等工亦难举办。万一有失堵工用项，动辄百数十万，而议赈议蠲尚不知若何棘手，与其补救于事后，曷若绸缪于未然?

臣再四筹思,惟有恳天恩俯念东省河工紧要,筹款艰难,准将常例七项捐再予展限一年,俾臣得资捐项,可以尽力河防,相机修筑。俟明年工情稍顺,用款稍舒,自当依限奏请停止,庶于部中捐务无甚损碍,而东省河工实有裨益。据河防局暨工账捐局司道会详请奏前来,理合缮折具陈,伏乞皇太后、皇上圣鉴,训示。谨奏。

朱批:"户部议奏。"

光绪三十一年十一月十八日。

(《光绪朝朱批奏折》第 100 辑,580)

迁徙灾户片

再,薄庄口门迤下村庄被水飘没情形困苦,经正任抚臣周馥奏明迁徙在案。臣到任后,即奏派道员朱庆元等前往办理,旋据禀报,利津、沾化两境,计卢家园、黄家庄、薄家屋子、东流沟、西流沟、中流沟、台子庄、蓋庄、八里庄、萧家庄、孟家庄、薄家庄、东盐窝、小王庄、西刘庄、庞家屋子共十六村,或被水冲毁,或逼近水滨,亟须分别迁徙。经臣严饬该道督同利津、沾化两县及员绅等在附近高阜地方,择定庄基四处:一为马家庄迤北地,一为后洼地,一为老河滩地,一为新河淤地,按照应迁户口,共盖成新屋九千三百八十间。自四月初一日开办起至六月初八日止,该庄民先后迁徙,一律完竣。当派道员杨嘉辰前往验收,房间数目均属相符。现在新建各庄已成村落,房屋、街道亦甚整齐,小民等衽席咸登,洵堪仰慰宸厪。除由利津、沾化两县立契备案外,谨附片陈明,伏乞圣鉴。谨奏。

朱批:"知道了。钦此。"

光绪三十一年十一月十八日。

(《光绪朝朱批奏折》第 100 辑,579;《杨文敬公奏议》卷一)

请以徐致愉补授蓬莱县知县折

头品顶戴、署理山东巡抚、直隶布政使、臣杨士骧跪奏,为拣员请补知县员缺,以资治理,恭折仰祈圣鉴事。

窃查，准补蓬莱县知县管锡仁，于光绪三十一年六月二十七日病故，应以病故之日作为开缺日期，归六月分截缺，业经奏请开缺声明，扣留外补。是月分出有蓬莱县知县病故、肥城县知县升调二项，按照新章均应用曾任实缺丁忧起复人员，例应擎定先后序补。经臣督同藩、臬两司擎定蓬莱县知县第一缺，即应按班序补定章曾任实缺丁忧服满分发人员，道府以至未入流如遇选缺出时，除坐补原缺、裁缺即用、回避即用、新选新补、留省另补人员，均仍照定例先尽请补外，其余无论何项到班先将此项人员尽数请补，均不积各项班次之缺等语。今蓬莱县知县一缺，东省现无坐补原缺、裁缺即用、回避即用、新选新补、留省另补人员。据布政使吴廷斌、按察使连甲查，有实缺丁忧起复补用知县徐致愉，堪以请补蓬莱县知县等情，会详请奏前来。

臣查，徐致愉，年五十五岁，顺天宛平县人，祖籍江苏宜兴县，由监生中式同治九年庚午科顺天乡试举人，光绪六年庚辰科会试后大挑一等，拣发东河以知县试用，二年期满改分山东，九年到省，遵新海防例报捐本班尽先补用，十三年因办堤工出力保准俟补缺后以知州用，题署新泰县知县，十四年到任，试署一年期满实授。二十一年六月丁忧开缺，回籍守制。二十三年九月服满起复，仍回山东，归知州班补用。三十年八月请咨赴部注销知州，仍归知县原班选用。复遵例分发山东原省，以知县归候补班补用。经部带领引见，十一月十九日奉旨"照例发往。钦此。"十二月初七日领照到省，系注销保举仍归知县原班补用人员，前于新泰县知县补缺案内业经扣补一次。

该员老成谙练，熟悉情形，以之请补蓬莱县知县，实堪胜任，与例亦属相符，合无仰恳天恩俯准以曾任实缺丁忧起复补用知县徐致愉，补授蓬莱县知县，衔缺相当，毋庸送部引见，亦毋庸声叙参罚。除咨部外，谨恭折具陈，伏乞皇太后、皇上圣鉴，敕部核复施行。谨奏。

朱批："吏部议奏。"

光绪三十一年十一月十八日。

（《光绪朝朱批奏折》第21辑，912）

具陈挑选青州驻防马步各队开练日期并饷乾各数折

头品顶戴、署理山东巡抚、直隶布政使、臣杨士骧跪奏，为挑选青州驻防马步各队开练日期并饷乾各数，谨缮清单，恭折仰祈圣鉴事。

窃查,青州驻防八旗额设马匹乾饷不敷,倒毙疲瘦,操防难期得力,经臣士骧会同臣英慈拟酌,裁额马八百匹,省出乾银,添练马步各队,仿照佐卫练军饷章,开支余项添给马乾,业于光绪三十一年五月初十日恭折具奏,奉朱批"练兵处、兵部知道。钦此",钦遵在案。

伏查,青州驻防制兵额马一千四百六十匹,四季匀算,每马一匹月支乾银一两五钱,裁马八百匹,每月节出乾银一千二百两,又变价银三千一百九十五两四分。兹臣英慈由前锋马甲内挑选马队一百五十名,小粮西丹内挑选步队一百名,于七月初一日开练,分隶佐卫练军马步,两营一体,认真训练,酌量加添差弁,不复另设营哨等官,以节经费,共月支饷银六百八两八钱。又裁存马六百六十匹,原有马乾不敷喂养,自应酌加津贴,以期膘壮,拟每匹每月津贴银一两,共津贴银六百六十两,均于七月初一日起支,应置军装等项,共需银三千二百三十八两,即在裁马变价项下动支,不敷各数另行筹补。至德州驻防裁马练兵各节,与青州情形稍有不同,已饬城守尉中林酌度情形,另案办理。除咨部查照外,谨缮清单恭呈御览,为此合词恭折具陈,伏乞皇太后、皇上圣鉴。

再,此折系臣士骧主稿,会同臣英慈办理,至拨给旗兵海滩淤地,现难招垦,尚未蒇事,应俟办理就绪,再行咨部立案,合并陈明,谨奏。

朱批:"该衙门知道,单并发。"

光绪三十一年十一月十九日。

(《光绪朝朱批奏折》第 35 辑,218)

具陈应承袭、接袭、兼袭云骑尉各世职情况折

头品顶戴、署理山东巡抚、直隶布政使、臣杨士骧跪奏,为查明应承袭、接袭、兼袭云骑尉各世职,汇案恭折具陈,仰祈圣鉴事。

窃照阵亡殉难官绅应袭世职,向系汇案奏报。又兵部奏定新章,各省承袭世职于造具宗图册结送部时,另单抄录议准原案,粘连咨文,盖用印信,一并送部等因。于光绪二十九年六月初五日具奏"奉旨依议。钦此",钦遵在案。

兹查,光绪三十年分应承袭云骑尉,年已及岁应发标之吴荣昌、刘骏声、刘嘉祥、王云登、张凤荣、金恒升;应接袭云骑尉,年已及岁应发标之朱春焘、曹儒翼、张文泉;应兼袭云骑尉,年已岁之廪生吴重彬,均经前抚臣分别验看,逐案查核相符,将吴荣昌等九名先后发标学习,统以吏、兵二部汇奏。奉旨之日,作为收标日

期。吴重彬，系廪生兼袭世职，与吴荣昌等均照二十七年山东省奏准新章，停给世俸银两。除宗图册结送部外，理合敬缮清单，恭折具陈，伏乞皇太后、皇上圣鉴，训示。谨奏。

朱批："兵部议奏，单并发。"

光绪三十一年十一月十九日。

（《光绪朝朱批奏折》第 50 辑，103）

具陈东海关常税一年期满征收银数缘由折

头品顶戴、署理山东巡抚、直隶布政使、臣杨士骧跪奏，为东海关常税一年期满征收正额并额内外盈余有盈无绌，恭折仰祈圣鉴事。

窃查，东海关常税每年额征正额银五万两，额内盈余银一万二千两，额外盈余银八千两。光绪二十二年，经前抚臣李秉衡遵旨严核关税提款充公折内声明，以上正额盈余均照实数报部，不准再有短收赔缴名目，并另提充公银二万两。至二十五年，又经前抚臣毓贤清厘关库，续提充公银二万两，先均报部候拨，嗣皆拨充营饷。旋于光绪二十七年九月初十日，准外务部咨各关常税在口岸五十里以内者，归新关兼管，于十月初一日开办常税收数内提出一成经费交本口税务司。又准行在户部电开各省常额自十月开办起，暂按每月提出二成解沪。又准外务部咨，据总税务司申称烟台户关常税耗银应归税数造报各等因，先后饬据东海关监督登莱青道李希杰以常税自税务司兼办后，未能再将从前节省清厘名目划出，请自光绪二十七年为始，一律实征实报，不得少于往年征报之数，免去节省清厘名目，统归正税开支等情，详经咨部议准，各在案。所有光绪三十年二月十七日以前征收银数业经奏报在案。

据东海关监督登莱青胶道何彦升详称，自光绪三十年二月十八日起，扣至三十一年二月十七日关期一年届满止，税务司兼管征收百货税银十万六千三百八两零，随征一分耗银一万六百三十两零，零星杂款银九千六百三两零。在口岸五十里以外所辖南北大小各口征收内地商船百货税银三万八千三两零，随征一分耗银三千八百两零，烟酒加征一倍税银六百一两零，计共征收税银十四万四千三百一十一两零，随征一分耗银一万四千四百三十一两零，杂款银九千六百三两零，烟酒加征一倍税银六百一两零。除随征一分耗银及税务司兼管烟台常关所收杂款，暨奉文加征烟酒一倍税银不入额数外，所有征收常关及各口正税共银十四万四千三百十一两零,较诸正额及额内外盈余有盈无拙,业将支存银数列入本届常税四柱册内。至本届所收耗银一万四千四百三十一两零,内应支税务司一成经费,内阁及翰林院、户部户科等处饭食并各口委员书差经费,共用银八千四十五两零,尚余一分耗银六千三百八十六两零,专款存储候拨,造具清册,检同红单,呈请奏咨前来。臣复核无异,除将册单咨部查照核销外,所有东海关常税一年期满征收银数缘由,理合恭折具陈,伏乞皇太后、皇上圣鉴,训示。谨奏。

朱批:"该部知道。"

光绪三十一年十一月十九日。

(《光绪朝朱批奏折》第 74 辑,586)

审办东平等州县十起寻常命案,摘叙简明事由折

头品顶戴、署理山东巡抚、直隶布政使、臣杨士骧跪奏,为审办东平等州县寻常命案,遵章汇为十起,摘叙简明事由,敬缮清单,恭折仰祈圣鉴事。

窃照刑部奏定章程,各省寻常命盗案件由题改奏者,一律改为汇案具奏,并将斩绞监候为一项,每次至多以十案为率,仍令备录供招咨部查核等因,咨行遵照在案。兹查,前据臬司转据泰安等府审办东平等州县罪应拟绞监候人犯叶木由(即叶母蝤,又名叶长胜)、梁步迟、耿来喜、张得荃(即张二头)、于汉明、秦朴仔、于沆佶、赵永刚、刘四、徐浲,共十起十名,由司先后分别招解,经前抚臣暨臣先后逐案审明,将招册送部在案。理合汇案,摘叙简明事由,敬缮清单,恭折具陈,伏乞皇太后、皇上圣鉴,敕部核复施行。谨奏。

朱批:"刑部议奏,单并发。"

光绪三十一年十一月二十日。

(《光绪朝朱批奏折》第 108 辑,593)

审办济阳等县十起寻常命案,摘叙简明事由折

头品顶戴、署理山东巡抚、直隶布政使、臣杨士骧跪奏,为审办济阳等县寻常命案遵章汇为十起,摘叙简明事由,谨缮清单,恭折仰祈圣鉴事。

窃照法部奏定章程,各省寻常命案件由题改奏者一律改为汇案具奏,并将斩

绞监候为一项，每次至多以十案为率，仍全备录供招咨部查核等因，咨行遵照在案。兹查，前据臬司转据济南等府审解济阳等州县罪应拟绞监候人犯董建生、鞠三十、胡四、周二葆、张六、陈仍即陈得泼、许茂陵、张彦儒即张帼安、徐全、马小广，共十起十名，由司招解，经臣先后逐案审明，复核无异。除将招册送部外，理合汇案摘叙简明事由，谨缮清单，恭折具陈，伏乞伏乞皇太后、皇上圣鉴，敕部核复施行。谨奏。

朱批："刑部议奏，单并发。"

光绪三十一年十一月二十日。

（《光绪朝朱批奏折》第 108 辑，591）

审办长山等州县十起寻常命案，摘叙简明事由折

头品顶戴、署理山东巡抚、直隶布政使、臣杨士骧跪奏，为审办长山等州县寻常命案，遵章汇为十起，摘叙简明事由，敬缮清单，恭折仰祈圣鉴事。

窃照刑部奏定章程，各省寻常命盗案，由题改奏者一律改为汇案具奏，并将斩绞监候为一项，每次至多以十案为率，仍令备录供招，咨部查核等因，咨行遵照在案。兹查，前据臬司转据济南等府审办长山等州县罪应绞监候人犯向维明、赵萌经、王如、贾二狗、张乌保、韩戍诠、冯三叫驴、张连香、赵根在、刘心赟，共十起十名，由司招解，经臣先后逐案审明，将招册送部查核在案，理合汇摘简明事由，敬缮清单，咨部查核等因，咨行遵照在案。理合汇案，摘叙简明事由，敬缮清单，恭折具陈，伏乞皇太后、皇上圣鉴，敕部核复施行。谨奏。

朱批："刑部议奏，单并发。"

光绪三十一年十一月二十日。

（《光绪朝朱批奏折》第 108 辑，592）

请以张锡臣借补台庄营守备折

头品顶戴、署理山东巡抚、直隶布政使、臣杨士骧跪奏，为拣员借补陆路守备员缺，恭折仰祈圣鉴事。

窃照台庄营守备王殿华，籍查营田，巧取民利，经臣查明参劾，奉旨革职，接

准部咨以所遗台庄营守备员缺,系新章陆路题备第一轮第三缺。惟前以第二缺卓异无人,已过班用拣发人员。此次第三,自应作为第五缺轮用尽先人员,行令拣员请补等因,咨行到东。伏查,台庄营守备,系陆路题补之缺,应用尽先人员。又兵部奏定补缺章程,副将以下借一级备用,俱在尽先班内等语。该营驻扎省南,界连江、豫,水陆交冲,缉捕巡防倍关紧要,非明干有为之员,不足以资整饬。

臣查,有尽先都司张锡臣,现年四十岁,系江苏徐州府邳州人,由武生应已丑恩科江南省乡试中式武举,壬辰科会试中式武进士,殿试三甲,奉旨"以营守备用。钦此",分发山东抚标左营劲力。光绪二十一年十月间到标,嗣因五年期满考验,堪以留营,咨部复准注册。二十四年因堵筑历城县杨史道口漫口合龙案内出力,经前抚臣张汝梅奏准免补守备,以都司尽先备用,并加游击衔在案。该员年力富强,讲求训练,以之借补台庄营守备员缺,实堪胜任,与例亦属相符,合无吁恳天恩俯准,以尽先都司张锡臣借补台庄营守备,洵于地方有裨。如蒙俞允,俟接准部复,再行给咨,送部引见,以符定制。除照章将履历印册咨部查照外,谨会同兖州镇总兵臣张宗本合词恭折具陈,伏乞皇太后、皇上圣鉴,敕部核复施行。谨奏。

朱批:"兵部议奏。"

光绪三十一年十一月廿二日。

(《光绪朝朱批奏折》第 50 辑,107)

报销光绪三十年东海关练军月饷收支银数折

头品顶戴、署理山东巡抚、直隶布政使、臣杨士骧跪奏,为报销光绪三十年东海关练军月饷收支银数,恭折仰祈圣鉴事。

窃查,山东烟台海口前设练军一营,迭经裁减,仅留哨弁一员、练兵一百名,藉资弹压。自二十六年五月间海防吃紧,复添募步勇一百五十名,防护关库,巡缉匪徒,其薪粮等项奏明统在常税项下支销,业将光绪二十九年以前动支饷项造册报销在案。兹据东海关监督、登莱青胶道何彦升详称,自光绪三十年正月初一日起,截至十二月底止,共收东海关常税银一万一千三百三两零,支过哨弁薪粮衣帽等项应归户部核销银一万五十三两零,工部核销银一千二百五十两,共请销银一万一千三百三两零,并将本案扣收衣帽项下一分平馀银十二两零全数动支,收支两抵,适相符合。至此次应支弁兵薪粮公费等款,遵章每两扣平六分,共扣银六百三两零,另款存储,听候拨解,造册呈请核办前来。臣复核无异,除清册分咨查照外，谨会同北洋大臣直隶总督臣袁世凯合词恭折具陈，伏乞皇太后、皇上圣鉴，敕部核销施行。谨奏。

朱批："该部知道。"

光绪三十一年十一月二十二日。

（《光绪朝朱批奏折》第63辑，702）

特参管狱官请旨革职拿问折

头品顶戴、署理山东巡抚、直隶布政使、臣杨士骧跪奏，为特参疏防斩遣等犯越狱脱逃之管狱官，请旨革职拿问，恭折仰祈圣鉴事。

窃据署宁海州知州奎保禀称，光绪三十一年八月初三日，该署牧赴道面禀地方事宜，公出于初四日，公回途次接据署吏目谭光辅禀称，本月初三日夜三更时分，骤起大风，更夫禁卒人等均因避风进屋，困倦睡熟，讵监犯韩振起、卢青山、王保尚、王三、王幅汰、王三嫂、王长魁七名趁间扭断镣铐，拧落笼栅，爬出围墙，越狱脱逃。禁卒闻声起捕，业已远逸。报经该署吏目驰往勘验，督同勇役追缉无获。该署牧闻报驰回，亲诣复勘，提讯刑禁人等佥供，实系一时疏忽，并无贿纵情弊，请通饬缉拿等情，禀报到臣。

查，该犯韩振起、卢青山因听纠执持洋枪行劫事主杜寿泉杂货店得赃，案内业已讯明，罪干斩决，禀准提府，翻供驳回，复审之。犯王保尚，因听纠行劫事主赵东候家银两、衣物，案内审依强逼为盗，临时逃避，行劫后分与赃物，照共谋为盗，临时畏惧，不行事，后分赃，减一等，杖一百，徒三年，恭逢恩诏，应准援免。因首犯在逃无获，照例监候，待质之。犯王三，因听纠持械抢夺过客范庆云银两，该犯在场，并未动手。王幅汰因听从在逃之于凤洲在途抢夺过客张鸿衣物，拒伤平复。王三嫂因奸谋杀本夫李黑嫚身死，烧尸灭迹，并奸妇李姜氏畏罪自尽。正凶于沉蒽脱逃未获，均因犯供翻异，尚未定罪之。犯王长魁因迭次偷窃事主孙曰乔等家衣物，案内禀准，暂行监禁之。

犯该管狱官，于此等斩遣重犯印官公出期内，宜如何督率刑禁人等加意防范，乃竟漫不经心，致被乘间越狱脱逃，实非寻常疏忽可比。且据称印官先期公出，是否属实，饬据藩、臬两司查明，实在公出期内，会详请参前来，相应请旨，将管狱官、署宁海州吏目、试用巡检谭光辅革职拿问。有狱官、署理宁海州知州奎保，犯逃系在公出期间，例得免议。除将该吏目谭光辅撤任，委员接署，提同刑禁人等发交济南府究明实在有无谄刑、贿纵情弊,分别拟办,并勒限严拿逸犯韩振起等,务获究报外,理合恭折具奏,伏乞皇太后、皇上圣鉴。谨奏。

朱批:"刑部知道。"

光绪三十一年十一月廿二日。

(《光绪朝朱批奏折》第 110 辑,305)

具陈本年山东省征收上、下两忙钱粮分数折

头品顶戴、署理山东巡抚、直隶布政使、臣杨士骧跪奏,为光绪三十一年山东省征收上、下两忙钱粮,核计分数,恭折具陈,仰祈圣鉴事。

窃查户部定章,各省征收上、下两忙钱粮,丰年以额征为准,灾缓之年以实征为准,均按九分计算。上忙定为四分,下忙定为五分,仍于截数后分忙奏报。上忙能完至四分,下忙能完至五分者,始准免其议处,历经遵办在案。兹据布政使吴廷斌详称,光绪三十一年,山东通省州县暨归并卫所起运地丁正耗,同昌邑县升科、鱼台县湖田升科、各地亩正耗,暨庆云县民粮除被潮碱废,沿河坍塌,堤占沙压,并划归英德租界,及青黄不接案内缓征,以及留支等项外,实应征银三百万三千二百五十二两三钱七分五厘。自二月开征起至六月底止,已完解藩库银一百四十八万七千八百两四钱一分一厘,又已完起运折色脚价银三千五百八十三两八钱三分四厘。统计上忙,完解藩库正杂各款共银一百四十九万一千三百八十四两二钱四分五厘。本届系灾缓之年,应以实征为准,统计上忙已完四分九厘三毫,较之部定匀作四分新章有盈无绌,造册呈请,奏咨前来。臣逐加复核,银数相符,所有督征职名系前署布政使英瑞、现任布政使吴廷斌两任督征,除将清册咨部外,理合恭折具陈,伏乞皇太后、皇上圣鉴。谨奏。

朱批:"户部知道。"

光绪三十一年十一月二十二日。

(《光绪朝朱批奏折》第 69 辑,385)

具报前湖北按察使刘策先在籍病故片

再,花翎布政使衔、前湖北按察使刘策先,于光绪三十一年十二月初五日在

籍病故。臣查，刘策先，年八十二岁，山东沂水县人，由贡生考取孝廉方正，……，统领各军于东直各省，战功卓著，迭保道员。咸丰十一年奉旨赏戴花翎，同治二年奉旨以盐运使遇缺题奏，并赏精勇巴图鲁号，后于直东豫交界肃清案内奉旨赏加布政使衔。同治三年奏补直隶清河道，八年简授湖北按察使，十二年四月于湖北布政使署任内闻讣，丁父忧回籍，据报在籍病故，除咨部查照外，谨附片陈明，伏乞圣鉴。谨奏。

朱批："知道了。"

光绪三十一年十二月。

（《光绪朝朱批奏折》第 22 辑，103）

具报刘恩驻丁父忧去官片

再，沂水县绅士花翎一品衔、分省补用道刘恩驻，于光绪二十四年奉旨发往山东办理机器局事宜，光绪二十五年正月到差。该道夙谙化学，讲求制造，办理七载，具有端绪，据禀于光绪三十一年十二月初五日闻讣报，丁父忧，以礼去官，殊深怅惜。查，现在整饬军务，力图自强，制造为兵家要政，该道办理局务，秩然有条，正资臂助，拟俟百日后仍令到差视事，以资得力。除俟饬取该道丁忧甘结咨部查照外，谨附片具陈，伏乞圣鉴，训示。谨奏。

朱批："吏部知道。"

光绪三十一年十二月。

（《光绪朝朱批奏折》第 22 辑，104）

请以涂绍光补授高苑县知县折

头品顶戴、署理山东巡抚、直隶布政使、臣杨士骧跪奏，为拣员请补知县员缺，以资治理，恭折仰祈圣鉴事。

窃照高苑县王大堃，经臣奏请勒令休致，于光绪三十一年八月十七日奉旨，应以五日后行文。按东省照限减半计算，扣至九月初六日，作为开缺日期，归九月分截缺。是月分只此一缺，毋庸掣签，例应按班序补。查知县病故、休一项，上次用至大挑本班后第一各项出身新海防遇缺先止，今此一缺，东省现无坐补原缺、裁缺即用、回避即用、新选新补、留省另补并实缺丁忧起复人员轮用,郑工遇缺先无人,应接用新海防遇先、正途出身及曾任实缺人员。查新海防遇缺先班内正途及曾任知县之盖允恭、侯于鲁二员,均于光绪三十一年八月三十日准咨,尚未扣满六个月之限,例不准补,应仍用各项出身人员。据布政使吴廷斌、按察使连甲查,有各项出身新海防遇缺先补用知县涂绍光,堪以请补高苑县知县等情,会详请奏前来。

臣查,涂绍光,年六十岁,江西南昌县人,由监生报捐县丞,指分山东试用,光绪五年八月验看到省,十四年因历城县杨史道口等处抢险案内出力,保准俟补缺后以知县用,旋丁父忧,服满起复。十六年因修培堤堰出力,保准免补本班以知县补用。十七年经部带领引见,十月初三日奉旨"著照例用。钦此。"是月十八日回东,遵新海防例报捐分缺先补用,领有执照。因在惠民县白茅坟大工办料迟延,经前抚臣福润奏参革职。二十年十月,恭逢皇太后万寿,随班祝嘏,奉旨"赏还原衔。钦此。"二十四年,因惠民县五杨家漫口合龙案内出力,经升任抚臣袁世凯随折奏保,十月初二日奉上谕"著准其开复原官,仍留原省补用,该部知道。钦此。"二十九年于惠民县刘旺庄大工合龙案内,经正任抚臣周馥奏请免缴捐复银两,五月十九日奉朱批"著照所请,该部知道。钦此。"请咨赴部,带领引见,八月初五日奉旨"涂绍光,著准其开复原官,仍留原省补用。钦此。"二十一日领照回东,三十年七月遵新海防例报捐遇缺先补用,免试用,九月初四日接准部咨。

该员安详稳练,熟悉修防,以之请补高苑县知县,实堪胜任,与例亦属相符。合无仰恳天恩俯准以新海防遇缺先补用知县涂绍光补授高苑县知县。如蒙俞允,衔缺相当,毋庸送部引见,亦毋庸声叙参罚。该员系捐纳人员,仍令试俸三年。除咨部查照外,谨恭折具陈,伏乞皇太后、皇上圣鉴,敕部核复施行。谨奏。

朱批:"吏部议奏。"

光绪三十一年十二月初九日。

(《光绪朝朱批奏折》第 22 辑,025)

审办平原等州县十起寻常命盗案件,摘叙简明事由折

头品顶戴、署理山东巡抚、直隶布政使、臣杨士骧跪奏,为审办平原等州县寻

常命盗案件，遵章汇为十起，摘叙简明事由，敬缮清单，恭折仰祈圣鉴事。

窃照刑部奏定章程，各省寻常命盗案件由题改奏者一律改为汇案具奏，并将斩绞监候为一项，每次至多以十案为率，仍令备录供招，咨部查核等因，咨行遵照在案。兹查，前据臬司转据济南等府审解平原等州县罪应拟斩改绞监候人犯张瓜仔、梅岗，并罪应拟绞监候人犯魏二、王洛、张呢仔、闫大腾、蔡九泉、李三秃仔、王甘棠、王受公（即王兰）共十起十名，由司招解经臣先后逐案审明，复核无异。除将招册送部外，理合汇案摘叙简明事由，敬缮清单，恭折具陈，伏乞皇太后、皇上圣鉴，敕部核复施行。谨奏。

朱批："刑部议奏，单并发。"

光绪三十一年十二月初九日。

（《光绪朝朱批奏折》第 108 辑，599）

恭报十月分雨雪情形并呈粮价清单折

头品顶戴、署理山东巡抚、直隶布政使、臣杨士骧跪奏，为恭报光绪三十一年十月分雨雪情形，并呈粮价清单，恭折仰祈圣鉴事。

窃查，光绪三十一年九月分山东省各属雨泽、粮价业经臣查明开单，奏报在案。兹查，十月分通省一百七州县内历城等四十八州县先后据报于月之中旬十五、十六等日各得雨一、二、三寸不等。又，文登、荣成二县于月之上旬初八日各得雪一、二寸不等。其余齐河、禹城、临邑、德平、肥城、东平、惠民、海丰、乐陵、商河、滨州、霑化、蒲台、峄县、汶上、阳谷、荷泽、单县、城武、曹县、定陶、钜野、郓城、濮州、范县、观城、朝城、兰山、郯城、莒州、沂水、日照、聊城、堂邑、清平、莘县、馆陶、高唐、恩县、博山、博兴、乐安、福山、栖霞、招远、莱阳、宁海、海阳、临清、夏津、武城、邱县、济宁、金乡、嘉祥、鱼台、即墨等五十七州县，均未得有雨雪。所幸地脉尚不干燥，麦苗均已出土，地方民情亦极安谧，堪以仰慰慈廑，理合将各州县市集粮价缮具清单，恭折具陈，伏乞皇太后、皇上圣鉴。谨奏。

朱批："知道了。"

光绪三十一年十二月初九日。

（《光绪朝朱批奏折》第 97 辑，604）

具陈东纲经征商、灶课未完一分以上名单折

头品顶戴、署理山东巡抚、直隶布政使、臣杨士骧跪奏，为查明光绪二十六年分东纲经征商、灶课未完一分以上各员开单具陈，恭折仰祈圣鉴事。

窃查，前准部咨，经征各项钱粮办理奏销，应将未完一分以上各员先行开单奏报，以严稽核等因，历经遵办在案。查，山东盐务征收课款银两，无论官办、商办，均归商课案内造报，民运票价向归灶课案内造报。所有光绪二十六年商、灶课奏销未完一分以上各员职名，系前运司丰伸泰应行查造之件，与前运司英瑞、前署运司潘延祖均未及查造卸事，移交前署运司吴煜造送，当因册造未协，驳饬更换去后，兹据盐运使张莲芬更正开册，详请具奏前来。臣复核无异，除饬将未完银两严催清解，并赶造册籍，详送具奏，暨分咨吏、户二部查照外，理合缮具简明清单，恭折具陈，伏乞皇太后、皇上圣鉴，敕部查核施行。谨奏。

朱批："该部议奏，单并发。"

光绪三十一年十二月初九日。

（《光绪朝朱批奏折》第 76 辑，414）

审办乐陵等州县十起寻常命盗案件，摘叙简明事由折

头品顶戴、署理山东巡抚、直隶布政使、臣杨士骧跪奏，为审办乐陵等州县寻常命盗案件，遵章汇为十起，摘叙简明事由，谨缮清单，恭折仰祈圣鉴事。

窃照刑部奏定章程，各省寻常命盗案件由题改奏者一律改为汇案具奏，并将斩绞监候为一项，每次至多以十案为率，仍令备录招供，咨部查核等因。咨行遵照在案。兹查，前据臬司转据武定等府审解乐陵等州县罪应拟斩改绞监候贼犯赵柱，并罪应拟绞监候人犯石焕漳、高纹珍、马三衣、成名、孙钰其、韩小牛、朱留根、刘二春来、李克三（即李二）共十起十名由司招解，经臣先后逐案审明，复核无异。除将招册送部外，理合汇案，摘叙简明事由，谨缮清单，恭折具陈，伏乞皇太后、皇上圣鉴，敕部核复施行。谨奏。

朱批："刑部议奏，单并发。"

光绪三十一年十二月十三日。

（《光绪朝朱批奏折》第 108 辑，604）

审办汶上等州县十起寻常命案，摘叙简明事由折

头品顶戴、署理山东巡抚、直隶布政使、臣杨士骧跪奏，为审办汶上等州县寻常命案，遵章汇为十起，摘叙简明事由，谨缮清单，恭折仰祈圣鉴事。

窃照刑部奏定章程，各省寻常命盗案件由题改奏者一律改为汇案具奏，并将斩、绞监候为一项，每次至多以十案为率，仍令备录，供招咨部查核等因，咨行遵照在案。兹查，前据臬司转据兖州等府州汇解汶上等州县罪应拟斩改绞监候人犯李二旦，并罪应拟绞监候人犯陈二仔、吕兆详、孙窝囊、王开澧、张道、刘七、周十（即周振换）、李石轮（即李法起）、韩来顺（即韩顺），共十起十名，由司招解，经臣先后逐案审明，复核无异。除将招册送部外，理合汇案摘叙简明事由，谨缮清单，恭折具陈，伏乞皇太后、皇上圣鉴，敕部核复施行。谨奏。

朱批："刑部议奏，单并发。"

光绪三十一年十二月十三日。

（《光绪朝朱批奏折》第 108 辑，602）

审办莱阳等州县十起寻常命盗案件，摘叙简明事由折

头品顶戴、署理山东巡抚、直隶布政使、臣杨士骧跪奏，为审办莱阳等州县寻常命盗案件遵章汇为十起，摘叙简明事由，谨缮清单，恭折仰祈圣鉴事。

窃照刑部奏定章程，各省寻常命盗案件由题改奏者一律改为汇案具奏，并将斩绞监候为一项，每次至多以十案为率，仍令备录供招咨部查核等因，咨行遵照在案。兹查，前据臬司转据登州等府州审解莱阳等州县罪应拟斩改绞监候贼犯丁全、王当，并罪应拟绞监候人犯邵等、魏四、朱痣湘、于双喜、徐萍、薛汶淋、张克志、王挨住仔共十起十名，由司招解，经臣先后逐案审明，复核无异。除将招册送部外，理合汇案摘叙简明事由，谨缮清单，恭折具陈，伏乞皇太后、皇上圣鉴，敕部核复施行。谨奏。

朱批："刑部议奏，单片并发。"

光绪三十一年十二月十三日。

（《光绪朝朱批奏折》第 108 辑，603）

审办潍县寻常命案遵章汇案，摘叙简明事由折

头品顶戴、署理山东巡抚、直隶布政使、臣杨士骧跪奏，为审办潍县寻常命案遵章汇案摘叙，简明事由，谨缮清单，恭折仰祈圣鉴事。

窃照刑部奏定章程，各省寻常命盗案件由题改奏者一律改为汇案具奏，并将斩绞监候为一项，每次至多以十案为率，仍令备录供招，咨部查核等因，咨行遵照在案。兹查，前具臬司转据莱州等府审解潍县等县罪应拟斩改绞监候人犯蔡稀田、蓝强仔，并罪应拟绞监候人犯于登云、王九如、曲振田、高纪云共六起六名，由司招解，经臣先后逐案审明，复核无异。除将招册送部外，理合汇案，摘叙简明事由，谨缮清单，恭折具陈，伏乞皇太后、皇上圣鉴，敕部核复施行。谨奏。

朱批："刑部议奏，单并发。"

光绪三十一年十二月十四日。

（《光绪朝朱批奏折》第 108 辑，605）

审办堂邑等州县十起命盗立决各案，摘叙简明事由折

头品顶戴、署理山东巡抚、直隶布政使、臣杨士骧跪奏，为审办堂邑等州县命盗立决各案遵章汇案，摘叙简明事由，谨缮清单，恭折具奏，仰祈圣鉴事。

窃照刑部奏定章程，各省寻常命盗案件由题改奏者行令一律改为汇案具奏，并将斩绞监候为一项，每次至多以十案为率，仍令备录供招，咨部查核等因，咨行遵照在案。兹查，前据臬司转据东昌等府审解堂邑等县罪应斩枭改拟斩立决人犯张广桀，并罪应拟斩改绞立决人犯张里、张庭茫、张立芸、陈兆茳共五起五名，由司招解，经臣先后逐案审明，复核无异。除将招册送部外，理合汇案，摘叙简明事由，谨缮清单，恭折具陈，伏乞皇太后、皇上圣鉴，敕部核复施行。谨奏。

朱批："刑部议奏，单并发。"

光绪三十一年十二月十四日。

（《光绪朝朱批奏折》第 108 辑，606）

审办章邱等州县十起寻常命盗案件，摘叙简明事由折

头品顶戴、署理山东巡抚、直隶布政使、臣杨士骧跪奏，为审办章邱等州县寻常命盗案件，遵章汇为十起，摘叙简明事由，谨缮清单，恭折仰祈圣鉴事。

窃照刑部奏定章程，各省寻常命盗案件由题改奏者一律改为汇案具奏，并将斩绞监候为一项，每次至多以十案为率，仍令备录供招咨部查核等因，咨行遵照在案。兹查，前据臬司转据济南等府审解章邱等州县罪应拟斩改绞监候贼犯刘钰得，并罪应拟绞监候人犯乐学古、郭子芳、王振发、王兆林、贾自生、张梦兰、王而沾（即王尔占）、宋利同、潘小沅共十起十名，由司解经臣先后逐案审明，复核无异。除将招册送部外，理合汇案摘叙简明事由，谨缮清单，恭折具陈，伏乞皇太后、皇上圣鉴，敕部核复施行。谨奏。

朱批："刑部议奏，单并发。"

光绪三十一年十二月十四日。

（《光绪朝朱批奏折》第 108 辑，607）

审明格毙殴母蔑伦胞兄人犯，按律定拟折

头品顶戴、署理山东巡抚、直隶布政使、臣杨士骧跪奏，为审明格毙殴母蔑伦胞兄人犯按律定拟，恭折具奏，仰祈圣鉴事。

窃照刑部奏定章程，寻常命盗案件例应请旨定夺者仍归专奏等因，咨行遵照在案。前据臬司审解曲阜县案犯刘振西救母情切，格伤胞兄刘振平越日身死一案，经臣亲提研鞫，缘刘振西籍隶曲阜县，与胞兄刘振平素睦无嫌。刘振平屡次酒醉滋事，伊母刘马氏管教不俊。光绪二十九年六月二十四日傍晚时分，刘振平酒醉，将伊母刘马氏院内所种金瓜、枚豆用镰刀割毁，刘马氏撞见斥骂，刘振平不服顶撞，刘马氏赶向殴打。刘振平将刘马氏推跌倒地，按住欲殴，刘马氏喊救。适刘振西由外回家，瞥见上前救护，将刘振平拉开，扶起刘马氏。刘振平复，用镰刀背斜向刘马氏殴打，刘振西情急，顺用胳膊格回镰刀，适伤刘振平左胁，倒地，经邻人刘宗魁闻闹趋至，劝歇，问明情由。讵刘振平延至二十五日因伤殒命，报县验讯，通详审拟，由府司招解，审供不讳。

查律载，弟殴胞兄死者斩，又例载殴死本宗期功尊长罪干斩决之案，若系情

轻,该督抚按律定拟,将并非有心干犯情节分析叙明,法司核其所犯情节,实可矜悯者,夹签声明,恭候钦定各等语。此案,刘振西因伊胞兄刘振平将伊母刘马氏按地欲殴,该犯瞥见拉救,将刘马氏扶起。刘振平复用镰刀背斜向刘马氏殴打,该犯情急,用胳膊格回镰刀,致伤刘振平身死,自应按律问拟。刘振西合依弟殴胞兄死者斩律拟斩立决,遵照新章改为绞决,惟查死系蔑伦之兄,伤由救母抵格,并非有心干犯,其情实可矜悯,核与夹签之例相符,应由部复奏时夹签声明,恭候钦定。刘振平向伊母刘马氏推殴逞凶,本干律议,业被格伤身死,应与讯系劝阻不及之刘宗魁均毋庸议。除全案供招咨部外,理合恭折具奏,伏乞皇太后、皇上圣鉴,敕部核复施行。谨奏。

朱批:"刑部议奏。"

光绪三十一年十二月十五日。

(《光绪朝朱批奏折》第 108 辑,608)

审明因救母至毙大功服兄人犯,按律定拟折

头品顶戴、署理山东巡抚、直隶布政使、臣杨士骧跪奏,为审明因救母至毙大功服兄人犯按律定拟,恭折仰祈圣鉴事。

窃照刑部奏定章程,各省寻常命盗案件例应请旨定夺者,仍归专奏等因,咨行遵照在案。前据臬司审解兰山县案犯赵蔺宽,因救母扎伤大功服兄赵蔺茂,越日身死一案,经臣亲提研鞫,缘赵蔺宽,籍隶兰山县,已死赵蔺茂系赵蔺宽分居大功堂兄,素睦无嫌。赵田氏系赵蔺宽之母,即赵蔺茂之胞伯母。赵蔺茂自幼出继与长房胞伯赵德永为嗣,仍服属大功。光绪二十七年八月十八日午后,赵蔺宽之母赵田氏向赵蔺茂借用场园晒豆,赵蔺茂不允,赵田氏斥说薄情,赵蔺茂不服混骂,赵田氏回詈,赵蔺茂揪按赵田氏倒地,拔出身带小刀,欲扎时,赵蔺宽由坡回归瞥见,赵向拉劝,赵蔺茂松手,用小刀扎伤赵蔺宽偏右,并带划伤其右肩甲。赵蔺宽夺获小刀,逃避,赵蔺茂复将赵田氏扭跌倒地,骑坐身上,用拳乱殴。赵田氏喊救,赵蔺宽救护,顺用夺取小刀吓扎,希冀赵蔺茂松放,不期赵蔺茂猛起,赵蔺宽收手不及,适伤赵蔺茂肚腹近左倒地。赵蔺宽畏惧歇手,赵复元闻闹趋至,问明情由,扶回调治。讵赵蔺茂延至十九日,因伤陨命,报县验讯,通详审拟,由府解司,驳据济南府知府胡建枢审明委非无故逞凶。干犯由司解勘前来,臣提审无异。

查律载，卑幼殴本宗大功兄死者斩等语，此案赵蘅宽因伊母赵田氏向赵蘅茂借用场园不允，口角，赵蘅茂将伊母揪按倒地，拔刀欲扎，该犯瞥见，拉劝松手，被赵蘅茂用小刀扎划致伤，该犯夺取小刀逃避，伊母又被赵蘅茂扭倒地，骑坐身上乱殴，该犯救护用夺取小刀吓扎，适伤赵蘅茂，越一日身死。查赵蘅茂系该犯大功服兄，自应按律问拟，赵蘅宽合伊卑幼殴本宗大功兄死者斩律拟斩立决，遵照新章改为绞立决。惟伊母迭被按跌，情急救护，尚非逞凶干犯，且死者系伊母胞侄，犯尊藐法，恣意殴詈，其情实堪矜悯，核与夹签之例相符，应由部于复核时照例夹签，恭候钦定。恭逢光绪三十年正月十五日恩诏，事犯在正月初一日以前，系殴死大功兄拟斩该绞，不准援免。据供母老丁单，并不准查办。赵复元讯系劝阻不及，应毋庸议。除将全案供招咨部外，理合恭折具陈，伏乞皇太后、皇上圣鉴，敕部核复施行。谨奏。

朱批："刑部议奏。"

光绪三十一年十二月十五日。

（《光绪朝朱批奏折》第108辑，609）

审明殴伤缌麻尊属正限内抽风身死人犯，按律定拟折

头品顶戴、署理山东巡抚、直隶布政使、臣杨士骧跪奏，为审明殴伤缌麻尊属正限内抽风身死人犯，按律定拟，恭折仰祈圣鉴事。

窃照刑部奏定章程，各省寻常命盗案件例应请旨定夺者仍归专奏等因，咨行遵办在案。前据臬司审解峄县人犯张山根抓伤缌麻服叔张方继越日抽风身死一案，经臣亲提研鞫，缘张山根籍隶峄县，已死张方继系张山根分居缌麻服叔，素睦无嫌。光绪三十年正月初四日，张山根因有要用，找向张方继借钱五百文，张方继无钱回复，张山根斥说薄情，张方继不服，混骂，并举拳扑殴，张山根用手抵格，致指甲抓伤张方继左耳轮，张方继撞头拼命，张山根闪避，张方继扑空失跌倒地，致磕伤右额角。经邻人刘金山闻闹，趋至劝歇，通知张方继胞侄张贻良同往，问明情由，扶起调治。嗣张方继伤口结痂，饮食行动如常。讵正月初七日，张方继因左耳轮伤处发痒，自将伤痂抓落，以致伤口进风溃烂，延至初十日抽风殒命，报县验讯，通详审拟，由府解司发委济南府审照原拟，由司招解，经臣提审无异。诘非有心致死，亦无起衅别故及在场帮殴之人，案无遁饰。

查律载，卑幼殴本宗缌麻尊属死者斩，又例载卑幼殴伤缌麻尊属余限内果因

本伤身死，仍拟死罪，奏请定夺，如蒙宽减，减为杖一百，发边远充军。又律载，断罪无正条，援引他律比附定拟各等语。此案张山根因向缌麻服叔张方继借钱，口角争殴，辄用指甲抓伤张方继，越六日抽风身死。查已死张方继右额角一伤业已落痂平复，左耳轮抓伤既非致命，又非重伤，本可不致戕生，乃不自谨饬，将痂抓落以致伤口进风溃烂身死。原验口眼鼻准歪斜，确有抽风形状，其为因风所致，毫无疑义。

查例内并无殴伤缌麻尊属，因风身死，作何治罪明文，惟查殴伤凡人越五日因风身死，例得减流。殴伤缌麻尊属，余限内因伤身死，例系声请减军比例参观。凡人非致命，伤轻越五日，因风身死，既得减流，则卑幼殴伤缌麻尊属非致命伤轻越五日因风身死，亦应声请减军，自应按照本律比例问拟。张山根应依卑幼殴本宗缌麻尊属死者斩律拟斩监候，比照余限外果因本伤身死例，由部核复时奏请定夺，倘蒙圣恩准其减等，将张山根减为杖一百，发边远充军，到配后遵照新章办理，仍追埋银二十两给付尸亲具领，以资营葬。据供，母老丁单，伊子年未成丁，是否属实，应否留养，饬县另行取结详办。该犯恭逢光绪三十年正月十五日恩诏，事犯在正月初一日以后毋庸查办。刘金山讯赶劝不及，毋庸议。除将全案供招咨部外，理合恭折具陈，伏乞皇太后、皇上圣鉴，敕部核复施行。谨奏。

朱批："刑部议奏。"

光绪三十一年十二月十五日。

（《光绪朝朱批奏折》第 108 辑，610）

审明救父情切扎伤毙命人犯，按律定拟折

头品顶戴、署理山东巡抚、直隶布政使、臣杨士骧跪奏，为审明救父情切扎伤毙命人犯，按律定拟，恭折仰祈圣鉴事。

窃照刑部奏定章程，寻常命盗案件例应请旨定夺及声明援例两请者仍归专奏等因，咨行遵照在案。前据臬司审解诸城县案犯封拷，因救父情切，扎伤赵花身死一案，经臣亲提研鞫，缘封拷籍隶诸城县，与赵花邻居，素好无嫌。赵花雇与本庄看守大坡，与封连科父子并无主仆名分。光绪三十年八月二十八日傍晚时分，封拷之父封连科途遇赵花，因田禾成熟，封连科令赵花赴坡盖铺看守，赵花不允，封连科斥说懒惰，赵花不服混骂，封连科回詈。赵花将封连科推跌倒地，骑压身上，用身带小刀扎伤封连科额头左额角。适封拷由外回归瞥见，上前救护，夺

获赵花小刀。赵花用手搯住封连科咽喉,封拷用力拉扯,赵花坚不松放。封拷见封连科面红气塞,不能出声,即用夺获小刀扎伤赵花左乳近右,赵花仍不放手,封拷情急,复用小刀吓扎,适伤赵花小腹近左,松手倒地。封拷畏惧歇手。经董喜友闻闹趋至,通知赵花之妻赵周氏,同向问明情由,讵赵花移时因伤殒命,报县验讯,通详审拟,由府司招解,审供不讳。

查律载,闻殴杀人者,不问手足、他物、金刃,并绞监候。又例载,父被人殴打,实系事在危急,其子救护情切,因而殴死人者,于疏内声明,分别减等,援例而请候旨定夺各等语。此案,封拷因伊父封连科令赵花赴坡看青口角,被赵花将伊父推跌倒地,骑压身上,该犯瞥见救护,用夺获小刀扎伤赵花身死,自应按律问拟封拷合依斗殴杀人者,不问手足、他物、金刃并绞监候律,拟绞监候。惟查,该犯瞥见伊父被赵花骑压身上,扎伤额头等处,搯住咽喉,面红气塞,不能出声,因而救护毙命,实系事在危急,情切救护,核与声请减等之倒相符,应由部核复时,于疏内声明,分别减等,援捌两请,候旨定夺。如蒙圣恩准减,减为杖一百,流三千里,据供亲老丁单,是否属实,另行饬县查明取结核办。赵花刃伤封连科平复,本干律议,业已身死,应与讯系劝阻不及之董喜友均毋庸议。除全案供招咨部外,理合恭折具奏,伏乞皇太后、皇上圣鉴,敕部核复施行。谨奏。

朱批:"刑部议奏。"

光绪三十一年十二月十五日。

(《光绪朝朱批奏折》第 108 辑,611)

遵建宋庆专祠折

头品顶戴、署理山东巡抚、直隶布政使、臣杨士骧跪奏,为遵旨建立故提臣专祠工竣,恳恩敕部列入祀典,恭折仰祈圣鉴事。

窃查,原任四川提督臣宋庆,勋绩照彰,早荷宸纶褒锡,准于原籍地方建立专祠,恩礼有加,咸深钦感。伏查,该故提臣创立毅军,剿平捻回巨寇,转战南北,所至有功,声烈烂然,讴思弗替。东省为其故土,功德久在人心,自应遵旨建立专祠,以隆报享。当据蓬莱县绅士捐集经费,择于该县洙泗桥东地方购买民房,改修祠宇,本年九月落成。禀经登州府由司详请具奏前来。臣维中兴诸将,展飨交辉,圣代酬庸,有功则祀。该提臣宣力最久,荷眷尤隆,著茂绩于行间,矢鞠躬于迟暮。时方多事,海内犹殷,颇牧之思,昭示来兹,观感尤在,枌榆之社。合无仰恳天恩,敕部列入祀典,由地方官春秋致祭,俾彰忠荩,益永苾芬。除分咨外,理合恭折具陈,伏乞皇太后、皇上圣鉴,训示。谨奏。

朱批:"著照所请,礼部知道。钦此。"

光绪三十一年十二月十七日。

(《光绪朝朱批奏折》第104辑,258;《杨文敬公奏议》卷一)

请以苏龙瑞补授莱州府同知折

头品顶戴、署理山东巡抚、直隶布政使、臣杨士骧跪奏,为拣员请补同知员缺,以资治理,恭折仰祈圣鉴事。

窃查,莱州府同知庞瑞霖修墓开缺,于光绪三十一年七月二十五日奉旨,应以五日后行文。按东省照限减半计算,扣至八月十四日作为开缺日期,归八月分截缺。是月分只此一缺,毋庸掣签,例应按班序补定章,曾任实缺、丁忧服满分发人员,道府以至未入流如遇选缺出时,除坐补原缺、裁缺即用、回避即用、新选新补、留省另补人员,均仍照定例,先尽请补外,其余无论何项到班,先将此项人员尽数请补,均不积各项班次之缺等语。今莱州府同知一缺,东省现无坐补原缺、裁缺即用、回避即用、新选新补、留任另补人员,据布政使吴廷斌、按察使连甲查,有实缺丁忧起复补用同知苏龙瑞,堪以请补莱州府同知等情,会详前来。

臣查,苏龙瑞,年五十岁,直隶交河县人,由监生报捐同知,指分山东试用。光绪七年到省,加捐分缺先补用。十二年补授莱州府同知,二十一年大计保荐卓异,送部引见,二十二年十一月二十六日奉旨"著回任,准其卓异加一级,仍注册候升。钦此。"领照回东。二十四年六月,因报效盐捐案内奖戴花翎,十月闻讣丁忧,开缺回籍。服满起复,呈请分发原省,以同知归候补班补用。经部带领引见,二十七年十二月十一日奉旨"照例发往。钦此",领照到省。该员老成谙练,熟悉情形,以之请补莱州府同知,实堪胜任,与例亦属相符。合无仰恳天恩俯准,以实缺丁忧起复补用同知苏龙瑞补授莱州府同知,衔缺相当,毋庸送部引见,亦毋庸声叙参罚。除咨部外,谨恭折具陈,伏乞皇太后、皇上圣鉴,敕部核复施行。谨奏。

朱批:"吏部议奏。"

光绪三十一年十二月十七日。

(《光绪朝朱批奏折》第22辑,047)

请以谢宗夏试署栖霞县知县折

头品顶戴、署理山东巡抚、直隶布政使、臣杨士骧跪奏,为拣员请署知县缺,以资治理,恭折仰祈圣鉴事。

窃照栖霞县知县韩寿椿,于光绪三十一年八月十七日奉旨革职,应以五日后行文。按山东省照限减半计算,扣至九月初六日,作为开缺日期,归九月分截缺。查知县参革一项,是月分出,有莱芜、栖霞等县两缺,例应签掣先后,分别咨留,接准部咨,掣得栖霞县知县十三轮第二缺留补,例应以军功保举候补人员请补。据布政使吴廷斌、按察使连甲查,有军功保举候补知县谢宗夏,堪以请署栖霞县知县等情,会详请奏前来。

臣查,谢宗夏,年三十岁,河南商丘县人,原籍江苏武进县,由监生报捐县丞,指分山东试用,投效武卫右军先锋营,因剿办东省拳匪出力,保准免补本班,以知县仍留原省补用,并加同知衔。经部带领引见,二十九年闰五月二十二日奉旨"著照例发往。钦此",领照到省,业经期满甄别。

该员年强才裕,有守有为,以之请署栖霞县知县,实勘胜任,与例亦属相符,合无仰恳天恩俯准,以军功保举候补知县谢宗夏试署栖霞县知县,衔缺相当,毋庸送部引见,亦毋庸声叙参罚,仍俟试署一年期满,如果称职,另请实授。除咨部查照外,谨恭折具陈,伏乞皇太后、皇上圣鉴,敕部核复施行。谨奏。

朱批:"吏部议奏。"

光绪三十一年十二月十七日。

(《光绪朝朱批奏折》第 22 辑,048)

报销光绪二十二、三、四、五等年商运票引已未销票数分数折

头品顶戴、署理山东巡抚、直隶布政使、臣杨士骧跪奏,为并案报销光绪二十二、三、四、五等年商运票引已未销票数分数,缮具清单,恭折仰祈圣鉴事。

窃查,山东应销商运民运额票十七万一千二百四十道,余票八万三千一百八十道,共额余票二十五万四千四百二十道。内除各商领剩余票八万二千三百七十道,尚应销额票余票十七万二千五十道;内有民运应销三万九百十五道,应完

一分七厘九毫七丝,前已另案报销实应销章邱等三十九州县商运额票余票十四万一千一百三十五道,该完八分二厘三丝,业将光绪二十一年以前之案,分年造报在案。兹查光绪二十二年以后各案尚未报销清楚,迭经臣严饬运司逐案清理,兹据盐运使张莲芬将光绪二十二、三、四、五等年分商运票引已未销票数分数分案造册详请奏咨前来。臣复加查核,数目均属相符,唯分年奏报未免冗繁,自应汇案报销,以归简便。计二十二年分,销完票十三万八千四百五十一道,已完八分四毫七丝,未完票二千六百八十四道,升任盐运使丰伸泰未完一厘五毫六丝。二十三年分,销完票十三万九千三百三十四道,已完八分九毫八丝四忽,未完票一千八百一道,升任盐运使丰伸泰未完一厘四丝六忽。二十四年分,销完票十三万四千五百五通,已完七分八厘一毫七丝七忽,未完票六千六百三十道,升任盐运使丰伸泰未完三厘三忽,署盐运使刘景宸未完四毫一丝五忽,署盐运使林介景未完四毫三丝五忽。二十五年分,销完票十三万一千五百四十道,已完七分六厘四毫五丝四忽,未完票九千五百九十五道,升任盐运使丰伸泰未完五厘五毫七丝六忽。现经上紧严催,容俟催销完日再行具报。

至商运各州县除分任销完及一官全完核计销票数目应征银数不及三百两者,无庸请叙外,其督销票引一年一官全完核计银数均在三百两以上与议叙之例相符,应请照案随同民运票引奏销案内一官全完一年票引,各州县先行开单具奏,仍遵长芦成案,俟票引解部查销后再行请给议叙,以昭核实。除将清册分咨部科查照外,理合缮具清单,恭折具陈,伏乞皇太后、皇上圣鉴,敕部核销施行。谨奏。

朱批:“户部知道,单并发。”

光绪三十一年十二月十八日。

(《光绪朝朱批奏折》第76辑,416)

具陈北运各州县卫光绪二十三年分应销及已销未销盐引数目折

头品顶戴、署理山东巡抚、直隶布政使、臣杨士骧跪奏,为山东北运各州县卫光绪二十三年份应销及已销、未销盐引数目,恭折仰祈圣鉴事。

窃查,东纲南北两运应销额引五十万五百道,内除奏准永减引十万道,尚应销引四十万五百道。又,除南运各州县应销引十万二千二百一道,遵章剔除,另案奏报外,所有北运各州县卫实应销引二十九万八千二百九十九道,例应按年报销,业将光绪二十二年以前之案循例造报在案。兹查,二十三年分,山东北运历城等五十五州县卫应销引二十九万八千二百九十九道,现已销引二十四万九百七十八道,未销引五万七千三百二十一道。

现在上紧督催,统俟销完再行造报。据盐运使张莲芬造具已销未销引数、分数及应行议叙议处之各官职名册揭,详请奏咨前来。臣复核无异,除将册揭咨送部科外,所有北运各州县卫光绪二十三年分应销及已销未销盐引数目,理合恭折具陈,伏乞皇太后、皇上圣鉴,敕部查核,施行。谨奏。

朱批:"户部知道。"

光绪三十一年十二月十八日。

(《光绪朝朱批奏折》第 76 辑,417)

具陈南运各州县卫光绪二十三年分应销及已销未销盐引数目折

头品顶戴、署理山东巡抚、直隶布政使、臣杨士骧跪奏,为山东南运各州县卫光绪二十三年份应销及已销未销盐引数目,恭折仰祈圣鉴事。

窃查,东纲南运商邱等十二州县额引,例应按年报销,业将光绪二十二年以前之案循例造报在案。兹查,二十三年分,商邱等十二州县应销引十万二千二百一道,内除永城县被毁引二十道,尚有应销引十万二千一百八十一道,现已销引五万一千四百九十三道,未销引五万六百八十八道路,现在上紧督催,统俟销完再行造报。据盐运使张莲芬造具已销未销盐引数目及应行议处各官职名册揭,详请奏咨前来。臣复核无异,除将册揭咨送部科查照外,所有南运各州县光绪二十三年分应销及已销未销盐引数目,理合恭折具陈,伏乞皇太后、皇上圣鉴,敕部查核,施行。谨奏。

朱批:"户部知道。"

光绪三十一年十二月十八日。

(《光绪朝朱批奏折》第 76 辑,418)

报销山东省光绪二十六年分民运票引销完票数分数折

头品顶戴、署理山东巡抚、直隶布政使、臣杨士骧跪奏,为报销山东省光绪二十六年分民运票引销完票数分数,恭折仰祈圣鉴事。

窃查,山东应销安邱等十八州县民运票引销完票数、分数,例应按年题销,业将光绪二十五年以前之案循例造报在案。兹查,光绪二十六年分,山东应销民运商运额票十七万一千二百四十道,余票八万三千一百八十道,内除各商领剩票八万二千三百七十道,尚应销额票、余票十七万二千五十道,内有章邱等商运三十九州县应销额票、余票十四万一千一百三十五道,该完八分二厘三丝,应行另案奏销。实应销安邱等民运十八州县额票、余票三万九百十五道,内有租界占压地亩之胶州摊豁额票三十九道,即墨县摊豁额票二百十一道,共二百五十道,计豁一毫五丝,应随同销完残票并存剩余票一并缴销,其余实销额、余票三万六百六十五道,该完一分七厘八毫二丝,现已催销全完。内除应征银数未及三百两者照例均不请叙外,所有征银在三百以上之掖县知县璇璐及前官并未征解接任之员,一官全完一年票引之诸城县知县庄洪列、昌邑县知县胡师孝、莱阳县知县庄纶仪,核与议叙之例相符,应俟随同商运票引奏销案内一并备案,奏请议叙,以示鼓励。据盐运使张莲芬造册,详请奏咨前来。臣复查无异,除将清册咨送部科查照外,所有光绪二十六年分民运票引销完票数分数,理合恭折具陈,伏乞皇太后、皇上圣鉴,敕部核销,施行。谨奏。

朱批:"户部知道。"

光绪三十一年十二月十八日。

(《光绪朝朱批奏折》第 76 辑,419)

报销光绪三十年分山东黄河用过石砖各工银两折

头品顶戴、署理山东巡抚、直隶布政使、臣杨士骧跪奏,为报销光绪三十年分山东黄河用过石砖各工银两,恭折仰祈圣鉴事。

窃查,山东黄河两岸每年加培堤身,抛砌砖石扫坝,前经正任抚臣周馥于光绪二十九年十一月间奏明,此项用款不在岁抢修经费之内,即合加提地粮赢余及续收之工捐七项逐渐归补,此后亦仅前三项收款,察看工情缓急,酌量收数多寡,专作此工之用,量力经营,分年办理。每办一年,将所办工程及收支款项造册报销。所有光绪二十九年分期用过经费银两,业经奏销在案。兹据河防局司道详称,光绪三十年分上、中、下三游抛护砖石、修砌石坝、加培陡堰三项,共用过工料价值银十九万八百三十八两五钱三分八厘五毫。此项经费照案由藩库加提钱粮赢余项下筹拨银十六万五千两,尚不敷银二万五千八百三十八两零,已由局设法挪垫,仍俟续收工赈捐及屯田缴价之款分别归还,以符原案。所有用过银两,委系实用实销,并无丝毫浮冒及扣存成平等项,造具细数清册,加具印洁,呈请奏咨前来。臣复核无异,除将册结咨部查照外,所有光绪三十年分黄河用过砖石各工银两,理合恭折具陈,伏乞皇太后、皇上圣鉴,敕部核销施行。谨奏。

朱批:"该部知道。"

光绪三十一年十二月十九日。

(《光绪朝朱批奏折》第 100 辑,582)

交纳山东省第四年新案赔款银两折

头品顶戴、署理山东巡抚、直隶布政使、臣杨士骧跪奏,为山东省应解新案赔款,自光绪三十年十二月分起至三十一年十一月分第四年届满,均已按月匀解清款,恭折仰祈圣鉴事。

窃查,山东省每年奉派新案赔款银九十万两,按月匀分解交上海道收存转付,经前抚臣袁世凯督饬司道筹议酌提地丁盈余银三十万两。盐斤加课加价等项银二十八、九万两,清理漕费银三十万两,业将光绪二十九年十二月分第三期起至三十年十一月分一年届满按月解清,奏报在案。兹自光绪三十年十二月分起至三十一年十一月分第四年届满,共应解银九十万两,同补水银一万四千七百八十七两,均经按月委员解赴上海道兑收汇付。至盐斤加课加价等款本年仅止二十八万两,不敷之款已由藩库挪垫凑解足数。据各该司道先后详请奏咨前来。臣复核无异,除咨外务部户部查照外,理合恭折具陈,伏乞皇太后、皇上圣鉴,谨奏。

朱批:"该部知道。"

光绪三十一年十二月十九日。

(《光绪朝朱批奏折》第 84 辑,820)

请以王五昌补授雒口批验所大使折

头品顶戴、署理山东巡抚、直隶布政使、臣杨士骧跪奏,为拣员请补批验所大使员缺,以裨醝务,恭折仰祈圣鉴事。

窃查,雒口批验所大使华沄于光绪三十二年九月二十二日丁忧,应以丁忧之日作为开缺日期,归九月分截缺,业经咨部开缺,声明上次出有蒲台批验所大使一缺,系咨部铨选。此次应扣留外补,四月分只此一缺,毋庸掣签,应即按班序补。查,东省批验所大使一项,上次用至劳绩试用先止,东省现无坐补原缺、裁缺即用、回避即用、新选新补、留省另补并实缺丁忧起服人员,轮应遇缺先人员到班,郑工遇缺先、新海防遇缺先、海防先、海防即旧例银捐遇缺先、银捐遇缺先均无人,例应接用分缺先人员。据盐运使张莲芬查,有新海防分缺先补用批验所大使王五昌,堪以请补雒口批验所大使等情详请具奏前来。

臣查,王五昌,年四十一岁,山西临汾县人,由增贡生于光绪二十七年遵新海防例报捐批验所大使,并加捐分缺补用免试用,指分山东,经部带领引见,光绪二十九年七月十三日奉旨"照例发往。钦此。"是年八月二十二日领照到省。该员老成稳慎,以之请补雒口批验所大使,实于醝务有裨。如蒙俞允,仍令试奉三年。除咨部外,理合恭折具陈,伏乞皇太后、皇上圣鉴,敕部核复施行。谨奏。

朱批:"吏部议奏。"

光绪三十一年十二月十九日。

(《光绪朝朱批奏折》第 22 辑,058)

东昌府同知郝廷瑄丁忧缺出容即拣员请补片

再,据布政使吴廷斌详称,调署高苑县知县、正任东昌府同知郝廷瑄,于光绪三十一年十一月二十六日,嗣母杨氏在省寓病故。该员系属嗣子,例应丁忧,所遗东昌府同知员缺系外调要缺,容即拣员请补等情,请具奏开缺前来。除分咨查照外,谨附片陈明,伏乞圣鉴,敕部开缺。谨奏。

朱批:"吏部知道。"

光绪三十一年十二月。

(《光绪朝朱批奏折》第 22 辑,105)

交纳洋税抵解新案赔款银片

再查,各海关征收洋税,自光绪二十七年十月起收足值百抽五新增之款,应抵解新案赔款。接准户部电咨，以税司未能将增收之数指明，令将洋关及归税司兼办之常关自十月开关起，暂按每月收数提出二成先期解沪，并饬每百两加补水银一两六钱四分三厘，当经转饬登莱青道东海关盐督李希杰遵办去后，嗣据该监督以洋税二成实系不敷提解，请减为一成解沪。禀经咨准部复令，按实在收数解沪，不得仅按一成报解等因，复经转饬遵照办理。

所有光绪二十九年十月起至三十年九月止，解过征收洋税值百抽足五并免税货完税银五万四千四百九十九两零，又常税二成银一万九千三百三十五两零，同补水银两，均经该关道解赴上海道衙门兑收汇付，禀经前署抚臣胡廷干奏报在案。兹自光绪三十年十月起至三十一年九月止，解过征收洋税值百抽足五并免税货完税银六万一千三百八十四两八钱五分九厘，又常税二成银二万四千九百九十五两三钱四分四厘二毫，以上共银八万六千三百八十两零二钱三厘毫，又补水银一千四百一十九两二钱二分五厘八毫，陆续解赴上海道衙门收存实付。据该监督先后禀请前署抚臣胡廷干及臣奏咨前来。臣复查无异，除咨外务部户部查照外，谨附片陈明，伏乞圣鉴。谨奏。

朱批："该部知道。"

光绪三十一年十二月。

（《光绪朝朱批奏折》第 84 辑，830）

革员钱心润误被参劾，准其撤销参案，开复原官片

再，查接管卷内前准都察院咨开，据已革同知衔山东平原县知县钱心润遣子钱俭懿以被参冤抑等情，赴院呈诉。查阅呈词，缘该革员系安徽怀宁县人，由候选知县选授山东平原县知县，于光绪二十二年四月到任。二十四年大计案内，经前抚臣张汝梅出具"听断勤能，实心任事"考语。二十五年正月调署莒州知州，十一月经前抚臣毓贤以"平原县任内不洽舆情，莒州任内匿灾不报"，奏参革职。

兹据呈称，在平原县任时曾经上司加奖，何至不洽舆情？至在莒州任时七月间秋禾间生棉虫，当即禀司委府，勘未成灾，有案可查，参以"匿灾不报"尤为冤抑。且被参时，并无本府司道禀揭等语。察核情词，似非虚捏，行令秉公确查，如果属实，即行奏明办理等因，当经正任抚臣周馥转饬藩、臬两司分行平原县知县姚诗志、署莒州知州李光华详细确查去后。兹据该员等逐一查明，禀由前署布政

使英瑞、署按察使沈廷杞复称，该革员钱心润前在平原县任内三年有余，每逢朔望，率同属僚宣讲圣谕，嗣因邻封被灾，饥民来县觅食，遂于城关捐设粥厂收养饥民，并于高唐州境擎获斩枭盗犯十名，是其教养兼施，勤于捕务，尽心民事，物望咸孚，尚非舆情不洽。至在莒州任时，光绪二十五年七月秋禾被灾，乡民恳请调剂。该革员当于是月十二日，禀经藩司檄委前代理沂州府知府杨建烈督同勘明情形最轻，议请缓旧征新，以纾民力，亦无匿灾不报情事。访察各该州县绅民，亦均谓该革员平日居官甚好，民心悦服。当时参奏，既未被人指控，又非司道禀揭，原参所谓"不洽舆情，匿灾不报"皆系传闻失实，因此被劾诚为冤抑。今既访查明确，自应详请具奏开复等情，到前护抚臣尚其亨，未及核办，卸事移交前来。

臣复加查察，同官咸称其冤。传见该革员，年力正强，才具明敏，系属有用之才。若因误被参劾，遂致终身废弃，未免可惜。合无仰恳天恩俯念该革员钱心润误被参劾，准其撤销参案，开复原官员衔，仍留山东补用，并免缴捐复银两，以彰公道，出自逾格鸿慈。除咨都察院、吏部外，理合附片陈请，伏乞圣鉴，训示。谨奏。

朱批："所请著毋庸议。"

光绪三十一年十二月。

（《光绪朝朱批奏折》第 22 辑，124）

请以吴筠孙署理济南府知府片

再，准吏部咨，光绪三十一年十二月九日，内阁奉上谕"山东兖沂曹济道，著胡建枢补授。钦此"，钦遵知照到臣，当经转行，钦遵在案，应即饬赴新任，以专职守。所遗济南府知府员缺紧要，急须先行委员接署，一面拣员请补，饬据藩、臬两司会详。查有泰安府知府吴筠孙，堪以署理济南府知府，递遗泰安府知府员缺委候补知府宋梦槐署理等情，请核办前来。除分檄饬遵并咨部查照外，谨附片陈明，伏乞圣鉴。谨奏。

朱批："吏部知道。"

光绪三十一年十二月。

（《光绪朝朱批奏折》第 22 辑，102）

交纳限内应还俄、法本息银两片

再，山东省应还英、德、俄、法借款，自光绪二十二年起，每年原拨银三十九万两，嗣于二十五年因佛郎磅价昂贵，原拨银数不敷，除盐斤加价二万两遵照部文毋庸加拨外，其余银三十七万两按二成五加拨银九万二千五百两，共原续拨银四十八万二千五百两。内由藩库筹解三十二万五千两，运库筹解银五万七千五百两，东海关筹解银十万两。英、德按二月、五月、八月、十一月分解，俄、法按三月、九月分解，历经遵办在案。兹查，光绪三十二年二月、五月限内应还俄、法本息银一十一万八千五百两，均经按月解赴上海道衙门兑收汇付。据各该司道先后详报前来，臣复核无异。除分咨查照外，谨附片陈明，伏乞圣鉴。谨奏。

朱批："该部知道。"

光绪三十一年十二月。

（《光绪朝朱批奏折》第 84 辑，962）

交纳新案赔款银两片

再，新案赔款户部腾出的款银三百万两，内指拨山东省加放俸饷、加复俸饷、旗兵加饷、加增边防经费等款共银九万三千两，应分次先期解沪。经前抚臣张人骏饬司查明，内有无着银四万四千两，奏明于在挑挖南北运河经费项下拨补。其余银四万九千两，照旧由东海送解银一万五千两，督粮道库解银一万两，藩库解银二万四千两。共银九万三千两，每百两应加补水银一两六钱四分三厘，共银一千五百二十七两九钱九分。所有光绪二十九年十二月起至三十年十一月止，应解前项银两，前据各该司道按期解赴上海道衙门兑收应付，业经前署抚臣胡廷干于上年十二月奏咨在案。兹自光绪三十年十二月起至三十一年十一月止，共应解银九万三千两，同补水银一千五百二十七两九钱九分，均经先后委员解交上海道衙门兑收汇付，据各该司道先后详请奏咨前来。臣复查无异，除咨部查照外，谨附片陈明，伏乞圣鉴。谨奏。

朱批："该部知道。"

光绪三十一年十二月。

（《光绪朝朱批奏折》第 84 辑，831）

郑世璘请照拟给奖片

再,候选知县郑世璘前于劝办山东工赈捐案内出力,经前署抚臣胡廷干于光绪三十年奏保,俟选缺后以直隶州知州用。嗣准隶部议复内开,候选知县郑世璘请俟选缺后,以直隶州知州用,所请奖叙核与定章相符,惟据户部片复,该员捐案按照来片声叙年月捡查,并无其名,应令该抚饬令该员呈验执照,专案送部,再行核办等因。当经行知工赈局,转饬去后。

兹据该局详据广东广宁县知县郑世璘禀称,光绪二十七年三月在秦晋赈捐第三次案内,遵新海防例报捐知县遇缺先选用,二十八年赴部投供,二十九年十二月签掣广东广宁县缺,三十年正月二十八日蒙钦派王大臣验看,二月初六日由吏部带领引见,奉旨"广东广宁县知县,著郑世璘补授。钦此。"二十日赴部领凭,五月初七日到省禀到缴凭,奉饬赴任,六月二十五日接印任事。是年八月,该县属土匪滋事在任防剿出力,经署两广督臣岑春煊随折奏保,以直隶州知州在任候补并加四品衔,于光绪三十一年正月二十一日奉朱批"著照所请,该部知道。钦此,"钦遵在案。

此次劝办东捐案内保奖,系属重复,拟请改俟候补直隶州知州后,以知府仍留原省补用,并声明原捐知县执照前已在京缴销,无从呈验等情,详请奏奖前来。臣复查,该员郑世璘原保奖叙系属寻常劳绩,既据呈明保案重复所请,改奖尚与定章相符,合无仰恳天恩,俯赐敕部,照拟给奖,以示鼓励,出自逾格鸿慈。谨附片陈请,伏乞圣鉴,训示。谨奏。

朱批:"该部议奏。"

光绪三十一年。

(《光绪朝朱批奏折》第 22 辑,128)

请赏给胶海关税务司阿理文二等第二宝星片

再,胶海关自光绪二十五年设立以后,由税务司阿理文经征洋税,并代征常税厘金,各款均甚妥协。惟因设在德国租借以内,不能在界内征收进口税项,致与他关办法稍有不同,似于税务盈绌不无关系。臣于三十一年夏间赴青岛察看商务情形，与该税务司妥商改订收税办法，一面会同北洋大臣臣袁世凯商承外务部，与德国使臣穆默磋议，在于青岛租界以内另划收税区域，妥订条款，责成该税务司实力稽征，关章始能斠若划一，近两年收数几倍于前。该税务司整顿之功，要不可没。嗣因改订关章之后，车站相距较远，恐有奸商乘隙夹带军火，私运内地接济匪徒。经臣饬由该税务司妥定稽禁章程，复能综画精密，消弭隐患。又，近年各省铜币充斥，颇多私铸，往往有大宗贩运，由青岛灌入内地，流弊日滋。复经臣饬由该税务司会商德员，遵照部章，随时认真查禁，东省圆法籍以补救，并能宽猛相济，不扰商民。

查，该税务司阿理文，前因稽征得力，曾于二十九年经升任抚臣周馥奏请赏给二品衔并三等第一宝星，钦奉谕旨允准有案。该税务司自邀恩奖，感激愈深，不独经征税款益形畅旺，即查禁军火、私贩铜币以及遇有交涉等事，均能殚竭血忱，持平因应，洵属有裨时局。合无仰恳圣恩从优赏给二等第二宝星，以酬劳勩而昭激劝之处，出自逾格鸿施。谨附片陈请，伏乞圣鉴，训示。谨奏。

朱批："著照所请，外务部知道。"

光绪三十一年正月至七月。

（《光绪朝朱批奏折》第 112 辑，291）

交纳光绪三十二年分亲贵出洋考求政治经费片

再，亲贵出洋考求政治应需经费，山东每年认筹银四万两，业将光绪三十一年分应解银两如数筹解，奏报在案。兹查，本年应解前项经费银四万两，先饬由山东工赈沪局照数借拨，就近兑交上海道衙门兑收，现由藩库在酌提钱粮盈馀筹银一万两，运库历年积存尾款项下筹银一万两，东海关洋税六成及商局税二成项下筹银一万二千两，洋税四成项下筹银八千两，共银四万两，均已解交工赈局归还借款等情，据藩运两司暨东海关道先后详请奏咨前来。臣复查无异，除分咨外务部、户部查照外，谨附片具陈，伏乞圣鉴。谨奏。

朱批："该部知道。"

光绪三十二年。

（《光绪朝朱批奏折》第 33 辑，030）

请以靳呈云署理曹州总兵片

再,曹州总兵任永清久办曹匪,不能得力,不便稍事迁就,应即调省。所遗篆务,查有记名简放总兵靳呈云,熟悉情形,治军严正,堪以署理。除分行遵照并咨部外,臣为地方紧要起见,谨附片具陈,伏乞圣鉴,训示。谨奏。

朱批:"陆军部知道。"

光绪三十二年。

(《光绪朝朱批奏折》第 50 辑,646)

交纳光绪三十二年分陆军第六镇月饷片

再,前准户部咨,光绪三十二年分北洋陆军第六镇月饷系有闰之年,共需银一百十六万两,令由山东应解京饷及漕折项下按月拨解北洋交纳等因,当经分别转行遵照办理在案。查藩库地丁项下,原拨银四十万两,续拨银五万两;运库盐课加价项下银二十一万两;东海关常洋税银三万两;又藩库解部边防经费银十二万两,解部吉林练饷银三万两;粮道库解部边防经费银五万两,并漕折银二十三万两,共银百十二万两,尚有闰月加饷银四万两。复经臣分饬藩司认筹银二万两,粮道东海关监督各认银一万两,共一百十六万两。据各该司道陆续解赴天津北洋陆军粮饷局,交纳作为陆军第六镇月饷,先后详请,奏咨前来。臣复查无异,除分咨外,理合附片陈明,伏乞圣鉴,训示。谨奏。

朱批:"该部知道。"

光绪三十二年。

(《光绪朝朱批奏折》第 64 辑,081)

丁乃清请扣除免参片

再,查前署惠民县知县丁乃清,因任内经收杂款、尾欠未清,已于三十一年下半年汇奏各属交代已未清结案内声明,另行参追在案。兹查该员丁乃清,已将尾欠、杂款悉数解兑清楚,尚知愧奋,应请扣除免参,据藩司吴廷彬详请核办前来。

除咨部查照外，谨附片陈明，伏乞圣鉴。谨奏。

朱批："该部知道。"

光绪三十二年。

（《光绪朝朱批奏折》第 79 辑，057）

具陈整顿契税办法片

再，东省税契，上年经臣奏明整顿办法，自开办以来，收数甚有起色，惟各学堂一切开支及先锋队添拨饷项并认解学务练兵等项经费，皆取给于此，综计出纳不敷甚钜。况学务日事扩充，巡警又须普设，在在均需巨款，司局各库罗掘早空，应付不容稍缓，筹拨实在为难。若不设法图维，势将束手。

查民间田房税契一项，以卖作典、以多报少，影射匿漏，习为惯常，虽经臣饬司设法整顿，仍不免有前项情事，自非酌征典税，不足以杜绝弊窦，且承典者皆有余之户，以地方之款办地方之事，当无不乐从。近年，如广东河南两省均奏定章程，活契典当田房每两征银三分，应即仿照酌减，妥为试办，以济要需。

拟自光绪三十三年起，民间典当田房活契限半年内报税，每契价银一两，征正税银二分，倾镕火耗银四厘，以二分解司补买契税银支款之不足，以四厘津贴州县作为倾镕火耗办公，并酌给书役纸笔饭食之需，此项税银由承典之户缴纳。凡在三年以内典当者，应一律补税，责令各牧令认真劝导，不得苛罚骚扰，以恤民艰。至应用官纸、官中及州县牙纪功过赏罚，一如整顿卖契办法，契尾由司另刊新式，颁发遵用。据布政使吴廷斌详请奏咨前来，相应请旨部议复遵行。除咨部外，谨附片具陈，伏乞圣鉴，训示。谨奏。

朱批："度支部奏议。"

光绪三十二年。

（《光绪朝朱批奏折》第 79 辑，058）

交纳本年应解内务府部分经费银片

再，据布政使吴延斌详报，光绪三十二年分应解内务府经费银二万两，兹先于地丁等款项下筹解银一万两、平余银二百五十两、抬费等项银八十两，饬委候补通判鹿学畲解赴内务府交纳。臣复查无异,除分咨查照外,谨附片陈明,伏乞圣鉴。谨奏。

朱批:"该衙门知道。"

光绪三十二年正月。

(《光绪朝朱批奏折》第 90 辑,491)

交纳上半年固本兵饷银片

再,据布政使吴廷斌详报,光绪三十二年应解固本兵饷银六万两。兹将上半年应解银三万两,饬委候补通判鹿学畲解赴户部交纳。臣复查无异,除分咨查照外,谨附片陈明,伏乞圣鉴。谨奏。

朱批:"户部知道。"

光绪三十二年正月。

(《光绪朝朱批奏折》第 63 辑,865)

交纳本年内务府部分经费银片

再,据盐运使张莲芬详报,山东运库应解光绪三十二年分内务府常年经费银一万两。兹先由盐课项下筹备银五千两、平余抬费银一百六十五两,檄委试用盐大使宣冠璜解赴内务府交纳等情。臣复查无异,除分咨查照外,谨附片陈明,伏乞圣鉴。谨奏。

朱批:"该衙门知道。"

光绪三十二年正月。

(《光绪朝朱批奏折》第 90 辑,492)

交纳本年奉天、黑龙江部分俸饷银片

再,据布政使吴廷斌详报,山东藩库应解光绪三十二年奉天俸饷银十一万两,黑龙江俸饷银六万两。兹先筹措奉天俸饷银三万两,黑龙江俸饷银二万两。又,临清关应解光绪三十二年奉天俸饷银二万两，如数支出，发交山东大德恒等商号具领汇解奉天将军衙门交纳。臣复查无异，除咨部查照外，谨附片陈明，伏乞圣鉴。谨奏。

朱批："户部知道。"

光绪三十二年正月。

（《光绪朝朱批奏折》第 90 辑,493)

交纳光绪三十三年分应解内务府部分经费银片

再，据布政使吴廷斌详报，光绪三十三年分应解内务府银二万两。兹先于地丁等款项下筹解银一万两，平余银二百五十两，抬费银八十两，饬委试用知县钮家枢解赴内务府交纳。臣复查无异，除分咨内务府度支部查照外，谨附片陈明，伏乞圣鉴。谨奏。

朱批："该衙门知道。"

光绪三十二年正月。

（《光绪朝朱批奏折》第 90 辑,668)

交纳光绪三十三年分应解内务府部分常年经费银片

再，据盐运使张莲芬详称，山东运库应解光绪三十三年分内务府常年经费银一万两。兹先由盐课项下筹备银五十两，平余抬费银一百六十五两，檄委候补盐大使龚保珂解赴内务府交纳等情。臣复查无异，除分咨查照外，谨附片陈明，伏乞圣鉴。谨奏。

朱批："该衙门知道。"

光绪三十二年正月。

（《光绪朝朱批奏折》第 90 辑,669)

叩谢天恩赏"福"、"寿"字各一方折

头品顶戴、署理山东巡抚、直隶布政使、臣杨士骧跪奏，为叩谢天恩，恭折仰

祈圣鉴事。

窃于光绪三十一年十二月三十日，由驿递赉到钦蒙恩赏"福"、"寿"字各一方，当即恭设香案，望阙叩头，谢恩祗领。伏念臣疆符忝摄，岁琯垂周，拜雨露于蓬壶，春生海岱；瞻星云于奎藻，瑞应河图。仰逢福受，宣房靖荄玉而中流顺轨长；祝寿腾旗，翼来琛赍而外服称觥，天语吉祥，私悰欢忭。臣惟有对瞻宸翰，倍切扬庚，顾千百国风朔咸遵，幕义而集福衢寿车之盛，看二十纪龙旗飞舞，维新而延福林寿宇之麻。所有微臣感悚，荣幸下忱，理合恭折叩谢天恩，伏乞皇太后、皇上圣鉴。谨奏。

朱批："知道了。"

光绪三十二年正月初四日。

（《光绪朝朱批奏折》第 22 辑，155）

具陈山东省光绪三十年分经征漕项钱粮未完一分以上名单折

头品顶戴、署理山东巡抚、直隶布政使、臣杨士骧跪奏，为山东省光绪三十年分经征漕项钱粮未完一分以上员名，恭折具陈，仰祈圣鉴事。

窃查，前准部咨经征各项钱粮办理奏销，应将未完一分以上各员先行奏报，以便稽核等因，历经遵办在案。兹查，山东漕务向由漕臣经理，上年二月裁撤漕督后，一切漕务事宜应归山东经管。所有光绪三十年分经征漕项正耗钱粮现当查办奏销之际，未完一分以上者仅前署聊城县、陵县知县钱应显一员。据督粮道周开铭先行开折，详请具奏前来。臣复核无异，除将清折咨部查外，谨恭折具陈，伏乞皇太后、皇上圣鉴，敕部查核。谨奏。

朱批："该部仪奏。"

光绪三十二年正月初六。

（《光绪朝朱批奏折》第 71 辑，310）

恭报十一月分雨泽情形并呈粮价清单折

头品顶戴、署理山东巡抚、直隶布政使、臣杨士骧跪奏，为恭报光绪三十一年十一月分雨泽情形，并呈粮价清单，恭折仰祈圣鉴事。

窃查,光绪三十一年十月分山东省各属雨泽粮价,业经臣查明开单,奏报在案。兹查十一月分通省一百七州县内历城、邹平、淄川、长山、新城、泰安、滨州、霑化、蒲台、兰山、郯城、莒州、蒙阴、沂水、博山、临淄、寿光、昌乐、安邱、掖县、昌邑、黄县、招远、莱阳、高密等二十五州县先后据报,于月之上旬初九、初十,中旬十一,下旬二十一、二十二、二十七、二十八等日,各得雨一、二、三、四寸不等。又淄川、新城、泰安、新泰、莱芜、东平、东阿、平阴、惠民、阳信、滨州、利津、蒲台、滋阳、曲阜、宁阳、泗水、汶上、阳谷、寿张、荷泽、单县、郓城、范县、费县、蒙阴、沂水、堂邑、清平、冠县、益都、博山、临淄、乐安、寿光、昌乐、临朐、安邱、诸城、平度、昌邑、潍县、蓬莱、黄县、福山、宁海、荣城、邱县、济宁、胶州、高密等等五十一州县于月之上旬初十,中旬十五、十八、十九,下旬二十一、二十四、二十七、二十八等日,各得雪一、二、三、四不等。其余州县虽未得有雨雪,所幸地脉尚干燥,民情亦称安谧,堪以仰慰慈厪。谨将各属市集粮价缮具清单,祗呈御览。为此恭折具奏,伏乞皇太后、皇上圣鉴。谨奏。

朱批:"知道了。"

光绪三十二年正月二十日。

(《光绪朝朱批奏折》第 97 辑,621)

具陈山东北运各州县卫光绪二十四年分
应销及已销、未销盐引数目折

头品顶戴、署理山东巡抚、直隶布政使、臣杨士骧跪奏,为山东北运各州县卫光绪二十四年分应销及已销未销盐引数目,恭折仰祈圣鉴事。

窃查,东纲南北两运应销额引五十万五百道,内除奏准永减引十万道,尚应销引四十万五百道。又,除南运各州县应销引十万二千二百一道遵章剔除,另案奏报外,所有北运各州县卫实应按年报销,业将光绪二十三年以前之案循例造报在案。兹查,二十四年分山东北运历城等五十五州县卫应销引二十九万八千二百九十九道内,除茌平县被失引五道,尚应销引二十九万八千二百九十四道,现已销引二十四万五十道,未销引五万八千二百四十四道。现在上紧督催,统俟销完再行造报。据盐运使张莲芬造具已销未销引数、分数及应行议叙议处之各官职名册揭,详请奏咨前来。臣复核无异,除将册揭咨送部科外,所有北运各州县卫光绪二十四年分应销及已销、未销盐引数目,理合恭折具陈,伏乞皇太后、皇上圣鉴,敕部查核,施行。谨奏。

朱批:"户部知道。"

光绪三十二年正月二十日。

(《光绪朝朱批奏折》第 76 辑,432)

沂州、登州等地知府请旨迅赐简放折

头品顶戴、署理山东巡抚、直隶布政使、臣杨士骧跪奏,为沂州、登州等府知府丁忧出缺,请旨迅赐简放,以重职守,恭折仰祈圣鉴事。

窃据布政使吴廷斌详据兰山县知县陈景星禀称,该管沂州府知府武玉润于光绪三十一年十二月十九日,接到原籍河南电信,该府生母陈氏于十二月十八日在籍病故。又据益都县知县李祖年禀称,该管署青州府正任登州府知府段友兰亲母周氏迎养在署,于光绪三十一年十二月二十八日病故。该府等均属亲子,例应丁忧,当委候补知府姚联奎署理沂州府知府、候补知府郝廷珍署理青州府知府等情,请奏明开缺前来。臣查,沂州系要缺沿河,登州系繁缺滨海员缺,繁要末便久悬。除先饬委员接署,并分咨查照外,所有沂州、登州等知府丁忧出缺相应请旨迅赐简放,以重职守,理合恭折具陈,伏乞皇太后、皇上圣鉴。谨奏。

朱批:"另有旨。"

光绪三十二年正月二十日。

(《光绪朝朱批奏折》第 22 辑,184)

具陈山东南运各州县光绪二十四年分
应销及已销、未销盐引数目折

头品顶戴、署理山东巡抚、直隶布政使、臣杨士骧跪奏,为山东南运各州县光绪二十四年分应销及已销、未销盐引数目,恭折仰祈圣鉴事。

窃查,东纲南运商邱等二十州县额引例应按年报销,业将光绪二十三年以前之案循例造报在案。兹查,二十四年分商邱等十二州县应销引十万二千二百一道,现已销引四万六千五百道,未销引五万五千七百一道,现在上紧督催,统俟销完再行造报。据盐运使张莲芬造具已销、未销盐引数目及应行议处各官职名册揭,详请奏咨前来。臣复核无异,除将册揭咨送部科查照外,所有南运各州县光绪二十四年分应销及已销、未销盐引数目,理合恭折具陈,伏乞皇太后、皇上圣鉴,敕部查核施行。谨奏。

朱批:"户部知道。"

光绪三十二年正月二十日。

(《光绪朝朱批奏折》第 76 辑,433)

具陈山东南运各州县经征光绪二十六年
分商课钱粮已完未完银数折

头品顶戴、署理山东巡抚、直隶布政使、臣杨士骧跪奏,为山东南运各州县经征光绪二十六年分商课钱粮已完、未完银数,恭折仰祈圣鉴事。

窃查,山东南运各州县经征商课银两,例应按年报销,业将光绪二十五年以前之案循例造报在案。兹查二十六年分南运商邱等十二州县应销额引十万二千二百一道,应征引课银二万五千四十七两四钱一分九厘,现已完银一万一千七百六十三两八钱四分一厘,未完银一万三千二百八十三两五钱七分八厘。是年旧管无项新收银一万一千七百六十三两八钱四分一厘,开除银一万一千七百六十三两八钱四分一厘,实在无项。据盐运使张莲芬造具已未完银数职名清册,详请奏咨前来。臣复核无异,除将清册,咨送部科查照外,所有南运各州县经征光绪二十六年分商课钱粮已完、未完银数,理合恭折具陈,伏乞皇上圣鉴,敕部查核施行。谨奏。

朱批:"户部知道。"

光绪三十二年正月二十二日。

(《光绪朝朱批奏折》第 84 辑,851)

具陈山东省光绪二十六年分民运灶课钱粮收支数目折

头品顶戴、署理山东巡抚、直隶布政使、臣杨士骧跪奏,为山东省光绪二十六年分民运灶课钱粮收支数目,恭折仰祈圣鉴事。

窃查,山东额征商灶正杂盐课等项钱粮,除有商州县应完课款银两遵照先课后监章程分别征收另案造报外,其余商民运票价向系摊入地亩征解,民佃盐课历随民粮地丁一律催征，应仍照案奏销，以符定制。查，光绪二十六年灶课等项钱粮旧管无项新收银一万八千八百八十三两四钱一分九厘，开除银一万八千八百八十三两四钱一分九厘，实在无项，又应征耗羡银两旧管无项新收银二百二十五两六钱一分六厘，开除银二百二十五两六钱一分六厘，实在无项。据盐运使张莲芬造具册结详请奏咨前来，臣复查无异，除将册结送部查照外，所有光绪二十六年分民运灶课钱粮收支数目，理合恭折具陈，伏乞皇太后、皇上圣鉴，敕部查核施行。谨奏。

朱批："户部知道。"

光绪三十二年正月二十二日。

（《光绪朝朱批奏折》第 76 辑，434）

具陈山东省光绪二十六年分收支历年商课钱粮数目折

头品顶戴、署理山东巡抚、直隶布政使、臣杨士骧跪奏，为山东省光绪二十六年分收支历年商课钱粮数目，恭仰祈圣鉴事。

窃查，山东历年商课钱粮例应按年报销，业将光绪二十五年以前之案循例造报在案。兹查，二十六年分山东省历年商课钱粮案内旧管银二万一千一百五十二两一钱八分七厘，又另案银九两八钱三厘，共银二万一千一百六十一两九钱九分，内除从前借支运本银二万五百二十两，实在旧管银六百四十一两九钱九分，新收银八百八十七两二钱四分，开除银一千三百五十一两八钱三分七厘，实在银一百七十七两三钱九分三厘。据盐运使张莲芬造册，详请奏咨前来。臣复核无异，除将清册咨送部科查照外，所有光绪二十六年分收支历年商课钱粮数目，理合恭折具陈，伏乞皇太后、皇上圣鉴，敕部查核施行。谨奏。

朱批："户部知道。"

光绪三十二年正月二十二日。

（《光绪朝朱批奏折》第 84 辑，850）

具陈山东省光绪二十六年分收支历年灶课钱粮数目折

头品顶戴、署理山东巡抚、直隶布政使、臣杨士骧跪奏，为山东省光绪二十六年分收支历年灶课钱粮数目,恭折仰祈圣鉴事。

窃查,山东历年灶课钱粮例应按年奏报,业将光绪二十五年以前之案循例造报在案。兹查,光绪二十六年分山东省历年灶课钱粮案内旧管无项新收银四十六两九钱一分,开除银二十一两九钱六分五厘,实在银二十四两九钱四分五厘。又,起解钱粮案内食平银两旧管无项新收银二千二百两五钱七分六厘,开除银二千二百二两五钱七分六厘,实存无项,据盐运使张莲芬造册详请奏咨前来。臣复查无异,除将清册送部查照外,所有光绪二十六年分收支历年灶课钱粮数目,理合恭折具陈,伏乞皇太后、皇上圣鉴,敕部查核施行。谨奏。

朱批:"户部知道。"

光绪三十二年正月二十二日。

(《光绪朝朱批奏折》第 76 辑,435)

具陈山东省北运各州县卫经征光绪二十六年分正杂商课钱粮已完未完数折

头品顶戴、署理山东巡抚、直隶布政使、臣杨士骧跪奏,为山东省北运各州县卫经征光绪二十六年分正杂商课钱粮已完、未完数,恭折仰祈圣鉴事。

窃查,山东北运各州县卫经征正杂商课银两,例应按年报销,业将光绪二十五年以前之案循例造报在案。兹查,二十六年分北运历城等九十四州县卫应销额引二十九万八千二百九十九道,应征引课银七万三千一百七两一钱二分一厘,应销额票十四万一千一百三十五张,应征票课银三万一千一十五两二钱四分三厘,又应征杂项银二万五千二百二十三两八钱二分四厘,现已完引课银五万六千二百二两七钱二分六厘,未完银一万六千九百四两三钱九分五厘。又已完票课银二万八千八百二十一两五钱四分四厘,未完银二千一百九十三两六钱九分九厘。又已完杂项银一万五千五百五十二两三钱六分二厘,未完银九千六百七十一两四钱六分二厘。统计光绪二十六年正杂商课钱粮旧管无项新收银一十万五百七十六两六钱三分二厘,开除银一十万三百九十三两八钱七分三厘,实在银一百八十二两七钱五分九厘。据盐运使张莲芬造具已未完银数职名细册及四柱总册,详请奏咨前来。臣复查无异,除将清册咨送部科查照外,所有北运各州县卫经征光绪二十六年分正杂商课钱粮已未完银数,理合恭折具陈,伏乞皇太后、皇上圣鉴,敕部查核施行。谨奏。

朱批："户部知道。"

光绪三十二年正月二十四日。

(《光绪朝朱批奏折》第 76 辑,437)

因灾缓征,请援案折银给发折

头品顶戴、署理山东巡抚、直隶布政使、臣杨士骧跪奏,为青州满营兵米因灾缓征,不敷支放,拟请援案折银给发,以济兵食,恭折仰祈圣鉴事。

窃查,青州满营兵米,向在邹平、长山、淄川、新城、利津等五县所征大漕正耗米内全数拨运,遇有灾缓,不敷兑拨,动支附近各属仓谷,嗣因仓谷无存,由司按石折银给发。迨后连岁缓征,兵食不足,经前抚臣陈士杰奏请,自光绪十一年冬漕为始,如邹平等五县因灾蠲缓兵米数在五百石以外者,将禹城、临邑、平原、商河等四县大漕改拨,仍以德州等处豆改米抵补漕额。旋因禹城等四县亦有灾缓,拨运吃重,复经前抚臣张曜奏请,自光绪十五年冬漕为始,添拨乐陵、德平、陵县、德州等四州县大漕,同原拨之禹城等四县均匀拨兑,以昭公允。至齐东、章邱、济阳等三县,亦有运青蓟粮兵米,例系作正开销,遇有缓征,无款抵补,仍照旧案领银折放,以顾兵食。均奉谕旨允准,历经遵办在案。

兹查,光绪三十一年分前项兑青兵米,惟齐东县因灾缓征米七百六十一石二斗六升,原系蓟粮拨运,作正开销,无款抵补,自应援照历办成案,每石折给实银八钱,以示体恤。据布政使吴廷斌、督粮道周开铭会详前来。臣复查无异,合无仰恳天恩俯念兵需紧要,准将齐东县光绪三十一年缓征不敷兵米,援照从前历办成案,折给银两,由藩司随饷发领,出自逾格鸿慈。除分咨户部、兵部查照外,理合恭折据陈,伏乞皇太后、皇上圣鉴,训示。谨奏。

朱批："该部知道。"

光绪三十二年正月二十四日。

(《光绪朝朱批奏折》第 63 辑,780)

具陈各属已未清结交代缘由折

头品顶戴、署理山东巡抚、直隶布政使、臣杨士骧跪奏,为各属交代循照半年汇报定章分别已结、未结,缮单具陈,恭折仰祈圣鉴事。

窃查,山东各州县交代前经奏明查办二参,凡有亏空立即参办,每届半年汇报一次,作为定章,限内算明有应交款项者勒限一个月完缴,逾限不完即行参追,并照新章一任一清,不准有一官两任交代名目加展限期,历经遵办在案。

兹查,光绪三十一年正月初一日起至六月底止,又届半年汇报之期,据布政司吴廷斌造册详请具奏前来。臣复加查核,上次开报勒限完缴者四员:前代理东阿县知县季桂芬、前寿张县知县李诚保、前新泰县知县田故令宝蓉,已据各该员及田故令家属完解清楚。惟前署惠民县知县丁乃清欠款迄未解清查。丁令业已因案降补,拟再勒限严催完缴,倘敢再延,即行参追。此次新案交代,自光绪三十一年正月初一日起至六月底止,统计结报四十四案内有前曲阜县知县朱行祺欠款尚钜。查,朱令已因案革职,并据现任曲阜县申报该令已在曲阜寓所病故。前署昌乐县知县朱照、前代理德平县知县许廷瑞亦均有欠款。惟该三员或已经病故,或欠款无多,今若遽予参追,则反杜其借贷之门,于公款仍无裨益。拟再勒限一个月严催完缴,倘逾限不完,再行分别参办。其余四十一起俱系各清各任,并无未完银两。调署人员亦无一官两任交代展限之事。所有各属已未清结交代缘由,理合缮具清单,祇呈御览。为此恭折具陈,伏乞皇太后、皇上圣鉴。谨奏。

朱批:"户部知道,单并发。"

光绪三十二年正月二十四日。

(《光绪朝朱批奏折》第 84 辑,859)

报销山东省光绪二十七、二十八年分民运票引销完票数、分数折

头品顶戴、署理山东巡抚、直隶布政使、臣杨士骧跪奏,为报销山东省光绪二十七、二十八年分民运票引销完票数、分数,恭折仰祈圣鉴事。

窃查,山东应销安邱等十八州县民运票引销完票数、分数,例应按年奏销,业将光绪二十六年以前之案循例造报在案。兹查,光绪二十七、二十八年分山东岁应销民运商运额票一十七万一千二百四十道,馀票八万三千一百八十道,内除各商领剩票八万二千三百七十道,尚应销额馀票十七万二千五十道,内有章邱等商运三十九州县应销额票馀票十四万一千一百三十五道,该完八分二厘三丝,应行另案奏销,实应销安邱等民运十八州县额票馀票三万九百十五道。内有租界占

压地亩之胶州摊豁额票三十九道,即墨摊豁额票二百一十一道,文登县摊额票一百道,馀票六十四道,荣成县摊豁额票五十四道,馀票五道,共四百七十三道,计豁二毫七丝,应随同销完残票,并存剩馀票一并缴销。其综实销额馀票三万四百四十二道,该完一分七厘七毫,现已催销全完。

内除应征银数未及三百两者,照例均不请奖外,所有光绪二十七年应征银数在三百以上之平度知州萨承钰、莱阳县知县庄伦仪,及前官并未征解接任之员,一官全完一年票引之诸城县知县管得全、掖县知县刘思诚;光绪二十八年应征银数在三百两以上之安邱县知县柳思诚、平度州吴丙南、莱阳县知县庄伦仪,核与议叙之例相符,应俟随同商运票奏销案内一并汇请议叙,以示鼓励。据盐运使张莲芬造册具详前来,臣复查无异,除将清册送部查照外,理合恭折具陈,伏乞皇太后、皇上圣鉴,敕部核销施行。谨奏。

朱批:"户部知道。"

光绪三十二年正月廿四日。

(《光绪朝朱批奏折》第 76 辑,436)

因灾缓征,请援案折银给发折

头品顶戴、署理山东巡抚、直隶布政使、臣杨士骧跪奏,为青州满营兵米因灾缓征,不敷支放,拟请援案折银给发,以济兵食,恭折仰祈圣鉴事。

窃查,青州满营兵米,向在邹平、长山、淄川、新城、利津等五县所征大漕正耗米内全数拨运,遇有灾缓,不敷兑拨,动支附近各属仓谷。嗣因仓谷无存,兵食不足,历前抚臣先后奏明如邹平等五县,因灾蠲缓兵米数在五百石以外者,将禹城、临邑、平原、商河等四县大漕改拨,仍以德州等处豆改米抵补漕额,并添拨乐陵、德平、陵县、德州等四州县大漕,同原拨之禹城等四县均匀拨兑,以昭公允。至齐东、章邱、济阳等三县亦有运青蓟粮兵米,例系作正开销,遇有缓征无款抵补,仍照旧案领银折放,以顾兵食,均奉谕旨允准,历经遵办在案。

兹查,光绪三十二年分前项兑青兵米,唯齐东县因灾缓征米七百六十一石二斗六升,原系蓟粮拨运作正开销,无款抵补,自应援照例办成案,每石折给实银八钱,以示体恤。据布政使吴廷斌、督粮道周开铭会详前来。臣复查无异,合无仰恳天恩俯念兵需紧要,准将齐东县光绪三十二年缓征不敷兵米,援照从前历办成案,折给银两,由藩司随饷发领。出自逾格鸿慈,除分咨度支部、陆军部查照外,理合恭折具陈，伏乞皇太后、皇上圣鉴，训示。谨奏。

朱批："该部知道。"

光绪三十三年正月二十六日。

（《光绪朝朱批奏折》第 71 辑，353）

河工凌汛平稳折

头品顶戴、署理山东巡抚、直隶布政使、臣杨士骧跪奏，为凌汛期内黄河两岸防护平稳，恭折抑祈圣鉴事。

窃查，上年桃、伏、秋三汛获庆安澜，而凌汛工程亦关紧要。黄河共长千有余里，上下游寒暖不齐，往往上游解冻，下游融化较迟，以致去路不畅，水势抬高，时有漫溢之患。且河流湾曲处所冰块拥积，切堤铲埽，在在堪虞，防范稍疏，动出巨险。上年冬间，经臣复饬工员多备凌椿及敲凌器具，加意防守，嗣据各督办先后禀报，如中游郭口民埝陡出险工，岌岌可危；下游清河镇张肖堂、宋家集、盐窝等处埽坝堤埝多被铲损，凌椿亦多冲断，均经员弁随时抢修完固。现在凌汛期过，工程一律平稳，洵堪仰慰宸廑。臣仍当严饬工员赶培堤埝，宽备料物，认真防守，不敢稍有疏懈。所有凌汛期内黄河两岸防护平稳缘由，谨恭折具陈，伏乞皇太后、皇上圣鉴。谨奏。

朱批："知道了，钦此。"

光绪三十二年二月。

（《杨文敬公奏议》卷二）

泰安县知县遗缺容即拣员请补片

再，泰安县知县李于锴接准部咨，光绪三十二年二月初四日奉上谕"山东沂州府知府员缺，著李于锴补授。钦此。"又调补青州府知府黄曾源，现已领咨到东，均应饬赴新任，以专职守。所遗泰安县知县员缺，系"冲、繁、难"兼三外调要缺，容即拣员请补等情，据藩、臬两司会评核办前来。除分饬遵照并咨部查照外。理合附片陈明，伏乞圣鉴。谨奏。

朱批："吏部知道。"

光绪三十二年二月。

(《光绪朝朱批奏折》第 22 辑，307)

交纳光绪三十一年派拨前项磅款银片

再，前准部咨，光绪三十一年应付克萨磅款，令即照历年原拨数目，解赴江海关道兑收等因。查，山东每年应拨前项磅款银三万两，前因盐课税厘项下无款可筹，经正任抚臣周馥奏请，将胶海关常税厘金备还磅价等款，业奉谕旨允准咨行，并将光绪二十七、八、九、三十等年派拨磅价银两，即在胶关常税厘金项下按年拨解清款，先后附片奏报在案。所有光绪三十一年派拨前项磅银三万两，经臣饬据布政使吴廷斌查明，东省盐课税厘无款可拨，只有仍在胶关常税厘金项下如数拨解江海关道衙门兑收清款，具详请奏前来。臣复查无异，除咨部查照外，谨附片陈明，伏乞圣鉴，训示。谨奏。

朱批："该部知道。"

光绪三十二年二月。

(《光绪朝朱批奏折》第 84 辑，650)

交纳山东省应还英、德、俄、法借款片

再，山东省应还英、德、俄、法借款，自光绪二十二年起，每年原拨银三十九万两，嗣于二十五年因佛郎磅价昂贵，原拨银数不敷，除盐斤加价二万两，遵照部文毋庸加拨外，其余银三十七万两按二成五加拨银九万二千五百两，共原续拨银四十八万二千五百两，内由藩库筹解银三十二万五千两，运库筹解银五万七千五百两，东海关筹解银十万两。英、德按二月、五月、八月、十一月分解，俄、法按三月、九月分解，历经遵办在案。兹查光绪三十一年二月、五月限内应还英、德本息银一十四万二千五百两，三月限内应还俄、法本息银一十一万八千五百两，均经按月解赴上海道衙门兑收汇付，据各该司道先后详请具奏前来。臣复核无异，除分咨查照外，谨附片陈明，伏乞圣鉴。谨奏。

朱批："该部知道。"

光绪三十二年二月。

请将周凤鸣开去峄县缺，以直隶州知州仍留山东补用片

再，在任候补直隶州知州、峄县知县周凤鸣，前以即用知县分发到省，从事河防，著有劳绩，于光绪二十一、二两年防汛抢险案内出力，保准候补缺后，以直隶州知州用，二十八年准补斯缺，二十九年到任。该员勤政爱民，实心任事，现拟开去本缺，以直隶州知州仍留原省补用等情，由藩、臬两司详请核办前来，臣复查无异，合无仰恳天恩俯准，将峄县知县周凤鸣开去峄县缺，以直隶州知州仍留山东补用，出自鸿施。如蒙俞允，所遗峄县知县员缺系"冲、繁、难"兼三外调要缺，俟接准部咨再行拣员请补。除咨部查照外，谨附片陈请，伏乞圣鉴，训示。谨奏。

朱批："著照所请，吏部知道。"

光绪三十二年。

（《光绪朝朱批奏折》第 23 辑，302）

具陈临清户关一年期满征收税银数目折

头品顶戴、署理山东巡抚、直隶布政使、臣杨士骧跪奏，为临清户关一年期满征收税银数目，恭折仰祈圣鉴事。

窃查，临清户关税额，每年应征正银二万九千六百八十四两，铜斤水脚银七千六百九十二两三钱一分三厘，盈余银一万一千两，以六千六百两为额内，四千四百两为额外，共应征银四万八千三百七十六两三钱一分三厘。又应征耗银四千八百三十七两六钱三分一厘。业将光绪三十年以前征完数目先后奏报在案，兹据办理临清关候补道吴震泽详称，前办关务候补道陆安清自光绪三十一年正月初一开征起，至三月初一日交卸前一日止，共收过船料、货税、粮食正银二万二千八百九十四两一钱四分五厘，耗银二千二百八十九两四钱一分四厘。该道吴震泽自三月初一日接征起，至十二月三十日年满止，共收过船料、货税、粮食正银九万二千七百五十六两二钱六分五厘，耗银九千二百七十五两六钱二分七厘，又免过津关三联子口各单之草帽、办生熟牛羊皮、煤油等税银三千二百三十八两七

钱二分五厘,征免并计统共银十三万四百五十四两一钱七分六厘,核计正耗盈余及铜斤、水脚均已征收足额,尚溢征银七万七千二百四十两二钱三分二厘。又关期届满,应征充公银二万两,本届亦能征收足数,业经照案解充先锋队月饷等情,详请具奏前来。臣复核无异,除咨部查照外,谨恭折具陈,伏乞皇太后、皇上圣鉴。谨奏。

朱批:"该部知道了。"

光绪三十二年二月十二日。

(《光绪朝朱批奏折》第 74 辑,611)

奏销山东省光绪三十年分漕项钱粮等款折

头品顶戴、署理山东巡抚、直隶布政使、臣杨士骧跪奏,为山东省光绪三十年分漕项钱粮等款奏销,恭折具陈,仰祈圣鉴事。

窃查,山东漕务向由漕臣经管,上年二月奉旨裁撤漕督后,改归山东办理。所有光绪二十九年分漕项钱粮等款奏销,经臣查明,奏报在案。兹据督粮道周开铭详称,光绪三十一年起运三十年分漕项钱粮额征,轻赍、行折、里料、赡军、盐钞、润耗、盘拨、路费、更名地亩、拨收米折、小料、德州行粮折色等项正耗,共银十万三千四百七十三两九钱八分一厘。内豁除摊蠲银四百四十两七钱六厘,又灾前已完缓漕、已征解存道库由道动用银四千七百八十五两四钱二分九厘,又缓征及未完共钱四千三百一十一两七分一厘,又已完解道正耗银九万三千九百三十六两七钱七分五厘。前项银两,由道分别动解讫。又额征本色行粮并麦改暨润耗,以及德州额编额征行粮本色,共米四万五千七百六石九斗八升九合二勺。内豁除摊蠲米七十石五斗七升九勺,又摊缓米三千五百六十三石七升八合八勺,已完米四万二千七十三石三斗三升九合五勺。前项米石,由道全数变价动解讫,造具已未完解银米各数清册及揭帖,呈请查核,具奏等情前来。臣复核无异,除原册揭帖分咨部科仓道查核外,理合恭折具陈,伏乞皇太后、皇上圣鉴,敕部议复施行。谨奏。

朱批:"户部知道。"

光绪三十二年二月十二日。

(《光绪朝朱批奏折》第 71 辑,315)

具陈临清工关一年期满征收税银数目折

头品顶戴、署理山东巡抚、直隶布政使、臣杨士骧跪奏，为临清工关一年期满征收税银数目，恭折仰祈圣鉴事。

窃查，临清工关税额每年应征正银四千五百七十二两七钱四分，盈余银三千八百两，以二千二百八十两为额内，一千五百二十两为额外，共应征银八千三百七十二两七钱四分，又应征耗银八百三十七两二钱七分四厘。业将光绪三十年以前征完数目先后奏报在案。兹据办理临清关候补道吴震泽详称，前办关务、候补道陆安清，自光绪三十一年正月初一日开征起，至三月初一交御前一日止，共收短载盐货正银一千四百二十两九钱六分，耗银一百四十二两八钱九分六厘。该道吴震泽，自三月初一日接征起，至十二月三十日年满止，共短载盐货正银七千一百三十三两二钱九分，耗银七百一十三两三钱二分九厘。统共征银九千四百一十八两四钱七分五厘，核计正耗盈余均已征收足额，尚溢征银二百八两四钱六分一厘等情，具详前来。臣复核无误，除咨部查照外，理合恭折具陈，伏乞皇太后、皇上圣鉴。谨奏。

朱批："该部知道。"

光绪三十二年二月十二日。

（《光绪朝朱批奏折》第74辑，612）

勘估山东省光绪三十一年应办运河各工需用银数折

头品顶戴、署理山东巡抚、直隶布政使、臣杨士骧跪奏，为勘估山东省光绪三十一年应办运河各工需用银数，恭折仰祈圣鉴事。

窃查，山东运河堤岸残缺、河身淤浅，挑浚修防均关紧要。经正任抚臣周馥奏明，删并繁冗名目，减定常平经费，自光绪二十九年为始，每年岁修经费银三万两，抢险经费银二万两，募夫挑工银二万五千两，共银七万五千两，奉旨饬部议准咨，经转行遵照，办理在案。臣查山东运河应办各工，遵照部咨，应先估报，当经转饬遵办去后，兹据兖沂曹济道兼管运河事务黎大钧详称，光绪三十一年分运河工程，岁修峄滕、鱼济、钜嘉、汶上、东平等汛各工四十四段，计长五千二百四十丈九尺，应需银二万九千九百九十九两八厘。又抢险峄滕、济宁、钜嘉、汶上、东平等汛各工五十七段，计长三千六百六丈二尺，应需银一万九千九百九十九两九分九厘。又挑挖东平、汶上、济宁、滕峄等汛各工八十四段，计长七千七百二十八丈，应需例津二价银二万四千九百九十百九十四两七钱一厘。以上通共应需七万四千九百九十三两一分八厘，实属撙节估计，较之原定常平经费有减无增。

再，抢险挑淤，全在临时相机办理，兹系约估，将来如有增加，应于奏销案内据实开报等情，由运河、捕河两厅详经该道呈请奏咨前来。臣复核无异，除咨部查照并饬将修过工段、用过银数另行造册报销外，所有光绪三十一年分应办运河各工估计需用银数，谨恭折具陈，伏乞皇太后、皇上圣鉴，敕部查核施行。谨奏。

朱批："该部知道。"

光绪三十二年二月十二日。

（《光绪朝朱批奏折》第 100 辑，591）

请以徐沅补授聊城县知县折

头品顶戴、署理山东巡抚、直隶布政使、臣杨士骧跪奏，为拣员请补要缺知县，以裨地方，恭折仰祈圣鉴事。

窃照聊城县知县梁石甫，于光绪三十一年十二月十五日在任闻讣丁忧，应以闻讣丁忧之日作为开缺日期，归十二月分截缺，业经咨部开缺。所遗聊城县知县员缺，系"冲、繁、难"兼三要缺，例应在外拣选调补，如无合例堪调之员，准以候补即用人员题补。又新章经济特科奉旨即补、或补用人员、遇题调要缺、应先尽酌补等语。该县为附郭首邑，事务殷繁，抚字催科固关紧要，而学堂、巡警、习艺、商务诸政尤须次第举行，以为各县之倡，非精明练达讲求时务之员不克胜任。据布政使吴廷斌、按察使连甲于通省现任知县内逐加遴选，非现居要缺，即人地不宜。查有经济特科特旨补用知县徐沅，堪以请补聊城县知县等情，会详请奏前来。

臣查，徐沅，年三十一岁，江苏吴县人，由附生应光绪二十年甲午科本省乡试，中式举人，二十九年保荐经济特科，恭应保和殿考试取列一等，六月初十日经礼部带领引见，奉上谕"举人徐沅著以知县发往直隶补用。钦此"。七月二十日领照到省，旋因顺直赈捐劝募出力，保准俟补缺后以直隶州用。三十一年正月，经臣随调来东差，委因投效河工出力，于安澜案内随折保奏，十月初九日奉上谕"直隶州用直隶候补知县徐沅著俟补缺后免补直隶州，以知府在任候补。钦此"。复经臣奏请留东，以原班补用，十月二十六日奉硃批"著照所请，该部知道。钦此",经部知照在案。该员精明干练,才识俱优,以之请补聊城县知县,实堪胜任,与例亦属相符。合无仰恳天恩俯准,以经济特科特旨补用知县徐沅补授聊城县知县,以裨地方。该员衔缺相当,毋庸送部引见。除咨部查照外,理合恭折具陈,伏乞皇太后,皇上圣鉴,敕部核复施行。谨奏。

朱批:"吏部议奏。"

光绪三十二年二月十三日。

(《光绪朝朱批奏折》第 22 辑,270)

具陈山东省光绪二十七年分民运灶课钱粮收支数目折

头品顶戴、署理山东巡抚、直隶布政使、臣杨士骧跪奏,为山东省光绪二十七年分民运灶课钱粮收支数目,恭折仰祈圣鉴事。

窃查,山东额征商灶正杂盐课等项钱粮,除有商州县应完课款银两遵照先课后盐章程,分别征收,另案造报外,其余商民运票价向系摊入地亩征解,民佃盐课历随民粮地丁一律催征,应仍照案奏销,以符定制。查,光绪二十七年灶课等项钱粮旧管无项新收共银一万八千四百二十四两四钱一厘,开除共银一万八千四百二十四两四钱一厘,实在无项。又应征耗羡银两旧管无项新收共银二百一十五两四钱二分六厘,开除共银二百一十五两四钱二分六厘,实在无项。据盐运使张莲芬造具册结详请奏咨前来。臣复查无异,除将册结送部查照外,所有光绪二十七年分民运灶课钱粮收支数目,理合恭折具陈,伏乞皇太后、皇上圣鉴,敕部查核复施行。谨奏。

朱批:"该部知道。"

光绪三十二年二月十三日。

(《光绪朝朱批奏折》第 76 辑,444)

具陈山东省光绪二十七年分收支历年灶课钱粮数目折

头品顶戴、署理山东巡抚、直隶布政使、臣杨士骧跪奏,为山东省光绪二十七年分收支历年灶课钱粮数目,恭折仰祈圣鉴事。

窃查,山东历年灶课钱粮,例应按年奏报,业将光绪二十六年以前之案循例造报在案。兹查,光绪二十七年分山东省历年灶课钱粮案内,旧管共银二十四两九钱四分五厘,新收无项开除无项实在银二十四两九银四分五厘。又起解钱粮案内余平银两旧管无项新收共银三千九十七两八钱四分六厘,开除共三千九十七两八钱四分六厘,实在无项。据盐运使张莲芬造册详请奏咨前来。臣复查无异,除将清册结送部查照外,所有光绪二十七年分收支历年灶课钱粮数目,理合恭折具陈,伏乞皇太后、皇上圣鉴,敕部查核施行。谨奏。

朱批:"该部知道。"

光绪三十二年二月十三日。

(《光绪朝朱批奏折》第 76 辑,445)

具陈应承袭、接袭、兼袭云骑尉各世职情况折

头品顶戴、署理山东巡抚、直隶布政使、臣杨士骧跪奏,为查明应承袭、接袭、兼袭云骑尉各世职,汇案恭折具陈,仰祈圣鉴事。

窃照阵亡殉难官绅应袭世职,向系汇案奏报。又兵部奏定新章,各省承袭世职于造具宗图册结送部时,另单抄录议准原案,粘连咨文,盖用印信,一并送部等因。于光绪二十九年六月初五日具奏"奉旨依议。钦此",钦遵在案。兹查光绪三十一年分,应承袭云骑尉、年已及岁、应发标之朱景荣、郭书绅、王九叙、雷继恒、王大堃、李寿增、赵广山、申效俊、朱宝镜、蔡承恩、王德先、张名昭;应接袭云骑尉、年已及岁、应发标之赵文德、赵守、田广魁、丁毓淦、王树芬、刘文林;应承袭云骑尉、年未及岁之董继忠;应接袭云骑尉、年未及岁之郑守田;应接袭云骑尉、年已及岁,请在籍养亲之丁惟梁;应兼袭云骑尉、年已及岁之文生郑叔襄,均经臣分别验看,遂案查核相符,将朱景荣等十八名先后发标学习,统以吏、兵二部汇奏奉旨之日作为收标日期。董继忠、郑守田俟及岁时再行验看核办。丁惟梁请在籍养亲,应免发标;郑淑襄系文生兼袭世职,与朱景荣等均照二十七年山东省奏准新章,停给世俸银两。除宗图册结送部外,理合敬缮清单,恭折具陈,伏乞皇太后、皇上圣鉴,训示。谨奏。

朱批:"兵部议奏,单并发。"

光绪三十二年二月十四日。

(《光绪朝朱批奏折》第 50 辑,261)

恭报光绪十二月分雪泽情形并呈粮价折

头品顶戴、署理山东巡抚、直隶布政使、臣杨士骧跪奏，为恭报光绪三十一年十二月分雪泽情形并呈粮价清单，恭折具奏，仰祈圣鉴事。

窃查，光绪三十一年十一月分山东省各属雨雪、粮价，经臣查明开单，奏报在案，兹查十二月分通省一百七州县内，除海阳、荣成等二县未报得雪外，其余历城等一百五十州县先后据报于月之上旬初二、初三、初四、初六，中旬十四、十五、十六，下旬二十四、二十六、二十八、二十九等日各得雪一、二、三、四、五寸不等，地方民情均称安谧，堪以仰慰慈廑，谨将各属市集粮价缮具清单，祇呈御览。为此恭折具奏，伏乞皇太后、皇上圣鉴。谨奏。

朱批："知道了。"

光绪三十二年二月十四日。

（《光绪朝朱批奏折》第 97 辑，639）

请设直省提学使司事宜片

再，准部咨，光绪三十二年四月初二日奉上谕"政务处、学部会奏，遵议裁撤学政，请设直省提学使司一折，现在停止科举，专办学堂，所有学政事宜自应设法变通，著即照所请，各省改设提学使一员，统辖全省学务，归督抚节制。一切详细官制及办事权限章程，仍由学部筹议具奏。所有各省学政一律裁撤，均著回京供职。各省学校事宜，暂由各该督抚饬学员妥为经画，余著照所议办理。钦此。"二十日奉上谕"山东提学使，著连甲补授。钦此。"钦遵在案。兹于四月二十八日准学臣载昌，饬委济南府教授韩镜荣将山东学政关防赍送前来，即于是日回京供职。臣查，学政既经裁撤，关防即应缴销；提学使既奉部咨，亦应饬赴新任，惟印信尚未颁到，即以学务公所关防暂行接用，以专责成。除将学政关防咨呈军机处代为恭缴外，谨附片具陈，伏乞圣鉴。谨奏。

朱批："知道了。"

光绪三十二年二月十六日。

（《光绪朝朱批奏折》第 105 辑，668）

修濬北运河片

再,时事艰难,百费具举,库款奇绌。其属于新政者,固宜锐意扩张,而关乎国之大计民之利病者,臣不敢辞迂泥之名,而不一尽其责。查,北运河自南漕改折以来粮艘不行,河道淤塞,几如平陆。论者多谓铁路、轮船交通便利,漕运既停,运河尽可缓修,不必糜此无用之款。岂知运河上接清江,下达临清,绵长千有余里,江河商货藉以流通,两岸民田资其灌溉。北运河一段实全河之枢纽,亦即漕运之命脉。

庚子之役,海道梗阻,上海招商局积存漕米三十万石,悉改由运河北上。迨议约稍有眉目,始商准由商局轮船运至天津,再由铁路转运至京,而运脚之昂,耗米之巨,为历来所未有。臣曾随议京约,诸所目击,即当时在事臣工不知费几许经工营,而后运京之米到仓无亏,到口之米有所存蓄,昭然往事,殷鉴难忘。现在南运河河身尚属通畅,仅北运河二百馀里淤垫失修,譬如咽喉梗塞,全体脉络为之阻塞。非特商民运货不通,万一海运未便,仍用旧法转输,何以备缓急而维大局?

目下淤垫未久,修治尚不甚难,拟请将北运河浅阻处所分段挑挖,堤捻闸座酌量修复,并添修涵洞,引导附近水源以期一律深通,舟行无阻。无事之时,以便商民;有事之时,以资转运。现已檄饬总办临清关道员吴震泽,会同东昌府知府魏家骅、临清直隶州知州张承燮就近勘估拟办。由东昌至临清一段九十余里先行挑修,其上段之百余里俟下段工竣再行接办。所需经费,即在藩库历年运河大挑项下核实酌提动用,事竣咨补报销,不必另请专款,以节饷项。臣为慎重河工综筹时局起见,是否有当,谨附片陈明,伏乞圣鉴,训示。谨奏。

朱批:"著照所请,该部知道。钦此。"

光绪三十二年二月十六日。

(《杨文敬公奏议》卷二)

会奏推广青州旗营学堂折

头品顶戴、署理山东巡抚、直隶布政使、臣杨士骧跪奏,为遵旨推广青州旗营学堂,谨将改建斋舍筹备款项各情形,恭折会陈,仰祈圣鉴事。

窃臣等伏读光绪三十一年八月初四日上谕"停止科举,遍设小学,责成各督抚实力通筹，认真举办等因。钦此"，又臣文瑞于陛辞时面奉谕旨"以兴学练军为急务等因。钦此"，臣士骧于臣文瑞到东时，即面与筹商，深以整顿旗学为必不可缓。查，青州驻防营生齿日繁，子弟可入学堂者不下六、七百人，仅旧日奏设之小学堂、随营武备学堂暨八旗原立之官学、义学实不足以宏教育而广造就。现拟于满城内添设初等小学堂四区，分为左翼两区、右翼两区。一区之中分为四斋，一斋延教习一员，授徒十五名，均按八岁以上十五岁以下者挑入。复于此外，增设备斋四处，延教习四员，俾蒙童肄习其中，以备将来升入正斋之选。一切科学悉照奏定章程办理，不使稍有歧义。所需四区学舍，查有乾隆三十五年裁并佐领四缺衙署，尚堪修葺，改作学堂。其备斋学舍，则就旧有官学重为整理，以期简易。此设立青州旗营蒙小学堂及改建斋舍之情形也。育才莫急于兴学，兴学莫先于筹款。青州旗丁困苦，久在圣明洞鉴之中。欲求集款兴学，实属无此财力。

查，上年五月，臣士骧会同前任青州副都统臣英慈，奏请将青州营额设马一千四百六十匹裁去八百匹，每月省出乾银一千二百两作为添练马步练军暨加给马乾之用。现存马六百六十匹，除操马四百匹外，所余二百六十匹专备营中照例差用。现拟于此项差马内择其口齿过时者裁去百匹，每匹每月可省原乾银一两五钱。暨上年加添乾银一两，共计每月可省乾银二百五十两。再将各旗旧设官学每月公集银六十四两归并其中，作为十六斋四处常年经费。至修理斋舍、购置书籍及应用器具等项，核实估计约需银三千余两。除将现裁马百匹变价支用外，查上年臣士骧奏设拨给青、德两营海滩淤地，现正派员招垦，一俟事竣，即于此项地租内酌量匀拨。此青州旗营设立学堂筹备款项之情形也。

臣等受恩深重，遇事协商，睹时局之艰难，思和衷而共济，窃以为整顿骑营，重武备，尤重文事，教育普则人知礼义，共抱尊君爱国之诚；科学全则士奋功名，可备御侮折冲之选。现值库款奇绌之际，臣等于无可筹措中撙节挹注，俾青州旗营子弟先立始基，将来小学毕业量其材力，或递升中学堂、高等学堂，或分送随营陆军学堂，庶期文武兼资，上副朝廷劝学储材培植旗丁至意。除分咨学部、户部、兵部立案外，所有筹设青州旗营初等小学堂暨筹款情形，谨合词恭折具陈，伏乞皇太后、皇上圣鉴，训示。

再，此折系由臣士骧主稿，合并声明，谨奏。

奉朱批："该部知道。钦此。"

光绪三十二年二月二十三日。

（《光绪朝朱批奏折》第 53 辑，389；《杨文敬公奏议》卷二）

请以郑汝德借补武定营游击折

头品顶戴、署理山东巡抚、直隶布政使、臣杨士骧跪奏，为拣员借补陆路游击员缺，以实营伍，恭折仰祈圣鉴事。

窃照武定营游击张振乾，前经臣奏请调补曹州中营游击，接准部咨，以所遗武定营游击系部推之缺，应归月缺办理。复接部文，以遵照变通武备章程，应将扣归拣补之武定营游击暂归外补，该缺系陆路推补第一轮第一缺，轮用尽先人员，行令迅拣合例人员请补等因。查，该游击驻扎武定，地处海滨，辖境辽阔，向为枭匪马贼出没之区，缉捕巡防，倍关系要，非精明干练之员，不足以资整理，随于尽先游击内逐加遴选，非现居要缺，即人地未宜，均未便迁就请补。

兹查，有副将衔尽先参将郑汝德，现年五十八岁，安徽阜阳县人，由行伍剿匪出力，保准以蓝翎千总留于两江督标尽先拔补，并加五品衔，旋因直东肃清案内出力，经前直隶督臣李鸿章奏保，以守备仍留两江尽先补用，并赏换花翎。光绪十八年，因河工抢险，并高家堰漫口合龙出力，经前抚臣福润奏保，以都司仍留两江尽先补用，并加游击衔。是年六月初八日，奉旨"依议。钦此。"二十七年因剿办拳匪出力，经前升任抚臣袁世凯奏保，以游击仍归原省补用。是年十月二十六日，奉朱批"著照所请，该部知道。钦此。"二十九年，因剿防日照县土匪出力，经正任抚臣周馥奏请，以游击改归山东抚标补用。是年十月初二日，奉朱批"著照所请，兵部知道。钦此。"三十年因堵筑利津县宁海庄漫口合龙出力，复经周馥汇案奏保，请免补游击，以参将尽先补用，并加副将衔，兵部议准。于是年十二月十六日，奉旨"依议。钦此。"

该员久历行阵，朴实耐劳，以之借补武定营游击，实堪胜任，核与定章亦属相符，合无仰恳天恩俯准，以尽先参将郑汝德借补武定营游击员缺。如蒙俞允，俟部复到日，即行给咨，送部引见，以符定制。除将履历印册送部外，谨会同兖州镇总兵臣张宗本恭折具陈，伏乞皇太后、皇上圣鉴，敕部核复施行。谨奏。

朱批："兵部奏议。"

光绪三十二年二月二十四日。

（《光绪朝朱批奏折》第50辑，274）

兖曹盗风未静拟标本并治折

头品顶戴、署理山东巡抚、直隶布政使、臣杨士骧跪奏，为兖、曹两府盗风未静，谨将现拟标本并治情形，恭折仰祈圣鉴事。

窃惟山东民气素称刚劲，而曹州为甚，兖州次之。小民失教流为盗贼者不可数计，劫夺之患习以为常，甚至戕贼事主，格拒多命，小民畏其报复，几不敢报。即如三十年春间，郓城屯粮之案，聚众抗官，几成大衅，加意抚绥，始幸无事，此最近所共见也。地毗豫、皖、苏三省，无赖匪徒转相煽诱，此捕彼窜，出没无方。有事遣兵往迹，立即逃散无踪；兵去，又四出抢劫。历来该属严明官吏最多，日思廓清，尽力捕拏，终鲜大效。比岁年谷丰登，生民乐业，盗匪尚未潜销，设遇水旱，遍灾为患，何堪设想？

臣到任以来，竭力严捕，随时究办，先后拿获各要犯，尽法惩治。曹属三数县之中，除每县自有线勇数十名或百名外，防营多至三千人。去年秋冬之间，捕获著名积匪百余名，亦不为少，而出案仍所不免，譬如芸草旋薙旋生。臣再四思维，惟有一面严拿以治其标，一面兴教以立其本，或亦补救之一法。同此官骸知觉之民，何甘心犯法而不悔？良由智识不开，亦教育未能普及。东西各国，民气坚劲，常倍蓰于吾国。遇有国际战争，敌忾同仇，赫然不可抑遏。平居则束身守法，谨懔范围义务。明，故有所耻而不为防范；严，故有所慑而不敢也。西国恒言，教育者无形之警察；警察者，有形之教育，二者必相辅而行，惟治本而遏乱源，莫善于此。东省各属中小蒙养各学堂，本已创立多处。曹、兖两府特加派勤学绅委，挨村化导，使其普立，视他属为尤急。上年冬间，又责成曹州府仿粤省治盗办法，力办清乡巡警，仍严饬镇道防营迅速捕治，优给花红，购买眼线，不敢稍涉松劲。

近复拟于曹、兖两府创设随营巡警学堂各一所，每所约岁需银一万两，饬由司库及筹款局分筹，应用作正开销。由臣遴派干员往为监督，每学堂名额百人，均期一年毕业。巡警则诏以国民之义务，随营则勒以行陈之规条，其宗旨在将材俊子弟幸而未入于邪者，使知进身有阶，咸知鼓舞观摩，激发其忠君事上之忱，不至复蹈非义。其已为所诱胁者，则又不容阻其自新之路。除著名巨盗，土称杆子头，罪恶昭著，尽法严办，决不轻赦外，如或偶经勒从，或讯无巨案，果有公正村绅出具切实保结，不再为匪，亦准各回本业，勉为善良庶往者来者，或均不至漫无归宿，藉消隐患而广皇仁。所有拟设兖、曹两府巡警学堂及随营学堂标本并治缘由，理合恭折具奏，伏乞皇太后、皇上圣鉴，训示。谨奏。

奉朱批："该衙门议奏。钦此。"

光绪三十二年二月二十四日。

（《杨文敬公奏议》卷二）

交纳四结提存前项减除六厘银片

再，据登莱青胶道东海关监督蔡汇沧禀报，前奉户部奏准通商各关征收洋税及洋药税厘项下，向有每百两开支倾镕折耗银一两二钱，嗣奉文饬令减半开支六钱，余银六钱解部交纳。自二十八年起又饬改解江海关道拨抵偿款。查，东海关征收外洋并商局税及洋药厘金项下应提前项减余六银两，前已解至一百七十七结止，兹将第一百七十八结起至一百八十一结止提存前项减除六厘银四千八百三十四两零，饬委候补主簿王麟炳，于光绪三十二年三月初五日解赴江海关道衙交纳。臣复查无异，除咨部查照外，谨附片陈明，伏乞圣鉴。谨奏。

朱批："该部知道。"

光绪三十二年三月。

（《光绪朝朱批奏折》第 90 辑，437）

交纳东海关四成洋税银两片

再，据登莱青胶道东海关监督蔡汇沧禀，东海关扣出四成洋税银两，前经北洋大臣袁世凯奏拨直隶协饷，饬将前项四成洋税解交天津银钱所兑收等因，兹于洋税并商局税四成项下动支银五万两，饬委候补知县费邦俊，于光绪三十二年三月十日解赴天津银钱所交纳。臣复查无异，除分咨查照外，理合附片陈明，伏乞圣鉴。谨奏。

朱批："该部知道。"

光绪三十二年三月。

（《光绪朝朱批奏折》第 90 辑，438）

报销山东通省光绪二十九年抽取各项厘金并支存银数折

头品顶戴、署理山东巡抚、直隶布政使、臣杨士骧跪奏，为报销山东通省光绪二十九年抽取各项厘金，并支存银数，缮单具陈、恭折仰祈圣鉴事。

查，山东省各海口抽取百货厘金，向归州县经理解交省局，洋药厘金归并东海关征收汇报，腹地土药税厘归于省局稽征。嗣因开办土药税厘，将腹地土药一项统归土药局征收汇解。迨部议开源节流案内奏明，省城贩卖洋药坐商十二家，各岁捐银二十四两，系属捐，与按货抽厘者不同，是以仍照向章归供厘金项下办理。河路盐货厘捐，先后在雒口、安山、姜家沟、馆陶、石村等处设卡抽收。所有收支各项银数，截至光绪二十八年底止，均经分起奏报造册，咨部在案。

兹据筹款总局司道详称，督饬局员检齐卷宗，逐加稽核。自光绪二十九年正月起，至十二月底止，除支局用外，共收过海口陆路河路各项厘金及糖茶加成银十九万五千六十四两一钱九分四厘九毫，连上届奏销案内存银六万五千九百三十三两九钱七分四厘一毫，统共银二十六万九百九十八两一钱六分九厘。除支解固本京饷及认还俄法借款，并借支洋务局经费，共银十一万五千四百两，实存各项厘金共银十四万五千五百九十八两一钱六分九厘，留备固本京饷及认还四国洋债等用，归入下届造报等情，详请具奏前来。臣复加查核，收支各数均属相符，比较前三年收数尚属有增无减，局用经费按照部章应支一成银一万九千七百余两，今仅支银二千二百三十余银，亦尚节省。除饬造具总细各册咨部查照并令认真稽征外，谨缮清单，恭折具陈，伏乞皇太后、皇上圣鉴，谨奏。

朱批："户部知道，单并发。"

光绪三十二年三月。

（《光绪朝朱批奏折》第 90 辑，441）

派委丁达意致祭泰山片

再，窃查每年四月十八日致祭泰山，历蒙钦颁香供，由巡抚、藩臬两司内酌量一人前往致祭。本年香供经内务府奏派郎中锡麟赍送到东，应即敬诣祭告。惟臣接任以来，筹办开埠事宜，头绪殷繁，未便遽行远出。复查署藩司英瑞现有经手要务，署臬司沈廷杞正值办理秋谳，一时俱不克出省。谨派委署济东泰武临道丁达意,于四月十五日恭赍香供前往泰安,如期斋祓登山,敬谨陈设致祭,以仰宣圣主为民祈福之至意,理合附片奏闻,伏乞圣鉴。谨奏。

朱批:"知道了。"

光绪三十二年三月。

(《光绪朝朱批奏折》第 30 辑,421)

交纳第一百八十结一成半出使经费银片

再,据登莱青胶道东海关监督蔡汇沧禀报,前奉总理各国事务衙门奏准添拨出使各国经费,令各关将洋税六成、商局税六成各作为十成提出一成半存作出使经费,全数解沪等因,前已解至第一百七十九结止,兹将第一百八十结提出一成半出使经费银一万三千二百八十八两零,饬委山东试用县丞齐宗绥,于光绪三十二年二月二十六日解赴江海开道衙门交纳。臣复查无异,理合附片陈明,伏乞圣鉴。谨奏。

朱批:"该部知道。"

光绪三十二年三月。

(《光绪朝朱批奏折》第 90 辑,435)

交纳第一百八十一结一成半出使经费银片

再,据登莱青胶道东海关监督蔡汇沧禀报,前奉总理各国事务衙门奏准添拨出使各国经费,令各关将洋税六成、商局税六成各作为十成提出一成半存作出使经费,全数解沪等因。前已解至第一百八十结止,兹将第一百八十一结提出一成半出使经费银一万二千二百七十九两零,饬委试用县丞张一清,于光绪三十二年三月初五六日解赴江海开道衙门交纳。臣复查无异,理合附片陈明,伏乞圣鉴。谨奏。

朱批:"该部知道。"

光绪三十二年三月。

(《光绪朝朱批奏折》第 90 辑,436)。

张士铎试署期满堪以实授片

再，前准部咨，河工同知以下佐杂等官实授，向由各督抚加考保题，现既改题为奏，应仍令该督抚奏请实授，以符定例等因，遵照在案。兹查，有试东平州管河州同张士铎，于光绪三十一年三月初五日到任，扣至三十二年三月初五，试署一年期满，经历三汛，并无贻误，亦无参罚处分及分赔、代赔银两，与实授之例相符。据布政使吴延斌、兖沂曹济兼管运河道胡建枢，详请具奏前来。臣查，张士铎熟悉修防，堪以实授，除将履历事实清册供给咨部外，谨附片陈明，伏乞圣鉴，训示。谨奏。

朱批："吏部议奏。"

光绪三十二年三月。

（《光绪朝朱批奏折》第22辑，381）

恭报正月分雪泽情形并呈粮价清单折

头品顶戴、署理山东巡抚、直隶布政使、臣杨士骧跪奏，为恭报光绪三十二年正月分雪泽情形并呈粮价清单，恭折具奏，仰祈圣鉴事。

窃查，光绪三十一年十二月分山东省各属雪泽、粮价，经臣查明开单奏报在案。兹查本年正月分，通省一百七十州县内历城等七十四州县先后据报，于月之上旬初六、初七，中旬十五、十九、二十，下旬二十一、二十二、二十五、二十六、二十七、二十八、二十九等日各得雪一、二、三、四、五寸不等。其馀济阳、长清、肥城、莱芜、东平、东阿、平阴、宁阳、阳谷、寿张、濮州、范县、观城、堂邑、益都、博山、博兴、高苑、乐安、昌乐、安丘、掖县、平度、潍县、福山、宁海、文登、海阳、荣成、夏津、高密、即墨等三十三州县均未得雪。幸冬雪霑足，地脉滋润，麦苗不致受伤，民情亦极安谧，堪以仰慰慈厪。谨将各属市集粮价缮具清单，祗呈御览。为此恭折具奏，伏乞皇太后、皇上圣鉴。谨奏。

朱批："知道了。"

光绪三十二年三月初七日。

（《光绪朝朱批奏折》第97辑，651）

报销山东省光绪二十九年分驿站钱粮折

头品顶戴、署理山东巡抚、直隶布政使、臣杨士骧跪奏,为报销山东省光绪二十九年分驿站钱粮,缮具清单,恭折仰祈圣鉴事。

窃查,驿站钱粮例应按年报销,所有光绪二十八年分驿站夫马等项,业经臣开单奏报在案。兹查,山东省光绪二十九年分连闰夫马工料并买马银两,除奉裁外,应支银十六万八千七百七十八两零。内济南等十府,济宁、临清二直隶州,历城等州县驿站项下共支银一十四万八千五百三十五两零,应扣六分减平及四分饭食银两,另行由司报拨。其买马未用及夫马建馀等项,共银二万二百四十三两零,与另收德州等州县皮脏变价银二百七十六两,统转已解司。至历城县西关递运所二十九年分应付夫价,除减平外,实支银三十三两零,按照部章在地丁银内给领还款,据布政使吴延斌备具各属总散册揭,加具印结,详请奏咨前来。臣复查无异,除册结送部外,所有收支银数理合缮单,恭折具陈,伏乞皇太后、皇上圣鉴,敕部核销施行。谨奏。

朱批:"该部知道,单并发。"

光绪三十二年三月初七日。

(《光绪朝朱批奏折》第 90 辑,428)

奏销山东省光绪三十一年分漕项钱粮等款折

头品顶戴、署理山东巡抚、直隶布政使、臣杨士骧跪奏,为山东省光绪三十一年分漕项钱粮等款奏销,恭折具陈,仰祈圣鉴事。

窃查,山东漕务向由漕臣经管,光绪三十一年二月奉旨裁撤漕督后,改归山东办理。所有光绪三十年分漕项钱粮等款奏销,经臣查明,奏报在案。兹据督粮道周开铭详称,光绪三十二年起运三十一年分漕项钱粮额征轻赍、席草、脚价、盘费、行折、裹料、赡军、盐钞、润耗、盘拨、路费、更名、地亩、拨收、米折、小料,德州行粮折色等项正耗,共银十万三千四百七十三两九钱八分一厘,内豁除摊蠲银四百三十九两一钱三分。又灾前已完缓漕、已征解道听候拨用银四千八百二十八两六钱七厘,又缓征及未完共银三千九百三十八两几钱四分二厘,又已完解道正耗银九万四千二百六十七两三钱二厘。前项银两由道分别动解讫,又额征本色行粮并麦改暨润耗以及德州额编额征行粮本色,共米四万五千七百六石九斗八升九合二勺,内豁除摊蠲米七十一石二斗六升二合九勺,又摊缓米三千五百四十三石一斗四升一合八勺,已完米四万二千九十二石五斗八升四合五勺,前项米石由道全数变价动解讫,造具已未完解银米各数清册揭帖,呈请具奏前来。臣复核无异,除原册揭帖分咨查照外,理合恭折具陈,伏乞皇太后、皇上圣鉴,敕部议复。

再,各属未完银两分任核计,均不及一分,合并声明,谨奏。

朱批:"度支部知道。"

光绪三十二年三月初七日。

(《光绪朝朱批奏折》第 71 辑,354)

请将现办山东赈捐再行展限一年折

头品顶戴、署理山东巡抚、直隶布政使、臣杨士骧跪奏,为山东赈捐限满仍难停止,请再展限一年以资接济,恭折仰祈圣鉴事。

窃查,东省赈捐前因限满,势难停止,经臣于上年三月间奏准展限一年,接续劝办。计自光绪三十一年三月初九日展限之日起,至三十二年三月初九日又届一年限满。察看地方情形,仍难停止。缘东省滨河各属灾歉频仍,民困已深,虽上年黄流顺轨,幸庆安澜,而元气未复,仍应及时赈抚,加以各游堤工及各处迁民需用尤钜。当此库款奇绌之时,全赖赈捐藉资挹注。且各省筹垫助赈暨南绅散放义赈之款,均俟劝捐收有成数,方能分别归还。若据依限停止,实属无从应付,据工赈局司道详请展限前来。臣查,该司道等所请均系实在情形,明知近日捐务已成弩末,然舍此更无别法可筹。且系虚衔、封典等项,与报捐实官不同,历经展限,均蒙恩准有案。合无仰恳天恩,俯念山东赈需紧要,准将现办赈捐再行展限一年,俾资周转而惠灾黎,理合恭折具陈,伏乞皇太后、皇上圣鉴,训示。谨奏。

朱批:"户部议奏。"

光绪三十二年三月初八日。

(《光绪朝朱批奏折》第 32 辑,313)

请以吴筠孙调补济南府知府折

头品顶戴、署理山东巡抚、直隶布政使、臣杨士骧跪奏,为拣员调补省会要缺知府,以裨地方,恭折具陈,仰祈圣鉴事。

窃照,济南府知府胡建枢升授兖沂曹济道,接准部咨,光绪三十一年十二月十九日奉上谕"山东济南府知府员缺紧要,著该抚于通省知府内拣员调补,所遗员缺著玉构补授。钦此",钦遵在案。查济南府知府,系省会要缺,管辖十六州县,办理通省发审。且现在举行新政,省城开风气之先,尤须竭力提倡,表率属僚,非精明干练熟悉时事之员不足以资治理。

臣督同布政使吴廷斌、按察使连甲于通省现任知府内逐加遴选,查有泰安府知府吴筠孙,年四十五岁,江苏仪征县人,由附贡生应光绪十四年戊子科顺天乡试中式举人,十五年考取内阁中书,六月到阁行走。十六年八月补授内阁中书,十二月奉旨记名总理衙门章京。十七年二月,浙江赈捐案内移奖蓝翎,四月截取引见,奉旨以主事用。十八年正月,顺直赈捐案内移奖五品衔,二月顺天赈捐案内移奖换戴花翎,应光绪二十年甲午恩科会试中式贡士,殿试二甲一名进士,改翰林院庶吉士,二十一年散馆授职编修。二十三年九月充会典馆协修官,十月于海关摊捐洋息款内移奖在任以知府遇缺先选用。二十四年三月,恭修会典全书过半,保准俟得知府缺后赏加三品衔。二十六年九月,因劝办湖北赈捐案内出力保准俟得知府缺后以道员用。二十九年二月签掣河南河南府知府,五月初四日引见,初五日奉旨补授河南河南府知府,十二日奉旨"调补山东登州府知府。钦此",领凭到省,八月十八日到任。因与前登莱青胶道何彦升儿女姻亲,经正任抚臣周馥奏请回避,调补泰安府知府。三十年五月初八日,奉旨"依议,钦此。"后因救护商船案内出力,保准随带加二级,三十一年四月十五日到任。该员精明干练,体用俱优,现署济南府知府,措置裕如,以之调补济南府知府,实堪胜任,与例应属相符。合无仰恳天恩俯准,以泰安府知府吴筠孙调补济南府知府,实于省会要缺有裨,衔缺相当,毋庸送部引见。该员系再调之员,应缴任内罚俸银两,已饬催完缴,所遗泰安府知府员缺,遵旨以玉构补授。除咨吏部查照外,理合恭折具陈,伏乞皇太后、皇上圣鉴,敕吏部核复施行。谨奏。

朱批:"吏部议奏。"

光绪三十二年三月初八日。

(《光绪朝朱批奏折》第 22 辑,325)

请以秦寅补授东昌府同知折

头品顶戴、署理山东巡抚、直隶布政使、臣杨士骧跪奏，为拣员请补要缺同知，以裨地方，恭折仰祈圣鉴事。

窃照东昌府同知郝廷瑄，于光绪三十一年十一月二十六日丁忧，应以丁忧之日作为开缺日期，业经咨部开缺在案。所遗东昌府同知员缺系"繁、难"外调要缺，例应在外拣员调补。查定例，道府直隶州知州、同知、通判，遇有题调要缺，酌量以候补人员请补，先尽记名截取分发人员酌补。如果实系人地不宜，始准声叙以各项候补人员请补。又知县以上官员，如遇应调缺出，先尽现任人员调补各等语。该同知职司督捕，所属地方界连直隶，巡逻防缉最紧要，非精明干练之员不克胜任。据布政使吴廷斌、按察使连甲于现任同知内逐加遴选，非现居要缺，即人地不宜，实无堪调之员。虽有截取补用同知王宗荫及特旨在任尽先即用同知直隶州知州豫咸，均与此缺人地不甚相宜。

查，有候补同知秦寅堪以请补东昌府同知等情，会详请奏前来。臣查，秦寅年四十九岁，江苏金匮县人，由监生遵例报捐府经历，指分山东试用，于光绪十一年六月验看到省。十四年四月，因堵筑惠民县姚家口合龙案内出力，保准免补本班，以知县用。又因挑挖德州四女寺减河案内出力，保准加一级。十七年九月后，因连年抢险案内出力，保准免补本班，以同知补用，经部带领引见。十二月初十日，奉旨"著照例发往。钦此"，领照到省，期满甄别。二十年二月，因拿获匪首李明书案内出力，保准俟补缺后以知府用。二十二年正月丁母忧回籍，服满起复，二十四年五月回东。该员资劳最深，才具明白，以之请补东昌府同知，实堪胜任，与例亦属相符。合无仰恳天恩俯准，以候补同知秦寅补授东昌府同知，衔缺相当，毋庸送部引见，亦毋庸声叙参罚。除咨吏部查照外，谨恭折具陈，伏乞皇太后、皇上圣鉴，敕部核复施行。谨奏。

朱批："吏部议奏。"

光绪三十二年三月初八日。

（《光绪朝朱批奏折》第 22 辑，326）

请以孙秉衡补授青州府海防同知折

头品顶戴、署理山东巡抚、直隶布政使、臣杨士骧跪奏，为拣员请补海防同知员缺，以裨地方，恭折具陈，仰祈圣鉴事。

窃照青州府海防同知刘长庚修墓开缺，于光绪三十一年十二月初六日奉旨，应在五日后行文，按东省照限减半计算，扣至十二月二十五日作为开缺日期，归十二月分截缺。是月只此一缺，毋庸掣签，应即按班序补。查定例，修墓开缺者按终养遗缺办理。又道府同知、直隶州通判、知州，丁忧、终养、回避、撤回、参革，除降补、改教各项选缺，应先尽出身之记名分发人员请补，不准于折内声叙人地未宜。如记名分发无人，始准以各项候补、前先候补、正班人员酌补各等语。今此一缺，东省现无坐补原缺、裁缺即用、回避即用、新选新补、留省另补并实缺丁忧起服人员。据布政使吴廷斌、按察使连甲查，有记名截取正途出身候补同知孙秉衡，堪以请补青州府海防同知等情，会详请奏前来。

臣查，孙秉衡年三十六岁，山西浑源州人，由优廪生应光绪二十年甲午科本省乡试中式举人，二十一年乙未科会试中式贡士，殿试三甲，引见以内阁中书用，五月到阁行走。二十五年，派充方略馆汉字档校对官。十月因修汉字档告成案内议叙加一级记录三次。二十六年恭逢恩诏添加一级。二十七年，由本衙门按章奏补实授，六月十六日奉旨"依议，钦此"，充本衙门撰文并国史馆校对官，兼诰敕房事务。二十八年遵例捐免俸禄，经吏部行文截取，复经本衙门保送，堪以外用，引见。三月三十日奉旨"著照例用。钦此。"四月遵例呈请分发，以同知归候补班补用，签掣山东，经部带领引见。五月初十日奉旨"著照例发往。钦此。"领照到省。该员稳练安详，笃实可信，以之请补青州府海防同知，实堪胜任，与例亦属相符。合无仰恳天恩俯准，以记名正途出身候补同知孙秉衡补授青州府海防同知，衔缺相当，毋庸送部引见，亦毋庸声叙参罚。除咨吏部查照外，谨恭折具陈，伏乞皇太后、皇上圣鉴，敕部核复施行。谨奏。

朱批："吏部议奏。"

光绪三十二年三月初八日。

（《光绪朝朱批奏折》第 22 辑，327）

筹办陆军小学堂折

头品顶戴、署理山东巡抚、直隶布政使、臣杨士骧跪奏，为东省遵设陆军小学堂，谨将筹办情形恭折具陈，仰祈圣鉴事。

窃准练兵处咨奏定陆军小学堂章程规则行令查照办理等因，臣查阅定章，东省应设陆军小学堂一所，定额学生二百十一名，选收本籍聪俊子弟，青州驻防一并附入，每年收三分之一，三年收足。其学堂经费亦按三年递加，照原章核计约需银十馀万两，开办用项尚不在内。虽库藏支绌，专款未易预筹，而军政所关断难缓办。当经分饬藩、运两司暨筹款局、造币分厂分别认摊，按年筹拨。惟是创始匪易，得人尤难。

臣详加访察，查有分省补用直隶州知州王者化，为北洋武备学堂高等生出身，久充北洋教练官，曾在湖南创办武备学堂，并带队赴桂林防剿，亲历戎行，阅历最深，才识干练，堪以派充学堂总办。其学堂处所，即在省城南门外择地创造，系参酌直隶将弁学堂及湖北武备普通学堂式样办理。一面通行各属，并咨会青州副都统挑选合格学生送省考收。东省风气渐开，凡在衿缨，皆知尚武。此次投考诸生甚为踊跃，自应宽为甄录，遂其向学之忱，以宏造就。计取正额七十名，备取三十名，附课十名，已于上年九月间开学。所有教习各员，均经臣督同司道遴选熟悉武备之员，分别委派，一切应用器具、书籍、衣物，亦均照式购备齐全。学生课程规则暨员司薪费各项，悉遵练兵处定章办理。兹届三月试办期满，据该总办王者化详请奏咨前来。臣复查无异，除随时督饬王者化等认真经理，力求实效，并咨练兵处、兵部、户部查照立案外，所有山东遵设陆军小学堂缘由，理合恭折具陈，伏乞皇太后、皇上圣鉴，训示。谨奏。

奉朱批："该衙门知道。钦此。"

光绪三十二年三月十二日。

（《光绪朝朱批奏折》第 53 辑，395；《杨文敬公奏议》卷二）

请以宋朝桢调补菏泽县知县折

头品顶戴、署理山东巡抚、直隶布政使、臣杨士骧跪奏，为拣员请补要缺知县，以裨地方，恭折仰祈圣鉴事。

窃照菏泽县知县余际春,于光绪三十一年十一月十四日丁忧,应以丁忧之日作为开缺日期,归十一月分截缺,业经咨部开缺在案。所遗菏泽县知县员缺,系"繁、疲、难"兼三要缺,例应在外拣选调补。该县为附郭首邑,界连直豫,民俗剽悍,巡缉抚绥均关紧要,非精明强干之员不克胜任。据布政使吴廷斌、按察使连甲会查,有邹县知县宋朝桢堪以调补菏泽县知县等情,详请具奏前来。

臣查,宋朝桢年五十六岁,直隶南宫县人,由廪贡生遵例报捐训导分缺先选用,并分发委用,光绪七年到省,十一年复遵例捐归训导新班先选用,十三年选授长垣县训导,十四年海运出力案内保准在任以教谕遇缺先选用,十五年保准赏给五品顶戴,二十三年选授东鹿县教谕,复因海运案内出力保准以知县在任不论双单月遇缺先选用,二十四年五月丁忧回籍守制,二十六年九月二十七日奉上谕"顺天学政张英麟奏酌保教谕一折,前东鹿县教谕宋朝桢著仍以知县归部即选,以示鼓励。钦此。"二十七年六月,服满起复,赴部投供候选,二十八年正月签掣山东邹县知县,经部带领引见,二月初二奉旨"山东邹县知县员缺,著宋朝桢补授。钦此。"四月到省,六月十一日到任,八月在部捐加二级。二十九年于股票案内请奖在任以直隶州知州双月选用,五月复遵例报捐花翎。三十年,经正任抚臣周馥奏保奉上谕传旨嘉奖。是年正月,恭遵恩诏加一级,调署潍县知县,二月二十八日到任。

该员识练才优,体用俱备,以之调补菏泽县知县,实堪胜任,与例亦符。合无仰恳天恩俯准,以邹县知县宋朝桢调补菏泽县知县,实于地方有裨。该员衔缺相当,毋庸送部引见,所遗邹县知县员缺,山东现有应补人员应留外拣员请补。除咨部查照外,谨恭折具陈,伏乞皇太后、皇上圣鉴,敕部核复施行。谨奏。

朱批:"吏部议奏。"

光绪三十二年三月十二日。

(《光绪朝朱批奏折》第 22 辑,335)

具陈山东南运各州县经征光绪二十七年
分商课钱粮已完未完银数折

头品顶戴、署理山东巡抚、直隶布政使、臣杨士骧跪奏,为山东南运各州县经征光绪二十七年分商课钱粮已完、未完银数,恭折仰祈圣鉴事。

窃查,山东南运各州县经征商课银两,例应按年报销,业将光绪二十六年以前之案循例造报在案。兹查,二十七年分南运商丘等十二州县应销额引十万二千二百一道,应征引课银二万五千四十七两四钱一分九厘,现已完银一万二千二百五十四两,未完银一万二千七百九十三两四钱一分九厘,是年旧管无项新收银一万二千二百五十四两,开除银一万二千二百五十四两,实在无项。据盐运使张莲芬造具已未完银数职名清册,详请奏咨前来。臣复核无异,除将清册咨送部科查照外,所有南运各州县经征光绪二十七年分商课银钱已完未完银数,理合恭折具陈,伏乞皇太后、皇上圣鉴,敕部查核施行。谨奏。

朱批:"户部知道。"

光绪三十二年三月十九日。

(《光绪朝朱批奏折》第 76 辑,462)

特参防营营哨官弁折

头品顶戴、署理山东巡抚、直隶布政使、臣杨士骧跪奏,为曹属近出情重盗案,特参防营营哨官弁,请旨惩处,并筹现办情形,恭折仰祈圣鉴事。

窃查,山东曹属盗风素炽,臣于去年抵任后,随时讲求捕务,添拨防营,并改调长于缉捕之州县督饬,认真整顿,叠据破案获盗,禀经从严惩办,而根株未尽,出案仍所不免。民间又极好勇,往往遇贼奋斗,致报复相寻无已,失财而兼有伤命者。前曾将开办两府随营巡警学堂标本并治办法奏明有案。本年正二月间,曹州府属定陶县有东王楼村民王振和等家被贼行劫,拒杀并伤,共十三人。又菏泽现有老官店庄办理保甲自卫,被贼挟仇攻击,拒杀并伤,共二十四人。臣闻报,立即电饬文武严拿,不准一名漏网,并檄饬全营翼长道员袁世敦带队驰往查办,先后获犯四十八名,内梁青禾等三十四名已陆续讯明正法,余犯仍饬审办。兹据曹州镇江总兵任永清,会同袁道世敦呈称,以上两案地方文武虽疏防于前,第获犯较多,兼获首盗,功过尚足相抵,惟驻扎荷泽县阎什口防营,及分防安兴集、黄姑庵等处各员弁,于老官店庄一案相距或仅十余里,或且不及十里。当时民贼互至,该员弁等竟失援救,实属懦怯无能,未便稍事姑容,相应请旨,将阎什口管带左翼马队后营都司衔留直补用守备杨绍绪即行革职,分防安兴集哨弁尽先经制外委田富德一并斥革,以示惩儆。其黄姑庵前后哨弁葛兴平、赵长胜均系勇目派充,已饬由镇从重革退严办。

查,曹属数县防营已及三千人,并有先锋队右翼两营在内,人数不得谓少,惟地广路杂,布置仍嫌单薄,诚恐夏令青纱幛起,盗匪尤易生事。且仇盗相仍,尚复成何事体。现添派右翼先锋队一营驻扎济曹之间,以资联络、搜捕,又将原有之兖曹两镇巡营改为滚练巡队,派干员往带,一律悉用新枪轮梭。各州县照行军队章程,所经之地至多驻扎十余日即行换队,各段防营亦可呼吸灵通,不至顾此失坡。庶奸宄无敢猖獗,闾阎可卜乂安,与地方不无裨益。所有参办防营员弁并筹现办情形,理合恭折具陈,伏乞皇太后、皇上圣鉴。训示。谨奏。

朱批:"著照所请,该部知道。"

光绪三十二年三月二十八日。

(《光绪朝朱批奏折》第 26 辑,689;《杨文敬公奏议》卷二)

推广巡警添设学堂折

头品顶戴、署理山东巡抚、直隶布政使、臣杨士骧跪奏,为东省推广巡警分饬添设警务学堂,谨将先后筹办情形恭折具陈,仰祈圣鉴事。

窃准巡警部咨各省现办警察,急须设立学堂,实施教育,应将现办情形据实复奏等因。臣思警察颇近周官制度,各国视为行政机关,朝廷增部集权,纲维总挈,各省自当乘时整顿,冀臻美备。伏查东省警务,自光绪二十八年设局开班,遴派弁兵分赴京津入堂练习,毕业回东分授职役,随就省城设立学堂,选练应用,是为巡警造端之始。嗣将兖、曹、登三镇制兵改编巡警队,以烟台、济宁两处地当冲要,所编警队分隶该管道员,就近兼辖,其余仍归三镇统带,分别驻巡,是为陆军改练巡警之始。又,附近胶济铁路及小清河南北两岸向拨防营弹压,自武卫右军先锋队抽调编练,不敷分拨,随即添募马步巡军,分段设防,是为调撤防营改设巡警之始,经历任抚臣奏明在案。臣到任后详加体察,从前创行未久,尚难普及程功,惟东省为海陆要疆,形壤辽阔,对于内政则民俗强悍,绥靖为先;对于外交则路矿繁兴,保安为要。计惟注重警务,一律兴办,庶策地方自治之效,以为安内靖外之方。当饬司道等宽筹经费,认真添练,先就省城内外分设六局,举办四乡巡警,详订章程。通饬各属就地筹办,各于本城设立警务学堂,由省选派毕业生分往教练,复于省城学堂招考文武官学生一百五十名,专习警察规则,旁及法、数、体操各门,以学习六月为期,考选合格,再行派赴各属,襄办警务。开办以来,督饬在事员弁尽心研究,务使一弁一兵咸知应尽职务,应守法规,期不致于阔疏从事。至各属设堂开办,现据禀报者已有八十余处,风声既树,可望次第普遍。警务为专门学科,全赖造就人才以资任,使省学堂为各属模范,尚拟另招新生,专习完全科学,备高等警员之选,此筹办全省警务情形也。

若夫统筹全势,择要以图,凡交通冲要之地及著名强悍各属,尤当因地制宜,加意布置。沂州之安东卫,界连南部沿海,要隘极多,匪徒出没靡常,当经添设警队,派委该处都司就近管带,以资巡缉。胶济铁路巡警本关紧要,自德兵撤防以后环界内外归我保护,责任尤繁。前经具奏添设巡警弁兵七百馀名,督饬认真巡护,自胶高撤兵以后益复加意慎重。近来铁路一带商民来往便利,中外相安,防范尚称妥密。兖、曹两府俗悍盗多,巡防吃重,当已奏设巡警中学堂各一所,特派道员总理其事,即以巡警补助缉捕,增其见识,广其出路,冀熄盗风。又曹、兖两镇营兵前经改练巡军,核与警制不尽相符。近来该属警察均已就地招练,此项巡军几与防营无异,现改为滚练巡队,仿行军队办法,专任缉捕之责,联络防营,不任顾此失彼,仍当责成地方官统办警务,以期画一整齐,渐收实效。此又择要添改巡警之办法也。

所有一切经费,原就裁兵节饷项下动支,嗣因逐渐推广,不敷支给,复由铜元馀利及百货厘金各项内提拨应用。据巡警局司道详请具奏前来,臣维巡警为新政根基,东省筹办多年,规模早具,现饬普设学堂办理,较为扼要,惟当随时整顿,实力推行,务期共明警察原理,不徒铺张形式,而相贯以精神,庶望日起有功,以仰副圣朝,又安区宇保卫民生之至意。除造详册咨巡警部备查外,所有东省推广巡警添设学堂缘由,理应恭折具陈,伏乞皇太后、皇上圣鉴,训示。谨奏。

朱批:"巡警部知道。钦此。"

光绪三十二年三月二十八日。

(《光绪朝朱批奏折》第 53 辑,398;《杨文敬公奏议》卷二)

青州满营兵米,请援案折银给发折

头品顶戴、署理山东巡抚、直隶布政使、臣杨士骧跪奏,为青州满营应支光绪三十二年闰四月兵米,不敷动支,拟请援案折银给发,以济兵食,恭折仰祈圣鉴事。

窃查,青州满营闰月兵米向在青仓历年馀剩米内发给,如有不敷,动用附近各县常平仓谷,自同治元年以后,各年闰月均因馀米无多,各县仓谷无存,不敷支放,迭经奏章谕旨允准,每石折实银一两四钱,由司随饷给领,历经遵办在案。

兹查,光绪三十二年闰四月分,应需兵米一千六百二十五石一斗二升五合,除青仓现存各年支剩余米三百七十四石二斗六升八合二勺八抄一撮,全数动支外,尚不敷米一千二百五十石八斗五升六合七勺一抄九撮,附近各县仓谷仍属无存,漕米又未便动拨,而兵丁计口授食,势难短少,自应援照历办成案,每石折发银一两四钱,以济兵食。据署青州府知府郝廷珍禀,由布政使吴廷斌、督粮道周开铭会详前来。合无仰恳天恩俯念兵需紧要,准将青州满营本年闰四月分兵米,援照从前历办成案,每石折银一两四钱,由藩司随饷发领,出自逾格鸿慈。除咨明户部查照外,所有青州满营本年闰月兵米援案折银给发缘由,理合恭折具陈,伏乞皇太后、皇上圣鉴,训示。谨奏。

朱批:"户部知道。"

光绪三十二年三月二十八日。

(《光绪朝朱批奏折》第 63 辑,811)

具陈山东北运各州县卫经征光绪二十七年分正杂商课钱粮已完未完银数折

头品顶戴、署理山东巡抚、直隶布政使、臣杨士骧跪奏,为山东北运各州县卫经征光绪二十七年分正杂商课钱粮已完、未完银数,恭折仰祈圣鉴事。

窃查,山东北运各州县卫经征正杂商课银两,例应按年报销,业将光绪二十六年以前之案循例造报在案。兹查二十七年分北运历城等九十四州县卫应销额引二十九万八千二百九十九道,应征引课银七万三千一百七两一钱二分一厘,应销额引票十四万一千一百三十五张,应征票课银三万一千一十五两二钱四分三厘。又,应征杂项银二万五千二百二十三两八钱二分四厘,现已征完引课银六万三百七十一两五钱三分七厘,未完银一万二千七百三十五两五钱八分四厘。又,已完票课银二万九千九百五十二两九钱八分五厘,未完银一千六十二两二钱五分八厘。又已完杂项银一万七千四百二十五两八钱九分五厘,未完银七千九百九十七两九钱二分九厘。统计光绪二十七年正杂商课钱量旧管无项新政银一十万七千七百五十两四钱一分七厘,开除银一十万七千三百七十五两七钱一分七厘,实在银三百七十四两七钱。据盐运使张莲芬造具已未完银数职名细册及四柱总册,详请奏咨前来。臣复核无异,除将清册咨送部科查照外,所有北运各州县卫经征光绪二十七年分正杂商课钱粮已未完银数,理合恭折具陈,伏乞皇太后、皇上圣鉴,敕部查核施行。谨奏。

朱批:"户部知道。"

光绪三十二年三月二十九日。

(《光绪朝朱批奏折》第 76 辑,461)

具陈山东省光绪二十七年分收支历年商课钱粮数目折

头品顶戴、署理山东巡抚、直隶布政使、臣杨士骧跪奏,为山东省光绪二十七年分收支历年商课钱粮数目,恭折仰祈圣鉴事。

窃查,山东历年商课钱粮例应按年报销,业将光绪二十六年以前之案循例造报在案,兹查二十七年分山东省历年商课钱粮案内旧管银二万八百八十两一钱五分二厘,内除从前借支运本银二万五百二十两,实在旧管银三百六十两一钱五分二厘,新收无项,开除无项,实在银三百六十两一钱五分二厘。据盐运使张莲芬造册详请奏咨前来。臣复核无异,除将清册咨送部科查照外,所有光绪二十七年分收支历年商课钱粮数目理合恭折具陈,伏乞皇太后、皇上圣鉴,敕部核复施行。谨奏。

朱批:"户部知道。"

光绪三十二年三月二十九日。

(《光绪朝朱批奏折》第 76 辑,460)

筹办平粜,请饬各关卡一概免税片

再,臣承军机大臣寄光绪三十一年三月初二日奉上谕"增韫等电奏,奉省灾黎待食孔殷,亟须筹办平粜,购运粮畜,请饬各关卡一概免税等语,著松寿、袁世凯、周馥、杨士骧通饬所属关卡,凡遇奉省筹济局地方官执照采买粮畜及解奉平粜之粮均准免税,以资赈济,馀著照所议办理,原电著抄给阅看,将此各谕令知之。钦此",遵旨寄信前来等因。承准此查,奉省兵燹以后,灾民困苦异常,众口嗷嗷,亟待赈抚,农田赤地千里,尤须筹备牛犁牲畜,俾得及时播种,粮畜两项实为必不可缓之需,经过各关卡自应一律免税放行,以资接济。除分饬东海、胶州、临清各关并各厘局钦遵查照外,谨附片陈明,伏乞圣鉴。谨奏。

朱批:"知道了。"

光绪三十二年三月二十九日。

(《光绪朝朱批奏折》第 32 辑,315)

濮州知州王锺秀据报病故拣员请补遗缺片

再,据布政使吴廷斌详称,正任濮州知州王锺秀据报于光绪三十二年四月十六日在省寓病故,所遗濮州知州员缺系"繁、疲、难"兼三题调要缺,例应由外拣员请补等情请奏咨前来。臣复查无异,除饬司拣员请补并分咨吏部、顺天府尹臣查照外,理合附片具陈,伏乞圣鉴。谨奏。

朱批:"吏部知道。"

光绪三十二年四月。

(《光绪朝朱批奏折》第 22 辑,487)

请以许良弼补授钜野营守备折

头品顶戴、署理山东巡抚、直隶布政使、臣杨士骧跪奏,为拣员请补守备员缺,以实营伍,恭折仰祈圣鉴事。

窃照钜野营守备梅冠军,前因年老,经臣奏准开缺,接准部咨,以该缺系部推第一轮第六缺,轮用应补人员,行令拣员请补等因。查,该守备驻扎钜野,界连江皖,辖汛辽阔,向为匪徒出没之区,缉捕巡防倍关紧要,非精明干练之员不足以资整理,随于应补守备内逐加遴选。查,有期满云骑尉、候补守备许良弼,现年五十二岁,山东陵县人,由承袭云骑尉世职,经前抚臣丁宝桢饬发德州营学习,旋因祖父年老告近,复经丁宝桢改发抚标左营学习。光绪四年期满,是年科试,经前山东学政臣钮玉庚取入德卫学武生第五名,五年经前抚臣周恒祺于学习期满案内考验给咨,送部引见。是年九月二十日经钦派王大臣验放,请旨发回本省照例用,于二十一日复奏,奉旨"依议。钦此。"

该员老成稳慎,熟悉营伍,且名次在前,以之请补钜野营守备,实堪胜任,与例亦属相符。合无仰恳天恩俯准,以期满云骑尉、候补守备许良弼补授钜野营守备员缺。如蒙俞允,该员学习期满后,业已赴部引见,此次系属照章补用,毋庸再行给咨赴引。除将履历印册送部外,谨会同曹州镇总兵臣任永清恭折具陈,伏乞皇太后、皇上圣鉴,敕部核复施行。谨奏。

朱批:"兵部议奏。"

光绪三十二年四月初一日。

(《光绪朝朱批奏折》第50辑,320)

具陈凌汛期内黄河两岸防护平稳缘由折

头品顶戴、署理山东巡抚、直隶布政使、臣杨士骧跪奏,为凌汛期内黄河两岸防护平稳,恭折仰祈圣鉴事。

窃查,上年桃、伏、秋三汛获庆安澜,而凌汛工程亦关紧要。黄河共长千有余里,上、下游寒暖不齐,往往上游解冻,下游融化较迟,以致去路不畅,水势抬高时有漫溢之患。且河流弯曲处所冰块拥积,切堤铲埽,在在堪虞,防范稍松,动出巨险。上年冬间,经臣严饬工员多备凌桩及敲凌器具,加意防守。嗣据各督办先后禀报,如中游郭口民埝陡出险工,岌岌可危,下游清河镇、张肖堂、宋家集、盐窝等处埽坝堤埝多被铲损,凌桩亦多冲断,均经员弁随时抢修完固。现在,凌汛期过,工程一律平稳,洵堪仰慰宸廑。臣仍当严饬工员赶培堤埝,宽备料物,认真防守,不敢稍有疏懈。所有凌汛期内黄河两岸防护平稳缘由,谨恭折具陈,伏乞皇太后、皇上圣鉴。谨奏。

朱批:"知道了。"

光绪三十二年四月初一日。

(《光绪朝朱批奏折》第100辑,598)

会奏德兵撤退日期折

头品顶戴、署理山东巡抚、直隶布政使、臣杨士骧跪奏,为密陈德兵全行撤退日期暨接收兵房筹办善后各情形,恭折会奏,仰祈圣鉴事。

窃查,德国在胶州、高密两处所驻兵队于上年十月间,经臣等派员驰赴青岛与德员议订撤兵善后条款,分期撤退,并议将德人在胶、高两处所造兵房备价购回,于十一月初二日议定画押。当由臣等将商办情形会同奏陈,并声明,俟德兵依限撤完，届时另行奏报，各在案。查，自撤兵善后条款画押后，德人当即按照期限，先将胶州所驻德兵于十一月初八日一律撤退，十二日又由德员点交胶州所造兵房，当即派员接收。高密分驻德兵，同时亦已撤退四分之一。本年正月初六日，两个月期限届满，又撤去四分之一。迨至三月初四日，臣士骧接准德员师孟电，称本月初间第二次期限届满，即将高密馀存兵队全行撤退，并派德员驰赴高密点交兵房，请即派员接收等因，当由臣士骧电知臣世凯，会饬余则达等前往接收，并饬铁路局巡警官刘全富驰往该处，会同照料弹压。旋据余则达等禀称，高密馀存兵队已于本月初九日一律撤退，同日并由德员将所造兵房暨房屋内外应附各件以及所修操厂、马路等项工程连同原租地基一并开单点交，由该员等查验相符，照单接收，并即遴派妥员，加拨兵役，妥为收管，仍饬地方官就近督同料理。胶州、高密境内所驻德国兵队现已依限全行撤竣，禀请核奏前来。

臣等查，德国兵队分驻胶、高两处先后已六、七年，叠经历任抚臣商令撤退，德人辄以自行保护环界铁路藉词展延，然以外兵逼近县城，久成内地，不但民心惶惑，商情阻滞，而且有碍自治主权。臣等于上年春间即创办环界外铁路巡警，冬间议订撤兵条款，又将环界内铁路警察亦一律争回，自办铁路公司，屡以津贴巡兵饷项为请。臣士骧虽明知饷项奇绌，但款由伊助，即权不我操，始终不允。开办之初，即经详定规条，申明约束，并严饬巡警官督率兵弁认真查缉，分段巡防，并于各站自设巡房数十所，俾资控驭。维时高密德兵尚未全撤，偶一不慎，即恐别生枝节，特加派熟悉交涉人员驰往该处，会同地方官妥为料理，仍不时密派妥员挨站抽查在事人员，均知守法奉公。自开办至今，此五阅月中始终并未出有窃劫事案，铁路收储物料暨运存商货亦无损失，中外商旅络绎于途，咸称利便，甚谓较德兵护路尤为得力，德人无可藉口，遂亦依限撤兵。

又胶州附近地方添设巡警公所一处，亦在适中之地，且距租界边境不远，巡察保卫击柝相闻。该处共驻巡兵数百名，足敷更番调派，且便来往巡查，与青滩一带戍兵远近联络，可资镇摄。惟环界左右逼近海口，外人日日垂涎，臣等有鉴于海州兵船窥伺，特在沂州之安东卫创设巡警数百名，自江苏界至青岛租界附近地方一律妥为布置，饬由北洋调来熟悉交涉之武员管带，严密巡防，以杜觊觎。现据环界内附近各州县先后禀报，此次德兵撤退之后适值清明节候，德兵前此驻扎界内不准修墓，一旦照旧祭扫，百姓欢跃非常，地方均安谧无事。内地商务可冀渐有起色，德人遇有商办事件现亦渐主和平，中外相安，商民乐业，堪以仰纾宸廑。

臣士骧去夏自往青岛密查动静，即以撤兵、改税为两大要端，曾一再面商驻青之大员师孟,颇韪臣议。现在改税一层办到,即为商港之远征撤兵之事又成,益信主权之可守。惟德兵甫经撤退,惩前毖后,环界以内,各州县地方应办善后事宜甚多。臣士骧仍当随时督饬各该地方官查核情形,次第妥筹办理。毗连租界地段,时有华洋交涉、民教互控之案,亦须遇事持平办结,俾免别启猜嫌。环界内各州县员缺,将来遇有补署升调,拟仍酌用熟悉交涉人员,以资得力。至于铁路巡警,现已大具规模,臣等仍严饬巡警官刘全富认真稽察,实力举办,不得始勤终怠,致滋口实。况德人现虽依限撤退兵队,而扩张势力、垄断商利之心终难推测。东省交涉繁重,但凡遇有关系治权、利权之事,臣等谨当随时相机,因应妥慎防维,总期设法保守主权,维持商政,俾可内厚本计,外固邦交,藉副朝廷讲信修睦,固圉恤民至意。

再,备价购回之胶、高两处兵房,现已派员收管,臣等于商办撤兵折内曾经声明,留备添设学堂等用。此项兵房工料坚实,规模阔整,将来拟即就此两处添设中、小学堂各一所,兼授路矿工程等项实业,以广造就。容俟筹有开办经费,再饬学务处厘定章程,另行奏明办理。所有奏报高密德兵撤竣日期暨接收兵房筹办善后各缘由,谨合词恭折密陈,伏乞皇太后、皇上圣鉴,训示。谨奏。

朱批:"外务部知道。钦此。"

光绪三十二年四月初三日。

(《杨文敬公奏议》卷二)

为叠次救护中外失事商船出力各员照章请奖折

头品顶戴、署理山东巡抚、直隶布政使、臣杨士骧跪奏,为叠次救护中外失事商船出力各员照章请奖,恭折仰祈圣鉴事。

窃查,光绪十年七月二十一日,承准总理各国事务衙门咨开续议《保护中外船只遇险章程》,嗣后文武各员遇有中外船只在洋面遭风触礁瞬将沉没者,果能奋身冒险救出至三十人以上,准其比照异常劳绩奏奖,每次不得过两三员等因。山东沿海一带,岛屿纷错,礁石如林,往来商船遇有风浪,易于失事,向由东海关道督饬各府州县于沿海要隘设立拯济局,遴派委员司事常川驻局,多备船筏,随时尽力救护,历将救护出力人员择尤保奖,均经恭奉朱批"著照所请,奖励等因。钦此",钦遵在案。

光绪三十一年八月,据东海关监督登莱青胶道何彦升详称,光绪三十年十月初六日，莱州聚盛兴商船在荣成县仙人桥洋面遭风触礁，经拯济局委员知县用山东试用县丞胡宝善、候选训导黄鼎锐、试用府经历王居迪，前往救护，登时救起难民七十一名。

光绪三十年十二月十六日，宁波金万利商船在荣成县镇锣岛洋面遭风触礁，经代理荣成县知县罗衷铭，会同拯济局委员知州衔改指山东议叙班补用州同曹恭安、分省试用大使吴志贤，前往救护，登时救起难民五十五名。

光绪三十一年正月十二日，奉天聚兴茂商船在宁海州崆峒岛洋面遭风触礁，经调署宁海州知州刘显纲，会同拯济局委员分省补用直隶州知州江学韩、候选县丞李家骅，前往救护，登时救起难民六十五名。

光绪三十一年二月初二日，浙江敬长顺商船在福山县之罘岛洋面遭风触礁，经调署烟台巡检崔龄，会同拯济局司事附贡生叶蕙、附贡生王恩培，前往救护，登时救起难民三十二名。

光绪三十一年二月二十八日，奉天李顺福商船在宁海州双岛洋面遭风触礁，经调署宁海州知州奎保，会同拯济局委议叙候选县丞胡宗麟、指分山东试用县丞朱庆澜，前往救护，登时救起难民三十七名。

光绪三十一年三月十二日，宁波林润洽商船在荣成县鲭鱼滩洋面遭风触礁，经拯济局委员分省试用同知周达、试用县丞范燮荣、府经历职衔冯麟翔，前往救护，登时救起难民六十三名。

光绪三十一年三月初三日，莱州县云观商船在蓬莱县抹直口洋面遭风触礁，经天桥口税局委员补用巡检王衍庆，会同拯济局文员都司衔尽先补用守备马廉溥、县丞职衔许景韩，前往救护，登时救起难民三十七名。

光绪三十一年三月十七日，霜化县裴惠、冯岱两商船在利津县太平湾洋面同时遭风触礁，经署利津县知县吴士钊，会同拯济局委员分省试用知县俞纪琦、县丞职衔吴祖延，前往救护，登时救起裴惠船难民二十二民，冯岱船难民十名，共三十二名。

光绪三十一年三月二十九日，日本中越丸轮船在蓬莱县庙岛遭风触礁，经署登州府知府英寿候补副将王步清、调署蓬莱县知县陈冠，前往救护，登时救起难民六十二名。

光绪三十一年四月初八日，宁海州永兴商船在荣成县石岛口洋面遭风触礁，经石岛口税局委员指分安徽候补知府王祖同，会同拯济局委员分省试用同知张镒、县丞陈翔澍，前往救护，登时救起难民一百十五名。

光绪三十一年四月二十二日，奉天永利祥商船在宁海州戏山口洋面遭风触礁,经拯济局委员指分浙江试用同知吴克让、难荫候选知县刘世珍、指分江苏试用巡检王兆棠,前往救护,登时救起难民三十四名。

光绪三十一年六月二十四日,福建金利顺商船在福山县岗嵛洋面遭风触礁,经署福山县知县范宝章,会同拯济局总绅董丁忧在籍山西试用道刘麟瑞、拯济局委员知府衔留东补用直隶州知州德林,前往救护,登时救起难民三十四名。

光绪三十一年六月二十六日,掖县李元盛商船在黄县桑岛洋面遭风触礁,经调署黄县知县姚光浚,会同拯济局委员候选县丞汪成楸、布经历职衔沈炳麟,前往救护,登时救起难民三十八名。

光绪三十一年七月初一日,日本永用丸轮船在黄县龙口洋面迷雾触礁,经龙口税局委员指分湖北候补知县陈名发,会同拯济局委员北河试用县丞刘毓瀛、分省试用县丞冯寿祺,前往救护,登时救起难民四十四名,均经随时禀报有案。

查,该员等在荣成、宁海、福山、蓬莱、利津、黄县各州县境所辖洋面先后救护失事商船十五只,当时或遭风,或迷雾,以致触礁,桅折船倾,人皆落水,瞬时沉没。该员等于风狂浪骇之际不避危险,督率勇役,各驾船筏,奋力向前,登时救起各该船柁工、水手、搭客人等七百十九名,逐案分计,均各在三十人以上,捞起货物均逾六成,实属异常出力。拟保人员每案不过三员,未敢稍涉冒滥,自应照章请奖,以昭激劝。谨将各案出力人员缮具清单,恭呈御览,合无仰恳天恩俯准,将单开各员一并照拟给奖,出自逾格鸿施。除将各该员履历分咨外务部、吏部、兵部查照外,谨会同北洋大臣直隶总督袁世凯恭折具奏,伏乞皇太后、皇上圣鉴,训示。谨奏。

朱批:"著照所请。该部知道,单并发。"

光绪三十二年四月初十日。

(《光绪朝朱批奏折》第22辑,501)

请以叶季恺调补滋阳县知县折

头品顶戴、署理山东巡抚、直隶布政使、臣杨士骧跪奏,为拣员请补要缺知县,以裨地方,恭折仰祈圣鉴事。

窃照滋阳县知县孙国桢回籍修墓,经臣于光绪三十一年十一月间奏咨开缺,接准部咨,以奉旨后五日行文。按东省照限减半计算,应扣至十二月十九日作为开缺日期,归是月分截缺。所遗滋阳县知县员缺,系"冲、繁、难"兼三要缺,例应由外拣选调补。该县为附郭首邑，政务殷繁，且界连曹属，民俗强悍，巡缉抚绥，均关紧要，非精明强干之员不足以资治理。据布政使吴廷斌、按察使连会查，有城武县知县叶季恺堪以调补滋阳县知县等情，详请具奏前来。

臣查，叶季恺年三十九岁，安徽怀宁县人，由监生于光绪二年遵例报捐郎中，分部行走。三十四年复遵新例改捐知县，遇缺先选，旋于协济山东赈务案内赏戴花翎，并加同知升衔。二十六年三月，签掣山东城武县知县，经部带领引见，四月初四日奉旨"城武县知县，著叶季恺补授。钦此。"十一月领凭到省，二十七年五月初十日到任，二十八年十二月于报效昭信股票案内移奖以道员在任候选，三十一年恭逢计典，经臣保荐卓异，试俸三年期满，业经咨销在案。该员年强才裕，有守有为，以之调补滋阳县知县，实堪胜任，与例亦属相符。合无仰恳天恩俯准，以城武县知县叶季恺调补滋阳县知县，期于地方有裨。如蒙俞允，该员衔缺相当，毋庸送部引见。所遗城武县知县员缺，东省现有应补人员应留外拣员请补。除咨部查照外，谨恭折具陈，伏乞皇太后、皇上圣鉴，敕部核复施行。谨奏。

朱批："吏部议奏。"

光绪三十二年四月。

（《光绪朝朱批奏折》第22辑，447）

请以沈延杞委署山东按察使片

再，接准部咨，光绪三十二年四月二十一日奉上谕"山东按察使，著袁大化补授。钦此"，钦遵在案。查，提学使连甲已经臣奏明，先行赴任，新任按察使袁大化尚未到东，所遗按察使篆务应先委员署理。

查，有济东泰武临道沈延杞，老成稳重，熟悉情形，曾经前抚臣两次奏署臬篆，措置裕如，堪以委署。递遗济东泰武临道篆务，查有二品衔候补道徐世光，器识深沉，才猷卓越，堪以委署。除分檄饬遵并咨部查照外，谨附片具陈，伏乞圣鉴。谨奏。

朱批："吏部知道。"

光绪三十二年四月。

（《光绪朝朱批奏折》第22辑，486）

聊城县丞分防河镇片

再，据东昌府知府魏家骅详称，查聊城县县丞向驻同城，专管缉私催运并解京铜铅等事。现在南漕改折，京用铜铅亦久停办，所司事甚清简。该县辖址辽阔，控驭匪易，而县西河镇地方为南北通衢，五方杂处，界连堂邑、莘县、阳谷等县，与兖、曹为邻，环绕二百馀村庄，人烟稠密，饷鞘人犯络绎于道，西人游历过境尤多，弹压保护均关紧要。

该镇离城窵远，呼应时有不灵，请以聊城县县丞分防河镇，专司缉捕弹压。以距城二十里铺为界，管辖二百馀村庄，遇有疏防承缉等案，界东仍责成典史，界西则责成县丞。至命盗钱粮词讼等案，仍请聊城县审查，该丞不准擅受。所有缺分繁简及应支俸工养廉等项，悉仍其旧衙署暂赁民房以免糜费等情，由藩、臬两司会详请奏前来。臣察度情势，参酌事宜，该司府等所议实为慎重地方起见，合无仰恳天恩俯准以聊城县同城县丞分防河镇，以资佐理。如蒙俞允，原颁条记名实不符，应请敕部换铸聊城分防河镇县丞条记一颗，以昭信守。除分咨政务处、吏部查照外，谨附片具陈，伏乞圣鉴，敕部核复施行。谨奏。

奉朱批："该衙门议奏。钦此。"

光绪三十二年四月十六日。

（《杨文敬公奏议》卷二）

请将余西庚升补沂州营副将折

头品顶戴、署理山东巡抚、直隶布政使、臣杨士骧跪奏，为拣员升补陆路副将员缺，以实营伍，恭折仰祈圣鉴事。

窃照实任沂州营副将王来魁，前因在江西省管带陆军防次病故，经臣咨报开缺，接准部咨，以该缺系陆路部推第一轮第一缺，轮用尽先人员，行令迅拣合例人员请补等因。查该副将驻扎沂州，地处海滨，界连江苏，素为盗匪出没之区，缉捕巡防均关紧要，必须精明干练熟悉地方情形之员，方足以资控驭。惟东省尽先副将内如彭全福、詹占元、秦永合三员，均以年老衰健，尚须察看；刘耀远、石得胜、黄占元、杨长清四员久不在省，俱未便请补。余如李联功、张凤仪、陈天喜、刘建东四员，均与此缺人地不甚相宜，亦未便迁就请补。其卓异、应补、捐输三项无人拣发，班内虽有李荣庆一员，惟前经造送履历，尚未奉准部复，自应过班以应升人员抵补。

臣逐加遴选，查有花翎副将衔实任台庄营参将余西庚，现年六十五岁，系河南睢州人，由监生于光绪元年在陕甘捐局报捐守备职衔，投效嵩武军。因迭次剿匪，克复城寨并防边出力，历保花翎以都司尽先补用。十二年投效山东河工，十五年因堵筑张村大寨、西纸坊等处合龙出力，经前抚臣张曜保准免补都司，以游击留东尽先补用。是年，因堵筑高家套合龙出力，复经张曜保加副将衔，兵部议驳，经前抚臣福润奏准，仍照原保给奖。十八年因堵筑胡家岸等处合龙出力，复经福润保准免补游击，以参将尽先补用。二十八年，经前任抚臣张人骏奏请补授台庄营参将，奉部驳查，经正任抚臣周馥复奏请，仍以该员补授，经部议准。二十九年二月二十七日，奉旨"依议。钦此。"是年十一月檄饬赴任，三十年五月给咨送部引见，由部发给札付，祇领回省，经周馥委署沂州营副将，是年十月十五日到营任事。

该员老成谙练，熟悉戎行。其年逾六十，经臣察看，精力尚健，虽历俸未满，与例稍有未符，惟历次差委毫无贻误，署理斯缺一年有余，尤能措置裕如，情形熟悉，人地实在相需，例得据实声请，以之升补沂州营副将实于地方、营伍两有裨益。合无吁恳天恩俯准，以花翎副将衔台庄营参将余西庚升补沂州营副将员缺。如蒙俞允，俟接准部复后再行给咨，送部引见，以符定制。除将履历清册送部外，谨会同兖州镇总兵臣张宗本恭折具陈，伏乞皇太后、皇上圣鉴，敕部核复施行。

再，所遗台庄营参将员缺，系陆路提补之缺，东省现有应补人员，容臣另行拣员请补，合并陈明。谨奏。

朱批："兵部议奏。"

光绪三十二年四月二十日。

（《光绪朝朱批奏折》第 50 辑，352）

恭报三月分雨雪情形并呈粮价清单折

头品顶戴、署理山东巡抚、直隶布政使、臣杨士骧跪奏，为恭报光绪三十二年三月分雨雪情形，并呈粮价清单，恭折仰祈圣鉴事。

窃查，光绪三十二年二月分，山东省各属雪泽、粮价经臣查明开单，奏报在案。兹查，本年三月分通省一百七州县内历城、章邱、邹平、淄川、长山、新城、齐东、济阳、泰安、肥城、新泰、莱芜、东平、东阿、平阴、青城、滋阳、曲阜、宁阳、泗水、汶上、阳谷、寿张、菏泽、曹县、定陶、郓城、范县、朝城、兰山、费县、蒙阴、聊城、博平、茌平、莘县、益都、临淄、乐安、寿光、昌乐、临朐、安邱、诸城、掖县、平度、昌邑、潍县、招远、莱阳、济宁、鱼台、胶州、高密等五十七州县先后据报,于月之中旬十四、十五、十六等日各得雨一、二、三、四寸不等。又,历城、淄川、齐河、泰安、曲阜、泗水、滕县、兰山、费县、日照、博山、临淄、寿光、昌乐、安邱、诸城、昌邑、潍县、高密等二十一县于月之上旬初三、初四、初十中旬十一等日各得雪一、二、五寸不等。其余禹城、临邑、长清、陵县、德州、德平、平原、惠民、阳信、乐陵、商河、滨州、利津、霑化、蒲台、峄县、城武、单县、濮州、观城、莒州、沂水、堂邑、清平、冠县、馆陶、高唐、恩县、博兴、高苑、蓬莱、黄县、福山、栖霞、宁海、文登、海阳、荣成、临清、夏津、武城、邱县、金乡、嘉祥、即墨等四十七州县,虽未得有雨雪,幸地脉滋润,麦禾一律青葱,堪以仰慰宸厪。谨将各属市集粮价缮具清单,祗呈御览。为此恭折具陈,伏乞皇太后、皇上圣鉴。谨奏。

朱批:"知道了。"

光绪三十二年四月二十日。

(《光绪朝朱批奏折》第 97 辑,673)

据情代奏,叩谢天恩折

头品顶戴、署理山东巡抚、直隶布政使、臣杨士骧跪奏,为总兵蒙恩授缺,据情代奏,叩谢天恩,仰祈圣鉴事。

窃据新授贵州古州镇总兵陈万清呈称,于光绪三十二年四月二十三日,恭奉电传上谕"贵州古州镇总兵员缺,著陈万清补授。钦此。"当即恭设香案,望阙叩头谢恩。伏念万清皖淮武士,伍籍呈身,早从征战于西陲,旋效橐键于北戎。自光绪二十五年奉调东省,从事武卫右军,分防青潍各属,驭兵戢匪,勉效驱驰,功薄赏隆,滥跻专阃。兹正供差省会,分统标营,仰蒙简畀阃符,任崇都典。自天申锡,伏地寅惶。

查,古州当荆楚之上游,总兵有操防之专责,自维愚质奚裨边圉？思方镇之艰繁,恐非庸材所胜任,抒愚忱于瞻就,仰希圣策之颁承。才浅恩深,竭尘露而难图报称;天高日近,秉宸谟而庶获遵循。万清所有感激下忱,暨吁恳陛见缘由,理合呈请代奏,叩谢天恩等因前来,谨恭折具陈,伏请皇太后、皇上圣鉴,训示。

谨奏。

朱批："毋庸来见。"

光绪三十二年四月二十八日。

（《光绪朝朱批奏折》第 50 辑，366）

会陈推广学堂折

头品顶戴、署理山东巡抚、直隶布政使、臣杨士骧，内阁学士兼礼部侍郎、山东学政奴才载昌跪奏，为遵旨推广学堂，谨将调查暨现办情形恭折会陈，仰祈圣鉴事。

窃臣于光绪三十一年八月初四日，钦奉上谕"停止科举，责成各督抚严饬府、厅、州、县，赶紧于城乡各处遍设小学堂等因。钦此。"又于十月十二日准学务处咨学务大臣面奉谕旨"学生当以品行为重，如有实在不服管教者，应即行斥退等因。钦此。"恭录咨行到东，仰见圣明于作育材隽之中，仍寓敦崇修行之意。汉设利禄之途以待儒林而大昌经学，宋取湖学之法以著令甲而代出纯儒，圣主宪古鉴今，善施董劝，风行万宇，钦佩莫名。

伏查山东学务，自光绪二十七年升任抚臣袁世凯，首先倡办高等学堂，以后历经正任抚臣周馥、署抚臣胡廷干，会同臣载昌经营整饬，先后开办省城师范学堂一所、客籍学堂一所、各府直隶州中学堂十二所、各州县小学堂一百余所、各属蒙学堂数百余所。此外实业，省城、青州、曹州则有工艺学堂；青州、长山则有蚕桑学堂；兖州则有农业初级学堂；济宁、郯城、费县等处各有农桑学堂。其余，如武备学堂、巡警学堂，经正任抚臣周馥次第举办。

臣抵任以来，窃念今日之事，欲卫宗教，须培圣裔，因于曲阜设四氏学堂；欲练新军，须讲新操，因遵练兵处章程创设陆军学堂；欲造人材，须求人师，因就私立师范变化为官立速成师范学堂。此外，补助贫民，有半日学堂二十所；养成母教，有女学堂一所。现复于省城设立国文学堂一所，专以保存国粹为宗旨；农林学堂一所，专以讲求种植为宗旨；复拟就胶州、高密去岁购回德国兵房，添设中小学堂各一所。又恐师范不足，先后派赴东洋游学，分习师范暨实业学生者共三百余人。除此，则省城官绅公立之高等、初级各所小学堂，商家、公立之商会小学堂，不下四、五十处，规模粗备，综计阖省学生不下三万余人。从此，学有等级，教有专门，凡阖省绅民子弟一及岁时，不在官学，即在私塾；不递升于高等，即从事于实业。由此闻风兴起,开办日多,数年之后,期于人人读书识字,教育普及,似尚不至于无望。

惟臣窃有虑者,东西各国类以兴学著称,然考其教育办法,幼童初学专重德育,及成童以后则以精神教育相灌输,以故人材辈出,无论科学专门,多所创造。即其学无所得,亦大都人人自爱,尚少妄干分外之流,国之富强,端以此故。我中国三代之世教法最隆,国有大学,下逮乡校,未尝无等级;上庠学礼,虞庠学书,未尝无分科;春秋干羽,冬夏诗书,未尝无学期;五年小成,三年大成,未尝无年限。且其时人材之所由盛,尤在栽培德行,涵泳道艺,自初学以至成材,人人一言一行未尝无纳之规矩之中,仍能修礼治行,为国家效无穷之用。近时列国并处,重在富强,东省学堂大兴,重在取法各洲开吾民之智慧,然国中风尚不同,政教各异,育才造士尤在求合我国之定程。现在士习空疏,厄言庞杂,加以学堂之中萃数百十少年以相聚处,若不引以绳墨,知所遵守,是非徒无益,且将以学堂为口实,风气转无由大开。

臣等夙夜兢兢,不敢求效于将来,惟期无过于初始。因全省学务所关甚重,断非一经开办即可任其自为。故于省城设立调查研究所一区,每遇星期,臣等率同在省司道暨各学堂监督、教员相与讨论于此。原派学务处总理翰林院编修孔祥林、候补道张士珩、方燕年筹办数年,经营不懈。近以张士珩因差离省,臣士骧复加派新任臬司臣连甲并总其成,分通省为十二区,遴派员绅轮往查考。总以凡办一校,固在学科完备程度适宜,而尤以培植各学生之德行性情为立学要旨,每当宣讲圣谕及接见属僚不惮烦言,注重在此。学生中间有举止浮薄、议论嚣张者,均经臣随时斥退。在今日立法稍峻,难保为少年华士所不甘。但为国作人,傥异时魁杰奋兴有大纯而无小疵,应可谅今日在事之苦心,初非苛以相待。臣等所开导东人学务者在此,所仰酬高厚万一者亦在此。所有东省学堂渐次普及并办理情形,除咨部查照外,谨合词缮折具陈,伏乞皇太后、皇上圣鉴,训示。谨奏。

朱批:"学部知道。"

光绪三十二年闰四月。

(《光绪朝朱批奏折》第 105 辑,683;《杨文敬公奏议》卷二)

报销光绪三十一年分临清户关征收解支银两数目折

头品顶戴、署理山东巡抚、直隶布政使、臣杨士骧跪奏,为报销光绪三十一年分临清户关征收解支银两数目，恭折仰祈圣鉴事。

查，临清户关税务一年应征原额银二万九千六百八十四两，铜斤水脚银七千六百九十二两三钱一分三厘，盈余银一万一千两，又耗银四千八百三十七两六钱三分一厘，共应征正耗银五万三千二百一十三两九钱四分四厘，向系按年报销，业将光绪三十年以前之案造册，奏报在案。兹据办理临清关补用道吴震泽将光绪三十一年分征收解支数目造具册结，呈请奏咨前来，

臣复加查核，该关自光绪三十一年正月初一日起至年底一年期满，除免征银两不计外，实收船料、货税、粮食原额银二万九千六百八十四两，铜斤水脚银七千六百九十二两三千一分三厘，盈余银一万一千两，溢收银六万七千二百七十四两九分七厘，又收耗银一万一千五百六十五两四分一厘，共银十二万七千二百十五两四钱五分一厘。内除正银项下动支役食银一百七十四两，支解羊毛饭食银三百两，采办寒羊皮价银一千五十两，拨解过光绪乙巳年奉天官兵俸饷银一万九千两，山东黄河防汛经费银二万两，善后局抚标左右两营军饷银七万五千一百二十六两四钱一分，耗银项下动支一年经费各款银六千三百九两二钱，一五加平银一千七百九十两七钱三分四厘，共银十二万三千七百五十两三钱四分四厘，尚应存银三千四百六十五两一钱七厘。查照光绪二十九年八月十九日奏案，全数拨发充山东抚标左右两营饷需之用。除将册结咨部外，谨恭折具陈，伏乞皇上圣鉴，敕部核销施行。谨奏。

朱批："该部知道。"

光绪三十二年闰四月初七日。

（《光绪朝朱批奏折》第 74 辑，641）

报销光绪三十一年分临清工关征收解支银两数目折

头品顶戴、署理山东巡抚、直隶布政使、臣杨士骧跪奏，为报销光绪三十一年分临清工关征收解支银两数目，恭折仰祈圣鉴事。

窃查，临清工关税务于乾隆元年归并临清大关征收，一年应征原额银四千五百七十二两七钱四分，盈余银三千八百两，又耗银八百三十七两二钱七分四厘，共应征正耗银九千二百十两一分四厘，向系按年报销。业将光绪三十年以前之案造册报销在案，兹据办理临清关补用道吴震泽将光绪三十一年分征收解支数目造具清册，呈请奏咨前来。

　　臣复加查核,该关自光绪三十一年正月开河起,至年底一年期满,共收短载盐货原额银四千五百七十二两七钱四分,盈余银三千八百两,溢征银一百八十九两五钱一分,又耗银八百五十六两二钱二分五厘,共银九千四百一十八两四钱七分五厘。内除正银项下拨解过光绪乙巳年奉天官兵奉饷银一千两,善后局抚标左右两营军饷银七千五百六十二两二钱五分,耗银项下动支出为解吏盘费银三十两,工部四季饭银二百二十四两,一五加平银一百三十七两四钱六分七厘,共银八千九百五十三两七钱一分七厘,尚应存银四百六十四两七钱五分八厘。查照光绪二十九年八月十九日奏案,全数拨充山东抚标左右两营需之用。除将清册咨部外,谨恭折具陈,伏乞皇太后、皇上敕部核销施行。谨奏。

　　朱批:"该部知道。"

　　光绪三十二年闰四月初七日。

　　(《光绪朝朱批奏折》第 74 辑,642)

报销光绪二十八年分临仓钱粮折

　　头品顶戴、署理山东巡抚、直隶布政使、臣杨士骧跪奏,为报销光绪二十八年分临仓钱粮,改题为奏,恭折仰祈圣鉴事。

　　窃查,山东省临仓钱粮,例应按年题销,业将光绪二十七年以前之案造册报销在案。兹查,光绪二十八年山东省临仓收支本折等项钱粮旧管项下,二十七年奏销案内积存本色并麦改米一千一十四石三斗二升,余留支席草银六十四两零。新收项下本色及麦改米折银五千五百一十八两零。又米折正耗银八万四千六百四十一两零,留支席草银三十四两零,连前共银九万二百五十八两零。开除项下解支过临清州门军口粮,并防汛经费等款,共米麦改折正耗银九万一百五十九两零,实存本色并麦改米一千一十四石三斗二升。除本色麦折银四钱六分五厘,留支席草银九十八两零。据督粮道周开铭造具册结咨,由布政使吴廷斌加结,核转前来。臣复核无异,除册结咨部查照外,谨恭折具陈,伏乞皇太后、皇上圣鉴,敕部核销施行。谨奏。

　　朱批:"该部知道。"

　　光绪三十二年闰四月初七日。

　　(《光绪朝朱批奏折》第 91 辑,508)。

请将高等学堂内之客籍学生一并拨归客籍学堂片

再，查东省未立客籍学堂，以前凡客籍投考入学者，经升任抚臣袁世凯于光绪二十七年奏定学额四十名，附入本省高等学堂肄业。嗣经正任抚臣周馥奏设客籍学堂，开办之始仅有中、小学两级。其时高等学堂内之客籍学生程度较高，未便并入。现在科举停止，本省向学者日众，高等学堂斋舍渐形拥挤，臣即饬客籍学堂添设高等班，将高等学堂内之客籍学生一并拨归客籍学堂。该学生等均系高等学堂正、备斋毕业生，将来客籍学堂高等班毕业，应照高等学堂毕业章程一并办理。据学务处司道会同客籍学堂监督，详请奏咨前来。除咨部查照外，理合附片具陈，伏乞圣鉴。谨奏。

朱批："学部知道。"

光绪三十二年闰四月。

（《光绪朝朱批奏折》第 105 辑，684）

恭报三月分雨雪情形并呈粮价清单折

头品顶戴、署理山东巡抚、直隶布政使、臣杨士骧跪奏，为恭报光绪三十二年三月分雨雪情形并呈粮价清单，恭折仰祈圣鉴事。

窃查，光绪三十二年二月分山东省各属雨雪粮价经臣查明开单奏报在案。兹查，本年三月分，通省一百七州县，除齐东、德州、单县、定陶、濮州、范县、观城、朝城、清平、莘县、恩县、宁海、荣成、临清、夏津、武城、邱县等十七州县未报得雨外，其余历城等九十州县先后据报于月之中旬十四、十五，下旬二十一、二十二、二十三、二十六、二十七、二十八、二十九等日各得雨一、二、三、四寸不等，麦禾繁茂，四野青葱，地方民情均极安谧，堪以仰慰宸厪。谨将各属市集粮价缮具清单，祗呈御览。为此恭折具陈，伏乞皇太后、皇上圣鉴。谨奏。

朱批："知道了。"

光绪三十二年闰四月初九日。

（《光绪朝朱批奏折》第 97 辑，682）

具陈山东省光绪二十八年分收支历年灶课钱量数目折

头品顶戴、署理山东巡抚、直隶布政使、臣杨士骧跪奏，为山东省光绪二十八年分收支历年灶课钱粮数目，恭折仰祈圣鉴事。

窃查，山东历年灶课钱粮例应按年奏报，业将光绪二十七年以前之案，循例造报在案。兹查光绪二十八年分，山东省历年灶课钱粮案内，旧管共银二十四两九钱四分五厘，新收无项，开除无项，实在银二十四两九钱四分五厘。又，起解钱粮案内，除平银两，旧管无项，新收，共银三千三百七十两六钱七分三厘，开除共银三千三百七十两六钱七分三厘，实在无项。据盐运使张莲芬造册详请奏咨前来。臣复查无异，除将清册送部查照外，所有光绪二十八年分收支历年灶课钱粮数目，理合恭折具陈，伏乞皇太后、皇上圣鉴，敕部查核施行。谨奏。

朱批："户部知道。"

光绪三十二年闰四月初九日。

（《光绪朝朱批奏折》第 76 辑，470）

具陈山东省光绪二十八年分民运灶课钱粮收支数目折

头品顶戴、署理山东巡抚、直隶布政使、臣杨士骧跪奏，为山东省光绪二十八年分民运灶课钱粮收支数目，恭折仰祈圣鉴事。

窃查，山东额征商灶正杂盐课等项钱粮，除有商州县应完课款银两遵照先课后监章程，分别征收另案造报外，其余商民运票价向系摊入地亩征解，民佃盐课历随民粮地丁一律催征，应仍照案奏销，以符定制。查光绪二十八年灶课等项钱粮旧管无项新收共银一万八千七百八十二两三钱六分三厘，开除共银一万八千七百八十二两三钱六分三厘，实在无项。又，应征耗羡银两，旧管无项，新收共银二百二十五两二分，开除共银二百二十五两二分，实在无项。据盐运使张莲芬造册详请奏咨前来。臣复查无异，除将册结送部查照外，所有光绪二十八年分民运灶课钱粮收支数目，理合恭折具陈，伏乞皇太后、皇上圣鉴，敕部查核施行。谨奏。

朱批："户部知道。"

光绪三十二年闰四月初九日。

（《光绪朝朱批奏折》第 76 辑，471）

报销山东省光绪二十六年分商运票引已未销票分数折

头品顶戴、署理山东巡抚、直隶布政使、臣杨士骧跪奏,为报销山东省光绪二十六年分商运票引已未销票分数,缮具清单,恭折具奏,仰祈圣鉴事。

查,山东应销商运民运额票十七万一千二百四十道,余票八万三千一百八十道,额余票二十五万四千四百二十道,内除各商领剩余票八万二千三百七十道,尚应销额票余票十七万二千五十道,内有民运应销三万九百十五道。又胶州、即墨因租界占地亩摊豁额票二百五十道,计豁一毫五丝,下余实应销额余票三万六百六十五道,应完一分七厘八毫二丝。实应销章邱等三十九州县商运额票余票十四万一千一百三十五道,该完八分二厘三丝,今已销完票十三万一千一百七十五道,计完七分六厘二毫四丝,尚有完票九千九百六十道,计五厘七毫九丝。系升任盐运使丰伸泰督催,现经上严催,容俟催销完日再行具报。至此次商运各州县督销票引一年一官全完核计银数在三百两以上者,应请照案议叙,仍照长芦成案,俟票引解部查销后再请给奖,以昭核实。其分任销完及核计银数不及三百两者,毋庸奖叙。除将清册分咨部科查照外,理合缮具清单,恭折具奏,伏乞皇太后、皇上圣鉴,敕部核销施行。谨奏。

朱批:"户部知道,单并发。"

光绪三十二年闰四月初十日。

(《光绪朝朱批奏折》第 90 辑,462)

河工桃汛平稳折

头品顶戴、署理山东巡抚、直隶布政使、臣杨士骧跪奏,为桃汛期内黄河两岸各工防护平稳,恭折具陈,仰祈圣鉴事。

窃照东省黄河凌汛工程防护平稳情形,业经臣奏报在案。查凌汛过后,河水时长时消,臣即严饬上、中、下三游总办道员将春厢培堤各工认真赶办,务期一律坚固,足以抵御大汛,并一面多购砖石各料,分储应用。迨节交清明以后,河水陡涨三尺有馀,兼以北风时作,溜势异常彪悍。据各总办先后禀报,如上游三合岭、岳庄、靳庄,中游陶城埠,下游韩家、张家滩、归仁镇等处,均被大溜冲刷,埽坝时有蛰陷。其坐湾顶冲处所更属岌岌可危，均经各总办督饬工员先后抢厢稳固。现在节逾立夏，桃汛已过，两岸工程一律平稳，洵堪仰慰宸廑。臣仍当严饬各总办督率在工营委员弁，多备料物，认真修守，毋稍疏懈。所有桃汛期内各工防护平稳缘由，理合恭折具陈，伏乞皇太后、皇上圣鉴。谨奏。

朱批："知道了，钦此。"

光绪三十二年闰四月初十日。

（《光绪朝朱批奏折》第 100 辑，602；《杨文敬公奏议》卷二）

出省巡阅片

再，东省黄河大汛瞬临，来源日旺，两岸培堤及埽坝各工现已将次完竣，物料亦陆续购齐，亟应前往认真查勘。且曹、兖一带向为盗贼出没之区，虽叠经严檄惩捕，伏莽究未全清，亦应亲往巡阅，以资震慑。臣现定于闰四月初十日出省，由中游循河而行，至上游之贾庄勘验工程，后再赴曹、兖各属巡视一切，兼校阅两镇营伍，以重防务而安民心。所有臣署日行公事，循例檄委藩司代拆代行，遇有紧要事件仍包封送臣行次核办。谨附片具陈，伏乞圣鉴。谨奏。

朱批："知道了，钦此。"

光绪三十二年闰四月初十日。

（《光绪朝朱批奏折》第 100 辑，604；《杨文敬公奏议》卷二）

具陈山东省光绪二十九年分收支历年商课钱粮数目折

头品顶戴、署理山东巡抚、直隶布政使、臣杨士骧跪奏，为山东省光绪二十九年分收支历年商课钱粮数目，恭折仰祈圣鉴事。

窃查，山东历年商课钱粮例，应按年报销，业将光绪二十八年以前之案，循例造报在案。兹查，二十九年分山东省历年商课钱粮案内旧管银二万一千四百七十四两六钱一分八厘，内除从前借支运本银二万五百二十两，实存旧管银九百五十四两六钱一分八厘，新收银七十四两六分，开除银三十七两七厘，实存银九百九十一两六钱七分一厘。据盐运使张连芬造册，详请奏咨前来，臣复查无异，除将清册送部查照外，所有光绪二十九年分收支历年商课钱粮数目，理合恭折具陈,伏乞皇太后、皇上圣鉴,敕部查核施行。谨奏。

朱批:"户部知道。"

光绪三十二年闰四月十一日。

(《光绪朝朱批奏折》第 76 辑,489)

交纳第一百八十二结一成半出使经费银片

再,据登莱青胶道东海关监督蔡汇沧禀报,前奉总理各国事务衙门奏准添拨出使经费,令各关将洋税六成、商局税六成各作为十成提出一成半存作出使经费,全数解沪等因,前已解至第一百八十一结止。兹将第一百八十二结提出一成半出使经费银一万一百十一两零,饬委候补知县程云翰,于光绪三十二年四月二十五日解赴江海关道衙门交纳。臣复查无异,除分咨外,理合附片陈明,伏乞圣鉴。谨奏。

朱批:"该部知道。"

光绪三十二年五月。

(《光绪朝朱批奏折》第 90 辑,474)

请准将马荫荣、唐宝锷留山东经理学务片

再,前准总理学务处咨,新进士有在学堂充当教习及总理学务事宜,应由该省督抚先行奏咨立案,至学堂应得保奖另案汇办等因。

查,有翰林院庶吉士马荫荣,在本省充师范学堂汉文总教习已经年馀,现经臣派赴日本监督山东游学法政科学员暨长期专科学生,并考察各项新政。又查,有新授翰林院检讨唐宝锷,前以候选知府委充师范高等农桑各学堂监督,现准钦差出使各国考察政治大臣咨奏调该员随同出洋。其在山东学堂劳绩,由臣另案请奖,均应遵章奏咨另案。

臣查,该二员勤办学务,训迪有方,此次出洋考察,见闻益扩,可否仰恳天恩,俯念学处紧要,准将马荫荣留办本省学务,唐宝锷俟差竣内渡,仍留山东经理学务,以资臂助之处,出自恩施逾格。除咨学务处、翰林院查照外,谨会同山东学政臣载昌附片陈请,伏乞圣鉴,训示。谨奏。

朱批："该衙门知道。"

光绪三十二年五月。

(《光绪朝朱批奏折》第 105 辑,906)

陈报巡阅情形折

头品顶戴、署理山东巡抚、直隶布政使、臣杨士骧跪奏,为巡阅上游河工并查兖、曹地方情形,恭折具陈,仰祈圣鉴事。

窃臣于闰四月初十日出省看验工防,随按曹、兖一带,查阅各营,当经奏报在案。本年入夏以来,黄河水势日旺,防护不容稍疏,臣循履各工,周历十里堡以上考验险工处所布置,均尚妥实,仍饬在事员弁加意修护,搜料缮防,以期有备无患。途次接见曹、兖文武印委,详询地方情形,周咨民间疾苦,咸以盗风未息,引为长虑,知非亲加体察不能豹其究竟,因即由曹赴兖,各驻数日,就近调阅营队,通饬整顿操防,并定赏罚章程,俾知振奋,勒限清理匪案以重责成。唯伏莽未清,桀悍者仍或抵隙而动,纠合无赖,迫协乡愚,散处于民间,御人于村市。虽每股不过十馀人、数十人,旋聚旋散,并无一定巢穴,而此拿彼窜,莫铲根株,必得兵威震慑,快捕缉拿,方不致蔓延成患。

现在漏网杆首多在菏泽、钜野、郓城、濮州一带,转瞬青纱幛起,窃发堪虞,因赶紧添兵换防,先后调拨先锋队数营分路填扎,并派留东差委贵州古州镇总兵陈万清前往统率。该镇勇奋朴诚,勋威夙著,会同曹镇防营,加意搜捕,必能得力。该处道府州县本有地方专责,前次奏设巡警随营各学堂,并饬多立工艺局所,收养良善,系为根本之图。至于治盗之法,大股则责成防营将领剿击,若未聚散匪,或剿后散伏,必责成牧令协同搜捕,地方乃可肃清。曹属州县缺苦盈馀提项太多,甚至无力养勇,每遇盗案,购线悬赏,费尤不给,专恃防营缉捕,何能净尽? 兹均设法筹贴,俾可放手办事,庶捕务起色,匪类自无所容。

以上一切,大致定妥,遂于五月初一日回省。此次陆行廿馀日,往返千馀里,察看工防稳固,水势尚平,地方民教诚和,年成中稔,曹、兖馀匪渐知敛匿,现又增集兵力,可期绥靖无虞,堪以仰慰宸厪。所有查察河工地方大概情形,理合恭折具陈,伏乞皇太后、皇上圣鉴。谨奏。

朱批："仍著督饬,随时认真缉捕,毋稍疏解。钦此。"

光绪三十二年五月初八日。

惩办山东滋阳、濮州等处匪徒出力地方文武人员请奖折

头品顶戴、署理山东巡抚、直隶布政使、臣杨士骧跪奏，为山东滋阳、濮州等处匪徒不靖，分别惩办，地方安谧如常，并将出力地方文武酌奖，以示鼓励，恭折仰祈圣鉴事。

查，曹、兖两属民俗彪悍，伏莽最多，臣叠经严饬地方文武整顿缉捕，盗风得以稍戢。前闻有外来匪徒在兖州府属滋阳县境内传习符咒，散布妖言，顽民无知，致多趋附。臣访知确实，电饬营镇会同府县，于四月十五日前往密擒。该匪率众抗拒，枪伤巡兵数人，扎伤营马数匹，势甚凶悍。经该县知县吴艺辰与防营管带马英萃督饬兵队，奋勇围攻，始将匪首贾隽格伤擒获，并格毙从匪曹凤歧等数名，生擒十余名，起获符咒、经本、图记多件，电经臣派委候补知府姚聊奎驰往会讯。据贾隽，即贾子英供，系直隶河间县人，向习邪术，光绪二十六年曾随大股匪众在保定、顺天等府抢掠滋扰，嗣闻剿捕潜逃。本年三月间，来至滋阳县境，闻民间习武防盗，遂在吴楼庄卖弄技艺，庄民曹凤歧邀留至家，伊遂引诱该庄及邻庄无业游民烧香持咒，练习刀棒，私刊图记，分散各处。讵被访闻，率兵掩捕，时值夜分，仅有十余人在坛，众寡不敌，致被格伤拏获等语。该匪旋因伤重身死，余匪讯明情节尚轻，分别监禁。又访闻曹属濮州有著名土匪王淙朋，前于光绪三十年间因屯田缴价，与已获正法之任青荺结党抗官。该匪幸逃法网，迄未就逮。本年春间潜回原籍，纠立同心义气会，设词造谣，敛钱滋事。经臣饬镇府查办，该匪尚不敛踪，仍复号召党羽横行无忌。该州知州王赓廷闻信，驰商镇府，适该管兖沂道胡建柜巡查至曹，三面商定，分饬营勇马步于四月十三日，协同前往拏捕。该匪胆敢率党出庄，开枪拒捕。虽当场拏获多名，而该匪枭勇过人，仍复乘间脱逃。幸赖王赓廷熟悉地势，指派兵役分投截拏，该匪始力尽就擒，带营审讯，供认不讳，当即正法。余匪解府讯办，据各该地方文武先后禀复前来。

臣查，贾隽，以邪匪余孽煽惑乡愚，藉敛财帛，其心叵测。王淙朋，本土匪渠魁，漏网多时，复敢纠合无赖，蓄谋思逞，尤属不法。兖、曹本多盗之区，教堂又复林立，办理稍不得手，为患何堪设想？幸查办较速，羽翼未成立时剪灭，不致蔓延生事。现经各该州县剀切示谕，人心大定，安堵如常，堪以仰慰宸廑，至案内逸犯，除将情节较重者择要缉拿外，余均无知被惑，拟请一概免究，仍饬各属加紧巡

防，勿稍大意，以遏乱萌。

惟此次破获两案，各员奋力从事，实与寻常捕盗不同，且于地方保全甚大，自非酌予奖叙，不足以资激劝。合无仰恳天恩俯准，将尤为出力之候补直隶州知州署濮州知州王赓廷，俟补缺后以知府仍留原省补用；署滋阳县知县吴艺辰俟补缺后，以直隶州知州补用；防营管带候补游击马英萃俟补缺后，以参将补用，出自逾格鸿施。

再，此折因臣亲赴曹、兖查勘，实在情形奏报稍迟，合并声明。除饬各员造具履历咨部查核外，理合恭折具陈，伏乞皇太后、皇上圣鉴，训示。谨奏。

朱批："著照所请，该部知道。"

光绪三十二年五月初八日。

（《光绪朝朱批奏折》第 119 辑，035；《杨文敬公奏议》卷二）

恭报四月分雨泽情形并呈粮价清单折

头品顶戴、署理山东巡抚、直隶布政使、臣杨士骧跪奏，为恭报光绪三十二年四月分雨泽情形，并呈粮价清单，恭折具奏，仰祈圣鉴事。

窃查，光绪三十二年三月分山东省各属雨泽粮价，经臣查明开单奏报在案。兹查本年四月分通省一百七州县先后据报于月之上旬初一、中旬十二、十三、十六、十八、十九，下旬二十一、二十七、二十九等日，各得雨一、二、三、四、五寸不等，麦收中稔，夏雨应时，地方民情均极安谧，堪以仰慰宸廑。谨将各属市集粮价缮具清单，恭折具奏，伏乞皇太后、皇上圣鉴。谨奏。

朱批："知道了。"

光绪三十二年五月初八日。

（《光绪朝朱批奏折》第 97 辑，696）

奏调陆建章赴曹州清理盗贼片

再，查东省兖、曹两府民风强悍，素称多盗，而曹属为尤甚，臣将大概情形奏明有案。今夏青纱幛起，颇多不靖，虽经臣添派防营数营，并饬营、县合力严办，数月以来，防营州县获匪数百人，亦不为少，而劫掠拒捕仍所时有。郓城、菏泽两县前复连出巨案，业经以该县等缉捕不力撤任，另委干员接署，加意搜拿。惟曹属盗与民狎，民与盗缘情形实异于他省，并无外匪勾结，亦无定地可剿，为盗者多系乡邻，近在咫尺；被盗者亦皆熟认，莫敢指名，于贫民则假义小信以相结，于村富则残举暴行以相陵。或更挟邻里之仇，依悍党而思报复。散之则民；聚之则盗。防营多至数千人，竟不能绝窜扰，良由统兵营员不善雕剿，致根株不能尽绝。夫缉捕盗贼办法，大股责成防营剿办，贼责成牧令捕拏，是一定不易之理，就曹属近日情形，非得统辖防营文武兼资之大员不能穷盗源而弥隐患。

臣于夏间亲往一次，小住数日，极为安靖，第河工、外交皆关紧要，势不能久居省外。曹镇虽有四营而于地方州县又未能周知利弊。查，有陆军第六镇协统、候选道陆建章，素娴谋略，精悍过人，堪以调东专办缉捕，曾电商北洋大臣袁世凯，意见相同，可否仰恳天恩俯念地方紧要，准臣调东委用，并饬下练兵处饬该员迅速赴东。臣即令赴曹统辖先锋数营，会同曹州镇道清理地方盗贼，必可得力。如蒙俯允，则不惟臣收指臂之助，即地方亦可期静谧。所有曹属盗匪情形暨调员赴东缘由，理合附片陈明，乞伏圣鉴，训示。谨奏。

朱批："著照所请，该衙门知道。"

光绪三十二年五月初八日。

（《光绪朝朱批奏折》第119辑，037；《杨文敬公奏议》卷三）

具陈山东北运各州县经征光绪二十八年分
正杂商课钱粮已完未完银数折

头品顶戴、署理山东巡抚、直隶布政使、臣杨士骧跪奏，为山东北运各州县经征光绪二十八年分正杂商课钱粮已完未完银数，恭折仰祈圣鉴事。

窃查，山东北运各州县经征正杂商课银两，例应按年报销，业将光绪二十七年以前之案循例造报在案。兹查，二十八年分北运历城等九十三州县应销额引二十九万八千二百九十九道，应征引课银七万三千一百七十两一钱二分一厘，应销额票十四万一千一百三十五张，应征票课银三万一千一百一十五两二钱四分三厘，又应征杂项银二万五千二百二十三两八钱二分四厘。现已征完引课银六万一千九百一十七两九钱六分四厘，未完银一万一千一百八十九两一钱五分七厘，又已完票课银三万一百六十八两一钱三分五厘，未完银八百四十七两一钱八厘。又已完杂项银一万七千七百一十三两九钱三分四厘，未完银七千五百九两八钱九分。

统计光绪二十八年正杂商课银粮,旧管无项新收银一十万九千八百两三分三厘,开除银一十万九千五百八十两二钱六分七厘,实在银二百一十九两七钱六分六厘。据盐运使张莲芬造具已未完银数职名细册及四柱总册,详请奏咨前来。臣复核无异,除将清册咨送部科查照外,所有北运各州县经征光绪二十八年分正杂商课钱粮已完、未完银数,理合恭折具陈,伏乞皇太后、皇上圣鉴,敕部查核施行。谨奏。

朱批:"户部知道。"

光绪三十二年五月初九日。

(《光绪朝朱批奏折》第 76 辑,473)

具陈山东南运各州县经征光绪二十八年分商课钱粮已完未完银数折

头品顶戴、署理山东巡抚、直隶布政使、臣杨士骧跪奏,为山东南运各州县经征光绪二十八年分商课钱粮已完、未完银数,恭折仰祈圣鉴事。

窃查,山东南运各州县经征商课银两例应按年报销,业将光绪二十七年以前之案循例造报在案。兹查二十八年分南运商邱等十二州县应销额引十万二千二百一道,应征引课银二万五千四十七两四钱一分九厘,现已完银一万二千四十两七钱七分四厘,未完银一万三千六两六钱四分五厘。是年旧管无项新收银一万二千四十两七钱七分四厘,开除银一万二千四十两七钱七分四厘,实在无项。据盐运使张莲芬造具已完、未完银数职名清册,详请奏咨前来。臣复核无异,除将清册咨送部科查照外,所有南运各州县经征光绪二十八年分商课钱粮已完未完银数,理合恭折具陈,伏乞皇太后、皇上圣鉴,敕部查核施行。谨奏。

朱批:"户部知道。"

光绪三十二年五月初九日。

(《光绪朝朱批奏折》第 76 辑,474)

具陈山东省光绪二十八年分收支历年商课钱粮数目折

头品顶戴、署理山东巡抚、直隶布政使、臣杨士骧跪奏,为山东省光绪二十八年分收支历年商课钱粮数目,恭折仰祈圣鉴事。

窃查,山东历年商课钱粮,例应按年报销,业将光绪二十七年以前之案循例造报在案。兹查,二十八年分山东省历年商课钱粮案内旧管银二万八百八十两一钱五分二厘,又另案银三百七十四两七钱,共银二万一千二百五十四两八钱五分二厘。内除从前借支运本银二万五百二十两,实在旧管银七百三十四两八钱五分二厘,新收无项开除无项实在银七百三十四两八钱五分二厘。据盐运使张连芬造册,详请奏咨前来。臣复查无异,除将清册咨送部科查照外,所有光绪二十八年分收支历年商课钱粮数目,理合恭折具陈,伏乞皇太后、皇上圣鉴,敕部查核施行。谨奏。

朱批:"户部知道。"

光绪三十二年五月初九日。

(《光绪朝朱批奏折》第 76 辑,475)

报销山东省光绪二十七年分商运票引已未销票数分数折

头品顶戴、署理山东巡抚、直隶布政使、臣杨士骧跪奏,为报销山东省光绪二十七年分商运票引已未销票数分数,缮具清单,恭折具奏,仰祈圣鉴事。

窃查,山东应销商运、民运额票十七万一千二百四十道,余票八万三千一百八十道,共额余票二十五万四千四百二十道。内除各商领剩余票八万二千三百七十道,尚应销额票余票十七万二千五十道,内有民运应销三万九百十五道。又胶州、即墨、文登、荣成等州县,因租界占压地亩摊豁,额余票四百七十三道,计豁二毫七丝,下余实应销额余票三万四百四十二道,应完一分七厘七毫。实应销章邱等三十九州县商运额票、余票十四万一千一百三十五道,该完八分二厘三丝,今已销完票十三万六千二百六十五道,计完七分九厘二毫,尚有未完票四千八百七十道,计二厘八毫三丝。系升任盐运使丰伸泰督催,现在上紧严催,容俟催销完日再行具报。至此次商运各州县督销票引一年一官全完核计银数在三百两以上者,应请照案议叙,仍照长芦成案,俟票引解部查销后再请给奖,以昭核实。其分任销完及核计银数不及三百两者,毋庸奖叙。除将清册分别咨送部科查照外,理合缮具清单恭折具奏,伏乞皇太后、皇上圣鉴,敕部核销施行。

再,光绪二十七年应领部票,因庚子年猝遭兵燹,未得颁领,升任抚臣袁世凯奏明,由司发给验单,代票春盐完课,合并陈明。谨奏。

朱批:"户部知道,单并发。"

光绪三十二年五月初九日。

(《光绪朝朱批奏折》第76辑,476)

具陈考核州县结果折

头品顶戴、署理山东巡抚、直隶布政使、臣杨士骧跪奏,为考核州县事实分列等次,缮具清单,恭折具陈,仰祈圣鉴事。

窃照光绪三十九年五月十四日奉上谕"钦奉懿旨,著自本年为始,每届年终,各该督抚将各州县分别优劣,开列简明事实,不准出笼统宽泛考语,奏到后,著交政务处详如查核,分起具奏,请旨惩劝等因。钦此",当经臣将三十年分各州县事实优劣开单奏报在案。本年正在核办间,准政务处咨送章程表式到东,复经臣行司转饬各属遵照查办去后。兹据布政使吴廷斌、提学使连甲、署按察使沈廷杞会详此项课绩表,已据各属遵照定章查填,陆续送司。

该司等查表内所开事实,如学堂、巡警、工艺、种植、命盗、词讼、监押、钱漕,条分缕析,核与月报档案均属相符。复将各员会同认真考核,逐细比较,遵照奏定章程综计各项程度高下,分别三等:学堂,以筹有常年的款规模完备者为上,开设处所学生人数较多,粗具规模者为中,最少者为下。警察、工艺、种植以办有成效者为上,开办者为中,未办者为下。命盗、词讼,以全无或全结者为上,未结不及二成者为中,逾二成者为下。监押以无者为上,较少者为中,多者为下。盗案,以全无或全获者为上,获过半者为中,不及半者为下。钱漕,以全完者为上,欠数少者为中,欠数多者为下。一表之内,上事过半,则列优等,次列平等,次列次等。其办理尤为出色成效昭著者,列最优等。在任不及半年,尚无表现者不列等,亦不出考。统计十府三直州,拟列最优等者四员,拟列优等者二十员,拟列平等者八十员,拟列次等者十一员,按县填订成本等情请咨前来。

臣查,州县为亲民之官,闾阎休戚,政事废兴,悉视州县之得人与否,其机至连,其任匪轻,凡属职膺民社,宜如何争濯奋兴,以仰副朝廷综覈名实勤求民隐之至意。东省牧令不乏循良,类皆赴事程功,勤求治理,惟是风气有通塞,民情有文野,地方有富瘠,情形不免异同,治绩自难划一。兼之滨海临河,偏灾屡告,钱漕岁有征缓,教养倍费经营,询事考功殊未能执此以例彼。臣忝摄封圻察吏是其专责,或才具互有短长,器识各有深浅,自必因材器使,务令各适其宜。综览表册,所开事实核与平时考查均属相符,尚多克称厥职。其中间有举办新政未及完全者,或到任未久,或一时筹款为难,均属情有可原,不得不暂宽责备,仍饬司分别已办未办,督饬推广举行。如查有庸劣不职之员,即行随时参办,以免贻误。除将表册咨呈政务处查核各道府州印结存查外,理合缮单恭折具陈,伏乞皇太后、皇上圣鉴,敕下政务处核复施行。谨奏。

朱批:"政务处知道,单并发。"

光绪三十二年五月二十八日。

(《光绪朝朱批奏折》第 22 辑,573)

请以袁桐调补泰安县知县折

头品顶戴、署理山东巡抚、直隶布政使、臣杨士骧跪奏,为拣员请补要缺知县,以裨地方,恭折仰祈圣鉴事。

窃照泰安县知县李于锴简授沂州府知府,光绪三十二年二月初四日奉旨,应以五日后行文,按东省照减半计算,扣至是月二十三日作为开缺日期,归二月分截缺。所遗泰安县知县缺,系"冲、繁、疲、难"兼四要缺,例应在外拣员调补。该县为附郭首邑,地当孔道,政务殷繁,非精明干练之员不足以资治理。据布政使吴廷斌、署按察使沈廷杞于通省简缺知县内逐加遴选,非现居要缺,即人地未宜,有潍县知县袁桐堪以调补泰安县知县等情会详请奏前来。

臣查,袁桐年四十一岁,镶蓝旗汉军署长海佐领下人,由廪生应光绪十九年癸巳恩科顺天乡试中式举人,二十年甲午恩科会试中式进士,钦点翰林院庶吉士,二十一年乙未散馆以知县即用,十月选授武城县知县,十二月到省,二十二年二月初二日到任,二十八年调补潍县知县,二十九年正月遵赈捐例报捐同知衔,二月初三到任。

该员年强才裕,有守有为,以之调补泰安县知县实于地方有裨益。虽以繁调繁,于例稍有未符,惟潍县兼三之缺,泰安县系附郭兼四之缺,更为繁剧,实在人地相需,例得专折奏请。合无仰恳天恩俯念员缺紧要,准以潍县知县袁桐调补泰安县知县。如蒙俞允,衔缺相当,毋庸送部引见。该员系再调之员,应缴任内罚俸银两已催完缴,所遗潍县知县缺,系兼三繁缺,例应由外拣员调补。除咨部查照外,理合恭折具陈,伏乞皇太后、皇上圣鉴,敕部核复施行。谨奏。

朱批:"吏部议奏。"

光绪三十二年五月二十八日。

具陈光绪二十七八两年分东纲经征商灶票课未完一分以上名单折

头品顶戴、署理山东巡抚、直隶布政使、臣杨士骧跪奏，为查明光绪二十七、八两年分东纲经征商灶票课未完一分以上各员，开单具陈，恭折仰祈圣鉴事。

窃查，前准部咨经征各项钱粮办理奏销，应将未完一分以上各员先行开单奏报，以严稽核等因，历经遵办在案。查，山东盐务征收课款银两，无论官办、商办均归商课案内造报，民运票价向归灶课案内造报。兹查，光绪二十七、八两年商灶课奏销业已咨部，展限所有未完一分以上各员职名任卸起止日期，及额征已未完分数。据盐运使张莲芬开册详请具奏前来。臣复核无异，除饬将未完银两严催清解，并将清册咨部查照外，理合缮具简明清单，恭折具陈，伏乞皇太后、皇上圣鉴，敕部查核施行。

再，光绪二十七、八年分未完引课四分、二分、一分以上之前署宁陵等州县李如芝等十七员，业已先后病故，应免开列，合并声明。谨奏。

朱批："该部知道，单并发。"

光绪三十二年五月二十八日。

（《光绪朝朱批奏折》第 76 辑，480）

请任永清赴曹州镇任总兵新任片

再，前准兵部咨，光绪三十一年二月初二日奉上谕"沈大鳌著调补浙江温州镇总兵，山东曹州镇总兵著任永清调补。钦此。"恭录咨行到东，经臣钦遵咨行在案。嗣任永清交卸直隶正定镇总兵署篆后，由直隶督臣给咨赴东，现已到省，自应赴曹州镇任总兵新任，以重职守。除咨委赴任并照会署理曹镇邢长春卸事回省，暨咨部查照外，理合附片具陈，伏乞圣鉴，训示。谨奏。

朱批："知道了。"

光绪三十二年五月二十九日。

（《光绪朝朱批奏折》第 50 辑，429）

报销修筑山东黄河薄庄两岸堤工并挑挖引河用过工需银两折

头品顶戴、署理山东巡抚、直隶布政使、臣杨士骧跪奏,为报销修筑山东黄河薄庄两岸堤工并挑挖引河用过工需银两,恭折仰祈圣鉴事。

窃查,黄河北岸利津县薄庄地方,于光绪三十年六月间漫溢成口,水由徒骇河入海,河直流畅,不能堵筑,拟于两岸筑堤束水以保完善,挑通引河,以资宣泄,经正任抚臣周馥及臣将办理情形暨完工日期先后奏报在案。兹据河防局司道详称,此次修筑薄庄新堤,并厢扫抛砖及挑挖徒骇引河,统共用过工料土方价值银十八万八两零,照正任抚臣周馥奏案,由工赈捐款项下动用银十八万两,下馀不敷银八两零,业由该局挪垫清楚。所用银两委系实用实销,并无丝毫浮冒,亦无扣存成平银两等情,造具细数清册,加具印结,呈请奏咨前来。臣复核无异,除将册结咨部查照外,理合恭折具陈,伏乞皇太后、皇上圣鉴,敕部核销施行。谨奏。

朱批:"该部知道。"

光绪三十二年五月二十九日。

(《光绪朝朱批奏折》第 100 辑,607)

具陈光绪三十一年山东省征收上下两忙钱粮分数折

头品顶戴、署理山东巡抚、直隶布政使、臣杨士骧跪奏,为光绪三十一年山东省征收上下两忙钱粮,核计分数,恭折具陈,仰祈圣鉴事。

窃查户部定章,各省征收上、下两忙钱粮,丰年以额征为准,灾缓之年以实征为准,均按九分计算。上忙定为四分,下忙定为五分,仍于截数后分忙奏报。上忙能完至四分,下忙能完至五分者,始准免其议处,历经遵办在案。兹据布政使吴廷斌详称,光绪三十一年山东通省州县暨归并卫所起运地丁正耗、同鱼台县湖田升科、地亩正耗,暨庆云县民粮,除被潮碱废、沿河坍塌、堤占沙压,并划归英德租界,暨上忙缓征外,实应征银三百一万八千四百四十九两六钱一分三厘,照章按十分核算。上忙已完解藩库银一百四十八万七千八百两一钱一分一厘,业经臣于上年十一月间奏报在案,今下忙自八月间征起至年底止,除灾缓外,又完解藩库银一百一十九万二千七百四十一两四分五厘。内除灾前溢完蠲额流抵次年正赋银二两八钱五厘,又收起运折色脚价银二千七百二十一两七钱九厘,课程银九十两三钱四分,统计完解藩库正杂银二百六十八万三千三百五十三两五钱五厘。

查光绪三十一年后,灾缓之年应以实征银数为准,统计上下两忙,共征完九分四毫,较之部定应完九分之数有盈无绌,造册呈请,奏咨前来。臣复加查核,银数相符,所有督催职名系现任布政使吴廷斌一任督征。除将清册咨部查照外,理合恭折具陈,伏乞皇太后、皇上圣鉴。谨奏。

朱批:"户部知道。"

光绪三十二年五月二十九日。

(《光绪朝朱批奏折》第 69 辑,443)

临邑县篆文模糊请求更换片

再,官员印信年久,字迹模糊,例应题请更换。兹据临邑县以印信遵用年久,篆文模糊,不足以昭信守,造具印模清册,请予更换新印等情,详由署布政使英瑞具详前来。臣复查无异,除将印模清册咨送礼部查照外,理合附片具奏,伏乞圣鉴,敕部查照,铸造施行。谨奏。

朱批:"礼部知道。"

光绪三十二年五月二十九日。

(《光绪朝朱批奏折》第 22 辑,585)

吴廷斌、黎大钧应饬赴新任片

再,调补山东布政使吴廷斌,现已到省;又简放山东兖沂曹济道黎大钧亦已领凭到东,均应饬赴新任,各专责成。除分檄饬遵并咨部外,谨附片陈明,伏乞圣鉴。谨奏。

朱批:"知道了。"

光绪三十二年五月二十九日。

(《光绪朝朱批奏折》第 22 辑,586)

莱州府知府遗缺应留外拣员请补片

再，准补莱州府知府萧凤文于光绪三十年十二月十二日据报病故，所遗莱州府知府员缺，山东现有应补人员应留外拣员请补，据藩司具详前来。除咨部外，谨附片具陈，伏乞圣鉴。谨奏。

朱批："吏部知道。"

光绪三十二年五月二十九日。

（《光绪朝朱批奏折》第 22 辑，587）

提学使连甲东渡考察学务片

再，前准学部电，提学使出洋游历，已请日本文部讲演教育行政，令转饬速行等因，当即转行，遵照去后。兹据提学使连甲详称，定于六月二十四日束装东渡，考察学务，详请奏咨前来。臣查，该司甫经设立，部署均尚未定，一切应办事宜自应遴委深通学务之员暂行护理。查，有在任候补道、济南府知府吴筼孙，学识开通，讲求时务，前在登州、泰安两府任内，暨调任济南府办理学堂，历著成效，堪以札委兼护，遇有重要事件，仍由臣随时督同经理。除咨部查照外，理合附片具陈，伏乞圣鉴。

再，法政为当务之急，此次提学使连甲出洋，臣查该司素讲新政，并饬该司考察法政，以期回东后得所研究，合并声明。谨奏。

朱批："学部知道。"

光绪三十二年六月。

（《光绪朝朱批奏折》第 105 辑，695）

请添拨防汛经费银仍照旧案在藩库动支片

再，查东省黄河两岸千有余里，险工林立，历年防汛经费不敷应用，例于额拨银六十万两外，添拨抢险经费五万、十万两不等，均经奉旨允准在案。本年桃汛期过，河水叠涨，扫坝时有蛰陷，幸赖料物应手，得以化险为夷。转瞬伏秋，大汛为日方长,三游工长险钜,脱有疏虞,所关非浅,急须多办备防料物,免致临时束手,贻误事机。

查,防汛款项布置,春厢等工所馀无几,不得不预为筹画,与其事急请款,竭蹶堪虞,何若提早宽筹,妥为缮备。应请照案添拨经费,以备抢险要需。据河防局司道详请奏拨前来,臣复核无异,拟请援照成案,添拨抢险经费银五万两,俾济要工。

惟查,此项经费向在藩库动支,光绪三十一、二两年,均准部咨令在工赈捐局照拨,虽经办有案而今年工捐停办,顿失巨款,无可挹注,赈捐收数素少,黄河附近州县多系历年灾区,必须多备赈款,随时前往施放,势无款挪作他项之用,刻下伏汛伊迩,待款孔殷。合无仰恳天恩俯准,将添拨经费银五万两仍照旧案在藩库动支,以维全局。臣仍当督饬工员撙节动用,不准丝毫靡费。除咨部查照外,谨附片陈请,伏乞圣鉴,训示。谨奏。

朱批:"度支部知道。"

光绪三十二年六—七月。

(《光绪朝朱批奏折》第 100 辑,658)

庄洪烈禀请改奖片

再,准吏部咨议奏,安徽省劝办三成赈捐出力各员请奖案内抄单内开山东诸城县知县、在任候选知府庄洪烈,请俟选知府后以道员用。查奏定章程,无论何项劳绩,实缺人员已得有在任候补升阶,只准保俟补升阶后以应升之阶补用,不准层递预保升阶等语。今庄洪烈现任系知县,查知府非知县应升,该员所请奖叙核与定章不符,应令另核奏明请奖等因,当经转行,遵照在案。兹据该员庄洪烈禀请改奖,俟离知县任归知府班后加三品衔,呈由直隶筹赈局转移安徽赈捐局,详请奏咨前来。臣复查,该员庄洪烈所请改奖尚与例章相符。合无仰恳天恩俯准,照拟改奖,以示鼓励。除咨部查照外,理合附片陈请,伏乞圣鉴,训示。谨奏。

朱批:"该部议奏。"

光绪三十二年。

(《光绪朝朱批奏折》第 23 辑,301)

添拨河防经费片

再，东省黄河两岸千有余里，工长险钜，历年防汛经费不敷应用，额拨六十万两外，添拨抢险经费，或五万、十万不等，均经奉旨允准有案。本年桃汛期过，河水叠涨，埽坝时有蛰陷，兼以豫省雨水过多，来源日旺，而防汛款项布置春厢等工所馀无几，亟应照案添拨经费，购置备防料物，堆储工次，为未雨绸缪之计。

据河防局司道详请奏拨前来，臣复核无异，拟请援照成案，添拨抢险经费五万两，以济要需。惟查此项经费向在藩库动支，上年因奏请加拨十万两，是以在工赈捐局及藩库内各拨五万，嗣准户部来咨，令将上年所拨藩库之五万两，亦改由工赈捐款内动拨，不得动用藩库银款。维时大汛已过，藩库款项早已拨用，因思此系历年照拨之款，既经动用无存，应请仍在藩库款内支销。至本年加拨经费五万两，自应遵照部文，在工赈捐款内动支，但捐项收数日微，而此项例拨之款又系河工要需，以后应在何处筹拨，容由臣随时体察情形，奏明办理。目今款项支绌，筹措维艰，臣自当督饬工员撙节拨用，既不敢稍滋糜费，亦不敢贻误要工。除咨部查照外，理合附片陈明，伏乞圣鉴，训示。谨奏。

朱批："户部知道。钦此。"

光绪三十二年六月初二。

（《杨文敬公奏议》卷二）

报销山东省光绪二十九年分民运票引销完票数分数折

头品顶戴、署理山东巡抚、直隶布政使、臣杨士骧跪奏，为报销山东省光绪二十九年分民运票引销完票数分数，恭折仰祈圣鉴事。

窃查，山东应销安邱等十八州县民运票引销完票数分数应按年奏销，业将光绪二十八年以前之案循例造报在案。兹查，光绪二十九年分山东省应销民运商运额票十七万一千二百四十道，余票八万三千一百八十道，内各商领剩票八万二千三百七十道，尚应销额余票十七万二千五十道。内有章邱等商运三十九州县应销额票余票十四万一千一百三十五道，该完八分二厘三丝，应行另案奏销，实应销安邱等民运十八州县额票余票三万九百十五道。内有租界占压地亩之胶州摊豁额票三十九道，即墨县摊豁额票二百一十一道，文登县摊豁额票一百道，余票六十四道,荣成县摊豁额票五十四道,余票五道,共四百七十三道,计豁二毫七丝,应随同销完残票并存剩余票一并奏销,其余实销额余票三万四百四十二道,该完一分七厘七毫,现已催销全完,内除应征银数未及三百两者,照例均不请叙外。

所有光绪二十九年征银在三百以上之安邱县知县柳恩城、莱阳县知县庄纶仪,及前官并未征解接任之员、一官全完一年票引之代理诸城县候补知州朱鋆、掖县知县瑑璐,核与议叙之例相符,应该随同商运票引奏销案内一并汇销议叙,以示鼓励。据盐运使张莲芬造册,具详前来。臣复查无异,除将清册送部查外,理合恭折具陈,伏乞皇太后、皇上圣鉴,敕部核销施行。谨奏。

朱批:"户部知道。"

光绪三十二年七月。

(《光绪朝朱批奏折》第 76 辑,487)

交纳第一百八十五结一成半出使经费银片

再,前据登莱青胶道、东海关监督蔡汇沧禀报,前奏总理各国事务衙门奏准,添拨出使经费,令各关将洋税六成、商局税六成各作为十成提出一成半存作出使经费,全数解沪等因。前已解至第一百八十四结止,兹将第一百八十五结提出一成半出使经费银一万三百五十一两零,饬委候补把总张国昌于光绪三十二年十二月十八日解赴江海关道衙门交纳。臣复查无异,除分咨外,理合附片具陈,伏乞圣鉴。谨奏。

朱批:"该部知道。"

光绪三十三年七月。

(《光绪朝朱批奏折》第 74 辑,763)

交纳光绪三十年分内务府部分经费银片

再,据布政使吴廷斌详报,光绪三十年分应解内务府经费银二万两,前已解过经费银一万两,平馀银二百五十两,抬费等项银八十两,业经奏报在案。兹又于地丁等款项下解银一万两,平余银二百五十两,抬费等项银八十两,饬候补知县吕耀鼎赴内务府交纳等情。臣复查无异,除分咨查照外,谨附片陈明,伏乞圣鉴。谨奏。

朱批："该衙门知道。"

光绪三十二年七月。

（《光绪朝朱批奏折》第 90 辑，590）

禹城县知县李定涛病故遗缺应扣归外补片

再，据布政使吴廷斌详称，禹城县知县李定涛据报于光绪三十二年七月十五日在任病故，所遗禹城县知县员缺，东省现有应补人员应扣归外补等情，请奏前来。臣复查无异，除分咨吏部、江苏抚臣查照外，谨附片陈明，伏乞圣鉴。谨奏。

朱批："吏部知道。"

光绪三十二年七月。

（《光绪朝朱批奏折》第 22 辑，750）

请以蒋楷补授濮州知州折

头品顶戴、署理山东巡抚、直隶布政使、臣杨士骧跪奏，为拣员请补要缺知州以裨地方，恭折仰祈圣鉴事。

窃照濮州知州王锺秀，于光绪三十二年四月十六日病故，应以病故之日作为开缺日期，归是月分截缺，业经臣奏咨开缺在案。所遗濮州知州员缺，系"繁、疲、难"兼三题调要缺，例应由外拣员请补。据布政使吴廷斌、署按察使沈廷杞查，有候补知州蒋楷堪以请补等情，会详请奏前来。

臣查，蒋楷年五十二岁，湖北荆门州人，由优廪生考取光绪十一年乙酉科拔贡，十二年恭应朝考，取列一等第二名，奉旨以知县分发山东试用，领照到省。十四年因堵筑惠民县姚家口合龙案内出力，保准免补知县，以知州用。十八年因在东平州署任内拿获邻境盗犯，议叙加一级纪录一次，奉部核准。复于十九、二十两年，因黄河抢险案内出力，保准俟补缺后以直隶州用。二十二年题补莒州知州，二十三年六月到任。旋因二十二、二十三两年堵筑西韩家等处合龙案内出力，保准俟补直隶州后以知府用。二十五年三月调署平原县知县，九月以拳匪在境滋事奏参奉旨革职，永不叙用。二十八年，经湖广督臣张之洞、升任湖北抚臣端方以该员被参冤抑会奏吁恳销去"永不叙用"字样，开复原官升阶，钦奉谕旨允准，给咨赴部，带领引见。三十年三月初二日奉旨"蒋楷著准其开复原官，仍发原省照例用。钦此"。四月，领照回东。

该员老成谙练，学识俱优，以之请补濮州知州实于地方有裨，与例亦属相符，合无仰恳天恩俯准，以候补知州蒋楷补授濮州知州。如蒙俞允，该员衔缺相当，毋庸送部引见，亦毋庸声叙参罚。除咨部查照外，理合恭具陈，伏乞皇太后、皇上圣鉴，敕部核复施行。谨奏。

朱批："吏部议奏。"

光绪三十二年七月初二日。

（《光绪朝朱批奏折》第 22 辑，662）

报销山东省光绪二十九年分德常二仓钱粮收支数目折

头品顶戴、署理山东巡抚、直隶布政使、臣杨士骧跪奏，为报销山东省光绪二十九年分德、常二仓钱粮收支数目，恭折仰祈圣鉴事。

窃查，东省德、常二仓钱粮银米例应按年报销，业将光绪二十八年以前之案循例造报在案。兹查，光绪二十九年东省德、常二仓收支本折等项钱粮售管项下，二十八年奏销案内积存本色正耗等米四万一千九百九十四石五斗六升六合九勺，折色银十千二百七十五两一钱九分四厘，新收项下本色月粮并本色正耗麦改斛尖等米二万五千八百四十二石一斗八升七勺，内除各州县兑支各营兵丁月粮米八千四百二十七石七升四合四勺，应另在兵粮案内造报外，实共征完解仓米一万七千四百一十五石一斗六合三勺，折色正耗月粮并麦改成小麦粟米屯粮商税等银六万九百一十二两三钱四分九厘，内除各州县兑各营兵丁月粮银七千三百二十六两四钱六厘，应另在兵粮案内造报，实共征完解仓银五万三千五百八十五两九钱四分三厘，连旧管共米五万九千四百九石六斗七升三合二勺，共银五万四千八百六十一两一钱三分七厘，开除项下支过驻德满营官兵俸饷月粮暨仓夫工食等米一万一千七百三十二石二斗二升三合九勺，拨武卫右军月饷并解偿款河防经费等项共银五万三千四百一两钱七分，实存本色正耗等米四万七千六百七十七石四斗四升九合三勺，折色银一千四百五十九两二钱六分七厘。据督粮道周开铭造具册结咨，由布政使吴延斌加结，核转前来。臣复核无异，除将册结咨部外，谨恭折具陈，伏乞皇太后、皇上圣鉴，敕部查核施行。谨奏。

朱批："户部知道。"

光绪三十二年七月初二日。

(《光绪朝朱批奏折》第 91 辑，516)

具陈山东省光绪二十九年分收支历年灶课钱粮数目折

头品顶戴、署理山东巡抚、直隶布政使、臣杨士骧跪奏，为山东省光绪二十九年分收支历年灶课钱粮数目，恭折仰祈圣鉴事。

窃查，山东历年灶课钱粮例应按年奏报，业将光绪二十八年以前之业循例造报在案。兹查，光绪二十九年分山东省历年灶课钱粮案内旧管共银二十四两九钱四分五厘，新收共银一钱八分六厘。又，起解钱粮案内余平银两旧管无项、新收，共银三千一百二十两四钱五分；开除，共银三千一百二十两四钱五分，实在无项。据盐运使张莲芬造册，详请奏咨前来。臣复查无异，除将清册送部查照外，所有光绪二十九年分收支历年灶课钱粮数目，理合恭折具陈，伏乞皇太后、皇上圣鉴，敕部查核施行。谨奏。

朱批："户部知道。"

光绪三十二年七月初三日。

(《光绪朝朱批奏折》第 76 辑，485)

具陈山东省光绪二十九年分民运灶课钱粮收支数目折

头品顶戴、署理山东巡抚、直隶布政使、臣杨士骧跪奏，为山东省光绪二十九年分民运灶课钱粮收支数目，恭折仰祈圣鉴事。

窃查，山东额征商灶正杂盐课等项钱粮，除有商州县应完课款银两遵照先课后监章程，分别征收，另案造报外，其无商民运票介向系摊入地亩征解，民佃盐课历随民粮地丁一律催征，应仍照案奏销，以符定制。查，光绪二十九年灶课等项钱粮数旧管无项、新收，共银一万八千七百九十九两六钱二分；开除，共银一万八千七百九十九两五钱一分；实在，共银一钱一分。又，应征耗羡银两旧管无项、新收，共银二百二十五两二钱五分八厘；开除，共银二百二十五两二钱五分一厘；实在，共银七厘。据盐运使张莲芬造册详请，奏咨前来。臣复查无异，除将结送部查照外,所有光绪二十九年分民运灶课钱粮收支数目,理合恭折具陈,伏乞皇太后、皇上圣鉴,敕部查核施行。谨奏。

朱批:"户部知道。"

光绪三十二年七月初三日。

(《光绪朝朱批奏折》第 76 辑,486)

恭报光绪三十二年闰四月分雨泽情形并呈粮价清单折

头品顶戴、署理山东巡抚、直隶布政使、臣杨士骧跪奏,为恭报光绪三十二年闰四月分雨泽情形并呈粮价清单,恭折具奏,仰祈圣鉴事。

窃查,光绪三十二年闰四月分山东省各属雨泽粮价,经臣查明开单奏报在案。兹查,本年闰四月分通省一百七州县除历城、长山、新城、德州、乐陵、平度、蓬莱、黄县、福山、栖霞、招远、文登、海阳、荣成、武城等十五州县未报得雨之外,其余章丘等九十二州县先后报于月之上旬初二、初四、初十,中旬十一、十二、十四、十七、二十,下旬二十三、二十四、二十七、二十八等日各得雨一、二、三、四、五寸及深透不等,晚禾普律耕种,早禾日益滋长,地方民情均极安谧,堪以仰慰宸厪。谨将各属市集粮价缮具清单,恭折具陈,伏乞皇上、皇太后圣鉴。谨奏。

朱批:"知道了。"

光绪三十二年七月初三日。

(《光绪朝朱批奏折》第 97 辑,719)

具陈光绪二十九年分东纲经征商课未完一分以上名单折

头品顶戴、署理山东巡抚、直隶布政使、臣杨士骧跪奏,为查明光绪二十九年分东纲经征商课未完一分以上各员,开单具陈,恭折仰祈圣鉴事。

窃查,前准部咨,经征各项钱粮办理奏销,应将未完一分以上各员先行开单奏报,以严稽核等因,历经遵办在案。兹查,二十九年商灶课未完一分以上各员,除灶课并无未完在一分以上银两,应免造报外,所有商课未完一分以上各员任卸起止日期及额征已未完分数,据盐运使张连芬开册,详请具奏前来。臣复查无异,除饬将未完银两严催清解,并将清册咨部查照外,理合缮具简明清单,恭折具陈，伏乞皇太后、皇上圣鉴，敕部查核施行。

再，未完引课四分、二分、一分以上之前署鹿邑等州县王豫徽等三员，业已先后病故，应免开列，合并陈明。谨奏。

朱批："户部知道。"

光绪三十二年七月初五日。

（《光绪朝朱批奏折》第 76 辑，488）

具陈山东南运各州县光绪二十五年分已、未销盐引数目折

头品顶戴、署理山东巡抚、直隶布政使、臣杨士骧跪奏，为山东南运各州县光绪二十五年分已、未销盐引数目，恭折仰祈圣鉴事。

窃查，东纲南运商邱等十二州县额引，例应按年报销，业将光绪二十四年以前之案循例造报在案。兹查，二十五年分商邱等十二州县应销引十万二千二百一道，现已销引四万二千九百六道，未销引五万九千二百九十五道。现在，上紧督催，统俟销完再行造报。据盐运使张莲芬造具已销、未销盐引数目及应行议处各官职名册揭，详请奏咨前来。臣复核无异，除将册揭送部查照外，所有南运各州县光绪二十五年分已、未销盐引数目，理合恭折具陈，伏乞皇太后、皇上圣鉴，敕部查核施行。谨奏。

朱批："户部知道。"

光绪三十二年七月初八日。

（《光绪朝朱批奏折》第 76 辑，499）

请以胡炜补授邹县知县折

头品顶戴、署理山东巡抚、直隶布政使、臣杨士骧跪奏，为拣员请补知县员缺，以资治理，恭折仰祈圣鉴事。

窃照邹县知县宋朝桢，调补菏泽县知县，接准部咨，于光绪三十二年闰四月初四日奉旨，应以五日后行文。按东省照限减半计算，扣至是月二十三日，作为开缺日期，归闰四月分截缺。是月分只此一缺，毋庸掣签，例应按班序补。查定章，曾任实缺丁忧服满分发人员，道府以至未入流，如遇选缺出时，除坐补原缺、

裁缺即用、回避即用、新选新补之留省另补，均仍照定例先尽请补外，其余无论何项到班，先将此项人员尽数请补，均不积各项班次之缺等语。今此一缺，东省现无坐补原缺、裁缺即用、回避即用、新选新补之留省另补。据布政使吴廷斌、提学使连甲、署按察使沈廷杞查，有实缺丁忧起复、分发原省补用知县胡炜，堪以请补邹县知县等情，会详请奏前来。

臣查，胡炜，年四十五岁，浙江山阴县人，由附生应光绪八年壬午科本省乡试中式举人，十二年十二月遵例报捐新班，选用知县。十五年四月选授山东蓬莱县知县，六月由浙江藩库筹议河南河工用款案内报捐同知升衔，七月到省。十六年正月到任，二十一年四月奏明撤回开缺，留省另补。二十二年二月题补博山县知县，饬赴新任，旋因赵家莱园、吕家洼西、韩家等处河工堵口案内出力，保准以直隶州知州在任升用。二十八年调署禹城县知县，二十九年四月在山东工赈捐案内报捐花翎，五月十九日在禹城署任内闻讣，丁母忧，开缺回籍守制，服阕起复，仍归原省补用。三十一年十月十七日引见，奉旨"著照例发往。钦此。"十月，领照回东。

该员明白安详，讲求吏治，以之请补邹县知县，实堪胜任，与例亦符。合无仰恳天恩俯准，以实缺丁忧起复、分发原省补用知县胡炜，补授邹县知县。如蒙允，该员衔缺相当，毋庸送部引见，亦毋庸声叙参罚。除咨部查照外，理合恭折具陈，伏乞皇太后、皇上圣鉴，敕部核复施行。谨奏。

朱批："吏部议奏。"

光绪三十二年七月十一日。

（《光绪朝朱批奏折》第 22 辑，681）

报销山东省赈捐、工捐收支各款折

头品顶戴、署理山东巡抚、直隶布政使、臣杨士骧跪奏，为汇案报销山东省赈捐自光绪二十六年起，工捐自二十八年起，至三十一年止，收支各款，开单恭折仰祈圣鉴事。

窃查，前准户部咨令将各项赈捐常捐，自二十六年起共收银若干，归何项动用，分年分款开单，限三个月送部核办等因，当即转饬工赈局遵办去后。兹据该局司道详称，查东省六府二州滨临黄运两河，迭遭水患，户鲜盖藏，一遇灾歉即须工赈兼施，司道各库比年用款倍多，入不敷出，罗掘已空，全赖赈捐藉资挹注，而赈捐开办积久，势成弩末，加以庚子乱际，人怀观望，劝集益难。惟当时事机亟迫，东省居南北要冲，筹备地方事宜刻不容缓，需款自多。且遭乱徙避者麇集一时，颠沛穷途，设令迫以饥寒，难保不滋生事变，因寓防范之意于拯济之中，当经前抚臣于省城东西两关及德州、齐河、武定、临清等处分设粥厂，广为收养。并于登、莱、青、沂四府举行平粜，暨将被扰民教、灾区黎庶多方抚恤，闾阎始获乂安而所费浩繁，不能不百计腾挪，以顾大局。

迨地方渐就安谧，流民相率归农，乃复波臣为虐，河决成灾。仰蒙深宫转念灾民，恩赏赈银十万两，并开办七项捐输，昏垫馀生得免转乎沟壑。五成赈捐旋又奏准减为四成，然各省办法不一，捐生趋避又熟，幸赖宁、沪、粤、津、东省劝捐各局员劳瘁不辞，竭力设法劝办，集成巨数，于是二十六、七间，各项移缓就急之款甫得逐渐归偿。维时因民埝有碍河流，前抚臣奏明迁民拆埝，河身展拓宽畅，堤身亦如高培厚，藉资屏蔽。所有挑筑河堤经费以及购地、建房、移家、凿井各项津贴尤属不资。又如别省灾歉频仍，乞资协办济，兼筹并顾，出款复增。故前此数年动用款项既钜且繁，而本省外省之蚩蚩子遗受益实非浅鲜，此赈捐用项之详细情形也。

若夫七项捐输，自光绪二十八年奏准开办以来，所有冯工、刘工、宁工、王工、堵口并抢险敷及购买砖石，培修堤工，各项经费均取给于此，此工捐用款之实在情形也。现遵部文具四柱清单，详请奏咨前来。臣复查，册开收支各款均属相符。除将清单送部查照外，谨缮简明清单，恭折具陈，伏乞皇太后、皇上圣鉴，敕部核销施行。谨奏。

朱批："户部知道，单并发。"

光绪三十二年七月十一日。

（《光绪朝朱批奏折》第 32 辑，319）

报销山东省光绪三十年分民运票引销完票数分数折

头品顶戴、署理山东巡抚、直隶布政使、臣杨士骧跪奏，为报销山东省光绪三十年分民运票引销完票数分数，恭折仰祈圣鉴事。

窃查，山东应销安邱等十八州县民运票引销完票数分数，例应按年奏销，业将光绪二十九年以前之案循例造报在案。兹查，光绪三十年分山东应销民运、商运额票十七万一千二百四十道，余票八万三千一百八十道，内除各商领，剩票八万二千三百七十道,尚应销额票、余票十七万二千五十道。内有章邱等商运三十九州县应销额票、余票十四万一千一百三十五道,该完八分二厘三丝,应行另案奏销,实应销安邱等民运十八州县额票、余票三万九百十五道,内有租借占压地亩之胶州摊豁额票三十九道,即墨县摊豁额票二百一十一道,文登县摊豁额票一百道,余票六十四道,荣成县摊豁额票五十四道,余票五道,胶州铁路占压地亩摊豁额票三道,共摊豁额票四百七十六道,计豁二毫八丝,应随同销完残票并存剩余票一并缴销。其实销售额票、余票三万四百三十九道,该完一分七厘六毫九丝。

现已催销全完,内除应征银数未及三百两者,照例均不请叙外,所有征银在三百两以上之代理诸城县候补知州朱鋆、掖县知县璩璐、莱阳县知县庄纶仪,及前官并未征解接任之员一官全完一年票引之署安邱县知县袁桐,核与议叙之例相符,应俟随同商运票引奏销案内一并汇请议叙,以示鼓励。盐运史张莲芬造册,据详前来。臣复查无异,除将清册送部查照外,理合恭折具陈,伏乞皇太后、皇上圣鉴,敕部核销施行。谨奏。

朱批:"户部知道。"

光绪三十二年七月十一日。

(《光绪朝朱批奏折》第76辑,490)

具陈山东北运各州县经征光绪二十九年分正杂商课钱粮已未完银数折

头品顶戴、署理山东巡抚、直隶布政使、臣杨士骧跪奏,为山东北运各州县经征光绪二十九年分正杂商课钱粮已未完银数,恭折仰祈圣鉴事。

窃查,山东北运各州县经征正杂商课银两例应按年报销,业将光绪二十八年以前之案,循例造报在案。兹查,二十九年分北运历城等九十三州县应报销额引二十九万八千二百九十九道,应征引课银七万三千一百七两一钱二分一厘,应销额票十四万一千一百三十五张,应征票课银三万一千一十五两二钱四分三厘。又,应征杂项银二万五千二百二十三两八钱二分四厘,现已征完引课银六万三千九百七十二两九钱八分七厘,未完银九千一百三十四两一钱三分四厘。又,已完票课银三万四百六十两五钱八分八厘,未完银五百五十四两六钱五分五厘。又,已完杂项银一万七千三百八十八两一钱一分六厘,未完银七千八百三十五两七钱八厘。统计光绪二十九年正杂商课钱粮旧管无项新收银十一万一千八百二十一两六钱九分一厘,开除银十一万一千五百五十四两九钱六分二厘,实在银二百六十六两七钱二分九厘。据盐运史张莲芬造具已未完银数职名细册及四柱总册,详请奏咨前来。臣复核无异,除将清册送部查照外,所有北运各州县经征光绪二十九年分正杂商课钱粮已未完银数,理合恭折具陈,伏乞皇太后、皇上圣鉴,敕部查核施行。谨奏。

朱批:"户部知道。"

光绪三十二年七月十三日。

(《光绪朝朱批奏折》第76辑,493)

具陈山东南运各州县经征光绪二十九年分商课钱粮已未完银数折

头品顶戴、署理山东巡抚、直隶布政使、臣杨士骧跪奏,为山东南运各州县经征光绪二十九年分商课钱粮已未完银数,恭折仰祈圣鉴事。

窃查,山东南运各州县经征商课钱粮,例应按年报销,业将光绪二十八年以前之案,循例造报在案。兹查,二十九年分南运商邱等十三州县应销额引十万二千二百一道,应征引课银二万五千四十七两四钱一分九厘,现已完银一万二千四十一两七钱六分,未完银一万三千五两六钱五分九厘。是年旧管无项新收银一万二千四十一两七钱六分,开除银一万二千四十一两七钱六分,实在无项。据盐运史张莲芬造具已完、未完银数职名清册,详请奏咨前来。臣复查无异,除将清册送部查照外,所有南运各州县经征光绪二十九年商课钱粮已完、未完银数,理合恭折具陈,伏乞皇太后、皇上圣鉴,敕部查核施行。谨奏。

朱批:"户部知道。"

光绪三十二年七月十三日。

(《光绪朝朱批奏折》第76辑,494)

具陈山东省光绪三十年分收支历年灶课钱粮数目折

头品顶戴、署理山东巡抚、直隶布政使、臣杨士骧跪奏,为山东省光绪三十年分收支历年灶课钱粮数目,恭折仰祈圣鉴事。

窃查,山东历年灶课钱粮,例应按年奏报,业将光绪二十九年以前之案循例造报在案。兹查,光绪三十年分山东省历年灶课钱粮案内,旧管共银三钱三厘,新收无项、开除无项、实在银三钱三厘。又,起解钱粮案内余平银两、旧管无项、新收银共银三千一百六两二钱六分五厘,开除银共银三千一百六两二钱六分五厘,实在无项。据盐运史张莲芬造册,详请奏咨前来。臣复查无异,除将清册送部查照外,所有光绪三十年分收支历年灶课钱粮数目,理合恭折具陈,伏乞皇太后、皇上圣鉴,敕部查核施行。谨奏。

朱批:"户部知道。"

光绪三十二年七月十三日。

(《光绪朝朱批奏折》第 76 辑,495)

恭报五月分雨泽情形并呈粮价清单折

头品顶戴、署理山东巡抚、直隶布政使、臣杨士骧跪奏,为恭报光绪三十二年五月分雨泽情形并呈粮价清单,恭折具奏,仰祈圣鉴事。

窃查,光绪三十二年闰四月分山东省各属雨泽粮价,经臣查明,开单奏报在案。兹查,本年五月分通省一百七州县先后上报,于月之上旬初二、初三、初四、初五、初六、初七、初八、初九,中旬十一、十二、十三、十四、十五、十六、十七、十八,下旬二十四、二十五、二十六、二十七、二十八、二十九等日,各得雨一、二、三、四、五寸及深透不等,四野霑足,禾稼滋长,惟低洼之区闻有被水并倒塌房屋,业经散放急赈,酌给津贴,地方民情均尚安谧,堪以仰慰宸廑。谨将各属市集粮价缮具清单,恭折具陈,伏乞皇太后、皇上圣鉴。谨奏。

朱批:"知道了。"

光绪三十二年七月十三日。

(《光绪朝朱批奏折》第 97 辑,725)

请将常例七项捐再行展限一年折

头品顶戴、署理山东巡抚、直隶布政使、臣杨士骧跪奏,为山东七项工捐限满仍难停止,恳再展限一年,以济工需,恭折仰祈圣鉴事。

窃照七项常捐,前于光绪二十八年经升任抚臣周馥奏准开办,由东收捐专作黄河办公之用,上年限满,由臣复由臣先后奏请经部议准再展限一年。计自上年准展后迄今又届一年限满,理应遵照停止,惟东省工赈浩繁,实难议停情形,谨为皇太后、皇上缕析陈之。

查,东省自黄河迁徙以来,滨河各州县濒遭河患,每年必灾,而司道各库每年所入款项总不敷所出之数,一遇偏灾,筹工筹赈拮据异常。二十八年年前,抚臣周馥因冯、刘两工需款浩大,遂创议开办七项工捐,藉资挹注。嗣后宁海庄、王庄、薄庄等处相继漫决,用款孔繁,一无的款,均系设法腾挪,先济要工,事后全赖此项捐输陆续归垫。此工捐年复一年,未能议停之实在情形也。上年仰叨福庇,获庆安澜,满冀此后工需仍可节省,乃本年伏汛盛涨时,上下各游奇险迭出,幸先时督饬工员多购砖石、秸秆,得以随时抢护,化险为夷。且近年各游砖石等项所费固属不赀,加以藩库应支加拨抢险经费银五万两,又奉部咨统归工捐支拨,是每年拨用款项日渐加增,而所收工捐渐成弩末,尚虞不敷,若将此捐依限停止,前项要需实属无款应付。设因料物不敷,漫决为患,动辄需款至数十百万之多,与其拮据于事后,曷若绸缪于未然?

再四筹思,惟有仰恳天恩俯念河工需款紧要,准将常例七项捐再行展限一年,俾济工用而资弥补,由工赈捐局司道详请具奏前来。除咨部查照外,理合恭折具陈,伏乞皇太后、皇上圣鉴,训示。谨奏。

朱批:"户部议奏。"

光绪三十二年七月十五日。

(《光绪朝朱批奏折》第 100 辑,622)

报销山东省光绪二十八年分商运票引已未销票数、分数折

头品顶戴、署理山东巡抚、直隶布政使、臣杨士骧跪奏,为报销山东省光绪二十八年分商运票引已未销票数、分数,缮具清单,恭折仰祈圣鉴事。

窃查,山东应销商运民运额票十七万一千二百四十道,余票八万三千一百八十道,共额、余票二十五万四千四百二十道。内除各商领剩余票八万二千三百七十道,尚应销额票余票十七万二千五十道。内有民运应销三万九百十五道,又胶州、即墨、文登、荣城等州县因租界占压地亩摊豁额、余票四百七十三道,计豁二毫七丝,下余实应销额、余票三万四百四十二道,应完一分七厘七毫。实应销章

邱等三十九州县商运额票、余票十四万一千一百三十五道。该完八分二厘三丝，今已销完票十三万五千一百四道，计完七分八厘五毫三丝，尚有未完票六千三十一道，计未完三厘五毫。内升任盐运使丰伸泰，自正月初一日督催起，至四月初十日止，未完九毫七丝二忽。升任盐运使英瑞，自四月十一日起，至十二月底止，未完二厘五毫二丝八忽。现在上紧严催，容俟催销完日再行具报。

至此次商运，各州县督销票引一年一官全完核计银数在三百两以上者，应请照案议叙，仍照长芦成案，俟票引解部查销后再请给奖，以昭核实。其分任销完及核计银数不及三百两者，毋庸奖叙。除将清册分别咨送部科查照外，理合缮具清单，恭折具陈。伏乞皇太后、皇上圣鉴，敕部核销施行。谨奏。

朱批："户部知道，单并发。"

光绪三十二年七月望。

（《光绪朝朱批奏折》第 76 辑，484）

第三辑

任山东巡抚时期奏议

叩谢天恩吁恳陛见折

头品顶戴、新授山东巡抚、臣杨士骧跪奏，为叩谢天恩，吁恳陛见，恭折仰祈圣鉴事。

窃于光绪三十二年七月十四日电传邸钞，钦奉上谕"杨士骧著补授山东巡抚。钦此。"跪诵之下，感悚莫名，当即恭设香案，望阙叩头谢恩。伏念臣猥以轻材，擢兹疆篆，抚有青齐旧履，逾年而报最未逾。擢由画省清班，频岁而迁官不次，乃膺简命，遽予真除，叠承湛露之醲，益懔专圻之重。

查，东省毗连畿辅，控辖河流，首重安澜，兼筹弭盗，通航胶澳，邻交近际，和平关埠，济潍商界，自兴权利，比读九重之明诏，行将百度以更新。钜艰较倍曩时，竭蹶尤难胜任。回溯屏藩甸服，愧述职之多疏，遥瞻咫尺天颜，愿觐光而倍切。惟有仰求陛见，俾遂愚诚，宸训亲聆，循箴加勉，平章行省，本官山府海以图强，指授机宜，秉奋武揆文而布宪。如蒙俞允，拟俟霜清后即启程北上。所有微臣感激下忱暨吁恳陛见缘由，理合恭折叩谢天恩，伏乞皇太后、皇上圣鉴，训示。谨奏。

朱批："毋庸来见。"

光绪三十二年七月十六日。

（《光绪朝朱批奏折》第 22 辑，695）

具陈各属已、未结交代缘由折

头品顶戴、山东巡抚、臣杨士骧跪奏，为各属交代循章半年汇报，分别已结、未结，缮单恭折，仰祈圣鉴事。

窃查，山东各州县交代，前经奏明查办二参，凡有亏空立即参办，每届半年汇报一次，限内算明应交款项者勒限一个月完缴，逾期不完即行参追，并照新章一任一清，不准有一官两任交代名目加展限期，历经遵办在案。兹查，光绪三十一年七月初一日起至十二月底止，又届半年汇报之期，据布政使吴廷斌造册详请具奏前来。臣复加查核，上次开报勒限完缴者四员：前昌乐县知县朱照已将欠款解清；前曲阜县知县朱行祺病故之后，该家属陆续变产完缴，现在尚未解清；前代理德平县知县许廷瑞，除解下欠银数无多，现俱勒限严催完，倘敢再延，即行参追；

又前署惠民县知县丁乃清,欠款迄今仍未解清,应即由司另详参追。

此次新案交代自光绪三十一年七月初一日起至十二月底止,统计结报四十一案,内有前署应城县知县叶宝昌、前署昌邑县知县涂绍光、前署嘉祥县知县萧方骏、前栖霞县知县韩寿椿、前莱芜县知县方名洋,各有欠款,或为数无多,或缺本清苦,或以丁忧卸事,或因另案参革,今若遽予参追,未免过行刻核,且反杜其借贷之门,于公款仍无裨益,拟再勒限一个月,严催完缴,倘逾限不完,再行分别参办。其余三十六起俱系各清各任,并无未完银两,调署人员亦无一官两任交代展限之事。所有各属已、未结交代缘由,理合缮具清单祗呈预览。为此恭折具陈,伏乞皇太后、皇上圣鉴。谨奏。

朱批:"户部知道,单并发。"

光绪三十二年七月十八日。

(《光绪朝朱批奏折》第 84 辑,970)

请以黄韩鼎补授城武县知县折

头品顶戴、山东巡抚、臣杨士骧奏,为拣员请补知县员缺,以资治理,恭折仰祈圣鉴事。

窃照城武县知县叶季恺调补滋阳县知县,接准部咨,光绪三十二年四月二十四日奉旨,应以五日后行文,按东省照限减半计算,扣至五月十三日作为开缺日期,归五月分裁缺。是月分只此一缺,毋庸掣签,例应按班序补东省知县升调遣一项。上次肥城县知县一缺系用至分缺间后第二遇缺先止,续出邹县知县一缺以实缺丁忧起复补用知县胡炜请补。今此一缺,东省现无坐补原缺、裁缺即用、回避即用、新选新补、留省另补人员,轮用旧例海防先、海防、即银捐遇缺先、银捐遇缺,均无人。遇班用即用尽先人员。即用尽先班内张学宽,系光绪三十一年八月三十日准咨,尚未扣满一年,例不准补,其馀无人。接用截取尽先人员,截取尽先班内曾广运一员已故,未报,应以即用本班人员请补。查,即用本班名次在先之张燮林、徐炳麟二员均已病故,未据呈报。据布政使吴廷斌、提学使连甲、署按察使沈廷杞查,有名次在后之即用知县黄韩鼎,堪以请补城武县知县等情,会详请奏前来。

臣查,黄韩鼎,年三十九岁,浙江仁和县人,由附生应光绪十四年戊子科本省乡试,中式举人,二十四年戊戌科会试中式贡士,二十九年癸卯科补行复试,原名传鼎,呈改韩鼎,殿试三甲,朝考三等,引见,闰五月初八日奉旨"著以知县用。钦此。"签发山东,嗣丁祖母承重忧,至三十一年十一月服阙,三十二年三月赴京起复,闰四月初六日领照到省。该员年强才裕,吏治勤能,以之请补城武县知县,实堪胜任,与例亦符。如蒙俞允,该员衔缺相当,毋庸送部引见,亦毋庸声叙参罚。除咨部外,谨恭折具陈,伏乞皇太后、皇上圣鉴,训示。谨奏。

朱批:"吏部议奏。"

光绪三十二年七月十八日。

(《光绪朝朱批奏折》第22辑,700)

洪怿孙捐助赈银,请照拟给奖片

再,湖北汉阳县人,原籍安徽泾县,河南候补道洪怿孙,遵其故母一品命妇谈氏遗命捐助顺直赈银一千两,解局兑收济用,据直隶筹赈统捐局司道详请具奏前来。臣查,官绅捐助赈银千两以上者例准奏请建坊,今河南候补道洪怿孙遵其故母遗命,捐助赈银一千两,洵属善承先志,有裨灾区。所捐银数核与建坊之例相符,合无仰恳天恩府准该河南候补道洪怿孙,为其故母一品命妇谈氏在于湖北寄籍、安徽原籍地方自行建坊,给予"乐善好施"字样,以示旌奖,理合附片具陈,伏乞圣鉴,训示。谨奏。

朱批:"著照所请。礼部知道。"

光绪三十二年七月十八日。

(《光绪朝朱批奏折》第32辑,360)

具陈东海关光绪三十一年分抽收洋药厘金动支存剩银数折

头品顶戴、山东巡抚、臣杨士骧奏,为东海关光绪三十一年分抽收洋药厘金动支存剩银数,缮具清单,恭折仰祈圣鉴事。

窃照东海关抽收洋药厘金前经奏明,自一百三十八结以后按节支剩银两移缓就急,专供山东海防军饷,由户部等衙门议准照办。业将光绪三十年十一月二十五日第一百七十七结以前收支银两数目,经臣开单奏报在案。兹据东海监督、登莱青胶道蔡汇沧详称,旧管项下存银七千六百八十两一钱六分二厘九毫二丝八忽,光绪三十年十一月二十六日第一百七十八结起至三十一年十二月初六日第一百八十一结止,按照税厘并征新章统共征收洋药厘金银三万五千四百五十六两零,连旧管共银四万三千一百三十六两零。内除支海防军饷银三万二千额,支洋药缉私并各项善举经费银四千,又洋税章程,每两扣提一分二厘,倾熔火耗银四百二十五两零,共计开除银三万六千四百二十五两零,实剩银六千七百十一两零,存俟续收银两一并分别解支,另行造报等情,造册呈请,奏咨前来。臣复查无异,除将清册分咨外务部暨户部查照核销外,所有东海关光绪三十一年分征收洋药厘金银两并动支存剩各数,谨缮具清单,恭折具陈,伏乞皇太后、皇上圣鉴,敕部核销施行。谨奏。

朱批:"该部知道,单并发。"

光绪三十二年七月十八日。

(《光绪朝朱批奏折》第 74 辑,663)

勘估山东省光绪三十二年分应办运河各工需用银数折

头品顶戴、山东巡抚、臣杨士骧跪奏,为勘估山东省光绪三十二年分应办运河各工需用银数,恭折仰祈圣鉴事。

窃查,山东运河堤岸残缺,河身淤浅,挑浚修防均关紧要。经前任抚臣周馥奏明,删并繁冗名目,减定常年经费,自光绪二十九年为始,每年岁修经费银三万两,抢险经费银二万两,募夫挑工银二万五千两,共银七万五千两,奉旨饬部议,准咨经转行遵办。业将三十一年分应办运河各工勘估银数分别奏咨在案,兹据兖沂曹济道兼管运河事务胡建枢详称,光绪三十二年分运河工程岁修沛鱼济巨嘉东平等汛各工六十二段,计长六千五百二十一丈九尺,应需银二万九千九百九十七两二分八厘。又,抢险峄滕济宁巨嘉汶上等汛各工七十六段,计长七千五百二十八丈三尺,应需银一万九千九百九十八两五钱三分九厘。又,挑挖济滕峄东平汶上巨嘉等汛各工九十八段,计长七千八百九十四丈,应需例津二价银二万四千九百九十三两。以上通共应需银七万四千九百八十八两五钱六分七厘,实属撙节估计,较之原定常年经费有减无增等情,由运河捕河两厅详经该道呈请奏咨前来。臣复核无异,除咨部查照并饬将修过工段用过银数另行造册报销外,所有光绪三十二年分应办运河各工估用银数,谨恭折具陈,伏乞皇太后、皇上圣鉴,敕部核复施行。谨奏。

朱批："该部知道。"

光绪三十二年七月十八日。

(《光绪朝朱批奏折》第 100 辑,614)

胶州直隶州知州遗缺容即拣员请补片

再,据布政使吴廷斌详称,胶州直隶州知州余则达,于光绪三十二年八月二十四日在任闻讣,知亲父于八月初六日在安徽原籍病故。该员系属亲子,例应丁忧,所遗胶州直隶州知州员缺,系"冲、繁、难"兼三外调要缺,容即拣员请补等情,请奏咨开缺前来。除咨吏部暨安徽抚臣查照外,谨附片陈明,伏乞圣鉴。谨奏。

朱批："吏部知道。"

光绪三十二年八月。

(《光绪朝朱批奏折》第 22 辑,828)

交纳东海关四成洋税银两片

再,据登莱青胶道东海关监督蔡汇沧禀,东海关扣出四成洋税银两,前经北洋大臣袁世凯奏拨直隶协饷,饬将前项四成洋税解交天津银钱所兑收等因,此于洋税并商局税四成项下动支银五万两,饬委候补知县张瑞昌,于光绪三十二年七月二十五日赴天津银钱所交纳。臣复查无异,除分咨查照外,理合附片陈明,伏乞圣鉴。谨奏。

朱批："该部知道。"

光绪三十二年八月。

(《光绪朝朱批奏折》第 63 辑,905)

交纳第一百八十三结一成半出使经费银片

再,据登莱青胶道、东海关监督蔡汇沧禀报,前奉总理各国事务衙门奏准添拨出使经费,令各关将洋税六成、商局税六成各作为十成,提出一成半存作出使经费,全数解沪等因。前已解至第一百八十二结止,兹将第一百八十三结提出一成半出使经费银一万四千九百余两,饬委候补知县于鲁,于光绪三十二年八月初五日解赴江海关道衙门交纳。臣复查无异,除分咨外,理合附片陈明,伏乞圣鉴。谨奏。

朱批:"该部知道。"

光绪三十二年八月。

(《光绪朝朱批奏折》第 90 辑,534)

保荐黄国瑄片

再,知府用、在任候补直隶州知州、清苑县知县黄国瑄,年五十二岁,贵州贵筑县人,由议叙通判改捐知县,指分直隶试用,光绪十九年到省,因在永定河大工合龙出力,并办理海运等案内历保归候补班补用加同知衔,并俟补知县后以直隶州知州补用,历经委署高阳、高邑、博野、清丰等县知县、围场厅同知,奏补定兴县知县。因前在东明黄河两届安澜在事出力,保俟补直隶州后以知府用。三十年,升任督臣袁世凯考察该员治行最优,奏奉传旨嘉奖,调补清苑县知县,是年考核州县事实,列入最优等加考,复奏以应升之缺升用。三十二年,奏保贤能,奉朱批"著交军机处存记。钦此。"是年大计,保荐卓异,经部核准,查最优等及卓异人员均应赴部引见。兹据该员禀请,并案给咨前来。

臣查,该员精明干练,为守兼优,历任繁剧,所至有声,升任督臣袁世凯已将其治行贤能先后奏陈,久在朝廷洞鉴。三十年考核事实,列等最优,三十三年举行大计后膺卓异,其才堪重用,实为守令中不可多得之员。理合详叙事实,给咨送部引见,恭候恩施。谨附片具陈,伏乞圣鉴,训示。谨奏。

朱批:"吏部知道。"

光绪三十二年八月初八日。

(《光绪朝朱批奏折》第 25 辑,498)

具陈山东北运各州县卫光绪二十五年已未销盐引数目折

头品顶戴、山东巡抚、臣杨士骧跪奏,为山东北运各州县卫光绪二十五年已、未销盐引数目,恭折抑祈圣鉴事。

窃查,东纲南北两运应销额引五十万五百道,内除奏准永减引十万道,尚应销引四十万五百道。又除南运各州县应销引十万二千二百一道,遵章剔除另案奏报外,所有北运各州县卫实应销引二十九万八千二百九十九道,例应按年报销,业将光绪二十四年以前之案,循例造报在案。兹查二十五年分,山东北运历城等五十五州县卫,应销引二十九万八千二百九十九道,内除泰安被失引二百二十六道,荷泽被失引四百三十七道,共六百六十三道,尚应销引二十九万七千六百三十六道。现已销引二十二万六千二百二十一道,未销引七万一千四百一十五道,现在上紧督催统,俟销完再行造报,据盐运使张莲芬造具,已销、未销引数分数及议叙议处各官职名册,揭详请奏咨前来。臣复核无异,除将册揭送部查照外,理合恭折具陈,伏乞皇太后、皇上圣鉴,敕部查核施行。谨奏。

朱批:"户部知道。"

光绪三十二年八月初八日。

(《光绪朝朱批奏折》第 76 辑,498)

请以汪福荫试署兖州府捕河通判折

头品顶戴、山东巡抚、臣杨士骧跪奏,为拣员请署通判员缺以裨河防,恭折仰祈圣鉴事。

窃照兖州府捕河通判高凌云升补运河同知,接准部咨,于光绪三十一年九月十八日奉旨,应以五日后行文,按东省照限减半计算,扣至十月初八日作为开缺日期,归十月分截缺。所遗兖州府捕河通判,系管河要缺,惟河缺前经分别裁留,只此一缺,无可拣调,即应照章序补。查,东河通判一项,前准河南抚臣奏明,分发开单来咨,系用至新海防先止,再有缺出,先尽正班到班。今此一缺,东省现无坐补原缺、裁缺即用、回避即用、新选新补、留省另补、实缺丁忧起复,并钦奉特旨留工以及郑工遇缺先、新海防遇缺先、旧例海防、先海防、即银捐遇缺先、银捐遇缺,均无人,应用先尽班人员。据布政使吴廷斌、兖沂曹济兼管运河道胡建枢会查,有先尽班补用通判汪福荫,堪以试署等情,详奏前来。

臣查,汪福荫,年四十岁,江苏金匮县人,由监生于光绪十五年报捐州同,指分东河试用,十月到工。二十一年,咨补效力额缺。二十二年,咨署东平州州同。二十三年,因豫河两届安澜尤为出力案内保准以通判在任候补。二十五年七月,题准实授,旋在山东赈捐案内核奖花翎。二十七年,因催趱漕船出力,保加四品衔。二十九年二月闻讣，丁父忧开缺，服满起复。三十一年八月，赴部验到，带领引见。九月初六日，奉旨"著照例用。钦此。"是月二十六日，领照回工。

该员年强才裕，熟悉修防，以之试署兖州府捕河通判，均堪胜任，与例亦符。合无仰恳天恩俯准，以先尽班补用通判汪福荫试署兖州府捕河通判，以裨河防。如蒙俞允，衔缺相当，毋庸送部引见，亦毋庸声叙参罚。该员在任在工均无应赔分赔银两，仍俟试署一年，果能胜任，再行保请实授，恭候钦定。除咨部查照外，谨恭折具陈，伏乞皇太后、皇上圣鉴，敕部核复施行。谨奏。

朱批："吏部议奏。"

光绪三十二年八月初八日。

（《光绪朝朱批奏折》第 22 辑，771）

具陈山东省光绪三十年分民运灶课钱粮收支数目折

头品顶戴、山东巡抚、臣杨士骧跪奏，为山东省光绪三十年分民运灶课钱粮收支数目，恭折圣鉴事。

窃查，山东额征商灶正杂盐课等项钱粮，除有商州县应完课款银两遵照先课后盐章程分别征收，另案造报外，其余商民运票价向系摊入地亩征解，民佃盐课历随民粮地丁一律催征，应仍照案奏销，以符定制。查，光绪三十年灶课等项钱粮、旧管无项、新收，共银一万八千八百三十五两六钱三分一厘，开除共银一万八千八百三十五两一钱七分四厘，实在银四钱五分七厘。又应征耗羡银两、旧管无项、新收，共二百二十七两二钱六分七厘，实在无项。据盐运使张莲芬造册，详请奏咨前来。臣复查无异，除将册结送部查照外，所有光绪三十年分民运灶课钱粮收支数目理合恭折具陈，伏乞皇太后、皇上圣鉴，敕部查核施行。谨奏。

朱批："户部知道。"

光绪三十二年八月初八日。

（《光绪朝朱批奏折》第 76 辑，500）

奏报六月分雨泽情形并呈粮价清单折

头品顶戴、山东巡抚、臣杨士骧跪奏，为奏报光绪三十二年六月分雨泽情形，并呈粮价清单,恭折仰祈圣鉴事。

窃查,光绪三十二年五月分山东各属雨泽粮价经臣查明,开单奏报在案。兹查六月分通省一百七州县,除惠民、单县、定陶、濮州、观城、沂水、潍县、栖霞、招远、海阳等十一州县未报得雨水外,其馀应城等九十六州县先后据报,于六月上旬初四、初五、初八、初十、中旬十一、十二、十四、十五、十六、十七、二十,下旬二十一、二十二、二十三、二十四、二十五、二十六、二十九、三十等日,各得雨一、二、三、四、五寸及深透不等,高原沾足,禾苗吐秀,惟沿海间有被水被虫之处,晚禾难免受伤,已饬司分别委勘,归入秋灾案内办理,以纾民力。现在地方民情尚称安谧,堪以仰慰宸廑,谨将各属市集粮价缮具清单,恭折具陈,伏乞皇太后、皇上圣鉴。谨奏。

朱批:"知道了。"

光绪三十二年八月十三日。

(《光绪朝朱批奏折》第 97 辑,738)

具陈光绪三十一年分经征钱粮未完一分以上人员名单折

头品顶戴、山东巡抚、臣杨士骧跪奏,为光绪三十一年分经征钱粮未完一分以上之员,缮单具陈,恭折仰祈圣鉴事。

窃查,州县征收地丁钱粮前经户部条奏,应将未完一分以上之员先行开单奏报,以严稽核等因,历经遵办在案。兹据布政使吴廷斌详称,光绪三十一年分各属经征起运存留钱粮,除全完及未完不及一分者仍归奏销案内另行造报外,所有未完一分以上之前署长山县、调补泰安县知县袁桐一员,开册详请具奏前来。臣复查无异,其未完银两仍饬接征之员设法催征,如有续完,另行核办。除清册咨部查照外,谨缮清单,恭折具陈,伏乞皇太后、皇上圣鉴,敕部查核。

再,此案,臣于七月二十九日据布政使详报,合并陈明。谨奏。

朱批:"该部议奏,单并发。"

光绪三十二年八月廿二日。

(《光绪朝朱批奏折》第 69 辑,463)

报销山东省光绪二十九年分商运票引已、未销票数分数折

头品顶戴、山东巡抚、臣杨士骧跪奏,为报销山东省光绪二十九年分商运票引已、未销票数、分数,缮具清单,恭折具奏,仰祈圣鉴事。

窃查,山东应销商运民运额票十七万一千二百四十道,余票八万三千一百八十道,共额余票二十五万四千四百二十道,内除各商领剩余票八万二千三百七十道,尚应销额票余票十七万二千五十道,内有民运应销三万九百十五道。又,胶州、即墨、文登、荣成等州县因租界占压地亩摊豁额余票四百七十三道,计豁二毫七丝,下余实应销余票三万四百四十二道,应完一分七厘七毫丝。实应销章邱等三十九州县商运额票十四万一千一百三十五道,该完八分二厘三丝,今已销完票十三万八千三百八十八道,计完八分四毫三丝四忽,尚有未完票二千七百四十七道,计未完一厘五毫九丝六忽。系升任监运使英瑞督摧,现在上紧严催,容俟催销完日再行具报。至此次商运各州县督销票引一年一官全完核计银数在三百两以上者,应请照案议叙,仍照长芦成案俟票引解部查销后再请给奖,以昭核实。其分任销完及核计银数不及三百两者,应毋庸奖叙。除将清册送部查照外,理合缮具清单,恭折具奏,伏乞皇太后、皇上圣鉴,救部核销施行。谨奏。

朱批:"户部知道,单并发。"

光绪三十二年八月二十二日。

(《光绪朝朱批奏折》第 76 辑,505)

具陈光绪三十年分东纲经征商灶票课未完一分以上人员名单折

头品顶戴、山东巡抚、臣杨士骧跪奏,为查明光绪三十年分东纲经征商灶票课未完一分以上各员,开单具奏,恭折仰祈圣鉴事。

窃查,前准部咨,经征各项钱粮办理奏销应将未完一分以上各员先行开单奏报,以严稽核等因,历经遵办在案。兹查,三十年引票灶课未完一分以上各员职名任卸起止日期及额征已、未完分数,据盐运使张莲芬开册详请具奏前来。臣复查无异,除饬将未完银两严催清解,并将清册咨部查照外,理合缮具简明清单,恭折具奏,伏乞皇太后、皇上圣鉴,救部查核施行。再,未完引票课四分、二分、一分以上之前署考城等县史廷瑞等四员业已先后病故,应免开列,合并陈明,谨奏。

朱批:"该部议奏,单并发。"

光绪三十二年八月二十二日。

(《光绪朝朱批奏折》第76辑,506)

具陈山东南运各州县经征光绪三十年分商课钱粮已完未完银数折

头品顶戴、山东巡抚、臣杨士骧跪奏,为山东南运各州县经征光绪三十年分商课钱粮已完未完银数,恭折仰祈圣鉴事。

窃查,山东南运各州县经征商课钱粮,例应按年报销,业将光绪二十九年以前之案循例造报在案。兹查,三十年分南运商邱等十二州县应销额引十万二千二百一道,应征引课银二万五千四十七两四钱一分九厘,现已完银一万三千六百八两五钱五分七厘,未完银一万四百三十八两八钱六分二厘。是年,旧管无项新收银一万三千六百八两五钱五分五厘,开除银一万三千六百八两五钱五分七厘,实在无项。据盐运使张莲芬造具已完未完银数职名清册,详请奏咨前来。臣复核无异,除将清册送部查照外,所有南运各州县经征光绪三十年分商课钱粮已完未完银数,理合恭折具陈,伏乞皇太后、皇上圣鉴,敕部查核施行。谨奏。

朱批:"户部知道。"

光绪三十二年八月二十四日。

(《光绪朝朱批奏折》第76辑,507)

具陈山东省光绪三十年分收支历年商课钱粮数目折

头品顶戴、山东巡抚、臣杨士骧跪奏,为山东省光绪三十年分收支历年商课钱粮数目,恭折仰祈圣鉴事。

窃查,山东历年商课钱粮,例应按年报销,业将光绪二十九年以前之案循例造报在案。兹查,三十年分山东省历年商课钱粮案内,旧管银二万一千七百七十八两四钱,内除从前借支运本银二万五百二十两,实存旧管银一千二百五十八两四钱,新收无项、开除无项实在银一千二百五十八两四钱。据盐运使张莲芬造册,详请奏咨前来。臣复查无异,除将清册送部查照外,所有光绪三十年分收支历年商课钱粮数目,理合恭折具陈,伏乞皇太后、皇上圣鉴,敕部查核施行。谨奏。

朱批："户部知道。"

光绪三十二年八月二十四日。

（《光绪朝朱批奏折》第 76 辑，508）

曹县知县遗缺容即拣员请补片

再，据布政使吴廷斌详称，曹县知县李光华据报于光绪三十二年八月初二日在任病故。所遗曹县知县员缺，系外调要缺，容即拣员请补等情请奏咨开缺前来。臣复查无异，除分咨吏部暨河南抚臣查照外，谨附片陈明，伏乞圣鉴。谨奏。

朱批："吏部知道。"

光绪三十二年八月。

（《光绪朝朱批奏折》第 22 辑，827）

请准王鸿年就近给咨前赴学部候试片

再，准学部咨，考验游学毕业学生自本年始，每年八月举行一次，通行各省先期按照定章将应考各学生肄业学科、毕业年分并出具考语，奏咨备案，俟试期伊迩，再将该生等咨送前来，以凭考验等因，于光绪三十二年四月二十二日具奏奉旨"依议。钦此。"咨行到臣，当经转行，遵照去后。

兹据山东法政学堂总教习、中书科中书王鸿年禀称，窃职现年三十三岁，浙江永嘉县人，由廪贡生于光绪二十四年十月自备资斧，游学日本，肄习普通学，旋充早稻田大学校学生，习政治经济科，二十七年在顺直捐局报捐中书科中书，经使署补入官费，并咨送东京帝国大学法科大学学习政治学科，仍兼充早稻田大学校学生，于二十八年、三十年先后卒业，领取证书回国。又经四川总督臣锡良派赴日本考察法政、警察事宜，兼监督四川工艺学生，曾在东京帝国大学大学院充大学院学生，研究行政法，并在日本内务省及警视厅考察一切行政、警察事宜，兼赴各地方官厅衙署考察地方自治行政，领取日本东京帝国大学大学院证明书。本年四月二十五日，经出使日本大臣杨枢咨送学部考试有案。现在试期伊迩，职在东省，充当教习，离籍太远，请就近给咨赴试等情，禀请奏咨前来。臣查，该教习热心爱国，品学俱优，于日本宪法学素有讲求，现充当省法政学堂总教习，自应就近由臣咨送考验。除给咨前赴学部候试外，理合附片陈明，伏乞圣鉴，敕部立案。谨奏。

朱批："学部知道。"

光绪三十二年八月。

（《光绪朝朱批奏折》第 105 辑，910）

报销光绪三十一年分山东黄河用过砖石各工银两折

头品顶戴、山东巡抚、臣杨士骧跪奏，为报销光绪三十一年分山东黄河用过砖石各工银两，恭折仰祈圣鉴事。

窃查，山东黄河两岸每年加倍堤身，抛砌砖扫坝，经升任抚臣周馥奏准在加提地粮赢余及续收工捐屯价三项内，察看工情缓急，酌量收数多寡，分年办理。业将光绪三十年分动用过经费银两奏销在案。兹据河防局司道详称，光绪三十一年分上、中、下三游抛护砖石、修砌石坝、加倍堤埝三项，共用过工料价值银二十六万八千十一两零。此项经费照案由藩库加提地粮赢余项下筹拨银十三万两，工捐项下筹拨银二十一万四千九百六十五两零，计共拨银三十四万四千九百六十五两零，内除归还二十九年砖石案内报明不敷挪垫银五万一千一百二十七两零，三十年砖石案内报明不敷挪垫银二万五千八百三十八两零，下余银二十六万八千两尽数动用，尚不敷银十一两零，已由局设法筹垫，仍俟续收工赈捐及屯田缴价之款分别归还，以符原案。所有用过银两，委系实用实销，并无丝毫浮冒及扣存成平等项，造具细数清册，加具印结，呈请奏咨前来。臣复核无异，除将册结咨部查照外，所有光绪三十一年分黄河用过砖石各工银两，理合恭折具陈，伏乞皇太后、皇上圣鉴，敕部核销施行。谨奏。

朱批："该部知道了。"

光绪三十二年八月二十四日。

（《光绪朝朱批奏折》第 100 辑，618）

请准许华德中兴煤矿有限公司自修运煤铁路片

再，前准商部咨，复转据总办峄县华德中兴煤矿有限公司盐运使张莲芬禀称,公司前因陆运艰难,拟添招华德股份,由矿厂至台庄运河自修运煤铁路一条,以资转运。曾经禀请奏明有案,嗣因拳匪滋事,未照原议筹招新股。三十年五月,该公司又酌拟先招华股章程,亦经商部核准,本年六月间因续招华股及公司存款,已集有银四十余万两,遂向德商各洋行妥商拟购钢轨、火车头、车辆等件,约共需价银五十余万两,议定先交现银五成,下余五成作为商借商还之款,分五年归还,常年六厘起息,勿用公家担保,亦不以矿产作押,只将原买各货抵保各等情,禀请咨部核办。核与矿章第十七条相符,惟所筑路线计长九十余里,按照矿章第二十二条,程途在十里以外者,应另行奏请办理等因,咨由臣转饬,遵照并据运司张莲芬禀请核奏前来。

复经臣详加查核,该公司所办煤矿质佳苗旺,成效久著,只因艰于转运,未能即时扩充,兹拟就所招华股暨公司存款,购办料物,自修运煤铁路,系为维持矿政,保全商利起见,且核与奏定矿章相符,应即照章奏明办理。除俟部复核准后,即饬该公司迅派熟悉路工人员详细勘测路线,绘具图说,再行咨送农工商部、邮传部备案外,谨会同北洋大臣直隶总督臣袁世凯附片具陈,伏乞圣鉴。谨奏。

朱批:"该部知道。"

光绪三十二年九月。

(《光绪朝朱批奏折》第 102 辑,725)

刘恩驻百日后,饬令到差视事片

再,沂水县丁忧绅士前花翎二品衔、分省补用道刘恩驻,于光绪二十四年奉旨发往山东办理机器局事宜,光绪三十一年十二月间闻讣报丁父忧。当因该道夙谙化学,讲求制造,办理局务具有端绪,经臣奏明,俟百日后仍令到差视事。兹据禀,于光绪三十二年九月十五日,接丁母忧,正资臂助,大故复遭,以礼去官,殊深怅惜。查,现在整饬军械,局务最关重要,仍难遽易生手,拟仍俟百日后,饬令到差视事,以资得力。除俟饬取该道丁忧甘结咨部查照外,谨附片陈明,伏乞圣鉴,训示。谨奏。

朱批:"该部知道。"

光绪三十二年九月。

(《光绪朝朱批奏折》第 23 辑,070)

呈请代奏销假片

再，据前署甘肃新疆巡抚、布政使吴引孙呈称，于前署巡抚任内奏恳开缺，赴山东济南府知府胞弟吴筠孙署内省视母疾，蒙恩俞允在案，遵于闰四月十三日交卸启程，九月初旬行抵山东省城。现因母疾已愈，呈请代奏销假前来。臣复查无异，除咨吏部转咨军机处查照外，理合附片陈明，伏乞圣鉴。谨奏。

朱批："知道了。"

光绪三十二年九月。

（《光绪朝朱批奏折》第23辑，071）

请增加提学使办公经费片

再，前准学部颁发奏定章程内开各省提学使养廉，均比学政原有之养廉支给并加公费，所有学政旧有之规费、供给等项名目一概禁绝等因，当经饬司筹议在案。查，东省学政原设养廉额银四千两，照章八成发给，实支银三千二百两，遵即照数拨给。惟提学使办理全省学务，振兴学校，事体重大，用款甚巨，自应筹给公费，以资津贴。今就本省情形核定每年加给公费银一万一千两，又另给执事夫役工食银二千四百七十两，共银一万三千四百七十两，均在司库设法腾挪作正开销，仍不动年例部拨之款，遇闰并不加增。至学政原有额设吏役每年例支工食银二百二十五两三分九厘，仍由历城县在征起地丁银内坐支，扣除小建成平解送提学司衙门，以赡役食。所有旧有之陋规、供应一切名目概行禁绝。兹据布政使吴廷斌详请具奏前来。臣复核无异，除分咨吏部、度支部、学部查照外，谨附片具陈，伏乞圣鉴，敕部立案施行。谨奏。

朱批："该部知道。"

光绪三十二年九月。

（《光绪朝朱批奏折》第90辑，684）

具报山东各省属光绪三十二年二麦约收分数折

头品顶戴、山东巡抚、臣杨士骧跪奏，为山东各省属光绪三十二年二麦约收分数,循例具报,恭折仰祈圣鉴事。

窃查,二麦收成例应将约收分数先行奏报,兹据济南等十府暨临清、济宁、胶州三直隶州,并所属各州县场灶,光绪三十二年二麦约收分数报由布政使廷斌汇核,具详前来。臣复加查核,济南、东昌、泰安、武定、兖州、沂州、曹州、登州、莱州、青州等十府,暨临清、济宁、胶州直隶并所属各州县场灶二麦收成,通者丰歉,合计约有六分。除俟刈获齐全查明实收分数,另行造册具报外,所有通省各属光绪三十二年二麦约收分数,理合循例恭折具报,伏乞皇太后、皇上圣鉴。谨奏。

朱批:"知道了。"

光绪三十二年九月初二日。

(《光绪朝朱批奏折》第 93 辑,740)

交纳光绪三十二年应付克萨磅款折

再,前准部咨,光绪三十二年应付克萨磅款,令即仍照历年原拨数目解赴江海关道兑收等因。查,山东每年应拨前项磅款银三万两,前因盐课税厘项下无款可筹,经前任抚臣周馥奏请将胶海关常税厘金备还磅价等款,业奉谕旨允准咨行,并将光绪二十七、八、九、三十、三十一等年派拨磅价银两,即在胶关常税厘金项下按年拨解清款,先后附片奏报在案。

所有光绪三十二年派拨前项磅款银三万两,经臣饬据布政使吴廷斌查明东省盐课税厘无款可拨,只有仍在胶关常税厘金项下如数拨解江海关道衙门兑收清款,具详请奏前来。臣复查无异,除咨部查照外,谨附片陈明,伏乞圣鉴,训示。谨奏。

朱批:"该部知道。"

光绪三十二年。

(《光绪朝朱批奏折》第 85 辑,031)

请以谢曦调补峄县知县折

头品顶戴、山东巡抚、臣杨士骧跪奏,为拣员调补要缺知县,以裨地方,恭折具奏,仰祈圣鉴事。

窃照峄县知县周凤鸣奏请开缺,归直隶州知州候补,接准部咨,光绪三十二年四月初九日奉旨,应以五日后行文,按东省照限减半计算,扣至是月二十八日作为开缺日期,归四月分截缺。所遗峄县知县员缺系"冲、繁、难"兼三沿河要缺,例应由外拣员调补。该县界毗江南,交冲水陆,缉捕、修防均关紧要,非精明强干之员不足以资质理。据布政使吴廷斌、兼护提学使吴筠孙、署按察使沈廷纪会查,有费县知县谢曦堪以调补峄县知县等情详奏前来。

臣查,谢曦,年五十四岁,顺天大兴县人,由监生报捐遇缺先选用知县,于光绪二十四年五月选授费县知县,十一月到省,二十五年二月初四日到任,旋于赈捐案内报捐花翎四品衔,业经销去试俸。该员老成谙练,吏治勤能,以之调补峄县知县,实于地方有裨。合无仰恳天恩俯准,以费县知县谢曦调补峄县知县。如蒙俞允,该员系现任初调之员,毋庸送部引见,亦毋庸声叙参罚。所遗费县知县,东省现有应补人员,容俟奉准后再行按班序补。除咨部外,理合恭折具奏,伏乞皇太后、皇上圣鉴,敕部核复施行。谨奏。

朱批:"吏部议奏。"

光绪三十二年九月。

(《光绪朝朱批奏折》第 23 辑,032)

核销山东省光绪二十九年分临仓钱粮折

头品顶戴、山东巡抚、臣杨士骧跪奏,为山东省光绪二十九年分临仓钱粮,恭折仰祈圣鉴事。

窃查,山东省临仓钱粮例应按年题销,业将光绪二十八年以前之案造册报销在案。兹查光绪二十九年山东临仓收支本折等项钱粮旧管项下二十八年奏销案内积存本色并麦改米一千一十四石三斗二升,馀本色麦折银四钱六分五厘,留支席草银九十八两零,新收项下本色及麦改米折银五千四百六十两,又米折正耗银八万六千二百九十二两零,留支席草银三十四两零,连前共银九万一千八百八十六两零,开除项下解支过临清州门军口粮并防汛经费等,共米麦改折正耗银八万六千八百五十四两零,实存本色并麦改米一千一十四石三斗三升馀,米麦折银四千八百九十九两零,留支席草银一百三十二零。据督粮道周开铭造具册结咨,由布政使吴廷斌加结核转前来。臣复查无异,除册结咨部查照外,谨恭折具陈,伏乞皇太后、皇上圣鉴,并敕部核销施行。谨奏。

朱批:"该部知道。"

(《光绪朝朱批奏折》第 91 辑,525)

具陈山东北运各州县经征光绪三十年分
正杂商课钱粮已完未完银数折

头品顶戴、山东巡抚、臣杨士骧跪奏,为山东北运各州县经征光绪三十年分正杂商课钱粮已完、未完银数,恭折仰祈圣鉴事。

窃查,山东北运各州县征正杂商课银两例应按年报销,业将光绪二十九年以前之案循例造报在案。兹查,三十年分北运历城等九十三州县,应销额引二十九万八千二百九十九道,应征引课银七万三千一百七两一钱二分一厘,应销额票十四万一百三十五张,应征票课银三万一千一十五两二钱四分三厘。又,应征杂项银二万五千二百二十三两八钱二分四厘,现已征完引课银六万四千一百五十九两二钱四分八厘,未完银八千九百四十七两八钱七分三厘。又,已完票课银三万七百一十九两七钱九分七厘,未完银二百九十五两四钱四分六厘。又,已完杂项银一万七千一百二十三两二钱五分八厘,未完银八千一百两五钱六分六厘。统计光绪三十年正杂商课钱粮,旧管无项新收银十一万二千二两三钱三厘,开除银十万七千七百六十九两一钱七厘,实在银四千二百三十三两一钱九分六厘。据盐运使张莲芬造具,已未完银数职名细册及四柱总册详请奏资前来。臣复核无异,除将清册送部查照外,所有北运各州县经征光绪三十年分正杂商课钱粮已未完银数,理合恭折具陈,伏乞皇太后、皇上圣鉴,敕部查核施行。谨奏。

朱批:"该部知道。"

光绪三十二年九月十三日。

(《光绪朝朱批奏折》第 76 辑,509)

黄河安澜折

头品顶戴、山东巡抚、臣杨士骧跪奏,为节交霜降,黄河普庆安澜,恭折驰陈,仰慰圣怀事。

窃查,山东黄河两岸绵长千有余里,河身日高,堤埝日薄,防守之难本逾恒昔。二十八、二十九、三十等年岁有决口，上届虽工程稳固，臣私心兢惕，未敢稍疏。本年春间即谆诫在工各员务各小心防范，复亲赴工次，周历履勘，督饬认真修守。桃汛期内雨泽稀少，河水尚未十分增涨。迨入夏以来，甘陕水势暴发，河南沁河又决，浩瀚下注，控制甚难，如万锦滩、沁河两处先后长水至两丈及一丈七八尺不等。宁夏水志淹过八字，加以本省阴雨连绵，山泉涨发，双合岭、大小高寨、北店子、老徐庄、陈家圈、阎家、清河等处，或埝身坍溃，或埽坝吊蛰，各游报险络绎不绝，均经工员随时抢护稳固。洎交秋讯，水势益盛，溜力搜底淘根，倍加剽悍。上游贾庄、李桥等处埽坝东蛰西陷，阎家庄、马庄、仲家潭民埝先后漫溢，杨庄旧合龙处距堤甚远，向不见水，乃于六月二十九日狂溜猛扑，圈堤立溃，大堤及后戗同时蛰裂。中游颜家营格堤内有三百余丈水平堤顶，幸人力凑手，冒雨抢加子埝，以资抵御。周家门、范家坡埽走堤坍，奇险层出，下游海口溜势改趋东北，不似上年通畅。王庄、宁海庄因大溜侧注，险要埽坝走失多段，王庄做埽尚未到底，忽被大溜掣动，全行冲走。盐窝陡遇风灾，民房倒塌二百余间，乔庄民埝同时溃决，其馀道旭、蝎子湾等处，此加彼蛰，防不胜防。统计以上各口均系十分危险，幸事前预为布置，款料应手，故能先后化险为夷。现在节届霜降，全河普庆安澜，据三流总办禀报前来。

臣维治河之要首重天时，次赖经费。若天时即可虞，经费复不足，专恃人力为补苴，诚为至危之举。东省近数年来惟二十五、六两年河未为患，其时库有馀储，款易哀集，所有三游堤工尝以二十万两帮宽增高，加修完固，故能束溜归槽，安澜叠庆。此则资人力而兼赖经费者也。厥后罗掘日穷，宣防难密，堤身削薄，溃溢屡闻。二十七、八年至三十年，几于无岁不决，迨上年夏间工役吃紧之会，湍急堤危，势已岌岌，所幸来源未极盛旺，阴雨尚能以时，卒使巨浪洪涛一律循维安轨，此则藉人力而半系天时者也。惟今年上游之奇涨、雨水之冲注，均为历年所未有。三游险工百出，天时既属可虞，经费又苦不足，金谓以卑薄，不可恃之。堤埝当荡决，不数见之狂澜，譬如驭骏马以朽索，未有不至于奔蹶者。故臣接据报险文书，昼夜焦虑，寝馈难安，窃恐漫衍为灾，既无以答圣明，更无以筹巨款，一再严饬工员拼力抵御，幸皆踊跃用命，于狂风骤雨之中，负料塞荄，争安危于呼吸。所有最险之杨庄及其馀险要各工竟得次第底定，而六、七两月诸员昼夜撄心，胼胝殚力，其困苦情形，臣奏实未足道其一二。今年艰危并集，苟非人力足恃成功，殊不可期。况本年邻省偏灾，多由水潦，独此泛滥黄流竟得就我范围，连年顺轨，实非臣意料所及，此皆皇太后、皇上福庇，河神效灵。

臣欣幸之馀，倍深兢惕，相应恳恩颁发大藏香并御书匾额一方，由臣祗领，虔诣大王庙悬挂,祀谢以答神庥。各员每届霜清,无不仰叨恩旨。本岁履危蹈险,争命洪流,更未便没其劳勚。除将出力员弁汇案保奖外,其尤为勤奋出力之员,自应照章先行请旨给奖,以昭激劝。合无仰恳天恩俯准,将兖沂曹济道、前任济南府知府胡建枢,候补道何澎、姚联奎、熙臣均加二品衔。候选道陈燨唐请仍以道员不论双单月选用,并加二品衔。分省知府谢宗华,请免补本班,以道员仍分省补用。候补知府鲍国琛,请免补本班,以道员补用。候补同知龚积柄,请免补同知,以知府补用。试用通判鹿学窨,请免补本班,以同知直隶州补用。候补县丞李宝森,请免补本班,以知县补用。候选知县张同皋,请仍以知县分省补用。出自鸿慈。所有节交霜降,黄河普庆安澜缘由,谨恭折由驰陈,伏乞皇太后、皇上圣鉴。谨奏。

朱批:"另有旨。钦此。"

光绪三十二年九月十四日。

(《杨文敬公奏议》卷三)

荣成、昌邑遗缺均应扣归外补片

再,据布政使吴廷斌详称,荣成县知县王荫楠据报于光绪三十二年八月二十八日在任病故,又昌邑县知县文郁据报于光绪三十二年九月初五日在任病故。所遗荣成、昌邑各员缺,东省现有应补人员均应扣归外补等情,请奏咨开缺前来。臣复查无异,除分咨查照外,谨附片陈明,伏乞圣鉴。谨奏。

朱批:"吏部知道。"

光绪三十二年九月。

(《光绪朝朱批奏折》第23辑,068)

请以丁铠调署东昌府知府片

再,东昌府知府魏家骅于光绪三十二年九月初六日闻讣,亲母张氏于九月初五日在江宁原籍病故。该府系属亲子,例应丁忧,当委曹州府知府丁铠调署东昌府知府。所遗曹州府缺,查有候补直隶州知州王赓廷,胆识俱优,年强才裕,曾署济宁、濮州等缺,勤于缉捕,熟悉情形,堪以委令代理。至东昌府知府员缺,系题补要缺,容即拣员请补等情,据藩、学、臬三司会详请奏咨开缺前来,除咨吏部暨江苏抚臣查照外,谨附片陈明,伏乞圣鉴。谨奏。

朱批:"吏部知道。"

光绪三十二年九月。

(《光绪朝朱批奏折》第 23 辑,069)

恭报七月分雨泽情形并呈粮价清单折

头品顶戴、山东巡抚、臣杨士骧跪奏,为恭报光绪三十二年七月分雨泽情形并呈粮价清单,恭折仰祈圣鉴事。

窃查,光绪三十二年六月分,山东省各属雨泽粮价经臣查明,开单奏报在案。兹查,本年七月分通省一百七州县,除历城、德州、德平、平原、莱芜、平阴、惠民、阳信、乐陵、霑化、邹县、峄县、阳谷、寿张、钜野、濮州、观城、朝城、蒙阴、聊城、博平、茌平、清平、冠县、临朐、掖县、招远、荣成、临清州等二十九州县未报得雨外,其余章邱等七十八州县先后据报于月之上旬初一、初三、初六、初七、初十,中旬十一、十二、十八、十九,下旬二十七等日,各得雨一、二、三、四、五寸及深透不等,高原霑足,秋禾秀实,惟沿河低洼地亩间有被水被虫之处,晚禾不免受伤,已饬司分别委勘,归入秋灾案内办理,以纾民力。现在地方民情尚称安谧,堪以仰慰宸厪。谨将各属市集粮价缮具清单,恭折具陈,伏乞皇太后、皇上圣鉴,谨奏。

朱批:"知道了。"

光绪三十二年九月十五日。

(《光绪朝朱批奏折》第 97 辑,748)

筹办法政学堂折

头品顶戴、山东巡抚、臣杨士骧跪奏,为东省遵设法政学堂,谨将筹办情形暨章程规条缮单恭折具陈,仰祈圣鉴事。

窃臣前承准政务处咨开准学务处咨,奏复专设法律学堂暨添设仕学速成科一折,于光绪三十一年七月初三日奉旨"依议。钦此",录奏咨行前来。查原奏内声明，请饬下政务处通行各省查取直隶法政学堂章程，参酌认真办理，相应咨行遵照等因。嗣又准学部咨御史乔树楠片，奏请饬各省添设法政学堂，录奏咨照，一俟筹定办法，即行声明备核等因先后到，臣遵即派员驰赴直隶，详细考察，旋据调查回省并准直隶督臣将北洋法政学堂章程分咨到东。臣维朝廷锐意求治，百度咸新，嗣后通省官吏惯于立法本原行政精意素未娴习，一旦假以事柄，是犹责盲者以广视，跛者以疾行，未有见其可者。立学堂以储养备任，使于将来，造就吏才在此，澄清仕途亦在此。

臣督同司道悉心筹议，遵就原有之课吏馆扩充规模，推广办法，让堂斋舍如式建置，章程条规则参照北洋办理。投考诸员甚为踊跃，经臣亲加甄录，宽予考收，已于上月开学，所有教习均遴选熟悉法政、由学堂出身之员量材任派。此项学堂既为陶铸已仕人材，自应专攻政学品学兼衡，以六月为一学期，三期毕业。学额暂定六十员，按官级酌予津贴。其士绅幕僚有愿肄业者，则设附学员。其年力不合或羁于职务者，则设讲习科于限制区别之中，仍寓并蓄兼收之意。其学堂经费照每年额支核计约需银三万余两，活支之款尚难预估，抵以课吏馆原有经费八千余两，不敷尚钜。际此库藏空虚，款难筹措而事关吏治，未容置为缓图，当经饬由藩运两库极力腾挪，分认筹拨。

惟是创始之时得人为要，臣详加访察，查有候补道方燕年，明体达用，心细才长，曾在京师大学堂仕学院肄业，嗣以道员分发到东，两赴日本考察政治、教育等事，颇有心得。迭充高等师范各学堂监督，均能措置咸宜，经升任抚臣周馥奏保有案，以之派充法政学堂监督，必能得力。臣仍当随时督饬司道及该监督等认真经理，期务为官无不学，学无不实。他日新政毕张，皆能得人而理，庶于地方多所裨益。谨定章程三十九条，并规条九则，缮具清单，恭呈御览。除分咨政务处、政治馆，吏、学、刑三部查照外，所有筹办法政学堂情形理合恭折具陈，伏乞皇太后、皇上圣鉴，训示。谨奏。

朱批："该衙门知道，单二件并发。钦此。"

光绪三十二年九月十五日。

（《光绪朝朱批奏折》第 105 辑，713；《杨文敬公奏议》卷三）

具陈山东省光绪三十二年分秋禾约收分数折

头品顶戴、山东巡抚、臣杨士骧跪奏，为查明山东省光绪三十二年分秋禾约收分数,恭折仰祈圣鉴事。

窃照每年秋禾约收分数,例应先行奏报。兹查,山东各属本年春末夏初雨旸应时,农田普律播种,迨节交庚伏,霪雨连绵,黄运各河水势日涨,幸均先期布置,多备料物,切实修防,尚无漫溢。唯雨水过多,沿河低洼地亩,早晚秋禾不免间有淹浸之处,灾情轻重不等。除灾歉各处归入秋灾案内办理外,其余州县成熟村庄收成尚称中稔。据布政使吴廷斌查明,济南、东昌、泰安、武定、兖州、沂州、曹州、登州、莱州、青州等十府属,暨临清、济宁、胶州三直隶州并所属各州县卫所场灶,早晚秋禾约收六分有余,详请具奏前来。臣复查无异,除查明实收分数另行具报外,所有通省各属光绪三十二年秋禾约收分数,理合恭折具陈,伏乞皇太后、皇上圣鉴。谨奏。

朱批:"知道了。"

光绪三十二年九月十七日。

(《光绪朝朱批奏折》第 93 辑,756)

具陈光绪三十一年分东纲经征商课未完一分以上人员名单折

头品顶戴、山东巡抚、臣杨士骧跪奏,为查明光绪三十一年分东纲经征商课未完一分以上各员,开单具陈,恭折仰祈圣鉴事。

窃查,前准部咨,经征各项钱粮,办理奏销,应将未完一分以上各员先行开单奏报,以严稽核等因,历经遵办在案。兹查,光绪三十一年灶课并无未完在一分以上银两,应免造报所有商课未完一分以上各员任卸起止日期及额征已未完分数。据盐运使张莲芬开册详请具奏前来。臣复查无异,除饬将未完银两严催清解,并将清册咨部查照外,理合缮具简明清单,恭折具陈,伏乞皇太后、皇上圣鉴,敕部查核施行。

再,未完引课一分以上之前任沛县知县张晟、前署郓城县准补禹城县知县李定溥、前署菏泽县准补曹县知县李光华,业均病故,应免开列,合并陈明。谨奏。

朱批:"该部议奏。"

光绪三十二年九月十七日。

(《光绪朝朱批奏折》第 76 辑,523)

报销山东省光绪三十年分商运票引已未销票数分数折

头品顶戴、山东巡抚、臣杨士骧跪奏，为报销山东省光绪三十年分商运票引已未销票数分数，缮具清单，恭折仰祈圣鉴事。

窃查，山东应销商运、民运额票十七万一千二百四十道；余票八万三千一百八十道，共额、余票二十五万四千四百二十道。内除各商领剩余票八万二千三百七十道，尚应销额票、余票十七万二千五十道，内有民运应销三万九百一十五道。又胶州、即墨、文登、荣成等州县，因租界占压地亩摊豁额余票四百七十六道，计豁二毫八丝下余，实应销余票三万四百三十九道，应完一分七厘六毫九丝。实应销章邱等三十九州县商运额票、余票十四万一千一百三十五道，该完八分二厘三丝，今已销完票十三万九千七百四十一道，计完八分一厘二毫二丝，尚有未完票一千三百九十四道，计未完八毫一丝。内升任盐运使英瑞，自正月初一日督催起至十月初九日止，又自十一月初四日回任起至十二月底止，先后未完七毫五丝六忽。前署盐运使潘延祖，自十月初十日起至十一月初三日止，未完五丝四忽。现在上紧严催，容俟催销完日再行具报。至此次商运各州县督销票引一年一官全完核计银数在三百两以上者，应请照案议叙，仍照长芦成案俟票引解部查销后再请给奖，以昭核实。其分任销完及核计银数不及三百两者，应毋庸奖叙。除将清册送部查照外，理合缮具清单，恭折具陈，伏乞皇太后、皇上圣鉴，敕部核销施行。谨奏。

朱批："度支部知道，单并发。"

光绪三十二年九月十八日。

（《光绪朝朱批奏折》第 76 辑，520）

订购快枪片

再，军队之强弱视器械之良窳，向来营、县捕贼所以得力者，均以兵在快枪而盗无利器之故。若曹属盗贼，则多系庚子后逃兵散勇，均有极新枪枝，每遇抢案，百姓格拿动戕，多命官军搜捕，间有互伤，皆由各营器械不能精利所致。臣于五月间亲赴曹属，获盗亲讯，情形属实，非速添购快枪，不能以次剿拿净尽。

回省后，即一面通饬地方文武严查私贩军火，复委熟谙交涉之员驰赴青岛与德官订约，严禁凡军械非有官发执照，不得任便贩卖。又以库存快枪太少，一面将所馀数百枝尽数饬发各营领用，是以濮州之红船口、荷泽之徐庄等处被劫各案盗众聚至一、二百人，均被官兵轰毙逾半，漏网无几。器利则胜，此其明证。嗣以青纱幛起，各属仍多不靖，陆续添兵至七千人。且东三府自奉天严办胡匪，时有海盗窜往，现亦添募一营以资防缉，新枪断不敷用。适德商有大批快枪，索价公道，且允迅速运东，可应亟需。遂于七月初间，饬军械局员与该商订购计七密里九口径五响毛瑟快枪七千杆，白钢无烟药弹二百三十万粒，并随枪应用皮件一千副；又十密里口径九响毛瑟快枪五百杆，药弹十万粒。订立合同，分批运东。内除快枪三千杆，药弹一百万粒，连同运费共银约六万五千两。系照案代州县购买，当令缴价归垫外，其馀枪弹需银九万三千馀两，系购备各处防军领用，由司库筹备拨付，应请作正开支。现头批业已运到，二批亦将次抵东。据军械局司道详请奏咨前来，臣复核无异，除将名称、口径、速率暨详细价值、公司名目另行造册咨部查照外，谨附片具陈，伏乞圣鉴，训示。再，此次订购枪弹，系在未奉练兵新章以前，故未先行咨请部示，合并声明。谨奏。

奉朱批："该部知道。钦此。"

光绪三十二年九月二十七日。

（《杨文敬公奏议》卷三）

请以陆建章接统先锋四营，专办曹匪片

再，臣于八月初八日附片奏调陆军第六镇协统候选道路建章来东办理缉捕，仰蒙俞允，钦感莫名。查，该员由武备学堂出身，曾充练兵处军学司副使，甲午、庚子两役曾亲历行间，更增识略。兹于十月十二日抵东，臣详与咨询于军务，固所素娴，而于治盗方略亦多领会。现拟委专办曹属捕务，并统带先锋四营，督同营县，认真搜捕。窃维治盗与办匪不同，治东省之盗与治他省之盗又不同。自局外视今日之曹盗，不曰闾阎草窃无难早绝根株，即曰滋蔓堪虞，亟宜痛加剿洗。不知该属民盗不分，习沿已久，前诛后效，层出不穷。稍急之，则散匿无踪；稍缓之，则窜扰为患。傥不分玉石，锐意歼除，盗势即可少戢，恐亦非安良除暴之本图，而长此骚然，何以为治？

臣固不敢稍事张皇，以急切取咎，亦不敢故从宽厚以姑息市恩，惟有增营购械，合力穷搜，务使民与盗离，兵与民合，而后穷促无归，力筹善后，庶几有廓清之一日。曹州镇原有四营，今夏添调先锋四营，饬曹州府自募一营，各州县亦加募线勇名数,量地酌定,仍恐兵力不足,难免顾此失彼。将兖沂巡军改编,添足巡防两营,令兖沂曹济道胡建枢驻曹统带,并自招一营,并为游击之师。既便于周历巡防,不致我劳而盗逸,亦藉以联属文武,未容诿过而争功。数月以来,获盗颇多,正法不少,地面渐形安静。今复以陆建章接统先锋四营,并予以专办曹匪名目,与镇道所部各营互为声援,当可益形得力。谨附片具陈,伏乞圣鉴。谨奏。

朱批:"知道了。"

光绪三十二年十月十三日。

(《光绪朝朱批奏折》第 119 辑,042;《杨文敬公奏议》卷三)

兖沂曹济道移驻曹州片

再,查兖沂曹济道原驻兖州,光绪二十七年经升任河臣锡良于胪陈河工变通事宜案内奏准裁撤运河道,将兖沂曹济道移驻济宁兼理河务,历经遵照办理在案。查,裁并之始,凡清查出入款目,酌拟文武去留,一切运河应办事宜,接收兼管,自属繁重,以该道移驻济宁得以就近经理综画,原为详密,惟自南漕改折,运河事久清简,不过循章办理,以无令废弃而止,厅汛闸官分承其任,该道仅司辖治之权,非有烦难之事,而综理三府一州地方,考成至艰且钜。臣本年巡视曹属,知该属民俗素强,盗风久炽,当经添派营队合力严拿,而事权不专,徒多诿卸,因于八月间饬令兖州沂曹济道胡建枢驰赴曹州,接充添改巡防四营,认真督缉。两月以来,获贼数十名,均已讯明正法,良由职分较崇,号令自一。且本系该管地面,呼应尤为灵通。

臣揆度情形,曹属捕务固难专以责成牧令,而仅恃防营,无文职大员常川驻扎,仍不足以资控制。若曹州府则权可及于州县令,难行于营员;如量为转移,每年夏间青纱帐起,饬兖沂曹济道移驻曹郡,租赁民房,或借用公所作为行馆;俟交冬令,地方静谧,再回济宁,庶镇道既易联络,文武自无隔阂,有事则便于指挥,无事则藉以镇摄,似于曹属地方大有裨益。至运河事务,曹济相距仅二百馀里,随时皆可兼顾。且冬春之间,仍回署办事,似有两益而无偏废。除分咨外,所有拟将兖沂曹济道半年移驻曹郡,以裨地方缘由,理合附片具陈,伏乞圣鉴。谨奏。

朱批:"该部知道。钦此。"

光绪三十二年十月十三日。

(《杨文敬公奏议》卷三)

交纳第一百八十四结一成半出使经费银片

再，据登莱青胶道、东海关监督蔡汇沧禀报，前奉总理各国事务衙门奏准添拨出使经费，令各关将洋税六成、商局税六成各作为十成，提出一成半存作出使经费，全数解沪等因。前已解至第一百八十三结止，兹将第一百八十四结提出一成半出使经费银一万三千五百四十二两零，饬委候补知县程云翰，于光绪三十二年十月十五日解赴江海关道衙门交纳。臣复查无异，除分咨外，理合附片陈明，伏乞圣鉴。谨奏。

朱批："该部知道。"

光绪三十二年十月。

（《光绪朝朱批奏折》第 90 辑，572）

拟恳天恩俯准何彦升在差候简，免其赴部验到片

再，前任登莱青胶道东海关监督何彦升，于光绪三十一年八月二十七日闻讣，本生母钱氏在籍病故，详报开缺，九月二十一日交卸，十月十四日到籍，见丧成服，经直隶总督臣袁世凯会同臣奏留山东办理商埠事宜，俟百日后到差，奉旨允准在案，该员遵于百日后到省供差。查降制以见丧成服之日起算，例不计闰，扣满一年，现届十月十四日，该员服阕票请奏咨备案前来。臣查，该员现当要差，深资得力，与寻常丁忧在籍起服之员不同，拟恳天恩俯准该员在差候简，免其赴部验到，出自鸿施。除咨吏部转咨军械处查照外，谨会同直隶督臣袁世凯附片具陈，伏乞圣鉴，训示。谨奏。

朱批："吏部知道。"

光绪三十二年十月。

（《光绪朝朱批奏折》第 23 辑，130）

拟请拨款加培堤埝以重河防而卫民生折

头品顶戴、山东巡抚、臣杨士骧跪奏，为山东黄河堤埝残缺，拟请拨款加培以

重河防而卫民生，恭折具陈，仰祈圣鉴事。

窃维河工之险，莫险于黄河，而尤莫险于山东之黄河，晋豫等省河宽堤厚，防守尚易为力，东省居黄河下游，为众水汇归之地，两岸堤防相距仅十余里及数里不等，中下两游尚有就民埝为堤者，迁折卑狭，逼近河壖，以致水势愈逼愈怒，堤埝旋修旋刷，一遇伏秋大泛，波涛震撼，危险异常。现在钜款难筹，既不能按照治河成规展堤迁民，为一劳永逸之举，惟有就原有堤埝时加修培，或可约束河流，不致岁溢为患。

查，从前东省堤埝每阅一、二年，即请款大修一次，或由户部指拨底款，或由本省截留京漕各饷，以为加高培厚之用。在事臣工，犹以卑薄为虑。自二十五、六两年修培以后，迄今六载，未能筹款大修，河身则日淤日高，险工则日出日多，加以风淋雨蚀，溜刷浪淘，两岸堤工卑如田垅，以致五杨家、陈家窑、刘旺庄、冯家庄等处漫决频仍，补救无术。二十九年，曾经升任抚臣周馥于分年筹办山东河患折内估计培堤经费二百万两，请由户部及本省分筹应用，嗣因款绌未办，仅由藩库地粮盈余及工赈款捐款项下按年拨款，量力兴修，惟盈余捐款收数本不踊跃，尚需购买砖石抛砌扫坝，历年堤工所拨寥寥无几，虽较之前数年堤埝稍觉整齐，而款少工多，频岁补苴，尚不及全堤十分之一、二。

本年大汛盛涨，颜家营、岳庄等处水与堤平，杨庄堤戗狂溜猛扑，立时蛰裂，是其卑薄已可概见。虽两届幸获安澜，而来岁大汛经临，若先事勘修，夷险尚难悬决，设绸缪不豫，漫溢不能无虞。臣明知筹款维艰，而河工为东省命脉所关，堤又河工安危所系，论费则似宜缓图，论工则断难不办，因于霜清后饬令三游各总办详细履勘撙即估算，统计上、中、下三游，共需经费十五万两，据各游总办详请具奏前来。臣复加查核，均系必不可缓之工，又系安乐不忘危之举，所需经费亦系核实勘估，无可再减，应请照拟办理。但现在财政支绌，既不敢请拨部款，而工赈捐前请展限，部议复未照准，遵当依限截收，惟有就本省司道局各库设法腾挪，以济要需，相应仰肯天恩准允救部作正开销，一俟来岁春融，即便乘时兴办。臣仍当督饬认真办理，工竣据实造报，不敢稍涉虚糜。所有黄河堤埝残缺拨款修培缘由，谨恭折具陈，伏乞皇太后、皇上圣鉴，训示。谨奏。

朱批："该部知道。"

光绪三十二年十月十五日。

（《光绪朝朱批奏折》第 100 辑，639）

恭报八月分雨泽情形并呈粮价清单折

头品顶戴、山东巡抚、臣杨士骧跪奏，为恭报光绪三十二年八月分雨泽情形并呈粮价清单，恭折仰祈圣鉴事。

窃查，光绪三十二年七月分山东省各属雨泽粮价，经臣查明开单奏报在案。兹查，本年八月分通省一百七州县，除莱芜、青城、钜野、高堂、恩县、昌乐、海阳、荣成等八州县未报得雨外，其余历城等九十九州县先后上报于月之上旬初一、初二、初三、初四、初七、初八、初九、初十，中旬十一、十二、十三、十四、十五，下旬二十三、二十四、二十五、二十八、二十九等日，各得雨一、二、三、四、五寸及深透不等，早晚秋禾也已登场，禾苗亦一律耕种，地方民情均静安谧，堪以仰慰宸宸。谨将各属市集粮价缮具清单，恭折具陈，伏乞皇太后、皇上圣鉴。谨奏。

朱批："知道了。"

光绪三十二年十月十六日。

（《光绪朝朱批奏折》第 97 辑，755）

代靳呈云叩谢天恩折

头品顶戴、山东巡抚、臣杨士骧跪奏，为署理总兵呈请代奏叩谢天恩，仰祈圣鉴事。

窃臣据记名总兵、署理山东曹州镇总兵靳呈云呈称，窃呈云由记名总兵统领山东左翼防军马步各营，于本年九月十七日在曹州防次接准臣电知奏委署理曹州镇篆务，遵于九月二十八日准正任曹州镇总兵任永清，委署中军游击吉禄将总兵关防一颗，暨王命旗牌文卷等项赍送前来，当即恭设香案，望阙叩谢恩，祇领任事。

伏念呈云一介武夫，谬挤显秩，防军久领，已虞陨越之不遑，专阃权膺，更虑轻材之未逮。况曹属本多伏莽，总兵责在除奸，惟有殚竭努愚，督饬营哨认真训练，实力巡缉，万不敢稍有疏懈，以期仰答高厚鸿慈于万一等情，呈代奏前来，谨据情恭折代陈，叩谢天恩，伏乞皇太后、皇上圣鉴。谨奏。

朱批："知道了。"

光绪三十二年十月十六日。

（《光绪朝朱批奏折》第 50 辑，533）

请以王汝汉补授禹城知县折

头品顶戴、山东巡抚、臣杨士骧跪奏，为拣员请补知县员缺，以资治理，恭折仰祈圣鉴事。

窃查，禹城县知县李定涛于光绪三十二年七月十五日病故，应以病故之日作为开缺日期，归七月分裁缺，业经奏报开缺，声明扣留外补在案。是月分只此一缺，毋庸签掣，例应按班序补。查定章，曾任实缺丁忧服满分发人员，道府以至未入流，如遇选缺出时，除坐补原缺、裁缺即用、回避即用、新选新补之留省另补，均仍照定例先尽请补外，其馀无论何项到班，先将此项人员尽数请补，均不积各项班次之缺等语。今此一缺，东省现无坐补原缺、裁缺即用、回避即用、新选新补、留省另补。据布政使吴廷斌、兼护提学使吴筠孙、署按察使沈廷杞查，有实缺丁忧、起复仍发原省补用知县王汝汉，堪以请补禹城阳知县等情，会详请奏前来。

臣查，王汝汉年四十四岁，广州驻防镶黄旗汉军京城方懋彰佐领下人，由附生应光绪十七年辛卯科广东乡试中式举人，十八年壬寅科会试中式贡士，殿试二甲进士，引见奉旨"著分部学习。钦此"，签分兵部，改归进士知县原班铨选，遵例呈请分发。二十年领照到省，遵例报捐分缺先补用免试用，复加捐花翎同知衔。二十八年补授海丰县知县，二十九年二月初六日到任，十一月十五日丁母忧开缺，回旗守制，服满起复，仍回原省补用。三十二年五月初十日引见，奉旨"著照发往。钦此"，六月领照回东。

该员才识明通，讲求吏治，以之请补禹城知县，实堪胜任，与例亦符合。合无仰恳天恩俯准，以实缺丁忧起复、分发原省补用知县王汝汉补授禹城知县。如蒙俞允，该员衔缺相当，毋庸送部引见，亦毋庸声叙参罚。除咨部外，谨恭折具陈，伏乞皇太后、皇上圣鉴，训示，谨奏。

朱批："吏部议奏。钦此。"

光绪三十二年十月十六日。

（《光绪朝朱批奏折》第 23 辑，084）

征收典税片

再,东省税契上年经臣奏明整顿办法,自开办以来收数甚有起色,惟各学堂一切开支及先锋队添拨饷项并认解学务、练兵等项经费,皆取给于此,综计出纳,不敷甚钜。况学务日事扩充,巡警又须普设,在在均须巨款。司局各库罗掘早空,应付不容稍缓,筹拨实属为难。若不设法图维,势将束手。

查民间田房税契一项,以卖作典,以多报少,影射匿漏,习为惯常。虽经臣饬司设法整顿,仍不免有前项情事,自非酌征税典,不足以杜绝弊窦。且承典者,皆有馀之户,以地方之款办地方之事,当无不乐从。近年,如广东、河南两省均奏定章程,活契典当田房,每两征银三分,应即仿照酌减,妥为试办,以济要需。拟自光绪三十三年起,民间当田房活契,限半年内报税,每契价银一两征正税银二分,倾镕火耗银四厘,以二分解司,补买契税银支款之不足,以四厘津贴州县,作为倾镕火耗办公,并酌给书役纸笔饭食之需。此项税银由承典之户缴纳。凡在三年以内典当者,应一律补税,责令各牧令认真劝导,不得苛罚骚扰,以恤民艰。至应用官纸,官中及州县牙纪功过当罚,一如整顿卖契办法,契尾由司另刊新式颁发尊用。据布政使吴廷斌详请奏咨前来,相应请旨饬部议复遵行。除咨部外,谨附片具陈,伏乞圣鉴,训示。谨奏。

朱批:"度支部议奏。钦此。"

光绪三十二年十月十九日。

(《杨文敬公奏议》卷三)

请以宋纯甫借补宁福营都司折

头品顶戴、山东巡抚、臣杨士骧跪奏,为拣员借补陆路都司员缺,以实营伍,恭折仰祈圣鉴事。

窃照宁福营都司丁玉峰,因年老休致,经臣咨报开缺,接准部咨,以该缺系陆路题补第一轮第三缺,轮用尽先人员,行令迅拣合例人员请补等因。伏查,宁福营都司员缺,应用尽先人员。查兵部奏定补缺章程,副将以下借一级补用,俱在尽先班内等语。该都司驻扎宁海州,地居海滨,辐员辽阔,缉捕巡防均关紧要,非精明干练熟悉地方情形之员,不足以资控驭。臣随于尽先都司内逐加遴选,非现居要缺,即人地未宜,均未便迁就请补。

兹查,有参将衔尽先游击宋纯甫,现年五十七岁,安徽怀宁县人,由军功历保至花翎尽先守备,光绪二年投效新疆,于荡平新疆南北两路在事出力,经前陕甘总督臣左宗棠奏保,七年七月初一日奉上谕"花翎守备宋纯甫,著免补都司,以游击尽先补用,并赏加参将衔。钦此。"二十九年十二月,经前升任抚臣周馥奏请留东,按原班补用。是月二十九日,奉朱批"著照所请,兵部知道。钦此。"三十年正月到标候补,嗣经周馥委署即墨营参将,是年三月十八日接印任事。

该员老成谙练,熟悉营务,以之借补宁福营都司员缺,实堪胜任,与例亦属相符。合无仰恳天恩俯准,以尽先游击宋纯甫借补宁福营都司,洵于地方、营务均有裨益。如蒙俞允,俟接准部复,再行给咨,送部引见,以符定制。除照章将履历、印册咨部查照外,谨会同登州镇总兵臣李安堂恭折具陈,伏乞皇太后、皇上圣鉴,敕部核复施行。谨奏。

朱批:"陆军部议奏。"

光绪三十二年十月二十一日。

(《光绪朝朱批奏折》第 50 辑,541)

请将阵亡之哨官贾缮、阎保益饬部议恤片

再,曹州盗匪为患,已懔遵迭次谕旨,严饬各军认真剿办,惟该匪等多有快枪利械,每遇官兵捕拿,辄聚众抵抗。九月以来,股匪散贼虽连次歼获,而当时各军奋击情形实与临敌无异。所有阵亡弁兵,若不从优奖恤,不足以昭激劝。

十月十一日,胡建枢一军在巨野县属孙家堂遇贼五十余人,围攻多时,该贼负隅抗拒,枪弹如雨,我军奋勇直前,当将全股格毙生擒,悉数扑灭,计阵亡哨官仅先外委贾缮一员,马步兵五名。又十一月十一日,陆建章一军在菏泽孙属周家楼遇贼一百余人,会同署曹州镇靳呈云追击至路家海地面,贼入庙楼,凭高死拒,马队哨官武举人阎保益身先士卒,大呼突前,被贼弹洞胸而死,又兵丁七名同时阵亡,我军力战,并纵火烧房,计先后擒斩二十余名,格毙数十名余,贼大半投火自尽,无一漏网。以上两役业经臣摘要电奏,并于遵旨复奏折内陈明在案。惟查阵亡之哨官贾缮、阎保益勇不顾身,临阵殒命,深堪悯恻。合无仰恳天恩准予饬部议恤,以彰死事而励戎行。除将出力弁勇并伤亡各兵由臣分别赏恤,并咨部外,谨附片具陈,伏乞圣鉴,训示。谨奏。

朱批："著照所请,该部知道。"

光绪三十二年十一月。

(《光绪朝朱批奏折》第 119 辑,050;《杨文敬公奏议》卷三)

署按察使沈延杞应即饬回本任片

再,查接准部咨,光绪三十二年十一月初三日内阁奉上谕"山东按察使著黄云调补。钦此。"现在业已到省,应即饬赴新任,署按察使沈延杞应即饬回济东泰武临道本任,各专责成。除分檄饬遵并咨部查照外,谨附片陈明,伏乞圣鉴。谨奏。

朱批："知道了。"

光绪三十二年十一月。

(《光绪朝朱批奏折》第 23 辑,193)

初级师范毕业生照章程请奖折

头品顶戴、山东巡抚、臣杨士骧跪奏,为初级师范毕业生照章程请奖折。

查,上年山东高等学堂正斋学生毕业,系参合新旧章程办理,学期虽未及四年,准照中学堂毕业奖励新章给奖。初级师范毕业奖励与中学堂同,未便独令向隅,拟援高等学堂成案,于本年举行毕业考试后,照初级师范毕业章程请奖,藉以励既往而策将来等情,详请奏咨前来。臣查,近日各州县设立学堂,苦无完全师范。兹该堂长期师范生功课完备,于初级师范五年毕业程度无殊,似应照山东高等学堂成案,参合新旧章程考验毕业,仍照新章奖给出身,令该生等及时自效,当于学务不无裨益。除由臣督同提学司及师范学堂监督认真考试,分别等次,给予毕业文凭,请奖出身,并咨部查照外,理合附片具陈,伏乞圣鉴,敕部立案施行。谨奏。

朱批："学部知道。"

光绪三十二年十一月初七日。

(《光绪朝朱批奏折》第 105 辑,726)

查明本年各属秋禾被灾轻重情形,恳恩蠲缓钱漕折

头品顶戴、山东巡抚、臣杨士骧跪奏,为查明本年各属秋禾被灾轻重情形,恳恩蠲缓钱漕,以舒民力,缮单恭折,仰祈圣鉴事。

窃查,本年山东地方,自春徂夏,雨泽调匀,麦收尚称中稔,秋禾一律播种,正期雨旸时若,普庆丰登,讵料五、六、七月间节次大雨,黄运各河水势日涨,虽均先期布置,切实修防,幸未漫溢。而雨水过多,低洼地亩禾稼均已被淹。且因天时不齐,有被旱、被虫、被沙、被碱、被风、被雹之处。兼之沿黄、淄、徒骇、小清各河附近村庄旧有水冲沙压,堤埝占挖,各地形同釜底,几至无岁无灾,甚有颗粒不收者。

据青城等九十二州县先后报经各该道府州督同勘议,由布政使吴廷斌核明,详请具奏前来。臣复加查核被灾情形,轻重不等,民情困苦,自应量予调剂,以示体恤。合无仰恳天恩,俯准将青城等九十二州县暨收并卫所并盐场,成灾最重者应征钱漕全行蠲免,成灾八分者蠲免十分之四,成灾七分者蠲免十分之二,蠲剩银米八分者分作三年带征,七分者分作两年带征。灾前溢完银两,流抵次年正赋。其勘不成灾情形,较重者钱漕并缓,较轻者缓漕征钱,无者仍缓本年钱粮,最轻者缓征旧欠,至分缓蓟粮兵米,照例在于成熟村庄应征漕米内照数拨补,统归大漕项下核缓。其阖境缓漕者,即在于附近成熟征漕各州县分别划拨,以免缺额。至被灾村庄,例应按户给赈,近年均系改赈为抚,缘抚可择人而施,穷黎同沾惠泽。此次各州县灾村,由臣督同司道安妥筹办,除行司开具村庄银米细数,并督勘道府州职名清册送部查核外,谨缮清单,恭折具陈,伏乞皇太后、皇上圣鉴,训示。谨奏。

朱批:"另有旨。"

光绪三十二年十一月初七日。

(《光绪朝朱批奏折》第 69 辑,470)

请以宋梦槐补授东昌府知府折

头品顶戴、山东巡抚、臣杨士骧跪奏,为拣员请补要缺知府,以端表率,恭折仰祈圣鉴事。

窃照东昌府知府魏家骅,于光绪三十二年九月初五丁忧,例应以丁忧之日作为开缺日期,归九月分截缺,业经臣奏报开缺在案。所遗东昌府知府员缺,系题补要缺,应即拣员请补。查定例,应题缺出俱先尽候补人员题补等语。今此一缺,东省现无截取、记名、分发及特旨保送经济特科人员。据布政使吴延斌、兼护提学使吴筠孙、暑按察使沈延祀查,有候补尽先补用知府宋梦槐,堪以请补东昌府知府等情,会评请奏前来。

臣查,宋梦槐,年五十二岁,山西平遥县人,由廪生应光绪十九年癸巳恩科本省乡试中式举人,二十六年遵例报捐双月知府,二十七年报捐三班,分山东试用,并报捐花翎三品衔,五月初二日引见,奉旨"照例发往。钦此"。二十七年十月,领照到省,期满甄别,十二月由解饷请奖案内保准加一级,复因劝办秦晋赈账出力案内,保准以知府归候补班,尽先补用,历署沂州、兖州、奉安等府知府,措置裕如。

该员老成谙练,办事认真,以之请补东昌府知府实堪胜任,与例亦符。合无仰恳天恩俯准,以候补尽先补用知府宋梦槐补授东昌府知府。如蒙俞允,衔缺相当,毋庸送部引见,亦毋庸声叙参罚。除咨部外,谨恭折具陈,伏乞皇太后、皇上圣鉴,敕部核复施行。谨奏。

朱批:"吏部议奏。"

光绪三十二年十一月初七日。

(《光绪朝朱批奏折》第 23 辑,146)

具陈光绪三十二年山东省征收上忙钱粮分数折

头品顶戴、山东巡抚、臣杨士骧跪奏,为光绪三十二年山东省征收上忙钱粮核计分数,恭折仰祈圣鉴事。

窃查户部定章,各省征收上、下两忙钱粮,丰年以额征为准,灾缓之年以实征为准,均按九分计算。上忙定为四分,下忙定为五分,仍于截数后分忙奏报。上忙能完至四分,下忙能完至五分者,始准免其议处,历经遵办在案。兹据布政使吴廷斌详称,光绪三十二年山东通省州县暨归并卫所起运地丁正耗,同昌邑县升科、鱼台县湖田升科、各地亩正耗,暨庆云县民粮,除被潮碱废、沿河坍塌堤占沙压,并划归英德租界,及青黄不接案内缓征,以及留支等项外,实应征银二百九十九万四千七百五十八两七钱一分七厘四毫。自二月开征起至六月底止,已完解藩库银一百四十七万一千六百四十两三钱二分五厘,又完起运折色脚价银三千七百八十三两二钱三分八厘。统计上忙完解藩库正杂各款共银一百四十七万五千四百二十三两五钱六分三厘。

本届系灾缓之年,应以实征为准,统计上忙已完四分八厘九毫,较之部定匀作四分新章有盈无绌,造册呈请,奏咨前来。臣逐加复核,银数相符。所有督催职名系现任布政使吴廷斌一任督征,除将清册咨部外,理合恭折具陈,伏乞皇太后、皇上圣鉴。谨奏。

朱批:"度支部知道。"

光绪三十二年十一月初十日。

(《光绪朝朱批奏折》第 69 辑,471)

山东高等学堂毕业生拟请分别给奖折

头品顶戴、山东巡抚、臣杨士骧跪奏,为山东高等学堂正、备斋学生二次毕业拟请分别给奖,恭折仰祈圣鉴事。

窃查,高等学堂正、备斋学生上次毕业,经前署抚臣胡廷干、学臣载昌于光绪三十年十二月会同考试,按照中小学堂奖励章程奏请给奖,经部议准,于光绪三十一年六月十八日具奏,"奉旨,依议。钦此。"当即钦遵发给凭照,升级肄业在案。嗣该堂正、备斋学生又届二次毕业,复经臣于上年十二月会同学臣载昌、学务处司道,暨该堂监督认真考试,共取录正备斋毕业生一百八十七名,合内外场分数核算计,正斋学生分数在九成以上者五名,八成以上者四十八名,七成以上者四十七名,六成以上者九名。备斋学生分数在八十分以上者五名,七十分以上者五十四名,六十分以上者十九名,已按照各学生分数发给毕业凭照,升级肄业,兹由提学司核定等次,缮具清册,详请奏明给奖前来。

臣查,山东高等学堂正、备斋学生,上次考试毕业平均分数系以八十分为最优等,七十分为优等,六十分为中等,较之奏定章程管理通则内所称以六十分为优等,以二十分为及格者,考核加严。此次册开学生分数,拟请正斋以就九成为最优等,八成为优等,七成六成为中等,照中学堂奖励章程奖给拔贡、优贡、岁贡;备斋以八成为最优等,七成为优等,六成为中等,照小学生奖励章程,奖给廪增附。其原有廪增附者,仍奖给廪增附,各贡生既视定章分数有加,亦与上次请奖相符。除将试卷、清册咨送学部复核外,所有高等学堂正备斋学生二次毕业,分别请奖缘由,谨恭折具陈,伏乞皇太后、皇上圣鉴,训示。

再,此案因学务处学政先后裁撤,移交提学司办理,奏报稍迟,合并声明。谨奏。

朱批:"学部知道。"

光绪三十二年十一月初十日。

(《光绪朝朱批奏折》第 105 辑,728)

恭报九月分雨泽情形并呈粮价清单折

头品顶戴、山东巡抚、臣杨士骧跪奏,为恭报光绪三十二年九月分雨泽情形,并呈粮价清单,恭折具奏,仰祈圣鉴事。

窃查,光绪三十二年八月分山东省各属雨泽粮价,经臣查明开单奏报在案。兹查本年九月分通省一百七州县内,长山等三十三州县先后具报于月之上旬初十,中旬十二、十三、十四、十五等日,各得雨一二三寸不等,其余历城、章邱、邹平、淄川、新城、齐河、齐东、济阳、禹城、临邑、长清、陵县、德州、德平、平原、肥城、新泰、莱芜、东平、东阿、平阴、惠民、青城、阳信、海丰、乐陵、商河、滨州、利津、霑化、蒲台、峰县、阳谷、寿张、曹县、定陶、钜野、郓城、濮州、范县、观城、朝城、莒州、沂水、日照、聊城、堂邑、博平、茌平、清平、莘县、恩县、益都、博山、博兴、寿光、昌乐、临朐、安邱、诸城、平度、潍县、招远、莱阳、文登、海阳、荣成、夏津、武城、邱县、嘉祥、鱼台、胶州、高密等七十四州县,虽未得雨,地脉尚润,麦禾均经播种,地方民情亦极安谧,堪以仰慰宸廑。谨将各属市集粮价缮具清单,恭折具陈,伏乞皇太后、皇上圣鉴。谨奏。

朱批:"知道了。"

光绪三十二年十一月初十日。

(《光绪朝朱批奏折》第 97 辑,770)

查明曹匪暨现在剿办情形折

头品顶戴、山东巡抚、臣杨士骧跪奏,为遵旨查明曹匪情形暨现在剿办渐形得手,并分别派兵兜剿窜匪,恭折据实复陈,仰祈圣鉴事。

　　窃臣于光绪三十二年十一月十四日,承准军机大臣字寄光绪三十二年十一月十一日奉上谕"山东曹匪猖獗请迅筹剿办一折,现在剿匪情形若何,剿办是否得力,著杨士骧据实具奏,务饬各营相机进剿,赶紧扑灭,毋任蔓延为患,原折著钞给阅看。钦此",寄信前来。查,先经军机大臣电传十三日谕旨"张人骏奏,曹州匪徒扰入河南边境等因",当经臣将督办曹匪并分饬会剿各情形电请军机大臣代奏,次日恭读电谕"仍著严饬各军赶紧合力剿捕,务即荡灭,毋任窜扰蔓延。至民与匪混,尤在整饬吏治,除暴安良,著凛遵,本日明降谕旨,切实办理。钦此。"仰蒙训诲,感悚莫名。

　　查曹属多盗,历有年所。臣去年抵任,即深知其患,迭经严饬防营州县加意搜缉,一年之中各属甚称平靖。本届青纱幛起,适麦收歉薄,阳雨不时,该处游民素多数十成群,辗转纠胁,盗风较炽。强借勒赎,故态复萌,甚有民盗仇杀,伤至十馀命之多者。凡重案禀报到官,纵非全数破案,而依限所获极多。惟讯供时,该匪纵无抵赖,隐不畏死,此灭彼生,每杆多则一二百人,少则数十人,头目一不,出没无常。疏寻即及,辄窜匿村寨,良莠不分。急之则殃及平民,缓之则乘机夺脱,办理未能奏效,职是之故,此东省曹匪之情也。从前该属州县缺多瘠苦,力难募勇,募亦不过寥寥数人,防兵仅有曹州镇所统巡防四营,亦不敷分布。臣于闰四月间巡阅曹郡,当饬各州县添募土勇,大县百名,小县五十名不等,口粮准其作正开销,并将各该县应提盈馀酌量减免,俾有馀力,讲求捕务。其缉捕不力者一律撤换,一面调拨先锋队,并改编巡警,添募新营,合力防剿。复以匪多极,新快枪亟谋制胜,将省局存储新枪先行发给,旋即订购德国新出枪枝数千枝,陆续接济。迭据该属文武禀报,拿获及格杀匪徒不少。但该匪飘忽无定,我兵须节节分设防拨,一设即不能撤,先后调拨十馀营专剿,仍嫌力薄,势非急筹游击之师不足制贼死命。当于八月间抽队改编,并另行招募,计成游击四营,委兖沂曹济道胡建枢统带,并调拨陆军第六镇协统候选道陆建章来东委带驻曹先锋各营,办理缉捕,甚有明效。十月十一日,胡建枢一军在钜野县孙家堂遇贼接仗,歼获全股杆匪五十馀名。十一月十一日,陆建章军在荷泽县新集周家楼等处歼获全股一百馀名以上,两役尤足寒贼胆而快人心。此历经奏明曹属捕务暨近今办理得手之实情也。

　　惟该匪经此重创,各军复到处搜集,馀匪外窜,势所不免。前闻济宁泰安各属暨邻近归德、考城等处,时有曹匪踪迹,臣欲兜剿净尽,又苦兵力不敷,特电商陆军部暨北洋大臣调拨陆军驻东第五镇步兵二营马炮兵三队,一由济宁兖州,一由泰安,分路包抄,至曹会合曹队痛剿,一面先派步队一营马队二哨前往截拿。

又电饬兖州镇张宗本会合兜剿，于本月初五日，该镇在王古店地面歼获盗匪十馀名，轰伤落水者数十名。又经胡建枢所部徐镛山一营在凤凰山地面歼获十馀名，夺获快枪二十馀枝，马十二匹，馀皆逃逸。此泰安窜匪已办之实情也。

查，近日在曹各军搜捕已颇得力，即淮海徐一带饥民闻有至东省边境之沂州府属及曹州之单县，亦饬属并派员认真防范资遣，一面电达两江督臣端方迅饬截留安插，以免曹匪裹胁。其窜逸各匪得五镇精锐会合兜剿，似亦不难扑灭。第曹属民情太悍，非标本并治，将积年盗风设法禁革，不能绝其根株。夏间，臣在曹时曾面谕绅董严饬州县举办清乡，冀销隐患，而青纱幛起，剧案再见，只得先用兵力一意追捕，待惩创后再议妥办。今已军势甚振，渐有起色，诚如原奏，亟宜速谋善后，一面加劲痛剿，一面详定章程，督饬各属赶办巡警，仍仿清乡办法，为一劳永逸之计。

臣谬膺疆寄，具有天良，值此各省灾祲之年，民情浮动之日，故不敢因循姑息，致酿事端，尤不敢欺饰张皇，仰劳宵旰。惟有竭尽愚诚，恪遵谕旨，整饬吏治，除暴安良，切实办理，饬令各军赶紧剿办，并会同河南防营认真协缉，总期平荡绥靖地方，庶上纾君父之殷忧，下慰东民之属望。至匪势军情，当随时遵谕电奏，不敢稍有延误。所有奉旨查明曹匪情形，暨现在剿办渐形得手，并分别派兵兜剿窜匪缘由，理合恭折据实复陈，伏祈皇太后、皇上圣鉴，训示，谨奏。

朱批："著即督饬加劲剿捕，并赶办清乡，以净根株。"

光绪三十二年十一月十八日。

（《光绪朝朱批奏折》第 119 辑，044）

请以李敬修补授诸城县知县折

头品顶戴、山东巡抚、臣杨士骧跪奏，为拣员请补要缺知县，以裨地方，恭折仰祈圣鉴事。

窃照诸城县知县庄洪烈，捐升道员，接准部咨，光绪三十二年二月初五日行文。按东省照限减半计算，应扣至二月十九日作为开缺日期，归是月分截缺。所遗诸城县员缺，系"繁、疲、难"兼三沿海要缺，例应于现任人员内拣选调补。如果实无合理堪调之员，准以奉旨命往及曾候任实缺补并进士即用人员酌补各等语。该县地处海滨，事务繁重，举行新政尤关紧要，必须精明干练之员方足以资治理。据布政使吴廷斌、兼护提学使吴筠孙、署按察使沈廷杞，于通省现任知县内逐加遴选，非现居要缺，即人地未宜，惟查有特旨补用知县李敬修，堪以请补诸城县知县等情,会详请奏前来。

臣查,李敬修,年五十四岁,直隶保安州人,由拔贡生应光绪元年乙亥恩科顺天乡试中式举人,六年庚辰科会试中中式贡士,九年癸未科殿试三甲,改翰林院庶吉士,散馆引见,以主事分兵部候补。十六年,遵新章呈请改归进士知县本班后尽数选用,十八年二月选授平阴县知县,六月领凭到省,闰六月到任,因前在京师西城水局获盗出力案内保准同知衔。二十一年调补章邱县知县,二十二年六月到任,二十三年九月禀请开缺,回籍修墓。经前扶臣毓贤保荐,二十五年五月十三日奉上谕"著给咨,送部引见。钦此"。旋因修墓事毕,正拟请咨赴部,于二十六年十二月在籍丁继母忧,二十八年正月接丁父忧。服阕起复,由籍请咨赴部,三十年八月初三日,经吏部带领引见,军机大臣面奉谕旨"本日引见之前,东章邱县知县李敬修著发往山东,仍以知县即补。钦此"。九月领照回东。

该员通达和平,循声卓著,以之请补诸城县知县,实堪胜任,与例亦符。合无仰恳天恩俯准,以特旨补用知县李敬修补授诸城县知县。如蒙俞允,该员衔缺相当,毋庸送部引见。除咨部查照外,谨恭折具陈,伏乞皇太后、皇上圣鉴,敕部核复施行。谨奏。

朱批:"吏部议奏。"

光绪三十二年十一月十九日。

(《光绪朝朱批奏折》第 23 辑,161)

请以王学曾调补历城县知县折

头品顶戴、山东巡抚、臣杨士骧跪奏,为拣员请补省会知县,以裨地方,恭折仰祈圣鉴事。

窃照历城县知县毛致,于光绪三十二年六月初五日在滕县署任内病故,例应以病故之日作为开缺日期,归六月分截缺,业经臣奏报开缺在案。所遗历城县知县员缺,系"冲、繁、难"兼三省会外调要缺,例应在外拣选调补。该县地居省会,政务繁杂,举办新政,开风气之先,且时有发审案件,非精明强干之员不足以资治理。据布政使吴廷斌,兼设提学使吴筠孙、署按察使沈廷杞查,有乐陵县知县王学曾堪以请补应城县知县等情,会详请奏前来。

臣查,王学曾,年三十七岁,山西文水县人,由优廪生应光绪十九年癸巳恩科本省乡试中式举人,二十四年九月遵例报捐知县,分发山东试用,复加捐分缺间补用免试用,十二月十一日由史部带领引见,奉旨"照例发往。钦此"。二十五年三月领照到省,二十六年十一月丁父忧,服满起复,二十九年三月回东,因二十五、六两年黄河三汛安澜,在工出力,案内保准候补缺后以直隶州知州补用,补受乐陵县知县,二十九年十二月到任,遵照新章捐免应俸试俸,领有部照在案。

该员才识明练,为守俱优,以之调补历城县知县,实堪胜任,与例亦符。合无仰恳天恩俯准,以乐陵县知县王学曾调补历城县知县。如蒙俞允,该员衔缺相当,毋庸送部引见,亦毋庸声叙参罚。所遗乐陵县知县员缺,东省现有应补人员,应俟奉准后,另行拣员请补。除咨部查照外,谨恭折具陈,伏乞皇太后、皇上圣鉴,敕部复施行。谨奏。

朱批:"吏部议奏。"

光绪三十二年十一月十九日。

(《光绪朝朱批奏折》第23辑,162)

准将邹平等县短拨米石每石折给实银一两俾资糊口片

再,邹平、淄川、长山、新城、利津五县应征大漕正耗米石,例系于拨运青州,供支满营兵糈,遇有灾缓,由司照章石折给实银八钱。迨光绪二年、九年,邹平等县因灾缓征,米价较昂,先后奏准每石折给实银一两。如邹平等县蠲缓兵米数在五百石以上,即在禹城等四县应征大漕内补拨五百石以下,即由司按石折银给发,经照办在案。兹查光绪三十一年分,邹平等五县应拨三十二年青仓满营兵米内,邹平、长山、利津三县共缓征正耗米二百七十五石五斗九升二合七勺。又淄川、新城、长山县因铁路既巡警营房占用地亩,共免征正耗米十九石一斗五升七合四勺,统计共不敷米二百九十四石七斗五升一勺。现在米价昂贵,每石需银二两数钱。以银八钱,不过买米四斗,该兵丁等苦累异常,殊堪悯恻,拟请援照历办成案,由司每石折给实银一两,以示体恤。据布政使吴廷斌、督粮道周开铭会详请奏前来。臣复查无异,合无仰恳天恩俯念满兵困苦,准将邹平等县短拨米石每石折给实银一两,由司随饷给领,俾资糊口,出自鸿慈。除咨部查照外,谨附片具陈,伏乞圣鉴,训示。谨奏。

朱批:"户部知道。"

光绪三十二年。

(《光绪朝朱批奏折》第64辑,081)

交纳加放俸饷等银片

再,新案赔款户部腾出的款银三百万两内,指拨山东省加放俸饷、加复俸饷、旗兵加饷、加增边防经费等款共银九万三千两,应分次先期解沪。经前抚臣张人骏饬司查明内有无著银四万四千两,奏明在于挑挖南北运河经费项下拨补,其余银四万九千两照旧由东海关解银一万五千两,督粮道库解银一万两,藩库解银二万四千两,业将光绪三十一年分应解前项银两按期解清,分别奏咨在案。兹自光绪三十一年十二月起至三十二年十一月止。共应解银九万三千两,同补水银一千五百二十七两余,均经先后委员解交上海道衙门兑收汇付。据各该司道先后详请奏咨前来。臣复查无异,除咨部查照外,谨附片陈明,伏乞圣鉴。谨奏。

朱批:"该部知道。"

光绪三十二年十二月。

(《光绪朝朱批奏折》第 85 辑,026)

交纳光绪三十二年分山东运库应解内务府常年经费部分银两片

再,光绪三十二年分山东运库应解内务府常年经费银一万两,前已解过头批银五千两,平余抬费银一百六十五两,详经奏报在案。兹据盐运使张莲芬详报,在于盐课加价项下动支第二批银五千两,平余抬费银一百六十五两,饬委试用盐大使锡志解赴内务府交纳等情。臣复查无异,除分咨查照外,谨附片陈明。伏乞圣鉴。谨奏。

朱批:"该衙门知道。"

光绪三十二年十二月。

(《光绪朝朱批奏折》第 90 辑,589)

交纳应还英、德、俄、法本息银片

再,山东省应还英、德、俄、法借款,自光绪二十二年起,每年原拨银三十九万两,嗣于二十五年,因佛郎磅价昂贵,原拨银数不敷,除盐斤加价二两,遵照部文,毋庸加拨外，其余银三十七万两按二成五加拨银九万二千五百两，共原续拨银四十八万二千五百两内由藩库筹解银三十二万五千两，运库筹解银五万七千五百两，东海关筹解银十万两。英、德按二月、五月、八月、十一月分解，俄、法按三月、九月分解，历经遵照办理。

查，光绪三十二年二月、五月限内，应还英、德本息银一十四万二千五百两，三月限内因还俄、法本息一十一万八千五百两，业经各该司道依限解赴上海道衙门，兑收汇付，详经奏明在案。所有光绪三十二年八月、十一月限内应还英、德本息银一十四万两千五百两，九月限内还俄、法本息银七万九千两，均经按月解赴上海道衙门兑收汇付。据各该司道先后详请奏咨前来，臣复核无异，除分咨查照外，谨附片陈明，伏乞圣鉴。谨奏。

朱批："该部知道。"

光绪三十二年十二月。

（《光绪朝朱批奏折》第 85 辑，024）

具陈丙午科山东考职事宜片

再，政务处奏准通筹举贡生员出路一折，内开生员考职于考取优贡之后，举行一次等因，当即转饬，遵照在案。兹据提学司详称，本年丙午科山东考职事宜遵于十一月内考试。头场试以经义史论，二场试以时务策并专门科学，按照中省名额录取一等廪贡生邢化成等三十五名，二等附生王凤英等三十五名，造具各生名册，同试卷呈请查核，奏咨前来，臣复加校核，尚无冒滥。除将年貌、等第、清册分咨吏、礼二部，并将试卷解送礼部外，谨附片具陈，伏乞圣鉴。谨奏。

朱批："该部知道。"

光绪三十二年十二月。

（《光绪朝朱批奏折》第 105 辑，316）

具陈设坛祈祷得雪情况片

再，东省入冬以来，雨雪稀少，农民望泽孔殷，臣连日率同司道首府县等设坛祈祷，仰荷圣恩广大，感召天和，于十二月二十至二十二等日彤云密布，瑞雪缤纷,附近省城一带,除融化积厚尚有五寸。电询德州、泰安、兖州、青州、济宁、胶州、潍县、曹县、周村、沙河、烟台、青岛,各电局复称同日得雪,亦至三、五、六寸及尺许不等,农田露足,比户欢腾,地方民情均称安谧,堪以仰慰慈廑。除循例并入市集粮价恭折具报外,合先附片具陈,伏乞圣鉴。谨奏。

朱批:"知道了。"

光绪三十二年十二月。

(《光绪朝朱批奏折》第 97 辑,617)

具陈山东省镇、司、道、府官员考核结果折

谨将山东省镇、司、道、府各员出具切实密考,亲缮清单,恭呈御览,谨开。

兖州镇总兵张宗本,年六十八岁,山东钜野县勇目,光绪三十年六月二十日到任。该员朴诚忠勇,缉捕极勤,于曹属情形尤极熟悉,自是老成宿将。

登州镇总兵李安,年六十一岁,光绪三十年二月二十四日到任。该员治军有法,纪律严明,于外交、缉匪两事尤称得力。

布政使吴廷斌,年七十一岁,安徽泾县监生,光绪三十一年四月十九日到任。该员老成练达,条理精详,于理财、用人极为慎密,资深望重而精力游刃有余。

盐运使张莲芬,年五十六岁,浙江余杭县文童,光绪三十一年五月十二日到任。该员精覈有才,虑事周密,出入库款尤能肆应裕如。

督粮道周开铭,年六十七岁,湖南益阳县进士,光绪三十年七月二十日到任。该员器识沈毅,体大思精,资劳最久,精力尤足,耐劳,非粮储简缺,能尽其长。

济东泰武临道沈廷杞,年六十五岁,顺天大兴县副贡,光绪三十二年十二月十三日到任。该员细密精深,能持大体,于察吏安民要政,从无瞻徇,是监司中不可多得之才。

兖沂曹济兼管运河道胡建枢,年五十七岁,安徽凤阳县举人,光绪三十二年二月初九日到任。该员详实精密,器局深稳,统带游击队,办理曹匪民情,爱戴察吏,尤极严明。

登莱青胶道蔡汇沧,年六十四岁,浙江德清县贡生,光绪三十一年九月二十一日到任。该员办事精细,操守尤廉,近今外交需才,似此老成尤为难得。

济南府知府吴筠孙,年四十五岁,江苏仪征县进士,光绪三十二年正月二十六日到任。该员规模阔远,为守兼优,历任各缺,循声卓著,年富才长,足胜监司

之选。

泰安府知府玉构,年五十三岁,镶蓝旗宗室,光绪三十二年五月十九日到任。该员讲求吏治,条理精详。

武定府知府曹榕,年六十九岁,山西临汾县进士,光绪二十六年四月十一日到任。该员老成深稳,措置井然。

兖州府知府张嘉猷,年五十二岁,福建闽县进士,光绪三十一年五月初八日回任。该员器识凝重,察吏有才。

沂州府知府李子锴,年四十四岁,甘肃武威县进士,光绪三十二年四月初二日到任。该员识见宏通,有为有守。

登州知府张学华,年四十三岁,广东番禺县进士,光绪三十二年闰四月二十四日到任。该员精明干练,体用俱优。

莱州府知府恭曾,年五十五岁,镶黄旗汉军官学生,光绪三十二年八月初五日到任。该员谨饬安详,才近精覈。

青州府知府黄曾源,年四十九岁,福建驻防正黄旗汉军进士,光绪三十二年二月初六日到任。该员才长守洁,恫愊无华。

光绪三十二年十二月。

(《光绪朝朱批奏折》第 50 辑,626)

汇付新案赔款片

再,案准户部咨,各海关征收洋税,自光绪二十七年十月起收足值百抽五,新增之款应抵解新案赔款,自是年十月开办起,按实在收数解沪等因,历经遵照办理在案。兹自光绪三十一年十月起,至三十二年九月止,解过征收洋税值百抽足五,并免税货完税银五万三千三百四十一两二钱八分八厘,又常税二成银二万一千四百三十一两五钱八分零四毫。以上共银七万四千七百七十二两八钱六分八厘四毫,又补水银一千二百二十八两五钱一分七厘七毫,陆续解赴上海道衙门收存汇付。据该监督先后禀请奏咨前来。臣复查无异,除咨外务部、度支部查照外,谨附片陈明,伏乞圣鉴。谨奏。

朱批:"该部知道。"

光绪三十二年十月至十二月。

(《光绪朝朱批奏折》第 85 辑,022)

审办长清等县八起九名重犯，摘叙简明事由折

头品顶戴、山东巡抚、臣杨士骧跪奏，为审办长清等县命盗立决各案，遵章汇案，摘叙简明事由，谨缮清单，恭折仰祈圣鉴事。

窃照法部奏定章程，各省寻常命盗案件由题改奏者，行令一律改为汇案具奏，并将罪应凌迟斩绞立决为一项，仍令备录供招咨部查核等因，咨行遵照在案。兹查前据臬司转据济南等府州审解长清等县罪应斩决，照章改为绞立决。人犯王帼银、冯壬戌、侯步沅、黄和尚、李墩、李荃声并罪应斩枭，照章改为斩决，人犯姜四、刘枝仔及刘枝仔案内从犯耿宽仔共八起九名，由司先后招解，经臣逐案审明，复核无异。除将招册送部外，理合会汇案摘叙简明事由，谨缮清单，恭折具陈，伏乞皇太后、皇上圣鉴，敕部核复。谨奏。

朱批："法部议奏，单并发。"

光绪三十二年十二月初七日。

（《光绪朝朱批奏折》第 108 辑，703）

审办章邱等州县十起寻常命案，摘叙简明事由折

头品顶戴、山东巡抚、臣杨士骧跪奏，为审办章邱等州县寻常命案遵章汇为十起，摘叙简明事由，谨缮清单，恭折仰祈圣鉴事。

窃照法部奏定章程，各省寻常命案件由题改奏者一律改为汇案具奏，并将斩绞监候为一项，每次至多以十案为率，仍全备录供招咨部查核等因，咨行遵照在案。兹查，前据臬司转据济南等府审解章邱等州县罪应拟绞监候人犯王清仔、李傻仔、刘四、张石印、孙二照、高培里、门拴柱、乔进、犯妇杜黄氏并罪应斩候，照章改为绞监候。人犯杨步青共十起十名由司招解，经臣先后逐案审明，复核无异。除将招册送部外，理合汇案摘叙简明事由，谨缮清单，恭折具陈，伏乞皇太后、皇上圣鉴，敕部核复。谨奏。

朱批："法部议奏，单并发。"

光绪三十二年十二月初七日。

（《光绪朝朱批奏折》第 108 辑，704）

奏为山东济南等处开办商埠经费不敷，请旨饬拨折

太子少保、北洋大臣、直隶总督、臣袁世凯，头品顶戴、山东巡抚、臣杨士骧跪奏，为山东济南等处开办商埠经费不敷，请旨饬拨，以济要需，恭折仰祈圣鉴事。

窃查，山东济南暨潍县、周村三处开办商埠，前经奏请将胶海关历年征存洋税先行提拨五成，嗣后该关每年所征洋税按结提拨五成作为山东办理洋务暨开埠经费，旋经奉准提拨胶海关征存五成洋税银十九万一千五百两作为开埠经费，当经臣等以山东开埠情势繁重，迥非他省可比，且常年经费一无所出，咨请仍照原奏，自光绪三十一年起，按年动拨胶海关五成洋税，解东备用。嗣准外务部咨复，准户部复称，查胶海关税项前经仿照各海关成案，令将所收税银统分四六成，以四成专解部库充饷，其余六成除支本关经费外，皆应暂存该关，听候指拨。业经外务部咨，据总税务司复称，即由一百七十八结起，遵照办理在案。如嗣后该商埠奏请拨款，亦只能由胶海关六成税银项下酌量提用，咨行查照等因，当即转行遵照，核办去后。

兹据办理济南等处商埠总局署、济东泰武临道徐世光、前登莱青胶道何彦升等详称，伏查济南商埠开办经费，奉拨胶海关五成税银十九万一千五百两，计收购埠界内民地三分之一、迁坟五分之一，并购回德国领事所住房屋基地，筑成逼近胶济铁路之马路一条。又购买碾路机器、建造总局房屋以及周村、潍县等处分埠，勘丈地亩，均经陆续部署。此外，应办之事，如建造巡警审判公所、存储货物行栈，暨公园、菜市、卫生院并开井泉、栽树木、续购民地、续迁坟冢、筑马路各项工程，或为保卫治安，或为招徕商旅，开办建置，皆系万不容缓。至常年经费，如员司薪水、巡警饷需等项事，独创始诸从省约，即在此开办经费内暂行支用，俟建置各工完竣，方可将常年经费通共应用之确数统筹核定，此时实难预决。

查，原拟开埠经费七八十万两，而奉拨之项仅得四分之一，所差过钜，竟致无从措手。现前项经费已将用罄，若任其坐困，迁延贻误，实非浅勘。况济南商埠，实扼胶济津镇两路中枢，将来路工告成，济埠必可成一内地伟大商场，尤宜及早布置，以保权利。今奉檄行部，有嗣后该商埠奏请拨款，只能由胶海关六成税银项下酌量提用等语。查，本届胶海关税务甚旺，约可收银一百万两左右，较前数年收数大增，拟请即于胶海关六成税银项下，按年指拨银二十万两作为商埠常年经费，兼补开办经费之不足，详请奏咨等情。

臣等复查,济南等处开办商埠,于山东全省交涉关系綦重,倘因经费不敷,遂将要工中辍,势必贻误大局。此次商埠局所请于胶海关六成税银项下按年指拨银二十万两,自系遵照部示办理,现值该关税收畅旺,岁有增加,合无仰恳天恩俯准照数提拨,以济要需。如蒙允俞,请敕下外务部、度支部、税务大臣立案,仍由臣等督饬局员随时核实动用,分晰造报。除分咨查照外,谨合词恭折具陈,伏乞皇太后、皇上圣鉴,训示。谨奏。

朱批:"该衙门知道。"

光绪三十二年十二月初八日。

(台北故宫藏档,文献编号:408001685)

报销光绪三十一年分办理运河各工用过银两数目折

头品顶戴、山东巡抚、臣杨士骧跪奏,为报销光绪三十一年分办理运河各工用过银两数目,恭折仰祈圣鉴事。

窃查,山东运河堤岸残缺河身淤浅,挑浚修防均关紧要,经升任抚臣周馥奏明,删并繁冗名目,减定常年经费,自光绪二十九年为始,每年岁修经费银三万两,抢险经费银二万两,募夫挑工银二万五千两,共银七万五千两,奉旨饬部议准,当经转行遵照办理。所有光绪三十年分办理各工用过银数,业经造册奏销在案。

兹据兖沂曹济道胡建枢详称,光绪三十一年分运河工程办过岁修峄滕、鱼济、钜嘉、汶上、东平等汛各工四十四段,计长五千二百四十丈九尺,用过银二万九千九百九十九两二钱分八厘。又抢险峄滕、济宁、钜嘉、汶上、东平等汛各工五十七段,计长三千六百六丈二尺,用过银一万九千九百九十九两九分九厘,又挑挖东平、汶上、济宁、滕峄等汛各工八十四段,计长七千七百二十八丈,用过例津二价银二万四千九百九十四两七钱一厘。

以上通共用过银七万四千九百九十三两一分八厘,动用兖运二库河银、夫食银,两较之原定常年经费有减无增,俱系实用实销,并无浮冒等情,由运河、捕河两厅造具册结图说,详道加具印结,呈请奏咨前来。臣复核无异,除将册结图说分咨查照外,所有光绪三十一年分办理运河各工动用银数谨恭折具陈,伏乞皇太后、皇上圣鉴,敕部核销施行。谨奏。

朱批:"该部知道。"

光绪三十二年十二月初八日。

（《光绪朝朱批奏折》第 100 辑，638）

支付武卫右军先锋队照旧加闰银两片

再，东省武卫右军先锋队，原定饷额每年约需库平银九十三万饷余两，闰月加饷不在其内，前经升任抚臣袁世凯奏明，俟遇闰月酌量奏请筹拨，奉旨"著照所请。钦此"。嗣于光绪二十九年闰五月，复经正任抚臣周馥，以原定之数。按十二个月均算，应加库平银七万八千两，请由藩库动支作正开销正俸。朱批"户部知道。钦此"，钦遵各在案。臣查，本年又系有闰之年，虽营制稍有更张，而应支薪饷，上年曾经奏明悉任旧贯自应预为筹备照旧加闰，俾免临时缺乏，拟请仍由藩库动支库平银七万八千两作正开销以济军需，而便支拨。除咨部查照外，理合附片具陈，伏乞圣鉴，训示。谨奏。

朱批："户部知道。"

光绪三十二年。

（《光绪朝朱批奏折》第 64 辑，082）

报销光绪三十一年分黄河防汛抢险经费银两数目折

头品顶戴、山东巡抚、臣杨士骧跪奏，为报销光绪三十一年分黄河防汛抢险经费银两数目，恭折仰祈圣鉴事。

窃查，山东黄河上、中、下三游，上自曹州府菏泽县入境起，下至利津县海口止，两岸堤埝险工林立，修防极关紧要，所有历届拨用经费银两截至光绪三十年业业已按年造册，奏销在案。兹据河防局司道详称，三十一年防汛经费额拨司道各库，并临清关库共银六十万两，嗣因经费不敷，奏经部中议准，由工赈捐局加拨银十万两，先后拨解到局，转发工员承领，核实动用，该司道等督同承办各员详细勾稽，计三十一年分上中下三游南北两岸抢厢扫段修盖堡房需用一切工料，并雇用民夫津贴，暨各防营卜勇口分三游炮船管带官薪水，总分各局委员盐粮，应归度支部核销银一十八万三千五百二十二两零，农工商部核销银五十一万八千二百二十九两零二，共请销银七十万一千七百五十二两零。是年共收到原续拨经

279

费银七十万两,连同三十一年支发河防各营卞勇口粮银两内,扣除平余粮一千五百五十一两零,统共收银七十万一千五百五十一两零。内除拨还三十年防汛案内不敷三万八千九百七十三两零,实收银六十六万二千五百七十八两零,尽数动支,尚不敷银三万九千一百七十四两零,已由局设法挪垫支拨清楚,应俟部复核准,再归下届防汛案内造报。所用银数俱系实用实销,并无浮冒等情,造具细数清册,加具印结,呈请奏资前来。臣复核无异,除册结分咨度支部、农工商部查照外,所有光绪三十一年分动支黄河防汛抢险经费银两数目,理合恭折具陈,伏乞皇太后、皇上圣鉴,敕部核销施行。谨奏。

朱批:"该部知道。"

光绪三十二年十二月十三日。

(《光绪朝朱批奏折》第 100 辑,640)

鲁景峄捐助学堂钜款,恳恩给奖折

头品顶戴、山东巡抚、臣杨士骧跪奏,为绅士捐助学堂钜款援案恳恩给奖,以昭激劝,恭折仰祈圣鉴事。

窃查,奏定学堂章程内载一人捐资较钜者,奏明给奖等语,当经转行各属遵照在案。兹据学务处司道详称,滕县绅士内阁中书鲁景峄,因该县推广学堂经费无出,捐缴库平银一万两为扩充高等小学堂经费。查上年临清州绅士孙振文捐助学堂经费银一万两,经前抚臣胡廷干援照湖北高廷杰、刘鹏年请奖成案,奏请以知县即选,钦奉特旨允准。鲁景峄事同一律,可否援案奏请由内阁中书以道员归部铨选等情,详请奏奖前来。

臣维兴学育才最关紧要,现在钦遵谕旨,遍设小学,公家财力有限,全赖地方绅富捐赀广设,以期学校林立,教育普行。今鲁景峄锐意兴学,慨捐钜款,洵属深明大义,与孙振文等情事相同,核其所捐银数与由现任内阁中书捐候道员例定十成银数有盈无绌。合无仰恳天恩俯准,将内阁中书鲁景峄以道员选用,出自逾格鸿施。除咨部外,谨会同学臣载昌合折具陈,伏乞皇太后、皇上圣鉴,训示。谨奏。

朱批:"著照所请,该部知道。"

光绪三十二年十二月十三日。

(《光绪朝朱批奏折》第 80 辑,800)

请以许得兴升补临清营中军都司折

头品顶戴、山东巡抚、臣杨士骧跪奏，为拣员升补陆路都司员缺，以实营伍，恭折仰祈圣鉴事。

窃照临清营都司周桂林，在任病故，经臣咨报开缺，接准部咨，以该缺系陆路题补第一轮第二缺，轮用卓异人员，行令迅拣合例人员请补等因。伏查，该都司驻扎临清州，界连直隶，滨临运河，缉捕巡防均关紧要，非精明干练之员不足以资整饬。查，有卓异实任桃园营守备许得兴，现年五十九岁，系山东滋阳县人，由期满云骑尉告降千总，拔补沂州营大兴镇千总，调补兖中营千总。光绪元年，因堵筑荷泽县贾庄河工合龙出力，经前抚臣丁葆桢保准以守备尽先补用。十四年军政案内保荐卓异。十八年经前抚臣福润奏请升补桃源营守备，奉部核准给札赴任，二十九年军政案内经升任抚臣周馥保荐卓异，旋复调署兖中营守备，是年十月到营任事。

该员明白安详，以之升补临清营都司员缺，洵堪胜任，与例亦属相符。合无仰恳天恩俯准，以卓异桃源营守备许得兴升补临清营中军都司，实于地方、营伍两有裨益。如蒙俞允，俟接准部复，再行给咨，送部引见，以符定制。其所遗桃源营守备员缺，系陆路题调之缺，东省现有应补人员，俟部核准后，容臣另行拣员请补。除将履历、印册咨部外，谨会同署曹州镇总兵臣靳呈云恭折具陈，伏乞皇太后、皇上圣鉴，敕部核复施行。谨奏。

朱批："陆军部议奏。"

光绪三十二年十二月十三日。

（《光绪朝朱批奏折》第 50 辑，606）

请以吴弼昌补授昌邑县知县折

头品顶戴、山东巡抚、臣杨士骧跪奏，为拣员请补知县员缺，以资治理，恭折仰祈圣鉴事。

窃照昌邑知县文郁，于光绪三十二年九月初五病故，应以病故之日作为开缺日期，归九月分裁缺，业经奏报开缺，并员缺扣留外补在案。是分月只此一缺，毋庸掣签,例应按班序补。查东省知县病故例一项,上次系用至大挑正后第二新海防遇缺先止。今此一缺,东省并无坐补原缺、裁缺即用、回避即用、新选新补、留省另补,并旧海防先、郑工遇缺、先海防即、海防先、旧例银捐遇缺即、先银捐遇缺,均无人,应插用分缺间人员。据布政使吴廷斌、兼护提学使吴筠孙、署按察使沈廷杞查,有正途出身名次在前新海防分缺间补用知县吴弼昌,堪以请补昌邑县知县等情,会详请奏前来。

臣查,吴弼昌年四十六岁,福建省闽县人,由优廪生应光绪十五年乙丑恩科本省乡试中式举人,二十四年戊戌科大挑一等以知县用,经吏部带领引见,闰三月十二日奉旨"著照例用。钦此"。掣签山东,二十五年五月到省,旋遵新海防例报捐分缺间用免试用,二十七年五月准咨在案。

该员吏治勤能,办事认真,以之请补昌邑知县,实堪胜任,与例亦属相符。合无仰恳天恩俯准,以正途出身新海防分缺间补用知县吴弼昌补授昌邑县知县。如蒙俞允,该员衔缺相当,毋庸送部引见,惟系捐纳之员仍令试俸三年。除咨部外,谨恭折具陈,伏乞皇太后、皇上圣鉴,敕部核复施行,谨奏。

朱批:"吏部议奏。"

光绪三十二年十二月十三日。

(《光绪朝朱批奏折》第 23 辑,216)

审办逆伦重犯按律拟办折

头品顶戴、山东巡抚、臣杨士骧跪奏,为审明逆伦重犯,按律拟办,恭折仰祈圣鉴事。

窃查,德平县民人马花仔谋杀继母马储氏,并故杀胞弟马冲仔、马升仔暨妻马李氏各身死一案,前据该县禀经批饬提省,发委济南府审办。嗣据济南府知府吴筠孙审明拟议,由署臬司沈廷杞复审,解勘前来。臣亲提研鞫,缘马花仔籍隶德平县,已死马储氏系马花仔继母,马冲仔、马升仔系伊同父异母之弟,马李氏系伊妻。先是,马花仔亲母马陶氏病故,伊父马学笃继娶马储氏为妻,马花仔侍奉马储氏平素孝顺,马储氏相待马花仔亦尚慈爱。嗣马储氏自亲生马冲仔、马升仔之后,相待马花仔日渐刻薄,马花仔因此与马储氏时常吵闹,经马学笃与族兄马学周等两相劝导,均不能听。

光绪三十一年十月间,马学笃料难夥度,邀同马学周等将上地五亩、住屋数间分授马花仔夫妇,另居各度。马花仔因地少,不敷食用,疑系马储氏偏护亲子,从中主唆,故意刻苦,心怀忿恨,仍与马储氏不时口角,均经马学笃喝散。三十二年闰四月十六日,马花仔因见马学笃地内麦已成熟,往向讨要,马学笃允令收拔亩余。嗣马花仔往地收麦,马储氏上前拦阻,斥骂马花仔懒惰无耻,并称如敢收拔,定行殴成残废。马花仔被骂不甘,触起平素相待刻薄之嫌,起意将马储氏杀死泄忿。十八日,马花仔探知,马学笃与马冲仔赴地工作,潜入马储氏屋内,见马储氏与马升仔在炕睡熟,携取菜刀,走近坑边,用刀在马储氏头上连砍数下,致伤其右腮颊相连右耳耳轮、耳窍、耳垂、耳根并右额颊。马储氏已不能动弹,马花仔恐其不死,又砍伤其咽喉、左手腕、右臂膊。马升仔在坑哭喊,马花仔虑人听闻,起意致死,用刀连砍伤马升仔左右额颊、右胳膊。马升仔与马储氏均各殒命。马花仔携刀出屋,适马冲仔由地回归,走进院内,马花仔恐其看见尸身声喊,起意一并致死,即抓住马冲仔发辫,搋按倒地,用刀连砍伤其脑后相连发际、项颈、右脊膂身死。马花仔携刀回家,见伊妻马李氏在炕侧卧,因思伊杀母之罪,万无生理,年轻少妇恐留下出丑,不如一并杀死干净,复用刀连砍伤马李氏右腮颊连右耳耳窍、咽喉并右手腕,立时身死。洗净手上血迹,潜逃出屋。经马学周由坡回归,瞥见尸身,通知马学笃回家看明,将马花仔追获,盘出实情,投保报县,先经该县黄亮臣访闻,差查随亲诣验讯,禀经提省,发委济南府审明,拟议由臬司复审。解经臣提犯审供前情不讳,复讯不移,案无遁饰。

　　查律载,谋杀母已杀者凌迟处死。又例载,子杀母之案照本律问拟。如距省在三百里以内,无江河阻隔,审明后,恭请王命,押赴犯事地方,即行正法;若距省在三百里以外,即在省垣正法,将首级解回犯事地方枭示。又查新章内开律例内凌迟、斩枭合条,俱改斩决各等语。此案,马花仔因挟继母马储氏相待刻薄及拦阻收拔麦子并向斥骂之嫌,辄敢起意谋杀,用菜刀将马储氏砍伤身,并杀胞弟马冲仔、马升仔暨妻马李氏各身死。

　　查马冲仔、马升仔均系该犯之弟,马李氏系该犯之妻,按故杀期亲弟与故杀妻至死,均罪止绞候,惟谋杀继母实属罪大恶极,形同枭獍,自应从重按律问拟。马花仔除故杀弟及妻各轻罪不议外,合依谋杀母已杀者凌迟处死律拟凌迟处死,遵照新章改为斩立决,并免枭示。该县虽距省在三百里以内,惟中隔黄河,业于审明后在省垣恭请王命,先行正法,以照炯戒。邻证马学周等讯系救阻不及,均毋庸议。除供招咨部外,理合恭折具陈,伏乞皇太后、皇上圣鉴,敕部核复。谨奏。

　　朱批:"法部知道。"

光绪三十二年十二月十四日。

（《光绪朝朱批奏折》第 108 辑，702）

审办淄川等州县十起寻常命盗案件，摘叙简明事由折

头品顶戴、山东巡抚、臣杨士骧跪奏，为审办淄川等州县寻常命盗案件，遵章汇为十起，摘叙简明事由，谨缮清单，恭折仰祈圣鉴事。

照法部奏定章程，各省寻常命盗案件，由题改奏者一律改为汇案具奏，并将斩绞监候为一项，每次至多以十案为率，仍令汇录供招，咨部查核等因，咨行遵照在案。兹查，前据臬司转据济南等府审解淄川等州县罪应拟绞监候人犯李练仔、孙住、房起瑞、李贯举、卢之印、牟魁田、谢臣、焦振川，贼犯朱二，并罪应斩候照章改为绞候贼犯李陈仔，共十起十名，由司招解，经臣先后逐案审明，复核无异。除将招册送部外，理合摘叙简明事由，谨缮清单，恭折具陈，伏乞皇太后、皇上圣鉴，敕部核复施行。谨奏。

朱批："法部议奏，单并发。"

光绪三十二年十二月十五日。

（《光绪朝朱批奏折》第 108 辑，705）

遵旨查明垦务委员胡焕宗被参各节，据实复陈折

头品顶戴、山东巡抚、臣杨士骧跪奏，为遵旨查明垦务委员胡焕宗被参各节，据实复陈，恭折仰祈圣鉴事。

窃臣承准军机大臣字寄光绪三十二年十一月初三奉上谕"有人奏山东垦务委员胡焕宗，串卖官山，勒夺民业，请饬查办一折，著杨士骧按照所参各节，确切查明，据实具奏，毋稍徇隐。原折著钞给阅看。钦此。"等因，遵旨字寄到，臣当经札委候补道庄洪烈前往会同登州府知府张学华确查去后。

兹据庄洪烈、张学华查明禀复，如原奏内称"昆仑山毗连海隅，周匝数十里，登州之牧马厂也。邻近居民相依为命者，不下数万人。经山东抚臣奏明垦放招民种植，纳税升科，派候补知县胡焕宗为委员，该员果能遵照垦章，明白晓谕，会同官绅秉公招领，在该地居民衣食所关，岂不能集款认价，用保利权？乃该委员

视为奇货。下车伊始，即烟台商务局众商董等串通一气，托包垦为名，私作价银二万两，勒买全荒一节。"查，昆仑山系登州福宁营牧厂官荒，绵亘甚广，约略计算，不下二十四万亩。前候选道唐荣浩因年久废弃，未免可惜，拟集股开垦，树艺五谷，议定押价二万五千两，岁租一千五百两。经臣檄饬垦务局派委前分省补用知县胡焕宗到烟，与股商集议，尚未商定，随赴宁海察勘，旋经宁海州绅民曲日咏等以该山为东西乡养民之源，禀经臣批准由该处民人缴价自办，唐荣浩招股之议遂作罢论。所称"串通烟商私作价银二万两包垦勒买"当系以此误会。

又原奏内称"自知民心不服，于丈量之日乃率勇列队枪械环卫，以至居民惊惶思与为难"一节。查，昆仑山去州城四十里，胡焕宗到后，即会同署宁海州知州吴延祚亲往查勘，仅带随从一、二人，旋以丈尺难施绘，具大略形势图说，禀呈在案。该处山径逼仄，石门以内舆从均无所用，确无率勇列队，枪械环卫，以至惊恐情事。询之州绅，均无异辞。又原奏内称"该州绅董见事关重大，当即电禀山东巡抚，恳请照原价认领，就地分垦，已邀允准，奈该委员利心太重，见始愿不遂，复施压力，谓必欲自办，非增价一倍不可"一节。查州绅禀准自办后，胡焕宗随即商同署宁海州吴延祚，以州民势分力薄，碍难同时全领，划分区段，听民分领。州民又以次年缴租为期太促，议将三年租价融纳于押租之内，共计押价三万两。将全山分为三十区，每区押价一千两。三年后按段摊租，以二十四万亩计之，每亩仅缴押租一钱二分有奇。增价一倍之说，自系讹传。

又原奏内称"该州绅董相与理论，乃老羞成怒，饬州看押，并以阻挠垦务，朦混禀复，致使人心汹汹，几酿巨祸"一节。查州民禀请缴价自办，尚未筹定办法。该委员到境后，仅据龙泉修南现等社先后认领九区，其时适有候选县丞孙宝恭以押价过昂为词，胡焕宗遂疑其抗阻，禀请传押。旋经州绅常琦运等呈请续领六区，始将孙宝恭保释。查山荒开垦，种种为难，似非孙宝恭一人阻力，乃胡焕宗率请传押，虽旋即保释，未免操之过急。至称人心汹汹，几酿巨祸。系属传说太过。至登州等属荒地，前升任抚臣周馥查悉该处情形，奏明派员勘办，准其轻缴押价，宽定升科年限，押价上等京钱十千，中等五千，下等二千五百文。昆仑山荒地，层岩叠冈，形势陡险，如寒风岭人迹罕到，黑影崮地尤深邃，本难尽数开垦成田。且土人从事樵采，不耕而获，贫民倚以糊口，业已历有年。所熟筹审计必须垦种与树木两者参酌兼办，以期无碍贫民生计，仍可渐收后效。所有近山村社人皆土著，地又可耕，应令于前领九区后，认六区连行勘定界址，按期缴价。其余十五区，陆续招承，准于五年后察看情形，再行分别照例升科，似此定议，询诸该州绅民，极为感奋，但与垦章稍有不符，惟荒山深阻与平地不同，贫户领垦又与富户不同,可否量予变通等情,禀请核办前来。

臣复加察核此案,曾据宁海州绅民迭控到臣,当经檄饬该管登州府知府张学华切实查究在案。窃思开垦系利民之举,乃该委员不体民情,查勘草率。此次被参各节,虽据该道府查无勒买包卖及影射情事,究属办理操切,不知政体。且采诸舆论亦多不洽,应请旨将丁忧分省补用知县胡焕宗即行革职,以示惩戒。又,该道府等所议分别缴价升科办法,尚称妥洽,应即照准,饬令议办,以示体恤而顺舆情。所有遵旨确切查明缘由,理合恭折复陈,伏乞皇太后、皇上圣鉴,训示。谨奏。

朱批:"著照所请,该部知道。"

光绪三十二年十二月十五日。

(《光绪朝朱批奏折》第 93 辑,769)

恭报十月分雪泽情形并呈粮价清单折

头品顶戴、山东巡抚、臣杨士骧跪奏,为恭报光绪三十二年十月分雪泽情形,并呈粮价清单,恭折仰祈圣鉴事。

窃查,光绪三十二年九月分山东省各属雨泽、粮价经臣查明,开单奏报在案。兹查本年十月分通省一百七州县内,历城等八十四州县,先后据报于月之上旬初二、初三、初四、初八、初九等日,各得雪一、二、三、四、五寸不等。其余新城、齐东、济阳、青城、蒲台、峄县、郯城、博兴、高苑、昌乐、安邱、平度、潍县、栖霞、莱阳、海阳、荣成、临清、武城、鱼台、胶州、高密、即墨等二十三州县虽未得雪,幸地脉尚润,麦苗均已出土,地方民情亦极安谧,堪以仰慰宸廑。谨将各属市集粮价缮具清单,恭折具陈,伏乞皇太后、皇上圣鉴。谨奏。

朱批:"知道了。"

光绪三十二年十二月十五日。

(《光绪朝朱批奏折》第 97 辑,787)

秋禾被灾,恳恩缓征上忙新赋折

头品顶戴、山东巡抚、臣杨士骧跪奏,为遵旨查明光绪三十二年山东省秋禾被灾地方,明春青黄不接,恳恩缓征上忙新赋,以恤民艰,缮单恭折,仰祈圣鉴事。

　　窃准军机大臣字寄光绪三十二年十月初三日,奉上谕"本年江苏、安徽、浙江、湖南叠遭水患,广东屡被风灾,当经分别颁发帑银,并由各该督抚等议赈议捐,妥筹抚恤。其馀如直隶、河南、四川、广西、甘肃、江西、云南等省曾报偏灾,亦经先后饬各该督抚等量为赈济,小民谅可不至失所。惟念来春青黄不接之时,民力未免拮据,著传谕该督抚等体察情形,如有应行接济之处,即著认真查明,据实复奏,务于封印以前奏到,候朕于新正降旨加恩。此外,各该省有无被灾地方应行调剂之处,著该将军、督抚等一体查明具奏。前经降旨,谕令该将军、督抚等痛除积习,饬属确查,毋任豪强胥吏盘剥欺侵。该将军、督抚等务当恪遵前旨,实力奉行,不得稍有掩饰,以副朝廷实惠及民之至意,将此通谕知之。钦此。"等因钦遵字寄到。

　　臣伏查,山东各属本年秋禾被灾地方,前经臣查明轻重情形奏奉谕旨,分别蠲缓新旧钱漕,民困已觉稍舒,兹复仰荷圣慈轸,念灾黎有加无已,跪聆之下,钦感同深,应即各就地方情形核实办理。除被灾较轻各处来春青黄不接之际,民力不至拮据,毋庸调剂外,兹饬据各州县暨归并卫、所、盐场查明灾重之区,请缓来年上忙新赋,禀由各该管道、府、州,呈经布政使吴廷斌汇核详请具奏前来。臣复加查核,本年被灾各州县暨归并卫、所、盐场,及沿河坍塌、水冲沙压、堤堰占挖、铁路占压地亩,当此灾歉,之余,民情困苦,来春青黄不接,为日方长,若责令完纳上忙新赋,民力实有未逮,自应量予调剂,以示体恤。合无仰恳天恩俯准,将原报秋禾被灾之济宁等五十三州县及收并卫、所、盐场情形较重、最重各村庄,应征光绪三十三年上忙钱粮、漕仓、学租、河银、荒田、马场、籽粒、民佃、盐课、河租、地租、谷石、灶课等项,及并卫屯军钱粮,分别缓至麦后、秋后启征,以纾民力而广皇仁。除咨度支部查照外,谨缮单恭折具陈,伏乞皇太后、皇上圣鉴,训示。谨奏。

　　朱批:"候旨行。"

　　光绪三十二年十二月十六日。

　　(《光绪朝朱批奏折》第69辑,486)

请以文华补受莱州营守备折

　　头品顶戴、山东巡抚、臣杨士骧跪奏,为拣员请补陆路守备员缺,以实营伍,恭折仰祈圣鉴事。

窃照莱州营守备马英萃呈请开缺,归游击班候补,经臣咨报开缺,接准部咨,以该缺系陆路推补第一轮第七缺,轮用尽先人员,行令迅拣合例人员请补等因。伏查,该守备驻扎莱州,地滨海澨,辖境辽阔,缉捕巡防,均关紧要,非明干有为之员不足以资整饬。

臣于尽先守备内逐加遴选,查有都司衔尽先守备文华,现年四十七岁,系山东青州满营伯善佐领下人,由武进士随营效力,期满以千总候补。光绪十八年,因堵筑章丘胡家岸等处合龙出力,经前抚臣福润奏保免补千总,以守备尽先补用,并加都司衔。经部核准,于十九年七月初二日具奏奉旨"依议。钦此。"当经造送履历咨部,归尽先守备班候补注册。二十九年经升任抚臣周馥委署莱州营守备,三十年正月到营任事。

该员明白安详,以之请补莱州营守备员缺,实堪胜任。虽尽先名次稍后,惟查名次在先之马泰祥、丁德胜、刘文德、李江浦、贾冠清、陈鸿锡、刘玉方、殷景仪、赵德玉、张问明十员均久不在营;王汉成咨送履历,迄未准部核复;张秉伦年逾七旬;吴英杰、于相平均年在六十三岁以上,应行甄别;龙得九、马祯祥、孙长清、朱维发、张孝忠、尹陆太、崔得胜、许逢麟、金茂洪、马麟甲、李得贵十一员,均与此缺人地不堪相宜,未便迁就请补,例得据实声明。合无仰恳天恩俯准,以尽先守备文华补受莱州营守备员缺,洵与地方、营伍两有裨益。如蒙俞允,俟接准部复,再行给咨,送部引见,以符定制。除将履历、印册送部外,谨会同登州镇总兵臣李安堂,恭折具陈,伏乞皇太后、皇上圣鉴,敕部核复施行。谨奏。

朱批:"陆军部议奏。"

光绪三十二年十二月十六日。

(《光绪朝朱批奏折》第 50 辑,613)

请以刘文煃补授荣成县知县折

头品顶戴、山东巡抚、臣杨士骧跪奏,为拣员请补知县员缺,以资治理,恭折仰祈圣鉴事。

窃照荣成县知县王荫楠,于光绪三十二年八月二十八日在任病故,例应以病故之日作为开缺日期,归八月分截缺,业经奏报开缺,并员缺扣留外补在案。是月分只此一缺,毋庸掣签,例应按班序补。查例载,撤回留省另补人员,无论何项缺出,人地相宜,即准酌量请补,不积各项班次之缺等语。据布政使吴廷斌、兼护提学使吴筠孙、署按察使沈廷杞查，有留省另补、前长山县知县刘文煊，堪以请补荣成县知县等情，会详请奏前来。

臣查，刘文煊，年五十七岁，贵州平越州人，寄籍安顺府普定县，由附生应同治八年己巳补行己未、辛酉、壬戌三科本省乡试中式举人，光绪六年庚辰科大挑一等，以知县用，签分江西。七年加捐同知衔，九年三月到省。因管解两次京饷，先后议叙加二级，纪录四次。十五年补授广昌县知县，丁父忧开缺，服阕起复，投供候选，借拣中城兵马司副指挥。二十一年荐选，授山东长山县知县，六月到省，二十二年二月到任。二十四年于捐助山东赈银案内奖戴花翎。二十五年经查赈大臣溥良以除暴安良，著有明效，保荐奉旨，调取引见，请咨北上，八月初二日引见，初九日召见，奉上谕"本日召见之山东长山县知县刘文煊，著在任以同知直隶州尽先即补，并交军机处存记。钦此。"领照回省，仍回本任。二十六年恭遇覃恩加一级。复因二十五、六两年修培堤堰出力案内，保准俟补同知直隶州后以知府用。二十九年正月，经前抚臣周馥奏参开缺，留省另补。十月闻讣，丁母忧，服阕起复，三十二年二月到省。

该员老成稳重，讲求吏治，以之补荣成县知县，人地相宜，与例亦符。合无仰恳天恩俯准，以留省另补知县刘文煊补授荣成县知县。如蒙俞允，该员衔缺相当，毋庸送部引见。除咨部查照外，谨恭折具陈，伏乞皇太后、皇上圣鉴，敕部核复施行。谨奏。

朱批："吏部议奏。"

光绪三十二年十二月十六日。

（《光绪朝朱批奏折》第 23 辑，224）

报销光绪三十一年东海关练军月饷收支银数折

头品顶戴、山东巡抚、臣杨士骧跪奏，为报销光绪三十一年东海关练军月饷收支银数，恭折仰祈圣鉴事。

窃查，山东烟台海口前设练军一营，迭经裁减，仅留哨弁一员，练兵一百名，籍资弹压。嗣因海防吃紧，复添募步勇一百五十名，防护关库，巡缉匪徒。其薪粮等项奏明统在常税项下支销，业将光绪三十年以前动支饷项造册报销在案。兹据东海关监督、登青胶道蔡汇沧详称，自光绪三十一年正月初一日起截至十二月底止，共收东海关常税银一万一千三百三十一两零，支过哨弁薪粮、衣帽等项，应归度支部核销银一万八十一两零,农工部商核销银一千二百五十两,共请销银一万一千三百三十一两零,并将本案扣收衣帽项下一分十二两零平余银全数动用,收支相符。至弁兵薪粮公费等款,遵章每两扣平六分,共扣银六百四两零,另款存储,听候拨解,造册呈请核办前来。臣复核无异,除清册分咨查照外,谨会同北洋大臣、直隶总督、臣袁世凯合词恭折具陈,伏乞皇太后、皇上圣鉴,敕部核销施行。谨奏。

朱批:"该部知道。"

光绪三十二年十二月十六日。

(《光绪朝朱批奏折》第64辑,066)

请以豫咸调补泰安县知县折

头品顶戴、山东巡抚、臣杨士骧跪奏,为拣员请补要缺知县要缺,以裨地方,恭折仰祈圣鉴事。

窃照泰安县知县李于锴,于光绪三十二年二月初四日奉旨简授沂州府知府,当经以限开缺,奏请以潍县知县袁桐调补。尚未奉准部复,该员袁桐据报光绪三十二年七月十三日丁忧,复经咨报吏部开缺在案,应仍按李于锴开缺日期拣员请补。所遗泰安县知县员缺系"冲、繁、疲、难"兼四要缺,且为附廓首邑,地当孔道,政务殷繁,非精明干练之员不足以资治理。据布政使吴廷斌、兼护提学使吴筠孙、署按察使沈廷杞于通省简缺知县内逐加遴选,非现居要缺,即人地未宜,惟查有茌平县知县豫咸堪以请补泰安县知县等情,会详请奏前来。

臣查,豫咸,五十二岁,系镶蓝旗汉军德寿管领下人,由附贡生应光绪十九年乙酉科顺天乡试中式举人,二十年甲午恩科会试中式贡士,以知县即用签掣山东,二十一年十一月到省,二十四年被授茌平县知县,二十五年经前抚臣毓贤保荐,奉旨著送部引见,请咨赴都,八月初二日经部带领引见,初八日复蒙召见一次,奉旨"著在任以同知直隶州尽先即补,并交军机处存记。钦此。"领照回东,饬赴茌平县新任。三十年,经升任抚臣周馥奏保,奉上谕"著传旨嘉奖。钦此。"是年大计案内保荐卓异,七月二十七日,奉旨"依议。钦此。"

该员循声卓著,有守有为,以之调补泰安县知县,实于要缺有裨,虽以繁调繁,于例稍有未符,惟茌平系兼三之缺,泰安系附廓兼四之缺,更为繁剧,实在人地相需,例得专折奏请。合无仰恳天恩俯念员缺繁要,准以茌平县知县豫咸调补泰安县知县。如蒙奉俞允,该员衔缺相当,毋庸送部引见,任内一切因公处分例得免其计算。所遗茌平县知县员缺系兼三繁缺,应由外拣员调补。除咨部查照外,谨恭折具陈,伏乞皇太后、皇上圣鉴,敕部核复施行,谨奏。

朱批:"吏部议奏。"

光绪三十二年十二月十六日。

(《光绪朝朱批奏折》第 23 辑,411)

请以魏得清补授曹右营守备折

头品顶戴、山东巡抚、臣杨士骧跪奏,为拣员请补陆路守备员缺,以实营伍,恭折仰祈圣鉴事。

窃照署梁山营都司、曹右营守备于德升参革遗缺,接准部咨,以该缺系陆路推补之缺,按照新章,系第一轮第三缺。惟前以第二缺卓异无人,已过班用拣发人员,此次第三缺应作为第五缺,轮用尽先人员,行令讯拣合例人员请补等因。伏查,该守备驻扎曹州,界连直豫,风俗强悍,素为盗匪出没之区,缉捕、巡防倍关系要,非精明干练之员不足以资整饬。

臣于尽先守备内逐加遴选,查有副将衔尽先守备魏得清,现年五十九岁,系河南光州人,由勇目历保至尽先千总。光绪十一年,于朝鲜历年防护定乱出力,经前隶督臣李鸿章保准,以守备尽先补用,并加都司衔。二十一年,投效新建陆军,于练兵三年期满案内出力,经前升抚臣袁世凯奏保,免补守备,以都司尽先补用。旋因剿办东省土匪在事出力,复经袁世凯保准,免补本班,以游击尽先补用,并加副将衔。二十九年,经升任抚臣周馥奏请,留东按原班补用。是年九月二十六日,奉朱批"著照所请,兵部知道。钦此。"当经造送履历咨部,准部核复,以检查该员奖都司原案系俟补缺后以都司补用,应以留东奉旨之日归入山东尽先守备班内注册序补,俟补守备后,再归游击班序补等因。

该员年力强富,以之请补曹右营守备员缺,实堪胜任。虽尽先名次稍后,惟查名次在先之马泰祥、丁得胜、刘文德、李江浦、贾冠清、陈鸿锡、刘玉方、殷景仪、赵德玉、张问明十员均久不在营,王汉成咨送履历迄未准部核复。崔得胜,籍隶本府,例应回避。张秉纶年逾七旬,吴英杰、于相平均年在六十三岁以上,应行甄别。龚得九、马桢祥、孙长清、朱维发、张孝忠、尹升太、许逢麟、金茂洪、马麟甲、李得贵、于长海、姚长荣十二员均于此缺人地不甚相宜，未便迁就请补，例得据实声明。合无仰恳天恩俯准，以尽先守备魏得清补授曹右营守备员缺，洵于地方、营伍两有裨益。如蒙俞允，俟接准部复，再行给咨送部引见，以符定制。除将履历印册送部外，谨会同署曹州镇总兵靳呈云恭折具陈，伏乞皇太后、皇上圣鉴，敕部核复施行。谨奏。

朱批："陆军部议奏。"

光绪三十二年十二月十七日。

（《光绪朝朱批奏折》第 50 辑，615）

具陈山东北运各州县经征光绪三十一年分
正杂商课钱粮已完、未完银数折

头品顶戴、山东巡抚、臣杨士骧跪奏，为山东北运各州县经征光绪三十一年分正杂商课钱粮已完、未完银数，恭折仰祈圣鉴事。

窃查，山东北运各州县经征正杂商课银两，例应按年报销，业将光绪三十年以前之案循例造报在案。兹查，三十一年分北运历城等九十三州县应销额引二十九万八千二百九十九道，应征引课银七万三千一百七两一钱二分一厘，应销额票十四万一千一百三十五张，应征票课银三万一千十五两二钱四分三厘。又，应征杂项银二万五千二百二十三两八钱二分四厘，现已征完引课银六万五千六百七十四两八钱二分五厘，未完银七千四百三十二两九分六厘。又已完票课银三万二十三两八钱六分四厘，未完银九百九十一两三钱七分九厘。又已完杂项银一万五千八百六十九两八钱九分九厘，未完银九千三百五十四两七钱二分五厘。统计光绪三十一年正杂商课钱粮旧管无项新收银十一万一千五百六十七两七钱八分八厘，开除银十万五千四百三十九两七钱四分，实在银六千一百二十八两四分八厘。据盐运使张莲芬造具已完银数职名细册及四柱总册，详请奏咨前来。臣复核无异，除将清册送部查照例外，所有北运各州县经征光绪三十一年分正杂商课钱粮已未、完银数，理合恭折具陈，伏乞皇太后、皇上圣鉴，敕部查核施行。谨奏。

朱批："度支部知道。"

光绪三十二年十二月十八日。

（《光绪朝朱批奏折》第 76 辑，524）

具陈山东南运各州县经征光绪三十一年
分商课钱粮已完、未完银数折

头品顶戴、山东巡抚、臣杨士骧跪奏,为山东南运各州县经征光绪三十一年分商课钱粮已完、未完银数,恭折仰祈圣鉴事。

窃查,山东南运各州县经征商课钱粮例应按年报销,业将光绪三十年以前之案循例造报在案。兹查,三十一年分南运商邱等十二州县应销售额引十万二千二百一道,应征引课银二万五千四十七两四钱一分九厘,现已完银一万二千二百四十八两八钱四分五厘,未完银一万二千六百九十八两五钱七分四厘。是年,旧管无项新收银一万二千三百四十八两八钱四分五厘,开除银一万二千三百四十八两八钱四分五厘,实在无项。据盐运使张莲芬造具已完、未完银数职名清册,详请奏咨前来。臣复核无异,除将清册送部查照外,所有南运各州县经征光绪三十一年分商课钱粮已完、未完银数,理合恭折具陈,伏乞皇太后、皇上圣鉴,敕部查核施行。谨奏。

朱批:"度支部知道。"

光绪三十二年十二月十八日。

(《光绪朝朱批奏折》第 76 辑,525)

请以德林补授胶州直隶州知州折

头品顶戴、山东巡抚、臣杨士骧跪奏,为拣员请补沿海直隶州知州要缺,以裨地方,恭折仰祈圣鉴事。

窃照胶州直隶州知州余则达,于光绪三十二年八月二十四日在任闻讣丁忧,例应以闻讣之日作为开缺日期,归八月分截缺,业经奏报开缺在案。查,胶州直隶州一缺,前准政务处会同吏部议复改缺章程内开定为"冲、繁、难"三字外调要缺,山东直隶州只有临清、济宁二州均系三字要缺,如无可调之员,准用候补试用本班内拣员酌量请补;倘本班不得其人,准于实缺州县内应升人员内拣员升补;如再不得其人,亦准其不论资俸一体升补,总须遴选明干有为熟悉交涉人员,期于人地相宜,不得稍涉迁就等语。东省现任临清、济宁二直隶州皆居紧要,无可拣调。候补直隶州知州班内,虽有记名分发特旨发往人员,均于此缺人地不甚相宜,即州县应升人员非现居要缺,即于交涉事件尚欠阅历,未便迁就。

臣督同布政使吴廷斌、兼护提学使吴筠孙、署按察使沈廷杞逐加遴选,惟查有候补尽先前遇缺即补直隶州知州德林,年三十八岁,镶蓝旗军卢玉梁佐领下人,由附贡生考举光绪八年同文馆肄业。十五年大考二等,经总理衙门王大臣保准以汉军笔帖式不论旗分遇缺即选并加六品衔。十九年二月经吏部带领引见,奉旨"大理寺笔帖式著德林补授。钦此"。二十三年,经总理衙门王大臣咨送钦差出使德和国大臣随带出洋,充德使馆四等翻译官。二十六年三月期满,仍留原差,二十七五月升补三等翻译官。旋经钦差大臣出使德和国大臣保准以知县分发洋务省分补用,并加同知衔。二十九年续届三年期满,经钦差出使德和国大臣奏报免补知县,以直隶州知州仍分发洋务省分,归候补班尽先前遇缺即补,并加知府衔。十一月十三日奉旨"著照所请,该部知道。钦此。"十二月销差回华。三十年经商约大臣随沪留办商约,三十一年经臣奏留山东仍归原班补用,奉朱批"著照所请,该部知道。钦此"。十一月初六日到省,三十二年正月请咨入都,经吏部带领引见,三月初三日奉旨"著照例用。钦此",领照到东。

该员精明稳练,熟悉外交,现在代理斯缺,办理地方一切交涉均臻妥善,以之请补胶州直隶州知州,实堪胜任。虽该员到省尚未期满,甄别与例稍有未符,惟人地实在相需,遵照奏定章程准其不论资俸拣员请补。合无仰恳天恩俯念胶州直隶州知州员缺紧要,以候补尽先前遇缺直隶州知州德林,补授胶州直隶州知州,实于地方有裨。如蒙俞允,该员衔缺相当,毋庸送部引见。除咨部外,谨恭折具陈,伏乞皇太后、皇上圣鉴,敕部核复施行,谨奏。

朱批:"吏部议奏。"

光绪三十二年十二月十八日。

(《光绪朝朱批奏折》第23辑,229)

具陈山东省光绪三十一年经征临仓钱粮未完一分以上人员折

头品顶戴、山东巡抚、臣杨士骧跪奏,为山东省光绪三十一年经征临仓钱粮未完一分以上各员开单具陈,恭折仰祈圣鉴事。

窃查前准部咨经征各项钱粮办理奏销之时,应先将未完一分以上各员开单奏报以便稽核等因,历经遵办在案。兹查山东省各州县经征光绪三十一年分临清仓钱粮，现当查办奏销之际，所有案内未完一分以上各官职名暨实征已未完银数，据布政使吴廷斌、督粮道周开铭开单详请具奏前来。臣复核无异，除将饬将未完银两赶紧督催征解外，理合缮具清单祗呈御览，谨恭折具陈，伏祈皇太后、皇上圣鉴，敕部查核。

再，此案臣于光绪三十二年十二月十七日据该司道等具详，合并陈明谨奏。

朱批："该部议奏，单并发。"

光绪三十二年十二月十九日。

（《光绪朝朱批奏折》第91辑，531）

汇陈筹办曹匪情形并夏辛酉到东日期折

头品顶戴、山东巡抚、臣杨士骧跪奏，为遵奉谕旨汇案复陈，并具报办理曹匪近日情形暨云南提督夏辛酉督队到东日期，恭折仰祈圣鉴事。

窃臣于光绪三十二年十一月二十八日，承准军机大臣字寄光绪三十二年十一月二十四日奉上谕"以都察院代奏山东京官公呈，请派云南提督夏辛酉到东办匪一折，蒙谕如需夏辛酉前往剿办，著该抚速即电奏，原折著钞给阅看等因。钦此"，当即电请军机处代奏拟请旨饬下北洋大臣袁世凯转饬该提督带队来东，督办兖曹剿匪事宜，所有在曹先锋及巡防各营均归调遣，二十九日奉旨俞允。旋又于十二月初三日，钦奉电旨"袁世凯电奏悉，夏辛酉一军抽队七成赴东，著照所请办理等因。钦此。"次日，又奉明谕"以御史成昌参臣各节，经钦派查办大臣清锐复奏，查无实据，蒙恩免议，并蒙谕令所有该省未经奏明苛细捐款，著认真裁撤，以纾民困，各局所名目复杂，著即酌量裁并，另片奏举办清乡，责成各乡自办等语，著该抚体察情形，妥定章程，奏明办理等因。钦此。"臣跪聆之下，感悚莫名。

伏念臣智识庸愚，奉职无状，屡烦宸虑，惭惧尤深，乃荷圣恩汪濊，曲予优容，惟有懔遵明训，破除情面，切实整顿，以期吏肃民安，聊赎愆尤于万一。查，曹属匪势及剿办布置情形，经臣先后奏报在案。十一月十九日，先锋营在城武、曹县交界之陈庄拿获著名匪首郑四妮等九名，并格毙八名。十二月初五、初六等日，又经该营在濮州之红川、荷泽之马海一带，弋获谢克钦、郭元等首从十六名，并枪枝多件。十二、十三等日，复于曹县地方缉获首要于兆序等十余名。此外，各军陆续据报，击毙获办者亦将百余名。如兖曹分属之梁山、凤凰山，泰安所属之徂徕山，均经陆军第五镇及省城马步各队，与兖州镇张宗本合力兜剿，先后搜获溃匪及枪械马匹甚多。郓城、钜野各属系曹匪根据之地,经镇道所统巡防各营随时游击巡缉,地面甚为平靖,似此分投剿办,贼计已穷。倘衡以治匪之常,肃清当在指顾,但曹盗素不勾结外匪,溃散亦不远扬。即使弃戈为民,而其源不清,患终未已,民匪糅杂,百姓既不敢举发,官兵又难于挨搜,情形与治外匪不同。自非专恃兵力所能净绝,严剿既以治标,清乡应即治本,相因为用,庶几有济。谕旨谆谆,以举办清乡为训,仰见圣谟深远,灯照靡遗。

臣本年夏间曾谕曹绅并饬州县妥议筹办,已于前次复奏折内声明有案。现提督夏辛酉于十二月十八日抽带七成队伍,由直抵东,与臣接晤。所有本年剿办曹匪情形,已与详述,并筹商善后办法,意见相同,应即遵旨,按照清锐片奏所称,举办清乡,责成各乡自办之意,实力举行。但滋事体大,既须慎议办法,又须筹措经费,且非假权于村里各长,恐无实效可收,而里董权力稍重,又恐别滋流弊,自应安定官民,合办章程,方能有利无害。已与该提督商定大概,俟其到曹察看情形,督率官绅,详细拟议章程,再行请旨试办。至裁撤杂捐,归并局所各事宜,大致亦定办法。除由臣督同司道分别拟定章程另行具奏外,所有懔遵迭次谕旨筹办曹匪情形,并提督夏辛酉到东日期各缘由理合恭折汇陈,伏乞皇太后、皇上圣鉴。谨奏。

朱批:"知道了。"

光绪三十二年十二月十九日。

(《光绪朝朱批奏折》第 26 辑,709)

李建烈应追米石无力完缴,恳恩豁免折

头品顶戴、山东巡抚、臣杨士骧跪奏,为已革千总李建烈应追米石无力完缴,恳恩豁免,恭折仰祈圣鉴事。

窃查,已革济后帮千总李建烈因领运光绪二十六年分易州兵米一万四千九百八十九石,先将九千石运至雄县暂存,被拳匪洋兵抢去,失其半,其馀五千九百八十九石中途遇匪被抢。该弁因统系运雄县暂存之米,经分晰禀明遽归一案,报失实属颠顶,经直隶督臣袁世凯、前抚臣张人骏遵旨会同查明,奏请将该千总李建烈先行革职解回山东,勒限监追。复经前抚臣周馥奏明照漕粮每石银二两折算,应追缴银一万一千九百七十八两。该弁缴过银一千四百两,查抄任所寓所,变价赔抵银一千一百七十五两八分一厘,并经顺天府尹臣查抄原籍大兴县家产

尽绝,委无隐匿寄顿,下馀九千四百二两九钱一分九厘,照案监追,严催在案。今该弁羁禁业已数载,其所以甘心在缧绁之中分文未缴者,实因家产尽绝,无力完缴。

查律载,起运官物,若船行卒遇盗贼劫夺,事出不测而有损失者申告所在官司,委官保勘复实,显迹明白,免罪。又处分则例载,官员应追缴银两有实系无力完缴者,查明该员本任及历过任所俱无隐寄,具各该地方官印结移咨原籍确查,查系家产全无,原籍地方官亦即加结详请豁免等语。此案,该革弁李建烈领运易州兵米适值拳匪滋事,东直运道正当其冲,该革弁承运兵米被抢核与船行卒遇盗贼尤为可原。其任所寓所原籍赀财业经确切查明,家产尽绝,亦与豁免之例相符,拟请将革弁免罪开释,应追缴银两悉予豁免等情。据署按察使沈廷杞、督粮道周开铭会详请奏前来。

臣查,该革弁领运兵米中途被抢曾经委查属实,律得免赔,只以呈报颟顸,革职监追,现在任所寓所赀财业已查抄赔抵,原籍家产尽绝,委系无力完缴。该革弁事犯在光绪三十年正月十五日恩诏以前久羁囹圄,情殊可悯。合无仰恳天恩俯准,将该革弁李建烈应追赔缴兵米折银九千四百二两九钱一分九厘悉予豁免,免罪开释,出自鸿施逾格。除分咨查照外,谨恭折具陈,伏乞皇太后、皇上圣鉴,谨奏。

朱批:"著照所请,该部知道。"

光绪三十二年十二月十九日。

(《光绪朝朱批奏折》第 85 辑,016)

查明庸劣不职各员,据实参劾折

头品顶戴、山东巡抚、臣杨士骧跪奏,为查明庸劣不职各员,据实参劾,恭折仰祈圣鉴事。

窃维吏治之优劣,视乎人才之消长,而整饬吏治,尤宜以惩为劝。臣到东以来,接见僚属,无不加勉谆谆,冀裨治理。上年八月间,业将贤否各员分别举劾,年余以来,详加查察。其循分供职者固不乏人,而庸劣不饬、人地不宜者自应据实纠劾。

查有署黄县知县、候补知县曾西屏,贪婪苛罚,声名狼籍,委员密查,实有赃据,请革职永不叙用,并饬发济南府讯追详办。临淄县知县秦福源,声名平常,冒销公款；莘县知县刘焕彩心地糊涂，办事妄率；朝城县知县程寿武，行同市侩，被控有案；泰安府经历任翰藻，行止卑污，性情浮躁；聊城县县丞牛步元，违例擅受，物议沸腾；代理泰安县县丞、试用未入流黄昕，声名平常，人言啧啧；峄县典史董恩墀声名太劣，被控有案；东平州学正张兆桓声名甚劣，不洽士林；肥城县教谕赵尔垲年老多病，遇事因循；肥城县训导周晋祺，操守不谨，嗜好甚深；试用巡检吴观庆，不顾廉耻，有玷官箴。以上各员，均请即行革职。

滕县知县梁维新，疲玩因循，不知振作；福山县知县端木菜，怠于政事，精神不振，惟俱系进士出身，文理尚优，请以教职归部铨选。掖县知县璬璐，性情长厚，繁剧不胜；平度州知州马思齐，人亦安详，才欠开展，均请开缺另补，以肃官方。

此外，如尚有不职各员，仍当随时考察，据实上陈，以仰副圣朝澄清仕途之至意。所有参劾庸劣不职各员缘由，理合恭折具陈，伏乞皇太后、皇上圣鉴训示。再，所遗参劾各缺，东省现有应补人员应俟奉旨后照例留外叙补，合并声明，谨奏。

朱批："另有旨。"

光绪三十二年十二月二十日。

（《光绪朝朱批奏折》第 23 辑，235）

密陈镇司道府考核结果折

头品顶戴、山东巡抚、臣杨士骧跪奏，为密陈镇司道府考语，缮具清单，恭折具奏仰祈圣鉴事。

窃照镇司道府各员贤否，例应于年终出具切实考语，呈奏一次。臣忝膺封圻，察吏系属专责，平日留心查考，听其言论，证以措施，其品行、才具、操守、政绩颇得梗概。查，曹州镇总兵张定邦、提学使朱益藩，均未到东，按察使黄云到任未满三月，东昌府员缺甫经请补，均例不出考。曹州府丁镗，经臣奏明撤省，现因案奉旨交部议处，免加考。其余各员均就臣查识所及，出具切实考语，缮单恭折密奏，伏乞皇太后、皇上圣鉴。谨奏。

朱批："知道了，单留中。"

光绪三十二年十二月二十日。

（《光绪朝朱批奏折》第 23 辑，236）

具陈东省高等学堂客籍学生毕业升学事宜折

再，东省高等学堂客籍学生拨入客籍学堂照章肄业，经臣于光绪三十二年闰四月初九日附片具奏，奉朱批"学部知道。钦此"，钦遵转行在案。

查此项学生议拨入堂之先，曾经该堂监督禀请，在客籍学堂设立高等补习班，声明遵照奏定章程《高等学堂考录入学章》第二节内升高等学堂学生，虽例由中学堂毕业生，及有同等之学历者考选入堂，但此时学堂初开，尚未有此等合格学生，可酌量变通，选品行端谨、中国经史文学确有根柢者先补习历史、地理、算学、格致、图画、东语、英语、体操各种普通学一年，然后升入高等学堂正科学习等语。即在客籍学堂中学科优等学生中挑选中国经史文学确有根柢，而又于英、德、文学习有门径者，严加甄别，与高等学堂拨来程度较深之学生酌量归并，分为英文、德文、法文、东文各班，共计三十四名，名为高等补习班，于二月初旬遴派教习，将历史、地理、算学、格致、图画、英语、德语、法语、东语、体操各科兼程补习。俟一年期满，照章考试，择其程度合格者给发文凭，升入高等正科照章学习，将来三年毕业，即按照高等学堂毕业章程一律办理各等情，具禀到臣。

查，该堂甫议添设高等班，此例尚可遵行，当饬照章办理。兹届年终考试，该堂高等补习班计已一年期满，据该堂监督将高等补习班应行考试毕业给凭升级各情，禀由提学司详请奏咨前来。臣复核无异，除饬提学司会同该堂监督认真考试，择其程度合格者升入高等正科肄业并咨部查照外，理合附片具陈，伏乞圣鉴，敕部立案施行。

再，该堂既设高等班，拟即改名为客籍高等学堂，仍附设中小学两班以次递升，合并声明。谨奏。

朱批："学部知道。"

光绪三十二年十二月。

（《光绪朝朱批奏折》第 105 辑，739）

管河主簿郑恩赓试署期满，堪以实授片

再，前准部咨河工同知以下佐杂等官实授，向由各督抚加考保题，现既改题为奏,应仍令该督抚奏请实授,以符定例等因,遵照在案。兹查,有调署鱼台县管河主簿郑恩赓,于光绪三十一年十二月初三日到任,连闰扣至三十二年十一月初三日试署一年期满,经历三汛,并无贻误,亦无参罚处分及分赔代赔银两,与实授之例相符。据布政使吴廷斌、兖沂曹济兼管运河道胡建枢详请具奏前来。臣查,郑恩赓明白安详,堪以实授。除将履历事实清册供结咨部外,谨附片陈明,伏乞圣鉴,训示。谨奏。

朱批:"吏部知道。"

光绪三十三年正月分。

(《光绪朝朱批奏折》第 23 辑,394)

张星源病故,遗缺容俟拣员请补片

再,据布政使吴廷斌详称,德州知州张星源据报于光绪三十二年十一月十七日交卸后,在德病故。所遗德州知州员缺,系沿河外调要缺,容俟拣员请补等情请奏咨前来。臣复查无异,除饬司拣员请补并分咨吏部、河南抚臣查照外,谨附片具陈,伏乞圣鉴。

朱批:"吏部知道。"

光绪三十三年正月分。

(《光绪朝朱批奏折》第 23 辑,395)

陈礼森病故,遗缺应扣归外补片

再,据布政使吴廷斌详称,海阳县知县陈礼森据报于光绪三十三年正月初九日在任病故。所遗海阳县知县员缺,东省现有应补人员应扣归外补等情,奏咨开缺前来。臣复查无异,除分咨查照外,谨附片陈明,伏乞圣鉴。谨奏。

朱批:"吏部知道。"

光绪三十三年正月分。

(《光绪朝朱批奏折》第 23 辑,396)

请准李安堂暂缓陛见片

再，据记名提督、山东登州镇总兵李安堂咨称，安堂于光绪三十年二月二十四日在潍县防营接印任事，扣至本年二月二十四日三年期满，例应奏请陛见等情到臣。查，该镇辖境甚广，地属海滨，岛屿错杂，自开通胶济铁路，商贾多出其间。又值矿务烦兴，奸宄混迹，稽查保护，在在均关紧要，方资镇慑，碍难远离。况现届春融，海道业已开冻，防务尤为吃紧。该镇自接统先锋队巡防各营，并海防马步各营去秋又添队驻扎烟台通商口岸，威望交孚，未便遽易生手，可否吁恳天恩垂念地方紧要，俯准该镇暂缓陛见，出自逾格鸿慈。理合附片具陈，伏乞圣鉴，训示。谨奏。

朱批："陆军部知道。"

光绪三十三年二月。

（《光绪朝朱批奏折》第 50 辑，911）

朱益藩应即饬赴新任片

再查，前准吏部咨，光绪三十二年七月十七日内阁奉上谕"山东提学使著朱益藩补授。钦此。"嗣因该司由陕起程染患病症，行至河南省城延医调治，呈由河南抚臣张人骏奏明请假一月，于本年二月间假期届满，医就痊全，经河南抚臣张人骏奏报销假，先后咨会来东，均经转行遵照在案。现在该司业经到省，应即饬赴新任，以专责成。除分咨吏、学二部查照暨檄饬遵照外，谨附片呈明。伏乞皇太后、皇上圣鉴。谨奏。

朱批："知道了。"

光绪三十三年。

（《光绪朝朱批奏折》第 24 辑，338）

保奖刘传枢片

再，臣到东伊始，德人交涉以胶济铁路最为繁细，当经臣商撤德兵，自办巡警,一面电致升任北洋大臣袁世凯,商调海军出身谙习方言之候选道刘传枢来东专办铁路巡警事宜。查,该员精明强干,劳苦不辞,任事以来,凡设局用人,章程规则,无不悉心筹度,妥为经营。平时训练巡防,尤能督率认真,不遗余力。近来环界警务形式精神诸臻完备,胶济铁路绵亘九百余里,数载于兹,外人从无几微口实,且极佩该员办事之能,甚非初料所及。当德兵全数撤退,所有在事各员业经臣会同升任北洋大臣袁世凯奏请奖励在案,其时铁路巡警正在扩充,该员故未列保。兹既成效卓著,将及三年,似未便没其劳勤。合无仰恳天恩俯准将候选道刘传枢以道员分省归候补班补用,并加二品衔,以昭激劝之处,出自鸿慈。谨附片具陈,伏乞圣鉴,训示。谨奏。

朱批:"著照所请,该部知道。"

光绪三十三年。

(《光绪朝朱批奏折》第 24 辑,339)

举荐丁达意、徐世光、吴煜、潘延祖、萧应椿等人片

再,东省河工、洋务至为重要,河工则款项支出修培为难,每遇大汛,奇险环生;洋务则环界路矿头绪纷繁,交涉往来,应付匪易,全赖经理得人,庶几职称事举,有裨要政。查,有山东候补道丁达意,老成练达,办事认真,在公十余年,任事最多,情形最熟;候补道徐世光才优识卓,劳怨不辞,总办河防局务,凡三游购料抢护一切经费,均能及时筹备无误,工需尤能力戒浮糜,审权缓急;候补道吴煜器识深沉,率属严整,历充河工总办,筹防督抢,卓著勤劳;候补道潘延祖资深才稳,心气和平,经办洋务多年,谙习外情,相机应付均能从容就理;候补道萧应椿才长学裕,沈毅有为,历办商政、矿政交涉极为得力。

臣抵东后,河工迭庆安澜,外交颇称顺手,深资该员等赞助之力。虽各员先后蒙恩,皆已得有军机处存记,兹届臣交卸在即,而三载劳勤亟应据实论举。所有山东候补道丁达意、徐世光、吴煜、潘延祖、萧应椿等五员,可否仍请饬交军机处存记,以示激劝之处,出自鸿慈。谨附片具陈,伏乞圣鉴,训示。谨奏。

朱批:"丁达意等均著交军机处存记。"

光绪三十三年。

(《光绪朝朱批奏折》第 24 辑,340)

请将王丕煦等四人免扣资奉不停升转片

再，各省办理学务调用京外人员，一并免扣资奉，不停升转铨选，经学部奏准，通行在案。兹查，有翰林院庶吉士马荫荣充学务公所议长，内阁中书王丕煦、度支部主事萧树昇、徐金铭三员现充议绅，内阁中书孔昭曾充专门课课员，又翰林院检讨唐宝锷经臣于光绪三十一年九月奏，留在东勷办学务，改分礼部主事杨肇培上年经臣电调来东充法政学堂教习，照章均应免扣资奉，不停升转，由提学使据情详请具奏前来。除分咨内阁、翰林院、吏部、礼部、度支部查照外，理合附片陈情，伏乞圣鉴。谨奏。

朱批："该衙门知道。"

光绪三十三年。

（《光绪朝朱批奏折》第 24 辑，341）

请将吴廷斌赏加随带二级片

再，布政使吴廷斌官直多年，熟悉河务，自三十一年到任以来，以东省黄河最系紧要，而修防之道尤以筹款为先，现当库款支出，该藩司辛勤擘画，随时源源接济，无误工需，遇有报险工程，复能帮同筹运，悉协机宜。连年幸叨福庇，三十一二年叠庆安澜，本年节逾白露，河水逐渐平稳安澜，又复可期。现吴廷斌恭奉恩命署理抚篆，据称不敢仰邀奖叙，惟其辛劳数载有裨河防，臣交卸在即，未便没其劳勩。合无仰恳天恩俯准将布政使吴廷斌赏加随带二级，出自逾格鸿慈。谨附片陈情，伏乞圣鉴，训示。谨奏。

朱批："著照所请，该部知道。"

光绪三十三年。

（《光绪朝朱批奏折》第 24 辑，342）

请将李德顺留在东省随办交涉各事片

再，东省自英德议租威海胶澳以来，外交日形繁重。欲期因应德宜，端赖群策群力。查,盐运使衔丁忧留东补用道李德顺,系汉军正蓝旗人,由同文馆学生随历任德国使臣在德京充当参赞翻译,先后十二年于外交情形颇为谙练,经臣于光绪三十一年奏准留东办理洋务,该道随时随事均能妥筹应付,悉合机宜。上年十月,丁亲父忧,曾经该员呈报回旗。现在百日孝满,臣又饬令销假来东。伏查东省筹办洋务需材孔亟,拟请仍留该员在东,随办交涉各事,藉资臂助,谨附片陈明,伏乞圣鉴,训示。谨奏。

朱批:"该部知道。"

光绪三十三年。

(《光绪朝朱批奏折》第 24 辑,343)

请以吕耀良为黄河上游总办片

再,东省黄河上游总办直隶候补道张恺康,现经两广督臣周馥电调赴粤差遣,所遗总办一差,查有候补道吕耀良在工多年,数谙河务,堪以派令接办。除檄委遵照咨部外,谨附片具陈,伏乞圣鉴。谨奏。

朱批:"该部知道。"

光绪三十三年。

(《光绪朝朱批奏折》第 24 辑,344)

推荐道熙臣、杜秉寅、丁道津等人片

再,庶政繁赜,百事待兴,筹款为当务之急,得人以理财为先,求其精于综核,操守可信而并不虐民者实不多见。

查,有山东补用道熙臣,心精力果,为守兼优,综理土药局务,有查核全省种烟亩数之责。现在寓禁于征,十年递减,该员勾稽精当,办法周详。

补用道杜秉寅,才长心细,稳练精详,东省奏准试办垦务,皆该员一手经理,悉心筹度,规画井然。东省指拨各款及举办各项新政,赖此挹注不少。补用道丁道津,精明干练,劳怨不辞,前办山东户部造币分厂,自上年冬间该厂遵章停铸,即改派总办筹款局,所任皆出纳最钜之事,该员破除情面,实力整理,凡属公家之利,纤悉不容松忽。

现在计才难得,臣于该员等任用既久,知之实深,洵皆有裨时局,人才难得,不敢壅于上闻。合无仰垦天恩俯准将山东补用道熙臣、杜秉寅、丁道津等三员一并饬交军机处存记录用之处,出自鸿慈逾格。谨附片具陈,伏乞圣鉴,训示。谨奏。

朱批:"熙臣等均著交军机处存记。"

光绪三十三年。

(《光绪朝朱批奏折》第 24 辑,350)

请以徐抚辰接充商埠局总办片

再,济南开办商埠以来,经营建筑,一切已有端绪。现在正开办周村、潍县两处商埠,前派丁忧前东海关道何彦升为总办,嗣何彦升服阕简放湖南岳常澧道,复调补东海关道。所遗商埠局差使,当即檄委直隶存记道徐抚辰接办。该员交涉素谙,办事精实,接充商埠局总办,洵堪胜任。谨合词附片具陈,伏乞圣鉴。谨奏。

朱批:"该部知道。"

(《光绪朝朱批奏折》第 24 辑,351)

恩禧请开缺回旗修理祖茔片

再,据青州府理事同知恩禧禀称,祖茔年久失修,请开缺回旗修理等情,据布政使吴廷斌详请核办前来。臣查,恩禧由官学生议叙理藩院笔帖式,京察一等,记名以理事同通用。同治六年分发吉林,补授吉林伯都讷各厅同知。光绪五年因吉林奏改府治,归部铨选。十七年选授青州府理事同知,十一月初九日到任。今请开缺回旗修墓,并无经手未完事件,应即照准,所遗青州府理事同知员缺系由部拣选之缺,应归部铨选。除分咨查照外,谨附片陈明,伏乞圣鉴。谨奏。

朱批:"吏部知道。"

光绪三十三年。

(《光绪朝朱批奏折》第 24 辑,352)

请以张凤都署理兖州知府片

再，兖州府知府张嘉猷选授陕西凤邠盐法道。所遗兖州知府印务，查有候补知府张凤都堪以署理，据藩、学、臬三司会详请前来，除批饬遵照并咨二部外，谨附片陈明，伏乞圣鉴。谨奏。

朱批："吏部知道。"

光绪三十三年。

（《光绪朝朱批奏折》第 24 辑，345）

请将张承燮开去临清底缺，以便赴部投选片

再，三品衔补用知府、正用临清直隶州知州张承燮，由举人历保俟补直隶州知州后以知府补用，于光绪二十八年准补斯缺，三十年到任，三十二年捐升道员，双月选用。该员在任三载，办理地方事宜颇著成效，创办纺织公司独捐银款，他如兴办商会、挑挖运河，均属有裨地方。三十、三十一两年考核政绩案内均经列入优等，洵属勤政爱民。现在安徽赈捐局遵例报捐离任，拟请开去本缺，以道员赴部投选，禀由藩、学、臬三司详请核办前来。

臣查，该员老成谙练，学识俱优，既捐离任，自应准其开缺。合无仰恳天恩俯准，将正任临清直隶州知州张承燮开去临清底缺，以便赴部投选。如蒙俞允，所遗临清直隶州员缺系"冲、繁、难"兼三外调要缺，俟接准部咨再行拣员请补。除咨部查照外，理合恭折具陈，伏乞皇太后、皇上圣鉴，敕部复核施行。谨奏。

朱批："著照所请，吏部知道。"

光绪三十三年。

（《光绪朝朱批奏折》第 24 辑，346）

请将张青简即行革职，永不叙用片

再，绿营实缺守备有绥辑兵民、弹压地方之责，宜如何洁己从公以称厥职。兹查有调署桃源营守备、正任兖中营守备张青简，于上年九月间因乡民在地牧

羊,该守备指为扰害农田,擅罚钱文、烟土,并勒取羊只,揩不付价。又本年春间赴赵沟庄巡查贸易会场,藉口挈赌,希图诈财,几酿事端。当经曹州镇访闻,派员往查属实,将该守备撤任揭咨,核办前来。

臣查,该守备张青简,无故科罚部民钱财,骚扰地方,实属贪劣不职。值此整顿武备之际,未便稍事姑容,相应请旨将卸署桃源营守备、正任兖中营守备张青简即行革职,永不叙用,以儆官邪。除委员接署桃源营守备员缺,并咨部查照外,谨会同曹州镇总兵、臣任永清合词附片具陈,伏乞圣鉴,训示。

再,所遗兖中营守备,系陆路部推之缺,东省现有应补人员应请扣留外补,合并陈明,谨奏。

朱批:"著照所请,该部知道。"

光绪三十三年。

(《光绪朝朱批奏折》第51辑,225)

请以陆建章接署曹州篆片

再,据现署曹州镇总兵靳呈云,先于光绪三十一年间统领先锋左翼各军赴曹办匪,上年经臣奏委署理斯缺,先后在差在任,迭次与匪接仗,擒斩甚多,劳勚颇著。近因积劳致疾,深恐病躯贻误,呈请交卸到臣,应准交卸。查曹属情形,现虽匪势大衰,而搜捕零匪、会办善后、统驭将卒、联络各军,在在均关紧要,非有威望卓著之员断难胜任。

查,有奏调陆军第六镇协统统领、驻曹先锋各营候选道陆建章,精明干练,谋勇俱优,去秋到防之始,即在周家楼毙贼全股,各匪闻风胆落,实为曹属捕务一大转机。本年正月,挐获全曹匪首孔广东,威望益著,兵民爱戴。提督夏辛酉亦深器其才,堪以接署曹州篆,实于地方营务大有裨益。除檄饬遵照外,理合附片陈明,伏乞圣鉴。谨奏。

朱批:"陆军部知道。"

光绪三十三年。

(《光绪朝朱批奏折》第51辑,226)

请将吴拔桢、韩友伦一并开缺片

再，准登州镇总兵李安堂咨称，青州营守备兵吴拔桢，于光绪三十一年七月间请假五个月回籍修墓，迄今年余，未据回任，实属久旷职守。又准署曹州镇总兵陆建章咨称，临清营副将韩友伦，因染寒疾医治罔效，于光绪三十年二月二十九日在任病故，各请开缺前来。除分案咨部外，理合附片具陈，伏乞圣鉴敕部，一并开缺。其所遗各缺，东省现有营补人员均请扣留外补，合并陈明。谨奏。

朱批："陆军部知道。"

光绪三十三年。

（《光绪朝朱批奏折》第 51 辑，228）

请将魏得清补授曹右营守备片

再，曹右营守备员缺，前经臣奏请以尽先守备魏得清序补，接准陆军部议复，以尽先名次在魏得清之前者，尚有高鸿彦、王开先、金英烈三员，漏未声叙。至声称名次在前之马泰祥、许逢麟二员，检查官册，并无其人，行令一并查明声复，再行核办等因，奏奉谕旨，"依议。钦此"，钦遵咨行到东。

臣查，东省尽先守备高鸿彦已借补登右营八角汛千总，王开先已借补登中营千总，均先后咨部核准给札，应俟遇用应升人员时计俸升用。金英烈已据报病故，应行扣除。马泰祥咨送履历，迄未准部核复。许逢麟虽于光绪十年七月间经部核复，准以尽先守备归班候补，现亦在营。惟前奏业已声明与龚得九等均于此缺人地不宜，应请仍以原拟之魏得清序补。

查，魏得清现年六十岁，系河南光州人，由勇目随营出力，历保以游击尽先补用，并加副将衔。光绪二十九年，经升任抚臣周馥奏准留东补用，造送履历咨部，准部核复，以该员保奖都司原案，系俟补缺后以都司补用，应归尽先守备班内注册序补等因。

该员老成干练，虽年已六旬，察看精力尚健，以之请补斯缺，实堪胜任，与例亦属相符。合无仰恳天恩俯准，仍以尽先守备魏得清补授曹右营守备员缺，洵于地方营伍两有裨益。如蒙俞允，俟接准部复，再行给咨，送部引见，以符定制。除咨部查照外，理合会同署曹州镇总兵臣陆建章附片具陈，伏乞圣鉴，敕部核复施行。谨奏。

朱批:"陆军部奏议。"

光绪三十三年。

(《光绪朝朱批奏折》第 51 辑,229)

交纳光绪三十二年山东省练兵经费银片

再,前准户部咨,山东省原派练兵经费银五十五万两,嗣准部咨截留山东解部增认练兵经费银三十五万八千两,拨作陆军第五镇月饷等因,业将光绪三十一年分经费如数解清,奏报在案。兹查光绪三十二年,山东原认练兵经费银十九万二千两,又增认银三十五万八千两,共原增认银五十五万两,经臣饬据司道关局如数分解度支部,暨驻济北洋第五镇粮饷分局兑收,先后详请具奏前来。臣复查无异,除咨度支部陆军部查照外,所有光绪三十二年山东省应解原增认练兵经费均解清原由,谨附片陈明,伏乞圣鉴。谨奏。

朱批:"该部知道。"

光绪三十三年正月。

(《光绪朝朱批奏折》第 64 辑,201)

交纳光绪三十三年上半年分固本兵饷银片

再,据布政使吴廷斌详报,光绪三十三年分应解固本兵饷银六万两,兹将上半年应解银三万两,饬委候补知县宁继光解赴度支部交纳。臣复查无异,除分咨查照外,谨附片陈明,伏乞圣鉴。谨奏。

朱批:"度支部知道。"

光绪三十三年正月。

(《光绪朝朱批奏折》第 64 辑,203)

请奖励捐资助学者刘允芳等人片

再,查奏定学堂章程内载,一人捐资较钜者,由督抚奏明给奖等语。又户部奏定请奖新章，凡报效学堂经费者，准照赈捐章程按五成实银奖给贡监衔、封翎枝等项，并准移奖子弟，历经遵办在案。

兹据日照县详称，该县绅士刘允芳捐助学堂经费银五百两，请移奖伊孙刘惟泽，由双月县丞奖给布政司理问升衔，并奖戴蓝翎。

又据滋阳县叶季恺禀称，前在城武县任内捐银九百两，请移归伊弟豫河补用同知叶季泰奖戴花翎。

又据昌乐县禀称，贡生秦步云倡设郿鄠厂公立初等小学堂，捐置堂舍买价京钱四百千文，合银一百三十余两，请给该生故父秦乐明七品封典，并声明已故秦乐明之次子秦步墀系候选训导加一级请封，与例符合，银数亦有盈无绌。

又据泗水县详称，该县在籍绅士、安徽试用知县蒋颎滨独力捐建学堂，用过京钱四千八百余千，合银一千五百两有奇，请由候补知县加同知衔，并奖给花翎。

又据章邱县详称，监生张丕熙捐银一千两创设初等小学堂，请奖给该监生布经历衔并加二级，再为其祖张鸣津请奖从五品封典。

又据宁阳县详称，县绅候选训导窜福堂捐地二十亩一厘二毫，备作大夏庄初等小学堂常年费用，按照时价估计值银一千一百两，请奖给该训导州同升衔。各等情由提学使核明，详请奏奖前来。

臣复加查核，均与请奖之例相符。合无仰恳天恩俯准照拟给奖，以资激劝。除将各员履历咨部查照外，理合附片具陈，伏乞圣鉴。谨奏。

朱批："著照所请，该部知道。"

光绪三十三年正月。

（《光绪朝朱批奏折》第 80 辑，904）

请奖励捐资助学者张镛等人片

再，查定章，凡捐助善举数逾千金者，准其自行建坊，历经遵办在案。

兹据夏津县张汝均禀称，遵其故父张镛、故母许氏遗命捐借廉俸，并生母刘氏质变簪珥凑集库平银一千两，发当生息，借充该县高等小学堂经费。

又据利津县禀称，邑绅、现任河南武陟县知县岳廷楷，捐地四百三十亩，值京钱四千三百余千；候选教谕徐绍龄捐地五百九十九亩，价值京钱四千七百九十千；候选教谕尚树伦捐地八百二十三亩，价值京钱七千余千。

又据淄川县禀称，候选县丞逯振义报捐房舍并地二十四亩七分三厘，价值银一千二十四两，归入民立初等小学堂，作为堂舍地租，借充常年经费。

又据高唐州禀称，该州绅士同知职衔郝俊庆捐京钱三千七百三十五千；分部郎中郝祖修捐京钱三千七百二十七千，均助学堂经费。

由提学司详请，将张汝钧之父张镛、母许氏、生母刘氏，暨岳廷楷、徐绍龄、尚树伦、逯振义等，同高唐州禀请将郝俊庆、郝祖修等一体奏请给予"乐善好施"字样，令其各自建坊等情前来。臣逐加复核，计分捐银、钱两项均属数逾千金，实与建坊之例相符。合无仰恳天恩俯准照拟给奖，以资激劝。除咨部查照外，理合附片具陈，伏乞圣鉴。谨奏。

朱批："著照所请，该部知道。"

光绪三十三年正月。

（《光绪朝朱批奏折》第 80 辑，905）

谢赏"福"、"寿"字折

头品顶戴、山东巡抚、臣杨士骧跪奏，为叩谢天恩，仰祈圣鉴事。

窃臣于光绪三十二年十二月二十九日驿递赍到钦蒙恩赏"福""寿"字各一方，当即恭设香案，望阙叩头祗领。伏念臣齐疆忝寄，邹律初回，方迎鹿日于青郊；韶宣凤篇，忽捧详云于紫极，画焕牺文。福曜无垠，东海则恩波广被；寿人有庆，南山之雅奏常新。仰瞻奎翰，辉煌倍懔，宸严咫尺，龙光下逮，螳慕滋深。臣惟有勉策疏庸，益加奋勉，拊循禹甸，沐皇仁而六合同春，翊戴尧天，效华祝而三多协庆。所有微臣感激，荣幸下忱，谨缮折叩谢天恩，伏乞皇太后、皇上圣鉴。谨奏。

朱批："知道了。"

光绪三十三年正月初四日。

（《光绪朝朱批奏折》第 23 辑，345）

陈报丙午科优贡折

头品顶戴、山东巡抚、臣杨士骧跪奏，为遵照新章考取丙午科优贡，恭折陈报，仰祈圣鉴事。

窃前准政务处咨，具奏通筹举贡生员出路一折，于光绪三十二年二月十五日奉旨"依仪。钦此"。查，原奏第一条内开优贡三科内照旧举行，各省均照原额加四倍考取。又礼部通行奏定章程内开本年各省考取优贡，凡岁试时未经举优，各学均准酌量补报，俟报齐后，即由各该提学使秉公甄录，仍一面造册报部查核各等因，均经转行遵照在案。兹届丙午举优之期，经提学司分场考试，申由臣复试验看，按照新章加额四倍，考取民籍优生秦福淦二十名，旗籍优生舒明阿一名，仍由提学司造具各生名册，同试卷呈请查核，奏咨前来。除将名册试册咨部外，谨缮册折具陈，伏乞皇太后、皇上圣鉴。谨奏。

朱批："该部知道。"

光绪三十三年正月十六日。

（《光绪朝朱批奏折》第 105 辑，317）

汇报光绪三十二年已结未结情况折

头品顶戴、山东巡抚、臣杨士骧奏，为各属交代循章半年汇报已结、未结，缮单恭折，仰祈圣鉴事。

窃查，山东省各州县交代前经奏明查办二参，凡有亏空立即参办，每届半年汇报一次，限内算明；凡有交款者勒限一个月完缴，逾限不完即行参追，并照新章一任一清，不准有一官两任交代名目加展限期，历经遵照办理在案。兹查光绪三十二年正月初一日至六月底止，又届半年汇报之期，据布政使吴廷斌造册详请具奏前来，臣复加查核，上次开报勒限完缴者七员：前代理德平县知县许廷瑞、曲阜县知县朱故令行祺，已据该令及该家属将欠款解清。前署昌邑县知县许绍光、前署嘉祥县知县戴方骏、前蓬莱县知县方名洋，已据各该员将欠款完解清楚。又历城县知县叶宝昌除解下欠款银无多，现在勒限严追完缴，倘敢再延，即作参追。前栖霞县知县韩寿椿欠款迄今仍未解清，应由司另详参追。

此次新案交代，自光绪三十二年正月初一日至六月底止，统计结报六十案内有前代理荣城县知县罗忠铭、前署宁阳县知县王锡康、前署蓬莱县知县陈冠、前县知县何栈、代理邹县知县姚鹤图、前邹县知县桂麟、前代理沾化知县张锡龄，各有欠款，或为数无多，或缺本苦累，或因奉调出洋，或丁忧卸事，今若遽予参追，未免过形刻核，且反杜其借贷之门，于公款仍无裨益，拟再勒限一个月严催完缴，倘逾期不完再行分别参办。其馀五十三起，具系各清各任，并无未完银两。调署人员，亦无一官两任交代展期之事。理合缮单，恭折具陈，伏乞皇上、皇太后圣鉴。谨奏。

朱批:"度支部知道,单并发。"

（《光绪朝朱批奏折》第 85 辑,045)

报销光绪三十年分德常二仓钱粮收支数目折

头品顶戴、山东巡抚、臣杨士骧跪奏,为报销山东省光绪三十年分德、常二仓钱粮收支数目,恭折仰祈圣鉴事。

窃查,东省德、常二仓钱粮银米例应按年报销,业将光绪二十九年以前之案循例造报在案。兹查,光绪三十年东省德、常二仓收支本折等项钱粮旧管项下二十九年奏销案内,积存本色正耗等米四万七千六百七十七石四斗四升九合三勺,折色银一千四百五十九两四钱六分七厘,新收项下本色月粮并本色正耗参改斛尖等米二万五千八百四十二石一斗八升七勺。内除各州县兑支各营兵丁月粮米八千四百二十七石七升四合四勺,应另在兵粮案内造报外,实共征完解仓米一万七千四百二十五石一斗六合三勺,折色正耗月粮并麦改小麦栗米屯商税等银六万一千二百六十一两八钱八分七厘。内除各州县兑支各营兵丁月粮银七千三百二十六两四钱六厘,应另在兵粮案内造报外,实共征完解仓银五万三千九百三十五两四钱八分一厘。连旧仓管共米六万五千九十二石五斗五升五合六勺,共银五万五千三百九十四两七钱四分八厘。开除项支过驻德满营官兵俸饷月粮暨仓夫工食等米一万一千六百七十八石五升七合二勺,拨北洋驻京粮饷局并筹解偿款河防经费等项共银五万四千三百九十三两二钱七分,实存本色正耗等米五万三千四百一十四石四斗九升八合四勺,折色银一千一两四钱七分八厘。据督粮道周开铭造具册结咨,由布政使吴廷斌加结核转前来。臣复核无异,除册结咨部外,谨合折具陈,伏乞皇太后、皇上圣鉴,敕部核销,施行。谨奏。

朱批:"度支部知道。"

光绪三十三年正月二十六日。

（《光绪朝朱批奏折》第 91 辑,536)

恭报十一月分雨雪情形并呈粮价清单折

头品顶戴、山东巡抚、臣杨士骧跪奏,为恭报光绪三十二年十一月分雨雪情形并呈粮价清单,恭折仰祈圣鉴事。

窃查,光绪三十二年十月分山东各属雪泽粮价,经臣查明,开单奏报在案。兹查十一月分通省一百七州县内,滕县、兰山、郯城、冠县、博兴、乐安、安邱、诸城、昌邑、潍县、福山、栖霞、文登、荣城、邱县、胶州、高密、即墨等十八州县,据报于月之上旬初二、初三等日各得雨一、二、三寸不等。章邱、淄川、长山、济阳、陵县、德州、德平、惠民、阳信、海丰、乐陵、商河、滨州、利津、沾化、掖县、平度、蓬莱、黄县、栖霞、招远、宁海、文登、武城等二十四州县,于月之上旬初二、初三、初五、初六、初八等日各得雪一、二、三、四寸不等,其馀州县虽未得有雨雪,所幸地脉尚不干燥,地方民情亦极安谧,堪以仰慰宸廑。谨将各属市集粮价缮具清单,祇呈御览。为此恭折具奏,伏乞皇太后、皇上圣鉴。谨奏。

朱批:"知道了。"

光绪三十三年正月二十六日。

(《光绪朝朱批奏折》第97辑,799)

请以丹鹏飞补授兖中营守备折

头品顶戴、山东巡抚、臣杨士骧跪奏,为拣员请补陆路守备员缺,以实营伍,恭折仰祈圣鉴事。

窃照兖中营守备张青简参革遗缺,接准部咨,以该缺系陆路推补之缺,按照新章系第一轮第八缺,轮用武进士人员,行令迅拣合例人员请补等因。伏查,该守备驻扎兖州,辖汛辽阔,缉捕巡防,倍关紧要,非精明干练之员不足以资整饬。

臣于期满武进士候补守备内逐加遴选,查有候补守备丹鹏飞,现年三十五岁,系河南河内县人,由武生中式光绪癸巳恩科武举人,甲午科会试中式武进士,殿试三甲,以营守备用,分发山东效力。五年期满,经前护理抚胡廷干考验,堪以留标,咨准部复,准其留标候补、注册。三十一年九月,经臣檄委署理台庄营守备,是年十月到营任事。

该员年力强壮,以之请补兖中营守备员缺,实堪胜任。虽该员名次稍后,惟查名次在先之刘丙墀、张金元、李玉麟、金安四员,均与此缺人地不甚相宜,未便迁就请补,例得据实声明。合无仰恳天恩俯准,以期满武进士候补守备丹鹏飞,补授兖中营守备员缺,洵与地方、营伍两有裨益。如蒙俞允,俟接准部复,再行给咨,送部引见,以符定制。除将履历、印册送部外,谨会同兖州镇总兵臣张宗本恭折具陈，伏乞皇太后、皇上圣鉴，敕部核复施行。谨奏。

朱批："陆军部议奏。"

光绪三十三年正月二十七日。

（《光绪朝朱批奏折》第 50 辑，707）

请将土药地税应征银两循旧留东支拨，以重练兵要需折

头品顶戴、山东巡抚、臣杨士骧跪奏，为奉文开办土药地税，请将应征银两循旧留东支拨，以重练兵要需，恭折仰祈圣鉴事。

窃臣上年因户部开办各省土药征税，曾于八月初八日附片奏请东省近年试办土药亩捐银两于统税内扣还，以免学堂、练兵两项经费无著，于八月十五日奉朱批"户部知道。钦此"，旋准部咨以办法与各省未能一律，两次议驳。正在筹议间，适于本年正月接准度支部咨开本部议复内阁学士吴郁生通筹禁烟一折，奉旨"依议。钦此"，谨遵奉行到。

臣窃查，度支部原奏土药地税一项，其原有省分如何切实整顿，其未办省分亦即仿照举行，将此项地税另案存储，听候部拨等因。查东省系原有亩捐省分，名异实同，自应遵照部章自三十三年为始，另定妥章，切实办理。当经饬由布政使暨筹款局司道妥议去后，兹据该司道等详称，查东省土药亩捐光绪二十七年升抚臣袁世凯因兴办学堂无款可筹，饬由筹款局仿照山西等省办法，凡种烟各地每亩抽收京钱一千文，事隶筹款局，历经试办在案。此项亩捐，试办之年仅收三万有奇，尽数凑拨本省学堂用款。迨至三十一年秋，收款稍旺，遂凑解续认练兵经费。两年以来，业已视为的款。去年因统捐开办，曾咨奉奏扣还，虽经大部议驳，本省财力过窘，若骤失此款来源，不但学堂经费不敷，即续认练兵经费亦难照数足解足。该司道通盘核计，实属为难，故经屡次详请，仍照前议，期于统捐内扣还，未蒙照准。

正在无可为计之际，适奉部咨奏明删除地税一条，若自本年为始，力加整顿，入款可望增多，自应仍作为认解练兵饷项暨办理学堂之用。细绎原奏限令另款存储，系指未办省分而言，东省停办亩捐之时，尚请于统捐内拨还，既奉文整顿，自应留东拨用。惟东省原名亩捐，此次应改称土药地税，并由臣另派大员督办，以资整顿。除就旧章量为增减，以求尽善，并遇各学堂有应领经费，先由司暂行垫付，仍候本年此项地税收有起色再行归垫等情，详请奏咨立案前来。

臣复查，东省款项奇绌，近年兴办学堂暨举行一切新政需款浩繁，前年续认练兵银三十五万八千两内，筹款局添筹十四万两，声明由杂税项下凑解。是土药亩捐一项系系声明凑解练兵经费之用。东省财政罗掘早空，舍此一项，无可挹注。前经奉文停办，经臣附片奏请照数扣还，部臣以禁烟在即，款不作准，未便由统税拨还。现既奏准开办，自应原款原用，以资拨解。俟数年之后查看情形，如有他款可筹，再当别筹抵补，断不敢恃为常款。合无仰恳天恩俯念东省款绌用钜，所需学堂既练兵经费所开极重，请自本年为始，东省所收土药地税银两仍留省作为旧例应支之用，毋庸另款存储，以省周折，并由臣派员经理撙节动用，接年报部查核。除咨部查照外，谨合折具陈，伏乞皇太后、皇上圣鉴，敕部查照立案。谨奏。

朱批："度支部知道。"

光绪三十三年正月二十七日。

（《光绪朝朱批奏折》第 79 辑，067）

交纳东海关扣出四成洋税银两片

再，据署登莱青胶道东海关监督潘志俊禀，东海关扣出四成洋税银两，前经北洋大臣袁世凯奏拨直隶协饷，饬将前项四成洋税解交天津银钱所兑收等因。兹于洋税并商局税四成项下动支银五万两，饬委候补知县马式金，于光绪三十三年二月初八日，解赴天津银钱所交纳。臣复查无异，除分咨查照外，理合附片陈明，伏乞圣鉴。谨奏。

朱批："该部知道。"

光绪三十三年二月。

（《光绪朝朱批奏折》第 64 辑，117）

陈明出省日期片

再，自前年冬间议撤胶、高两处所驻德兵，并购回德人所建兵房，添设铁路巡警以后，东路沿海暨沿铁路各地方均甚安谧，商务亦逐渐兴旺。德国督理胶澳租界事宜大臣都沛禄，于本年二月间来省拜悟，注重交际，备极款洽，自应查照向例,前往答拜,藉敦睦谊。

臣现拟于三月十八日由省乘坐火车,先赴周村、潍县一带查勘拟开商埠地界,顺道赴胶、高两处勘验购回兵房,酌量筹改学堂,期裨实用。随即驰赴青岛察看商务,并答拜德督,以便将来遇有交涉事件可随时和平商办,益征辑睦。火车往来甚便,月内即可回省。所有臣署日行照例檄委藩司代拆代行,除俟由东路回省后再行恭折奏报外,所有出省日期理合附片陈明,伏乞圣鉴。谨奏。

朱批:"知道了。"

光绪三十三年二月。

(《光绪朝朱批奏折》第112辑,288;《杨文敬公奏议》卷四)

查明曲阜四氏师范学堂情形折

头品顶戴、山东巡抚、臣杨士骧跪奏,为遵旨查明曲阜四氏师范学堂并无撤去监督、妨碍学务情形,据实复陈,仰祈圣鉴事。

窃臣准军机大臣字寄光绪三十三年二月初十日奉上谕,"有人奏衍圣公孔令贻所办师范学堂,经提学使撤去监督,有妨学务等语,著杨士骧查明确情,据实具奏。钦此",遵旨寄信前来。查曲阜学堂,臣于抵任后,谂知该处仅有中学堂一区,以地居圣里,教泽未宏,不足以资观感,时值衍圣公孔令贻来省,臣与面商添设学堂,故于三十一年十月间筹措巨资,就曲阜考院改建四氏师范学堂,咨请衍圣公孔令贻总理,以为四氏造就师资地步计,每年筹拨经费银四千九百余两,每月总理公费银三百两,并筹购置书器、扩充号舍银各数千两,业经招生,开办在案。

该堂监督原由臣秋间亲赴曹州,路过曲阜恭谒圣林时,商明衍圣公孔令贻,札委在籍内阁中书孔昭会承充。旋于去年五月间,该监督因暑假回省,不愿再往,嗣准衍圣公孔令贻来函,请以兵部郎中孔繁裕接充。经臣函允,并催令孔繁裕回籍任事,嗣后未准衍圣公咨复。而暑假已过,办事需人,该郎中迄未到差,始据兼护提学使吴筠孙详请,遴委会任兖州警务学堂监督、候补同知王宗荫暂行承乏。并经商明,俟孔繁裕回籍,仍以该郎中接办监督事宜,以期融洽。

臣查,曲阜四氏师范学堂本由臣创办,筹款遴才,颇费心力,岂肯稍令疏懈?况该堂事宜均归衍圣公孔令贻主持办理,历次委派监督,无不商准后委。此次实因孔繁裕久未到差,始经提学使委员接办。或者人知该堂监督已委孔繁裕,因未到差,遂生疑惑,而不知其迄未回籍,实非提学使因事撤退。况已委同知王宗荫于暑假后前往代办,更非悬差,无人可比。原奏所称,经提学使撤去监督,有妨学务等情当系误会。除咨衍圣公仍催孔繁裕到差外,所有奉旨查复缘由,谨恭折据实复陈,伏乞皇太后、皇上圣鉴。谨奏。

奉朱批:"知道了。钦此。"

光绪三十三年二月十六日。

(《光绪朝朱批奏折》第 105 辑,746;《杨文敬公奏议》卷四)

请试铸银圆折

头品顶戴、山东巡抚、臣杨士骧跪奏,为东省银价昂贵,财政艰窘,各国银圆逐渐灌入,利权外溢,请试铸银圆,以资补救,恭折仰祈圣鉴事。

窃查,东省临河滨海,水患频仍,居民夙称贫瘠,库储亦极空虚。甲午以前,无事之年,出入尚足相抵,庚子以后,添筹偿款暨练兵经费,已属左支右绌。幸银价甚平,两次酌提,各属钱漕等项盈余八十馀万。数年以来,认筹赔款、练兵兴学等费倍于他省,得以接济无误,实藉盈余挹注。自铜元畅行,各省承办之员既多方扩充,市侩奸商复牟利浸灌,银价遂日涨一日。民间虽已通用,仍百端顾忌,相戒不肯存积。输之于官,以十作十;行之于市,以十作八,即不明分区别而暗中高抬价值,禁无可禁。州县经征钱漕全收铜圆,则盈余无著;搭收制钱,则群疑勒掯,实属上下交受其困。前之每银一两易京钱二千一二百文者,今则易铜元一百六七十枚,核京钱三千三四百文矣。各牧令因公赔累,无可弥补,难保不启亏挪之渐。

臣思州县为亲民之官,职司綦重,必先养其廉隅,方能责其治理。已先后减提,盈余三十余万两,尚乏补助之策,财政异常艰窘,此病之在官者也。东民素称俭朴,日用之需,向以三文五文交易往来。自铜元通行,遂以十文起码,小民食用不佟自费。且秋收以后,农民向系粜粮易钱,储以御冬。近因不存铜元,相率积储粮石,以致粮价陡涨,百物居奇。江皖邻省水灾,购粮者源源而来,粮价益昂,银价益贵。其小康者尚可存活,贫民势将不堪,盗窃轻生,百弊由是而起,此又病之在民者也。自胶崴议租,济南开辟商埠,轮舶、火车络绎于途,各国银圆逐渐灌入。洋行、铁路首先收受,商民因无平色之殊而有取携之便,又可通行,各省遂相与信使。近洋商又多换以钞票,几视国币为可有可无,久必授利于人,不堪设想。上海等处钞票盛行,可为殷鉴,此又全省财政之大可虑者也。

臣忝膺疆寄,内忧民困,外惕邻交,中夜焦思,日与司道等熟筹审计,金谓宜试铸银圆,或可稍资补救,据布政使吴廷斌详请具奏前来。臣查,造币分厂业经财政处奏明裁并银币铜币,又定有一两至一钱、十文至一文之制。一经实行,自能补弊救偏。惟银币非一、二年内所能实行,一文铜元又非即时所能遍及。款绌如此,民困如此,权衡利害,自应暂行变通。拟请就原有废置机器试铸七钱二分至七分二厘等银圆,精其制造,足其成色。钱漕关税准其一律交纳,胶济铁路公司暨沿路各矿厂亦商令一体行使,以挽利权。

合无仰恳天恩,俯念东省情形与他省不同,准予暂行试铸银圆,庶民间信用市廛流通,粮价可减,银价可平,民困可渐苏,洋圆可抵制,银价不致再涨,盈馀可望有著。一俟币制实行,即行停止,以示限制。除咨度支部外,谨恭折具陈,伏乞皇太后、皇上圣鉴,训示。谨奏。

朱批:“度支部议奏。钦此。”

光绪三十三年二月十六日。

(《光绪朝朱批奏折》第 92 辑,323;《杨文敬公奏议》卷四)

奏销山东机器局光绪二十七、八两年动用经费折

头品顶戴、山东巡抚、臣杨士骧跪奏,为报销机器局光绪二十七、八两年动用经费银两数目,恭折具奏,仰祈圣鉴事。

窃查,山东机器局制造各项军火,应成需经费银两,向山藩库筹拨,按年造册撤销。凡有添购物料,应先专案报明;修理房屋等项,亦应随折声叙。所有光绪二十六年以前收支各项银数,业经分次奏销在案。兹自二十七年正月起至二十八年十二月底止,造成各种西式火药六十五万四千八百五十斤,大铜帽火五百八十二万粒,各种后膛枪子二百一十四万五千八百颗,各种洋铅丸三百六十四万一千六百粒,修配后膛洋枪一万二千五百八十七杆、来福洋枪六千八百四十九杆,添造各厂机器,做成装盛军火箱盒,砌成各厂大炉、房屋水沟,并采买外洋铜、铁、钢、铅各种物料,暨员弁、匠役薪水,工料运脚等项,应归度支部核销银五万一千五百七十两九钱六分一厘五毫八丝四忽,陆军部核销银二万九千九百一十六两九钱八分九厘,农工商部核销银十二万四千七百二十九两三钱一分三厘,三共应销

银二十万六千二百四十七两二钱六分八厘八丝四忽。计收二十六年报销案内结存库平银二万四千五百三十四两三钱八分三厘五毫七丝六忽,陆续共拨过藩库库平银十五万四千八百两,南运局库平银三万七千两。除支用外,实存库平银一万八十七两一钱二分二厘六毫九丝二忽,归入下届造报。所有支款款项下应扣六分减平银两,均已解存藩库。

据总理局务布政使吴廷斌、按察使黄云、遇缺题奏道潘延祖、前分省补用道刘恩驻造册详请奏咨前来。臣复加查核,均系实用实销,尚无浮冒情弊。除清册分咨度支部、陆军部、农工商部查照外,所有报销机器局光绪二十七、八两年分动用经费银数缘由,理合恭折具奏,伏乞皇太后、皇上圣鉴,报部核销施行。谨奏。

朱批:"该部知道。"

光绪三十三年二月十六日。

(《光绪朝朱批奏折》第 102 辑,396)

具陈光绪三十一年分收支历年灶课钱粮数折

头品顶戴、山东巡抚、臣杨士骧跪奏,为山东省光绪三十一年分收支历年灶课钱粮数,恭折仰祈圣鉴事。

窃查,山东历年灶课钱粮,例应按年奏销,业将光绪三十年以前之案循例造报,在案兹查三十一年分山东省历年灶课案内旧管共银七钱六分,新收无项开除共银七钱六分,实在无项。又起解钱粮案内余平银两、旧管无项新收共银三千二百五十九两八钱七厘,实在无项。据盐运使张莲芬详请奏咨前来。臣复查无异,除将清册送部查照外,所有光绪三十一年分收支历年灶课钱粮数目,理合恭折具陈,伏乞皇太后、皇上圣鉴,敕部查核施行。谨奏。

朱批:"度支部知道。"

光绪三十三年二月十七日。

(《光绪朝朱批奏折》第 76 辑,549)

具陈光绪三十一年分民运灶课钱粮收支数目折

头品顶戴、山东巡抚、臣杨士骧跪奏,为山东省光绪三十一年分民运灶课钱粮收支数目,恭折仰祈圣鉴事。

　　窃查,山东额征商灶正杂盐课等项,除有商州县应完课款银两遵照先课后盐章程分别征收另案造报外,其余商民运票价向系摊入地亩征解,民佃盐课历随民粮地丁一律催征,应仍照案奏销以符定制。查,光绪三十一年灶课等项钱粮旧管无项新收共银一万八千八百九十二两七钱五分四厘,开除共银一万八千八百九十二两七钱五分四厘,实在无项。又,应征耗羡银两、旧管无项新收共银二百二十两六钱五分三厘,开除供银二百二十两六钱五分三厘,实在无项。据盐运使张莲芬造册详请奏咨前来。臣复查无异,除将册结送部查照外,所有光绪三十一年分民运灶课钱粮收支数目理合恭折具陈,伏乞皇太后、皇上圣鉴,敕部查核施行。谨奏。

　　朱批:"度支部知道。"

　　光绪三十三年二月十七日。

　　(《光绪朝朱批奏折》第 76 辑,548)

请以宝卿试署兖州府捕河通判折

　　头品顶戴、山东巡抚、臣杨士骧跪奏,为拣员更署通判员缺,以裨河防,恭折仰祈圣鉴事。

　　窃照兖州捕河通判高凌云升补运河同知,遗缺前经奏请以先尽班补用通判汪福荫试署,钦奉朱批"吏部议奏。钦此。"旋准部咨,以汪福荫到省日期,系与高凌云出缺同月,碍难照准,行令拣员更补,于光绪三十二年九月二十八日具奏,奉旨"依议。钦此"等因,钦遵查照在案。查兖州府捕河通判一缺,系管河题调要缺,惟河缺裁留只此一缺,无可拣调,东省亦无坐补原缺、裁缺即用、回避即用、新选新补、留省令补、实缺丁忧起复并特旨留工及郑工遇缺先、新海防遇缺先、旧例海防、先海防、即银捐遇缺先、银捐遇缺、先尽次尽,均无人,轮应过班用试用人员。据布政使吴廷斌、兖沂曹济兼管运河道胡建枢查,有试用本班尽先补用通判宝卿堪以试署等情,会详请奏前来。

　　臣查,宝卿年三十二岁,盛京驻防镶蓝旗汉军崇裕佐领下人,由监生遵例报捐通判,分发试用。复遵例捐指东河本班,尽先补用,免补额,因东河裁缺改指山东河工,光绪二十八年十二月经吏部带领引见,初十日奉旨,"著照例发往。钦此。"二十九年三月,领照到省。该员年强才裕,熟悉修防,以之更署兖州府捕河通判,实于要缺有裨,与例亦符。合无仰恳天恩俯准,以试用本班尽先补用通判宝卿试署兖州府捕河通判。如蒙俞允,该员衔缺相当,毋庸送部引见,亦无应赔分赔银两。仍俟试署一年,果能胜任,再行保请实授。除咨部查照外,谨恭折具陈,伏乞皇太后、皇上圣鉴,敕部核复施行。谨奏。

朱批:"吏部议奏。"

光绪三十三年二月十七日。

(《光绪朝朱批奏折》第 23 辑,417)

恭报十二月分雨雪情形并呈粮价清单折

头品顶戴、山东巡抚、臣杨士骧跪奏,为恭报光绪三十二年十二月分雨雪情形,并呈粮价清单,恭折仰价圣鉴事。

窃查,光绪三十二年十一月分山东省各属雨雪、粮价,经臣查明开单,奏报在案。兹查十二月分通省一百七州县内德州、泰安、莱芜、东平、东阿、平阴、滋阳、曲阜、宁阳、邹县、泗水、滕县、绎县、阳谷、寿张、荷泽、单县、曹县、定陶、兰山、郯城、费县、日照、堂邑、茌平、昌邑、栖霞、莱阳、海阳、临清、武城、邱县、济宁、鱼台等三十四州县,先后据报于之上旬初三、初五、初六、初七,中旬十一、十三、十五、十六等日,各得雨一、二、三寸不等。又历城、章邱、淄川、长山、新城、齐河、齐东、济阳、禹城、临邑、长清、陵县、德平、平原、泰安、肥城、新泰、东平、东阿、惠民、青城、阳信、海丰、乐陵、商河、滨州、利津、沾化、蒲台、宁阳、邹县、滕县、峰县、汶上、阳谷、寿光、菏泽、单县、城武、曹县、定陶、钜野、郓城、濮州、范县、观城、朝城、兰山、郯城、费县、蒙阴、沂水、日照、聊城、堂邑、茌平、清平、冠县、馆陶、高唐、恩县、益都、博山、临淄、博兴、高苑、乐安、寿光、昌乐、临朐、安邱、诸城、平度、昌邑、潍县、福山、栖霞、招远、莱阳、宁海、文登、临清、夏津、武城、邱县、济宁、金乡、嘉祥、鱼台、膠州、高密、即墨等九十三州县,于月之上旬初五、初六、初七,中旬十一、十五、十六、十七、十八,下旬二十二、二十三、二十四、二十五、二十七、二十八、二十九等日,各得雪一、二、三、四寸不等,地方民情均极安谧,堪以仰慰宸廑。谨将各属市集粮价缮具清单,祗呈御览。为此恭折具陈,伏乞皇太后、皇上圣鉴。谨奏。

朱批:"知道了。"

光绪三十三年三月初二日。

(《光绪朝朱批奏折》第 97 辑,809)

具陈拿获曹属匪首孔广东折

头品顶戴、山东巡抚、臣杨士骧跪奏，为拿获曹州匪首讯明正法及现催赶办清乡各情形，恭折仰祈圣鉴事。

窃臣接准督办兖、曹剿匪事宜云南提督夏辛酉电称，统领驻曹先锋各营道员陆建章，派队拿获匪首孔广东，当经臣于二月十七日电达军机处代奏声明，电饬曹州府详讯全供，究明党羽，就地惩办，另行具奏。旋于十八日，承准军机处电传谕旨"杨士骧电奏悉，著即认真赶办清乡，以除后患。钦此。"

查曹属盗匪，上年经官兵迭次剿办，势已渐衰，先后奏报在案。惟办匪以擒斩首要为先，曹匪向系零星散股，分拥杆首，自尽力严办，匪情穷蹙，各杆阴相纠合，以图并力相抗。其中以孔广东最为桀悍，遂群相附从，联成死党。故悍首虽时有斩获，而元恶未去，馀孽易萌。惟该匪自经通饬地方文武严查私贩军火，贼械接济已穷，遇有搜缴到官，并准估值给赏，于是贼中利器日少，其势日穷。遂即严饬各军乘机竭力搜捕，以期早日歼灭。

迨上年腊杪，云南提督夏辛酉奉命带队东来，布置益密，督同陆建章等所部各营，于郓、巨、菏、濮四属该匪根据之地，严密防剿。一面访查著名匪首，密派弁勇设法诱捕，如有擒获，随时分别酌予赏犒，以示鼓励，军气因之益奋。自去腊至本年春间，各军屡次与匪接仗，先后擒斩六百余名，夺获枪枝一千余杆。其阵斩匪众，则以菏、曹交界之赵庄、钜野西北之郝庄两役为最多；其就获悍首则以于兆序、李禾尚、谢四虎、张意臣、吴散桂、倪得功、任守俭、印四东子、张枢、朱怀清、周二小、邬双柱、唐六妮、王咬、伊明树、黄褂、陈克兴、任光明等为最著。惟孔广东异常狡黠，密布党羽伺探消息，罪恶已盈，弋获殊难。

本年正月，陆建章在江苏沛境之湖团拿获首要孔惶惶，严讯根究，始知孔广东因官兵捕急，自去年九月已逃匿曲阜，改名广文，冒捐庙员；将所领伙匪分寄已获之孔惶惶及在逃之赵窜等杆下。该匪仍暗中主谋，往来曹、兖一带，随身带有死党数十防护。陆建章侦悉前情，密饬左翼右营左哨哨长王铎标带队购线，改装僦寓曲阜侦察，续派马队哨官王贵增带队在兖州东关接应。正拟探悉门径，入户严搜，旋闻该匪有谋遁青岛之说，密饬各营四围设伏，加意防范。正月二十八日，在曲阜南十五里将该匪妻子盘获，讯知该匪已于前夜缒城潜出，绕道土地庙回钜野孔庄家中搬取财物。陆建章得信，即饬各军，并面禀夏辛酉严勒各部，分道设卡,层层布置。复探该匪逃匿潘庄,陆建章又飞檄先锋马队帮带许瑞祥带兵将庄围住,并派右翼右营帮带康福奎同原派之哨长王铎标间道驰入,即于该庄将孔广东擒获,经臣电奏有案。一面饬令署曹州府王赓廷驰赴陆建章军中,会同提验孔广东正身属实。讯据供认于四、五年前为盗,领伙二、三百人,横行郓城、曹县、钜野、菏泽一带,分遣党羽赴各处购买枪弹,刺探信息,各杆听伊号召。去年七、八两月与官兵对仗数次,其余劫杀架掳强索等案不记次数。其手下头目已多被获,余党分寄已获之孔惶惶等杆下,现亦星散等语。当据陆建章等禀,经臣电饬于二月十九日就地正法,东人同声称快。

查,孔广东为全曹匪首,稔恶多年,该匪一日不除,曹属一日不靖。此次陆建章分派弁勇严密访缉,设非胆识俱优,或稍涉张皇,则该匪诡秘多方,难保不致免脱。兹幸仰赖朝廷德威,克歼首恶,办理尚合机宜。同时并经陆建章所部拿获沈孔清、王小生、马秀兰等;夏辛酉听部拿获赵杭、刘二勾担、赵麻核桃等;陆军第五镇协统叶长盛所部拿获汤四老虎、于如意等;兖沂曹济道胡建枢所部拿获左二短腿等,皆系著名杆首,此外各军亦迭获巨盗。又昨准夏辛酉来电,为孔广东主谋之孔昭纯,业经夏辛酉所部拿获。孔昭纯为孔广东销赃贩枪,接济通信,并为加掳说合银钱,抽分赃股,画策助恶,罪略相等。以上各犯现已分别拟办,元凶巨恶芟夷略尽,从胁胆落,贼党消弭,曹、兖各属不难克日肃清。现夏辛酉一军分驻巨野、单县,陆建章一军分驻菏泽、濮州,合力搜缉遗孽。兖沂曹济道胡建枢一军分驻济宁一带,专顾东路,仍备抽队游击。曹州南境由署曹州镇靳呈云分军防驻,运河以东由兖州镇张宗本分军防驻,均随时巡缉,并防余贼逸入豫、苏边界。郓城、东平一带,近自叶长盛一军,因陆军部点验五镇兵队,拨回省防,业由夏辛酉、陆建章拨营接防填扎。所有分防务军,并不敢以渠魁已除,地方渐平,稍涉松懈,况肃清即在指日,必当一鼓荡尽,上慰宸廑。

至清乡事宜,值此贼势渐平,自应遵旨赶办,冀辅兵力而清盗薮。入手之初,固贵清查户口,分别良莠,而宽筹经费,振兴工艺,俾良善既获保公安,游惰更胥受教养,乃为善后持久之要策。其大略章程,业经夏辛酉、胡建枢等会同商订。惟清乡须官绅通力合筹,斟酌详慎,方免流弊,现正催集地方公正绅董克期妥议,由臣核定条目,筹款试办,另行详晰具奏。所有拿获曹属最为著名匪首孔广东讯明正法详细情形,及现催赶办清乡各缘由,理合恭折具陈,伏乞皇太后、皇上圣鉴,训示。谨奏。

朱批:"著即督饬文武官绅通力合筹,认真办理。"

光绪三十三年三月初二日。

(《光绪朝朱批奏折》第 119 辑,053)

交纳一成半出使经费银片

再，据署登莱青胶道、东海关监督潘志俊禀报，前奉总理各国事务衙门奏准添拨出使经费令各关将洋税六成、商局税六成，各作为十成提出一成半，存作出使经费，全数解沪等因，前已解至第一百八十五结止。兹将第一百八十六结提出一成半出使经费银七千一百八十九两零，饬委候选从九袁文凤，于光绪三十三年三月十六日，解赴江海郡道衙门交纳。臣复查无异，除分咨外，理合附片陈明，伏乞圣鉴。谨奏。

朱批："该部知道。"

光绪三十三年三月。

（《光绪朝朱批奏折》第90辑，628）

请恤忠节折

头品顶戴、山东巡抚、臣杨士骧跪奏，为在籍绅士公禀已故练总一门忠节，当时采访遗漏，请分别详请奏恤，恭折具陈，仰祈圣鉴事。

窃据在籍绅士翰林院庶吉士马荫荣等呈称，窃查咸丰年间历城县闵孝五里江家村童生江福津，赋性忠义，自幼酷嗜理学诸书。当发捻之乱，居恒时蓄义愤，每招集乡村士民，教以忠义，闻其言者无不感愤流涕。是以当时该里二十一村，皆推江福津为团总。凡储粮、置械、筑寨、习操，一切事宜莫不捐金营备。迨咸丰十一年八月间，发匪犯境，该团总率团迎敌，力竭阵亡。其子江登元、江殿元、江占元，亦皆同时战殁。所尤惨者，发匪因被该团痛击，专与练总为仇，侦知江福津家所在，焚毁器物，杀害妇孺。江福津妻刘氏骂贼被害，其长子江登元妻谢氏暨其幼孙江宗岳，亦俱痛骂被创，得疾旋卒。幸江殿元妻殷氏、江占元妻孙氏适在母家，未及于难。被贼后，家业荡尽，两氏含辛茹苦，日夜纺绩，得以抚孤成立。江氏之嗣，不绝如线，一门忠节，乡里称之。江福津暨其子江登元、殿元、占元四人，业经前故抚臣丁宝桢于同治七年采访案内咨部，附祀昭忠祠。江殿元妻殷氏、江占元妻孙氏，亦经前抚臣李秉衡于光绪二十三年题请旌表节孝，但皆属汇咨汇题之件，大抵皆分门开列，实不知其忠孝节烈系属父子姑媳，出于一门。且江福津妻刘氏、江登元妻谢氏暨年未成丁之江宗岳，当时漏未采访，俱尚未蒙附祀昭忠祠，为此合词公恳请江福津父子、祖孙五人，附入山东通志忠义传，并请将江福津妻刘氏、江登元妻谢氏暨江宗岳三人，补附祀省城昭忠祠，以彰忠义而慰幽魂等情呈请据奏前来。

臣查，江福津一介书生，深明大义，教忠死义，洵无忝于儒先；子孝孙贤，实有娴于家范。而且一门从难，惨及妻孥；两妇坚贞，克全后嗣。可见诗书礼义之教，大有裨于人心风俗之微，邑乘增光，自堪不朽。江福津父子四人，应由臣饬行通志局采访事实，附入通志《忠义传》。其江福津妻刘氏暨江登元妻谢氏，与幼童江宗岳三人，尚遗褒恤，应请恩准补入山东昭忠祠，以彰忠烈而裨风化。惟江氏一家七人同时死难，又有两节妇并出其门，事出人情所难能，实为寻常所罕觏，拟请再予恩施旌奖，以敦薄俗。可否赏给扁额，令其自行建坊之处，出自逾格鸿慈。所有已故团总一门忠节，据情分别请予奖恤缘由，谨缮折具奏，伏乞皇太后、皇上圣鉴，训示。谨奏。

朱批："著照所请，该衙门知道。钦此。"

光绪三十三年三月初七日。

（《光绪朝朱批奏折》第 23 辑，446；《杨文敬公奏议》卷四）

遵裁东省杂捐并裁并局所折

头品顶戴、山东巡抚、臣杨士骧跪奏，为遵旨裁撤东省杂捐并裁并复杂局所，谨将现办情形恭折具陈，仰祈圣鉴事。

窃臣于上年十二月初四日，钦奉上谕"杨士骧身膺疆寄，责任綦重，务当振刷精神，于一切应办事宜，破除情面，切实整顿，以期吏肃民安，毋负委任。所有该省未经奏明苛细捐款，著认真裁撤，以纾民困；各局所名目复杂，著即酌量裁并等因。钦此。"仰见朝廷节用爱人，勤恤民隐，跪聆之下，钦悚莫名，当将严办曹匪并筹办清乡各情形迭经奏报在案。

伏查，东省库款本极支绌，甲午以前出入尚略相抵，庚子以后赔款增钜，新政繁兴，认筹练兵经费甲于他省，是以近年在事者百方罗掘，实有入不敷出之虞。光绪二十七年，升任抚臣袁世凯奏设山东筹款局筹办烟酒各税，指明专备各项新政之用，其时事属创始，入款有限，而兴办各项学堂暨各项商务工艺，一切新举要政有所需用，即须饬局筹备。地方官奉行新政，经费无出，亦有各视所属情形就地筹款者。事虽隶于该局，款仍各属留为公用，是以开局数年，细为核计，舍烟酒两税恃为常年的款外，其馀就事所筹之款亦不过寥寥数端。不但为数有限，且或此增彼减，或旋办旋裁，事皆试办，每多变迁，故间有未及奏咨有案之件。前年臣莅任来东，知东省财政竭蹶，固贵筹裕度支，尤当隐恤民力，只以事倍于前款，仍其旧本无者，未敢议增，原有者亦遂缓减。

自奉谕旨认真裁撤，臣与司道熟商，谨于无可裁减之中，择其收款较少迹近琐细者量为涓免，以广皇仁。其可裁者一曰车捐。抽收此项捐款，专为巡警局清理街道及城外马路岁修之费。惟所收本不敷用，现拟饬商务局另拨专款，即将此捐停收，以惠行旅，此可裁者一也。二曰行捐。除额设牙杂课程外，如滕县之升行，洛口之车脚行、船行，省城之木炭行，泰安之杂皮行、山果行皆收款无多，而事甚繁折，此可裁者二也。三曰枣捐。省西一带产枣凤多，商民贩运出口，本在抽收厘金之列，筹款局以省西别无可筹之款，遂又就地抽捐。如东昌府属各州县皆出产大宗，其原章每包重二百斤，捐京钱二、三百文不等。虽每岁此项捐款所入尚不甚微，而既已抽厘似可免令纳捐以免重复，此可裁者三也。以上三项，除业由臣檄饬司通行各州县自本年为始，如有前项名目一律裁撤外，并晓谕商民俾知德意，此遵旨裁并东省各项杂捐之大概情形也。

至于东省各项局所，除河防赈抚等局系向年所有，其馀新设各局大抵皆因新政而设，就钦差查办事件大臣清锐原奏所指各局而论，迁民局本因被水各区安设，现民已迁毕，而经手款目尚未结清，故仅酌留。原办之总办收支数员详细结算，现拟遵旨裁并，已饬将该局即日移入河防局，归并河防局员兼理其事，仍责成原办人员不领薪资，速将账目结算以凭交代。此就原折所指裁并者一。省城向于冬春之季，东、西两关开设粥厂，专养邻远各州县无依就食之饥民。其人或冬至春归，或流离不返，遂在省城乞食。升任抚臣袁世凯悯其失养，光绪二十六年于省城设立教养局，收养此种流民，计口授食，令学粗浅工艺，藉开风气而资养赡。其旧设之赈抚局，则专管督核，派员分赈被灾被水各州县，与教养局广狭不同，工赈捐局又为统辖劝捐各分局而设，虽名称相近，实系各有专司。现既奉旨裁并，工赈究与赈抚同源，自应并入赈抚局以归一致。其教养局重在溥兴粗浅工艺，用意与赈济自有区别，而所习较粗，又未便与省城所设工艺传习所专习精细美术者牵合为一，只宜附入济南府所设之习艺所以节虚麋而期画一。此就原折所指裁并者二。会勘华德路矿局系德人订约时所请设立，载在条约，专司与德人路矿之交涉，与农工商部咨令各省普设之矿政调查局，专为兴内地政者各有命意。现既奉旨裁并，即就一局分办两事，应统名铁路矿政局，酌减原有人员以期费省而事理,此就原折所指裁并者三。此外则农事试验场,事属改良种植;工艺传习所,事属振兴实业,可以并入农工商务局。以上皆事可相通,自当妥为归并,以副圣朝任俭摄官之至意,已由臣通饬司道遵照办理。

伏念臣忝膺重任,报称未能,凡属理财用人诸大端更何敢稍涉因循,致滋罪戾?虽遵旨裁撤杂捐数项,而地方一切要政仍不容稍有废弛,自应统顾兼筹,期于事无不举,其馀各项局所仍由臣随时察核,倘尚有可以裁减之处,即当酌量归并,以昭核实。除曹匪就平及催办清乡情形业经另案奏报外,所有遵旨裁撤杂捐并裁并复杂局所各缘由,理合恭折具陈,伏乞皇太后、皇上圣鉴,训示。谨奏。

奉朱批:"知道了。钦此。"

光绪三十三年三月初七日。

(《光绪朝朱批奏折》第79辑,071;《杨文敬公奏议》卷四)

请将山东赈捐再展限一年折

头品顶戴、山东巡抚、臣杨士骧跪奏,为山东赈捐限满,仍难停止,请再展限一年,以资接济,恭折仰祈圣鉴事。

窃照东省赈捐前因限满,势难停止,经臣于上年三月间奏准展限一年,接济劝办,计自光绪三十二年三月初九展限之日起至三十三年三月初九日。又届一年限满,本应依限停止,惟查东省滨河各州县频年灾歉,民困已深,春抚冬赈迭为筹办,虽上年黄流顺轨,幸庆安澜,然各属灾区元气未复,仍应及时赈抚。加以各游堤工并各处迁民,以及上年云南、江苏、安徽等省先后告灾,迭请协助,需款亦复不资,东省库储本极难窘,而用款繁多,全赖此项捐输,藉资挹注。且各省筹垫赈款暨南绅散放义赈款项,亦均俟劝捐归还,若遽依限停止,实属无从应付。据工赈局司道详请,具奏前来。

臣查,该司道等所请均系实在情形,明知近日捐输久成弩末,然库空如洗,出款日益增多,入款势难减少。且上年奉部议复因臣奏展七项工捐内声明,黄河各游砖石等项所费不赀,该省现办衔封等项赈捐应由该抚设法分拨腾挪等语,是东省赈捐一项不但关系赈款,并须协拨河工要需。若来源骤塞,工赈皆难为计,况虚衔封典等项与报捐实官不同,在朝廷略予虚荣,本无伤于名器,而捐生得沾圣泽,自更乐于输将。历请展限均蒙恩准有案,合无仰恳天恩俯念山东赈需紧要,准将现办赈捐援案再行展限一年,俾资周转而惠穷黎。理合恭折具陈,伏乞皇太后、皇上圣鉴,训示。谨奏。

朱批:"度支部议奏。"

光绪三十三年三月初七日。

(《光绪朝朱批奏折》第 80 辑,882)

河工凌汛平稳折

头品顶戴、山东巡抚、臣杨士骧跪奏,为凌汛期内黄河两岸防护平稳,恭折仰祈圣鉴事。

窃查,上年桃、伏、秋三汛获庆安澜,而凌汛工程亦关紧要。东省黄河袤延千馀里,上下游寒暖不齐,往往上游冻解,下游融化较迟,每致去路不畅,水势抬高,时有漫决之患。且河流湾曲处所冻块拥积如山,切堤铲扫,在在堪虞,防范稍松,动出巨险。上年冬间经臣严饬工员多备凌椿及敲凌器具,加意防守嗣护,各游督办先后禀报,上游双合岭等处叠出险工,均经在工员弁随时抢修完固,现在凌汛期过,工程一律平稳,洵堪仰慰宸厪。臣仍当督饬工员,赶培堤堰,宽备料物,认真修守,不敢稍有疏懈。所有凌汛期内黄河两岸防护平稳缘由,谨恭折具陈,伏乞皇太后、皇上圣鉴。谨奏。

朱批:"知道了。钦此。"

光绪三十三年三月初十日。

(《光绪朝朱批奏折》第 100 辑,646;《杨文敬公奏议》卷四)

请准将王敬勋开去底缺,归知府班补用片

再,在任候补知府、正任日照县知县王敬勋由候补员外郎改捐知县候选,光绪元年签掣海阳县知县,六年调补齐河县知县,因在河工出力,历保免补直隶州知州,以知府在任候补。三十年开缺另补,三十一年补授日照县知县,三十二年调署新城县知县。兹于三十三年三月在江南赈捐局捐缴加五离任银两,请开去日照县知县底缺,归知府班补用等情,由布政使吴廷斌详请奏咨前来。臣复查无异,合无仰恳天恩俯准,正任日照县知县王敬勋开去日照县底缺,归知府班补用。

除分咨外，理合附片陈明，伏乞圣鉴。谨奏。

朱批："著照所请，吏部知道。"

光绪三十三年三月。

（《光绪朝朱批奏折》第 23 辑，483）

报销山东省善后局第八十四次收支各款银数折

头品顶戴、山东巡抚、臣杨士骧跪奏，为报销山东省善后局第八十四次收支各款银数，缮具清单，恭折仰祈圣鉴事。

窃查，山东省善后总局经理各防营饷项并制造事宜一切收支数目，向按半年报销一次，业已截至光绪三十年十二月底止作为第八十三次造册报销在案。兹自光绪三十一年正月起，至六月底止，左翼防军四营、右翼防军四营、利捷亲军营、水师炮船四号官弁勇夫薪粮并随营文武员弁盐粮及各营洋枪匠工食，共支银九万二千一百四十二两零。又东昌府巡勇口粮银三千五百六十两，又沂州府巡勇口粮银三千二百四两，又青州满营挑练左卫练军马步各营月饷银一万二千两，又青州副都统自行支放造报，又左右翼各营制造旗帐器械等项银六千四两零以上，共支银十一万六千九百十两零，遵照部章薪粮等项扣收四分减平暨收一分平余，盖六分减平三，共银六千一百四十五两零内除一分平余，内提解报销饭银一百十七两零，以上共收平余并减平银六千二十八两零。又收藩库、运库、临清关等库银十三万五千四百二十三两零，共银十四万一千四百五十一两零内除共支银十一万六千九百十两零，尚存银二万四千五百四十一两零，除解交藩库减平银五千三十六两零，又拨还善后八十三次支发各公局缮书、工食、纸张、油烛等项筹垫银三百三两零，实存银一万九千二百一两零，拨入下次报销案内造报。据善后局司道造具总细各册，详请奏咨前来。臣复核无异，除清册咨部外，理合缮具清单，恭折具奏，伏乞皇太后、皇上圣鉴，敕部核销施行。谨奏。

朱批："该部知道，单并发。"

光绪三十三年三月初三日。

（《光绪朝朱批奏折》第 64 辑，120）

增募营勇折

头品顶戴、山东巡抚、臣杨士骧跪奏为增兵剿办曹属盗匪，汇报新募改编马步等营暨各府州县自募壮勇，先后成军数目，恭折仰祈圣鉴事。

窃查，东省原有武卫右军先锋马步炮队二十营，曹、兖两镇左右翼防军八营，抚标前军两营，海防马步两营，共三十二营。自光绪三十一年四月，经练兵处奏定编练陆军第五镇，于先锋队内抽调十二营，并拨去底饷六十万两，经练兵处奏咨有案。本省除两翼防军隶于兖、曹两镇外，其抚标前军两营则驻防德州、临清一带，海防、马步两营则分扎登莱。沿海各属先锋队八营，臣未到任之先，曹属已拨去五营，登州镇复拨去一营，省城只馀两营兵力，厚薄今昔悬殊。上年夏间，曹属盗风恣肆，劫杀频仍，深虑势成燎原，不能不为迅速扑灭之计。而东省军队实不敷用，彼时五镇尚未成军，势难咨商拨调。原有镇标防军及先锋各营，仅足分设防拨，不能专力痛剿，因添练游击四营，将兖、沂、曹、济之巡警滚练队五百人尽数编入，饬由兖沂曹济道胡建枢统带于曹匪巢穴所在，严缉穷搜，既利于以整击散，复免于盗逸我劳，而地方缉务紧要，该营府县皆有应尽职责，复饬曹州府招募一营为镇慑府城，并随时策应各军之用。该牧令及邻近府县亦令增募壮勇或百名，或数十名不等，为协巡辖境，并递送人犯、解运饷项之用。其时剿办既严，散匪颇多，窜逸如泰安济宁各属时，有匪踪出没，在曹各军力难兼顾，又于驻省之先锋两营内酌拨队伍开往剿捕，而济胶铁道逼近省防，又虑空虚，特檄委候补知府李经湘、游击卢得胜赴皖北一带招募步兵两营、马队两哨，驻扎省垣，以资调遣。即饬由李经湘训练统带。嗣陆军第六镇协统候选道陆建章遵调来东办理缉捕，因接统之先锋各营均已分布要隘，一时未能抽撤，禀准添募亲兵营二百人、探访队五十人，期与胡建枢所部互为声援，游击益形得力。

以上自光绪三十二年五月起，计先后增募曹州部队一营，现名曰缉捕营；派员赴皖募步队两营、马队两哨，现名曰抚标亲军。胡建枢增练游击四营，陆建章募亲军步队二百、探访队五十人，统共分别增改步队七营二百五十人，又马队两哨。所有营制饷章均照先锋队章程办理，于成军之日起支薪饷，其未成军以前，小口粮概照内地饷章支给，除游击四营内有巡警营，底饷四万两，统计不敷，各饷常年需银约三十万两之谱。

伏查，曹匪踪迹飘忽，聚散无常，该属一州十县，纵横三、四百里，几于节节设防，一设即难议撤，倘使兵力不足，顾此失彼，顾难于克日歼除，且恐其滋蔓为患。

自经臣陆续酌增营队办理，始大为得手，首要多已就获，不日即可肃清。业将大概情形先后陈明有案，所有前项常年不敷饷银约三十万两，及将来结报各军额外活支款项，应请一并由司局各库作正开销。值此库款支绌，固知筹饷维艰，但为顾全大局起见，自不容惜费。目前致贻地方巨患，且综计所增勇数仅复从前十二营之半，实已统筹兼顾，不敢漫无限制，而衡诸曹属匪势，若非上年冬间借拨第五镇马步各队，暨请钦派提督夏辛酉带队来东，仅恃所增各营兜击截拿，尚嫌力薄。此时应增营饷正不止此。其兖州、东昌两府并钜野十二州县共募步勇七百二十名、马勇五十名，概照向章步勇各日支银一钱，马勇加倍，均自募齐之日为始，仍循例在地丁银内坐支口粮。所需军装器械，责令该牧令自行捐廉制备。至陆建章所募二百五十人，现在曹事大致就绪，拟先裁撤，以节饷糈。

据布政司营务处粮饷、善后两局详请奏咨前来，臣复核无异。一俟清乡办定，当随时酌量裁撤，并将用过饷项细数，暨获盗搜枪赏银，一切军需杂支，另行造册报销，以清款目。除将成军日期开单咨部查照外，所有增兵剿办曹匪、新募改编各营数目缘由，理合恭折具陈，伏乞皇太后、皇上圣鉴，敕部立案。

再，此次所增各营，因曹事急迫，随时陆续添改成军，日期先后不一，是以奏报稍迟，合并声明。谨奏。

奉朱批："该部知道。钦此。"

光绪三十三年三月十七日。

（《光绪朝朱批奏折》第 35 辑，293；《杨文敬公奏议》卷四）

恭报正月分雨雪情形并呈粮价清单折

头品顶戴、山东巡抚、臣杨士骧跪奏，为恭报光绪三十三年正月分雨雪情形并呈粮价清单，恭折具陈，仰祈圣鉴事。

窃查，光绪三十二年十二月分山东省各属雨雪、粮价，经臣查明开单，奏报在案。兹查本年正月分，通省一百七州县内历城、长清、德州、平原、泰安、新泰、东平、平阴、滋阳、宁阳、邹县、泗水、汶上、阳谷、寿张、菏泽、曹县、钜野、郓城、濮州、朝城、莒州、蒙阴、聊城、博平、茌平、莘县、冠县、馆陶、诸城、临清、武城、邱县、济宁等三十四州县，先后据报于月之下旬二十三、二十五、二十七、二十八、二十九等日，各得雨一、二、三寸不等。又肥城、东阿、滋阳、曲阜、定陶、钜野、郓城、范县、观城、兰山、郯城、费县、博山、济宁、金乡、嘉祥、鱼台等二十六州县，于月之下旬二十八、二十九等日,各得雪一、二、三、四、五寸不等。其余州县虽未得有雨雪,尚幸地脉滋润,麦田不致受伤,民情亦极安谧,堪以仰慰宸廑。谨将各属市集粮价缮具清单,恭折具陈,伏乞皇太后、皇上圣鉴。谨奏。

朱批:"知道了。"

光绪三十三年三月十七日。

(《光绪朝朱批奏折》第 97 辑,811)

报销山东北运各州县卫光绪二十六等年分已、未销盐引数目折

头品顶戴、山东巡抚、臣杨士骧跪奏,为并案报销山东北运各州县卫光绪二十六、七、八、九、三十等年分已、未销盐引数目,恭折仰祈圣鉴事。

窃查,东纲南北两运应销额引五十万五百道,内除奏准永减引十万道,尚应销引四十万五百道。又,除南运各州县应销引十万二千二百一道,遵章剔除,另案奏报外,所有北运各州县卫实应销引二十九万八千二百九十九道,例应按年报销,业将光绪二十五年以前之案循例造报在案。兹查,光绪二十六年分,山东北运历城等五十五州县卫应销引二十九万八千二百九十九道,已销引二十二万四千八百四十五道,未销引七万三千四百五十四道。二十七年分,已销引二十三万四千二百五十二道,未销引六万四千四十七道。二十八年分内,除平原县被失引二十四道,尚应销引二十九万八千二百七十五道,已销引二十三万三千五百一十六道,未销引六万四千七百五十九道。二十九年分,已销引二十三万八百二十八道,未销引六万七千四百七十一道。三十年分,已销引十八万九千六百六十三道,未销引十万八千六百三十六道。现在上紧督催统俟销完,再行造报。据盐运使张莲芬先后造具已销、未销引数分数及议叙议处各官职名册揭详请奏咨前来。臣复核无异,除将册揭送部查照外,理合恭折具陈,伏乞皇太后、皇上圣鉴,敕部查核施行。谨奏。

朱批:"度支部知道。"

光绪三十三年三月十七日。

(《光绪朝朱批奏折》第 76 辑,554)

报销山东南运各州县光绪二十六等年分已、未销盐引数目折

头品顶戴、山东巡抚、臣杨士骧跪奏,为并案报销山东南运各州县光绪二十六、七、八、九、三十等年分已、未销盐引数目,恭折仰祈圣鉴事。

窃查,东纲南运商邱等十二州县每年应销额引十万二千二百一道,例应按年报销,业将光绪二十五年以前之案循例造报在案。兹查,光绪二十六年分商邱等十二州县,已销引三万七千三百七十七道,未销引六万四千八百二十四道。二十七年分,已销引四万道,未销引六万二千二百一道。二十八年分,已销引四万六千二百六十七道,未销引五万五千九百三十四道。二十九年分,已销引三万一百二十四道,未销引七万二千七十七道。三十年分,已销引二万五百道,未销引八万一千七百一道。现在上紧督催,统俟销完再行造报。据盐运使张莲芬先后造具已销、未销盐引数目及应行议处各官职名册揭,详请奏咨前来。臣复核无异,除将册揭送部查照外,所有南运各州县光绪二十六、七、八、九、三十等年分已、未销盐引数目,理合恭折具陈,伏乞皇太后、皇上圣鉴,敕部查核施行。谨奏。

朱批:"度支部知道。"

光绪三十三年三月十七日。

(《光绪朝朱批奏折》第 76 辑,555)

筹修岱顶各庙片

再,查泰山山顶各项庙宇自同治年间兴修后,迄今三十馀年,未经大加修补,以致檩梁糟朽、墙身鼓裂,殿上铜瓦亦多残缺,自应及早修理,以免愈塌愈甚,所费更钜。前经委员前往切实核估,计实需银一万六千两。据泰安府知府玉构禀请,由司库发款兴修,并由布政使吴廷斌详请具奏前来。臣查,泰山海内所瞻,称尊最古,我朝虔修岳渎,隆礼有加,每届孟夏时享例荷钦颁香供,遣派疆臣致祭,与众山群祀,为典不同,且灵应夙昭,岁时雨旸灾祲,为民祈祷,无不立应。每至春夏之交,四方人士焚香告祭,至者日以万计。其山广袤数十里,祠宇古迹最多,即外人游历来东,亦无不以得瞻岱宗为幸。现在应修各项工程,若不即时筹款修整,致令缺废,不但将来需款更钜,且无以上答神庥,下崇观听。所估银两由司再三委员复估,尚属核实。除部库年例指拨各款外,应准由司设法腾挪,撙节动用,

作正开销。除开单咨部查照外，谨附片具陈，伏乞圣鉴，训示。谨奏。

奉朱批："该部知道。钦此。"

光绪三十三年三月十七日。

（《光绪朝朱批奏折》第 104 辑，289；《杨文敬公奏议》卷四）

出省查勘商埠片

再，自前年冬间，议撤胶、高两处所驻德兵，并购回德人所建兵房，添设铁路巡警以后，东路沿海暨沿铁路各地方均甚安谧，商务亦逐渐兴旺。德国督理胶澳租界事宜大臣都沛禄于本年二月间来省拜晤，注重交际，备极款洽，自应查照向例，前往答拜，藉敦睦谊。臣现拟于三月十八日由省乘坐火车，先赴周村、潍县一带查勘拟开商埠地界，顺道赴胶、高两处勘验收回兵房，酌量筹改学堂，期裨实用，随即驰赴青岛察看商埠，并答拜德督，以便将来遇有交涉事件随时和平商办，益徵辑睦。火车往来甚便，月内即可回省。所有臣署日行事件照例檄委藩司代拆代行，所有出省日期，理合附片陈明，伏乞圣鉴。谨奏。

朱批："知道了。钦此。"

光绪三十三年三月十七日。

（《杨文敬公奏议》卷四）

郑庆成试署期满例应实授片

再，查准吏部咨，龙门县知县张兆龄革职遗缺请以候补知县郑庆成署理，钦奉谕旨允准，自应钦遵办理，仍俟试署期满，如果称职，另请实授等因，转行遵照在案。兹据升任布政使增韫、署提学使卢靖、署按察使李树棠详称，龙门县知县郑庆成自光绪三十二年十一月二十七日到任起扣至三十三年十一月二十七日，试署一年期满，例应实授。前任宣化府知府王守塈查明出考，造具事实履历清册，呈道咨司，递相加考，详请具奏并声明，该员任内并无违碍处分及参罚案件等情前来。臣查，该员年强才裕，办事认真，应请照例准其实授，除事实履历册结咨部外，理合附片据陈，伏乞圣鉴，敕部核覆。谨奏。

朱批："吏部议奏。"

密陈胶澳情形并历年交涉大略折

头品顶戴、山东巡抚、臣杨士骧跪奏,为密陈察看胶澳租界暨附近环界内外地方历办交涉,并近来一律安谧各情形,恭折仰祈圣鉴事。

窃维德人自议租胶澳后,经营青岛不遗余力,于铁路矿产尤多要挟。臣抵任两年有馀,遇事妥为因应,所有历办情形未便随时奏陈,诚虑稍有漏泄,即于交涉有碍,而圣心眷念东邦,苟可仰慰万一,若不据实上达,揆诸臣子尽职之义亦有未合。且朝廷慎重外交,必备悉近。今情势方易应付,事关东省全局,臣固不敢稍有矜饰,亦何敢不缕晰上陈?兹由青岛查勘回省,谨将亲历察看各情形并历年交涉大略,备叙原委,为我皇太后、皇上密陈之。

本年二月间,驻青德提督都沛禄来省拜晤,词气备极谦婉,此次赴青岛答拜,彼亦优礼接待,益征辑睦。臣留心查访该处情形,其近日办事义主和平,注重商务,驻界守兵仅足自卫,市廛房屋兴盛日臻,中外商民亦均和洽。臣接见在青本国各商,宣扬朝廷德意,无不欢欣鼓舞,感戴皇仁,民心固结之深即此亦可概见。惟租界内章程规则至为繁密,臣晤商德员,将现行各条于寓居华人不甚便者量予酌议,德员顾全交谊,多皆首肯。嗣后,商民安业,彼此无猜,当不致重烦交涉。租界以外,距胶澳海面潮平周围百里之环界,自三十一年秋冬间,臣商准德员分期撤退驻兵,并将兵房备价购回,改建学堂,民情欢悦。又如保护胶济铁路所有德人安设之巡警,经臣于三十一年冬间争回自办,绵亘九百余里,兵千余人,岁费数万两,年馀以来,巡护周妥,权力藉以稍伸。此次经过环界内外地方,市集渐盛,生计日裕,附近居民见德兵全数退出,巡警归我自办,咸知铁路交通之利,并无外族逼处之嫌,国权既张,民气自舒。而沿路各州县教堂林立,民教亦相安无事,惟内地商务亟待扩张。济南北自开商埠,此次道出潍县、周村,顺勘开埠地址,亦尚合宜,拟即派员前往挨次开办,俾与济南一气联络,既以抵制青岛商务,即可保守本省利益。此察看租界暨环界内外地方之实在情形也。

至胶约载明,允准德人修造胶济、胶沂两道铁路,并准其开挖铁路附近三十里内煤矿各条,损失利权最钜。胶济铁路,臣到东时开车已久,无可挽救,迨后铁路公司总办洋员锡乐巴来省呈请接筑由济南至雒口枝路，臣即援约坚拒，嗣又请勘津镇路线、胶沂济南路线，复以章程合同均未签定，驳斥不准，并饬运司张莲芬等自行安设由济南城外小清河头直达雒口活轨铁路，运载盐斤商货以占先著，该公司无可置词。其胶济铁路遇有运载官物，酌减半价，及禁运军火、严定章程等事，该公司以巡警由我自筹，势须遵办。又有华德矿务公司援照胶约勘采铁路附近三十里内矿产，并不许华人在此里限内开采新矿，使用机器，冀遂其垄断之私，并谓原约载明附近三十里字样，系按照铁路左右两边各相距三十里而言，臣以照此解释路文，损失矿利过钜，叠与该公司往返磋议。本年二月，督饬矿政局道员李德顺、萧应椿等，先就淄川东北境内矿井与该公司改订合同，另绘细图将矿界缩小为十四里界外，馀地悉归华人勘办。沂州、沂水、诸城、潍县、烟台五处矿务，议定合同已六、七年，迄未签押，而原指矿界竟有一处占至广袤二百五十里者，此则亏损更大。特于上年春间，派员与该公司再三商准，撤销原定草约，重订合同，另划矿界，共准择定矿地七块，每块不得逾三十方中里，计七块亦只二百一十方里，较之原定五处矿界十二万方里缩小五百七十馀倍。矿界以外地段，均听华人开采，仍允完出井出口两项矿税，馀悉遵照商部奏定矿章办理，当经照钞合同底稿，咨候外务部核复，再行签定。尚未接准部咨，果能照此签换合同，似于东省矿利所全亦钜。此次接晤德国官商，前事固无异议，其他更无要求，此察看路矿收回利益之实在情形也。

总之，德人从前处心积虑，几视山东全省皆彼势力范围所及，故于商办路矿过调兵队等相持甚坚。嗣见朝廷锐意求治，国势日张，因以顿易初心，幡然自戢。臣更得仰托圣威，力图补救其青岛商务，则亟办济南自开商埠；为对待其胶济铁路，则以筹濬小清河航路为抵制。其馀路矿诸事所必争，幸皆就我范围，藉以稍收末效。近访闻其于青岛一隅岁亏数百万，彼国议院以所得不偿失，颇多微词。窃恐青岛德员势将加意经营，冀免其国人指摘。臣益当防之于预，不敢稍有松劲，但其诡谋百变，诚难逆料于将来。然就目前而论，一切多已就范，彼亦无从置议，但使我无间隙，必不至另生事端。

臣仰蒙高厚，畀以封圻，断不敢因大局粗平辄忘积薪抱火之虞，致昧履霜坚冰之戒。嗣后遇有交涉，仍当体察情形，权衡轻重，随事随时禀承外务部王大臣，妥甚经理，以期中外辑和，商民乐业，籍副朝廷敦笃邦交，绥靖海疆至意。所有察看租界、环界内外地方安辑民情静谧各情形，谨据实密陈，仰慰宸廑，伏乞皇太后、皇上圣鉴，训示。谨奏。

朱批："外务部知道。钦此。"

光绪三十三年四月初五日。

（《杨文敬公奏议》卷四）

陈报回省日期片

再，臣前于三月十八日出省，赴东路巡阅，曾经附片奏报在案。是日上午，由省乘坐火车驰抵潍坊，勘视拟开商埠地界，旋由潍赴高密查验购回兵房。十九日，驰抵青岛，答拜德国驻胶大臣都沛禄，并察看该处商务，暂住两日。随即由青岛沿海绕行，达即墨县城。二十五日，乘火车至胶州，查验兵房。竣事后，当即驰抵青州府城。二十七日上午，由青州仍坐火车回省。此次经过地方，雨水调匀，二麦必可丰致，堪以仰慰宸廑。所有微臣由东路回省日期，理合附片陈明，伏乞圣鉴。谨奏。

朱批："知道了。钦此。"

光绪三十三年四月初五日。

（《光绪朝朱批奏折》第 23 辑，545；《杨文敬公奏议》卷四）

密陈复勘租界验收兵房情形片

再，德国议租胶澳租界，系由前抚臣张汝梅于光绪二十四年夏间饬派道员彭虞孙等前往会勘。臣于前年夏间至青岛察看商埠，旋由威海、烟台回省，所有租界地址未及详析复勘。查，德国租界本与胶州、即墨境地毗连，界外民人往往小有争端辄酿交涉事案。升任抚臣袁世凯于光绪二十六年曾经议定租界交涉章程，因德员未经签押，不便援照办理。嗣后叠据印委呈绘租界图说，亦嫌不甚详明。

臣此次至青察看情形，遂拟就近复勘租界地址，以便将来筹办交涉有所依据。当于三月二十二日答拜德官后，率同印委人等由青岛沿海岸东行至崂山湾，再由湾东半岛东北角转向西北，直趋钻塔狗皮等岭，循华阴集以连白沙河，自华阴集以下脊以该河北岸为界，计自崂山湾东北角起至阴岛东北角止，计长中里六十八里。其西南两面陈家岛租地，系自齐伯山西南海岔壕北头村起转而向西，由壕洼往南沿古运河过薛家岛，以达壕南头村至对海笛罗山止，计长中里四里。现就东北崂山湾勘至白沙河逾河，即是中国地界。崂山湾峰峦云立，村舍栉比，湾内居民甚众，种植弥繁，生计亦足自给。惟胶澳既暂由德人租借，所有沿界各州县秩小力分，遇有租界内外民人控争之案，办理颇多为难。臣此次详查租界地势，胥与内地唇齿相依，胶济铁路既岐出环界之中，而我所设之胶海关又远在租界以内，虽云火车往来甚便，而租界环界判若鸿沟，有交涉事宜如无一秩级较崇专官就近与德员秉公商办，华民势必隐受其害，控诉无门。似须就胶济两关添设专员，容臣详细筹划，另行奏明，请旨办理。

臣于前月十八日出省，先在高密勘验购回兵房，嗣到青岛勘明租界地址后，于二十五日绕赴即墨城阳城车站，仍坐火车驰抵胶州勘察。该州兵房与高密大致相同，工料坚实，规模宏阔，当时购回值议定洋银四十万元实不为多。惟该两处兵房空旷已逾一年，亟须按照原奏所拟办法改设路矿、工艺两项学堂，俾可储养有用人才，留为振兴事业，自办路矿地步，将来可为东省保守无限利权。臣现已饬派前胶州知州过班道员余则达筹开学堂一切应办事宜，俟议定章程再行分别奏咨办理。臣查勘竣事，旋即由青州仍坐火车回省。除将回省日期另行奏报外，所有复勘租界验收兵房各情形，理合附片密陈，伏乞圣鉴，训示。谨奏。

朱批："知道了。钦此。"

光绪三十三年四月初五日。

（《杨文敬公奏议》卷四）

请将登州同知移驻烟台折

头品顶戴、山东巡抚、臣杨士骧跪奏，为请将登州府同知移驻烟台，以资治理，恭折仰祈圣鉴事。

窃查，登州府海防水利同知本系简缺，向与知府同驻府城。光绪二十四年，经总理衙门会同吏部，奏请移驻威海卫城，奉旨允准在案。查，部臣原意系因英人议租，威海交涉较繁，特将该同知移驻其间，以便稽查弹压，并可就近筹办交涉，综画本极详密。惟自英人划定租界以后，威海卫城遂孤悬租界之中，该处向驻有巡检一员，只能就城内治理，出城四面均是英人租界，即不便稽查弹压。该巡检泛地较宽，亦有在租界外者，遇有巡缉等事，仍须出界勘办，妨碍之处甚多。同知职分较崇，且兼督捕之责，如株守卫城以内，窒碍之多更不待言。即就交涉论之,当英人甫经议租,尚未划界以前,前北洋大臣会同前抚臣于威海卫城内筹设交涉局一所,分派员绅驻局办事,遇有交涉,随时会同英人妥筹办理。自划界后,交涉较简,即将原设交涉局裁撤,分派员绅亦均调回,籍省浮费。间或遇有交涉事件,均由英国派驻威海办事大臣随时与抚臣迳行商办,巡检本不与闻,移驻同知亦复如此,是以并无交涉可办,核与部臣奏请移驻原意殊不相符。自本任同知吉庆开缺后,历经前抚臣先后檄委文登、荣成两县知县就近兼理,俾在租界以外办事较为便易,然只是一时权益,现既遴补有人,应即饬赴本任,未便再行迁就,致滋贻误。

臣上年夏间巡阅东路海防,曾分赴威海、烟台等处悉心查看。查得烟台商务日盛,交涉弥烦,登莱青胶道兼充东海关监督应办公事太多,遇有本埠交涉暨发审华洋讼案以及筹办各项新政,必须另有实缺人员随同办理,籍资赞佐。福山县知县远居县城,相距烟台三、四十里,殊虑鞭长莫及。烟台巡检虽近在咫尺,究嫌职秩太卑,又恐遇事呼应不灵。且去秋前登莱青胶道何彦升在任丁忧,此时接任之员未到,同城无丞倅可以护理,只得权宜调福山县赴烟兼护通商大埠,似此办法殊与政体非宜。

查,烟台地方本登州府辖境,如量予转移,即将登州海防水利同知移驻烟台,仍作为海防题调要缺,俾随同登莱青胶道办理交涉仍兼督捕,所有本缺一切应办事件暨原领关防额支廉奉等项,悉照前次改缺移驻原案办理,似于内政外交两有裨益,且核与总理衙门会同吏部原奏内声明办理中外交涉事件,该员随时禀承山东巡抚暨东海关道妥筹因应等语亦尚相合。臣正在核办间,适据登莱青胶道蔡汇沧详请具奏前来,核与臣所拟办法大概相同。据该道详称,如该同知移驻烟台公事较烦,经费增钜,原领廉俸不敷支用,拟俟奏准移驻后,按月由该道筹给津贴银二百两,以资办公,并请暂行租赁民房作为该同知办事公所,暂缓建造衙署,籍资撙节,情系为慎重公事起见,似可照准。

其余一切未尽事宜,容俟随时体察情形,分别奏咨办理。可否仰恳恩施俯准,以移驻威海卫城之登州府海防水利同知移驻烟台,以资治理,而符名实之处,恭候敕部核复施行。除分咨政务处外务部、吏部查照外,理合会同直隶督臣袁世凯恭折具奏,伏乞皇太后、皇上圣鉴,训示。谨奏。

朱批:"该衙门议奏。钦此。"

(《光绪朝朱批奏折》第 1 辑,355;《杨文敬公奏议》卷四)

交纳东海关应解外务部三成船钞银两片

再,前据登莱青胶道东海关监督蔡汇沧禀报,东海关应解外务部三成船钞银两,嗣准外务部咨改解税务处弹收转交,以清界限。所有前项银两,业经解至第一百七十九结止。兹自光绪三十一年五月二十九日第一百八十结起,至三十二年八月十三日第一百八十四结止,统共征收外洋并招商局船钞银九万八千六两,除将七成银六万八千六百四两二钱,按月由税务司领交总税务司按结报销外,所有提出三成银二万九千四百一两八钱已饬委候补府经历洪德浩解税务处交纳。臣复查无异,理合附片陈明,伏乞圣鉴。谨奏。

朱批:"该衙门知道。"

光绪三十三年四月。

(《光绪朝朱批奏折》第 74 辑,761)

交纳前项减余六厘银片

再,前据登莱青胶道东海关监督蔡汇沧禀报,前奉户部奏准通商各关征收洋税及洋药税厘项下,向有每百两开支倾镕折耗银一两二钱,嗣奉文饬令减半开支六钱余银,六钱解部交纳,自二十八年起又饬改解江海关道拨抵偿款。

查,东海关征收外洋并商局税及洋药厘金项下应提前项减余六厘银两,前已解至一百八十一结止。兹将第一百八十二结起至一百八十五结止,提存前项减余六厘银四千四百四十两零,饬委候补把总张图昌,于光绪三十二年十二月十八日解赴江海关道衙门交纳。臣复查无异,除咨部查照外,谨附片陈明,伏乞圣鉴。谨奏。

朱批:"该部知道。"

光绪三十三年四月。

(《光绪朝朱批奏折》第 74 辑,762)

请赏给德国派驻青岛文武各员勋章片

再,查德国派驻青岛文武各员来省商办交涉事件,均甚和辑,遇有内地扩充商务,试办农林,建设医院,禁运军械,协缉逸犯等事,均各相助为理,甚属得力。

臣此次在青顺便考察一切事宜,并由各员详悉指陈,籍资联络。其派驻济南领事遇有商办交涉,暨华德商民互控案件,胥能秉公查办,和平议结,实于辑睦邦交,维持商政均有裨益。合无仰恳天恩准,将青岛德署总医官赏给二等第二双龙宝星,德国派驻济南领事官参令豪赏给二等第三双龙宝星;青岛德署中军官都司甘敦西、中军官都司宾德、都司舍乐尔、巡警总办都司渥乐锡、树艺局总办哈司、医官马克兰、医官提耳满、济南中西医院医馆科武资,以上八员均请赏给三等第一双青龙宝星;青岛德署翻译官慕兴立请赏给三等第二双龙宝星,以广殊荣而敦睦谊,出自逾格鸿施。谨附片陈请,伏乞圣鉴,训示。谨奏。

朱批:"著照所请,外务部知道。"

光绪三十三年四月。

(《光绪朝朱批奏折》第112辑,289)

请以李长卿借补沂州营副将折

头品顶戴、山东巡抚、臣杨士骧跪奏,为拣员借补副将员缺,以实营伍,恭折仰祈圣鉴事。

窃照沂州营副将员缺,前经臣奏请以台庄营参将余西庚升补,接准陆军部议复,以该缺轮用尽先人员,自应于尽先班内拣员请补,不得遽请过班,且余西庚历俸未满二年,与例尤为不符,行令迅拣合例人员请补等因,奏奉谕旨"依议。钦此",钦遵咨行到东。

臣查,东省尽先副将班内彭全福、秦永合均已年老,且彭全福未准部复,秦永合经部行查,未据查复。詹占元,亦年逾六十,察看精力就衰。刘耀远、石得胜、黄占元、杨长清,俱久不在省。以上均应扣除,其李联功、张凤仪、陈天喜、刘建东四员前奏业已声明,与此缺人地不宜,东省临清、胶州副将二缺均地处紧要,未便对调,自应照章于记名提督总兵内拣员借补。

兹查,有记名总兵李长卿,现年五十九岁,系山东菏泽县人,由行伍随营剿匪暨堵筑河工出力,历保至免补参将,以副将尽先补用并加总兵衔,复于光绪二十八年堵筑惠民县刘旺庄漫口合龙出力,经前抚臣周馥奏保,二十九年二月二十七日奉上谕"李长卿著以总兵记名简放。钦此。"三十年五月给咨赴部,带领引见,奉旨发往山东差委,由部发给验票,回东缴销。该员老成谙练,熟悉戎行,以之请补斯缺与例相符。合无仰恳天恩俯准,以记名总兵李长卿借补沂州营副将员缺。如蒙俞允,该员前已赴部带领引见,此次毋庸再行赴引。除将履历、印册咨部外,理合会同兖州镇总兵臣张宗本恭折具陈,伏乞皇太后、皇上圣鉴,敕部核复施行。谨奏。

朱批:"陆军部议奏。"

光绪三十三年四月初五日。

(《光绪朝朱批奏折》第 50 辑,773)

为署理总兵陆建章代奏叩谢天恩折

头品顶戴、山东巡抚、臣杨士骧跪奏,为署理总兵呈请代奏叩谢天恩,仰祈圣鉴事。

窃臣,据候选道、署理山东曹州镇总兵陆建章呈称,窃建章由候选道陆军第六镇协统奉调来东,统领驻曹先锋各营,办理曹属缉捕,于本年三月初五日接准臣电知奏委署理曹州镇总兵篆务,遵于三月十三日抵曹,十四日准前署曹州镇总兵靳呈云檄委署中军游击吉禄,将总兵关防一颗暨王命旗牌文卷等项赍送前来,当即恭设香案,望阙叩头谢恩祗领任事。

伏念建章防军忝总,深虞陨越之不遑;专阃权膺,更虑轻材之未逮。况曹属本多伏莽,总兵责在除奸,惟有殚极愚诚,督饬营哨认真训练,实力巡缉,万不敢稍有疏懈,以期仰答高厚鸿慈于万一等情,呈请代奏前来。谨据情恭折代陈,叩谢天恩,伏乞皇太后、皇上圣鉴。谨奏。

朱批:"知道了。"

光绪三十三年四月初六日。

(《光绪朝朱批奏折》第 50 辑,774)

报销山东省光绪三十一年分民运票引销完票数分数折

头品顶戴、山东巡抚、臣杨士骧跪奏,为报销山东省光绪三十一年分民运票引销完票数分数,恭折仰祈圣鉴事。

窃查,山东应销安邱等十八州县民运票引销完票数分数,例按年奏销,业将光绪三十年以前之案循例造报在案。兹查,光绪三十一年分山东应销民运商运额票十七万一千二百四十道,余票八万三千一百八十道内,除各商领剩票八万二千三百七十道,尚应销额票余票十七万二千五十道,内有章邱等商运三十九州县应销额票余票十四万一千一百三十五道,该完八分二厘三丝,应行另案奏销,实应销安邱等民运十八州县额票余票三万九百十五道,内有租界占压地亩之胶州摊豁额票三十九道,即墨县摊豁额票二百一十一道,文登县摊豁额票一百道,余票六十四道,滨城县摊豁额票五十四道,余票五道;胶州钱路占压地亩摊豁额票三道,即墨县钱路占压地亩摊豁额票二道,共摊豁额余票四百七十八道,计豁二毫八丝,应随同销完残票并存剩余票一并缴销。其余实销额余票三万四百三十七道,该完一分六厘七毫九丝,现已催销全完。内除应征银数未及三百两者,照例均不请叙外,所有征银在三百以上之莱阳县知县庄纶仪,及前官并未征解接任之员、一官全完一年票引之前署诸城县、已故历城县知县毛澄,署平度知州、莱阳县知县曹偶,核与议叙之例相符,应该随同商运票引奏销案内一并汇销议叙,以示鼓励。据盐运使张莲芬造册具详前来。臣复查无异,除将清册送部查外,理合恭折具陈,伏乞皇太后、皇上圣鉴,敕部核销施行。谨奏。

朱批:"户部知道。"

光绪三十三年四月十七日。

(《光绪朝朱批奏折》第 76 辑,547)

具陈山东省光绪三十一年分收支历年商课钱粮数目折

头品顶戴、山东巡抚、臣杨士骧跪奏,为山东省光绪三十一年分收支历年商课钱粮数目,恭折仰祈圣鉴事。

窃查,山东历年商课钱粮,例应按年报销,业将光绪三十年以前之案循列造报在案。兹查三十一年分山东省历年商课钱粮案内旧管银二万六千一十一两五钱九分六厘,内除从前借支运本银二万五百二十两,实存旧管银五千四百九十一两五钱九分六厘,新收银一百八十三两四钱一厘,开除银四千五十两四钱三分七厘,实在银一千六百二十四两五钱六分。据盐运使张莲芬造册详请奏咨前来。臣复查无异,除将清册送部查照外,所有光绪三十一年分收支历年商课钱粮数目,理合恭折具陈,伏乞皇太后、皇上圣鉴,敕部查核施行。谨奏。

朱批:"该部知道。"

光绪三十三年四月十八日。

（《光绪朝朱批奏折》第 76 辑，526）

请以德林补授胶州直隶州知州折

头品顶戴、山东巡抚、臣杨士骧跪奏，为沿海直隶州知州员缺紧要，请仍照原拟酌补，以资治理，恭折复奏，仰祈圣鉴事。

窃照胶州直隶州余则达丁忧遗缺，前经奏请以候补尽先、前遇缺即补直隶州知州德林请补，钦奉朱批："吏部议奏。钦此"，旋准部咨，以德林到省尚未一年，经甄别核与例章不符，行令另行拣员请补等因，知照来东，自应遵照更补。惟查胶州一缺，本系沿海"繁、难"外调要缺，嗣因德租胶澳开办铁路，交涉繁重，经升任抚臣周馥奏明改升直隶知州，由政务处会同吏部议准，定为"冲、繁、难"三字外调要缺。如无可调之员，准于候补试用本班内拣员酌补；倘本班不得其人，准于实缺州县应升人员内拣员升补。总须遴选明干有为熟悉交涉人员，期与人地相宜，不得稍涉迁就等语。细绎原奏，诚以该州逼近租界，交涉纷繁，故准不论咨俸不论班次酌量补用。既须为地择人，不得迁就，即难以资格相绳。

该员德林，由同文馆学生选授大理司笔帖式，随使臣出洋，充德使馆翻译官，历保以直隶州知州尽先前遇缺即补。该员在德京多年，谙练德文、德语，于德国政治交涉尤为熟悉，上年改订沂水、诸城、潍县、烟台等处矿界合同，该员随同办理，深资臂助。查，胶州逼近租界，从前青岛即在境内交涉最繁，该员德林现在代理斯缺。此次臣亲往胶州、即墨等处履勘租界，见该员办理地方外交均极措置裕如。且臣于光绪三十二年四月初三，奏陈胶高撤兵接受兵房情形折内声明，环界内各州县缺分紧要，遇有补署，拟酌用熟悉交涉人员在案，是于旧例即有不合，于新章固适相符，在部臣审慎除授，自应据例而言；在臣注重外交，允以择人为要。倘稍事迁就，任非其才，不独难于程功更，且虑其偾事。兹复督同布政使吴廷斌、提学使朱益藩、按察使黄运逐加遴选，东省直隶州班内虽有记名分发特旨发往人员，均于此缺人地不甚相宜，即州县应升人员非现居要缺，即办理外交尚欠阅历；其临清、济宁二州均系三字要缺，亦无可调之员。

惟该员德林熟悉外交，讲求吏治，署任将及一年，士民感颂，交际亦极惬洽，最为人地相宜，正与政务处奏定"不论咨俸，不得迁就"新章相符。合无仰恳天恩俯念胶州直隶州员缺关系紧要，准仍以候补尽先、前遇缺即补直隶州知州德林，补授胶州直隶州知州,于沿海交涉要缺深有裨益。如蒙俞允,该员衔相当,毋庸部引见。除咨部查照外,谨恭折复奏,伏乞皇太后、皇上圣鉴,训示。谨奏。

朱批:"著照所请,吏部知道。"

光绪三十三年四月十八日。

(《光绪朝朱批奏折》第 23 辑,525)

保荐张嘉猷片

再,准吏部咨,在任选用道兖州张嘉猷以光绪三十三年四月分轮选到班,签掣陕西凤邠盐法道缺,例应按限给咨赴引等因,当经转行遵照在案。该员张嘉猷,由进士以兵部主事考补军机章京,历经升补郎中,随扈当差,奉旨"著在任以道员选用。钦此"。二十八年二月补授兖州府知府,奏准所得道员奖叙,准其随带,仍照原掣班次选用。是年七月到任,本年四月选授陕西凤邠盐法道缺。兹将任内经手事件交代清楚,出具供结,遵例请咨,赴部引见等情,由布政使吴廷斌详请奏咨前来。

臣查,该员在兖州府任计经五载,于吏治新政均能切实讲求,治理日臻,循声卓著。且兖曹接壤,上年曹匪猖獗,该员会同防营,督率僚属,一切巡防缉捕,均能认真布置,悉协机宜,实为地方出色之员。目今人才难得,未敢壅于上闻,应否存记录用之处,出自圣裁。除给咨赴部投递外,谨附片陈明,伏乞圣鉴。谨奏。

朱批:"张嘉猷著交军机处存记。"

光绪三十三年四月。

(《光绪朝朱批奏折》第 23 辑,546)

河工桃汛平稳折

头品顶戴、山东巡抚、臣杨士骧跪奏,为桃汛期内黄河两岸各工防护平稳,恭折具陈,仰祈圣鉴事。

窃照东省黄河凌汛工程防护平稳情形,业经臣奏报在案。查,凌汛过后河水时涨时消,臣即严饬上、中、下三游总办道员将春厢培堤各工认真赶办,务期一律坚固,足以抵御大汛,并一面多购砖石各料,分储应用。迨节交清明,河水陡涨三尺有余,兼以风雨时作,溜势剽悍异常。据各游总办先后禀报,如上游之贾庄监路口,中游满城埠,下游宫家道旭宁海等处被溜冲激,埽坝时有蛰陷,其坐湾顶冲处所更属岌岌可危,均经各游总办督饬工员先后抢厢稳固。现在节逾立夏,桃汛已过,两岸工程一律平稳,洵堪仰慰宸廑。臣仍当严饬各总办督率在工营委员弁多备料物,认真修守,毋稍疏懈。所有桃汛期内各工防护平稳缘由,理合恭折具陈,伏乞皇太后、皇上圣鉴,训示。谨奏。

朱批:"知道了。钦此。"

光绪三十三年四月二十四日。

(《光绪朝朱批奏折》第 100 辑,649;《杨文敬公奏议》卷四)

具陈临清户关下年期满征收税银并解支数目折

头品顶戴、山东巡抚、臣杨士骧跪奏,为临清户关下年期满征收税银并解支数目,恭折仰祈圣鉴事。

案查,度支部议奏,各省关道关期限满三个月奏报收数,并将收税支销各款缮具清单,随折奏销,毋庸另案办理等因。窃查,临清户关关税向系按年报销,业将光绪三十一年前之案奏报在案。兹据办理临清关候补道吴震泽详称,自光绪三十二年正月初一日起,连闰至十二月底止,共收过船料货税粮食正银九万七千二百四十三两六钱二分五厘,耗银九千七百二十四两三钱六分三厘,又免过津关三联子口各单验免税银三千四百四十一两一钱八分六厘,征免并计统共银十一万四百九两一钱七分四厘,核计盈馀及铜斤水脚均已征收足额,尚溢征银五万七千一百九十五两二钱三分。除免征不计外,实征正耗银十万六千九百九十七两九钱八分八厘。内除正银项下动支奉天官兵俸饷、黄河经费、善后局抚标军饷、各役工食、羊毛、饭食、寒羊皮例价等项,共银九万七千二百四十三两零。耗银项下动支内务府参价、随参价加平各部院饭食、寒羊毛、善后局抚标军饷一五加平、二成六分减平、一年杂支、委员养廉、役食等项,共银九千七百二十四两零,均已解支无存。又关期届满,应征充公银二万两,本届亦能征收足数,业经照案解充先锋队月饷等情,造具清册,详请奏咨前来。臣复核无异,除将清册咨部外,理合恭折具陈,伏乞皇太后、皇上圣鉴,训示。谨奏。

朱批:"知道了。钦此。"

光绪三十三年四月二十四日。

(《光绪朝朱批奏折》第 74 辑,738)

临清工关一年期满征收解支银两数目折

头品顶戴、山东巡抚、臣杨士骧跪奏,为临清工关一年期满征收解支银两数目,缮单恭折,仰祈圣鉴事。

案查,度支部议奏,各省关道关期报满限三个月奏报收数,并将收税支销各款缮具清单,随折奏销,毋庸另案办理等因。窃查,临清工关关税向系按年报销,业将光绪三十一年以前之案奏报在案。兹据办理临清关候补道吴震泽详称,自光绪三十二年正月间征起,至连闰至十二月底止,共收过短盐货正银八千五百七十四两六分,又耗银八百五十七两四钱六厘,统共征银九千四百三十一两四钱六分六厘。核计正耗盈余,均已征收足额,尚溢滋银二百二十一两四钱五分二厘。除正银项下拨解过善后局抚标军饷银八千五百七十四两零,耗银项下动支解吏盘费、农工商部四季饭食、部库一五加平、善后局抚标军饷等项,共银八百五十七两零,均已解支无存等情,造册详请奏咨前来。臣复核无异,除将册咨部外,理合恭折具奏,伏乞皇太后、皇上圣鉴,敕部核销。谨奏。

朱批:"该部知道。"

光绪三十三年四月二十四日。

(《光绪朝朱批奏折》第 74 辑,739)

恭报二月分雨泽情形并呈粮价清单折

头品顶戴、山东巡抚、臣杨士骧跪奏,为恭报光绪三十三年二月分雨泽情形并呈粮价清单,恭折仰祈圣鉴事。

窃查,光绪三十三年正月分,山东省各属雨雪、粮价,经臣查明,开单奏报在案。兹查,二月分通省一百七州县内,历城、章邱、淄川、长山、新城、齐河、齐东、济阳、禹城、临邑、长清、陵县、德州、德平、平原、泰安、新泰、莱芜、东平、东阿、平阴、惠民、青城、阳信、海丰、乐陵、商河、滨州、利津、沾化、蒲台、宁阳、泗水、滕县、峄县、寿张、濮州、范县、兰山、郯城、费县、蒙阴、聊城、堂邑、茌平、清平、莘县、冠县、馆陶、高唐、恩县、益都、博山、临淄、博兴、高苑、乐安、寿光、昌乐、临朐、安邱、诸城、昌邑、潍县、临清、夏津、武城、邱县、胶州、高密等七十州县,先后据报于月之上旬初七、八，中旬十三、十五、十七、十八，下旬二十一、二十七、二十八、二十九、三十等日，各得雨一、二、三、四、五寸及深透不等。其余州县，虽未得雨，地脉尚不干燥，地方民情均极安谧，堪以抑慰宸廑。谨将各属市集粮价缮具清单，恭折具陈，伏乞皇太后、皇上圣鉴。谨奏。

朱批："知道了。"

光绪三十三年四月二十四日。

（《光绪朝朱批奏折》第 97 辑，825）

高凌云试署期满堪以实授片

再，前准部咨河工同知等官实授，向由各督抚加考保题，现既改题为奏，应仍令该督抚奏请实授，以符定章等因，遵照在案。兹查，有升署兖州府运河同知高凌云，于光绪三十二年六月十六日到任，扣至三十三年六月十六日，试署一年期满，经理汛务，均无贻误，任内并无参罚处分，亦无分赔代赔银两，与实授之例相符。据署布政使黄云、兖沂曹济兼管运河道胡建枢详请具奏前来，臣查高凌云稳练勤慎，堪以实授。除将履历事实清册供结咨部外，谨附片陈明，伏乞圣鉴，敕部查照施行。谨奏。

朱批："吏部议奏。"

光绪三十三年四月二十四日。

（《光绪朝朱批奏折》第 100 辑，654）

总兵陈万清因病出缺，请旨迅赐简放折

头品顶戴、山东巡抚、臣杨士骧跪奏，为武职大员在差次因病出缺，请旨迅赐简放，恭折具陈，仰祈圣鉴事。

窃查，贵州古州镇总兵陈万清，于光绪二十六年由记名总兵随升任抚臣袁世凯来东，历经委派统领先锋各营巡防省东一带。光绪三十二年四月二十三日，蒙恩简放贵州古州镇总兵，臣以东省巡防紧要，该故镇久于兵事，熟悉地方情形，奏准留东任差。上年冬间，因在营积劳患病，请假到臣，当经给假调养，遽于三月十一日因病故出缺，据该家属于四月十九日呈报前来。

臣查，该故镇于同治年间从战西陲，厥功甚著，嗣后于直隶、山东统带军队，训练操防，尤为前大学士李鸿章暨升任抚臣袁世凯所倚重。除查明该故镇陈万清生前事迹，另案奏请恩恤外，所有武职大员在差次因病故出缺，应请旨迅赐简放，以重边要缘由，理合恭折具陈，伏乞皇太后、皇上圣鉴，训示。谨奏。

朱批："另有旨。"

光绪三十三年四月二十五日。

（《光绪朝朱批奏折》第 50 辑，815）

审办钜野等州县十起寻常命盗案件，摘叙简明事由折

头品顶戴、山东巡抚、臣杨士骧跪奏，为审办钜野等州县寻常命盗案件，遵章汇为十起，摘叙简明事由，敬缮清单，恭折仰祈圣鉴事。

窃照部章，各省寻常命盗案件由题改奏者一律改为汇案具奏，并将斩绞监候为一项，每次至多以十案为率，仍令备录供招咨部查核等因咨行遵照在案。前据臬司转据曹州等府审解钜野等县罪应拟绞监候人犯张奉菖、杨得功、王小朴、孔三、胡守芒、温汶三、程琅，犯妇赵陶氏，并罪应斩监候照章改为绞监候人犯刘世柏、汲溃先等共十起十名，由司招解，经臣先后逐案审明，复核无异。除将招册送部外，理合汇案，摘叙简明事由，敬缮清单，恭折具陈，伏乞皇太后、皇上圣鉴，敕部核复施行。谨奏。

朱批："刑部议奏，单并发。"

光绪三十三年四月二十五日。

（《光绪朝朱批奏折》第 108 辑，725）

审办泰安等州县十起寻常命盗案件，摘叙简明事由折

头品顶戴、山东巡抚、臣杨士骧跪奏，为审办泰安等州县寻常命案，遵章汇为十起，摘叙简明事由，谨缮清单，恭折仰祈圣鉴事。

窃照法部奏定章程，各省寻常命盗案件由题改奏者，一律改为汇案具奏，并将斩绞监候为一项，每次至多以十案为率，仍令备录供招，咨部查核等因，咨行遵照在案。兹查，前据臬司转据泰安等府州审解泰安等州县罪应拟绞监候人犯

王萌心、宿兴包、苏椿芳、陈泳汰、赵兰仔、谭其森、陈田梆、于升忻、张俊、况进得共十起十名,由司招解,经臣先后逐案审明,复核无误。除将招册送部外,理合汇案摘叙简明事由,谨缮清单,恭折具陈,伏乞皇太后、皇上圣鉴,敕部核复施行。谨奏。

朱批:"法部议奏,单并发。"

光绪三十三年四月二十五日。

(《光绪朝朱批奏折》第 108 辑,726)

请以奎格补授曹州府知府折

头品顶戴、山东巡抚、臣杨士骧跪奏,为拣员请补要缺知府,以裨地方,恭折仰祈圣鉴事。

窃照曹州府知府丁铠降调开缺,接准部咨,光绪三十二年十二月十八日奉旨,应以五日后行文。按东省照限减半计算,扣至三十三年正月初七日,作为开缺日期。所遗曹州府知府员缺,系属题补要缺,应即拣员请补。查定例,应题缺出,俱先尽候补人员题补等语。该府管辖一州十县,界连直隶、河南、江苏等省,地方辽阔,民悍多盗,缉捕重要,政务殷繁,且境辖河工修防,尤应兼顾,非精明强干缉捕勤能熟悉地方利弊之员勿克胜任。查东省知府班内现无记名分发人员,据布政使吴廷斌、提学使朱益潘、按察使黄云查,有候补知府奎格,堪以请补曹州府知府等情,会详请奏前来。

臣查,奎格年五十四岁,正黄旗满洲都统内务府汉军札拉芬佐领下人,由监生应光绪元年乙亥恩科顺天乡试中式举人,六年拣选知县,七年由浙江海运出力案内保准以知县不论双单月,归汉军举班先选用。十二年投效山东河工差遣,十四年因连年抢险出力案内保准,俟选缺后以直隶州知州用,并加五品衔。九月丁母忧,回旗守制。服满起复,仍投效山东河工。十八年办理惠工出力案内保准俟选缺后,免补直隶州知州,以知府在任候补并戴花翎。十九年遵例在部库报捐分省试用,旋于霜降安澜出力案内保奖,九月十八日奉上谕"知府用分省知县奎格,著免补本班,以知府分省补用。钦此。"二十年在山东海防捐输案内报捐,指省山东归候补班补用。二十二年请咨入都,经吏部带领引见,十一月八日奉旨"照例发往。钦此。"二十三年五月,领照到省,业经期满甄别在案。

该员老成谙练,资劳最深,以之请补曹州府知府,实堪胜任,与例亦符。合无仰恳天恩俯准,以候补知府奎格补授曹州府知府,实于地方有裨。如蒙俞允,该员衔缺相当,毋庸送部引见,允毋庸声叙参罚。除咨部外,谨恭折具陈,伏乞皇太后、皇上圣鉴,敕部核复施行。谨奏。

朱批:"吏部议奏。"

光绪二十三年四月二十五日。

(《光绪朝朱批奏折》第 23 辑,521)

谨委藩司吴廷斌恭赍香供致祭泰山片

再,案查,每年四月十八日致祭泰山,历蒙钦颁香供,由巡抚藩臬两司内酌量一人前往致祭。本年香供经内务府奏派员外郎械兴赍送到东,臣谨委藩司吴廷斌于四月十五日恭赍香供前往泰安,如期赍祓登山,敬谨陈设致祭,以仰副圣主为民祈福之至意。理合附片奏闻,伏乞圣鉴。谨奏。

朱批:"知道了。"

光绪三十三年四月。

(《光绪朝朱批奏折》第 30 辑,506)

请以候于鲁补授费县知县折

头品顶戴、山东巡抚、臣杨士骧跪奏,为拣员请补知县员缺,以资治理,恭折仰祈圣鉴事。

窃照费县知县谢燨调补峄县知县,接准部咨,光绪三十二年十一月十七日奉旨,应以五日后行文,按东省照限减半计算,扣至十二月初七日作为开缺日期,归十二月分截缺。是月分只此一缺,毋庸掣签,例应按班序补。东省知县升调遗一项,上次出有城武县知县一缺,系用至即用正班,止东省现无坐补原缺、裁缺即用、回避即用、新选新补之留省另补人员。至实缺丁忧起复班内,虽有方奎、王希贤二员,均于去年十二月到省,系与出缺同月,例不准补。轮用郑工遇缺先无人,应接用新海防例遇缺先人员。查升调遗所用遇缺先人员,上次出有长山县知县一缺,系以新海防例各项出身遇缺先知县刘维翰请补。又出有肥城县知县一缺,系以新海防例正途出身遇缺先知县童益升请补。今此一缺,应仍用新海防例遇缺先正途出身及曾任实缺人员。据布政使吴廷斌、提学使朱益藩、按察使黄云查,有新海防例曾任缺遇缺先补用知县侯于鲁,堪以请补费县知县等情,会详请奏前来。

臣查,侯于鲁年五十六岁,山西介休县人,由监生遵例报捐县丞,于光绪十六年指分山东分缺先补用,咨补益都县县丞。二十四年调补恩县县丞,二十七年因劝办湖北赈捐在事出力保准以知县在任候补。二十八年请咨赴都,经吏部带领引见。四月二十八日奉旨"著照例用。钦此。"六月领照回东,嗣于昭信股票请奖案内捐归本班尽先,复遵例报捐分缺先,并加捐遇缺先补用免试用。三十一年九月准咨签掣第一名,业经咨报在案。

该员才具扑实,办事认真,以之请补费县知县,实堪胜任,与例亦符。合无仰恳天恩俯准,以新海防例遇缺先、曾任实缺补用知县侯于鲁补授费县知县。如蒙俞允,该员衔缺相当,毋庸送部引见,亦毋庸声叙参罚。除咨部外,谨恭折具陈,伏乞皇太后、皇上圣鉴,敕部核复施行。谨奏。

朱批:"吏部议奏。"

光绪三十三年四月二十八日。

(《光绪朝朱批奏折》第 23 辑,526)

请以周郑表试署莘县知县折

头品顶戴、山东巡抚、臣杨士骧跪奏,为拣员请署知县员缺,以资治理,恭折仰祈圣鉴事。

窃照莘县知县刘焕彩,于光绪三十二年十二月二十三日奉旨革职,应以五日后行文,按东省照限减半计算,扣至三十三年正月十二日作为开缺日期,归正月分截缺。查知县参革一项,是月分出有莘县、朝城、临淄等县三缺,例应签掣先后,分别咨留。接准部咨,掣得莘县知县第十四轮第二缺留补,例应以军功保举候补人员请补。据布政使吴廷斌、提学使朱益藩、按察使黄云查,有军功候补知县周郑表,堪以请署莘县知县等情,会详请奏前来。

臣查,周郑表年五十六岁,浙江仁和县人,由廪贡生于光绪三年报捐双月选用训导,投效嵩武甘肃军营,六年于肃清新疆南北路一举荡平出力案内保准免选训导,以知县分省补用,遵例捐指山东。十四年十一月,经吏部带领引见,奉旨"著照例发往。钦此。"十二月到省,十六年因西纸坊等处河工合龙出力案内保准，俟补缺后以同知升用，先换顶戴。又因堵合高家套漫口合龙出力案内保准，俟补缺后免升同知，以知府在任候补。十九年晋赈案内奖戴花翎，二十七年准署莘县知县。二十八年正月，丁本生母降服忧，服阕起复，赴部呈请注销知府升阶，仍归知县军功原班补用，三十年正月回省。

该员稳练安详，实心任事，因无力过班，请销升阶，以原班回省候补，前准部咨，应俟酌补一人，方准酌补，节次出有黄县、临朐、禹城、栖霞等县知县员缺均将该员扣补在案，以之请署莘县知县，实堪胜任，与例亦符。合无仰恳天恩俯准，以军功保举候补知县周郑表试署莘县知县。如蒙俞允，该员衔缺相当，毋庸送部引见，亦毋庸声叙参罚，仍俟试署一年期满，如果称职，另请实授。除咨部查照外，理合恭折具陈，伏乞皇太后、皇上圣鉴，敕部核复施行。谨奏。

朱批："吏部议奏。"

光绪三十三年四月二十八日。

（《光绪朝朱批奏折》第 23 辑，527）

师范学堂完全科学生毕业，恳恩照章给奖折

头品顶戴、山东巡抚、臣杨士骧跪奏，为师范学堂完全科学生毕业，恳恩照章给奖，以昭激劝，恭折仰祈圣鉴事。

窃山东师范学堂完全科学生考试毕业一案，经臣于光绪三十二年十一月初七日附片具奏，奉朱批"学部知道。钦此"，钦遵转行在案。兹据提学使详查，完全科学生自光绪二十九年下学期开学，当时人数约七十名，历届季考、年考斥退，暨挑选别班、派赴日本游学各项外，至三十二年下学期肄业期满应考毕业者仅存二十二人，均经臣督同前护提学使、济南府知府吴筠孙，暨该堂监督，于上年十月内分别外场、内场，严加考试。复于试毕后，由各教员逐日率领至附设小学堂内分班练习实验教授各法，以觇所学，年假散学时始行竣事。以各学生实验教授分数与内外场功课分数、品行分数匀均汇算，照章以百分为极，则八十分以上为最优等，七十分以上为优等，六十分以上为中等计，取最优等许名世等七名，优等王宗佑等十五名，分别填发凭照，并派员率领至日本各学校参观考察，增长学识。本年二月初旬，始行内渡回东。

该毕业生功课本皆完备，加以实验教授、出洋调查，造诣益征周密，现均派充教员，俾尽义务。其毕业奖励，应查照奏定章程，分别请奖，以资策励等情，详请

具奏前来。臣复查该毕业生程度，实与初级师范五年毕业程度无异，应照新章，奖给出身，俾该生等愈加奋勉。除将各生姓名、年岁、籍贯、出身、履历暨考试等第、毕业成绩，分别造具表册，连试卷咨送学部复核外，所有师范学堂完全科学生毕业照章请奖缘由，谨恭折具陈，伏乞皇太后、皇上圣鉴，训示。谨奏。

朱批："学部议奏。"

光绪三十三年五月初二日。

（《光绪朝朱批奏折》第105辑，751）

请以曹倜调补潍县知县折

头品顶戴、山东巡抚、臣杨士骧跪奏，为拣员请补要缺知县，以裨地方，恭折仰祈圣鉴事。

窃照潍县知县袁桐，于光绪三十二年七月十三日在省寓丁忧，例应以丁忧之日作为开缺日期，归本月分截缺，业经咨部开缺在案。所遗潍县知县缺，系"繁、疲、难"兼三沿海要缺，例应在外拣员调补。该县地居海滨，路矿交错，华洋杂处，政务殷繁，保护巡防最关紧要，非精明强干之员勿克胜任。据布政使吴廷斌、提学使朱益藩、按察使黄云于通省简缺知县内遴加遴选，查有宁阳县知县曹倜堪以调补潍县知县等情，会详请奏前来。

臣查，曹倜，年五十三岁，江苏江阴县人，由附贡生于光绪五年报捐盐大使衔，并双月选用县丞，投效山东河工。十四年，因堵筑惠民、姚家口合龙出力案内保准免选本班，以知县不论双单月前先选用。十六年捐指山东试用，因十五、六两年抢险出力案内保加同知衔，复因十七、八两年抢护险工异常出力案内保准俟分发到省后归候补班补用。二十年，赴部呈请分发，蒙钦派大臣验看，三月十五日经吏部带领引见，奉旨"著照例发往。钦此"。二十三年报捐花翎，二十四年十二月丁母忧回籍守制，二十七年服满起复回东，三十一年奏署宁阳县知县，三十二年二月到任。

该员干练勤能，讲求吏治，以之调补潍县知县，实堪胜任。惟该员试署宁阳县，尚未实授，亦未扣满试俸，与例稍有未合，已经饬令遵照新章逐层加倍捐免，仍与调补之例相符。合无仰恳天恩俯准，以宁阳县知县曹倜调补潍县知县，实于地方有裨。如蒙俞允，该员衔缺相当，毋庸送部引见，所遗宁阳县知县员缺，东省现有应补人员应留外拣员请补。除咨吏部查照外，理合恭折具陈，伏乞皇上圣鉴,敕部核复施行。谨奏。

朱批:"吏部议奏。"

光绪三十三年五月初二日。

(《光绪朝朱批奏折》第 100 辑,650)

请以郑斗南试署淄县知县折

头品顶戴、山东巡抚、臣杨士骧跪奏,为拣员请署知县员缺,以资治理,恭折仰祈圣鉴事。

窃照临淄县知县秦福源,于光绪三十二年十二月二十三日奉旨革职,应以五日后行文,按东省照限减半计算,扣至三十三年正月十二日作为开缺日期,归正月分截缺。查知县参革一项,是月分截缺期内出有莘县、朝城、临淄等县三缺,例应签掣先后分别咨留,接准部咨,掣得临淄县知县十五轮第二缺,留补定章,遇有参革选缺出时,先尽军功劳绩候补人员补用,如其人地实在不宜,即于进士即用、进士截取、举人大挑三项人员内酌量抵补等语。查,该县逼近胶济铁路,时有交涉之事,非通达精干之员,不能随机因应。今此缺于军功候补人员内逐加遴选,均于此缺人地不甚相宜。据布政使吴廷斌、提学使朱益藩、按察使黄云查,有大挑使用知县郑斗南,堪以请署临淄县知县等情,会详请奏前来。

臣查,郑斗南年五十一岁,江苏甘泉县人,由廪生应光绪十五年己丑恩科江南乡试中式举人,二十四年戊戌科会试后大挑一等,闰三月初六日引见,十四日奉旨"以知县用。钦此。"签分山东,截留候咨。二十七年,顺直赈捐案内报捐同知衔并戴花翎。三十年十月领咨,调取到省,业经期满甄别在案。

该员精明干练,学识俱优,以之请署临淄县知县,实堪胜任,与例亦属相符。合无仰恳天恩俯准,以大挑试用知县郑斗南试署淄县知县,如蒙俞允,该员衔缺相当,毋庸送部引见,亦毋庸声叙参罚,仍俟试署一年期满,如果称职,另请实授。除咨部查照外,谨恭折具陈,伏乞皇太后、皇上圣鉴,敕部核复施行。谨奏。

朱批:"吏部议奏。"

光绪三十三年五月初二日。

(《光绪朝朱批奏折》第 23 辑,554)

请以朱鋆补授平度州知州折

头品顶戴、山东巡抚、臣杨士骧跪奏，为拣员请补知州员缺，以资治理，恭折仰祈圣鉴事。

窃照平度州知州马思斋撤回开缺另补，于光绪三十二年十二月二十三日奉旨，应以五日后行文。按东省照限减半计算，扣至三十三年正月十二日，作为开缺日期，归正月分截缺。是月分只此一缺，毋庸掣签。查山东知州一项，上次出有平度州知州一缺，系归部铨选。今此一缺照章归留，例应以候补班前与候补正班酌量补用，先尽科甲出身人员请补。又定章曾任实缺丁忧服满分发人员，道府以至未入流盐务等官，如遇选缺出时，除应坐补原缺、裁缺即用、回避即用、新选新补之留省另补，均仍照定例先尽请补外，其余无论何项到班，先将此项人员尽数请补，均不积各项班次之缺等语。东省现无坐补原缺、裁缺即用、回避即用、新选新补、留省另补人员，照章以实缺丁忧起服候补人员酌补。据布政使吴廷斌、提学使朱益藩、按察使黄云查，有实缺丁忧起服仍分原省补用知州朱鋆，堪以请补平度州知州等情，会详请奏前来。

臣查，朱鋆年四十六岁，河南安阳县人，由监生议叙通判，报捐知州，双单月选用，注册候选。光绪十七年，因在西城水局拏获要犯出力案内，保准以知州双单月即选。十九年十一月，选授山东莒州知州，复因顺直赈捐出力案内保加四品衔，领凭到省。二十年十二月到任，二十一年十月丁父忧，回籍守制。二十四年正月服阙起复，赴部呈请分发原省，六月初十日经吏部带领引见，奉旨"著照例发往。钦此。"又因前在莒州任内拏获邻近盗犯，保准给咨送部，未及赴引卸事。是年七月初六日，经吏部带领引见，奉旨"著俟补缺后，以直隶州知州用。钦此。"八月领照到省。

该员稳练安详，讲求吏治，以之请补平度州知州，实堪胜任，与例亦符。合无仰恳天恩俯准，以实缺丁忧起复仍分原省补用知州朱鋆，补授平度州知州。如蒙俞允，该员衔缺相当，毋庸送部引见，亦毋庸声叙参罚。除咨部外，谨恭折具陈，伏乞皇太后、皇上圣鉴，敕部核复施行。谨奏。

朱批："吏部议奏。"

光绪三十三年五月十四日。

（《光绪朝朱批奏折》第 23 辑，585）

恭报三月分雨泽情形并呈粮价清单折

头品顶戴、山东巡抚、臣杨士骧跪奏，为恭报光绪三十三年三月分雨泽情形，并呈粮价清单，恭折具陈，仰祈圣鉴事。

窃查，光绪三十三年二月分，山东省各属雨泽粮价经臣查明开单，奏报在案。兹查，本年三月分，通省一百七州县内除濮州、荣成等二州县未报得雨外，其馀历城等一百五州县，先后据报于月之上旬初二、初三，中旬十三、十七、十八，下旬二十一、二十二、二十三、二十七等日，各得雨一、二、三、四、五寸及深透不等，麦禾芃茂，四野青葱，地方民情均极安谧，堪以仰慰宸廑。谨将各属市集粮价缮具清单，恭折具陈，伏乞皇太后、皇上圣鉴。谨奏。

朱批："知道了。"

光绪三十三年五月十四日。

（《光绪朝朱批奏折》第 97 辑,830）

请以王希贤补授乐陵县知县折

头品顶戴、山东巡抚、臣杨士骧跪奏，为拣员请补知县员缺，以资治理，恭折仰祈圣鉴事。

窃照乐陵县知县王学曾调补历城县知县，接准部咨，光绪三十二年十二月二十三日奉旨应以五日后行文，按东省照限减半计算，扣至三十三年正月十二日作为开缺日期，归正月分裁决。是月分出，有海阳县知县病故、乐陵县知县升调两项，按照新章均应用实缺丁忧起复人员，例应签掣先后，当经督同藩、学、臬三司掣得乐陵县知县第一缺，应即按班序补。定章，曾实缺丁忧服满分发人员、道府以至未入流，如遇选缺出时，除坐补原缺、裁缺即用、回避即用、新选新补之留省另补，均仍照定例先尽请补外，其馀无论何项到班，先将此项人员尽数请补，均不积各项班次之缺等语。今此一缺，东省并无坐补原缺、裁缺即用、回避即用、新选新补、留省另补人员。据布政使吴廷斌、提学使朱益藩、按察使黄云查，有实缺丁忧起复分发原省补用知县王希贤，堪以请补乐陵县知县等情，会详请奏前来。

臣查，王希贤年三十九岁，广西临桂县人，由增生应光绪二十三年丁酉科本省乡试中式举人，二十四年戊戌年中式进士，引见，奉旨"以知县即用。钦此。"八月领照到省,委以河工防汛,二十七年因陈家窑漫决案内革职。事经查明,情尚可原,于留办陈工善后事宜完竣案内奏请开复原官,并免缴捐复银两,暨免送部引见。二十八年五月十四日奉旨"著照所请。钦此。"二十九年补授德平县知县,旋在东省工赈捐局遵例报捐同知升衔,复由京捐加寻常二级。三十年四月到任,六月丁母忧开缺,回籍守制,服满由京呈请起复,分发原省补用。三十二年十一月十七日,经吏部带领引见,奉旨"著发往山东补用。钦此"。十一月领照回东签掣第一名。

该员才具明达,吏治讲求,以之请补乐陵知县,实堪胜任,与例亦符。合无仰恳天恩俯准,以实缺丁忧起复分发原省补用知县王希贤补授乐陵县知县。如蒙俞允,该员衔缺相当,毋庸送部引见,亦毋庸声叙参罚。除咨部外,谨恭折具陈,伏乞皇太后、皇上圣鉴,训示。谨奏。

朱批:"吏部议奏。"

光绪三十三年五月十四日。

(《光绪朝朱批奏折》第 23 辑,586)

请暂停分发折

头品顶戴、山东巡抚、臣杨士骧跪奏,为东省仕途拥挤,拟请暂停分发,以资疏通,恭折仰祈圣鉴事。

窃照论治必先察吏,而察吏之道尤必肃清仕途,方能正本清源,不至冗杂拥挤。东省候补官员,自光绪十七年奏准停止分发一年以后,迄今已十余年,其正途及捐纳、劳绩分发来东者络绎不绝,秦、晋、顺、直停捐来数尤众。现在统计,东省候补道府已积至九十余员、同通州县已积至四百余员、佐二杂职积至一千一百余员、盐务等官积至六十余员。积数之多,为从来所未有,而每月缴照到省者尚复接踵而至,人数愈多拥滞愈甚。差缺只有此数,补署殊无定期,徒令有候补之名无从政之实。自爱者,廉隅谨饬,困苦堪怜,而不肖者,奔走夤缘,钻营备至,实于吏治官方大有关系。

且山东本系中省,并非地大物博之区,现正归并局所,力求僔节,从此差使益简,闲员更多。计惟暂停分发,或可渐疏通。拟请除由部掣签正途人员,并此次改定官制,部曹改发外用各官仍照常办理外,其余捐纳、劳绩两项,自道府以至未入流,并盐务、河工等官一律暂停分发山东两年。如有先经指分保留山东,尚未分发到省者,停止限内,倘愿改指他省并请免缴离省改省等项银两,以示体恤。

据布政使吴延斌详请奏咨前来,臣查该司所议,系为整饬吏治疏通仕途起见。合无仰恳天恩俯念山东仕途拥挤,准将捐纳、劳绩两项暂停分发山东两年,实于吏治官方大有裨益。除咨部查照外,恭折具陈,伏乞皇太后、皇上圣鉴,训示。谨奏。

奉朱批:"吏部议奏。钦此。"

光绪三十三年五月十四日。

(《光绪朝朱批奏折》第 23 辑,587;《杨文敬公奏议》卷五)

请以方奎补授海阳知县折

头品顶戴、山东巡抚、臣杨士骧跪奏,为拣员请补知县员缺,以资治理,恭折仰祈圣鉴事。

窃照海阳知县陈礼存,于光绪三十三年正月初九病故,应以病故之日作为开缺日期,归正月分裁缺,业经奏报开缺,将原缺扣留外补。是月分出有海阳县知县病故、乐陵县知县升调两项,按照新章均应用实缺丁忧起复人员,例应签掣先后,当经督同藩、学、臬三司掣得海阳县知县第二缺,应即按班序补。定章,曾实缺丁忧服满分发人员、道府以至未入流,如遇选缺出时,除坐补原缺、裁缺即用、回避即用、新选新补之留省另补,均仍照定例先尽请补外,其馀无论何项到班,先将此项人员尽数请补,均不积各项班次之缺等语。今此一缺,东省并无坐补原缺、裁缺即用、回避即用、新选新补、留省另补人员。据布政使吴廷斌、提学使朱益藩、按察使黄云查,有实缺丁忧起复分发原省补用知县方奎,堪以请补海阳知县等情,会详请奏前来。

臣查,方奎现年五十三岁,江苏阳湖县人,光绪五年由监生报捐县丞职衔,考取誊录实录馆当差,本书告成议叙以本项应得之缺分省补用,遵例捐指山东,十一年十月到省。因修筑堤工并小清河工程案内准俟补缺后以知县补用。十五年,复因修筑黄河南北两岸堤堰出力案内保准先补本班,以知县补用。十六年请咨赴引,七月十一日经吏部带领引见,奉旨"著照例用。钦此。"八月领照到省,因胡家岸等处河工出力保准俟补后以同知直隶州升用,二十年遵例报捐分缺先补用,免试用,题补沂水县知县。二十五年三月到任,二十七年在顺直赈捐局奖叙花翎。三十年七月丁母忧开缺,回籍守制,服满由京呈请起复,三十二年十一月十七日，经吏部带领引见，奉旨"著照发往。钦此。"十一月二十七日领照回东，签掣第二名。

该员稳练安详，讲求吏治，以之请补海阳知县，实堪胜任，与例亦符合。合无仰恳天恩俯准，以实缺丁忧起复分发原省补用知县方奎补授海阳知县。如蒙俞允，该员衔缺相当，毋庸送部引见，亦毋庸声叙参罚。除咨部外，谨恭折具陈，伏乞皇太后、皇上圣鉴，训示。谨奏。

朱批："吏部议奏。"

光绪三十三年五月十七日。

（《光绪朝朱批奏折》第23辑，588）

请以朱兆仑补济南府通判折

头品顶戴、山东巡抚、臣杨士骧跪奏，为拣员请补通判员缺，以资治理，恭折仰祈圣鉴事。

窃照济南府通判王森呈请回避，接准部咨，坐光绪三十三年三月初五日行文，按察东省照限减半计算，扣至三月十九日作为开缺日期，归三月分裁缺。是月分只此一缺，毋庸掣签，应即按班序补。查，通判回避等项所遗缺，例应以候补班前与候补正班人员酌量补用。今此一缺，东省现无坐补原缺、裁缺即用、回避即用、新选新补、留省另补人员及记名分发人员。据布政使吴廷斌、提学使朱益藩、按察使黄云查，有候补通判朱兆仑，堪以请补济南府通判等情，会详请奏前来。

臣查，朱兆仑年五十三岁，河南郑州人，由监生报捐州同，指分东河试用。光绪五年十月领照到工，八年因防汛出力案内奏保奉旨俟补缺后以通判用。十年复因防汛出力案内保加盐提举衔。十二年八月咨补额缺，十八年借补济宁直隶州州判，十九年四月到任，业经实授，并初次俸满留任。二十七年十一月丁父忧开缺，回籍守制。二十九年二月服阙起复，六月回工，遵照东河奏定新章改指山东地方归通判班补用，并请咨赴引，八月初五日经吏部带领引见，奉旨"著照例用。钦此。"八月领照到省，业经期满甄别在案。

该员明白安详，才具稳适，以之请补济南府通判，实堪胜任，与例亦符合。合无仰恳天恩俯准，以候补通判朱兆仑补济南府通判。如蒙俞允，该员衔缺相当，毋庸送部引见，亦毋庸声叙参罚。除咨部外，谨恭折具陈，伏乞皇太后、皇上圣鉴,训示。谨奏。

朱批:"吏部议奏。"

光绪三十三年五月十七日。

(《光绪朝朱批奏折》第 23 辑,589)

举办曹州清乡折

头品顶戴、山东巡抚、臣杨士骧跪奏,为遵旨举办曹州清乡冀绝盗源,谨将开办日期并现办情形恭折陈报,仰祈圣鉴事。

窃臣迭奉谕旨饬办曹属清乡,复于本年三月初二日奏报拿获曹州匪首,暨催办清乡折内奉朱批"著即督饬文武官绅通力合筹,认真办理。钦此。"仰见圣谟深远,绥靖地方之至意。当将节次筹办大概情形随时奏陈在案。

伏思曹匪之炽,多由民盗不分,现在匪势已平,举办该属清乡至为切要。若仍循向日编查保甲成法,断难集效。兹与督办兖曹剿匪事宜云南提督臣夏辛酉往复详议,拟定章程,并筹措经费,即于出盗最盛之钜野县设立总局,内设巡查、筹备、军械、审判四科,分员办事,提纲絜领,一次举行。提督夏辛酉籍隶郓城,情形熟悉,声望素孚,仍以该提督为督办,并以该管镇道为会办,知府为提调,更设议长一员,议绅四员,由臣判给关防,已于本月初二日开局办事。谨将章程办法为我皇太后、皇上择要陈之。

查,曹州盗匪,以菏泽、钜野、濮州、郓城四州县为根据,四属民风最为强悍,故清乡应先从该四属办起,统限四个月。俟办齐四州县,再以三个月内推行全属,约计本年腊月底即可一律完竣。此拟办之次第也。清乡虽难,设总局而实力推行,其责成仍在牧令。现议除总局设立钜野外,其余州县各设分局一所,即以该牧令为坐办,并辅之以地方绅董,由官筹给薪资,俾资宣通而期周洽。每分局酌设委员,大治六人、中治四人、小治三人,绅董则每县四人,由民公举由官选充,其应设里庄各长亦用民举官选之法,避免从前旧习。此任事之纲领也。

清乡之要不外三端:一曰清户口,二曰清枪械,三曰清匪徒。三者皆由局督率里庄各长,挨庄挨户,分条查讯,并酌定门牌格式,一一填注。凡各户行业人数,在家外出均须随时据实登记报查。各庄如有护庄护家枪械,应于清查时报验,验后粘贴印花记薄存查,以后不得稍有增减,其不在护庄护家之列,或以后查无印花者,即系贼械无疑。合庄之人均可报明,搜缴报明者给赏,匿者并罚,以期

362

断贼利器。至于旧日匪徒暨著名惯盗现已多半就擒，其在逃各匪，限令各庄庄里各长将旧日所知一一报明，或有被害之家及与贼临近者皆准指名报局注册在家者立予捆送远处者，随时慎防，或日后潜归，或故态暗萌，均准各庄民密报，分局以往搜捕。惟自清查之后，其有偶被牵引及已悔过自新者，准庄里家族各长出具切结禀局，酌予开释，倘再犯事加重惩治，并治原保以应得之罪，如清查时无人指控者，以后即不准再以旧案捏报，以杜挟嫌而免拖累。此清查之纲要也。

此外，并由总分各局出示劝民，附列清乡简明条目，令庄里各长暨各庄识字之人常川集众演说，务使民知相乡办有成效，再详查情形酌筹地方公款，举办乡间巡警以替兵力。目前防营则未敢暂撤，恐蹈从前兵去盗归之弊。其现在清乡一切应用经费，一概由官发给，不筹丝毫民款，以纾民力。倘有籍端仰勒，立予严办。曹属人稠地狭，生计维艰。此次与提督夏辛酉筹议，拟酌设劝工厂，俾贫民入习，借通工作而资谋食。将来流传日广，加教于既富之后，地方自有起色，现在库款支绌，拟先从三数州县办起，俟风气开通，即可挨县普设，此又善后应尽之事宜也。

总之，曹民积贫而盗，积盗而匪，其行可诛、其情可怜。经此番痛剿以后，已人人知畏求改。若专事力钜，圣心固所不忍，臣心已所难安。况曹属自五代以后，盗风千余年，有碑可证。即盗即民，倏起倏灭，非彻底澄清，恐不能革除旧习。近虽杆首多已惩办，其胁从散贼，或潜遁邻省，或暗匿村富之家，籍以暂避，难遽一律搜尽。惟有亟办清乡，正本清源，俾往者知悔，来者知惧，各营生业，化莠为良，以仰俯朝廷惠保黎元之意。当此各省人心浮动之际，深恐勾结为患，亟宜震慑群嚣，齐一民志。臣添膺疆寄敢不切实经营，加意抚驭，以期安良除暴，上释宸廑。

现值开办之初，已委营务处候选道叶崇质驰往曹州各属查看一切，以期办理核实。转瞬，青纱幛起，深虑余孽复萌，尤应格外加慎。一面清查，仍一面严防搜捕，以安闾阎。除将曹州匪势渐已肃清，并清乡一切经费请作正开销，另折具报外，所有遵旨筹办曹属清乡开办日期，并大致办法，理合恭折具陈，伏乞皇太后、皇上圣鉴，训示。谨奏。

奉朱批："知道了。钦此。"

光绪三十三年五月十七日。

（《光绪朝朱批奏折》第 26 辑，717；《杨文敬公奏议》卷五）

具陈光绪三十二年山东省征收上、下两忙钱粮分数折

头品顶戴、山东巡抚、臣杨士骧跪奏,为光绪三十二年山东省征收上、下两忙钱粮,合计分数,恭折具陈,仰祈圣鉴事。

窃查户部定章,各省征收上、下两忙钱粮,丰年以额征为准,灾缓之年以实征为准,均按九分计算,上忙定为四分,下忙定为五分,仍于截数后分忙奏报。上忙能完至四分,下忙能完至五分者,始准免其议处,历经遵办在案。兹据布政使吴廷斌详称,光绪三十二年山东通省州县暨归并卫、所,起运地丁正耗,同鱼台县湖田升科地亩正耗暨庆云县民粮,除被潮硷废、沿河坍塌、堤占沙压,并划归英德租界暨上忙缓征外,实应征银三百万九千五百五十五两九钱五分五厘四毫。照章按十分核算,上忙已完解藩库银一百四十七万一千六百四十两三钱二分五厘,又留支银一万四千七百九十七两二钱三分八厘。今下忙自八月开征起至年底止,除灾缓外,又完解藩库银一百一十九万八百二十一两七钱八分六厘,内除灾前溢完蠲额流抵次年正赋银六百八两七钱五分,又收起运折色脚价银二千四百四十四两九钱四分三厘,课程银八十两。统计完解藩库正杂银二百六十七万九千一百七十五两五钱四分二厘。

查,光绪三十二年系灾缓之年,应以实征银数为准,统计上、下两忙,共征完九分三毫,较之部定应完九分之数有盈无绌,造册呈请奏咨前来。臣复加查核,银数相符。所有督催识名,系现任布政使吴廷斌一任督征。除将清册咨部查照外,理合恭折具陈,伏乞皇太后、皇上圣鉴。谨奏。

朱批:"度支部知道。"

光绪三十三年六月初一日。

(《光绪朝朱批奏折》第 69 辑,521)

具陈承袭、接袭、兼袭云骑尉、恩骑尉各世职情况折

头品顶戴、山东巡抚、臣杨士骧跪奏,为查明应行承袭、接袭、兼袭云骑尉、恩骑尉各世职,汇案开单,恭折具陈,仰祈圣鉴事。

窃照阵亡殉难官绅应袭世职,向系汇案奏报。又定章,各省承袭世职,于造具宗图、册结送部,特另单抄录议准原案,粘连咨文,盖用印信,一并送部等因,历

经遵办在案。兹查，光绪三十二年分，请承袭云骑尉年已及岁，应发标之王鸿藻、邱凰奎、岳岱嶙、王建都、薛福祥、张懋海、刘鸿基、杜保田、张树铭、周东权；请接袭恩骑尉，年已及岁，应发标之刘英元；请接袭云骑尉，年已及岁，以顶戴荣身之朱源长、朱襄钧；请兼袭云骑尉，年已及岁之选用巡检张懋论，均经臣分别验看，逐案查核相符。将李聚亭等十二名，先后发标学习，统以吏部陆军部汇奏奉旨之日，作为收标日期。朱源长、朱襄钧，请以顶戴荣身应免发标；张懋论以巡检兼袭世职，与李聚亭等均照二十七年山东省奏准新章，停给世俸银两。除宗图、册结送部外，理合谨缮清单，恭折具陈，伏乞皇太后、皇上圣鉴，敕部核复施行。再查，原送册结内有漏未声叙之处，现经查案于单内详细声明，应由部查照核办，合并陈明。谨奏。

朱批："陆军部议奏，单并发。"

光绪三十三年六月初一日。

（《光绪朝朱批奏折》第50辑，848）

请变通河工保案新章折

头品顶戴、山东巡抚、臣杨士骧跪奏，为山东二十九、三十、三十一等年河工保案，循例越届奏奖，应将未奉新章以前出力人员，援照旧案请保，并嗣后奖案请旨敕部，酌予核议变通给奖，以维河工全局而资鼓励，恭折抑祈圣鉴事。

窃照光绪三十二年六月间，准政务处咨会同吏户兵部议复御史刘汝骥酌定保举限制一折，奉旨"依议。钦此"，钞奏咨行到东。查原奏清单内称，山东黄河防汛两年汇保四十员，异常十员，寻常三十员。嗣后，如大汛平稳三年，准按寻常劳绩列保一次，文职准保二十员，武职奏咨并计准保二十员。如有抢险工程，准于二十员内声明按各项异常劳绩，请保二、三员等因，仰见朝廷于慎重名器之中，仍寓鼓舞人才之意，自应钦遵办理。

惟山东黄河自铜瓦厢改道以来，事属创办，未设听汛专官，全恃委员协同防营修守。薪津极薄，考成极重，本与直隶等省情形不同，而两岸绵亘千有余里，工长险巨，每遇盛涨如临大敌，虽狂风暴雨，溽暑深宵，力与水争，不敢稍懈，故抢险保案准其照军营劳绩请奖。光绪初年，每一保案辄不下数百人，并无限制。自前抚臣张曜百余处及数十处不等，应保人员为数仍属不少，较之从前固已裁汰大半。前抚臣李秉衡仍以奖额过宽又复切实核减奏请，不论险工多寡，每年但准保异常十员，寻常三十员，按两年汇保一次。所有光绪二十八年以前出力员弁，均经历任抚臣递年奏奖，经部核准在案。而历年请奖员数，间有保不足额之时，是东省河工保案向系核实办理，久在圣明洞鉴之中。上年接准部咨各，员均已到工当差，经臣赴工履堪，剀切劝谕，始各奋勉从事。本年大汛将临，派往各员，相率托辞畏避，当由臣饬各游总办严行督饬，不准畏难规避，良以河工防汛处分綦严，一有疏虞，参劾随之，向特保奖尚优藉以激劝，今则三年始得一保，二准保员数异常不及向例十分之一，寻常不及向例五分之一，保举如是之难，责成如是之重，过多功少，人人有畏怯之心。

且查，黄河堤薄而卑，窄而曲，防守本无把握。光绪三十一年春间，臣到任伊始，即值二十九、三十两年抢险汇保之期，所有出力各员均经前抚臣周馥胡廷干存记候奖有案。臣以河工保案恐有冒滥，必须目睹情形办理，方昭核实。两年以来，亲莅工次勘视数次，盛涨奇险，工员抢护艰苦，文报所传犹未能尽其十一。故凡拼力从事者，金勖以破格奖励，以积众志，连年幸叨福庇，叠据安澜。较之往年足省钜款百余万，亦赖在事人员修防得力，迭据河防局司道迄三游总办道员会请核奖。是东省河工抢险保案两届期满，均系劳绩在先，新章在后，唯有顾恳天恩准由臣乃照旧章核明请奖，不敢稍涉步冒泛。惟新章限制过严，嗣后抢险人员不能如额奏保，未免有向隅之叹。倘因裁减保案，致涣众心，防守稍疏，恐将前功尽弃，全河大局贻误堪虞。臣固不敢藉朝廷名器以见好属僚，而各员争命洪流，端赖功名以驱策群力，仰求圣明俯念东省黄河工关紧要，在工抢险人员异常辛苦，与他项保案不同，敕下部议，嗣后东省防汛抢险保案，仍按旧章两年汇保一次，每年酌减异常三、四员，寻常十员，其武职出力者仍照旧章办理，以资奖励，出自逾格鸿慈。除由臣督饬工员认真修守外，所有山东二十九、三十、三十一等年河工出力各员，未奉新章以前，仍恳照旧额请奖，并嗣后东省河工保案，请旨敕部酌予核议变通缘由，理合恭折具陈，伏乞皇太后、皇上圣鉴，训示。谨奏。

奉朱批："该部议奏。钦此。"

光绪三十三年六月初二日。

（《光绪朝朱批奏折》第 100 辑，652；《杨文敬公奏议》卷五）

审明故杀一家五命凶犯，照例先请王命正法折

头品顶戴、山东巡抚、臣杨士骧跪奏，为审明故杀一家五命凶犯，按律定拟，

照例先请王命正法,恭折仰祈圣鉴事。

　　窃查,临邑县杀犯陈皂仔,故杀无服族叔陈玉恒等一家五命各身死一案,前据该县禀报,当因案情重大,批司转饬济南府提审,嗣据济南知府吴筠孙审明拟议,由臬司黄云复审,解勘前来。臣亲提研鞫,缘陈皂仔,籍隶临邑县,与无服族叔陈玉恒并陈玉恒兄妻陈袁氏、子媳陈陈氏、孙陈北林仔、陈小北林仔均无嫌隙。光绪三十一年春间,陈皂仔受雇与陈玉恒家佣工,平日均按辈分称呼,并无主仆名分。陈玉恒因陈皂仔素性倔强,屡向训斥,陈皂仔常怀忿恨。是年十二月之月初三日,陈玉恒之兄陈玉昌、子陈兆寅均外出赶集。陈袁氏与陈陈氏在院晒面。陈玉恒喊令陈皂仔帮晒,陈皂仔不应,陈玉恒斥说懒惰,陈皂仔不服分辩,陈玉恒混骂,陈皂仔回詈,陈玉恒扑殴,陈皂仔闪避,顺取铡刀砍伤陈玉恒顶心,陈玉恒倒地滚骂,并称伤痊定行报复。陈皂仔忿极起意致死,又用刀狠砍伤陈玉恒脑后。维时陈陈氏上前帮护,陈袁氏在院喊救,陈北林仔亦在院哭喊,陈皂仔恐被人听闻拏获,起意一并致死,又用铡刀砍伤陈陈氏左太阳穴相连左腮颊并脑后,陈袁氏左肩甲脑后,陈北林仔右腮颊相连右耳及右耳根,先后倒地。陈皂仔撂弃铡刀欲逃,听得陈小北仔在南屋啼哭,即转身走进屋内,顺携桌上菜刀,将陈小北仔额颅相连左右额角左右太阳穴砍伤,均各立时身死。适有陈兆得走至瞥见,喊同庄邻将陈皂仔拏获,通知陈玉昌等回家,看明投保,报经该县陈恩誊验讯,禀经臣批司转饬济南府知府吴筠孙提省审明,拟议由司复审,解经臣提犯审供前情不讳,诘非蓄意谋害,亦无起衅别故,及在场帮殴之人,案无遁饰。

　　查例载,杀一家非死罪三人者凌迟处死;又例载杀一家三命以上凶犯审明后依律定罪,一面奏闻,一面恭请王命先行正法。又查,新章内开律例内凌迟斩枭各条俱改斩决各等语。此案陈皂仔因陈玉恒令伊帮同晒面不应被斥,致相争殴,用铡刀砍伤陈玉恒倒地后,因陈玉恒在地滚骂,并称伤痊报复,辄敢顿起杀机,将陈玉恒砍毙。又因陈玉恒之媳陈陈氏、兄妻陈袁氏、孙陈北林仔帮护喊救,一并起意将陈陈氏等杀死,复砍伤陈小北林仔殒命,实属凶残已极。

　　查陈玉恒、陈袁氏、陈陈氏、陈北林仔、陈小北林仔,系叔嫂翁媳祖孙一家五命,该犯与陈玉恒并无服制,律同凡论,自应按律问拟,陈皂仔合依杀一家非死罪三人者凌迟处死律拟凌迟处死,遵照新章改为斩决,并免枭示。当于审明后,照例恭请王命先行正法,以昭炯戒。该犯妻子照章免其缘坐,应断财产,讯明该犯赤贫如洗,无从追缴,应毋庸议。除将供招分咨法部、大理院外,理合恭折具陈,伏乞皇太后、皇上圣鉴,敕部核复。谨奏。

　　朱批:“法部知道。”

光绪三十三年六月初二日。

（《光绪朝朱批奏折》第 109 辑,009）

审办乐安等州县十起寻常命案,摘叙简明事由折

头品顶戴、山东巡抚、臣杨士骧跪奏,为审办乐安等州县寻常命案遵章汇为十起,摘叙简明事由,谨缮单恭折仰祈圣鉴事。

窃照法部奏定章程,各省寻常命盗案件,由题改奏者一律改为汇案具奏,并将斩绞监候为一项,每次至多以十案为率,仍令备录供招咨部查核等因,咨行遵照在案。兹查,前据臬司转据青州等府审解乐安等州县罪应拟绞监候人犯吕根城、王莪汶、宗二志、吴得椿、倪芯一、黄炳溶、于洪汶、孙小汶、孙幅兴、倪陈友共十起十名,由司招解,经臣先后逐案审明,复核无异。除将招册分送法部、大理院外,理合具案摘叙简明事由,谨缮清单,恭折具陈,伏乞皇太后,皇上圣鉴。敕部核复施行,谨奏。

朱批:“法部议奏,单并发。”

光绪三十三年六月初二日。

（《光绪朝朱批奏折》第 109 辑,010）

报销山东通省光绪三十年抽收各项厘金并支存银数折

头品顶戴、山东巡抚、臣杨士骧跪奏,为报销山东通省光绪三十年抽收各项厘金并支存银数,恭折仰祈圣鉴事。

山东省各海口抽收百货厘金向归州县经理,解交省局,洋药厘金归并东海关征收,腹地土药税厘归于省局稽征,嗣因开办土药税厘,将腹地土药一项归于土药局征收汇解。迨部议开源节流案内奏明,省城贩卖洋药坐商十二家各岁捐银二十四两,系属铺捐,与按货抽厘者不同,是以仍照向章归并厘金项下办理。河路盐货厘捐,先后在雒口、安山、姜家沟、馆陶、石村等处设卡抽收,所有收支各项银数截至光绪二十九年年底止,均经分起造报在案。

兹据厘金总局司道详称,督饬局员,检齐卷宗,逐加稽核,自光绪三十年正月起至十二月底止,除支局用外,共收过海口陆路河路各项厘金,暨糖茶加成并邮

件各项银两二十万五千五百八两一分一厘四毫,连上届奏销案内存银十四万五千五百九十八两一钱六分九厘,统共银三十五万一千一百六两一钱八分四厘,除支解固本京饷暨认还英德借款并借支洋务局经费共银二十二万二千四百九十四两一钱九分四厘,实在各项厘金共银十二万八千六百十一两九钱八分六厘四毫,留备固本京饷及认还四国洋债等用,归入下届造报等情,详请具奏前来。臣复加查核,收支各数均属相符,比较前三年收数尚有增无减。局用经费按照部章应支一成银二万七百余两,今仅支银二千六十余两,亦尚节省。除饬造具总细各册,并缮简明清单咨部查照外,理合恭折具陈,伏乞皇太后、皇上圣鉴。谨奏。

朱批:"该部知道。"

光绪三十三年六月初七日。

(《光绪朝朱批奏折》第 79 辑,096)

恭报四月分雨泽情形并呈粮价清单折

头品顶戴、山东巡抚、臣杨士骧跪奏,为恭报光绪三十三年四月分雨泽情形,并呈粮价清单,恭折仰祈圣鉴事。

窃查,光绪三十三年三月分山东省各属雨泽粮价,经臣查明,开单奏报在案。兹查,四月分通省一百七州县除邹平、齐东、济阳、临邑、陵县、德平、平原、青城、阳信、海丰、乐陵、商河、霑化、曲阜、滕县、峄县、菏泽、单县、城武、曹县、定陶、观城、朝城、博平、茌平、清平、馆陶、高唐、恩县、武城、邱县、鱼台等三十二州县来报得雨外,其余应城等七十五州县先后据报于月之上旬初四、初五、初八、初九、初十,中旬十六、十七、十八,下旬二十三、二十四、二十九、三十等日各得雨一、二、三、四寸及深透不等,麦收中稔。缺雨之处,农民望泽甚殷,现经迭次祈祷,虽已得雨,尚未普获甘霖,地方民情均称安谧,堪以仰慰宸廑。谨将各属市集粮价缮具清单,恭折具陈,伏乞皇太后、皇上圣鉴。谨奏。

朱批:"知道了。"

光绪三十三年六月十二日。

(《光绪朝朱批奏折》第 97 辑,843)

交纳光绪三十二年分应解内务府部分经费银片

再，据布政使吴延斌详报，光绪三十二年分应解内务府经费银二万两，前已解过经费银一万两，平余银二百五十万两，抬费等项银八十两，业经奏报在案。兹又于地丁等款项下筹解银一万两，平余银二百五十两，抬费等项银八十两，饬委候补知县吕耀鼎解赴内务府交纳。臣复查无异，除分咨查照外，谨附片陈明，伏乞圣鉴。谨奏。

朱批："该衙门知道。"

光绪三十三年六月。

（《光绪朝朱批奏折》第 90 辑，685）

请以方燕年署理山东提学使片

再，准吏部咨，光绪三十三年六月十七日钦奉上谕"朱益藩，著充补大学堂总监督。钦此"，应即交卸入都。所遗提学使篆务，自应委员接署。查，有法政学堂监督、试用道方燕年，年强才裕，学识具优，办理学堂颇著成效，两次派赴日本监学兼调查学务，归国后著有成书，颇多心得，勘以札委署理。除分札饬遵外，谨附片陈明，伏乞圣鉴。谨奏。

朱批："吏部知道。"

光绪三十三年六月。

（《光绪朝朱批奏折》第 23 辑，672）

历城县遗缺容即拣员请补片

再，据布政使吴廷斌详报，调署滕县、正任历城县知县毛澂，于光绪三十二年六月初五日在滕县署任内病故。所遗历城县知县员缺，系省会外调要缺，容即拣员请补等情，请具奏前来。臣复查无异，除分咨吏部、四川督臣查照外，理合附片陈明，伏乞圣鉴。谨奏。

朱批："吏部知道。"

光绪三十三年六月。

（《光绪朝朱批奏折》第 22 辑,655）

审办泰安等县十起寻常命盗案件,摘叙简明事由折

头品顶戴、山东巡抚、臣杨士骧跪奏,为审办泰安等县寻常命盗案件,遵章汇为十起,摘叙简明事由,谨缮清单,恭折仰祈圣鉴事。

窃照法部奏定章程,各省寻常命盗案件由题改奏者,一律改为汇案具奏,并将斩绞监候为一项,每次至多以十案为率,仍令备录供招,咨部查核等因咨行,遵照在案。兹查前据臬司转据泰安等府审解泰安等县罪应拟绞监候人犯李青群、宋法起、赵曰湘、滕二科、高淀滢、徐四儿、阎稔荐、吕耦、葛马钰并罪应斩候,照章改为绞监候,贼犯赵留锁共十起十名,由司招解,经臣先后逐案审明,复核无异。除将招册分送法部、大理院外,理合汇案,摘叙简明事由,谨缮清单,恭折具陈,伏乞皇太后、皇上圣鉴,敕部核复施行。谨奏。

朱批:"法部议奏,单并发。"

光绪三十三年六月十二日。

（《光绪朝朱批奏折》第 109 辑,014）

请以刘孝祐调补掖县知县折

头品顶戴、山东巡抚、臣杨士骧跪奏,为拣员请补要缺知县,以裨地方,恭折仰祈圣鉴事。

窃照掖县知县璬璐开缺另补,于光绪三十二年十二月二十三日奉旨,以五日后行文。按东省照限减半计算,应扣至三十三年正月十二日作为开缺日期,归正月分截缺。所遗掖县知县员缺,系沿海外调要缺例,应于现任人员内拣选调补。该县为附郭首邑,政务殷繁,非精明强干之员勿克胜任。据布政使吴廷斌、提学使朱益藩、按察使黄云于通省简缺知县内逐加遴选,查有嘉祥县知县刘孝祐,堪以调补掖县知县等情,会详请奏前来。

臣查,刘孝祐,年四十九岁,福建关县人,由附贡生应光绪十九年癸己恩科本省乡试中式举人,甲午科以知县注册拣选,二十一年报捐三班,指分浙江试用,九

月到浙江,报捐同知衔。二十二年,奉解京饷,经部议叙加一级记录二次,六月捐离原省,改指山东分缺先补用,复因十八、十九两年在籍劝办顺直赈捐出力,保准俟补缺后以同知用。二十三年二月到省,二十六年补授嘉祥县知县,二十八年二月到任,三十年恭逢覃恩加一级。十月,遵山东工赈捐例奖戴花翎,三十一年试俸,三年期满,业经请销试俸在案。

该员精明稳练,办事认真,以之调补掖县知县,实堪胜任,与例亦符。合无仰承天恩俯准,以嘉祥县知县刘孝祐调补掖县知县。如蒙俞允,该员衔缺相当,毋庸送部引见。所遗嘉祥县知县缺,东省现有应补人员应留外拣员请补。除咨部查照外,谨恭折具陈,伏乞皇太后、皇上圣鉴,敕部核复施行。谨奏。

朱批:"吏部议奏。"

光绪三十三年七月初四日。

(《光绪朝朱批奏折》第 23 辑,687)

考核州县事实折

头品顶戴、山东巡抚、臣杨士骧跪奏,为考核州县事实,分别等次,缮具清册,恭折具陈,仰祈圣鉴事。

窃照光绪三十年五月十二日奉上谕钦奉懿旨,"著自本年为始,每届年终各该督抚将各州县分别优劣,开具简明事实,不准出笼统宽泛考语。奏到后,著交政务处详加查核,分起具奏,请旨惩劝等因。钦此。"旋准政务处咨送章程表式到东,当经臣转饬钦遵查照办理。业将三十一年分各州县事实优劣开单奏报在案。

兹据布政使吴廷斌、提学使朱益藩、按察使黄云,以应办三十二年分课绩表,已据各属遵照定章查填,陆续送司。该司等查表内所开事实,如学堂、巡警、工艺、种植、命盗、词讼、监押、钱漕,条分缕析,核与月报档案均属相符,复将各员会同认真考核,逐细比较,遵照奏定章程综计各项程度高下,分别三等。学堂,以筹有常年的款科学完备者为上,设立处所学生人数较多初具规模者为中,学堂既少,未能改良及处所虽多,办不合格者为下。警察,以开办最先训练得力者为上,就已办而能实力奉行或能稍事扩充者为中,开办稍达人数未增,或增而未练者为下。工艺、种植以办有成效者为上,开办者为中,未办者为下。命盗词讼,以全无或全结者为上,未结不及二成者为中,逾二成者为下。监押,以无者为上,较少者为中,多者为下。盗案,以全无或全获者为上,获过半者为中,不及半者为下。钱漕,以全完者为上,欠少数者为中,欠多数者为下。

一表之内,上事过半则列优等,次列平等,次列次等。其办理尤为出色,成效昭著者,列优等。在任不及半年,尚无表现者不列等,亦不出考。统计十府三直隶州,拟列等最优等者六员,拟列优等者十八员,拟列平等者七十二员,拟列次等者三员。按县填订成本等情会衔详请奏咨前来。

臣查,州县为亲民之官,得人则治,休戚相关,捷如影响;惟民有文野,地方有富瘠。兼之东省,滨海临河,偏灾屡告,钱漕岁有征缓,教养倍费,经营情形既不相同,治难一律。臣忝膺封圻,察吏系属专责,或才具互有短长,器识各有深浅,自必因材器使,务令各适其宜。综览表册,所开事实核与平日考察均属相符,其中间有举办新政未及完全者,或到任未久,或一时筹款为难,均属情有可原,不得不暂宽责备。仍饬司分别已办、未办,督饬推广举行。如查有庸劣不职之员,即行随时参办,以免贻误。除将表册咨呈政务处查核各道府印结存查外,理合缮单恭折具陈,伏乞皇太后、皇上圣鉴,敕下政务处核复。

再,参劾四员,改教二员,不列等一百十五员,无关考核,均不列入清单,合并陈明。谨奏。

朱批:"该衙门知道,单并发。钦此。"

光绪三十三年七月初四日。

(《光绪朝朱批奏折》第 23 辑,686;《杨文敬公奏议》卷五)

会奏剿平曹匪折

头品顶戴、山东巡抚、臣杨士骧跪奏,为陆军第五镇暨北洋淮军及山东先锋游击营剿平曹州股匪,地方安静,恭折会陈,仰慰宸廑事。

窃上年曹匪猖獗,臣士骧于十一月间先后迭奉严旨,责成加意剿办。十二月初间,复蒙谕令臣世凯饬派统领北洋淮军云南提督臣夏辛酉抽队赴东督剿,仰见圣虑周详,防患于豫,钦佩莫名。查,东省曹属地方,素称匪徒渊薮,此擎彼窜,缉捕为难。上年麦收稍歉,自夏迄秋,屡出钜案。该匪始则劫掠为事,尚是迫于饥寒,则纠胁日多,实属行同土寇,焚杀抢架,民不聊生。当经臣士骧调派驻省先锋队会同在曹防营,合力剿办,弋获不少,终未能尽绝根株。自非厚集兵力,且非统将得人,办理断难得手。当饬编练游击之师,委充沂曹济道胡建枢统带,并与臣世凯商明,奏调陆军第六镇协统候选道陆建章来东委带驻曹先锋各营,一面以曹州镇总兵任永清办匪不力,奏明撤任,委记名总兵靳呈云接署。嗣该总兵因病乞假,当经奏委陆建章署理。靳呈云在曹日久,病痊后仍派帮统游击营,以资熟手。维时大兵既集,该匪等竟敢分头抗拒,每股多至数百人,少亦百数十人,且皆携有利器。官军分驰剿办,实与临敌无异。幸陆建章、胡建枢、靳呈云等恩信素孚,军心悦服,号令所指,无不奋跃用命,一捷于钜野之孙家堂,再捷于菏泽县之周家楼,皆毙贼全股,阵斩生擒不下二百馀名,是为大挫曹匪凶锋之始。该匪连受痛创,余党遂思窜逸,外而河南归德等处,内而本省泰安等处,皆时有贼踪出没。复经臣士骧电商陆军部暨臣世凯,调驻东陆军第五镇协统叶长盛带队分路包抄会合,兜剿于钜野西北之郝庄。适有回窜股匪猝然相遇,该匪负隅死拒,见势不敌,遂乘夜奔窜,五镇队伍跟踪追剿至于庄,复与贼格斗数时,擒斩首从数十名。该军屡获胜仗,以是役功为最著。而东路,如湖团凤凰山一带,匪党最易潜匿,由兖州镇总兵张宗本随时周历巡缉,陆续搜获甚夥,未致啸聚为患。曹州界连大名,臣世凯叠饬边界文武严密防截,期于贼势躬蹙,军事始能顺手。每遇前敌搜枪,获贼不斩,优助稿赏,以作士气。迨夏辛酉奉命带队到东,兵力既又加厚,将领复得禀承机宜,一切布置益臻完密。凡著名巨匪,先后歼除殆尽,而头目孔广东一日不除,地方一日不安。当经陆建章百计蹑访,于本年正月二十八日获案,讯明正法。

以上先后剿办情形,臣士骧屡次奏报在案。自该匪就擒,贼势益衰,惟尚有陈土地一名,当时与孔广东各树党援,亦能号召众杆,声势相埒,虽早已匿迹远扬,而此匪不获,后患方殷。复经臣等商经夏辛酉设法侦缉,嗣由淮军线勇探知,该匪在江苏萧县戴庄地方,禀经夏辛酉派兵驰往,于四月二十七日将该匪住屋围住,经淮军前路第一营弁兵入屋擒获,解送夏辛酉行营。由陆建章、胡建枢会讯明确,即行正法,临刑时观者万余人,无不同声称快。是该匪平日凶悍情形概可想见。陈土地获案后,股匪一律歼灭,而小杆散贼所在多有,只以怵于兵威,潜匿不出,故防务仍不敢稍有松懈,一面切实办理清乡以清匪源。第曹民数百年桀悍相承,风气闭塞,尤宜讲求教育,振兴工艺,俾游民有生业可图,自不至流为奸宄。现在清乡早已设局开办,约年底可以竣事,其章程业经臣士骧奏陈圣鉴。其余教育事宜,亦在次第筹办。

伏思此次曹匪势盛之时,各杆人数分之不觉其多,合之实不为少。曹属十一州县几于无地无匪。内有曾入军队之逃兵溃勇,并多携带新式快枪,故每遇官兵无不迎拒。加以上年徐海荒歉,饥民麇集,防范稍有松劲,必致乘机勾结,蔓延无已。所尤难者,股匪一经官兵击散,辄逃入村寨,或迫令平民相助,或投入居户求庇。百姓畏匪报复,率多听从。既不能不分良莠,即难于一鼓而擒。情形亟迫,办理极难,稍涉操切,玉石俱焚,稍涉迟疑,燎原为患。臣士骧不敢张大其事,恐贻宵旰之忧,而重军需之累。用兵一载,所有购置器械、筹备饷糈,均勉力就地自筹,从未尝乞请指款,并迭饬前敌统将,毋得视为军兴滥縻帑项。兹幸仰赖朝廷威德,俾土匪巨憨次第授首,迭次接据夏辛酉等函电报称,地方现已一律乂安。所有在事文武员弁,或在佐参计画,或肉薄疆场,当战事吃紧之际,正值风雪严寒,东驰西突,羽檄纷拿,辛苦万状,尤能共体时艰,诸多撙节。是该员等,实心任事,不稍铺张,其志实属可嘉,其功自不可没。且以后搜剿余匪,尚赖群力,以图廓清,若不及时论功,殊不足以鼓众志。

合无仰恳天恩俯准,将奏调陆军第六镇协统领、署理曹州镇总兵、候选道陆建章,以总兵记名简放。陆军第五镇协统领留直尽先补用副将叶长盛、淮军营尽先推补副将张士德均免补副将,以总兵记名简放。统领游击营兖沂曹济道胡建枢、兖州镇总兵张宗本,饬部从优议叙。前署曹州镇总兵帮统游击营记名总兵靳呈云,赏加提督衔。山东全省营务处候选道叶崇质,交军机处存记。统领抚标亲军道员用山东候补知府李经湘,免补知府,以道员仍留原省补用。第五镇正执法官、北河试用同知陆荣棨免补同知,以知府仍留原省补用。淮军营务处分省补用知县汪涵免补知县。以直隶州分省补用游击营营官、山东候补知县戴以庸,游击营营务处、山东候补知县边度春均免补知县,以直隶州仍留原省补用。山东试用府经历刘国勋免补本班,以知县仍留有原省补用。淮军营务处山东举人张锡第,以知县分省补用,防军右翼营官留东尽先补用游击马英萃免补游击,以参将仍留原省补用。第五镇标统留直补用守备吴鼎元免补守备,以都司仍留直补用。先锋队营官山东补用都司张孝免补都司,以游击仍留原省补用。以昭激劝,出自鸿慈,其余出力及阵亡各员弁,请俟查明,分别择尤核保,并奏请恩恤。除将以上各员履历咨部查照外,谨会同督办兖曹剿匪事宜云南提督臣夏辛酉合词恭折具陈,伏乞皇太后、皇上圣鉴,训示。谨奏。

朱批:"著照所请,该部知道。钦此。"

光绪三十三年七月十一日。

(《杨文敬公奏议》卷五)

会奏请奖提督夏辛酉折

头品顶戴、山东巡抚、臣杨士骧跪奏,为督办剿匪大员劳勚卓著,恳恩奖叙,恭折会陈,仰祈圣鉴事。

　　窃上年十二月间,臣世凯奉谕饬派统领北洋淮军云南提督夏辛酉带队赴东剿办曹匪。该提督于十二月十八日钦遵,抽带七成队伍,由直抵东,所有到防日期经臣士骧奏报在案。查,该提督朴勇公忠、声望夙著,且籍隶山东郓城,于曹属情势尤所洞悉。上年奉命之初,适在患病,臣等固恐其未能速行,而东省士民尤有云霓之望。该提督力顾大局,扶疾东来。其时曹匪经陆建章、胡建枢各军屡次痛击,连受重创,各杆纠合死党,分股袭击,扰思作负隅之计。该提督督兵莅曹,居中调度,半载以来,前敌各军一切布置殚心筹画,悉协机宜。本年四月间,拿获匪首陈土地,尤征勇略。又如举办清乡,该提督力任其艰,措置井然,未尝稍存推诿。所有开办章程,深资赞画。

　　该提督受恩深重,虽据称不敢仰邀奖叙,惟此次督剿曹匪,为东省歼除巨患,地方赖以乂安,洵属勋劳卓著。合无仰恳天恩俯准,将督办兖曹剿匪事宜云南提督夏辛酉饬部从优议叙,以示朝廷有功必录之意,出自鸿慈。所有督办剿匪大员,恳恩奖叙缘由,理合恭折会陈,伏乞皇太后、皇上圣鉴,训示。谨奏。

　　朱批:"夏辛酉著交部从优议叙。钦此。"

　　光绪三十三年七月十一日。

　　(《杨文敬公奏议》卷五)

给奖改奖片

　　再,北洋武备速成学堂出力文武各员,经升任督臣袁世凯于本年二月间奏请奖叙,奉朱批"该部议奏,单并发。钦此。"六月初八日,陆军部会同吏部核议该具奏,奉旨"依议。钦此。"钦遵刷印原奏清单,咨照前来,复经升任督臣袁世凯咨行督办陆军各学堂副都统段祺瑞,按照单开各员,详细查复在案。

　　兹准该副都统咨称,遵查单开文职内分省补用直隶州知州廖宇春,请以知府仍分省补用;候选知县陈光宪、李钟岳,请以直隶州知州不论双单月归部选用;直隶补用知县崔作模,请以直隶州知州仍留原省补用,均核与章程相符。惟该员等底官有无补监,既捐免保举留省银两,应将执照呈验,如补交银两在此次奉旨交议之后,即将保案撤销;如系相符,再行核准。有候选同知李壬霖,请以知府归部选用,虽据交补监并免保银两,已经逾限,照章撤销保案。又,武职内升用都司、候选守备郭增廓,原保俟得缺后以游击用,系属越级请升,应另核请奖各等因,事符奏定章程,自应遵照办理。饬据廖宇春、陈光宪、崔作模暨李壬霖等禀称,承乏学堂,数载于兹,未谙部章,致误期限,兹已将应交银两如数缴清,恳请声复。李钟岳禀称,先于三十二年十月在广西饷捐案内由知县报捐双月郎中,前次请奖底衔错误,恳请更正改奖各等情。

查该员等职司教育,薪资微薄,全在奋以功名之念,乃能望其成绩之优用,是竭虑殚精,初终无月瘁累年之心力,成多数之人才,始克叨列剡章,幸升微秩。若以未谙新例,据予撤销奖案,前劳尽弃,志士灰心,必无以收陶铸之功而策将来之效。且学堂开办在二十九年九月,新章则三十一年十二月间乃始奏定,是劳绩在先,新章在后,其情更有可原。拟请将廖宇春、陈光宪、崔作模,李壬霖等四员,仍照原保给奖,李钟岳已先期报捐郎中,拟请改奖,俟郎中分部后以道员用,并加三品衔。至郭增廓,前保升用游击,既属越级,应请改奖以都司补用等因,咨请转奏前来。臣复加查核,均属实在情形,合无仰恳天恩俯准,将廖宇春等四员仍照原保给奖,李钟岳、郭增廓等照拟改奖,以资鼓励,而免向隅,出自逾格鸿施。除分别咨部并其余行查各员另核分咨外,谨附片具陈,伏乞圣鉴,训示。谨奏。

朱批:"该部议奏。"

光绪三十三年七月十四日。

(《光绪朝朱批奏折》第53辑,472)

遵旨会同稽查学务片

再,臣前承准军机大臣字寄回四月二十八日面奉谕旨"衍圣公孔令贻,著会同杨士骧稽查山东学务,该部知道。钦此",遵经恭录,分别咨行,钦遵去后。嗣于五、六月间,衍圣公孔令贻两次到省,与臣会商学务,拟俟各学堂暑假期满,自行出省,周履稽查,期在认真经理,并以奏报回东到差日期,咨会到臣在案。臣维稽查全省学务事极繁赜,在在需款支用,必须预为筹措,以资办公。饬据藩司吴廷斌筹议详复拟,自本年五月起,每月筹备公费银五百两、夫马费银二百两、文案各员薪膳银二百两,在于司库设法腾挪,按季支送衍圣公以备应用等情,恳请奏咨前来。臣逐加复核,皆日用所必须,既办通省要公,自应照数支送,惟库款攸关,应先恳恩敕部立案,以昭核实。除由臣遵旨会同稽查学务,并咨学部、度支部外,谨附片具陈,伏乞圣鉴。谨奏。

朱批:"该部知道。"

光绪三十三年七月。

（《光绪朝朱批奏折》第 105 辑，763）

为在事出力各员缮单请奖折

头品顶戴、山东巡抚、臣杨士骧跪奏，为三十、三十一年间北洋设立救济会与红十字会，同时举办拯救关外难民，在事出力各员，缮单请奖，恭折具奏，仰祈圣鉴事。

窃查，接管卷内开，光绪三十年间日俄开衅，辽沈商民猝遭战祸，死伤载道，惨不堪言。其时，中国尚未入瑞士国红十字总会，无从着手。升任督臣袁世凯，先饬赈抚局司道创设救济会筹款，遴派员绅前赴辽东前敌一带，设法拯救，以解倒悬。当即饬局议定章程，在于营口地面设局一处，派委员司常川驻局，为救济难民之首站。又在山海关设局一处，接运营口沟、帮子等处救出难民，转送入关。又在塘沽及津郡、老龙头车站各设分局一处。难民中有籍隶南省，暨山东烟台等处，尚须附轮南下者，即从塘沽附搭轮船，次第送回。由赈抚局与招商铁路各局商订三联免票，随时递送。其籍隶直晋各省者，则令送，由津站分别资遣回籍。有因风雨阻滞、疾病难行者，酌量留养，以示体恤。至关外，战地辽阔，兵民员伤甚众。虽有外国医士，不敷救治。复由北洋军医官学生多员备购药饵，分投医治，保全甚伙。计自三十年三月初四日设局，至三十一年日俄和议成，十月初十日撤局止，统计该会经救难民共有四万余名，均各资遣回乡，并无一夫失所。其就地赈济抚绥，并未入关者尚不在内。小民得全身命，靡不感戴皇仁。惟日俄两国构衅，该会救济战地难民，事属创办，并无例章可循。且其时，上海红十字会虽议举办，战国犹未承认，各委员在会办事，异常棘手。厥后战事日紧，战地日迫，凡烽烟所及之区皆商民罹难之地，呼吸存亡，间不容发。在事各该员均能深明大义，蹈危履险，深入战疆，使四万余兵燹遗黎，出水火而登衽席。其功同于战阵，其事且兼交涉，不无微劳足录。

查，升任督臣袁世凯奏奖筹办中立各员，业已钦奉朱批"著照所请，该部知道等因。钦此。"该会救护战地灾黎，备经艰险，核与办理中立一案情事相同，劳勚亦正相等。据赈抚局司道开折，详请奏奖。升任督臣袁世凯未及核办，移交前来。臣复核，该会分投设局，逐程递送，在事人员甚多。兹将供差后路出力稍次者概从删除，谨择其尤为出力酌保异常二十二员、寻常十一员，缮具清单，恭呈御览。合无仰恳天恩,俯准照拟给奖,以昭激劝,出自鸿施。除饬取各员履历咨部外,理合恭折具奏,伏乞皇太后、皇上圣鉴。谨奏。

朱批:"著照所请。"

光绪三十三年七月廿二日。

(《光绪朝朱批奏折》第 120 辑,049)

恭报五月分雨泽情形并呈粮价清单折

头品顶戴、山东巡抚、杨士骧跪奏,为恭报光绪三十三年五月分雨泽情形,并呈粮价清单,恭折仰祈圣鉴事。

窃查,光绪三十三年四月分,山东省各属雨泽、粮价,经臣查明,开单奏报在案。兹查五月分通省一百七州县,除历城、章邱、齐河、济阳、禹城、平原、东阿、利津、蒲台、峄县、阳谷、寿张、范县、观城、朝城、日照、聊城、博平、茌平、清平、冠县、高唐、临淄、博兴、高苑、福山、栖霞、招远、莱阳、宁海、文登、海阳、荣成、临清、邱县、即墨等三十六州县未报得雨外,其余邹平等七十一州县先后据报于月之上旬初一、初九、初十、中旬十八、十九、二十、下旬二十五、二十六、二十七、二十九等日,各得雨一、二、三、四、五寸及深透不等。缺雨之处,前经迭次祈祷,现已普获甘霖,晨田沾足,地方民情均称安谧,堪以仰慰宸廑。谨将各属市集粮价缮具清单恭折具陈,伏乞皇太后、皇上圣鉴。谨奏。

朱批:"知道了。"

光绪三十三年七月二十四日。

(《光绪朝朱批奏折》第 97 辑,859)

请以杨学渊升补德州知州折

头品顶戴、山东巡抚、臣杨士骧跪奏,为沿河知州要缺,照章拣员请补,以裨地方,恭折仰祈圣鉴事。

查,德州知州张星源,于光绪三十二年十一月十七日病故,应以该员病故之日作为开缺日期,归十一月分截缺,业经奏请开缺声明,德州系沿河外调要缺,例应在外拣员请补。定例州县应调缺出,俱令于现任人员内拣选调补,如无合例堪调之员，始准以候补人员题补。如候补无人，准以应升人员题升等语。该州水陆交冲，五方杂处，华洋各商络绎于途。举凡修理河防、稽查保护，在在均关紧要，为东省西北入境第一条繁剧之区，非精明干练熟悉河工之员，不足以资治理。据布政使吴廷斌、提学使朱益藩、按察使黄云于通省现任简缺知州内逐加遴选，非现居要缺，即人地未宜，实无堪调之员。虽有候补知州及沿河候补知州人员，亦与此缺人地不甚相宜，未便迁就。惟查有章邱县知县杨学渊堪以升补德州知州等情，会详请奏前来。

臣查，杨学渊，年五十七岁，江苏海州直隶州人，由廪贡生于光绪五年报捐盐课大使，捐分山东试用，九年九月到省，十一年加捐知县，不论双单月选用。十五年奖叙同知衔，十七年奖叙花翎，十八年捐归新海防遇缺先选用，二十年正月签掣山东禹城县知县，经部带领引见，二月二十日奉上谕"山东禹城县知县著杨学渊补授。钦此"，领照到省。十二月到任。二十一年，因首先擒获邻境齐河县重犯，奏请奖叙。二十二年，经部复准调取引见，二十三年试俸，三年期满销去试俸。二十四年大计保为卓异，调补章邱县知县。二十五年到任，二十七年大计保为卓异，调署禹城县知县篆务，因陈家窑河工合龙案内出力，保准以直隶州知州在任候补，并俟离任归直隶州后加四品衔。三十年回章邱本任，因二十七、八年河工抢险内出力，保准俟补直隶州后以知府补用，三十一年考核政绩案内曾经列入最优等。

该员资深才练，有守有为，现任斯缺先后计经五载，办理地方各事均臻妥善，以之升补德州知州，实堪胜任。惟调缺请升与例稍有未符，但人地实在相需，例得专折奏请。合无仰恳天恩俯准，以章邱县知县杨学渊升补德州知州，实于要缺有裨。如蒙俞允，该员原现任知县升补知州，俟部复准再行送部引见。该员系初升人员，毋庸核计参罚，所遗章邱县知县员缺，系外调要缺，容俟另行拣员请补。除咨部查照外，谨恭折具陈，伏乞皇太后、皇上圣鉴，敕部核复施行。谨奏。

朱批："吏部议奏。"

光绪三十三年七月二十四日。

（《光绪朝朱批奏折》第 23 辑，742）

奏调熟谙河务人员潘煜、汪延庚片

再，查河工定章，遇有承办要工需员经理，准于兴工以前将应调之员先期奏明立案。本年永定河北四上汛十四号水堵工程浩大,筹堵极艰,非有久历河工之员不足以资佐理。经前督臣袁世凯查,有候补知府潘煜、分省补用州同汪延庚熟谙河务,由山东电调赴工差遣。该二员已于七月二十日到工,据署永定河道窦延馨、帮办永定河大工候补道张恺康会禀请奏前来。臣复查无异,理合附片具陈,伏乞圣鉴,敕部立案。谨奏。

朱批:"知道了。"

光绪三十三年七月。

(《光绪朝朱批奏折》第 100 辑,659)

交纳一百八十七结一成半出使经费银片

再,据登莱青胶道、东海关监督何彦升禀报,前奉总理各国事务衙门奏准添拨出使经费,令各关将洋税六成、商局税六成,各作为十成,提出一成半作为出使经费,全数解沪等因。前已解至第一百八十六结止,兹将第一百八十七结提出一成半出使经费银一万九百九十七两零,饬委试用州吏目张兴让,于光绪三十三年六月二十九日解赴江海关道衙门交纳。臣复查无异,除分咨外,理合附片陈明,伏乞圣鉴。谨奏。

朱批:"该部知道。"

光绪三十三年七月。

(《光绪朝朱批奏折》第 90 辑,686)

请褒奖孔祥霖片

再,在籍四品顶戴、翰林院编修孔祥霖,学识兼优,和平通达,前经正任抚臣周馥、署抚臣胡廷干先后奏留本省总办学务、农工商各事,免扣资俸,均奉谕旨允许在案。臣查,山东学务、农工商各事,皆该编修赴日本考察回东后厘定章程,仿效举办,费省功倍,成效昭然。现在高等学堂正、备斋学生毕业,臣已将办理学堂在事出力人员奏请奖励。

该编修资深,首列新章,非回京供职,不能升转,惟该编修办理学务暨农工商各事实系首开风气,最为出力,既已著有成效,未便没其勤劳。若拘于新例而不给奖，该员既未免向隅；若听其回京而得升途，东学则又失臂助。谨据情上陈，应如何加恩奖励，以酬劳勘之处，出自鸿慈逾格。除咨翰林院史部学务大臣查照外，谨附片具陈，伏乞圣鉴，训示。谨奏。

朱批："览。"

光绪三十三年七月。

（《光绪朝朱批奏折》第 23 辑，751）

请以徐寿彭调补滕县知县折

头品顶戴、山东巡抚、臣杨士骧跪奏，为拣员调补要缺知县员缺，以资治理，恭折仰祈圣鉴事。

窃查，滕县知县梁维新，光绪三十二年十二月二十三日奉旨以教职归部铨选，应以五日后行文按东省照限减半计算，扣至三十三年正月十二日作为开缺日期，归是月分截缺。所遗滕县知县缺，系"冲、繁、疲、难"兼四沿河要缺，例应在外拣员调补。据布政使吴廷斌、提学使朱益藩、按察使黄云查，有单县知县徐寿彭堪以调滕县知县等情，会详请奏前来。

臣查，徐寿彭年四十九岁，顺天东安县人，光绪九年报捐同知，双月选用，八年报捐分发，十二年改捐知县本班尽先选用，二十三年四月分选授高苑县知县，领凭到东报捐知州升衔，十一月到任。二十六年代理莱芜县知县，二十七年捐免试俸历俸，调补单县知县，旋在工赈局奖叙花翎，因在高苑县任内剿办拳匪出力，保准以直隶州知州在任候补。三十一年代理馆陶县知县，三十三年以劝办工赈出力保准候补直隶州知州后以知府用。是年十月回单县本任。

该员年强才裕，缉捕勤能，以之调补滕县知县，实堪胜任，惟以繁缺与例稍有未符，但滕县知县缺系"冲、繁、疲、难"兼四沿河要缺，较之单县"繁、疲、难"三字之缺，更为繁剧，地方实在相需。合无仰恳天恩俯念员缺紧要，准以单县知县徐寿彭调补滕县知县，实于要缺有裨。如蒙俞允，该员系现任知县调补知县，衔缺相当，毋庸送部引见。所遗单县知县员缺系繁缺，应俟接准部复，再行拣员请补。除咨部查照外，谨恭折具陈，伏乞皇太后、皇上圣鉴，训示。谨奏。

朱批："吏部议奏。"

光绪三十三年七月二十四日。

（《光绪朝朱批奏折》第 23 辑，743）

审办历城等州县十起寻常命案，摘叙简明事由折

头品顶戴、山东巡抚、臣杨士骧跪奏，为审办历城等州县寻常命案，遵章汇案摘叙简明事由，谨缮清单，恭折仰祈圣鉴事。

窃照法部奏定章程，各省寻常命案，由题改奏者摘叙简明案由改为汇奏等因，历经遵办在案。兹查，前据臬司转据济南等府州审解历城等州县罪应拟绞监候人犯王汶汉、王淀碌、黄四、李浩、方汶信、贺传云、赵八并罪应斩候，照章改为绞监候；人犯刘现漳、王萌山及王萌山案内为从罪应拟绞监候；犯妇黄氏又罪应绞决，照章改为绞监候；人犯董作幅，共十起十一名口，由司招解，经臣先后逐案审明复核无异。除将招册分送法部、大理院外，理合汇案，摘叙简明事由，谨缮清单恭折具陈，伏乞皇太后、皇上圣鉴，敕部核复施行。谨奏。

朱批："法部议奏，单并发。"

光绪三十三年七月二十六日。

（《光绪朝朱批奏折》第 109 辑，028）

请以程定邦升补兖中营游击折

头品顶戴、山东巡抚、臣杨士骧跪奏，为拣员升补陆路游击以实营伍，恭折仰祈圣鉴事。

窃照兖中营游击陆国铭，升补即墨营参将，遗缺接准陆军部以该缺系陆军推补第一轮第二缺，轮用卓异人员，咨令迅拣合例人员请补等因。查东省卓异都司李联功，已归尽先副将班内候补；尚国泰，于光绪二十三年军政案内保荐卓异，未及题升，续于二十八年举行军政列入平等，所有前得卓异例应注销。此外，卓异无人。其拣发应补捐输三项亦无人，自应过班，以应升人员抵补。伏查，兖中营游击一缺，驻扎兖州府城为镇标各营领袖，公事本极繁重，近年制兵全裁，防营单薄，该镇总兵须时时出巡郡城重地，全赖游击稽查弹压，督率巡防，情形与昔不同，员缺实关紧要，非精明干练实心任事之员，不足以资镇摄。

臣于应升人员内逐加遴选，查有兖右营都司程定邦，现年三十五岁，系安徽阜阳县人，由武进士蓝翎侍卫当差，期满以都司补用。光绪三十年正月二十五

日,选补山东兖州镇标右营都司,经兵部带领引见,奉旨"著准其补授。钦此"。由部给札,祗领到东,于四月二十五日赴任。是年八月,经前抚臣周馥委令兼署兖中营游击,于是月二十日接印任事。

该员年强才裕,缉捕勤能,兼署斯缺已将三年,措置裕如,以之升补兖中营游击员缺,实堪胜任。且历俸已满,虽俸满在出缺之后,与例稍有不符,惟员缺紧要,人地实在相需,例得声明请旨。合无仰恳天恩俯准,以兖右营都司程定邦升补兖中营游击,实与营伍、地方大有裨益。如蒙俞允,俟接准部复,再行给咨,送部引见,以符定制。其所遗兖右营都司员缺,系陆路部推之缺,东省现有应补人员,应请俟俸准部复,由外拣员请补,合并声明。除将履历、印册咨部查照外,理合会同兖州镇总兵臣张宗本合词恭折具陈,伏乞皇太后、皇上圣鉴,敕部核复施行。谨奏。

朱批:"陆军部议奏。"

光绪三十三年七月二十六日。

(《光绪朝朱批奏折》第 50 辑,895)

具陈已结未结情况折

头品顶戴、山东巡抚、臣杨士骧跪奏,为各属交代循章半年汇报已结、未结,缮单恭折,仰祈圣鉴事。

窃查,山东省各州县交代前经奏明查办二参,凡有亏空立即参办,每届半年汇报一次,限内算明,凡有交款者勒限一个月完缴,逾限不完即行参追,并照新章一任一清,不准有一官两任交代名目加展限期,历经遵照办理在案。兹查光绪三十二年七月初一日至十二月底止,又届半年汇报之期,据布政使吴廷斌造册详请具奏前来。

臣复加查核,上次开报勒限完缴者八员:前署历城县知县叶宝昌、前代理荣城县知县罗忠铭、署蓬莱县知县陈冠、前黄县知县何枝、前代理邹县知县姚鹏图、前代理沾化县知县张锡龄,已据各该员将欠款完解清楚。又署宁阳县知县汪锡康、邹平县知县桂麟,除解下欠银数无多,现在勒限严催完缴,倘敢再延,即由司另详参追。此次新案交代,自光绪三十二年七月初一日至十二月底止,共计结报三十,案内有前署长山县知县袁桐、前署郓城县知县李杜、前署东阿县知县何金龄、前署荷泽县知县汤宗干、前代理黄县知县曾西平、前昌邑县知县文郁、前署临淄县知县季桂芬,各有欠款,或为数无多,或缺本苦累,或因另案参革,或丁忧病故,今若遽予参追,未免过形刻核,且反杜其借贷之门,于公款仍无裨益,拟再勒限一个月严催完缴,倘逾期不完再行分别参办。其馀二十三起,具系各清各任,并无未完银两。调署人员亦无一官两任交代展期之事。理合缮单,恭折具陈,伏乞皇太后、皇上圣鉴,谨奏。

朱批:"度支部知道,单并发。"

光绪三十三年七月二十六日。

(《光绪朝朱批奏折》第 85 辑,159)

报销挑挖北运河下段工程用过银数折

头品顶戴、山东巡抚、臣杨士骧跪奏,为报销挑挖北运河下段工程用过银数,恭折仰祈圣鉴事。

窃照东省北运河上下段计长二百余里,淤垫失修,以致运河全体脉络为之阻滞。经臣奏准,分段挑挖,先挑东昌至临清一段,嗣该处下段工竣,派员验收并因上端寿张等处积水未消,碍难施工,声明俟积水消涸再行续接挑挖,先后附片奏报在案。查,此次挑挖北运河,即以所挑之土修培两岸堤埝,并于临清河尾添修涵洞,引导聊城白家洼堂邑马头河等处附近积水以期水有所扫,舟行无阻,坐是用款较多,总共用过工料价值银三万六千百八十七两零,较原估多用银八百余两。统在藩司运河大挑经费项下动用,所用银两委系实用实销,并无丝毫浮冒,至上段工程俟积水稍涸,再行接续挑挖,以维大局。兹据河防局司道造具细数清册,加具印结,详报前来。臣复查无异,除册结咨部外,理合恭折具陈,伏乞皇太后、皇上圣鉴,敕部核销施行。谨奏。

朱批:"该部知道。"

光绪三十三年七月廿七日。

(《光绪朝朱批奏折》第 100 辑,656)

请将张友臣开缺归尽先都司班补用片

再,前准署曹州镇统兵靳呈云咨称,左翼防军前营管带实任台庄营得胜关汛千总张友臣,山东历城县人,由武童在营出力,历保以千总尽先补用,光绪十七年因抢护黄河上下游险工并堵筑高家套漫口合龙出力案内,奏保免补千总以守备尽先补用,经部改为俟补千总后以守备补用,旋经拔补台庄营得胜关汛千总。十九年,复因堵筑胡家岸济阳灰坝、桑家度等处漫口合龙出力,奏保免补守备以都司尽先补用,并加游击衔。经部核准在案,应请咨部开去张友臣千总底缺,以都司归班候补等情,当经臣咨部开缺,兹准陆军部行令,奏明办理前来,相应请旨将台庄营得胜关汛千总张友臣开缺归尽先都司班补用。除咨部外,谨附片具陈,伏乞圣鉴,敕部遵办。谨奏。

朱批:"陆军部知道。"

光绪三十三年七月廿七日。

(《光绪朝朱批奏折》第 100 辑,657)

报销山东抚标前军左右两营第五次收支各款银数折

头品顶戴、山东巡抚、臣杨士骧跪奏,为报销山东抚标前军左右两营第五次收支各款银数,谨缮单恭折,仰祈圣鉴事。

山东省抚标马步八营于光绪二十七年间先后裁撤,六营酌留,抚标前军左右两营所需饷项先由收存新海防捐输项下动支,嗣因捐输无款,改由东海关常洋两税馀剩及临清关税项下筹拨接济,业已截至光绪三十年十二月底止,作为第四次造册报销在案。

兹自光绪三十一年正月初一日起至十二月底止,该两营官弁勇夫及正杂支销,自应悉遵奏案,按照武卫右军先锋队营制饷章办理,即支饷营、医药、犒赏、搬运长夫及修理枪械物料等款银八万九千八百五十六两零,又恤赏烧埋等项一千四百二十两零,又购制号衣袄裤靴帽等项支银一万三千三百六十六两零,又解交机器局购买瑞记洋行新式枪子机器连运费等项支银八万六千两,以上各款共销银十九万三百七十三两零。收款项下计收光绪三十年抚标第四次报销案内存剩银九万二千四百三十三两零,又东海关银七万一千五百两,又临清关税正耗盈馀银六万八千八百六十八两零,又收工赈局解还宁工堵口借拨关临清关税库平银十一万两。以上统共收银三十四万二千八百二两零,计存剩库平银十五万二千四百二十八两零,拨入下届报销案内造报。据善后局开造总细各册,详请奏咨前来,臣复核相符。除清册咨部查照外,理合缮具简明清单,恭折具陈,伏乞皇太后、皇上圣鉴,敕部核销施行。谨奏。

朱批："该部知道,单并发。"

光绪三十三年七月二十七日。

(《光绪朝朱批奏折》第 64 辑,193)

报销山东抚标前军左右两营第六次收支各款银数折

头品顶戴、山东巡抚、臣杨士骧跪奏,为报销山东抚标前军左右两营第六次收支各款银数,谨缮单恭折,仰祈圣鉴事。

山东省抚标马步八营于光绪二十七年间先后裁撤,六营酌留,抚标前军左右两营所需饷项先由收存新海防捐输项下动支,嗣因捐输无款,改由东海关常洋两税馀剩及临清关税项下筹拨接济,业已截至光绪三十一年十二月底止,作为第五次造册报销在案。兹自光绪三十二年正月初一日起至十二月底止,该两营官弁勇夫及正杂支销,自应悉遵奏案,按照武卫右军先锋队营制饷章办理,即支饷营、医药、犒赏、搬运长夫及修理枪械物料等款银九万九千一百七十一两零,又恤赏烧埋等项一千八百六十二两零,又购制号衣袄裤靴帽等项支银一万三千六百六十六两零,又解交机器局购买瑞记洋行新式枪子机器连运费等项支银八万六千两,以上各款共销银十一万四千四百两零。项下计收光绪三十一年抚标第五次报销案内存剩银十五万二千四百二十八两零,又东海关银六万三千两,又临清关税正耗盈馀银四万七千四百八十七两零,以上统共收银三十六万二千九百十六两零,内借发游击四营、巡缉一营月饷银十二万两,实收存银十四万二千九百十六两零,计存剩库平银二万八千五百十六两零,拨入下届报销案内造报。据善后局开造总细各册,详请奏咨前来,臣复核相符。除清册咨部查照外,理合缮具简明清单,恭折具陈,伏乞皇太后、皇上圣鉴,敕部核销施行。谨奏。

朱批："该部知道,单并发。"

光绪三十三年七月二十七日。

(《光绪朝朱批奏折》第 64 辑,194)

报销山东省海防中正马步两营第三次收支各款银数折

头品顶戴、山东巡抚、臣杨士骧跪奏,为报销山东省海防中正马步两营第三次收支各款银数,谨缮单恭折,仰祈圣鉴事。

窃查,山东沿海防军中、右、后三营,前因该军驻扎处所切近于胶州威海租界,地面辽阔,非用马队不能调度灵便,当经升任抚臣周馥奏明该军中、右、后三营改编中正、马步两营,自光绪二十九年三月起改照先锋队饷章一律办理,业已截至光绪三十年十二月底止,作为第二次开销报单在案。兹自光绪三十一年正月初一日起至年底止,该两营用过银两应作为第三次报销,计支饷营、医药、犒赏及采买价值修理枪械物料等款银九万四千六百六十二两零,又恤赏烧埋等项九百八十八两零,又购制号衣袄裤等项支银一万一百三十两零。以上各款共销银十万五千七百八十一两零,收款项下计收海防案内遵饬删追蒙充营官公费及黄县、莱州等局巡勇口粮等银七百二十四两零,又收善后第八十五次报销案内存剩银三万三千二百三十三两零,又收藩库银四万五千一百三十一两零,又东海关银三万二千两,共收银十一万一千一百八两零。内除拨还海防第二次报销案内不敷银一万五百七两零,计不敷银五千一百八十两零,应俟东海关解到洋药厘金拨还归款。据善后局开造总细分册,详请奏咨前来,臣复核相符。除清册咨部查照外,理合缮具简明清单,恭折具陈,伏乞皇太后、皇上圣鉴,敕部核销施行。谨奏。

朱批:"该部知道,单并发。"

光绪三十三年七月二十七日。

(《光绪朝朱批奏折》第 64 辑,195)

请以黄云署理藩司,沈廷杞署理臬司片

再,布政使吴廷斌奉旨署理山东巡抚,所遗藩司篆务,查有按察使黄云,谙练老成,洞明治体,堪以调署。递遗臬司篆务,查有济东泰武临道沈廷杞,才长心细,公正廉明,两权臬篆,均能措置裕如,堪以调署。递遗济东泰武临道篆务,查有候补道潘廷祖,资望最深,安详稳练,堪以署理。除分檄饬遵外,谨附片陈明,伏乞圣鉴。谨奏。

朱批:"吏部知道。"

光绪三十三年七月。

(《光绪朝朱批奏折》第 23 辑,753)。

第四辑

署理直隶总督兼北洋大臣时期奏议

署理直隶总督谢恩折

头品顶戴、山东巡抚、臣杨士骧跪奏，为叩谢天恩，吁恳陛见，恭折仰祈圣鉴事。

窃于光绪三十三年七月二十八日电传邸钞，钦奉上谕"直隶总督兼北洋大臣，著杨士骧署理。钦此。"跪聆之下，感悚交萦。当即恭设香案，望阙叩头谢恩。伏念臣世受国恩，早跻词省，由监司而藩牧，恒依近甸以宣风；移左辅而诹巡，渥荷天家之醲露。遹承优简，俾摄畿疆，旧治新符，重效驰驱于朔乘，轸材重寄，遽资绾钥于北门。感被高天厚地之恩，益懔投大遗艰之任。

查，直省拱依神辅，辏集华洋，外交内政之兼权，吏治军谘之交勖。经前督臣频年创制，加意经营，奉诏策以奋新猷，研究与施行并进，因首善以宏肇造，中外之属望同殷。自抚疏庸，勉希循辙，思萧规曹随之往事，量力难胜，当梯航轮轨之交通，审时宜亟。百端经纬，万感旁徨，溯经外服之迴旋，仰望天颜于咫尺。唯有恳求陛见，俾遂愚诚，抒微臣依恋之忱，比葵藿倾阳而尤切，趺宵盱忧勤之略，庶枢机秉运而咸宜。所有微臣感激下忱，暨吁恳陛见缘由，理合恭折叩谢天恩，伏乞皇太后、皇上圣鉴，训示。再，臣于拜折后即交卸，迎折北上，合并声明。谨奏。

朱批："著来见。钦此。"

光绪三十三年七月二十九日。

（《杨文敬公奏议》卷五）

改订山东矿务合同并清单折

山东巡抚、署理直隶总督兼北洋大臣、臣杨士骧跪奏，为改订山东五处矿务合同，遵奉外务部、商部函电，速即妥订，现经德员签押，谨照录进呈，一并将先后办理情形，恭折密陈，仰祈圣鉴事。

窃查，东省五处矿务前经东省京官以损失利权太大，拟请设法补救等词，联衔具奏，恭奉谕旨饬查在案。臣奉旨后，遵即督饬矿政局员与华德采矿公司德员磋议累月，始将已失利权设法挽回，当经改订合同，咨由外务部、商部核复到东，饬局会同德员签字画押，兹已订换事竣，谨将先后商订情形，为我皇太后、皇上密陈之。

查，自议订胶澳条约以后，德人即在东省设立华德煤矿公司，勘办相距铁路附近三十里内矿产，侵损本省矿利已多。光绪二十五年春间，又有德商于三十里矿务之外设立华德采矿贸易公司，呈请勘办沂州、沂水、诸城、潍县、烟台五处矿务，禀由德国驻京使臣与总理衙门商办此事。总理衙门以所占地段太广，核与定章不符，初次未经核准。复经德使拟选矿章十四条，总理衙门旋即酌量改订，仅以先准开办一处暨同时开办五处，彼此断断辨论，迄未定让；而于矿界之大小、主权之得失，则概未议及也。二十六年夏间，拳匪构祸，遂即悬阁未议。二十七年秋间，德使又派驻烟领事连梓来省接商，经抚臣张人骏商由外务部饬派道员杨晟来东，酌照原议续订矿章二十一条，电由外务部核准，嗣因抽税、报效两项专章一时不能议妥，全章遂亦未及签押，移交后任抚臣周馥接办，磋商多次，仍未就绪，此五处矿务原案之大概情形也。

臣到任后，详核原案，始知德人前在总理衙门所指五处矿界，约计共有十二万方里之多，而又处处援照三十里矿章办理，所损本省矿政权利甚大。今欲设法补救，首在声明只是商务，不是交涉，先将前两次所订矿章草底作废，改令遵照商部奏定通行矿章办理，仅与商订合同，勿庸另订专章，俾与华商办矿一律，是为全案紧要关键，而又注重收缩矿界、认交矿税两大端，借以挽回利权，舍此别无办法。爰于三十三年春间，督饬矿政局道员朱锺琪、李德顺等与该公司德员贝哈格另行妥议合同八条，第一要义，即重在明定矿界，只准于五处内择定开矿地亩七小块，每小块不得逾三十方中里，合计亦只有二百一十方中里，较诸原指矿界约收小五百七十余倍。又将该公司名目改为华德采矿公司，声明系按照寻常商务办法，与胶济铁路附近三十里内之矿务载在胶澳条约者迥不相同，并于交涉无干。而又明定办矿期限、完税规则，并须分招华股，添设华总办，以期华德合办，遇事平权。其余一切事宜，悉令遵守通行矿务章程办理，仍归矿政局随时查核，处处防损取益，似已挽回利权不少。磋磨兼旬之久，始获勉就范围。当经臣照钞合同底稿咨商外务部、商部、升任北洋大臣直隶督臣袁世凯，先后核复到东，贝哈格亦将所议合同函商柏林总公司，旋即因事他去，未及签押。迨后复准商部电称："所订各条，详细周妥，应即照准。"旋于本年六月又准外务部电称："此项合同，现经详加查核，均属可行，应俟该公司代理人到东时，饬局画押盖章"，并由臣处奏明办理，各等因。该公司代理人郭恩曼旋即来东签字，复经臣督同局员逐条详加删订，并声明以华文为主，遂于七月十四日分缮华、德文合同各二份，彼此签字画押，五处矿务全案随即就此办结。

伏查，德人呈请勘办五处矿产，原指矿界几及东省沿海三分之一，而所索利权亦与三十里内矿务相埒，论者谓其蓄意甚深，似非仅在办矿一端，不为无因。今幸仰托朝廷威信，设法补救，改订合同，俾获挽回损失利权，仍与寻常商务无异，即使将来集资勘办，自可饬照通行矿章办理，既不至别酿重要交涉，亦可维持本省矿权，借以仰慰宸厪。除分咨军机处、外务部、农工商部查照外，所有改订山东五处矿务合同，谨照缮清单，恭呈御览，理合恭折密陈，伏乞皇太后、皇上圣鉴训示。再，此项合同系照录签押原本，未便更改，故与陈奏语气稍有未符，合并陈明。谨奏。

朱批："该衙门知道。单并发。钦此。"

光绪三十三年八月初五日。

谨将议订华德采矿公司勘办山东五处矿务合同照缮清单，恭呈御览：

为订立合同事，案据华德采矿公司呈请勘办山东五处矿务，虽经外务部允准先行查勘在案，兹准外务部咨开，以据该公司禀请续议前来，现奉山东巡抚部院杨札委矿务局与该公司议定合同如下：

第一条　该公司招集华、德股本，即系华、德公共商务，现在勘办五处矿产，只应按照寻常商务办法，与胶济铁路附近三十里内之矿务载在条约者迥不相同，并与国家交涉无干。至该公司应办之事，系仅限于开矿一端。此次合同所载各条，均不得推及各项商务。

第二条　外务部前允该公司于原指五处地段内查勘矿产，原议每处以十个月为限，今逾期已久，据该公司禀称实未探竣，现特格外通融，准自此项合同签订之日起，再酌予加展探矿期限两年，由矿政局详请抚院咨明外务部、农工商部立案，俟恳请开办时，再请农工商部核发开矿执照。未发执照以前，不得擅行开采矿产。如两年限满，仍未呈请开办，即将该公司查勘矿产主权，全行停止，其他统归中国办理。至两年限内，倘有华商在原指五处凡非公司恰正查勘之地段以内呈请勘采矿产，则先知照该公司，于两个月内呈复；如该公司必用此地开采，即应划定矿界，依限办理。倘逾两个月定限，该公司并未呈复，或呈明不愿开采，则此块矿地即归华商领照承办，该公司不得干预。至原指地段内，凡有华商已经勘办及暂时停工尚未全行废弃之矿，应仍归华商办理，该公司允认概不过问，亦不搅扰其事。倘该公司，于华矿有所询问，矿政局允为查明知照。

第三条　该公司原指五处地段，系为探矿而设，是以占界甚大。今为办事和平迅速起见，于两年探矿期限内，准该公司于原指探矿地段共择定开矿地亩七块，系依限呈请开办，每块矿地界限不得逾三十方华里，其地须彼此连属，长处不得逾阔处四倍。该公司于呈请开办之时,须绘具矿地详细图说,候矿政局派员会同地方官查明果无违碍情形,再行详请抚院转咨农工商部核发开矿执照。领照后,应按照部定章程第二十四条限六个月内开矿,仍以修砌井洞、盖造厂房等事作为开办实据,不得仅以呈报开办日期空言搪塞。倘逾限仍未开办,即将执照注销作废。至矿地四至界限,应于地面周围立石为志。该公司在地底开采,深处不立限制,其四旁不得挖过地面界址直垂之线。如界外有华商指办矿地与该公司矿地相距较近者,亦应各将界址画明,以免争执。该公司无论因何原故如将指办矿地转售他商接办,应首尽华人,次尽德人,届时仍应禀由矿政局呈候抚院核明批准咨请农工商部另换执照,不得私相授受,隐匿不报。

第四条　矿政局总理山东全省矿政,该公司遇有应办公事,应禀明矿政局查核定夺。该公司已办之各项工程,矿政局可随时派员稽查,惟派员之时,须预先知照该公司,以期接洽。如有租地、赁房、招工、购料等事合同,应先禀请矿政局饬派委员或饬地方官派人帮同照料,妥为商办,总期办事简便公平,庶于公司及地方公共利益两无妨碍。至该公司探矿采矿应需地亩,现经彼此订明,只可租用,不得购买;以前已购之地,该公司亦允一律改为租用。其业经划定矿地,如该公司一时尚无布置,仍准地主照常耕作。该公司租用地亩,应各就本地情形妥议租价,彼此无少抑勒,应于开矿以前先付一年租价,由矿政局委员眼同交与地主查收。倘系荒山、河滩,查无业主之地,即系中国国家公产,应照民地一律议租,呈交矿政局照收。如有庙社、坟茔,不便迁让,以及妨损农田水利各项公益善举实有关系违碍之处,地主决意不愿出租,应仍听其自便,该公司不得强行租用。再,如朝廷所属祠庙、行官、园厂等项之下暨逼近城垒以及防守各要害之处,均不准呈请租地办矿。除此以外,该公司租用地亩,该地主即应公平议租,不得借词推托。如该公司于矿界附近河道欲立引水机台取用河水,应先禀请矿政局派员会同查勘,酌核办理,总以无碍农田水利为主。该公司如在内地欲租栈房暂存办矿料物,亦应禀请矿政局查照条约酌核办理。

第五条　该公司创设公司缘由并招集股份章程,应呈送矿政局详请抚院咨报外务部、农工商部存案备查,如有违背条约妨碍公法之处,中国政府应有饬令更改之权。即如该公司在所指地段只准开矿,不准制造,亦遵照条约之一端。如该公司拟在商埠暨指定办矿界内设立分局或分公司,应预先禀报矿政局查考。所有出售该公司新旧股票,华、德人均可购买;所享利益,华、德一律,无稍轩轾。共招股本若干,随时赴矿政局报明。将来华股集至十万马克,即应设华总办一员入公司办事,凡遇稽查华股应享一切利益等事,均与德总办平权。倘华总办遇事故意阻难，准该公司禀请矿政局查核更换；如德总办办事不能和平，确有不合理法实据，亦准华总办据实禀揭。凡公司一切事件，总须彼此互商，持平办理，均不得无端争执。又，凡该公司所用各洋人，均须请领矿政局凭单，以便遇有查问，随时呈验。此项洋人若欲他往游历，均应照约请领护照。

第六条　该公司凡领开矿执照在十方华里以内者，须缴照费库平银一百两，如在十方华里以外，则每多一方里，加费十两，以三十方里为限。其占用地亩，已照发公平租价，则该地应纳钱粮，仍归业主自行完纳。惟所出矿产，应缴两税，一系出口税，即按照税关章程完纳；一系出井税，暂照光绪三十年二月初一日商部奏定矿务暂行章程所载税则完纳。俟矿产出井后，即由该公司核计逐日出井实数，照则计税，案公司每年结账时，汇呈矿政局核收。将来另定矿务新章，内中所载完税名目，定则轻重，如中外遵行，该公司亦应一律改照新章办理。如新章所载税则比较现行章程从减，矿政局允将该公司溢付之款抵作下次付税之用。又，该公司制运矿产出口，既已分完出井、出口两税，沿途即可免抽厘金。惟该公司必须将逐日出井实数暨装运出口之各项矿产，随时按照实数列表登记，并各造详细数目清册一份，按年呈送矿政局核明转详抚院咨送农工商部，以备查考。并可由矿政局随时派员赴公司、矿厂稽查出井矿产及应纳矿税务实在数目，凡与矿产出井、运销及与税务确有关系之各项正副账册，委员均可随时调查。

第七条　该公司开采矿产，如挖掘井洞、抽引泉水等事，总以不妨附近民田、房屋、水井为主，若因公司大意粗心致伤以上历指各物，定当按照该处情形认赔。倘遇有意外不测之事，致伤人命及物件，均应从优抚恤赔偿。凡开矿之处，均须就近设立病院所，以便华人在工患病及受伤者前往医治调养；所有在院、因病因伤费用，概由公司备给；若竟因伤病身死，公司须出资恤其家属。

第八条　该公司办理诸事，首以此次签定合同为主，凡此合同有关采矿各事而未及详载者，于矿务新章尚未颁发以前，均应遵照光绪三十年二月初一日商部奏定矿务暂行章程办理，俟将来颁发矿务新章，除此项合同所载仍应遵守外，其馀各事，该公司即应统遵新章照办。自经此项合同签押之后，所有从前议而未定之各项矿章草底，应即全行作废。

以上八条，系用华文，共缮两分，彼此签押作据；另译德文，核对条款语意相符。设使华、德两文彼此解释或有歧异之处，则应以华文之义为主。此次所议各条，公司允愿确实遵守，山东抚院亦允办理诸事，永以和平友睦为宗旨，俾使矿务日有起色，而华、德人民互受裨益。此项合同，现经外务部、农工商部允准，俟彼此签字后，即可施行。

奉朱批："览。钦此。"

附录：致外务部函，清光绪三十二年四月初二日。

上年十月初五日承准钧咨，饬与华德公司总办贝哈格续订五处矿务章程等因；贝哈格旋于本年二月初六日来省，骧当即饬派矿政调查局道员朱锺琪、唐荣浩，知府李德顺等与贝议订合同草稿八条，撮要电请核示，旋奉钧电承示：贝此次到京，已蒙大部饬令从速同东续议。并承钧谕：应于合同内添载所订各条，须候大部核定，方能作为准办之据，各等因，具征硕画周详，至为钦佩。贝现于本月十六日来省，复饬该员等与之接续议订，彼此磋磨兼旬之久，直至二十八日始行宣议，仍与前电所陈各条大致相符，惟将第八条所载"请办宁海州猫山矿地"一节删去，因第三、第四两条业已详载办法，俟办猫山矿地时，即可一律援照办理，勿庸另列专条。特将抚恤、赔偿等事另行添列，即作为第七条，并将原有之第七条改作第八条，以符原数。各条中彼此均有增删改易之外，并于合同后幅遵示添载"所订各条，须候大部批准，作为准办之据，方可施行"等语，借昭慎重。兹谨照录合同原文随函附呈，恭候鉴核。

伏查，此次议定合同办法，系重在声明只是商务，不是交涉，先将前次所订矿章草底作废，改令遵照通行矿务章程办理，仅与商订合同，勿庸另议专章，俾与华南办矿一律，是为全案最要关键，而又注重收缩矿界、认缴矿税两大端，借以挽回矿政利权，故于第三条内特为订明"只准该公司于原指探矿地段内，共择定开矿地亩七块，依限呈请开办，每块矿地界限不得逾三十方华里，其地须彼此连属，长处不得逾宽处四倍等语，均系遵照商部奏定矿章办理。查该公司原指五处矿界，约计共有十二万方里之多，今只准办矿地七块，每块不得逾三十方里，合计只有二百一十方里，较诸原指矿界，小五百七十余倍，似已收回矿政利权不少。再，骧原意只准指办五块矿地，贝再三坚执，谓"至少必须指办十数块，否则请将每块矿地界址量予展拓。"骧饬议员告以彼在大部所递原呈曾经声明只办七块矿地，何得议加至十数块之多，至每块矿地限定三十方里，亦系遵照商部奏定矿章，更何得量予展拓，所请均断难照准。复经再三磋订，始以准办七块矿地定议。至第六条所载矿税一节，贝初颇坚执，谓"须俟两年后，或俟矿务新章颁发，再照新章税则完纳矿税。"骧当饬议员告以，此事万办不到，该公司既经开采矿产，即应完纳出境税；既允出井税，即应遵照现行章程税则办理，何得再候两年？往返辩驳多次，贝始允暂照商部奏定矿章所载税则完纳，惟须于合同内声明，将来颁发矿务新章，所载税则如比较现行税则从减，应准将盈付之款抵作下次付税之用等语。此节骧初未照允，嗣经该议员等再三陈请，谓"此项合同，磋议及此，实已不易，各条内维持主权挽回矿利之处颇多，贝既于此节持议甚坚，如不量予通融，事将因此中阻。况矿务新章尚未经鄂督奏准颁发，究竟比较现行税则是否从减，仍未可知。且该公司现仍从事查勘，并未开采，完纳出井矿税，须在开采以后，迁延展转，再迟一两年矿务新章即可颁发，届时自应改照新章完税。合同内所载：'允将盈付之款留抵下次付税之用'，只是赘词，究与现行矿章税则并无妨碍，似可通融照准"。惟事关通行奏案，骧究未便擅专，现已饬议员与贝言明，所议各条，仍须呈候大部核示，方能作为准据，此时不过权且定稿，设使其中饬有应行斟酌之处，彼此均可另商。贝即将合同译成德文转达柏林总公司，该商自候总公司回信，一面恭候大部核复。

再，贝意总以第三条所载"准办七块矿地"，第六条所载"准将现定矿税如有盈余留抵下次税款"两节为重，并谓"此事议办已六、七年，屡竟屡辍，此次即经和平妥商到此地步，深愿就此办成。"又谓"只要第三、第六两条可以照准，其馀各节，即使柏林总公司有不愿承认之处，彼可尽力担任"，云云。揣其语意，似已不留余地，无可再商。即该议员等亦谓"连日竭力磋磨，实已办到尽头地步，其馀无关紧要之事，自不能不相机应为妥结束。因即如该公司所用名目，华、洋文恐有不符，惟既系招集华、德股本在中国请办五处矿务，所用名目，自应仍以华文为准，特予合同第一条内载明"该公司招集华，德股本，即系华、德共同商务。"又于合同后幅载明："以上八条，系用华文，共缮两分，彼此签押作据，另译德文作为译件，核对条款语义相符，设使华、德文彼此解释或有歧异之处，则应以华文之义为主"各等语，似此切实声明，专以华文为准则，则该公司在柏林注册如何名目，自可置之不理，较省周折。是否有当？并候核夺。

再，贝现拟暂回青岛候示。据云，柏林同信四月内必可寄到青岛。兹谨将缮就合同底稿专弁赍呈，敬祈俯赐酌核。并请就近咨商商部，可否照此定议画押，抑或尚有应行增删改易之处，恭候核定，从速赐复，仍发交去弁赍回，以便及时转复贝哈格查照，俾免日久别生枝节，曷胜祷企！

再，按照商部定章，须请领探矿执照，惟该公司系于光绪二十七年即奉大部准其先行查勘，事在商部奏定矿章以前，现虽展限两年，仍是爰据前案办理，似可毋庸补领探矿执照，惟饬该公司补缴照费，按五处矿务应领五张执照计算，共补缴照费银二百五十两，呈由矿政局核收转解。迨将来呈请之日，应赴商部请烦开矿执照，再饬该公司查照定章办理。谨请大部咨明商部一并核复，以便转饬遵照，合并陈明。

（《光绪朝朱批奏折》第 102 辑，107；《杨文敬公奏议》卷三）

拿办惑众匪犯折

山东巡抚、署理直隶总督兼北洋大臣、臣杨士骧跪奏，为访获立会著书，大言惑众之匪犯，分别拟以监禁，恭折具奏，仰祈圣鉴事。

窃臣于光绪三十三年五月间，访闻登州府属有乡民造言惑众。正在查拿间，适由邮政局递到文登县林村集耶稣教民赛荣峰一函，内论中国圣道、外国耶稣两教流传失真，惟伊得两教真传，自立建都会，各省发信劝人入道，语多鄙俚，且有毁谤，迹近疯癫。当经电据登莱青胶道何彦升，密派文武员弁购线带勇，会同文登县知县武晰于六月初四日驰抵该村，将赛荣峰并信教之姜汶泗、于为斌、林禾城一并拿获，起获所著手钞书籍解经。何彦升查讯电禀到臣，当将获犯缘由先行电达军机处代奏，一面饬令何彦升复加确讯。

嗣据讯明，赛荣峰、于为斌、林禾城均庄农度日，姜汶泗教读为生，皆先入耶稣教，深信为善升天之说。迨后赛荣峰因见教中多言与行违，遂与姜汶泗等另立一教，名为建都教会，系指总教都会。聚集而言，赛荣峰自命为神之真徒，因神灵感动，深知尧舜孔孟仁义与耶稣劝善共为一途，作书约三十万言。悉本此意劝人入道，姜汶泗等极为信服，帮同缮写。姜汶泗并附有歌词，彼此随时演说，听者疑信参半，皆未入会。惟赛荣峰与姜汶泗等四家男女老幼二十六人同居共食，聊为一气。

本年五月，赛荣峰因欲推广教会，投函各省并本省各衙门，自矜其说，遂被访获。何彦升再三研鞫该犯等，辞色凝定，犹以为神灵被体，实属迷信入魔，与疯癫无异。委无异谋逆迹，此外亦无入教之人，确加访讯，毫无疑义，偏阅钞本，尚无悖逆字句，惟篇页重复杂沓，虽不外劝善讲道，而其中妄论政体，并胆敢分投寄信，实为狂诞。何彦升当将讯供缘由，并起获书籍，专弁送省，禀经臣饬发臬司黄云核拟去后，兹据该司详称，该犯等既无悖逆深谋，妖异实据，情近疯迷，未便遽加诛戮。唯该犯赛荣峰，谬谓中西两教真徒，立会著书，通信演说，大言获众。幸查拿凡速，尚无入会之人，否则煽惑渐多，安知不萌异志？现在，人心浮动，此等匪徒断难轻纵。姜汶泗信从赛荣峰，帮同缮书，自亦著有鄙俚之词，厥罪唯钧，请各永远监禁；于为斌、林禾城情稍可原，请各监禁十年等情详复前来。

臣复查，该犯赛荣峰立会著书，发信至四十馀封，万一钞传渐多，人心惶惑，致渎圣聪，恐烦宸虑，故一经拿获，不能不据实电陈。兹既讯无谋逆重情，只以形同邪说，不得不永远禁锢，以示惩儆，应请一并照拟办理。至该犯等设会房屋，查登充公，妻孥免究。该处经何彦升督同文登县传集绅耆，告以禁令，晓以利害，饬令家喻户晓。凡有信教而未入会之人，俱已畏罪洗心，各安生业，地面安堵。所有获犯拟办缘由，理合恭折具奏。伏乞皇太后、皇上圣鉴，训示。谨奏。

奉朱批："著照所请，该部知道。钦此。"

光绪三十三年八月初五日。

（《杨文敬公奏议》卷五）

为陈万清请恤折

山东巡抚、署理直隶总督兼北洋大臣、臣杨士骧跪奏，为统兵大员实缺总兵积劳病故，恳恩赐恤，以彰劳勚，恭折仰祈圣鉴事。

窃查，奏留山东贵州古州镇总兵陈万清，因病出缺，业经臣具折奏报，并声明战功事绩，俟查明后另行奏陈在案。兹据青州营参将黄宏泰、尽先游击蔡元海、尽先都司范恩镕、尽先游击王步清、补用都司宋永、直隶候补直隶州知州刘长英、山东试用知县汤建勋等呈称，查已故贵州古州镇总兵陈万清，系安徽合肥县人，于同治元年投效西陲。其时陕甘两省回匪启衅，州县几无完土，如渭南县之会头镇、高陵县之十三村并张家川固原洮州等处，均为匪之巢穴，深闭固守，无人敢撄其锋。前陕甘总督杨昌浚、提督雷正绾等患之，该故镇应募请行，率队前驱，真捣匪穴，摧坚挫锐，所向披靡，遂于三、四年间随同大车将已失之州县厅城，先后克复。转战六、七年，叠膺保荐，此其功在西陲者一也。同治七年在盛军充当右营帮带，光绪六年在吉林管带巩字步队，前营训谏操防，尤称勤奋。十二年冬间经前任大学士、直隶总督臣李鸿章奏调入关，委带亲军炮队。十三年派赴威海建筑炮一，嗣又随同前提督周盛传筹办小站屯田事宜。该故镇日夕督工，劳瘁罔顾，连上十策，均蒙李鸿章采择施行，开河、筑城、挑濠、修闸，开成稻田数百万顷，获利无算，至今军民利赖，外人称欢。中日之役，吉林边防吃紧，经前湖南抚臣吴大澄飞调出关，随办军务。李鸿章旋复调回威海统带三营，该故镇督师力战三昼夜，身受重伤，请假回籍，迨创势平复，经致仕大学士前直隶总督臣王文韶调赴北塘，充通榆淮练军谘。

光绪二十五年，今直隶总督臣袁世凯创练陆军，又调充武卫右军稽查军谘。该故镇日与诸将请求西操暨外洋兵学，军声为之一振。此其功在北服者二也。

山东系南北咽喉之地，二十六年拳匪骚动，道路梗阻，袁世凯时过东济局，实非浅鲜，而泰安、肥城、平阴、莒州等处仍复时有匪警，复饬统带两营驰赴该处地方，相机办理，剿抚兼施，全省遂一律平靖。嗣又加委统领后路四营，驻防昌乐、益都、博山、淄川、新城、章邱等县，保护德人铁路，兼顾各境矿产。中外商民，咸颂其德。三十年宁海庄黄河决口，该故镇督队赶修大工，因而堵合，升任抚臣周馥深器其才，因奏派代理武卫右军先锋队左翼长，仍驻省东一带，以资控驭。前后积功，保至记名简放总兵。

迨臣到任以后，廉知其才能，勋望在东，统兵多年，为将领中不可多得之员，密保奏请，饬交军机处存记，蒙恩简放贵州古州镇总兵。当以曹州匪势方盛，奏准暂缓陛见，委令督带先锋四营分驻郓钜荷濮各州县，以资防剿。到防以后，迭获巨盗，未及竟其全功，即因劳致疾，此其功在省三也。迹其生平战功劳勚，遍于数省，宏泰等亲里闬，或同胞泽，知之既确，不敢壅于上闻，为此合词公恳，奏请赐恤，以彰劳绩等情呈请据奏前来。

臣查，该故镇早岁从戎，荐升专阃，勋劳久著，遐迩皆闻。此次驻队曹州，积劳以殁，核与军营病故例亦属相符。合无仰恳天恩俯念已故贵州古州镇总兵陈万清劳勚可嘉，准照军营立功后积劳病故例，饬部从优议恤，以彰勋烈，而劝忠荩，出自逾格鸿慈。除咨部查照外，谨恭折具陈，伏乞皇太后、皇上圣鉴，训示。谨奏。

朱批："著照所请。该部知道。钦此。"

光绪三十三年八月初五日。

（《光绪朝朱批奏折》第 50 辑，909；《杨文敬公奏议》卷五）

开办陆军测绘专局片

再，前准练兵处咨，以行军之要首重地形，今就图例遴派妥员周历履勘，绘制略图一分，以资考究。复准咨送，编订图号、摘要并简易办法六条到东。

伏思近今整顿陆军，军用地图诚属急不可缓，自应遵设测绘专局，遴选员生，妥筹办理。已于三十二年正月初五日设局，十九日开堂，查旧日舆图，皆就侧面施绘。凡高深广狭，险易冲僻，殊少讲求，即道路纡直里数远近，亦未详尽。今总图梯尺二十万分之一，分图梯尺二万五千分之一，均用平面水准测法，名虽略图，而繁难细密实已数倍于前。自非多人不能办，亦非急促所能成，既当需以岁时，即不容不宽筹经费。

现就五镇暨先锋队各随营学兵及武备学堂毕业生中之粗知绘图者先行充选，并另行招考，共挑录测绘员二十一员，测绘生一百三十名，分班教授测量各法，酌定薪饷，仍留各生原有底饷，以节糜费。计山东全省面积约五十万方里，分四干路，二十支路。现已分投测绘，以每支路日测十五方里计之，须五六年之久方能蒇事。统计开办经费约需银一万一千数百两，常年经费约需银三万余两，以六年计之，共需银二十万两。其岁修局屋，添配仪器、车辆及赏恤、医药，一切未能预算之款尚不在内。论需费之巨，筹款之艰，力实有所不逮。论事体之要，关系之大，势又在所必办。如东省河海环萦，路矿错杂，租界环界横亘纷歧，若不及时勘绘详图，则日后沿革区画需用正多；若谓考证有凭，犹属浅论，故各省除直隶早经开测外，其余或尚未开办，或仅设学堂，而体察东省情形，无论如何为难，臣不敢不勉成此举。计自开办以来，已成图五分之一，盖不但恪遵部章，抑且迫于时势，虽库款艰难，亦应先其所急。以上各项，再三核减，均系无可节缩，应请作正开销。据该局总办马克耀拟定章程、款册，详请核办前来。臣复核无异，除将章程、款册咨送陆军部查照外，所有山东遵立测绘局缘由谨附片陈明，伏乞圣鉴，饬部立案。谨奏。

朱批："陆军部知道。钦此。"

光绪三十三年八月初五日。

（《杨文敬公奏议》卷五）

请添设关道员缺折

山东巡抚、署理直隶总督兼北洋大臣、臣杨士骧跪奏，为体察东省现在情形，拟请添设关道员缺，以维商政而裨外交，恭折仰祈圣鉴事。

窃维行政贵乎因时，设官在乎举职。东省外交繁重，商务殷蕃，风气渐开，今昔迥异。先其所急，则莫如添设驻省关道员缺，专办洋务商务等事，以资赞佐而专责成。臣于光绪三十三年四月初五日附陈复勘青岛租界情形，片内会声明就胶、济两关添设秩级较崇专官办理交涉，容详细筹划，另行奏明，请旨办理等因在案。兹就筹议所及，敬为我皇太后、皇上详陈之。

伏查烟台开埠通商，即经奏设东海关道员缺，所有商税民教事宜概归该关道会商。各国驻烟领事办理其紧要事端，则由关道禀承北洋大臣山东抚臣核办。

初未有领事，与抚臣直接商办之事，自光绪二十四年，德租胶澳，英租威海，相继划定租界，两国办事大臣遇事均与抚臣函商，并有不时派员到省议办之事。各国驻东领事亦多就省直接，从此全省交涉，无论巨细，全归抚臣主持。前抚臣特奏设洋务局，以资承转，而洋员以洋务局名目不载条约，究与实缺关道不同，遇有重要事宜仍径商抚臣，藉期便捷，应接固繁，窒碍亦甚。如于省城添设关道，以枢纽其间，体制既合，且可为腾折转圆地步，遇事更得因应之宜。此关道必须添设者一也。

就胶澳租界情形论之，环界交涉，前抚臣议定暂行章程，因德人未曾画押，迄未颁行。沿界州县，遇有交涉，无章可循，办理为难，仍须由省派员驰往商办，颇多不便。臣今春到青岛时，曾顺勘租界附近地段。该处居民甚众，而租界外有百里，环界交涉之繁甲于他处。如添设关道，办理租界、环界内外各项交涉，随时可与德员协商，沿铁路附近各州县亦便于禀承应付。循行既久，则此八、九百里路线内必可声势联络，情谊交孚，实于辑睦邦交、勤恤民隐两有裨益。此关道必须添设者二也。

胶济干路延长，商旅丛杂，每因细故致费唇舌。自添设铁路巡警后，盗贼敛迹，行旅相安，功用固已大著。至办理路矿，磋议一切章程，仍由臣随时派员妥为筹办。近虽逐渐就绪，而同此一事，往往分立，各局事权究嫌不一。臣上次奏明裁并局所，已将会勘路矿局、矿政调查局并为一处，即是统一事权。今拟添设关道作为办理交涉专员，遇有洋务、路矿等项，会同局员商办，庶几集事较易，收效益宏，此关道必须添设者三也。

至税务、商务，查胶关设在青岛租界，系派德人为税务司，并代收解常税。原设东海关道兼充监督，距胶太远，有名无实，一切税关款目仍由税司与抚臣直接解报绕转烟台，诚多未便。自外务部与德使商改收纳进口税办法，该关收数日旺。自应及时奏请添设关道，以便就近整顿关务，实行监督，庶于经征税款更有增益。济南、周村、潍县三处均已作为自开商埠，渐有规模。从前奏定埠章曾经声明，随时察看情形，设关征税，留拨商埠常年经费。至以济东泰武临道暂充商埠监督，只是一时权宜。该道本缺，应办各事已极繁杂，故济南商埠局务仍另派专员办理。现在济埠开办已及两年，工程次第建置。周、潍两埠向已划界修路，应以关道兼充商埠监督，责成既专，庶足裨商政而保主权。此关道必须添设者四也。

总之，东省近今十数年中，奏设洋务、路矿、铁路、巡警、商埠、商务等局，无不关系交涉。然类皆枝枝节节，为之可以补苴一时，不足以维持久远。且办事难易情形，较之实缺关道人员，亦复相去甚远。兹拟请添设关道一员，名为济青胶海关道,先就济南商埠设关征税,即以该关道兼充胶、济两关监督。将来周、潍两埠添设分关,亦归该关道兼管,并请赏加兵备道衔,以便遇有弹压,地方保护洋人等事,随时可以督饬文武、地方官妥速筹办。其余地方各事,该关道概不管理。即于济南省城建立衙署,以便随时禀商抚臣核办,并于青岛租界以外附近地方分设办事公所,俾与青岛德员就近商办交涉事宜。其胶、济两关常洋各税暨船钞等项,以及胶济以西沿海各口常税,统拨归该关道经征,按结报部。至济南设关收税、添设税司暨一切办法,应由税务处转饬总税务司赫德妥协办理。

该关道应领俸廉、公费暨本署常年应支各项,均拟比照直隶津海关道现行章程具领。惟设官伊始,首在得人,东省交涉繁难,不但为各省所无,即较之南北两洋,亦有过而无不及。此次添设关道员缺,凡百草创,胶关又在胶澳租界附近,关系重大,自应因地择人。拟请由山东抚臣会同北洋大臣遴选熟悉东省洋务情形人地实在相宜者,不拘常格,先行奏请简补一次,以后出缺,再援照各海关章程办理。至东海关道兼充胶海关监督,济东泰武临道兼充济南、周、潍商埠监督,原案应请撤销,以符名实。臣为慎重外交,维持商政起见,合无仰恳恩准,饬部核议添设济青胶海关道员缺,以资治理。其余未尽事宜,统俟奉准后再行核明,分别奏咨办理。除分咨查照外,所有奏请添设关道员缺各缘由理合恭折具陈,是否有当,伏乞皇太后、皇上圣鉴,训示。

再,北洋大臣近奉旨派臣署理,是以未经列衔,合并陈明。谨奏。

朱批:"该衙门议奏。钦此。"

光绪三十三年八月初五日。

(《光绪朝朱批奏折》第1辑,393;《杨文敬公奏议》卷五)

保荐张士珩片

再,东省创设武备学堂,其时风气初开,库藏支绌,筹款难而用人尤难。况前项学堂为造就陆军人才根本,关系綦重,非得学有根柢、为守兼优人员专司督率,不足以宏作育而底完全。经前抚臣周馥委令分省补用道张士珩为该学堂总办,创办之初,措置不易。张士珩躬任其难,督饬员司悉心经画。凡厘订规则、章程,一切详尽妥恰,平时接见学生,如父兄之于子弟,查以学业,勖以忠忱,寓感孚于教育之中,故无不谨顺服从,进修勉力。且在东任差三年,未领一日薪费,尤为难得。款无虚糜,事无不举,洵属干济之才,物望所归,争相征用。旋经练兵处会同升任北洋大臣袁世凯调派总办南洋制造局,到差以后,兴利剔弊,规模一新。盖该员学问既后,历练又多,复能持己以严,一介不苟,办事无不加人一等。

此次山东武备学堂学生毕业,成材之众,固难比拟北洋、湖北,而较之他省则为独优。所有在事人员,已由臣遵章择尤专折请奖,张士珩实始终在事之员,当推功首。该道虽淡于利禄,屡据声称不敢仰邀奖叙,而其才堪任,未便知而不举。分省补用道张士珩,应如何逾格录用之处,出自圣裁。谨附片具陈,伏乞圣鉴,训示。谨奏。

朱批:"张士珩著交军机处存记。"

光绪三十三年八月。

(《光绪朝朱批奏折》第 105 辑,769)

报销光绪三十二年分黄河防汛抢险经费银两数目折

头品顶戴、署理直隶总督兼北洋大臣、山东巡抚、臣杨士骧跪奏,为报销光绪三十二年分黄河防汛抢险经费银两数目,恭折仰祈圣鉴事。

窃查,山东黄河上、中、下三游,上自曹州府菏泽县入境起,下至利津县海口止,两岸堤堰险工林立,修防极关紧要。所有历届拨用经费银两,截至光绪三十一年止,业已按年造册,奏销在案。兹据河防局司道详称,三十二年防汛经费额拨司道各库,并临清关库银六十万两,嗣因经费不敷,奏经部中议准,由工赈捐局加拨银十万两,先后拨解到局,转发工员承领,核实动用。该司道等督同承办各员详细勾稽,计三十二年分上、中、下三游南北两岸,抢厢埽段,修盖堡房,需用一切工料并雇佣民夫津贴、暨各防营弁勇口分三游炮船管带官薪水、总分各局委员盐粮,应归度支部核销银一十九万八千二百二两零,农工商部核销银五十万三千五百三十二两零,二共请销银七十万一千七百三十四两零,连同三十二年支发河防各营弁勇口粮银两,内扣除平余银一千八百六十一两零,统共收银七十万一千六百八十两零,内除拨还三十一年防汛案内不敷银三万九千一百七十四两零,实收银六十六万二千五百五两零,尽数动支,尚不敷银三万九千二百二十九两零,已由局设法挪垫支拨清楚,应俟部复核准,再归下届防汛案内造报。所用银数俱系实用实销,并无浮冒等情,造具细数清册,加具印结,呈请奏咨前来。臣复核无异,除册结分咨度支部、农工商部查照外,所有光绪三十二年分动支黄河防汛抢险经费银两数目,理合恭折具陈,伏乞皇太后、皇上圣鉴,敕部核销施行。谨奏。

朱批："该部知道。"

光绪三十三年八月初二日。

(《光绪朝朱批奏折》第 100 辑,661)

请将熙臣等人留于直隶补用并免缴银两片

再查,北洋百度更新,政务繁巨,全在得人任使,以收群策群力之效。兹查,有山东记名道熙臣,候补道张祖启、冯汝桓、祁颂威、李经湘,候补知府徐沅,记名候选道叶崇质,或洞谙政要,或究心时务,才识品学俱有可观,均属有用之材,且多系前年由直带东之员。合无仰恳天恩准将该员等调赴北洋,均以原班留于直隶补用。熙臣等六员并请免缴离省留省银两,叶崇质并请免缴指省分发银两,出自逾格鸿施。除咨吏部查照外,理合附片陈,伏乞圣鉴,训示。谨奏。

朱批："著照所请,该部知道。"

光绪三十三年八月初二日。

(《光绪朝朱批奏折》第 23 辑,841)

报销善后局第八十五次收支各款银数折

头品顶戴、署理直隶总督兼北洋大臣、山东巡抚、臣杨士骧跪奏,为报销山东省善后局第八十五次收支各款银数,缮具清单,恭折仰祈圣鉴事。

窃查,山东省善后总局经理各防营饷项并制造事宜,一切收支数目向按半年报销,业已截至光绪三十一年六月底止作为八十四次报销在案。兹自光绪三十一年七月起至十二月底止,左翼防军四营、右翼防军四营、利捷亲军营、水师炮船四号官弁勇夫薪粮并随营勇武员弁盐粮及各营洋枪匠工食,共支银九万一千六百一十一两零。又东昌府巡勇口粮银三千五百四十两,又沂州府巡勇口粮银三千一百八十六两。又青州满营挑练佐卫练军马步各营月饷银一万二千两,由青州副都统自行支放造报。又左右翼各营制造旗帐器械等项银六千一十三两零。以上共支银十一万六千三百五十两零,遵照部章薪粮等项扣收四分减平暨收一分平馀并六分减平三,共银六千一百一十七两零,内除一分平馀内提解报销饭银一百一十六两零,以上共收平馀并减平银六千两零,又收第八十四次存剩银一万九千二百一两零,又收藩库运库临清关等库银十二万九千七百二十两零,共银十五万四千九百二十二两零,内除共支银十一万六千三百五十两零,尚存银三万八千五百七十二两零,除解交藩库减平银五千一十四两零,又拨还善后八十四次支发各公局缮书工食纸张油烛等项筹垫银三百三两零,实存银三万三千二百五十三两零,拨归海防第三次报销案内造报。据善后局司道造具总细各册,详请奏咨前来。臣复核无异,除清册咨部外,理合缮具请单,恭折具陈,伏乞皇太后、皇上圣鉴,敕部核销施行。谨奏。

朱批:"该部知道,单并发。"

光绪三十三年八月初二日。

(《光绪朝朱批奏折》第 64 辑,206)

详报光绪三十二年分经征钱粮未完一分以上名单折

头品顶戴、署理直隶总督兼北洋大臣、山东巡抚、臣杨士骧跪奏,为光绪三十二年分经征钱粮,未完一分以上各员,恭折仰祈圣鉴事。

窃查,州县征收地丁钱粮前经户部条奏,应将未完一分以上之员先行开单奏报,以严稽核等因,历经遵办在案。兹据布政使吴廷斌详称,光绪三十二年分各属经征起运存留钱粮,除全完及未完不及一分者仍归奏销案内另行造报外,所有未完二分以上之前署观城县知县白云逵、未完一分以上之前邱县知县袁励端,开册详请具奏前来。臣复核无异。其未完银两仍饬接征之员设法催征,如有续完,另行核办。除清册咨部查照外,谨恭折具陈,伏乞皇太后、皇上,圣鉴,敕部查核。再,此案于七月二十五日据布政使详报,合并陈明。谨奏。

朱批:"度支部知道。"

光绪三十三年八月初二日。

(《光绪朝朱批奏折》第 69 辑,544)

汇保光绪二十九、三十两年东省黄河抢险出力人员折

头品顶戴、署理直隶总督兼北洋大臣、山东巡抚、臣杨士骧跪奏,为汇保光绪二十九、三十两年东省黄河抢险出力人员劳绩均在新章以前,恳恩仍照旧章给

奖,以示鼓励,恭折仰祈圣鉴事。

窃查,山东黄河向未设立厅汛,专恃委员及沿河防营州县协同修守。所有出力员弁经前抚臣李秉衡奏为两年汇保一次,每年请保文职四十员,武职亦核实开列,历经遵照办理有案。兹查,二十九、三十两年抢险员弁,早届汇保之期,升任抚臣周馥未及核办卸事,嗣准政务处咨颁到议定限制保举新章,臣以河工抢险保案两届期满,均系劳绩在先,新章在后,应由臣仍照旧章核明请奖,于本年六月间奏明在案。现在臣恭奉恩命署理直隶总督,卸篆在即,亟应清理案牍。兹据河防局司道及三游总办道员详称,东省河堤卑薄本属,防不胜防,二十九、三十两年河水异常盛涨,险要工段纷纷垫陷,几至无从措手,经升任抚臣周馥激励,在工人员昼夜抢护,复将沿河州县奏准改为兼河之缺,饬同赴工,帮同照料,统计两年先后抢工一百余处,该员弁等劳绩在先,恳请仍照旧章奏奖前来,臣复加查核。东省黄河河窄地弯,素称难治,在工员弁薪饷既薄,处分綦严,每遇大汛经过,奇险百出,工员胼胝效力,艰苦备偿,全赖褒奖,以资鼓励。

臣于奉到新章之后,曾经沥情奏恳照旧褒奖,且二十九、三十两年水涨工险,又为历年所罕有。各员弁争命洪流,异常出力,所有劳绩均在新章以前,经升任抚臣周馥存记候奖,已逾两年,未便久稽信赏,致失激励人才之意。谨分别劳绩优次,汇缮清单,仰恳天恩俯准仍照旧章给奖,俾昭激劝。除饬取各员履历造册咨部,并武职自千总以下咨送陆军部核奖外,所有汇保光绪二十九、三十两年抢险出力员弁缘由,谨恭折具陈,伏乞皇太后,皇上圣鉴,训示。谨奏。

朱批:"该部议奏,单二件并发。"

光绪三十三年八月初三日。

(《光绪朝朱批奏折》第 100 辑,662)

汇保洋务局三年届满随办交涉出力人员折

头品顶戴、署理直隶总督兼北洋大臣、山东巡抚、臣杨士骧跪奏,为援案汇保东省洋务局三年届满随办交涉出力各员,恭折具陈,仰祈圣鉴事。

窃查,光绪二十八年五月二十八日,经升任抚臣张人骏奏请,每届三年将本省洋务局办事出力人员按照异常劳绩从优保奖一次,以示鼓励等因,于六月十七日恭奉朱批"著照所请,该部知道。钦此"。嗣经升任抚臣周馥查,自光绪二十三年设局之日起扣至二十九年两次届满,当于是年四月初九日并案择尤汇保二十八员,分别异常、寻常两项劳绩请奖,奉准在案。兹据洋务局司道会详,自光绪二十九年四月起扣至三十二年四月止又值三年届满,遵将该局办事出力人员择尤开单,详请援案奏将前来。

伏查,东省交涉繁难,甲于各省,历年商办关税、埠务、铁路、矿政、教案等事尤属头绪纷纭,因应偶一失宜即易酿成重要交涉。臣自到东两三年内随时随事督饬局员妥慎筹办,仰托朝廷威信,一切交涉均尚顺手,邦交因而辑睦,地方亦甚安谧。至胶州、高密两处德国派驻兵队,先后已六、七年,经臣派员会议撤退,并拟购德人所建兵房,德兵旋即依限全撤。一面在环界内外自办铁路、巡警,认真查缉,实力防护。此两三年内沿路悉臻安辑,商旅乐出其涂,由是渐将有关本省路矿权利等事次第磋议,更复收效无形。此外,如改订税章、收缩矿界、协缉逸犯、查禁军装暨一切紧要交涉事宜,各洋务局均能和衷妥商,持平办理。当时往返筹议,该局在事各员或随同晤商,或办理文牍,实属异常出力。平日保护游历,和辑民教,尤其余事。

此次据洋务局司道详请援案奏奖,复经臣悉心考核,严加删汰。凡出力稍次者,均即改给外奖,仅择其尤为出力各员按照异常、寻常两项劳绩各酌保九员,实系毫无冒滥,谨缮具清单,恭呈御览。合无仰恳天恩俯准照拟给奖,以昭激劝,出自逾格鸿慈。除将各员履分咨吏部、外务部查照外,所有援案汇保随办洋务出力人员各缘由,理合恭折具奏,伏乞皇太后、皇上圣鉴,训示。谨奏。

朱批:"该部议奏,单并发。"

光绪三十三年八月初四日。

(《光绪朝朱批奏折》第23辑,769)

褒奖开办山东师范学堂出力人员折

头品顶戴、署理直隶总督兼北洋大臣、山东巡抚、臣杨士骧跪奏,为山东师范学堂开办业已逾五年,学生毕业奖励久经部义核准,所有办理出力人员应否照章请奖,恭折具陈,仰祈求圣鉴事。

窃查,东省师范学堂本就师范馆拓充创始,于光绪二十八年旋照奏定章程改建学堂,一切规模力求完备,课程亦悉遵照定章,严切讲授。至光绪三十年复推广学额,定为长期生三班,速成生三班,人数共三百数十人。所有完全科毕业学生,经臣于本年五月间专折奏奖,旋经学部义复,查阅该生等考卷成绩均尚可观,奏请分别准给师范科贡生出身,并赏训导等职衔,各在案。是该学堂成效昭然可观,已无疑义。

本年上学期,将优级预科分为文科、理科二级,另选优级预科一班,层累日进,以冀养成阂通远到之才。统计前后将及六年,派送京师、日本、保定、天津各处学生一百六十二名,毕业回东者已逾百人。在本堂毕业者简易科生二百三十四名,完全科生二十二名,共计毕业学生三百六十余名。本年下学期完全科应毕业者又有五十余名。方今新政以学堂为始基,民间风气未开,欲冀普及教育,尤以造就师范为最要。

臣自到任以来,学堂一切事宜备极兢兢,督劝交至。兹办理逾五年,学生毕业,卓有成效,所有在堂出力人员自监督至教习委员等,训迪不倦,均有劳勚足录。查政务处议定章程,嗣后委员教员保奖学生成就人数在六、七十名以上,准奖十六员,内异常二、三员。前山东高等学堂及河南、山西各学堂毕业在事人员,均奏请给奖,北洋武备速成毕业生毕业时亦同。今东省师范开办五年之久,学生成就三百六十名之多,揆之成案、新章,均在应奖之列。惟各员到差时日先后不同,虽其间不乏资深年久之员,而大较计之,多有供差未满五年期限者,应否遵向章奏请奖励,由提学使详请具奏前来。

臣复查,此次毕业学生已至三百六十余名,按诸成就六、七十人准奖十六员之例,洵属相符。虽供差诸员多未扣足五年,要皆勤劬任事,未便没其微劳,可否仰恳天恩俯准,按照政务处定章开单列保,以示鼓励之处,伏乞饬下学部核议施行,理合恭折具陈,伏乞皇太后、皇上圣鉴,训示。谨奏。

朱批:"学部议奏。"

光绪三十三年八月初四日。

(《光绪朝朱批奏折》第 105 辑,765)

遵旨查明吴延祚被参各节,据实复陈折

头品顶戴、署理直隶总督兼北洋大臣、山东巡抚、臣杨士骧跪奏,为遵旨查明知州被参各节,据实复陈,恭折仰祈圣鉴事。

窃臣承准军机大臣字寄光绪三十三年三月二十四日,奉上谕"有人奏,山东宁海州知州吴延祚昏庸贪鄙,请旨饬查等语,著杨士骧按照所参各节确切查明,据实具奏,毋稍徇隐。原片著钞给阅看。钦此"。遵旨寄信前来,承准此当经札饬藩、臬两司确查核办去后，兹据藩司吴廷斌、臬司黄云饬据该管登州府知府张学华并委准补容城县知县刘文煌，先后查明禀司，会核详请复奏前来。

臣确加查核，如原参山东宁海州知州吴延祚昏庸贪鄙，素日捕务并不讲求，于州城裕兴祥号被抢一案，铺伙夺有洋枪子药，赴州禀报，逼改为窃。城南王家庄王姓家中白昼抢劫其财物及伤事主；城西马山寨地方有盗数人，持械抢劫过客曲某洋银千余圆；清泉寨海滨劫掠去客商货物银两，至今皆案悬未获。由是盗贼横行，旅途咸有戒心一节。经该府张学华、该委员刘文煌各调卷查核，裕兴祥一案事主徐克家原报系被贼拨门进屋，偷去洋布、竹票等物。复经该委员查验门窗室宇，均无毁坏形迹，询之事主徐克家，声称上年十月初六夜，伊铺委系被窃，并非被抢，州官亦无逼改情事。质之邻人，亦佥称被窃属实。当时贼人因事主警觉追捕，遗落钱袋一个，内装刀鞘、铁钉等件，经事主拾回，原参谓铺伙夺有洋枪子药，想系因此讹传。现在此案已获贼李四一名，讯供与原报相符。至王家庄一案，事主系孙文启，并非王姓，原报亦属被窃，该委员亲询事主无异。原参谓白昼抢劫及伤事主，查无其事。其马山寨、清泉寨两处有过客曲树彬、卒中乐各被贼拦抢属实，惟曲树彬被抢系被套衣物，估赃值银九两八钱，并无洋银千余圆之事。以上两案，该州吴延祚据报勘讯，通禀悬赏，购线严缉，迄未获犯，应照例开参。现在地面安谧，实无盗贼横行之事。

又如原参杨延怡，以奸佥寅缘，得充商务局董事，乾没前任张知州官款三千余两。该员履任之初，引为爪牙，与之狼狈为奸。凡有词讼，必询杨延怡，原被告之肥瘠，以为威吓索贿之地，并强派铺户画认年捐十余千至六七千不等，以肥私囊。该董甘为之伥，不恤人言，近则恃符而骄。凡商家因欠涉讼，该董悍然讯断，代为索账，明扣二成为酬劳费，一经纳贿，虽富即可折还，无贿者即洗产以偿，犹逼立子孙兴隆必还之券。如有抗违，送官责押。小民无门控诉狡猾之徒。即有挺险入教倚为护符一节。查杨延怡系州城同记号司账，经该前州奎保举充商董，是否寅缘而得，无从查悉。光绪二十六年间，前州张树勋有应解道库银三千余两，寄存同记号内，旋即提出解道，领有批回。原参谓杨延怡乾没张知州官款，殆因此传误。该州吴延祚到任间，有商家账目批交商会理处，杨延怡本系会董调停了事，亦属应尽之责。其余词讼并不干预。访之近署各铺家及四乡耆民，皆云地方讼案，官皆随到随问，向不假手于人。至威吓索贿，吴延祚平日操守尚好，断不出此。上年三月，该州创设巡警，吴延祚督同商会劝捐，绅富、当商共得制钱一千串，作为开办经费，禀明有案。如原参谓强派铺户画认年捐，当即指此，其实绅商均皆乐从，并非强派。所捐系开办经费，亦非年捐。调查警局收支账目，尚属核实,曾经榜示通衢,委无肥私之弊。其商家因欠涉讼于清还款内酌提二成,系前皂司连甲仿照直隶天津办法,详定章程,作为办理新政之需,本非私扣。至于讯断,出自公庭,更非商家所能干预。杨延怡委无悍然讯断,代为索账及扣成纳贿送官责押,至小民无门控诉,挺险入教等弊。

又如原参该州海滩路三十余里为文、荣、宁三县去烟大道,该董知道路熙攘往来甚众,特设局收钱,巧立名目,谓之道税,牲口每头敛钱百文,行人每名敛钱二十文,日约集税钱百八十千,派其党邹樾为总管,雇人十名,佯为巡查,实以饰其吞蚀肥己之私,道路侧目,遂群呼为"土知州"一节。查,该处地名沙鳖窝,为盗贼出没之区,从前有嵩武军驻扎,藉资保卫。裁撤后,地面空虚,上年冬防吃紧,宁海商会与烟台商董梁礼贤等禀经原任登莱青胶道蔡汇沧以官军未能分布,饬令设法募勇十名,派外委王恩荣管带。自设巡后,未出抢案,惟以经费无出,禀明蔡汇沧酌拟来往过客,每轴子一乘助钱一百文,驼骡五十文,商民乐从,并无牲口每头敛钱百文,行人每名敛钱二十文之事。每月约收大钱七十千文,亦无日集钱百八十千之多。该处延有邹日暄司账,既非邹樾经管,亦非杨延怡主持,款项入不敷出,由烟台商会贴补,更无从吞蚀肥己,"土知州"之称尤所未闻。

以上宁海州知州吴延祚、商董杨延怡被参各款,业经臣饬据藩、皂两司转饬该管登州府并委员逐一查明,或并无其事,或传闻失实。吴延祚平日居官,舆论翕洽,于新政亦能讲求,确无贪劣厉民之事,应请免其置议。杨延怡为人亦尚诚实,办事无误,亦请免议。其商董应否撤换以息浮言,应由府查看办理。所有遵旨查明缘由,理合据实恭折复陈,伏乞皇太后、皇上圣鉴,训示。谨奏。

朱批:"知道了。"

光绪三十三年八月初四日。

(《光绪朝朱批奏折》第 23 辑,770)

责令韩寿椿限期缴清亏欠银两片

再,另案革职前栖霞县知县韩寿椿交代案内亏欠司库正款银一千六百七十二两三千五厘,杂款银六千五百二十五两六钱九分三厘,即经催提,未据完解。据藩、皂两司详请参追前来,相应请旨,勒限一个月责令该革员扫数清解。倘敢任意延欠,再行从严奏请查抄监追,以重库款。除咨部查照外,谨付片陈明,伏乞圣鉴,训示。谨奏。

朱批："著照所请,该部知道。"

光绪三十三年八月初六日。

(《光绪朝朱批奏折》第 85 辑,167)

请准将邹平等县短拨米石每石折给实银一两片

再,邹平、淄川、长山、新城、利津五县应征大漕正耗米石,例系拨运青州,供支满营兵糈,遇有灾缓,由司照章按石折给实银八钱。迨光绪二年、九年,邹平等县因灾缓征,米价较昂,先后奏准每石折给实银一两,如邹平等县蠲缓兵米数在五百石以上,即在禹城等四县应征大漕内补拨五百以下,即由司按石折银给发,历经照办在案。兹查光绪三十二年分,邹平等五县应拨三十三年青仓满营兵米内,邹平、长山、新城、利津四县共缓征正耗米三百七十五石五斗七升五合一勺,又淄川、新城、长山三县因铁路暨巡警营房占用地亩共免征正耗米一十九石一斗五升七合四勺,统计共不敷米三百九十四石七斗三升二合五勺。现在米价昂贵,每石需银二两数钱,该兵丁等苦累异常,殊堪悯恻,拟请援照历办成案,由司每石折给实银一两,以示体恤。据布政使吴廷斌、督粮道周开铭会详请奏前来。臣复查无异,合无仰恳天恩,俯念满兵困苦,准将邹平等县短拨米石,每石折给实银一两,由司随饷给领,俾资糊口,出自鸿慈。除咨部查照外,谨附片具陈,伏乞圣鉴,训示。谨奏。

朱批："该部知道。"

光绪三十三年八月初六日。

(《光绪朝朱批奏折》第 64 辑,215)

请将朱士焕改奖俟补缺后以知府用片

再,前准学部咨议复山东学务奖案内朱士焕一员由文案官改派中学教习,系在二十八年八月,扣至三十一年十二月止,尚未足五年,不应列入异常出力,仍应改拟等因,当即转饬遵照去后,兹据提学司转据高等学堂监督详称,查朱士焕在堂充当中学教员,朝夕训课,不无微劳,今既奉文改拟,自应按照寻常劳绩,请将指分山东试用同知朱士焕改奖俟补缺后以知府用,籍资鼓励等情详请奏奖前来。

臣查,所请奖励系照寻常出力改拟,与例相符,合无仰恳天恩俯准将指分山东试用同知朱士焕,改奖俟补缺后以知府用,出自逾格鸿慈。除将该员履历咨部查照外,理合附片具陈,伏乞圣鉴,训示。谨奏。

朱批:"该部知道。"

光绪三十三年八月初六日。

（《光绪朝朱批奏折》第23辑,777)

武备学堂学生毕业,谨将在事各员照章择尤请奖折

头品顶戴、署理直隶总督兼北洋大臣、山东巡抚、臣杨士骧跪奏,为武备学堂学生毕业,谨将在事各员照章择尤请奖,恭折仰祈圣鉴事。

窃查,山东武备学堂,经前抚臣张人骏于光绪二十八年六月间遵旨设立,因经费未充,力求搏节,就省城南关营垒旧址酌添斋舍,作为学堂。当即慎选教习,暨文武各员,考取各州县及防营合格学生,于是年五月初一日开办,厘订内课、外课,详授学科、术科。内堂以汉文、战法、军械、舆地、算学、测绘、营垒等项列为普通课程;外场以马步、炮队、野战、打靶、体操等项目为普通操法。各设专门教习,以期造就将才。迨三十一年,头班毕业,照章咨由练兵处考验计分数,在五成以上者四十名,发镇差遣,拟补军官;四成以上者十七名,不及四成者十一名,留东分别委用。并前于三十年、三十一年,先后由练兵处调赴日本学习陆军七名,又调赴北洋将弁学堂肄业有成八名。以上八十三名已分别考验,年续行毕业。又得二百十七名,发给凭照,咨送各营差遣,因现均充职,尚未送京考试,而其学业程度实系合格,自应与卒业各生并案核计,统共毕业学生实共三百名。所有在事文武各员,奉职勤劬,功效昭著,自未便没其劳勚。据办理武备学堂候选道叶崇质、王者化详请具奏前来。

臣维武备至精,首重教练,近年以兵事之强弱觇国势之盛衰,自当多得军人资格以备干城。臣与在事各员随时勖励,期望甚殷,而各该员鼓舞从公,颇知自勉,精心考核,调教申明,绩累功深,宏资造就,自应照章请奖,以励在事之勤。查。政务处奏定武备学堂准奖章程,学生毕业成就在六、七十名以上,准奖文武十六员,内准奖异常二、三员。此次成就学生至三百人之多,照章应奖八十员。臣严加复核,择其尤为出力者请奖异常五员、寻常十员,实属慎之又慎,减无可减,谨缮清单,恭呈御览。合无仰恳天恩俯准拟给奖,以资劝励。除饬取各员履

历咨部外,理合恭折具陈,伏乞皇太后、皇上圣鉴,训示。谨奏。

朱批:"该部议奏,单并发。"

光绪三十三年八月初六日。

(《光绪朝朱批奏折》第 105 辑,766)

保荐方燕年片

再,署理山东提学使、试用道方燕年,才长心细,学识明通,由进士在京师仕学馆肄业,嗣以道员分发到东,于光绪三十二年,经臣委充师范学堂监督,堂中课程规则均能悉心厘定,委曲周详,曾两次带同学生赴日本游历,考察教育。现经臣委署提学使,始终勤奋,卓著贤劳。今师范学堂开办五年,学生毕业著有成效,在事人员均已奏请给奖,而提纲挈领,实为该道一人之力居多,洵为东省洞明学务得力之员。合无仰恳天恩,饬交学部存记,请旨录用之处,出自逾格鸿慈。臣为储备学务人才起见,是否有当,除咨学部查照外,谨附片具陈,伏乞圣鉴,训示。谨奏。

朱批:"学部知道。"

光绪三十三年八月。

(《光绪朝朱批奏折》第 105 辑,768)

交纳光绪三十三年长芦盐课第四批解充京饷银片

再,查接管卷内,据长芦盐运使周学熙详称,案查度支部奏拨光绪三十三年长芦盐课解充京饷银二十五万两内,于三、四、五月间拨解第一、第二、第三批银十五万两,应解银十万两,遵即拨解第四批银五万两,随加平银七百五十两,委候补盐大使刘荣诏管解,于本年七月二十九日起程,前赴度支部交纳,造具拨解款册,详请奏咨等情。前督臣袁世凯业将清册先行咨部,未及核奏,移交到臣,复核无异。谨附片陈明,伏乞圣鉴,敕部查照。谨奏。

朱批:"度支部知道。"

光绪三十三年八月。

(《光绪朝朱批奏折》第 90 辑,709)

交纳光绪三十二年下半年分固兵饷银片

再,据布政使吴廷斌详称光绪三十二年分应解固兵饷银六万两,遇润加增五千两,已解过银三万两,业经奏报在案。兹又筹拨下半年应解银三万五千两,饬委候补知县品耀鼎解赴户部交纳。臣复查无异,除分咨查照外所有,本年应解固兵饷银两全数解缘由,谨附片陈明,伏乞圣鉴,训示。谨奏。

朱批:"度支部知道。"

光绪三十三年七月至十二月。

(《光绪朝朱批奏折》第 64 辑,072)

另案添拨经费折

头品顶戴、署理直隶总督兼北洋大臣、山东巡抚、臣杨士骧跪奏,为东明黄河南堤大汛期内新出险工竭力抢办另案添拨经费,恭折仰祈圣鉴事。

窃查,接管卷内据大顺广道文冲详称,东明黄河南堤六十里地势北高南下,郑工失事以后,中洪淤垫愈高,大溜侧注,南堤久成偏重之势。本年春间,各汛卑矮埽段摘要镶修,并将新旧各砖坝分别加抛,甫交桃汛,各汛当冲,埽段纷纷蛰陷,随即抢镶稳固。其稍可从缓者,因岁款支绌,未能一律加镶,土工一项系河防营兵挑筑,用铁车运取远土,帮宽坝基,追压扫面。入夏以来,河流屡涨,湍急异常,临险各埽此镶彼蛰,奔命不遑。下汛五铺一带,为三十一年新险,全溜汇注之所,怒涛汹涌,撞击频仍,各埽或蛰与水平,或沉蛰入水,督率听营汛委各员力与水争,日夜抢修。原估岁防料物业已用罄,六月二十六、七、八等日,河水徒长三尺九寸,汪洋浩瀚,拍岸盈堤,下汛四堡、新头二两坝一带迎溜顶冲全河湾注,坝基别动,惟时风雨狂骤,浪更抬高,危险万分,竭力抢下新埽各四段,尚未稳定,七月初一、二等日,河水续涨三尺二寸,溜势忽又下挫,注于五铺旧头坝一带,致将十二扫迤下坡脚刷塌,情形岌岌,随又相机抢下新扫一段,不分风雨昼夜,撒手抢护,始臻平稳。计下汛四堡、新头二两坝各抢下新埽四段;五铺旧头坝十二扫迤下抢下新埽一段。埽前均水深三、四丈不等,共抢下新埽九段,需用秸料苇麻柳橛夫工等项,统共合银一万二千两。此项工程委系新出险工,并非原估所及,请归另案添拨等情。前督臣袁世凯未及核办,移交前来。

臣查，东明黄河南堤工程重要，防守极艰，从前每届岁款银七万三千余两尚多不敷，自光绪三十年起，在于岁款内酌提归公银一万两，每届只领银六万三千余两，愈形竭蹶。本年入夏以来，黄水屡次盛涨，下铺新头二两坝刷动坝基，五铺旧头坝十二埽迤下坡脚刷塌，异常吃紧，共抢下新埽九段，始克转危为安。另案用银一万二千两，委系核实动用，并无浮冒。现饬藩司练饷局各拨银六千两，照章另案造报，不与岁款牵并，以清界限。所有东明南堤新出险工竭力抢办照章另案添拨经费缘由，理合恭折具陈，伏乞皇太后、皇上圣鉴，敕部查照。谨奏。

朱批："该部知道。"

光绪三十三年九月初二日。

（《光绪朝朱批奏折》第 100 辑，667）

施有方试署期满准其实授片

再，查前准吏部咨内邱县知县张锦绂开缺另补，遗缺请以京员改归进士知县施有方署理，钦奉谕旨允准，自应钦遵办理，衔缺相当，毋庸送部引见，仍俟试署期满，另请实授等因，转行遵照在案。嗣据布政使增韫、署提学使卢靖、提法使陆嘉谷详称，内邱县知县施有方自光绪三十年十月二十二日到任起，扣至三十一年十月二十二日，试署一年期满，例应实授。据顺德知府重焕查明出考，造具事实履历清册，呈道咨司，递相加考，详请具奏，并声明该员任内参罚案件由司造册，随案呈送等情。前督臣袁世凯未及核办，移交前来。臣到任未久，例不出考，惟据藩、学、法三司查得，该员才具安祥，勤求治理，应请照例准其实授，除事实履历参罚册咨部外，理合附片具陈，伏乞圣鉴，敕部核复。谨奏。

朱批："吏部议奏。"

光绪三十三年九月初二日。

（《光绪朝朱批奏折》第 23 辑，843）

报拨本年秋季分西陵官兵员役俸饷等项银两折

头品顶戴、署理北洋大臣兼直隶总督、山东巡抚、臣杨士骧跪奏，为报拨本年秋季分西陵官兵员役俸饷等项银两，恭折仰祈圣鉴事。

窃查接管卷内,据布政使增韫呈报,易州供应各陵官兵月饷、俸粟、米折并运送豆草、车价等项银两,向系接季专案详请题拨,历经遵办在案。兹据易州请领光绪三十三年秋季分供应各陵官兵月饷、俸粟、米折并运送豆草、车价,暨尚善、茶正、新添马乾、饭食等项,共银二万六千二百一十五两六分六厘,改折八成实银二万九百七十二两五分三厘,内扣米折、豆草、车价项下每两六分部平银三百二十八两七千二厘,实发银二万六百四十三两三钱五分一厘。核与历办成案相符,应在司库地粮银内动拨,开具简明细数清单,按照新章详请具奏,并声明陵工员役增减无定,难以预计,应照急需钱粮之例先行拨给。其实在支领数目统归于奏销案内核实销算,多则解还,不敷找给等情。前督臣袁世凯未及核办卸事,移交前来。臣复核无异,除清单咨部外,理合恭折具陈,伏乞皇太后、皇上圣鉴,敕部核复,谨奏。

朱批:"度支部知道。"

光绪三十三年九月初二日。

(《光绪朝朱批奏折》第 64 辑,225)

报拨本年秋季分各陵寝员役俸饷、米折等项银两折

头品顶戴、署理北洋大臣兼直隶总督、山东巡抚、臣杨士骧跪奏,为报拨本年秋季分各陵寝员役俸饷、米折等项银两,恭折具陈,仰祈圣鉴事。

窃查,接管卷内,据布政使增韫详称,玉田县供应定陵、定东陵并顺水峪暨禧妃园寝员役俸饷、米折、豆草、车价,并新添尚膳、茶正、马乾、饭食等相银两,向系由司按季专案详请题报,一面由该县赴司领回供应,历经遵办在案。兹据玉田县请领光绪三十三年秋季分,供应定陵、定东陵并顺水峪暨禧妃园寝员役俸饷、米折、豆草、车价并新添尚膳、茶正、马乾、饭食等项,共银六千一百六十四两三钱三分七厘,改折八成实银四千九百三十一两四钱六分九厘,内扣官俸、豆草、车价六分部平银六十两七钱七分,实发银四千八百七十两六钱九分九厘,核与历办成案相符。应请在于司库地粮银内动拨分晰,开具清单,详请核奏并声明,陵工员役增减无定,难以预计,应照急需钱粮之例,一面具奏,一面先行拨给,俾得及早领回供应。其实在支领数目统归于奏销案内核实销算,多则解还,不敷找给等情。前督臣袁世凯未及核办,移交前来。臣复核无异,除清单咨部外,理合恭折具陈,伏乞皇太后、皇上圣鉴,敕部核复。谨奏。

朱批:"度支部知道。"

光绪三十三年九月初二日。

(《光绪朝朱批奏折》第 90 辑,712)

报拨本年秋季分吉地差役钱粮、米折等项银两折

头品顶戴、署理北洋大臣兼直隶总督、山东巡抚、臣杨士骧跪奏,为报拨本年秋季分吉地差役钱粮、米折等项银两,恭折具陈,仰祈圣鉴事。

窃查接管卷内,据布政使增韫详称,玉田县供应菩陀峪万年吉地添设差役人等钱粮、米折等项银两,向系由司按季专案详请题报。一面由该县赴司领回供应,历经遵办在案。今据玉田县请领光绪三十三年秋季分供应菩陀峪万年吉地差役、钱粮、米折等项,共银五百三十八两五钱,改发八成实银四百三十两八钱,核与历办成案相符。应请在于司库地粮银内动拨分晰,开具清单,详请核奏并声明,吉地员役增减无定,难以预计,应照急需钱粮之例,一面具奏,一面先行拨给,俾得及早领回供应。其实在支领数目,统归于奏销案内核实销算,多则解还,不敷找给等情。前督臣袁世凯未及核办,移交前来。臣复核无异,除清单咨部外,理合恭折具陈,伏乞皇太后、皇上圣鉴,敕部核复。谨奏。

朱批:"度支部知道。"

光绪三十三年九月初二日。

(《光绪朝朱批奏折》第 90 辑,713)

请将李德顺、汪士元留直补用并免缴银两片

再,查北洋内政外交繁钜,倍于昔日,亟应广致人才,以资佐理。兹查,有丁忧留东记名补用道李德顺,随臣在山东巡抚任内办理交涉,悉协机宜。又丁忧江苏补用道汪士元,臣于三十一年间札调来东赞理要政,深资得力。以上两员,臣任用既久,相知甚深,合无仰恳天恩准将该员等先行调直差遣,仍俟服阕后各以本班留直补用,并请免缴离省留省银两,出自逾格鸿施。除咨吏部查照外,理合附片陈请,伏乞圣鉴,训示。谨奏。

朱批:"著照所请,该部知道。"

光绪三十三年九月初二日。

（《光绪朝朱批奏折》第 23 辑，842）

李森请暂缓赴部引见片

再，查接管卷内，据署通永镇总兵雷振春呈称，实任山永协右营守备李森于光绪二十七年间，由千总升补守备，经部复准行令给咨，赴部引见，时因该员考送将弁学堂肄业，势难半途中辍，经前督臣袁世凯奏请暂缓赴部在案。该员自将弁学堂毕业后，派入常备军左镇操练，旋即调赴山东管带武卫右军先锋队前路左营。三十一年五月，改编陆军第五镇委充部队二十标第一营管带。该员训练士卒纪律严明，曹州剿匪一役成劳卓著，前奉部咨催令赴引，实未便遽易生手，请仍奏明暂缓赴部等情前来。前督臣袁世凯未及核办，移交到臣，复查无异。理合附片具陈，伏乞圣鉴，敕部查照。谨奏。

朱批："陆军部知道。"

光绪三十三年九月初四。

（《光绪朝朱批奏折》第 50 辑，933）

请守备彝博回旗以对品补用片

再，查接管卷内据宣化镇标独石口协龙门所守备彝博呈称，该员系正蓝旗满洲人，由护军校于同治十年拣补独石口协镇安堡守备，因巡缉贼匪落马摔断左膀，开缺回旗就医。伤痊引见，于光绪十年三月到标候补。十三年四月补授龙门所守备。现在绿营官员改用枪操，深恐左膀力单，中靶不敷分数，恳请开缺回旗，以对品补用等情。饬据宣化镇查得，该员现年六十七岁，精神尚可，呈复到前督臣袁世凯，未及核办，移交前来。臣到任未久，例不出考，惟查光绪三年镶黄旗汉军都统奏江北漕标中军都司连福，由治仪正拣补都司，因在军营受伤奏请回旗，以京职补用等因，奉旨"连福仍以治仪正补用。钦此"，钦遵在案。今宣化镇标龙门所守备彝博，因左膀受伤，呈请回旗，改用京职，核与连福事同一律，合无仰恳天恩俯准龙门所守备彝博回旗，以对品补用。出自鸿施，理合附片，具陈伏乞圣鉴。谨奏。

419

朱批:"彝博著以护军校补用。"

光绪三十三年九月初四日。

(《光绪朝朱批奏折》第 50 辑,937)

报销山海钞关开办经费及薪水杂项动支日本交还税款折

头品顶戴、署理北洋大臣兼直隶总督、山东巡抚、臣杨士骧跪奏,为山海钞关开办经费及薪水杂项动支日本交还税款报销,恭折仰祈圣鉴事。

窃据前奉锦山海关道梁如浩详称,查山海、新钞两关自上年十月收回后,查照光绪二十七年公约,口岸五十里内常关分局归并新关兼管,由该关道禀经前督臣核咨,饬据总税务司拣调厦门关三等帮办魏尔特来营襄助税务司客纳格办理常关各事。该税务司于本年三月十九日,即西五月一号,接办牛庄常关事务,并派三等帮办魏尔特前往常关代办一切事宜。查,税务司未接办常税以前,经该道禀准前督臣饬派黑泽礼吉作为新关派办常关事务之员,比因营埠甫经收回税务最为紧要,向来该关税项全恃牛庄口岸岁入为钜款。庚子以后,该埠迭为外人占据。查新关税务历年仍归税务司照章办理,无少变更,至钞关办法则一变于俄,再变于日,不得不藉资熟手以期整顿。即关内有办事洋员由日本军政司所交来者,亦未便自行裁减,而一切家具器皿势须酌量添置。此外,杂项用费亦有万无可省者。又查,军政时代营口河北设有分局一所,因所费无几,亦暂仍其旧当,据黑泽礼吉函请拨给开办经费暨办事人员逐月薪水,以及房租杂费等项银两,已经陆续发给,函令核实造报,并据造送华文清单三本,洋文清单七宗,连同余款银两函送前来。

经该道细加复核,自光绪三十二年十月十六日,即西十二月一号,接受钞关之日起至三十三年三月十八日,即西四月三十一号止,共五个月,分先后领去银二万一千四十七两二钱七分,馀开办经费银一千九百四十九两四钱七分一厘,关内办事人员薪水银一万三千七百二十七两二钱五分七厘,杂费银四千八百七十五两一分三厘,统共支销过开平银二万五百五十一两七钱四分一厘,仍馀关平银四百九十五两五钱二分九厘,数目相符,尚属核实。查上年接收时关税无征,今年二月以后税收亦寥寥无几,而钞关经费需用孔亟,不得已由交还税款动拨应用,接收后数月以来,钞关事务业已筹有端绪。自本年三月十九日税务司接办起,经该道会商,该税务司将钞关办事人员酌定去留,一切用费力求撙节,至将河北

420

分局撤去所有用款以后，即由税务司经历遵照定章于税务司一成经费内开支，不动正项税款。其黑泽礼吉造报之开办经费及薪水杂项银两均系办理该关善后事宜所用，应请作正开销等情详请奏咨，前督臣未及核办，移交前来。臣复加确核，均系实用实销，并无浮冒，相应仰恳天恩俯念该关甫经收回事同创始，所支银两别无他款可支，应请准由日本交还税款六成项下如数作正开销，以清案款。除将清单咨部查照外，理合恭折具陈，伏乞皇太后、皇上圣鉴，敕部核销。谨奏。

朱批："该部知道。"

光绪三十三年九月初四日。

（《光绪朝朱批奏折》第 75 辑，008）

接收营口交还有关银两事宜片

再，查前因办理接收营口交还事宜需款孔亟，经前奉锦山海关道梁如浩禀经前盛京将军臣赵尔巽，札饬奉天财政总局在于东三省盐务局征存盐厘款内，拨给营平银二万两、小银元四万元以应急需。当以此次银两既经拨作接收营口商埠之用，应由财政局于报销案内列款登除，另由山海关道归入营埠善后案内列收造册报销以清案款。业经前盛京将军臣赵尔巽附片奏明，于本年五月初三日钦奉朱批"该部知道。钦此。"钦遵转行，遵照在案。

兹具奉锦山海关道蔡绍基申称，遵查接收营口交还事宜，经前关道梁如浩于前项盐厘款内共动用营平银一万三千七百八十二两三钱五分六厘，小银元三万五千七百七十八元七角一厘，净余存银六千二百十七两六钱四分四厘，小银元四千二百二十一元二角九分九厘，如数解交奉天财政局兑收，造具收支细数清册，申请查核，奏咨等情。前督臣袁世凯未及核办，移交前来。臣复核无异，除将清册咨送度支部查照核销外，谨会同东三省总督臣徐世昌、奉天巡抚臣唐绍仪附片陈明，伏乞圣鉴，敕部核销。谨奏。

朱批："度支部知道。"

光绪三十三年九月初四日。

（《光绪朝朱批奏折》第 90 辑，715）

光绪三十三年长芦应解度支部原拨盐课银已如数解清片

再，据署理长芦盐运使张镇芳详称，光绪三十三年长芦应解度支部原拨盐课银二十五万两，续拨豫岸荥工加价银五万两，添拨内务府常年经费银一万两，共银三十一万两。遵于三、四、五、八、十、十一等月，先后委解盐课银二十五万两，荥工加价银五万两，均赴度支部交收。又在盐课项下于六月间委解内务府经费银一万两，计光绪三十三年奉拨京饷共银三十一万两，均已如数解清，详请具奏前来。臣复核无异，理合附片陈明，伏乞圣鉴，敕部查照。谨奏。

朱批："该衙门知道。"

光绪三十三年九月初四日。

（《光绪朝朱批奏折》第 90 辑，714）

请以周学熙署理直隶按察使片

再，查直隶按察使陆嘉谷到任以来，整理地方要政，极能任劳任怨，前月因病请假，迄今未就痊。查直省近办审判检察各新政，臬司职任刑名，一切办法急待筹商，要缺不容虚旷，自应给假交卸，迅速调理，一面委员接署，以重地方。

查，长芦盐运使周学熙，心精力果，体用兼赅，于本省所办各新政均皆赞助有效，堪以委署。递遗长芦盐运使员缺，查有存记道张镇芳精细缜密，为守兼优，由进士主事曾在度支部多年，于财政极为详究，堪以委令署理。除分饬遵照外，理合附片陈明，伏乞圣鉴，训示。谨奏。

朱批："知道了。"

光绪三十三年九月初四日。

（《光绪朝朱批奏折》第 23 辑，847）

请以沈桐署理奉锦山海关道折

头品顶戴、署理北洋大臣兼直隶总督、山东巡抚、臣杨士骧跪奏，为拣员署理奉锦山海关篆务，恭折会陈，仰祈圣鉴事。

窃臣等恭阅邸钞,光绪三十三年八月二十六日奉上谕"江苏苏松太道员缺,著梁如浩调补,蔡绍基著调补津海关道。钦此"。查,新授奉锦山海关道朱恩绂到任尚需时日,应饬蔡绍基先将奉锦山海关道交卸,来津接篆,以便梁如浩前赴调任。所遗奉锦山海关道篆务,应即委员接署。经臣世昌、臣绍仪电商臣士骧,拟直隶记名补用道沈桐署理,意见相同。

查,该道精明干练,学识俱优,久在欧美,历充参赞多年,于外交极为熟悉。臣世昌曾调赴东三省办理交涉,尚未前往,以之委署斯缺,必能胜任。除檄饬遵照外,谨合词恭折会陈,伏乞皇太后、皇上圣鉴。谨奏。

朱批:"知道了。"

光绪三十三年九月初四日。

(《光绪朝朱批奏折》第 23 辑,848)

具陈山海关一年关期报满经征常税并动拨各款银数目折

头品顶戴、署理北洋大臣兼直隶总督、山东巡抚、臣杨士骧跪奏,为山海关一年关期报满经征常税并动拨各款银数目,恭折仰祈圣鉴事。

窃据前山海关监督奉锦道梁如浩详称,该关常税自光绪二十六年三月开关期以后,即值拳匪滋扰,税收减色,征不足额。曾经前关道明保据实禀请尽征尽解,经前北洋大臣裕禄咨部立案,业将光绪三十二年三月二十七日关期以前,所有大关海旱各口征收税款,并支解筹拨各项银两详报咨部,核销在案。查,辽南一带,该关所辖各口,庚子以来兵燹迭遭,商情凋敝,以致近年税收未见起色。又兼大连湾迄今未设关,商人希图免税,率由东清铁道直接运输,而该关各局遂大受影响。到营口地方,虽于上年十月交还,然彼时适值封冻,今春二月开河后船舶尚未畅行,税收寥寥无几。其大关并海旱各口经该道剔除弊端,督饬各该员司人等竭力整顿,兹自光绪三十二年三月二十八日起连闰,扣至三十三年二月二十七日止,大关海旱各口征收及营口钞关所收零星税款银三万五百七十五两四钱三分,秦关代征银四千四十两三钱六厘八毫一丝六忽,又驳缴回划抵常税银一百二十七两五钱五分五毫四丝八忽,共征税银三万四千七百四十三两二钱八分七厘三毫六丝四忽。伏查上届,除秦关代征外海旱口仅征银二万一千余两,本届较多征银九千余两。该关收数向以营口为钜,本届营口钞关甫经开办,而秦关代征划抵税款又骤短征银八千余两,以故山海关八旗官兵俸饷及该关一切经费仍属不敷甚钜。自光绪三十二年夏起至三十三年春季止，共领过津海关拨发山海关旗饷银四万五千两，连同大关秦王岛并海旱各口征收之款，共银七万九千七百四十三两二钱八分七厘三毫六丝四忽。至应支各款，计发过山海关八旗各官俸银一千六百七十五两三钱，世袭云骑尉荫魁俸银八十五两，瑞常俸银八十五两，世袭荫监瑞凌俸银四十两，骁骑校俸银四百四十两，驻防八旗兵丁饷银二万一百六十两，孀妇半饷银一百十五两五钱，鳏寡孤独养赡银九千三十九两三钱二分七厘七毫四丝一忽一微，官兵半折米银一万二千四百六十七两，白事恩赏银四百九十八两二钱八分五厘，笔帖式惠年俸米银十九两六钱，节妇建坊银一百二十两，山海关副统衙门步甲饷银五千四百两，马乾银四千八百两，办公经费银四百两，酬应各国军队银五百两，批解恩赏内阁并资助银四千二百两。又发该关衙门书吏心红纸张银二千四百两，巡役饭食银一千两，各口房租银四百六十三两钱，铁箍木鞘银七百六十九两八钱九分二厘六毫，各役工食费银三百六十二两。又补解扣回旗饷核减该关经费，核减共余平银九千六百二十六两四钱四分三厘二毫三丝五忽，拨还洋药厘银五千七十六两九钱三分八厘七毫八丝七忽九微。

以上统共支销过银七万九千七百四十三两二钱八分七厘三毫六丝四忽，均系实用实销，动拨无存。所有该关一年期满征收税银并支销垫拨各数目，开具四柱简明清单，详请查核奏咨，前督臣未及核办，移交前来。臣复核无异，理会恭折具陈，伏乞皇太后、皇上圣鉴，敕部查照。谨奏。

朱批："该部知道。"

光绪三十三年九月初六日。

（《光绪朝朱批奏折》第 75 辑，009）

审办武清等县十起寻常命盗死罪案件，摘汇简明案由折

头品顶戴、署理北洋大臣兼直隶总督、山东巡抚、臣杨士骧跪奏，为命盗各案照章摘汇简明案由，恭折仰祈圣鉴事。

窃查，直隶寻常命盗死罪案件照章汇奏，造册送部。又经刑部奏准，如事在光绪二十七年十月以后者，仍将全案供招造册咨部等因，均经遵照在案。

兹查接管卷内，据按察使陆嘉谷查，有武清县客民赵玉山，因多支僧人仁起钱文，不给工作，仁起找向理论，口角争殴，该犯夺刀故砍仁起，致伤身死。将赵玉山依故杀律拟斩监候，照章改为绞监候，秋后处决。

又，武邑县获贼潘新春独窃事主王德成家，未得财，被获图脱，用刀拒伤事主王王氏身死。将潘新春依窃盗未得财逃走，被事主追逐，拒捕杀人斩例拟斩监候，照章改为绞监候，秋后处决。

又，柏乡县获贼李长清，独窃事主阎义杂货铺钱文、烟土等物，赃逾满贯。将李长清依窃盗赃一百二十两以上绞律拟绞监候，秋后处决。

又，独石口厅客民董小五，因妻兄陈长顺挑唆伊妻董陈氏私回，该犯赶至中途拦阻，并向根究所失钱帖被骂，先后用铁圈、木棒、石块殴伤董陈氏、陈长顺各身死。将董小五依斗杀律拟绞监候，秋后处决。

又，宁晋县民人乔水年，因无服族人乔连窃伊祖母乔徐氏家衣服，该犯找向跟问，致相口角，用麻绳抽伤乔连，越日身死。将乔水年依斗杀律拟绞监候，秋后处决。

又，任邱县民人边鹤年因观剧挨挤，误践高科脚，口角经劝后，高科复找向不依，致相争殴，该犯用尖刀扎伤高科身死。将边鹤年依斗杀律拟绞监候，秋后处决。

又，固安县民人辛小成子，因口渴砍取张连明地内甜棒被张连明撞见，不依，致相争殴，用尖刀扎伤张连明身死。将辛小成子依法杀律，拟绞监候，秋后处决。

又，庆云县民人侯朝功因无服族人侯东山与伊兄侯朝均口角，该犯理论被殴，用夺获铁镶殴伤侯东山，越日身死。将侯朝功依斗杀律拟绞监候，秋后处决。

又，南皮县民人王堂，因疯病复发，用铁锹划落伊妻王马氏头颅身死，复审供吐明晰。将王堂依夫殴妻至死绞律拟绞监候，秋后处决。

又，定兴县民人王惠凌行窃刘林地内麦穗，还赃完事后，因刘林赖其从前偷窃麦穗，听从逸犯姚洛兴，用木扁担等械共殴刘林，致伤，正限外余限内身死。将王惠凌依共殴人致死下手致命伤重者绞律拟绞监候，应否奏请量减，听候部议。

以上十案，业均由司提审，解勘发回，分造供招清册，呈请汇奏。前督臣未及核办，移交前来。臣复核无异，除清册分咨部院外，理合遵章汇摘案由，恭折具奏，伏乞皇太后、皇上圣鉴，敕部核复。谨奏。

朱批："法部议奏。"

光绪三十三年九月初六日。

（《光绪朝朱批奏折》第109辑，038）

本年秋季分供应各陵寝员役俸饷米折等银循例拨给折

　　头品顶戴、署理北洋大臣兼直隶总督、山东巡抚、臣杨士骧跪奏,为本年秋季分供应各陵寝员役俸饷米折等银循例拨给,恭折仰祈圣鉴事。

　　窃查,接管卷内,据布政使增韫详称,遵化、蓟州、丰润等三州县供应各陵寝员役俸饷、米折、豆草、车价并马兰镇新旧汉兵米折等项银两,向系由司按季专案详请题拨,一面由各州县派役赴司领回供应,历经遵办在案。兹据遵化、蓟州、丰润三州县将光绪三十三年秋季分供应各陵寝员役俸饷、米折、豆草、车价,并尚膳茶正新添饭食、马乾暨马兰镇新旧汉兵米折等项银两,开具估单请领,该司按单复核遵化、蓟州、丰润三州县光绪三十三年秋季分供应各陵寝员役俸饷米折豆草车价,并尚膳、茶正、新添饭食、马乾暨马兰镇新旧汉兵米折等项银二万三千一百八十七两二钱七分七厘,改折八成实银一万八千五百四十九两八钱二分二厘。内扣官俸豆草、车价六分部平银二百七十二两二钱,实发银一万八千二百七十七两六钱二分二厘,核与历年成案相符。应请在于司库地粮银内动拨分晰,开具清单,详请核奏,并声明陵工员役增减无定,难以预计,应照急需钱粮之列,一面具奏,一面先行拨给,俾得及早领回散放。其实在支领数目,统归于奏销案内核实销算,多则解还,不敷找给等情。前督臣袁世凯未及核办移交前来。臣复核无异,除清单咨部外,理合恭折具陈,伏乞皇太后、皇上圣鉴,敕部核复。谨奏。

　　朱批:"度支部知道。"

　　光绪三十三年九月初六日。

　　(《光绪朝朱批奏折》第 64 辑,226)

具陈东海关四结洋税收支各数折

　　头品顶戴、署理北洋大臣兼直隶总督、山东巡抚、臣杨士骧跪奏,为东海关第一百八十一结至一百八十四结洋税收支各数,缮单恭折,仰祈圣鉴事。

　　窃查,东海关洋税收支各数已截至一百七十七结至一百八十结止,业经奏销在案。兹据东海关道何彦升详称,自光绪三十一年九月初三日第一百八十一结起,至三十二年八月十三日第一百八十四结止,共征收进出口各税及船钞银八十万七两五钱二分,支发银七十五万九百二十一两七钱九分三毫一丝五忽四微,分款开单,详请奏咨。前督臣未及核办,移交前来。臣复核无异,理合缮具清单,会同署理山东巡抚臣吴廷斌恭折具陈,伏乞皇太后、皇上圣鉴。谨奏。

朱批:"该部知道,单并发。"

光绪三十三年九月初六日。

(《光绪朝朱批奏折》第 75 辑,010 - 1)

河堤新出险工添拨经费折

头品顶戴、署理北洋大臣兼直隶总督、山东巡抚、臣杨士骧跪奏,为东明黄河南堤大汛期内新出险工,竭力抢办,另案添拨经费,恭折仰祈圣鉴事。

窃查,接管卷内,据大顺广道交冲详称,东明黄河南堤六十里地势,北高南下,郑工失事以后,中洪淤势愈高,大溜侧注南堤,久成偏重之势。本年春间,各汛卑矮埽段择要镶修,并将新旧各砖坝分别加抛。甫交桃汛,各汛当冲,埽段纷纷蛰陷,随即抢修稳固。其稍可从缓者,因岁款支绌,未能一律加镶。土工一项,系河防营兵挑筑,用铁车运取远土,帮宽坝基,追压埽面。入夏以来,河流屡涨,湍急异常。临险各埽,此镶彼蛰,奔命不遑。下汛五铺一带为三十一年新险,全溜汇注之所,怒涛汹涌,撞击频仍,各埽或蛰与水平,或沈蛰入水。督率厅营汛委各员,力与水争,日夜抢修,原估岁防料物业已用罄。六月二十六、七、八等日,河水陡涨三尺九寸,汪洋浩瀚,拍岸盈堤。下汛四堡、新头、二两坝一带,迎溜顶冲,全河湾汪坝基刷动。惟时风狂雨骤,浪更抬高,危险万分,竭力抢下新埽各四段。尚未稳定,七月初一、二等日,河水续长三尺二寸,溜势忽又下挫,注于五铺、旧头一带,致将十二埽迤下坡脚刷塌。情形岌岌,随又相机抢下新埽一段,不分风雨昼夜,撒手抢护,始臻平稳。计下汛、四堡、新头、二两坝各埽下新埽四段,五铺、旧头坝十二埽迤下抢下新埽一段前,均水深三四丈不等,共抢下新埽九段,需用秸料、苇、麻、柳橛、夫工等项,统共合银一万两千两。此项工程委系新出险工,并非原估所及,请归另案添拨等情。前督臣袁世凯未及核办,移交前来。

臣查,东明黄河南堤工程重要防守极艰,从前每届岁款银七万三千余两,尚多不敷。自光绪三十年起,在于岁款内酌提归公银一万两,每届只领银六万三千余两,愈形竭蹶。本年入夏以来,黄水屡次盛涨,下汛四铺、新头、二两坝埽动坝基,五铺、旧头坝十二埽迤下坡脚刷塌,异常吃紧,共抢下新埽九段,始克转危为安,另案用银一万两千两委系核实动用,并无浮冒。现饬藩司、练饷局各拨银六

427

千两,照章另案造报,不与岁款牵并,以清界限。所有奏明南堤新出险工竭力抢办,照章另案添拨经费缘由,理合恭折具陈,伏乞皇太后、皇上圣鉴,敕部查照。谨奏。

朱批:"该部知道。钦此。"

光绪三十三年九月初七日。

(《杨文敬公奏议》卷六)

审办赞皇等县十起寻常命盗死罪案件,摘汇简明案由折

再,查接管卷内,据按察使陆嘉谷查有赞皇县获贼李二妮等,听纠执持枪械,行劫事主杜有德铺内钱衣等物。将李二妮依强劫之案,但有一人执持洋枪在场者,不论曾否伤人,不分首从,斩枭通行,拟斩立决。杜成,即侯杜成,临时患病不行,事后分赃,依例拟遣改军。米狗小临时别故不行,事后不分赃,依例拟徒,照章习艺。

又,固安县获贼杨瞒仔,听纠执持洋枪,行劫事主阎增祥家骡马衣饰等物,将杨瞒仔依抢劫之案,但有一人执持洋枪在场者,不分首从,斩枭通行,拟斩立决,枭示,照章改为斩立决。

又,衡水县获贼李小洼等,听纠执持枪械,伙窃事主赵虞卿家,临时行强,逸贼拒伤事主,平复,劫得银钱衣饰等物。将李小洼,即李二,刘大贞均依窃盗临时行强之案,但有一人执持洋枪在场者,不分首从,斩枭,通行,拟斩立决枭示,照章改为斩立决。

又,定州获贼于四水等,因听纠结伙三人,执持洋枪,途抢事主刘庚辰骡头,将于四水,即齐三良,张骡儿均依三人抢夺案内执持洋枪,从犯斩决通行,拟斩立决,照章改为绞立决。

又,宁河县获贼张树合,听纠结伙三人,持枪途抢事主阎春华等洋元衣物,将张树合,即张八,依三人抢夺案内执持洋枪,从犯斩决通行拟斩立决,照章改为绞立决。

又,蔚州获匪王宗,因见财起意,商同祁幅受儿在途用锄头、石块谋杀宰运富身死,图得骡驴银物,并弃不失。将王宗、祁幅受儿依图财害命得财而杀死人命,首犯从而加功者斩决例,俱拟斩立决,照章均改为绞立决。

以上六起,均业经由司提审,解勘发回,分造供招清册,详请请汇奏,前督臣

未及核办,移交前来。臣复核无异,除清册分咨部院外,理合遵照新章汇摘案由,附片具陈,伏乞圣鉴,敕部核复。谨奏。

朱批:"法部议奏。"

光绪三十三年九月初六日。

(《光绪朝朱批奏折》第 109 辑,633)

河工州同等缺试署期满循例实授折

头品顶戴、署理北洋大臣兼直隶总督、山东巡抚、臣杨士骧跪奏,为河工州同等缺试署一年期满,循例实授,恭折仰祈圣鉴事。

窃查,定例,河工州同以下佐杂等官遇有缺出,先行咨部署理,俟一年后察看,果能胜任,再行保题实授等因。查有署南岸头工上汛霸州州同李福铭,自光绪三十二年五月十八日任事之日起,扣至三十三年五月十八日试署一年期满。又署南岸六工霸州州判常凌汉,自光绪三十二年五月十八日任事之日起,扣至三十三年五月十八日试署一年期满。又署沧州州判万鸣皋,自光绪三十二年闰四月十六日奉文任事之日起,扣至三十三年四月十六日试署一年期满。又署北岸四工下汛固安县县丞石柱臣,自光绪三十二年闰四月二十日任事之日起,扣至三十三年四月二十日试署一年期满。又署蠡高管河县丞戴雨田,自光绪三十一年十二月二十八日任事之日起,连闰扣至三十二年十一月二十八日试署一年期满。又署新雄管河县丞张承寿,自光绪三十二年二月初二日任事之日起,扣至三十三年正月初二日试署一年期满。又署青县管河主簿骆育濠,自光绪三十二年正月十二日任事之日起,扣至三十三年正月十二日试署一年期满。又署霸保管河主簿陈鹿芩,自光绪三十二年二月二十八日任事之日起,连闰扣至三十三年正月二十八日试署一年期满。又署河间县景和镇巡检章毓魁,自光绪三十一年九月初一日任事之日起,扣至三十二年九月初一日试署一年期满。据该管司道查明造册详请具奏等情,前督臣袁世凯未及核办,移交前来。

臣查,李福铭、常凌汉、万鸣皋、石柱臣、戴雨田、张承寿、骆育濠、陈鹿芩、章毓魁自任事以来,经历三汛期满,修防无误,均堪胜任。其任内亦无未清钱粮、违碍事件,应请照例准其实授。除清册咨部外,理合恭折具奏,伏乞皇太后、皇上圣鉴,敕部核复。谨奏。

朱批:"吏部议奏。"

光绪三十三年九月初八日。

(《光绪朝朱批奏折》第 23 辑,851)

审办交河等县十起寻常命盗死罪案件,摘汇简明案由折

头品顶戴、署理北洋大臣、直隶总督、山东巡抚、臣杨士骧跪奏,为命盗各案照章摘汇简明案由,恭折仰祈圣鉴事。

窃查,直隶寻常命盗死罪案件照章汇奏,造册送部。又经刑部奏准,如事在光绪二十七年十月以后者,仍将全案供招造册咨部等因,均经遵照在案。

兹据按察使陆嘉谷查,有交河县民人李林,因与李王氏通奸,听从奸妇,用信毒并木棒棰谋杀本夫李顺身死,将李林依因奸同谋杀死亲夫者奸夫斩律拟斩监候,照章改为绞监候,秋后处决。李王氏病故,免议。

又,安平县民人张成林,因无服族叔张连喜,乘其酣睡用唾沫抹在口内,该犯惊醒,拾石掷殴张连喜致伤,复因被骂,起意致死,用粪杈辫绳扎勒张连喜身死。将张成林依故杀律拟斩监候,照章改为绞监候,秋后处决。

又,怀安县民人胡顺风,因伊弟胡顺英将祖遗夥产盗典与李二窍,索还不允,控传李二窍不到,复因李二窍拔卖所典地内青蒜,该犯闻知气忿,谋毙幼弟胡举子,向李二窍图赖。将胡顺风依尊长谋杀卑幼依故杀法故杀其亲弟,照故杀大功弟律绞例,拟绞监候,秋后处决。胡顺英、李二窍均依律拟杖,照章罚银。

又,献县民人杜三胖因胞嫂杜王氏不服伊母教训,用言顶撞,该犯向斥,被砍,并牵及父母辱骂,用夺获菜刀故砍杜王氏身死。将杜三胖依弟殴兄妻死者,依凡论故杀斩律拟斩监候,照章改为绞监候,恭逢恩诏,不准援免,酌入秋审缓决。

又,平山县民人陈得菖,因与无服族侄陈廷桂口角,经劝后复被找向辱骂,致相争殴,用刀扎伤陈廷桂身死。将陈得菖依斗杀律拟绞监候,秋后处决。

又,宣化县民人曹二,因向李秀林索欠不给,口角争殴,用尖刀石块扎殴李秀林致伤,越日身死。将曹二依斗杀律拟绞监候,秋后处决。

又,蓟州民人杨玉因王顺向伊胞嫂敛取更钱,央缓被骂,该犯找向理论,致相争殴,用刀砍伤王顺,越日身死。将杨玉依斗杀律拟绞监候,秋后处决。

又,丰润县民人韩洛二因妻韩常氏疯发哭唱,喝阻被骂,用脚踢踏韩常氏致伤身死。将韩洛二即韩俊灢,依夫殴妻致死者绞监候律,拟绞监候,秋后处决。

又，深州民人霍小会，因与故犯霍玉海同向族人霍福增之父霍文焕评理，致相争殴，用尖刀扎伤霍福增身死，并霍玉海刀伤霍福顺平复。将霍小会依共殴人致死下手伤重者绞律，拟绞监候，秋后处决。霍玉海病故，免议。

又，蓟州民人孙环因吴振霸地，同孙秀等携带枪械找向评理，被吴振之侄吴文焕持棍赶骂。该犯与孙秀用花枪、火枪扎放吴文焕致伤，越日身死。将孙环依共殴人致死下手伤重者绞律，拟绞监候。恭逢恩诏应准援免，仍追埋银给领营葬。

以上十案，业均由司提审，解勘发回，分造供招清册，呈请汇奏前来。前督臣袁世凯未及核办，移交到臣，复核无异。除清册分咨部院外，理合遵章汇摘案由，恭折具陈，伏乞皇太后、皇上圣鉴，敕部核复。谨奏。

朱批："法部议奏。"

光绪三十三年九月初八日。

（《光绪朝朱批奏折》第 109 辑，039）

审办赵州等州县十起寻常命盗死罪案件，摘汇简明案由折

头品顶戴、署理北洋大臣兼直隶总督、山东巡抚、臣杨士骧跪奏，为命盗各案照章摘汇简明案由，恭折仰祈圣鉴事。

窃查，直隶寻常命盗死罪案件照章汇奏，造册送部。又经刑部奏准，如事在光绪二十七年十月以后者，仍将全案供招造册咨部等因，均经遵照在案。

兹据按察使陆嘉谷查，有赵州客民王长保，因挟嫌听从谋杀李福贵身死，将王长保即王羊羔，依谋杀人从而加功者绞律拟绞监候，秋后处决，恭逢恩诏，不准援免。

又，临榆县获匪谢苌泳纠同在逃之王姓，诱拐幼女王荣头已成，将谢苌泳纠依诱拐人子女不分已卖未卖，被诱之人不知情为首绞例，拟绞监候，秋后处决。

又，临城县客民牛三，因与梁混合伙看青，梁混嫌伊分派看青粮食钱文不公，口角揪殴，该犯用刀扎伤梁混身死，将牛三依斗杀律拟绞监候，秋后处决。

又，临榆县民人王泳佶，因雷兆和向伊争当房屋，口角争殴，用拾获小刀扎伤雷兆和身死。将王泳佶依斗杀律拟绞监候，秋后处决。

又，任县民人崔赃邦，因同姓不宗之崔二亥向索垫款，央缓不允，口角争殴，用夺获小刀扎伤崔二亥，越日身死。将崔赃邦依斗杀律拟绞监候，秋后处决。

又，大名县民人牛凌云，因陈凤阁向伊赊买香油未允，口角争殴，用割纸小刀砍伤陈凤阁，越日身死，将牛凌云依斗杀律拟绞监候，秋后处决。

又，曲周县民人牛文亮，因妻牛冯氏做饭迟误，训斥不服，用脚并拨火棍踢殴牛冯氏，致伤身死。将牛文亮依夫殴妻至死者绞律拟绞监候，秋后处决。

又，东光县民人杜生，因见伊父杜魁元被无服族侄杜昭林殴伤，与杜华荣上前帮护，该犯用砖殴伤杜昭林内损，越日身死，将杜生即杜占鳌依共殴人致死下手伤重者绞律拟绞监候，秋后处决。杜华荣依余人律拟杖，照章罚银。

又，东安县民人高得山，因巡役臧寿山向钱四永等盘问私盐口角，经伊弟高得海出为解劝，致相争殴。该犯帮护，用长枪等械共殴臧寿山，致伤身死。将高得山依共殴人致死下手伤重者绞律，拟绞监候，恭逢恩诏，应准援免。高得海病故，免议。

又，迁安县民人宋得郦，因张举等将侯万山殴伤，听从侯万山之子侯大秃等纠邀，用木镶棍等械共殴张举，致伤身死。将宋得郦依共殴人致死下手致命伤重者绞律拟绞监候，恭逢恩诏，应准援免。

以上十案，业均由司提审，解勘发回，分造供招清册，呈请汇奏前来。前督臣袁世凯未及核办，移交到臣，复核无异。除清册分咨部院外，理合遵章汇摘案由，恭折具陈，伏乞皇太后、皇上圣鉴，敕部核复。谨奏。

朱批："法部议奏。"

光绪三十三年九月初八日。

（《光绪朝朱批奏折》第 109 辑，040）

报拨本年秋季分西陵八旗养育兵丁钱粮银两折

头品顶戴、署理北洋大臣、直隶抚督、山东巡抚、臣杨士骧跪奏，为报拨本年秋季分西陵八旗养育兵丁钱粮银两，恭折仰祈圣鉴事。

窃查，接管卷内，据布政使增韫呈称，易州供应西陵八旗养育兵丁应需钱粮，向系按季专案详请题拨，历经遵办。又于光绪二十九年二月十九日转准户部议复，守护西陵大臣载润等奏，庄顺皇贵妃位前四旗兵丁生齿日繁，请添设恩缺养育兵四分一折，奉旨依议钦此等因，行知到司，当经转行遵照，均经详明按季拨发在案。兹据易州请领光绪三十三年秋季分养育兵五十六名，每年季支银四两五钱，共银一十八两，以上共银二百七十两，照章改折八成实银二百一十六两，复核数目相符,应在司库地粮银内照数动拨给发,按照新章,详奏前来。前督臣袁世凯未及核办,移交到臣,复核无异。除咨部查照外,理合恭折具陈,伏乞皇太后、皇上圣鉴,敕部核复。谨奏。

朱批:"度支部知道。"

光绪三十三年九月初八日。

(《光绪朝朱批奏折》第 64 辑,230)

高承枢试署期满,例应实授片

再查,前准吏部咨西宁县知县严以盛调补大名县知县,遗缺请以直隶新海防议叙先知县高承枢署理,钦奉谕旨允准,自应钦遵办理,衔缺相当,毋庸送部引见,仍俟试署期,另请实授。西宁县知县高承枢自光绪三十二年二月十八日到任起,连闰扣至三十三年正月十八日,试署一年期满,例应实授。据宣化府知府王守坤查明出考,造具事实履历清册,呈道咨司,递相加考,详请具奏,并声明该员任内并无违碍处分,亦无参罚案件等情。前督臣袁世凯查得该员才识明通,留心治理,堪以照例准其实授。袁世凯未及具奏,移交前来,臣复查无异。除事实履历册咨部外,理合附片具陈,伏乞圣鉴,敕部核复,谨奏。

朱批:"吏部议奏。"

光绪三十三年九月初八日。

(《光绪朝朱批奏折》第 23 辑,852)

更正姓名片

再,德化县知县佘鹤鸣,因办案草率,不洽舆情,经臣于本年七月十九日汇案奏参革职。兹查递回原折,该员佘鹤鸣误书为余鹤鸣,系缮写笔误所致,自愿奏请更正,以昭核实。除咨部查照外,理合附片陈明,伏乞圣鉴。谨奏。

朱批:"吏部知道。"

光绪三十三年九月初八日。

(《光绪朝朱批奏折》第 23 辑,853)

王怀庆请开去守备底缺片

再，准东三省总督臣徐世昌咨，据东三省行营中军王怀庆呈称，该员系直隶宁晋县人，由文童投入练军剿匪出力，历保以守备尽先补用，补授马前镇左营守备。旋因武卫前军训练三年及剿办匪徒出力，保以游击尽先补用，补授天津镇标右营游击。嗣又因剿平拳土各匪，并陆军第二镇训练三年著有成效，各案内保以副将尽先补用，中立案内保以总兵记名简放，请开去原补马兰镇标左营守备并天津镇标右营游击两缺，归总兵记名简放等因。臣查，该员王怀庆，由尽先游击马兰镇标左营守备，请补天津镇标右营游击，经部饬取履历，迄未送到，是以尚未核准。

现在，该员官阶已至总兵，应请开去守备底缺，以符体制。除饬取履历咨部外，理合附片具陈，伏乞圣鉴，敕部开缺。所遗马兰镇标左营守备，系拟定正陪之缺，容另拣选。至天津镇标右营游击员缺，应仍按原开缺轮次班次由臣另拣更补，合并陈明。谨奏。

朱批："陆军部知道。"

光绪三十三年九月十一日。

（《光绪朝朱批奏折》第 50 辑，948）

具陈光绪三十三年五月分顺直各属市粮价值、雨水情形折

头品顶戴、署理北洋大臣兼直隶总督、山东巡抚、臣杨士骧跪奏，为查明光绪三十三年五月分顺直各属市粮价值、雨水情形，恭折仰祈圣鉴事。

窃查，光绪三十三年四月分顺直各属市粮价值、雨水情形，业经奏报在案，嗣据藩司查明五月分市粮价值、雨水情形，开单请奏前来，前督臣袁世凯未及核办，移交到臣。查，五月分顺天、永平、保定、河间、天津、正定、顺德、广平、大名、宣化、遵化、易州、冀州、赵州、深州、定州等十六府州属得雨一、二、三、四、五次，每次一、二、三、四、五寸不等。又查，五月分粮价，顺德、深州等二府州属与上月相同，顺天、保定、天津、正定、广平、遵化、易州、冀州、赵州、定州等十府州属较上月价减，永平、河间、大名、宣化等四府属较上月价增。理合恭折具陈，并缮具精价清单，恭呈御览，伏乞皇太后、皇上圣鉴。谨奏。

朱批:"知道了。"

光绪三十三年九月十一日。

(《光绪朝朱批奏折》第 97 辑,875)

具陈光绪三十二年连闰分杂项奏销数目折

头品顶戴、署理北洋大臣兼直隶总督、山东巡抚、臣杨士骧跪奏,为查明光绪三十二年连闰分杂项奏销数目,恭折仰祈圣鉴事。

窃查,直隶光绪三十二年连闰分杂项奏销,除大兴、宛平两县门厂官房等租,因遭兵燹,或被焚烧,或经圈占,各租征收无几,业经奏豁,应行剔除外,其余各册均造送。兹查得光绪三十二年连闰分顺天、永平、保定、河北、天津、正定、顺德、广平、大名、宣化等十府,并遵化、易州、冀州、赵州、深州、定州等六州并属额征当税银一万八千七百八十五两内,已完银一万四千五百五十五两,未完银四千二百三十两。又直属各州县应解田房、杂税银二十八万五千五百七十七两八钱二厘,内已完银二十七万五千六百四十六两六钱五分一厘,尚未完银九千九百三十一两一钱五分一厘,又保定、天津、广平、宣化等四府属应扣师生银二十七两四钱一分二厘内,已完银二十二两七钱一分九厘,尚未完银四两六钱九分三厘。又顺天、保定、河北、正定、宣化、深州等六府州属应扣缺官银二十三两七钱二分内,已完银六两一钱一分四厘,尚未完银一十七两六钱六厘。又顺天、永平、保定、正定、顺德、广平、大名、宣化、遵化、易州、冀州、赵州、深州、定州等十四府,州属应扣文职各官罚俸银一千四百一十两九钱一分五厘。又征收通厂木税银四千六百八十一两三钱四分。又顺天、永平、保定、河北、天津、正定、顺德、广平、大名、宣化等十府并遵化、易州、冀州、赵州、深州、定州等六州并属,应征学田租银二千七百二两一钱八分八厘,米豆杂粮租谷一千八百七十五石七斗三升三抄,租京钱六千七百文,租制钱六十二千七百文,内已完银二千六百九十八两七钱八厘。又米豆杂粮租谷一千八百七十五石七斗三升三抄,租京钱六千七百文,租制钱六十二千七百文,未完银三两四钱八分。又供应度支部外省盛京行粮垫文银一千七十两三钱九分八厘六毫。逐款勾稽数目均属相符,据布政使增韫开具简明册单,详请具奏前来。督臣袁世凯未及核办,移交到臣,复核无异。除将册单咨部外,理合恭折具奏,伏乞皇太后、皇上圣鉴,敕部查照。谨奏。

朱批:"度支部知道。"

光绪三十三年九月十一日。

(《光绪朝朱批奏折》第 90 辑，718)

酌派工程队伍前赴工次协同挑挖片

再，永定河北四上汛等处漫口大工，经前督臣袁世凯奏派署永定河道窦延馨勘筹堵筑，并派候补道张恺康帮同勘办，业已购办桩料，次第施工。惟引河工段绵长，时值秋收，雇夫不易，工巨期迫，未便稍任稽迟。计惟查照三十年成案，拨营协力兴挑，俾可克日蒇事，已于陆军二、四两镇内酌派工程队伍前赴工次，协同挑挖，务须昼夜趱办，及早合龙，以慰宸廑而重河务。谨将拨营趱办河工缘由附片具陈明，伏乞圣鉴。谨奏。

朱批："知道了。"

光绪三十三年九月十一日。

(《光绪朝朱批奏折》第 100 辑，671)

请将有狱、管狱各官革职分别留任、拿问折

头品顶戴、署理北洋大臣兼直隶总督、山东巡抚、臣杨士骧跪奏，为绞犯越狱脱逃，请将有狱、管狱各官革职，分别留任、拿问，恭折仰祈圣鉴事。

窃据怀柔县知县陈泰具禀，光绪三十三年七月初三日巳刻，突闻狱内喊嚷，人犯逃逸。维时典史刘汝琨亦闻声踉至，当即督同进监，查有绞犯路麻子乘间毁坏镣铐，从北墙越狱脱逃。禁卒周履顺亦无踪迹。卷查路麻子，系因口角用刀扎毙秦六九等非一家二命。案内审依斗殴杀人者不问手足、他物、金刃，并绞律拟绞监候，逢恩应行酌入秋审缓决，由司解院审勘发回，尚未奏咨之犯。提讯禁卒尉继棠等供不知路麻子如何脱逃等情，禀经前督臣袁世凯批司勒缉，将管狱官撤任提省审办，并委员复勘在案。兹据藩臬两司详请奏参前来。

臣查，监狱重地，防范不容稍懈，乃该有狱、管狱各官漫不经心，致罪应绞候人犯越狱，与禁卒同逃，实非寻常疏忽，可比应即门照例参办，以儆玩泄，相应请旨，将有狱官怀柔县知县陈泰革职留任，管狱官准补大兴县黄村巡检、署怀柔县典史刘汝混革职拿问，提同刑禁人等到省讯明，实在有无松刑贿纵情弊，分别拟

办,理合会同兼管顺天府府尹臣陆润庠、署顺天府府尹臣裴维侒恭折具陈,伏乞皇太后、皇上圣鉴,训示。谨奏。

朱批:"著照所请,该部知道。"

光绪三十三年九月十一日。

(《光绪朝朱批奏折》第110辑,328)

审办图财谋杀日本人一死一伤案内凶犯,摘汇简明案由折

头品顶戴、署理北洋大臣兼直隶总督、山东巡抚、臣杨士骧跪奏,为审明图财谋杀日本人一死一伤案内凶犯,按例定拟,恭折仰祈圣鉴事。

窃据天津地方审判厅审办民人张苍,因图财用石谋砸日本人松田邦三身死,并伤牛丸元三郎平复一案,前据该厅将犯审拟由津海关道会同天津道,详经前督臣袁世凯札据北洋行营发审处提犯代审,复核无异,详请具奏。袁世凯未及核办卸事,移交前来,臣复加确核,缘张苍籍隶天津县,庄农度日,光绪三十三年五月初六日早,张苍在家因弟兄口角,拟赴塘沽往找开设汽水房之同乡蒋三借钱买车,前往营口撑船。

是日,张苍背负包裹,由家起身,行至铁道,与日本人已死松田邦三并牛丸元三郎相遇。松田邦三等均通中国语言,即令张苍代买食物,一路同伴,走至塘沽。张苍往投李春元小店住宿,松田邦三等即在空火车下边存身。天黑时分,张苍出店查找同乡蒋三,早已回家,不在塘沽,张苍即往空火车处找松田邦三等闲谈。见松田邦三等同枕车轨,在彼鼾睡,内有一人怀抱布袋。张苍因无盘费,以为布袋内必有银钱,起意用两手捧起碎石,将松田邦三等头面连砸多伤,查看均不能动转,即向夺取布袋到手。因松田邦三尚能喊嚷,恐其起身,又用碎石在其头上殴砸一下。维时天色黑暗,均不知砸伤何处部位,亦不知松田邦三等生死。张苍即将布袋携放店房后空地,先行回店睡宿。迨至是夜十一点钟,捏称大便,开门出店,即在房后用裤子包裹布袋。即经该处巡警局巡丁侯起顺瞥见盘获,起同原赃布袋送局,押犯同赴铁道空火车下,查看松田邦三,业已殒命,分别验伤开单。通知日本宪兵队亦往查验,将受伤之牛丸元三郎抬往日营医治,一面将贼犯送交海防同知,即经日本领事派警务官等赴该同知衙门查考情形。因天气炎热,将尸焚化后,由该同知将犯证解津,禀经前督臣谕饬津海关道,转发天津地方审判厅审办,并订期由日本领事带同翻译官赴厅观审。旋据该厅提集犯证讯明,拟议由

437

津海关道会同天津道,详经前督臣札据北洋行营发审处提犯代审,复核无异,详由前督臣移交前来。

查例载,图财害命得财而杀死人民者,首犯拟斩立决。又查光绪三十一年通行内载,嗣后凡律例内斩决各条,俱改为绞决各等语。此案该犯张苍因见日本人松田邦三等怀抱布袋鼾睡,疑有银钱,辄敢起意用石块殴砸松田邦三身死,并伤牛丸元三郎平复,夺得布袋,实属图财害命。查华民殴毙洋人,循照约章,仍按中国律例定拟,自应按例问拟张苍,除另伤牛丸元三郎平复轻罪不议外,合依图财害命得财而杀死人命者,首犯拟斩立决例,遵照通行,改为绞立决,免其刺字。

此外,讯无同谋加功之人,应毋庸议。店主李春元,前经审判厅讯明,并不知情,亦毋庸议。松田邦三尸身已由日官焚化,牛丸元三郎伤早平复,均毋庸议。除分咨外务部、法部并大理院外,理合恭折具陈,伏乞皇太后、皇上圣鉴,敕部核复施行。谨奏。

朱批:"该部议奏。"

光绪三十三年九月十一日。

(《光绪朝朱批奏折》第 112 辑,548)

具陈光绪三十二年分节年地丁钱粮征收数目折

头品顶戴、署理北洋大臣兼直隶总督、山东巡抚、臣杨士骧跪奏,为查明光绪三十二年分节年地丁钱粮征收数目,恭折仰祈圣鉴事。

窃照光绪三十二年分节年地丁钱粮征收数目,例应查明奏报。兹查,三十一年奏销案内,顺天、永平、保定、河间、大津、正定、顺德、广平、大名、宣化、遵化、易州、冀州、赵州、深川、定州等十六府属,未完光绪二十七、八、九、三十、三十一等年,原参缓带征地粮正银八十二万四千二百一十三两二钱九分六厘,旗产正银一万一千二百七十两一钱六分七厘,地耗银九万八千四百三十二两二钱三分五两,旗产耗银一千五十三两七钱九分二厘。又顺天、永平二府属未完先行升科正银二千七十八两六分八厘。又顺天、永平、保定、河间、天津、宣化、深州等七府州属,未完本色米谷、粮豆、高粱三万六千六百六十五石八斗三合九勺四抄五撮,草一万五千五百四十四束一分七厘七毫。又改折正银二千五百四十一两四钱一分四厘。内除缓带征民欠外,实征完起存地粮正银八千九百五十二两八分九厘,旗产正银二十三两五钱二分二厘,地耗银九百五十二两四分七厘,旗产耗银一两四钱一分八厘,先行升科正银四十四两七钱五厘,米谷、粮豆、高粱一千三百二十一石八斗八升七合八勺六抄五撮,草五百一十八束二分四,折正银三百二十二两八钱九分八厘。又征完节年起存地粮正银二千八百五十八两五钱八分六厘,旗产正银二两七钱二分,地耗银三百四两七钱五分二厘,旗产耗银二钱六分九厘,先行升科正银二两二厘,米谷、粮豆四百三十九石二斗二升二合一勺五抄,草九束三分五厘。又顺天、永平、保定、河间、天津、正定、顺德、广平、大名、宣化、遵化、易州、冀州、赵州、深州、定州等十六府州属,未完光绪二十八、九,三十、三十一等年编俸等银三千七百一十四两四厘,馀奉银一千二百三十三两九钱八分。按款核明,数目相符,据布政使增韫造具清册,详请具奏前来。前督臣袁世凯未及核办,移交到臣,复核无异。除清册咨部外,理合恭折具奏,伏乞皇太后、皇上圣鉴,敕部查照。谨奏。

朱批:"度支部知道。"

光绪三十三年九月十三日。

(《光绪朝朱批奏折》第 69 辑,551)

审办完县等县十起寻常命盗死罪案件,照章汇摘简明案由折

头品顶戴、署理北洋大臣兼直隶总督、山东巡抚、臣杨士骧跪奏,为命案照章汇摘简明案由,恭折仰祈圣鉴事。

窃查,直隶寻常命盗死罪案件,照章汇奏,造册送部。又经刑部奏准,如事在光绪二十七年十月以后者,仍将全案供招造册咨部等因,遵照在案。

兹据按察使陆嘉谷查,有完县民人李山儿因与无服族人李洛庸弟妇李田氏通奸,被李洛庸撞破,屡向斥骂,纠同伊兄李晦气往殴泄忿。复因李洛庸声言送官究治,该犯起意用石故殴李洛庸致伤身死,将李山儿依故杀律拟斩监候,照章改为绞监候,秋后处决。李晦气依例加等拟徒,李田氏依律拟杖,照章分别习艺罚银。

又,独石口厅客民李如兰,因向杜洛三索欠,口角争殴,用铁棍并脚殴踢杜洛三,致伤身死。将李如兰依斗杀律拟绞监候,秋后处决。

又,张家口厅客民孙福,与同姓不宗之孙幅口角争殴,用镰刀砍伤孙幅,越日身死,将孙三俦即孙珏庭,依斗杀律拟绞监候,秋后处决。

又,昌平州民人韩锁头,因余宽斥伊从前诬窃之非,口角争殴,用夹把刀扎伤

余宽身死。将韩锁头即韩存,依斗杀律,拟绞监候,秋后处决。

又,涿州民妇许褚氏,因被孙刘氏之夫孙永赶失猪只,口角争殴,用手并木棒撅殴孙刘氏致伤,越日身死。将许褚氏依斗杀律拟绞监候,秋后处决。

又,永年县民人张平安因与谢濠的口角争殴,因张胖的拦劝,该犯疑护,用刀扎伤张胖的,越日身死。将张平安依斗杀律拟绞监候,秋后处决。

又,霸州民人康福寿,因向郑有仁之兄郑有才讨要基地不允,口角争殴,郑有仁趋护,该犯用尖刀扎伤郑有仁,越日身死。将康福寿依斗杀律,拟绞监候,秋后处决。

又,丰润县民人王在芒,因无服族侄王景忠家鸡只践食伊家园菜,找向理论,口角争殴,用小刀扎伤王景忠身死,将王在芒依斗杀律拟绞监候,秋后处决。

又,大兴县民人陈广文,因伊父陈永章被无服族人陈昆揪殴,该犯瞥见救护,用枪扎伤陈昆,越日身死。将陈广文依斗杀律拟绞监候,秋后处决。

又,长垣县民人韩三妮,因行窃期服婶母韩陈氏家牛只被控,畏罪起意,用绳勒死其妻韩马氏,移尸图赖。将韩三妮即韩万有,依故杀妻律拟绞监候,秋后处决。韩四妮事后听从移尸图赖,依律拟杖,照章罚工。

以上十案,业均由司提审,解勘发回,分造供招清册,呈请汇奏前来。前督臣袁世凯未及核办,移交到臣,复核无异。除清册分咨部院外,理合恭折具陈,伏乞皇太后、皇上圣鉴,敕部核复。谨奏。

朱批:"法部议奏。"

光绪三十三年九月十三日。

(《光绪朝朱批奏折》第 109 辑,044)

审办滦州等州县十起寻常命盗死罪案件,照章汇摘简明案由折

头品顶戴、署理北洋大臣兼直隶总督、山东巡抚、臣杨士骧跪奏,为命盗各案照章汇摘简明案由,恭折仰祈圣鉴事。

窃查,直隶寻常命盗死罪案件照章汇奏,造册送部。又经刑部奏准如,事在光绪二十七年十月以后者,仍将全案供招造册咨部等因,均经遵照在案。

兹据按察使陆嘉谷查,有滦州获贼丁九,纠伙执持枪械行窃事主王奉先家,未得财被追,用洋枪拒伤事主王朝文身死。将丁九依窃盗未得财逃走,被事主追逐,拒捕杀人者犯斩候例,拟斩监候,照章改为绞监候,秋后处决。黄玉暮、马二

馒头在外接赃，闻喊先逃，均依例减等拟徒。

又，新城县民人胡连仲，因与吕刘氏通奸，续旧被拒，口角争殴，用小刀故杀吕刘氏身死，将胡连仲依先经和奸，后因别故拒绝，将被奸之人杀死者，仍以故杀定拟例故杀斩律，拟斩监候，照章改为绞监候，秋后处决。

又，滦州民人鲁振庸，因往李薛氏家为子收魂，被李薛氏拦阻，口角争殴，用木棍殴伤李薛氏，越日身死。将鲁振庸依斗杀律拟绞监候，秋后处决。

又，冀州民人王凤顺，因无服族兄王金福在伊场地边捡拾碎柴，向阻不服，致相争殴，用竹杷木柄殴伤王金福，越日抽风身死。将王凤顺以斗杀律拟绞监候，秋后处决。

又，清苑县民人王大葆，因疯用铁锨砍伤张喜城，越日身死，并伤马洛瑞平复，将王大葆依疯病杀人之案复审，供吐明晰，拟以斗杀绞律拟绞监候，秋后处决。

又，蠡县民人高步云，因疯用菜刀砍伤高张氏身死，将高步云依疯病杀人之案复审，供吐明晰，拟以斗杀绞律拟绞监候，秋后处决。

又，清苑县客民王全，因同姓不同宗之王连歧疑伊偷窃口袋，屡向追询，口角争殴。该犯与胡套用刀杖等械共殴王连歧，致伤身死，将王全依共殴人致死下手致命伤重者绞律拟绞监候，秋后处决。胡套，依馀人律拟杖，照章折工习艺。

又，霸州民人张黑子，因同姓不同宗之张振平疑伊放火，找向理论，致相争殴。该犯与伊父张福苓用木扁担等械共殴张振平，致伤身死。将张黑子依共殴人致死下手致命伤重者绞律，拟绞监候，秋后处决。张福苓依馀人律拟杖，照章罚银。

又，通州民人刘老，因向萧二索欠，口角争殴，用夺获小刀砍伤萧二身死。将刘老依共殴人致死下手致命伤重者绞律，拟绞监候，秋后处决。在场目击之刘大刘三，依馀人律拟杖互殴伤人之萧老，依律拟笞，均照章罚银。

又，宛平县捕役高庄，因同班捕役陈玉亭向伊胞弟高秃赊酒不允，口角争殴，该犯帮护，用尖刀扎伤陈玉亭身死。将高庄依共殴人致死下手致命伤重者绞律，拟绞监候，秋后处决。高秃依馀人律拟杖，照章罚银。

以上十案，业均由司提审解勘发回，分造供招清册，呈请汇核奏咨前来，前督臣袁世凯未及核办，移交到臣，复核无异。除清册分咨部院外，理合遵章汇摘案由，恭折具陈，伏乞皇太后、皇上圣鉴，敕部核复。谨奏。

朱批："法部议奏。"

光绪三十三年九月十三日。

（《光绪朝朱批奏折》第 109 辑，045）

审办乐亭等县七起寻常命盗死罪案件，照章汇摘简明案由折

头品顶戴、署理北洋大臣兼直隶总督、山东巡抚、臣杨士骧跪奏，为命盗各案照章汇摘简明案由，恭折仰祈圣鉴事。

窃查，直隶寻常命盗死罪案件照章汇奏，造册送部。又经刑部奏准，如事在光绪二十七年十月以后者，仍将全案供招造册咨部等因，均经遵照在案。

兹据按察使陆嘉谷查，有乐亭县获贼邱香等，听纠执持枪械行窃蒙养教习徐文藻学堂，临时行强劫得钱衣等物。将邱香依窃盗临时行强之案，但有一人执持洋枪在场者，不论曾否伤人，不分首从，斩枭通行拟斩立决枭示，照章改为斩立决。赵文越因病不行事，后知情分赃，依例拟徒，照章习艺。

又，饶阳县获贼张二通，听纠行劫事主阎书振家银衣首饰等物。首犯放枪拒毙捕人，将张二通依强盗杀人，不分曾否得财，俱照得财律斩枭例拟斩立决枭示，照章改为斩立决，逢恩不准查办。

又，清苑县获贼马和儿等，听纠行劫事主王国正家钱饰衣物，将马和儿董顺儿均依强盗得财，不分首从，皆斩律拟斩立决，照章改为绞立决。

又，正定县获贼赵不止等，听纠结伙五人，执持枪械途抢事主栗逢全等银衣等物。将赵不止即记得依三人以上抢夺案内执持洋枪之从犯斩决，通行拟斩立决，照章改为绞立决。朱小洛刀即小黑，在场并未动手，依例拟遣改军。

又，顺义县获贼苑小铁听纠结伙三人，持枪途抢事主张进发捎马口袋。将苑小铁依三人抢夺案内执持洋枪之从犯斩决，通行拟斩立决，照章改为绞立决。

又，蠡县获贼刘三堂等，听纠伙抢事主马兆图等洋线等物，持枪威吓事主，将刘三堂依三人抢夺案内执持洋枪之从犯斩决，通行拟斩立决，照章改为绞立决。岳春云在场并未动手，依例拟遣改军。

又，东安县民人林万发，因向胞兄林万仓索钱被斥，致相争殴，用铁铲戳伤林万仓身死。将林万发依弟殴同胞兄死者，斩律拟斩立决，照章改为绞立决。

以上七案，业均由司提审，解勘发回，分造供招清册，呈请汇核奏咨前来。前督臣袁世凯未及核办，移交到臣，复核无异。除清册分咨部院外，理合遵章汇摘案由，恭折具奏，伏乞皇太后、皇上圣鉴，敕部核复，谨奏。

朱批："法部议奏。"

光绪三十三年九月十三日。

审办赵州等州县九起寻常命盗死罪案件，照章汇摘简明案由折

头品顶戴、署理北洋大臣、直隶总督、山东巡抚、臣杨士骧跪奏，为命盗各案照章汇摘简明案由，恭折仰祈圣鉴事。

窃查，直隶寻常命盗死罪案件照章汇奏，造册送部。又经刑部奏准通行，如事在光绪二十七年十月以后者，仍将全案供招造册咨部等因，均经遵照在案。

兹据按察使陆嘉谷查，有赵州民人张沅和因挟刘点点拒绝鸡奸之嫌，商同刘四亭用带谋勒刘点点身死，弃尸不失，将张沅和以谋杀人造意者斩候律拟斩监候，照章改为绞监候。刘四亭听从帮勒，依从而加功律拟绞监候，与张沅和均秋后处决。

又，蓟州民人傅晋荣，因田连川向索前欠其妻赵氏钱文，口角争殴，用刀砍伤田连川倒地，后复因田连川称俟伤痊报复起意，用刀故砍田连川致伤身死。将傅晋荣即傅胜颐，依故杀律拟斩监候，照章改为绞监候，秋后处决。

又，宛平县获贼周笼等纠夥二人，途抢得赃逾贯，刀伤事主郑大平复，将周笼依抢夺伤人未死如刀伤者仍照本律斩例拟斩监候，照章改为绞监候，秋后处决。刘大即周大帮同拒捕，依抢夺赃逾满贯例如拒捕为从罪一等拟军。

又，丰润县民人李汶山因与梁玉海口角争殴，梁王海之妻梁谷氏等趋护该犯，用刀扎伤梁谷氏身死，并伤梁玉海、梁玉成平复，将李汶山依殴律拟绞监候，秋后处决。

又，多伦厅客民贾兴水因向无服族兄贾兴泉索欠，口角争殴，用朴刀枪头铁镐殴扎贾兴泉致伤身死。将贾兴水依斗杀律拟绞监候，秋后处决。

又，东安县民人罗广兴因赵五处杜门指骂伊弟，致相口角争殴，用尖刀扎伤赵五处身死，将罗广兴依斗杀律拟绞监候，秋后处决。

又，邯郸县民人王参来因翟唐酌向伊索欠，央缓不允，口角争殴，用铁钩等械扎殴翟唐酌致伤，越日身死。将王参来依斗杀律拟绞监候，秋后处决。

又，邢台县民人靳二才因范根妮欲割伊地高粱抵欠，经伊母向阻被拒，该犯瞥见，情急与兄靳大才用刀棍扎殴范根妮，致伤身死。将靳二才依共殴人致死下手致命伤重者绞律拟绞监候，秋后处决。

又，宁津县民人姜义成因姜作德欲管理伊义父遗产，另行立继，口角争殴用，菜刀砍伤姜作德身死，将姜义成依斗杀律拟绞监候，恭逢恩诏，应准援免追埋给领。

以上九案，业均由司提审，解勘发回，分造供招清册，呈请汇奏前来，前督臣袁世凯未及核办，移交到臣，复核无异。除清册分咨部院外，理合恭折具陈，伏乞皇太后、皇上圣鉴，敕部核复。谨奏。

朱批："法部议奏。"

光绪三十三年九月十六日。

（《光绪朝朱批奏折》第109辑，047）

具陈东海关第一百八十七结洋税收支各款银数折

头品顶戴、署理北洋大臣兼直隶总督、山东巡抚、臣杨士骧跪奏，为东海关第一百八十七结洋税收支各款银数，缮单恭折，仰祈圣鉴事。

窃照东海关征收洋税，截至光绪三十三年二月十八日，第一百八十六结止，业经具奏在案。兹据东海关道何彦升详称，自光绪三十三年二月十九日起，至五月二十日止，按外国三个月一结，系居第一百八十七结，期满共征收进出口各税及船钞银十六万九千三百七十四两九钱二分六厘。该道督饬税务司暨委员检齐册档，查照红簿，逐细核算，数目相符。一切支发各款，共银十三万七千五十七两二钱五分一厘三毫四丝四忽五微，连前结旧管，共实存银十四万八千七十四两七钱一分七厘六丝五忽九微。所有东海关第一百八十七结洋税收支银数详请核奏等情，前督臣未及核办，移交前来。臣复核无异，理合缮单会同署理山东巡抚臣吴廷斌恭折具陈，伏乞皇太后、皇上圣鉴。谨奏。

朱批："该部知道，单并发。"

光绪三十三年九月十六日。

（《光绪朝朱批奏折》第75辑，012）

报拨本年秋季分供应惠陵员役俸饷米折

头品顶戴、署理北洋大臣兼直隶总督、山东巡抚、臣杨士骧跪奏，为本年秋季分供应惠陵员役俸饷米折等银，循例拔给，恭折仰祈圣鉴事。

　　窃据布政使增韫详称，丰润县供应惠陵并妃园寝暨新添淑慎皇贵妃园寝员役俸饷、米折、豆草、车价，以及尚膳、茶正、马乾、饭食等项银两，向系由司按季专案详请题报，一面由该县派役赴司领回供应，历经遵办在案。兹据丰润县将光绪三十三年秋季分供应惠陵并妃园寝，暨新添淑慎皇贵妃园寝员役俸饷、米折、豆草、车价，以及尚膳茶正、马乾、饭食等项银两，开具清单请领，该司按单复核。该县光绪三十三年秋季分供应惠陵并妃园寝，暨新添淑慎皇贵妃园寝员役俸饷、米折、豆草、车价，以及尚膳、茶正、马乾、饭食等项银四千三百一十八两一钱七分二厘，改折八成实银三千四百五十四两五钱三分八厘，内扣官俸米折、豆草、车实六分部平银五十三两二钱九分三厘，实发银三千四百一两二钱四分五厘，核与历办成案相符。应请在于地粮银内动拔分晰，开具清单，详请核奏，并声明陵工员役增减无定，难以预计，应照急需钱量之例，一面具奏，一面先行拨给，俾得及早领回供应。其实在支领数目，统归于奏销案内核实销算，多则解还，不敷找给等情前来。臣复核无异，除清单咨部外，理合恭笔具陈，伏乞皇太后、皇上圣鉴，敕部核复。谨奏。

　　朱批："度支部知道。"

　　光绪三十三年九月十六日。

　　(《光绪朝朱批奏折》第30辑，528)

奏请免除赔缴片

　　再，前准度支部咨具奏山海关光绪三十二年分经征常税并动拨各款数目一折，光绪三十三年三月十四日具奏，奉旨"依议，钦此"，钞录原奏，咨行转饬该关道遵照。

　　原奏内称，该关自光绪三十一年三月二十八日起至三十二年三月二十七日止一年期满，仅征银三万三千二百六十九两三钱五分七厘六忽，较之上届尚少收银一万三千五百二十五两九钱八分八厘九毫九丝四忽，自应著落该道照数赔缴等因，经前督臣袁世凯转行遵照去后，兹据前山海关监督奉锦道文韫禀称，窃维关税之衰旺视道路之通塞为转移。该道经征三十一年税款，正值日俄开战之际，战线既有改动，商路即因之变更。溯查光绪三十年，日军未至沈阳，由营口至沈阳一路，商贾裹足，行旅戒心，所有进口货物皆由营口过河北，再由铁路绕行，运至宁县属之沟帮子过新民府而达沈阳。沿途皆在山海关征税境内，故收数较往年稍旺，是以遵照尽征尽解奏案，三十年分征收四万馀两。至三十一年正月底，沈阳及开铁一带战线移至沈阳之北，而营口之货皆由日本火车径达沈阳。商民唯利是图，因道路既近，车价亦廉，是以不由沟帮子新民府等处绕行。既不经过山海关征税境内关道，即无稽征之权，商货载在日本火车，更不便越境过关。此系由三十一年春至三十二年夏关税收数比较上届征收减色之实情也。

原奏又称，本届山海关一年期满，其情形较之庚子时已大有不同，盖奉省百物空虚，全赖商贾往来输运，是山海关税项虽营口尚未收款，亦应有增加，乃本届征收较之上届征数忽又短少等因。查向章，凡由山海关出口货均归山海关征收，自三十一年添设秦王岛一关，所有秦王岛进口之货已由该关征收，至出山海关时概免重征，是彼盈此绌一定之理。若将三十一年秦王岛所征之数并入山海关额内，亦可符上届所收之数，此明证也。总之，当时营口尚未收还，适值万难措手之际，固不敢以越境征商，贻外人以口实，又何敢说以侵蚀隐匿，自取戾于关亏？该道任内所征解两年之数，计之三十年分之四万六千余两，及三十一年分之三万三千余两，若与前任均报二万余两之数，为最近年分之比较，皆有盈无绌。诚以国课所关丝毫为重，不敢以多报少，自取愆尤。

所有山海关光绪三十一年至三十二年经征常税，比较上届少收银两，禀恳奏请免其赔缴等情，前督臣未及核办，移交前来，臣复加查核，所禀尚系实情。合无仰恳天恩俯准免其赔缴，以示体恤，出自鸿施。谨附片陈请，伏乞圣鉴，训示。谨奏。

朱批："度支部议奏。"

光绪三十三年九月十八日。

（《光绪朝朱批奏折》第 75 辑，013）

报拨本年冬季分菩陀峪万年吉地员役俸饷、米折等项银两折

头品顶戴、署理北洋大臣兼直隶总督、山东巡抚、臣杨士骧跪奏，为报拨本年冬季分菩陀峪万年吉地员役俸饷、米折等项银两，恭折仰祈圣鉴事。

窃查，玉田县供应菩陀峪万年吉地八旗员役俸饷、米折并养育兵丁钱粮等项银两，向系按季由司专案详请题报，一面由东陵承办事务衙门派员赴司请领散放，历经遵办在案。兹据布政使增韫呈称，准东陵承办事务衙门造册请领，该司

按册复核原归玉田县光绪三十三年冬季分,供应菩陀峪万年吉地八旗员役米折、马乾、孤寡养赡饷银、养育兵丁钱粮等项,共银二百四十四两七钱二分五厘,改发八成实银一百九十五两七钱八分,核与立届成案相符。应请在于司库地粮银内动拨,由司分开清单,详请核奏并声明,吉地员役增减无定,难以预计,应照急需钱粮之例,一面具奏,一面先行拨给,领回散放。其实在支领数目,统于奏销案内核实销算,多则解还,不敷找给等情前来。臣复核无异,除清单咨部外,理合恭折具陈,伏乞皇太后、皇上圣鉴,敕部核复。谨奏。

朱批:"度支部知道。"

光绪三十三年九月十八日。

(《光绪朝朱批奏折》第 64 辑,240)

请将原停引十万道再行推展五年折

头品顶戴、署理北洋大臣兼直隶总督、山东巡抚、臣杨士骧跪奏,为芦纲各岸滞销,原停引目实难复额,请援案推展五年以恤商艰而保现课,恭折仰祈圣鉴事。

窃照长芦所属直、豫两省引案,前于道光二十四年停引十万道,嗣后迭经奏准推展,扣至光绪三十三年年底限满,经臣檄饬运司预筹复额,旋据长芦盐运使周学熙详据纲商杨俊元等禀称,前项停引始于道光二十四年,彼时盐包计重四百一十七斤七两,迨后两次共加盐一百七十斤。按照原包斤重计加四成有奇,若以销引五十万道核计,已敷原停时七十万引之数,是所停之引,虽未复额而所销之盐早已复旧。各商认地行盐,均愿多领引目,多销盐斤,冀可弥补以前亏累。幸蒙严缉硝私,平毁硝池,凡向日被充引岸销数渐有起色,惟以通纲现行引目合计,每年仍有滞引数万道,所欠课款必须另行拨补,始能全完。若再规复原停引目,则滞引愈多,欠课愈矩,商力艰难,无可拨补,课款、纲情均有关系,请再推展五年等情。

该司查,长芦引课关系饷需,现值库款未充,自应督饬复额领运,岂容稍涉因循?惟芦属直、豫引地滞岸居多,自遭庚子奇灾,元气未复,各岸私充仍形积滞,虽经前司及该司严饬各属平池缉私,销数稍有起色,然综计各商现行引数,三十二年仅出库引六十二万四千九百八十七道,本年截至八月底止仅出库引五十四万一千三百六十八道,均未敷六十六万余道之额。该纲总所禀引多销滞,自系实情,若遽行复额,则积引愈甚,商力难支,势必参悬相继,无裨实济,有碍大局,应请援案,将原停引十万道自光绪三十四年起再行推展五年,以纾积困而恤商艰。其先后所停引课,俟限满查看销市畅滞情形,再行分限带运带完等情具详请奏前来。臣查,芦纲现行引六十六万余道,历年设法疏销,从未足数,兼以兵燹以后灾歉频仍,各岸私充,销场益滞。

现在缉私平池,认真整顿,非无转滞为畅之区,然以全纲引目计之,仍未能如数领运,其势实难再加,相应仰恳天恩府准将原停引十万道自光绪三十四年起再行推展五年,以恤商艰而保现课。仍督饬运司认真设法整顿,冀积引逐渐疏通,庶于课饷、商情两无窒碍。理合恭折具陈,伏乞皇太后、皇上圣鉴,训示。谨奏。

朱批:"度支部议奏。"

光绪三十三年九月十八日。

(《光绪朝朱批奏折》第 76 辑,572)

请将京商原停引二万道照案推展五年折

头品顶戴、署理北洋大臣兼直隶总督、山东巡抚、臣杨士骧跪奏,为京商销滞累深,原停引目仍难复额,请再展限五年以恤商艰而保课运,恭折仰祈圣鉴事。

窃查,长芦京纲额引七万二百馀道,前因引多销滞,各商包课力实难支,经前督臣曾国藩奏请停引二万道馀,令勉力办运,俟行市畅旺,相机议加。旋准部议,以五年为限,嗣后迭经奏咨推展,扣至光绪三十三年年底又届限满,曾饬运司督商设法疏销,并严定月销成数,认真考核。无如京商额引过多,虽停引二万道,而现行之引尚有五万二百馀道。庚子拳乱之后,销数顿减,现值京师银价异常增长,百货腾贵,各油盐店均因成本吃重,不肯多腌菜蔬,销场益滞。虽经竭力整顿,而每年所销之盐仍未畅旺,计光绪三十二年仅领销二万四千二百二十三道,本年截至八月底止仅领销二万一千一百四十八道,均不及减剩五万二百馀道之数。实因额引过多,盐包增重,民食有限,势难全领。若将停引二万道责令复额,势必积引愈多,纷纷参追,转滞误运亏课。据京商查庆馀等沥情禀由,运司周学熙具详请奏前来。

臣查,盐课攸关饷需,但使商力能支,多增一引即多一分课款。现值库储支绌,岂容稍涉推延,视展停为常例?惟引数必以销数为衡,近年京商领引于减利五万二百馀道之数,尚未销足,势难再加。如必强以所难,徒多参悬于课款,仍无实济。相应仰恳天恩准将京商原停引二万道,自光绪三十四年起照案推展五年,以恤商艰而保课运。俟限满察看,如果销数较畅,再行议加;仍饬运司实力督销,渐图复额。所有原停京引限缘由,理合恭折具陈,伏乞皇太后、皇上圣鉴,训示。谨奏。

朱批:"度支部议奏。"

光绪三十三年九月十八日。

(《光绪朝朱批奏折》第 76 辑,573)

拨营协筑河工片

再,永定河北四上汛等处漫口大工,经前督臣袁世凯派署永定河道窦延馨勘筹堵筑,并派候补道张恺帮同勘办,业已购办椿料,次第施工。惟引河工段绵长,时值秋收,雇夫不易,工钜期迫,未便稍任稽迟。计惟查照三十年成案,拨营协力兴挑,俾可克日蒇事。已于陆军二、四两镇内酌派工程队伍,前赴工次,协同挑挖,务须昼夜趱办,及早合龙,以慰宸廑而重河务。谨将拨营赴筑河工缘由附片具陈,伏乞圣鉴。谨奏。

朱批:"知道了。钦此。"

光绪三十三年九月十八日。

(《杨文敬公奏议》卷六)

报拨本年冬季分东陵官兵饷折等项银两折

头品顶戴、署理北洋大臣兼直隶总督、山东巡抚、臣杨士骧跪奏,为报拨本年冬季分东陵官兵饷折等项银两,恭折仰祈圣鉴事。

窃查,遵化、蓟州、丰润、玉田等四州县供应各陵八旗官兵月饷俸粟米折并养育兵丁钱粮等项银两,向系按季由司专案详请题报,一面由东陵承办事务衙门派员赴司请领散放,历经遵办在案。兹据布政使增韫呈称,准东陵承办事务衙门造册请领,该司按册复核,原归遵化、蓟州、丰润、玉田等四州县光绪三十三年冬季分供应各陵八旗官兵饷折并孤寡养瞻、养育兵丁钱粮等项,共银五千七百二十一两二钱二分五厘,改给八成实银四千五百七十六两九钱八分,核与历年成案相符。应请在于司库地粮银内动拨,由司分开清单,详请核奏,并声明陵工员役增减无定,难以预计,应照急需钱粮之例,一面具奏,一面先行拨给领回散放。其实在支领数日统于奏销案内核实销算,多则解还,不敷找给等情前来。臣复核无异,除清单咨部外,理合恭折具陈,伏乞皇太后、皇上圣鉴,敕部核复,谨奏。

朱批:"度支部知道。"

光绪三十三年九月十八日。

(《光绪朝朱批奏折》第 64 辑,239)

石作藩等捐资助学,请照拟给奖片

再,天津县绅士四品衔花翎三品衔分发湖北试用道石元士,暨该绅之侄候选翰林院待诏石作藩,在杨柳青镇创设私立第二中学堂,先后捐银二万余两,为创兴及购置图书仪器等用,经提学司、统捐局核议,详请奏奖前来。

臣查,学务大臣《奏定初等小学堂章程》内载,绅董捐设公立、私立各小学堂者,地方官分别给奖。其一人捐资较巨者,禀请督抚奏明给奖。又查,湖南抚臣奏湘潭县绅士花翎二品顶戴、指分江苏试用道袁思亮捐助赈银一万两,请赏给头品顶戴,奉旨允准。

又查,两江督臣奏铜山县绅士张开鼎捐助赈银二万两,请移奖该绅之子举人张兆岐以知府不论双单月选用,伊侄候选知县张祖贻以道员双月选用,奉旨允准,各在案。今该绅士石元士率侄石作藩捐助兴学巨款,洵属热心教育,与捐款济赈同为有裨地方公益,虽据称不敢仰邀奖叙,究未便没其好义之忱。该绅石元士拟请援照湖南湘潭县绅、江苏试用道袁思亮捐银请奖成案,赏给头品顶戴;其侄石作藩拟请以道员双月选用。所捐银数有盈无绌,合无仰恳天恩俯准援案照拟给奖,以昭激劝。除饬取该员等年貌、履历、清册咨部外,理合附片具陈,伏乞圣鉴,训示。谨奏。

朱批:"著照所请,该部知道。"

光绪三十三年九月二十日。

(《光绪朝朱批奏折》第 81 辑,024)

奏报本年附近省城各河堤工岁抢修动支银数折

头品顶戴、署理北洋大臣兼直隶总督、山东巡抚、臣杨士骧跪奏,为本年附近省城各河堤工岁抢修动支银数,照章开单报销,恭折仰祈圣鉴事。

窃据清河道李树棠详称,道属各河堤工均关民生休戚,每年抢修不容稍缓。前经奏明,每年在清河道库河淤地租项下拨银三千两为各工采购料物抢险之用。每届汛期,该道亲督防抢,核实动支,免其造册报销,经部复准,按年开单奏报等因。嗣因河淤地租不敷动支,改由道库堡船权夫生息项下动拨,复因地租生息均皆不敷,详经奏明由司库旗租凑拨在案。

本届光绪三十三年应需岁抢修桩料银三千两,道库生息项下仅能凑拨银五百两,下馀银二千五百两,经前督臣袁世凯奏准,仍由藩库旗租凑拨,分别提拨咨领,购备桩料,分储各河。入伏后,水势盛涨,险工林立,该道督率印委各员认真防守,分段抢护,幸保安澜,将岁抢修工段丈尺动用银数缮具简明清单,详请奏报,免造细册等情。臣复核无异,理合照缮清单,恭折具陈,伏乞皇太后、皇上圣鉴,敕部照案核销。谨奏。

朱批:"该部知道,单并发。"

光绪三十三年九月二十二日。

(《光绪朝朱批奏折》第 90 辑,732)

具陈津海秦王岛两关第一百八十七结洋税收支并旧管实存各数目折

头品顶戴、署理北洋大臣兼直隶总督、山东巡抚、臣杨士骧跪奏,为津海、秦王岛两关第一百八十七结洋税收支,并旧管实存各数目,缮单恭折具陈,仰祈圣鉴事。

窃查,津海秦王岛两关征收洋税,截至光绪三十三年二月十八日第一百八十六结止,业经缮单奏销在案。兹据津海关道梁如浩详称,自光绪三十三年二月十九日起至五月二十日止,按外国三个月一结,系届第一百八十七结期满。津海关除外国船只,江海等关免单银十四万九千一百八两六钱二分二厘,招商局船只江海等关免单银十二万八千七百八十三两三分七厘,并未收银外,实计征收进出口各税及船钞银九十六万一千三两九分三厘。又秦王岛关除外国船只,江海等关免单银一万六千二百八十二两九钱八分六厘,并未收银外,实计征收进出口各税及船钞银四万八千七百八十五两九钱五分,计开支薪费等项共支发银八十六万六千三百三两四钱二分七厘六毫一忽。经该道饬委员会同税务司详细稽核,调取收税总册校对数目，均属相符。除俟分项造册详咨外，所有津海、秦王岛两关经征第一百八十七结洋税，收支并旧管实存各银数，开单详请核奏前来。臣复核无异，理合缮具简明清单，恭折具奏，伏乞皇太后、皇上圣鉴，训示。谨奏。

朱批："该部知道。单并发。"

光绪三十三年九月二十二日。

（《光绪朝朱批奏折》第 75 辑，017）

请将已革前任武邑县知县孙振翮开复原官片

再查，卷内开前任武邑县知县孙振翮于光绪二十九年，经升任督臣袁世凯在甄别案内奏参革职，嗣后该革员深知愧奋，冀盖前愆。三十年日俄开战，关外惨遭蹂躏，满目疮痍，火热水深，岌岌不可终日。北洋创设救济会，遴派员绅分投拯救，该革员前往辽沈一带流寓多年，于该处地势民情最为熟悉。此次力任义务绘具图说，审酌机宜，联合寅友深入战线千余里，医伤救难，烽烟所至，屡濒于危，卒能出死入生，保全难民四万余众，洵属赴机迅速，卓著成劳。论其此次之功，实足赎昔时之咎。

查，被议原案赃私劣迹，据赈抚局司道详请将该革员奏请开复原官等情到，升任督臣袁世凯未及核办，移交前来。臣复查无异，合无仰恳天恩俯准将已革前任武邑县知县孙振翮开复原官，以观后效，出自鸿施逾格。谨附片具陈，伏乞圣鉴，训示。谨奏。

朱批："著照所请，该部知道。"

光绪三十三年九月二十二日。

（《光绪朝朱批奏折》第 23 辑，885）

请奖给前署山海关税务司克立基等宝星勋章片

再，随办中立出力江海、津海、东海等关各洋员，业经升任督臣袁世凯，于本年七月间汇案奏请赏给宝星，钦奉朱批"著照所请等因。钦此。"兹复查，有洋员克立基等，前在山海关随办中立出力，与江海等关各洋员事同一律，自应循案吁恳天恩，量予褒嘉，藉酬劳勋。所有前署山海关税务司克立基、三等帮办赫美玲、三等帮办安得士,均拟请赏给三等第一宝星,理船厅总巡施得龙拟请赏给三等第三宝星,以昭奖劝,出自鸿施。除咨呈外务部查照外,谨附片陈请,伏乞圣鉴,训示。谨奏。

朱批:"著照所请,外务部知道。"

光绪三十三年九月廿五日。

(《光绪朝朱批奏折》第50辑,967)

具陈天津关征收海税一年期满缘由折

头品顶戴、署理北洋大臣兼直隶总督、山东巡抚、臣杨士骧跪奏,为天津关征收海税一年期满,恭折仰祈圣鉴事。

窃查,天津海税每年定额银四万两,以二万六千两作正解部,内应开除例支书役、工食;以一万四千两作为盈余解司充公。道光以前,轮船尚未通行,所收税银有盈无绌,迨轮船畅行以后,收数日见短少。幸有江浙海运漕粮沙轮各船,准免带装二成税银,并给事中洪日燕、御史胡寿椿奏免米稻杂粮各税银,约计每年共免征银三万一千余两,尚应征解部银五千二百余两,解司盈余银三千一百余两。历年虽无盈余,尚敷报解。迨甲午中东之役,海道梗阻,税收盈绌,经前督臣王文韶奏准尽征尽解后,虽复额历任均多赔累,庚子之变,海船毁失过半,其未毁者亦多歇业,而轮船较前亦多,奉省又开铁路,水陆畅行,运货尤便,以致海船无货揽载,收货寥寥。经前督臣袁世凯奏请尽征尽解,奉朱批"著照所请,户部知道。钦此。"嗣准部咨,行令按额征解。复经前督臣袁世凯于光绪三十一年奏准尽征尽解在案。

兹据天津道凌福彭禀称,此项海税计前道周学熙自光绪三十二年八月二十日开关经征起,至是年十二月二十日交卸之前一日止,征收银一千六十四两五钱八分六厘。又署道窦延馨自是年十二月二十日到任起,至三十三年五月初六日交卸之前一日止,征收银一千二百五十八两四钱七分二厘。该道自五月初六日到任起至八月二十日扣足一年期满止,征银一千二百一十二两七钱八分四厘,统共实征银三千五百三十五两八钱四分二厘。查历届成案,向除免征税银以实收之数按正额盈余分成折算,今实征银三千五百三十五两八钱四分二厘,自应循案分成折算,每万两折实银八百八十三两九钱六分五毫,计正额二万六千两,折实银二千二百九十八两二钱九分七厘三毫,内除支销书役一成工食银二百二十九两八钱二分九厘七毫三丝,实应解部银二千六十八两四钱六分七厘五毫七丝。其盈余银一万四千两,折实银一千二百三十七两五钱四分四厘七毫,应解藩库拨用等情,禀请具奏前来。臣复加确核,并无征多报少情弊。所有征收海税一年期满缘由,理合恭折具陈,伏乞皇太后、皇上圣鉴,敕部查照。再,光绪三十三年海税仍饬天津道照章管理,合并声明。谨奏。

朱批:"度支部知道。"

光绪三十三年九月二十五日。

(《光绪朝朱批奏折》第75辑,020)

具陈牛庄海关第一百八十七结洋药厘捐银两开支实存各数折

头品顶戴、署理北洋大臣兼直隶总督、山东巡抚、臣杨士骧跪奏,为牛庄海关第一百八十七结洋药厘捐银两开支实存各数,缮单恭折,仰祈圣鉴事。

窃据奉锦山海关道蔡绍基详称,该关洋药厘捐自光绪十三年正月初九日起,改归海关厘税并征,嗣奉户部饬将收支药厘银两查照洋税收支定章按结开单,奏报一次,扣足四结,专折奏销,一面造册送核等因,历经遵办在案。兹届一百八十七结期满,计上届旧管项下存银二千五百二十七两四钱六分七厘一毫八忽,新收银六千五百两九钱三分八厘七毫八丝七忽九微。除支给各项房租银三百两外,实存银八千七百二十八两四钱五厘八毫九丝五忽九微,开单详请奏咨前来。臣复核无异,理合缮单恭折具陈,伏乞皇太后、皇上圣鉴。谨奏。

朱批:"该部知道,单并发。"

光绪三十三年九月二十五日。

(《光绪朝朱批奏折》第75辑,018)

具陈牛庄、秦王岛两关第一百八十七结洋
税收支并旧管实存各数折

头品顶戴、署理北洋大臣兼直隶总督、山东巡抚、臣杨士骧跪奏,为牛庄、秦王岛两关第一百八十七结洋税收支并旧管实存各数,缮单恭折具奏,仰祈圣鉴事。

窃查,牛庄、海关洋税收支各数已截至一百八十六结,奏销在案。兹据奉锦山海关道蔡绍基详称,自光绪三十三年二月十九日起至五月二十日止,系届第一百八十七结期满,计牛庄海关征收各洋船进出口正税、洋药税、复进口半税、船钞,招商局船进出口正税、洋药税、复进口半税、船钞,洋货入内地子口税、土货出内地子口税、练饷、扣平六火耗、改拨边防经费、拨还日本、交还税款、借支税司经费、收回上二结,多支八分经费。

又,秦王岛海关征收各洋船进出口正税、复进口半税、土货出关入内地子口税、六厘火耗、改拨边防经费等款,共银二十五万五千六百十四两三钱四分五厘五毫二丝五忽二微,计除由日本交还税款四成项下、拨解陆军学堂经费六成项下拨还常税,垫拨海关经费,扣提六厘火耗,善后经费,并照章由华洋税款四成项下拨解加防放饷,北洋防费六成项下拨还直隶赈抚局,垫发美国人伊斯洛恤款出使经费、提还日本、交还税款、上结借支税司经费暨本结七成船钞、倾镕火耗、边防经费、练军薪公饷乾、海关核扣八分经费、并由秦王岛海关税款项下支给税司一成经费、拨给银号六厘火耗、边防经费、核扣八分经费、土货出关入内地子口税、划抵常税正额等款,共银六十三万八千七十八两八钱七分三厘四毫六丝九忽六微,连旧管共实存银三十七万二千七百十五两八钱九分五厘六毫八丝七忽五微。

除将动支善后经费另案核销外,所有牛庄、秦王岛两关第一百八十七结洋税收支并旧管实存各款银数,开具清册,详请奏咨前来。臣复核无异,理合缮单恭折具奏,伏乞皇太后、皇上圣鉴。谨奏。

朱批:"著照所请,该部知道。"

光绪三十三年九月二十五日。

(《光绪朝朱批奏折》第75辑,019)

具陈天津、秦王岛钞关及五十里外各分口
一年期满经征常税银两数目折

头品顶戴、署理北洋大臣兼直隶总督、山东巡抚、臣杨士骧跪奏,为天津、秦王岛钞关及五十里外各分口一年期满经征常税银两数目,恭折仰祈圣鉴事。

窃查,前准行在户部咨各国偿款以各关常税作抵,常关分局在五十里以内者征税事宜改归新关税务司兼办等因。当经议定津海关道所管之天津钞关及大沽

北塘各分局,按照公约归并税司经理,征收税项拨抵赔款,如有不敷,即在钞关代征之子口税项下拨补,均经奏咨在案。

兹据津海关道梁如浩详称,光绪三十二年五月十三日奉部扎饬将税务司代征与监督自征各税并案分晰奏报等因。查,自光绪三十二年七月初一日起至九月底止,第一季天津钞关征收正税银二十二万六千九百四十五两七钱三分,大沽分局征收正税银一万二千四十两六钱四分,北塘分局征收正税银二千八百九两九钱七分,又自十月初一日起至十二月底止,第二季钞关征收正税银九万五千二百五十四两八钱五分,大沽分局征收正税银三千七百二十三两六钱九分,北塘分局征收正税银五百二十四两七分。又自三十三年正月初一日起至三月底止,第三季钞关征收正税银十八万四千三百七十一两六钱三分,大沽分局征收正税银七千四百八十四两,北塘分局征收正税银五百八十二两九钱四分,又自四月初一日起至六月底止,第四季钞关征收正税银十二万六千九百四十九两五钱二分,大沽分局征收正税银八千五百六十九两六钱九分,北塘分局征收正税银八百九两三分。以上天津钞关一年期满,统共征收正税银六十七万六十五两七钱六分。又秦王岛钞关自光绪三十二年正月初一开关之日起至三月底并无征收。又,自四月初一日起至六月底止,征收正税银三百十七两五钱三分。又自七月初一日起至九月底止,征收正税银四百四十二两二钱一分。又自十月初一日起至十二月底止,征收正税银一百三十七两四钱三分。又自三十三年正月初一日起至三月底止,征收正税银二十九两六钱二分。又至四月初一日起至六月底止,征收正税银七十九两六分。以上秦王岛共征收正税银一千五两八钱五分。又五十里外各分口自光绪三十二年七月初一至光绪三十三年六月底止,经共征收正税银六千七百二十七两七钱四分。又由子口税收银二十七万四千二百七十九两八钱二分九厘三毫三丝四忽。又遵照部饬将光绪三十年分解部正额解费银三百六十两,又光绪三十一年分解部正额解费银三百六十两,又光绪三十二年分解部正额解费银三百六十两,又自光绪三十年七月初一日至光绪三十一年六月底止税司一成经费多支银二分八厘,该关道署常年办公并洋务商务一成经费多支银二分八厘。又自光绪三十一年七月初一日至光绪三十二年六月底止税司一成经费多支银四厘,该关道署常年办公并洋务商务一成经费多支银四厘,一并提回列收五,共计收银九十五万三千一百五十九两二钱四分三厘三毫三丝四忽,统共提支经费赔款等项银九十四万六千二百九十九两五钱九分七厘三毫三丝四忽,以入抵出计存解部秦王岛正税银八百四两六钱八分。又五十里外各口税银六千五十四两九钱六分六厘。

该道督饬委员详细稽核收支数目,均属相符。所有天津、秦王岛钞关及五十里外各分口一年期满经征常税银两各数目详请查核,奏咨前来。臣复核无异,除分咨查照外,理合缮单恭折具奏,伏乞皇太后、皇上圣鉴。谨奏。

朱批:"该部知道,单并发。"

光绪三十三年九月二十五日。

(《光绪朝朱批奏折》第75辑,024)

恳恩俯准将官犯戴世文免发军台片

再,上年北运河东岸郭辛庄九百户等村漫口过溜,升任督臣袁世凯因署务关同知戴世文玩误河防,奏参革职,并发往军台效力,当经饬司提解,旋据戴世文以年逾六旬,精力本衰,前因感受湿热,急火上冲,以致痰壅嘴歪,寸步难移,交卸后医治未痊,竟成瘫疾等情,禀经饬据藩臬两司札委清苑县知县黄国瑄验得,戴世文病卧在床,半身不能动转,委成瘫疾,出具验结,呈司核明,会详请奏前来。

臣查,该官犯戴世文由优贡知县请补灵寿县知县,调补博野县知县,升补广平府同知,调署务关同知,平日官声尚好,上年因河工失事奏参发遣,固属罪所应得,惟念其衰年痼疾,动转为难,势不能远戍军台供差效力。且其历任灵寿、博野等县,均属直隶著名瘠缺,赔累不堪,以致宦橐萧然,实无力完缴台费。伏查已革永定河北四上汛涿州州同陈维垣,因母老丁单,家计赤贫,请免发军台,并免缴台费,奏奉朱批允准在案。该革员事同一律,合无仰恳天恩俯准该官犯戴世文免发军台,并免缴台费银两,出自鸿施逾格。除结咨部外,理合附片具陈,伏乞圣鉴,训示。谨奏。

朱批:"著照所请,该部知道。"

光绪三十三年九月二十八日。

(《光绪朝朱批奏折》第110辑,427)

微臣感激下忱恭折叩谢天恩折

头品顶戴、署理北洋大臣兼直隶总督、山东巡抚、臣杨士骧跪奏,为叩谢天恩,恭折仰祈圣鉴事。

窃于光绪三十三年九月二十九日,钦奉上谕"山东黄河普庆安澜,杨士骧治河三载,督率有方,著交部从优议叙等因。钦此",当即恭设香案,望阙叩头谢恩。伏念臣碣石新移,齐封旧治,稽汉志冯螭切和之盛,三祀疏平,赖圣主庞鸿建福之庥,百流顺导。审渠防之策,力祗职务所当勤,乃荷恩庸,优承茂典,凭天光而效毫露,量移更叨逾格之施,逢寿寓而见河清,澄流齐顺朝宗之序。所有微臣感激下忱,理合恭折叩谢天恩,伏乞皇太后、皇上圣鉴。谨奏。

奉朱批:"知道了。钦此。"

光绪三十三年十月初一日。

(《光绪朝朱批奏折》第 24 辑,002;《杨文敬公奏议》卷六)

请将唐宝锷、查凤声、刘春霖留直襄办新政学务片

再,查各省兴办学堂及农工商务诸要政,遇有延聘京员藉资赞助者,均由各督抚奏调办理,免扣资俸,有案。直隶新政繁兴,需才孔亟,兹查有翰林院检讨唐宝锷,经臣在山东巡抚任内奏请留办学务,本年六月派赴北洋考查各学堂情形。度支部七品小京官查凤声,曾在日本学习,师范毕业。翰林院修撰刘春霖,学识优长,士林翕服,本籍直隶,于桑梓一切应办事宜尤所究心,合无仰恳天恩俯准,将翰林院检讨唐宝锷度、支部七品小京官查凤声、翰林院修撰刘春霖留直襄办新政学务,以资得力,并援案免扣资俸,出自鸿施。谨附片具陈,伏乞圣鉴,训示。谨奏。

朱批:"著照所请,该衙门知道。"

光绪三十三年十月初二日。

(《光绪朝朱批奏折》第 24 辑,003)

为张镇芳代奏叩谢天恩折

头品顶戴、署理北洋大臣兼直隶总督、山东巡抚、臣杨士骧跪奏,为据情代奏,叩谢天恩,恭折仰祈圣鉴事。

窃据二品衔新署长芦鉴运使、存记补用道张镇芳详称,光绪三十三年九月初五日蒙奏委署理长芦鉴运使司,奉饬赴任,旋于本月十五日准升署按察使周学熙

将印信文卷移交前来，遵即恭设香案，望阙叩头，祗领任事。伏念镇芳，汝南下士，冀北备员，十载公车，忝附杏林之宴；九年郎署，幸观农部之光。嗣经调赴津门，辄委研求圜法，整礎纲于永平七邑，仅具规模，输粮饷于畿辅，陆军恐贻陨越，材同小草，谬蒙鹗荐之频加；权摄长芦，弥觉鹈濡之滋愧。查引课为帑项来源，运司乃库诸重任，镇芳万不敢以暂时署篆，稍涉因循，惟有矢慎矢勤，实事求是，冀仰答高厚鸿慈于万一。所有感激下忱，暨到任日期，详请代谢天恩等情，理合据情代奏，伏乞皇太后、皇上圣鉴。谨奏。

朱批："知道了。"

光绪三十三年十月初二日。

（《光绪朝朱批奏折》第 24 辑，001）

褒奖在事河工出力各员折

头品顶戴、署理北洋大臣兼直隶总督、山东巡抚、臣杨士骧跪奏，为东明黄河保案请仍按旧章两届汇保一次，并将保额量请变通，以资鼓励，恭折仰祈圣鉴事。

窃查，上年五月间政务处会同吏兵等部议复御史刘汝骥酌定保举限制一折，奉旨"依议。钦此。"查，原奏清单内称，东明黄河两年汇保二十员均按寻常劳绩请奖，嗣后如大汛平稳无事，三年准按寻常劳绩列保一次，文职不得过十员，武职奏咨并计不得过十员等因，仰见朝廷于慎重名器之中，仍寓鼓舞人才之意，自应钦尊办理。惟查，东明黄河在直隶虽属一隅，而上受豫河之灌输，下为山左之屏障，论其形式实为中权最要之区。本工上、中、下三汛，险工林立，每当伏秋大汛，水势暴涨，临黄埽坝蛰陷频仍，一线沙堤全恃人力以资防抢。在公文武薪饷极薄，终年效力，劳苦异常。且当工程危险之时，多在风雨晦暝之际，各员弁不惜身命，力挽狂澜，无非奋励名程，始能鼓其迈往无前之气。从前每届安澜，即可请奖，每次文职可保六七十员，武职奏咨计保至一百数十员及二百馀员不等，且可请保翎枝。自光绪九年及十一、十六等年，迭接部章，改为两年请保一次，关奏定额数，仅保文职二十员，武职十四员，咨奖八十员，只按寻常请奖，不再保翎枝，今昔相冲，已有相隔之叹。今则新章，三年始准一保，而准保员数文职仅十成之五，武职奏咨并计，仅十成之一，限制过严。是工员绝少升阶，弁兵绝少出路。此后该河抢办大险，安危在于呼吸，功多赏薄，何从于惊涛骇浪之中策其效命？自非稍宽奖叙，深恐有碍河防。

据大顺广道详请奏奖前来,臣复核无异。合无仰恳天恩,准将东明黄河保案仍按旧章两年汇保一次,文职酌减五员,以十五人为定额;武职奏减四员,以十员为定额,咨奖酌减二十名,以六十名为定额,免再核减,以资鼓励而维河务,出自鸿施逾格。本岁已届两年应保之期,在事出力各员俟奉准后由臣开单请保。其厅营、东明县例得随折请奖,不在所请保额之内。理合恭折具陈,伏乞皇太后、皇上圣鉴,训示。谨奏。

朱批:"该部议奏。"

光绪三十三年十月初二日。

(《光绪朝朱批奏折》第 100 辑,674)

委道员陆安清带赴灾区加放冬抚片

再,查本年永定、北运各河漫口,近畿各属被灾甚重,当经升任督臣袁世凯派员携带银两食物查放急赈,嗣蒙慈恩赏帑银四万两,顺、直应各半分领。又经袁世凯奏委候补道陆安清督办赈务,赍咨赴部领银二万两,并先由直隶挪垫银二十万两带往灾区,并派员加抚一次。其以工代赈之处尚不在内,群黎均沾实惠,无不感颂慈仁。

查,顺、直各属自兵燹以后,地瘠民贫,元气未复,荒歉频仍,无灾之年每届残冬,生计亦多穷蹙,况本年河决灾重,客属穷民待哺嗷嗷,困苦情形不堪言状。亟应加放冬抚,以免流离失所。惟直省款绌异常,捐务又成弩末,臣惟有督饬赈抚局司道设法赶再筹凑银十万两,仍委道员陆安清带赴灾区,遴派妥员查明极次贫大小口,核实散放,俾资卒岁,以仰副朝廷轸念民艰有加无已之至意。理合附片具陈,伏乞圣鉴。谨奏。

朱批:"度支部知道。"

光绪三十三年十月初三日。

(《光绪朝朱批奏折》第 32 辑,363)

具陈东明河工三汛安澜缘由折

头品顶戴、署理北洋大臣兼直隶总督、山东巡抚、臣杨士骧跪奏,为东明黄河伏秋大汛,抢护平稳,获庆安澜,恭折仰祈圣鉴事。

窃据署大名镇总兵言敦源、大顺广道文冲会禀,据署大名府管河同知叶树勋、河防营营官总兵韩凤昌、署东明县知县周保琛等禀称,东明黄河南堤六十余里,向系厅汛修守,并派练军帮理。光绪二十五年,裁并练军,改挑大名镇标制兵三百名作为河防营,仍由韩凤昌管带。直境黄河地势北高南下,本已势同建瓴,又兼中洪历年停淤,积垫愈高,下游复宣泄不畅,大溜趋逼南堤,工情倍形吃重。上年凌汛期内,三汛临黄,各埽捆下排桩以资搪护。大河虽未封冻,时有大块冰凌,排山拥注,擦损扫段,随即防护平稳。入春后即将土木择要兴,挑并用铁车运取远土,追压埽面,帮宽坝基。各汛春镶,埽段加抛砖坝,及交桃泛,水势时有长落,河溜趋刷,埽坝陡蛰,均经抢镶稳固。入夏以来,黄流迭涨,惊涛骇浪,剽悍异常。中汛十七堡、下汛十二堡,各坝埽纷纷出险,或蛰与水平,或沉蛰入水。当饬员弁兵夫分投抢护,渐臻稳定。六月二十六、七、八等日,河水连日陡涨三尺九寸,汪洋浩瀚,拍岸盈堤,兼之风狂雨骤,波浪抬高。下汛四堡新头二两坝一带,迎溜顶冲,刷动壩基,在事员弁抢下新埽各四段。七月初一、二等日河水续长二尺三寸,溜势忽又下挫,五堡旧头壩一带大溜滚注,致将十二埽迤下坡脚刷塌,万分危险。随又相机抢下新埽一段,无分风雨昼夜,撒手抢办,始克转危为安。业经臣将大汛抢办险工,添拨另案款项各情奏明在案。入秋后,水势仍复续涨不已,且水性搜根,淘刷尤紧。各汛埽壩镶蛰频,仍未能辍手。现届霜清,通工一律巩固,获庆安澜,禀请核奏前来。

臣查,东明黄河南堤上连豫疆,下接东境,地处中权,工多险要,防守极艰。本届三汛当冲各埽壩,于未交大汛以前,即已蛰出险,抢护不遑。迨交大汛,黄流迭次暴涨,水势大于往年。临黄各埽壩,随镶随蛰,下汛四、五堡又复巨险环生,情形岌岌。当风雨交加之际,实安危呼吸之时,稍有疏虞,何堪设想?该道督率厅营员弁,力与水争,仰赖圣主福庇,化险为平。兹届霜清,安澜获庆,堪以仰慰宸廑。

查,李连庄、高村、黄庄三处建有大王庙,凡遇险工,虔诚祈祷,灵应昭然,应请特颁大藏香十枝,交臣转发大顺广道文冲祗领,前往敬谨祀谢,以答神庥。在事出力文武员弁,履危蹈险,著有成劳,现值两届安澜,例得保奖。前准部咨饬,按三年请奖一次,未免向隅。臣已另折奏请,仍照旧章两年汇保一次,并声明厅营、东明县于驰报安澜时,随折请奖在案。所有在事出力文武员弁,容俟查明保奖,其尤为出力各员应先随折请奖。二品衔、大顺广道文冲管带河防营,提督衔、留直补用总兵、借补天津镇标、河间协副将韩凤昌,均请随带加一级。补用道、候补知府、前任大名府管河同知王树蕃,请加盐运使衔。补用同知、现署大名府管河同知叶树勋,请俟补缺后以知府用。暑东明县知县、候补知县周保琛,请俟补缺后以直隶州知州用,并先换顶戴。仰恳天恩俯准,照拟给奖,以示鼓励。除履历册咨部外,所有东明河工三汛安澜缘由,理合恭折,由驿驰奏,伏乞皇太后、皇上圣鉴,训示。谨奏。

朱批:"另有旨。"

光绪三十三年十月初四日。

(《光绪朝朱批奏折》第 100 辑,675)

永定河工合龙折

头品顶戴、署理北洋大臣兼直隶总督、山东巡抚、臣杨士骧,跪奏为永定河工口大工克期抢堵合龙,恭折仰祈圣鉴事。

窃查,本年六月二十日,永定河南五工先漫两口,迨二十一日北四上汛漫口夺溜,南五工旋断流,并查汛员、武弁玩误河防,当经升任督臣袁世凯先后分别参办,暨将革职留任之永定河道瑞峻撤任,派委勘办该河大工之记名简放道窦延馨就近接署。复因该河工程浩大,委派候补道张恺帮同勘办,旋据窦延馨等会同查勘,先将北四上汛水口盘筑里头,以防续塌,一面筹拟办法,估定工款,克日兴工。复经袁世凯详细奏明,请拨款项,钦奉朱批允准,即经檄饬兴工趱办。臣到任后,因查引河工段绵长,时值秋收,雇夫不易,奏派陆军二、四两镇工程队伍前赴工次,协同挑挖,期早藏工。旋又派道员汪士元、林学城等驰往催办,各在案。兹据该道禀称,堵筑漫口工程以秸料为要需,八月二十一日兴工时,新料尚未登场,四出采购,未能应手。兼之向来土夫多募自霸保、文大一带,能于水中捞土,不畏艰辛。他处土夫,只能挑办旱土,见水即行退缩。现在文霸一带土夫,半赴关东力作,多方招集,仍未敷用,庇材鸠工,艰难备至。至九月中旬,工人始见踊跃。水旱坝暨引河各工,同时撒手抢办。无如水口引河迤上大溜冲击,胶泥、老坎旋折而西,直射西坝根盘,旋而东横注东坝下坝脚,暨二坝头湍激淘刷,随镶随蛰,甚为棘手。当将胶泥、老坎连夜裁切,并于西坝赶筑挑水坝一道,工长五十余丈,盖过金门,力与水争,逼向引河头,抢办两坝,始得顺手。二坝土柜及养水盆,亦即日夜赶工,步步跟进,并催赶南五旱坝暨两岸洁水各工,一律修筑坚实,一面督饬段员赶挖引河。惟本届水旱口引河连沟工,共工长六千余丈,宽二十八丈,深一丈八尺。原冀建瓴下注以收吸川利导之势，无如河深水旺，挑办维艰，段员夫头诸多赔累。

九月中旬，天气渐寒，工程日紧，各员并胼手胝足，日夜兼营，并得工程队伍协同挑办。至十月初一日，旱坝御水引河工程一律告蒇。北四上汛水口金门收至五丈，赶将大坝盘头加签出号，大桩深压到底，引河试放清水，上下畅顺。遂于初四日卯刻，鼓励兵夫挂缆合龙，坝前水势抬高，深至二丈余，异常猛悍，赶紧下兜抢堵，将及到底，随即抢合二坝，跟填土柜及坝前，浊浪翻花，土柜随填随蛰，全局安危，只争呼吸。窦延馨等督同员弁，不避艰险，土料并进，将两坝兜子并养水盆一气呵成，追压到底，赶下关门大埽，一面启放引河头，大溜滔滔直下，铺满全河，挽归旧道。竭一昼夜之力，大坝毫无渗漏，复厚加大土，培筑后戗，均极稳固。全堤合龙，大工告竣等情禀报前来，当经电陈在案。

臣查，永定河久经淤垫，受病已深，本年伏汛期内水势涨至二丈，高越堤巅，以至南北两岸先后漫溢，情形糜烂。本届水旱口各工兴三十年相埒，引河工段较长，其两岸残缺情形亦过之。近来物料、人工无不昂贵，工繁款绌，种种为难。臣勒限檄饬窦延馨殚竭心力，逼溜归槽，相机进占。恭逢寿宇宏开，仰荷神灵福庇，连旬晴霁，得以并日程功，从兹堤外民田尽可一律涸复，春耕无误，堪以仰慰宸厪。所有永定河漫口大工克期抢堵合龙缘由，理合恭折由驿驰奏，伏乞皇太后、皇上圣鉴，训示。谨奏。

奉朱批："另有旨。钦此。"

光绪三十三年十月初四日。

（《光绪朝朱批奏折》第 100 辑，676；《杨文敬公奏议》卷六）

请将严震留直交臣差遣片

再，前开缺广西左江道归部选用知府严震，经升任督臣袁世凯委充直隶禁烟总局提调，到差以来，办事尚属得力。合无仰恳天恩准将该员留直交臣差遣，免其按月赴部投供，仍照原资铨选。俟选缺后，再由臣给咨送部引见，以符定例。谨附片具陈，伏乞圣鉴，训示。谨奏。

朱批："著照所请，该部知道。"

光绪三十三年十月十一日。

（《光绪朝朱批奏折》第 24 辑，103）

报销筹款局光绪三十年分收支各款折

头品顶戴、署理北洋大臣兼直隶总督、山东巡抚、臣杨士骧跪奏,为报销筹款局光绪三十年分收支各款,恭折仰祈圣鉴事。

窃查,直隶土药烟酒各项税捐,前在省城设立筹款总局专司整饬,并于繁庶地方设立分局以集钜款。所有光绪二十九年分土药烟酒各税并收支各款数目,已由前督臣袁世凯奏报,经部准销在案。兹据筹款总局司道详称,光绪三十年经征土药烟酒各税均系照案办理,惟是年夏初雨泽愆期,红粮昂贵,各烧锅销路疲滞,因而报歇者甚多。烟叶则因秋后多雨,收成减色,各处烟市甚为萧索。幸在事各员分投查缉,尚能征收及额。土药一项,前已并入烟酒,经部驳饬,此次自应分别造报所有正税经费,统行查照。二十七、八等年成案核办内,张家口、长辛店、古北口三局,系奏准于二十九年八月间创办,并入三十年接算,统计是年共收烟酒税银八十万五百八十三两五钱五分三厘,土药税银十二万二千五百二十二两八钱八分,分别提支经费共银九万八千四百三十六两七钱八分八厘,解支练兵经费、陆军饷项及照案拨解英、法、俄、德洋款共银八十二万两,实在存银四千六百六十九两六钱四分五厘,连同经费项下应提六分减平银五千九百六两二钱七厘,统行存储,归于下届听候部拨,造具总分各册,请奏咨核销前来。臣复查无异,除将清册咨部外,理合恭折具奏,伏乞皇太后、皇上圣鉴,敕部核销。谨奏。

朱批:"度支部知道。"

光绪三十三年十月十七日。

(《光绪朝朱批奏折》第 90 辑,741)

请将在事出力河工照拟给奖片

再,查北运河东岸郭辛九百户等处于本年六月十九日漫口过溜,经升任督臣袁世凯查明情形,将道厅汛员先后分别参办,旋准部咨,通永道衡吉照运河已过保固年限冲决例议降二级调用,留工督修,工完开复等因,即经转行遵照,并先檄饬赈抚局司道遴员筹堵。旋据运司周学熙、道员邵国铨查得该河水势汹涌,各决口愈刷愈宽,下流无所底止,小口林立,工段过长,禀准电调熟悉河工之永年县知县苗玉珂，并派候补知府章兆蓉、试用知县李瑞联等会同前往修堵，一面移会通永道衡吉督率各汛员合力兴修。其时上游永定、潮白等河同时狂涨，浩瀚奔腾，建瓴而下，各员齐力与水争先，将决口盘筑裹头以防续塌。九百户坐湾之处尤为吃紧，赶修挑水埽坝等工以分水势，青龙湾南岸、小高辛庄、张辛庄、杨家场等皆岌岌可危。各该员奋不顾身，分投抢办，至口门地势适当迎湾顶溜刷深四丈有余，几至束手无策。周学熙总司筹画，多方设法，指授机宜；邵国铨因查放急赈，便道赴工，星夜催趱，节节进占。九月二十九日，始将九百户、郭辛庄各口门同时堵筑合龙，一律工竣。

至上游郭新庄等处漫决成口之时，正下游杨村北仓一带巨险环生之日，天津城乡人心惶惶。升任督臣袁世凯，因天津为通商大埠，华洋杂处，设遇水灾，后患何堪设想？其时天津道凌福彭因赴通州查办案件，道员邵国铨亦赴东路查放急赈，均未在津，事机危迫，谕饬运司周学熙独任其难。该司选派干员驰往抢护时因久雨不止，道路不通，一切募夫办料取土无不棘手，而潮白河来源水势仍复日长数尺，加以永定河决口之水由蒲口大洼下注，复归北运河，如堤头新减河北仓、筐儿港、高楼、永福寺等处尤当其冲。该处堤埝随加随溢，埽坝屡镶屡蛰，岌岌可危，随悬重价，招集大车百数十辆，星夜搬运北仓旧基砖石，极力抛护，竭二十余日之力，始克抢护平稳。塌河淀、宜兴埠以东数十里民田得庆丰收，人心大定，先后禀详前来。

臣查，北运河自光绪十九年间红庙漫口合龙以后，从无钜工，本年郭辛庄九百户两口其情员弁协力齐心，昼夜趱办，克期堵合，并将下游奇险防护稳固，民田、商埠免遭昏垫之灾，厥功甚伟卷。查，从前红庙工程曾经督臣李鸿章奏保有案，此次自应援照办理。署理直隶按察使、长芦盐运使周学熙拟请赏加头品顶戴，候补道邵国铨拟请旨交军机处存记，试用知县李瑞联请免补本班以直隶州知州仍留原省补用，北河试用县丞许元拟请免补本班以知县仍留原省补用，分省试用县丞刘世琼拟请免补本班以知县仍分省补用，候选县丞吴长霖请免选县丞以知县不论双单月选用，试用县丞倪源钊拟请补缺后以知县用，仰恳天恩俯准，照拟给奖，以示鼓励。至通永道衡吉原得降二级处分，河西务主簿钱光显、香河汛主簿张文运原得摘顶处分，并恳恩均予开复，出自鸿施。理合附片具陈，伏乞圣鉴，训示。谨奏。

朱批："著照所请，该部知道。"

光绪三十三年十月十七日。

（《光绪朝朱批奏折》第 100 辑，678）

请将单晋和补授景州知州折

头品顶戴、署理北洋大臣兼直隶总督、山东巡抚、臣杨士骧跪奏，为拣员请补沿河要缺知州，恭折仰祈圣鉴事。

窃查，升补景州知州谢鉴礼捐加五离任，应以光绪三十三年七月十四日接到部文之日，作为开缺日期，归七月分截缺。所遗景州知州，界连东省，地方辽阔，兼管运河堤工，事务纷纭，系"冲、繁"二项沿河要缺，例应在外拣选调补。查定例，沿河州县缺出，令该督抚于现任人员内拣选调补。如实无合例堪调之员，准以候补人员题补。又如遇沿河要缺，用候补时，将沿河候补与地方候补，由该督抚酌量补用。又道府同知、直隶州知州、通判、知州，如系奉旨命往，或督抚题明留于该省补者，无论应题、应调、应选之缺，均准酌量补用先尽科甲出身人员。如科甲出身人员不合例，或人地不宜，应令详细声明，方准以别项出身候补人员请补。至题调要缺酌量以候补人员请补时，该省如有截取记名分发人员，应先尽酌量请补。如果实系人地不宜，始准声叙以各项候补人员请补。又部议，实缺京员章程嗣后汉司员，除照例截取保送外，实缺员外郎准其改就知州分省补用，到省后毋庸计扣甄别。如遇应题应调紧要缺出，除坐补原缺人员先尽补用外，其余均先尽改就人员酌量请补一人次，于各项人员中酌补一人各等语。今景州知州一缺，臣督同藩、学、臬三司，于现任选缺知州内逐加遴选，非历俸未满，即人地未宜，一时实无合例堪调之员，未便迁就。直隶现在亦无截取记名分发并坐补原缺，及实缺员外郎改就知州，暨科甲出身候补人员，自应在于别项候补知州内拣选请补。

兹据藩司增韫、署提学司卢靖、按察司陆嘉谷查，有沿河候补知州单晋和堪以请补，会详请奏前来。臣查，单晋和，年四十七岁，江苏江都县监生，由北河试用县丞随办永定河北中汛水口坝工合龙出力保补缺后以知县用。遵例捐离县丞本任，以知县仍归直省补用。光绪二十八年九月十八日引见，奉旨照例发往。是月二十六日到省，因办顺直赈捐出力保免补知县，以知州仍留原省补用。二十九年七月十六日，奉旨"依议。钦此。"应以七月三十日接到部文之日作为知州到省日期，业经期满甄别在案。

臣到任未及三月，例不出考，惟据藩司等查得该人员勤明干练，心细才长，以之请补景州知州沿河要缺，洵堪胜任，与例亦属相符，合无仰恳天恩俯念员缺紧

直隶总督兼北洋大臣杨士骧奏议全集

要，准以沿河候补知州单晋和补授景州知州，以资治理。如蒙俞允，俟接到部复再行给咨引见。除将该员履历清册咨部外，理合恭折具陈，伏乞皇太后、皇上圣鉴，训示。谨奏。

朱批："吏部议奏。"

光绪三十三年十月十七日。

（《光绪朝朱批奏折》第 24 辑，020）

请将傅澂源升署大名府管河同知折

头品顶戴、署理北洋大臣兼直隶总督、山东巡抚、臣杨士骧跪奏，为河工要缺同知照章拣员升署，恭折仰祈圣鉴事。

窃查，接管卷内大名内府管河同知王树蕃丁忧遗缺，应以光绪三十三年四月二十六日该员闻讣丁忧之日作为开缺日期，归四月分截缺。是月仅只一缺，毋庸掣签。所遗大名府管河同知系河工要缺，例应在外拣选。查定例，河工同知缺出，由兼河之滦州、清苑、河间、献县、任邱、正定、雄县、卢龙等州县与沿河之通州等州县一体拣选升署。如不得人，准于繁缺州县内河员出身及曾任沿河兼河之员拣选升署。又，州县以上应升缺出，应先将卓异引见回任候升之员先尽升用，不准于折内声叙人地未宜，以别项人员请升。又，保题升用人员，其任内如有承审案件、承缉盗案、征解钱粮，已起降调、革职、参限者概不准其请升。如因缺系繁要，人地实在相需，为地择人者，亦应据实陈明，不得以空泛考语滥行保题。又，除实降实革应行扣补其降级留任一切因公处分，亦毋庸核计各等语。今大名府管河同知一缺遵即于现任河工同知逐加遴选，并无合例堪调之员，自应在于卓异候升人员内遴选。

查，有卓异升之河间县知县傅澂源堪以请升，据布政使增韫、署提学使卢靖、按察使陆嘉谷、大顺广遒文冲会详请奏，并声明该员前在新河县任内虽有未完钱粮停升罚俸之案，但系因公处分，例准毋庸核计等情，前督臣袁世凯未及核办，移交前来。

臣查，傅澂源，年四十六岁，四川松潘直隶拔贡，由新河县知县光绪二十七年十二月十七日到任，三十年大计保荐卓异，调补河间县知县，经部复准三十三年正月二十日到任。臣到任未及三月，例不出考，惟据该司道等查得，该员勤明精细，为守兼优，以之升署大名府管河同知，实堪胜任，亦与升补之例相符，且人地实在相需。合无仰望天恩俯念员缺紧要，准以河间县知县傅瀓源升署大名府管河同知，实于河防有裨。如蒙俞允，俟接准部复再行送部引见。该员系属初升，任内一切因公处分例免核计，所有参罚案件在光绪三十年正月十五日恩诏以前者应行宽免，其恩诏以后参罚案件应造清册，已据详送。除将履历参罚清册咨部外，理合恭折具陈，伏乞皇太后、皇上圣鉴，训示。

再，所遗河间县知县要缺，俟接准部复核明开缺日期，再行照例拣选，合并陈明。谨奏。

朱批："吏部议奏。"

光绪三十三年十月十七日。

（《光绪朝朱批奏折》第 24 辑，021）

请以陈曾翰等署理新河县知县等缺折

头品顶戴、署理北洋大臣兼直隶总督、山东巡抚、臣杨士骧跪奏，为拣员请署新河县知县等缺，恭折仰祈圣鉴事。

窃查，新河县知县陈钰调补万全县知县，应以光绪三十三年六月初七日接到部文之日作为开缺日期。又，宁津县知县禄坤调补雄县知县，应以光绪三十三年六月十八日接到部文之日作为开缺日期。又，广宗县知县张继善调补邯郸县知县，应以光绪三十三年六月二十八日接到部文之日，作为开缺日期，均归六月分截缺。以上三缺系同月出缺，例应掣签。当将新河县知县掣定第一缺，广宗县知县掣定第二缺，宁津县知县掣定第三缺，自应拣员请补。所遗新河县知县第一缺，查有奏明无论繁简请补之候补班补用知县陈曾翰，堪以请署。又广宗县知县第二缺，查有奏明无论繁简请补之试用知县心田，堪以请署。又宁津县知县第三缺，查有奏明无论繁简请补之试用知县韩树梅，堪以请署。据藩司增韫、署提学司卢靖、臬司陆嘉谷会详请奏前来。

臣查，陈曾翰，年四十八岁，浙江钱塘县监生，由直隶试用县丞因永定河南上大工合龙案内出力，保以知县补用。光绪二十一年三月初四日经部带领引见，奉旨照例用。初六日领照，二十六日回省，试用期满，甄别在案。因派赴日本法政速成科，毕业回国，奏请遇有缺出，无论繁简，何项班次，奏明请补。三十三年三月初一日奉朱批"著照所请，吏部知道。钦此。"臣到任未及三月，例不出考，惟据藩司等查得，该员才具明通，讲求新政，以之请署新河县知县实堪胜任。

又查，心田，年四十三岁，镶红旗满洲吉安佐领下举人，由直隶试用县丞留热差委，遵例报捐知县，仍分原省试用。光绪二十七年十二月十一日经部带领引见，奉旨照例发往。二十一日领照，二十七日回热，二十九年因口外人地不宜，奏归直隶原班补用，业经期满甄别在案。因派赴日本法政速成科，毕业回国，奏请遇有缺出，无论繁简，何项班次，奏明请补。三十三年三月初一日奉朱批"著照所请，吏部知道。钦此。"据藩司等查得，该员笃实安详，实心任事，以之请署广宗县知县，实堪胜任。

又查，韩树梅，年三十五岁，浙江山阴县附贡生，由江苏试用府经历遵例报捐知县，改指直隶试用，于光绪二十八年十月初八日到省试看，期满甄别在案。因派赴日本法政速成科，毕业回国，奏请遇有缺出，无论繁简何项班次，奏明请补。三十三年三月初一日奉朱批"著照所请，吏部知道。钦此。"据藩司等查得，该员才识宏通，精明谙练，以之请署宁津县知县实堪胜任，人地均属相宜。

合无仰恳天恩，准以陈曾翰等署理新河县知县等缺，以资治理。如蒙俞允，该员等衔缺相当，均毋庸送部引见，仍俟试署期满另请实授。除将该员等履历清册咨部外，理合恭折具陈，伏乞皇太后、皇上圣鉴，训示。谨奏。

朱批："吏部议奏。"

光绪三十三年十月十七日。

（《光绪朝朱批奏折》第24辑，022）

酌派营队移驻保定片

再，臣接准陆军部电照，驻扎保定之第一镇于九月二十、二十一日等日，由保开拔，移驻仰山洼，商调北洋陆军移扎保定业已奏明办理等因。臣维保定为省垣重地，第三镇前既开赴东三省，第一镇刻又开赴仰山洼，省城骤形空虚，自非遴派得力军队往扎，不足以巩固省防。查，北洋现有二、四两镇，第四镇分驻马厂小站，密迩津沽海口，未便抽调，惟第二镇初本驻保，改驻永平府属，查酌情形，尚可抽拨。当饬现驻迁安步队第四协一协，由署理统制总兵马龙标率至保驻扎。其炮队第二标并工程辎重各一营，原拟全移永平，而该处营房既不敷用，且炮工辎等营均系直接统制，自应一并开往，以资镇摄。均于本月初三、初四等日，先后由迁开拔，历丰润、玉田而至通州，改附火车，径运保定。粮秣等项，由迁舟运至滦，改用营车装运，随行不敷则兼雇大车应用。大批军火装械随带外，由滦附搭火车运保,统就第三镇旧有营舍,量加修葺,分别驻扎,以期操防兼顾。至永平抚宁等处驻有步队三协马队第二标,现由永平酌拨步队一营移驻迁安,分布尚不单薄,声势亦甚联络,似不至有顾此失彼之虑,据该署统制马龙标申报前来。除电复陆军部并分别咨行外,所有酌派第二镇营队移驻保定并开拔日期各缘由,谨附片具陈,伏乞圣鉴,训示。谨奏。

朱批:"陆军部知道。钦此。"

光绪三十三年十月十七日。

(《杨文敬公奏议》卷六)

恭报六月分顺直各属市粮价值、雨水情形折

头品顶戴、署理北洋大臣兼直隶总督、山东巡抚、臣杨士骧跪奏,为查明光绪三十三年六月分顺直各属市粮价值、雨水情形,恭折仰祈圣鉴事。

窃查,光绪三十三年五月分顺直各属市粮价值、雨水情形,业经奏报在案。兹据藩司查明六月分市粮、价值、雨水情形开单请奏,前督臣袁世凯未及核办,移交前来。臣查,六月分顺天、永平、保定、河间、天津、正定、顺德、广平、大名、宣化、遵化、易州、冀州、赵州、深州、定州等十六府州属得雨一、二、三、四、五次,每次一、二、三、四至七、八寸及深透不等,并有连朝大雨,河水暴涨,堤岸漫决之处、洼处田禾均被淹浸,现已将积水设法疏消,河堤堵筑完固。又查,六月分粮价赵州并属与上月相同,永平、宣化二府属较上月价减,顺天、保定、河间、天津、正定、顺德、广平、大名、遵化、易州、冀州、深州、定州等十三府州属较上月价增。理合恭折具陈,并缮具粮价清单,恭呈御览,伏乞皇太后、皇上圣鉴。谨奏。

朱批:"知道了。"

光绪三十三年十月二十日。

(《光绪朝朱批奏折》第 97 辑,893)

新授永定河道吴筠孙即赴新任片

再,查永定河北四上汛堵口大工现已告竣,应饬新授永定河道吴筠孙即赴新任,筹办善后工程,以专责成。除檄饬遵照外,理合附片具陈,伏乞圣鉴。谨奏。

朱批："知道了。"

光绪三十三年十月二十日。

（《光绪朝朱批奏折》第100辑，679）

报销光绪三十年分各属囚粮银米折

头品顶戴、署理北洋大臣兼直隶总督、山东巡抚、臣杨士骧跪奏，为报销光绪三十年分各属囚粮银米，缮具清单，恭折仰祈圣鉴事。

窃查，直隶无闰之年额设囚粮米五千六百九十二石，制钱二千八百四十六千文，遵章核银二千八百四十六两，向系由司核明，按年详请题销。兹据藩、臬两司会详称，光绪三十年分按察司并保定府司狱司、清苑县及顺天、永丰、保定、河闲、天津、正定、顺德、广平、大名、宣化十府，张独多三厅，遵化、易州、冀州、赵州、深州、定州六直隶州，共支用过囚粮米九千七百四十五石九斗三升四合七勺，银四千九百六两五钱五分五厘五毫，除将正定府属馀剩米三十三石二斗一升五合一勺，银一十五两六钱六分二厘五毫拨抵外，其馀各属实不敷米四千五十三石九斗三升四合七勺，银二千六十四两五钱五分五厘五毫，应俟经部准销之日，分别拨给清项等情，遵照新章详奏前来，臣审核无异。除将清册咨部外，谨缮清单会同兼管顺天府府尹臣陆润庠、署顺天府府尹臣裴维侒，合词恭折具陈，伏乞皇太后、皇上圣鉴，敕部核复。

再，此案例应依限造报，惟三河县知县何谌造送迟延一年以上，例有处分，该员业已病故，应毋庸议。又因赶办历年销册，并各属造册错误，往返驳查，现始核造完竣，请免扣限。谨奏。

朱批："该部知道，单并发。"

光绪三十三年十月二十八日。

（《光绪朝朱批奏折》第90辑，761）

交纳光绪三十三年长芦盐课部分解充京饷银片

再，据署理长芦盐运使张镇芳详称，案查度支部奏拨光绪三十三年长芦盐课解充京饷银二十五万两内，于三、四、五、八等月间经，正任运使周学熙拨解第一、第二、第三、第四批银二十万两，尚应解银五万两，遵即拨解第五批银五万两，随解加平银七百五十两，委候补盐大使刘荣诏管解于本年十月初八日起程，前赴度支部交纳，造具拨解款册，详请奏咨前来。臣复核无异，除册咨部外，谨附片陈明，伏乞圣鉴，敕部查照。谨奏。

朱批："度支部知道。"

光绪三十三年十月二十八日。

（《光绪朝朱批奏折》第 90 辑，762）

报拨本年冬季分西陵八旗养育兵丁钱粮银两折

头品顶戴、署理北洋大臣兼直隶总督、山东巡抚、臣杨士骧跪奏，为报拨本年冬季分西陵八旗养育兵丁钱粮银两，恭折仰祈圣鉴事。

窃据布政使增韫呈称，易州供应西陵八旗养育兵丁应需钱粮，向系按季专案详请题拨，历经遵办。又于光绪二十九年二月二十九日转准户部议复守护西陵大臣载润等奏，庄顺皇贵妃位前四旗兵丁生齿日繁，请添设恩缺养育兵四分一折，"奉旨依议。钦此"等因，行知到司，当经转行遵照，并详明按季拨发在案。兹据易州请领光绪三十三年冬季分养育兵五十六名，每名季支银四两五钱，共银二百五十二两；又新添养育兵四名，每名季支银四两五钱，共银一十八两，以上共银二百七十两，照章改折八成实银二百一十六两，复核数目相符，应在于司部地粮银内照数动拨给发，按照新章详奏前来。臣复核无异，除咨部查照外，理合恭折具陈，伏乞皇太后、皇上圣鉴，敕部核复奏，度支部知道。

朱批："度支部知道。"

光绪三十三年十月二十八日。

（《光绪朝朱批奏折》第 64 辑，266）

秋禾被水灾歉，恳恩分别蠲缓粮赋折

头品顶戴、署理北洋大臣兼直隶总督、山东巡抚、臣杨士骧跪奏，为查明开州、东明、长垣三州县滨临黄河村庄秋禾被水灾歉，恳恩分别蠲缓粮赋，恭折仰祈圣鉴事。

窃查,直属州县本年秋禾灾歉村庄,业经另折奏办,所有开州、东明、长垣三州县滨临黄河村庄秋禾被淹情形,经大名府督同各州县勘拟,禀由藩司核明,具详请奏前来。臣查,开州武忠凌等九十二村成灾七分,牛家寨等十三村成灾六分,护国寺等五十八村成灾五分,马海等六村歉收四分。东明县岸刘村等八十三村成灾五分,公西集等四十四村歉收四分。长垣县任双禄等一百一十四村成灾八分,温寒等九十六村成灾六分,冯作村等二百九十四村歉收三分,均请照例分别蠲缓带征,并据声明该州县被水灾区幸有附近成熟村庄秋禾中稔,穷民均可佣趁谋食,民情尚称安贴,应照历次奏案蠲缓粮赋,毋庸另议调剂,请将成灾五、六分村庄应征本年钱粮照例蠲免十分之一,成灾七分村庄应征本年钱粮照例蠲免十分之二,成灾八分村庄应征本年钱粮照例蠲免十分之四。其成灾五、六、七分村庄蠲剩钱粮缓至光绪三十四年秋后起分作二年带征,成灾八分村庄蠲剩钱粮缓至光绪三十四年秋后起分作三年带征。其未被灾以前花户如有长完银两,准其抵作次年正赋。至被灾各村庄未完节年粮银及歉收四分村庄未完本节年钱粮,暨歉收三分村庄未完节年粮银,及出借仓谷等项,一体缓至光绪三十四年秋后启征,仍减免差徭。其歉收三分村庄应征本年钱粮同毗连灾区之成熟村庄应征本节年钱粮,及出借仓谷等项,照例征收,以供支解。除饬将灾歉分数册结造送核办外,所有查明开州、东明、长垣三州县本年秋禾被水灾歉村庄请蠲缓粮赋缘由,理合恭折由驿具奏,伏乞皇太后、皇上圣鉴,训示。谨奏。

朱批:"另有旨。"

光绪三十三年十月二十九日。

(《光绪朝朱批奏折》第 69 辑,568)

秋禾灾歉州县,恳恩蠲缓粮租折

头品顶戴、署理北洋大臣兼直隶总督、山东巡抚、臣杨士骧跪奏,为查明本年秋禾灾歉州县,恳恩蠲缓粮租,酌予抚恤,恭折仰祈圣鉴事。

窃查,本年顺直地方,自春徂夏,雨旸时若,二麦畅茂,秋禾亦皆布种,满冀普庆丰收。讵意五月后雨泽愆期,秋禾已有旱象。迨至六月下旬,节次大雨,山水下注,以致永定、北运等河堤岸纷纷漫口,濒临各河洼地禾稼均多被水,并因天时不齐,各属有被雹、被虫、被旱之处,当饬分别据实勘办。旋据通州、三河、武清、宝坻、蓟州、香河、宁河、霸州、保定、固安、永清、东安、涿州、顺义、怀柔、密云、滦州、昌黎、乐亭、清苑、满城、唐县、雄县、安州、献县、天津、青县、静海、沧州、盐山、行唐、平乡、广宗、钜鹿、开州、东明、长垣、丰润、玉田等三十九州县先后禀报，当经各该道、府、厅、州督同勘议，由藩司核明，具详前来。

除开州、东明、长垣三州县系久被黄水，应照案另奏外，计通州浬江泗等十二村成灾六分，七级等六十七村成灾五分，施姑等一百六十七村歉收四分。三河县达官屯等八村成灾六分，葛庄、马房等十五村成灾五分，陈家府等八村歉收四分，大宋各庄等五村歉收三分。武清县西柳行等二十一村成灾九分，青坨等三十七村成灾八分，茨州等五十二村成灾七分，胡家营等二十八村成灾六分，眷子村等六十六村成灾五分，抬头村等四十五村歉收四分，杨营等七村歉收三分。宝坻县黄庄等六十六村成灾八分，大口哨等七十村成灾七分，杨家口等一百四十一村成灾六分，枯河庄等一百四十二村成灾五分，甘泉等三百四十九村歉收四分。蓟州青淀庄等十二村成灾七分，嘴头庄等六村成灾六分，刘百庄等十三村成灾五分，寇各庄等三十村歉收四分。香河县高辛庄等六分村成灾九分，韩家口等十七村成灾八分，周元庄等三十五村成灾七分，南台等一百二十一村成灾六分，烟墩、止务等二十八村成灾五分，辛屯等三十七村歉收四分，乔庄等二十五村歉收三分。宁河县洛里坨等七十七村成灾六分，俵口庄等八十九村成灾五分，任家庄等二十八村歉收四分。霸州马家营等六村成灾六分，杨各庄等四村成灾五分，下王庄等二村歉收四分。固安县东押堤等八村成灾七分，南化各庄等十七村成灾六分，公主务等二十五村成灾五分，大沙垈等十三村歉收四分，丁各庄等八村歉收三分。永清县孟各庄等九村成灾七分，大良村等二十四村成灾六分，支各庄等三十二村成灾五分，戴小营等十五村歉收四分，东桑园等四十四村歉收三分。东安县本城等二十九村成灾八分，贾木屯等十七村成灾七分，西储等十八村成灾六分，仇庄等十一村成灾五分，孟村等六村歉收四分，洪辛庄等七村歉收三分。顺义县前郝家疃等十七村成灾七分，前俸柏村等三十九村成灾六分，史家口等八村歉收四分。怀柔县韩辛庄等六村成灾五分，年丰庄等四村歉收四分。密云县马坊等四村成灾五分，九松山等八村歉收四分，甲山等七村歉收三分。昌黎县薛家营等四村成灾五分，大水泡等三十三村歉收四分，西史家口等十四村歉收三分。天津县前丁庄等十村成灾七分，吴家嘴等十六村歉收四分。盐山县方家庄等七村成灾七分，韩村等九村成灾五分，八里庄等五村歉收四分。丰润县李老庄等十六村成灾五分，西魏家店等十四村歉收四分，田家庄等八村歉收三分。以上十八州县勘明成灾五、六、七、八、九分及歉收三、四分不等，拟请将成灾五、六分村庄应征本年钱粮照例蠲免十分之一；成灾七分村庄应征本年钱粮蠲免十分之二，各项旗租蠲免十分之一;成灾八分村庄应征本年钱粮蠲免十分之四,各项旗租蠲免十分之二;成灾九分村庄应征本年钱粮蠲免十分之六,各项旗租蠲免十分之四。如有未被灾以前花户长完之项,准其抵作下年正赋。被灾五、六、七分村庄蠲剩本年钱粮,同成灾七分村庄蠲剩旗租均分作二年带征;被灾八、九分村庄蠲剩本年粮租分作三年带征。被灾五、六、七、八、九分村庄未完节年地丁钱粮并各项旗租,同成灾五、六分村庄例蠲免之本节年各项旗租,并歉收四分村庄应征本节年粮租及歉收三分村庄应征节年粮租,均请缓至光绪三十四年秋后起征。凡有应征屯米、谷豆、草束、灶课、学租、旗产钱粮、河淤海防经费、储备军饷、广恩库租、通津二帮屯租,均照民粮之例分别蠲缓带征。其向不蠲免之兵部马馆租、銮仪卫租、永济库租、代征租及出借仓谷、籽种、口粮、牛具等项,均请一体缓至光绪三十四年秋后起征,仍分别减免差徭。歉收三分村庄应征本年粮租照常征收。又勘明保定县崔家庄等三村歉收四分,涿州南鲁坡等七村歉收三分。滦州老高家庄等二十二村歉收四分,王家、法宝等八村歉收三分。乐亭县前后哼啰庄等十六村歉收四分,夏庄、毛庄等二十四村歉收三分。清苑县御城村等十三村歉收四分,东安村等十一村歉收三分。满城县周家庄等三村歉收三分。唐县勺堤村等十九村歉收四分,赤城等十六村歉收三分。雄县高庄等四十四村歉收三分,安州同口村等九村歉收四分,韩堡村等四村歉收三分。献县文大夫等十八村歉收四分,大八里庄等三十二村歉收三分。青县侯王营等七村歉收四分。静海县种福台等六村歉收四分,小王庄等十六村歉收三分。沧州南乐庄等四十村歉收四分,高家口庄等三十九村歉收三分。行唐县南龙岗等六村歉收三分。平乡县五马鲁等十四村歉收四分,西铺、上等五十七村歉收三分。广宗县大平台等二十三村歉收三分。钜鹿县东冯寨等十一村歉收四分,徐家庄等六十三村歉收三分。玉田县长涯庄等二十五村歉收四分,小河口等三十六村歉收三分。

以上十八州县歉收三、四分不等,应请将歉收四分村庄应征本节年粮租,并歉收三分村庄应征节年粮租、屯米、谷豆、草束、灶课、学租、旗产钱粮,河淤海防经费、储备军饷、广恩库租、兵部马馆租、銮仪卫租、通津二帮屯租、永济库租、代征租、并出借仓谷、籽种、口粮、牛具等项,均请缓至光绪三十四年麦后起征,并减免差徭。歉收三分村庄应征本年粮租仍照常征收,其津军厅应征苇渔课纳粮地亩坐落天津、武清地面者,归入该二县灾歉村庄查办。又各属灾歉村庄内,有承种内务府等衙门及京旗各府地亩,如何减收租数,应由各衙门、各府自行派员督同庄头查勘情形,分别酌办。至灾重之区应放急抚,已蒙恩赏帑银四万两,顺直各半分领,委员妥实散放,并由直派员筹款加抚一次。目下,民情尚称安贴,其被灾村庄例应按户给赈。近年均系改赈为抚,缘抚可择人而施,穷黎得霑惠泽。

此次各州县灾村冬抚,除顺属仍照案由府尹臣就近筹办外,直属即由臣督同司道妥筹办理。除饬各属将灾歉顷亩分数造具册结汇奏外,所有查明本年秋禾灾歉州县请蠲缓粮租酌予抚恤缘由,理合会同兼管顺天府府尹臣陆润庠、署顺天府府尹臣裴维侒,恭折由驿四百里驰奏,伏乞皇太后、皇上圣鉴,训示施行。

再,部章应开灾歉村庄地数及蠲缓银数,但各项数目繁多,势难叙入折内,即藩司查取核明汇总亦需时日,今将已到者汇开清单,先行咨部,未到者俟再催取另咨。其被灾灶地另饬运司开单详咨,已饬道、府、厅、州于亲勘得实之日先出简明告示,即行停征。其较重者,于被水时已先停征,不准稍有含混。合并陈明。谨奏。

朱批:"另有旨。"

光绪三十三年十月二十九日。

(《光绪朝朱批奏折》第69辑,569)

交纳光绪三十二年分应解度支部银两片

再,据署理长芦盐运使张镇芳详称,案查豫省芦盐加价,改由各商每年随引摊交银五万两,由长芦就近解部以补荣工经费等因,前任运司周学熙已解光绪三十三年南引加价银二万五千两,今又找解银二万五千两,随解加平银三百七十五两。

又,豫省应征芦盐加价前经部议令每年包解库平银十二万两,由运库收足以六万两解交河南借还详款,以六万两解部等因。今饬商交足光绪三十二年分应解度支部银六万两,随解加平银九百两,均委候补库大使陆寿彤管解,于本年十一月初四日起程,前赴度支部交纳,分造拨解款册,详请奏咨前来。臣复核无异,除册咨部外,谨附片陈明,伏乞圣鉴,敕部查照。谨奏。

朱批:"度支部知道。"

光绪三十三年十一月。

(《光绪朝朱批奏折》第90辑,792)

具陈通永道征收木税银两并动用数目折

头品顶戴、署理北洋大臣兼直隶总督、山东巡抚臣、杨士骧跪奏,为通永道征收上年正月起至年底止木税银两并动用数目,恭折仰祈圣鉴事。

　　窃查,通永道所管板木船窑等税,每年应征收正额银七千一百十五两零,遇闰例征五百九十二两零,盈余银三千九百两,遇闰例不加增,共应征正额盈余银一万一千六百八两零,酌加一成耗银两作为各口税局公费并解部科饭银之用,倘有不敷,由该道随时捐发,不准另请开销,历经遵办在案。兹据通永道衡吉呈称,该前升道朱家宝、前署道张孝谦自光绪三十二年正月初一日起连闰至年底止,共收税银三千八十一两三钱四分,遵照定章,免征各项官工需用木植并船料税银三千七百九十二两八钱四分,又免征铁路道木税银九百九十四两五钱六分,又免征电报线杆税银二百七十六两八钱八分,又免征外国商人雇用中国船艇不输船钞银三千四百六十三两一钱二分,统共免征银八千五百二十七两四钱。又随解一成耗银三百八两一钱三分四厘,例应动支各口收税委员、书役饭食、纸张等项公费之用。今收一成耗银,不敷拨给,已由前升道朱家宝并前署道张孝谦随时捐发。此外,尚有应解部科饭银六百八两,亦经捐廉,批解造册,详请具奏前来。臣复核无异,除清册咨部外,理合遵照新章恭折具陈,伏乞皇太后、皇上圣鉴,敕部核复。谨奏。

　　朱批:"该部知道。"

　　光绪三十三年十一月初二日。

　　(《光绪朝朱批奏折》第 79 辑,119)

光绪三十三年奉拨京饷银已如数解清片

　　再,据署理长芦盐运使张镇芳详称,光绪三十三年长芦应解度支部原拨盐课银二十五万两,续拨豫岸荣工加价银五万两,添拨内务府常年经费银一万两,共银三十一万两,遵于三、四、五、八、十、十一等月先后委解盐课银二十五万两,荣工加价银五万两,均赴度支部交收。又在盐课项下于六月间,委解内务府经费银一万两,计光绪三十三年奉拨京饷共银三十一万两,均已如数解清,详请具奏前来。臣复核无异,理合附片陈明,伏乞圣鉴,敕部查照。谨奏。

　　朱批:"该衙门知道。"

　　光绪三十三年十一月初二日。

　　(《光绪朝朱批奏折》第 90 辑,795)

审办沧州滕汝兴案按律定拟片

再，沧州民人滕四用铁锨碰伤小功兄滕汝贤，越日身死一案，前据该州知州赵惟庆讯详审拟，由厅解司，勘转到院。前督臣因值驻津饬，委藩司代审无异，将犯发回。兹据按察使陆嘉谷造具供招清册，呈请奏咨前来。

臣复加确核，缘滕四，即滕汝兴，籍隶沧州，与已死小功兄滕汝贤素睦无嫌。两家园地毗连，不知何时，滕汝贤将滕四家园地侵占半弓。光绪三十二年六月十九日，滕四赴地整理地界，始经查见，适滕汝贤与其父滕德从均在地内。滕四向滕德从理说，滕汝贤即上前代父分辩，彼此口角。滕汝贤不依，向滕四骂闹，并向扑殴。滕四情急，顺用整界铁锨向挡，讵滕汝贤扑拢势猛，致被锨刃碰伤顶心，向前合面喊跌倒地。维时滕四铁锨头适落滕汝贤足后，未及留神，将铁锨往回一带，致复划碰伤滕汝贤左脚大趾并脊背，医治罔效，至次日殒命。报验讯详审拟，由厅解司，勘转到院委审，确核无异。滕四即滕汝兴，应依卑幼殴本宗小功兄死者斩律拟斩立决，照章改为绞立决。核其情节，伤由抵带误中，并非有心干犯，应由部照情轻例夹签声请，恭候钦定。除清册分咨部院外，理合照章附片具陈，伏乞圣鉴，敕部核复，谨奏。

朱批："法部议奏。"

光绪三十三年十一月初三日。

（《光绪朝朱批奏折》第 109 辑，057）

铜元纷杂请筹办法折

头品顶戴、署理北洋大臣兼直隶总督、山东巡抚、臣杨士骧跪奏，为京津铜元纷杂，银价骤涨，现遵章查禁，暂保市面，并请旨饬筹办法以维全局，恭折仰祈圣鉴事。

窃查，各省开铸铜元本为救钱荒之弊，初行未始无效，及各省试铸有利，贪多加铸，折价出售，或以一作八，以一作六、七不等。商人运往他省照折行使，希图渔利，于是受灌省分市面骚动，银价陡涨，官商士民交受其累。臣前在山东任内，详知其弊，并知江苏、浙江等省同一受害，民间相率毕枭，市面时有折阅。各属州县解银价盈余各款，一时均致无著，人心恐慌，全局牵动，几有不可终日之势。当时曾将详细情形奏陈有案,并拟商同各省疆臣,筹议挽救之法,未及核办,适奉简摄北洋。初抵津门,见津埠市面及直隶各属银价尚不过昂,以为受害尚浅,讵细加访查,始知近时外来铜元日益加多,火车轮船源源载运,漫无限制,市面充斥,势将无已,不及期月,已选增至数百文之多,并闻京师银价亦涨至十六七吊。若常此无穷,银价将不可问。银价既涨,百物因而腾贵,当此民力正穷之时,致使居者不安,行者有戒,官商兵民同受此害,所关于圜法暨财政者甚钜。臣目睹现状为患既烈,不能不从严查禁,以期一时一地暂无大虑。现已派员分投密查。除遵部章,行旅每人准携川资二千枚外,其馀凡遇大批铜元运入北洋暨直隶辖境者,即行勒令运回,如不听从,全数扣留充公。若遇私铸及外来人口者,均一律充公给赏,仍将奸商从严罚办。无论轮船火车,均需认真照章搜查,现已罚办数次,商人渐知畏惧,外元私铸当不敢公然再运,一时银价能否不致再涨,仍无把握,此臣现时查禁外来铜元以平银价之大概情形也。

臣伏念铜元之行,未见币政之整齐,先受圜法之扰累也。以臣耳目所及,苏、浙、东、直各省皆已深被其害,在民则闭粜自守,各属已不稔而饥;在商则涨落无恒,各市皆不荒而恐,而且官有竭蹶从公之虑,人人视州县为畏途,国有骤失的款之虞,时时与赔款相牵掣,为害至此,在加铸之省折价售卖,盈余亦复有限,所得利者不过数省奸商而已。年来外省受害已重,近复沿至辇毂都城,圜法本不画一,若再受此波累,百货骤昂,兵民众多之地岁暮穷蹶,何堪设想?就目前而论,似宜彻底查纠,通盘筹画,严订限制章程,俾各省仅铸供本省之用,不得彼此通行,庶几影射无从,外来私铸之弊皆可一时并绝。况各省自铸,其匀配有权,多寡自能适当,断不至如前充斥。明知流通国宝,本不应限以方隅,然为害多端,自不能不从权办理。观于河南一省限制外省铜元,不准通行该省,银价遂跌至制钱一千二百文,市面物价因而一律平稳,官民交受其益,可谓明效大验。

臣为大局计,为财政计,既深见其害,自不敢不言,并念中国钱币虽有定制,而本位未定,究不免有淆乱羼杂之虞。此时查禁铜元,仍不过一时权宜办法,若欲定通常持久之计,非速定本位,铸金银各元,广行纸币,终无整齐划一之一日。除天津暨北洋所辖地面,由臣严查禁绝外,合无仰恳饬下民政部、步军统领各衙门、顺天府五城,暂照部章一体查禁,从严罚办。要知私铸不难,设法查拏各省充斥之数,非严定限制,不能挽银价之涨,而折价之故,外省又非无因手摇机器,江海可通之地,几于无地无之,模式相同,万难办认。官铸既多,非折价不能畅销,不能抵制,承办局员遂有只顾一省成本,不顾邻省充斥之想。伏乞饬下度支部速行详定通用章程,以整圜法而维市面。

抑臣更有请者,北洋旧铸铜元本属不多,省外并未通行,经升任督臣袁世凯奏准停铸,现在外元浸灌集于一处,固虞过多,然一经禁绝,本省钱荒之处又未必不形其缺。近奉部文增铸当二、当五、当一各项小元,势不容不搭铸当十,以资匀配而盈缩相权,又何可再有盈余之贪想?虽度支部造币总厂照章按成搭铸,而北洋此时既须多发零元以平银价,又须统筹全局均匀搭配,似专赖该厂有未能济急求多之势。

臣一再筹思,与在津官商熟商妥议,只得一面开铸以备抵制,一面遵章严定外省,限制查拿外海私铸,籍图补救,应请饬下度支部立案以后,应即遵照从前部议按成搭铸大小铜元章程,并外务部买铜办法,分别办理。惟此时开铸,系为多铸零元,便利民用,断无余利。从前认解各款万难照认。除咨部查照外,所有京、津各地外元灌入过多,银价大涨,官民交困,现已一律查禁,并筹暂救市面办法各缘由,理合恭折具陈,伏乞皇太后、皇上圣鉴,训示。谨奏。

朱批:"著该衙门知道。照章查禁,馀著度支部速议具奏。钦此。"

光绪三十三年十一月初三日。

(《光绪朝朱批奏折》第92辑,336;《杨文敬公奏议》卷六)

各村庄勘明灾歉分数片

再,顺直各属本年秋禾除被水被旱被雹各村庄勘明灾歉分数,业经具奏,其未被灾处所计顺天、天津、遵化等三府州属约收七分馀;永平、保定、河间、广平、赵州、深州等六府州属约收七分;正定、大名、宣化、易州、冀州、定州等六府州属约收六分馀;顺德、口北道二府道属约收六分,各属实收分数相等,据藩司具详前来。理合附片具陈,伏乞圣鉴。谨奏。

朱批:"知道了。"

光绪三十三年十一月初九日。

(《光绪朝朱批奏折》第93辑,824)

具陈升任督臣兼管盐政任内征解正杂钱粮等款银两情况折

头品顶戴、署理北洋大臣兼直隶总督、山东巡抚、臣杨士骧跪奏,为升任督臣兼管盐政任内征解正杂钱粮等款银两，恭折仰祈圣鉴事。

窃查，署理长芦盐运使张镇芳详称，查明升任督臣袁世凯自光绪二十七年十月十七日起，至三十二年八月十一日止兼管盐政任内征解正杂盐课银两旧管无项新收银二百九十四万二千七百五十五两五钱七分一厘，开除银二百五十二万四千八百八十七两五钱五分七厘，实在存银四十一万七千八百六十八个两五钱一分四厘。内除留解河工银六千二百七十二两六钱八分五厘，净存银四十一万一千五百九十五两八钱二分九厘，系应留解京奉及各项饷需之用。又查余平一款，旧管无项新收银四万六千一百五十一两八钱二分四厘，开除银四万六千一百五十一两八钱二分四厘，实在无项。又查，盐斤复价一款旧管无项新收银一百十五万二千三百二十九两四钱，开除银一百二万一千七百九十四两九钱，实在存银十三万五百三十四两五钱，系应留备本省军饷及拨还借款之用。理合分晰，造具四柱清册，详请奏咨前来。臣复核无异，除将清册咨部外，理合恭折具陈，伏乞皇太后、皇上圣鉴，敕部查核，谨奏。

朱批："度支部知道。"

光绪三十三年十一月初九日。

（《光绪朝朱批奏折》第 76 辑，582）

具陈直属各州县新案交代已未结起数折

头品顶戴、署理北洋大臣兼直隶总督、山东巡抚、臣杨士骧跪奏，为查明光绪三十二年七月起至年底止，直属各州县新案交代已未结起数，缮单恭折，仰祈圣鉴事。

窃据藩司增韫详称，直属各州县交代前奉部议，自光绪八年起作为新案，依限交代清楚，先行造册结报，半年汇奏一次，历经遵办。嗣因庚子军兴，藩署卷宗毁失，经前升司周馥设法整顿，拟将光绪二十七年九月初一日以前卸事各员作为旧案，分别委查催办，随时详咨，免扣例限；其自九月初一日以后交卸各员作为新案，一体遵照例案，依限造册结报，详经前督臣李鸿章奏，奉朱批"户部知道。钦此"，钦遵在案。

兹又届办理汇奏之期，该司调齐卷宗，逐一核明，计自光绪三十二年七月初一日起至十二月底止，将各案交代，催令依限结报，造具妥确册结咨部。至上届汇报案内，奏参勒之员已据依限完清，奏准免其查抄。此次已满二参内结款项未清各员业经奏请勒追，未满二参各案归于下届汇案办理等情前来。臣复核无异，除将送到详细清单咨部外,理合另缮简明清单,恭折具陈,伏乞皇太后、皇上圣鉴,敕部查核。谨奏。

朱批:"度支部知道,单并发。"

光绪三十三年十一月初九日。

(《光绪朝朱批奏折》第85辑,260)

恭报七月分顺直各属市粮价值、雨水情形折

头品顶戴、署理北洋大臣兼直隶总督、山东巡抚、臣杨士骧跪奏,为查明光绪三十三年七月分顺直各属市粮价值、雨水情形,恭折仰祈圣鉴事。

窃查,光绪三十三年六月分顺直各属市粮价值、雨水情形业经奏报在案,兹据藩司查明七月分市粮价值、雨水情形,开单请奏前来。臣查,七月分顺天、永平、保定、河间、天津、正定、顺德、广平、大名、宣化、遵化、易州、冀州、赵州、深州、定州等十六府州属,得雨一、二、三、四次,每次一、二、三、四、五寸及深透不等。又查七月分粮价,天津、宣化、遵化、冀州等四府州属与上月相同,永丰、河间、顺德、大名、易州、深州、定州等七府州属较上月价减,顺天、保定、正定、广平、赵州等五府州属较上月价增。理合恭折具陈,并缮具粮价清单恭呈御览,伏乞皇太后、皇上圣鉴。谨奏。

朱批:"知道了。"

光绪三十三年十一月初九日。

(《光绪朝朱批奏折》第97辑,906)

请以李树棠委署臬司篆务折

头品顶戴、署理北洋大臣兼直隶总督、山东巡抚、臣杨士骧跪奏,为调署臬司、正任长芦运司现丁母忧,请开本缺并委员递署篆务,恭折仰祈圣鉴事。

窃据正任长芦运司、调署直隶臬司周学熙禀称,本年十一月初三日接到电信,知该司亲母吴氏于十一月初二日在扬州寄寓病故。该司系属亲子,例应丁忧,请开运司本缺,并派员接署臬篆,以便奔丧,回籍守制等情。

查有清河道李树棠,老成谙练,资劳最深,堪以委署臬司篆务。其清河道一

缺,查有留直存记道熙臣精明持重,有守有为,堪以委署,业经分檄饬遵在案。所遗长芦盐运使员缺紧要,应请旨迅赐简放,以专责成。除饬取亲供咨部外,理合恭折具陈,伏乞皇太后、皇上圣鉴,训示。谨奏。

朱批:"另有旨。"

光绪三十三年十一月十一日。

(《光绪朝朱批奏折》第 24 辑,102)

蠡县张营村人张鸿文等捐资助学,请照拟给奖折

头品顶戴、署理北洋大臣兼直隶总督、山东巡抚、臣杨士骧跪奏,为绅民报捐学费汇案请奖,恭折仰祈圣鉴事。

窃据署提学使卢靖呈称,蠡县张营村人张鸿文,因本村初等小学堂经费支绌,势将中止,独力修建校舍,连购置书籍器具等项共捐银二千余两。

又,临榆县浅水营人宋祥禄,在本村创设初等小学堂一所,共捐经费等项银一千两。又吴桥县监生徐庆一,因该县开办劝学所并初级师范学堂,款无所出,捐助银六百二十五两。

又,衡水县商人五品顶戴耿步方捐银一千一百余两,在本村孙枣树村设立学堂一所。

又,苏州绅士候选县丞李福廷、同知职衔李寿全、试用县丞许恩光、附生卢桂芬,因该州开办初级师范学堂,及本村张仙庄设立初等小学堂,先后各捐经费银五百两。监生李荫森捐助张仙庄初等小学堂经费银一千两。

又,该州附生五品衔傅坤聪捐助本村柳子口初等小学堂经费等项银五百两。附生何文翰在本村定福庄创设初等小学堂一所,捐银二百五十两,复拨借房间作为学舍,先后由司并各该州县分别呈请奏奖前来。升任督臣袁世凯,未及核办,移交到臣。

查《奏定学堂章程》内载,绅董能捐设公立、私立各小学堂者,地方官分别给奖其一人;捐资较钜者,禀请督抚奏明给奖等语。又《户部奏定章程》,报效学堂经费准照赈捐章程,按五成实银奖给贡监衔封、翎枝等项在案。今该绅等热心兴学,慨捐钜款,或由创举,有经营缔造之功;或继成规,合教善分财之恉,洵属急公好义,嘉惠梓桑。

查张鸿文捐银二千余两,酌照赈捐章程拟请奖给监生花翎同知职衔,并请从四品封典。宋祥禄,捐银一千两,拟请移奖其子监生宋大廷中书科中书职衔,加

随带四级,并请从五品封典。徐庆一,捐银六百二十五两,拟请移奖其子文童徐
荩斋监贡生布经历职衔,请六品封典,并其孙文童徐占魁监生按经历职衔。耿步
方,捐银一千一百余两,拟请奖给监生同知职衔。候选县丞李福廷、同知职衔李
寿全,各捐银五百两,拟均奖给蓝翎。试用县丞许恩光,捐银五百两,拟请奖给布
理问升衔。附生卢桂芬、何文翰,各捐银五百两,拟均奖给贡生。县丞职衔监生
李荫森,捐银一千两,拟请奖给同知职衔。傅坤聪捐银五百两,拟请奖给贡生布
理问职衔,并请六品封典。

以上十一员名,核计所捐银数如拟请奖,均尚有盈无绌。合无仰恳天恩,府
准照拟给奖,以昭激劝,出自鸿施。除饬取年貌、履历、清册咨部外,理合恭折具
陈,伏乞皇太后、皇上圣鉴,训示。谨奏。

朱批:"著照所请,该部知道。"

光绪三十三年十一月十一日。

(《光绪朝朱批奏折》第 81 辑,006)

徐体善、何谌亏欠银两,勒限照数追缴片

再,前署东安县知县徐体善亏欠内结杂款银九十六两五钱五厘,前署三河县
何谌亏欠地粮等款共银八百三两四钱六分六厘,又黑地升科等款共银二百一十
两四钱二分三厘,屡经严催,未据完解,二参例限早逾,以致现任不克造册结报,
自应照章参追,以重库款。惟查徐体善已另案革职,何谌业已病故,应请勒限两月,
在于该革员徐体善并该故员何谌家属名下照数追缴。倘限满不完,或完不足数,再
行奏明查抄原籍家产备抵,据藩司增韫详奏前来。除咨度支部外,理合会同兼管顺
天府府尹臣陆润庠、署顺天府府尹臣裴维侒附片具陈,伏乞圣鉴,训示。谨奏。

朱批:"著照所请,该部知道。"

光绪三十三年十一月十一日。

(《光绪朝朱批奏折》第 85 辑,263)

具陈直属光绪三十三年上忙钱粮已未完分数折

头品顶戴、署理北洋大臣兼直隶总督、山东巡抚、臣杨士骧跪奏,为查明直属

光绪三十三年上忙钱粮已、未完分数,恭折仰祈圣鉴事。

窃查,各省征收钱粮应按上、下忙造册具奏。咸丰二年户部议准,嗣后应征上、下忙钱粮,丰年以额征数目为准,蠲缓之年以应征数目为准,责成藩司督催。又准部议,办理上、下忙应将留支银两与起运并列,匀作十分计算完报。又光绪二十三年经部议准,各省上、下忙钱粮自本年为始,更定九分完报,上忙匀为四分,下忙匀为五分。又光绪三十年接准部咨则例馆奏准,令将各省时宪书价量为删减,以清积弊等因,所有直隶各州县时宪书价业经由司核实删减,自光绪三十年起拨归起运造报在案。

兹据藩司增韫详称,光绪三十三年约征地粮正银二百四十五万九千五百六两零,内起运正银一百九十二万二千一百六十两零,留支正银五十三万七千三百四十五两零。又应征起运项下耗银二十四万三千六百二十九两零,又改折正银一万五千四百四十四两零,改折耗银一千五百四十四两零,留支项下耗银五万六千九百六十六两零。已征完正银一百一十三万三千九十五两零,内起运正银八十七万一千二百七十七两零,留支正银二十六万一千八百一十七两零。又起运项下耗银一十一万一千四百二十二两零,改折正银五百四十六两零,改折耗银五十四两零,留支项下耗银二万四千四百一十六两零。查光绪三十三年约征十分起运、留支、地粮正耗,共银二百七十七万七千八十九两零,上忙匀为四分,应完银一百一十一万八百三十五两零,今已完银一百二十六万九千五百三十三两零,核计在四分以上,其未完银两统归下忙核计,造报等情前来。臣复核无异,除将清册咨部外,理合恭折具奏,伏乞皇太后、皇上圣鉴,敕部查照。谨奏。

朱批:"度支部知道。"

光绪三十三年十一月十一日。

(《光绪朝朱批奏折》第69辑,575)

报拨本年冬季分西陵官兵员役俸饷等项银两折

头品顶戴、署理北洋大臣兼直隶总督、山东巡抚、臣杨士骧跪奏,为报拨本年冬季分西陵官兵员役俸饷等项银两,恭折仰祈圣鉴事。

窃据布政使增韫呈称,易州供应各陵官员月饷、俸粟、米折并运送豆草、车价等项银两,向系按季专案,详请题拨,历经遵办在案。兹据易州请领光绪三十三年冬季分供应各陵官兵月饷、俸粟、米折,并运送豆草、车价,暨尚膳、茶正、新添马乾、饭银等项,共银一万九千三百四十九两一钱七分一厘,照章改折八成实银一万五千四百七十九两三钱三分七厘,内扣豆草车价项下每两六分部平银一百六十二两一钱九分四厘,实发银一万五千三百一十七两一钱四分三厘,核与历办成案相符,应在于司库地粮银内动拨,开具简明细数清单,按照新章详请具奏,并声明陵工员役增减无定,难以预计,应照急需钱粮之例,先行拨给。其实在支领数目统归奏销案内核实销算,多则解还,不敷找给等情。臣复核无异,除清单咨部外,理合恭折具陈,伏乞皇太后、皇上圣鉴,敕部核复。谨奏。

朱批:"度支部知道。"

光绪三十三年十一月十一日。

(《光绪朝朱批奏折》第 64 辑,285)

经征各项粮租未完一分以上人员名单片

再,部定章程经征各项粮租,应先将未完一分以上各员开单奏报等因,兹据藩司增韫详称,光绪三十二年八项旗租奏销现已核竣,将经征未完分数员名开单具详前来。除详细清单咨部外,所有未完一分以上员名缮具简明清单,附片具陈,伏乞圣鉴,敕部查核。

再,额征银两均无一百两以内、未完在五分以上应行革职开缺之员,合并陈明,谨奏。

朱批:"度支部知道。"

光绪三十三年十一月十一日。

(《光绪朝朱批奏折》第 69 辑,576)

刘铖捐助经费银,请照章给奖片

再,据警务处司道详称,东明县人待诏衔附生刘铖因该县巡警筹款维艰,捐助经费银四千两;又西宁县人四品职衔、前广西浔州木梓通判井应斗,因该县巡警经费支绌,捐助银二千一百二十五两,呈乞奏奖等情前来。臣查度支部奏定新章,报效学堂经费准照赈捐章程,按实银五成给贡监衔封翎枝等项在案,今该绅等因创办巡警维艰,慨捐巨资,洵属急公好义,核与报效学堂经费事同,一律自应照章请奖。

　　查,刘钺捐银四千两,酌照赈捐章程由待诏衔附生奖给盐运使衔;并应斗捐银二千一百二十五两,拟由四品职衔、前广西浔州木梓通判奖给从二品封典,核计所捐银数均属有盈无绌。合无仰恳天恩,俯准照章给奖,以昭激劝。除饬取该员等三代年貌、履历、清册另行咨部外,理合附片具陈,伏乞圣鉴,训示。谨奏。

　　朱批:"著照所请,该部知道。"

　　光绪三十三年十一月十四日。

　　(《光绪朝朱批奏折》第64辑,318)

何宗逊留于直隶以原班补用,并免缴银两片

　　再,准直隶提督臣马玉昆咨称,盐运使衔、军机外存记山西候补道何宗逊,前经奏准留营差遣,历充总理文案处兼办营务处各差,迄今八年,深资臂助。该员品端学粹,才识闳通,平日究心吏治,讲求时务,于直隶地方情形尤所熟悉。惟系山西候补人员,现既在直供差,一时不能赴山西省,相应咨请奏留直隶等情前来。查,该道熟悉营务,在直省有年,合无仰恳天恩俯准,将道员何宗逊留于直隶,以原班补用,并免缴离省留省银两,出自鸿施。除履历应咨军机处、吏部外,理合附片具陈,伏乞圣鉴,训示。谨奏。

　　朱批:"著照所请,吏部知道。"

　　光绪三十三年十一月十八日。

　　(《光绪朝朱批奏折》第24辑,120)

恭报八月分顺直各属市粮价值、雨雪情形折

　　头品顶戴、署理北洋大臣兼直隶总督、山东巡抚、臣杨士骧跪奏,为查明光绪三十三年八月分顺直各属市粮价值、雨雪情形,恭折仰祈圣鉴事。

　　窃查,光绪三十三年七月分顺直各属市粮价值、雨雪情形,业经奏报在案。兹据藩司查明,八月分市粮价值、雨雪情形,开单请奏前来。臣查八月分,顺天、永平、保定、河间、天津、正定、顺德、广平、大名、宣化、遵化、易州、冀州、赵州、深州、定州等十六府州属得雨一、二、三次,每次一、二、三、四、五寸及深透不等。又查八月分

粮价,河间、冀州等二府州属与上月相同,顺天、保定、天津、遵定、宣化、遵化、易州、深州等八府州属较上月价减,永平、顺德、广平、大名、赵州、定州等六府州属较上月价增。理合恭折具陈,并缮具粮价清单,恭呈御览,伏乞皇太后、皇上圣鉴。谨奏。

朱批:"知道了。"

光绪三十三年十一月十八日。

(《光绪朝朱批奏折》第97辑,912)

请旨补铸隆平县儒学印记片

再,查隆平县教谕李木森,于本年三月初三日乘坐京汉火车赴保定省城采办祭器,因该学训导业已裁撤,是以携带印记公出。是日行至正定迤北,忽然停驶,误传火车出险,撞毙人命,乘客纷纷奔避,儒学印记藏于皮匣,仓猝间被人抢去,遍查无获。牒县,经升任督臣袁世凯批司委查有无捏饰规避情事,旋据查明,遗失印记情形尚与所禀相符,惟印记迄无查获,本有应得处分,该教谕李木森已于八月十一日因病出缺,报经咨部在案,应免置议。其儒学印记亟应补铸,由藩、学、臬三司饬取模册,详请具奏等情前来,应请旨补铸隆平县儒学印记,颁发开用,以昭信守。除模册咨部外,理合附片具陈,伏乞圣鉴,训示。谨奏。

朱批:"礼部知道。"

光绪三十三年十一月十八日。

(《光绪朝朱批奏折》第24辑,121)

查明安州积涝地亩,请豁粮租折

头品顶戴、署理北洋大臣兼直隶总督、山东巡抚、臣杨士骧跪奏,为查明安州积涝地亩,请豁粮租,恭折仰祈圣鉴事。

窃查,安州、河间、任县、冀州、南宫、新河、隆平、宁晋等八州县积涝地亩应征粮租,向照文安县大洼之例查勘有无收成,分别征减豁缓。兹据藩司增韫详称,光绪三十三年河间、任县、冀州、南宫、新河、隆平、宁晋等七州县积水消涸,布种秋禾一律收获,毋庸查办。惟安州积涝地亩复被水淹,颗粒无收,计该州东北两淀共地三百二十八顷七十九亩二分七厘,应征光绪三十三年租银一千二百九十一两八厘,拟请全行豁免。如有花户长完本节年银两,准抵次年正赋。据保定府知府胡远燦督同该州宋功迪勘明造具册结,由司转详前来,臣复核无异,已饬先期晓谕停征,相应仰恳天恩俯准将安州积涝地亩应征光绪三十三年租银全行豁免,以纾民力。除册结咨部外,理合恭折具陈,伏乞皇太后、皇上圣鉴,训示。谨奏。

朱批:"著照所请,该部知道。"

光绪三十三年十一月十八日。

(《光绪朝朱批奏折》第 69 辑,585)

报拨本年冬季分各陵寝兵役月饷米折等项银两折

头品顶戴、署理北洋大臣兼直隶总督、山东巡抚、臣杨士骧跪奏,为报拨本年冬季分各陵寝兵役月饷、米折等项银两,恭折仰祈圣鉴事。

窃据布政使增韫详称边遵化、蓟州、丰润三州县供应各陵寝兵役月饷、米折、豆草、车价,并马兰镇新旧汉兵米折等项银两,向系由司按季案详请题拨,一面由各州县系派役赴司领回供应,历经遵办在案。据遵化、蓟州、丰润三州县将光绪三十三年冬季分供应各陵寝兵役月饷、米折、豆草、车价,并马兰镇新旧汉兵米折等项银一万六千四百八十七两三钱五厘,改折八成实银一万三千一百八十九两余八钱四分四厘,内扣豆草、车价六分部平银二百九两三钱九分七厘,实发银一万二千九百八十两四钱四分七厘,核与历年成案相符,应请在于司库地粮银内动拨分晰,开具清单,详请核奏并声明工员役增减无定,难以预计,应照急需钱粮之例,一面据奏,一面先行拨给,俾得及早领回散放。其实在支领数目统于奏销案内核实销算,多则解还,不敷找给等情前来。臣复核无异,除清单咨部外,理合恭折具陈,伏乞皇太后、皇上圣鉴,敕部核复。谨奏。

朱批:"度支部知道。"

光绪三十三年十一月十八日。

(《光绪朝朱批奏折》第 64 辑,289)

王修家等捐银再助学,请照拟给奖片

查,威县监生王修家倡捐银一千两,在本村寺庄村创设初等小学堂一所;又涿州孀妇、已故五品职衔武生周毓秀之妻周王氏,独力创设私立初等小学堂一所,共捐经费等项银二千七十余两,先后由各该州县详请奏奖前来。升任督臣袁世凯未及核办,移交到臣。查该生等家口口赘,慨捐钜款,洵属热心学务,嘉惠桑梓。所捐银数,均核与建坊定例相符。虽据称不敢邀奖,究未便没其好义之忱,合无仰恳天恩,俯准监生王修家、孀妇周王氏各在原籍自行建坊,给予"乐善好施"字样,以示旌奖,理合附片具陈,伏乞圣鉴,训示。谨奏。

朱批:"著照所请,该部知道。"

光绪三十三年十一月十八日。

(《光绪朝朱批奏折》第 81 辑,008)

具陈顺直各州县经征光绪三十二年八项旗租数目折

头品顶戴、署理北洋大臣兼直隶总督、山东巡抚、臣杨士骧跪奏,为查明顺直各州县经征光绪三十二年八项旗租数目,恭折仰祈圣鉴事。

窃查,直隶应征光绪三十二年旗租册籍,现据查造齐全,惟津军厅应征租银因征册案卷全行毁失,咨部立案,清丈田亩,俟查清征起另行造报,应请剔除。其余顺直各州县经征旗租未完一分以上职名,业已开单具奏在案。

兹查光绪三十二年直隶顺天、永平、保定、河间、天津、正定、顺德、广平、宣化等九府,并遵化、易州、冀州、定州等四直隶州暨所属额征存退等八项旗租,共银四十三万一千八百六十一两九钱六分四厘,米一石九斗四升二合六勺,谷六百六石二勺,粮五十六石二斗二升二合六勺,草十六束三分。内除蠲缓带征暨递抵民欠外,实征存退等八项旗租共银三十九万一千二百九十五两五钱八分一厘、米一石九斗四升二合六勺、谷三百五十三石二斗一升四勺一抄,粮五十六石二斗二升二合六勺,草一十六束三分。又民欠未完光绪三十一年各项租银四万八百六十七两一钱四分七厘,租谷三百九石四斗八升六合五勺。内除缓带征并民欠外,实征完租银八百七十五两一钱七分一厘。又民欠未完光绪三十年各项租银四万八千四百八两六钱九分七厘,租谷三百四十六石五斗二升三合六勺九抄。内除缓带征并民欠外,实征完租银六百三十八两七钱四分八厘。又民欠未完光绪二十九年各项租银四万四千五百九两四钱八分一厘,租谷三百三十一石一斗七升九合九抄。内除缓带征并民欠外,实征完租银一百三十四两一钱二分。又民欠未完光绪二十八年各项租银三万七千九百六十一两二钱二分六厘,租谷三百九十九石四斗九升四合九勺八抄。内除缓带征并民欠外,实征完租银九十四两三钱二分。又民欠未完光绪二十七年各项租银七万七千六百二十九两三钱六分,租谷五百八十一石七斗七合二勺。内除缓带征并民欠外,实征完租银一百三十五两六钱六分六厘。又附记节年已完各项租银六百七十九两六钱二分。据布政使增韫造册开单详请据奏前来,臣复核相符,除册单咨部并饬司赶造细册详咨外,理合会同兼管顺天府尹臣陆润庠、署顺天府尹臣裴维侒恭折具陈,伏乞皇太后、皇上圣鉴,敕部查核。

再,经征旗租七百两以上、奏销前全完之现任望都县知县阎骏业,又经征旗租三百两以上、奏销前全完之现署独石口同知龚庆霖二员,应请叙议。又八项内屯庄一项坐落在霸州、固安、永清、新城等四州县地亩内有霸州、固安二驻防,并保定府理事同知、易州理事通判、通州理事通判等三厅督催之项,向于该四州县册造,经征租银、租谷内声除,另作督催册造。现因侧档无存,未能分晰声造,应俟查明归入下年奏销案内分晰造报归结,合并声明。谨奏。

朱批:“度支部知道。”

光绪三十三年十一月十八日。

(《光绪朝朱批奏折》第 80 辑,012)

请以长庆补授张家口抚民同知折

头品顶戴、署理北洋大臣兼直隶总督、山东巡抚、臣杨士骧跪奏,为拣员请补同知要缺,恭折仰祈圣鉴事。

窃查,张家口抚民同知沈守诚保升,应以光绪三十三年八月十四日接到部文之日作为开缺日期,归八月份截缺。所遗张家口抚民同知,系“冲、繁、疲、难”四项题调要缺,例应在外捡选。查定例,道府同知、直隶州知州、通判、知州,如系奉旨命往,或督抚题明留于该省候补者,无论应题、应调、应选之缺,令该督酌量才具,择其人地相宜者悉准补用。至题调要缺,酌量以候补人员请补时,该省如有截取记名分发人员,应先尽酌量请补。如果实系人地不宜,始准声叙以各项候补人员请补,其记名分发各员内如有非正途出身者,无论题调选缺应统归于各项候补人员内一体酌量补用,不得与正途出身各员一律先尽请补等语。

臣督同藩、学、臬三司,于通省应升应调各员内逐加遴选,非现居繁要,即人地未宜,一时实乏合例堪应升调之员,且直隶现在亦无截取记名分发正途出身人员,自应在于各项候补人员内拣补。兹据藩司增韫、署提学司卢靖、前署臬司周学熙查,有记名分发各项出身候补同知长庆,堪以请补,会详请奏前来。臣查,长庆,年五十三岁,镶蓝旗满洲玉祥佐领下监生,由都察院都事奉满保送截取,光绪十八年经部带领引见,奉旨"记名,以抚民同知用。钦此"。二十四年奏保,俟得同知后在任以知府即补,先换顶戴。二十七年请以同知分发,签掣直隶补用,十一月由部带领验放,奉旨堪以发往。二十八年四月初十日,领照到省。

臣到任未及三月,例不出考,惟据藩司等查得该员精明稳练,为守兼优,以之请补张家口抚民同知要缺,实堪胜任,与例亦属相符。合无仰恳天恩俯念员缺紧要,准以候补同知长庆补授张家口抚民同知,以资治理。如蒙俞允,该员衔缺相当,毋庸送部引见。除将该员履历清册咨部外,理合恭折具陈,伏乞皇太后、皇上圣鉴,训示。谨奏。

朱批:"吏部议奏。"

光绪三十三年十一月二十四日。

(《光绪朝朱批奏折》第 24 辑,140)

请将陈泰交、陈镜心、王伯鹅等开复原官片

再,已革记名总兵陈泰交、已革直隶候补直隶州知州陈镜心、已革阜城县知县王伯鹅,均在北洋军营差遣。此次随行陆军二、四两镇工程营前赴永定河漫口工次帮同督饬,昼夜经营,安危呼吸之间,尤能奋迅图功,不遗余力,漫口大工得以克期堵合,实属卓著勤劳。

查,陈泰交系于光绪二十九年正月,经前山东抚臣周馥以"贪鄙骄诈"奏参革职,不准投效各营。陈镜心系于是年九月,经升任督臣袁世凯以该员"前署南皮县任内纵役殃民"奏参革职,永不叙用。本年七月,因该二员前于中立一役深入战地,九死一生,经升任督臣袁世凯奏请"量予加恩",奉朱批"陈泰交著销去不准投效各营字样;陈镜心著销去永不叙用字样,钦此",钦遵在案。王伯鹅系于二十八年四月,经升任督臣袁世凯,以该员"前署钜鹿县任内,匪首景廷实在该境传帖聚众"奏参革职,核其情罪亦只不能出城晓谕解散,尚无他项重咎,现既均随工程营协同趱工,不辞艰险,迅速集事,自未便没其微劳。合无仰恳天恩准予陈泰交开复原官;陈镜心、王伯鹅开复原官,仍留原省补用,均免交捐复银两,俾免向隅,而资策励。除饬取履历咨部外,谨附片具陈,伏乞圣鉴,训示。谨奏。

朱批："该部议奏。"

光绪三十三年十一月二十四日。

（《光绪朝朱批奏折》第 24 辑，141）

具陈东海关第一百八十八结洋税收支各款银数折

头品顶戴、署理北洋大臣兼直隶总督、臣杨士骧跪奏，为东海关第一百八十八结洋税收支各款银数，缮单恭折，仰祈圣鉴事。

窃照东海关征收洋税，截至光绪三十三年五月二十日第一百八十七结止，业经具奏在案。兹据东海关道何彦升详称，自光绪三十三年五月二十一日起至八月二十三日止，按外国三个月一结，系届第一百八十八结期满，共征收进出口各税及船钞银十四万六千六百六十六两一钱二分九厘。该道督饬税务司暨委员检齐册档，查照红簿，逐细核算，数目相符。一切支发各款共银十九万零六百五十三两四钱一分二厘九毫五丝七忽，连前结旧管共实存银十万四千八十七两四钱三分三厘一毫八忽九微。所有东海关第一百八十八结洋税收支银数详请核奏前来，臣复核无异，理合缮单，会同署理山东巡抚臣吴廷斌恭折具陈，伏乞皇太后、皇上圣鉴，谨奏。

朱批："该部知道，单并发。"

光绪三十三年十一月二十四日。

（《光绪朝朱批奏折》第 75 辑，035）

具陈新设安东关第一百八十七结洋税收支实存各数目折

头品顶戴、署理北洋大臣兼直隶总督、臣杨士骧跪奏，为新设安东关第一百八十七结洋税收支实存各数目，缮单恭折具陈，仰祈圣鉴事。

窃查，前据监督安东新关署理奉天东边道钱鑅详称，奉天安东县地方按照商约开作商埠，于光绪三十三年二月初一日开关截至五月二十日止，随同各海关总结作为第一百八十七结造具洋税收支数目清册，请分咨立案等情，业将清册咨送度支部、税务大臣查照在案，嗣准度支部咨开该关收支各项税银应遵照向章按结开单奏报，扣足四结奏销一次，本届一百八十七结收支数目亦应补行奏报，以符

493

旧章等因，自应遵照办理。兹查该关道原详内称，安东关自光绪三十三年二月初一日开关起截至五月二十日即西历六月底止，作为第一百八十七结实计征收进出口各税及船钞银三万五千六百九十二两五钱九分五厘，计开支薪费等项共支发银二千八百八十一两六钱九分六厘。经该道会同税务司详细稽核，调取收税总册校对数目，均属相符，除俟分项造册详咨外，所有新设安东关经征第一百八十七结洋税收支并实存各银数开单详请查核，至大东沟地方前奉部饬作为分关，现因该处出进口货物无多，尚未开办，合并声明等情前。臣复核无异，谨会同东三省总督臣徐世昌、奉天巡抚臣唐绍仪缮具简明清单，恭折具奏，伏乞皇太后、皇上圣鉴，训示。谨奏。

朱批："该部知道，单并发。"

光绪三十三年十一月二十四日。

（《光绪朝朱批奏折》第 75 辑，036）

请以王金成补授大沽协副将片

再，天津镇标、大沽协副将吴大英病故，遗缺前经升任督臣袁世凯以补用副将王金成奏请补授，部议以王金成履历册开各案均属相符，惟查三十年开复原案饬令照章补缴捐复银两，送部引见后方准补用。兹据请补大沽协副将员缺，该员并未赴部引见，亦未补缴捐复银两，核与原案不符，碍难照准等因。

臣查，大沽系北洋要口，各国官商往来络绎，外洋兵船时有寄碇，兵燹后门户洞开，改设巡警，全在该副将认真督率，方可弥患无形，非精明干练之员不克胜任。王金成，心细才明，谙练营务，为地择人，请仍补授大沽协副将，俟接准部复，再行并案给咨，赴部引见。至该员从军四十余年，清苦异常，应缴捐复银两，委实无从筹措。合无仰恳天恩俯念员缺紧要，准以王金成补授大沽协副将，并免缴捐复银两，出自鸿施逾格。除履历册前已送部外，理合会同直隶提督臣马玉昆附片具陈，伏乞圣鉴，训示。谨奏。

朱批："陆军部议奏。"

光绪三十三年十一月二十四日。

（《光绪朝朱批奏折》第 51 辑，103）

奏销永定南北远三河光绪三十三年用过抢修银两折

头品顶戴、署理北洋大臣兼直隶总督、山东巡抚、臣杨士骧跪奏，为永定南北运三河，光绪三十三年用过抢修银数，恭折仰祈圣鉴事。

窃照永定河每年抢修原定续增共银二万七千两，南运河每年银六千两，北运河每年银一万七千两。历次部议，北运河自同治十年起按原额每千两发给实银六百两，永定河自同治十二年为始仍照原额实银发给。兹据永定河道吴筠孙详称，光绪三十三年汛期，计用抢修银二万五千八百八十四两一钱九分，又两岸上游各汛加添运脚不敷，通融抢修项下银一千一百一十五两八钱一分，共用实银二万七千两。又据天津道凌福彭、通永道衡吉详称，光绪三十三年汛期，南运河计用抢修实银三千五百九十七两六钱四分八厘七毫二丝，北运河计用抢修实银六千七百九十九两一钱四分六厘，请奏前来。臣复查无异，除分饬照例造册，绘图详请奏销外，理合恭折具陈，伏乞皇太后、皇上圣鉴，敕部查照。谨奏。

朱批："该部知道。"

光绪三十三年十一月二十五日。

（《光绪朝朱批奏折》第100辑，684）

保荐张镇芳片

再，现署长芦运司、直隶存记道张镇芳，由进士主事在户部供差年久，熟悉度支。光绪二十八年经升任督臣袁世凯奏调来直，委办银圆局务，规划精详，实心任事。旋改捐道员派令办理永平府属盐务，著有成效，并因办理公债暨筹中立在事出力，迭经升任督臣袁世凯奏保，奉旨交部，从优议叙，并两次蒙恩，饬交军机处存记，钦遵在案。是该员之沉毅有为，廉能卓著，早在圣明洞鉴之中。

查，永平盐务自道光年间商倒引悬，改归官运，因循废弛，百弊丛生。自该员经理以来，厘剔弊端，杜绝滩私，扩充销路，岁得余利十余万，四年统计已成钜款，洵属苦志经营，有裨国计。数年前，臣在直隶藩司任内，与之共事，即已深佩其才。该员现署长芦运司，整顿引课，纲情翕然，鹾务当日有起色。溯查长芦自遭兵燹，滩盐坨盐先为俄法占踞，虽经设法以钜款赎回，而外人窥伺垂涎时须防范。曾有日人商贩永属石碑场滩盐运往海参崴等处销售，以图尝试，该员严词拒绝，

495

得以保我利权。其从前经管沿海渔业、陆军粮饷,调度得法,综核靡遗,犹其余事。当次举行新政,百废待兴,款绌用繁,理财是亟,人才难得。若该员之精于计学成绩昭然者,实为不可多得之员。臣知之既稔,不敢壅于上闻,应如何施恩量予擢用之处,出自圣裁,理合附片密陈,伏乞圣鉴。谨奏。

朱批:"张镇芳著仍交军机处存记。"

光绪三十三年十一月。

(《光绪朝朱批奏折》第 24 辑,093)

审办固安等县十起命盗死罪案件,照章汇摘简明案由折

头品顶戴、署理北洋大臣兼直隶总督、山东巡抚、臣杨士骧跪奏,为命案照章汇摘简明案由,恭折仰祈圣鉴事。

窃查,直隶寻常命盗死罪案件,照章汇奏,造册送部。又经刑部奏准,如事在光绪二十七年十月以后者,仍将全案供招造册咨部等因,均经遵照在案。

兹据正任按察使陆嘉谷详称,查有固安县民人张七,因找刘茂芝胞嫂刘乔氏续奸,被获图脱,用尖刀拒伤刘茂芝身死。将张七照例依犯罪拒捕杀人者斩候律,拟斩监候,照章改为绞监候,秋后处决。刘乔氏依例拟以枷杖,照章折罚。

又,祁州民人张玉道,因向同姓不宗张小禄之弟张小黑查问失窃树株,将其拉走,张小禄趋护,该犯用小刀扎伤张小禄身死,并扎伤张小黑平复。将张玉道依斗杀律拟绞监候,秋后处决。

又,柏乡县民人魏行林,因胞嫂魏王氏赖欠诬窃,屡向辱骂,用刀砍伤魏王氏,越日身死。将魏行林依斗杀律拟绞监候,秋后处决。

又,广宗县民人侯振海,因同宗无服之侯书堂路经伊看守麦剁场地,查问口角,致相争殴,用镰刀砍伤侯书堂身死,弃尸不失。将侯振海依斗杀律拟绞监候,秋后处决。

又,玉田县客民王四,因项春合诬赖伊侄王结实偷窃钱物,向理口角,致相争殴,用夺获尖刀扎伤项春合身死。将王四依斗杀律拟绞监候,秋后处决。

又,献县民人魏顺懊,因张德起不信其侄无银寄回,向该犯盘问口角,经劝后,张德起复持抢寻殴该犯,受伤情急,用尖刀扎伤张德起身死,并伤张德普平复。将魏顺懊依斗杀律拟绞监候,秋后处决。

又,滦州民张喜,因刘惠瞋伊,斥责其姊,寻向砸闹,致相争殴,用镰刀砍伤刘

惠身死。将张喜依斗杀律拟绞监候,秋后处决。

又,滦州民人张翠,因小功服弟张善斥伊开门迟缓,致口角争殴,用木棍殴伤张善,越日身死。将张翠即张草依本宗尊长殴小功卑幼至死者绞律拟绞监候,秋后处决。

以上八案例均由司提审,解勘发回,分造供招清册,呈请汇奏前来。臣复核无异,除清册分咨部院外,理合遵章汇摘简明案由,恭折具陈,伏乞皇太后、皇上圣鉴,敕部核复。谨奏。

朱批:"法部议奏。"

光绪三十三年十一月二十四日。

(《光绪朝朱批奏折》第 109 辑,069)

审办磁州等县十起命盗死罪案件,照章汇摘简明案由折

头品顶戴、署理北洋大臣兼直隶总督、山东巡抚、臣杨士骧跪奏,为命盗各案照章汇摘简明案由,恭折仰祈圣鉴事。

窃查,直隶寻常命盗死罪案件照章汇奏,造册送部。又经刑部奏准,如事在光绪二十七年十月以后者,仍将全案供招造册咨部等因,均经遵照在案。

兹据署按察使周学熙呈称,查有磁州获贼马月兴独窃事主高凤楼家衣被等物,事后被获图脱,用小刀拒伤高凤楼,越日身死。将马月兴以罪人拒捕杀所捕人者斩律,拟斩监候,照章改为绞监候,秋后处决。

又,沙河县民人李伏荃,因同赌之孔根妮找吕大黑索讨赌钱,劝阻口角,致相争殴,用夺获小刀扎伤孔根妮身死。将李伏荃依斗杀律拟绞监候,秋后处决。吕大黑依例枷杖,照章折工。

又,昌平州民人赵大祥,因向赫庆网索欠,口角,经劝后找向评理,致相争殴,用脚并小刀踢扎赫庆网致伤,越日身死。将赵大祥依斗杀律拟绞监候,秋后处决。

又,东光县民人姜成,因胞嫂姜邢氏向伊家讹借粮食,持刀砍殴伊妻姜孟氏致伤,该犯夺获菜刀,用刀背殴伤姜邢氏身死。将姜成依凡人斗杀律拟绞监候,秋后处决。

又,武清县民人王如山,因诸葛桂俊斥伊锄地偷懒,口角争殴,用夺获小刀扎伤诸葛桂俊身死。将王如山依斗杀律拟绞监候,秋后处决。

又,永年县民人李勤棠,因王登银阻挠卖地不成,向斥被骂,致相争殴,用刀扎伤王登银身死。将李勤棠依斗杀律拟绞监候,秋后处决。

又,河间县民人田成,因向无服族人田秃赊麦不允,口角争殴,用尖刀扎伤田秃身死。将田成依斗杀律拟绞监候,秋后处决。

又,邯郸县民人贾毛妮,因安小林斥伊牲口踏毁菜蔬,口角争殴,用二牛杆殴伤安小林,越日抽风身死。将贾毛妮即贾凌霄依斗杀律拟绞监候,秋后处决。

又,临城县客民李沨魁因与乔二六周口角争殴,同逸犯赵高山用夺获小刀等械砍殴乔二六周致伤身死,将李沨魁依共殴人致死下手致命伤重者绞律拟绞监候,秋后处决。

又,任邱县民人张长年,因砍伐公地树枝,被刘锡三拦阻,口角争殴,与张申年用菜刀木棍共殴刘锡三,致伤身死。将张长年依共殴人致死下手伤重者绞律,拟绞监候,张申年依馀人律拟杖,恭逢恩诏,均准援免,仍在张长年名下追取埋银给领。

以上十案,业均由司提审,解勘发回,分造供招清册,呈请汇奏前来。臣复核无异,除清册分咨部院外,理合遵章汇摘简明案由,恭折具陈,伏乞皇太后、皇上圣鉴,敕部核复。谨奏。

朱批:"法部议奏。"

光绪三十三年十一月二十五日。

(《光绪朝朱批奏折》第109辑,070)

抢办永定河合龙大工出力文武员弁请奖叙折

头品顶戴、署理北洋大臣兼直隶总督、山东巡抚、臣杨士骧跪奏,为遵保抢办永定河合龙大工出力文武员弁,择尤酌请奖叙,谨缮清单,恭折仰祈圣鉴事。

窃查,永定河北四上汛漫口大工,前经臣将抢办合龙日期专折奏报,并将督办道厅各员分别保奖,暨请开复处分声明,其余出力各员俟查明,择尤开单酌保,奉旨允准,钦遵在案。兹据前署永定河道窦延馨、帮办永定河大工候补道张恺康查明,应奖各员,并具详前来。

臣查,永定河自光绪二十二年北中大工以后,河流自入北洪,穿凤河入运河,下口通畅,修防较易得,获数载安澜。乃行之既久,河身日益淤垫,自北六以下浮沙高仰,几无河形,尾闾不通,以致胸腹膨胀。本年伏汛期内,北四等汛纷纷漫溢下口，河水未见大涨，实为拥塞之明证。该道等查勘全河堤高滩面皆不过二尺三尺，一经盛涨，则拍岸盈堤，旁决横流，莫能抵御。本届两堤糜烂情形，为向来所未有。堤段之残缺者应照旧补还，坝扫之蛰卸者应逐一修筑，兼之水旱各口相距数十里，挑挖引河必须一律流通下口。既无河形，尤必节节抽满，送入凤河而后已。工烦款绌，棘手万分，在事文武各员，节费任劳，昼夜趱办，并派委陆军工程队伍协同抢筑，得以迅速程功。当水口两坝进占时，挑水坝紧逼河流，力与水争，如临大敌。迨至合龙挂缆养水盈塘，坝前浊浪翻花，安危只争呼吸。该员并等踊跃用命，力挽狂澜，阅时四旬，即已全功告蒇，农田涸复，无误春耕，用款较历届节省甚多，实属有裨大局。

查永定河合龙大工，向照黄河军营章程一例请奖，并无定额。光绪二十年，吏部议复鸿胪寺卿刘恩溥条奏永定河保案，除兴办大工不在寻常漫口合龙岁修之例者，应随时请旨办理外，至常年防汛漫口合龙岁修各工仍照寻常劳绩给奖，不得过五十员等因。二十二年北中汛，三十年北下汛，各漫口大工经升任督臣王文韶、袁世凯择尤酌照异常劳绩保奖，奉准在案。

本届北四上汛漫口掣夺，全河大溜堵筑工程非寻常漫口可比，自应援案择尤酌照异常劳绩请保。至本年工程浩大，地段绵长，同时兴办需员甚众，本河人员类未经历大工不得不借才异地，于外河外省候补候选各员中酌调委用。各该员履危蹈险，奋勉经营，若不请奖酬劳不足以示鼓励。查上年部章，亦谓大工合龙事非恒有，自不得以常年奖额相绳，今按异常劳绩请奖者文职二十六员，武职九员，按寻常劳绩请者文职一百员，委系从严核删，无可再减。

谨将文武各员酌拟奖叙缮具清单恭呈御览，合无仰恳天恩俯准照拟给奖，以昭激劝。其出力稍次各员，由臣分别给予外奖，除千把等项照章咨部注册，并饬取履历送部外，理合恭折具陈，伏乞皇太后、皇上圣鉴，训示。谨奏。

朱批："该部议奏。单并发。"

光绪三十三年十一月二十五日。

（《光绪朝朱批奏折》第 100 辑，685）

抢堵永定河漫口大工出力文武员弁请奖叙片

再，此次抢堵永定河漫口大工适值秋收，雇夫不易，经臣奏派陆军二、四两镇工程营驰往帮同桃筑，并于奏报合龙随案请奖折内声明，该营出力员弁另核请奖在案。该员弁等协同抢办，并日程功，胼胝经营，昕夕罔辍，得以狂澜力挽，克日合龙，实属勤劳卓著。查光绪三十年永定河漫口，由升任督臣袁世凯奏派常备军暨武卫右军工程营赴工堵合，按照异常劳绩奏请奖叙武职二十四员、文职四员，均已奉旨允准。本届抢办情形，既与三十年事同一律，而工段较前绵长，两岸残缺尤甚，迥与常年漫口合龙，难易悬殊，自应援照请奖。

记名简放总兵马龙标，拟请加提督衔。留直补用参将李长泰拟请免补参将，以副将仍留直补用。补用参将直隶督标右营游击唐维珍，拟请免补参将，以副将在任补用。留直补用游击陈光远、梁保，均请免补游击，以参将仍留直补用。补用都司杨保善、田锡珍，拟请免补都司，以游击补用并加副将衔。拔补千总王兰瑞、王锡龄、顾琢瑭、朱廷灿、贾德耀，均请免补千总，以守备补用，并加都司衔。候选同知李厚基，拟请免选本班，以知府归部用。湖北试用通判祁师俭，请免补本班，以直隶州知州仍留原省补用。分省试用知县马树屏，拟请免补本班，以直隶州知州仍分省补用。选用知县董鸿照拟请免选本班，以直隶州知州不论双单月选用。候选布理问高景祎，拟请免选本班，以知州归部选用。知县用候选直隶州州判丁培基，拟请免选本班以知县不论双单月选用。除饬取履历咨部，并该营其次出力各员保千把照章部注册外，合无仰恳天恩俯准照拟给奖，以示鼓励。谨附片具陈，伏乞圣鉴，训示。

朱批："谨奏该部议奏。"

光绪三十三年十一月二十五日。

（《光绪朝朱批奏折》第 100 辑，686）

估报东明黄河南堤光绪三十三年修防用款数目折

头品顶戴、署理北洋大臣兼直隶总督、山东巡抚、臣杨士骧跪奏，为东明黄河南堤光绪三十三年修防用款照章估报，恭折仰祈圣鉴事。

窃查，东明黄河前筑南堤六十余里划归直隶防守，因地势北高南下，大溜愈趋愈南，工程吃重，移拨厅汛各员分驻修抢，续因溜势紧逼堤身，冲激日甚，工繁用钜，岁费不敷，添拨经费。又抽制兵设立河防营，经前督臣李鸿章、裕禄先后奏明各在案。兹据大顺广道文冲转据大名管河同知叶树勋将光绪三十三年分修防工程，并另案砖石坝工动用经费，造册绘图，详请估报前来。臣查，东明黄河南堤上汛李连庄，中汛高村，下汛黄庄，光绪三十三年伏秋汛内黄流节次盛涨，溜势湍悍，各汛当冲坝埽随蛰随镶，兼以大溜南卧堤挫靡常，各埽纷纷塌卸，情形危殆，严饬各员督率兵夫分投镶护加抛砖石坝，又于下汛四铺新挑水头坝前另案抢镶新埽四段，新挑水二坝前另案抢镶新埽四段，五铺挑水三坝，即旧头坝十二埽地下另案抢镶新埽一段，始得转危为安，经臣奏明在案。查，本年额拨岁修银七万三千五百两内，除酌提归公节省防料经费银一万两，应由藩司造报外计，拨银六万三千五百两，系由藩司练饷局凑拨。又添请另案埽工银一万二千两。又上届余存砖石秸料银三百二十二两零内除余存石料，合银五十六两零留归三十四年动用汇销，不计外，归本届动用上年余存砖秸银二百六十五两零，共银七万五千七百六十五两零。内除另案抢办新埽用去银一万一千九百九十九两零，另册造报，共余存砖料共银二百八十两零，留归三十四年汇销外，实归三十三年岁修砖土埽工并各员津贴薪水河兵口粮等项，请销银六万三千四百八十五两零，均系核实动支。除将估销清册并河图咨部查照外，理合恭折具奏，伏乞皇太后、皇上圣鉴，敕部核复。谨奏。

朱批："该部知道。"

光绪三十三年十一月二十五日。

（《光绪朝朱批奏折》第 100 辑，683）

吴绳曾捐资助学，请照拟给奖片

再，据署提学司详称，丁忧民政部外城总厅丞吴镖孙，遵其故父、一品封典、前直隶交河县知县吴绳曾遗嘱，以前署清苑县任官民相得，解职后留住省垣，每与学界士绅讨论学务，深念筹款之难，捐银一千两，专充幼稚园及养成保姆之用，并声明不敢仰邀奖叙等情前来。查新章，地方办理学务，捐银一千两以上者例得奏奖匾额。今吴镖孙遵其故父遗嘱，慨捐钜款，有裨学务，虽据声明不敢邀奖，未便没其好义之忱，合无仰恳天恩俯准将已故直隶交河县知县吴绳曾给予"急公兴学"匾额，在于原籍自行建坊，以示光荣而昭激劝，出自恩施。理合附片具陈，伏乞圣鉴，训示。谨奏。

朱批："著照所请，该部知道。"

光绪三十三年十一月廿八日。

（《光绪朝朱批奏折》第 81 辑，027）

密陈司道提镇各员考核结果折

谨将本届应核司道府提镇各员出具切实考语,缮单恭呈御览。

布政使增韫,年四十七岁,镶蓝旗蒙古英秀佐领下附生,光绪三十二年八月十七日到任。才识开敏,局量恢宏,于地方历办事宜均能尽心筹画,操守尤能严谨,洵堪表率群僚。

署提学使卢靖,年五十岁,湖北沔阳州举人,光绪三十二年四月二十日到任。学识开通,心精力果,办理学务持正不挠,实能力矫浮嚣之习。

署按察使、正任清河道李树棠,年五十六岁,安徽合肥附生,光绪三十三年十一月初六日到任。历练最深,器识稳重,在清河道任内历届安澜,卓着成效。

通永道衡吉,年三十八岁,正红旗蒙古文翰佐领下监生,光绪三十三年三月初五日到任。有为有守,年壮才明,于地方河工各事均能认真考求,洵为出色之员。

大顺广道文冲,年四十五岁,镶红旗满洲永全佐领下举人,光绪二十九年十二月初九日到任。稳练安详,尽心民事,河务、捕务均能加意讲求。

口北道成和,年四十五岁,镶蓝旗满洲监生,光绪二十九年九月二十二日到任。年强才裕,熟悉边情,在任数年,地方均称安静。

署保定府知府、正任河间府知府胡达灿,年四十六岁,河南杞县拔贡,光绪三十三年九月十五日到任。练达精详,才具开展,足资表率。

永平府知府恩佑,年五十六岁,镶黄旗满洲海凌佐领下翻译,光绪三十二年十一日二十日到任,老成练达,局度安详。

调署天津府知府、正任保定府知府齐耀琳,年四十六岁,吉林伊通州进士,光绪三十三年七月十一日到任。学识宏远,心细才长,治剧理烦,绰有余裕,历任守令,卓著循声。

顺德府知府重燠,年五十八岁,正白旗满洲恒连伍佐领下文生,光绪三十二年十一月初九日到任。稳练安详,志趣不苟。

广平府知府刘中度,年六十三岁,山东邱县进士,光绪三十二年正月二十六日到任。精明稳练,为守俱优。

大名府知府锡龄阿,年五十二岁,盛京正蓝旗满洲宝贵佐领下附贡,光绪三十二年八月十七日到任。措置详明,安静不扰。

宣化府知府王守坤,年六十二岁,河南祥符县监生,光绪二十八年八月十六日到任。老成练达,器局宏通,于地方工艺、矿务振兴尤力,洵为难得。

直隶提督马玉昆,年七十岁,安徽蒙城县人,光绪二十七年八月二十四日到任。勋劳卓著,资望并深,力任艰难,老而益壮,允推宿将长才。

泰宁镇总兵希廉,年五十一岁,正红旗第三族恩元佐领下人,光绪三十年四月十八日到任。守卫勤劳,廉明卓著,军民翕服,皆无异词。

署天津镇总兵、正任正定镇总兵徐邦杰,年五十八岁,江苏句容县人,光绪三十一年正月十九日到任。战功卓著,谋略俱优,才能肆应,于通商口岸极为相宜。

宣化镇总兵黄懋澄,年五十六岁,福建平和县人,光绪三十三年三月二十三日先到署任。在职多年,情形谙练,资劳并著,于地方缉捕尤能认真。

光绪三十三年十二月。

(《光绪朝朱批奏折》第 24 辑,317)

具陈办理营口巡警、卫生、工程三局及一切善后用款各银数折

头品顶戴、署理北洋大臣兼直隶总督、山东巡抚、臣杨士骧跪奏,为办理营口巡警、卫生、工程三局及一切善后用款各银数,恭折具陈,仰祈圣鉴事。

窃前准部咨,以部议办理营口善后要需,准在日本交还税款划分六成项下动用等因,嗣经前山海关道梁如浩拟定办理巡警、卫生、工程额支活支及一切善后用款,造具表册,并声明自光绪三十三年起按四季每季造报一次,年底将一年收支细数汇总报销,以清款目等情,业将本年正、二、三三个月一切用款奏销在案。兹据该关道蔡绍基具详本年夏季四、五、六三个月动用额支活支并一切用款,由该道汇总,造册报销,计新收一百八十七结动拨日本交还税款六成银两,又津海关解缴募练巡警馀款,收回春季开除总数误支银,共十二万二百三十七两七钱九分五毫七忽五微。除巡警、卫生、工程等局额支活支各款、办理善后暨关道署兼办善后各员薪水津贴、练军房租等项银六万五千七百一两三钱一分五厘五毫九丝五忽九微,连旧管实存银八万二千九百六十九两九厘二号八丝三忽八微,造具清册,详请奏咨核销前来。臣复核无异,除清册咨部外,理合恭折具奏,伏乞皇太后、皇上圣鉴,敕部核销。谨奏。

朱批:"该部知道。"

光绪三十三年十二月初二日。

(《光绪朝朱批奏折》第 64 辑,803)

具陈牛庄、秦王岛两关第一百八十八结洋税收支并旧管实存各数折

头品顶戴、署理北洋大臣兼直隶总督、山东巡抚、臣杨士骧跪奏,为牛庄、秦王岛两关第一百八十八结洋税收支并旧管实存各数,缮单恭折具奏,仰祈圣鉴事。

窃查,牛庄海关洋税收支各数已截至一百八十七结,奏销在案。兹据奉锦山海关道峰绍基详称,自光绪三十三年五月二十一日起,至八月二十三日,系属第一百八十八结期满,计牛庄海关征收各洋船进出口正税、复进口半税、船钞、招商局船进出口正税、洋药税、复进口半税、船钞,洋货入内地子口税、练饷及募费、扣半六厘火耗,改拨边防经费。

又秦王岛海关征收各洋船进出口正税、复进口半税、土货出关入内地子口税、六厘火耗、改拨边防经费、练军军服、扣平等款,共银十六万一千四百一十二两五钱一分八厘五毫一丝三忽四微,除由日本交还税款六成项下动支善后经费,并照章由华洋税款四成项下拨解北洋防费,加放俸饷,改还洋款六成项下提拨出使经费、筹备饷需银两、税司经费、七成船钞、倾镕火耗、边防经费、练军饷乾、募费、海关核扣八分经费、提解三成船钞,并由秦王岛关税款项下支给税司一成经费、八分经费、拨给银号、六厘倾镕火耗、练军添制军服、土货出关入内地子口税、划抵常税正额、提解边防经费等款,共银二十六万七千六百五十两八分八厘八毫二丝七忽八微,连复旧管共实存银二十六万六千四百七十八两三钱二分五厘三毫七丝三忽一微。

除将动支善后经费另案详请核销外,所有牛庄、秦王岛两关第一百八十八结洋税收支并旧管实存各款银数开具清册,详请奏咨前来。臣复核无异,理合缮单恭折具奏,伏乞皇太后、皇上圣鉴。谨奏。

朱批:"该部知道,单并发。"

光绪三十三年十二月初二日。

(《光绪朝朱批奏折》第 75 辑,040)

具陈安东关第一百八十八结洋税收支并旧管实存各数目折

头品顶戴、署理北洋大臣兼直隶总督、山东巡抚、臣杨士骧跪奏,为安东关第

一百八十八结洋税收支,并旧管实存各数目,缮单恭折具陈,仰祈圣鉴事。

窃查,安东关征收洋税,截至光绪三十三年五月二十日第一百八十七结止,业经缮单,奏销在案。兹据监督安东新关署理、奉天东边道钱鏐详称,自光绪三十三年五月二十一日起,至八月二十三日止,按外国三个月一结,系届第一百八十八结,期满实计征收进出口各税及船钞银一万九千三百六十两四钱三分六厘,计解支工款薪费等项共银二万二千五十九两二钱一分九厘。经该道会同税务司详细稽核调取收税总册,校对数目,均属相符。除俟分项造册详咨外,所有安东关经征第一百八十八结,洋税收支并旧管实存各银数开单,详请核奏前来。臣复核无异,谨会同东三省总督臣徐世昌、奉天巡抚臣唐绍仪,缮具简明清单,恭折具奏,伏乞皇太后、皇上圣鉴。谨奏。

朱批:"该部知道,单并发。"

光绪三十三年十二月初二日。

(《光绪朝朱批奏折》第 75 辑,041)

具陈牛庄海关第一百八十八结洋药厘捐银两开支实存各数折

头品顶戴、署理北洋大臣兼直隶总督、山东巡抚、臣杨士骧跪奏,为牛庄海关第一百八十八结洋药厘捐银两开支实存各数,缮单恭折,仰祈圣鉴事。

窃据奉锦山海关道蔡绍基详称,该关洋药厘捐自光绪十三年正月初九日起,改归海关厘税并征,嗣奉户部饬将收支药厘银两查照洋税收支定章按结开单奏报,一次扣足四结,专折奏销,一面造册送核等因,历经遵办在案。兹届一百八十八结期满,计上届旧管项下存银八千七百二十八两四钱五厘八毫九丝五忽九微,新收银一百七十六两,除支给各项房租银三百两外,实存银八千六百四两四钱五厘八毫九丝五忽九微,开单详请奏咨前来。臣复核无异,理合缮单恭折具陈,伏乞皇太后、皇上圣鉴。谨奏。

朱批:"该部知道,单并发。"

光绪三十三年十二月初二日。

(《光绪朝朱批奏折》第 75 辑,039)

具陈前任长芦运司周学熙任内钱粮收支情况折

头品顶戴、署理北洋大臣兼直隶总督、山东巡抚、臣杨士骧跪奏,为交代运库钱粮,恭折仰祈圣鉴事。

窃据署理长芦盐运使张镇芳详称,该署司于光绪三十三年九月十五日到任,查明前任长芦运司周学熙,光绪三十二年十二月二十日接印任事起,至三十三年九月十五日卸事前一日止,任内征收正杂课旧管存银二十八万八百八十六两三钱一分二厘,新收银七十万八千六百三十四两一分七厘,开除银五十一万八千五百三十九两四钱四分二厘,实在存银四十七万九百八十两八钱八分七厘。又征收盐斤复价旧管存银二万八千三百九十六两七钱,新收银二十一万六千三百五十三两,开除银十万两,实在存银十四万四千七百四十九两七银。又余平旧管无项新收银二万四十三百二十五两六钱三分四厘,实在无项,均已按款接收清楚,造具册结,详请加结具奏,声明此案交代系于两个月限内结报等情前来。臣复查无异,除循例出具印结,同送到册结咨部查核外,理合恭折具陈,伏乞皇太后、皇上圣鉴,敕部查核施行。谨奏。

朱批:"度支部知道。"

光绪三十三年十二月初二日。

(《光绪朝朱批奏折》第 85 辑,281)

请留淮军饷项折

头品顶戴、署理北洋大臣兼直隶总督、山东巡抚、臣杨士骧跪奏,为直隶淮饷竭蹶,填补兵项无著,请将云南提督夏辛酉原支淮军前项饷项仍留北洋,以纾饷力,恭折仰祈圣鉴事。

窃准部咨议复云南提督夏辛酉具奏筹办江防请拨的款一折,奉旨"依议。钦此",咨行钦遵办理等因。查,原奏内称长江地连五省,非少数营队所能兼顾,拟就原统之队酌量添募,每月需正、杂各款银五万两有奇。原统之营每月计支银一万七千余两之谱,系属北洋之饷,仍照旧支领,其余不敷之数,由部指拨江苏等省关税等语。伏查,直隶沧盐一带海港分歧,盗匪最易藏匿,且毗连东豫、奉天各属,素为宵小出没之区,捕务尤关紧要。陆军两镇分驻保定、马厂等处,未便零星分拨，致妨训练。仅赖淮练各军分扎防缉，旧有淮军营数无多，本已不敷分布，经升任督臣袁世凯奏分五路，扼要屯驻，勉供策应。自上年四月间，总兵张勋所统之淮军后路十营调赴奉天，十二月间提督夏辛酉所统之淮军前路十营抽调七成剿办曹匪，五路兵力几减其二，是皆顾全大局一时权宜之计。直隶地面空虚，不能不亟筹填补。

臣自奉移摄北洋之命，当与云南提督臣夏辛酉、署山东抚臣吴廷斌议定，山东抚标亲军部队二营、马队两哨，由臣调赴直隶，并再另募补足抽调原数支食淮军前路底饷。山东腾出抚标亲军底饷，支给驻东淮军前路七成队伍，如有不敷，由东添筹。一转移间，两省交受其益，是以臣于到任后，即将山东抚标亲军开调来直，指食淮饷。方拟奏咨立案，九月间夏辛酉奉命调办江防，前议遂有移步换形之势。今部臣议准夏辛酉原统之营，仍由北洋支饷，直隶为缺额省份，向来兵饷所需皆系仰给外省。若以受协者协人，其为力不能支，概可想见。果照原请办理，是直隶不但不能补足夏辛酉原统兵额，即调直之山东抚标亲军营饷项亦无著落。该营原支山东之项，既经调直，似应停止。北洋实无他款可筹，各军士悬甑待炊，将何以供支放？且冬防吃紧，旧日驻兵各州县纷纷禀请填扎，若不添募足数，实属不敷分布。况值各国军队已撤未尽之际，防务更宜慎重。万一地方稍有不靖，必致贻人口实。然骤少饷项二十余万，增练改编从何措手？江防紧要，臣非敢稍存畛域之见，惟根本重地不能不熟思审处，拟请将淮军前路各营原支饷银二十万四千两仍全数留直，作为填补兵饷之用。其夏军原支淮饷由部一并筹画改指，庶臣得就饷添改，藉资拱卫，可否仰恳天恩俯念畿辅缺额省分，饷源奇窘，万难兼顾，将夏辛酉原统营饷饬下度支部另行筹拨，以重军需而裨全局。是否有当，谨恭折具陈，伏乞皇太后、皇上圣鉴，训示。

再，山东抚标亲军营既调归直隶支食淮饷，其一切营制饷章仍当改编，一俟编定，即由淮军造报，以归一律，合并陈明。谨奏。

朱批："著该署督在关、运两库内另行筹拨，该部知道。钦此。"

光绪三十三年十二月初三日。

（《杨文敬公奏议》卷六）

为总兵在防次因病出缺，请旨简放并恳恩优恤折

头品顶戴、署理北洋大臣兼直隶总督、山东巡抚、臣杨士骧跪奏，热河都统廷

杰臣跪奏，为总兵在防次因病出缺，请旨简放并恳恩优恤，恭折会陈，仰祈圣鉴事。

窃据统领直隶练军驻扎热河马步各营、前广东陆路提督程允和呈称，已故提督衔云南鹤丽镇总兵杨玉书，湖南湘潭县人，同治元年投效淮军，随剿粤逆，转战江浙一带，迭克江阴、宜兴、荆溪、溧阳、无锡、金匮等县，收复苏州省城，克复常州府城及枫泾、西塘、平望等镇，并力摧平湖、乍浦、海盐各股匪。四年，赴闽援剿，埽平漳州贼垒多座，又克复漳州府漳浦县及云霄、诏安两厅馀匪。六年，调剿东捻，与匪相遇于寿光瀰河，匪众兵单，势甚危迫，竟能出奇制胜，追贼直入江境，馀逆悉平。七年，援直商河之役，与贼接仗，矛伤右膀，穿透筋络，犹怒马向前，手刃数人，匪始溃散。嗣在茌平南镇，将悍捻张总愚全股荡平。八年，援陕剿平西捻，中原一律肃清，积功荐保提督衔记名总兵，并蒙赏给壮勇巴图鲁勇号。嗣统武毅军步队各营，驻扎山东德州、湖北襄阳、樊城、直隶山海关等处，操防严肃，地面宴然。光绪十五年护理直隶提督篆务，十七年补授河南归德镇总兵，二十一年调署南阳镇总兵，二十五年调补直隶正定镇总兵，经原任大学士荣禄、前直隶督臣裕禄，以该故镇久历戎行，才识稳练，会同奏留统领直隶练军马步八营，筹办热河防务。是年八月到防，九月调补贵州镇远镇总兵，次年三月又于防次调补云南鹤丽镇总兵，均未赴任，旋值拳匪肇衅口外，贼匪乘机四起，势成燎原，平泉以东无一净土。筹防筹剿，昕夕不遑。其时，关内道路不通，军火饷糈来源已断。该镇苦心措办，竭力维持大局，赖以保全，厥功甚伟。二十七年，贼首李文武等纠结悍党三、四千人，竖旗揭杆，谋为不轨，占据建昌县属之大城子，声势汹汹，县街兵不满百，岌岌可危。该镇与前知县罗毓祥共守危城，从容筹画，一面飞调营队，败贼于东大梁，旋乘胜督队进攻，克之。当下令曰："贼情狡猾，虽败，必图复攻。今夜我军宜设伏，枕戈以待。"是夜，贼大至，挥队擒击杀，乃获大胜。首要各匪，悉为所擒。因边防三年期满，奉旨赏加头品顶戴。二十八年，股匪佟洛疙疸等倡乱于平泉围场边界，扰及迁安、建昌、赤峰、多伦厅等处。该镇督率将弁，奋力剿堵，接仗十数次，连战皆捷。巨魁悍党，悉数歼除，并救回被绑商民，全活甚众。二十九年，奉天章武县城被巨匪六十三等围攻，该镇闻警驰援，生擒匪首，立解其围。三十年，日俄构衅，朝阳、东荒、库伦一带，迫近战疆，时有外人及所收匪队窜入境内。该故镇谨守中立，妥筹抵御，机宜悉合。三十一年夏秋，贼首许振邦暨奉天股匪齐国泗等，先后窜入朝建各境，占据山卡，意图大举。该镇督伤各营，会合武卫左军，协力痛剿，边境复臻安堵。

该镇年来积受风寒，劳伤不时举发，只因边防重要，仍复力疾从公，遽于本年七月二十日，在防次积劳病故。弥留之际，惟以国恩未报为恨，语不及私。其忠勇之忱，至死弥笃，呈请奏恤等情前来。

臣等查，该故镇杨玉书，早岁从戎，即隶淮部，屡经大敌，迭克名城，综计宣力戎行四十馀年，其功绩之著于苏、浙、闽、皖、鄂东、陕、豫、直隶各省及热河者，当时奏牍，鉴鉴可考。其为人也，朴诚廉介，谋勇绝伦，屡秉镇符，并权提篆。遇事，力为其难，人所畏怯不前者，毅然引为己任。抚循士卒，与同甘苦，故人乐为用，所向有功。驻防热河历年既久，民怀其德，贼畏其威，虽古之名将亦不多让。不意老于兵事，心力交瘁，据报积劳致疾，殁于防次，惋惜殊深。合无仰恳天恩俯准敕部，将已故提督衔云南鹤丽镇总兵杨玉书，照提督军营立功后积劳病故例从优议恤，并准其附祀前大学士李鸿章专祠以彰忠荩。所遗云南鹤丽镇总兵员缺紧要，并请旨迅赐简放，以重职守。除将该故镇详细履历咨部外，理合恭折会奏，伏乞皇太后、皇上圣鉴，训示。谨奏。

朱批："著照所请，该衙门知道。"

光绪三十三年十二月初三日。

（《光绪朝朱批奏折》第 51 辑，118；《杨文敬公奏议》卷六）

具陈筹办永定河来年备防秸料缘由折

头品顶戴、署理北洋大臣兼直隶总督、山东巡抚、臣杨士骧跪奏，为筹办永定河来年备防秸料并岁抢修秸料，照案加增运脚银两，恭折仰祈圣鉴事。

窃照永定河两岸大堤计长四百里，沙土松浮，每届大汛，溜势越向靡定，各工扫段纷纷蛰陷，赖有秸料应手，随时抢镶，经前督臣那彦成奏准于岁修料物之外，每年添购秸料二百四十万束以资防护。又岁抢各工所用秸料因近堤所稀产，须从远处购运，经督臣颜检奏准，每束加增运脚银二厘五毫，历次遵照办理在案。兹据永定河道吴筠孙详称，本年凌、伏、秋三汛，水势迭次盛涨，备防秸料动用无存，请照案购办秸料二百四十万束，分储各工，以应来年要需。沿河地亩，水冲沙压，产料甚少，仍须远处购运，照章添给运脚银两等情，具详请奏前来，臣复核无异。合无仰恳天恩俯准，照案添购来年备防秸料二百四十万束，每束连运脚银一分五毫，共需实银二万五千二百两，又岁拾修秸料加增运脚需实银八千五百两，一并全数拨发，以济工需。俟奉旨后，臣即饬藩司设法筹拨给领，责成该河道督率厅汛各员照数采买，分拨工次，核实验收备用。所有筹办永定河来年备防秸料缘由,理合恭折具陈,伏乞皇太后、皇上圣鉴,训示。谨奏。

朱批:"该部知道。"

光绪三十三年十二月初三日。

(《光绪朝朱批奏折》第 100 辑,687)

具陈永定南北运三河光绪三十四年岁修估需银数折

头品顶戴、署理北洋大臣兼直隶总督、山东巡抚、臣杨士骧跪奏,为永定南北运三河光绪三十四年岁修估需银数,恭折仰祈圣鉴事。

案照永定南北运三河每年抢修,例应先行领银办料,分储备用。其岁修各工,饬令该道等勘明确数,将应需实用银数题明请领。查,永定河因嘉庆六年河水异涨,两岸堤工漫溢之后,新添扫段较前多至一倍有馀,经钦差奏明,每年岁修扫工增添银一万两,其疏浚中洪下口及石景山岁修石工银两,仍照旧请领,毋庸酌增。嗣又因两岸险工林立,原设岁修经费实不敷用,经前督臣温承惠奏请增估,添办料物银两,于嘉庆十四年二月二十七日钦奉上谕,加恩增赏银五千两,以二千两归入岁修,以三千两归入抢修,每年随案估销,仍照例分案赴部请领。

又,三角淀岁修疏浚下口工程,经前督臣蒋攸铦奏准,于秋汛后查看情形,择其切滩取直实在得力之处,量为疏浚,并将两岸残缺堤工,择要修补加培,此两项仍不得过岁修五千两之数。又咸丰四年部议,变通部库放款章程内开永定南北运河每年岁修各工减半给领。又同治三年奏准,永定河应领岁修各项经费照减半之数发给实银。又同治四年准户部酌议,北运河岁修银两,按额定工需千两拨给实银三百七十五两,嗣因不敷工,又经咨准户部议定,北运河岁修银两,自同治十年起,每千两照额发实银四百两。又同治九年,准户部酌议,南运河岁修银两,自同治十年起,照额定之数每千两发给实银,因所赠无几,不敷工用,复于同治十年经部议复准照北运河之案,自同治十一年起,每千两发给实银四百两。又同治十二年,因永定河所领工需实不敷用仍照旧额发给经部议准。自同治十二年起,照额全数发给实银。又光绪五年,因南运河所领工需不敷应用,奏请照额发给八成实银,经部议准自光绪五年起,照额发给六成实银,又永定河雇夫挑土经费奏请。自光绪十年起,在于该河应领岁抢修款内扣存六分减平银两,照数动用经部议令,汇入常年岁抢修案内造报各等因,均经转行,遵照在案。

兹据永定河道吴筠孙详报,石景山东西两岸岁修片石工程,估需实银一千九百九十六两七钱六分七厘四毫一丝,南岸各汛岁修扫厢工程估需实银九千九百九十九两九钱九分,北岸各汛岁修扫厢工程估需实银一万一千九百九十九两九钱八分四厘,两岸各汛岁修挑挖中洪工程估需实银四千九百九十九两八钱五分,三角淀岁修疏浚下口工程,并择要修补两岸残缺堤工估需实银四千九百九十八两七钱九分。以上通共估需实银三万三千九百九十五两三钱七分一厘四毫一丝。

查,光绪三十三年挑挖中洪疏浚下口工程,项下节省银一两八钱八分五厘二毫五丝,照数抵用外,计需岁修实银三万三千九百九十三两四钱八分六厘一毫丝,其雇夫挑土经费需用减半银五千六百八十一两六钱九厘一毫六丝,应付案估报。又据升任天津道凌福彭详报,南运河岁修草土各工估需实银九千两。查,光绪三十三年岁修节省银一两六钱九分一厘二毫二丝,抢修节省银二两三钱五分一厘二毫八丝,照数抵用外记需岁修实银八千九百九十五两九钱五分七厘五。又据通永道衡吉详报,北运河岁修草土各工并筐儿港减河挑淤工程,估需实银七千五百九十八两八钱三分五厘,等情前来,臣复加查核。永定南北运三河,光绪三十四年岁修据估各工均不可缓,应请准其估办。除饬各该道分别领款,及时照估如式兴修于大汛前一律赶办完竣,另行核实造报外,理合遵照新章,恭折具陈,伏乞皇太后、皇上圣鉴,敕部查照。谨奏。

朱批:"该部知道。"

光绪三十三年十二月初四日。

(《光绪朝朱批奏折》第100辑,688)

保奖周文藻等九员片

再,光绪三十年分直隶烟酒税征收足额,经升任督臣袁世凯,将经征出力之候补直隶州延庆州知州周文藻等十员奏请奖叙,部议以是年征收细册,尚未送部,停其核议,俟细册送部查核及额再行办理。如自奉旨交议之日起,查逾一年之限,即将保案撤销等因,咨行在案。

兹据筹款局司道详称,三十年分,春雨短少,红粮飞涨,酒业极为滞销。秋后则雨水较多,烟叶收成甚歉,兼以铜元初行,银钱市面渐有变动。设非在事各员实力稽征税收,断不能保守原额。至造送细册,委因上届销案迭经部诘,往返查复,致稽时日,与无故迟延者不同,请将出力人员奏恩仍照原保给奖等情前来。

臣查烟酒征税,倡自直隶,伏读光绪二十九年十一月初六日钦奉上谕:"百度之兴,端资经费,现值帑藏大绌,理财筹款尤为救时急务。前经户部通行各省整顿烟酒税,以济要需。据直隶总督袁世凯奏称,直隶抽收烟酒两税,计岁入银八十余万两。以直隶凋瘵之区,犹能集此钜款,殊堪嘉尚。直隶一省,应即照现收之数,每年应派八十万两。其经征出力之员,即著择尤请奖等因。钦此。"二十九年保案,已奉批旨,允准在案。

至三十年保案,部中未即议准原因,当时征册未到,无从稽核,系为循名核实起见。现在册已达部,税额又无短缺,且征银十万以上始保异常,征银五万以上始保寻常。系按奏定章程核办,毫无冒滥。若因造册逾限,撤销保案,有劳不录,何以策励将来?所有原保周文藻等十员内,除张鼎勋一员业已病故外,其余九员合无仰恳天恩俯准,仍照原保给奖,以示鼓励,出自鸿施。理合附片具陈,伏乞圣鉴,训示。谨奏。

朱批:"著仍照原保给奖,该部知道。"

光绪三十三年十二月初四日。

(《光绪朝朱批奏折》第 79 辑,126)

审办无极等县十起寻常命盗死罪案件,照章汇摘简明案由折

头品顶戴、署理北洋大臣兼直隶总督、山东巡抚、臣杨士骧跪奏,为命案照章汇摘简明案由,恭折仰祈圣鉴事。

窃查,直隶寻常命盗死罪案件照章汇奏,造册送部。又经刑部奏准,如事在光绪二十七年十月以后者,仍将全案供招造册咨部等因,均经遵照在案。

兹据前署按察使周学熙呈称,查有无极县民人李洛道与刘秃子,均与韩凤兰通奸,因刘秃子欲将本夫谋害,该犯畏累向劝,致相争殴,临时故杀刘秃子身死,将李洛道依故杀律拟斩监候,照章改为绞监候,秋后处决。恭逢恩诏,不准援免。韩凤兰遇赦免议。

又,鸡泽县民人王三迷眼,因无服族弟王作宾登门辱骂,出向回詈,致相争殴,用尖刀扎伤王作宾身死,有伊父王明勋在场,将王三迷眼依共殴人致死,下手伤重者绞律拟绞监候,秋后处决。王明勋,依余人律拟杖;王四满良依他物殴人成伤律拟笞,均照章罚银。

又,香河县民人崔明,因伊父崔广合被张瑞揪扭,经劝后找向理论,致相争

殴。该犯用木棍殴伤张瑞身死，将崔明依共殴人致死下手致命伤重者绞律，拟绞监候，秋后处决。崔广合在场帮揪，依余人律拟杖，照章罚银。

又，雄县民人高肥，因伊父高殿甲被蔡发科追扭争殴，该犯趋护，用木棍等械共殴蔡发科致伤身死，将高肥依共殴人致死下手伤重者绞律，拟绞监候，秋后处决。高殿甲依余人律拟杖，仍照律收赎。

又，卢龙县旗人额图荷恩，因恩特恒欲分该犯偷卖板棹赃钱，口角争殴，用砖石殴伤恩特恒身死，弃尸不失。将额图荷恩依斗杀律拟绞监候，秋后处决。

又，蔚州民人李德与吴盛珍分树口角，经劝后吴盛珍复登门辱骂，并扭住伊父发辫欲殴，该犯趋护，用镰刀砍伤，吴盛珍越日身死。将李德依斗杀律拟绞监候，秋后处决。

又，满城县民人李坏旦，因韩四儿向索保借钱文口角，经劝后，韩四儿复找向骂闹，并将伊母杨氏推跌，该犯救护，被殴用菜枪扎伤韩四儿身死。将李坏旦依斗杀律拟绞监候，秋后处决。

又，新乐县民人张洛根，因向李洛辅索欠，口角争殴，用瓦块掷伤李洛辅越日身死。将张洛根依斗杀律拟绞监候，秋后处决。

又，灵寿县民人贡增寿，因伊妻贡侯氏性情不好，向斥不服，顶撞撒赖，用木棍等械殴扎贡侯氏致伤，越日身死。将贡增寿依夫殴妻至死者绞律拟绞监候，秋后处决。

又，灵寿县民人贾怀青，因疯用铁镢殴伤伊妻贾李氏身死，复审供吐明晰，将贾怀青依夫殴妻至死者绞候律拟绞监候，秋后处决。

以上十案业均由司提审，解勘发回，分造供招清册，呈请汇奏前来。臣复核无异，除清册分咨部院外，理合遵章汇摘简明案由，恭折具陈，伏乞皇太后、皇上圣鉴，敕部核复。谨奏。

朱批："法部议奏。"

光绪三十三年十二月初四日。

（《光绪朝朱批奏折》第 109 辑，071）

具陈牛庄海关暨秦王岛海关洋税收支并旧管实存各数折

头品顶戴、署理北洋大臣兼直隶总督、山东巡抚、臣杨士骧跪奏，为牛庄海关暨秦王岛海关第一百八十五结至一百八十八结洋税收支，并旧管实存各数，缮单恭折,仰祈圣鉴事。

窃查,牛庄、秦王岛海关洋税收支各数已截至一百八十一结至一百八十四结止,奏销在案。兹据奉锦山海关道蔡绍基详称,自光绪三十二年八月十四日第一百八十五结起,至三十三年八月二十三日第一百八十八结止,扣足四结,除洋商半税不提四成、船钞分作三成、七成,暨洋货入内地、土货出内地子口税、内河税银专款存储外,计收日本交还税收牛庄海关进出口税银内划分四成洋税、六成洋税、四成招商局税、六成招商局税,各洋船暨招商局船船钞、洋货入内地、土货出内地子口税、内河税,奉天财政总局垫拨练军饷乾练饷,扣平六厘火耗,改拨边防经费,收回日本交还税款;秦王岛海关四成洋税、六成洋税、土货出关入内地子口税、六厘火耗、改拨边防经费、练军军服、扣平等款,共银一百六十五万六千三百六十五两三钱九分四厘四丝七忽六微。除由日本交还税款四成银内拨解北洋防费、陆军学堂经费,六成银内动支善后经费、借支税司经费,三十二年夏季税司七成船钞、钞关经费拨还常税、垫发海关经费,每两提支六厘火耗,并由华洋税款四成项下拨解北洋防费、加放俸饷、改还洋款,六成项下提拨出使经费、筹备饷需银两、拨还日本交还税款税司经费、支给银号六厘火耗、拨解边防经费、改还洋款、拨还直隶赈抚局垫发美国人伊斯洛恤款、练军薪公饷募费,洋税核扣八分海关经费等款,船钞项下拨给税司七成、外务部三成;又秦王岛海关乾提支税司一成经费、核扣八分经费、拨给银号六厘大耗、边防经费,练军添制军服、佩刀、土货出关入内地、划抵常税正额银两等款,共银一百四十三万九千三百九两六分九厘六毫五丝三忽六微,连旧管共实存银二十六万六千四百七十八两三钱二分五厘三毫七丝三忽一微,开具清册,详请奏咨前来。臣复核无异,理合缮单恭折具奏,伏乞皇太后、皇上圣鉴。谨奏。

朱批:"该部知道,单并发。"

光绪三十三年十二月初四日。

(《光绪朝朱批奏折》第 75 辑,042)

请将苗玉珂、章兆蓉二员从优议恤片

再,北运河东岸香河汛、河西务汛九百户等处,于本年六月二十一日漫口过溜,经升任督臣袁世凯札饬赈抚局派员筹堵,该局查有盐运使衔知府用、在任候补直隶州知州、永年县知县苗玉珂,谙练河工,办事结实,禀明电调赴工,派为督办,并添派候补知府章兆蓉会同前往。该员等抵工后审河形,详筹办法,购运桩料,调集人夫,将修堤加戗,挑筑河坝各事,兴心布置,分段兴工,开办月余,大致均已就绪。祗因工程紧要,终日周历河干,躬亲督率,雨淋日炙,感受署瘟,药石无灵,章兆蓉于八月十七日,苗玉珂于九月初三日相继病故。其未完工程,由试用知县李瑞联等接办,于九月二十九日合龙,经臣奏报在案。

伏查,苗玉珂历膺繁剧,卓著政声,章兆蓉久办河工,亦多成绩。此次筹堵,北运河漫口功在垂成,遽因积劳成疾,殁于工次,悯惜殊深,据赈抚局司道详请奏等情前来。合无仰恳天恩府准,敕部将苗玉珂、章兆蓉二员从优议恤,以励勤事。除饬取该故员等履历咨部外,理合附片具陈,伏乞圣鉴,训示。谨奏。

朱批:"著照所请,该部知道。"

光绪三十三年十二月初四日。

(《光绪朝朱批奏折》第 100 辑,689)

陈汝钧试署期满准其实授片

再,据布政使增韫、前署按察使周学熙详称,准清河道李树棠咨定例河工同知遇有缺出,先行拣员署理,俟经历三汛期满,如果称职,保题实授。查,保定府河捕同知陈汝钧前前经奏署今职,于光绪三十二年八月初一日到任,扣至三十三年八月初一日,试署一年期满,经历三汛无误,并无参罚案件,核与实授之例相符,开具履历清册咨司出考,转详前来。臣查,该员熟悉修防,安详稳慎,堪以胜任,应请准照例准其实授,仍俟部复到日给咨部引见,恭候钦定。除将清册咨部外,理合附片具陈,伏乞圣鉴,敕部核复。谨奏。

朱批:"吏部议奏。"

光绪三十三年十二月初四日。

(《光绪朝朱批奏折》第 24 辑,163)

查明光绪三十二年应征旧欠钱粮完欠数目片

再,前准户部咨,嗣后新赋钱粮统归上、下忙案内考核,其旧赋钱粮,即自光绪八年奏报七年,比较起将积年旧欠若干,本年带征若干,已未完若干,并比较上三年之数,开具清单于奏销外专案奏报比较,以凭考核等因。兹据藩司增韫详称,查明光绪三十二年应征旧欠钱粮完欠数目,并比较上三年已未完数目,开单详请,具奏前来。臣复核无异,理合附片具陈,并缮清单,敬呈御览,伏乞圣鉴,敕部查核。谨奏。

朱批:"度支部知道,单并发。"

光绪三十三年十二月初四日。

(《光绪朝朱批奏折》第 69 辑,593)

保奖周学熙折

头品顶戴、署理北洋大臣兼直隶总督、山东巡抚、臣杨士骧跪奏,为监司大员总办工艺各事成效昭著,恳恩优奖,以励实业,恭折仰祈圣鉴事。

窃查,直隶工艺局于光绪二十八年间,经升任督臣袁世凯筹设,派委前署臬司长芦盐运司周学熙为总办,经营建立,分为四事:曰工业学堂,曰考工厂,曰教育品制造所,曰实习工场。其工业学堂学生原额一百二十名,现已增至二百人。遍习普通各学,进而授以专科,凡化学、机器制造、绘画各门,亦经实习,讲求各臻高等程度。上年遴选高材各生,派赴日本工厂观摩练习,毕业回国,所造尤为深邃。近津风气渐开,民立初等学堂亦有五处,竞智奋业,推广可期。此该司办理学堂之成效也。

劝工陈列所,原名考工厂,陈列中外物品数千百件,访求新制,较前蒐采益宏,标志分明,任人观览。平日研究新理,试验新法,历久多所发明。每当演说,官绅士庶就听者常逾千人,裨益工业,殊非浅显。此陈列所之成效也。教育仪品需用日繁,该局则设制造所以应之。举凡标本、模型、理化器具、学堂用品制造,均能如式,利权颇资挽救。若铜铁、若竹木、若纸布之属,成物得三百余种七千余件。其声光、化电、物理各项仪器,或编纂成书,或系之浅说,使观览之人触目通晓,尤于学业有益,此制造所之成效也。实习工场与工业学堂相辅而行,场内规模甚广,所收工徒常八、九百人,各省来就学者亦不少。凡织染、彩印、木工、研光、图画、刺绣、提花、烛皂、窑业等项,随时讲授,实兼理化、美术两科之长,先后毕业者已七百余人,分赴本省、外省充作工师、匠目者凡百余人,转相传习,生业咸兴,此实习工场之成效也。

伏查,工艺开办之始,造端宏大,头绪纷杂,举凡前后五年,一手经理,精心缔构,实力经营,综合考求,无辞劳怨,用能振兴实业,秩序井然,所益于工业前途者甚大。伏读本年六月二十四日谕旨"凡能办农工商矿,确有成效者,准予优奖等因。钦此。"该司综理工艺,成绩昭然,现因丁忧回籍,似未便没其劳勚,可否仰恳天恩俯念该司宣力有年,成就实业甚广,赏给三代正一品封典,出自鸿慈逾格。至其出力员绅,或远涉外洋,或奔驰内地,苦心研究,饷益民生,不无微劳足录,容臣查明,另行开单,择优保奖,以示鼓励。谨恭折具陈,伏乞皇太后、皇上圣鉴,训示。谨奏。

朱批:"著照所请,该部知道。"

光绪三十三年十二月初七日。

(《光绪朝朱批奏折》第 33 辑,053;《杨文敬公奏议》卷六)

谢赏"福"、"寿"字折

头品顶戴、署理北洋大臣兼直隶总督、山东巡抚、臣杨士骧跪奏,为恭谢天恩,仰祈圣鉴事。

光绪三十三年十二月初五日,由差弁赍回恩赏"福""寿"字各一方,臣当即恭设香案,望阙扣头谢恩祗领。伏念臣甫辞禁御,还总疆圻,膺节钺以宣风,时邑畿辅;正璇玑之授朔,春兆垓埏。方依禹甸以绥猷,乃荷尧章之贲宠。自天垂赐,伏地增惭,福原训富,勉为富国之谋;寿合言筹,愧乏筹边之略。幸值福畴远布,涵德泽以同符;欣逢寿宇宏开,颂慈闱之集庆。北门锁钥,敢云被福于苍黎;南极拱环,愿应寿昌于青琐。仰瞻纠缦,殊恩与宝墨皆醲,叠渥丝纶,宸翰共皇仁齐沛。禔周中外,体乾健以含和;酬洽邦家,逮丰厘而锡庶。所有微臣感激下忱,谨缮折叩谢天恩,伏乞皇太后、皇上圣鉴。谨奏。

朱批:"知道了。"

光绪三十三年十二月初九日。

(《光绪朝朱批奏折》第 24 辑,193)

汇报芦属灶地秋禾灾歉,蠲缓银数折

头品顶戴、署理北洋大臣兼直隶总督、山东巡抚、臣杨士骧跪奏,为汇报芦属灶地秋禾灾歉，蠲缓银数，恭折仰祈圣鉴事。

案据长芦盐运使凌福彭详称，查光绪三十三年芦属灶地曾被灾歉，据沧州等州县场呈报，当饬天津分司转饬会勘，查明灾歉村庄蠲缓银数，先行分晰，晓示停征，开具简明清折，呈送核办。旋据署天津分司运同朱端，饬据沧州、盐山、天津、宁河、宝坻、乐陵等六州县，并丰财、芦台、严镇、海丰等四场，勘明秋禾被旱最轻，暨被水、被雹、被虫歉收三、四分及成灾五、六、七、八、九分不等，开具清折并称，据海丰县详报，本年入夏以来得雨稍迟，至秋复被雨水过多，又间生棉虫，秋禾不免受伤。虽察看灶地村庄，并无坐落被灾处所，收成究属减色，议请随同民田本年应征上、下忙钱粮照常征收，所有节年因灾原缓、递缓灶课钱粮，均请缓至光绪三十四年秋后，各按最先年分递年依次带征一年，以纾民力，请一并核转等情。除批饬各州县场，将应送灶地被灾蠲缓灶课钱粮各册结呈送核转外，所有光绪三十三年分沧州等州县场灶地被灾缘由，详请查核奏咨等情，臣查，芦属光绪三十三灶地被水灾歉，于是年顺直秋灾案内，声请分别蠲缓赋课，钦奉谕旨，允准转行，遵照在案。兹据详送查明各州县场灶地顷亩、灾歉分数、蠲缓带征灶课钱粮数目，开具清折前来。臣复核无异，除饬催各州县场赶紧造具册结呈送核转，并将清折咨部外，理合恭折具陈，伏乞皇太后、皇上圣鉴，敕部查照施行。谨奏。

朱批："度支部知道。"

光绪三十三年十二月初十日。

（《光绪朝朱批奏折》第76辑，604）

具报山东省各属光绪三十三年二麦约收分数折

头品顶戴、署理北洋大臣兼直隶总督、山东巡抚、臣杨士骧跪奏，为山东省各属光绪三十三年二麦约收分数循例具报，恭折仰祈圣鉴事。

窃查，二麦收成例应将约收分数先行奏报。兹据济南等十府暨临清、济宁、胶州三直隶州，并所属各州县场灶，光绪三十三年二麦约收分数报，由布政使吴廷斌汇核具详前来，臣复加查核，济南、东昌、泰安、武定、兖州、沂州、曹州、登州、莱州、青州等十府，暨临清、济宁、胶州三直隶州并所属各州县场灶，二麦收成，通省丰歉合计约有六分，除俟刈获齐全，查明实收分数，另行造册具报外，所有通省各属光绪三十三年二麦约收分数，理合循例恭折具报，伏乞皇太后、皇上圣鉴。谨奏。

朱批："知道了。"

光绪三十三年十二月十二日。

(《光绪朝朱批奏折》第 93 辑，789)

安置围场裁兵折

头品顶戴、署理北洋大臣兼直隶总督、山东巡抚、臣杨士骧跪奏，为围场驻防裁撤官兵另筹安置，并留翼长等员分管旗籍，恭折仰祈圣鉴事。

窃查，升任督臣袁世凯于上年十二月间具奏围场开办屯垦驻防员弁兵丁应否裁撤一片，钦奉朱批"著照所请，该部知道，单并发。钦此。"旋经陆军部议复，以裁缺各员如何酌用，裁缺兵丁如何安置，丁壮如何挑选，户籍如何经理，请旨饬下直隶总督会同热河都统详细筹议，妥定章程，奏明办理等因。经升任督臣袁世凯咨商到臣廷杰，尚未定议，袁世凯旋即卸事，臣士骧到任，会同查得围场初设蒙古游击牧八十名，起于何年，无案可稽。康熙、雍正、乾隆、嘉庆年间，陆续添设京旗蒙古族满州兵九百二十名，合以初设蒙兵，共计一千名，管理该兵之翼长，防御骁骑校各员亦皆京旗拨补，遇有缺出，仍由京旗带引。今既裁撤，除酌留员缺分管旗籍外，余全各归京旗，按原品由各该旗遇缺即补，其不愿归京旗者，准由热河驻防另定插补章程，未经补缺之先，查照裁缺新章，一律准食原俸，俾免觖望。

又，已裁各旗兵摊给随缺地亩，有租可食，又由升任督臣袁世凯拨给本年春夏两季恩饷，连同官俸，共京平银一万三千一百九十一两，在于围场厅，只存三十二年钱粮项下就近拨给体恤，不为不优。惟查，拨地亩现始竣事，兵丁照旧当差，不无苦累，应请添拨秋季三个月饷银，亦在围场厅钱粮项下支领，以资津贴。俟核明确数，再行报部。其裁兵中有年力精壮者，将来热河续练驻防常备军时，酌量挑选，俾可随营效力。此外，各兵户口不下两万人，拟留翼长二员、骁骑校二员、领催八名，移驻唐山营，分管旗籍，以备续挑常备军时按册挑选。又，留牧长一名、牧兵十二名，经理阿敦马匹，计于原设官十八员内酌留四员，原设兵一千名内酌留二十一名均食原有俸饷。其俸饷按年由热河派员赴部请领，其余官兵均应裁撤。至四孤恩饷一百五十一分，向由直隶藩库支领，仍应照常放给，以示矜恤。

又，围场总管霍伦泰，自上年五月初六日回任，至是年十二月底止共七个月二十五日，应领养廉银一百一十七两五钱左右，两翼长应领三十二年养廉银二百两,共应领二两平银三百十七两五钱。此项廉银,向于次年春间赴部请领,今春奉文裁撤,是以上年廉银尚未具领,为数即无多,且在裁缺以前,本系应领之款,已饬该厅在于库存钱粮项下照数拨发,以免向隅。所有围场驻防裁撤官兵分筹安置,并酌留翼长等员分管旗籍缘由,理合会同热河都统臣廷杰恭折具陈,伏乞皇太后、皇上圣鉴,训示。谨奏。

奉朱批:"该部知道。钦此。"

光绪三十三年十二月十三日。

(《光绪朝朱批奏折》第55辑,088;《杨文敬公奏议》卷六)

会奏围场裁兵拨给地亩折

头品顶戴、署理北洋大臣兼直隶总督、山东巡抚、臣杨士骧跪奏,为围场驻防已裁兵丁拨给随缺地亩,派员查明办竣,恭折仰祈圣鉴事。

窃查,上年十二月间升任督臣袁世凯请将围场驻防官弁兵丁裁撤案内声明,八旗兵丁裁后毫无生计,拟将随缺地亩派员向总管翼长等查明交出,按现存地数摊给裁撤各兵,合其自种自食,永作养赡。此外尚有各旗兵租地及弁兵津贴公费地作何拟用,俟查明再议奏明办理,奏奉朱批,允准在案。当派补用道江朝宗、署围场厅抚民同知查美荫前往,会同总管霍伦泰查得围场驻防满蒙官兵,自康熙、雍正、乾隆年间陆续增设,共原额八百名,均有随缺租地,计共八百顷。其左翼四旗续添蒙兵二百名,原无瞻兵地亩,同治初年开放围荒,始在各该围边拨补兵地二百顷,前后共计随缺兵租地一千顷,并非千顷之外,另有兵租地亩,核查相符。此项兵地大都引佃食租,兵丁自种者极少,旗署只知按地收租,从不履勘地亩。

此次清查,必须佃户指认,而各佃承种多年,且有出资转倒而来者。若一旦勒令交出,使数千户穷佃骤然失业,势必激成事端,禀经批准,量为变通,兵作为领地食租,民作为领垦兵地,两得其平,办理始能顺手。当将交出地亩逐细综核,左翼四旗共丈出余地三十九顷八十一亩。右翼正黄正红镶红镶蓝四旗,地本硗薄,又因光绪十六年山洪暴发,水冲沙压,共缺地二百十三顷三十九亩。以左翼所余补右翼之不足,尚属不敷。此外,尚有津贴弁兵公费地亩内西园五旗地一百顷,连丈出余地十七顷三十八亩有奇,堪以按租拨补,缘右翼四旗西围地薄租减,向来每分兵租仅得八石或八两之数,且被水,地租多年无著,仅以现有租顷按石均匀分拨,所得更微。今西围新放津贴地亩,较原领兵地腴沃,每顷得租约在十五石以上,即按每兵得租十石核给,由各该旗认地分拨。以得地而论,不足一顷;以得租而论,逾于原额,旗兵得诸意外,靡不感戴皇仁。至该佃接交各地,分名认户,商由总管给发联二执照,载明某兵认某佃代垦地亩若干,盖用该管防御印信,又复加盖总管翼长关防,一半分发各兵作为执据,一半分发各该管地方官存案,并取具各旗切结,由总管、翼长加结,一面造具兵丁花名、拨给地亩清册,连同印结一并呈送,声明尚有拨补余剩地六十顷,作何拨用应请核办。

再查,该驻防有原设备借银八百两,兵丁合拴官马匹百六十名,合银一千八百二十两,共银二千六百二十两,均应解交缴臣廷杰衙门归款。惟备借一项早经借罄,原拴官马陆续倒毙,前款无力归还,该驻防尚有应领光绪二十七年两月分欠饷银四千一百六十八两有奇,请作为一领一解,以资抵注等情前来。

升任督臣袁世凯未及核奏,移交到臣士骧,咨会到臣廷杰会同查得围场裁撤旗兵准给随缺兵租地亩,本令力耕自给,惟此项地亩从前招佃代垦,按地完租,历久相安,实有积重难返之势。如果夺佃自种,窃恐舆情不顺,争讼将无已时。现在量为变通,佃仍垦地,兵食其租,洵为两全之策。其被水冲缺之地,即以津贴公费地酌为拨补,租较原额为多,更足以示体恤。旗兵户籍,已由臣等另折奏请酌留翼长等员分管其事,一切办公需款拟于前项拨剩津贴地六十顷内拨出四十顷,以每年所收之租作为常年经费。至该驻防现已裁撤,应领光绪二十七年两月分欠饷,部库岂能补发?其应缴臣廷杰衙门银二千六百余两,拟以其余津贴地二十顷所收租银匀年弥补。俟弥补足额,再行拨作别项办公之需。除将册结咨部外,理合恭折会陈,伏乞皇太后、皇上圣鉴,训示。谨奏。

奉朱批:"该部知道。钦此。"

光绪三十三年十二月十三日。

(《光绪朝朱批奏折》第 55 辑,089;《杨文敬公奏议》卷六)

恭报九月分顺直各属市粮价值、雨水情形折

头品顶戴、署理北泽大臣兼直隶总督、山东巡抚、臣杨士骧跪奏,为查明光绪三十三年九月分顺直各属市粮价值、雨水情形,恭折仰祈圣鉴事。

窃查,光绪三十三年八月分顺直各属市粮价值、雨水情形,业经奏报在案。兹据藩司查明九月分市粮价值、雨水情形开单请奏前来。臣查,九月分顺天、保定、河间、深州、定州等十四府州属得雨一、二、三、四次,每次一、二、三、四、五寸

不等。永平、天津二府属并未得雨。又九月分粮价,广平、大名、赵州、深州等四府州属与上月相同,永平、河间、天津、宣化、遵化、易州、冀州、定州等八府州属较上月价减,顺天、保定、正定、顺德等四府属较上月价增。理合恭折具陈,并缮具粮价清单,恭呈御览,伏乞皇太后、皇上圣鉴。谨奏。

朱批:"知道了。"

光绪三十三年十二月十三日。

(《光绪朝朱批奏折》第 97 辑,926)

江忠淦到省一年期满,堪以留省补用片

再,到府州无论候补、试用人员,应自到省之日起予限一年,详加察看,出具切实考语,奏明补用。兹查,有试用道江忠淦到省一年期满,例应甄别,据该员禀请核办前来。臣查该员年强才裕,明白安详,堪以留省补用。除咨部外,理合附片具陈,伏乞圣鉴。谨奏。

朱批:"吏部知道。"

光绪三十三年十二月十三日。

(《光绪朝朱批奏折》第 24 辑,212)

霖康边俸期满,请撤回内地补用折

头品顶戴、署理北洋大臣兼直隶总督、山东巡抚、臣杨士骧跪奏,为口外知州边俸期满请照例开缺,撤回内地补用,恭折仰祈圣鉴事。

窃据藩司增韫、前署臬司周学熙会详称,平泉州知州霖康,现年六十二岁,系正蓝旗蒙古诚志佐领下监生,由笔帖式改捐县丞,同治六年调归直隶军营差委,枭匪肃清案内保奏选缺后以知县即补,八年指分直隶试用,十年随办海运出力,保俟归知县后以本班尽先补用,十三年在湖南协黔局报捐过班以知县仍留原省归本班尽先前补用,委署怀安县知县,嗣丁承重忧,服满起复回省,光绪七年委署独石口同知,因办马厂荒地出力,保俟补缺后以直隶州知州在任遇缺即补。历署西宁、完县、临榆等县知县,十九年奏留热河补用,委署朝阳县知县,二十二年委署滦平县,二十四年奉文实授,二十六年调补平泉州知州,五月二十四日到任,二

十七年八月二十四日请假回旗修墓。事竣,回省,于三十二年正月二十四日坐补原缺,接印任事,连闰扣至三十三年八月二十二日,前后三年,边俸期满,例应开缺,撤回内地补用。据该员呈由,府道造册咨司,递相加考,详请会奏前来。

臣查,该员老成,谙戍边缺已深,应请照例准其开缺,撤回内地,以原官补用。除事实履历清册送部并咨正蓝旗蒙古都统查照外,理合会同热河都统臣廷杰恭折具陈,伏乞皇太后、皇上圣鉴,敕部核复。再,所遗平泉州知州缺,系口外要缺,容另拣选请补。谨奏。

朱批:"吏部知道。"

光绪三十三年十二月十三日。

(《光绪朝朱批奏折》第 24 辑,210)

陈恩焘到省一年期满堪以留省补用片

再,道府州县,无论候补、试用人员,应自到省之日起,予限一年详加察看,出具切实考语,奏明补用。兹查,有特用道陈恩焘,到省一年期满,例应甄别,据该员禀请核办前来。臣查,陈恩焘,资深才练,肆应明通,堪以留省补用。除咨部外,理合附片具陈,伏乞圣鉴。谨奏。

朱批:"吏部知道。"

光绪三十三年十二月十三日。

(《光绪朝朱批奏折》第 24 辑,211)

凌福彭、张镇芳应饬各赴本任片

再,臣接准部咨,光绪三十三年十一月十四日内阁奉上谕"直隶长芦盐运使员缺著凌福彭补授,张镇芳著补授直隶天津道。钦此",应饬各赴本任,以专责成。

朱批:"知道了。"

光绪三十三年十二月十三日。

(《光绪朝朱批奏折》第 76 辑,编号:590)

请以徐树廷试署蔚州知州折

头品顶戴、署理北洋大臣兼直隶总督、山东巡抚、臣杨士骧跪奏，为知州要缺仍请以原拣之员试署，恭折仰祈圣鉴事。

窃查，升补蔚州知州谢恺报捐离任遗缺，升任督臣袁世凯前以无论繁简请补之试用知州徐树廷奏请试署，部议以未经声明现任人员内有无堪调之员，碍难议准，应令详细声叙，奏明办理等因，当经行司遵办在案。兹据藩司增韫、署提学司卢靖、前署按察司周学熙详称，查蔚州知州谢恺报捐离任，所遗蔚州系"繁、疲、难"三字要缺，且现在学堂巡警诸项新政同时举办，必须明干有为人地相宜之员方资治理。因查直隶选缺知州，如祁州知州张祖咏、安州知州郑思壬，历俸虽满，惟该二员均与蔚州一缺人地不宜，此外并无合例堪调人员，仍请以无论繁简请补之试用知州徐树廷奏明试署等情前来。

臣查，蔚州地处边陲，界连晋省，民情刁诈，狱讼繁多，实为关外最要之缺，应调之员人地既不相宜，未便稍涉迁就，致滋贻误。该员徐树廷精明干练，为守兼优，前署南宫县任内因创办地方巡警，舆论翕然，升任督臣袁世凯奏请不论繁简何项班次补用，钦奉旨允准在案，是其才具优长，堪膺繁剧，早在圣明洞鉴之中，以之请署蔚州知州徇能胜任，亦与定章相符，合无仰恳天恩俯念员缺紧要，人地实在相需，仍准以该员徐树廷试署蔚州知州，以资治理。如蒙俞允，衔缺相当，毋庸送部引见，仍俟试署期满，另请实授。除咨部外，理合恭折具陈，伏乞皇太后、皇上圣鉴，训示。谨奏。

朱批："吏部议奏。"

光绪三十三年十二月十四日。

（《光绪朝朱批奏折》第 24 辑,223）

请以曾传谟试署安肃县知县折

头品顶戴、署理北洋大臣兼直隶总督、山东巡抚、臣杨士骧跪奏，为拣员请署选缺知县，恭折仰祈圣鉴事。

窃查，安肃县知县宁济奏参革职，应以光绪三十三年八月十七日接到部文之日作为开缺日期，归八月分截缺，所遗安肃县系属选缺知县，应即在外照例请补。

查定例，知县一项，如遇参革选缺，系专用军功候补人员，应将军功候补班人员与军功候补班前并军功候补报捐本班尽先及报捐本班尽先前人员合为一班，由督抚酌量请补。又奏定章程，各省选缺知县迁革缺出，第一缺咨部归选，第二缺扣留外补。又奏定章程，各省遇有参革选缺出时，先尽军功劳绩候补人员补用，如其人地实在不宜，即于进士即用、进士截取、举人大挑三项人员内酌量抵补各等语。今安肃县知县选缺，经部掣得作为第二十二轮第二应归外补，自应按照例章办理。查军功候补人员均与此缺人地不宜，未便迁就。

兹据藩司增韫、署提学司卢靖、署臬司李树棠，查有大挑试用知县曾传谟堪以请补会详请奏前来。臣查，曾传谟年四十五岁，江西南丰县廪生，中式光绪十五年己丑科本省乡试举人，二十四年戊戌科大挑河工知县，闰三月十四日引见，奉旨签掣北河，四月到省，五月初八日到工，二十八年丁母忧，三十一年服满在部起复，五月二十六日回省，遵照新章，将该员改归地方知县班内照例补用。

该员稳练安详，才明学富，以之试署安肃县知县选缺实堪胜任，亦与例章相符。合无仰恳天恩俯念员缺紧要，准以大挑试用知县曾传谟试署，以资治理。如蒙俞允，该员衔缺相当，毋庸送部引见，仍俟试署期满，另请实授。除将该员履历清册咨部外，理合恭折具奏，伏乞皇太后、皇上圣鉴，训示。谨奏。

朱批："吏部议奏。"

光绪三十三年十二月十四日。

（《光绪朝朱批奏折》第24辑，224）

汪济安到省一年期满勘以留省补用片

再，道府州县无论候补、试用人员，应自到省之日起予限一年详加察看，出具切实考语，奏明补用。兹查，有候补直隶州知州汪济安，到省一年期满，例应甄别，据藩、学、臬三司详请核办前来。臣查，汪济安讲求吏治，明白安详，勘以留省补用，俟有应补缺出，照例序补，理合附片具陈，伏乞圣鉴。谨奏。

朱批："吏部知道。"

光绪三十三年十二月十四日。

（《光绪朝朱批奏折》第24辑，225）

直隶田房税契整顿办法片

再,直隶田房税契,臣前在藩司任内于光绪三十年间切实整顿,拟定办法。其地粮征银,州县每契价银一两征银三分三厘;其地粮折征,州县每契价银一两按银三分折钱交纳,详经升任督臣袁世凯会同顺天府尹臣奏准遵照。嗣因各属中学堂经费支绌,复经袁世凯奏准另捐学费一分六厘五毫,各在案。数年以来,每岁收数较原议筹提归公银十五万两之数有盈无绌,所有筹还洋款拨抵公债皆赖此款动支。现值预备立宪,如创设审判厅、自治局,扩充法政学堂等项新政繁多,皆非筹有的款不能开办。直隶系缺额之区,司库年例收支,久已入不敷出。如再增加用款,实无挹注之方。因查田房税契一项,前虽设法整顿,然民间以卖作典,以多报少,希图漏税,积弊丛生。且近畿地方,旗民交产、典当田房往往转相卖绝,牧令无从稽考。一经控案,有缠讼数年未能审结者,自非一律酌征典税,不克杜绝弊端。

近来,如河南、山东等省,奏准活契典当田房,每两征税银三分或一分八厘,试办有案。今直省需款孔殷,亦应参酌试办。臣督同藩司悉心筹议,拟请自光绪三十四年正月起按照契税定章,凡各处地粮以钱折征之处置买田房正税,每契价银一两征税三分者,典契田房每契价银一两,援案减半征税一分五厘。其地粮征银之处置买田房正税,每契价银一两征税三分三厘者,典当契田房每契价银一两,减半征收一分六厘五毫,并于所征税银内提取一成津贴,州县作为倾镕火耗办公等项及书役纸张饭食之需。其余九成专款解司,留充各项新政之用。仍于征收前项典当税契一分五厘及一分六厘五毫外,每契价银一两再减半酌收学费银八厘,以为省城各学堂经费。此项税银,均由承典之户缴纳。如有田房先典后卖者,其先纳之典税准于卖税内照数扣抵,以免重征。

至应用官纸、官中及州县牙纪功过赏罚,均照前次整顿税契定章办理。契尾由司另刊新式颁发,以昭信守。似此变通办理,既无影射漏税之虞,而于新政所需亦属大有裨益。除饬司责令各属认真劝办,勿许苛罚骚扰外,理合会同兼管顺天府府尹臣陆润庠、署顺天府府尹臣裴维侅附片具陈,伏乞圣鉴,敕部查照。谨奏。

朱批:"度支部知道。钦此。"

光绪三十三年十二月十四日。

(《光绪朝朱批奏折》第80辑,015;《杨文敬公奏议》卷六)

直隶总督兼北洋大臣
杨士骧奏议全集（下）

王泽强　辑校

上海三联书店

具陈光绪三十二年分广恩库地租经征未完一分以上人员名单片

再，直省各项奏销，应将经征未完一分以上员名先行开单奏报，历经办理在案。兹据藩司增韫详称，光绪三十二年分广恩库地租奏销现已核竣，将经征已、未完分数员开单，请奏前来。除详细清单咨部外，所有未完一分以上员名，谨缮具简明清单，恭呈御览，伏乞圣鉴，敕部查核，谨附片具奏。

朱批："该部议奏，单并发。"

光绪三十三年十二月十四日。

（《光绪朝朱批奏折》第80辑，016）

交纳直隶省认解民政部经费银片

再，民政部经费每年由直隶省认解银五万两内，长芦库应解银二万两，津海关库应解银二万两，度支部造币北分厂铜元余利项下应解银一万两，本年应解运司关道各应解之二万两，均已解清，惟造币北分厂应解之一万两前因铜元停铸，馀利无著，原拨各款无从筹解，由长芦运司详经升任督臣袁世凯饬津海关子口税项下动拨在案。兹准民政部电催，将欠解之款务于年内尽数筹拨，以应要需等，即转饬津海关道迅速拨解去后，现据该关道蔡绍基详称遵即在于子口税项下动拨银一万两，已请咨委员起解，理合详请查核奏咨等情前来。臣复核无异，除咨部查照外，谨附片具陈，伏乞圣鉴。谨奏。

朱批："度支部知道。"

光绪三十三年十二月十四日。

（《光绪朝朱批奏折》第90辑，805）

具陈牛庄、秦王岛两关第一百八十九结洋税收支各数折

头品顶戴、署理北洋大臣兼直隶总督、山东巡抚、臣杨士骧跪奏，为牛庄、秦王岛两关第一百八十九结洋税收支各数，缮单恭折，具陈仰祈圣鉴事。

窃查,牛庄海关洋税收支各数已截至一百八十八结,奏销在案。兹据署奉锦山海关道沈桐详称,自光绪三十三年八月二十四日起至十一月二十七日止,系届第一百八十九结期满,计牛庄海关征收各洋船进出口正税、洋药税、复进口半税、船钞洋货入内地子口税、土货出内地子口税、招商局船进出口正税、复进口半税、船钞练饷及添募号目等津贴,扣平六厘火耗,改拨边防经费,并秦王岛海关征收各洋船进出口正税、复进口半税、土货出关入内地子口税、六厘火耗,改拨边防经费、练军军服扣平等款,共银二十万四千二百二十七两七分九厘七毫六忽二微。除由日本交还税款六成项下动支善后经费,并照章由华洋税款四成项下拨解北洋防费加放俸饷,改还洋款六成项下提拨出使经费,奉天军饷,税司经费,倾镕火耗,边防经费,练军薪饷及添募号目等津贴,海关核扣八分经费,拨给税司七成船钞。秦王岛关税款项下支给税司洋土各税一成经费,八分经费,倾镕火耗,边防经费,练军添制军服,土货出关入内地子口税划抵常税正额等款,共银二十九万七百一十二两九钱六厘四毫四丝五忽,连旧管共实存银十七万九千九百九十二两四钱九分八厘六毫三丝四忽三微。除将动支善后经费另案详请核销外,所有牛庄、秦王岛两关第一百八十九结洋税收支并旧管实存各款银数,开具清册,详请奏咨前来。臣复核无异,理合缮单恭折具陈,伏乞皇太后、皇上圣鉴。谨奏。

朱批:"该部知道,单并发。"

光绪三十三年十二月十四日。

(《光绪朝朱批奏折》第 75 辑,080)

请为学司照给养廉,酌加公费折

头品顶戴、署理北洋大臣兼直隶总督、山东巡抚、臣杨士骧跪奏,为学司照给养廉,酌加公费,恭折仰祈圣鉴事。

窃查,学部奏定章程内开各省提学使养廉,均比照学政原有之养廉支给其署任人员。若属无人之缺,养廉全支,均加给公费,其数目由督抚奏定,所有学政旧有之规费供给等项名目一概禁绝等因。直隶提学使卢靖,于上年四月到任,自应照支廉银。查,顺天学政额支养廉银四千两,部章减成扣平实支银一千八百四十二两四钱,系署无人之缺,应请照给全廉,惟学使改设伊始,综理教育行政,责贵有专归,经办事宜繁赜倍于曩昔,津保百物翔贵,居用浩繁,旧有规费供给一概裁除,实支廉项无多委难敷用。近来广东、山东等省所定学使经费均在万数千金,即新疆奏定廉费亦及万金。直隶为首善之区，亦应仿办。臣与藩司增韫酌中定数，拟请每年加给公费八千两，在耗羡银内按十成扣平给发，俾资办公，援以庸制禄之经，仍合综核名实之义，据详请奏前来。臣复核无异，理合恭折具陈，伏乞皇太后、皇上圣鉴，敕部立案。谨奏。

朱批："该部知道。"

光绪三十三年十二月十四日。

（《光绪朝朱批奏折》第 24 辑，222）

陆氏捐资开办习艺所，请照拟给奖片

再，河南祥符县人、前署开州知州章焘之母、二品命妇陆氏，因该州创设罪犯习艺所款项难筹，自行摒挡衣饰，凑捐银一千两，交绅筹办，并令章焘于归官差徭项下酌提制钱一千八百吊，首先提倡，于是绅民观感，踊跃输将，并据州属已故监生王奏之妻韩氏报捐银一千两，并充经费，习艺所遂得刻期成立，造就良多。

据该州禀请奏奖前来，臣查该命妇章陆氏等，因开州创办习艺所经费无出，慨捐钜款，以济要需，洵属见义勇为，巾帼中所罕有。核其银数与建坊定例相符，虽据章焘声称其母不敢邀奖，究未便没其好义之忱。合无仰恳天恩俯准二品命妇章陆氏、孀妇王韩氏各在原籍自行建坊，给予"乐善好施"字样，以示旌奖，理合附片具陈，伏乞圣鉴，训示。谨奏。

朱批："著照所请，该部知道。"

光绪三十三年十二月十四日。

（《光绪朝朱批奏折》第 30 辑，547）

请俯准官犯陈维垣存留养亲，免发军台片

再，本年永定河伏汛漫口，升任督臣袁世凯因北四上汛州同陈维垣玩误河防，奏参革职，发往军台效力，当经饬司提解在案。兹据布政使增韫、署按察使李树棠转，据固安县知县吴诒孙详以据陈维垣之母陈姚氏呈称，氏夫早亡，守节三十余年，仅生陈维垣一子，服官直省，由北河主薄迭升永定河北四上汛涿州州同，前因河工失事，奏参发遣，咎无可辞。惟氏现年八十四岁，孙仅二人，长孙陈恒谦

系直隶候补典史,因痛父年迈远戍,日夜悲哀,已于本年八月二十六日愁急身故。次孙陈垣豫,先于光绪二十七年间出继氏夫在浙江原籍堂侄陈光泰为嗣,不能归宗。该氏年老无依,家计赤贫,请免遣并免缴台费银两等情,该县查明属实,取有该官犯同乡官石景山同知沈葆澄等甘结由县加具印结,详司核转前来。

臣查光绪三十年,湖南省官犯已革都司萧逢庚,母老丁单,家计赤贫,援照该省已革总兵唐生玉、陕西游击毛岳斌,直属副将魏嘉祺等案,奏请免遣留养,并免缴台费,奉旨允准在案,仰见朝廷锡类推仁,凡在麻员无不同声感颂。今查,陈维垣获罪原案,虽无可原,惟其寡母年过八旬,别无次丁可侍,且家计赤贫,实与萧逢庚等事同一律。合无仰恳天恩俯准该官犯陈维垣存留养亲,免发军台,并免缴台费银两,出自鸿施逾格。除结咨部外,理合附片具陈,伏乞圣鉴,训示。谨奏。

朱批:"著照所请,该部知道。"

光绪三十三年十二月。

(《光绪朝朱批奏折》第 24 辑,161)

顺直灾歉州县来春应分别调剂折

头品顶戴、署理北洋大臣兼直隶总督、山东巡抚、臣杨士骧跪奏,为查明本年顺直灾歉州县来春应分别调剂,恭折驰陈,仰祈圣鉴事。

窃臣钦奉十月初三日上谕"本年顺直各属猝遭水患,云南久旱成灾。当经分别颁发帑银。并由各该督等议赈议捐,妥筹抚恤,小民谅可不致失所。惟念来春青黄不接之时,民力未免拮据,著该督抚等体察情形,如有应行接济之处,查明据实复奏,候旨加恩等因。钦此。"当经转行遵照。兹据藩司增韫查明,具详前来。臣查,本年顺直地方自春徂夏,雨阳时若,二麦畅茂,秋禾亦皆布种,满冀普庆丰收。讵意五月后雨泽愆期,秋禾已有旱象,迨至六月下旬节次大雨,山水下注,以致永定、北运等河堤岸纷纷漫口。滨临各河洼地禾稼均多被水,并因天时不齐,各属有被雹、被虫、被旱之处,灾重之区应放急抚,已蒙恩赏帑银四万两,顺直各半分领,并经臣率同司局筹措款项,派员查放加抚,暨将查明灾歉分数奏奉恩旨蠲缓粮租,减免差徭,以资调剂。顺属沿河成灾州县,臣前已派员加放冬抚,奏明在案,馀由府尹臣筹款办理。直属应赈州县,经臣督同司道按灾分之重轻、户口之多寡,拨给银两、棉衣,遴派妥员分投运往,会同各该牧令认真确查,核实散放,并于津郡设立平粜局,及保定省城于教养工艺局将极贫男女分处收养,俾附近穷黎藉资糊口。被淹民地已多涸出，种麦暂可，不致失所。复蒙圣慈垂询，来春应否接济，仰见朝廷轸念民艰，仁施稠叠，钦感莫名。

伏查，顺直各属地瘠民贫，荒歉频仍，元气未复，来春青黄不接之时，必当妥筹补助。刻下预请春抚者，已有十四州县，且各河堤埝应培河身应浚者甚多，酌拨官款，以工代抚，需款亦钜。届时，当再督饬司局设法筹济。至各属地亩既被灾歉，来春应完粮赋，若照成熟村庄一律征收，民力殊形竭蹶，合无仰恳天恩俯准将通州、三河、武清、宝坻、蓟州、香河、宁河、霸州、固安、永清、东安、顺义、怀柔、密云、昌黎、天津、盐山、开州、东明、长垣、丰润等二十一州县成灾五、六、七、八、九分各村庄，应完光绪三十四年春赋地丁钱粮，并各项旗租，缓至光绪三十四年秋后启征。其歉收三、四分村庄，应完光绪三十四年春赋地丁钱粮，并各项旗租，缓至光绪三十四年麦后启征。又勘不成灾之保定、涿州、滦州、乐亭、清苑、满城、唐县、雄县、安州、献县、青县、静海、沧州、行唐、平乡、广宗、钜鹿、玉田等十八州县歉收三、四分各村庄，应完光绪三十四年春赋，照常征收。其原缓至光绪三十四年麦后启征之歉收四分村庄，应完光绪三十三年并节年地丁钱粮、各项旗租，同歉收三分村庄应完节年地丁钱粮、各项旗租，均请缓至光绪三十四年秋后启征。凡有应征屯米、谷豆、草束、灶课、学租、通津二帮屯租、旗产钱粮、海防经费、河道钱粮、储备军饷、广恩库租、永济库租、陆军部马馆租、銮仪卫租、代征租，暨出借仓谷、籽种、口粮、牛具等项，随同正项粮租分别缓征。津军厅苇渔课纳粮地亩内有坐落天津、武清二县地方者，归入该二县灾歉村庄一并查办，以舒民力而广皇仁。所有顺直州县来春应分别调剂缘由，理合会同兼管顺天府府尹臣陆润庠、署顺天府府尹臣裴维侒，恭折驰陈，伏乞皇太后、皇上圣鉴，训示。谨奏。

朱批："候旨行。"

光绪三十三年十二月十六日。

（《光绪朝朱批奏折》第 69 辑，608）

具陈第二镇营队移驻保定并开拔日期各缘由片

再，臣接准陆军部电，以驻扎保定府之第一镇于九月二十、二十一等日，由保定开拔移驻仰山洼，商调北洋陆军移扎，业已奏明办理等因。臣维保定为省垣重地，第三镇前既开赴东三省，第一镇刻又开赴仰山洼，省城骤形空虚，自非遴派得力军队往扎，不足以巩固省防。查，北洋现有二、四两镇，第四镇分驻马厂、小站、密迩、津沽、海口，未便抽调，惟第二镇初本驻保，日俄之役始行改驻永平府属。

现在时局粗定，查酌情形，尚可抽拨。当饬现驻迁安步队第四协，一协由署理统制总兵马龙标统率至保驻扎，其炮队第二标并工程辎重各一营，原拟全移永平，而该处营房既不敷用，且炮工辎等营均系直接统制，自应一并开往，以资镇摄。均于本月初三、初四等日，先后由迁开拔，历丰润、玉田，而至通州，改附火车经达保定。粮秣等项由迁舟运至洼，改用营车装运，随行不敷，则兼雇大车应用，大批军火装械除随带外，由洼附搭火车运保，统就第三镇旧有营舍，量加修葺，分别驻扎，以期操防兼顾。至永平、抚宁等处驻有步队第三协马队第二标，现由永平酌拨步队一营，移驻迁安，分布尚不单薄，声势亦甚联络，似不至有顾此失彼之虑。据该署统制马龙标申报前来。除电复陆军部并分别咨行外，所有酌派第二镇营队移驻保定并开拔日期各缘由，谨附片具陈，伏乞圣鉴，训示。谨奏。

朱批："陆军部知道。"

光绪三十三年十二月十七日。

（《光绪朝朱批奏折》第 55 辑，225）

具陈牛庄海关洋药厘捐银两收支实存各数折

头品顶戴、署理北洋大臣兼直隶总督、山东巡抚、臣杨士骧跪奏，为牛庄海关第一百八十五结至一百八十八结洋药厘捐银两收支实存各数，缮单恭折，仰祈圣鉴事。

窃据奉锦山海关道蔡绍基详称，该关洋药厘捐自光绪十三年正月初九日起改归海关厘税并征，嗣奉户部饬将收支药厘银两查照洋税收支定章，按结开单奏报，一次扣足四结，专折奏销，一面造册送核等因，历经遵办在案。兹自一百八十五结起至一百八十八结止，计上届旧项下存银三千一百二十七两四钱六分七厘一毫八忽，新收光绪三十三年分常税拨还洋药厘捐暨各洋船招商局船进口药厘共银六千六百七十六两九钱三分八厘七毫八丝七忽九微，除支给各项房租银一千二百两外，实存银八千六百四两四钱五厘八毫九丝五忽九微，开单详请奏咨前来。臣复核无异，理合缮单，恭折具陈，伏乞皇太后、皇上圣鉴，谨奏。

朱批："该部知道，单并发。"

光绪三十三年十二月十七日。

（《光绪朝朱批奏折》第 75 辑，054）

报拨本年冬季惠陵员役俸饷米折等项银两折

头品顶戴、署理北洋大臣兼直隶总督、山东巡抚、臣杨士骧跪奏，为报拨本年冬季惠陵员役俸饷米折等项银两，恭折仰祈圣鉴事。

窃据布政使增韫详称，查丰润县供应惠陵并妃园寝暨新添淑慎皇贵妃园寝员役俸饷、米折、豆草、车价等项银两，向系由司按季专案详请题报，一面由该县赴司领回供应，历经遵办在案。今据丰润县请领光绪三十三年冬季分供应惠陵并妃园寝暨淑慎皇贵妃园寝兵役月饷、米折、豆草、车价等项银三千七百两三钱三分一厘，改折八成实银二千九百六十两二钱六分五厘，内扣豆草、车价六分部平银四十六两七钱三分四厘，实发银二千九百一十三两五钱三分一厘，核与历办成案相符，应请在于司库地粮银内动拨开单，详请核奏，并声明陵工员役增减无定难以预计，应照急需钱粮之例，一面具奏，一面先行拨给，俾该县得以及早领回供应。其实在支领数目统归于奏销案内核实销算，多则解还，不敷找给等情前来。臣复核无异，除将简明细数清单咨送度支部外，理合恭折具奏，伏乞皇太后、皇上圣鉴，敕部核复。谨奏。

朱批："度支部知道。"

光绪三十三年十二月十七日。

（《光绪朝朱批奏折》第 30 辑，549）

具陈东海关常税一年期满征收银数缘由折

头品顶戴、署理北洋大臣兼直隶总督、山东巡抚、臣杨士骧跪奏，为东海关常税一年期满征收正额并额内外盈余有盈无绌，恭折仰祈圣鉴事。

窃查，东海关常税，每年额征正额银五万两，额内盈余银一万二千两，额外盈余银八千两。光绪二十二年经前抚臣李秉衡遵旨严核关税提款充公折内声明，以上正额盈余均照实数报部，不准再有短收赔缴名目，并另提充公银二万两。至二十五年，又经前抚臣毓贤清厘关库续提充公万两，先均报部候拨，嗣皆拨充营饷。旋于光绪二十七年九月初十日，准外务部咨各关常税，在口岸五十里以内者归新关兼管，于十月初一日来办常税收数内，提出一成经费交本口税务司。又准行在户部电开各省常关，自十月开办起，暂按每月提出二成解沪。又准外务部咨，据总税务司申称，烟台户关常税耗银应归税数造报各等因，先后饬据东海关监督、登莱青道李希杰以常税自税务司兼办后，未能再将从前节省清厘名目划出，请自光绪二十七年为始，一律实征实报，不得少于往年征报之数，免去节省清厘名目，统归正税开支等情，详经咨部议准，各在案。所有光绪三十一年二月十七日以前征收银数，业经奏报在案。

　　兹据东海关监督、登莱青胶道蔡汇沧详称，自光绪三十一年二月十八日起扣至三十二年二月十七日关期一年届满止，税务司兼管征收百货税银十万三千零十七两零，随征一分耗银一万三百两零，零星杂款银七千八百四两零。在口岸五十里以外所转南北大小口，各征收内地商船百货税银四万一千六百七十二两零，随征一分耗银四千一百六十七两零，烟酒加征一倍税银六百九十四两零，计共征收税银十四万四千六百九十两零。随征一分耗银一万四千四百六十九两零，杂款银七千八百四两零烟酒加征一倍税银六百九十四两零。除随征一分耗银及税务司兼管烟台常关所收款，暨奉文加征烟酒一倍税银不入额数外所有征收常天及各口正税，共银十四万四千六百九十两零，较诸正额及额内外盈余，有盈无绌。业将支存银数列入本届常税四柱册内，至本届所收耗银一万四千四百六十九两零内支税务司一成经费，内阁及翰林院、户部户科等处饭食，并各口委员、书差经费，共用银八千七十二两零，尚余一分耗银六千四百五十六两零，专款存储候拨，造具清册，检同红单，呈请奏咨前来。臣复核无异，除将册单咨部查照核销外，所有东海关常税一年期满征收银数缘由理合恭折具陈，伏乞皇太后、皇上圣鉴，训示。谨奏。

　　朱批："该部知道。"

　　光绪三十三年十二月十七日。

　　（《光绪朝朱批奏折》第 74 辑，707）

请以松山升补昌平营参将片

　　再，提标昌平营参将祥祐升补河屯协副将，遗缺系属旗缺，接准部咨，令拣合例人员请补等因。兹查有提标前营游击松山，年六十二岁，镶黄旗汉军本佐领下人，由养育兵乘袭互管佐领补授今职，光绪十八年二月到任。该员老成谙练，熟悉营伍，历俸早满，并无违碍事故，以之升补昌平营参将，实堪胜任，与例亦属相符。合无仰恳天恩俯准升补,以裨营伍。除饬取履历咨部外,理合会同直隶提督臣玉坤附片具陈,伏乞圣鉴,训示。谨奏。

朱批:"陆军部议奏。"

光绪三十三年十二月十七日。

(《光绪朝朱批奏折》第51辑,173)

请以田锡霖、胡今泰补马兰镇标左营守备片

再,马兰镇标左营守备王怀庆保升,遗缺系拟定正陪之缺,接准部咨,令拣合例人员请补等因。查,该守备有护陵之责,缉捕、巡防均关重要,非精明干练之员不克胜任。查有提标中营左哨千总田锡霖,年四十八岁,顺天府人,由行伍历拔今职。该员年强才裕,堪以拟正。又提标左营左哨千总胡今泰,年六十八岁,顺天府人,由行伍历拔今职。该员老成稳练,堪以拟陪。该二员历俸已满,任内均无违碍事故,以之拟补马兰镇标左营守备,均堪胜任,与例亦属相符。如蒙俞允,俟部复到日即行给咨赴部引见,恭候钦定。除饬取履历咨部外,理合会同直隶提督臣马玉昆附片具陈,伏乞圣鉴,敕部核复。谨奏。

朱批:"陆军部奏议。"

光绪三十三年十二月十七日。

(《光绪朝朱批奏折》第51辑,174)

金汤、章乃身均到省一年期满均堪留省补用片

再,道府州县无论候补试用人员,应自到省之日起予限一年详加察看,出具切实考语,奏明补用。兹查,有候补知县金汤、候补班补用知州章乃身,均到省一年期满,例应甄别,据藩司、学司、臬司详请核办前来。臣查,金汤安详稳慎,章乃身讲求吏治,均堪留省补用,俟有应补缺出,照例序补。除履历清册咨部外,理合附片具陈,伏乞圣鉴。谨奏。

朱批:"吏部知道。"

光绪三十三年十二月十七日。

(《光绪朝朱批奏折》第24辑,243)

年终考核文武各员密陈折

头品顶戴、署理北洋大臣兼直隶总督、山东巡抚、臣杨士骧跪奏，为年终考核文武各员，缮单恭折密陈，仰祈圣鉴事。

窃查，司道各员应由督抚于年终出具切实考语密奏，历届循办在案。伏念直隶拱卫神京，滨临渤海，民贫岁歉，宜教养之兼施，地广兵单，实巡防不易，吏治、军政均应加意讲求。臣自到任以来，凡接见文武属僚及批行公牍中，无不随时告诫，以冀时艰共济，驯至富强。现届年终考核之期，除按察使陆嘉谷因病请假卸任，通永镇总兵吴凤岭、大名镇总兵李进才、天津镇总兵张怀芝尚未到任。长芦盐运使凌福彭、津海关道蔡绍基、天津道张镇芳、永定河道吴筠孙、署河间府正任天津府知府黄昌年、马兰镇总兵恩霖到任未及三月，正定府知府已经补人，未奉部复，均勿庸出考外，其余司道府提镇各员谨就见闻所及，出具切实考语，缮具清单，恭呈御览。臣仍当督率文武两途，慎勤职业，以仰副朝廷整饬官常修明武备之至意。理合恭折密陈，伏乞皇太后、皇上圣鉴。再清河道李树棠，现署按察司篆，保定府知府齐耀琳现调署天津府篆，河间府知府胡达灿现调署保定府篆，正定镇兵徐邦杰现调署天津镇篆，均于署任内注考。谨奏。

朱批："知道了，单留中。"

光绪三十三年十二月十九日。

（《光绪朝朱批奏折》第 51 辑，180）

胪陈胡燏棻政绩折

头品顶戴、署理北洋大臣兼直隶总督、山东巡抚、臣杨士骧跪奏，为已故大员政绩卓著，遗爱在人，公请附祀专祠，恭折仰圣鉴事。

窃据天津县知县章师程详据花翎三品衔、度支部郎中李士铭等联名禀称，已故邮传部侍郎、前任天津道胡燏棻，籍隶皖江，起家词馆，扬历中外，越三十年，树绩匡时，声施铿耀。当举行新政之始，创言变法自强，经纬万端，为政治家所称述，忠谟至计，裨益宏多。溯其改秩道员，赞治津郡，历办各局要政，旋授天津道缺，其政绩在津者最著，其惠泽入人者尤深。光绪十年，海上有事，津市业值翔贵,民以为病,议者咸主平耀,胡燏棻规时建议,谓米贵由于兵警,初非囤积居奇,商贾唯利是趋,价昂则米至必多,价自平减,如其言,米果麇至,民无艰食之虞。

十一年春,前督臣李鸿章议增兵舰,巩固海防,委以筹办经费。胡燏棻殚思擘画,集赀得八万余金,购备四镇兵轮,北洋海军始能自成一队,经营设置实赖其功。天津估舶辐辏,输运最繁,船户承连奉天米豆,认捐甚巨,排充户长,疲累相循。该故员深恫民困,改由轮艘驶运,商人顿释重累。去津之日,遮道攀辕,锦盖丰碑,争留纪念。其余兴学校士,善俗卫民,凡建置保障事宜,思无不周,行无不力,而其遗泽流播,尤足以动人讴思者,则在举荒政、弥兵变两事。己丑庚寅以来,时有水患,胡燏棻预筹巨款,赈恤流亡,所以经营绥辑之者,纤悉毕举,先后全活以数十万计,民依攸赖,利被良多。甲午之役,奉命督办东征粮台,时蒋希夷驭下寡恩,全军鼓噪,几酿巨祸。该故员单骑驰往,晓以大义,士卒帖然,弥患无形,保全甚大。综其居官,津水久道,化成惠泽,丰施到今,受赐去位后,群往奠酹,忾慕同声。

该绅等追念遗施,情殷报飨,公请附祀已故大学士李鸿章天津专祠,以申爱戴等情,禀县详请具奏前来。臣维已故邮传部侍郎、前任天津道胡燏棻,综练时务,学有本原,数十年中外驱驰,声猷茂美,经办北洋善后诸要政塈关内外铁路事宜,筹策精详,深裨近局。其在直服官之日,即已故大学士李鸿章督直之年,赞画相资,应机悉理。

凡当官所措注皆有造于民生,风教修明,成绩卓著,追述韦丹功妆之录,俯念孟尝朱邑之情,功德在人,宜申祀事,舆情恳挚,典例咸符,合无仰恳天恩俯准,将已故邮传部侍郎、前任天津道胡燏棻附祀已故大学士李鸿章天津专祠,以彰循绩而资崇报,出自鸿施。除饬取事实册结咨部外,理合恭折具陈,伏乞皇太后、皇上圣鉴,训示。谨奏。

朱批:"著照所请,该部知道。钦此。"

光绪三十三年十二月二十日。

(《光绪朝朱批奏折》第24辑,270;《杨文敬公奏议》卷六)

审办深泽等县七起寻常命盗死罪案件,照章汇摘简明案由折

头品顶戴、署理北洋大臣兼直隶总督、山东巡抚、臣杨士骧跪奏,为命案照章汇摘简明案由,恭折仰祈圣鉴事。

窃查，直隶寻常命盗死罪案件照章汇奏，造册送部。又经刑部奏准，如事在光绪二十七年十月以后者，仍将全案供招造册咨部等因，均经遵照在案。

兹据署按察司李树棠详称，查有深泽县民人翟小进因妒奸纠邀翟成子等，用刀谋砍无服族人翟长海，致伤身死，并翟成子等为从，并未加功。将翟小进依谋杀人造意者斩律斩监候，照章改为绞监候，秋后处决。翟成子、翟虎金均依律拟流。奸妇翟陈氏依例枷仗，照章罚银。

又，深泽县民人郝应因挟雇主孙朝汉管束伊不能与张氏续奸，并不允预支工价之嫌，起意用铁锛谋砍孙朝汉身死，将郝应即郝小眼依谋杀人造意者斩律拟斩监候，照章改为绞监候，秋后处决。张刘氏依例枷仗，照章罚银。

又，顺意县获匪阎栓头听纠夥抢民女张平儿已成，将阎栓头聚众夥谋于素无瓜葛之家人室抢夺妇女已成为从绞候例拟绞监候，恭逢恩诏不准援免，酌入秋审缓决。

又东安县民人杨九儿因与刘保山之表弟孙小四口角，刘保山趋骂，致相争殴，该犯用尖刀扎伤保山身死。将杨九儿依斗杀律拟绞监候，秋后处决。

又，深泽县客民刘玉顺因许洛绪向伊索欠，口角争殴，用铁锹殴伤许洛绪，越日身死。将刘玉顺依斗杀律拟绞监候，秋后处决。

又，交河县民人左三因向张臣之父张桂林索讨麻绳，口角争闹，张臣等趋护，致相争殴，该犯用长枪扎伤张臣身死，将左三依斗杀律拟绞监候，秋后处决。

又，静海县民人刘兆第因见伊父刘玉岗被孙仲仁掀按欲殴，该犯趋护，用夺奋获尖刀扎伤孙仲仁身死，将刘兆第依斗杀律拟绞监候，恭逢恩诏，应准援免，仍追埋银给领营葬。

以上七案业均由司提审，解勘发回，分造供招清册，呈请奏前来。臣复核无异，除清册分咨部院外，理合遵章汇摘简明案由，恭折具陈，伏乞皇太后、皇上圣鉴，敕部核复。谨奏。

朱批："法部议奏。"

光绪三十三年十二月二十日。

（《光绪朝朱批奏折》第 109 辑，084）

具陈津海关第一百八十五结洋药厘捐收支各款数目折

头品顶戴、署理北洋大臣兼直隶总督、山东巡抚、臣杨士骧跪奏，为津海关第一百八十五结洋药厘捐收支各款数目,缮单恭折,仰祈圣鉴事。

窃据津海关道蔡绍基详称,该关前因洋药厘捐收数短绌,不敷银两,拟在八分经费项下挪用,当经详蒙咨部核准,并饬此后征收洋药税厘应按照洋税结报办法分别开单奏报,四结奏销,并造具各项细数清册送部查核等因,业将一百八十四结收支数目循旧造册详送,并申明自一百八十五结起,遵照办理在案。兹查,自光绪三十二年八月十四日起,至十一月十六日第一百八十五结期满止,征收津海关洋药厘捐银七千一百五十二两。其遵照部章开支薪费等项共银一万四千五百八十九两八钱二分四厘,经该道会同税务司督饬委员将收捐细数核对相符,开单详情奏咨前来。臣复核无异,除分咨查照外,理合缮单恭折具陈,伏乞皇太后、皇上圣鉴,谨奏。

朱批:"该部知道,单并发。"

光绪三十三年十二月二十日。

(《光绪朝朱批奏折》第 75 辑,057)

请销南运河光绪三十三年岁抢修工程用过银两折

头品顶戴、署理北洋大臣兼直隶总督、山东巡抚、臣杨士骧跪奏,为请销南运河光绪三十三年岁抢修工程用过银两,恭折仰祈圣鉴事。

窃照南运河岁抢修用款,经臣奏明除初估奏报外,仿照东明黄河成案一次奏销完结。光绪三十三年,该河岁抢修用款前已估报,此次应即奏销。据天津道凌福彭详称,饬据天津府河防同知、河间府河防同知先后各将所属光绪三十三年分岁修工程,实计天津、青县、沧州等三州县岁修草工银二千十一两二钱五厘三毫,又天津、静海、青县、沧州、南皮、交河、东光、吴桥、景州等九州县岁修土工银一万二千九百八十五两九钱七分六厘,共银一万四千九百九十七两一钱八分三毫,核发六成实银八千九百九十八两三钱八厘七毫八丝,前领银九千两,核计节省银一两六钱九分一厘二毫二丝,应请留作三十四年添补工程之用。又天津、静海、青县、沧州、南皮、交河、东光、吴桥、景州等九州县抢修草土各工程银五千九百九十六两八分一厘二毫,核发六成实银三千五百九十七两六钱四分八厘七毫三丝。前领银三千六百两,核计节省银二两三钱五分一厘二毫八丝,应请留作三十四年添补工程之用,分造册结图说,详请奏销前来。臣复核无异,除册结图说咨部外,理合恭折具奏,伏乞皇太后、皇上圣鉴,敕部核销。谨奏。

朱批:"该部知道。"

光绪三十三年十二月二十日。

(《光绪朝朱批奏折》第100辑,694)

审办霸州崔马氏因口角受辱自杀一案,照章汇摘简明案由片

再,霸州民人杨玉林因与崔马氏口角,用秽语辱骂,致氏气忿,自服洋烟,毒发身死一案,前据该州知州周登皞详讯审拟,由厅解,经前署按察使周学熙委审无异,造册呈请,奏咨前来,臣复加确核,缘杨玉林籍隶霸州,与已死崔马氏同村居住,两家地亩毗连,因地界不清时相口角。光绪三十三年四月十五日,杨玉林肩负耙子,手提饭篮,由地回归,路经崔马氏家门首,崔马氏瞥见,即斥杨玉林不应侵占伊家地亩,杨玉林分辩,崔马氏向骂。杨玉林即以崔马氏养汉老婆之言回詈,崔马氏不依,向杨玉林撞头拼命,杨玉林闪避,致耙上小刀划伤崔马氏额,崔马氏拉住衣服不放,并将饭篮踢翻,打破碗盘。杨玉林生气,拳殴崔马氏左腮颊一下,经人劝散。崔马氏称被辱骂,无颜为人,次早气忿莫释,乘间至杨玉林家门首自服洋烟,毒发殒命。报验讯详审拟,由厅解司委审,呈院,臣确核无异。

杨玉林应依因他事与妇女口角彼此詈骂,妇女一闻秽语气忿轻生者,杖一百流三千里例。拟杖一百,流三千里照章毋庸,发配解习艺所工作,仍任追埋银,给领营葬崔马氏。以茅檐少妇一闻秽语,捐躯明志,洵属节烈可嘉,应请旌表,以慰幽魂而维风化。除清册分咨外,理合附片具陈,伏乞圣鉴,敕部核复。谨奏。

朱批:"法部议奏。"

光绪三十三年十二月二十日。

(《光绪朝朱批奏折》第109辑,085)

陈延梁捐资兴学,请照拟给奖片

再,定兴县故民陈延梁于嘉庆年间捐地八顷十九亩,以每年租项为乡会试宾兴之用,嗣因科举停止,归入高等小学堂充作经费。此项地亩值价约银七千两,深裨该县学务。其急公好义,迄今犹系人思,惟无嫡派子孙可以移奖,据提学司详请追奖等情前来。臣查,该故民概输钜款,行谊堪嘉,追录前因,足资风励。虽

无嫡派子孙移奖，究未便没其好义之忱，拟请赏颁匾额一方，准自建坊，并追奖该故民陈延梁二品封典，核计银数有盈无绌，合无仰恳天恩府准照拟给奖，以彰幽隐，理合附片具陈，伏乞圣鉴，训示。谨奏。

朱批："著照所请，该部知道。"

光绪三十三年十二月二十日。

（《光绪朝朱批奏折》第 81 辑，012）

赵惟庆照例送部引见片

再，在任候补直隶州、正任长垣县知县赵惟庆，在调署沧州任内，于光绪三十一、二等年先后拿获邻境盗犯李明、刘大龙、杨松、李延岭、陈连左、傅振东等六名，讯明：李明伙劫东光县事主钱登元家牛驴，捆缚事主。刘大龙、杨松行劫东光县事主崔治平家钱衣等物，拒毙事主。李延岭本系革役，窝留巨盗崔五，并因其子李明行劫被捕，帮同抗拒官兵。陈连左、傅振东等持械伙抢青县不知姓名事主马匹，拒毙事主。以上各犯，或罪干斩枭，或罪斩决，均讯讯明，禀经批饬，就地正法在案。

查，拿获邻境斩枭、斩决盗犯三名以上，例准送部引见。今该员赵惟庆，拿获邻境东光等县斩枭斩决盗犯李明等六名，实属缉捕勤能。据升任藩司增韫、署臬司李树棠会详请奏并声明，李明等六名皆非沧州人，亦未在沧州犯案。该员未经获盗以前并无疏防承缉开参之案，并先据升任运司凌福彭以赵惟庆，上年督销沧州引盐溢销至四十余倍之多，为向来各州县所未有，实由该员讲求捕务，故能杜绝私枭，畅销官引，于䓍纲大局裨益良多，民情亦极爱戴，请并案给奖等情前来。合无仰恳天恩俯准，将在任候补直隶州、正任长垣县知县、调署沧州知州赵惟庆，照例送部引见，恭候恩施。理合附片具陈，伏乞圣鉴，训示。谨奏。

朱批："著照所请，该部知道。"

光绪三十三年十二月二十日。

（《光绪朝朱批奏折》第 33 辑，457）

具陈光绪三十二年分河淤代征带办等项银两数目折

头品顶戴、署理北洋大臣兼直隶总督、山东巡抚、臣杨士骧跪奏，为查明光绪三十二年分河淤代征带办等项银两数目,恭折仰祈圣鉴事。

窃查,直属各州县应造光绪三十二年分河淤代征带办等项奏册,向应分案详题,现奉新章改题为奏,且整顿庶政诸事务去浮文,自应汇案办理,以归简易。所有直隶通永、永定、清河、大名、天津等五道所属各州县,共额征光绪三十二年河淤租银七千四百六十六两七钱七分四厘,内除豁蠲缓带征共银一千六百二十九两七钱六分六厘,已征完租银四千九百二两七钱八分八厘六毫,民欠未完租银九百三十四两二钱一分九厘四毫。又节年原参并缓带征项下民欠未完光绪三十一年河淤租银一千五百三两二钱七分八厘四毫,内缓带征租银二百八十四两三钱七分五毫,未完租银一千二百一十八两九钱三厘四毫。又民欠未完光绪三十年河淤租银一千七百一十两九,四十千四百七十八文,粮二千四百六十三石四升三合七勺,内除缓征租银二百七十二两八钱一分八厘。已完租银一万七千七百二十一两五钱一分八厘,租钱一千九百九千七百五十二文,小数银钱一千九十三千七百五十九文,粮二千二百七十九石四斗七升三合六勺。民欠未完租银二千四百八十四两四钱八分六厘九毫,租钱一十六千一百四十二文,小数租钱五十三千七百一十九文,粮一百八十三石五斗七升一勺。又顺天、永平、保定、河间、天津、正定、顺德、广平、大名、宣化等十府,并遵化、易州、冀州、赵州、深州、定州等六州并属,应解光绪三十二年带办共银九千七百八十九两三分六厘,内除已完解银九千二百九十两一钱四分四厘,未完银四百九十八两八钱九分二厘。逐款勾稽,数目均属相符。据布政使增韫造具省总清册,并简明清单,暨各属督催经征未完各官职名清单详请具奏前来。臣复核无异,除册结清单咨部外,理合会同兼管顺天府府尹臣陆润庠、顺天府府尹臣袁树勋恭折具陈,伏乞皇太后、皇上圣鉴,敕部查照。谨奏。

朱批:"该部知道。"

光绪三十三年十二月二十一日。

(《光绪朝朱批奏折》第 69 辑,613)

李鸿杕到省一年期满堪以留省用片

再,道府州县无论候补、试用人员,应自到省之日起,予限一年详加察看,出具切实考语,奏明补用。兹查有特用道李鸿杕,到省一年期满,例应甄别。据该员禀请核办前来,臣查李鸿杕年强才裕,局度安详,堪以留省补用,除咨部外,理合附片具陈,伏乞圣鉴。谨奏。

朱批:"吏部知道。"

光绪三十三年十二月二十一日。

(《光绪朝朱批奏折》第24辑,277)

请以刘绍邺补授正定府知府折

头品顶戴、署理北洋大臣兼直隶总督、山东巡抚、臣杨士骧跪奏,为拣员请补知府要缺,恭折仰祈圣鉴事。

窃查,正定府知府江槐序于光绪三十三年九月二十三日在任病故,业经咨部开缺。照例以本员病故之日作为开缺日期,归九月分截缺。所遗正定府知府员缺,地当孔道,管辖十四州县,并有浮沱河工,事务纷纭,系冲、繁管河要缺,例应在外拣选题补。查定例,道府同知直隶州知州通判知州,如系奉旨命往,或督抚题明留于该省候补者,无论应题、应调、应选之缺,均准该督府酌量补用,先尽科甲出身人员,如科甲出身人员不合例,或人地不宜,应令详细声明,方准以别项出身候补人员请补。至题调要缺,酌量以候补人员请补时,该省如有截取记名分发人员应先尽酌量请补,如果实系人地不宜,准声叙以各项候补人员请补等语。直隶现无截取记名分发正途出身人员,其科甲出身候补知府均于此缺不甚相宜,未便迁就。

兹据藩司增韫、署提学司卢靖、前署臬司周学熙查,有各项出身候补知府刘绍邺堪以请补,会详请奏前来。臣查,刘绍邺,年五十七岁,湖北江陵县人,由监生遵例报捐同知,指分直隶试用,因剿办南境逆匪肃清案内奏保免补本班,以知府仍留原省补用。光绪二十八年七月初七日奉硃批"著照所请,该部知道。钦此"。九月请咨赴引,蒙钦派王大臣验看,十月十八日经部带领引见,奉旨照例发往,二十七日到省试看,一年期满,业经甄别,留省补用在案。该员精明稳练,为守兼优,以之请补正定府知府要缺,洵堪胜任,与例亦属相符。合无仰恳天恩,俯念员缺紧要,准以各项出身候补知府刘绍邺补授正定府知府,以资治理。如蒙俞允,衔缺相当,毋庸送部引见。除将该员履历清册咨部外,理合恭折具陈,伏乞皇太后、皇上圣鉴,训示。谨奏。

朱批:"吏部议奏。"

光绪三十三年十二月二十一日。

（《光绪朝朱批奏折》第 24 辑，275）

河工县丞卢世楷等人缺试署期满循例实授折

头品顶戴、署理北洋大臣兼直隶总督、山东巡抚、臣杨士骧跪奏，为河工县丞等缺试署一年期满，循例实授，恭折仰祈圣鉴事。

窃查定例，河工州同以下佐杂等官遇有缺出，先行咨部署理，俟一年后察看，果能胜任再行保题实授等因。查，有署南岸二工良乡县县丞卢世楷，自光绪三十二年八月二十七任事之日起，扣至三十三年八月二十七日，试署一年期满。又署北岸头工中汛武清县县丞莫钧，自光绪三十二年八月二十五任事之日起，扣至三十三年八日二十五日，试署一年期满。又署天津县管河县丞陈毓英，自光绪三十二年六月初六任事之日起，扣至三十三年初六日，试署一年期满。又署故城县管河县丞唐继传，自光绪三十二年三月初五任事之日起，扣至三十三年三月初五日，试署一年期满。又署北岸二工下汛东安县主簿潘锡琮，自光绪三十二年八月二十五任事之日起，扣至三十三年八月二十五日，试署一年期满。又署沧州风化店巡检唐鸿钧，自光绪三十二年十一月十五任事之日起，扣至三十三年十一日十五日，试署一年期满。据该管司道查明造册，详请具奏等情前来，臣查卢世楷、莫钧、陈毓英、唐继傅、潘锡琮、唐鸿钧，自任事以来，经历三汛，期满修防无误，均堪胜任。其任内亦无未清钱粮违碍事件，应请照例准其实授。除清册咨部外，理合恭折具奏，伏乞皇太后、皇上圣鉴，敕部核复。谨奏。

朱批："吏部议奏。"

光绪三十三年十二日廿一日。

（《光绪朝朱批奏折》第 24 辑，276）

具陈光绪三十二年分广恩库租银两折

头品顶戴、署理北洋大臣兼直隶总督、山东巡抚、臣杨士骧跪奏，为报明光绪三十二年分广恩库租银两，恭折具陈仰祈圣鉴事。

窃查，通州等州县应征光绪三十二年广恩库租，前已将经征未完一分以上各州县衔名开单奏明在案。兹据藩司详称，通州等三十一州县额征光绪三十二年广恩库租银九千五百二十六两九钱五分五厘一毫,内除蠲免缓征并民欠租银一千四百四十九两七分九厘,实征完租银八千七十七两八钱七分六厘一毫。又征完三十一年租银三钱三分四厘,三十年租银一两四钱一分,二十九年租银一钱五分九厘,二十八年租银一钱七分五厘,二十七年租银一十九两四钱八分四厘,二十六年租银二两一钱五分七厘,二十四年租银二两一钱五分七厘,二十三年租银二两一钱五分七厘,二十二年租银六钱三分一厘,二十一年租银二两一钱五分七厘,二十年租银二两一钱五分七厘,十九年租银五钱六分一厘,十六年租银一两四钱二分四厘,十四年租银一两六钱四分,逐款复核,数目相符,遵照新章,详请核奏前来。臣复核无异,除将册单咨部并饬赶缮细册同督催各职名送部外,理合会同兼管顺天府府尹臣陆润庠、顺天府府尹臣袁树勋恭折具陈,伏乞皇太后、皇上圣鉴,敕部核复。谨奏。

朱批:"度支部知道。"

光绪三十三年十二月二十一日。

(《光绪朝朱批奏折》第85辑,306)

报拨光绪三十三年冬季分吉地差役钱粮米折等项银两折

头品顶戴、署理北洋大臣兼直隶总督、山东巡抚、臣杨士骧跪奏,为报拨光绪三十三年冬季分吉地差役钱粮、米折等项银两,恭折具陈,仰圣鉴事。

窃据布政使增韫详称,玉田县供应菩陀峪万年吉地添设差役人等钱粮、米折等项银两,向系由司按季专案详请题报,一面由该县赴司领回供应,历经遵办在案。今据玉田县请领光绪三十三年冬季供应菩陀峪万年吉地差役钱粮米折等项,共银四百六十二两六钱,改折八成实银三百七十两八分,核与历办成案相符,应请在于司库地粮银内动拨分晰,开具清单,详请核奏并声明,吉地员役增减无定,难以预计,应照急需钱粮之例,一面具奏,一面先行拨给,俾得及早领回供应。其实在之领数目,统归于奏销案内核实销算,多则解还,不敷找给等情前来。臣复核无异,除清单咨部外,理合恭折具陈,伏乞皇太后、皇上圣鉴,敕部查核施行。谨奏。

朱批:"度支部知道。"

光绪三十三年十二月廿一日。

(《光绪朝朱批奏折》第30辑,551)

报拨玉田县光绪三十三年冬季分供应各陵员役俸饷米折等项银两折

头品顶戴、署理北洋大臣兼直隶总督、山东巡抚、臣杨士骧跪奏，为报拨玉田县光绪三十三年冬季分供应各陵员役俸饷米折等项银两，恭折具陈仰祈圣鉴事。

窃据布政使增韫详称，玉田县供应定陵、定东陵并顺水峪暨禧妃园寝员役俸饷、米折、豆草、车价等项银两，向系由司按季专案详请题报，一面由该县赴司领回供应，历经遵办在案。兹据请玉田县领光绪三十三年冬季分供应定陵、定东陵并顺水峪暨禧妃园寝员役俸饷、米折、豆草、车价等项，共银四千六百三十五两九钱一分五厘，改折八成实银三千七百八两七钱三分二厘，内扣豆草、车价六分，部平银四十二两三钱一分五厘，实发银三千六百六十两四钱一分七厘，核与历办成案均属相符，应请在于司库地粮银内动拨分晰，开具清单，详请核奏，并声明陵工员役增减无定，难以预计，应照急需钱量之例，一面具奏，一面先行拨给，俾得及早领回供应。其实在支领数目，统归于奏销案内核实销算，多则解还，不敷找给等情前来。臣复核无异，除清单咨部外，理合恭笔具陈，伏乞皇太后、皇上圣鉴敕部核复。谨奏。

朱批："度支部知道。"

光绪三十三年十二月二十二日。

（《光绪朝朱批奏折》第 30 辑，552）

请以孙鸿烈补授玉田知县折

头品顶戴、署理北洋大臣兼直隶总督、山东巡抚、臣杨士骧跪奏，为拣员请补要缺知县，恭折仰祈圣鉴事。

窃查，玉田县知县祝芾升补冀州直隶州知州，于光绪三十二年九月十九接到部文之日作为开缺日期，归三十二年九月分截缺，所遗玉田县知县，地当孔道兼管堤工，事务纷纭，系冲、繁、难沿河要缺，例应在外拣选调补。前请以沿河候补知县潘震声试署，部议以该员系保举补缺后以知县用报捐过班知县，应归试用知县班内试用，并非劳绩候补人员，请署玉田县碍难议准，令即另拣合例人员更补等因，自应遵照办理。查定例，各省知县，如系奉旨命往或督抚题明留于该省候补者，无论应题、应调、应选之缺，准该督抚酌量补用。其新进士奉旨分发各省即用知县，如遇应题、应调缺出，亦准酌量补用。又应调缺出，令该督于现任人员内拣选调补，如实无合例堪调之员，准以候补人员题补。又如遇沿河要缺，酌用候补时，将沿河候补与地方候补酌量补用各等语。今玉田县知县一缺，臣督同藩、学、臬三司在于选缺知县内逐加遴选，非俸未满，即人地未宜，一时实乏合例堪调之员，未便迁就，自应在于候补并进士即用班内拣选请补。兹据藩司增韫署、提学司卢靖、前署臬司周学熙查，有进士即用知县孙鸿烈，堪以请补，会详请奏前来。

臣查，孙鸿烈，年三十三岁，河南温县人，由附生中式举人，光绪癸卯科会试中试贡士，引见，奉旨以知县即用签掣直隶，二十九年六月初十日到省。该员笃实廉明，不染习气，以之请补玉田县知县沿河要缺，实堪胜任，与例亦属相符。合无仰恳天恩俯念员缺紧要，准以即用知县孙鸿烈补授玉田知县，以资治理。如蒙俞允，该员衔缺相当，毋庸送部引见。除将该员履历清册咨部外，理合恭折具陈，伏乞皇太后、皇上圣鉴，训示。谨奏。

朱批："吏部议奏。"

光绪三十三年十二月二十二日。

（《光绪朝朱批奏折》第 24 辑，279）

恭报十月分顺直各属市粮价值、雨雪情形折

头品顶戴、署理北洋大臣兼直隶总督、山东巡抚、臣杨士骧跪奏，为查明光绪三十三年十月分顺直各属市粮价值、雨雪情形，恭折仰祈圣鉴事。

窃查，光绪三十三年九月分顺直各属市粮价值、雨雪情形，业经奏报在案。兹据藩司查明十月分市粮价值、雨雪情形，开单请奏前来。臣查，十月分顺天、永平、保定、河间、天津、正定、顺德、广平、大名、宣化、遵化、易州、冀州、赵州、深州、定州等十六府州属得雪一、二次，每次一、二、三、四、五寸不等。又查十月分粮价，保定、广平、遵化、易州、冀州、赵州、深州、定州等八府州属，与上月相同，永平、正定、顺德、大名、宣化等五府属较上月价减，顺天、河间、天津等三府属较上月价增。理合恭折具陈，并缮具粮价清单，恭呈御览，伏乞皇太后、皇上圣鉴。谨奏。

朱批："知道了。"

光绪三十三年十二月二十二日。

（《光绪朝朱批奏折》第 97 辑，934）

恭报十一月分顺直各属市粮价值、雨雪情形折

头品顶戴、署理北洋大臣兼直隶总督、山东巡抚、臣杨士骧跪奏，为查明光绪三十三年十一月分顺直各属市粮价值、雨雪情形，恭折仰祈圣鉴事。

窃查，光绪三十四年十月分顺直各属市粮价值、雨雪情形，业经奏报在案。兹据藩司查明，十一月分市粮价值、雨雪情形，开单请奏前来。臣查十一月分，顺天、永平、广平，遵化等四府州属得雪一、二次，每次一、二寸不等。保定、河间、天津、正定、顺德、大名、宣化、易州、冀州、赵州、深州、定州等十二府州属并未得雪。又查十一月分粮价，顺德、大名、宣化、遵化、易州、冀州、赵州、深州、定州等九府州属与上月相同，顺天、永平、保定、正定、广平等五府州属较上月价减，河间、天津等二府州属较上月价增。理合恭折具陈，并缮具粮价清单，恭呈御览，伏乞皇太后、皇上圣鉴。谨奏。

朱批："知道了。"

光绪三十三年十二月二十二日。

（《光绪朝朱批奏折》第 97 辑，947）

具陈津海、秦王岛两关第一百八十八结洋
税收支并旧管实存各数目折

头品顶戴、署理北洋大臣兼直隶总督、山东巡抚、臣杨士骧跪奏，为津海、秦王岛两关第一百八十八结洋税收支并旧管实存各数目，缮单恭折，具陈仰祈圣鉴事。

窃查，津海、秦王岛两关征收洋税截至光绪三十三年五月二十日第一百八十七结止，业经缮单奏销在案。兹据津海关道蔡绍基详称，前关道梁如浩任内，自光绪三十三年五月二十一日起至八月二十三日止，按外国三个月一结，系届第一百八十八结期满，津海关除外国船只江海等关免单银七万四千三百三十二两二钱六分四厘，招商局船只江海等关免单银八万八千八百九十三两三钱六分六厘，

并未收银两外,实计征收进出口各税及船钞银七十万五百九十五两三钱九分六厘。又,秦王岛关除外国船只江海等关免单银七千三百两九分六厘,并未收银外,实计征收进出口各税及船钞银二万五千八百九十二两八钱七厘,计开支薪费等项共支发银一百三十八万七千八百一两八钱五分四厘五毫二丝五忽。经该道会同税务司督饬委员详细稽核,调取收税总册校对数目,均属相符。除分项造册详咨外,所有津海、秦王岛两关征收第一百八十八结洋税收支并旧管实存各银数开单详请核奏前来。臣复核无异,理合缮具简明清单恭折具陈,伏乞皇太后、皇上圣鉴。谨奏。

朱批:"该部知道,单并发。"

光绪三十三年十二月廿二日。

(《光绪朝朱批奏折》第 75 辑,058)

杨先达到省一年期满,堪以留省试用片

再,道府州县无论候补、试用人员,应自到省之日起,予限一年详加察看,出具切实考语,奏明补用。兹查有试用道杨先达,到省一年期满,例应甄别,据该员禀请核办前来。臣查杨先达明白安详,局度深稳,堪以留省试用。除咨部外,理合附片具陈,伏乞圣鉴。谨奏。

朱批:"吏部知道。"

光绪三十三年十二月二十三日。

(《光绪朝朱批奏折》第 24 辑,280)

具陈津海关第一百八十六结洋药厘捐银两收支实在各数折

头品顶戴、署理北洋大臣兼直隶总督、山东巡抚、臣杨士骧跪奏,为津海关第一百八十六结洋药厘捐银两收支实在各数,缮单恭折,仰祈圣鉴事。

窃据津海关道蔡绍基详称,该关洋药厘捐截至光绪三十二年八月十四日起,至十一月十六日第一百八十五结止,业经开单详请奏,咨在案。兹自光绪三十二年十一月十七日起,至三十三年二月十八日,第一百八十六结期满止,征收洋药厘捐银二千三百四两,其遵照部章开支薪费等项共银一万四千五百三十一两六

钱四分八厘,业经会同税司督饬委员将收捐细数核对相符,开单详请奏咨前来。臣复核无异,理合缮单恭折具陈,伏乞皇太后、皇上圣鉴。谨奏。

朱批:"该部知道,单并发。"

光绪三十三年十二月二十三日。

(《光绪朝朱批奏折》第 75 辑,059)

请将光绪三十二年分淮军收支各款列为第五届造册报销折

头品顶戴、署理北洋大臣兼直隶总督、山东巡抚、臣杨士骧跪奏,为核明光绪三十二年分淮军收支各款,列为第五届造册报销,缮单具陈,恭折仰祈圣鉴事。

窃照淮军收支正杂各款业经截至光绪三十一年底止造册报销在案。查,光绪三十二年正月起承接上届截存马步五路共三十九营一队三哨,师船四十二号,仍饬令分布直境弹压地方,缉捕盗贼,并保护陵寝,巡查铁道。嗣因奉天日俄所订撤兵期限至闰四月初十日,日军应撤至铁岭,所有迤北各地段应由中国自行治理,并准练兵处电令派拨队伍。当经升任督臣袁世凯饬派四川建昌镇总兵张勋统率淮军后路马队九营前往昌图一带扼要驻扎。惟地方辽阔,伏莽犹多,该军分布防剿事极繁重,其行营所需一切均应妥为筹备,不无稍有增支。自是年正月起至十二月底止,业将支用各款照章造册分咨度支、陆军、农工商三部立案,咨复核明通年支放薪费口粮,倒补马价,并随办营务支应等差员弁薪水,以及各营柴折炮费、恤赏、制造、账房、油舱船只正杂各项用款,现经逐一厘剔、详细句稽、分类造具细册,列为淮军第五案报销。计上届旧管共存库平银二万六千八百四十九两有奇,新收各省司关局额拨改拨以及本案核扣平馀等项共库平银一百五十七万七千一百二十四两有奇。内除遵照饬先行酌还历年借用商款银三万两,登除归陆军粮饷局,及农工商部收销共银六十万七百五十九两有奇,外实计收用银九十七万三千二百十五两有奇。开除正杂各款,应归度支部核销银九十四万三千二十九两有奇,应归陆军部核销银八千六百八十七两有奇,应归农工商部核销银一万六千三百五十三两有奇,统共请核销银九十六万八千一百七十两有奇,实在结存银五千四十四两有奇,应归下届滚接造报。据淮军银钱所请奏销前来,臣复加查核,系实用实销,并无丝毫浮冒。除将清册分咨查照外,理合缮具清单,恭折具陈,伏乞皇太后、皇上圣鉴,敕部核销施行。谨奏。

朱批:"该部知道,单并发。"

光绪三十三年十二月二十三日。

（《光绪朝朱批奏折》第 64 辑，332）

河工县丞等缺试署期满循例实授折

头品顶戴、署理北洋大臣兼直隶总督、山东巡抚、臣杨士骧跪奏，为河工县丞等缺试署一年期满，循例实授，恭折仰祈圣鉴事。

窃查定例，河工州同以下佐杂等官，遇有缺出，先行咨部署理，俟一年后察看，果能胜任，再行保题实授等因。查有署北上汛武清县县丞陈克昌，光绪三十三年五月初六任事之日起，扣至三十四年五月初六日，试署一年期满。又署南下汛宛平县县丞邱元文，自光绪三十三年八月二十七任事之日起，扣至三十四年八月二十七日，试署期满。又署吴桥县管河县丞凌瑞祺，自光绪三十三年二月二十二任事之日起，扣至三十四年二月二十三日，试署一年期满。又署南七工东安县主簿项寿金，自光绪三十三年八月二十七任事之日起，扣至三十四年八月二十七日试署一年期满。又署东光县管河主簿余廷瑞，自光绪三十三年三月二十一任事之日起，扣至三十四年三月二十一日，试署一年期满。又署青县兴济镇巡检顾明耀，自光绪三十三年六月二十八任事之日起，扣至三十四年六月二十八日，试署一年期满。

据该管司道查明造册，详情具奏等情前来。臣查，陈克昌、邱元文、凌瑞祺、项寿金、余廷瑞、顾明耀，自任事以来，经历三汛期满，修防无误，均堪胜任。其任内亦无未清钱粮违碍事件，应请照例准其实授。除清册咨部外，理合恭折具陈，伏乞皇太后、皇上圣鉴，敕部核复。谨奏。

朱批："该部知道。"

光绪三十三年十二月二十三日。

（《光绪朝朱批奏折》第 25 辑，564）

报拨光绪三十四年春季分东陵官兵俸饷米折等项银两折

头品顶戴、署理北洋大臣兼直隶总督、山东巡抚、臣杨士骧跪奏，为报拨光绪三十四年春季分东陵官兵俸饷米折等项银两，恭折仰祈圣鉴事。

窃查，遵化、蓟州、丰润、玉田等四州县供应各陵八旗官兵月饷俸粟米折并养育兵丁钱粮等项银两，向系按季由司专案详请题报，一面由东陵承办事务衙门派员赴司请领散放，历经遵办在案。兹据布政使增韫呈称，准东陵承办事务衙门造册请领，该司按册复核原归遵化、蓟州、丰润、玉田等四州县光绪三十四年春季分供应各陵八旗官兵俸饷米折，并孤寡养赡、养育兵丁钱粮等项，共银九千七百六十五两四钱九分五厘，改折八成实银七千八百一十二两三钱九分六厘，内扣官俸米折项下每两六分，部平银一百二十二两八钱九分三厘，实发银七千六百八十九两五钱三厘，核与历年成案相符，应请在于司库地粮银内动拨，由司分开清单详请核奏并声明陵工员役增减无定，难以预计，应照急需钱粮之例，一面具奏，一面先行拨给领回散放，其实在支领数目统于奏销案内核实销算，多则解还，不敷找给等情前来。臣复核无异，除清单咨部外，理合恭折具奏，伏乞皇太后、皇上圣鉴，敕部核复。谨奏。

朱批："度支部知道。"

光绪三十三年十二月二十四日。

（《光绪朝朱批奏折》第 30 辑，553）

具陈津海关第一百八十七结洋药厘捐银两开支实在各数折

头品顶戴、署理北洋大臣兼直隶总督、山东巡抚、臣杨士骧跪奏，为津海关第一百八十七结洋药厘捐银两开支实在各数，缮单恭折，仰祈圣鉴事。

窃据津海关道蔡绍基详称，该关洋药厘捐截至光绪三十二年十一月十七日起，至三十三年二月十八日第一百八十六结止，业经开单详请奏咨在案。兹自光绪三十三年二月十九日起，至五月二十日第一百八十七结期满止，征收洋药厘捐银三千一百八十四两。又收本关八分经费项下拨补一百八十五结洋药厘捐支发不敷银七千四百三十七两八钱二分四厘。又收本关八分经费项下拨补一百八十六结洋药厘捐支发不敷银一万二千二百二十七两六钱四分八厘。又收本关八分经费项下拨补一百八十七结洋药厘捐支发不敷银一万一千三百五十八两二钱八厘，其遵照部章开支薪费等项共银一万四千五百四十二两二钱八厘，业经会同税司督饬委员将收捐细数核对相符，开单详请奏咨前来。臣复核无异，理合缮单恭折具陈，伏乞皇太后、皇上圣鉴。谨奏。

朱批："该部知道，单并发。"

光绪三十三年十二月二十四日。

（《光绪朝朱批奏折》第 75 辑，062）

具陈津海关第一百八十八结洋药厘捐银两开支实在各数折

头品顶戴、署理北洋大臣兼直隶总督、山东巡抚、臣杨士骧跪奏，为津海关第一百八十八结洋药厘捐银两开支实在各数，缮单恭折，仰祈圣鉴事。

窃据津海关道蔡绍基详称，该关洋药厘捐银截至光绪三十三年二月十九日起，至五月二十日第一百八十七结止，业经开单，详请奏咨在案。兹自光绪三十三年五月二十一日起，至八月二十三日第一百八十八结期满止，征收洋药厘捐银三千一百五十二两。又收本关八分经费项下拨补一百八十四结以前洋药厘捐不敷银二万两。又收本关八分经费项下拨补一百八十八结洋药厘捐支发不敷银一万一千三百八十九两八钱二分四厘。其遵照部章开支薪费等项共银一万四千五百四十一两八钱二分四厘，当经会同税司督饬委员将收捐细数，核对相符开单，详请奏咨前来。臣复核无异，理合缮单，恭折具陈，伏乞皇太后、皇上圣鉴。谨奏。

朱批："该部知道，单并发。"

光绪三十三年十二月二十四日。

（《光绪朝朱批奏折》第 75 辑，063）

援案筹拨光绪三十四年分北洋陆军饷项折

头品顶戴、署理北洋大臣兼直隶总督、山东巡抚、臣杨士骧跪奏，为援案筹拨光绪三十四年分北洋陆军饷项，恭折仰祈圣鉴事。

窃照北洋陆军第三、第四两镇饷需，或系就地自筹，或系零星凑集，或接支第六镇饷项，历经按年筹拨，奏报在案。比值岁杪，所有陆军二、四两镇来年应需饷杂各款亟应预为筹画，以备供支。查，第二镇饷项系淮军节饷银六十万两、练军节饷银二十万两、制兵节饷银二十万两、烟酒税银四十万两、长芦运库盐斤加价银二十四万两；第四镇应接支第六镇饷项，系武卫右军底饷截留山东，应解部款银一百十六万余两；江南应解自强军底饷银二十二万余两；长芦盐引均价余利银十余万两,拟请仍照原案筹拨,以资军食。除分咨查照外,谨恭折具陈,伏乞皇太后、皇上圣鉴,敕部立案。谨奏。

朱批:"度支部知道。"

光绪三十三年二十四日。

（《光绪朝朱批奏折》第 64 辑,333）

请将陈公恕改奖从优议叙片

再,候补道陈公恕,经臣于本年抢办永定河北四上汛漫口合龙大工出力各员奏奖案内拟请加二品衔,业奉硃批"该部议奏。钦此",钦遵转行在案。兹据陈公恕禀称,前由道员用候补知府,于光绪二十七年劝办顺直善后赈捐案内,经前护督臣周馥保准,俟离知府任归道员班后加二品衔,旋于三十一年报捐免补知府本班以道员仍留直隶补用,经部核准,遵章换用加衔顶戴。此次请加二品衔,系属重复,请改奖等情前来。臣复查无异,合无仰恳天恩俯准,饬部将该员陈公恕改奖从优议叙,以昭激劝。理合附片具陈,伏乞圣鉴,训示。谨奏。

朱批:"著照所请,该部知道。"

光绪三十三年十二月。

（《光绪朝朱批奏折》第 32 辑,374）

乔岳捐助赈银,请照拟给奖片

再,遵化州人、直隶州知州用、分省补用通判乔岳,遵其故父二品封职乔万年、故母二品命妇乔鲁氏遗命,捐助顺直赈银一千两,解交筹赈统捐总局,兑收汇解济赈,洵属善承亲志,有裨灾区。所捐银两核与建坊定例相符,由局详请奏奖前来。合无仰恳天恩俯准乔岳为其故父二品封职乔万年、故母二品命妇乔鲁氏在于原籍地方自行建坊,给予"乐善好施"字样,以示旌奖。理合附片具陈,伏乞圣鉴,训示。谨奏。

朱批:"著照所请,礼部知道。"

光绪三十三年十二月。

（《光绪朝朱批奏折》第 32 辑,376）

请旨将任嘉杙暂行革职究办片

再，据河防局详称，收支委员、四品衔、候补直隶州知州任嘉杙，在工多年，熟悉河务，于光绪三十一年间到局办理收支事宜，尚称勤慎。乃近来察看，该员间不到局，遂即详请另委，并盘查局库，该员竟有侵挪情弊，应即查明亏短实数，是侵是挪，分别查追等情，详请严行参办前来。臣查，任嘉杙经理款目宜如何慎司出纳，乃竟敢于侵挪，殊属荒谬。除饬司局勾稽澈底讯究外，相应请旨将四品衔、候补直隶州知州任嘉杙暂行革职，发交济南府知府讯追究办，以重库款。谨附片陈明，伏乞圣鉴，训示。谨奏。

朱批："著照所请，该部知道。"

（《光绪朝朱批奏折》第 24 辑，347）

请将徐沅开去聊城县底缺留省补用片

再，在任候补知府、聊城县知县徐沅，前由经济特科知县保准俟补缺后以直隶州用，复因普庆安澜案内出力，保准俟补知县缺后免补直隶州，以知府在任候补。光绪三十二年二月准补斯缺，历署馆陶、乐陵等县，措置裕如，洵属勤政爱民，实心任事，现拟开去底缺，以知府仍留原省补用等情禀，由藩司详请核办前来。

臣查，该员精明练达，学识俱优，本系知府在任候补例，得准其开缺。合无仰恳天恩俯准，将准补聊城县知县徐沅开去聊城县底缺，以知府仍留山东归候补班补用。如蒙俞允，所遗聊城县知县员缺，系"冲、繁、难"兼三外调要缺，俟接准部咨再行拣员请补。除咨部查照外，谨附片具陈，伏乞圣鉴，训示。谨奏。

朱批："著照所请，吏部知道。"

（《光绪朝朱批奏折》第 24 辑，348）

请将吴兆镳开去泗水县本缺以知府补用片

再，在任候补知府、泗水县知县吴兆镳，前以大挑知县分发到省，历保补缺后免补直隶州知州,以知府在任候补,旋因署利津县任内办理迁民奏参革职。光绪二十年十月赴京,随班祝嘏,赏还原衔,投效河工,堵合利津县赵家菜园吕家洼漫口出力,复保开复原官,并原保知府用升阶,以知县留省补用。三十年准补泗水县知县,三十二年到任。兹据禀于三十二年九月在东省工赈局捐缴离任银两,呈验实收,请开去泗水县知县本缺,以知府补用等情,由布政使吴廷斌详请奏咨前来。臣复查无异,除分咨查照外,理合附片陈明,伏乞圣鉴。谨奏。

朱批:"吏部知道。"

(《光绪朝朱批奏折》第 24 辑,349)

请旨将朝阳营守备城福勒令休致片

再,准直隶提督咨提标八沟营属朝阳营守备城福,于光绪二十八年因案撤任后,不知愧奋,遽回京籍,迄阅数年并未回标,且衰庸不振,未便故容,应勒令休致,请开缺前来。臣复查无异,相应请旨将朝阳营守备城福勒令休致,以肃官方。理合会同直隶提督臣马玉昆附片具陈,伏乞圣鉴,敕部开缺。所遗员缺,直隶现有应补人员,并请留归外补。谨奏。

朱批:"著照所请,陆军部知道。"

光绪三十三年十二月至二十四日。

(《光绪朝朱批奏折》第 51 辑,187)

代凌福彭叩谢天恩折

头品顶戴、署理北洋大臣兼直隶总督、山东巡抚、臣杨士骧跪奏,为据情代奏,叩谢天恩,恭折祈圣鉴事。

窃据二品衔长芦盐运使凌福彭详称,光绪三十三年十一月十四日钦奉上谕"长芦盐运使员缺,著凌福彭补授等因。钦此。"跪聆之下,惶悚莫名,旋奉饬赴新任,于本月初三日准署运司、新授天津道张镇芳将印信文卷移交前来,当即恭设香案,望阙叩头谢恩,祗领任事。伏念福彭粤峤庸才,农曹末秩,十年通籍,幸簪笔于枢垣;三辅分符,复备兵于渤海。涓埃未报,冰惕方深,兹更渥荷恩纶,畀司盐运,自天闻命,伏地增惭。

查,长盐为滨海要区,运使乃卤纲总汇,惟有随时随事认真经理,上筹国用,下恤商情,谋孳货于盐田,重转输于畿甸,自维性拙,敢希刘晏之理财;深惧儒迂,愿学庐陵之奉法。平均禹筴,犹是度支旧省所曾经;际遇清时,冀有权量新章之可守。所有感激下忱,暨接印任事日期,详请代谢天恩等情,理合据情代奏,伏乞皇太后、皇上圣鉴。谨奏。

朱批:"知道了。"

光绪三十三年十二月十七日。

(《光绪朝朱批奏折》第 76 辑,594)

请以尽先守备文华补授莱州营守备员缺片

再,莱州营守备员缺,前经臣奏请以尽先守备文华序补,接准陆军部议复,以尽先名次在文华之前者尚有高鸿彦、王开先、金英烈、邵春棠、杨吉泰等五员漏未声叙。至声称名次在前之马泰祥,许逢麟二员,检查官册,并无其人,行令一并查明声复,再行核办等因。奏奉谕旨"依议,钦此。"钦遵咨行到东。

臣查,东省候补尽先守备金英烈、邵春棠已据报病,故应行扣除;高鸿彦已借补登右营八角汛千总;王开先已借补登中营千总;杨吉泰已借补充右营满家硐汛千总,均先后咨部核准给札,应俟遇用应升人员时计俸升用。马泰祥咨送履历,迄未准部核复,许逢麟虽于光绪十年七月间经部核复准以尽先守备归班候补,现亦在营。惟前奏业已声明与龚得九等均于此缺人地不宜,应请仍以原拟之文华序补。

查,文华,现年四十八岁,系青州满营伯善佐领下人,由武进士随营效力,期满以千总候补,嗣在河工出力,保准以守备尽先补用并加都司衔。该员明白安详,以之请补斯缺,实堪胜任,与例亦属相符。合无仰恳天恩俯准,仍以尽先守备文华补授莱州营守备员缺,洵于地方、营伍两有裨益。如蒙俞允,俟接准部复,再行给咨送部引见,以符定制。除咨部外,谨会同登州镇总兵李安堂附片具陈,伏乞圣鉴,敕部核复施行。谨奏。

朱批:"陆军部议奏。"

(《光绪朝朱批奏折》第 51 辑,227)

请将田锡珍开去把总底缺，归都司班补用片

再，据臣标保定营郡城把总田锡珍禀称，该员因筹办中立在事出力，由补用守备保以都司留直补用，并加游击衔。光绪三十三年七月初八日奉朱批"著照所请等因。钦此"，应归都司班补用，请开去保定营郡城把总底缺等情前来。臣复查无异，应准开去把总底缺，归都司班补用。除饬取履历清册咨部外，理合附片具陈，伏乞圣鉴，敕部查照。谨奏。

朱批："陆军部知道了。"

光绪三十三年十二月。

（《光绪朝朱批奏折》第 51 辑，230）

将本年军政延至三十四年二月内举办片

再，本年举行军政，前准陆军部来咨，以绿营武职军政奏请变通办理，其官兵均未裁撤者，照旧加注事实考语；其兵丁已裁官弁尚存者，应查核其平日居官何如，加注考语。绿营停止骑射，改习枪炮，旧例注考骑射字样，请改注枪炮字样，奉旨"依议。钦此"，咨行钦遵查照等因，当经升任督臣袁世凯转行遵照在案。查，军政之期，例应十月内举办，臣到任未及三月，各营员弁之优劣未能考查周知，势难依限办理。合无仰恳天恩俯准，将本年军政展限三月，至三十四年二月内举办，庶可认真考察，分别举劾，以昭核实。理合附片陈明，伏乞圣鉴，训示。谨奏。

朱批："陆军部知道。"

（《光绪朝朱批奏折》第 53 辑，466）

请赏给日员藤井恒久三等第一宝星片

再，日员藤井恒久自光绪二十九年襄筹工业学堂并兼充总教习，实心授课，寒暑无间。率领教习学生，赴日本参见博览会，考查各学堂工厂暨化学、机器两科留学生先后毕业，赞助一切，深资擘画。该日员前因翻译西政各书勤劳卓著，

经升任督臣袁世凯奏蒙恩准,给予三等第三宝星。今综计,该日员在津任事已历四年,讲授实心,著有成绩。合无仰恳天恩赏给三等第一宝星,以酬劳勚,出自鸿慈。谨附片陈请,伏乞圣鉴,训示。谨奏。

朱批:"著照所请,外务部知道。"

(《光绪朝朱批奏折》第 112 辑,554)

请赏给日本国炮兵中佐阪西利八郎二等第二宝星片

再,日本国炮兵中佐阪西利八郎,自光绪二十九年十二月间,经升任督臣袁世凯聘充随员兼翻译官,迄今已历四载,现因续订合同期满,奉其参谋本部命令调回本国,自应准如所请。该洋员到差以来,于派办一切事件悉心赞助,颇著勤劳。今既奉调归国,相应仰恳天恩赏给二等第二宝星,以示酬奖。除咨外务部外,谨附片陈请,伏乞圣鉴,训示。谨奏。

朱批:"著照所请,外务部知道。"

(《光绪朝朱批奏折》第 112 辑,556)

具陈光绪三十二年岁抢修永定河用过银两片

再,查永定河工段绵长,埽镶林立,光绪三十二年岁抢修秸料不敷大汛之用,前经奏准添购备防秸料二百四十万束,连加添运脚发给实银二万五千二百两,饬遵在案。兹据永定河道吴筠孙详报,光绪三十二年动用另案备防秸料,计南岸头工上下汛二三四工镶垫工程用银一万二百九十两,南岸五六工镶垫工程用银三千四百四十五两,北岸头工上中下汛二工上汛镶垫工程用银三千三百六十两,北岸二工下汛三工四工上下汛镶垫工程用银三千九百九十两,北岸五六七工镶垫工程用银四千九十五两,通共用银二万五千二百两,据各厅分晰造册绘图加结,由道转详报销前来。臣复核无异,除册结图说钞奏咨部外,理合遵照新章附片具陈,伏乞圣鉴,敕部核销。谨奏。

朱批:"该部知道。"

光绪三十四年正月初十日。

(《光绪朝朱批奏折》第 100 辑,704)

增拨银两修理河堤片

再,据布政使增韫详称,清河道岁修千里堤及太清、渚龙等处河堤,向由道库祓夫生息项下动拨,尚有不敷,在于司库旗租银凑拨。兹届光绪三十四年,应需前项桩料尚短银二千五百两,应请由司照拨,详奏前来,臣查与成案相符。谨附片具陈,伏乞圣鉴。谨奏。

朱批:"度支部知道。"

光绪三十四年正月初十日。

(《光绪朝朱批奏折》第 100 辑,705)

顺直饥民待哺,奏请招商平粜免税展限三月片

再,上年十二月间,御史涂国盛因顺直饥民待哺,奏请招商平粜免税一折,钦奉谕旨允准,当饬赈抚局招商分赴奉天锦州、河南彰德一带采运小麦、小米、红粱,免税,减收车费,运至顺直灾区,减价半粜,并发给护照,随时填用。该商等购运妥速,于民食受益匪浅。嗣经部议,购粮装运只准由锦运京为限,俟麦秋见新即行停止,计至四月底,即已限满。

惟查,锦州运京粮米,每日火车仅挂粮车十辆,各该商已领护照,尚未运竣之粮甚多。且仅由锦运京,上年被灾之天津、宁河等处仍难普及。现在天气亢旱,畿南一带麦秋大半失望,粮价日昂,平粜善举宜扩充,不宜骤撤。钜鹿、隆平、清河等处现又设局平粜,其余各属,查其灾情较重之处亦应设局办粜,以平市价,统计需粮甚钜,必须分路采办,以免粮商抬价居奇。

据赈抚局司道拟请展限三月,仍招商分赴奉天之新民府、沟帮子、田庄台、锦州、宁远州,河南之开封、彰德、卫辉、汝宁、许州等府州所属素聚米粮之处,一体购办小麦、小米、红粱,由京奉、京汉火车运至京津、宁河及大名、顺德、广平、保定、河间等属被旱灾区,俾资平。截至七月底为限,俟限满再行停止等情详奏前来。

合无仰恳天恩俯念水灾以后,继以旱荒,准如所请办理,以济民食而广皇仁。除咨税务大臣、度支部、邮传部外,理合会同兼管顺天府府尹臣陆润庠、顺天府府

尹臣凌福彭附片具陈,伏乞圣鉴,训示。谨奏。

朱批:"著照所请,该部知道。"

光绪三十四年正月十八日。

(《光绪朝朱批奏折》第32辑,393)

请以迎喜等署补盐山县知县等缺折

头品顶戴、署理北洋大臣兼直隶总督、山东巡抚、臣杨士骧跪奏,为拣员补署知县选缺,恭折仰祈圣鉴事。

窃查,盐山县知县段献增、成安县知县张尔琨均经奏参开缺另补,应以光绪三十三年八月十七接到部文之日作为开缺日期,均归八月份截缺。系属同月出缺,应行掣签,业将盐山县知县掣定第一缺,成安县知县掣定第二缺,咨部在案,所遗各员缺应即按照例章序补。

查定例,知县改教、撤回、降补、回避,所遗选缺,系进士即用与候补分班酌补轮用,进士即用即将,进士即用班前与进士即用本班合为一班,由该督抚酌量请补即积进士即用正班之缺,轮用候补,即将候补班前与候补本班合为一班,由该督抚酌量请补即积候补正班之缺。又光绪二十五年十一月间,吏部议复御史余诚格条奏章程内开嗣后,凡进士以部属中书用者,自行呈请改就知县人员,除升调所遗之选缺,仍准照旧归与截取进士知县班内补用外,如遇改教、撤回、降补、回避等项,和留选缺后即用、候补分班酌补两轮后插用京员改归知县一人,仍与本班尽先人员合为一班一体酌署一人。

又光绪二十八年七月间吏部议复御史吴保龄条奏章程内开嗣后,拔贡小京官作为额外主事后,如愿改就知县,准其赴部呈请注册,分发签掣各省,候到省后如遇改教、撤回、降补、回避选缺,俟进士改归知县一人用过一人之后,接用拔贡主事改就知县一人,不积进士呈改知县之缺。又光绪三十二年疏通实缺京员章程内开嗣后,汉司员实缺主事准其改就知县,分省补用,到省后毋庸计扣甄别,如遇应选缺出,无论升调遗病故休以及参革、降补、改教、撤回、回避等项,除坐补原缺、裁缺即用、回避即用、新选新补之留省另补、服满候补人员先尽补用外,其馀无论序补酌补,均先用改就一人,次用各项一人相关轮用,不得捷越,仍不积各项班次之缺,非军务省分不得声叙人地不宜。

又光绪三十二年四月间,吏部议复御史王诚羲条奏,进士截取优加选补章程内开嗣后杂项留补选缺，亦应以截取进士先、截取进士与即用进士先、即用进士轮班酌补。又光绪三十二年五月间，经部酌拟举贡就职章程内开拣选举人以知县用者、报捐分发到省甄别后，如遇杂项所遗选缺，应于拔贡主事改归知县补用一人后用拣选举人一人各等语。

上次完县知县吴兆毅撤回另补遗缺，因拔贡主事改就知县及拣选举人知县均无人，已以进士即用知县唐景仑请补。又蒿城县知县王春藻撤回另补遗缺，已以候补知县江开泰请署。又新城县知县郑辅撤回另补遗缺，已以截缺进士知县郑崧生请署。又曲阳县知县温亮珠撤回另补遗缺，已以候补知县郑在中请署。

今盐山县知县第一缺并无坐补原缺、裁缺即用、回避即用、新选新补、留省另补、服满候补暨实缺主事改就知县人员，按班轮应进士，以部属中书用呈请改就知县人员到班，查有部属进士主事改就知县迎喜，堪以请署。又成安县知县第二缺，亦无坐补原缺等项人员，按班应用拔贡主事改就知县人员，现在此项无人，应用拣选举人。查拣选举人知县曾湘泽、何庆菘二员，均未期满甄别，例不准补，此外无人。轮应进士即用人员酌补到班。查有进士即用知县杨灏生堪以请补，兹据藩司增韫、署提学司卢靖、署臬司李树棠会详请奏前来。

臣查，迎喜，年四十八岁，湖北荆州驻防京城正红旗蒙古崇兴佐领下人，由乙未科进士钦点主事，签分工部，因无力在部当差，改归知县本班铨选，呈请分发。光绪二十四年六月初十日引见，奉旨照例发往，签掣直隶。六月二十六日领照，七月十八日到省，丁父忧服满起复，二十八年四月十五日回省试看，期满甄别，留省补用。该员讲求吏治，稳练安详，以之请署盐山县知县选缺实勘胜任。

又查，杨灏生，年三十八岁，奉天吉林府民籍，由附生应光绪癸巳科乡试中式举人，甲辰科会试中式贡士，引见，奉旨以知县即用，签掣湖北，亲老告近改掣直隶。三十年二月初七日领照，三月初十日到省。该员年壮才明，留心吏治，以之请补成安县知县遗缺实勘胜任。

该员等补署各缺，均与例章相符。合无仰恳天恩府准以迎喜等署补盐山县知县等缺，以资治理。如蒙俞允，该员迎喜系进士主事改就知县，杨灏生系进士即用知县，署补选缺知县，衔缺相当，均毋庸送部引见。该员迎喜仍俟试署期满，如果称职，另请实授。除将该员等履历清册咨部外，理合恭折具陈，伏乞皇太后、皇上圣鉴，训示。谨奏。

朱批："吏部议奏。"

光绪三十四年正月二十二日。

（《光绪朝朱批奏折》第 24 辑，408）

请以李泽宸补授永年县知县折

头品顶戴、署理北洋大臣兼直隶总督、山东巡抚、臣杨士骧跪奏，为拣员请补要缺知县，恭折仰祈圣鉴事。

窃查，永年县知县苗玉珂，于光绪三十三年九月初三日病故，照例以本员病故之日作为开缺日期，归九月分截缺。所遗永年县知县一缺，系广平府附郭首邑，为直隶九省通衢，事务殷繁，定为"冲、繁、难"三字要缺，例应在外拣选调补。查定例，各省知县如系奉旨命往，或督抚题明留于该省候补者，无论应题、应调、应选之缺，准该督抚酌量补用。其新进士奉旨分发各省即用知县，如遇应题、应调缺出，准酌量补用。又应调缺出，令于现任人员内拣选调补，如实无合例堪调之员，准以候补人员题补等语。今永年县知县一缺，臣督同藩、学、臬三司，在于选缺知县内逐加遴选，非历俸未满，即人地不宜，一时实乏合例堪调之员，未便迁就，自应在于候补并进士即用班内拣选，酌量请补。

兹据藩司增缊、署提学司卢靖、署臬司李树棠查，有进士即用知县李泽宸堪以补授，会详请奏前来。臣查，李泽宸，年四十六岁，山东利津县人，由增生中式光绪二十八年补行庚子辛丑并科举人，应二十九年补行辛丑壬寅并科举试中式贡士，引见，奉旨以知县即用，即分直隶，是年六月初一日领照，二十日到省。该员年强才裕，恂愊无华，以之请补永年县知县要缺，实堪胜任，亦与例章相符。合无仰恳天恩俯念员缺紧要，准以即用知县李泽宸补授永年县知县，实于吏治有裨。如蒙俞允，该员系即用知县请补要缺知县，衔缺相当，毋庸送部引见。除将该员履历清册咨部外，理合恭折具陈，伏乞皇太后、皇上圣鉴，训示。谨奏。

朱批："吏部议奏。"

光绪三十四年正月廿二日。

（《光绪朝朱批奏折》第 24 辑，409）

酌筹江防新军奉饷折

头品顶戴、署理北洋大臣兼直隶总督、山东巡抚、臣杨士骧跪奏，为江防新军奉拨饷项运关两库颇形支绌，现经设法酌筹以应要需，恭折仰祈圣鉴事。

窃查,臣前因直隶淮饷竭蹶,奏请将前云南提督臣夏辛酉原支淮军前路饷项仍留北洋,夏军防饷由部另筹以纾饷力。光绪三十三年十二月初八日,差弁赍回原折,钦奉朱批"著该署督在关运两库内另行筹拨,该部知道。钦此。"遵即转饬运司关道竭力设法腾挪,为该军另筹的饷,以资拨给在案。嗣于光绪三十四年正月初七日承准军机处电传谕旨廷文武电奏悉,夏辛酉原部各营著甘肃提督姜桂题接统,未到差以前暂责成该军营务处妥为照料,并著姜桂题统率原带六营会合新接各营,汰弱留强,共成五千人,开往长江一带扼要屯扎,专作为游击之师,仍会商沿江各督抚筹办江防事宜。其前派会办江浙剿匪一差,"著即撤销。钦此"等因,钦遵知照到臣,复经饬令司道迅筹该军的饷去后。

兹据盐运使凌福彭、津海关道蔡绍基详称,运关两库所收各款均有应解之项,并无大宗存款。且关库上年税收较逊,运库入款亦岁有常经,频年出款加增,腾挪应付更形竭蹶,实属无可筹措。第前项饷需关系重要,遵即勉力设法于无可筹拨之中作移缓就急之计,竭力腾挪应付,拟于关库子口税、运库本节年商灶课项下各认筹银四万两以资接济,其余实难筹措等情请奏咨前来。

臣查,直隶本属缺额省分,近今举办新政,整饬庶务,凡稍可挹注者均已罗掘早空。且夏军五千人,本有江海等关部拨银四十二万,现已奉旨饬令甘肃提督姜桂题统率原带六合新接各营共五千人。查,姜桂题原带六营,本有底饷,现在既无新增,三千人之多则情形甚不相同,饷项所省自巨,是姜桂题一军仅缺夏军二千人之饷。核计部拨之款已属有盈无绌,自可无待直协,惟既奉旨饬筹,关运两库苟可腾挪,自应不分畛域,竭力济庶,部拨各关之款得以从容应付,免致为难。拟请暂由运、关两库认筹银八万两,其余十二万四千余两,合无仰恳天恩俯念直隶饷源奇窘,饬部即在于原指之四十二万款内抽拨足数,是度支部前拨江海各关之款可少拨银二十数万两,于南北饷力均可藉敷周转,两有裨益。谨据实恭折具陈,伏乞皇太后、皇上圣鉴,训示。谨奏。

朱批:"度支部知道。"

光绪三十四年正月二十二日。

(《光绪朝朱批奏折》第 64 辑,355)

会奏为夏辛酉请恤折

头品顶戴、署理北洋大臣兼直隶总督、山东巡抚、臣杨士骧跪奏,为已故提臣战功卓著，恳恩赐恤，以彰进绩而励戎行，恭折仰祈圣鉴事。

窃会办江防事宜云南提督夏辛酉，于本年正月初二日在钜野营次病故，经臣廷斌奏报在案。臣等伏查，已故提督夏辛酉，早岁从戎，始隶僧忠亲王麾下，剿办发捻，即以骁勇敢战闻。洎随前大学士陕甘总督左宗棠西征时，陕西回氛正炽，该提督初统偏师，一解城固之围，再克固原，迭平禹王堡、黑城子、半角城诸巢穴，生擒杨文治，阵斩马化龙，皆贼首也。而金积堡之役，该提督裹创血战，卒拔坚城，厥功尤著。嗣随师度陇，逆渠白彦虎方踞肃州，环境数百里悉为贼堡。该提督偏师转战，所向有功，遂乘胜攻克塔尔湾、黄草坝诸坚巢，而陇右之回氛始靖。同治十三年率队出关，是时绥来、昌吉、呼图壁、乌鲁木齐各城均为贼据。该提督会同湘楚、嵩武、皖南各军，转战频年，次第克复。进攻南路，各城贼悉锐拒守，众莫敢撄。该提督躬率游骑，屡为军锋，连克达板城暨吐鲁番满汉二城。光绪三年，克复哈拉峡、库车、阿克苏各城。五年，追剿逆酋阿都布勒哈玛暨安集延贼首克木条勒等。该提督靡役不从，纪功称最。溯自从征关陇，迄于西域荡平，先后十余年，大小百数十战。该提督身临前敌，受重伤者十三次，积功浒保至头品顶戴、记名提督、霍伽春巴图鲁、三代正一品封典，赏穿黄马褂。迨西陲大定，而该提督亦遂陈情归养矣。中东之役，前山东抚臣李秉衡，奏派统领东字各营，办理登州防务。登州斗绝海壖，三面受敌，洎旅顺、刘公岛、威海相继失守，势尤岌岌可危。敌船以巨炮环攻三昼夜不绝。该提督孤军坚守危城，卒赖保全，事平蒙恩简放广西右江镇总兵，旋调补山东登州镇。在任前后七年，兵民怀畏。中间移驻高唐、禹城、青州、济南者一，移驻德州者再、应援北上者一，而在邱冠一带遏堵团匪南窜，直东边境赖以安全。三十年蒙恩简放云南提督，适北洋编练新军，升任直隶督臣袁世凯奏派北洋翼长。

三十二年十二月，臣士骧在东抚任内，奏回东督办兖曹剿匪事宜。该提督闻命东行，甫抵曹境，即斩一族人通匪者以警众，全军惊服。曹州界连燕豫，夙称盗薮，虽剿办频年而根株未绝。时或集大众以抗官军，所属数百里几无安土。该提督指挥所部，先后擒斩陈二母蛸诸巨匪，不数月而全境廓清。仰蒙温旨优敍，仍留办清乡事宜，即督饬印委各员分查户口，收缴枪械，酌设工厂，收养贫民，盗风遂戢。未几，拜会办江防之命，入都觐见，恩赉骈蕃。该提督感朝廷倚界之隆，亟将长江应办事宜悉心筹画。陛辞后道出津门，臣士骧屡与接谈，佩其报国殷怀，老而弥笃，不谓冲寒就道，触发旧伤而遽赍志以殁也。

该故提督身在军旅四十余年，历练最深，勋劳最著，晚岁渥荷殊恩，畀以江防重任，在该提督冀酬高厚方将奋发有为，何期未展厥施，壮猷遽陨。臣等窃维时会方艰，将材难得，追怀勋绩，惋惜同深。该提督平日战功，既已略陈梗概，至其立身治军本末，历经疆臣保奏，前疆抚臣刘锦棠则称为“朴讷性成，临阵勇往”，前山东抚臣李炳恒则称为“朴诚廉正，胆识过人。”今外务部尚书、升任直隶总督臣袁世凯则称为“操洁识坚，恩威善用。”就诸臣所推誉，虽古之名将何以加兹？合无仰恳天恩从优赐恤，并将生平战功事迹宜付国史馆立传，用彰荩绩而励戎行，出自逾格鸿施。该提督长子夏继泉，直隶候补知州；次子夏继葵，监生，孙夏东生尚幼，合并陈明。所有已故提督恳恩请恤缘由，谨合词恭折胪陈，伏乞皇太后、皇上圣鉴，训示。谨奏。

朱批：“另有旨。钦此。”

光绪三十四年正月二十四日。

（《光绪朝朱批奏折》第 24 辑，417；第 51 辑，268；《杨文敬公奏议》卷七）

捐助皖省赈银，请准徐履祥原籍建坊片

再，安徽石埭县人、花翎候选道徐履祥之母、四品命妇徐宁氏，遵其故翁四品封职徐向荣、故姑四品命妇徐苏氏遗命，捐助皖省赈银一千两。又该员徐履祥遵其故父员外郎衔、前大理寺右寺丞徐定文遗命，并亲母徐宁氏之命续捐银一千两，由直隶汇解安徽济用。又安徽泾县人、同知捐职朱普栻，遵故祖母胡氏遗命，捐助直赈棉衣裤一千套，解局散放。据筹赈统捐局司道详请具奏前来。

臣查，官绅捐助赈银千两以上者，例准奏请建坊，给予“乐善好施”字样。今该员徐履祥之母徐宁氏遵其已故翁姑遗命，及徐履祥遵其故父并亲母之命，各捐助皖省赈银一千两，朱普栻遵已故祖母遗命捐助直赈棉衣裤一千套，值银千两，洵属善承善继，有裨灾区，所捐银数均与建坊定例相符。合无仰恳天恩俯准徐履祥为其故祖父徐向荣、故祖母徐苏氏、故父徐定文、亲母徐宁氏，朱普栻为其故祖母朱胡氏各在原籍地方自行建坊，给予“乐善好施”字样，以示旌奖。理合附片具陈，伏乞圣鉴，训示。谨奏。

朱批：“著照所请，礼部知道。”

光绪三十四年正月廿七日。

（《光绪朝朱批奏折》第 32 辑，403）

报销永定河光绪三十二年岁修工程用过银两折

头品顶戴、署理北洋大臣兼直隶总督、山东巡抚、臣杨士骧跪奏，为永定河光绪三十二年岁修工程用过银两，照章报销，恭折仰祈圣鉴事。

窃查，永定河光绪三十二年岁修工程，前经汇案奏明，按原额银数拨给其雇夫挑土经费，准在该河岁抢修款内扣存六分平银，照数动用。兹据永定河道吴筠孙转据石景山同知沈葆澄等，将光绪三十二年分做过工程用过银两造册绘图，详请报销等情前来。

臣查，永定河险工林立，岁修款项自同治十二年起经前督臣李鸿章奏经部议，仍照原额给领。计光绪三十二年分石景山东西两岸岁修片石工程，共用银一千九百九十八两二钱三分一厘一毫一丝，南岸各汛岁修镶垫工程并加签桩共用银九千九百九十七两六钱九分，北岸各汛岁修镶垫工程并加签桩共用银一万一千九百九十九两五钱，两岸各汛岁修挑挖中洪工程共用银四千九百九十八两四钱，三角淀各汛岁修疏浚下口工程共用银四千九百九十六两五钱三分。以上石景山南北岸三角淀岁修片石埽镶挑挖中洪疏浚下口等工通共用银三万三千九百九十两三钱五分一厘一毫一丝。其挑挖中洪疏浚下口工程项下较预估共节省银四两六钱九分，留存道库作为下年之用。再，两岸上游各汛采办秫秸，前经奏准每束加添运脚银二厘五毫，共用运脚银四千八百六十五两五钱二分六厘二毫五丝。其三十二年分雇夫挑土经费共需减平银五千六百八十一两五钱九分一厘四毫，均系实用实销，并无浮冒。除册结图说咨部外，理合遵照新章恭折具陈，伏乞皇太后、皇上圣鉴，敕部核销。谨奏。

朱批："该部知道。"

光绪三十四年正月二十八日。

（《光绪朝朱批奏折》第100辑，700）

报销永定河光绪三十二年抢修工程用过银两折

头品顶戴、署理北洋大臣兼直隶总督、山东巡抚、臣杨士骧跪奏，为永定河光绪三十二年抢修工程用过银两，照章报销，恭折仰祈圣鉴事。

窃照永定河每年抢修原定银一万二千两，嗣经钦差查明埽段较多，奏准增银一万二千两,每年预期赴部领回办料,分储工次备用。续因工险埽增,原设岁抢修经费仍有不敷,经前督臣温承惠奏,奉恩赏银五千两作为定额,以二千两归入岁修,以三千两归入抢修,历经随案报销在案。兹据永定河道吴筠孙转据石景山同知沈葆澄等,将光绪三十二年抢修工程应用银两造册绘图,循例详请报销等情前来。

臣查,永定河光绪三十二年抢修工程应用银两,照原额银数同南北运河等工汇案具奏,所有光绪三十二年分南岸各汛抢修银垫工程,并加签桩共用银一万二千三百六十五两八钱,北岸各汛抢修银垫工程并加签桩共用银一万三千五百七两二钱四分八厘。南北两岸共用银二万五千八百七十三两四分八厘。又南北两岸上游各汛秫秸运脚用银四千七百六十一两四钱二分五厘七毫五丝,查采办秫秸前经奏准每束加运脚二厘五毫,共银八千五百两。除岁修动用银四千八百六十五两五钱二分六厘二毫五丝,计不敷银一千一百二十六两九钱五分二厘,系在抢修项下通融拨给。以上南北岸各汛抢修银垫工程并加签桩,共用银三万六百三十四两四钱七分三厘七毫五丝,均核实动支,并无浮冒。除册结图说咨部外,理合遵照新章恭折具陈,伏乞皇太后、皇上圣鉴,敕部核销。谨奏。

朱批:"该部知道。"

光绪三十四年正月二十八日。

(《光绪朝朱批奏折》第 100 辑,701)

请销永定河光绪三十二年加拨岁修银两折

头品顶戴、署理北洋大臣兼直隶总督、山东巡抚、臣杨士骧跪奏,为请销永定河光绪三十二年加拨岁修银两,恭折仰祈圣鉴事。

窃查,光绪二十年春间,前任东河督臣许振祎奉命勘治永定河,因原额经费不敷,奏请自二十年起,每年加拨岁银四万两,奉旨允准,当经部议,加拨岁修银两,由直隶藩库旗租项下照拨,转行遵照在案。所有光绪三十二年加拨岁修银四万两,经该道照数领回拨用,兹据永定河道吴筠孙,将三十二年动用加拨岁修银两,造具册结图说,详请奏销前来。臣查,永定河光绪三十二年南岸各汛动用添拨岁修银两、做过土埽工程用银一万八千一百三两五钱,北岸各汛动用添拨岁修银两、做过土埽工程用银二万一千八百九十六两五钱,共用银四万两,委系实用实销,并无浮冒。除册结图说送部外,理合恭折具奏,伏乞皇太后、皇上圣鉴,敕部核销。谨奏。

朱批:"该部知道。"

光绪三十四年正月二十八日。

(《光绪朝朱批奏折》第 100 辑,702)

请俯准张宗本暂缓陛见片

再,据兖州镇总兵张宗本呈称,该镇于光绪三十年六月二十日到任,扣至本年六月二十日,三年期满,请代奏吁恳陛见等因前来,自应据情陈请。惟查该镇所辖兖沂济宁一带,素称多盗,又与江北接壤,时虑外匪阑入。近年制兵裁撤,防军单薄,全赖该镇统带防军时时亲历巡缉,地面得臻安谧。且曹匪甫平,兖济为曹州门户,难保无零匪窜匿,尤须该镇镇慑,其闲庶免勾结为患,一时委难离任。合无仰恳天恩俯准该镇暂缓陛见,于地方实有裨益,理合附片具陈,伏乞圣鉴,训示。谨奏。

朱批:"著照所请。"

光绪三十四年二月。

(《光绪朝朱批奏折》第 51 辑,308)

彭赓良到省一年期满堪以留省试用片

再,道府州县无论候补、试用人员,应自到省之日起,予限一年,详加察看,出具切实考语,奏明补用。兹查有试用道彭赓良到省一年期满,例应甄别。据该员禀请,核办前来。臣查,彭赓良年强才裕,明白安详,堪以留省试用。除咨部外,理合附片具陈,伏乞圣鉴。谨奏。

朱批:"吏部知道。"

光绪三十四年二月初九日。

(《光绪朝朱批奏折》第 24 辑,496)

报拨本年春季分西陵八旗养育兵丁钱粮银两折

头品顶戴、署理北洋大臣兼直隶总督、山东巡抚、臣杨士骧跪奏,为报拨本年春季分西陵八旗养育兵丁钱粮银两,恭折仰祈圣鉴事。

窃据布政使增韫呈称,易州供应西陵八旗养育兵丁应需钱粮,向系按季专案详请题拨,历经遵办。又于光绪二十九年二月十九日转准户部议复,守护西陵大臣载润等奏,庄顺皇贵妃位前四旗兵丁生齿日繁,请添设恩缺养育兵四分一折,奉旨"依议。钦此"等因,行知到司,当经转行遵照详明,按季拨发在案。兹据易州请领光绪三十四年春季分养育兵五十六名,每名季支钱粮四两五钱,共银二百五十二两;又新添养育兵四名,每名季支银四两五钱,共银十八两,以上共银二百七十两,照章改折八成实银二百十六两,复核数目相符,应在司库地粮银内照数动拨给发,按照新章详奏前来。臣复核无异,除咨部查照外,理合恭折具陈,伏乞皇太后、皇上圣鉴,敕部核复。谨奏。

朱批:"度支部知道。"

光绪三十四年二月初十日。

(《光绪朝朱批奏折》第 64 辑,364)

报拨本年春季分西陵官员兵役俸饷等项银两折

头品顶戴、署理北洋大臣兼直隶总督、山东巡抚、臣杨士骧跪奏,为报拨本年春季分西陵官员兵役俸饷等项银两,恭折仰祈圣鉴事。

窃据布政使增韫呈称,易州供应各陵官兵月饷、俸粟、米折,并运送豆草车价等项银两,向系按季专案详请题拨,历经遵办在案。兹据易州请领光绪三十四年春季分供应各陵官兵月饷俸粟米折,并运送豆耳车价等项,共银二万六千二百十五两五分三厘,照章改折八成实银二万九百七十二两五分三厘,内扣米折项下每两六分部平银三百二十八两七钱二厘,实发银二万六百四十三两三钱五分一厘,核与历办成案相符,应在于司库地粮银内动拨,开具简明细数清单,按照新章详请具奏,并声明陵工员役增减无定,难以预计,应照急需钱粮之例先行拨给,其实在支领数目统归奏销案内核实销算,多则解还,不敷找给等情前来。臣复核无异,除清单咨部外,理合恭折具陈,伏乞皇太后、皇上圣鉴,敕部核复。谨奏。

朱批:"度支部知道。"

光绪三十四年二月初十日。

(《光绪朝朱批奏折》第 64 辑,363)

请以吉凌额补授龙门所守备片

再，宣化镇标独石口协龙门所守备彝博回旗补用，所遗守备系沿边旗缺，接准部咨，令拣合例人员请补等因。兹查，有留直补用守备吉凌额，年五十五岁，玉田县驻防满洲镶黄旗长贵佐领下人，由实任义院口汛把总，迭次剿匪出力，保以守备留直补用，并加都司衔。该员年力强裕，以之补授龙门所守备，实堪胜任，与例亦属相符。合无仰恳天恩俯准补授，以裨营伍。除饬取履历咨部外，理合会同直隶提督臣马玉昆附片具陈，伏乞圣鉴，训示。谨奏。

朱批："陆军部议奏。"

光绪三十四年二月初十日。

（《光绪朝朱批奏折》第 51 辑，307）

谭兆梁到省一年期满堪以留省试用片

再，道府州县，无论候补、试用人员，应自到省之日起，予限一年详加察看，出具切实考语，奏明补用。兹查，有直隶试用道谭兆梁到省一年期满，例应甄别，据该员禀请核办前来。臣查，谭兆梁朴诚真实，学识可观，堪以留省试用。除咨部外，理合附片具陈，伏乞圣鉴。谨奏。

朱批："吏部知道。"

光绪三十四年二月初十日。

（《光绪朝朱批奏折》第 24 辑，497）

报拨本年春季分菩陀峪万年吉地员役俸饷、米折等项银两折

头品顶戴、署理北洋大臣兼直隶总督、山东巡抚、臣杨士骧跪奏，为报拨本年春季分菩陀峪万年吉地员役俸饷、米折等项银两，恭折仰祈圣鉴事。

窃查，玉田县供应菩陀峪万年吉地八旗员役俸饷、米折，并养育兵丁钱粮等项银两，向系按季由司专案详请题报，一面由东陵承办事务衙门派员赴司请领散放，历经遵办在案。兹据布政使增韫呈称，准东陵承办事务衙门造册请领，该司

按册复核，原归玉田县光绪三十四年春季分供应菩陀峪万年吉地八旗员役俸饷、米折、孤寡养赡、养育兵丁钱粮等项，共银四百两八钱九分五厘，改折八成实银三百二十两七钱一分六厘，内扣官俸米折项下每两六分部平银五两二厘，实发银三百一十五两七钱一分四厘，核与历届成案相符。应请在于司库地粮银内动拨，由司分开清单，详请核奏并声明，吉地员役增减无定，难以预计，应照急需钱粮之例，一面具奏，一面先行拨给，领回散放。其实在支领数目，统归于奏销案内，核实销算，多则解还，不敷找给等情前来。臣复核无异，除清单咨部外，理合恭折具奏，伏乞皇太后、皇上圣鉴，敕部核复。谨奏。

朱批："度支部知道。"

光绪三十四年二月初十日。

（《光绪朝朱批奏折》第 90 辑，828）

审办房山等县十起寻常命盗死罪案件，照章汇摘简明案由折

头品顶戴、署理北洋大臣兼直隶总督、山东巡抚、臣杨士骧跪奏，为命案照章汇摘简明案由，恭折仰祈圣鉴事。

窃查，直隶寻常命盗死罪案件照章汇奏，造册送部。又经刑部奏准，如事在光绪二十七年十月以后者，乃将全案供招造册咨部等因，均经遵照在案。

兹据署按察使李树棠呈称，查有房山县客民王小喜儿因与张洛太在窑外起土，因口角争殴，用铁镐将张洛太殴伤身死，将王小喜儿依斗杀律拟绞监候，秋后处决。

又，宁河县民人洪岗子，因陈玉堂斥伊挑埝，侵占地界，口角争殴，用脚踢伤陈玉堂身死，将洪岗子依斗杀律拟绞监候，秋后处决。

又，武清县民人王长生，因同姓不宗之王德兴，向伊索欠，口角劝散，王德兴复自行划伤，至该犯家寻衅自尽，经救后，该犯找向理论，至相争殴，用脚踢伤王德兴身死，将王长生依斗杀律拟绞监候，秋后处决。

又，饶阳县民人赵杭，因李秃代其母舅李洛和向索前欠，口角争殴，用尖刀扎伤李秃身死，将赵杭依斗杀律拟绞监候，秋后处决。

又，唐县民人窦洛高，因无服族侄窦尚义斥伊工作懒惰，不允给钱，口角争殴，用小锄殴伤窦尚义身死，将窦洛高依斗杀律拟绞监候，秋后处决。

又，安州民人花合子，因田黑子抱养伊子，不给钱文，口角争殴，用砖殴伤田

黑子身死，将花合子依斗杀律拟绞监候，秋后处决。

又，三河县民人周郁瀛，因王绍文怀挟窃驴被控断赔银两之嫌，不许该犯拾粪，口角争殴，用粪叉木柄殴伤王绍文身死，将周郁瀛依斗杀律拟绞监候，秋后处决。

又，武清县民人李芢，因张树芝斥伊做工懒惰，口角争殴，用夺获砖块殴伤张树芝，越日身死，将李芢依斗杀律，拟绞监候，秋后处决。

又，束鹿县道人徐银喜，因乔蘼子私将其庙内梁木拆去使用，向理不服，致相争殴，用断折木扁担殴伤乔蘼子，越日身死，将徐银喜依斗杀律，拟绞监候，秋后处决。

又，饶阳县客民马洛玉，因向张二和索讨打铁钩工价，央缓不允，口角争殴，用尖刀扎伤张二和，越日身死，将马洛玉依斗杀律拟绞监候，秋后处决。

以上十案业均由司提审，解勘发回，分造供招清册，呈请汇奏前来。臣复核无异，除将清册分咨部院外，理合遵章汇摘简明案由，恭折具陈，伏乞皇太后、皇上圣鉴，敕部核复。

再，现准部咨秋审例缓人犯应声明出语等因，已饬遵办，唯此十起到在未奉新章以前发司另办，有需时日，应由部照章办理，以归简捷，合并陈明。谨奏。

朱批："法部议奏。"

光绪三十四年二月十四日。

（《光绪朝朱批奏折》第 109 辑，109）

请以齐耀琳调署天津道片

再，天津道张镇芳奉旨补授长芦盐运使，应饬即赴新任。授天津道吴筠孙，因伊母周氏迎养在津于本年二月初十日病故，该道系属亲子，例应丁忧。查有新授永定河道齐耀琳，熟悉情形，堪以调署天津道篆务。其永定河道一缺，查有存记道窦延馨通晓河务，在工二十余年，历署斯缺，措置裕如，堪以署理，业已分别檄饬遵照赴任，各专责成。所遗天津道员缺紧要，应请旨迅赐简放，以重职守，理合附片具陈，伏乞圣鉴，训示。谨奏。

朱批："另有旨。"

光绪三十四年二月十四日。

（《光绪朝朱批奏折》第 24 辑，506）

请将臬司陆嘉谷开去本缺折

头品顶戴、署理北洋大臣兼直隶总督、山东巡抚、臣杨士骧跪奏,为臬司久病未痊,请开本缺,恭折仰祈圣鉴事。

查,直隶按察使陆嘉谷上年八月间因病请假月余未痊,臣于九月初四日奏明给假,交卸在案。兹据禀称,该司前由运司升授臬司,先后在任四年,思劳过度,致患怔忡之症,交卸后觅医调治,仍复时发时愈。现虽稍见痊可而右腿尚形麻木,舌本仍觉蹇涩,非宽以时日,静心调养,不能复元。伏思臬司为通省刑名总汇,责任綦重,未便久旷职守,应请奏明开去本缺,以便安心调理。一俟病体愈,即当泥首宫门,求赏差使,决不敢稍耽安逸,自外生成等情前来。臣查,该臬司陆嘉谷,久病不痊,未能加回任,所禀系属实情。合无仰恳天恩,俯准该臬司陆嘉谷开去本缺,俾得从容调理。所遗臬司员缺紧要,并请皇太后、皇上圣鉴,训示。谨奏。

朱批:"另有旨。"

光绪三十四年二月十四日。

(《光绪朝朱批奏折》第 24 辑,505)

报销直隶各营并各驻防光绪三十二年分兵马钱粮折

头品顶戴、署理北洋大臣兼直隶总督、山东巡抚、臣杨士骧跪奏,为报销直隶各营并各驻防光绪三十二年分兵马钱粮,恭折仰祈圣鉴事。

窃查,前准户部咨核复直隶各营并各驻防兵马钱粮等项奏册,今将旗绿各营并各驻防实存官兵并应支俸饷数,向按几成支领,某营系发全饷,某营系发半饷,某缺某员应扣建旷及某处应支米折豆草折价,某处应支本色,务须挨年奏报,毋得延缓等因,遵办在案。

兹据布政使增韫详称,查直属各提镇协营路并张、独二厅及承德府各捕盗营以及各驻防光绪三十二年连闰兵马钱粮等项奏册,旧管项下光绪三十一年十二月底,共银三百九十八两一钱三分三厘,内存剩三屯营光绪三十年边储米豆抵充兵饷银三百九十二两九钱八厘,沿河口征存光绪三十一年谷折银五两二钱二分五厘，新收项下光绪三十二年正月起至十二月底，实估全半并续估续收共银五十六万一千五百三十九两九钱五分四厘内，原估官兵俸饷乾折等银一百三十三万一千一百六十八两七钱七分六厘，内除挑拨练军并东明河防暨调拨巡警学堂肄业、马步守兵及裁拨围场马匹饷米乾银二十六万四千五百五十七两二钱，裁减三成一成马步守兵并马匹节省饷米乾银一十三万八千四百三十五两六钱六分，新裁五成十成马步守兵并马匹节省饷米乾银二十三万三千六百五十三两三钱六分，外计应估需官兵俸饷乾折等银六十九万四千五百二十二两五钱五分六厘，内除停发一半俸饷乾折等银一十三万五千二百四十八两四钱六厘，外实估需全半俸饷乾折等银五十五万九千二百七十四两一钱五分，内一半俸饷乾折等银一十三万五千二百四十八两四钱六厘，全数俸饷乾折等银四十二万四千二百二十五两七钱四分四厘。又，续估沧州驻防坐派苏帑庄头地租银一千八百六十一两六钱七分一厘，冷口、喜峰、罗文等三驻防银六两续收三屯营光绪三十一年边储米豆抵充兵饷银三百九十二两九钱八厘，沿河口征存光绪三十二年谷折银五两二钱二分五厘，又本色米五万七千一百五十八石八斗三升四合五勺八抄，蓟粮米一万四千二百二十一石一斗二升五合，本色豆四千五十一石一斗二升三勺，本色草七万七千一百束，开除项下光绪三十二年正月起至十二月底，共银五十六万一千五百三十九两九钱九分五厘。内各官俸薪银四百五十四两四钱九分五厘，各兵饷米银三十七万一千三十八两六钱五分二厘，各驻防半折米价银五万六千四百六两八钱一分七厘，蓟粮折银七千六百二十八两五钱，马乾并豆草折银七万九千五百八十一两四钱五分七厘，共放俸饷乾折等银五十五万五千一百九两九钱二分一厘。又放光绪三十二年小建银五千四百五十九两八钱六分八厘，缺旷银五百七十二两三钱二厘，共放建旷银六千三十一两九钱，照数拨给泰宁马兰两镇寝地面官兵津贴、贴费盘费并各驻防孤寡钱粮，期年丰饷及热河总管衙门执事人役工食等项银两讫。又三屯营光绪三十年边储米豆折银三百九十二两九钱八厘，沿河口征存光绪三十一年谷折银五两二钱二分五厘，均已就近抵充本营兵饷银两讫。又本色豆五万六千五百六十一石五斗五合六勺八抄，蓟粮米一万四千二百二十一石一斗二升五合，本色豆四千一十四石四斗六升三勺，本色草七万六千二百四十二束。又放剩归还原仓米五百九十七石三斗二升八合九勺，豆三十六石六斗六升，草八百五十八束，实在项下光绪三十二年十二月底，共银三百九十八两一钱三分三厘，内存剩三屯营光绪三十一年边储米豆抵充兵饷银三百九十二两九钱八厘，沿河口征存光绪三十二年谷折银五两二钱二分五厘。逐一核明，汇造省总奏册简明清单，详请核奏前来。臣复核无异，除册单咨部外，理合会同兼管顺天府府尹臣陆庠、兼署顺天府府尹陆树勋恭折具陈,伏乞皇太后、皇上圣鉴,敕部核复。谨奏。

朱批:"该部知道。"

光绪三十四年二月十四日。

(《光绪朝朱批奏折》第 64 辑,368)

请以谭垚振补授临榆县知县片

再查,前准吏部咨临榆县知县邹梓生开缺另补,遗缺准以候补班前先知县谭垚振补授,毋庸送部引见,俟试署期满另请实授,奉旨"依议。钦此"等因,转行遵照在案。兹据布政使增韫、署提学使卢靖、署按察使李树棠会详称,临榆县知县谭垚振自光绪三十二年正月二十九奉文任事之日起,连闰扣至三十二年十二月二十九日,试署一年期满,例应实授。据永平府知府恩佑查明,出考造具事实履历清册,呈道咨司,递相加考,详请具奏,声明任内并无违碍处分及参罚案件等情前来。臣查,该员年强才裕,条理精详,应请照例准其实授。除事实履历清册咨部外,理合附片据陈,伏乞圣鉴,敕部核复。谨奏。

朱批:"吏部议奏。"

光绪三十四年二月十九日。

(《光绪朝朱批奏折》第 24 辑,518)

具陈张镇芳任期内钱粮收支情况折

署理北洋大臣兼直隶总督、兼管长芦盐政、山东巡抚、臣杨士骧跪奏,为交代运库钱粮,恭折仰祈圣鉴事。

窃据升任长芦盐运使凌福彭详称,该司于光绪三十三年十二月初三日到任,查明前署任长芦盐运使张镇芳自光绪三十三年九月十五日接印任事起,至三十三年十二月初三卸事前一日止,任内征收正杂课旧管存银四十七万九百八十两八钱八分七厘,新收银三万三千四百八十九两五钱九分六厘,开除银八万二千九百八十三两九钱四分七厘,实在存银四十二万一千四百八十六两五钱三分六厘。又征收盐斤复价旧管存银十四万四千七百四十九两七钱,新收银一万五千四百四十两,开除银五万两,实在存银十一万一百六十三两七钱。均已按款接收清楚,造具册结,详请加结,具奏声明此案交代系于两个月限内结报等情前来。臣复查无异,除循例出具印结,同送到册结,……巡边在外,饬委右政司余诚格前往盐法道库逐一盘查,并无挪移亏缺,出具印结,咨送核办前来,臣复加核查,数目相符。除将册结送部查核外,理合照章附片具奏,伏乞圣鉴,敕部核复施行。谨奏。

朱批:"度支部知道。"

光绪三十四年二月十九日。

(《光绪朝朱批奏折》第 85 辑,371)

请李家修暂缓赴部引见片

再,宣化镇标多伦协副将员缺,前经升任督臣袁世凯奏请,以补用副将李家修补授,经部核准行文,按限给咨,送部引见后再行给札赴任等因,经臣转行遵照在案。兹据东三省行营翼长统领、北洋淮军后路升任四川建昌镇总兵张勋呈称,该副将李家修,管带淮军,驻扎奉天、威远堡一带,地方辽阔,向为积匪出没之区,且上年赴吉东剿,大股虽已荡平,而遁入俄界者或恐窜回滋事,江省界于中外,尤应督军深入,以扫积氛。李家修为将领中得力人员,未便遽易生手,请奏明暂缓赴引等情前来。臣复查无异,相应恳恩准其暂缓赴部引见,以重防务。理合附片具陈,伏乞圣鉴,敕部查照。谨奏。

朱批:"陆军部知道。"

光绪三十四年二月十九日。

(《光绪朝朱批奏折》第 51 辑,334)

审明逆伦重犯张黑豆,按律拟办折

署理北洋大臣兼直隶总督、兼管长芦盐政、山东巡抚、臣杨士骧跪奏,为审明逆伦重犯按律拟办,恭折祈圣鉴事。

窃查,藁城县民人张黑豆谋杀祖母张董氏身死一案,前据该县验讯,禀经批饬,提省审办,嗣据署臬司李树棠督同调署保定府知府胡远灿审明,拟议解勘,值臣驻津，饬委藩司增韫代审无异。臣复加确核，缘张黑豆籍藁城县，负苦度日，已死张董氏系张黑豆祖母，张黑豆平日侍奉孝顺。光绪三十一年间，有钜鹿县人郑洛修，带同其妻郑赫氏赁住张黑豆家西屋。随后郑洛修病故，张黑豆与郑赫氏见面不避。三十三年二月初五日，张黑豆往郑赫氏房内闲逛，见郑赫氏独处，即向调戏成奸后，非一次，并未给过钱物。张董氏先不知情，张黑豆私向郑赫氏商量欲娶其为妻，郑赫氏假意应允。

四月初四日，张黑豆有事外出，张董氏看破奸情，向郑赫氏盘问，郑赫氏将张黑豆欲娶为妻之言向告。张董氏因恐丑事外扬，被人耻笑，回称张黑豆不务正业，劝郑赫氏另行改嫁。是月初七日，经孙双玉为媒，郑赫氏嫁与孙捞摸为妻。事后，张黑豆回家，不见郑赫氏，当向张董氏查知前情。张黑豆因张董氏劝郑赫氏改嫁，不能续奸，心生气忿，起意将张董氏杀死，图赖使孙捞摸受累。

初九日，张黑豆赶至孙捞摸家寻衅不依，郑赫氏言系张董氏劝其改嫁。张黑豆与孙捞摸口角争吵，经人劝散。至初十日夜三更时分，张黑豆终因恋奸情热，愈思愈忿，决意将张董氏害死，图赖泄忿，即潜往瞧见张董氏仰面睡熟，闻有鼾声。维时月光照亮，张黑豆顺取桌上菜刀向张董氏连砍数下，致将其左右腮颊右血盆骨相连右肩甲砍伤。张董氏在炕乱滚，张黑豆又用刀砍伤其项颈近右并脊背，张董氏立时气绝殒命。张黑豆将菜刀藏在北屋炕洞，并将街门弄倒，故意装点，喊同地邻，赶往查看。张黑豆捏称孙捞摸因为郑赫氏夹譬砍死张董氏逃跑，当经该县江宗翰访闻差查，即于次早，张黑豆捏词报县验讯究出实情，禀经批饬，提省审办，据供前情不讳。

查律载，谋杀祖母已杀者凌迟处死等语。此案张黑豆因伊祖母张董氏劝令与伊通奸之郑赫氏改嫁，就敢恋奸怀忿，用菜刀将张董氏谋杀身死，实属行同枭獍，罪大恶极，自应按律问拟。张黑豆合依谋杀祖母已杀者凌迟处死律拟凌迟处死，遵照新章改为斩立决。该县距省在三百里以外，已照例于审明后恭请王命，即在省垣正法，以昭炯戒。郑赫氏依军民相奸者奸妇枷号一个月，杖一百例上，因酿成逆伦重案，酌加一等，拟杖六十，徒一年，所得杖徒枷号，遵照新章，饬县分别罚金具报。除供招分咨部院外，所有审办缘由理合恭折具陈，伏乞皇太后、皇上圣鉴，敕部查照。谨奏。

朱批："法部知道。"

光绪三十四年二月十九日。

（《光绪朝朱批奏折》第 109 辑，114）

具陈津海、秦王岛两关洋税收支各数折

署理北洋大臣兼直隶总督、兼管长芦盐政、山东巡抚、臣杨士骧跪奏，为津海、秦王岛两关第一百八十五结至一百八十八结洋税收支各数，缮单恭折，仰祈圣鉴事。

窃查，津海关洋税向系按结开单奏报一次，仍扣足四结，开单奏销一次，曾经自第一百八十一结起，至一百八十四结止，按结并案将收支各税数目奏销在案。兹据津海关道蔡绍基详称，自光绪三十二年八月十四日第一百八十五结起，至三十三年八月二十三日第一百八十八结止，津海关共征收外洋及招商局船只进出口正半各税、洋药税、并子口税、中外船钞等银三百十六万四千六百九十六两五钱二分一厘。又秦王岛海关共征收外洋及招商局船只进出口正半各税、并子口税、外洋船钞等银十四万八千六十九两五钱五分七厘。又收本关子口税、拨补六成洋税不敷银九万四千二百七十八两六分五厘，其开支薪费等项共银三百八十五万五千六百三十一两五钱八分二厘一毫二丝八忽，分款开单，详请奏咨前来。臣复核无异，理合缮具清单，恭折具陈，伏乞皇太后、皇上圣鉴。谨奏。

朱批："该部知道，单并发。"

光绪三十四年二月十九日。

（《光绪朝朱批奏折》第 75 辑,083）

审办宁晋等县十起寻常命盗死罪案件,照章汇摘简明案由折

署理北洋大臣兼直隶总督、兼管长芦盐政、山东巡抚、臣杨士骧跪奏，为盗案照章汇摘简明案由，恭折仰祈圣鉴事。

窃查，直隶寻常命盗死罪案件照章汇奏，造册送部。又经刑部奏准，如事在光绪二十七年十月以后者，仍将全案供招造册咨部等因，均经遵照在案。

兹据署按察使李树棠呈称，查有宁晋县获贼曹二小，听纠结伙十一人抢夺事主武福堂骡马、银两等物，首伙持有枪炮，将曹二小依结伙十人以上抢夺，但有一人执持洋枪，在场者不分首从，斩枭通行，拟斩立决枭示，照章改为斩立决。

又，枣强县获贼周怀树，纠伙执持洋枪，途抢事主李庆榜布匹，将周怀树依纠伙三人，抢夺执持洋枪之首犯斩枭通行，拟斩立决枭示，照章改为斩立决。

又，长垣县获贼魏二小，纠伙抢夺事主乔进忠等车上货物，用洋枪放伤事主赵东修身死，将魏二小即魏清池依纠三人抢夺执持洋枪之首犯斩枭通行，拟斩立决枭示，照章改为斩立决。王秣听纠伙抢，开枪威吓，依从犯斩决通行，拟斩立决，照章改为绞立决。

又，南乐县获贼孟僧，听纠执持洋枪伙窃事主李肃家，临时抢劫牛骡、钱衣等物，将孟僧依窃盗临时行强，但有一人执持洋枪在场者不分首徒斩枭通行，拟斩立决枭示，照章改为斩立决，恭逢恩诏，不准援免。

又，邯郸县获贼姚合林，听纠伙抢事主刘善逑银两等物，用洋枪威吓事主，将姚合林依抢夺聚众三人以上，但经持械威吓之犯，照强盗律斩决例，拟斩立决，照章改为绞立决。郑二在场并未动手，依例拟遣改军。

又，武邑县获匪刘顺因图得车夫解洛翠车骡，中途用铁镢钩扎殴解洛翠致伤，又用褪带拉勒身死，将刘顺依谋财害命得财后杀死人命者首犯斩立决，准照章改为绞立决。

以上六案业均由司提审解勘发回，分造供招清册，呈请汇奏前来。臣复核无异，除清册分咨部院外，理合准章汇摘简明案由恭折具陈，伏乞皇太后、皇上圣鉴，敕部核复。谨奏。

朱批："法部议奏。"

光绪三十四年二月二十二日。

(《光绪朝朱批奏折》第109辑，115)

具陈津海关洋药厘捐收支各数折

署理北洋大臣兼直隶总督、兼管长芦盐政、山东巡抚、臣杨士骧跪奏，为津海关第一百八十五结至一百八十八结洋药厘捐收支各数，缮单恭折，仰祈圣鉴事。

窃查，津海关前因洋药厘捐收数短绌，不敷银两拟在八分经费项下挪用，曾经咨部核准，饬将次后后征收洋药税厘应按照洋税结报办法，分别单结奏报，四结奏销，并造具各项细数清册，送部查核等因，业经自一百八十五结起按结将收支数目奏销在案。兹据津海光道蔡绍基详称，自光绪三十二年八月十四日第一百八十五结起，至三十三年八月二十三日第一百八十八结期满止，计应过四结，共征收津海关洋药厘捐银一万五千七百九十二两，又收本关八分经费项下拨垫一百八十四结以前洋药厘捐不敷银二万两，又收本关八分经费项下拨补自一百八十五结起至一百八十八结止洋药厘捐支发不敷银四万二千四百十三两五钱四厘,遵章开支薪费等项共银五万八千二百五两五钱四厘,开单详请奏咨前来。臣复核无异,理合缮单恭折具陈,伏乞皇太后、皇上圣鉴。谨奏。

朱批:"该部知道,单并发。"

光绪三十四年二月二十二日。

(《光绪朝朱批奏折》第 75 辑,087)

具陈牛庄海关洋药厘捐银两开支实存各数折

署理北洋大臣兼直隶总督、兼管长芦盐政、山东巡抚、臣杨士骧跪奏,为牛庄海关第一百八十九结洋药厘捐银两开支实存,缮单恭折,仰祈圣鉴事。

窃查,据署奉锦山海关道沈桐详称,该关洋药厘捐自光绪十三年正月初九日起改归海关厘税并征,嗣奉户部饬将收支洋药银两查照洋税收支定章按结开单奏报,一次扣足四结,专折奏销,一面造册送核等因,业经遵办在案。兹届一百八十九结期满,计上届旧管项下存银八千六百四两四钱五厘八毫九丝五忽九微,新收银九十六两,除支给各项房租银三百两外,实存银八千四百两四钱五厘八毫九丝五忽九微,开单详请奏咨前来。臣复核无异,理合缮单恭折具陈,伏乞皇太后、皇上圣鉴。谨奏。

朱批:"该部知道,单并发。"

光绪三十四年二月二十二日。

(《光绪朝朱批奏折》第 75 辑,088)

具陈东海关洋税收支各款银数折

头品顶戴、署理北洋大臣兼直隶总督、兼管长芦盐政、山东巡抚、臣杨士骧跪奏,为东海关第一百八十九结洋税收支各款银数,缮单恭折,仰祈圣鉴事。

窃照东海关征收洋税,截至光绪三十三年八月二十三日,第一百八十八结止,业经具奏在案。兹据东海关道何彦升详称,自光绪三十三年八月二十四日起至十一月二十七日止,按外国三个月一结,系届第一百八十九结期满,共征收进出口各税及船钞银十七万九千九百八十三两三钱二分七厘。该道督饬税务司既委员捡齐册档,查照红簿,逐细核算,数目相符,一切支发各款共银十八万二千二百四两三钱一分八厘九毫九忽,连前结旧管共实存银十万一千八百六十六两三钱四分一厘一毫九丝九忽九微。所有东海关第一百八十九结洋税收支银数,详请核奏前来。臣复核无异,理合缮单会同署理山东巡抚臣吴廷斌恭折具陈,伏乞皇太后、皇上圣鉴。谨奏。

朱批:"该部知道,单并发。"

光绪三十四年二月二十五日。

(《光绪朝朱批奏折》第 75 辑,090)

代张镇芳叩谢天恩折

头品顶戴、署理北洋大臣兼直隶总督、兼管长芦盐政、山东巡抚、臣杨士骧跪奏,为据情代奏,叩谢天恩,恭折仰祈圣鉴事。

窃据二品衔、长芦盐运使张镇芳详称,光绪三十四年正月二十五日钦奉上谕"长芦盐运使,著张镇芳补授等因。钦此。"跪聆之下,惶悚莫名,旋奉饬赴新任,于二月十二日准升任运司凌福彭将印信文卷移交前来,当即恭设香案,望阙叩头谢恩任事。

伏念镇芳汝南下士,冀北备员,十载公车,忝附杏林之宴;九年郎署,幸观农部之光。曾权篆于长芦,复备兵于渤海,涓埃未报,冰惕方深。兹更渥荷恩纶,畀司盐运,自天闻命,伏地增惭。查,长芦为滨海要区,运司乃醝纲总汇,必须严除积弊,裕岁课以济时艰,更期广浚利源,通商情以培元气。镇芳才轻责重,深惧弗胜,惟有矢慎矢勤,悉心筹画,随时随事竭力经营,固不敢操切图功,亦不敢因循废事,以冀仰答圣主高厚鸿慈于万一。所有感激下忱,并任事日期,详请代谢天恩等情,理合据情代奏,伏乞皇太后、皇上圣鉴。谨奏。

朱批:"知道了。"

光绪三十四年二月二十五日。

(《光绪朝朱批奏折》第 24 辑,534)

请将张一麐开去饶阳县底缺,以知府仍留原省补用片

再,饶阳县知县张一麐由举经济持科考列一等,奉旨发往,以知县补用,因劝

办四川赈捐出力,保候补缺后以直隶州用,旋补今职。上年委署天沐河防同知,整顿河务,获庆安澜,复因等办中立案内,经升任督臣袁世凯保准免补直隶州知州,以知府在任候补。该员品端学粹,器识宏通,实堪重用,洵非百里之才。合无仰恳天恩俯准,将该员张一麐开去饶阳县底缺,以知府仍留原省补用,出自鸿施。理合附片具陈,伏乞圣鉴,训示。谨奏。

朱批:"著照所请,吏部知道。"

光绪三十四年二月二十五日。

(《光绪朝朱批奏折》第 24 辑,536)

仰恳天恩俯准敕部更正照拟改奖片

再,查升任督臣袁世凯保筹办中立在事出力各员一案,钦奉朱批"著照所请,该部知道等因。钦此",业经转饬,遵照去后,旋据复称,原保单开请以知府仍留原省补用并加三品衔之何厚启,底衔系奉天补用同知;请以直隶州选用之张泽仁,底衔系调奉委用知县,拟请仍以直隶州留奉补用。请以知县分省补用之张宏用,原名系张宏周;请以知县选用之候选府经历纪钜玢,底衔系分省试用府经历,拟请改为以知县仍分省补用。请以知县选用之候选县丞冯骏英,底衔系候选府经历;请以县丞选用之县丞衔李恒昌,在奉天剿办辽北匪徒案内经前奉天将军臣赵尔巽保以县丞,不论双单月选用,此次所保官阶重复,应请改为以知县不论双单月选用各等情前来。臣查,原保何厚启等员均系已奉硃批允准之案,兹据前情相应仰恳天恩俯准敕部更正,照拟改奖,以符名实,而昭激劝。除咨吏部查照外,谨附片具陈,伏乞圣鉴,训示。谨奏。

朱批:"著照所请,吏部知道。"

光绪三十四年二月二十五日。

(《光绪朝朱批奏折》第 24 辑,535)

夏军饷项仍改拨折

头品顶戴、署理北洋大臣兼直隶总督、兼管长芦盐政、山东巡抚、臣杨士骧跪奏,为改拨淮饷,直隶省运、关两库实难如数筹拨,谨据实上陈,恭折仰祈圣鉴事。

窃臣奏江防新军奉拨饷项，运、关两库颇形支绌，设法酌筹八万两，其余十二万四千两请饬部在于原指之四十二万两款内凑拨足数等情，钦奉朱批"度支部知道。钦此。"兹准部咨，以此次所拨夏军北洋防饷，系该省原旧供支之款，并非新拨款项，饬由北洋关、运两库内如数筹给等因。臣查，已故提臣夏辛酉所统准军前路十营，始则抽调七营剿办曹匪，继则调赴江防，作为游击之师，直隶为畿辅重地，地面空虚，不得不急筹填补。经臣奏明，将山东抚标亲军步队二营马队两哨调赴直隶，驻扎沧州、静海一带，并添募新军，补足抽调原数，酌量填扎，支食准军底饷在案。是夏军原支北洋防饷，已有抵支之需，此次拟由运、关两库共认筹银八万两，委系新拨款项，实非原旧供支。关库正税本属入不敷支，子口税项并无盈余。运库款岁有常额，亦无存积。关库各税一结一报，运库商灶各课一年一报，部中均有案可稽。际此用繁款绌，京外各库同一艰困，苟可设法腾挪，臣决不敢稍存畛域，一再渎陈，上烦圣听，实因无款可拨，难为无米之炊。傥不预先筹计勉应，部议款既无从设法，势必贻误军糈，关系至钜，自未便稍安缄默。昨准办理江防甘肃提臣姜桂提以需饷孔亟，函催到臣，已饬运、关两库暂行筹解银二万两，以应急需。

据长芦盐运使张镇芳、津海关道蔡绍基详请具奏前来。臣复查无异，合无仰恳天恩俯念直隶系缺额省分，饷源甚窘。所有甘肃提臣姜桂题接统夏军不敷饷项十二万四千两，拟仍请饬部另行指拨，以应要需，理合据实恭折具奏，伏乞皇太后、皇上圣鉴，训示。谨奏。

朱批："度支部议奏。钦此。"

光绪三十四年二月二十五日。

（《光绪朝朱批奏折》第 64 辑，373；《杨文敬公奏议》卷七）

造报办理营口巡警、卫生、工程三局及善后用款银数折

头品顶戴、署理北洋大臣兼直隶总督、兼管长芦盐政、山东巡抚、臣杨士骧跪奏，为造报三十三年秋季办理营口巡警、卫生、工程三局及善后用款银数，恭折仰祈圣鉴事。

窃查，办理营口善后要需，前准部咨准，在日本交还税款划分六成项下动用，当经拟定办理巡警、卫生、工程额支、活支及一切善后用款，造具表册，咨部立案，并声明自光绪三十三年起，按季造报一次，年底汇总报销一次，以清款目。业将

三十三年夏季分一切用款奏报在案。兹据署该开道深桐详称，三十三年秋季七、八、九三个月，计新收一百八十八结，动拨日本交还税款六成银十万两，动用巡警、卫生、工程等局额支、活支各款，办理善后暨开道署兼办善后各员薪水、津贴、练军房租及建造营盘等项，共银十四万二千九百二十二两四钱七分四七毫四厘五丝五忽七微，连旧管共实存银四万四十六两五钱三分四厘五毫二丝八忽一微。由道汇总造册，详请奏咨核销前来。臣复核无异，除清册咨部外，理合恭折具陈，伏乞皇太后、皇上圣鉴，敕部核销。谨奏。

朱批："该部知道。"

光绪三十四年三月初四日。

（《光绪朝朱批奏折》第 90 辑，843）

请以禄坤升补磁州知州折

头品顶戴、署理北洋大臣兼直隶总督、兼管长芦盐政、山东巡抚、臣杨士骧跪奏，为拣员升补要缺，以资治理，恭折仰祈圣鉴事。

窃查，正任磁州知州章焘，于光绪三十三年十月十九日在署开州任内丁母忧，应以本员丁忧之日作为开缺日期，归十月分截缺。所遗磁州知州，系"冲、繁、难、调"要缺，例应在外拣选。查定例，州县应调缺出，俱令于现任人员拣选调补；如无合例堪调之员，准以候补人员请补；如无人，准于应升人员内拣选题升。又州县以上应升缺出，应令该督抚先将卓异、引见、回任、候升之员先尽升用，不准于折内声称人地未宜，以别项人员请升。又保题升调人员任内，如有审案、缉盗、征解钱粮、已起、降调、革职参限者，概不准其升调各缺。如因缺系繁要，人地实在相需，为地择人者，亦应据实陈明，不得以空泛考语滥行保题各等语。今磁州知州一缺，臣督同藩、学、臬三司在于现任人员内逐加遴选，非现居要缺，即才难治剧，并无合例堪调之员。即候补知州名员，均与此缺人地不宜，自应在于卓异、候升人员内遴选。兹据布政使增韫、署提学使卢靖、署按察使李树棠查，有卓异候升之雄县知县禄坤堪以升补，会详请奏前来。

臣查，禄坤，年五十四岁，正蓝旗满洲荆州驻防翻译进士，由主事改就知县，选授广西贵县知县，光绪二十四年闰三月二十六日到任，调补临桂县知县。二十七年大计卓异，二十八年丁母忧，三十年服满起复，投供选授宁津县知县，三十二年八月初八到任，调补雄县知县，业经接准部复在案。该员才明识练，吏治勤能，以之升补磁州知州要缺,实堪胜任,与例亦属相符。该员系属初升,任内并无审案、缉盗、征解、钱粮、已起、降调、革职、停升参限处分。且题升要缺,一切因公处分例免核计,亦无参罚案件。除将该员履历清册咨部外,理合恭折具奏,伏乞皇太后、皇上圣鉴,训示。

再所遗雄县知县系属要缺,俟接到部复核明开缺日期,再行照例拣选。谨奏。

朱批:"吏部议奏。"

光绪三十四年三月初四日。

(《光绪朝朱批奏折》第 24 辑,576)

请将张石仍留直隶归候补班补用片

再,花翎卓异在任候补知府、前枣强县知县张石,因案革职,经升任督臣袁世凯查明,该员应治剧邑,颇著循声,解任后于筹办中立一役著有实在劳绩,奏请开复原官,升阶翎枝,并免缴捐复银两,奉硃批"著照所请,该部知道。钦此",转行在案。查,该员张石本系直隶人员,今既开复原官,自应仍归直省补用,惟原奏并未声明,兹由藩司详请具奏前来。合无仰恳天恩俯准,将开复补用知府张石仍留直隶归候补班补用,出自鸿施。理合附片具陈,伏乞圣鉴,训示。谨奏。

朱批:"著照所请,吏部知道。"

光绪三十四年三月初四日。

(《光绪朝朱批奏折》第 24 辑,577)

保荐史荣桂片

再查,束鹿县典史荣桂,现年六十一岁,镶黄旗蒙古后璋佐领下人,由监生报捐典史,分发直隶补用。光绪十九年咨补今职,十一月初六日到任,自到任之日起,连闰扣至二十五年九月初六日,初次六年俸满,又自初次俸满之日起连闰扣至三十一年七月初六日,二次六年又满,由县详府呈道咨司,递相加考,会详呈请保荐,声明该员任内并无违碍处分及参罚案件等情。升任督臣袁世凯因值赴京,饬委前任臬司陆嘉谷代验看得,该员谙练老成,堪以保荐,详经咨明吏部行令具奏前来。臣复核无异，除清册前已咨部外，理合附片具陈，伏乞圣鉴，敕部核复。谨奏。

朱批："吏部知道。"

光绪三十四年三月初四日。

（《光绪朝朱批奏折》第 24 辑，578）

吁请简员校阅军队折

头品顶戴、署理北洋大臣兼直隶总督、兼管长芦盐政、山东巡抚、臣杨士骧跪奏，为陆军第四镇训练已满三年，遵章吁请简员校阅，以重戎政，恭折仰祈圣鉴事。

窃照练兵处兵部奏定章程内开，创练新军，备极繁难，俟其编制已成，训练渐熟，可任征战，由各将军督抚奏请简员照校阅详章认真校阅。如训练不精，展期再练，果能一切如法，著有成效，准其按照异常劳绩请奖一次等因，通行各省。

查照光绪三十二年二月陆军第二镇训练期满，业经升任督臣袁世凯遵照奏请办理在案。伏查，直隶创练陆军，以第二镇为最先，而赓续编练则惟第四镇为最速。该镇于光绪二十九年十一月至三十年二月，先就保定马队淮军肃毅亲军元字马步等营裁改归并，编成步队一协、马队一标，一面派员选募合格壮丁，编成步队一协、炮队一标、工程辎重各一营，分驻马厂小站。初依北洋成镇次序编列，嗣就京旗统计，定为陆军第四镇，训练一切悉照二镇，而致力较难。盖日俄一役，二镇成立，即将两载，四镇开镇之初，已属戒严之日，场操野战，内务外容，必须兼营并进，并日程功，庶几速效可期，急功堪以备用。比经升任督臣袁世凯饬派该镇马队一标，会合二镇马队，编为马队独立协，开往榆关，操防兼顾，得力资深。光绪三十一年三月，蒙钦派兵部尚书长庚、侍郎臣徐世昌点验该镇，奏蒙传旨嘉奖。嗣后，河间、彰德两次秋操，该镇均与其列，亦颇有成绩可观。是该镇训练渐熟，可任征战，似以信而有征。

计自三十年二月编练成镇，距今早满三年，去岁应即举行校阅，适东三省奏准抽调该队步队三营、炮队一营、工程队一营，赴奉驻扎，料量开拔，未及兴办。臣自上年八月莅署任以来，累派督练公所有人员不时分投考察，一切勉能如法。据该镇统制吴凤岭禀请，遵章具奏前来。合无吁恳天恩简员校阅，俾该镇各兵俟校阅后照章办理，庶昭大信而重戎政。除咨陆军部查照外，理合恭折具陈伏乞皇太后、皇上圣鉴。谨奏。

朱批："著派荫昌会同杨士骧认真校阅。"

光绪三十四年三月初四日。

（《光绪朝朱批奏折》第 53 辑，477）

奏为遵旨查明营商倒闭办法情形及先后被参各节据实复陈折

钦差大臣、东三省总督兼管三省将军事务、臣徐世昌，钦差北洋大臣、署理直隶总督、山东巡抚、臣杨士骧跪奏，为遵旨查明营商倒闭办法情形，及先后被参各节，据实复陈，恭折仰祈圣鉴事。

光绪三十三年十月十九日准军机大臣字寄奉上谕："有人奏奸商倒骗巨款，牵动全局，请旨惩办严追各折片，著徐世昌、杨士骧专派大员驰往营口，提讯粤商叶道广，严行追究，一面设法维持，以安市面。原折片著钞给阅看。钦此。"钦遵寄信前来。臣等前据奉署奉锦山海关道沈桐，及营口商会禀称，东盛和叶道广于上年十月初一日倒闭，并连号五家，全行停歇，约计欠款四百余万两。全市歇业，群情惊扰等语，当飞饬该道将叶道广严行管押，并将该商产业查封备抵，一面督同商会清厘债项，以凭核办。嗣奉寄谕，命派大员驰往查办，当即遵派奉天度支司司使张锡銮、津海关道蔡绍基，驰往营口，督同该署道沈桐设法筹办。旋据禀称，叶道广等五家共欠外债约有三百九十余万两，各号欠叶之款约有一百零七万余两。其产业契据，多押在道胜银行及户部银行，已将叶道广严押讯问，并派兵看守，其产业亦一并查封等因。惟筹抵欠债，尤须兼顾市面，当由臣等电商度支部户部银行，允拨巨款到营，先行周转。臣士骧亦允助款项，臣世昌已饬拨铜圆合银二十五万两，以期流转。营口得此接济，人心稍定。至将来部行拨款，叶产如何抵押，债户如何分摊，经该道竭力筹商，始有端绪。诚以匀借公摊，自是一定办法，固不能专顾晋商，是该道办理此事并无不得力之处，祇以头绪纷繁，巨款未拨，办法未定，故臣等尚未具奏。

又于上年十一月二十一日，承准军机臣字寄奉上谕："有人奏地方官徇庇奸商，商董营私舞弊，请加惩儆一折，著杨士骧、徐世昌按照所指各节，确切查明，秉公办理，毋稍瞻徇。原折著钞给阅看。钦此。"钦遵寄信前来。臣等复会同檄饬直隶补用道陶湘、奉天即补道徐镜第驰往营口，严密确查去后。兹据复称当叶道广倒闭，该道立饬将叶商等十余人交商会看押，后将叶商等交海防厅管押讯追。

旋将该商街翎详请斥革，严讯追比在案，并无炉房全体赴商会报荒情事。至津海关道蔡绍基，于亲鞫叶商时，因供词狡展，立予重责讯究，不为不严，并非甘为护符，于此可信。原奏谓受叶商贿托，详加查访，实无其事。

又如商会总理潘玉田、协理李序园于东盛和倒闭之初，即经该总协理眼同众债户先将该五号之账簿图章要件，提至商会，锁入箱内，每遇查账，公同取阅，并未径假总协理之手，亦无迫令宣布之言，所云当众撕去五六页一层，并无其事。叶商有官膏局股票，系一万五千圆，因潘玉田所开永茂油坊倒欠数万两，潘玉田欲以股票扣抵欠款，旋闻被控，遂即中止。至李序国所开西义顺油坊，已经六、七十年，联号众多，照常交易，并无倡为缓期还债之说等因，禀复前来。

臣等查，当东盛和倒闭之初，市面一月数惊，署奉锦山海关道沈桐一面严讯押追，一面安集市面，晓谕商会，舌敝唇焦，人心少定，幸无牵连倒闭之事。嗣有部行拨款之议，及臣世昌饬拨铜圆到营，其时度支司司使张锡鉴、津海关道蔡绍基奉派赴营，会同该道督饬商会欠户人等妥筹抵押分还之法，意见参差，语言庞杂屡变。又经该署道竭力筹维，办法虽未议定，市面藉以维持，即今开河在即，交易照常，人心安谧。是该道力图补救，煞费经营，今既据查明，该道委无庇昵叶商情事，津海关道蔡绍基于查办此案，亦无不合，商会总协理亦并非有意阻滞，藉便私图，均应无庸置议。除俟筹定抵押分摊办法，再行具奏外，所有查明营商倒闭情形及被参各节，据实复陈缘由，谨恭折会陈，伏乞皇太后、皇上圣鉴，训示。再此折系由臣世昌主稿，会同臣士骧办理，合并声明。谨奏。

奉朱批："知道了。"

光绪三十四年三月初四日。

（台北故宫藏档，文献编号：408005086）

再查，锦州协领绳昌，前以奉省由开办学堂经费支绌，将祖遗房产所变价，报效银五千两，以为兴学之需。经前学务处，照数兑收拨用，呈请奏奖等情在案。兹据该协领绳昌呈称，愿将应得奖叙移给其侄八品笔帖式锡元等情前来。臣等复查定章，捐设学堂一人捐赏较钜者，由督抚奏请给奖等语。今锦州协领绳昌，变产报效钜赏，洵属深明公益，自应专案奏奖，以励其余。合先仰恳天恩俯准，将协领绳昌之侄、八品书帖式锡元奖给知县，不论双单月选用，俾资激劝，出自鸿慈。

再，该协领报效银两，移奖其侄八品笔帖式锡元，按照筹饷例报，捐十成银数，有盈无绌，合并声明。除将履历分咨查照外，谨附片具陈，伏乞圣鉴，训示。

谨奏。

朱批："著照所请,该部知道。"

再查,海城县附生孙绍宗,在所住乡间小马头地方创办初等小学堂一所,苦于经费支绌,禀承其母已旌节孝孙冯氏之命,捐助册地六十亩,估值银二千四百两。

又铁岭县府经历职衔田咏埧,捐助本城公立第一两等小学堂经费库平银一千两。据署海城越县知县陈艺、署铁岭县知县都林布,先后详请奏奖等情前来。

臣等复查定章,捐助地方善举银数至一千两以上者,准其自行建坊,奖给"乐善好施"字样。又捐助学堂经费,准照赈捐例以五成实银奖给衔封等语。今该生孙绍宗禀承母命,捐地兴学;该职田咏埧报效学款,数及千金,均属深明公益,自应汇案奏请,分别给奖,以励其余。合无仰恳天恩俯准,将已旌节孝孙冯氏奖给"乐善好施"字样,准其自行建坊;附生孙绍宗奖给贡生加同知职衔,府经历职衔田咏埧奖给同知职衔,以资激劝,出自鸿慈。

再,该生等所捐地亩价值及银两,核与请奖定章,或有盈无绌,或银数相符,合并声明。除分咨查照外,谨附片具陈,伏乞圣鉴。谨奏。

朱批："著照所请,该部知道。"

再暂署奉天府知府管凤和另有参委,所遗员缺,查有新授锦州府知府高树,堪以署理。除檄饬遵照外,理合附片奏明,伏乞圣鉴。谨奏。

朱批："吏部知道。"

恭报十二月分顺直各属市粮价值、雨雪情形折

头品顶戴、署理北洋大臣兼直隶总督、山东巡抚杨士骧跪奏,为查明光绪三十三年十二月分顺直各属市粮价值、雨雪情形,恭折仰祈圣鉴事。

窃查,光绪三十三年十一月分顺直粮价值、雨雪情形,业经奏报在案,兹据藩司查明十二月分市粮价值、雨雪情形,开单请奏前来。臣查,十二月分顺天、永平、保定、河间、天津、正定、顺德、广平、大名、宣化、遵化、易州、冀州、赵州、深州、定州等十六府州属,得雪一、二、三次,每次一、二、三、四、五寸暨一尺不等。又十二月份粮价,顺天、河间、正定、广平、遵化、冀州、赵州等七府州属与上月相同,保

定、天津、大名、宣化、定州等五府州属较上月价减，永平、顺德、易州、深州等四府州属较上月价增。理合恭折具陈，并缮具粮价清单，恭呈御览，伏乞皇太后、皇上圣鉴。谨奏。

朱批："知道了。"

光绪三十四年三月初八日。

（《光绪朝朱批奏折》第 97 辑，972）

补行军政举劾人员折

头品顶戴、署理北洋大臣兼直隶总督、山东巡抚杨士骧跪奏，为补行军政举劾人员，恭折仰祈圣鉴事。

窃查，光绪三十二年十二月初五日，准陆军部咨开："绿营武职军政奏请变通办理，其官兵均未裁撤者照旧加注事实考语；其兵丁已裁官弁尚存者，应查核其平日居官何如，加注考语。又绿营停止骑射，改习枪炮，旧例注考骑射字样，改注枪炮字样。奉旨以议，钦此。"又准陆军部咨开："武职，五年一次；军政，副将以下、守借以上等官于二十员准荐一员；千总于四十员准荐一员。光绪二十八年以后，至光绪三十三年，又届军政之期，各省提镇大员例应于光绪三十三年十月内，将履历事实造册送部，由部详核实绩，缮写清单，恭呈御览。其副将以下官员应卓异者，查照定额旧章办理。如合例人员不敷，不准勉强滥保足额。应劾官员确核实迹，详细登注，分别保题参奏。其不入计典照常留任者，并令填注考语，造册送部。俱于光绪三十三年十月以内，具题到部等因。"当经升任督臣袁世凯咨照提镇一体遵办，嗣因军政届期，臣到任未及三月，各营员弁优劣未能考察周知，势难依限办理，奏请展限至三十四年二月内举办，以昭核实，钦奉批旨，允准在案。

兹当展限期满，自应照例办理，准直隶提督马玉昆会同各镇逐一考核，将应举应劾之员咨请核办，并据各镇开报前来。除提镇履历清册已迳送陆军部，督标各员现在俱系循分供职，并无应举应劾之员，其余督提镇标平等之员，业经前督臣奏明，免其造册送部外，臣查五年军政，关系激扬大典，务须举劾公当，方足以昭劝惩。所有提镇各标官员，经臣分别调验，复加考核，查有泰宁镇标左营分防太平峪千总郭殿邦，年力富强，讲求武备。以上一员历俸已满，任内并无不合例事，故堪膺卓异，以励戎行。又插箭岭守备董纪胜，步履艰难；马水口都司陈鸿铨，久患目疾。以上二员，均难姑容，应即据实参劾，以肃军政。理合会同直隶提督臣马玉昆恭折具陈，伏乞皇太后、皇上圣鉴，敕下部院议复，训示。谨奏。

朱批："陆军部议奏。"

光绪三十四年三月初八日。

（《光绪朝朱批奏折》第51辑，381）

审明因疯杀死亲父重犯，按律定拟折

头品顶戴、署理北洋大臣兼直隶总督、山东巡抚、臣杨士骧跪奏，为审明因疯杀死亲父重犯，按律定拟，照章声请，改为斩决，恭折仰祈圣鉴事。

窃查，安肃县民人刘莱幅，因疯用铡刀砍伤亲父刘洛澧身死一案，前据容城县代验，禀经批饬，提省审办。嗣据署臬司李树棠督同调署保定府知府胡远灿审明拟议解勘，值臣驻津，饬委藩司增韫代审无异。臣复加确核，缘刘莱幅，籍隶安肃县，已死刘洛澧系刘莱幅之父。刘莱幅平日孝顺，并无违犯。光绪三十三年四、五月间，刘莱幅由外村佣工回归，得有疯迷病症，时发时止，每逢发时不省人事，过后即愈。地邻贾禄等原欲报官锁锢，刘洛澧与其妻刘王氏因刘莱幅并不滋事，未经应允。

八月初一日夜，刘莱幅与刘洛澧并刘王氏同屋睡宿。半夜时分，刘莱幅疯病复发，用铡刀将刘洛澧左胳膊砍伤，并划伤左腿。刘洛澧跑出门外，喊跌倒地。经刘王氏闻声起身查看，见刘洛澧业已气绝身死。刘莱幅持刀跳舞，跑出大门，刘王氏即遣人向犯兄刘伏儿等告知，同地邻贾禄等四出查找。至初三日，在村外荞麦地内将刘莱幅找获，同凶器铡刀一并送县。适值该县赵植培因病出缺，经代行典史叶桤庆申经容城县知县连德魁，带领刑仵过境验讯提验。刘莱幅目瞪口呆，语无伦次，交典史叶桤庆收禁饬医，将验讯大概情形禀经批饬，提省审办。嗣据接署安肃县知县李煦炳提验，刘莱幅疯病痊愈，解省研鞫。据各供晰前情不讳，案无遁饰。查律载，子殴父杀者凌迟处死。

又光绪二十九年通行内开，子因疯殴杀父母之案，审明平日孝顺，实系疯发无知，即比照误杀父母之例，仍照本律定拟，将可原情节于折内声叙，请旨改为斩立决。又光绪三十二年通行内开，疯病杀人案件，凡亲属邻佑人等，容隐不报，致杀他人者，均从宽，一并免其照例治罪，乡约仍革役等语。

此案刘莱幅因疯病复发，用铡刀将亲父刘洛澧砍伤身死，实属罪大恶极，自应按律问拟。刘莱幅合依子殴父杀者凌迟处死律，拟凌迟处死。惟查，该犯平日孝顺,实系疯发无知,应遵通行,将可原情节于折内声叙,听候部议,请旨改为斩立决。容隐不报之犯亲、地邻人等,均照通行,免其治罪。地方贾禄仍革役。除供招咨送部院外,所有审明定拟缘由,理合恭折具陈,伏乞皇太后、皇上圣鉴。敕部核复。谨奏。

朱批:"法部议奏。"

光绪三十四年三月初八日。

(《光绪朝朱批奏折》第109辑,117)

请查办知县知州片

再,臣于光绪三十四年二月十七日接据隆平县知县李国枫电禀,该县四乡学堂、巡警等费先由村正副在看青会内摊收粮石,因费重弊多,禀明改由在城绅董按上、下两忙折收钱文,较原办所减实多。讵意改章之际,有枣林等数庄乡民因地多沙碱,绅董漏未查明,始则求革,绅董继复图免缴费,于二月十六日聚众持械来城要挟,不服开导,乱掷砖石,致伤汛弁巡警,并砸毁巡警局,势甚汹汹。当经巡兵开枪格毙数名,始稍敛迹。现已电请正定镇派兵来县弹压等情。臣以案关乡民聚众,且经致毙人命情节较重,当即饬司将该县知县李国枫撤任查办,并将该管之赵州直隶州恩惠一并撤任。一面电饬署正定镇马廷襄带队驰往弹压,并委候补道陈庆彬、候补知府吴克让等前往查办。

兹据马廷襄等禀报,该乡民等当日见镇兵赶到,并经切实劝谕,均已一律解散,地方安谧如常。访讯起衅滋事情形,与县禀大致相同,现正复加确查并访拏首要,体察捐费,分别核办。除由臣札饬藩臬两司严督印委认真查办,不得稍涉含糊,致干严究外,谨附片具陈,伏乞圣鉴,训示。谨奏。

朱批:"仍著该署督认真查办,勿稍含糊。"

光绪三十四年三月初八日。

(《光绪朝朱批奏折》第119辑,279)

为救护中外失事商船出力人员照章请奖折

头品顶戴、署理直隶总督兼北洋大臣、山东巡抚、臣杨士骧,头品顶戴、署理山东巡抚、布政使、臣吴延斌跪奏，为叠次救护中外失事商船出力各员，遵照《奏定变通章程》汇案请奖，恭折会陈，仰祈圣鉴事。

窃查，光绪三十三年九月十五日，承准宪政编查馆咨开《奏定救护中外失事商船变通章程》内载，嗣后东省遇有中外商船实系在洋面遭风触礁瞬将沉没，地方文武官绅果能奋身冒险救出三十人以上，准其每次按照异常劳绩择尤请奖一两员，其余出力稍次人员概按寻常劳绩请奖，每次每船不得过两三员等因。山东沿海一带，岛屿纷歧、礁石林立，商船遭风最易失事。向由登莱青胶道督助各府州县，在于沿海紧要口岸设立拯济局，多备船筏，遴派委员、司事常川驻局，随时奋力救护，历将救护出力人员择尤保奖，均经恭奉朱批"著照所请奖励等因，钦此"，钦尊在案。

卷查，光绪三十三年四月，据前署东海关监督登莱青胶道潘志俊详称，光绪三十一年六月二十二日，宁海州刘长顺商船在昌邑县境下营口洋面遭风触礁，经拯济局委员、山东候补直隶州知州张肇芬，不论双单月选用知县纪犀，司事、县丞职衔孔庆霭，前往救护，登时救起水手、搭客三十三名。

八月初六日，宁波金大丰商船在文登县境双岛口洋面迷雾触礁，经协理拯济局委员、分省补用知府曹恭翊，督同山东补用县丞樊祖燮、司事府经历职衔许景光，前往救护，登时救起水手、搭客三十二名。

十月初七日，奉天韩长庆商船在宁海州境金山港洋面遭风触礁，初八日登州双盛兴商船在宁海州境云溪村洋面遭风触礁，经拯济局委员、安徽试用同知徐富年，山东试用知县王达，候选县丞朱兴渭分投救护，登时救起韩长庆商船水手搭客十八名、双盛兴商船水手搭客三十七名，共五十五名。

十一月初一日，海州於恒利商船在即墨县境七口村洋面遭风触礁，经拯济局委员、直隶州知州用、山东候补知县严正烺，分省试用州同郭焕图，司事、县丞职衔金大来前往救护，登时救起水手、搭客三十三名。

十一月十八日，金州梁利兴商船在宁海州境北头村洋面遭风触礁，经协理拯济局委员、二品衔分省补用道张镒，督同候补知县胡森林、司事府经历职衔陈文林，前往救护，登时救起水手、搭客三十四名。

十二月初九日，福建蒋锦琦商船在文登县五垒岛洋面遭风触礁，经拯济局委员、山东候补直隶州知州李树藩、山东候补府经历陈敬垚、分省试用县丞吴文仲，前往救护，登时救起水手搭客三十五名。

光绪三十二年四月十九日，海州武二兴、武三兴、公发顺商船三只，在日照县境石臼所洋面遭风触礁，协理拯济局委员、开缺云南顺宁府知府朱占科，督同分省试用县丞钱兆梁,司事、县丞职衔叶锡年,分投救护,登时救起武二兴商船水手、搭客二十四名,武三兴商船水手、搭客十九名,公发顺商船水手、搭客十八名,共六十一名。

五月初四日,奉天恒顺兴商船在文登县境内马头嘴洋面迷雾触礁,经拯济局委员、拣选知县翟其煜,分省试用县丞徐克恒,司事、县丞职衔芮钟琦,前往救护,登时救起水手、搭客三十九名。

五月十八日,莱州德兴顺商船在福山县境芝罘岛洋面遭风触礁,经协理拯济局委员、分省补用道于焌年,督同四品衔、尽先选用直隶州知州胡宗麟、分省试用县丞黎树贵,前往救护,登时救起水手搭客三十二名。

五月二十六日,宁波张家本商船在蓬莱县境内大黑山岛洋面遭风触礁,经拯济局委员、山东议叙知县洪乐笙、分省试用县丞萧方骐、司事府经历职衔胡振声前往救护,登时救起水手搭客六十名。

六月十七日,黄河营永义顺商船在黄县境内桑岛洋面遭风触礁,经龙口税局委员、湖北候补直隶州知州陈名发,会同拯济局委员、山东候补知县李祚蕃,司事、县丞职衔沈尚志,前往救护,登时救起水手、搭客三十二名。

六月二十九日,奉天韩恒吉商船在宁海州金山寨洋面遭风触礁,经拯济局委员、山东试用知县易扬远,分省试用县丞林海澄,司事、县丞职衔朱允成,前往救护,登时救起水手、搭客五十七名。

八月初二日,浙江洪德昌商船在文登县境柳埠口洋面遭风触礁,经协理拯济局委员、江苏候补知府祁友崇,督同山东试用县丞段树纶,司事、县丞职衔姚宪璠,前往救护,登时救起水手搭客三十四名。

八月十一日,奉天亨顺利商船在福山县境八角口洋面遭风触礁,经拯济局委员、山东候补同知卞锴孙。山东试用府经历冯蔚藻,董事、县丞职衔傅鸿俊前往救护,登时救起水手搭客三十三名。

八月十八日,奉天王永兴商船在宁海州境金山洋面迷雾触礁,经协理拯济局委员、分省候补道俞纪琦,督同山东试用府经历潘益绵、分省试用府经历丁能枢,前往救护,登时救起水手搭客六十二名。

十月二十五日,奉天华洪祥商船在昌邑县境下营口洋面遭风触礁,经协理拯济局委员、分省候补知府江学韩,候选县丞饶霆武,司事、县丞职衔吴震,前往救护,登时救起水手搭客三十三名。

十一月初三日,奉天张兴顺商船在蓬莱县境林格庄洋面、奉天福德顺商船在蓬莱县境刘家旺洋面同日遭风触礁,经登州府知府、调补济南府知府张学华,会督拯济局绅董、候选同知王宝沣,委员、分省试用县丞李续禄,分投救护,登时救起张顺兴商船水手搭客三十二名、福德顺商船水手搭客十五名,共四十七名。

十一月初四日,威海王钺商船在宁海州境北海洋面遭风触礁,经拯济局委员、直隶州知州用、山东候补知县祝銮,指分两淮补用盐大使沈保儒,司事、县丞职衔颜经魁,前往救护,登时救起水手搭客三十四名。

十一月初五日,浙江福顺兴商船在文登县境北山口洋面遭风触礁,经分省试用县丞永琪、候选县丞刘晋、府经历职衔郝德本,前往救护,登时救起水手搭客三十六名。

十二月初六日,江苏义合成商船在日照县境石臼所洋面遭风触礁,经协理拯济局委员、候选同知张并庚,山东候补张同皋,司事、县丞谢师铣,同往救护,登时救起水手搭客三十一名。均经随时禀报有案。

臣士骧前在山东巡抚任内,因尚未承准《宪政编查馆咨定变通章程》到东,旋即调直署督,未及核办卸事,遂将原案移交臣廷斌存候汇奖。查该员等在宁海、文登、福山、蓬莱、黄县、即墨、昌邑、日照各州县境所辖洋面,先后救护失事商船二十五只。当时或遭风桅折,或触礁船破,人货强半落水,瞬就沉没。该员等于惊涛迷雾之中,不避危险,督率勇役,奋身向前,各驾船筏,登时救起各该船水手、搭客人等共八百五十一名,逐案分计均各在三十人以上,捞起货物亦均各逾六成,洵属在事出力拟保人员。每案异常、寻常不过三员,未逾定章之数,不敢稍涉冒滥。自应遵照《宪政编查馆奏定变通章程》,分别请奖,以慎名器而昭激劝,谨将各案出力人员缮具清单,恭呈御览。合无仰恳天恩,俯准将单开各员一并照拟给奖,以示鼓励,出自逾格鸿施。除将各该员衔名、履历先后分咨外务部、吏部查照立案外,谨合词恭折具陈,伏乞皇太后、皇上圣鉴,训示。谨奏。

朱批:"著照所请,该部知道。单并发。"

光绪三十四年三月初九日。

(《光绪朝朱批奏折》第 24 辑,593)

请以刘凤鑴补授滦州知州折

头品顶戴、署理北洋大臣兼直隶总督、山东巡抚、臣杨士骧跪奏,为拣员请补要缺知州,恭折仰祈圣鉴事。

窃查滦州知州李兆珍补授河南汝宁府知府,应以光绪三十四年正月二十一接到部文之日作为开缺日期,归正月分截缺,所遗滦州知州一缺地近海滨,幅帧辽阔,旗民杂处,政务纷纭,系"繁、疲、难、调"要缺,例应在外拣选调补。

查定例,道府同知、直隶州通判、知州,如系奉旨命往,或督抚题明留于该省候补者,无论应题、应调、应选之缺,均准该督抚酌量补用,先尽科甲出身,如科甲出身人员不合例,或人地不宜,应令详细声明,方准以别项出身候外人员请补。至题调要缺,酌量以候补人员请补时,如有截取记名分发人员,应先尽酌量请补;如果实系人地不宜,始准声叙以各项候补人员请补。又,部议疏通实缺京员章程,嗣后汉司员除照例截取保送外,实缺员外郎准其改就知州分省补用,到省后无用计扣甄别,如遇应题、应调繁要缺出,除坐补原缺人员先尽补用外,其馀均先尽改就人员酌量请补一人,次于各项人员中酌补一人各等语。

今滦州知州一缺,臣督同藩、学、臬三司在于现任选缺知州内逐加遴选,非历俸未满,即人地未宜,一时实无合例堪调之员,未便稍涉迁就。现在直隶亦无截取记名分发并坐补原缺及实缺员外郎改就知州人员,自应在于科甲出身候补知州内拣选请补。兹据藩司增韫、署提学司卢靖、署臬司李树棠查,有正途出身曾任实缺、候补知州刘凤鑴堪以请补,会详请奏前来。

臣查,刘凤鑴,年四十五岁,山东福山县举人,由延庆州知州丁忧服满起复,分发原省,归应补班补用,于光绪三十三年八月十五日经钦派王大臣验放,十六日具奏奉旨"依议。钦此",二十一日领照,九月初一日到省。该员精明干练、为守兼优,以之请补滦州知州要缺,洵堪胜任,与例亦属相符。合无仰恳天恩俯念员缺紧要,准以曾任实缺候补知州刘凤鑴补授滦州知州,以资治理。如蒙俞允,该员衔缺相当,毋庸送部引见。除将该员履历清册咨部外,理合恭折具陈,伏乞皇太后、皇上圣鉴,训示。谨奏。

朱批:"吏部议奏。"

光绪三十四年三月十二日。

(《光绪朝朱批奏折》第 24 辑,608)

徐钟庆到省一年期满堪以留省试用片

再,道府州县,无论候补、试用人员,应自到省之日起于限一年详加察看,出具切实考语,奏明补用。兹查,有试用道徐钟庆到省一年期满,例应甄别。据该员禀请核办前来。臣查,徐钟庆,年力强盛,明白安详,堪以留省试用。除咨部外,理合附片具陈,伏乞圣鉴。谨奏。

朱批:"吏部知道。"

光绪三十四年三月十二日。

(《光绪朝朱批奏折》第24辑,609)

报销顺直被灾各州县放过恩赏银两折

头品顶戴、署理北洋大臣兼直隶总督、山东巡抚、臣杨士骧跪奏,为顺直被灾各州县放过恩赏银两数目据实报销,恭折仰祈圣鉴事。

窃查,光绪三十三年七月十三日,奉上谕,"朕钦奉慈禧端佑康颐昭豫庄诚寿恭钦献崇熙皇太后懿旨,大理院少卿刘若曾等奏,近畿水灾甚重,吁恳恩赏银两赈济一折。本年春间,天气亢旱,近畿一带二麦歉收,夏秋之际又复山水暴涨,河流决口,通州、香河十数州县卑下之区皆成巨浸,小民荡析离居,朝廷实深轸念,著赏给帑银四万两,由度支部给发,交直隶总督、顺天府府尹遴选员绅分往散放,务使实惠及民,毋任一夫失所等因。钦此",当经升任督臣袁世凯以此项恩赏银两,顺直应各领银二万两,派委候补道陆安清督办赈务,赍咨赴部,请领恩赏银二万两,带往灾区,确查散放,即经奏报在案。兹据该道详称,上年被灾各属散放恩赈之通州、香河、蓟州、顺义、三河、宝坻、宁河、武清、霸州、固安、永清、东安等十二州县,计共散放当十铜元三百二十九万七千八百七十二枚。在度支部造币津厂兑换,每当十铜元一百五十五枚合京平足银一两,共合京平足银二万一千二百七十六两五钱九分三厘五毫,折合库平足银二万两。此项赈款,经该道慎选员司,遍履灾村,挨户查放,贫黎均沾实惠,莫不感颂皇仁。所有放过村庄户口细数造具清册,请奏咨核销等情前来。臣复核无异,除将清册咨送度支部核销外,理合恭折具陈,伏乞皇太后、皇上圣鉴,敕部核销。谨奏。

朱批:"度支部知道。"

光绪三十四年三月十二日。

(《光绪朝朱批奏折》第32辑,382)

永定河凌汛抢护平稳折

头品顶戴、署理北洋大臣兼直隶总督、山东巡抚、臣杨士骧跪奏，为永定河凌汛抢护平稳，恭折由驿驰陈，仰祈圣鉴事。

臣前因永定河凌汛届期，行令该河道督饬文武员弁分驻工次，妥慎防守。兹据署永定河道窦延馨禀称，二月十二日到任以后，冰凌逐渐融化，河水跌次增涨，溜深之处自七八尺至一丈五六尺不等，势极凶涌，凌汛水势之大为历年所罕有。该道往来河干，逐段查看，南岸卢沟司六七号、南上十六号、南下十号十一号、南二七八号十五号、南三十号十六号、南五七号十一号十九号、两旱霸新工二十二号、南六七号十六号、南七西小堤四号、挑水北岸之北下十七号、北二上五号、北二下七八号、北三五号十三号、北四上十四号、大霸新工北五头号、北六七号、北七大霸号二三号，或河流坐湾顶冲坍塌，或溜势侧注，埽段垂蛰，甚有陡蛰入水，随镶随蛰，埽靠后溃之处，情形均吃重。其卢沟司南岸四五六号石堤被冰块撞击开段，裂缝坍塌到顶半余丈。南四工十四号横河冲激坍坎直至堤根，卷块塘护溜仍淘涮不移，致将大堤坍去四五六尺不等，长二十七八丈，尤属十分危险。该道督率员弁，多集兵夫，动用料物，不分风雨昼夜极力抢镶，并用麻袋装土填压添卷块，并将溃坍之处补还坚实，相机抢护，始得化险为平。三月初三日，全河冰凌化尽，水势尽落，查得卢沟桥底水现存八尺，禀请奏报前来。除饬将修守事宜认真赶办，以御伏秋汛涨外，所有永定河凌汛抢护平稳缘由，理合由驿具陈，伏乞皇太后、皇上圣鉴。谨奏。

朱批："知道了。"

光绪三十四年三月十二日。

（《光绪朝朱批奏折》第100辑，712）

为顺属通州等十二州县办理春抚片

再，查上年永定北运两河漫决成灾，顺属之通州、三河、武清、宝坻、蓟州、香河、实河、顺义、固安、永清、东安、霸州等十二州县同遭水患，民情苦不堪言。当经升任督臣袁世凯派员携带银两食物查放急抚，以解倒悬，嗣复查放恩抚加抚。

臣到任，复又经筹款，派员查办冬抚一次，均经奏明在案，计先后已放四赈，灾民得以过度残冬。现届春令，青黄不接，为日方长，如有水围村庄，砂压地亩，不堪播种者，民情仍形困苦，必须酌放春抚，以资接济。饬据赈抚局司道筹拨赈款银六万两，分给顺属通州等十二州县，办理春抚。其应挑濬河身，修培堤埝，堵筑决口。疏消积水之处，另行拨款，遴员兴办，以工代抚，冀仰副朝廷念切痌瘝加惠黎元之至意。理合附片具陈，伏乞圣鉴，训示。谨奏。

朱批："度支部知道。"

光绪三十四年三月十二日。

（《光绪朝朱批奏折》第 32 辑,383;《杨文敬公奏议》卷七）

审办武清等县十起寻常命盗死罪案件,照章汇摘简明案由折

头品顶戴、署理北洋大臣兼直隶总督、山东巡抚、臣杨士骧跪奏，为命案照章汇摘简明案由，恭折仰祈圣鉴事。

窃查，直隶寻常命盗死罪案件照章汇奏，造册送部。又经刑部奏准，如事在光绪二十七年十月以后者，仍将全案供招造册咨部；又奏准新章，应入秋审人犯例应缓决者，定案具奏时妥拟确实出语，声明酌入缓决等因，均经遵照在案。

兹据署按察使李树棠呈称，查有武清县民人吴得才，因李万山酒醉骂街，向劝不服，口角争殴，用镰刀扎伤李万山身死。将吴得才即吴二，依斗杀律拟绞监候。衅起不曲，伤由抵御，酌入缓决。

又，交河县民人及万仓，因说刘万龙为人利害，被刘万龙闻知，事后向斥，口角争殴，用小刀扎伤刘万龙，越日身死。将及万仓依斗杀律拟绞监候，死先詈殴，刀扎一伤，酌入缓决。

又，武邑县民人张印，因常玉恒顺拔伊叔张海地内苜蓿，查问口角，致相争殴，用尖刀扎伤常玉恒身死。将张印依斗杀律拟绞监候。扎由抵御，伤无致命，酌入缓决。

又，新城县民人赵琪，因梁俊峰误向伊弟赵蚕索讨已还秫秸钱文，口角争闹，该犯趋劝被殴，用夺获木棍殴伤梁俊峰，越日抽风身死。将赵琪依斗杀律拟绞监候。棍系夺获，死因抽风，酌入缓决。

又，东光县幼民周环，因王五代向伊夺草，争殴受伤，情急用刀砍伤王五代，越日抽风身死。将周环即周四，依斗杀律拟绞监候。幼孩致毙幼孩，身先受伤，死由抽风，酌入缓决。

又，唐县民人赵朝儿，因张㖞气儿与伊兄赵玉辰口角争殴，该犯趋护，用虎尾鞭共殴张㖞气儿，致伤身死。将赵朝儿依共殴人致死、下手致命伤重者绞律，拟绞监候。殴由护兄，一伤适毙，酌入缓决。赵玉辰依馀人律拟杖，照章罚银。

又，清苑县客民武闲，因无盘费回家，被伊妻黄氏讥诮，口角争殴，用刺刀扎伤黄氏，越日身死。将武闲依夫殴妻至死绞律，拟绞监候。死系不顺之妻，酌入缓决。

又，临榆县民人张德顺，因疯用铁稿殴伤伊妻张高氏身死，复审供吐明晰。将张德顺，即张宝，依夫殴妻至死绞律拟绞监候。致毙妻命，由于疯发无知，酌入缓决。

以上八案，业均由司提审解勘，发回造册取结，呈请汇奏前来。臣复核无异，除册结分咨部院外，理合遵章汇摘简明案由，恭折具陈，伏讫皇太后、皇上圣鉴，敕部核复。谨奏。

朱批："法部议奏。"

光绪三十四年三月十三日。

（《光绪朝朱批奏折》第 109 辑，125）

具陈安东海关东沟分关洋税收支并旧管实存各数目折

头品顶戴、署理北洋大臣兼直隶总督、山东巡抚、臣杨士骧跪奏，为安东海关东沟分关第一百八十九结洋税收支并旧管实存各数目，缮单恭折具陈，仰祈圣鉴事。

窃查，安东关征收洋税，截至光绪三十三年八月二十三日第一百八十八结止，业经缮单奏销在案。兹据监督安东海关署理奉天东边道钱鑅详称，自光绪三十三年八月二十四日起，至十一月二十七日止，按外国三个月一结，系属第一百八十九结期满，实计征收进出口各税及船钞银六万八千九百三十一两四钱七分二厘，计解支薪费等项共银七千一百五十一两四钱三分八厘。经该道会同税务司详细稽核，调取收税总册校对数目，均属相符。

除俟分项造册详咨外，所有安东海关东沟分关经征第一百八十九结洋税收支，并旧管实存各银数开单详请核奏前来。臣复核无异，谨会同东三省总督臣徐世昌、奉天巡抚臣唐绍仪缮具简明清单，恭折具奏，伏乞皇太后、皇上圣鉴。谨奏。

朱批:"该部知道,单并发。"

光绪三十四年三月十三日。

(《光绪朝朱批奏折》第 75 辑,098)

奏为循章会同具奏请以现署奉锦山海关道沈桐补授奉天东边道员

钦差大臣、东三省总督兼管三省将军事务、臣徐世昌,钦差北洋大臣、署理直隶总督、山东巡抚、臣杨士骧,头品顶戴、副都统衔奉天巡抚、臣唐绍仪跪奏,为奉天东边道员缺紧要,循章会同拣员请旨简补,恭折仰祈圣鉴事。

窃查,升任奉天东边道张锡銮已蒙恩简授奉天度支司司使,所遗东边道一缺,系属题调要缺,历由盛京将军会同北洋大臣,于奉天直两省道员内拣选请补,办理在案。臣等伏查,东远地方水陆交冲,华洋杂处,近复新开商埠,交涉日益繁多,事务艰巨,十倍于前,非有洞悉边情、熟谙交涉、才识明敏之员,弗克胜任。

兹查,有记名道、现署奉锦山海关道沈桐,现年五十二岁,浙江德清县人,寄籍广东。由优廪生应光绪壬午科广东乡试中式举人,改归原籍,报捐内阁中书。十四年到阁,试俸三年,期满题请实授,乙未科会试中式进士,仍以内阁中书用,俸满截取同知。二十二年经奏调出洋,充驻美二等参赞,二十五年代办出使大臣事务,二十七年报捐知府,二十八年因出洋三年期满,奏保免补知府,以道员分省归候补班补用,并加二品顶戴。七月初十日,奉朱批"著照所请。钦此。"旋捐指直隶。九月奉电旨"使馆事宜,著派沈桐代办。钦此。"十月出使美日秘古国大臣事宜。经前出使大臣伍廷芳奏保,破格录用。十二月十六日奉朱批"著送部引见。钦此。"二十九年三月交卸代办事回华,十月由吏部带领引见,旋蒙召见一次,奉上谕"本日召见之直隶候补道沈桐,著以道员仍留原省补用,并交军机处存记。钦此。"十一月领照到省,历办北洋洋务局大学堂,兼随议约等差。三十年调赴江南差遣,三十二年经北洋大臣袁世凯等会保人才,奉旨"仍交军机处存记。钦此。"三十三年会委署理奉锦山海关道。

该员才识明通,体用赅备,历经奏保人才有案。前在南北洋、两广等省,历办教案、洋务、铁路事宜,均能措置裕如,成效昭著。现署奉锦山海关道,维持市面,劳怨不辞,洵属有裨商务。以之请补东边道员缺,实系人地相宜,与例亦符。合无仰恳天恩俯念东边道员缺紧要,准将记名道沈桐补授,以裨地方。如蒙俞允,该员系记名道员,员缺相当,毋庸送部引见。所有会同拣员请补奉天东边道员缺缘由，谨合词恭折具陈，伏乞皇太后、皇上圣鉴，训示。谨奏。

朱批："著照所请，吏部知道。"

光绪三十四年三月十五日。

（台北故宫藏档，文献编号：408005095）

请以宋功迪补授静海县知县折

头品顶戴、署理北洋大臣兼直隶总督、山东巡抚、臣杨士骧跪奏，为拣员请补要缺知县，恭折仰祈圣鉴事。

窃查，准补静海县知县捐升直隶试用道刘炳炎，于光绪三十三年一月初三日丁父忧，业经咨部开缺。查该员刘炳炎捐升道员，尚未接有离任开缺部文，现既丁忧，应以该员丁忧之日作为开缺日期。惟天津道于十一月三十日咨报到司，仍应勒归十月分截缺，所遗静海县知县系"冲、繁、疲、难"沿河调要缺，例应在外拣选调补。查定例，各省知县如系奉旨命往或督抚题明留于该省候补者，无论应题、应调、应选之缺，准该督抚酌量补用其新进士奉旨分发各省即用知县，如遇应题、应调缺出，亦准该督酌量补用。又，应调缺出，令该督于现任人员内拣选调补，如实无合例堪调之员，准以候补人员题补。又，如遇沿河要缺酌用候补时，将沿河候补与地方候补酌量补用。又，部议疏通实缺京员章程内开，嗣后汉司员除照例截取保送外，实缺主事准其改就知县分省补用到省后，毋庸计扣甄别，如遇应题、应调紧要缺出，除坐补原缺人员先尽补用外，其馀均先尽改就人员酌量请补一人，次于各项人员中酌补一人等语。

今静海县知县一缺，臣督同藩、学、臬三司在于选缺知县内逐加挑选，非历俸未满，即人地未宜，一时实乏合例堪调之员，未便稍涉迁就，其坐补原缺及实缺主事改就知县均无人，自应在于候补并进士即用班内拣选请补。兹据藩司增韫、署提学司卢靖、署臬司李树棠查，有进士即用知县宋功迪，堪以请补，会详请奏前来。

臣查，宋功迪，年三十六岁，江西奉新县人，由廪生中式举人，应光绪戊戌科会试中式贡士，殿试三甲，引见，奉旨以知县即用，签掣直隶，二十九年六月十二日到省。该员年强才裕，办事勤能，以之请补静海县知县沿河要缺，实堪胜任，与例亦属相符。合无仰恳天恩俯念员缺紧要，准以进士即用知县宋功迪补授静海县知县，以资治理。如蒙俞允，该员衔缺相当，毋庸送部引见。除将该员履历清册咨部外,理合恭折具陈,伏乞皇太后、皇上圣鉴,训示。谨奏。

朱批:"吏部议奏。"

光绪三十四年三月二十日。

(《光绪朝朱批奏折》第 24 辑,630)

保荐傅增湘片

再,北洋学习道员用、翰林院编修傅增湘器识闳通,学行纯粹,光绪三十年请咨到直,经升任督臣袁世凯派充文案,旋因江北创练新军,该编修前往赞助筹饷编练事宜,颇资臂画,规模既定,仍回北洋供差。凡于时政,靡不研究,而赞筹学务尤为尽心。直省创兴女学,该编修充当监督,精心缔造,规制井然,远近就学者有七、八百人,历年奖劝陶成,多所造就。上冬举行师范毕业综校成绩,类皆文行粹茂,传习堪资,周官女师之仪重见于今日,洵属功效卓著,克树风声。其平日任事之余,讨论古今,从容风议,考求政要,遇事抒陈于利弊得失之原,无不洞中窾会。现在人才难得,如该编修之体用赅备,物望咸孚,以读书经世为怀,以兴学育才为任,志行事迹均有可见,敢举所知,上陈宸听。应如何恩施之处,出自圣裁,谨附片具陈,伏乞圣鉴。谨奏。

朱批:"傅增湘著交军机处存记。"

光绪三十四年三月二十日。

(《光绪朝朱批奏折》第 24 辑,631)

报销光绪三十一年分北洋海防经费津防练饷收支各款折

头品顶戴、署理北洋大臣兼直隶总督、山东巡抚、臣杨士骧跪奏,为查明光绪三十一年分北洋海防经费津防练饷收支各款,造册报销,缮单恭折,仰祈圣鉴事。

窃查,北洋海防经费津防练饷收支正杂各款,截至光绪三十年底止,列为第三案报销,业经分晰,造具清册,奏咨核销在案,并将三十一年分北洋海防经费津防练饷项下裁减增添各款照章摘叙案由、银数,先行造册,分咨度支、陆军二部,立案声明,造报农工商部请销之款遵章改报陆军部核销。其活支款项,多与上届明目相同,统归报销册内详细开报,分部请销。其修盖各处工程,亦经咨明民政部立案。

　　兹据北洋海防支应局司道详称，现经督饬局员将应行造销光绪三十一年正月起至十二月底止收支北洋海防经费津防练饷等款，逐细核明，照案造具细册，列为第四案报销。计北洋海防经费项下旧管上届光绪三十年底不敷银一百二万三千八百十八两七钱一厘五毫六丝八忽，新收江西、浙江金江海关华洋税银，直隶藩司裁减制兵节饷，长芦盐运司北引加价归公，通永道裁节经费，招商、电报、矿务等局报效，昌黎县地租收回垫支军火价等款，共银一百四十五万八千一百八十七两七厘八毫二丝八忽。内除拨还上届不敷银一百二万三千八百十八两七钱一厘五毫六丝八忽外，实收用银四十三万四千三百六十八两三钱六厘二毫六丝。登除垫支各学堂、督练公所、兵备参谋教练三处学务处经费，军火价值、编纂约章刷印工本等款银五十四万四千六百十七两一分七厘一毫，开除造归度支部核销各学堂、医局、练营，并随办洋务差遣、翻译、侦探，船坞局所文武员弁学生薪粮公费起捞船费，各学堂等处洋员薪水等项，共银三十万四千六百二十三两五钱五分一厘三毫，造归陆军部核销，外海内河大小轮船华洋员弁薪饷公费药费，并恤赏川资，购办操衣、靴帽、家具、书籍、仪器、煤炭、油料、物料，暨油修各船，修理部位安设电话、房租等项，共银六十八万四千二百四十四两一钱九分一厘七毫。造归民政部核销，修盖各处房间工料等项，共银六万四千七百九十三两九钱四分四毫，共开除银一百五万三千六百六十一两六钱八分三厘四毫，统计登除、开除两项共银一百五十九万八千二百七十八两七钱五毫，实在不敷银一百十六万三千九百十两三钱九分四厘二毫四丝，亦由商号挪借支发，应在于下届报销册内滚接造报。

　　又津防练饷项下旧管上届光绪三十年底不敷银六十一万八千五百八两一钱九分九厘九毫，新收直隶藩、运、关三库拨解练饷天津镇标挑入巡警学堂底饷，张独多三厅征解地租，口北道押荒，天津厘金，直豫火车货捐等款，共银七十四万二千三百六十六两一钱一分三厘七毫内，除拨还上届不敷银六十一万八千五百八两一钱九分九厘九毫外，实收用银十万三千八百五十七两九钱一分三厘八毫，登除拨发密云练军饷项，永定河工添备麻袋月夫兵饭等款银七千二百十二两三钱二分九厘四毫。开除造归度支部核销津防练军各营、巡警各局、学堂局所、随辕文武员弁勇夫薪粮马乾柴草暨加复奉饷、改拨赔款、各衙门津贴养廉薪红纸张犒赏及洋员薪水等项，共银六十六万八百四十九两四分九厘七毫。造归陆军部核销各营局队、学堂、辎重兵、长夫、河巡、轮船、薪粮、恤赏、伤赏、采买马匹、倒补马价，并制办账房、操衣、靴帽，安设电话、房租等项，共银十万五千三百二十九两九钱一厘六毫,共开除银七十六万六千一百七十八两九钱五分一厘三毫,统计登除、开除两项,共银七十七万三千三百九十一两二钱八分七毫,实在不敷银六十四万九千五百三十三两三钱六分六厘九毫,皆由商号挪垫支发,亦归下届滚接造报,照案分造收支细数清册,开具清单,详请奏咨核销前来,臣复加确核,开支各款委系实用实销,并无丝毫浮冒。除将清册分咨各部查照外,理合缮单恭折具奏,伏乞皇太后、皇上圣鉴,敕部核销施行。谨奏。

朱批:"度支部知道。"

光绪三十四年三月二十日。

(《光绪朝朱批奏折》第 64 辑,395)

请销北运河光绪三十三年抢修工程用过银两折

头品顶戴、署理北洋大臣兼直隶总督、山东巡抚、臣杨士骧跪奏,为请销北运河光绪三十三年抢修工程用过银两,恭折仰祈圣鉴事。

窃照北运河抢修用款,经升任督臣袁世凯奏明,除初估奏报外,仿照东明黄河成案一次奏销完结。光绪三十三年,该河抢修用款前已估报,此次应即奏销。据通永道衡吉详称,务关同知承办岁修运河两岸河西务等汛、牛口等处堤坝工程,除河兵力作不开价工外,共用银三千五百九十九两六钱八分八厘,杨村通判承办岁修运河两岸三里浅汛、崔家庄等处堤坝工程,并亚挑淤等工,除河兵力作不开工价外,共用银三千九百九十九两四钱三分。以上北运河岁修工程共用实银七千五百九十九两一钱一分八厘,又务关同知承办抢修运河两岸河西务等汛九百户等处堤坝并挂埽挂柳等工,共用银三千一百九十九两七钱五分九厘。杨村通判承办抢修运河东岸、杨村县丞兼管汛柴关南等处堤坝工程,共用银三千五百九十九两三钱八分七厘。以上北运河修工程共用实银六千七百九十五两一钱四分六厘,分项造具册结图说,详请奏销前来。臣复核无异,除将册结图说咨部外,理合恭折具陈,伏乞皇太后、皇上圣鉴,敕部核销。谨奏。

朱批:"该部知道。"

光绪三十四年三月二十日。

(《光绪朝朱批奏折》第 100 辑,714)

具陈温榆河果渠村岁修各工需用银两折

头品顶戴、署理北洋大臣兼直隶总督、山东巡抚、臣杨士骧跪奏，为勘估温榆河果渠村岁修各工，恭仰祈圣鉴事。

查，通州境内温榆河上游果渠村坝埽等工向归漕运通判勘估，拨款兴修，嗣因漕运通判一缺经部核准裁撤，此项工程改由通州兼管，复因通州公事纷繁，未便兼顾，改令通永道遴委妥员勘估兴办。兹据通永道衡吉详称，饬委通州平家疃汛外委张景辉将光绪三十四年果渠村岁修各工择要估报，现据堪得大坝东里头埽，又接西边埽及龙门迤西边埽，又接前边埽共四段，又接西边埽一段，里头埽一段，或蛰陷卑矮，或坝根空虚；又大坝迤西里头埽迤东淤滩二段，亟应分别拆修加高，挑挖通畅，经该道复勘需银一千四百七十六两九钱八分七厘七毫，开单请奏前来。

臣查该工历办章程，每银千两折给实银七百五十两，今据估报需银一千四百七十六两九钱八分七厘七毫，应折给实银一千一百七两七钱四分。查此项工款向由粮税并淤租项下动拨，自担头关奏奉裁撤，仅淤租一项不敷支，故经臣饬由赈抚局支银一千两，其余银两仍由淤租项下动用。除饬通永道督率该弁认真办理，务于大汛前照估，赶办完竣，以御盛涨外，理合缮单具奏，伏乞皇太后、皇上圣鉴，敕部知照。谨奏。

朱批："该部知道，单并发。"

光绪三十四年三月二十日。

（《光绪朝朱批奏折》第 100 辑，715）

本年春季分供应各陵寝员役俸饷米折等银循例拨给折

头品顶戴、署理北洋大臣兼直隶总督、山东巡抚、臣杨士骧跪奏，为本年春季分供应各陵寝员役俸饷米折等银，循例拨给，恭折仰祈圣鉴事。

窃据布政使增韫详称，遵化、蓟州、丰润等三州县供应各陵寝员役俸饷、米折、豆草、车价并马兰镇新旧汉兵米折等项银两，向系由司按季专案详请题拨，一面由各州县派役赴司领回供应，历经遵办在案。兹据遵化、蓟州、丰润三州县将光绪三十四年春季分供应各陵寝员役俸饷、米折、豆草、车价，并尚膳茶正新添饭食马乾暨马兰镇新旧汉兵米折等项银两,开具估单请领,该司按单复核。遵化、蓟州、丰润三州县光绪三十四年春季分供应各陵寝员役俸饷、米折、豆草、车价,并尚膳、茶正、新添饭食、马乾,暨马兰镇新旧汉兵米折等项银二万一千四百六十一两六钱三分二厘,改折八成实银一万七千一百六十九两三钱五厘,内扣官俸、米折、豆草、车价六分部平银二百十五两一钱四分七厘,实发银一万六千九百五十四两一钱五分八厘,核与历年成案相符,应请在于司库地粮银内动拨分晰,开具请单,详请核奏并声明陵工员役增减无定,难以预计,应照急需钱粮之例,一面具奏,一面先行拨给,俾得及早领回散放。其实在支领数目统归于奏销案内核实销算,多则解还,不敷找给等情前来。臣复核无异,除清单咨部外,理合恭折具陈,伏乞皇太后、皇上圣鉴,敕部核复。谨奏。

朱批:"度支部知道。"

光绪三十四年三月二十四日。

(《光绪朝朱批奏折》第90辑,858)

本年春季分供应惠陵员役奉饷米折等银循例拨给折

头品顶戴、署理北洋大臣兼直隶总督、山东巡抚、臣杨士骧跪奏,为本年春季分供应惠陵员役奉饷、米折等银,循例拨给,恭折仰祈圣鉴事。

窃据布政使增韫详称,丰润县供应惠陵暨妃园寝员役奉饷、米折、豆草、车价等项银两,向系由司按季专案详请提报,一面由该县派役赴司领回,供应,历经遵办在案。兹据丰润县将光绪三十四年春季分供应惠陵并妃园寝,暨淑慎皇贵妃园寝员役奉饷米折、豆草、车价及尚膳茶正、马乾、饭食等项银两,开具估单请领。

该司按单复核,该县光绪三十四年春季分供应惠陵并妃园寝,暨淑慎皇贵妃园寝员役奉饷米折、豆草、车价及尚膳、茶正、马乾、饭食等项银四千三百十八两一钱七分二厘,改折八成实银三千四百五十四两五钱三分八厘,内扣官俸、米折、豆草、车价六分部平银五十三两二钱九分三厘,实发银二千四百一两二钱四分五厘。核与历办成案相符,应请在于司库地粮银内动拨分晰,开具清单,详请核奏并声明陵公员役增减无定,难以预计,应照急需钱粮之例,一面具奏,一面先行拨给,俾得及早领回供应。其实在支领数目,统归于奏销案内核实销算,多则解还,不敷找给等情,详奏前来。臣复核无异,除清单咨部外,理合恭折具陈,伏乞皇太后、皇上圣鉴,敕部核复。谨奏。

朱批："度支部知道。"

光绪三十四年三月二十四日。

（《光绪朝朱批奏折》第 90 辑，857）

请以王守坤调补保定府知府折

头品顶戴、署理北洋大臣兼直隶总督、山东巡抚、臣杨士骧跪奏，为省会知府要缺，拣员调补，恭折仰祈圣鉴事。

窃查，保定府知府齐耀琳简放永定河道，遗缺奉上谕"直隶保定府知府员缺紧要，著该署督于通省知府内拣员调补，所遗员缺著景濂补授。钦此。"遵查，保定府知府一缺，九省通衢，旗民杂处，事务纷纭，系"冲、繁、疲、难"兼四省会要缺，例应在于现任各员内拣选调补。查，正途出身各员均于此缺不甚相宜，未便稍涉迁就。据藩司增韫、署提学司卢靖、署臬司李树棠查，有宣化府知府王守坤堪以调补，会详请奏前来。

臣查，王守坤，年六十三岁，河南祥符县监生，由刑部督捕司郎中，俸满截取保送，奉旨"记名以繁缺知府用，钦此。"光绪十七年，保送分发指直隶，由部带领引见，奉旨照例发往。是年八月二十六日到省，二十七年奏补大名府知府，因任所在原籍五百里以内例应回避，调补今职，经部复准，二十八年十二月初十日奉文任事。该员老成练达，资劳最深，以之调补保定府知府，实堪胜省会要缺之任，与例亦属相符，所遗宣化府知府员缺应请即以简放保定府遗缺知府景濂补授。合无仰恳天恩，俯念员缺紧要，准以宣化府知府王守坤等分别调补，以资治理。如蒙俞允，该员等衔缺相当，毋庸送部引见。除将该员王守坤履历清册咨部外，其景濂履历应俟该员来省再行造送，理合恭折具陈，伏乞皇太后、皇上圣鉴，训示。谨奏。

朱批："吏部议奏。"

光绪三十四年三月二十四日。

（《光绪朝朱批奏折》第 24 辑，642）

请将陶式鋆改奖归候补班尽先补用片

再，臣于上年十月间奏保北洋办理救济会出力各员内，有道员用候补知府陶式鋈请俟归道员班后加二品衔,钦奉朱批"著照所请,该部知道。钦此",转行在案,兹据陶式鋈禀称,该员前于光绪二十九年在东明黄工安澜案内,经升任督臣袁世凯保准,俟归道员班后加二品衔,此次保奖系属重复,请改奖等情前来。臣复查无异,合无仰恳天恩俯准饬部,将该员陶式鋈改奖俟过道班后归候补班尽先补用,以昭激劝,理合附片具陈,伏乞圣鉴,训示。谨奏。

朱批:"著照所请,该部知道。"

光绪三十四年三月二十四日。

(《光绪朝朱批奏折》第 24 辑,643)

保荐谢鉴礼片

再,查直隶升补景州知府谢鉴礼,年五十一岁,贵州遵义县拔贡、知县分发直隶,历任获鹿、雄县、阜城等县,升补景州知州。光绪三十年大计,该员在井陉县署任内保荐卓异,三十一年遵例报捐以道员双月在任候选,三十二年复遵例报捐离任以道员指分直隶试用。上年接准史部来咨宪政编查馆考核乙巳年州县事实,该员是年在经陉县任内政绩列入最优等,应令出具切实考语,给咨赴部引见等因,转行在案。

兹据该员并案禀请给咨前来。臣查该员精明稳练,才议优长,在直服官二十余年,历任繁剧,善政宜民。三十年举行大计,曾膺卓异,乙巳年考核事实列等最优直隶牧令,是年课绩列入最优等者仅止该员一人,其官声治行实为通省之冠,现已捐升道员。理合详叙事实并案给咨送部引见,恭候恩施,谨附片具陈,伏乞圣鉴、训示。谨奏。

朱批:"吏部知道。"

光绪三十四年三月二十四日。

(《光绪朝朱批奏折》第 24 辑,644)

为核明陆军光绪三十二年分收支饷杂各款列为第五届报销折

头品顶戴、署理北洋大臣兼直隶总督、山东巡抚、臣杨士骧跪奏,为核明陆军光绪三十二年分收支饷杂各款列为第五届报销,缮单恭折具陈,仰祈圣鉴事。

窃照陆军三十一年分收支饷杂名款,业经升任督臣袁世凯核明造册,奏销在案。所有光绪三十二年分陆军收支饷杂,自应接续造报,以符定章。查是年营队尚有编改,饷项亦多加增,其一切应支款目前经查明大数,缮具清单,咨部立案。

现经逐细核明,自光绪三十二年正月起,截至年底止,原有五镇十一协三十二标步马炮工辎一百八营军乐队督练公所兵备、参谋、教练三处,暨粮饷、军械、军医三局开支饷杂列为第五届造册报销,计旧管不敷湘平银七十二万七千三百三十六两九钱五分一厘四毫。新收部拨饷银及直隶裁减淮练营各节饷、盐斤加价、均价馀利、烟酒税、公债,山东拨解武卫右军先锋队各底饷、增认练兵经费、江南拨解自强军底饷、北洋海防经费,协拨督练公所兵备、参谋、教练三处经费,各镇缴还垫发米价并铁路馀利项下拨补垫支名款,共湘平银八百九十一万一千四百二十八两九钱四分七厘五毫。内除拨还上届垫支不敷湘平银七十二万七千三百三十六两九钱五分一厘四毫外,本届实收湘平银八百十八万四千九十一两九钱九分六厘一毫。登除购办军火、军装价值湘平银十八万一千四百三十六两三钱一分二厘二毫,拨支各学堂经费不敷银十万两,均剔归各另案造报。三十一、二两年秋操北洋垫支各款,共湘平银四十一万八千八百三十七两九钱九分一厘九毫,已另案造报陆军部。

又河南陆军不敷饷项湘平银一万一千七百八十八两二钱八分,应归该军列收造报外,本案实请销湘平银七百九十二万七千二百四两二钱四厘五毫,内应归度支部核销银六百七十六万八千三百二十两二钱五分二厘二毫,陆军部核销银一百十五万八千八百八十三两九钱五分二厘三毫,实在不敷湘平银四十五万五千一百七十四两七钱九分二厘五毫,业经移挪应付,应归下届滚接造报。

据陆军粮饷局司道造具清册,详请奏销前来。臣复加确核,委系实用实销,并无丝毫浮冒。除分咨查照外,理合缮具简明清单,恭呈御览,伏乞皇太后、皇上圣鉴,敕部核销施行。谨奏。

朱批:"该部知道,单并发。"

光绪三十四年三月二十四日。

(《光绪朝朱批奏折》第 64 辑,397)

奏为拣选周长龄署理奉锦山海关道篆务事

钦差大臣、东三省总督兼管三省将军事务、臣徐世昌,钦差北洋大臣、署理直隶总督、山东巡抚、臣杨士骧,头品顶戴、副都统衔奉天巡抚、臣绍仪跪奏,奏为拣员署理奉锦山海关道篆务,恭折会陈,仰祈圣鉴事。

窃臣等会同具奏,请以现署奉锦山海关道沈桐补授奉天东边道员缺一折,于光绪三十四年三月二十四日奉到朱批"著照所请,吏部知道。钦此。"遵即饬令沈桐交卸署篆,前赴新任。查,本任奉锦山海关道朱恩绂,现在江南差次,尚有经手未完事件,到任尚须时日。所有奉锦山海关道篆务,应即委员接署。

经臣等往返电商,查有现充京奉铁路总办、候选道周长龄才识练达,熟悉外交,以之委署斯缺,堪以胜任。除檄饬遵照外,谨合词恭折会陈,伏乞皇太后、皇上圣鉴。谨奏。

朱批:"知道了。"

光绪三十四年三月二十七日。

(台北故宫藏档,文献编号:408005096)

毛殿卿禀请回标归班序补片

再,准直隶提督臣马玉昆咨称,驻扎热河直隶练军差遣之尽先补用游击、提标河屯协左营中军千总毛殿卿,年三十七,顺天府密云县人,由行伍随营剿匪,历保今职,现因亲见老,侍奉乏人,禀请回标归班序补,当经饬归提标中营候补,俾得就近养亲,于光绪三十三年十一月十九日到标,请奏明等因前来。臣复查无异,理合附片具陈,伏乞圣鉴,敕部查照注册。谨奏。

朱批:"陆军部知道。"

光绪三十四年三月二十八日。

(《光绪朝朱批奏折》第 51 辑,415)

请将汉侍卫蔡崇正等四人留归直省委用片

再,汉侍卫蔡崇正、何堃林、孟春、邓卓藩等四员,前经肄业北洋将弁学堂先后毕业,发交军镇差委在案。本年准陆军部咨开奏定汉侍卫分发新章,凡由学堂学习期满,均应送部考验分发等因,经臣饬查开单,分别咨送。惟查,蔡崇正管带北洋淮军亲军左营,现驻小站,逼近海口,操防兼顾,责任匪轻,一时碍难离营,咨请留直,免其赴部分发。嗣接陆军部咨复,以留直差遣,应即奏明咨。

臣查照办理,何堃林等三员业经咨送经部考验,何堃林系陆军第四镇十四标第一营管带,到差较久,人地相宜,现届校阅,事务尤繁,责成綦重。孟春、邓卓藩分充第二镇官长。该镇现时分驻保定、永平,相距过远,全赖此熟悉情形之员方资臂助而免贻误。臣维汉侍卫前发将弁学堂肄业,无非为学成致用起见,该四员等现充军官均极得力,成效昭著,实难遽易生手,自应查照部咨,奏明办理。合无仰恳天恩,俯准将汉侍卫蔡崇正免予送部考验。何堃林、孟春邓、卓藩等发回原镇,一并留归直省委用,仍充原差,以收实效之处,出自逾格恩施。除咨陆军部外,理合附片陈请,伏乞圣鉴,训示。谨奏。

朱批:"著照所请,陆军部知道。"

光绪三十四年三月二十八日。

(《光绪朝朱批奏折》第 51 辑,416)

交纳光绪三十四年长芦盐课第一批解充京饷银片

再,据长芦盐运使张镇芳详称,案查度支部奏拨光绪三十四年长芦盐课解充京饷银二十五万两,遵即拨解第一批银五万两,随解加平银七百五十两,委候补大使陈友瑛于本年三月十七日起程,前赴度支部交纳,造具拨解款册,详请奏咨前来。臣复核无异,除册咨部外,谨附片陈明,伏乞圣鉴,敕部查照。谨奏。

朱批:"度支部知道。"

光绪三十四年三月二十八日。

(《光绪朝朱批奏折》第 90 辑,863)

请将总兵韩廷贵仍留直差遣片

再,开缺山西大同镇总兵韩廷贵,前于同治二年投效淮军,剿办粤捻各匪,卓著战绩,积功荐保记名总兵,随同前督臣李鸿章来直统带营队,训练有方。光绪十一年,借补天津镇标中军游击,嗣升保定营参将,复升河屯协副将。三十一年因赴山西大同镇总兵升任始离直隶开缺以后,交卸东来。臣查,该总兵前在直隶淮军带队服官,先后三十馀年,于地方营伍情形最为熟悉,应请仍留直差遣,以资委用。除饬取履历咨部外，理合附片具陈，伏乞圣鉴，训示。谨奏。

朱批："知道了。"

光绪三十四年三月二十八日。

（《光绪朝朱批奏折》第 51 辑，417）

具陈津海关第一百八十九结洋药厘捐银两开支实在各数折

头品顶戴、署理北洋大臣直隶总督、山东巡抚、臣杨士骧跪奏，为津海关第一百八十九结洋药厘捐银两开支实在各数，缮单恭折，仰祈圣鉴事。

窃据津海关道蔡绍基详称，该关洋药厘捐截至光绪三十三年五月二十一日起，至八月二十三日第一百八十八结止，业经开单详请奏咨在案。兹自光绪三十三年八月二十四日起，至十一月二十七日第一百八十九结期满止，征收洋药厘捐银三千三百四十四两，又收本关八分经费项下拨补一百八十四结以前洋药厘捐不敷银二万两，又收本关八分经费项下拨补一百八十九结洋药厘捐支发不敷银一万一千二百两一钱二分八厘。其遵照部章，开支薪费等项共银一万四千五百四十四两一钱二分八厘，当经会同税司督饬委员将收捐细数核对相符，开单详请奏咨前来。臣复核无异，理合缮单恭折具陈，伏乞皇太后、皇上圣鉴，训示。谨奏。

朱批："该部知道，单并发。"

光绪三十四年三月二十八日。

（《光绪朝朱批奏折》第 75 辑，105）

请销光绪三十三年岁修温榆河果渠村坝扫等工用过银两折

头品顶戴、署理北洋大臣兼直隶总督、山东巡抚、臣杨士骧跪奏，为请销光绪三十三年岁修温榆河果渠村坝扫等工用过银两，恭折仰祈圣鉴事。

窃查，温榆河光绪三十三年岁修果渠村坝扫等工需用银两，前已开单奏估在案，兹据通永道衡吉详称，通州平家疃汛外委承办光绪三十三年分岁修温榆河果渠村坝扫加镶并挑挖淤滩等工，共用银一千四百九十六两八钱一分四厘，造具册结图说呈送，该道按册复核，并无浮冒，遵照章程折给实银一千一百二十二两六钱一分五毫。除赈抚局解到银一千两尽数拨发外，其不敷银一百二十二两六钱一分五毫在于道库淤租银内凑拨领用，将册结图说详请奏销前来。臣复核无异，除将册结图说送部外，理合恭折具奏，伏乞皇太后、皇上圣鉴，敕部核销。谨奏。

朱批："该部知道。"

光绪三十四年三月二十八日。

（《光绪朝朱批奏折》第 100 辑，717）

审办武邑等县寻常命盗死罪案件，照章汇摘简明案由折

头品顶戴、署理北洋大臣兼直隶总督、山东巡抚、臣杨士骧跪奏，为命盗各案照章汇摘简明案由，恭折仰祈圣鉴事。

窃查，直隶寻常命盗死罪案件照章汇奏，造册送部。又经刑部奏准，如事在光绪二十七年十月以后者仍将全案供招造册咨部等因，均经遵照在案。

兹据署按察使李树棠呈称，查有武邑县获贼范和听纠执持洋枪夥劫事主苗永发家马匹，将范和依抢劫之案但有一持洋枪在场者不分首从斩枭通行拟斩立决枭示，改为斩立决，恭逢恩诏，不准查办。

又，唐县获贼高玉胜等听纠夥窃事主王温布铺，逸贼临时行强，用枪威吓事主，劫得银钱布匹等物，将高玉胜即李玉山李得功以窃盗临时行强但有一持洋枪在场者不分首从斩枭通行均拟斩立决枭示，照章改为斩立决。

又，蒿城县获贼张五棚等听纠十八人分持枪械抢夺客民朱黑球银布丝绦等物，将张五棚、张麻糊以结伙十人以上抢夺，但有一持洋枪在场者不分首从斩枭通行均拟斩立决枭示，照章俱改为斩立决。

又，霸州获贼盛得才听纠夥执夺事主徐宝珩驴头、褥套等物，并张大洪在场并未动手，将盛得才以结伙三人以上抢夺，执持洋枪之犯斩枭通行拟斩立决枭示，照章改为斩立决。决夥贼张大洪依例拟遣改军，该犯等恭逢恩诏，均不能援免。

又，通州获贼王二行窃事主贺苏氏家，用洋枪拒放，工人李二身死，将王二依窃施放洋枪拒捕杀人者斩枭通行拟斩立决。

又，蒿城县民妇智张氏，因与伊夫无服族孙智胖子通奸，听从奸夫谋杀本夫智常连死，将智张氏依妻因奸同谋杀死亲夫者凌迟律拟凌迟处死，照章改为斩立决。

又，易州民妇马葛氏因与赵洛兴通奸，起意商同奸夫谋杀纵奸本夫马旦子身死，将马葛氏依本夫纵容妻与人通奸被妻起意谋杀，奸妇斩决例拟斩立决，照章改为绞立决。赵洛兴听从谋杀加功，依奸夫斩候例拟监候，照章改为绞监候，秋后处决。

以上七案业均由司提审，解勘发回，分造供招清册，呈请汇核奏咨前来。臣复核无异，除清册分咨部院外，理合遵章汇摘简明案由，恭折具陈，伏乞皇太后、皇上圣鉴，训示。谨奏。

朱批："法部议奏。"

光绪三十四年三月二十八日。

（《光绪朝朱批奏折》第 109 辑，126）

请以程鹿鸣补授广平府同知折

头品顶戴、署理北洋大臣兼直隶总督、山东巡抚、臣杨士骧跪奏，为拣员请补选缺同知，恭折仰祈圣鉴事。

窃查，准补广平府同知戴世文业经奏参革职，发往军台效力，应以光绪三十三年八月初三接到部文之日作为开缺日期，归八月分截缺。所遗广平府同知选缺，照章轮应在外拣补。查定例，道府同知、直隶州知州、通判、知州，如系奉旨命往，或督抚题明留于该省候补者，无论应题、应调、应选之缺，令该督抚酌量补用。又丁忧、终养、回避、撤回、参革、降补、改教各项选缺，应先优截取记名分发人员请补，不准于折内声叙人地未宜，如无人，始准以各项候补前先候补正班人员酌补。其原系记名简缺人员，只准专以选缺补用，不得兼补题调要缺。如有非正途出身者，无论题调、选缺，应统归各项候补人员内一体酌量补用，不得与正途出身各员一律先尽请补。又通行章程内开同知一项，遇有丁忧、终养、回避、撤回、参革、降补、改教所出选缺，如遇该省记名分发正途出身之同知无人，准以主事记名分发正途出身直隶州知州借补，亦不准声叙人地未宜。如无人，方准以各项候补班前候补正班同知人员酌补各等语。

今广平府同知选缺，并无坐补原缺及裁缺即补、回避即用、新选新补、留省另补并曾任实缺服满候补等项人员，亦无记名分发正途出身之同知，其应行借补之主事记名分发正途出身直隶州知州廷琛，已于光绪三十三年九月三十日丁母忧，其次之荣俊亦于三十三年十二月十二日病故，此外并无主事记名正途直隶州人员,自应在于各项候补同知班内酌量拣补。兹据藩司增韫、署提学司卢靖、署臬司李树棠查,有截取记名分发各项出身候补同知程鹿鸣堪以请补,会详请奏前来。

臣查,程鹿鸣,年六十三岁,安徽绩溪县监生,由通政司汉经历试俸期满捐免历俸,保送截取,由部带领引见奉旨记名以同知用,呈请开缺离署,并请分发,捐指直隶,于光绪二十一年十二月引见,奉旨照例发往,二十二年正月初十日领照到省。该员老成稳练、办事认真,以之请补广平府同知实堪胜任,亦与例章相符。合无仰恳天恩俯准以候补同知程鹿鸣补授广平府同知,以资治理。如蒙俞允,该员衔缺相当,毋庸送部引见。除将该员履历清册咨部外,理合恭折具陈,伏乞皇太后、皇上圣鉴,训示。谨奏。

朱批:"吏部议奏。"

光绪三十四年三月二十八日。

(《光绪朝朱批奏折》第 24 辑,646)

请以杨保善署理步队第七协统领片

再,尽先补用游击杨保善,前充陆军第四镇标统,光绪三十二年十一月间经升任江苏抚臣陈夔龙奏调赴苏,派充统领。上年三月,因水土不服,请假回籍,迄今未见愈。夏间扶病来津就医,加意调治,病获告愈。升任督臣袁世凯以杨保善本在北洋陆军供差有年,既不服苏省水土,自应仍留北洋以收驾轻就熟之效。适步队第七协统领杨善德调津考察操练,即派杨保善暂行代理该协事务,升任督臣袁世凯旋即奉命入都,未及具奏。臣莅署任后正拟核办,即经调任浙江抚臣冯汝骙调令杨善德赴浙,业经奏奉俞允,钦遵在案,而杨保善代理数月,尚无贻误,亟应改为署理,以专责成。经臣咨准陆军部咨复以该员系奏调人员,当由臣自行具奏等因,自应查照奏明办理。除咨行外,理合附片陈明,伏乞圣鉴,训示。谨奏。

朱批:"知道了。"

光绪三十四年四月初七日。

(《光绪朝朱批奏折》第 51 辑,438)

请施恩李长乐儿孙片

再查，原任直隶提督李长乐于光绪十五年十一月十一日在营病故，经前任督臣李鸿章奏，奉十一月二十二日上谕，"李鸿章奏提督积劳伤发，在营病故，胪陈战绩，请旨优恤一折，直隶提督李长乐，前在军营转战江苏、福建、河南、山东、直隶等省，所向克捷，卓著战功，擢授湖北提督，调任湖南、直隶提督，整饬操防，训练营伍，均能称职。兹闻溘逝，悼惜殊深。李长乐著照提督军营积劳病故例从优议恤，生平战功事迹宣付国史馆立传，并加恩予谥。原籍及立功省分，准其建立专祠。伊孙李承谦著俟及岁时带领引见。该衙门知道。钦此。"仰见圣恩高厚，垂裕无穷。

兹查，李承谦正当及岁，遽即身故，并无子嗣。惟李长乐尚有次孙守谦，据李氏族长、前选云南陆凉州知州李恩官备具宗图履历，并取同乡官印结，禀请合奏前来。臣查，宗图内载李长乐弟兄四人，长兄长庆生子廷选，无子；次兄长美，生子廷勋，生孙恩官、承谦、守谦三人。恩官入继长房大宗兼祧本房；三兄长青无子，以廷董兼祧。李长乐生子廷华，无子，以承谦为嗣子，承谦病故，亦无子嗣，复以守谦为廷华嗣子，委系昭穆相当，于例符合。伏惟朝廷赐赉勋臣，有加无已。李长乐长孙承谦，虽于赴引以前病殁，现尚继有次孙守谦，亦宜同邀旷典。李守谦年已二十一岁，应如何施恩之处，出自宸裁。除宗图、履历印结咨部外，理合符片具陈，伏乞圣鉴，训示。谨奏。

朱批："陆军部议奏。"

光绪三十四年四月初七日。

（《光绪朝朱批奏折》第 51 辑，439）

恭报正月分顺直各属市粮价值、雨雪情形折

头品顶戴、署理北洋大臣直隶总督、山东巡抚杨士骧跪奏，为查明光绪三十四年正月分顺直各属市粮价值、雨雪情形恭折仰祈圣鉴事。

窃查，光绪三十三年十二月分顺直粮价值、雨雪情形，业经奏报在案，兹据藩司查明正月分市粮价值雨雪情形，开单请奏前来。臣查，正月分顺天、永平、保定、河间、天津、正定、顺德、广平、大名、宣化、遵化、易州、冀州、赵州、深州、定州

等十六府州属得雪一、二、三、四、五次,每次一、二、三、四、五寸不等。又查正月分粮价,广平、遵化、冀州、赵州、定州等五府州属与上月相同,永平、天津、正定、顺德、易州、深州等六府州属较上月价减,顺天、保定、河间、大名、宣化等五府州属较上月价增。理合恭折具陈,并缮具粮价清单,恭呈御览。伏乞皇太后、皇上圣鉴。谨奏。

朱批:"知道了。"

光绪三十四年四月初七日。

(《光绪朝朱批奏折》第 97 辑,988)

请以俞兰元调补河间县知县折

头品顶戴、署理北洋大臣直隶总督、山东巡抚、臣杨士骧跪奏,为拣员调补要缺知县,恭折仰祈圣鉴事。

窃查,河间县知县傅澄源升署大名府管河同知,应以光绪三十三年十二月十六日接到部文之日作为开缺日期,归十二月分截缺,所遗河间县员缺辖境远阔,地当孔道,旗民杂处,事务殷繁,兼管子牙河道堤工,系"冲、繁、难"沿河要缺,例应在外拣选调补。据藩司增韫、署提学司卢靖、署臬司李树棠查,有衡水县知县俞兰元,堪以调补,会详请奏前来。

臣查,俞兰元,年五十二岁,浙江山阴县监生,由山西候补班补用知县,回避改擎直隶,光绪二十三年七月初四日领咨到省,奏署今职。经部复准,二十八年正月初十到任,试署一年,期满奏请实授,扣至三十一年,试俸三年期满,业经咨销试俸在案。该员才具稳练,史治勤能,以之调补河间县知县沿河要缺,实堪胜任,与例亦属相符。合无仰恳天恩俯念员缺紧要,准以衡水县知县俞兰元调补河间县知县,以咨治理。如蒙俞允,该员衡缺相当,毋庸送部引见。

再,该员系初调,任内并无审案缉盗、征解钱粮、已起降调、革职参限处分,且题调要缺任内一切因公处分例免核计,所有参罚案件凡在光绪三十年正月十五日恩诏以前者应行宽免,其恩诏以后参罚案件已据造册呈送。除将清册咨部外,理合恭折具陈,伏乞皇太后、皇上圣鉴,训示。

再,所遗衡水县知县选缺,直隶现有应补人员应请留归外补。谨奏。

朱批:"吏部奏议。"

光绪三十四年四月初七日。

（《光绪朝朱批奏折》第 24 辑，670）

具陈安东海关洋税收支各数折

头品顶戴、署理北洋大臣直隶总督、山东巡抚、臣杨士骧跪奏，为安东海关第一百八十七结至一百八十八结洋税收支各数，缮单仰祈圣鉴事。

窃查，安东关洋税自开关起，业经按结将收支各税数目奏销在案，旋准部咨第一百八十八结为各关四结奏销之期，所有该关此次奏销应变通办理，将第一百八十七、八两结收支数目暂行办理奏销一次，嗣后仍应照章扣足四结，再行奏销，俾与各关一律等因，转饬遵照办理去后，兹据监督安东海关署理奉天东边道祁祖彝详称，自光绪三十三年三月初一日开办起，至八月二十三日止，系届第一百八十七、八两结期满，计共征收进出口各税银五万五千五十三两三分一厘。除遵章扣提经费并解河工经费、船钞等银二万四千九百四十两九钱一分五厘外，实存正税银二万九千八百五十二两四银三分六厘，再存三成船钞银二百五十九两六钱八分，分款开单，详请奏咨前来。臣复核无异，谨会同东三省总督臣徐世昌、奉天巡抚臣唐绍仪缮具清单，恭折具陈，伏乞圣鉴，训示。谨奏。

朱批："该部知道，单并发。"

光绪三十四年四月十二日。

（《光绪朝朱批奏折》第 75 辑，115）

请以凯龄补授宣化镇标左卫城守备片

再，宣化镇标怀安路左卫城守备武英升补都司，遗缺系沿边旗缺，接准部咨，令拣合例人员请补等因。兹查，有补用守备凯龄年三十五岁，镶蓝旗满洲觉罗启玉佐领下人，由武举充补差官，期满以守备分发直隶补用，光绪三十年八月到省。该员年力强裕，以之补授宣化镇标左卫城守备实堪胜任，典例相符。合无仰恳天恩俯准授以裨营伍。除饬取屦历咨部外，理合会同直隶提督臣马玉昆附片具陈，伏乞圣鉴，训示。谨奏。

朱批："陆军部议奏。"

光绪三十四年四月十三日。

（《光绪朝朱批奏折》第 51 辑,449）

吴烈试署一年期满例应实授片

再查,前准吏部咨满城县知县高维敬病故,遗缺准以经济特科试用知县吴烈署理,衔缺相当,毋庸送部引见,仍俟试署期满另请实授等因,转行遵照在案。兹据升任布政使增韫、署提学使卢靖、署按察使李树棠会详称,满城县知县吴烈自光绪三十二年八月二十七日到任之日起,扣至三十三年八月二十七日,试署一年期满,例应实授。据署保定府知府胡远灿查明造具事实履历清册,呈道咨司加考,详请具奏,声明该员任内并无违碍处分,亦无参罚案件等情前来。臣查,该员稳练精详,勤求吏事,应请照例准其实授。除事实履历清册咨部外,理合附片具陈,伏乞圣鉴,敕部核复。谨奏。

朱批:"吏部议奏。"

光绪三十四年四月十三日。

（《光绪朝朱批奏折》第 24 辑,686）

请以杨灏生等补署盐山县知县等缺折

头品顶戴、署理北洋大臣兼直隶总督、山东巡抚、臣杨士骧跪奏,为拣员补署选缺知县,恭折仰祈圣鉴事。

窃查,盐山县知县段献增、成安县知县张尔琨均经奏参开缺另补,应以三十三年八月十七接到部文之日作为开缺日期,均归八月分截缺,系属同月出缺,应行掣签,业将盐山县知县掣定第一缺,成安县知县掣定第二缺,咨部在案。所遗各员缺,应即按照例章序补,当将盐山县第一缺奏请以部属进士主事改就知县迎喜试署,成安县第二缺以即用知县杨灏生请补。经部议复,盐山县缺京员改归知县班次业经查销,轮用拔贡主事改归知县,无人拣选,举人知县不合例,应用即用进士先即用进士酌补一人。成安县缺,应用候补班先候补正班酌补一人,所请以迎喜请署盐山县缺,以杨灏生请补成安县缺,核与定章不符,行令另拣合例人员依限更补等因,自应遵照部议分别拣员请补。查有进士即用知县杨灏生堪以请补盐山县知县,候补知县高景祺堪以请补成安县知县,据升任藩司增韫、署提学司卢靖、署臬司李树棠会详请奏前来。

臣查，杨灏生，年三十九岁，奉天吉林府附生，应光绪癸巳科乡试中式举人，甲辰科会试中式贡士，引见，奉旨以知县即用，签掣湖北，因亲老告近改掣直隶。三十二年三月初十日到省。该员稳重安详，究心民事，堪以请补盐山县知县。又查，高景祺，年四十八岁，河南沈邱县拔贡，由山东试用直隶州州判因充武备学堂汉文教习，两居期满，保准免补本班以知县仍留原省补用，遵例捐离原省，改指直隶，引见奉旨，著照例发往，光绪三十年十一月二十八日到省，业经期满甄别在案。该员朴实深稳，颇著循声，堪以试署成安县知县。

以上二员拟补各缺，均堪胜任，亦与例章相符。合无仰恳天恩俯准，以杨灏生等补署盐山县知县等缺以资治理。如蒙俞允，该员等衔缺相当，均毋庸送部引见。该员高景祺仍候试署期满，如果称职，另请实授。除将该员等履历清册咨部外，理合恭折具陈，伏乞皇太后、皇上圣鉴，训示。谨奏。

朱批："吏部议奏。"

光绪三十四年四月十三日。

（《光绪朝朱批奏折》第 24 辑，685）

饬委增韫、李树棠代为提勘秋审人犯片

再，近年秋审人犯，因臣驻津，均委在省司道代勘。本届审录之期，署清河道熙臣出省督办河工，臣已照案饬委升任藩司增韫、署臬司李树棠代为提勘，由臣逐案复核具奏，理合附片陈明，伏乞圣鉴。谨奏。

朱批："知道了。"

光绪三十四年四月十三日。

（《光绪朝朱批奏折》第 106 辑，171）

报拨本年春季分吉地差役钱粮米折等项银两折

头品顶戴、署理北洋大臣兼直隶总督、山东巡抚、臣杨士骧跪奏，为报拨本年春季分吉地差役钱粮米折等项银两，恭折具陈，仰祈圣鉴事。

窃据升任布政使增韫详称，玉田县供应菩陀峪万年吉地添设差役人等钱粮

米折等项银两,向系由司按季专案详请题报,一面由该县赴司领回供应,历经遵办在案。今据玉田县请领光绪三十四年春季分供应菩陀峪万年吉地差役钱粮米折等项,共银五百三十八两五钱,改发八成实银四百三十两八钱,核与历办成案相符,应请在于司库地粮银内动拨分晰,开具清单,详请核奏并声明吉地员役增减无定,难以预计,应照急需钱粮之例,一面具奏,一面先行拨给,俾得及早领回供应。其实在支领数目,统归于奏销案内核实销算,多则解还,不敷找给等情前来。臣复核无异,除清单咨部外,理合恭折具陈,伏乞皇太后、皇上圣鉴,敕部核复。谨奏。

朱批:"度支部知道。"

光绪三十四年四月十三日。

(《光绪朝朱批奏折》第 30 辑,565)

报拨本年春季分各陵园役俸饷米折等项银两折

头品顶戴、署理北洋大臣兼直隶总督、山东巡抚、臣杨士骧跪奏,为报拨本年春季分各陵园役俸饷、米折等项银两,恭折具陈,仰祈圣鉴事。

窃据升任布政使增韫呈称,玉田县供应定陵、定东陵并顺水峪暨禧妃园寝员役俸饷米折、豆草、车价并新添尚膳、茶正、马乾、饭食等项银两,向系由司领回供应,历经遵办在案。兹据玉田县请领光绪三十四年春季分供应定陵、定东陵并顺水峪暨禧妃园寝员役俸饷、米折、豆草、车价并新添尚膳、茶正、马乾、饭食等项,共银六千一百六十四两三钱三分七里,改折八成实银四千九百三十一两四钱六分九厘,内扣官俸、豆草、车价六分部平银六十两七钱七分,实发银四千八百七十两六钱九分九厘,核与历办成案相符。应请在于司库地粮银内动拨分析,开具清单,详请核奏并声明,陵工员役增减无定,难以预计,应照急需钱粮之例,一面具奏,一面先行拨给,俾得及早领回供应。其实在支领数目,统归于奏销案内核实销算,多则解还,不敷找给等情前来。臣复核无异,除清单咨部外,理合恭折具陈,伏乞皇上圣鉴,敕部核复。谨奏。

朱批:"度支部知道。"

光绪三十四年四月十三日。

(《光绪朝朱批奏折》第 30 辑,564)

具陈津海、秦王岛两关洋税收支并管实存各数折

头品顶戴、署理北洋大臣兼直隶总督、山东巡抚、臣杨士骧跪奏,为津海、秦王岛两关第一百八十九结洋税收支并管实存各数,缮单恭折具陈,仰祈圣鉴事。

窃查,津海、秦王岛两关征收洋税,截至光绪三十三年八月二十三日第一百八十八结止,业经缮单奏销在案。兹具津海关道蔡绍基详称,自光绪三十三年八月二十四日起,至十一月二十七日止,按外国三个月一结,系届第一百八十九结期满,津海关除外国船只江海等关免单银九万八千五百四十七两六分七厘,招商局船只江海等关免单银八万七千五百十九两三钱四分六厘,并未收银外,实际征收外洋及招商局船只进出口正杂各税、洋药税并子口税、中外船钞等银八十八万四千五百七十七两七分六厘。

又秦王岛关,除外国船只江海等关免单银七千六百六十七两五钱三分六厘并未收银外,实际征收进出口各税及船钞银四万二千五百四两八钱二分五厘,计开支薪费等项共支发银九十九万五千五百四十九两二钱二厘九毫一丝九忽。经该道督饬委员会同税务司详稽核,调取收税总册校对数目,均属相符。除俟分项造册详咨外,所有津海、秦王岛两关第一百八十九结洋税收支并旧管实存各银数,开单详请核奏前来。臣复核无异,理合缮具清单,恭折具陈,伏乞皇太后、皇上圣鉴。谨奏。

朱批:"该部知道,单并发。"

光绪三十四年四月十六日。

(《光绪朝朱批奏折》第 75 辑,116)

荐举李德顺等五人折

头品顶戴、署理北洋大臣兼直隶总督、山东巡抚、臣杨士骧跪奏,为遵旨荐举人才,以备任使,恭折仰祈圣鉴事。

窃臣恭读上谕:"朕钦奉懿旨:振兴国势,先简拔人才,著在京大学士、各部院尚书、侍郎、都御史、副都御史,在外各省督抚率同藩、学、臬三司,公同访求。如确有才堪大用及各擅专长者,即行切实荐举,以备任使等因,钦此。"仰见皇太后、皇上侧席求贤之至意,钦服莫名。臣维济变固取乎明通,任事要资乎干练。一时盛名之士,朝廷已简拔无遗,而声闻未彰,具有根柢,可为国家效尺寸之长者,或

已用而未尽其才，或有才而尚未见用，谨率同藩、学、臬三司悉心访察，切实论荐，以备圣明采择。

查，有留直补用道李德顺，由同文馆汉军学生，派赴德国留学，肄业十馀载，造诣精深。始于国文尚浅，回国后专致国文。每有论说，绝非摭拾浮词，无裨实用。近日谙习方言、政学，至不乏人求。如该员之应付咸宜，甚不多见。前经臣由直调赴山东，随办交涉、争回利权，多资赞助，洵为外交出色之才。

农工商部左丞耆龄，前以刑部郎中办理崇文门税务，悉心综核，劳怨不辞，增收税数甚钜。在差两次届满，均以得力留办，并蒙恩擢改京堂，嗣充政务处帮总办。每遇时政条奏及议办一切事宜，无不赞画精详，洞中窾要。究其才能，良堪大受。

候选道李熙，以诸生负时望，本籍直隶，流寓山东，历任抚臣常资顾问。臣在东时屡试以事，措置裕如。东省新政规章，多出其手。该员讲求法政，计学尤精，且于经史义理无不贯彻。臣当观其历年著述，凡中西政教本原均能确有心得，切实指陈。伏处幕僚，堪为才惜。

记名分省补用道张士珩，前随已故大学士李鸿章供差直隶，历练颇多，嗣经升任山东抚臣周馥调赴山东委办武备学堂，并兼省城学务。事皆草创，无不力任其难，区画井井。东省学堂成效，推该员之力居多。在差三年，未领薪费，尤为人所难能。旋经练兵处调派南洋制造局，力加整顿，攻练日精，省款极巨。其治己之严，任事之诚，迥非时辈所及。

奏留江苏补用道汪瑞闿，始以道员分发江西，到省后即为故督臣李兴锐所器赏，先后办理巡警及统领新军各差，并署理臬司，吏畏民怀，能声卓著，嗣经前广西抚臣柯逢时调办军务，事竣仍回原省。前年署理九江关道，维时沿江一带，正兴匪党煽乱之谣，该员从容消弭，具征识力。现经两江督臣端方调苏补用，委令创办上海巡警，事关华洋权限，因应维艰。该员悉心综画，现已成效大彰，洵属体用兼赅，不可多得之选。

以上五员，臣察之有素，知之最深，倘荷圣恩擢用，必能各展所长，奋图报称。所有遵旨荐举贤才缘由，理合恭折具陈，伏乞皇太后、皇上圣鉴。谨奏。

朱批："吏部知道。"

光绪三十四年四月十六日。

（《光绪朝朱批奏折》第 24 辑，692）

考查州县官员分别等次折

头品顶戴、署理北洋大臣兼直隶总督、山东巡抚、臣杨士骧跪奏,为考查州县事实分别等次,缮具清单,恭折仰祈圣鉴事。

窃查,光绪三十年五月十四日,奉上谕"钦奉慈禧端佑康颐昭豫庄诚寿恭钦献崇熙皇太后懿旨,州县之设原以与民相亲,嗣后责成督抚考察州县,必以为守俱优、下无苛扰、听断明允、缉捕勤能,为地方兴利除害,于学校、农工诸要政悉心经画,教养兼资,方为克尽厥职。著自本年为始,每届年终,将州县胪列衔名、年岁、籍贯清单,注明何年月日补署到任,经征钱粮完欠分数及有无命盗各案、词讼已结未结若干起,监禁羁押各若干,均令据实开报,任内兴建学堂几所,种植、工艺、巡警诸要政是否举办,一并分别优劣,开列简明事实,不准出笼统宽泛考语。奏到后,著交政务处详加查核,分起具奏等因,钦此。"嗣准政务处奏定画一章程,颁发课绩表式,历经遵办在案。

兹据藩、学、臬三司会详顺直光绪三十三年州县课绩表,已由各属陆续送司。表内所列各项,如钱粮、学堂、种植、工艺、巡警诸政,及命盗词讼案件、监禁羁押各犯,由司查与月报档案均属相符,遵照定章按其程度高下列为三等,计应列最优等者一员,优等者二十四员,平等者三十七员,次等者无,其未及一年者毋庸核计。惟各属送到表册多未合式,若纷纷驳换,必致有误限期,由司另缮清折,汇钉成本,详请核办并声明前任新河县知县傅澄源、前兼理新河县知县徐树廷、现署南宫县知县朱贞保、现任曲阳县知县郑在中等四员在任均未及一月,无绩可课,是以并未列表等情前来。

臣查,振兴务首在澄叙官方,州县为亲民之官,尤应严加考察。上年大计案内,已将循良素著及庸劣不职者分别举劾,俾资劝惩,各员皆能争自濯磨,勤求治理,各项新政次第举行,听断催科亦多明敏,吏治日有起色,堪以仰慰宸勤。除将表结咨送宪政编查馆查核外,理合会同兼管顺天府府尹臣陆润庠顺天府府尹臣凌福彭缮单具奏,恭陈御览,伏乞皇太后、皇上圣鉴,敕下宪政编查馆核复。

再,各员年岁、籍贯、补署任卸日期及各项政绩均于表内登明,其清单仅列等次、衔名,不及备载,至此折本应三月内出奏,因各属送到表册多未合式,由司另行缮送以致稍迟,合并声明。谨奏。

朱批:"该衙门知道,单并发。"

光绪三十四年四月十六日。

请将傅世炜调留直隶补用片

再，三品衔陕西补用道傅世炜，由编修出守凤翔，曾摄首郡，以筹赈出力保升道员，在陕西办理学务，并赴日本考察法政。该员品学纯粹，治事有声，于近政均极讲求，于学务尤多心得。直省学校林立，亟应旁搜才望以为任使之资。合无仰恳天恩俯准，将陕西补用道傅世炜调留直隶补用，并免缴离省留省银两，出自鸿施。除分咨查照外，理合附片具陈，伏乞圣鉴，训示。谨奏。

朱批："著照所请，该部知道。"

光绪三十四年四月二十日。

（《光绪朝朱批奏折》第 24 辑，700）

报拨本年夏季分普陀峪万年吉地员役俸饷米折等项银两折

头品顶戴、署理北洋大臣兼直隶总督、山东巡抚、臣杨士骧跪奏，为报拨本年夏季分普陀峪万年吉地员役俸饷、米折等项银两，恭折仰祈圣鉴事。

窃查，玉田县供应普陀峪万年吉地八旗员役俸饷米折并养育兵丁钱粮等项银两，向系由司专案详请题拨，一面由东陵承办事务衙门派员赴司请领散放，历经遵办在案。兹据升任布政使增韫呈称，准东陵承办事务衙门造册请领，该司按册复核原归玉田县光绪三十四年夏季分供应普陀峪万年吉地八旗员役米折、马乾、孤寡养赡、养育兵丁钱粮等项，共银二百四十三两，改支八成实银一百九十四两四钱，核与历届成案相符，应请在于司库地粮银内动拨，由司分开清单，详请核奏并声明，吉地员役增减无定，难以预计，应照急需钱粮之例一面具奏，一面先行拨给领回散放。其实在支领数目统归于奏销案内核实销算，多则解还，不敷找给等情前来。臣复核无异，除清单咨部外，理合恭折具陈，伏乞皇太后、皇上圣鉴，敕部核复。谨奏。

朱批："度支部知道。"

光绪三十四年四月二十日。

（《光绪朝朱批奏折》第 30 辑，570）

谨委吴延斌前往泰安致祭片

再,案查每年四月十八日致祭泰山,历蒙钦颁香供,由巡抚藩臬两司内酌量一人前往致祭。本年香供经内务府奏派郎中延曾斋送到东,臣谨委藩司吴延斌于四月十五日恭斋香供前往泰安,如期斋祓登山,敬谨陈设致祭,以仰副圣主为民祈福之至意。理合附片奏闻,伏乞圣鉴。谨奏。

朱批:"知道了。"

光绪三十四年四月二十日。

(《光绪朝朱批奏折》第 30 辑,571)

报拨本年夏季分东陵官兵饷折等项银两折

头品顶戴、署理北洋大臣兼直隶总督、山东巡抚、臣杨士骧跪奏,为报拨本年夏季分东陵官兵饷米折等项银两,恭折仰祈圣鉴事。

窃查,遵化、蓟州、丰润、玉田等四州县,供应各陵八旗官兵月饷俸粟米折,并养育兵丁钱粮等项银两,向系按季由司专案详请题报,一面由东陵承办事务衙门派员赴司请领散放,历经遵办在案。兹据升任布政使增韫呈称,准东陵承办事务衙门造册请领,该司按册复核原归遵化、蓟州、丰润、玉田等四州县,光绪三十四年夏季分供应各陵八旗官兵饷、米折并孤寡养赡、养育兵丁钱粮等项,共银五千七百四十九两一钱二分五厘,改给八成实银四千五百九十九两三钱,核与历年成案相符,应请在于司库地粮银内动拨,由司分开清单,详请核奏,并声明陵工员役增减无定,难以预计,应照急需钱粮之例,一面具奏,一面先行拨给,领回散放。其实在支领数目统于奏销案内核实销算,多则解还,不敷找给等情前来。臣复核无异,除清单咨部外,理合恭折具陈,伏乞皇太后、皇上圣鉴,敕部核复。谨奏。

朱批:"度支部知道。"

光绪三十四年四月二十日。

(《光绪朝朱批奏折》第 30 辑,569)

报销京奉铁路第三案收支各款折

头品顶戴、署理北洋大臣兼直隶总督、山东巡抚、臣杨士骧跪奏，为查明京奉铁路第三案收支各款，造册报销，缮单恭折具陈，仰祈圣鉴事。

窃查，关内外铁路收支各款，截至光绪三十年正月十四日，即西历一千九百零四年二月二十九号止，业经升任督臣袁世凯遵照部章造具清册，列为第二案，核明分咨奏销，并声明销案年月起讫，自第三案起改归西历年底截数核销，各在案。兹据铁路局查明，自光绪三十年正月十五日，即西历一千九百零四年三月一号起，截至光绪三十年十一月二十五日，即西历一千九百零四年十二月底止，收支各款别类分门，列为第三届报销。计旧管上届销案不敷垫支洋银十三万一千五百八十四元三角六分，新收客票、货票、脚价、代递商报费，由奉拨建造新易路款内提还垫付材料价值，新易路客票、货票、脚价、地租、大赔款利息，津海关拨解代造铁桥工料，唐山等处房地租价，各处缴还煤价，售出定州等处房地，售道木、烂铁杂料，唐山制造等厂代各处制造机件收回价值及各处解还借垫杂款、电报车脚押款、小工罚款、存款利息等项，共洋银七百三十三万一千一百七十五元三角。内除抵还不敷垫支洋银十三万一千五百八十四元三角六分，实收洋银七百十九万九千五百九十元九角四分，开除京津各局并督办公所全路车站及各报房总办、华洋员司、翻译、医生、差役、巡警兵队人等薪饷，公费制造车头等厂官弁、员司、工匠、薪工、川资、杂费，购买外洋机器、材料、道木、煤炭、洋纸、家具，添修各项工程常年养路经费，筹还大批借款本息、商股本息，购买房地、杂支、恤赏等项，共支洋银五百九十万八千六元一角四分，实在存洋银二百十万一千五百八十四元八角，已接支西历一千九百零五年正月以后用款，应归下届滚接造报等情，造具清册，详请奏销前来。

臣查，京奉一带铁路自接收以来，迭加整顿，商贾行旅皆称便利，车脚运费收数加多，有此盈余，藉以扩充路政及拨补各项经费不敷之用，裨益实非浅鲜。所有此案报销，经臣复加确核，委系实用实销，并无丝毫浮冒。除将清册分咨度支、邮传各部，会同核销并咨外务部查照外，谨缮清单恭呈御览，伏乞皇太后、皇上圣鉴，敕部核销。谨奏。

朱批："该部知道，单并发。"

光绪三十四年四月二十日。

（《光绪朝朱批奏折》第 90 辑，879）

刘氏捐助直隶赈银,请照拟给奖片

再,河南郾城县人四川涪州知州陈伟勋,遵其母刘氏之命,捐助直隶赈银一千两,解局兑收济用,据直隶赈抚总局司道详请具奏前来。臣查,官绅捐助赈银千两以上者,例准奏请建坊。今四川涪州知州陈伟勋遵其母命捐助赈银一千两,洵属善承亲志,有裨灾区。所捐银数核与建坊之例相符。合无仰恳天恩,俯准陈伟勋为其母刘氏在原籍地方自行建坊,给予"乐善好施"字样,以示旌奖,理合附片具陈,伏乞圣鉴,训示。谨奏。

朱批:"著照所请,礼部知道。"

光绪三十四年四月二十日。

(《光绪朝朱批奏折》第 32 辑,389)

审办元氏等县十起寻常命盗死罪案件,照章摘汇简明案由折

头品顶戴、署理北洋大臣兼直隶总督、山东巡抚、臣杨士骧跪奏,为命盗各案照章摘汇简明案由,恭折仰祈圣鉴事。

窃查,直隶寻常命盗死罪案件照章汇奏,造册送部。又经刑部奏准如事在光绪二十七年十月以后者,仍将全案供招造册咨部,又奏准新章应入秋审人犯例应缓决者定案具奏时妥拟确实出语,声明酌入缓决等因,均经遵照在案。

兹据署按察使李树棠呈称,查有元氏县民人张二付秋,因向周得印索欠,口角争殴,用脚踢伤周得印身死,将张二付秋依斗杀律拟绞监候。衅起索欠,脚踢一伤,酌入缓决。

又,无极县客民朱成于,因周五少打铁钉,向斥口角,致相争殴,用脚踢伤周五,越日身死,将朱成于依斗杀律拟绞监候,死先詈殴,脚踢一伤,酌入缓决。

又,滦州民人张东银,因乘便拾取王殿俊之堂叔王雨亭家地内遗留秫楂,王殿俊瞥见,夺住柴篓不放,该犯情急用铁镐殴伤王殿俊身死,将张东银依斗杀律拟绞监候,死先夺篓,他物一伤,酌入缓决。

又,玉田县民人徐向池,因与周士江之母周傅氏在场院争晒豆子口角,周士江听闻操棍向殴,该犯用木棍格伤周士江身死,将徐向池依斗杀律拟绞监候。死

先詈殴,棍格一伤,死虽双瞽,究无欺凌重情,酌入缓决。

又,行唐县民人赵明德,因祈雨邀同赵吉冬等砍取王朴子家地内柳枝,致相争殴。该犯与赵黑子用柳木棒共殴王朴子致伤身死,将赵明德依共殴人致死下手致命伤重者绞律拟绞监候,殴非预纠,伤系他物,酌入缓决。赵吉冬、赵吉丑、赵秋菊均依共殴余人律拟杖,照章罚银。

又,唐县民人贾东书,因朱尚志向伊侄贾迎春等砍殴,该犯趋护,同贾保儿用屠刀等械砍扎朱尚志身死,将贾东书依殴人致死下手致命伤重者绞律拟绞监候。衅起拦阻,殴非预纠,酌入缓决。贾保儿依刀伤人律拟徒,照章收所习艺;贾迎春依余人律拟杖,照章罚银。

又,钜鹿县民人吴小田,因伊妻吴赵氏欲回母家,向阻不服,致相争殴,用菜刀砍伤吴赵氏身死,将吴小田依夫殴妻至死绞律拟绞监候。死系不顺之妻,酌入缓决。

又,平乡县获贼赵小害,听纠行窃同姓不宗之赵僧财家包袱,弃赃逃走,被获图脱,用小刀割伤事主之弟赵僧泽平复,将赵小害依窃盗弃财逃走,被事主追逐拒捕伤人未死,如刀伤者首犯绞候例拟绞监候,窃盗弃财,逃走被获图脱,刀划事主一伤,尚无凶暴重情,酌入缓决。

以上八案,业均由司提审,解勘发回,分造供招清册,呈请咨奏前来。臣复核无异,除清册分咨部院外,理合遵章汇摘简明案由,恭折具陈,伏乞皇太后、皇上圣鉴,敕部核复。谨奏。

朱批:"法部议奏。"

光绪三十四年四月二十三日。

(《光绪朝朱批奏折》第 109 辑,138)

请以梁廷相补授武强县知县折

头品顶戴、署理北洋大臣兼直隶总督、山东巡抚、臣杨士骧跪奏,为拣员请补选缺知县,恭折仰祈圣鉴事。

窃查,武强县江宗翰调补宣化县知县,经部认准,应以光绪三十三年十一月分截缺,因与病故休之永清县出缺同月同项到班,例应掣签。业将武强县知县掣定第一缺,永清县知县掣定第二缺,咨部在案。除将永清县一缺另行核办外,所遗武强县知县第一缺应照例序补。查直隶升调遗选缺知县一项,上次已用至议叙正班知县孙家声补威县止，今武强县知县一缺，并无坐补原缺、裁缺即用、回避即用、新选新补之留省另补，及曾任实缺服满分发原省，并实缺京员改就知县等项人员，郑工遇缺先亦无人。新海防遇缺先知县薛馨山于光绪三十三年五月二十八日到省，尚未扣满半年定限例，不准补。此外无人。其旧海防先、海防即旧例银捐遇缺先遇缺，均无人轮应。第一正途出身及曾任实缺分缺间到班现在旧海防、郑工分缺均无人。据升任藩司增韫、署提学司卢靖、署臬司李树棠查，有正途出身新海防分缺间知县梁廷相，堪以请补，会详请奏前来。

臣查，梁廷相，年五十岁，山西襄陵县拔贡，由新海防试用知县于光绪二十九年三月二十七日到省，复遵例加捐分缺间补用免试用过班，部文坐二十九年五月二十日行文，应以五月二十九日作为分缺间知县到省日期，业经扣满一年定限。该员明白稳练，局度安详，以之请补武强县知县选缺，与例相符。合无仰恳天恩俯准，以正途出身新海防分缺间知县梁廷相补授武强县知县，以资治理。如蒙俞允，该衔缺相当，毋庸送部引见。除咨部外，理合恭折具陈，伏乞皇太后、皇上圣鉴，训示。谨奏。

朱批："该部知道。"

光绪三十四年四月二十三日。

（《光绪朝朱批奏折》第24辑，710）

具陈办理北洋法政专门学堂情形折

头品顶戴、署理北洋大臣兼直隶总督、山东巡抚、臣杨士骧跪奏，为北洋法政专门学堂开办半年，渐著成效，恳恩饬部立案，恭折仰祈圣鉴事。

窃查，升任督臣袁世凯前于保定省城设立直隶法政学堂，业经奏明在案。其时各省法政学堂多未成立，先后咨送学生来直入该学堂肄业者甚众。又以该学堂学年较短，学科较浅，复经升任督臣袁世凯在天津添设北洋法政学堂，委游学日本中央大学毕业学生、候补知县黎渊为监督，于上年七月开学。一切管理条例及学生功课，悉照学部奏定分科大学章程办理，设专门一科，以六年毕业，分前三年为预备科，后三年为正科。预备科额二百名，由各省中学堂毕业学生考入，授以法政普通课程及英、法、德、日语言文字。三年毕业升入正科，分政治、法律两门，政治造就理财、交涉、行政及地方自治人员为主。法律门以造就立法、司法人员为主。又于专门科外附设别科，毕业以年又六月为期，分司法、行政两门。司法门定额一百名，本省候补暨京外候补候选各员入之，并设旁听班五十名，俾在津供差人员公馀听讲。行政门定额一百五十名，就本省绅士招考入学，定每属一名以示限制。

该学堂常年经费需款甚钜，系饬提学使暂在别项学费款内挪支，一俟筹有的款，谨再奏明办理。至学生毕业，应予奖励，拟由臣咨商学部，比较学年学科议定，以资鼓励。所有办理北洋法政专门学堂情形，据署提学使卢靖详请具奏，立案前来。除将详细章程咨送学部查照外，理合恭折具陈，伏乞皇太后、皇上圣鉴。谨奏。

朱批："学部知道。钦此。"

光绪三十四年四月廿三日。

（《光绪朝朱批奏折》第 105 辑，818；《杨文敬公奏议》卷七）

具陈校阅陆军第四镇片

再，陆军第四镇训练早满三年，经臣遵章奏请简员校阅，以重戎政，钦奉朱批"著派荫昌会同杨士骧认真校阅。钦此。"臣定于四月二十三日起程，前往青县所属马厂一带，会同校阅。所有津署日行例件，应委运司张镇芳代拆代行，其重要公牍仍包寄臣行次核办，理合附片具陈，伏乞皇太后、皇上圣鉴。谨奏。

朱批："知道了。"

光绪二十四年四月廿三日。

（《光绪朝朱批奏折》第 52 辑，926）

奏销金陵机器局光绪三十年动用经费折

臣杨、臣端、臣陈跪奏，为金陵机器局收支经费列为第二十四案造册报销，恭折具陈，仰祈圣鉴事。

窃照金陵机器局仿照外洋制造各式炮具车辆、架具、炸弹、铜火，以及修配炮台等处需用物件，分设机器、翻砂、铁、木、枪子、卷铜、火器各厂，雇募工匠常川制造。应需经费，酌定每年由江南海关拨解二成洋税银五万两，江南筹防局拨银三万五千两，北洋淮军协饷项下拨银二万两，金陵防营支应局加拨银九千两，共银十一万四千两,乃额定常年制造之需。此外,遇有添造各项,随时禀请加拨。所有常年制造收支各款,业经截至光绪二十九年十二月底止,列为第二十三案造册奏销在案。

据江苏防营报销处、江宁布政使继昌等,将光绪三十年分收支各款,分晰造具报销清册,逐加勾稽。计自光绪三十年正月起至十二月底止,旧管:上届第二十三案撤销实存银十四两三钱有奇。新收:江海关额拨二成洋税银五万两,江南等防局、金陵支应局、北洋淮军协饷项下额拨银六万四千两。又江南筹防局案因江南标旗各军多用老毛瑟兵枪,所需铜自来火子弹为数甚巨,额领经费不敷制造,计加拨银二万两。管、收二项共银十三万四千十四两三钱有奇。内开除提解江宁藩库充饷银二千九百五十二两八钱有奇,计购买中外料物什具价值银八万三千三百十八两一钱,工匠工食银二万九千六百六十八两四钱有奇,委员、司事人等薪费银一万七百七十一两三钱有奇,装运料物水脚并常船舵水长大口粮等项银五千一百六十三两六钱有奇,岁修厂屋并常船油捻工料等项银二千一百二十九两六钱有奇。遵照部议,各归各部核销。计应归度支部核销银四万四百三十九两八钱有奇,陆军部核销银九万六百十一两五钱有奇,统共清销库平银十三万四千零四两二钱有奇。实存银十两一钱有奇,归于后案旧管项下滚接造报。

兹将光绪三十年分该局支给各款请销数目,并制成军火拨存四柱清册,由报销处加造银款四柱总册,列为金陵机器制造局第二十四案报销,详请奏咨等情前来,臣等复核无异。除将清册咨送外务部、度支部、陆军部随照核销外,谨合词恭折具陈,伏乞皇太后、皇上圣鉴,敕部查照。谨奏。

光绪二十四年四月廿七日。

(外务部档,《中国近代兵器工业档案史料》(一)第 694 页)

具陈荫昌因病请假缘由片

再,臣荫昌在镇因感冒陡患时症,寒热往来,日久未愈,力疾勉将校阅各事,会同臣士骧办理完竣,驰返天津行次,病势仍未轻减,万难支撑回京。合无仰恳天恩俯准赏假十日,俾得在津就医调治,一俟病体稍痊,即当起程回京恭复恩命,不敢稍耽安逸,自外生成。所有臣荫昌因病请假缘由,谨附片具陈,伏乞圣鉴,训示。谨奏。

朱批:"著赏假十日。"

光绪三十四年五月。

(《光绪朝朱批奏折》第 51 辑,486)

李福全获俄日两国勋章请旨定夺片

再,据署藩司何彦升前在登莱青胶道,于光绪三十三、三十一等年内日俄失和时,率同翻译官、保升山东补用道李福全,采办中立事宜,经俄日两国驻烟领事官申报政府核奖宝星各在案。三十三年十一月,俄国领事官克里斯题传其君命,颁给该司圣安那第二等宝星一座,颁给李福全圣安那第三等宝星一座。三十四年三月,日本国领事官奥山清治传其君命,颁给该司勋三等旭日中绶宝星一座,颁给李福全四等旭日小绶宝星一座。理合禀恳核奏等情前来。查,俄、日两国因该司道在烟办理中立,诸臻妥协,颁给宝星,应否准其佩带,自应据情会奏,请旨遵行。除咨行外务部查照外,谨会同署山东巡抚臣袁树勋附片陈请,伏乞圣鉴,训示。谨奏。

朱批:"著照所请,外务部知道。"

光绪三十四年五月初一日。

(《光绪朝朱批奏折》第 112 辑,1041)

审办定州等州县四起命案,遵章摘叙简明案由片

再,据署按察使李树棠呈称,查有定州民妇胡贾氏,因夫兄胡洛善拦住伊嫡婿卢拴子抵欠车辆,向劝被殴,用手抓伤胡洛善身死。将胡贾氏依妾殴夫期亲尊长死者斩候律拟斩监候,照章改为绞监候,秋后处决。

又,永清县民人柳永发因向范永贵追讨房租,口角争殴,用刀扎伤范永贵后,复因范永贵称欲报复,该犯起意用屠刀故杀范永贵身死。将柳永发依故杀律拟斩监候,照章改为绞监候,秋后处决。

又,宝坻县民人李福有,因魏云山戏说伊偷窃菜蔬,向辩口角,致相争殴。用戒食刀扎伤魏云山,越日身死。将李福有依斗杀律拟监候,声明应否留养,俟秋审时核办。

又,宁晋县民人张小兰,因见十三岁幼女赵氏在地看守禾稼,起意强奸,已

成。将张小兰依强奸妇女已成者绞律拟绞监候,秋后处决。

以上四案,均照章应入秋审核办,业均由司提审,解勘发回,分造供招清册,呈请汇奏前来。臣复核无异,除清册分咨部院外,理合遵章摘叙简明案由,附片具陈,伏乞圣鉴,敕部核复。谨奏。

朱批:"法部议奏,单并发。"

光绪三十四年五月初五日。

(《光绪朝朱批奏折》第 109 辑,142)

具陈校阅事竣回津日期片

再,臣士骧于四月二十三日遵旨,会同陆军部右侍郎臣荫昌往青县所属马厂一带,会同校阅陆军第四镇,当经附片奏明在案,现校阅事竣于五月初八日回津。除将校阅会同臣荫昌另行奏报外,所有回津日期理合附片具陈,伏乞圣鉴。谨奏。

朱批:"知道了。"

光绪三十四年五月初十日。

(《光绪朝朱批奏折》第 53 辑,483)

请以何春发借补大沽协后右营都司片

再,天津镇标大沽后右营都司卞长胜,打仗受伤身故,遗缺系题补第一轮第七缺,应用尽先人员。兹查有尽先补用游击何春发,年六十三岁,安徽盱眙县人,由勇目随剿粤捻等匪出力,历保以守备尽先补用,奏留直隶;剿办热河教匪出力,保准免补都司以游击尽先补用。北洋海防五年期满案内保俟补缺后以参将补用。该员老成稳慎,熟悉营伍,以之借补大沽协后右营都司,实堪胜任,亦与例章限制相符。合无仰恳天恩俯准借补,以裨营伍。除饬取履历咨部外,理合会同直隶提督臣马玉昆附片具陈,伏乞圣鉴,训示。谨奏。

朱批:"陆军部议奏。"

光绪三十四年五月初十日。

(《光绪朝朱批奏折》第 51 辑,485)

报拨今年夏季分西陵八旗养育兵丁钱粮银两折

头品顶戴、署理北洋大臣兼直隶总督、山东巡抚、臣杨士骧跪奏,为报拨今年夏季分西陵八旗养育兵丁钱粮银两,恭折仰祈圣鉴事。

据升任布政使增韫呈称,易州供应西陵八旗养育兵丁应需钱粮向系按季专案详请题拨,历经遵办。又光绪二十九年二月十九日,转准户部议复守护西陵大臣载润等奏,庄顺黄贵妃位前四旗兵丁生齿日繁,请添设恩缺养育兵四分一折,奉旨依议等因,行知到司,当经转行在案。兹据易州请领光绪三十四年夏季分养育兵五十六名,每名季支银四两五钱,共银二百五十二两,又新添养育兵四名,每名季支银四两五钱,共银十八两。以上共银二百七十两,照章改折实银二百十六两,复核数目相符,应该在司库地粮银内照数动拨,按照新章详奏前来。臣复核无异,除咨部查外,理合附片具陈,伏乞皇太后、皇上圣鉴,训示。谨奏。

朱批:"度支部知道。"

光绪三十四年五月十一日。

(《光绪朝朱批奏折》第 64 辑,435)

报拨本年夏季分西陵官兵员役俸饷等项银两折

头品顶戴、署理北洋大臣兼直隶总督、山东巡抚、臣杨士骧跪奏,为报拨本年夏季分西陵官兵员役俸饷等项银两,恭折仰祈圣鉴事。

窃据升任布政使增韫呈称,易州供应各陵官兵月饷、俸粟、米折并运送豆草、车价等项银两,向系按季专案详请题拨,历经遵办在案。兹据易州请领光绪三十四年夏季分供应各陵官兵月饷、俸粟、米折,并运送豆草、车价等项,共银一万九千三百四十九两一钱七分一厘,改折八成实银一万五千四百七十九两三钱三分七厘,内扣豆草、车价项下每两六分部平银一百六十二两一钱九分四厘,实发银一万五千三百一十七两钱四分三厘,核与历办成案相符,应在司库地粮银内动拨,开具简明细数清单,按照新章详请具奏,并声明陵工员役增减无定难以预计,应照急需钱粮之例先行发给。其实在支领数目统归奏销案内核实销算,多则解还,不敷找给等情前来。臣复查无异,除清单咨部外,理合恭折具陈,伏乞皇太

637

后、皇上圣鉴,敕部核复,谨奏。

朱批:"度支部知道。"

光绪三十四年五月十二日。

(《光绪朝朱批奏折》第 64 辑,434)

为周长龄据情代奏谢恩折

头品顶戴、署理北洋大臣兼直隶总督、山东巡抚、臣杨士骧跪奏,为据情代奏恭折仰祈圣鉴事。

窃据新授奉锦山海关关道周长龄呈称,恭阅邸钞,光绪三十四年四月十九日奉上谕"奉天奉锦山海关著道员缺著周长龄补授,钦此",跪聆之下,感悚莫名,当即恭设香案,望阙叩头谢恩。讫伏念长龄粤东下士,冀北备员,前曾留学美洲,继复供差韩国,谬膺保荐,效力交通。方以铁路从公,涓埃未报,乃复榆关司惟,简畀特膺,闻命自天,感惭无地。查奉锦为通商冲要,巡道有按察兼衔,内政外交,措施不易,时坚款拙,筹备尤难。自顾驽庸,深虞蚊员,惟有矢慎矢勤,实心任事,以期仰答高厚生成于万一。所有感激下忱,呈请代奏叩谢天恩等情前来,理合恭折据情代奏,伏乞皇太后、皇上圣鉴。谨奏。

朱批:"知道了。"

光绪三十四年五月十二日。

(《光绪朝朱批奏折》第 25 辑,032)

请将直隶师范学堂毕业生照章给奖片

再,升任督臣袁世凯于光绪二十八年在保定省城设立直隶师范学堂,拟定暂行章程,业经奏明在案,嗣准管学大臣奏定章程,内载优级师范须习公共科一年,本科三年,方可毕业请奖,当于三十年正月将该堂第四斋学生拔取七十八名,归入优级,分文理两科肄业,均照京师大学堂师范班第二、三、四等类课程教授。本年正月,该生等扣足四年,期满毕业,据该堂监督禀经臣督同藩、学两司,议长、议绅等,照章严行考试,各按分数等次给予凭照。复据署提学使卢靖详请照章具奏,给奖前来。

臣复查无异，自应遵照奏定章程，请将考列最优等之郝折桂等二十四名作为举人，以内阁中书尽先补用，并加五品衔；考列优等之刘鹗书等四十七名作为举人，以中书科中书尽先补用；考列中等之马樾桢等七名作为举人，以各部司务补用，仍乞饬下学部核议施行。再，查该生等内有刘金策、韩振家、王炳炎三名，本系举人，应否分别给奖，并候部议。除将表折、试卷咨部暨饬取该生等履历、清册另咨外，理合附片具陈，伏乞圣鉴，训示。谨奏。

朱批："学部议奏。"

光绪三十四年五月十二日。

(《光绪朝朱批奏折》第 105 辑，820)

恭报二月分顺直各属市粮价值、雨雪情形折

头品顶戴、署理北洋大臣兼直隶总督、山东巡抚、臣杨士骧跪奏，为查明光绪三十四年二月分顺直各属市粮价值、雨雪情形，恭折仰祈圣鉴事。

窃查，光绪三十四年正月分顺直各属市粮价值、雨雪情形，业经奏报在案。兹据藩司查明，二月分市粮价值、雨雪情形，开单请奏前来。查二月分，顺天、永平、保定、正定、顺德、广平，大名、宣化、遵化、深州、定州等十一府州属得雪一、二、三次，每次一、二、三、四寸不等，河间、天津、易州、冀州、赵州等五府州属，并未得有雨雪。又查二月分粮价，顺天、河间、遵化、深州等四府州属与上月相同，大名、冀州等二府州属较上月价减，永平、保定、天津、正定、顺德、广平、宣化、易州、赵州、定州等十府州属较上月价增。理合恭折具陈，并缮具粮价清单，恭呈御览，伏乞皇太后、皇上圣鉴。谨奏。

朱批："知道了。"

光绪三十四年五月十四日。

(《光绪朝朱批奏折》第 97 辑，1004)

在中国办事出力各国洋员循章请奖片

再，各国洋员在中国办事出力，应经循章奏请奖励有案。

兹查有丹国海军都司甘安德，充当北洋水师武随员已历四年之久，于委办公

事始终勤慎,现将销差回国,提请赏给三等第三宝星。

又,天津巡警局总巡官都司衔德人陆格奇、副巡官英人卢士,当差有年,承办华洋交涉案件,一秉大公,中外绅民同声翕服。

又,警察教习日本人原田俊三郎,教授警兵,颇著成效,提请赏给总巡官陆格奇三等第三宝星,副巡官卢士、教习原田俊三郎四等宝星。

又,卫生局法医梅尼及夏本礼等两员,于光绪三十年间,经升任督臣袁世凯派令偕同员绅前往辽沈一带救护被燹商民,均能不避危险,深入战地,救治伤病,全活甚多。查救济会在事员绅,业经臣奏奖在案。该洋员等劳勋相同,自应一律酌于奖励,提请将三等第一宝星法医梅尼赏给副将衔,法医士夏本礼赏给三等第一宝星。

又,法国驻津武官守备束达尔,前在北京供职,颇能约束兵丁,后调驻天津充当法官,持平办事,数年以来,兵民相安,该洋员之力较多。

又,法国驻津武官守备马尔登,前因中国订购法国新式快炮,由督练处派员就洵一切,并讲习用法。该洋员指陈利弊,于炮位、机件、测镜详细教授,甚为尽心,拟请将该二员均赏给三等第一宝星。

又,天津县兴隆街地方,于上年五月初一日夜间居民失慎,火势燎原,有驻津奥国都司何迈尔、巡弁柯累持、巡长柏达讷韦池督饬水手等突火扑救,保全华人财产性命颇多。拟请赏给奥国都司何迈尔三等第一宝星,巡弁柯累持四等宝星,巡长柏达讷韦池五等宝星。其馀出力水手三名,每名各给奖牌一面。

又,天津海河工程局总工程师法国人吉尧童,办理河工颇为出力,现在该处河水加深,乘往行船无限阻,实于津埠商务有益,拟请赏给三等第三宝星。

又,南斐州金矿驻津总理英员三品衔三等第一宝星前税务司白莱喜、稽查矿物英员博理文,向均在华效力有年,此次经办金矿,于保护华工一切事宜多所赞助,提请赏给英员白莱喜二等第三宝星,英员博理文三等第三宝星。

又,天津电车公司总理比国人沙特在津办理电车、电灯各项事宜,市面藉以兴旺,遇事亦能和衷商办,提请赏给三等第三宝星,以示褒嘉而资共勉。

以上各洋员据津海关道暨各局所先后查明,详请奏奖。臣复核无异,除咨外务部查照外,谨备案附片陈请,伏乞圣鉴,训示。谨奏,

朱批:"著照所请,外务部知道。"

光绪三十四年五月十四日。

(《光绪朝朱批奏折》第 112 辑,1040)

会奏校阅陆军情形折

头品顶戴、署理北洋大臣兼直隶总督、山东巡抚、臣杨士骧跪奏，为遵旨校阅陆军第四镇事竣，恭折会陈，仰祈圣鉴事。

窃臣等恭膺简命，校阅陆军第四镇，所有协议办法，酌调随员，当即会同陆军部恭折具奏，奉旨"依议等因，钦此，在案。"臣荫昌遵于四月十七日，陛辞出都，驰抵天津，会同臣士骧督同各随员驰赴该镇驻扎之马厂地方，排日校阅。伏查军政阅操旧制，所尚徒以专讲形式，以致成为具文。自创练陆军，各镇规制一新。光绪三十二年，第二镇训练三年届满，举行第一次校阅大典，蒙钦派升任直隶督臣袁世凯简阅，事竣复奏，钦承明诏，特予褒嘉凡属军人，仰见朝廷振厉戎行，非同循例按阅，无不益加奋勉，以图进步而竞扩充。故此次校阅第四镇，凡官长之学问，兵丁之智识，一切内务外容，洵属绩效大彰，渐成劲旅。计自四月二十五日起，至五月初七日止，一一校阅完竣，谨将大概情形为我皇太后、皇上缕析陈之：

一、举行阅兵点名走排。马厂第四镇，除抽拨赴奉各队外，人数不足一镇，而仍按全镇标营号数编制。该镇官佐，自统制以下六百十一员，目兵弁护匠夫八千零四十七名，战马炮队驾马驮骡共九百七十六匹，其分驻小站者计步队两标，马队一标，先期调集马厂，于阅兵之时齐赴操场，整列步马炮各标，用横队队形，标内各营及工程辎重营用纵队队形，环场作长方状，横者从经，纵者从纬，前后鱼丽，五五相连，人枚马衔，万众鹄立。臣等恭随阅兵旗，按辔徐行，环视一周，军容荼火，殊足以壮声威而振视听。旋由该统制呈进全镇官佐目兵名册，分派各随员分往各队，按册点名抽阅，均与册籍相符，并无缺额顶替，临时招募等弊。点阅既毕，继以走排，各队用一队横队式步队居前，工程辎重陆路过山炮队次之，以马队殿其后，步骤整齐，斠若画一，精神贯注，不第形式足观，是非平素训练精勤，曷克臻此？此点阅走排之大概情形也。

一、检查内务。查内务为军队各种勤务之关键，洪纤毕具，无所不该，而出师计划、教育机关，以至官属系统、办事权限各项章程簿籍、房舍器具，均应逐一考究，无漏无遗。该镇步队第十五、六两标，马队第四镇，原系驻扎小站，此次调集来厂，均属幕营内务检查，无从著手，现就原驻营房各队详加校阅。从前各镇均于内务未能精细研求，此次该镇按照新法初试举办，大致已有端绪，规模尚属可观。官长和以御下，兵丁敬以事上，万众聚处，与民相安，肃静无哗，秩序井井，是则该镇整饬军纪之功有足多者，具见该统制等热心则效，不惮繁难，从此日拓新规，其进步殆未可量，且为各镇先路之导，以备参考仿办之资。此检查内务之大概情形也。

一、官兵学科。该镇官长学科课目之配备，分别细绎，约有数端：曰讲话。所以互相讨论，增长研究之心，使官长得自省之益。曰图上战术。所以观其规划形式，布置队伍是否与战术相符。曰就地讲演战法，曰兵棋。所以验实施之识见，以为野操之预备。以上数项类，皆军学津梁，将材根本，语教战之用于尺幅，涵运兵之妙于一心，而就地讲演战法、兵棋二门，则该镇所创行，为他镇所未备。新旧目兵教育，除应口询问答各学科外，更设沙盘兵棋一门，撮土为山，布置森林、村落各项地势，分班面试，指挥小排用兵之术，实与临野教战不甚悬殊，既省士卒之辛劳，亦补野操之不足。综观该镇官兵学科成绩均约在七成以上，此校阅学科之大概情形也。

一、场操术科。查野操战术类，皆听受高级官长之指挥，各营以下官长尚难独抒所见，故又场操觇见其处置调度之方。步队教练必以单人为始，继以成排成对，终以成营。马炮各队亦以单马单炮为基本。此次校阅场操，皆能按照暂行操法切实办理。各官长目兵举动极形活泼，变换队形亦甚整饬灵敏，临时假设问题，观其指挥运动之法颇合机宜。至对兵侦探、传事、勤务、估计远近诸事，亦尚悉合定矩。又超矩投壶，古人之所不废，远攻论器，近战论技，当两军逼迫，胜负俄倾之际，短兵隘巷，肉搏相乘，材技见焉。该镇演习术科，如柔软体操，则头部运动、臂运动、脚运动、跳跃拦阻是也。器械体操，则浪桥、秋千、平台、铁杠、天桥、双杠、阶梯、踢球、拉绳是也。马术，则轻乘技艺、跳跃障碍是也。轻捷灵敏，极超跃之能事，平日训练纯熟，于斯可见。惟劈刀、刺枪稍欠精习，此校阅操场术科之大概情形也。

一、校阅军实。统步马炮工辎类，分军械、军需两项。先经商定表式，分别种类、队号、棚次。以军械言之，该镇陆路过山炮，均系光绪三十一年在日本大阪厂定制，口径七生的马步枪同口径六密里五，全镇一律，炮身炮车机捩灵活，枪身腔线机簧等项坚巧适用，他如营旗、佩刀、马刀、刺刀、鼓号、远镜、号灯、号旗、救伤床子、药箱以及炮车各附属品，又掀镢、板斧、工作器具之大者也。叠锯、小锨、小镐、手斧，工作器具之小者也。以军需言之，礼帽、操帽、礼服、操衣、靴鞋、裹腿，是为服装；水壶、饭盒、帐棚、锅灶、大车、驮鞍、车骡、骑马，是为军用物品。除原驻马厂各营房外，其幕营则就操场，分别以类排列。当饬各随员各校一项，按表注填分队，比较综观。该镇军实均属保存妥善，完全无缺，修整庋储，悉合法度，成绩大有可观。战马、驮骡、马匹，一律膘壮足额。此校阅军实之大概情形也。

一、战斗射击。查,射击为军队战时主力之所在,以命中之多寡而进却胜负分焉。技至精微,学非猝就,要在谙习于平日,决难取办于临时。故军队演习战斗,射击素著成效者,一临真战,自必较有把握。此次该镇演习射击,举凡判断敌情,运用军队,利用地形,发射实弹,分配枪火,观测效力,无一不与真战情形相近。每枪配弹三十出,每炮配弹十出,预选阵地,安设各靶,枪靶约距八百密达至一千二百密达之远,靶作人形,或全身,或半身,有活靶,有牢靶。密者像靠拢队形,疏者像散兵队形,靶脚安置横轴线索以起伏之陆路,炮靶约距二千六、七百密达,过山炮靶约距一千八百密达之远,亦分靠拢散开各式,以像敌兵。并设木炮数尊,以像敌炮。惟炮弹猛烈,不敢轻用活靶考核。该镇射击命中分数,以炮队步队为最优,炮队之内尤以陆路炮效力为尤伟,工辎次之,惟马队较逊。综观成绩,大抵瞄放精确,各官兵气概沉静,一切动作悉与战术相符,演习纯熟,至属可嘉。此较阅战斗射击之大概情形也。

一、出师演习,夫兵可百年而不用,不可一日而无备,安不忘危,古有明训。稍一不慎,败衄随之。东西各国注重军事,平日于预筹战,备纤悉靡遗。一旦有事,闻令即行。中国于此事素鲜讲求,而财力维艰又有时绌举赢之憾。此次该镇创办出师演习,全镇均按战时计画编配所谓战列补充,各队师行之路、军需之品、粮秣接济以及日用各物靡不备配完密。拔队实施露伏野次,举行夜战。目下各国陆军争相改良火器,威力增加,在开阔地面实行进攻,益形困难,故每藉昏夜为潜进突攻之计。此次该镇夜间演习,虽未能十分精熟,然已略得概要。查该镇所定出师准备,估战计画,皆采各国出师之要领,暂行试办,细目宏网,极形繁重。臣等穷虑其举行不易,而该镇独为其难,独见其大,经营擘画,具见苦心。此校阅出师演习之大概情形也。

一、野操,此次该镇演练野操,自营而标而协,递次编列。两军分日更番对抗,其为偏师,则抵御交绥,愈征实验;其为大队,则指挥进退,益见繁难。各将士于种种作战任务,或则主攻,或则主守,均能处置咸宜,悉合战法。虽马、步、炮、工、辎重,两军互有参差,彼此形势,劳逸着手,难易不同,而联合配置,坚持猛进,无不各具运掉之能力,擅应敌之胜场。又如编组两军特使,向充马炮标统之员,督率接战,虽军非素统而临时指麾,尚无差误,各项对抗既毕,终之以全镇与假设敌对抗,其分进展开阵线绵长约逾数里,敌人以一旗为一队,旗分数色,为马步各队之识别,仍酌派暂充统带以下各官若干员,就地指挥。全镇人数既多,次序易紊,而以真御假动作尤难决胜,有毫厘之差,全局有失利之虑。此次系属试验,而决胜致果,动合机宜。其工程营各项土工、各种防御以及水旱雷等均甚完备。综计野操六次,臣等驰驱战地,随处莅观,大致虽有短长,攻守要皆如法,演操固异真战,练习实已靡遗。此校阅野操之大概情形也。

以上各项校阅完竣,臣等聚该镇官长于一堂,奉宣朝廷德意,慰劳将士勤苦,即就校阅次序逐加评断,所有不合之处一一详述指正。俾知矜式而期改良,并告以上级官长之对于下级官长,既宜加意训迪,尤宜格外亲爱。如队官、排长受将领之任使,为目兵所最亲,必平日感孚既深,庶有事生死足恃。至兵事之精深,浩如渊海,藩篱初涉,梯级正多,无以故步自封,无以一得自囿。该将士等肃静听命,均多领悟。

查此次校阅已值炎夏,该镇官长目兵数旬以来驰逐于风沙酷日之中,绝无倦怠,足征忠勇奋发。其由小站调操之马步各队,暮宿野次,昼犯严暑,而勤朴精强,无易常度,尤堪嘉尚。馀如演习兵棋及出师计画,又就地讲演战法大端是皆该镇之特色,足树各镇之先声。伏思该镇统制吴凤岭,系经升任直隶督臣袁世凯识拔于练军之中,今昔军队判若霄壤。该统制力祛痼习,研阐新知,举战术兵法,日与诸将士讲论讨求,并经督练公所各员就所学实心指示,并与陆军部商确办理用能,推行尽利,臻此地步。至内务之准备,官长之教育,军实之保存,此次逐细详校,虽模式皆已完全,尚须力求精进。又演习暂时救伤,所因全镇医员半非军医出身,布置未能尽合,此事关系战时卫生甚重,亟当加意请求,统应由臣士骧督率督练公所员司悉心研究,随时咨商陆军部,酌核办理,以期仰副圣朝修明武备之至意。

除将此次校阅各项命令报告、日记、文件暨各营队详细比较成绩表遵章分别咨送陆军部查核备案,其该镇应奖应惩各员另行会同陆军部奏明办理外,所有遵旨校阅情形理合恭折缕析会陈,伏乞皇太后、皇上圣鉴,训示。谨奏。

朱批:"另有旨。钦此。"

光绪三十四年五月十四日。

(《杨文敬公奏议》卷七)

占用民地粮额照例豁除片

再,查练兵处操场占用昌平州属仰山洼地方花户杨春民粮地十九亩,又胡宽民粮地八亩,又田金民粮地十三亩,以上共占地四十亩。无闰之年,应征正并均摊丁匠共银七钱七分四厘一毫四丝,有闰之年应征银七钱八分三厘六毫四丝,除已由练兵处发给地价外,所有粮额请自光绪三十二年为始照例豁除。至此项粮额系在昌平州留支榆河驿夫马工料款项之内,俟接准部复饬令在於司库地粮银内拨补。据该州造具册结呈送厅道加结,转由升任藩司增韫核明详请具奏前来。臣复核无异,除册结咨部外,理合附片具陈,伏乞圣鉴,敕部查照。谨奏。

朱批:"度支部知道。"

光绪三十四年五月十五日。

(《光绪朝朱批奏折》第 64 辑,436)

具陈长芦运司凌福彭任期内钱粮收支情况折

头品顶戴、署理北洋大臣兼直隶总督、山东巡抚、臣杨士骧跪奏,为交代运库钱粮,恭折仰祈圣鉴事。

窃据长芦盐运使张镇芳详称,该司于光绪三十四年二月十二日到任,查明升任长芦运司凌福彭自光绪三十三年十二月初三日接印任事起,至三十四年二月十二卸事前一日止,任内征收正杂课售管存粮四十二万一千四百八十六两五钱三分六厘,新收银十一万七千二百四十二两一钱四分一厘,开除银十二万四千九百九十六两二钱一分九厘,实在存银四十一万三千七百三十二两四钱五分八厘。征收盐斤复价售管存银十一万一百六十三两七钱,新收银一万八千六十两四钱,开除银五万两,实在存银七万八千二百二十四两一钱,均已按款接收清楚,造具册结,详请加结,具奏声明此案交代系于两个月限内结报等情前来。臣复查无异,除循例出具印结,同送到册结,咨部查核外,理合恭折具陈,伏乞皇太后、皇上圣鉴,敕部查核施行。谨奏。

朱批:"度支部知道。"

光绪三十四年五月十五日。

(《光绪朝朱批奏折》第 76 辑,618)

请以葛亮升升补多伦诺尔抚民同知折

头品顶戴、署理北洋大臣兼直隶总督、山东巡抚、臣杨士骧跪奏,为拣员升补要缺同知,恭折仰祈圣鉴事。

窃查,多伦诺尔抚民同知王锡光报捐离任,经部截缺,开单知照,坐光绪三十三年十二月初五日行文。按直隶照限二十日减半计算,应以十二月十四接到部文之日作为开缺日期,归十二月分截缺。所遗多伦诺尔抚民同知,系"冲、繁、疲、难"四项题调要缺,例应在外拣选请补。查定例,州县以上应升缺出,应令该督抚先将卓异引见,回任候升之员应尽升用,不准于折内声称人地未宜,以别项人员请升。又部议新章,张独多理事三厅,因缺关紧要改为抚民同知,均作为"冲、繁、疲、难"四项题调要缺。遇有缺出,应仿照热河改设奉天添设各缺成案,令该督于通省人员内不论满汉拣员升调。如无合例人员,亦准于候补人员内拣选请补各等语。臣督同藩、学、臬三司,在于通省应升人员内拣选。兹据升任藩司增韫、署提学司卢靖、署臬司李树棠查,有卓异候升之元氏县知县葛亮升,堪以请补,会祥请奏前来。

臣查,葛亮升年四十五岁,贵州毕节县附生,光绪十六年遵例报捐贡生,加捐知县分缺先选用,二十五年选授今职,是年八月初一日到任,三十年人计保荐卓异,三十一年七月二十七日奉旨"依议。钦此。"该员勤明笃实,认真办事,以之升补多伦诺尔抚民同知,实堪胜任,与例亦属相符。合无仰恳天恩俯准,以元氏县知县葛亮升升补多伦诺尔抚民同知,以资治理,如蒙俞允,俟接到部复再行送部引见。该员系属初升,任内并无承审积案、承缉盗案、征解钱粮、已起降调、革职停升、参限处分,且题升要缺任内一切因公处分例免核计。除将该员复历册并参罚清册咨部外,理合恭折具奏,伏乞皇太后、皇上圣鉴,训示。

再,所遗元氏县知县选缺,直省现有应补人员应请留归外补,谨奏。

朱批:"吏部议奏。"

光绪三十四年五月十五日。

(《光绪朝朱批奏折》第 25 辑,040)

审明谋杀胞叔重犯按律拟定折

头品顶戴、署理北洋大臣兼直隶总督、山东巡抚、臣杨士骧跪奏,为审明谋杀胞叔重犯按律拟定,恭折仰祈圣鉴事。

窃查,昌平州民人马禾尚谋杀胞叔马大城身死埋尸不失案,前据该州审拟由厅解经前任臬司陆嘉谷讯,因犯供翻异驳。据署保定府知府胡远粲审番明,由现署臬司李树棠勘转，值臣驻津，委升任藩司代审无异。臣复加确核，缘马禾尚籍隶昌平州，游荡度日，已死马大城系马禾尚胞叔，亲睦无嫌。马大城先在京城手艺，嗣因双目失明回家，与马禾尚同居，由马禾尚之父马杰在外寄资糊口。马禾尚仍然不务正业，马大城屡次管教，总未改过。

光绪三十一年，马禾尚商与马大城将住房典与村人贾二居住，得钱花用。马大城与马禾尚至村人张十家借居。三十二年十二月间，张十亦将房屋出典，令马大城迁移。马大城恨马禾尚不肯归正，至无住处，将马禾尚训斥殴打，马禾尚即往各处寻屋未妥，不敢回家。三十三年二月初二日，张十又催出屋。马大城转向原典之贾二借屋，未允。初三日，马大城强欲至贾二家借住，贾二拦阻。马大城即在贾二门首躺卧不走，贾二将马尚禾找回，令交价赎屋，如不回赎须将马大城劝走。马尚禾向马大城劝说姑至永大庄亲戚家暂住数天，马大城不愿至外村居住。维时，贾二并村正社首等均在旁解劝，马禾尚无法乘空走开，贾二等亦各走散。初四日傍晚，马禾尚饮酒已醉，回至本村，见马大城仍在彼趟卧，又向劝说。马大城辱骂，立逼马禾尚赎屋，马禾尚因麹蘖迷心，一时愤恨，复忆及屡被训责，又因马大城不能谋生，须伊父养赡，起意将马大城谋害，埋尸灭迹，以免日后受累。即于是夜二更时分，马禾尚找得铁锹，先至村外义冢地内挖好土坑，回至村内见贾二家门已关闭，四处无人，马禾尚将马大城唤醒，假称屋已寻妥，即可同去。马大城不理，马禾尚用道旁石块将马大城头上连砸数下，致将其左眉左眼胞、左耳轮相连耳窍、鼻梁上唇吻相连、左颔颊砸伤，因系黑夜，未经看清至伤何处部位。马大城不能言语，马禾尚查看气未绝，复解下马大城腰系红绳，将其咽喉绕住拉勒，一会马大城即气绝殒命。马禾尚将尸身背至义地新掘土坑内放下，用土掩埋，当即逃避。报州差缉获犯，勘检讯详，复鞫拟议，解司驳审，据供前情不讳。

查律载，谋杀期亲尊长已杀者凌迟处死等语，此案马禾尚被伊叔马大城逼赎住房，辄因酒醉忿恨起意谋害，用石块并绳砸勒马大城身死，实属谋杀。查，该犯系已死马大城胞侄，服属期亲，自应按律问拟。马禾尚除埋尸不失轻罪不议外，合依谋杀亲期尊长已杀者凌迟处死律拟凌迟处死，遵照新章改为斩立决。除供招咨送部院外，理合恭折具陈，伏乞皇太后、皇上圣鉴，敕部核复。谨奏。

朱批："法部议奏。"

光绪三十四年五月十五日。

（《光绪朝朱批奏折》第 109 辑，148）

奏为查明营商倒闭亏欠各款拟定抵押分摊办法缘由

钦差大臣、东三省总督兼管三省将军事务、臣徐世昌，钦差北洋大臣、署理直隶总督兼山东巡抚、臣杨士骧，头品顶戴、副都统衔奉天巡抚、臣绍仪跪奏，奏为查明营商倒闭亏欠各款，拟定抵押分摊办法，恭折奏闻，仰祈圣鉴事。

窃照上年十月，营口巨商东盛和等五号同时歇业，亏累巨万，群情惊扰，牵动全埠。臣等闻信之下，当即飞饬署奉锦山海关道沈桐，督同商会调查账款，设法挽救，以安市廛而维大局。臣等前于查明，沈桐原参各节复奏折内声明俟筹定办法，再行具奏。

兹据该道，先后禀称督同商会总协理暨债务董事，查明叶商所欠华洋各银行及各帮埠商款项共银四百二十万零四千余两，俄国羌帖一百二万余圆，日本钞票二万二千余圆。此项欠款之中，以道胜银行押款一百一十七万卢布一项为数最巨，且系以产抵押，则欲清理债务，当以议价取赎为入手要义。经与俄领事迭次磋商，复带同商会协理亲赴天津道胜银行面议，舌敝唇焦，始得以八十五万卢布定议，各帮债户亦均全体认可，嗣因交银期迫，商准户部银行垫款清交，业于三月十三日产款两项彼此交收，业已抵押之产业悉经赎回，其未经抵押之产业、货物及人欠业商之款共估值银二百六十万两，复经公议，先行抵借官款一百五十万两，摊还各帮欠款，所有叶商财产、货物统归户部银行承受，任凭变卖盈绌，各商不问。叶商所欠户部银行之款，亦于公摊债内照应摊之数收回。惟出入之数，两两比较，不敷尚钜。查人欠叶商之款，除人逃铺闭无可追缴者不计外，其有著各账尚有四十余万两，俟追收到后先尽户部银行提银二十万两，以为弥补，余仍归各债户匀摊。其奉天前借铜圆值银二十五万两，亦由户部银行承借，分期归还。至上海钱业等庄被东盛和联号广德泰倒欠二十六万两，前据禀请并入营债均摊，应由营商集众公议，按照本埠债户所得摊还之数酌减归偿，稍示区别。其正金英德各行商亦有蒂欠，仍由各商妥议，分别清偿。似此设法转移，各债户约得三四成现款，贸易可以流通，户部银行虽出二百万巨资归垫，仍有著落，而洋商交涉之案，华商互欠之账，可以扫数清厘等情前来。

臣等查，东盛和倒闭之日，众商恐惧，皆有保全成本之意，纷纷提取存款，银根愈紧，无可通融，几有停市之虑。迭经臣等饬令该署道督同商会向各帮人等开诚布公，一再筹议，以叶商财产货物暂时抵借官款清厘债务，藉资周转，以为维持市面之计，人心始定，照常贸易。姑时届岁暮，不闻续有报闭情事，第产少债多，不能不分成摊还。该署道等所拟办法似尚公允,筹垫悉有抵款,债商咸无异言,下以平市面之惊危,上以慰宸衷之廑系。除分行外,所有查明营商倒闭亏欠各款,拟定抵押分摊办法缘由,谨恭折具陈,伏乞皇太后、皇上圣鉴,训示。再,此折系由臣世昌等主稿,会同臣士骧办理,合并声明。谨奏。

朱批:"知道了。"

光绪三十四年五月十七日。

(台北故宫藏档,文献编号:408005114)

请赏给德国提督头等第三双龙宝星片

再,近年山东德国交涉幸赖朝廷威福,事事顺手,然亦德员办事和平,互敦辑睦,故臣得收效毫末,稍慰圣慈东顾之殷。查,德国驻青提督都沛禄,居心诚坦,遇事谦随,平日交际往来,备极周洽,遇有商办事宜,亦皆深明大体,力顾邦交,即禁运军械,协缉匪犯,扩充商务、农务,建设学堂、医院,凡在环界内兴办各事,非但毫无阻挠,并能相助为理。臣与共事两年,裨益国际不少,所有德国派驻青岛各文武,臣于四月间业经分别奏请赏给宝星在案,青岛德国办事大臣、水师提督都沛禄为主办交涉之员,前后在青六年,商民悦服,自应共沐恩施。惟该德提督曾蒙特赏二等第一宝星,此次合无仰恳加等,赏给该提督头等第三双龙宝星,以广殊荣而敦睦谊,出自逾格鸿施。谨附片陈请,伏乞圣鉴,训示。谨奏。

朱批:"著照所请,外务部知道。"

光绪三十四年五月。

(《光绪朝朱批奏折》第 112 辑,290)

奏报安东海关暨东沟分关第一百九十结洋税收支并旧管实存各数目

钦差大臣、东三省总督兼管三省将军事务、臣徐世昌,钦差北洋大臣、署理直隶总督、山东巡抚、臣杨士骧奏为安东海关暨东沟分关第一百九十结洋税收支并旧管实存各数目,缮具清单,恭折会陈,仰祈圣鉴事。

窃查,安东关征收洋税,截至光绪三十三年十一月二十七日第一百八十九结止,业经缮单奏报在案。兹据监督安东海关、署理奉天东边道祁祖彝详称,自光绪三十三年十一月二十八日起,至三十四年二月二十九日止,按外国三个月一结,系届第一百九十结期满,实计征收进出口各税银六千八两五钱,计支经费银四百八十两六钱八分。经该道会同税务司详细稽核,调取收税总册,校对数目,均属相符,开单详请核奏,并声明,第一百八十九结奏报案内征收税款,前于结报内少报银十两,即少扣八分经费银八钱。查第一百八十九年结洋税四柱清单旧管项下共银三万一百一十二两一钱一分六厘,新收项下应共银六万八千九百四十一两四钱七分二厘,开除项下应共银七千一百五十二两二钱三分八厘,实存项下应共银九万一千九百一两三钱五分,并详请更正前来,臣等复核无异。除咨度支部查照外,谨会同北洋大臣、臣杨士骧缮具简明清单,恭折具奏,伏乞皇太后、皇上圣鉴。谨奏。

朱批:"该部知道,单并发。"

光绪三十四年五月十七日。

(台北故宫藏档,文献编号:408005115)

交纳光绪三十四年长芦盐课部分解充京饷银片

再,据长芦盐运使张镇芳详称,案查度支部奏拨光绪三十四年长芦盐课解充京饷银二十五万两内,于三月十七日拨解第一批银五万两,尚应解银二十万两,遵即拨解第二批银五万两,随解加平银七百五十两。又豫省芦盐加价,改由各商每年随引摊交银五万两,由长芦解交度支部以补荣工经费等,因今将三十四年分南引加价,先筹解银二万五千两,随解加平银三万七十五两,均委候补盐大使刘炜管解,于本年四月二十七日起程前赴度支部交纳,分造拨解款册,详请奏咨前来。臣复核无异,除册咨部外,谨附片陈明,伏乞圣鉴,敕部查照。谨奏。

朱批:"度支部知道。"

光绪三十四年五月十八日。

(《光绪朝朱批奏折》第 90 辑,907)

三十四年分淮饷不敷银拟请援照历年成案办理片

再,查淮军每年应需饷杂等项银一百五十七万六千两,计由各省司关局库筹拨银一百五十五万六千两,亏短银二万两,历经奏准在于直隶司局扣存减平项下拨补在案。兹查三十四年分准饷不敷银二万两,拟请援照历年成案办理,以济军需。除咨部查照外,谨附片具陈,伏乞圣鉴,训示。谨奏。

朱批:"度支部知道。"

光绪三十四年五月十八日。

(《光绪朝朱批奏折》第64辑,439)

长芦光绪三十三年额引奏销折

头品顶戴、署理北洋大臣兼直隶总督、山东巡抚、臣杨士骧跪奏,为长芦光绪三十三年额引奏销,恭折仰祈圣鉴事。

窃据长芦盐运使张镇芳详称,长芦额引九十六万六千四十六道内,除提缴并减停共引三十万三千五百四十九道,今光绪三十三年分应行销引六十六万二千四百九十七道,除永平府属卢龙等七州县行销引一万七千二百十道,于光绪二十九年奏请派员设局试办,至各该州县销数及应交课款,应俟试办一二年后再行请奏立案外,实应行销引六十四万五千二百八十七道,内有通融代销共引十四万三千四百二十九道,本岸应行销引五十万一千八百五十八道。查定例,督销盐引各官能于奏销前一官全完一年引课者,照例议叙。今武清县知县姚左寅、怀柔县知县陈泰、霸州知州周登皞、文安县知县李培之、献县知县吕调元、肃宁县知县唐景崙、宁津县知县禄坤、青县知县张梦笔、南皮县知县王遂善、获鹿县知县严书勋、灵寿县知县张朴赞、皇县知县韩廷焕、辉县知县李如棠、内黄县知县爱仁荣、阳县知县祝鸿元、密县知县王实鋆、淮宁县知县左輶、商水县知县文栻、项城县知县鹿毓同、沈邱县知县徐仁录等二十员,均将应销引目于奏销前一官全完,并无通融代销,计引核银均在三百两以上,核与议叙之例相符,照案应请议叙。

又,道光二十八年会议《长芦盐务章程》,嗣后代销引盐课皆有著,无论何州县将引拨归他邑代销者,不计分数多寡,年岁丰歉,概予免议。今尉氏县等二十三州县通融代销,不及一分至八分不等,应请概免议处。

又,查定例,堕销盐引欠一分者停升,欠二分者降俸一级,欠三分者降俸二级,欠四分者降职一级,俱令带罪督销;欠五分者降二级调用,欠六分者降三级调用,欠七分者降四级调用,欠八分以上者革职等因。今督销未完不及一分各州县,例无处分,应请免其考核。

其未完一分以上之临城县知县李绍勋、隆平县知县李国枫、长垣县知县朱佑保、中牟县知县陈超衡、高阳县知县隆恩、宁晋县知县陈钰、涞水县知县汪嘉梁、深州直隶州知州续绵、浚县知县潘毓岱、易州直县州知州窦以筠、大名县知县曹荫彤、正定县知县刘傅、祁林县知县俞继曾、曲阳县知县张尚瑛、鸡泽县知县李绮青、满城县知县吴烈、清丰县知县马觐臣、武邑县知县石之璞、临颖县知县章炳焘、扶�县知县林仲编、吴谒任，邯郸县知县周文藻、郑思壬，新乡县知县韩兆瀛、徐引源，温县知县祝康祺、丁炳文，封邱县知县姜麟书、清苑县知县黄国瑄、延庆州知州周文藻、延津县知王玉山等三十一县员，应请停升。

又，未完二分以上之邢台县知县龚彦师、广宗县知县张继善、巨鹿县知县涂福田、汲县知县石岩、蠡县知县高景祺、唐县知县田鸿文、封邱县知县李景晟、清苑县知县孟广瀚、延庆州知州郑思壬、延津县知县周常炳等十员，应请降俸一级。

又，未完三分以上之采育营都司萨霖、乐城县知县文成、定州知州陈燕昌、南和县知县姒锡章、柏乡县知县赵巽年、开州知州章焘等六员，应请降俸二级。

又，未完四分以上之兰义县知县舒树基一员，应请降职一级。

以上未完一、二、三、四分各员，俱令戴罪督销。

查，以上各岸均有存盐未能按额疏销，并非无盐运往，实因各州县督销不力，自应照例议处。又直省之新河、平乡两县改归官运，其邢台等八县均属忝遗悬岸，饬商照原定捆数改为认运，并饬分别包额加引，所认引数照案另造清册，呈送稽考。其余悬引案，据各商分年包额认办，详经咨部在案，造具销盐已未完总册，并应叙应议及通融代销认运各册，详请奏咨前来。臣复核无异，除将清册咨移度支部给事中外，理合循例具陈，伏乞皇太后、皇上圣鉴，训示。谨奏。

朱批："该部议奏。"

光绪三十四年五月十八日。

（《光绪朝朱批奏折》第 76 辑，620）

具陈经征光绪三十三年地丁旗产钱粮未完一分以上官员名单折

头品顶戴、署理北洋大臣兼直隶总督、山东巡抚、臣杨士骧跪奏，为查明经征光绪三十三年地丁旗产钱粮未完一分以上员名，缮单恭折，仰祈圣鉴事。

窃照部定新章，经征各项钱粮应先将未完一分以上各员开单奏报等因，兹据升任藩司增温详称，光绪三十三年分地粮旗产升科奏销现已核竣，将经征未完分数员名开单具详前来。除详细清单咨部外，所有未完一分以上员名理合缮具简明清单，恭折具陈，伏乞皇太后、皇上圣鉴，敕部查核。再经征各员，并无额征一百两以内未完在五分以上应行革职开缺之员，合并声明。谨奏。

朱批："该部知道，单并发。"

光绪三十四年五月十八日。

（《光绪朝朱批奏折》第70辑，038）

报销长芦光绪三十三年商课银数折

署理北洋大臣、直隶总督兼管长芦盐政、山东巡抚、臣杨士骧跪奏，为长芦光绪三十三年商课奏销，恭折仰祈圣鉴事。

窃据长芦盐运使张镇芳详称，光绪三十三年分商课钱粮引课加课银四十九万一千九百三十两六钱六分一厘内，道光二十四年清查库款案内援照山东引课并展成案奏准自二十三年起至二十八年止每年停引十万道。嗣于道光二十八年，咸丰四年、九年，同治三年、八年、十三年，光绪五年均经奏准推展五年。复于光绪十年、十三年、十六年奏准推展三年，又于光绪十九年、二十四年奏准推展五年，又于二十九年奏准推展三年，又于三十二年奏准推展二年。核计每年停课银六万三千三百八十三两三钱五分五厘。又同治九年前督臣曾国藩具奏：长芦盐务减轻成本案内奉部议准将京纲应领额引自同治九年起至十三年止每年停引二万道。又于光绪元年、六年、十一年、十六年、二十一年、二十六年节次奏准推展五年，又于三十一年奏准推展一年。又自光绪三十二年起奉部复准推展二年。

每年停课银一万二千六百七十六两二钱一分八厘，净应征银四十一万五千八百七十一两八分八厘，赃罚银三千一百两，昌平牙税银三百两，怀庆府属赈济盐丁银四百六十三两三钱八分一厘，陈西输租银一百六十三两三钱五分二厘，坨租银四千二百两，内京纲停引二万道。每年停银一百十七两二钱七分五厘，净应征银三千八百八十四两七钱二分五厘。共银四十二万三千七百八十二两五钱四分六厘。内除永平府属卢龙等七州县应征引课加课银一万九百七两八钱八分六厘，坨租银一百两九钱一分五厘，共银一万一千八两八钱一厘。自光绪二十九年改归委员设局试办，所有应征课款详经部复照额包课停支缮费，余利尽收尽解，等因。

除将拨解三十三年额课银两另册造报外，尚应征银四十一万二千七百七十三两七钱四分五厘。又除参遗邢台等十县悬岸,除认运各商应完引课、加课、坨租等银已照认额全完外,其无商认领之悬引应征引课加课银四千四百五十五两六钱九分、坨租银四十一两二钱二分三厘,共银四千四百九十六两九钱一分三厘。以办理天津口岸补用知府仓永龄等认领代销悬引交款银两归补全完。净现商及认运悬岸各商共应完引课加课银四十万四千五百三十四两二钱四分五厘,坨租银三千七百四十二两五钱八分七厘,共银四十万八千二百七十六两八钱三分二厘。旧管无项。新收银四十一万二千七百七十三两七钱四分五厘,内现商及认运各商完交引课银四十万四千五百三十四两二钱四分五厘,归补参遗悬岸引课银四千四百五十五两六钱九分。现商及认运各商完交坨租银三千七百四十二两五钱八分七厘,归补参遗悬岸坨租银四千一两二钱二分三厘,开除银二十七万九千六百十九两一钱一厘,实在存银十三万三千一百五十四两六钱四分四厘,系应留备凑解各项饷需之用。

所有应征光绪三十三年分商课钱粮,现商及认运悬岸各商应完引课坨租银两,均已全完等情造具清册详请具奏前来。臣复核无异,除清册咨移度支部给事中外,理合恭折具陈,伏乞皇太后、皇上圣鉴,敕部察核施行。谨奏。

光绪三十四年五月二十二日奉朱批:"度支部知道。钦此。"

光绪三十四年五月十八日。

(军机处录副奏折,《光绪朝朱批奏折》第76辑,619)

审办雄县等县八起寻常命盗死罪案件,照章汇摘简明案由折

头品顶戴、署理北洋大臣兼直隶总督、山东巡抚、臣杨士骧跪奏,为命杂各案,照章汇摘简明案由,恭折仰祈圣鉴事。

窃查,直隶寻常命盗死罪案件,照章汇奏,造册送部。又经刑部奏准如事,在光绪二十七年十月以后者,仍将全案供招造册咨部。又奏准新章,应入秋审人犯,例应缓决者定案具奏时,妥拟确实出语,声明酌入缓决等因,均经遵照在案。

兹据署按察使李树棠呈称,查有雄县民人吕赶苓,因子女劈取无服族祖吕吉祥地内高粱叶,吕吉祥寻向詈殴。该犯用木棍并拾获尖刀,殴扎吕吉祥致伤身死。将吕赶苓依斗杀律拟绞监候。致毙逾七无服族祖,死先寻衅,扎有急情,并无欺凌情状,酌入缓决。

又,蔚州民人王文玉,因李期向索欠钱,口角争殴,用铁锹殴伤李期身死,并

伤李六斯,平复。将王文玉依斗杀律拟绞监候。死先扑殴,一伤适毙,即吊伤一人,亦属轻罪不议,酌入缓决。

又,内邱县民人徐刘保,因向无服族弟徐心保索讨下欠地价,口角争殴,用尖刀扎伤徐心保身死。将徐刘保依斗杀律拟绞监候。死先扑殴,扎止一伤,酌入缓决。

又,遵化州民人宋士珍,因伊子宋百树头被李长永殴打,该犯气忿追殴,用刀扎伤李长永身死。将宋士珍依斗杀律拟绞监候。向不致命处吓扎一伤,酌入缓决。

又,昌黎县民人王进祥,因见伊母被田振玉扭殴,上前帮护,用木棍殴伤田振玉,越日身死。将王进祥依斗杀律拟绞监候。衅起护母,殴由情急,酌入缓决。

又,故城县民人孙小羽,因赴庙闲游,被李凤奎拦阻,口角争殴,用夺获七节鞭殴伤李凤奎,越日抽风身死。将孙小羽依斗杀律拟绞监候,械系夺获,死由抽风,酌入缓决。

又,蔚州民人屈悦,因王文选牲口咬食伊等看青地内高粱穗子,听从田德纠殴,用刀共扎王文选,致伤身死。将屈悦依同谋共殴人致死,下手致命伤重者绞候律拟绞监候。身先受伤,扎由情急,酌入缓决。田德起意纠殴,依原谋律拟流,照章收所工作。

又,内邱县获匪焦郭保,因起意略诱耿段氏已成,将焦郭保依诱拐妇人,被诱之人不知情为首绞候例拟绞监候。起意略诱被诱之人,已给亲完聚,酌入缓决。焦江喜听从窝留,依略卖人,窝主知情与犯人同罪至死减一等律,拟流照章收所工作。

以上八案,业均由司提审,解勘发回,分造供招清册,详请汇奏前来。臣复核无异,除清册分咨部院外,理合遵章汇摘案由,恭折具陈,伏乞皇太后、皇上,圣鉴敕部核复。谨奏。

朱批:"法部议奏。"

光绪三十四年五月廿二日。

(《光绪朝朱批奏折》第109辑,159)

审办临城等县八起寻常命盗死罪案件,照章汇摘简明案由折

头品顶戴、署理北洋大臣兼直隶总督、山东巡抚、臣杨士骧跪奏,为命盗各案

照章汇摘查明案由,恭折仰祈圣鉴事。

窃查,直隶寻常命盗死罪案件照章汇奏,造册送部。又经刑部奏准,如事在光绪二十七年十月以后者仍将全案供招造册咨部等因,均经遵照在案。

兹据署按察使李树棠呈称,查有临城县获贼高单等听纠夥劫事主王士杰家衣物,首夥持有洋枪,将高单、罗顺义依强劫之案,但有一人持洋枪在场者,不分首从,斩枭通行,均拟斩立决枭示,照章具改为斩立决。宋二妮临时因病不行,事后分赃,依例拟改军。白洛雪畏难不行,又不分赃,依例拟杖照章工作。

又,藁城县获贼张三红等,纠夥执持洋枪行窃事主尔兰堂家,临时强拒伤事主平复,劫得钱衣等物,将张三红、王瞎点子、尔歪脖即耳洛歪依窃盗临时行强,但有一人执持洋枪在场者不分首从斩枭通行,均拟斩立决枭示,照章具改为斩立决。尔长醒即耳长青系事主无服族侄听从行窃,临时不行,事后知情分赃,依窃盗脏一百二十两以上绞,为从减一等,无服之亲又减一等,拟杖一百,徒三年,照章习艺。

又,束鹿县获贼袁小俊,听纠骑马持械抢夺事主秦金台骡头,将袁小俊依抢夺,骑马持械,倚强肆掠,凶暴众著者照强盗律,不分首从斩例拟斩,首犯持有洋枪应照通行拟斩立决枭示,照章改为斩立决。

又,宝坻县获贼田坤纠夥持械,抢夺事主白寿堃驴马等物,捆绑事主,将田坤即田专依抢夺聚众三人以上,但经持械捆绑事主,首犯照强盗律斩例拟斩立决,照章改为绞立决。

又,赵州获贼谢胖墩听纠持械夥抢过客郭玉全等车上骡马钱衣等物,该犯帮同捆按事主,将谢胖墩依抢夺聚众三人以上,但经持械捆缚按捺事主,在场动手之犯,照强盗律斩例拟斩立决,照章改为绞立决。

又,宝坻县获贼刘仲等听纠持枪械,夥抢事主陈士卿骡头银钱等物,用刀威吓事主,捆缚车夫,将刘仲、吴二即王囻抢夺聚众三人以上,但经持械威吓捆缚事主,在场动手之犯,照强盗律斩例拟斩立决,照章改为绞立决。

又,任丘县民妇李郭氏因与张得通奸,听从奸夫谋毒本夫李发明身死,将李郭氏依妻因奸同谋,杀死亲夫者凌迟律拟凌迟处死,照章改为斩立决。张得起意谋杀,依奸夫起意杀死亲夫斩决例,拟斩立决,照章改为绞立决。该犯等恭逢恩诏,事犯在后,毋庸查办。

又,柏乡县民白牛子因与小功堂妹郝白氏通奸,起意谋杀本夫郝受身死,将白牛子依奸夫起意杀死亲夫斩决例拟斩立决,照章改为绞立决。郝白氏不知谋情,依奸夫自杀其夫,奸妇不知情绞律拟绞监候,因奸致夫被杀,尚无恋奸忘仇情事,秋审酌入缓决。

以上八案均由司提审,解勘发回,分造供诏清册,呈请汇奏前来。臣复核无异,除清册分咨部院外,理合遵章汇摘简明案由,恭折具陈,伏乞皇太后、皇上圣鉴,敕部核复。谨奏。

朱批:"法部议奏。"

光绪三十四年五月十八日。

(《光绪朝朱批奏折》第 109 辑,154)

审办新河等县六起寻常命盗死罪案件,照章汇摘简明案由折

头品顶戴、署理北洋大臣兼直隶总督、山东巡抚、臣杨士骧跪奏,为命盗各案照章汇摘简明案由,恭折仰祈圣鉴事。

窃查,直隶寻常命盗死罪案件,照章汇奏,造册送部。又经刑部奏准,如事在光绪二十七年十月以后者,仍将全案供招造册咨部等因,均经遵照在案。

兹据署按察使李树棠呈称,查有新河县获贼施根年等听纠执持枪械,行劫事主程李氏家衣布、骡驴等物,将施根年即师小秃、周清魁依强劫之案,但有一人执持洋枪在场者,不分首从,斩枭通行,均拟斩立决枭示,照章俱改为斩立决。程长昆通线引路,并未上盗分赃;陈文中临时患病不行,事后分赃,分别依例拟遣改军。郑计顺,即郑三合子,王黑小畏惧不行,事后分贼,均依例拟流,王黑小年幼收赎。

又,晋州获匪李拐子等纠伙执持洋枪,掳捉事主刘九成家幼孩,并劫得骡头等物。将李拐子、陈黑货依结伙三人以上,倚强掳捉已成,照强盗得财律斩决,其有执持洋枪者,加拟枭示通行均拟斩立决枭示,照章俱改为斩立决。

又,新河县获匪张六合听从图财,谋杀小功服姊张程氏身死。将张六合依谋杀缌麻以上尊者已杀者斩律拟斩立决,仍照卑幼图财谋杀例加拟枭示,照章改为斩立决。

又,祁州获贼徐登山等纠伙行窃无服族兄徐永江家,临时强劫得赃,拒伤雇主平复。将徐登山,即徐小惯,李滦岐依强盗已行但得财者皆斩律,均拟斩立决,照章俱改为绞立决。

又,宝坻县民人孙宝泰,因挟嫌起意,用信末谋毒小功叔母孙荆氏身死。将孙宝泰依谋杀缌麻以上尊长已杀者斩律,拟斩立决,照章改为绞立决。

又,深州民人张廷,因向小功服兄张黑旦借用水梢不允,口角争殴,用夺获木扁担殴伤张黑旦,内损身死。将张廷依卑幼殴本宗小功兄死者斩律,拟斩立决,照章改为绞立决。

以上六案,业均由司提审,解勘发回,分造供招清册,详请汇奏前来。臣复核无异,惟新河县获贼施根年等案内陈文中一犯,续据该司详报在县鉴病故,应毋庸议。除清册分咨部院外理合,遵章汇摘,简明案由,恭折具陈,伏乞皇太后、皇上圣鉴,敕部核复。谨奏。

朱批:"法部议奏。"

光绪三十四年五月二十二日。

(《光绪朝朱批奏折》第 109 辑,158)

具陈东海关第一百九十结洋税收支各款银数折

头品顶戴、署理北洋大臣兼直隶总督、山东巡抚、臣杨士骧跪奏,为东海关第一百九十结洋税收支各款银数,缮单恭折,仰祈圣鉴事。

窃照东海关征收洋税,截至光绪三十三年十一月二十七日第一百八十九结止,业经具奏在案。兹据东海关道何彦升详称,自光绪三十三年十一月二十八日起,至三十四年二月二十九日止,按外国三个月一结,系届一百九十结期满,共征收进出口各税及船钞银十一万一千七百七十一两九钱七分七厘。该道督饬税务司暨委员检齐册档,查照红簿,逐细核算,数目相符。一切支发各款,共银十六万六千二百六十三两九钱五厘九毫八丝三忽,连前结旧管实存银四万七千三百七十四两四钱一分二厘二毫一丝六忽九微,开具收支银数,请具奏前来。臣复核无异,理合缮单会同署理山东巡抚臣袁树勋恭折具陈,伏乞皇太后、皇上圣鉴。谨奏。

朱批:"该部知道,单并发。"

光绪三十四年五月二十二日。

(《光绪朝朱批奏折》第 75 辑,129)

令何彦升业调署藩篆片

再,直隶藩司增韫奉旨补授浙江巡抚,即须交卸入觐,新直隶藩司崔永安到任尚需时日，新授臬司何彦升业已到津，应委令调署藩篆，以专责成。除檄饬遵照外，理合附片具陈，伏乞圣鉴。谨奏。

朱批："该部知道。"

光绪三十四年五月廿二日。

（《光绪朝朱批奏折》第25辑，064）

请将知县等官分别惩处折

头品顶戴、署理北洋大臣兼直隶总督、山东巡抚、臣杨士骧跪奏，为查明隆平县乡民因捐聚众滋事，并巡警开枪毙命，现在饬拿究办，请将知县等官分别惩处，恭折仰祈圣鉴事。

窃臣前据隆平县知县李国枫电禀，该县乡民因捐款改章聚众赴城滋闹，并巡警开枪毙命等情，当以案关乡民聚众且致毙人命情节较重，饬司将李国枫撤任查办，并将该管赵州直隶州恩惠一并撤任，一面电饬署正定镇马廷襄带队驰往弹压，并委候补道陈廷彬、候补知府吴克让等前往确查，仍饬由藩、臬两司严督印委，认真究办。嗣据马廷襄等以乡民解散，地方安谧，禀经臣附片奏明，恭奉朱批"仍著该署督认真查办，勿稍含糊等因，钦此"，分行遵照，各在案。兹据马廷襄等会同接署赵州直隶州知州孟广瀚，接署隆平县知县曹荫彤并藩、臬两司派出查办之员，查明起哄滋事确情，由升任布政使增韫、署接察使李树棠复核拟议，会详请奏前来。

臣复加查核，缘前署隆平县知县吕调元举办四乡巡警兼付学堂经费，因各村向有看青会，每亩麦秋摊麦一升，秋季摊粮二升，将此款移作办理巡警及津贴学堂之需。嗣因麦一秋二摊数较重，且村正副经手多有浮冒糜费，经巡警总董曹树菜等建议，将麦一秋二应收之粮改为折收制钱四十文，每届完粮时交由在城绅董照收。既较旧章收粮为轻，村正副浮冒情弊亦不禁自绝。禀经该县知县李国枫谕饬各乡遵照，讵料乡民误会，因旧章在村交粮，境薄之地及地少之户均可分别减免，今拟折钱随粮在城交纳，势难通融，村正副亦因不得染指，各有违言。东北乡枣林等十数村地多沙碱，居民向以煎淋硝盐为业，近十年硝池经官平毁，煎淋无具，尤不愿与西北各乡一体输捐，佥谓警董曹树菜等从中播弄，遂于本年二月十二日约集百数人入城，要求该县李国枫当将曹树菜等斥退，该乡民等复欲求免捐款，经人劝导而散。李国枫即令各局区董往谕，允将捐章变通，各董未及传知。

659

至十六日,有私煎荞民从中鼓煽,复聚千馀人持械来城,声言非将捐款免去并准煎淋硝盐不能退回。李国枫恐荞民煽众入城,扰及市廛、仓库、监狱,乃会同隆平汛外委兼巡官李道明督率警兵,登城劝谕。无如人声嘈杂,难以理喻,突报城内习艺所人犯闻警喧扰,李国枫虑各犯乘机逸出,内外交哄,亲自赴所弹压,仍嘱李道明与警兵等在城上好言劝慰。不意乡民不服开导,辄向城上乱掷砖石,将李道明掷伤,坠落城下,并将警兵袁凤山、崔万红掷伤,势甚汹汹。该警兵等与县勇师金声情急开枪抵御,致轰伤郭魁子等九名身死,并伤郑小羊等六人。李国枫甫由习艺所弹压回至城下,而乡民已蜂拥入城,砸毁巡警局,开放习艺所罪犯。先是李国枫曾电请正定镇派兵镇慑,至是驻防宁晋县之淮军及经臣电饬该镇调派之队伍,先后驰至,众始闻风逃散,放枪之警兵等亦各弃枪,远飏飚无踪,此印委查明该乡民等起衅滋事,并巡警开枪毙命之实在情形也。臣查该乡民等初因捐款改章,众情不便,相率入城,要求情尚可原,惟欲求免捐款,并准煎淋硝盐,辄聚至千馀人,持械赴城,掷伤巡警弁兵,砸毁警局,开放习艺所人犯,实属蔑法妄为。

据查,首要系成洛号等数人,应与情急抵御,擅行开枪毙命之警兵崔万红等,并县勇师金声一并严拿究办。该县李国枫因收捐旧章费重弊多,准警董之请更定捐章,系为保全要款,兼恤民艰起见,办理尚无不合。迨经乡民要求,即斥退警董,并允许变通捐章,亦未稍事压制,即警兵等开枪系由乡民掷伤弁兵所致,更非该县意料所及。惟该县改章之始于民间向得减免之处未加详察,实属粗率,从事不达民隐。隆平汛外委兼巡官李道明,当警兵开枪之际,虽已因伤坠城,查验属实,惟临时不能弹压解散,事后又任开枪之警兵脱逃,亦属咎有应得,均未便稍事姑容,相应请旨将隆平县知县李国枫、赵州营隆平汛经制外委兼巡官李道明一并革除,以示惩儆。该管赵州直隶州知州恩惠于属县所改捐章未妥,失于查察,业经撤任示惩。其不察民情,率请改章之警董曹树菜等,应由臣查明出身,分别斥革惩处。

该县各乡应捐巡警学堂等费,经印委察讯众情于李国枫,所定改收制钱四十文非不乐从,惟随粮收取,则境薄之地及地少之户不能减免,情愿照捐钱文,就地完交,俾便通融,业经该印委等取结,断令照办,以顺舆情。至被放习艺所人犯,皆系外结徒罪以下及未定罪名酌量收所之犯,现有投回者,有在逃者,已饬分别拟结缉拿。现在业经得雨,民情已一律安谧。所有此案查办缘由,理合恭折具奏,伏乞皇太后、皇上圣鉴,训示。

再,所遗隆平县员缺,直隶现有应补人员应请留归外补,合并声明。谨奏。

朱批："著照所请，该部知道。"

光绪三十四年五月二十五日。

（《光绪朝朱批奏折》第 25 辑，077）

具陈光绪三十三年下忙钱粮已未完数目折

头品顶戴、署理北洋大臣兼直隶总督、山东巡抚、臣杨士骧跪奏，为查明光绪三十三年下忙钱粮已未完数目，恭折仰祈圣鉴事。

窃查，各省征收钱粮应按上、下忙造册具奏，咸丰二年户部议准，嗣后应征上、下忙钱粮，丰年以额征数目为准，蠲缓之年以应征数目为准，责成藩司督催。又部议办理上、下忙应将留支银两与起运并列，匀作十分计算完报。又于光绪二十三年经部议准，各省上、下忙钱粮自本年为始，更定九分完报，上忙匀为四分，下忙匀为五分等因。

兹据升任藩司增韫详称，光绪三十三年地粮除武备学堂并铁路占用地亩先行停征暨蠲免缓带征花户长完应抵外，实应征起运留支正耗银二百六十九万九十三两零，内起运正银一百八十六万六千九百二十五两零，留支银五十二万九千二百三十五两零。又起运项下耗银二十三万七千四百七十七两零，留支项下耗银五万六千四百五十五两零，上忙已征完银一百二十六万九千五百三十六两零，内除截存花户长完银二千九百二十两零，抵下年正赋外，实征完银一百二十六万六千六百一十五两零。今下忙续征完银一百三十三万二千八百五十两零，统计上下忙征完银二百五十九万九千四百六十六两零，计在九分以上，其余民欠未完银两应俟奏销案内归结造册，请奏前来。臣复核无异，除年款清册咨部外，理合恭折具陈，伏乞皇太后、皇上圣鉴，敕部查核。谨奏。

朱批："度支部知道。"

光绪三十四年五月二十五日。

（《光绪朝朱批奏折》第 70 辑，040）

长芦光绪三十三年应征历年商课奏销折

头品顶戴、署理北洋大臣兼直隶总督、山东巡抚、臣杨士骧跪奏，为长芦光绪三十三年应征历年商课奏销，恭折仰祈圣鉴事。

窃据长芦盐运使张镇芳详称，光绪三十三年应征历年商课钱粮册内，光绪三十三年河工银一万两、铜斤脚价银二万一千五百九十四两三钱八分二厘，共额征银三万一千五百九十四两三钱八分二厘，同治九年前督臣曾国藩具奏长芦盐务减轻成本案内，奉部复准将京纲应领额引每年停引二万道，计河工银二百九十三两四分三厘、铜斤脚价银六百三十二两八钱五厘，共应征银三万六百六十八两五钱三分四厘内。除永平府属卢龙等七州县应征河工银二百五十二两一钱六分二厘、铜斤脚价银五百四十四两五钱二分四厘，共银七百九十六两六钱八分六厘。自光绪二十九年改归委员设局试办，所有应征课款详经部复，照额包课停支缉费，余利尽收尽解等因，除将拨解三十三年额课银两造入续收外，尚应征银二万九千八百七十一两八钱四分八厘。

又，除参遗缺额邢台等十县悬岸，除认运各商应完河工、铜斤脚价等银已照认额全完外，其无商认领之悬引应征河工银一百三两三厘、铜斤脚价银二百二十二两四钱三分七厘，共银三百二十五两四钱四分内，以青、静、沧、盐、庆五州县商人桐兴义认领代销悬引，交款银两照数归补全完净，现商及认运悬岸各商共应完河工银九千三百五十一两七钱九分二厘、铜斤脚价银二万一百九十四两六钱一分六厘，共银二万九千五百四十六两四钱八厘。

查旧管存银三十四万九千八百四十六两五钱七分五厘，新收银二万九千八百七十一两八钱四分八厘。又续收不在额征之内银二十四万五千三百六十七两一钱九分四厘，共新收银二十七万五千二百三十九两四分二厘，管收共银六十二万五千八十五两六钱一分七厘，开除银三十四万五千三百七十二两一分四厘，实在存银二十七万九千七百一十三两六钱三厘内。除河工银一万五千八百六十四两一分一厘，留解永定河工经费外，净存银二十六万三千八百四十九两五钱九分二厘，系应留备凑解各项饷需之用。

所有应征光绪三十三年分历年商课钱粮，现商及认运悬岸各商应完河工、铜斤脚价银两均已全完。又查余平一款旧管无项新收银一万一千三十八两九分九厘，开除银一万一千三十八两九分九厘，实在无项等情造具清册，详请具奏前来。臣复核无异，除循例出具印结，同送到清册咨移度支部给事中查照外，理合恭折具奏，伏乞皇太后、皇上圣鉴，敕部查核施行。谨奏。

朱批："度支部知道。"

光绪三十四年五月二十五日。

（《光绪朝朱批奏折》第 76 辑，621）

会陈遵旨协剿蒙旗马贼情形折

署理北洋大臣兼直隶总督、臣杨士骧,察哈尔都统诚勋,热河都统廷杰跪奏,为遵旨协剿蒙旗马贼,按照理藩部原奏指拿首要各匪,擒获惩办并剿拿余匪,地方渐就又安,恭折会陈,仰祈圣鉴事。

光绪三十四年二月初十日,承准军机大臣字寄光绪三十四年二月初八日奉上谕"理藩部奏阿巴哈那尔贝子车林多尔济呈报,锡林郭勒盟界内有马贼滋扰,持械伤人,请饬查拿一折,著杨士骧、廷杰、诚勋按照所指各节协力严拿或惩办,以安蒙众而靖地方。原折均著钞给看,钦此,"遵领中营、前营马队两哨,臣诚勋派三群营总拉什尼玛带领旗队先后鼓行,出口会合,商拟进剿。黄懋澄等以匪首万福明,即王凤鸣,勾串东来,悍贼票匪,又得王殿阁,曹四先生即曹德,刘元牲,乐洛八等著名匪徒合伙成群,良马快枪,势极剽悍,恃在险远,出没无常,重以塞外苦寒旨寄信前来等因承准此。

伏查,原奏内开据报,本盟屡有持械民贼,势甚鸱张,贝子、牲畜亦被劫掳,并声明此项贼匪盘踞窝巢什巴尔台山地方,匪首系万福明等语。查什巴尔台,峰峦互错,沟汊纷歧,北接锡林郭勒盟阿巴噶乌珠穆沁各旗,多属草地,率数百里不见墟烟;东邻吉黑,外来匪徒尤易勾结,臣等恭奉寄谕,协拿务获。经臣士骧电饬宣化镇总兵黄懋澄,酌派管带何桂荣、中营游击李福连带马队六哨步队五棚,由该总兵亲督前往,复饬驻热直隶练军统领提督程允和派管带文汉带马队两哨。臣廷杰派热河巡队北路统带张玉春带。时逾春仲,犹复积雪没踝,狂飚被野,刍秣难觅,人马冻馁。若以偏师行远,岂惟孤单滋虑,且恐相持日久,糜饷劳师。因商定大队直压什巴尔台,分路搜捕,并派已革直隶候补知县陈培兰、候补直隶州州判荆藻江、选用县丞锡纯等,设法预运粮草,密购眼线,各旗亦派马引导。黄懋澄乃自带马队两哨,由经棚前赴阿巴哈那贝子面询情形,相机剿办,并饬马步队经赴什巴尔台木石匣扼要分驻。张玉春、文汉及署多伦协副将陈永禄等,带队驰赴浩齐特乌珠穆沁一带。李福连带马队两哨,赴阿巴哈那一带,竭力搜剿,迭与匪遇。该匪每群均数十人,无不以死抵拒,幸经各军奋拿,如要匪刘彰关,即羊官刘意亮,王殿阁即王化宣,唐萨即唐元,刘才长即刘小四,刘根才即刘喜,张东林、于永、俞老四等五十余人,先后就擒,夺获洋枪多杆,马十余匹,牛五头。而刘元牲,亦为多伦厅同知阮忠极购线,协拿到案。逃回之乐洛八,又为图场厅同知查阴派弁拿获。

是时万福明，即王凤鸣，改名王顺，以大兵直压什巴尔台，早已闻风远飏，黄懋澄因王凤鸣系奉旨饬拿首要，亲督弁兵至窝藏该匪之孟家营搜查，未见，访知该匪家口、什物系冯皮匠用车运送，派陈永禄及哨官石长清哨长马起云等改装，潜赴冯皮匠家掩捕。王凤鸣已先期率移十余人东窜，遂将冯皮匠拿获。迅即蹑追，适热河防营管带颜福顺等并赤峰县知县俞良臣所派警兵会同分头抄袭，贼乃溃逃。马起云复兜获匪党黄永发、王凤山详细侦查，俞良臣亦密讯获犯王化宣，究出王凤鸣逃往六分地哈拉木头，遂于三月二十六日会合前往，猛扑，该匪等负隅顽抗，力不能支，匪首王凤鸣被眼线孟三元当场击伤毙命。经俞良臣督同验明，实系万福明，即王凤鸣正身，割取首级，传示犯事地方，并获自来得枪一杆，黄马一匹，查系贝子车林多尔济原物，均即给领。前获刘彰关等，均系理藩部前奏指拿要犯，讯供抢劫伤人不讳，亦就地正法，昭炯戒而快人心，此剿办什巴尔台股贼之情形也。

王凤鸣等虽已擒获惩办，而鱼泡子地方复有匪徒滋扰，为害甚巨，但地属克什克腾旗，愚民被胁居多，又未便概加攻剿，玉石不分。黄懋澄因又商定合围掩捕之计，派管带宋道凤、哨官何景文等，自刘家营子取道岔汉，潜赴鱼泡子北面七八十里之黄冈梁、牛圈山、五道瓮山一带，并分赴西北面阿巴噶扼要埋伏；哨官梁克峻等，由经棚取路托罗庙，绕出西南面五十里之沙冈一带，堵截；哨长萧玉升等，赴西南之萨岭河半截河一带，防其窜入围场；哨官刘玉山、哨长苏运贵等，分赴东面牠牛泡子密设兵卡。黄懋澄遂商同张玉春、文汉拉什呢玛、阮忠极，并派陈永禄、何桂荣督带马步炮队，于四月十七日三鼓齐抵西亮子河大王庙及南北河口等处，四面兜围，并购线内应。十八日黎明，潜从间道驰入贼巢，鸣炮一声，四路齐进，眼线在内呐喊大兵已到，匪等猝然闻变，不及抵抗，杀获百余人，生擒匪首陈守义、郭泳壮二名，贼犯周玉才、郑川文、田玉立、吕青莲、郭心田、齐振林、王洛八、陈鱼江、齐曹家、宋绍前等十名，并获洋枪二十余杆。陈守义等讯供抢劫伤人不讳，就地正法，以寒贼胆。郭泳壮用作眼线搜捕余匪。宋绍前仅为匪首郭廷显司账，另案惩办，胁从保释，善后事宜由阮忠极妥商办理。此又剿办鱼泡子匪徒之情形也。

据总兵黄懋澄等先后禀报前来。臣等查，万福明即王凤鸣，盘踞什巴尔台，恃在险远，大兵难到，肆行抢劫。加以山路崎岖，风雪载涂，人冻马疲，剿捕棘手。鱼泡子则沙深没膝，尤属兵力难施。所赖黄懋澄，督师进剿，调度有方；程允和居后策应，布置合宜；张玉春、文汉拉什呢玛等亦皆不辞艰险；幸将奉旨饬拿首要万福明，即王凤鸣擒获。此外，要犯亦缉获多名，分别承办鱼泡子各匪一并剿拿严惩，地方渐就又安。综计首从各匪获办二百余人，为时仅及两月，实非臣等初心所及料至。

什巴尔台及鱼泡子等处密迩东省，匪徒最易出没，必须营哨驻扎，随时加意防缉，庶免死灰复燃。而黄懋澄等所部各队，率自要地抽调，不能不酌撤回防，容臣等会商，设法另发军队分驻，藉资镇慑。此次转运，维艰百倍，内地眼线亦处处艰觅，用费较繁，应俟查清后各归各处报销，庶清界限。

所有此次在事文武员弁，搏战于风沙霜雪，驰逐于绝塞重峦，昼击夜攻，历尽艰苦，且赴机迅速，克日奏功，不无微劳足录。合无仰恳天恩准予奏请奖叙，以资鼓励。除分咨外，所有遵旨协剿蒙旗马贼，按照理藩部指拿首要各匪擒获惩办各缘由，理合恭折会陈，伏乞皇太后、皇上圣鉴、训示。

再，此折系臣士骧主稿，合并声明。谨奏。

朱批："准其酌保，毋许冒滥。"

光绪三十四年五月廿八日。

（《光绪朝朱批奏折》第 109 辑，647）

沈葆恒试署期满准其实授片

再，据升任布政使增韫、前署永定河道窦廷馨详称，定例河工同知遇有缺出，先行拣员署理，俟经历三汛期满，如果称职，保题实授。兹查南岸同知沈葆恒，前经奏署今职，于光绪三十三年四月初一日任事之日起，扣至三十四年四月初一日，试署一年期满，经历三汛无误，其任内并无未清钱粮及违碍事件，核与实授之例相符，开具履历事考清册，具详前来。臣查该员安详明白，熟悉修防，堪以胜任，应请照例准其实授，仍俟部复到日给咨送部引见，恭候钦定。除将清册咨部外，理合附片具陈，伏乞圣鉴，敕部核复。谨奏。

朱批："吏部议奏。"

光绪三十四年五月三十日。

（《光绪朝朱批奏折》第 25 辑，094）

杨琛试署期满准其实授折

头品顶戴、署理北洋大臣兼直隶总督、山东巡抚、臣杨士骧跪奏，为河工主簿等缺,试署一年期满,循例实授,恭折仰祈圣鉴事。

　　窃查定例,河工州同以下佐杂等官,遇有缺出,先行咨部署理,俟一年后察看,果能胜任,再行保题实授等因。查,有署南堤八工武清县主簿杨琛,自光绪三十二年十一月十五任事之日起,扣至三十三年十一月十五日,试署一年期满。又署石景山汛宛平县卢沟桥巡检李兆年,自光绪三十二年十一月二十五任事之日起,扣至三十三年十一月二十五日,试署一年期满。据该管司道查明造册,详请具奏等情前来。臣查,杨琛、李兆年,自任事以来,经历三汛期满,修防无误,均堪胜任。其任内亦无未清钱粮、违碍事件,应请照例准其实授。除清册咨部外,理合恭折具奏,伏乞皇太后、皇上圣鉴,敕部核复。谨奏。

　　朱批:"吏部议奏。"

　　光绪三十四年六月初一日。

　　(《光绪朝朱批奏折》第 25 辑,097)

请将张长发即行革职片

　　再,署理沿河口都司张长发妄抄煤窑捏词朦禀,经泰宁镇先将该署都司撤任,呈请核参前来,相应请旨将署理沿河口都司、实任水东村守备张长发即行革职,以肃戎行。理合会同直隶提督臣马玉昆附片具陈,伏乞圣鉴,训示。

　　再,所遗水东村守备,系属题缺,直隶现有应补人员应请留归外补,合并声明。谨奏。

　　朱批:"著照所请,该部知道。"

　　光绪三十四年六月初一日。

　　(《光绪朝朱批奏折》第 51 辑,507)

他塔拉氏、伊尔根觉罗氏捐资兴学,请照拟给奖片

　　再,据直隶省城女学堂绅董呈称,省城旧有育婴、全节两堂,慈幼恤嫠,允称善举。惟有养无教,女学迄未兴办。光绪三十二年,升任藩司增韫到任之始,首先注重女学,随在该两堂挑选女婴暨节妇随养之女,已及学龄者百余人,复添招满汉官民各女生,择定废仓基址,改建堂舍,分为高等、初等,延聘教习,分堂教

授。惟创办之始，款项无著。

该司之母、一品命妇他塔拉氏，将历年节省衣饰所储捐助银一千两，为开办经费，并捐制常服、礼服、靴帽等件，劝令亲族戚属女子入堂受学，以为倡率。其妻二品命妇、伊尔根觉罗氏，仰体姑训，慨将妆奁积存、田房、铺产每年租息红利四百金，捐助常年经费，估其本金约值银一万两，呈请奏奖前来。

臣查，升任藩司、浙江抚臣增韫，在于保定创办女学，擘画经营，不遗余力。其母一品命妇他塔拉氏、其妻二品命妇伊尔根觉罗氏，捐助钜款，洵属有裨学务，慷慨可风。虽据称不敢邀奖，究未便没其好义之忱，合无仰恳天恩，俯准赏给一品命妇他塔拉氏暨二品命妇伊尔根觉罗氏，御书匾额各一方，以示鼓动而资观感，出自高厚鸿慈。理合附片具陈，伏乞圣鉴，训示。谨奏。

朱批："著照所请。"

光绪三十四年六月初一日。

（《光绪朝朱批奏折》第 30 辑，573）

报销驿站钱粮折

头品顶戴、署理北洋大臣兼直隶总督、山东巡抚、臣杨士骧跪奏，为报销驿站钱粮，恭折仰祈圣鉴事。

窃查，光绪三十年分直隶省驿站钱粮，例应造册题销。据署按察使李树棠呈称顺天、永平、保定、河间、天津、正定、顺德、广平、大名、宣化等十府，并古北口驿站员外郎暨定州、冀州、赵州、深州、易州、遵化等六直隶州及所属各州县驿站，光绪三十年分通省旧额新增、续增、新设夫马、工料、杂支，涿州、良乡、昌平等州县新增工料，宣化府旧额马、工料、麦麸、廪给并改归磁州、蔚州、广昌，又改归军站暨吉阳、长新二驿，清苑、石亭、多伦诺尔，又安匠屯、王家营调拨马匹、增添夫役、工料，正定县伏城驿雇备夫马，暨天津等州县额外添设并续设夫马等项工料，共用银三十六万三千三百九十两七钱七分九厘，扣存夫马小建留二廪粮官支等项共银三万六千六百十九两七钱八分九厘。

又，临榆县迁安驿应付过折给车价银二百六十一两三钱，除在于预拨车价六成银一千二百两。又，奏定新章发给一半实银六百两，支用外尚余剩银三百三十八两七钱。又，万全县应付过张家口站折给车价银九百二十五两三钱五分，俟准销之月饬颁归垫。又，张家口独石口并宣化府属榆林等驿站马匹，动支过本色料豆三千四百九十七石二年五升。又,榆林等驿站马匹动支过豆折银六千二百七十四两二钱九分六厘,麦麸价银九百四十八两一钱一分四厘。又榆林等驿递马杠轿等夫动支过米折银一千八百三十三两七钱二分。又张家口并云州、赤城等驿站军夫马杠等夫,动支过本色月米二百八十三石二斗。

所有应付细数支给款项,逐一造册,遵章详请奏销,并声明此案奏销例应次年五月内造报。因三河县知县何谌于光绪三十三年十月始据转送到司,核计迟延一年以上,例有处分。该员业已病故,应毋庸议。又此项册籍因赶造历年销册,各属册造舛错,往还驳查,以致迟逾。再六分减平银两已奉部复免其核扣等情前来。臣复核无异,除将清册分别送部并给事中、山西道外,理合会同兼管顺天府府尹臣陆润庠、顺天府府尹臣凌福彭恭折具陈,伏乞皇太后、皇上圣鉴,敕部核复。谨奏。

朱批:"知道了。"

光绪三十四年六月初一日。

(《光绪朝朱批奏折》第90辑,922)

请以马骏良升补河屯协左营中军都司片

再,提标河屯协左营中军都司杨良辉参革,遗缺接准部咨系题补第一轮第八缺,应用捐输人员等因。查,直隶武职并无捐输人员,自应照章过班,改作第一轮第十缺用应升人员。兹查,有河屯协属唐三营守备马骏良,年六十五岁,顺天府人,由行伍历拔千总,赴奉天剿匪出力,保以守备尽先补用,题补昌平营中军守备,调补今职。该员明白安详,熟悉营务,以之升补河屯协左营中军都司,实堪胜任,亦与例章相符。合无仰恳天恩,俯准升补,以裨营伍。除饬取该员履历清册咨部外,理合会同直隶提督臣马玉昆附片具陈,伏乞圣鉴。训示。谨奏。

朱批:"陆军部议奏。"

光绪三十四年六月初一日。

(《光绪朝朱批奏折》第51辑,506)

陈明会勘光绪三十四年分新旧秋审事宜折

头品顶戴、署理北洋大臣兼直隶总督、山东巡抚、臣杨士骧跪奏,为会勘光绪三十四年分新旧秋审囚犯,拟定实缓、可矜,缮单恭折,仰祈圣鉴事。

窃查,直隶各属光绪三十四年分新旧秋审囚犯,兹据升任布政使增韫、署按察使李树棠会同署清河道熙臣逐一确核,将新事秋审囚犯拟定情实缓决、可矜,同旧事秋审囚犯造具情罪清册,开具清单,详请审奏前来,并声明新事赶入秋审案犯未能即时解到案,咨部展限在案。除将新旧案内病故之赵州等州县囚犯李顺懊等十名咨部扣除外,其无事故各囚犯,均经臣督饬司道逐案勘得光绪三十四年新事秋审晋州服制情实绞犯唐葆懊一名、东光等州县情实绞犯张陇等二十四名、通州等厅州县缓决绞犯陈溅义等一百二名口,晋州等州县可矜绞犯张幅沅等二名,共计一百二十六起一百二十九名口。旧事秋审东明等厅州县情实缓决斩绞人犯程四等二百四十四起二百四十七名口,统合本年新旧秋审三百七十起三百七十六名口,仰体皇仁查照向章,发给新事应解囚犯赏项食物,发回各厅州县羁禁候示,各犯甚属安静。除将情罪清册咨部外,谨分缮清单,恭呈御览,伏乞皇太后、皇上圣鉴,敕部核复。

再,永远监禁之保定县绞妇李栗氏、安平县绞妇王周氏、宁晋县绞妇李赵氏等三口,仍于秋审册内扣除。至缓决人犯,现奉变通新章,本应分别办理。直隶本届新案多系新章以前者,碍难区分,只得循旧核办,并将经部随案奏明准缓之案开折咨部以清眉目,仍俟下届遵章办理,合并陈明,谨奏。

朱批:"法部奏议奏,单二件并发。"

光绪三十四年六月初三日。

(《光绪朝朱批奏折》第106辑,191)

具陈光绪三十三年分地丁钱粮等项征收数目折

头品顶戴、署理北洋大臣兼直隶总督、山东巡抚、臣杨士骧跪奏,为查明光绪三十三年分地丁钱粮等项征收数目,恭折仰祈圣鉴事。

窃查,直隶省应造光绪三十三年地丁钱粮等项奏册,除津军厅应征收钱粮因征册卷宗毁失,现经清丈地亩,应俟查清征起,同改归直隶管辖之围场厅分别另行造报,其余各属经征未完一分以上职名前已由司详经具奏在案。兹查,光绪三十三年分顺天、永平、保定、河间、天津、正定、顺德、广平、大名、宣化等十府,并张家、独石二厅暨遵化、易州、冀州、赵州、深州、定州等六州并属额征起存地粮正银二百四十二万四千九十二两八钱七分,旗产正银一万六千六百一十七两三钱四分,地耗银二十九万九千五百七十两二钱一分三厘,旗产耗银一千五百九十五两五钱四分七厘。又,宣化、冀州、赵州等三府州属额征官荒升科正银一十一两二钱八分七厘,耗银一两二钱七分八厘,米三石九斗二升六合四勺。又顺天、永平、赵州等三府州属额征先行升科无耗正银八千二百九十六两四钱九厘。又顺天、保定、河间、天津、大名、宣化、易州、深州等九府州属额征本色米、谷、粮、豆、小麦、榛、粟、高粱,共九万二千一百石二斗五升五合,草九万四千二百七束三分二毫,改折正银一万五千四百四十四两七分三厘,内除独缓带征暨递抵民欠外,实征完起存地粮正银二百二十六万两九千八百一十一两六钱五分一厘,旗产正银一万四千一百九十五两九钱一分三厘,旗产耗银二十八万二千八十一两九钱二分四厘,地耗银二十八万二千八十一两九钱一分三厘,旗产耗银一千三百八十四两六钱二分六厘。又宣化、冀州、赵州等三府属额征官荒升科正银一十一两二钱八分七厘,耗银一两二钱七分八厘,米三石九斗二升六合四勺。又顺天、永平、赵州等三府州属征完官荒升科正银一十一两二钱八分七厘,耗银一两二钱七分八厘,又米三石九斗二升六合四勺。又顺天、永平、赵州等三府州属征完先行升科无耗正银七千五百三十二两八钱六分三厘。又屯粮八万四千四百五十三石五斗九升二合五勺五撮,草九万六百一十一束四分八毫,又改折正银一万四千七百二十二两二钱三分,逐款具查,数目相符。据升任布政使增韫,开具简明册单,详请具奏前来。臣复核无异,除将册单咨部外,理合恭折具陈,伏乞皇太后、皇上圣鉴敕部查照。

再,经征钱粮四万两以上奏销前全完之现任定州知州陈燕昌,三万两以上奏销前全完之现任深州知州续绵,二万两以上奏销前全完之现任宁津知县禄坤南、和县知县姒锡章、任县知县谢昺麟、获鹿县知县严书勋、前任赵州知州恩惠,一万两以上奏销前完全之前署肃宁县知县唐景仑、现任内邱县知县施有方、宁寿县知县张朴、前署高邑县知县刘景范、现署临城县李绍勋,八千两以上奏销前全完之现任赞皇知县韩廷焕,三千两以上奏销前全完之前署遵化州知州岳龄,二千两以上奏销前全完之现任龙门县知县郑庆成,一千两以上奏销前全完之前署阜平县知县叶嗣高、现任赤城县知县罗毓祥等十七员并请随案议叙。谨奏。

朱批:"度支部知道。"

光绪三十四年六月初六日。

(《光绪朝朱批奏折》第 70 辑,048)

请以徐永棨试署饶阳县知县折

头品顶戴、署理北洋大臣兼直隶总督、山东巡抚、臣杨士骧跪奏，奏为拣员请署要缺知县，恭折仰祈圣鉴事。

窃查，饶阳县知县张一麟，业经奏请开缺，以知府仍留原省补用，应以光绪三十四年三月初十接到部文之日作为开缺日期，归三月分截缺。所遗饶阳县知县员缺，民情好讼，命盗滋繁，粮赋多逋，催科匪易，系"繁、疲、难"三字要缺，例应在外拣选调补。臣督同藩、学、臬三司在于现任人员内逐加遴选，非历俸未满，即才难治剧，实乏合例堪调之员。兹据升任藩司增韫、署提学司卢靖、署臬司李树棠查，有奏明无论繁简请补之候补知县徐永棨，堪以请署，会详请奏前来。

臣查，徐永棨，年四十六岁，山东昌邑县人，由光绪乙酉科拔贡考取八旗官学汉教习，当差六年，期满引见，奉旨以知县用，遵例呈请分发，签掣直隶归候补班补用。光绪二十八年四月十三日引见，奉旨照例发往，十月二十七日到省，业经试看期满，甄别在案，嗣因派赴日本法政速成科，毕业回国，奏保遇有缺出无论繁简何项班次，奏明请补。三十三年三月初一日，奉朱批"著照所请，吏部知道，钦此"，旋丁父忧，服满起复，于三十三年九月十五日回省。该员老成稳练，办事认真，以之试署饶阳县知县，实堪胜任，人地亦属相宜。合无仰恳天恩，俯念员缺紧要，准以候补知县徐永棨试署饶阳县知县，以资治理。如蒙俞允，该员衔缺相当，毋庸送部引见，仍俟试署期满，另请实授。除将该员履历请册咨部外，理合恭折具陈，伏乞皇太后、皇上圣鉴，训示。谨奏。

朱批："吏部议奏。"

光绪三十四年六月十一日。

（《光绪朝朱批奏折》第 25 辑，122）

请以梁保森补授天津镇标右营游击片

再，天津镇标右营游击马廷襄开去底缺，归副将班补用。所遗游击员缺，前以马兰镇标左营守备尽先游击王怀庆请补，经部饬取履历，尚未核准，旋因中立案内保归总兵，经臣奏请，开去守备、游击两缺，接准部咨，令拣合例人员请补等因。除马兰镇标左营守备员缺另行办理外，所有天津镇标右营游击员缺，系第一轮第五缺，应用尽先人员。

查有尽先游击梁保森，年四十四岁，霸州人，由武童因在朝鲜供差及武卫右军训练期满，并山东剿匪、堵口各案内历保以都司尽先补用，复因剿办土匪暨驻京巡缉出力，保以游击尽先补用，奏留直隶。随赴南境剿办土匪案内保加副将衔，并戴花翎。该员老成谙练，熟习戎行，以之补授天津镇标右营游击，实堪胜任，亦与例章相符。至名次在前之何春发，已借补大沽后右营都司；李平三已借补杜胜营都司；朱鹤鸣、宋吉明、孙占魁均与此缺不甚相宜，未便迁就。合无仰恳天恩俯准，以梁保森补授天津镇标右营游击，以裨营伍。除饬取履历咨部外，理合会同直隶提督臣马玉昆附片具陈，伏乞圣鉴，训示。谨奏。

朱批："陆军部议奏。"

光绪三十四年六月十一日。

（《光绪朝朱批奏折》第 51 辑，519）

恭报三月分顺直各属市粮价值、雨雪情形折

头品顶戴、署理北洋大臣兼直隶总督、山东巡抚、臣杨士骧跪奏，为查明光绪三十四年三月分顺直各属市粮价值、雨雪情形，恭折仰祈圣鉴事。

窃查，光绪三十四年二月分各属市粮价值、雨雪情形，业经奏报在案。兹据藩司查明三月分市粮价值、雨雪情形，开单请奏前来。臣查三月分顺天、永平、保定、河间、天津、顺德、广平、大名、宣化、遵化、易州等十一府州属得雨雪一、二、三、四、五次，每次一、二、三、四、五寸不等，正定、冀州、赵州、深州、定州等五府州属并未得有雨雪。又查三月分粮价，河间、遵化、易州、赵州、深州等五府州属与上月相同，顺天、天津、大名、宣化等四府属较上月价减，永平、保定、正定、顺德、广平、冀州、定州等七府州属较上月价增。理合恭折具陈，并缮具粮价清单，恭呈御览，伏乞皇太后、皇上圣鉴。谨奏。

朱批："知道了。"

光绪三十四年六月十一日。

（《光绪朝朱批奏折》第 97 辑，1022）

请以李天保补授独石口协副将片

再，宣化镇标独石口协副将段日升简放江苏徐州镇总兵，遗缺系题补第一轮第五缺，应用尽先人员。兹查有尽先补用副将李天保，年五十七岁，安徽盱眙县人，由勇丁因防剿粤匪并驻扎朝鲜期满，及攻克连山关分水岭，迭次剿办匪徒各案内历保以参将尽先补用，奏留直隶。复因留京宿卫营巡防出力，保准免补参将，以副将留直尽先补用。

该员朴实耐劳，勇于任事，以之补授独石口协副将实堪胜任，亦与例章相符。至名次在前之朱玉春、陈仪生、陈春廷、杨善德、张永成，均与此缺人地不甚相宜，未便迁就。合无仰恳天恩俯准以李天保补授独石口协副将，以裨营伍。除饬取履历咨部外，理合会同直隶提督臣马玉昆附片具陈，伏乞圣鉴，训示。谨奏。

朱批："陆军部议奏。"

光绪三十四年六月十六日。

（《光绪朝朱批奏折》第 51 辑，523）

请以林颖启补授大沽协副将片

再，天津镇标大沽协副将吴大英病故，遗缺系题补之缺，照章酌量请补，不入轮缺计算。前以补用副将王金成请补，部议以该员开复原案尚未赴部引见，亦未补缴捐复银两，核与定章不符，应令另拣合例人员请补等因。臣查大沽系北洋要口，各国官商往来络绎，外洋兵船时有寄碇。兵燹后，门户洞开，改设巡警，全在该副将认真督率，方可弭患无形，非精勤干练之员不克胜任。

兹查，有补用副将林颖启，年五十六岁，福建闽县人，由文童考充船政学生，于船工告成及出洋学成回华，并接待快船各案内历保以游击尽先补用，补授北洋海军新设精练前营游击，办理海军出力，保以参将尽先升用。北洋海军失事革职留营，嗣经升任督臣袁世凯以该员前曾游学欧洲，精通西文，熟谙洋务，实为武员中不可多得之才，委署大沽协副将，请开复原官原衔升阶翎技，留于直隶补用，奉硃批"著照所请，兵部知道。钦此。"筹办中立在事出力，保以副将留直补用，并加总兵衔。

该员办事认真，熟谙交涉，署理斯缺已历数载，情形熟悉，措置裕如。虽开复尚未引见,于例仍有未符,而人地实在相需,生手未敢轻假,以之补授大沽协副将实堪胜任。合无仰恳天恩俯念员缺紧要,准以林颖启补授大沽协副将,以裨地方。除饬取履历咨部外,理合会同直隶提督臣马玉昆附片具陈,伏乞圣鉴,训示。谨奏。

朱批:"陆军部议奏。"

光绪三十四年六月十六日。

(《光绪朝朱批奏折》第 51 辑,524)

郑应成试署期满例应实授片

再,查前准吏部咨龙门县知县张兆龄革职遗缺,请以候补知县郑应成署理,钦奉谕旨允准,自应钦遵办理,仍俟试署期满,如果称职,另请实授等因,转行遵照在案。兹据升任布政使增韫、署提学使卢靖、署按察使李树棠详称,龙门县知县郑应成自光绪三十二年十一月二十七日赴到任起,扣至三十三年十一月二十七日,试署一年期满,例应实授。据前任宣化府知府王守坤查明出考造具奏,并声明该员任内并无违碍处分及参罚案件等情前来。臣查,该员年强才裕,办事认真,应请照例准其实授。除事实履历册咨部外,理合附片具陈,伏乞圣鉴,吏部核复。谨奏。

朱批:"吏部议奏。"

光绪三十四年六月十六日。

(《光绪朝朱批奏折》第 25 辑,129)

请将恩绪改为俟得同知缺后以知府用片

再,八品笔帖式恩绪,于上年本省办理交涉中立善后案内奏保以通判不论双单月尽先选用,钦奉朱批"著照所请,该部知道。钦此",钦遵在案。嗣据该员呈称,业于光绪三十二年九月间报捐双月选用同知,经部换给执照,随文呈验等情前来,臣等详加查验。该员捐升执照系在此次奏保之先,自应另行核正,以励前劳。合无仰恳天恩俯准,将该员恩绪改为俟得同知缺后以知府用之,出自鸿施。除咨部外,理合附片具陈,伏乞圣鉴,训示。谨奏。

朱批："著照所请,该部知道。"

光绪三十四年六月十六日。

(《光绪朝朱批奏折》第 25 辑,130)

报销北洋陆军各学堂光绪三十一年分收支各款折

头品顶戴、署理北洋大臣兼直隶总督、山东巡抚、臣杨士骧跪奏,为北洋陆军各学堂光绪三十一年分收支各款,专案报销,恭折仰祈圣鉴事。

查,北洋各学堂光绪三十年以前支用各款,分年造册,附入北洋海防经费案内奏销在案。三十一年新设陆军各学堂一切支数变通增改,业经开单咨部,自应由陆军部粮饷局专案办理,以符名实。兹查,光绪三十一年旧管项下计垫支不敷库平银四万一千七百七十一两九钱九厘二毫,新收直藩库北洋海防支应局及山东绥远城等处,共解学堂经费库平银十七万八千八百三十四两四分八厘,除拨还上届不敷库平银四万一千七百七十一两九钱九厘二毫,计实收存银十三万七千六十二两一钱三分八厘八毫,开除各学堂学队薪公饷乾杂费、奖赏、地价、恤赏、炮费,及购办操衣、靴帽、图书,仪器、机器、物料等项银三十五万一千三百九十五两七钱五厘七毫,内应归度支部核销银二十六万九千七百七十七两三钱七分九厘,陆军部核销银八万二千三百十八两三钱二分六厘七毫,实在不敷银二十一万四千三百三十三两五钱六分六厘九毫,均系挪垫支发,应归下届滚接造报。据北洋陆军粮饷局造具清册,详请奏咨前来。臣复加确核,委系实用实销,并无浮冒。除将清册分咨度支部、陆军部查照外,理合恭折具陈,伏乞皇太后、皇上圣鉴,敕部核销施行。谨奏。

朱批："该部知道。"

光绪三十四年六月十六日。

(《光绪朝朱批奏折》第 64 辑,460)

河工同知回避原籍拣员调署折

头品顶戴、署理北洋大臣兼直隶总督、山东巡抚、臣杨士骧跪奏,为河工同知回避原籍,拣员调署,恭折仰祈圣鉴事。

窃据升任布政使增韫、署提学使卢靖、署按察使李树棠、天津道齐耀琳、署清河道熙臣会详称,窃查前于光绪三十三年七月初七日,据试署河捕同知王其鑫禀称系山东海丰县人,原籍相距河间府河捕同知任所在五百里以内,例应回避,当由该司移会山东布政使饬据海丰县查明,该员原籍距任所实在五百里以内,造具程途里数清册,移送到直。

查定例,候补官员原籍与服官省毗连,遇有缺出,该员轮补到班,仍按班请补,系接到准补部文,或到任后查明本任地界如距原籍在五百里以内,于三月例限内详明上司,照例指缺对调等语。今河间府河捕同知回避原籍五百里以内,该员试署斯缺,于光绪三十三年五月二十日到任,核计具禀日期系在三月例限以内,河间府河捕同知系河工要缺,应于本省相当河工同知内拣员对调,以符定例。

该司道等查,有保定府河捕同知陈汝均堪以对调,会详请奏前来。臣查,陈汝均年五十六岁,浙江山阴县监生,由大理寺左评事于光绪二十四年保送仓差,十月二十二日由部带领引见,奉朱笔圈出记名"以仓监督用。钦此",遵例呈请分发北河,经钦派大臣验看,堪以同知补用。十二月十一日,经部带领引见,奉旨"著照例发往。钦此"。二十五年正月二十八日到省,分天津道道差委。二月到工,奏署今职,经部复准,三十二年八月初一日到任,试署期满,奏请实授。

该员才名识练,局度安详,堪以调署河间府河捕同知,所遗保定府河捕同知即请以河间府河捕同知王其鑫调署,亦堪胜任,且均与例相符。合无仰恳天恩,俯准将河间府河捕同知王其鑫与保定府河捕同知陈汝均互相调署,各专责成,如蒙俞允,该二员均俟经历三汛期满,如果称职,另请实授给咨。该员王其鑫送部引见,至该员陈汝钧任内并无河工分赔等项银两参罚案件。除将履历及王其鑫回避程途里数清册咨部外,理合恭折具奏,伏乞皇太后、皇上圣鉴,训示。谨奏。

朱批:"吏部议奏。"

光绪三十四年六月十六日。

(《光绪朝朱批奏折》第 25 辑,128)

交纳光绪三十四年长芦盐课部分解充京饷银片

再,据长芦盐运使张镇芳详称,案查度支部奏拨光绪三十四年长芦盐课解充京饷银二十五万两内,于三四月间拨解第一、第二两批银十万两,尚应解银十五万两,遵即拨解第三批银五万两,随解加平银七百五十两,委候补盐巡检罗献廷管解,于本年五月二十六日起程,前赴度支部交纳,造具拨解款册,详请奏咨前来。臣复核无异,除册咨部外,谨附片陈明,伏乞圣鉴,敕部查照。谨奏。

朱批:"度支部知道。"

光绪三十四年六月十六日。

(《光绪朝朱批奏折》第 90 辑,930)

任直隶总督兼北洋大臣时期奏议

谢授直隶总督吁恳陛见折

头品顶戴、署理北洋大臣兼直隶总督、山东巡抚、臣杨士骧跪奏,为叩谢天恩,吁恳陛见,恭折仰祈圣鉴事。

窃臣恭读邸钞,六月二十五日奉上谕"杨士骧著授直隶总督兼充北洋大臣。钦此。"当即恭设香案,望阙叩头谢恩。伏念臣累世受恩,早年通籍,读书东观,会窥石渠天禄之奇,绾钥北门,忝摄冯翊扶风之重。权符匝岁,奉职多愆,乃天恩寿寓之辰正。臣拜真除之日,九重圣泽,媲嵩岳以俱高;千里邦畿,愧涓埃之未报。惟有趋承禁阙,仰秉慈谟,领山河表里之冲,愿觐龙光于咫尺,跂文武隳乔之略允,赓虎拜于万年。所有微臣感激下忱,并吁恳陛见缘由,理合恭折叩谢天恩,伏乞皇太后、皇上圣鉴,训示。谨奏。

朱批:"著来见。钦此。"

光绪三十四年六月二十六日。

(《杨文敬公奏议》卷七)

德国政府特赠红鹰头等宝星章,是否收受,请旨定夺片

再,臣前准德国派驻胶澳办事处大臣都沛录电称,德国政府以臣在山东巡抚任内办理两国交涉有年,特赠红鹰头等宝星,并给随臣在东襄办洋务现留直隶补用道李德顺红鹰三等宝星等因。现由驻津德国领事将前项宝星各一座呈送前来,应否收受,理合奏明,请旨遵行。除咨外务部外,谨附片陈请,伏乞圣鉴,训示。谨奏。

朱批:"均著准其收受。"

光绪三十四年七月初一日。

(《光绪朝朱批奏折》第 112 辑,298)

报拨玉田县本年夏季分供应各陵员役俸饷米折等项银两折

头品顶戴、北洋大臣、直隶总督、臣杨士骧跪奏,为报拨玉田县本年夏季分供

应各陵员役俸饷、米折等项银两，恭折具陈仰祈圣鉴事。

窃据升任布政使增韫详称，玉田县供应定陵定东陵并顺水峪暨禧妃园寝员役俸饷、米折、豆草、车价等项银两，向系由司按季专案详请题报，一面由该县赴司领回供应，历经遵办在案。兹据玉田县请领光绪三十四年夏季分供应，定陵、定东陵并顺水峪，暨禧妃园寝员役俸饷米折，豆草车价等项，共银四千六百三十五两九钱一分五厘，改折八成实银三千七百八两七钱三分二厘，内扣豆草车价六分部，平银四十二两三钱一分五厘，实发银三千六百六十六两四钱一分七厘。核与历办成案均属相符，应请于司库地，粮银内动拨，分晰开具清单，详请核奏并声明，陵工员役增减无定，难以预计应照急需钱粮之例。一面具奏，一面先行拨给俾得，及早领回供应。其实在支领数目统归于奏销案，内核实销算多则解还，不敷找给多等情前来。臣复核无异，除清单咨部外，理合恭具陈，伏乞皇太后、皇上圣鉴，敕部核复。谨奏。

朱批："度支部知道。"

光绪三十四年七月初三日。

（《光绪朝朱批奏折》第 30 辑，578）

报拨本年夏季分吉地差役钱粮米折等项银两折

头品顶戴、北洋大臣、直隶总督、臣杨士骧跪奏，为报拨本年夏季分吉地差役钱粮、米折等项银两，恭折具陈，仰祈圣鉴事。

窃据升任布政使增韫详称，玉田县供应菩陀峪万年吉地添设差役人等钱粮、米折等项银两，向系由司按季专案详请题报，一面由该县赴司领回供应，历经遵办在案。今据玉田县请领光绪三十四年夏季分供应菩陀峪万年吉地差役钱粮米折等项，共银四百六十二两六钱，改拨八成实银三百七十两八分，核与历办成案相符，应请于司库地粮银内动拨，分晰开具清单，详请核奏并声明，吉地员役增减无定，难以预计，应照急需钱粮之例，一面具奏，一面先行拨给，俾得及早领回供应。其实在支领数目统归于奏销案内核实销算，多则解还，不敷找给等情前来。臣复核无异，除清单咨部外，理合恭折具陈，伏乞皇太后、皇上圣鉴，敕部核复。谨奏。

朱批："度支部知道。"

光绪三十四年七月初三日。

（《光绪朝朱批奏折》第 30 辑，579）

报本年夏季分供应陵工员役俸饷米折等项银两折

头品顶戴、北洋大臣、直隶总督、臣杨士骧跪奏,为报本年夏季分供应陵工员役俸饷、米折等项银两,恭折仰祈圣鉴事。

窃据升任布政使增韫详称,丰润县供应惠陵并妃园寝,暨淑慎皇贵妃园寝员役俸饷、米折、豆草、车价等项银两,向系由司按季专案详请题报,一面由该县赴司请领供应,历经遵办在案。兹据丰润县请领光绪三十四年夏季分供应惠陵并妃园寝,暨淑慎皇贵妃园寝兵役月饷、米折、豆草、车价等项,共银三千七百两三钱三分一厘,改折八成实银二千九百六十两二钱六分五厘,内扣豆草、车价项下六分部平银四十六两七钱三分四厘,实发银二千九百十三两五钱三分一厘,核与历办成案相符。应请在于司库地粮银内动拨,开单详请核奏并声明,陵工员役增减无定,难以预计,应照急需钱粮之例,一面具奏,一面先行拨给,俾该县得以及早领回供应。其实在支领数目统归于奏销案内核实销算,多则解还,不敷找给等情前来。臣复核无异,除将简明细数清单咨送度支部查照外,理合恭折具奏,伏乞皇太后、皇上圣鉴,敕部核复。谨奏。

朱批:"度支部知道。"

光绪三十四年七月初三日。

(《光绪朝朱批奏折》第 30 辑,580)

顺直水旱交乘,请将原办赈捐展限一年折

头品顶戴、北洋大臣、直隶总督、臣杨士骧跪奏,为顺直水旱交乘,请将原办赈捐展限一年,以备赈济,恭折仰祈圣鉴事。

窃查,顺直各属自兵燹后,元气大伤,加以连年灾歉,筹工筹抚几无已时。前于光绪二十九年秋间,经升任督臣袁世凯会同顺天府府尹奏请,将部例常捐七项暂由顺直收捐一年,并将赈捐各项核减一成,按四成收捐。其推广文武职衔、顶戴仍以五成核收,暨请准收翎枝捐项,并先由部颁发空白执照,将十成贡监收款暂准截留济用等因,奉旨允准。嗣因三十年、三十一年两次限满,奏准展限,迨至三十二年限又届满,察看情形,仍难停止。升任督臣袁世凯奏请展办一年,经部

议准，于三十三年二月初四日奉旨"依议，钦此"。钦遵办理在案。

兹查，此项捐输自光绪三十二年十二月初一展办之日起，除去两年封印日期，应扣至本年二月初一日，又届一年限满，本应依限停止，惟上年夏秋之交大雨兼旬，山水暴注，永定、北运等河先后漫决成口，沿河十数州县同遭淹浸，土赈并举，需款浩繁，经升任督臣袁世凯通电告急，各省量力协助，暂济一时。然以工赈两项统盘筹计，断非数十万全所能济事，后经奏准接办七项常捐，并援照江南成案，将免保留省两项代收一年，工程赈务始得撒手赶办，至上各省协助之款，皆指赈捐拨还，此时尚无所出。本年春夏以来，雨泽愆期，畿南一带麦收歉薄，钜鹿、隆平等县硝匪思逞，清河县民情最苦。臣已饬局筹款购粮，派员前往平粜以安民心。其余各处尚拟察看情形，酌量添设。

伏查，上年顺直灾区思赈以外，急抚、加抚、冬抚以及本年春工春赈，发款过钜，库储已将告罄。天津六局平粜、习艺、教养、游民、栖流等所，水利、施医等局，正虑无款开支，而各属复有被旱之区，筹备实不容缓。直隶系称缺额省分，各库同一支出，舍接办赈捐之外，别无长策。据筹赈局司道请将赈捐再展一年等情，详请具奏前来。合无仰恳天恩，俯准将原办赈捐自本年二月初一限满之日起，再行接办一年，俾资补助。如蒙俞允，所有收捐成数、核奖章程推广各条，悉循其旧，仍由统捐局照案接办，以免纷歧。理合会同兼管顺天府府尹臣陆润庠、顺天府府尹臣凌福彭，恭折具陈，伏乞皇太后、皇上圣鉴，训示。谨奏。

朱批："度支部议奏。"

光绪三十四年七月初三日。

（《光绪朝朱批奏折》第81辑，035）

捐赈事竣，请择尤保奖片

再，本年夏间口外七厅被旱成灾，饥民嗷嗷待哺。经臣遴委正佐各员前往设局，筹办赈抚，并令驻扎各厅练军营弁帮同转运，分段弹压。该处地面辽阔，一军所辖远或至千余里。各该员弁等，采运粮石，稽查户口，于炎天烈日之中往来奔走，异常劳瘁。用能及时散放，实惠均沾，全活灾黎数至七十余万，实属著有微劳。现因太原等属骤被水灾，复经委员查放急抚，核估要工。又奏请开办赈捐，局务纷繁，亦须派员妥为经营，并分赴各属，实力劝办。可否俟捐赈事竣，由臣汇案，择尤保奖，以示鼓励之处，出自逾格鸿施。谨附片言具陈，伏乞圣鉴。谨奏。

朱批："著俟捐赈事竣后，准其酌保数员，毋许冒滥。"

光绪三十四年秋。

（《光绪朝朱批奏折》第 32 辑，415）

卢聘卿、周嘉德亏欠银两请勒限严追片

再，前属内邱县知县卢聘卿，亏欠内结杂款银四十七两五钱二分六厘，又剔归自解、改归耗等款，共银五百四十五两九钱九分八厘，计共欠解银五百九十三两五钱二分四厘。又，前署河间县知县周嘉德亏欠剔归自解项下屯米折价等银七百五十两五钱六分九厘，又田房税等银九百六十六两九钱三分，计共欠解银一千七百一十七两四钱九分九厘。屡经严催，均未完解。二参例限早逾，以致现任不克造册结报，自应照章参追。惟查，该员卢聘卿业已病故，周嘉德已因另案革职，应请勒限两月，在于该故员卢聘卿家属并革员周嘉德名下照数严追，倘仍限满不完，或完不足数，再行奏明查抄家产备抵。据升任藩司增韫详奏前来，除咨度吏部外，理合附片具陈，伏乞圣鉴，训示。谨奏。

朱批："著照所请，该部知道。"

光绪三十四年七月初五日。

（《光绪朝朱批奏折》第 85 辑，507）

恭报四月分顺直各属市粮价值、雨水情形折

头品顶戴、北洋大臣、直隶总督、臣杨士骧跪奏，为查明光绪三十四年四月分，顺直各属市粮价值、雨水情形，恭折仰祈圣鉴事。

窃查光绪三十四年三月分，顺直各属市粮价值、雨水情形，业经奏报在案，兹据藩司查明四月分市粮价值、雨水情形，开单请奏前来。臣查，四月分顺天、永平、保定、河间、顺德、广平、宣化、遵化、赵州等九府州属得雨一、二、三次，每次一、二、三寸并微雨不等；天津、正定、大名、易州、冀州、深州、定州等七府州属并未得雨。又查，四月分粮价，顺天、宣化二府属与上月相同，永平府属较上月价减，保定、河间、天津、正定、顺德、广平、大名、遵化、易州、冀州、赵州、深州、定州等十三府州属较上月价增。理合恭折具陈，并缮具粮价清单恭呈御览，伏乞皇太

后、皇上圣鉴。谨奏。

朱批："知道了。"

光绪三十四年七月初五日。

（《光绪朝朱批奏折》第 97 辑，1032）

光绪三十四年长芦应解度支部原拨盐课银均已如数解清片

再，据长芦盐运使张镇芳详称，光绪三十四年长芦应解度支部原拨盐课银二十五万两，续拨豫案荥工加价银五万两，添拨内务府常年经费银一万两，共银三十一万两，遵于三、四、五、七、十等月先后委解盐课银二十五万两，荥工加价银五万两，均赴度支部交收。又，在盐课项下于四月间委解内务府经费银一万两，计光绪三十四年奉拨京饷共银三十一万两，均已如数解清，详请具奏前来。臣复核无异，理合附片陈明，伏乞圣鉴，敕部查照。谨奏。

朱批："度支部知道。"

光绪三十四年七月初五日。

（《光绪朝朱批奏折》第 90 辑，1048）

报拨本年夏季分各陵寝月饷米折等项银两折

头品顶戴、北洋大臣、直隶总督、臣杨士骧跪奏，为报拨本年夏季分各陵寝月饷、米折等项银两，恭折仰祈圣鉴事。

据升任布政使增韫详称，窃查遵化、蓟州、丰润等三州县供应各陵寝月饷、米折、豆草、车价，并马兰镇新旧汉兵米折等项银两，向系由司按季专案详请题拨，一面由各州县派役赴司领回供应，历经遵办在案。兹据遵化、蓟州、丰润三州县将光绪三十四年夏季分供应各陵寝月饷、米折、豆草、车价，并马兰镇新旧汉兵米折等项银两，开具估单请领，该司按单复核遵化、蓟州、丰润三州县光绪三十四年夏季分供应各陵寝月饷、米折、豆草、车价，并马兰镇新旧汉兵米折等项银一万四千八百五十五两四钱二分八厘，改折八成实银一万一千八百八十四两三钱四分二厘，内扣豆草、车价六分部平银一百四十四两六钱六分八厘，实发银一万一千七百三十九两六钱七分四厘，核与历办成案相符，应请在于司库地粮银内动拨，分晰开具清单,详请核奏并声明,陵工员役增减无定,难以预计,应照急需钱粮之例,一面具奏,一面先行拨给,俾各州县得以及早领回散放。其实在支领数目统归于奏销案内核实销算,多则解还,不敷找给等情前来。臣复核无异,除清单咨部外,理合恭折具陈,伏乞皇太后、皇上圣鉴,敕部核复。谨奏。

朱批:"度支部知道。"

光绪三十四年七月初五日。

(《光绪朝朱批奏折》第30辑,581)

具陈直属各州县新案交代已、未结起数折

头品顶戴、北洋大臣、直隶总督、臣杨士骧跪奏,为查明光绪三十三年正月起至六月止,直属各州县新案交代已、未结起数,缮单恭折仰祈圣鉴事。

窃据升任藩司曾韫详称直属各州县交代,前奉部议,自光绪八年起,作为新案依限交代清楚先行造册结报半年汇奏一次,历经遵办,嗣因庚子军兴,藩署卷宗毁失,经前升司周馥设法整顿,拟将光绪二十七年九月初一日以前卸事各员作为旧案,分别委查催办,随时详咨,免扣例限;其自九月初一日以后交卸各员作为新案,一体遵照例章依限造册结报,详经前督臣李鸿章奏准在案。

兹又届办理汇奏之期,该司调齐卷宗,逐一核明,计自光绪三十三年正月初一日起至六月底止,将各案交代催令依限结报,造具妥确册结咨部,至上届汇报案内奏参勒追之员于限内分别已完未完,奏请免其查抄及查抄备抵,此次已满二参,内结款项未清各员业经奏请勒追;未满二参各案归于下届汇案办理等情前来。臣复核无异,除将送到详细清单咨部外,理合另缮简明清单,恭折具陈,伏乞皇太后、皇上圣鉴,敕部查核。谨奏。

朱批:"度支部知道,单并发。"

光绪三十四年七月初五日。

(《光绪朝朱批奏折》第85辑,505)

请将何谌即行革职,在原籍查抄家产片

再,已革前署东安县知县徐体善,交代案内有欠解内结杂款银九十六两五钱

五厘。又已故前署三河县知县何谌交代案内,有欠解地粮等款银八百三两四钱六分六厘,又黑地升科等款银二百一十两四钱二分三厘,计共欠解银一千一十三两八钱八分九厘。前因二条例限已逾,屡催未解,经臣等奏参勒限两月在于该革员徐体善名下,并该故员何谌家属严追。倘限满不完或完不足数再行奏,请查抄原籍家产备抵在案。兹据该革员徐体善,将未清银两依限照数完解司库兑收。惟故员何谌亏款,该家属仍未措缴,由升任藩司曾韫详请具奏前来。

臣查该革员徐体善东安县任内亏欠内结杂款,既据依限照数完缴,尚知愧奋,应请免其查抄,已昭激劝。至该故员何谌未清三河县任内亏款为数甚钜,现在勒限久逾,该家属仍未完解,实属疲玩已极。应请旨将已故前署三河县知县何谌即行革职,在于福建闽县原籍查抄家产,备抵解直归款。除饬司将该革员徐体善解到银两造入奏拨各册,报部并咨闽浙督臣查照外,理合会同兼管顺天府府尹臣陆润庠、顺天府府尹臣凌福彭附片,伏乞圣鉴,敕部查照。谨奏。

朱批:"著照所请,该部知道。"

光绪三十四年七月初五日。

(《光绪朝朱批奏折》第 85 辑,506)

造报办理营口巡警、卫生、工程三局及善后用款银数折

头品顶戴、北洋大臣、直隶总督、臣杨士骧跪奏,为造报光绪三十三年冬季暨三十四年正月分办理营口巡警、卫生、工程三局及善后用款银数,恭折仰祈圣鉴事。

窃查,营口善后要需,前准部咨,准在日本交还税款划分六成项下动用,所有办理巡警、卫生、工程额支活支及一切善后用款,历经按季造册报销,嗣准部咨,营口善后用款暂动六成税款,原系一时权宜办法,嗣后应就地筹款,不得再动关税,以重款项需,当经饬据前署山海关道沈桐议定,将卫生、工程两局并入巡警局,裁减经费,所有薪饷一切从光绪三十四年二月初一日起改由征存各项捐款项下动支,不敷之项暂由交还税款内支拨,复经咨部立案,各在案。

旋据沈桐详称,营口善后款项旧管存银四万四十六两五钱三分四厘五毫二丝八忽一微。光绪三十三年冬季,十、十一、十二三个月计新收一百八十九结日本交还税款六成银十万两,动用巡警、卫生、工程等局额支活支各款办理善后暨关道署兼办善后各员薪水津贴等项,共银五万一千九百两七钱一分一厘二毫五

丝八微。又动支光绪三十四年正月分巡警、卫生、工程等局额支活支各款办理善后暨关道署兼办善后各员薪水津贴等项共银一万五千六百八十二两四分六厘一毫六丝九微。共实存银七万二千四百六十三两七钱七分七厘一毫一丝六忽四微。由道分年汇总造册,详请奏咨核销前来。臣复核无异,除清册咨部外,理合恭折具陈,伏乞皇太后、皇上圣鉴,敕部核销。谨奏。

朱批:"知道了。"

光绪三十四年七月初五日。

(《光绪朝朱批奏折》第 90 辑,945)

审办赵州等州县六起寻常命盗死罪案件,照章汇摘简明案由折

头品顶戴、北洋大臣、直隶总督、臣杨士骧跪奏,为命盗各案,照章汇摘简明案由,恭折仰祈圣鉴事。

窃查,直隶寻常命盗死罪案件照章汇奏,造册送部。又经刑部奏准,如事在光绪二十七年十月以后者,仍将全案供招造册咨部等因,均经遵照在案。

兹据署按察使李树棠呈称,查有赵州获贼秦小二,听纠执持洋枪,行劫事主石占兰染坊钱衣布匹等物,将秦小二依强劫之案,但有一人执持洋枪在场者,不分首从,斩枭通行,拟斩立决,枭示,照章改为斩立决。

又,钜鹿县获贼胡溃清,听纠分持枪械,伙窃事主安玉珍家,临时强劫,得脏,拒伤事主,平复。将胡溃清伙窃,盗临时行强,但有一人执持洋枪在场者,不分首从,斩枭通行,拟斩立决,枭示,照章改为斩立决。邵四闻喊先逃,事后知情分赃,蔡憘獉即蔡二,听纠械窃,并未分赃,各分别依例拟从照章习艺。

又,宁晋县获贼耿阜,纠伙执持枪械,抢夺曹文海等骡马钱衣等物,捆缚事主,将耿阜依结伙三人抢夺案内,执持洋枪之首犯,斩枭通行,拟斩立决,枭示,照章改为斩立决。刘宗在场,并未动手,依例拟遣改军。

又,抚宁县民妇曹陈氏,依因奸听从奸夫谋杀死亲夫者凌迟律,拟凌迟处死,照章改为斩立决,恭逢恩诏,不准援免。

又,深州获匪贾根深,因图财起意,纠邀赵百岁,用绳谋勒车夫王臣周身死,图得马匹等物。将贾根深、赵百岁,依图财害命得财,而杀死人命,首犯与从而加功者俱斩,例均拟斩立决,照章改为绞立决。

又,献县太监王景元,因向大功堂兄王泉索欠,口角被殴,用花枪扎伤王泉身

死。将王景元,即王七,又名刘晋安,依殴本宗大功兄死者斩律,拟斩立决,照章改为绞立决。

以上六起,均系立决之案,业经由司提审,解勘发回,分造供招清册,详请汇奏前来。臣复核无异,除清册分咨部院外,理合遵章汇摘简明案由,恭折具陈,伏乞皇太后、皇上圣鉴,敕部核复。谨奏。

朱批:"法部议奏。"

光绪三十四年七月初六日。

(《光绪朝朱批奏折》第 109 辑,177)

审办因疯砍毙亲母重犯,按律定拟折

头品顶戴、北洋大臣、直隶总督、臣杨士骧跪奏,为审明因疯砍毙亲母重犯,按律定拟,照章声请改为斩次,恭折仰祈圣鉴事。

窃查邢台县民人王狗胜,因疯用铁斧砍伤亲母王王氏身死一案,前据该县禀经批饬提省审办,嗣据署臬司李树棠督同前署保定府知府胡远灿审明,拟议解勘前来,值臣驻津,饬委升任藩司增韫代审无异,臣复加确核,缘王狗胜籍隶邢台县,已死王王氏系王狗胜之母。王狗胜平日侍奉孝顺,并无违犯,王狗胜素患疯迷病症,时发时止,每逢发时不省人事,过后即愈,地邻、樊行信等原欲报官锁锢,王王氏因伊并不滋事,未经应允。

光绪三十四年正月十九日早,王狗胜忽觉心内迷糊,疯病复发,用铁斧将王王氏左太阳穴相连左耳并左眼左眼胞左腮颊砍伤,讵王王氏即因伤殒命。报经该县龚彦师验讯获犯提验,王狗胜疯病已愈,讯供禀报批饬,提省审办。据各供晰前情不讳,究诘不移,案无遁饰。查律载,子殴母杀者凌迟处死。又光绪二十九年通行内开子因疯殴杀父母之案,审明平日孝顺实系疯发无知,即比照误杀父母之例,仍照本律定拟,将可原情节于折内声叙,请旨改为斩立决各等语。

此案王狗胜因疯复发,用铁斧砍伤亲母王王氏身死,实属罪大恶极,自应按律问拟,王狗胜合依子殴母杀者凌迟处死律拟凌迟处死,惟查该犯平日孝顺,实系疯发无知,应遵通行将可原情节于折内声叙,请旨改为斩立决。容隐不报之地邻人等照章免其治罪,地方樊行信仍革役。除备录供招咨送部院外,理合恭折具陈,伏乞皇太后、皇上圣鉴,敕部核复。谨奏。

朱批:"法部议奏。"

光绪三十四年七月初六日。

（《光绪朝朱批奏折》第 109 辑，178）

审办南和等州县八起寻常命盗死罪案件，照章汇摘简明案由折

头品顶戴、北洋大臣、直隶总督、臣杨士骧跪奏，为命案照章汇摘简明案由，恭折仰祈圣鉴事。

窃查，直隶寻常命盗死罪案件，照章汇奏，造册送部。又经刑部奏准，如事在光绪二十七年十月以后者，仍将全案供招造册咨部，又奏准新章照入秋审人犯例应缓决者，定案具奏时妥拟确实出语，声明酌入缓决等因，均经遵照在案。

兹据署按察使李树棠呈称，查有南和县民人裴榜的，因与孙丙寅口角争殴，用木碾杆等械殴伤孙丙寅身死，将裴榜的依斗杀律拟绞监候，身先受伤，殴由抵御，酌入缓决。

又，抚宁县客民张萌清因向李克宽索取鱼税，口角争殴，用木扁担殴伤李克宽，越日身死，将张萌清依斗杀律拟绞监候，死先向殴，伤由抵御，酌入缓决。

又，昌黎县客民葛瑞祥因戏虐误及李俭绰号，事后被斥，口角争殴，用夺获木棒殴伤李俭，越日身死，将葛瑞祥依斗杀律拟绞监候。衅起不曲，回殴一伤，酌入缓决。

又，河间县民人刘向仁因豆禾被牲口踏坏在地，扬骂经同姓不宗之刘庆曾路过斥阻，口角争殴，用镰刀砍伤刘庆曾身死，将刘向仁即刘二须依斗杀律拟绞监候，死先扑殴，一伤适毙，酌入缓决。

又，香河县民人马增，因李元隔院掷砖，几中伊母，向斥口角，致相争殴，用小刀扎伤李元，越日身死，将马增依斗杀律拟绞监候，衅起理直，扎由情急，酌入缓决。

又，广平县民人丁树贞因向王太和索讨代垫烟税钱文，口角争殴，用小刀扎伤王太和身死，将丁树贞即丁四依斗杀律拟绞监候，衅起理直，伤由抵御，酌入缓决。

又，定州民人任双印因与李洛正口角争殴，用小刀扎伤李洛正，越日抽风身死。将任双印依斗杀律拟绞监候，伤非致命，死由抽风，酌入缓决。

又，景州民人刘大因孙寅被窦观海疑窃具控，疑伊唆讼，登门混骂，持刀向伊父刘中魁扑扎，该犯趋护，用木棍殴伤孙寅，越日身死，将刘大依共殴人致死下手

伤重者绞律拟绞监候,死先寻衅,他物伤无致命,酌入缓决。刘中魁在场目击依余人律拟杖,年老收赎。窦观海肇衅酿命,酌照不应重律拟杖,系文生,照律纳赎。

以上八起,均系例缓之案,业经由司提审,解勘发回,分造供招清册,汇呈请奏前来。臣复核无异,除清册分咨部院外,理合遵章摘叙简明案由,恭折具陈,伏乞皇太后、皇上圣鉴,敕部核复。谨奏。

朱批:"法部议奏。"

光绪三十四年七月初六日。

(《光绪朝朱批奏折》第 109 辑,179)

请以即用知县孙家钰补授正定县知县折

头品顶戴、北洋大臣、直隶总督、臣杨士骧跪奏,为拣员请补要缺知县,恭折仰祈圣鉴事。

窃查,正定县知县孟广瀚升署天津府河捕同知,经部核准,应以光绪三十四年三月二十六接到部文之日作为开缺日期,归三月分截缺。所遗正定县知县员缺,地居冲要,政务纷繁,系冲繁难三字兼河要缺,例应在外拣选调补。

查定例,各省知县如系奉旨命往,或督抚题明留于该省候补者,无谕应题应调应选之缺,准该督抚酌量补用,其新进士奉旨分发各省即用知县,如遇应题应调缺出,亦准酌量补用。又应调缺出,令该督于现任人员内拣选调补,如实无合例堪调之员,准以候补人员题补等语。臣督同藩、学、臬三司在于选缺知县内逐加遴选,非历俸未满,即才难治剧,一时实乏合例堪调之员,自应酌量请补。查,俸满撤回内地另补知县霖康亦于此缺人地不甚相宜,未便稍涉迁就,应在于候补并即用班内拣选请补。

兹据升任藩司增韫、署提学司卢靖、署臬司李树棠查,有进士即用知县孙家钰堪以请补,会详请奏前来。臣查,孙家钰,年二十九岁,河南固始县人,由附生中式光绪二十九年癸卯科举人,甲辰科会试中式贡士,引见,奉旨以知县即用,签分直隶,三十年七月二十二日到省。该员年强才裕,吏治勤能,以之请补正定县知县兼河要缺,实堪胜任,与例亦属相符。合无仰恳天恩,俯念员缺紧要,准以即用知县孙家钰补授正定县知县,以资治理。如蒙俞允,该员衔缺相当,毋庸送部引见。除将该员履历清册咨部外,理合恭折具陈,伏乞皇太后、皇上圣鉴,训示。

谨奏。

朱批:"吏部议奏。"

光绪三十四年七月初八。

(《光绪朝朱批奏折》第 25 辑,208)

津署日行例件应委长芦运司张镇芳代拆、代行片

再,臣于本年六月二十五日奉旨补授直隶总督兼充北洋大臣,当经具折谢恩并恳陛见,钦奉,朱批"著来见。钦此",臣定于七月十二日由津起程入觐,所有津署日行例件应委长芦运司张镇芳代拆代行,其重要公牍仍包寄臣行次核办。理合附片具陈,伏乞圣鉴。谨奏。

朱批:"知道了。"

光绪三十四年七月初九日。

(《光绪朝朱批奏折》第 25 辑,212)

奏为满城县民人赵洺率用木棒殴伤张洺
通越日抽风身死案由(折片)

再,查满城县民人赵洺率用木棒殴伤张洺通越日抽风身死一案,前据该县审拟,由府解经,详经先后咨准法部,以此系旧例专本具题之件,行令照章具奏。兹署按察使李树棠遵饬造册,呈请奏咨前来。臣复加确核,缘赵洺率,即赵振起,藉隶满城县,与已死张洺通并其弟张洺棉素识无嫌,孟雨儿系张洺通等堂外甥。

光绪三十二年七月间,孟雨儿因查知地内谷穗被村人张洺总家驴头践食,找向不依,经赵洺率说合赔钱五吊,约期秋后赔还。九月初十傍晚,孟雨儿找赵洺率前往催讨,赵洺率以天晚不便往讨,孟雨儿不允,彼此争吵。适张洺通等路过瞥见,上前理劝。赵洺率斥说多管,张洺通不服,互相詈骂。张洺通相殴,赵洺率闪避,顺取旁放木棒殴伤张洺通顶心相连偏右,张洺棉上前帮护,赵洺率亦殴伤其左肩,业报县验讯饬医。张洺通伤已结痂,因自不谨慎,将痂抓落,伤口进风溃烂,越十三日陨命。复经报验讯详审拟,由府解司。

臣确核无异,赵洺率,即赵振起,殴伤张洺棉,平复,轻罪不议。外应依斗殴

之案,如原殴致命伤轻,因风身死在十日以外,声请改流例,杖一百,三千里,照章解所工作,仍追埋银,给领营葬。孟雨儿声衅酿命,照律拟杖罚银,册报。除清册分咨部院外,理合遵章汇摘案由,恭折具陈,伏乞圣鉴,敕部核复。谨奏。

奉朱批:"法部议奏。钦此。"光绪三十四年七月初九日。

(台北故宫藏档,文献编号:164893)

奏为贼犯赵玉田等立决案由(折片)

再,据署按察使李树棠呈称,查有抚宁县获贼赵玉田听纠行窃事主单氏家衣饰等物,首伙持有洋枪,该犯在外把风。将赵玉田依行窃之案,但有一人执持洋枪在场者,不分首从,斩枭通行,均拟斩立决枭示,照章改为斩立决。陈有朋临时畏惧不行,事后不分赃,依例拟杖,照章折工。

又,东安县获贼郝龙,听纠执持洋枪,行窃事主土增家衣饰等物,将郝龙,即名郝万起,依抢劫之案,但有一人执持洋枪在场者,不分首从斩枭,通行均拟斩立决枭示,照章改为斩立决,逢恩不准查办。

又,南宫县民人贾二小,因图财有绳谋勒舅母岳贾氏身死,得赃花用。将贾二小以图财害命,得财而害死人命者首犯斩例,拟斩立决,照章改为绞立决。

以上三起均系立决之案,业均由司提审,解勘发回,分造供招清册,呈请汇奏。臣复核无异,除清册分咨部院外,理合遵章汇摘案由,恭折具奏,伏乞圣鉴,敕部核复。谨奏。

光绪三十四年七月初九日奉朱批:"法部议奏。钦此。"

光绪三十四年七月初六日。

(台北故宫藏档,文献编号:164907)

奏为审明孔庆有因疯致毙亲父按律定拟由(折片)

头品顶戴、北洋大臣、直隶总督、臣杨士骧跪奏,为审明因疯致毙亲父,按律定拟,照章声请改为斩决,恭折仰祈圣鉴事。

窃查,威县民人孔庆有,因疯用铁三齿伤亲父孔现太身死一案,前经该县禀经批饬提省审办,嗣据署臬司李树棠督同前署保定府知府胡远灿审明拟详,解勘前来。值臣驻津，饬委升任藩司增韫代审无异。臣复加确核，缘孔庆有籍隶威县，已死孔现太系孔庆有亲父。孔庆有，平日侍奉孝顺，并无违犯。嗣孔庆有得有疯病症，时发时止。每逢发时，不省人事，过后即愈。村正田清连等原欲报官锁锢，孔现太因伊并不滋事，未经应允。

光绪三十三年二月二十二日，孔庆有在郝村帮理丧事，酒醉回归，傍晚时分，忽觉心内迷糊，疯病复发，用铁三齿将孔现太脑后近左扎伤，经地方张书堂闻声，瞥见孔庆有手铁三齿在院内跳舞，孔现太已因伤殒命，当将孔庆有捆住，孔庆有渐觉清爽，疯病已愈。报经该署县胡玉堂验讯禀报，批饬提省审办。据各供晰前情不讳，究诘不移，案无遁饰。查律载，子殴父杀者凌迟处死。

又光绪二十九年通行内开，子因疯殴杀父母之案，审明平日孝顺，实系疯发无知，即比照误杀父母之例，仍照本律定拟，将可原情节于折内声叙，请旨改为斩立决各等语。此案，孔庆有因疯病复发，用铁三齿扎伤亲父孔现太身死，实属罪大恶极，自应按律问拟，合依子殴父杀者凌迟处死律，拟凌迟处死。惟查，该犯平日孝顺，实系疯发无知，伤亲父身死，应遵通行，将可原情节于折内声叙，请旨改为斩立决。容隐不报之村正人等，照新章免其治罪。地方张书堂仍革役。除备录供招分送法部、大理院外，所有此案审明定拟缘由，理合恭折具陈，伏乞皇太后、皇上圣鉴，敕部核复。谨奏。

光绪三十四年七月十一日奉朱批："法部议奏。钦此。"

光绪三十四年七月初八日。

（台北故宫藏档，文献编号：164959）

井陉煤矿与德商订立合办合同折

头品顶戴、北洋大臣、直隶总督、臣杨士骧跪奏，为井陉煤矿照临城煤矿办法，与德商井陉公司订立合办合同，缮单具陈，恭折仰祈圣鉴事。

窃查，正定府属井陉县境横西村等处煤矿，自光绪二十五年德商汉纳根与文生张凤起订立合同。禀由德使照送总理衙门。二十八年，外务部核准咨行，各在案。嗣经升任督袁世凯饬行该管地方官，勘明四至，绘送详图，并就所订合同，查照定章，核饬更正。复因张凤起与汉纳根改议条款，仍多未妥，遂议参照临城煤矿办法改归官局，收回合办。迭饬升任津海关道梁敦彦、梁如浩暨矿政调查局总勘矿师道员酈荣光，与汉纳根另议合同。嗣梁敦彦、梁如浩先后去津，复委矿务议员、现任津海关道蔡绍基为该矿督办，道员李德顺为该矿总办，接续前议，往复辩论，核订合同十七条，经汉纳根承认遵守。

查，此项合同，悉本临城煤矿合同而定，磋商数年，今始就绪，于中国主权、地方治理、华民生计三者均无侵损，业经抄录合同，咨商外务部、农工商部，均已咨复，照准立案。除饬蔡绍基等将华洋文合同详细校对，会同该德商画押，仍咨请农工商部，发给开矿执照外，谨将合同暨附件录具清单，恭呈御览，理合缮折具奏，伏乞皇太后、皇上圣鉴，训示。谨奏。

奉朱批："该部知道，单并发。钦此。"

光绪三十四年七月初八日。

（《光绪朝朱批奏折》第 112 辑，299）

谨将直隶井陉矿务局与井陉矿务有限公司订立合同及互换函稿，缮具清单，恭呈御览：津海关道蔡、调直记名道李现奉北洋大臣杨札委督办、总办直隶井陉矿务总局一切事宜，特与办埋井陉矿务德商有限公司汉纳根，核订合同如左。此合同内，所有直隶井陉矿务总局称为矿务总局，德商井陉矿务有限公司称为井陉公司。矿务总局与井陉公司，合办井陉矿务，改名曰"井陉矿务局"，在此合同内称为"井陉矿务局"。

第一款　一矿务总局经理直隶之井陉矿务，即为该处矿主，兹允，会同井陉公司合办一切。所议章程，彼此均应遵守。

第二款　一井陉公司应允会同矿务总局合办，特将公司所有财产物业，如矿地、矿井、机器、房屋、家私、牲口、并地内采煤业、已作成之各工程暨现存出口之煤斤、材料、家具等全行归井陉矿务局管业。其井陉公司原办矿工各地段，统由矿务总局收回，允准全行归井陉矿务局管业。

第三款　一井陉矿务局开办日期，即以奉到中国政府批准合办之日为始。至开办之日，所有井陉公司未合办以前之外欠账目，概归井陉公司自行经理清楚。并特声明，如有缪轕之事，俱与井陉矿务局无涉。

第四款　一在此合同期内，所有井陉矿务局一切事宜，应由矿务总局与井陉公司互商办理。矿务总局，应派华总办一员，华矿师一员，及各华员。井陉公司应派洋总办一员，及各洋员。惟均须彼此，会商妥洽，方能委派。所有该矿推广各项新旧工程以及支付款项，须由华洋总办，或各该委员互相商允签字，方可举行。但须和衷共济，以裨大局。各项账目须用合格华洋员司，照至善方法办理，惟须译成汉文，俾华洋两总办皆知头绪，易于阅核。凡有应行公事，均由华洋两总办办理，或委员代理，由井陉矿务局出名，公同树押。所有官牍，用华文书写，其贸易函件暨各账目单据，如系洋文，亦须各译汉文存案，俾易检阅。

第五款　井陉矿务局以本有之利益，及财产物业作为资本。甲、井陉县境内按照附图，现在指明拟办之煤产，由矿务总局允准抵作股本，值行平银二十五万两整。乙、照第二款，井陉公司之产业等及预备日后扩充工程款项，共作股本行平银二十五万两，内照第二款在光绪三十二年正月初一日，所有之财产物业估价共值行平银二十万两整。统计井陉矿务局股本，共合行平银五十万两内将已收足。股银二十五万两之股票，应交矿务总局督办收执管业。其余二十五万两，应交井陉公司收执。但井陉公司二十万两，祗作收足股银而已。其欠交之行平银五万两，一到应交之日，当由井陉公司如数交出其利息，由交银之日起算，今彼此订明矿务总局所得二十五万两之股票，视作股银交足。应分老本息银及余利，与井陉公司同日核算。

第六款　一将来股本如不敷用，须添股本，或由直隶矿务总局与井陉公司各备一半，以昭公允。或由井陉矿务局借款，均须华洋两总办妥商办理。

第七款　一合办后，每年所得余利，照后开章程办理。甲、先付五十万两股本，利息按常年七厘计算，每年一付。（即百两每年息银七两）乙、既支利息之后，所余之款，每百两拨交矿务总局十两，作为积存之项，预备归还井陉公司之原来股本银两。丙、每年由余利项下拨行平银五千两，交直隶矿政调查局。丁、再有余利，归矿务总局暨井陉公司平分。

第八款　一此合同以三十年为期，由奉到中国政府批准之日起计自第一年，至十五年所得余利，照第七款分拨，由第十六年起，矿务总局须将井陉公司实在用过之资本分期交还十五分之一，分十五年还清。凡已还之款，由交还之日起，将七厘利息截止，由第十六年至三十年所得余利，即照下文分派。第十六年至第二十年，矿务总局与井陉公司各分其半。第二十一年至三十年，其余利井陉公司应得四成，矿务总局应得六成。至三十年底，井陉公司所用之资本已全数清还以后，矿务总局与井陉公司缪辖清楚，两无相涉，而此合同作废。

第九款　一立合同十五年之后，矿务总局有停办此合同之权。惟矿务总局欲将此合同停办，须于十二个月之前，先行知会井陉公司。届时井陉公司必须将所有权利股分全行卖与矿务总局，言明由矿务总局照井陉公司原有股本银二十五万两归还外，另加十五倍一年之利益，即照第七款第四条，按最近之五年所得余利总共之数按五分均分，将所得之一分加足十五倍是也。自股本及利息银清偿之后，矿务总局与井陉公司两无相涉，而此合同即行作废。倘由井陉公司请予停办,则矿务总局只给还井陉公司原有股银,不另给利益。

第十款　一现订明矿务总局与井陉公司担任本合同之银钱责任,只以井陉矿务局之财产物业作为第一次抵押,与中国国家及官员无涉,亦与矿务总局及井陉公司各员司及股友皆无牵累,只将其应得该矿之利益抵偿而已。

第十一款　一在此合同未经作废及停办以前,如未经井陉公司认可,矿务总局允不另与他人订立合同。如矿务总局因井陉矿事须借款项,允先尽向井陉公司商办。倘至十五年之后照此合同第九款办理,则届时矿务总局随便可与他人定约商借。至井陉公司若未经矿务总局允许,亦不得将其井陉矿务局之权利或股份转让他公司经理。

第十二款　以井陉矿务局督办奉北洋大臣之命,维持保护,即与中国各铁路公司商妥,凡井陉矿务局所出之煤产及运入之机器、火食,其运价悉照他处矿务章程办理。井陉矿务局可在矿务总局矿产界内修筑运煤支路,铁路亦可直接至铁路之干路,但须与该干路路政无碍方可,惟在矿界中心点周围十里之外拟建筑运煤铁路,如与京汉正太路线暨地方祠宇、坟墓等项无碍方可,将筑路大概图形绘,送井陉矿务局督办,转禀中国政府批准后始准建筑。

第十三款　一井陉矿务局报效中国国家并本省官款,言明按煤斤出井之价,每一吨作库平海关白银一两正内以五分作为报效(即每百两五两),所纳税厘按照开平矿务局章程办理,每吨纳厘金净钱八十四文,另纳税银库平海关白实银一钱二分五厘,除以上税厘并应纳之地税外,并无他税。铁路官局暨他局所需用煤斤,祗纳报效之费,倘有他家华洋合办公司所出之煤斤有纳厘税较以上更低者,井陉矿务局所出之煤斤亦当援照完纳,以归一律,俟农工商部矿务新章宣布以后,如因办矿有应行增改者,经北洋大臣核饬,井陉矿务局即当遵照办理。

第十四款　一井陉矿务局应用一切材料物件抵完海关例税,其余厘金各捐一概豁免。

第十五款　一凡有井陉矿务局一切事宜既承北洋大臣维持保护,自应归北洋大臣节制并应遵照北洋大臣指示办理,倘非与该矿利益实有妨碍者,均应遵办。

第十六款　一遇有争执事宜,矿务局暨井陉公司各请一秉公人判断。如所请之两秉公人不能判断,则由两秉公人另行公举一人以决之,决定后,两面皆允遵守,不得再争。

第十七款　一以上各款章程,系用华交缮就六分,彼此签押作据,每分另配英文译稿一本,核对条款,语意相符,惟华英两文,倘将来解释彼此或有歧异之处,则应专以华文之义为主。此合同六分画押后,呈送北洋大臣核夺盖印,转请政府批准,方可施行。届时即以一分呈存北洋大臣衙门备案,一分存津海关道署备案,二分存矿务总局备查。

汉纳根致津海关道函

敬启者。井陉公司应允每届年底必须造具清册,将是年该矿局所办之各矿工程并下年拟办各项事宜,详细报明督办。此项报册,必须将已办及拟办各工详晰叙明,以便督办得以按照稽核所办各矿之工程是否于矿局产业有利无碍,并是否为该矿长远之计,或督办于拟办工程意有未洽,井陉公司代表人自当再为细心筹画。傥拟办各项工程督办饬令更改者,务须仿照最佳之矿办法照改。又订明开矿各事,必须妥慎经营,以期扩充而保久远,必须以长保矿产之宗旨常存于心目之中,万不可因一时多出煤斤,致于该矿产有损。又订明井陉矿务局驻津华洋两总办、经理,其华洋工程司常川居住井陉者均为帮办,所有井陉矿务局支付款项须用正副收条存据,其副收条存矿务总局备查。华洋公司账人职位不分高卑,以示平权。专此奉达,并将议定每月造账,按每吨煤本费用开列于下:一、挖煤并运煤价值。二、各项材料价值。三、预备矿务工程费用。四、总办并员工薪水。五、紧要杂费如税釐报效医院及转运费花红等项。六、应购机器并绘图等可随时改良,以节费用。七、起造各项工程按时改良,以便节省费用。八、各种机件,如锅炉、水龙、提重机并风扇等经费。九、修理公费并常年经费。十、拣净煤斤,以扩消售费用。十一、电灯及煤油并水池等费用。十二、借款常年利息及房屋机器产业每年递减原本。

津海关道致汉纳根函

敬启者。直隶井陉矿务总局,如拟开办扩充井陉县所有之矿产,并联络矿脉之线,须由本督办禀请督宪批准,方可委派井陉矿务局查看井陉县各矿产,并联络矿产之线。

奉朱批:"览。钦此。"

(《杨文敬公奏议》卷七)

请以存连调补朝阳营守备片

再，准部咨提标八沟营属朝阳营守备诚富勒休，遗缺系满员升调之缺，应拣合例人员升调等因。兹查，有提标前营守备存连，年三十九岁，正黄旗满洲松坫佐领下人，由前锋校选补今职，光绪二十八年七月到任。该员年力强裕，以之调补朝阳营守备实堪胜任，亦与例章相符。合无仰恳天恩俯准调补以裨营伍。除饬取履历咨部外，理合会同直隶提督臣马玉昆附片具陈，伏乞圣鉴，训示。至所遗提标前营守备员缺，直隶现有应补人员，并请留归外补，合并陈明。谨奏。

朱批："陆军部议奏。"

光绪三十四年七月初八日。

(《光绪朝朱批奏折》第 51 辑，556)

请以郭增岭补授固关营守备片

再，正定镇标固关营守备李沾春病故，遗缺系推补第一轮第八缺，应用武进士分发人员。兹查，有营用守备武进士郭增岭，年四十六岁，深州人，由武进士以营守备用，到标期满考验，咨部留营候补。该员稳练安详，以之补授固关营守备，实堪胜任，亦与例章相符。合无仰恳天恩，俯准补授，以裨营伍。除饬取履历咨部外，理合会同直隶提督臣马玉昆附片具陈，伏乞圣鉴，训示。谨奏。

朱批："陆军部议奏。"

光绪三十四年七月初八日。

(《光绪朝朱批奏折》第 51 辑，557)

拟以举贡截取就职人员酌量试署直隶州州同、州判要缺折

头品顶戴、北洋大臣、直隶总督、臣杨士骧跪奏，为直隶州州同、州判要缺，拟以举贡截取就职人员酌量试署，恭折仰祈圣鉴事。

窃查，定例佐杂等官，惟咨报要缺于现任内拣选调补，其余悉归部选；其有命

往以佐杂补用及留于该省候补,凡系应归候补、班前候补、正班,并曾经咨署得缺,未经实授,缘事离任,仍赴原省者,亦准酌量拣选补用署理;如有将初任各项试用咨请补署者,俱不准行。又,直隶州州同、州判等项缺出,如本班无人,准以大挑举人借补,历经遵办在案。

本省直隶州州同共二缺,内要缺一,选缺一;直隶州州判共五缺,内要缺二,选缺三。此两项补缺办法事同一律,员缺既少,各项试用人员照例又不准请补要缺,而选缺又分一咨二留,新章分发截取及拣选举人。直隶州州同并五贡就职、直隶州州判人员来省禀到者,日见其多,此后源源而来,尚不知凡几,即使本班轮补,尚应遥遥无期,若仍循大挑借补之挑,则本班中得缺益难,不无觖望。此项人员均系正途出身,非捐纳试用人员可比,自应设法疏通,以免拥挤。

臣督同藩、学、臬三司悉心核议,现在科举已停,大挑举人一班不再分发,日少一日,拟请嗣后遇有扣留,直隶州州同州、判选缺仍照例章分别序补;如遇要缺,应调及候补委用,各班无人,或有人不合例,州同即用截取及拣选举人人员酌量试署;州判则以五贡就职人员酌量试署,一年期满,另请实授。如不胜任,立即撤回,另行拣补,不再以大挑举人借补。如此变通办理,于挑班无甚窒碍,而截取拣选以及五贡就职人员出路稍宽,得以一职一官,及时自效,庶免向隅。臣为疏通各正途起见,理合恭折具陈,伏乞皇太后、皇上圣鉴,敕部议复。谨奏。

朱批:"吏部议奏。"

光绪三十四年七月初八日。

(《光绪朝朱批奏折》第1辑,413)

具陈牛庄、秦王岛两关第一百九十结洋税收支各数折

头品顶戴、北洋大臣、直隶总督、臣杨士骧跪奏,为牛庄、秦王岛两关第一百九十结洋税收支各数,缮单恭折,仰祈圣鉴事。

窃查,牛庄海关洋税收支各数,已截至一百八十九结奏销在案。兹据前署奉锦山海关沈桐详称,自光绪三十三年十一月二十八日起至三十四年二月二十九日止,系届第一百九十结期满,计牛庄海关征收各洋船进出口正税、船钞、洋货入内地子口税、招商局船进口正税,三十三年分内河进出口税、六厘火耗、改发边防经费并秦王岛海关征收各洋船进出口半税、土货出关入内地子口税、六厘火耗、改发边防经费、练军军服扣平等款共银二万八千四百九十两七钱二分七厘一毫

一丝六忽二微。除由日本交还税款六成项下奉饬拨还奉天接收营口办公经费，并照章由华洋税款四成项下拨解北洋防费、六成项下拨解出使经费、倾镕火耗、边防经费、海关核扣八分经费、拨给税司七成、船钞。

秦王岛关税项下支给税司洋土各税一成经费、八分经费、倾镕火耗、边防经费、练军添制军服、土货出关入内地子口税、划抵常税、正额等款，共银四万三千二百四十七两五钱二分七厘六毫五丝六忽六微，连旧管共实存银十六万五千二百三十五两六钱九分八厘九丝三忽九微。本结所征税款寥寥，所有支过税司经费、练军饷乾以及解过俄、法、英、德洋款为数甚钜，因六成洋税不敷，应系下结再行例除。所有牛庄、秦王岛两关第一百九十结洋税收支并旧管实存各款银数开具清册，详请奏咨前来，臣核无异，理合缮单，恭折具陈，伏乞皇太后、皇上圣鉴。谨奏。

朱批："该部知道，单并发。"

光绪三十四年七月初八日。

（《光绪朝朱批奏折》第 75 辑，143）

长芦历年灶课奏销折

头品顶戴、北洋大臣、直隶总督、臣杨士骧跪奏，为长芦历年灶课奏销，恭折仰祈圣鉴事。

窃据长芦盐运使张镇芳详称。今届奏销光绪三十三年灶课钱粮之时，查得三十三年以前历年灶课钱粮均已迟缓至光绪三十四年秋后启征，计共额征银三千三百七十四两一钱七分九两，内南皮县银一百六十八两四钱四分四厘是否征完，未据解到，亦未具复，现在饬催，一俟复到另行续报外，净征银三千二百五两七银三分五厘，旧管存银六千九百四十三两五钱五分九厘，新收银三千二百五两七银三分五厘。又续收不在额征之内银六两八钱三分九厘，共新收银三千二百十二两五钱七分四厘，旧管新收统共银一万一千一百五十五两一钱三分三厘，开除银三千二百十二两五钱七分四厘，等情造具清册，详请具奏前来。臣复核无异，查前项银两具系实存在库，并无亏缺。除循例出具印结同送到清册咨移度支部给事中查照外，所有长芦历年造课钱粮理合恭折具陈，伏乞皇太后、皇上圣鉴，敕部查核施行。谨奏。

朱批："度支部知道。"

光绪三十四年七月十一日。

（《光绪朝朱批奏折》第 76 辑，629）

报拨本年秋季分菩陀峪万年吉地员役俸饷米折等项银两折

头品顶戴、北洋大臣、直隶总督、臣杨士骧跪奏，为报拨本年秋季分菩陀峪万年吉地员役俸饷、米折等项银两，恭折仰祈圣鉴事。

窃查，玉田县供应菩陀峪万年吉地八旗员役俸饷、米折并养育兵丁钱粮等项银两，向系按季由司专案详请题报，一面由东陵承办事务衙门派员赴司请领散放，历经遵办在案。兹据署布政使何彦升呈称，准东陵承办事务衙门造册请领，该司按册复核，原归玉田县光绪三十四年秋季分，供应菩陀峪万年吉地八旗员役俸饷、米折、孤寡养瞻、养育兵丁钱粮等项，共银四百两八钱九分五厘，改折八成实银三百二十两七钱一分六厘，内扣官俸米折项下每两六分部平银五两二厘，实发银三百一十五两七钱一分四厘，核与历届成案相符，应请在于司库地粮银内动拨，由司分开清单，详请核奏并声明，吉地员役增减无定，难以预计，应照急需钱粮之例，一面具奏，一面先行拨给领回散放。其实在支领数目统于奏销案内核实销算，多则解还，不敷找给等情前来。臣复核无异。除清单咨部外，理合恭折具奏，伏乞皇太后、皇上圣鉴，敕部核复。谨奏。

朱批："度支部知道。"

光绪三十四年七月十一日。

（《光绪朝朱批奏折》第 30 辑，583）

请以马廷襄调补臣标中军副将片

再，臣标中军副将梁永福病故，遗缺接准部咨系陆路题调之缺，令拣合例人员调补等因。臣在实任副将内逐加遴选，查有大名镇标开州协副将马廷襄，年四十六岁，河南项城县人，由武进士花翎侍卫当差，期满选补天津镇右营游击，直境土匪渐次平定，及驻京缉捕出力各案内历保以副将尽先补用，奏开游击底缺，补授开州协副将，经部复准。该员老成谙练，办事认真，以之调补臣标中军副将，实堪胜任，与例亦属相符。合无仰恳天恩俯准调补，以裨营伍，饬取履历咨部外，理合附片具陈，伏乞圣鉴，训示。

再,所遗开州协副将员缺,直隶现有应补人员,应请留归外补。谨奏。

朱批:"陆军部议奏。"

光绪三十四年七月十一日。

(《光绪朝朱批奏折》第51辑,560)

请以张英补授新雄营都司片

再,臣标新雄营都司荣康升补三屯营游击,遗缺接准部咨系陆路推补第三轮第一缺,应用尽先人员,令拣合例人员请补等因。兹查有尽先都司张英,年三十七岁,河南温县人,由新建陆军头目挑入兵官学堂,期满大考,取列一等,保以把总尽先拔补,因在山东剿匪、堵口各案出力,历保以守备尽先补用。陆军第二镇训练三年,著有成效案内奏保免补守备,以都司留直尽先补用,并加游击衔。

该员讲求战略,年力正强,以之补授新雄营都司实堪胜任,亦与例章相符。至名次在前各员,除宋邦凤已借补霸州营守备,朱春兰已借补三河营守备,马廷勋以借补河屯协右营守备,李钟尊已于请补马兰镇左营守备案内拟陪徐大发,已借补河间协右营守备外,其胡昆、王德芳、冯继祖、刘峻山、陆宣、刘芳山、刘元德、石成珍、郑崇山、顾准寿、刘荣锦、李森、张绍梁、陈振声、胡永奎、滕朝来、刘景春,均与此缺人地不宜,未便迁就。合无仰恳天恩俯准,以张英补授新雄营都司,以裨营伍。除饬取履历咨部外,理合附片具陈,伏乞圣鉴,训示。谨奏。

朱批:"陆军部议奏。"

光绪三十四年七月十一日。

(《光绪朝朱批奏折》第51辑,561)

长芦光绪三十三年灶课奏销折

头品顶戴、北洋大臣、直隶总督、臣杨士骧跪奏,为长芦光绪三十三年灶课奏销,恭折仰祈圣鉴事。

窃据长芦盐运使张镇芳详称,长芦应征光绪三十三年分灶课,除海丰场灶地被潮嗟废豁除外,净银一万三千一百三两一钱五分四厘。又除建修铁路占用丰财场灶户李庶等灶地豁免银十两九钱六分九厘。

又，除盐山县并海丰场光绪三十一年被潮成灾，照民粮例一律停征银七十两三钱八厘，净额征银一万三千二十一两八钱七分七厘，内除天津、沧州、盐山三州县并丰财、芦台、严镇、海灶四场秋禾被水、被雹、被虫勘不成灾，照例缓至光绪三十四年秋后启征银一千五十两二钱七分一厘，内天津县已征完银二十四两一钱一分四厘。

又，天津、宝坻、盐山、宁河四县并丰财、芦台、严镇、海丰四场被水、被雹成灾，照例蠲免银一百三十七两六钱四分四厘，分限二年带征银八百五十七两六钱六分七厘，内天津县已征完银十三两八钱七厘。

又，宝坻县并丰财、芦台、严镇三场被水成灾，照例蠲免银三十两一钱九分四厘，分限三年带征银四十五两五分五厘，内宝坻县已征完银二两六分六厘，净征银一万九百一两四分六厘。

又，天津、宝坻二县已征完银三十九两九钱八分七厘，共银一万九百四十一两三分三厘，旧管存银一万九千五百十七两一钱八分四厘，新收银一万九百四十一两三分三厘，管收共银三万四百五十八两二钱一分七厘，开除银二万一千二百六十六两三钱二分，实在存银九千一百九十一两八钱九分七厘，照数征解司库，并无随解耗羡银两。

至催征灶课全完各官例应议叙，除有蠲豁缓带征处所并额征课银不及三百两，及二官全完者，均毋庸议叙外。查南皮县知县王遂善征完银四百二十六两九钱三分四厘，衡水县知县俞兰元征完银五百一两一钱一分二厘，越支场大使潘廷杰征完银一千二百十四两七钱四分五厘，济民场大使赵寿臣征完银四百七十五两八钱二分五厘，石碑场大使王继棻征完银九百七十九两四钱八分五厘，均系一官催征全完，应请与督征各场全完之蓟水分司运判谢廷恩照例议叙等情，造具清册，详奏前来。臣复核无异，所有前项拨剩银九千一百九十一两八钱九分七厘，委系实存在库，并无亏缺。除循例出具印结同送到清册咨移度支部给事中查照外，理合恭折具陈，伏乞皇太后、皇上圣鉴，敕部查核施行。谨奏。

朱批："度支部知道。"

光绪三十四年七月十一日。

（《光绪朝朱批奏折》第 76 辑，630）

报拨本年秋季分东陵官兵俸饷米折等项银两折

头品顶戴、北洋大臣、直隶总督、臣杨士骧跪奏，为报拨本年秋季分东陵官兵俸饷、米折等项银两,恭折仰祈圣鉴事。

窃查,遵化、蓟县、丰润、玉田等四州县供应各陵八旗官兵月饷、俸粟、米折并养育、兵丁钱粮等项银两,向系按季由司专案详请题报,一面由东陵承办事务衙门派员赴司请领散放,历经遵办在案。兹据署布政使何彦升呈称,东陵承办事务衙门造册请领,该司按册复核,原归遵化、蓟县、丰润、玉田等四州县光绪三十四年秋季分供应各陵八旗官兵俸饷、米折并孤寡养瞻、养育兵丁钱粮等项,共银九千八百三十五两七厘,改折八成实银七千八百六十八两六厘,内扣官俸米折项下每两六分部平银一百二十三两二钱六厘,实发银七千七百四十四两八钱,核与历办成案相符,应请在于司库地粮银内动拨,由司分开清单,详请核奏并声明,陵工员役增减无定,难以预计,应照急需钱粮之例,一面具奏,一面先行拨给,领回散放。其实在支领数目统于奏销案内核实销算,多则解还,不敷找给等情前来。臣复核无异,除清单咨部外,理合恭折具奏,伏乞皇太后、皇上圣鉴,敕部核复。谨奏。

朱批:"度支部知道。"

光绪三十四年七月十二日。

(《光绪朝朱批奏折》第 30 辑,584)

具陈提督李长乐次孙李守谦仍请带引恩施缘由折

头品顶戴、北洋大臣、直隶总督、臣杨士骧跪奏,为提督李长乐次孙李守谦,仍请带引恩施,恭折仰祈圣鉴事。

窃查,原任直隶提督李长乐长孙李承谦,前经奉旨著俟及岁时带领引见,嗣以李承谦正当及岁,遽即身故。李长乐尚有次孙李守谦,经臣奏请带领引见,同邀旷典。兹准部议,以例载荫生监生未仕而故及患病残废者,仍令补荫,至特旨加恩带领引见之员未经带引先故,例无改请加恩明文,议驳具奏,奉旨咨行到臣。

伏查例载,所指荫生监生,似皆寻常勋裔,苟有他故,尚许补荫,以示体恤。至特旨加恩之员,若以例无改请补荫明文,遂听其子孙向隅,揆诸朝廷优待勋臣之意,当不其然。且奉旨带引之人,正当及时而故,诚属不数觏之事。从前之定例缺如,未必不由于此,在部臣慎重名器,自当恪守例章,而外臣鼓励人才,尤宜表彰忠荩。

伏读本年五月十二日谕旨,如前西安将军多隆阿之次孙署墨尔根副都统正黄旗协领寿庆等均经渥受恩施,仰见朝廷培植世臣,激励将士之至意。该故提督李长乐劳绩卓著,久在圣明洞鉴之中,似亦未便令其后裔伏处乡里,终致衰微。长孙李承谦及岁而故,未及邀恩,李守谦嗣为次孙,祖遗孙受,兄终弟及,昭穆相当,与例自属符合。

现李守谦年己二十一岁,才力富强,深念其祖渥受国恩,甚愿稍竭涓埃,报酬高厚,合无仰恳天恩,仍准以该故提督次孙李守谦带领引见,俾得上沐恩施。如蒙俞允,当由臣给咨送部,恭候带领引见。所有提督李长乐次孙李守谦仍请带引恩施缘由,理合恭折具陈,伏乞皇太后、皇太后圣鉴,训示。谨奏。

朱批:"李守谦著交部带领引见。"

光绪三十四年七月十二日。

(《光绪朝朱批奏折》第 51 辑,562)

具陈牛庄海关第一百九十结洋药厘捐银两开支实存各数折

头品顶戴、北洋大臣、直隶总督、臣杨士骧跪奏,为牛庄海关第一百九十结洋药厘捐银两开支实存各数,恭折仰祈圣鉴事。

窃据前署奉锦山海关道沈桐详称,该关洋药厘捐自光绪十三年正月初九日起改归海开厘税并征,嗣奉户部饬,将收支药厘银两查照洋税收支定章按结开单奏报,一次扣足四结,专折奏销,一面造册送核等因。历经遵办在案,兹届一百九十结期满,查本结第一、第二两个月时在封冻,第三个月船只始行进口,并未征有洋药厘捐。上结旧营项下,实存银八千四百两四钱五厘八毫九丝五忽九微,除支给房租银三百两外,计实存银八千一百两四钱五厘八毫九线五忽九微,开单详请奏咨前来。臣复核无异,理合恭折具陈,伏乞皇太后、皇上圣鉴。谨奏。

朱批:"该部知道。"

光绪三十四年七月十二日。

(《光绪朝朱批奏折》第 75 辑,144)

请以潘金山补授通州协副将片

再,通永镇标通州协副将梁永福调补督标中军,副将遗缺接准部咨,系陆路

707

推补第一轮第二缺，应用卓异及保列一等人员，令拣合例人员请补等因。臣查直隶并无此项人员，自应照章过班作为第一轮第四缺，用拣发班人员。

兹查有补用副将潘金山，年五十岁，安徽无为州人，由武进士以营守备用，分发两江，奏留直隶补用，剿办热河教匪，及攻克连山关分水岭，并剿平拳土各匪等案内历保以参将以副将留直补用；筹办中立在事出力，奏保免补参将，以副将留直补用，并加总兵衔。该员久历行阵，谙练老成，以之请补通州协副将，实堪胜任，亦与例章相符。合无仰恳天恩俯准，以补用副将潘金山补授通州协副将，以裨营伍。除饬取履历咨部外，理合会同直隶提督臣马玉昆附片具陈，伏乞圣鉴，训示。谨奏。

朱批："陆军部议奏。"

光绪三十四年七月十二日。

（《光绪朝朱批奏折》第 51 辑，563）

具陈牛庄、秦王岛两关第一百九十一结洋税收支各数折

头品顶戴、北洋大臣、直隶总督、臣杨士骧跪奏，为牛庄、秦王岛两关第一百九十一结洋税收支各数，缮单恭折，仰祈圣鉴事。

窃查牛庄海关洋税收支各数，已截至一百九十结，奏销在案。兹据奉锦山海关道周长龄详称，自光绪三十四年三月初一日起至六月初二日止，系届第一百九十一结期满，计牛庄海开征收各洋船进出口正税、船钞、洋货入内地子口税，招商局船进出口正税、复进口半税、船钞、六厘火耗、改拨边防经费、练饷、军服等项扣平；并秦王岛海关征收各洋船出口正税、复进口半税、土货出关入内地子口税、六厘火耗、改拨边防经费等款，共银二十四万六千八两二分六毫五丝五忽四微。除由日本交还税款六成项下拨给俄国交还海关官厅工料费，并照章由华洋税收四成项下拨解北洋防费、加放俸饷，改还洋款六成项下提拨出使经费，英、德、俄法洋款支给税司两结经费、练军饷、乾军服鼓号等价，倾镕火耗，海关核扣八分经费，边防经费提拨、筹备饷需、税司七成船钞。

又，秦王岛海关税款项下支给税司洋土各税一成经费核扣八分经费，六厘火耗，边防经费，土货出斗入内地子口税，划抵常税正额，拨解自强军不敷饷银等款，共银二十九万八千四百四十二两二钱八毫二系五忽八微，连旧管共实存银十一万二千八百三两五钱一分七厘九毫二丝三忽五微。本结牛庄关六成洋税不敷，

所有本结支过练饷银两,应俟下结再行列支。至练军添制军服等项银两,亦因秦关税收不敷,遵照禀定成案,由牛庄关六成税款内动支,开具清册,详请奏咨前来。臣复核无异,理合缮单恭折具陈,伏乞皇太后、皇上圣鉴,谨奏。

朱批:"该部知道,单并发。"

光绪三十四年七月二十日。

(《光绪朝朱批奏折》第 75 辑,163)

奏请以郑崇新补正定府同知由

头品顶戴、北洋大臣、直隶总督、臣杨士骧跪奏,为拣员请补选缺同知,恭折仰祈圣鉴事。

窃查,正定府同知张鸿谟捐升离任,经部截缺开单知照,坐光绪三十四年四月初五日行文,应以四月十四日接到部文为开缺日期,归四月分截缺,是月仅此一缺,毋庸掣签。所遗正定府选缺应即按照例章拣补。

查定例,道府同知、直隶州知州、通判、知州,如系奉旨命往,或督抚题明留于该省候补者,无论应题、应调、应选之缺,令该督酌量补用。又道府同知、直隶州知州、通判、知州,升调新遗选缺,先尽候补班前酌补一人,次尽候补正班酌补一人。又升调遗选缺,候补委用、试用各正班到班准插一人分缺先缺间人员。又郑工事例铨补章程内开,道府以至佐杂并盐务等官留补选缺,无论何项到班,仍以五缺计算。先用郑工新班,遇缺先二人,海防新班先一人。无人,用郑工遇缺先人员。抵补至第四缺,海防即海防先分班轮用一人。第一轮用海防即人员,第二轮用海防先人员。海防先无人,仍用海防即人员。海防即无人,用旧例银捐遇缺先人员。如无人,用旧例银捐遇缺人员。再无人遇班,即接用各轮次班次一人。以五缺为一周。新海防事例铨补章程内开,外官分发各省试用,报捐新海防遇缺先分缺先分缺间各项本班尽先补用人员,应仍照郑工事例跟接项数,即数分别掣签,按班序补。又吏部议复御史承平条奏内开,嗣后道府以至未入流,如遇选缺出时,除坐补原缺人员,仍先尽请补外,其余先用即用截缺一人,次用各项一人,各项中先尽回避即用人员,尽数补用;次尽新选新补留省另补人员,尽数补用;次尽留任实缺服满分发原省人员,尽数补用。以上三项无人,方准以各项轮补班次请补。自回避即用以下,无论何项到班,均与截缺即用人员相间轮用各等语。

查吏部钞发积缺册内载,升调遗选缺同知一项,上次顺德府同知出缺已用至劳绩候补班同知朱寿昶止，今正定府同知一缺，并无坐补原缺截缺即用回避即用新选新补留省另补，暨曾任实缺服满分发原省人员，按例应用郑工遇缺先人员。现在郑工并新海防遇缺先、旧海防先、海防即、旧例银捐遇缺先、遇缺以及旧例分缺先均无人，轮应候补正班人员到班。

兹据升任藩司增韫、署提学使卢靖、署臬司李树棠查，有候补正班补用同知郑崇新，年六十二岁，安徽合肥县人，由试用县丞分发直隶，因办郑工出力，保俟补缺后仍留原省补用。又因剿办热河教匪肃清出力，保免县丞以知县留省补用。复因永定河合龙出力，保免补知县，以同知留省补用。于光绪二十年五月十三日经部带领引见，奉旨"照例用"。六月二十六日领照到省。试用期满，业经甄别在案。

该员老成稳慎，办事勤能，以之请补正定府知府选缺，实堪胜任，与例章亦相符。合无仰恳天恩俯准，以各项候补同知郑崇新补授正定府同知选缺，以资治理。如蒙俞允，该员衔缺相当，毋庸送部引见。除将该员履历清册咨部外，理合恭折具陈，伏乞皇太后、皇上圣鉴，训示。谨奏。

光绪三十四年八月初四日奉朱批："吏部议奏。钦此。"

光绪三十四年八月初一日。

（台北故宫藏档，文献编号：165538）

奏报本省五月分粮价及雨水事（附清单一件）

头品顶戴、北洋大臣、直隶总督、臣杨士骧跪奏，为查明光绪三十四年五月分顺直各属市粮价值、雨水情形，恭折仰祈圣鉴事。

窃查，光绪三十四年四月分顺直各属市粮价值、雨水情形，业经奏报在案，嗣据藩司查明五月分市粮价值、雨水情形，开单请奏前来。查，五月分顺天、永平、保定、河间、天津、正定、顺德、广平、大名、宣化、遵化、易州、冀州、赵州、深州、定州等十六府州属得雨一、二、三、四、五次，每次一、二、三、四、五寸不等。又查，五月分粮价，正定、顺德、大名、宣化、遵化、深州等六府州属与上月相同，保定、天津等二府州属较上月价减，顺天、永平、河间、广平、易州、赵州、冀州、定州等八府属较上月价增。理合恭折具陈，并缮具精价清单，恭呈御览，伏乞皇太后、皇上圣鉴。谨奏。

光绪三十四年八月初四日奉朱批："知道了。钦此。"

光绪三十四年八月初一日。

（台北故宫藏档，文献编号：165545）

清单

谨将顺直各属光绪三十四年五月分市粮价值缮具清单，恭呈御览。计开：

顺天府属，价增：

粟米，每仓石价银二两五钱六分至五两，与上月增二钱一分。

麦，每仓石价银二两四钱七分至五两九钱七分，与上月相同。

黑豆，每仓石价银二两一钱至五两四钱八分，与上月相同。

高粱，每仓石价银一两五钱至二两五钱，与上月增二钱。

糜米，每仓石价银一两四钱七分至四两六钱，与上月相同。

永平府属，价增：

粟米，每仓石价银二两四钱至六两二分，较上月增五钱九分。

麦，每仓石价银三两九钱至四两八钱，较上月增三钱三分。

黑豆，每仓石价银二两五钱九分至三两一钱三分，较上月增八分。

高粱，每仓石价银一两七钱九分至二两九分，较上月增二钱二分。

糜米，每仓石价银二两九分，与上月相同。

保定府属，价减：

粟米，每仓石价银二两六钱九分至四两三钱，与上月相同。

麦，每仓石价银二两九钱五分至五两七钱，较上月减四钱五分。

黑豆，每仓石价银二两三钱二分至四两一钱，与上月相同。

高粱，每仓石价银一两九钱至三两一钱一分，与上月相同。

糜米，每仓石价银二两五钱七分至四两四钱，与上月相同。

河间府属，价增：

粟米，每仓石价银二两三钱五分至四两二钱五分，较上月增四分。

麦，每仓石价银三两三钱八分至四两四钱八分，较上月增一钱。

黑豆，每仓石价银二两八钱四分至三两四钱二分，较上月增四分。

高粱，每仓石价银二两一钱八分至三两一钱，较上月增一钱。

糜米，每仓石价银二两六钱至三两四钱，较上月增一钱三分。

天津府属，价减：

粟米，每仓石价银一两一钱至四两二钱，较上月增九钱。

麦，每仓石价银一两三钱七分至五两，较上月增一钱。

黑豆，每仓石价银一两三钱五分至四两，较上月减一两八钱。

高粱，每仓石价银一两至三两一钱，较上月减七钱。

糜米，每仓石价银一两五分至三两二钱，较上月减二两四钱。

正定府属，价平：

粟米，每仓石价银二两五钱三分至四两一钱二分，与上月相同。

麦，每仓石价银二两五钱二分至四两三钱，较上月减三钱五分。

黑豆，每仓石价银一两八钱七分至三两六钱，与上月相同。

高粱，每仓石价银一两六钱七分至三两一钱四分，较上月增三钱五分。

糜米，每仓石价银一两八钱二分至三两八钱二分，与上月相同。

顺德府属，价平：

粟米，每仓石价银二两八钱至四两七钱七分，与上月相同。

麦，每仓石价银二两六钱至四两五分，与上月相同。

黑豆，每仓石价银二两一钱至四两三钱三分，与上月相同。

高粱，每仓石价银二两八钱一分至三两七钱，与上月相同。

糜米，每仓石价银一两六钱至四两五钱，与上月相同。

广平府属，价增：

粟米，每仓石价银二两一钱至五两六钱五分，较上月增三钱。

麦，每仓石价银二两二分至四两五分，与上月相同。

黑豆，每仓石价银二两一钱九分至四两五钱三分，与上月相同。

高粱，每仓石价银一两六钱三分至三两三钱三分，与上月相同。

糜米，每仓石价银一两七钱至四两一钱，与上月相同。

大名府属，价平：

粟米，每仓石价银二两四钱五分至三两九钱六分，与上月相同。

麦，每仓石价银二两四钱三分至三两七钱七分，较上月减三钱。

黑豆,每仓石价银一两八钱八分至三两七钱,较上月增二钱五分。

高粱,每仓石价银一两九钱三分至二两八钱九分,与上月相同。

糜米,每仓石价银二两一钱九分至三两二钱,较上月增六分。

宣化府属,价平:

粟米,每仓石价银一两至一两四钱五分,与上月相同。

麦,每仓石价银一两九分至二两九钱,较上月增五分。

黑豆,每仓石价银一两至一两八钱五分,与上月相同。

高粱,每仓石价银七钱二分至一两四钱三分,与上月相同。

糜米,每仓石价银五钱七分至一两七钱五分,与上月相同。

遵化州并属,价平:

粟米,每仓石价银三两二钱至三两八钱三分,与上月相同。

麦,每仓石价银四两二钱三分至四两七钱六分,与上月相同。

黑豆,每仓石价银二两九钱六分至五两四钱三分,与上月相同。

高粱,每仓石价银一两八钱八分至二两五钱一分,与上月相同。

糜米,每仓石价银一两五钱九分至三两二钱二分,与上月相同。

易州并属,价增:

粟米,每仓石价银一两四钱至三两九钱,与上月相同。

麦,每仓石价银一两八钱八分至四两,较上月增六分。

黑豆,每仓石价银一两三钱四分至五两三钱六分,较上月增八分。

高粱,每仓石价银一两三分至二两六钱,与上月相同。

糜米,每仓石价银一两一钱九分至三两九钱,与上月相同。

冀州并属,价增:

粟米,每仓石价银二两七钱至三两四钱,较上月增一钱。

麦,每仓石价银三两至三两七钱,与上月相同。

黑豆,每仓石价银二两二钱至三两三钱,较上月增一钱。

高粱,每仓石价银一两七钱至二两四钱五分,与上月相同。

糜米,每仓石价银三两一钱八分,与上月相同。

赵州并属,价增:

粟米,每仓石价银二两四钱四分至三两八钱,较上月增一钱五分。

麦,每仓石价银二两一钱四分至三两五钱,与上月相同。

黑豆,每仓石价银一两六钱二分至三两二钱四分,与上月相同。

高粱,每仓石价银一两四钱七至三两六分,较上月增一钱。

糜米,每仓石价银二两七分至二两七钱四分,较上月增四分。

深州并属,价平:

粟米,每仓石价银三两二钱至三两八钱九分,与上月相同。

麦,每仓石价银二两八钱至四两,与上月相同。

黑豆,每仓石价银二两至三两二钱,与上月相同。

高粱,每仓石价银二两二钱四分至二两八钱,较上月减六分。

糜米,每仓石价银二两一钱五分至三两八钱,与上月相同。

定州并属,价增:

粟米,每仓石价银三两二钱五分至三两七钱,与上月相同。

麦,每仓石价银三两三钱九分至四两一钱,与上月相同。

黑豆,每仓石价银二两五钱至三两三钱五分,与上月相同。

高粱,每仓石价银二两至三两二钱,较上月增一钱。

糜米,每仓石价银二两一钱至三两一钱五分,与上月相同。

朱批:"览。"

密陈交涉开滦煤矿情形片

再,臣钦奉寄谕饬筹滦州煤矿,暨设法收回开平局产等因,业将拨款派员办理情形,及英使坚欲先停滦工再议开案,现已迳向外务部要请照办各节专折陈复在案。

窃维开平一案悬阁有日,牵涉甚多。在我以速结为宜,在彼以久假为利,升任督臣袁世凯上年议办滦矿,固因公家需煤而设,实即隐以抵制开平,俾可早日就绪,乃使英使现因将议开案,坚请先停滦工。滦工若不允停,开案意在搁置。如果竟辍滦工,则与认开约无异。现在迳情要挟,既可据开约为调停之辞,驯至任意干求,必将藉滦工为并吞之计,其策甚狡,其谋甚深。现在部臣深知此案为难,已成交涉,特派专员与该使磋议,臣仍当随时协商办理,以期妥慎而重外交。谨再附片密陈,伏乞圣鉴。谨奏。

朱批:"览。钦此。"

光绪三十四年八月初二日。

(《杨文敬公奏议》卷七)

筹办滦州煤矿并议收回开平局产折

头品顶戴、北洋大臣、直隶总督、臣杨士骧跪奏,为奉旨筹办滦州煤矿并蒙谕饬设法收回开平局产,谨将办理情形恭折据实复陈,仰祈圣鉴事。

窃臣承准军机大臣字寄光绪三十四年五月二十二日,奉上谕"有人奏滦州一带煤苗尚旺,请饬北洋大臣派员迅速来办等语,著杨士骧按照所陈,妥筹办理,原片著抄给阅看。钦此",遵旨寄信前来。正缮折复奏间,复准军机大臣字寄光绪三十四年六月二十四日,奉上谕"大理院少卿刘若曾等奏,请将开平矿产剋日收回等语,著杨士骧按照所陈,懔遵前旨,迅速设法收回,以保利权,原片著抄给阅看。钦此",遵旨寄信前来。

臣遵就先后寄到抄片,详加阅看。如请办滦矿原奏所称直隶开平煤矿,昔年开办,专为水师与制造用煤而设。乃经庚子之变,又入英人掌握,惟幸开平当时原定矿界仅以唐山十里为限,其界外滦州一带煤苗尚旺,闻上年经直隶总督咨明商部亟图开采,商部复准。惟恐有忍心媚外之大员从中作祟,傥再蹈开平复辙,后患何可胜言?请饬下北洋大臣,遴派干员,将滦矿一带煤矿迅速开办,以顾水师命脉各节。伏查,开平矿务局系前任督臣李鸿章筹款创办,以备水师及公家各项需用,本属中国产业。自光绪二十七年前督办矿务道员张翼,因兵乱仓卒,与英公司私立合同,遂有外人阑入种种謬戾之事,历经升任督臣袁世凯奏奉谕旨,责成张翼将开平矿务局产及秦王岛口岸各地亩设法收回,尚无端绪。

至滦州煤矿,则系升任督臣袁世凯,因北洋近年工商并盛,轮轨交通局厂林立,需煤甚多,迥非开平向办唐山、林西两井出产煤斤所能敷用。据矿政调查局、工艺局先后详请,在于滦州一带择要采办,当经行令京奉铁路局遴派谙习矿工各学人员前往探验,勘得东自范各庄起,西至半壁店止,北有石佛寺、马家沟,南有洼里等处煤苗尚旺,堪以采取。饬由前署直隶臬司周学熙、补用道孙多森等,筹

715

议办法，购买民地，招集商股，于马家沟先行试办，名曰"北洋滦州煤矿有限公司"，并据声称，水师制造均以煤为命脉，现在拟开此矿，系专为公家用煤便益而设，与他处商矿事体不同，故矿界四至较定章三十方里特为宽展，他矿不得援以为例。其运煤出口税厘，统照开平成案，以昭画一等情，酌照章程绘具图说，详经咨请农工商部核明复准，饬即妥筹速办在案。嗣因外洋机器购运需时，一道在马家沟布置大井工程，一道先在左近陈家岭地方用土法试采藉探矿苗，兼供大井工程之用。臣抵任后，旋据该司道等禀称，前定滦矿界内叠经矿师踩勘多次，并试钻多处，煤质极佳，煤层极旺，洵为中国希有之矿产。

该矿界内地段广袤，约占三百三十方里，所有应用地亩，业经购齐，可以开井之处甚多，拟分三段：以马家沟为第一矿，石佛寺为第二矿，洼里为第三矿。此三处均开大井，中间所开小井视与某处相近，即作为某处附矿。其陈家岭已开之小井已作为第一矿之附矿，现在出煤已极畅旺，远近争购，拟即商由京奉铁路添筑岔道，以便运输。至马家沟第一矿机器业已订购，厂房业已起造，其商股原定二百万两，现亦陆续收集，并酌借官款以济之，改名"北洋滦州官矿有限公司"，刊发关防，以资信守。仍饬遵奉公司章程，妥为经办，俟商股招齐后，所有董事查账员一切均照商律办理，现仍暂派创办人周学熙为经理，孙多森为协理。因该矿距津较远，并派分省试用道孙传樾为驻矿监督，以期督率工作，迅速观成，用济水师制造要需，此筹办滦矿之一切情形也。惟该矿所定西界，本在开平原界，唐山十里限外，东界亦约距林西六里，因该井并无十里以内不准他人开采之案，故照农工商部矿章留出三十方里地步，彼此界限本极分明，乃英人以张翼移交约内载有半壁店、马家沟、无水庄、赵各庄等地名，执以为辞。其实此等私约，并未由朝廷派议于前，亦未奉朝廷批准于后，在我自无承认斯约之理，在彼即无干涉该矿之权。

上年筹办滦矿之初，驻津英总领事曾来询及，当经升任督臣袁世凯，以张翼私立移交等约，国家始终并未承认，剀切驳复。本年四月间，驻京英使又令英总领事商请暂停滦矿工作，以便提议开平局事，当以开平原有利益，正思设法挽回，开平原有利益以外之利益，岂容藉端占取？况滦州各矿，自升任督臣袁世凯筹办以来，已及一载，原为接济公家用煤而设，综计置地开井、设机建厂费用巨万，更难据并未裁可之私议，遽自辍早已举办之要工。复经查照前案，力持不允，是刘若曾等原奏所谓"开平矿务局，经英商设计骗占，并非由国家允许，无论如何私约皆不可认"一节，与升任督臣袁世凯争持开案之意相同。即此次英人阻挠滦矿，亦系据此理由，与之驳论滦州煤矿业于未奉寄谕之先派员开办，而开平一案自张翼赴英涉讼，该国公堂判照副约办事，迭经严饬妥议，尚未就我范围。刘若曾等原奏内称"多占一日，即多夺我一日之利源，且既占唐山矿，又占林西矿，兼及秦王岛，溪壑之欲，有何厌足？尤宜及早收回，以免别生枝节等语"，诚为笃谕。惟英使自经臣一再驳拒以后，仍执先停滦工再议开案之说，迳向外务部要请照办，现在部臣正与据理诘辩。此英人因议开案，牵涉滦工，历与磋议之一切情形也。臣责在守土，凡属国用民计所关，万无不竭力维持，以期保我固有之权利。所有遵旨复奏缘由，除咨外务部、农工商部查照外，谨恭折复陈，伏乞皇太后、皇上圣鉴。谨奏。

朱批："该部知道，片并发。钦此。"

光绪三十四年八月初二日。

（《杨文敬公奏议》卷七）

奏为查明剿平曹匪案内出力人员择尤酌保以励劳勣事

头品顶戴、北洋大臣、直隶总督、臣杨士骧，头品顶戴、山东巡抚、臣袁树勋跪奏，为查明剿平曹匪案内出力人员，择尤酌保，以励劳勣，恭折会陈，仰祈圣鉴事。

窃查，曹州股匪于光绪三十三年七月，经陆军第五镇北洋淮军、山东先锋游击各营合力剿平，臣士骧时在山东巡抚任内，曾将剿办情形会同升任直隶督臣袁世凯暨已故督办曹兖剿匪事宜，云南提督臣夏辛酉详细奏报，并将署曹州镇陆建章等随案保奖，声明其馀在事出力文武各员弁，请俟查明择尤核保，钦奉朱批："著照所请，该部知道。钦此。"遵经分饬，核实开报去后，臣士骧旋蒙恩命，调署直督，当即移交前署抚臣吴廷斌核办。嗣经各营将应保人员开报到齐，吴廷斌亦即卸事，遂将原案移交臣树勋查核办理。

伏念曹、兖各属，界连三省，向称盗薮，自巨匪孔广东等揭竿称首，胁聚渐多，益复横行无忌，日以焚杀劫掠为事。此拿彼窜，形同流寇，若不及时扑灭，星火燎原，必致酿成巨患。幸厚集兵力，四路兜拿，始得摧陷廓清，扫除伏莽。其在事各员，咸能不避艰险，迅赴戎机，劳苦情形实与临阵前敌无异。用兵一载，先后擒斩悍贼不下千馀名，其著名最要之犯如孔广东、陈土地、陈二母牛等，亦均逮捕正法。豫省积匪马在田，亦经曹镇防营跟踪徙缉，至安徽亳州，设法拿获，明正典刑，两省人民同声称快。核其劳勣，洵非剿捕寻常土匪可比，且阅时年馀之久，调兵二十馀营之多，在事出力应保人员实属不少。虽逐加复核，并无冒滥，而名器所关，不能不格外慎重。

臣树勋与臣士骧往复商，一再从严删减，凡劳绩稍次者均拟量给外奖，谨择其尤为出力各员，分别文武，酌拟产常寻常缮具清单，恭呈御览。合无仰恳天恩府准照拟给奖，以示鼓励，出自逾格鸿慈。除应保武职千、把以下另行咨部核奖，并饬取各员履历送部外，所有查明剿平曹匪案内出力人员择尤酌保缘由，谨合词恭折具陈，伏乞皇太后、皇上圣鉴，训示。谨奏。

光绪三十四年八月十一日。朱批："该部议奏，单二件并发。"

光绪三十四年八月初五日。

（台北故宫藏档，文献编号：165661）

清单

谨将拟保剿平曹匪在事出力文职各员，分别异常、寻常，缮单恭呈御览。

谨开：

代理山东曹州府候补隶州知州王庚廷，拟免补本班以知府仍留原省补用。

署山东曹州府荷泽县知县直隶州用候补知州汪弘孙，拟请补缺后免补直隶州用知州，以知府在任候补。

山东曹州府定陶县知县盛廷森，拟请以直隶州在任候补，并加四品衔。

候选同知张怀斌拟请免选本班，以知府选用，并加三品衔。

山东补用运同张洪锡，拟请补缺后以知府在任候补，并加三品衔。

山东候补直隶州知州张同皋，拟请补缺后以知府用先换顶戴。

山东候补知县周德宣、张在仁，均拟请免补本班，以直隶州知州仍留原省补用。

河南教习知县王润廷，拟请以知县归军功班，留原省补用。

指分山东试用知县王国昌，拟请以本班仍留原省归候补班补用。

分省知县王培源，拟请免补本班，以直隶州知州仍分省补用，并加四品衔。

分省通判决当廷桂，拟请免补本班，以知州仍分省补用。

候选直隶州州判王镖，拟请免补本班，以知县不分单月双月用，并加运同衔。

候选州州判方愚，拟请免补本班，以知县遇缺选用，并加运同衔。

山东候补府经历徐璞，拟请免补本班，以知县仍留原省补用。

分省试用府经历胡广涵、韩咏琪，拟请免补本班，以知县仍分省补用。

分省试用县丞王焜，拟请免补本班，以知县仍分省补用。

候选县丞张文锐，拟请免补本班，以知县不分单月双月选用，

山东试用巡检徐钟岳，拟请以巡检归候补班前先补用，并加六品衔。

降调前曹州府知府丁铠，拟请开复原官原衔，仍留原省补用，并免交捐复银两。

降补通判前山东补用知府倪毓芬，拟请开复降补处分，仍以知府归原省补用，并免交捐复银两。

已革山东候补典史梁昆，拟请开复原官原衔，仍留原省补用，并免交捐复银两。

以上二十三员，请照异常劳绩给奖。

在任候选道山东兖州府滋阳县知县叶季恺，拟请以道员不分双单月遇缺即选。

山东曹州府钜野县知县王廷纶，拟请以直隶州知州在任候补。

山东候补知府张凤都拟请加三品衔。

知府用山东候补同知府周德华，拟请俟补知府后以道员用。

运同用山东候补同知查荫谷，拟请俟归运同后并加三品衔。

山东候补知州范铠，拟请俟补缺后，以直隶州知州在任候补。

分省补用通判刘祖勤，拟请俟补缺后，以直隶州知州补用。

山东候补府经历许士元，拟请俟补缺后，以知县仍留原省补用。

指分江苏候补府经历熊仕导，拟请俟补缺后，以知县仍留原省补用。

山东候补县丞徐炳鉴，拟请俟补缺后，以知县用。

河南候补州吏目徐芳洲，拟请俟补缺后，以府经历用。

布经历衔李恩周，拟请以布经历不分单双月选用。

府经历职衔陈棣春、薛栋，均拟请以府经历不分单双月选用。

县丞职衔范香、戴承荫、王廷绪、张恩池、孟广森、周延年、徐立业，均请以府县丞不分单双月选用。

廪贡生王兰琪，均拟请以府经历分省补用。

增生郭桂芳，拟请以训导不分单双月选用。

附生刘绍基、时克荫均拟请以县丞历不分单双月选用。

文童胡文鼎、汪任，均请以典史不分单双月选用。

文童侯廷英、吴志礼，均请以从九品不分单双月选用。

从九品了衔于廷柱、王鸣乔，均拟请以巡检不分单双月选用。

七品军功苑鸿宾，拟请以巡检不分单双月选用。

以上三十五员，请照寻常劳绩给奖。

朱批:"览。"

谨将拟保剿平曹匪在事出力武职各员,分别异常寻常,缮具清单恭呈御览。

谨开:

副将杨青山、何云贵,均似请免补副将,以总兵补用。

参将于月清、徐镛山,均拟请免补参将,以副将补用,并加总兵衔。

副将衔补用游击王迪义,拟请免游击参将,以副将补用。

游击刘万全,拟请免游击参将,以参将补用,并加副将衔。

留直补用都司李森、张善义,均拟请免补都司,以游击仍留直补用,并加副将衔。

都司张锡臣、高庆善、张友臣,均请拟免补都司,以游击仍留直补用,并加副将衔。

都司用德州、营守备连凤来,均请拟免补都司,以游击仍留直补用,并加副将衔。

守备张廷辉、徐长明、史元忠、徐瑞祥,均拟请免补守备,以都司补用,并加游击衔。

千总陈玉起、周连举、邓其沛、董世禄、康福奎、陈金镛、陈鸿邃、雷长兴,均拟请免补千总,以守备补用,并加都司衔。

千总郭永祥、周栋梁、梁得胜、陈应杰、刘仁镜、邱昌锦、孟昭宾、陈德和,均拟请免补千总,以守备补用。

把总宋清泰、李士章、邢文芳、邵文成、王智怀,均拟请免补千总,以守备补用,并加都司衔。

以上三十九员,请照异常劳绩给奖。

游击刘万全,拟请加副将衔。

守备程学孟,俟补缺后以都司用。

以上二员,请照平常劳绩给奖。

朱批:"览。"

奏报报拨本年秋季分西陵八旗养育兵丁钱两等

头品顶戴、北洋大臣、直隶总督、臣杨士骧跪奏,为报拨今年秋季分西陵八旗养育兵丁钱粮银两,恭折仰祈圣鉴事。

据署布政使何彦升呈称,易州供应西陵八旗养育兵丁应需钱粮向系按季专案详请题拨,历经遵办。又光绪二十九年二月十九日,转准户部议复守护西陵大臣载润等奏,庄顺黄贵妃位前四旗兵丁生齿日繁,请添设恩缺养育兵四分一折,奉旨依议等因,行知到司,当经转行在案。兹据易州请领光绪三十四年秋季分养育兵五十六名,每名季支银四两五钱,共银二百五十二两,又新添养育兵四名,每名季支银四两五钱,共银十八两。以上共银二百七十两,照章改折实银二百十六两,复核数目相符,应该在司库地粮银内照数动拨,按照新章详奏前来。臣复核无异,除咨部查外,理合附片具陈,伏乞皇太后、皇上圣鉴,训示。谨奏。

光绪三十四年八月初十日:"度支部知道。钦此。"

光绪三十四年八月初七日。

(台北故宫藏档,文献编号:165636)

奏报将沈葆澄实授石景山同知

再,据署布政使何彦升称,永定河道吕珮芬详称,定例河工同知遇有缺出,先行拣员署理,俟经历三汛期满,如果称职,保题实授。兹查南岸同知沈葆澄,前经奏署今职,于光绪三十三年五月二十六日任事之日起,扣至三十四年五月二十六日,试署一年期满,经历三汛无误,其任内并无未清钱粮及违碍事件,核与实授之例相符,开具履历事考清册,具详前来。臣查该员熟悉工务,明白安详,堪以胜任,应请照例准其实授,仍俟部复到日给咨送部引见,恭候钦定。除将清册咨部外,理合附片具陈,伏乞圣鉴,敕部核复。谨奏。

光绪三十四年八月初十日:"吏部议奏。钦此。"

光绪三十四年八月初七日。

(台北故宫藏档,文献编号:165637)

奏报新授直隶藩司崔永安现已陛见事毕应赴新任(折片)

再,新授直隶藩司崔永安现已陛见事毕,应饬即赴新任。现署藩司何彦升,应饬臬司本任,署臬司李树棠应饬回清河道本任,各专责成,仍照案兼办各局处事务。除檄饬遵并咨部查照外，谨附片陈明，伏乞圣鉴。谨奏。

光绪三十四年八月初十日："知道了。钦此。"

（台北故宫藏档，文献编号：165638）

奏报审办雄县民人赵龙殴毙人命案（折片）

再，据署按察使李树棠呈称，查有雄县民人赵大龙共殴张套环致伤身死，并馀人赵永怀在保病故一案，将赵大龙依乱殴不知先后轻重者，坐初斗为首例，共殴人致死下手致命伤重者绞律拟绞监候，声明在保监候之馀人亦必扎有重伤，事出揣测，似难议减，唯据声称是罪疑唯轻，可否量减，听候部议。如不准减，系乱殴不知先后轻重者，坐初斗且馀人病故，命已有抵，该犯赵大龙秋审应酌入缓决。除清册分咨部院外，理合附片具陈，伏乞圣鉴，敕部核复。谨奏。

光绪三十四年八月十二日："法部议奏。钦此。"

（台北故宫藏档，文献编号：165676）

奏报审办文安县逆伦犯妇田田氏案

头品顶戴、北洋大臣、直隶总督、臣杨士骧跪奏，为审明逆伦重犯，照例办理，恭折仰祈圣鉴事。

窃查，文安县民妇田田氏因谋毒伊夫，致误毒伊翁田起荣身死一案，前据该县验讯，禀经批饬，提省审办，嗣据署臬司李树棠督同调署保定府知府胡远灿审明，拟议解勘，值臣驻津，饬委藩司代审无异。臣复加确核，缘田田氏籍隶文安县，系田氏之义翁。田田氏之夫自八岁时，经田起荣抱养为子，教业成家，待如己生。田氏过门年馀，田起荣与其妻相待甚厚。田田氏平日亦称孝顺。田德年大而麻，相貌丑陋，田田氏不断厌憎，因此夫妇不睦，时常争闹，均经田刘氏拦劝、安慰。

光绪三十三年八月初九日，田德因田田氏给其梳辫不好，又向田田氏殴骂。是日，田刘氏外出，无人拦劝，田德更加利害。田田氏心甚忿恨，起意将其谋毙，觅主改嫁，即将柜存药虫馀剩信末纸包掖藏腰内，拟乘隙下手。次日，田德赴地收割高粱，田刘氏亦去拾柴。晌午时分，应食午饭，田田氏用面烙饼，并做熟面汤，欲给田德送去。忆及田德丑恶，乘此下毒，即掏其腰掖信末，搀入面汤罐内，用筷搅均,送到地内,给田德盛上一碗,放在地下,即至村头,与田刘氏捡拾蓬杆。适田起荣赶集回归,路经该处,腹内饥饿,看见田德吃食面汤,亦自盛一碗吃食,看其碗底有信时,将田田氏并田刘氏唤来查问。田田氏因田起荣误食毒面,又悔又惧,即一同回家,分别用药灌救。田德呕吐痊愈,田起荣灌救无效,延至半夜,毒发殒命。经田刘氏向田田氏询其前情,报县验讯,禀经批饬,提省审办,据各供晰前情不讳,案无遁饰。

查律载,义子过房在十五岁以下,恩养年久,若于义父母有犯殴骂等情,即同子孙,取问如律。义子之妇,亦如前拟岁数,照本例科断。妻殴夫之父杀者,凌迟处死各等语。此案田田氏因其夫田德年大貌丑,时常厌憎争闹,辄敢用信谋毒伊夫,致毒其翁田起荣身死,实属罪大恶极。

查已死田起荣抱养田德为养子,在十五岁以下,恩养年久,例以亲子同论。该犯妇系田德之妻,即属子妇。虽例无谋毒伊夫误毙翁命治罪等条,唯谋杀子而误杀有服尊长,例应依殴故杀尊长办理,则谋杀夫亦照殴故杀夫之父科断,可知自应按律问拟。田田氏除谋杀夫伤而未死,轻罪不议外,合依妻殴夫之父杀者凌迟处死,并照章改为斩立决。该县距省虽在三百里以内,第有江可阻隔,已照例于审明后恭请王命,即在省垣将田田氏正法,以昭炯戒。除备供招分咨部院外,所有审办缘由理合恭折具陈,伏乞皇太后、皇上圣鉴,敕部查照。谨奏。

光绪三十四年八月十二日奉朱批:"法部知道。钦此。"

光绪三十四年八月初八日。

(台北故宫藏档,文献编号:165680)

奏报直隶前后任藩司接收交代清楚

头品顶戴、北洋大臣、直隶总督、臣杨士骧跪奏,为藩司接收交代清楚,恭折仰祈圣鉴事。

窃据署布政使何彦升称,前署升司增韫自光绪三十二年八月十七日到任起,至三十四年五月二十二日卸事前一日止,何彦升即于五月二十二日到任,所有前升司增韫接收前署司毛庆蕃交下司库并大名寄库实存恒裕库各款共银八十八万五千三百七两二钱四分九厘,制钱二千九十五串八百三十九文,兵饷朋建节省饷乾共存银三万八千三百九十五两八钱二分七厘,外寄库实存银三千一百一十九两六分四厘。前升司增韫任内经手本节年地丁、协饷、正杂钱粮按款盘查逐一核明。恒裕库共收银六百四十七万九千四百九十两六钱六分一厘,制钱一万四千一十七串三百七十五文。内正款收银六百一十四万九百五十六两四钱四厘,制钱一万四千一十七串三百七十五文。借款收银三十三万八千五百三十四两二钱五分七厘,开除共支银六百一万七千六百二两三钱三分七厘,制钱一万四千九百八十一串三百八十九文。内正款支银五百二十三万三千二百四十八两七钱五分一厘,制钱一万四千九百八十一串三百八十九文。借款支银七十八万四千三百五十三两五钱八分六厘,实存银一百三十四万七千一百九十五两五钱七分三厘,制钱一千一百三十一串八百三十五文。兵饷朋建节省饷乾共正款收银一百一十八万七百二十九两八钱七厘,开除共正款支银一百一十五万九千一百二十六两五钱一分二厘,实存银五万九千九百七十九两一钱二分二厘。外寄库共正款收银五千六百九十一两四钱二分四厘,实存银八千八百一十四两三钱四分六厘。均核与司库实存银款数目相符。除将各项细册磨对准确、装订钤印另文呈送外,拟合摘造简明总册,照例出具印结,详送核奏前来。臣复查无异,除册结咨部外,理合恭折具陈,伏乞皇上圣鉴,敕部查照。谨奏。

光绪三十四年八月十二日奉朱批:"度支部知道。钦此。"

光绪三十四年八月初八日。

(台北故宫藏档,文献编号:165683)

奏报直隶命案并摘叙案由

头品顶戴、北洋大臣、直隶总督、臣杨士骧跪奏,为命案照章汇摘简明案由,恭折仰祈圣鉴事。

窃查,直隶寻常命盗死罪案件照章汇奏,造册送部。又经刑部奏准,如事在光绪二十七年十月以后者,仍将全案供招造册咨部。又奏准新章,应入秋审人犯例应缓决者,定案具奏时,妥拟确实出语,声明酌入缓决等因,均经遵照在案。

兹据署按察使李树棠呈称,查有藁城县民人李赃人向阎小福索欠争殴,用镰刀扎伤阎小福,越日身死。将李赃人依斗杀律拟绞监候。衅由索欠,扎由情急,酌入缓决。

又,广平县民人姚玉成,因为幼孩王万宝摘取伊地绿豆穣,向斥不服,致向争殴,用粪钩木柄殴伤王万宝身死,将姚玉成依斗杀律拟绞监候。致毙幼孩,衅起不曲,伤系他物,并无欺凌情状,酌入缓决。子静书移尸不报,依律拟杖,照章罚银。

又，通州民人曹老因向李老索讨夥买船网欠钱，用刀扎伤李老，越日身死。将曹老依斗杀律拟绞监候。死因扑殴，一伤适毙，酌入缓决。

又，磁州民人索小屏，因赵毛冈向其索讨欠钱，口角争殴，用石块殴伤赵毛冈身死。将索小屏，即索具和，依斗杀律拟绞监候。情非赖欠，伤系它物，酌入缓决。

又，天津县客民王长胜，因向朱全生索讨欠钱，口角争殴，用切皮刀划伤朱全生，越日身死。将王长胜依斗杀律拟绞监候。衅起索欠，伤由刀划，酌入缓决。

又，围场厅客民刘幅因表亲耿志背母卖妻，其母耿强氏查系王秦氏为媒，捏称媳被王秦氏之子霸去，央令该犯等往寻，被王秦氏阻骂，致相争殴。该犯与刘占英等用脚并木棒踢殴王秦氏，致伤，越日身死。将刘幅依共伤人致死，下手致命伤重者绞律拟绞监候。殴非预纠，伤系脚踢，酌入缓决。耿智卖妻酿命，酌照不应重律拟杖，照章罚银。

又，抚宁县民人宋占英，因疯病复发，用木扁担殴伤伊妻刘氏，越日身死。将宋占英依疯病杀人之案，复审供吐明晰，拟以斗杀，夫殴妻致死者绞律拟绞监候。致毙妻命，究由疯发无知，酌入缓决。

又，滦州民人陈帼士，因任俊杰向伊假差吓诈，得赃后复索诈欠钱文，口角争殴，用洋枪放伤任俊杰身死。将陈帼士依诈充差役，吓取财物，被诈之人殴死假差，照擅罪人，依例拟绞监候。火器杀人，不准减等，死者系假差罪人，酌入缓决。王福恩听纠，帮同吓诈，以诈差吓取财物，援害军民犯该徒以上者枷号一个月，发近边充军，为从减一等例，拟以枷号满徒，照章发所习艺，枷号罚银。

以上八起，均系例缓决之案，业经由司提审，解勘发回，分造供招清册，汇呈请奏前来。臣复核无异，除清册分咨部院外，理合遵章摘叙简明案由，恭折具陈，伏乞皇太后、皇上圣鉴，敕部核复。谨奏。

光绪三十四年八月十二日奉朱批："法部议奏。钦此。"

光绪三十四年八月初八日。

（台北故宫藏档，文献编号：165688）

报销机器局工程用款折

头品顶戴、北洋大臣、直隶总督、臣杨士骧跪奏，为核明复设机器制造局工程用款，造册报销，缮单恭折具陈，仰祈圣鉴事。

窃维自强莫如练兵,尚武必先制器,东西各国讲求制造,日异月新,用能无坚不摧,所向克捷。北洋自遭庚子之役,东西两局毁于兵火,久已鞠为茂草,扫地无存。比值朝廷锐意图强,殷殷以练兵为当务之急,而应需军火皆取给于外洋,无论价值较昂,且恐缓不济急,其关系非细故也。升任督臣袁世凯于二十七年间抵任时,即以练兵制造二者相辅而行,孜孜讲求,并议复设制造局于山东德州,派员前往,相度地址,旋经勘定该州西南城外花园地方,形势高旷,地居旧淤河之西岸,滨临运河,汲水利便,会同地方官按照民价购买民地五百三十馀亩有奇,概行收并,拟定办法,估计工价。时值大兵之后,地方凋敝,各省协饷观望不前,羽檄纷驰,函电交促,始得各关历年欠解制造经费,集有成数。当即鸠工庀材,于二十九年正月间开工,建筑经营,年馀之久,大致粗定。复经迭次改良,至三十年八月,厂屋落成。是年九月,开工试行制造,其有缺而未备者又经随时增修。两年以来,陆续开拓。

臣于上年到任之始,道出德州,周历履勘,见夫局度恢宏,规制远大,而其部署精密,井然有条,直足与外洋机厂相埒,益叹前督臣之缔造经营用心良苦。因念从前北洋机器制造局用款千馀万之多,筹办三十年之久,始能灿然大备,现在复设制造局,平地赤立,诸务草创,又以限于经费,左支右绌。今已规模大具,不难徐图扩充。

伏查,各国陆军通用,以小口径毛瑟及曼利夏枪为行军利器,而日本新式六密里五枪枝亦复风行一时,北洋陆军新购甚夥。自以首议开造快枪子及仿造日本新枪子为第一要义。他如卷铜、制药皆系专门之学,尤宜加意考求,统计全局,建造十二厂,曰:枪子厂、新枪子厂。其馀附属各品分为十厂:曰机器厂、捲铜厂、无烟药厂、棉药厂、镪水厂、淋硝厂、木样厂、锅炉厂、铸铁厂、熟铁厂,以供现时制造,即备他时扩张地步。

至于开工之始,兼以修理旧机,同时并举,与他处仅具土木工程者不同,收购机器仅系笨重底座,一切细件大半无存,在在均需添配。其有工匠不能制造者,不能不向外洋订购,俾归完整。仅由瑞记洋行订购快枪子机器,全副省费实多。各处厂屋粗成,即将机器安设,一面先行开工,以免旷时糜费。此外,如库房、客厅、办公房暨员司弁匠役人住室,以及围墙、桥梁、沟道、池井之属,节次增修,一律完备。自光绪二十九年正月开工起,三十年八月底止,综计建造十二厂,大小房屋四百二十五间,烟通十三座,共支工料银十八万八千二百二十一两有奇。建造库房住屋二百六十四间,共支工料银四万八千六十两有奇。购买新旧机器器具,采办内地外洋材料,并修配机器工匠工食支用银三十六万五千九百四十四两有奇。购买厂基及采办材料、轮船、水脚、保险、运费等项共支银七万一千七百七十六两有奇。员司、书弁、夫役人等薪工局用公费,共支银一万五千八百九十五两有奇。统共支用银六十八万九千八百九十七两有奇。汇为一案,作为工程报销,据制造局将支用各款项详细数目造具四柱清册,详请具奏前来。除咨部查照外,谨缮清单,恭呈御览,伏乞皇太后、皇上圣鉴,饬部核销施行。

再,三十年九月开厂制造后,尚有添补工程。所有动支各款,应归常年制造经费项下,按款报销,以省繁渎,合并声明。谨奏。

奉朱批:"该部知道,单并发。钦此。"

光绪三十四年八月初十日。

清单

谨将北洋机器局第一届工程报销,缮具收支简明清单,恭呈御览。

计开

新收:

一、收江海关解到六成洋税项下应解制造经费,库平银二十二万三百二十八两六钱。

一、收东海关解到四成洋税项下应解制造经费,库平银三十一万七千九百六十六两四钱八分六厘八毫六丝。

一、收津海关解到二十八年八月起至三十年八月底四成洋税制造经费,库平银二十五万四千三百四十二两八钱。

一、收顺直赈捐解到二十八年分起至二十九年四月拨补制造经费,库平银二十三万两。

一、收建厂工程项下自二十九年正月起至三十年八月底员司薪水平余,库平银八百八两七钱三分三厘。以上收库平银一百二万三千四百四十六两五钱九分八厘八毫六丝。

开除:

一、第一册请销建造各厂座房屋间数工程。内归度支部核销各匠工价,库平银二万四千九百六十三两五钱六分八厘九毫;民政部核销外洋内地料价,库平银十六万三千二百五十七两七钱六分二厘二毫。

一、第二册请销建造局屋并挑筑围墙、起造桥梁,开挖池井等项工程。归度支部核销各匠工价,库平银九千五百五十二两九钱九分五厘;民政部核销外洋内地料价,库平银三万八千五百七两八分四厘。

一、第三册请销采买外洋内地各种材料,并购置新旧各种机器、工具及造成修配各件雇募工匠工食,内归度支部核销工匠工食,库平银二万六千六百三十三两一钱六分;民政部核销材料、机器价值,库平银三十三万九千三百十一两一钱二分三厘二毫。

一、第四册请销采买外洋内地各料应需轮船水[师][脚]、保险、运脚及购买厂基地租地价,库平银一万七千二百三十两八钱一分四厘五毫。陆军部核销轮船水脚、保险、运脚,库平银五万四千五百四十五两二钱一分九厘。

一、第五册请销办事员司、武弁、夫役人等支用薪工,公费银两。系归度支部核销,库平银一万五千八百九十五两八钱八分八厘八毫。

以上第一册至第五册上,共归度支部核销银九万四千二百七十六两四钱二分七厘二毫,陆军部核销银五万四千五百四十五两二钱一分九毫,民政部核销银五十四万一千七十五两九钱七分三厘四毫。统计五册共请销库平银六十八万九千八百九十七两六钱一分一厘五毫。

一、实存库平银三十三万三千五百四十八两九钱八分七厘三毫六丝,归入下案旧管项下接续造报。理合登明。

奉朱批:"览。钦此。"

(陆军部档)(《中国近代兵器工业档案史料》(一),第 1036—1038 页)

(《杨文敬公奏议》卷八)

李大防供差期满应留省照例补用片

再,查定例,道府以至未入流捐纳试用人员到省后,试用一年期满,甄别留省补用。又奉新章内开嗣后甄别年限,除在学习期内不计外,应自各该员供差之日起,扣足供差一年,确实试验,方准出具考语,于差委事实册达部后,并开具学堂等第差委事实,甄别奏留其最优等、优等、平等者方准留省,分别补用各等语。

兹查,保定法政学堂监督试用知府李大防到省后,即充当藩署考校财政兼办公文案差使,丁忧服满起,又委充法政学堂监督要差。今自光绪三十二年三月十六供差日起,连闰扣至八月二十七日丁本生母忧止,又自三十三年九月二十五服阕回省之日起,扣至三十四年三月十四日止,前后接算,业经扣足供差一年期满,应即照章甄别。据藩、学、臬三司详请核办前来,臣确实试验,该员学识明通,才具干练,堪列优等,应留省照例补用。除该员履历差委事清册咨送吏部及宪政编查馆外,理合附片陈明,伏乞圣鉴。谨奏。

朱批:"该衙门知道。"

光绪三十二年八月十三日。

(《光绪朝朱批奏折》第 25 辑,511)

奏报安东海关暨东沟分关第一百九十一结洋税收支并旧管实存各数目

钦差大臣、东三省总督兼管三省将军事务兼署奉天巡抚臣徐世昌,钦差大臣、办理北洋通商事宜、直隶总督、臣杨士骧奏,为安东海关暨东沟分关第一百九十一结洋税收支并旧管实存各数目,缮具清单,恭折会陈,仰祈圣鉴事。

窃查,安东关征收洋税截至光绪三十四年二月二十九日第一百九十结止,业经缮单奏报在案。兹据监督安东海关、署理东边兵备道祁祖彝详称,自光绪三十四年三月初一日起至六月初二日止,即西历四月一号起至六月三十号止,三个月作为一百九十一结,计收洋货进口正税银一万二千七百二十两零四钱一分,土货出口正税银二万九千九百六十九两六钱三分九厘,土货复进口半税银四千二百五十八两一钱八分,子口税银一千六百九十六两一钱二分六厘,土药税银五两一钱七分五厘,船钞银九百七十两零九钱七分,共收银四万九千六百二十两零五钱。此外,未收别项税饷,经该道会同税务司详细稽核校对数目,均属相符,开单详请核奏前来,臣等复核无异。除咨部查照外,谨会同北洋大臣杨士骧缮具简明清单,恭折具陈,伏乞皇太后、皇上圣鉴。再,奉天巡抚系臣世昌兼署,是以未经列衔,合并陈明。谨奏。

朱批:"该部知道,单并发。"

光绪三十四年八月二十三日。

(台北故宫藏档,文献编号:408005155)

奏为晋州民人牛三停因与赵王氏通奸起意纠邀刘磨头等谋杀本夫一案由

再,晋州民人牛三停,因与赵王氏通奸,起意纠邀刘磨头等谋杀本夫赵小东西身死,奸妇并不知情,事后首告一案,前据该州知州王秉谦详报批据审拟,由府解司,勘转到臣,值臣驻津,饬委藩司代审无异,将犯发回。兹据署臬司李树棠核拟造册,详请奏咨前来。

臣复加确核,缘牛三停、刘磨头,均籍隶晋州,赵王氏系已死赵小东西之妻。光绪三十一年间,牛三停在赵王氏母家庄内傭工,唯时赵王氏尚未出嫁,与牛三停习见不避。是年二月十五日傍晚,赵王氏在家独处,牛三停走去吓逼成奸,赵王氏父母均不知情。三十二年六月十三日,赵小东西迎娶赵王氏过门,二十三日赵王氏归宁母亲,牛三停探知,又去续奸,向赵王氏商说,不如将赵小东西害死,可作长久夫妻。赵王氏不允斥阻,牛三停无言走散。二十五日,赵王氏仍回夫家。牛三停因恋奸情热,起意将赵小东西谋杀。

七月初九日,找向刘磨头并另案审办之高小江告知情由,邀同下手。刘磨头等允从,商同来夜越墙行事,可以疑作行窃拒死情形。即于是日夜半,牛三停手持扑刀,腰掖攮子,刘磨头、高小江均持洋枪,偕至赵小东西家,爬墙入院。牛三停稔知赵小东西睡处,当同刘磨头等钻窗进屋。月光下见赵小东西在坑躺卧,牛三停递给刘磨头扑刀,刘磨头即向赵小东西头上狠砍一下,赵小东西喊疼。高小江将赵小东西两髂掀住,赵王氏惊醒喊嚷,牛三停即持攮吓禁。赵小东西正在争扎,牛三停撩弃攮子,接过刘磨头扑刀朝赵小东西头上连砍数下,致先后砍伤赵小东西头顶心,并偏左右腮颊右手指。赵王氏又大声喊救,牛三停畏惧歇手,出窗逃逸。当经赵小东西之父赵庆元,闻喊声趋至追捕,无踪。赵王氏心冀赵小东西伤痊,又事关颜面,未经实告。赵庆元即报验饬医,赵小东西延至二十日午后殒命。赵王氏以赵小东西惨死,因伊与牛三停通奸所致,欲为夫报仇,即将被逼成奸,及见牛三停等行凶各情哭诉,赵庆元带同报案首告,获犯验讯,通详审拟,由府解司勘转到院,委审确核无异。

除高小江一案剔归另案审办外,牛三停应依奸夫起意杀死亲夫斩决例拟斩立决,照章改为绞立决。刘磨头应依谋杀本夫为从,加功之平人,照凡人谋杀加功律绞候例,拟绞监候,秋后处决。赵王氏应依奸夫自杀其夫,奸妇虽不知情绞候律拟绞监候。该犯妇临时喊救,事后首告,将奸夫指拿到案,实有不忍致死其夫之心,核与声请之例相符,应由部夹签请旨。除分咨部院外,理合遵章专案具陈,伏乞圣鉴,敕部核复。谨奏。

光绪三十四年八月二十三日奉朱批:"法部议奏。钦此。"

(台北故宫藏档,文献编号:166025)

奏为提标顺义营都司张鹏举升补马兰镇标中营游击等由（折片）

再，提标顺义营都司张鹏举外补马兰镇标中军游击，遗缺接准部咨，系陆路推补第三轮第二缺轮用卓异人员，应拣合例人员请补等因。兹查，直隶现无卓异守备，自应遵照遇班改作第三轮第四缺，用拣发人员。查有补用都司陈铨，年四十七岁，直隶保定府清苑县人，行伍历拨督标及营千总，堵筑永定河大功出力，保以守备尽先补用，并加游击衔。该员老成稳慎，久历戎行，以之补授顺义宫都司，实堪胜任，与例亦属相符。合无仰恳天恩俯准补授，以裨营伍。除饬取履历咨部外，谨会同直隶提督马玉昆附片具陈，伏乞圣鉴，训示。谨奏。

光绪三十四年八月二十三日奉朱批："陆军部议奏。钦此。"

（台北故宫藏档，文献编号：166026）

奏请以尽先补用游击毛殿仰借补张家口营都司由（折片）

再，宣化镇标张家口营都司范书田升补宣化镇左营游击，遗缺接准部咨，陆路题补第一轮第九缺，轮用尽先人员，应拣合例人员请补等因。兹查，提标河屯协左营都司杨良辉革职，遗缺系第一轮第八缺，应用捐输用人员，无人遇班，作为第十缺用应升人员，已以唐三营守备马骏良升补。此缺应作第二缺第一轮用尽先人员。

查，有尽先补用游击毛殿仰，年三十八岁，顺天府人。由行伍随剿热河教匪及海防期满案内，历保以千总补用，拔补河屯协左营千总，历次剿办热河、连昌并彰武县贼股，保以游击尽先补用，归班注册，照例开退千总底职。该员年力富强，才具稳练，以之请补张家口营都司，实堪胜任，亦与例章限制相符。合无仰恳天恩俯准借补，以裨营伍。除饬取履历咨部外，谨会同直隶提督马玉昆附片具陈，伏乞圣鉴，训示。谨奏。

光绪三十四年八月二十三日奉朱批："陆军部议奏。钦此。"

（台北故宫藏档，文献编号：166027）

奏为寻常命案韩生等汇奏由

头品顶戴、北洋大臣、直隶总督、臣杨士骧跪奏，为命案照章汇摘简明案由，恭折仰祈圣鉴事。

窃查，直隶寻常命盗死罪案件照章汇奏，造册送部。又经刑部奏准，如事在光绪二十七年十月以后者，仍将全案供招造册咨部。又奏准新章，应入秋审人犯若系例实缓暂难确定，仍照旧章归入秋审等因，均经遵照在案。

兹据前署按察使李树棠呈称，查有围场民人韩生，因向戴兰廷索讨欠钱，口角争殴，用尖刀扎伤戴兰廷，并误伤倪成容，先后越日身死。将韩生依斗杀斩律拟斩监候，照章改为绞监候，秋后处决。

又，顺义县客民刘琼，因行路惊走高小顺猪只，高小顺向闹，致相争殴，用刀故砍高小顺身死。将刘琼依故杀律拟斩监候，照章改为绞监候，秋后处决。

又，祁州客民尹旦子，因刘傻子与伊奸好之刘王氏通奸，故扎刘傻子身死。将尹旦子依故杀律拟斩监候，照章改为绞监候，秋后处决。任三依共殴馀人律照章拟杖罚银。

又，大兴民人胡四，因向丁旺借钱不允，口角后恨其薄情，寻殴泄忿，用火枪故放伤丁旺身死。将胡四依争斗擅将鸟枪施放杀人等以故杀论故杀斩律拟斩监候，照章改为绞监候，秋后处决。

又，青县民人魏龙，因与孙玉桂之胞伯孙太升口角争殴，孙玉桂趋护，该犯用夺获长枪扎伤孙玉桂身死，并伤孙太升、成庆有。魏秀在场助势。将魏龙依共杀人致死、下手致命伤重者绞律拟绞监候，秋后处决。魏秀依馀人律照章拟杖罚银。

以上五案，均系进入秋审核办，业经由司提审，解勘发回，分造供招清册，汇呈请奏前来。臣复核无异，除清册分咨部院外，理合遵章摘叙简明案由，恭折具陈，伏乞皇太后、皇上圣鉴，敕部核复。谨奏。

光绪三十四年八月二十三日奉朱批："法部议奏。钦此。"

光绪三十四年八月十九日。

（台北故宫藏档，文献编号：166028）

奏为命案各案张武氏等审拟由

头品顶戴、北洋大臣、直隶总督、臣杨士骧跪奏，为命案照章汇摘简明案由，恭折仰祈圣鉴事。

窃查，直隶寻常命盗死罪案件照章汇奏，造册送部。又经刑部奏准，如事在光绪二十七年十月以后者，仍将全案供招造册咨部等因，均经遵照在案。

兹据前署按察使李树棠呈称，查有香河县民妇张武氏，因与洪亚通奸，听从谋杀本夫张连春身死。将张武氏依妻因奸同谋杀死亲夫者凌迟律凌迟处死，照章改为斩立决。洪亚依奸夫起意杀死亲夫斩决例拟斩立决，照章改为绞立决。

又，赵州民妇司李氏，因奸起意，商同奸夫，谋勒本夫司傻小身死，将司李氏依妻因奸同谋杀死亲夫者凌迟律凌迟处死，照章改为斩立决。王同科听从谋杀加功，依奸夫斩候律拟斩监候，照章改为绞监候，秋后处决。

又，成安县获贼滑黑混鬼，听纠行窃事主纪堂家，临时强劫牛骡衣被等物，逸贼持有洋枪，拒伤事主平复，将滑黑混鬼依窃盗临时行强，但有一人执持洋枪在场所，斩枭通行，拟斩立决枭示，照章改为斩立决。

又，邢台县获贼李小喜，听纠伙窃事主窦裕禄等银衣等物，拒伤事主平复。将李小喜抢夺聚众三人以上，但持械威吓并伤事主之犯，照强盗律斩决例拟斩立决，照章改为绞立决。包立荣在场，并未志动手，依例拟遣改军。

又，昌黎县获贼李春蟒，听纠持械伙窃遇客袁增驴头银钱等物，捆缚事主。将李春蟒依抢夺结伙三人以上，但经持械威吓捆缚事主在场动手之犯，照强盗律斩决例拟斩立决，照章改为绞立决，逢恩不准援免。

又，涿州县民人安永魁，听从图财，谋杀车夫高升身死，得赃下手加功。将安永魁，即安六十儿，依图财害命，得财而杀死人命，首犯与从加功俱斩例拟斩立决，照章改为绞立决。

又，晋州获贼高珠子等听纠伙锯窃事主高士昌家茔树，事后用洋枪拒放捕役吕小多身死。将高珠子依犯罪事发，官司差人持标票拘捕逞凶，拒杀差役，为首斩决例拟斩立决，照章改为绞立决。贾丙辰拒捕为从，并未帮殴，依为从在场助势，未经帮殴成伤例，拟立改发极边足四千里充军。贾亮臣听纠持枪，偷锯茔树，拒捕为从，比依寻常行窃，但系执持洋枪之犯，虽未拒捕，发极边充军通行，加拒捕为从罪一等，拟发极边烟瘴充军。冯难看听从偷锯茔树，结伙十人，持有枪械，比依寻常窃盗，纠伙十人以上，但有一人执持器械者，不计赃数次数，为从杖徒例,拟杖一百,徒三年。年幼照律收赎。

以上七例,均系进入立决之案,业经由司提审,解勘发回,分造供招清册,汇呈请奏前来。臣复核无异,除清册分咨部院外,理合遵章摘叙简明案由,恭折具陈,伏乞皇太后、皇上圣鉴,敕部核复。谨奏。

光绪三十四年八月二十三日奉朱批:"法部议奏。钦此。"

光绪三十四年八月十九日。

(台北故宫藏档,文献编号:166029)

奏请以深泽令毓琇补临榆令由

头品顶戴、北洋大臣、直隶总督、臣杨士骧跪奏,为拣员补要缺知县,恭折仰祈圣鉴事。

窃查,临榆县知县谭垚振,于光绪三十四年四月十二日病故,业经咨部开缺,照例以本员病故之日作为开缺日期,归四月分截缺。所遗临榆县知县员缺,当关口旗民杂处,风俗力悍,政务殷繁,系"冲、繁、难"三字要缺,例应在外拣选调补。据升任藩司增韫、署提学司卢靖、前署臬司李树棠查,有深泽县知县毓琇,堪以调补,会详请奏前来。臣查,毓琇,浙江会稽郡监生,由府经历因办海运出力,保俟补缺后以知县用。光绪十三年遇班知县,十五年经部带领引见,奉旨"照例发往",十二月领照到省,奏署今职。三十一年正月二十四日到任,试署期满,奏请实授。

该员讲求交涉,吏治勤能,以之请补临榆县知县要缺,实堪胜任,与例亦相属符。合无仰恳天恩俯念员缺紧要,准以深泽县知县毓琇调补临榆县知县,以资治理。如蒙俞允,该员衔缺相当,毋庸送部引见。该员系调初调任用,并无审案缉盗、征解钱粮、已起降调、革职参限处分,且题调要缺任内一切因公处分例免核计。除将该员履历册并参罚清册咨部外,理合恭折具陈,伏乞皇太后、皇上圣鉴,训示。

再,所遗深泽县知县选缺,直隶现有应补人员应请留归外补。谨奏。

光绪三十四年八月二十三日奉朱批:"吏部议奏。钦此。"

(台北故宫藏档,文献编号:166030)

奏为泰宁镇标涞水营守备冷玉衡年已七十精力既衰呈请辞退由（折片）

再，准直隶提督咨，泰宁镇标涞水营守备冷玉衡年已七十，精力既衰，步履艰难，呈请辞退，确查属实，取结送经部咨开缺。兹准陆军部咨，以冷玉衡系守备官阶，因奏明办理等因。除印钤各结前已咨部外，谨会同直隶提督马玉昆附片具陈，伏乞圣鉴，勑部开缺。所遗员缺，直隶现有应补人员，应请留归外补。谨奏。

光绪三十四年八月二十三日奉朱批："陆军部知道。钦此。"

（台北故宫藏档，文献编号：166035）

奏为尹岳氏等命盗案汇奏由

头品顶戴、北洋大臣、直隶总督、臣杨士骧跪奏，为命案照章汇摘简明案由，恭折仰祈圣鉴事。

窃查，直隶寻常命盗死罪案件照章汇奏，造册送部。又经刑部奏准，如事在光绪二十七年十月以后者，仍将全案供招造册咨部。又奏准新章，应入秋审人犯例应缓决者，定案具奏时，妥拟确实出语，声明酌入缓决等因，均经遵照在案。

兹据署按察使李树棠呈称，查有广平县民妇尹岳氏，因与牛三通奸，听从谋杀本夫尹万成身死，并牛得成等帮同埋尸不失。将尹岳氏依妻因奸同谋杀死亲夫者凌迟律凌迟处死，照章改为斩立决。洪亚依奸夫起意杀死亲夫斩决例拟斩立决，照章改为绞立决。牛得成、霍清江均依殴故杀人案内听从抬埋者，照里长地邻弃尸杖徒不失者减一等例，各拟杖一百，照章罚金。

又，滦州获贼柳小生子，听纠行窃事主苏君家首饰等物，逸贼用枪拒毙事主，该犯在外把风，将柳小生子，即柳遇研，依强劫之案，但有一人执持洋枪在场所，斩枭通行，拟斩立决枭示，照章改为斩立决。

又，晋州获贼高小江，听纠执持洋枪途抢事主刘小秃等钱衣等物，并田小根等在场，并未动手。将高小江结伙三人以上，抢夺执持洋枪之首犯斩枭通行，拟斩立决枭示，照章改为斩立决。田小根，即田根成，王幅堂，均依例拟遣改军。

又，文安县获贼李水，听纠伙劫事主刘锡文钱铺洋银等物，逸贼拒伤事主平复。将李水依强盗已行但得财者，不分首从皆斩律拟斩立决，照章改为绞立决。

刘永山、张庚池临时别故不行,事后分赃,均依例遣改军。

以上四起,均系立决之案,业经由司提审,解勘发回,分造供招清册,汇呈请奏前来。臣复核无异,除清册分咨部院外,理合遵章摘叙简明案由,恭折具陈,伏乞皇太后、皇上圣鉴,敕部核复。谨奏。

光绪三十四年八月二十五日奉朱批:"法部议奏。钦此。"

光绪三十四年八月二十二日。

(台北故宫藏档,文献编号:166051)

奏为河工岁修报销由(附清单一件)

头品顶戴、北洋大臣、直隶总督、臣杨士骧跪奏,为本年省城各河堤工岁抢修动支银数,照章开单报销,恭折仰祈圣鉴事。

窃据前清河道熙有详称,道属各河堤工均关民生休戚,每年抢修不容稍缓,前经奏明在清河道库河淤地租项下拨银三千两,为各工采购料物抢险之用。每到汛期,该道亲督防抢,核实动支,免其造册报销,经部奏准,按年开单奏报等因。嗣因河淤地租不敷动支,改由道库堡船忮夫生息动拨。复因地租生息均皆不敷,详经奏明由司库旗租凑拨在案。

本届光绪三十四年应需岁抢修桩料银三千两,道库生息项下仅能凑拨银五百两,下馀银两千五百两,经臣奏准仍由藩库旗租凑拨,分别提拨咨领,购备桩料分储。各河入伏后水势盛涨,险工林立,该道督率印委各员,认真防守,分段抢护,幸保安澜。将岁抢修工段丈尺、动用银数缮具简明清单,详请奏报免造细册等情。臣复核无异,理合照缮清单,恭折具陈,伏乞皇太后、皇上圣鉴,敕部照案核销。谨奏。

光绪三十四年八月二十五日奉朱批:"该部知道,单并发。钦此。"

光绪三十四年八月二十二日。

(台北故宫藏档,文献编号:166052)

谨将光绪三十四年附近省城各河岁抢修工段丈尺、动用桩料银数开具清单,恭呈御览。计开:

一、由藩库领到旗租项下银二千五百两。

二、由道库领到堡船忮夫生息项下拨银五百两。

共收银三千两。

支用项下：

一、千里堤各险工间段共合工长千一十丈。自董家庄起至娄堤村止，间段抢修高二尺，宽二尺五寸。每丈用苇二百斤。该处时价，每百斤合钱二钱二分五厘，共合银四钱五分。用桩二根，每根合银三钱九分。共合银七钱八分。用木橛二根，每根银一分二厘，共合银二分四厘。用麻二斤，每斤银三分，共合银六分。用苇腰一盘，合银六分。每丈共用桩料银一两三钱七分四厘。总共用银一千三百八十七两七钱四分。

二、大清河堤险工间段共合工长五百六十丈。自赵村起至龙湾村止，间段抢修高二尺，宽二尺五寸。每丈用苇二百斤。该处时价，每百斤合钱二钱九分，共合银五钱八分。用桩二根，每根合银三钱六分。共合银七钱二分。用木橛二根，每根银一分一厘，共合银二分二厘。用麻二斤，每斤银三分，共合银六分。用苇腰一盘，合银六分。每丈共用桩料银一两四钱四分二厘。总共用银八百七两五钱二分。

三、潴龙河堤险工间段共合工长五百八十丈。自北敦村起至五仁桥止，间段抢修高二尺，宽二尺五寸。每丈用苇二百斤。该处时价，每百斤合钱三钱二分，共合银六钱四分。用桩二根，每根合银四钱。共合银八钱。用木橛二根，每根银一分三厘，共合银二分六厘。用麻二斤，每斤银三分，共合银六分。用苇腰一盘，合银七分。每丈共用桩料银一两五钱九分六厘。总共用银九百二十五两六钱八分。

以上共支银三千一百二十两九钱四分。除领到银三千两全数支用外，计不敷银一百二十两九钱四分，已由清河道照数筹补，合并声明。

朱批："览。"

抚宁县民人张廷材用刀于奸所登时砍奸夫奸妇身死一案由（折片）

再，抚宁县民人张廷材，因大功堂兄张廷柱与伊妻袁氏通奸所登时用刀砍伤奸夫奸妇身死一案，前据该县知县孙家钰验讯详报，批据审拟，由府解司，勘转到臣，值臣驻津，饬委藩司代审无异，将犯发回留羁。兹据署臬司李树棠核拟造册，详请奏咨前来。

臣复加确核，缘张廷材籍隶抚宁县，与已死大功堂兄张廷柱同居各度。张廷材向在邻村蒸食铺学习手艺,每逢一宿时期,方允回家。平日风闻伊妻与张廷柱有奸之事,曾向袁氏管教防范。光绪三十三年四月初七日辰二更时分,张廷材由铺回家,至院内见屋门紧闭,在窗外听闻内有男女奸淫之声。一时气忿,顺取厨房菜刀,蹋窗跳入,惟时屋内灯尚未熄,见袁氏与张廷柱同被睡宿。张廷柱即欲起身,张廷材上前揪住发辫,掀按在枕,用刀将张廷柱项颈连砍数下,登时身死。袁氏赤身下地,意欲开门逃跑。张廷材揪住,掀按在地,用刀将其项颈连砍保伤殒命。顺取铁斧将二人头颅砍落,赴县首报,讯详审理。由府解司勘转到院,委审确核无异。张廷材应依卑幼殴本宗大功兄死者律拟斩立决,照章改为绞立决。系本夫于奸所登时杀死,核与声请之例相符,应由部夹签请旨量减。除分咨部院外,理合遵章专案具陈,伏乞圣鉴,敕部核复。谨奏。

光绪三十四年八月二十五日奉朱批:"法部议奏。钦此。"

（台北故宫藏档,文献编号:166053)

奏报本省六月分雨粮情形由(附清单一件)

头品顶戴、北洋大臣、直隶总督、臣杨士骧跪奏,为查明光绪三十四年六月分顺直各属市粮价值、雨水情形,恭折仰祈圣鉴事。

窃查,光绪三十四年五月分顺直各属市粮价值、雨水情形,业经奏报在案,嗣据藩司查明六月分市粮价值、雨水情形,开单请奏前来。查,六月分顺天、永平、保定、河间、天津、正定、顺德、广平、大名、宣化、遵化、易州、冀州、赵州、深州、定州等十六府州属得雨一、二、三、四、五次,每次一、二、三、四、五寸不等。又查,六月分粮价,顺天、宣化、赵州、深州等四府州属与上月相同,永平、顺德、广平、遵化、易州等五府州属较上月价减,保定、河间、天津、正定、大名、冀州、定州等七府属较上月价增。理合恭折具陈,并缮具精价清单,恭呈御览,伏乞皇太后、皇上圣鉴。谨奏。

光绪三十四年八月二十五日奉朱批:"知道了。钦此。"

光绪三十四年八月二十二日。

（台北故宫藏档,文献编号:166057)

清单

谨将顺直各属光绪三十四年六月分市粮价值缮具清单,恭呈御览。计开:

顺天府属　价平：

粟米，每仓石价银二两五钱六分至五两，较上月增二钱一分。

麦，每仓石价银二两二钱八分至五两九钱七分，较上月减一钱九分。

黑豆，每仓石价银二两一钱至五两四钱八分，与上月相同。

高粱，每仓石价银一两五钱至三两五钱，与上月相同。

糜米，每仓石价银一两五钱七分至四两七钱，较上月增一钱三分。

永平府属，价减：

粟米，每仓石价银二两一钱九分至六两五分，较上月减一钱八分。

麦，每仓石价银三两五钱一分至四两六钱五分，较上月减六钱一分。

黑豆，每仓石价银二两五钱九分至三两三钱二分，较上月增一钱九分。

高粱，每仓石价银一两七钱一分至二两一钱四分，较上月减三分。

糜米，每仓石价银二两九分，与上月相同。

保定府属，价增：

粟米，每仓石价银二两六钱九分至四两六钱，较上月增三钱。

麦，每仓石价银二两九钱至五两七钱，较上月减五分。

黑豆，每仓石价银二两三钱二分至四两一钱，与上月相同。

高粱，每仓石价银一两九钱至三两一钱一分，与上月相同。

糜米，每仓石价银二两五钱七分至四两四钱，与上月相同。

河间府属，价增：

粟米，每仓石价银二两三钱五分至四两二钱五分，与上月相同。

麦，每仓石价银三两三钱八分至四两四钱八分，与上月相同。

黑豆，每仓石价银二两八钱六分至三两四钱二分，较上月增二分。

高粱，每仓石价银二两一钱八分至三两一钱，与上月相同。

糜米，每仓石价银二两六钱三分至三两五钱，较上月增一钱三分。

天津府属，价增：

粟米，每仓石价银一两三钱一分至四两二钱，较上月增二钱一分。

麦，每仓石价银一两六钱七分至五两，较上月增三钱。

黑豆，每仓石价银一两五钱五分至四两，较上月增二钱。

高粱,每仓石价银一两三钱至二两九钱,较上月增一钱。

糜米,每仓石价银一两三钱五分至三两一钱二分,较上月增二钱二分。

正定府属,价增:

粟米,每仓石价银二两五钱三分至四两一钱二分,与上月相同。

麦,每仓石价银二两五钱二分至四两三分,较上月减三钱五分。

黑豆,每仓石价银一两八钱七分至三两八钱,较上月增二钱。

高粱,每仓石价银一两六钱七分至三两一钱四分,与上月相同。

糜米,每仓石价银一两八钱二分至三两八钱七分,较上月增五分。

顺德府属,价减:

粟米,每仓石价银二两八钱至四两五钱五分,较上月减二钱二分。

麦,每仓石价银二两六钱至三两八分,较上月减二钱五分。

黑豆,每仓石价银二两一钱至四两五钱五分,较上月增二钱二分。

高粱,每仓石价银二两五钱至三两七钱,较上月减三钱一分。

糜米,每仓石价银一两六钱至四两五钱,与上月相同。

广平府属,价减:

粟米,每仓石价银二两一钱至四两八钱五分,较上月减八钱。

麦,每仓石价银二两二分至四两五分,与上月相同。

黑豆,每仓石价银二两一钱九分至四两八分,较上月减四钱五分。

高粱,每仓石价银一两六钱三分至三两三分,较上月减三钱。

糜米,每仓石价银一两七钱至四两四分,较上月减六分。

大名府属,价增:

粟米,每仓石价银二两四钱五分至四两一钱二分,较上月增一钱六分。

麦,每仓石价银二两七钱三分至三两五钱三分,较上月减六分。

黑豆,每仓石价银一两八钱八分至三两六钱五分,较上月减五分。

高粱,每仓石价银一两九钱三分至三两八钱八分,较上月增九钱九分。

糜米,每仓石价银二两一钱三分至三两一钱一分,较上月减一钱五分。

宣化府属,价平:

粟米,每仓石价银一两至一两四钱五分,与上月相同。

麦,每仓石价银一两九分至二两九钱,较上月增五分。

黑豆,每仓石价银一两至一两八钱五分,与上月相同。

高粱,每仓石价银七钱二分至一两四钱三分,与上月相同。

糜米,每仓石价银五钱七分至一两七钱五分,与上月相同。

遵化州并属,价减:

粟米,每仓石价银三两二钱至三两八钱三分,与上月相同。

麦,每仓石价银四两一钱九分至四两四钱六分,较上月减三钱四分。

黑豆,每仓石价银二两九钱六分至五两四钱三分,与上月相同。

高粱,每仓石价银一两八钱八分至二两五钱一分,与上月相同。

糜米,每仓石价银一两五钱九分至三两二钱,较上月减二分。

易州并属,价减:

粟米,每仓石价银一两三钱七分至三两八钱,较上月减一钱三分。

麦,每仓石价银一两七钱五分至四两二钱,较上月增七分。

黑豆,每仓石价银一两三钱三分至五两三钱,较上月减七分。

高粱,每仓石价银一两二分至二两五钱,较上月减一钱一分。

糜米,每仓石价银一两一钱九分至三两八钱,较上月减一钱。

冀州并属,价增:

粟米,每仓石价银二两七钱至三两五钱,较上月增一钱。

麦,每仓石价银三两至三两七钱,与上月相同。

黑豆,每仓石价银二两至三两三钱,与上月相同。

高粱,每仓石价银一两七钱至二两四钱五分,与上月相同。

糜米,每仓石价银三两一钱八分,与上月相同。

赵州并属,价增:

粟米,每仓石价银二两四钱四分至三两八钱,与上月相同。

麦,每仓石价银二两一钱五分至三两五钱,较上月增一分。

黑豆,每仓石价银一两六钱二分至三两二钱四分,与上月相同。

高粱,每仓石价银一两四钱七分至三两六钱,与上月相同。

糜米,每仓石价银二两七分至二两七钱四分,与上月相同。

深州并属,价平:
粟米,每仓石价银三两二钱至三两八钱九分,与上月相同。
麦,每仓石价银二两八钱至四两,与上月相同。
黑豆,每仓石价银二两至三两二钱,与上月相同。
高粱,每仓石价银二两二钱四分至二两八钱,与上月相同。
糜米,每仓石价银二两一钱五分至三两八钱,与上月相同。

定州并属,价增:
粟米,每仓石价银三两二钱五分至四两四钱,较上月增一钱。
麦,每仓石价银三两二钱九分至四两二钱,较上月增一钱。
黑豆,每仓石价银二两五钱至三两三钱五分,与上月相同。
高粱,每仓石价银二两至三两二钱,与上月相同。
糜米,每仓石价银二两一钱至三两一钱五分,与上月相同。
朱批:"览。"

奏为查度支部奉拨光绪三十四年长芦盐课解充京饷银两由(折片)

再,据长芦盐运使张镇芳详称,案查度支部奏拨光绪三十四年长芦盐课解充京饷银二十五万两内,于三、四、五间拨解第一、第二、第三批银十五万两,尚应解银十万两。遵即拨解第四批银五万两,随解加平银七百五十两,委候补盐巡拾罗献廷于本年七月二十七日起程,前赴度支部交纳,造具拨解款册,详请奏咨前来。臣复核无异,除册咨部外,谨附片陈明,伏乞圣鉴,敕部查照。谨奏。

光绪三十四年八月二十六日奉朱批:"度支部知道。钦此。"

(台北故宫藏档,文献编号:166065)

奏为寻常缓决案犯赵瑞海等八起汇奏由

头品顶戴、北洋大臣、直隶总督、臣杨士骧跪奏,为命案照章汇摘简明案由,恭折仰祈圣鉴事。

窃查，直隶寻常命盗死罪案件照章汇奏，造册送部。又经刑部奏准，如事在光绪二十七年十月以后者，仍将全案供招造册咨部。又奏准新章，应入秋审人犯例应缓决者，定案具奏时，妥拟确实出语，声明酌入缓决等因，均经遵照在案。

兹据署按察使李树棠呈称，查有束鹿县民人赵瑞海，因不允李洛现所荐铺伙任长顺，支钱辞工，经李洛现并其侄李小旦向伊理论，致向争殴。该犯用夺获铡刀砍伤李小旦身死，并伤李洛现平复。将赵瑞海依斗杀律拟绞监候。死先寻衅，刀由夺获，酌入缓决。

又，独石口厅客民刘珍因嫌贫悔婚，向理不服，口角争殴，用夺获枕木殴伤金洛身死，将刘珍依斗杀律拟绞监候。衅起理直，殴由抵御，酌入缓决。

又，完县民人王连明，因臧金凯向伊兄王明儿查账，口角揪殴，该犯趋护，用木板殴伤臧金凯身死，将王连明依斗杀律拟绞监候。衅起解劝，他物一伤，酌入缓决。

又，天津县客民胡振荣因挑水碰湿张海衣服，口角争殴，用洋镐殴伤张海身死，将胡振荣依斗杀律拟绞监候。身先受伤，殴由情急，酌入缓决。

又，滦州民人马蕙庆，因无服族人马耀先与其堂兄马恩明打架，经伊劝散。嗣马耀先疼护，找向不依，口角争殴，该犯用木镐柄殴伤马耀先身死，将马蕙庆依斗杀律拟绞监候。死先寻衅，他物一伤，酌入缓决。马恩明酌拟不应重律拟杖，照章罚银。

又，宁河县民人李堂子，因魏福才向伊赊梨不允，口角争殴，用拳脚殴伤魏福才，致伤身死。将李堂子依斗杀律拟绞监候。伤系手足，殴有情急，酌入缓决。

又，昌黎县民人姜玉璞，因无服族祖姜大中，疼伊偷窃伊兄柳条，向理不服，用脚踢伤姜大中，越日身死。将姜玉璞依斗杀律拟绞监候。衅起死者，伤由脚踢，酌入缓决。

又，文安县巡兵，因路际山分麦不均，彼此争吵，经路景常趋劝。该犯疼护混骂，致相争殴，与叶荣春用木枪木棍共殴路景常致伤，越日抽风身死。并路广发刃伤李清沅平复。将李清沅依共殴人致死，下手伤重律拟绞监候。殴死预纠，死系抽风，酌入缓决。路广发依刃律拟徒，照章习艺。叶荣春依共殴馀人律拟杖，照章罚银。

以上八起，均系缓决之案，业经由司提审，解勘发回，分造供招清册，汇呈请奏前来。臣复核无异，除清册分咨部院外，理合遵章摘叙简明案由，恭折具陈，伏乞皇太后、皇上圣鉴，敕部核复。谨奏。

光绪三十四年八月二十六日奉朱批："法部议奏。钦此。"
光绪三十四年八月二十四日。

（台北故宫藏档，文献编号：166074）

奏为盗犯司成仔等案汇奏由

头品顶戴、北洋大臣、直隶总督、臣杨士骧跪奏，为命案照章汇摘简明案由，恭折仰祈圣鉴事。

窃查，直隶寻常命盗死罪案件照章汇奏，造册送部。又经刑部奏准，如事在光绪二十七年十月以后者，仍将全案供招造册咨部。又奏准新章，应入秋审人犯例应缓决者，定案具奏时，妥拟确实出语，声明酌入缓决等因，均经遵照在案。

兹据署按察使李树棠呈称，查有成安县获贼司成仔，纠伙械窃于勃元家衣物，弃赃逃走，被获图脱，用小刀拒伤事主于勃元身死。将司成仔依窃盗弃财逃走，被追拒捕杀人者首犯斩例，拟斩监候，照章改为绞监候，秋后处决。

又，阜平县获贼靳喜成，因独自执持枪械途抢雷金海，未得财，用枪棒拒伤事主。将靳喜成，即靳起升，又名靳先升，依抢夺伤人未死，如刃者首犯斩候例，拟斩监候，照章改为绞监候，秋后处决。

又，新城县巡兵王仲山，因疑米万仓家聚贼查问，口角，被米万仓追殴。该犯情急，用洋枪吓放，致误伤米万仓之子米宪成身死。将王仲山，即王刁儿，依争斗擅将鸟枪施放杀人者，依故杀论。故杀而误杀其人之子，以故杀科罪，故杀斩律拟斩监候，照章改为绞监候，秋后处决。

又，深泽县获贼左幅祥，因抢夺拟遣改军，犯逃回籍，听从崔胆胆纠邀，持洋枪途抢遇客张立等洋元等物，将左幅祥，即左复祥，依寻常发遣人犯，逃走后复行凶为匪犯该军流者改绞例，拟绞监候，秋后处决。崔胆胆依抢夺结伙仅止二人，但有持械威吓事主情事，首犯实发云贵两广极边烟瘴充军例拟军。

又，天津县民人张宝和，因听戏与李富贵口角，经劝后，李富贵赶殴，该犯用拳格伤李富贵倒地，磕伤身死。将张宝和依斗杀律拟绞监候。死先揪殴，伤由格磕，酌入缓决。据供母老丁单，是否属实，应否留养，秋审时照章核办。

以上五起，均系缓决之案，均系应入秋审核办，业经由司提审，解勘发回，分造供招清册，汇呈请奏前来。臣复核无异，除清册分咨部院外，理合遵章摘叙简明案由，恭折具陈，伏乞皇太后、皇上圣鉴，敕部核复。谨奏。

光绪三十四年八月二十六日奉朱批："法部议奏。钦此。"

光绪三十四年八月二十四日。

（台北故宫藏档，文献编号：166076）

奏为代递马玉昆遗折并胪陈战绩由

头品顶戴、北洋大臣、直隶总督、臣杨士骧跪奏，为代递已故统兵提臣遗折并胪陈战绩，恭候恩施，仰祈圣鉴事。

窃总兵武卫右军直隶提督马玉昆，于八月十九日因病出缺，经该营帮办三姓副都统昆源电奏在案，钦奉谕旨"俟遗折递到再降恩旨，等因。钦此。"仰见皇太后、皇上眷念前劳，恩周没世，钦感同深。兹据副都统昆源将该故督遗折一相咨，请代递前来。

查，已故提督马玉昆，身膺军旅垂五十年，初隶前四川提督宋庆麾下，转战皖豫粤匪，苗逆以次荡平。是时捻焰益，张落刑及其从子张总愚势犹凶悍，始蹂豫疆，继窜秦晋，终蔓延于秦豫齐鲁，并以任柱、赖文光各股东奔突，飘忽无常。该提督统偏师进剿，所向有功。任张两逆用全力困宋庆于登州，该提督奋身往救，立解重围，由是骁健之名大震。钜野之役，任逆中弹死，张总愚从子武亥潜以窜遁，复追斩之，血战于济阳，降贼马步三千有奇，馀悉阵毙，捻势益衰。积功荐保记名总兵，赏给振勇巴图鲁名号。

秦关回乱，奉调西征，自榆林草地盐海子、葛征店等处，转战而前，屡奏奇捷。逐贼渠白彦虎于宁夏，乘胜捣金积堡坚巢，生擒匪首马长顺，甘凉兰三郡肃清。晋记名提督，并换博奇巴图名号。嗣随前伊犁将军金顺出嘉裕关。时关外遍地皆匪，而白彦虎、黑瞎子、小虎诸悍酋犹悉力抵抗。该提督疾趋勇斗，连克乌鲁木齐、昌吉玛纳斯，暨满汉诸城。黑瞎既擒，白彦虎远遁，诸逆回闻风奔溃，天山南北，逐渐荡平。赏穿黄马褂，并给云骑尉世职。在西域前后十六年，收复名城以十数。剿抚之馀，昌率屯垦，以兴地利。

迨新疆大定前，督臣李鸿章奏调北洋，办理营务，被补山西太原镇总兵。朝鲜之役，东征诸将哗溃时，闻该提督独以四营莅前敌，坚明约束，秋毫无犯。韩民怀之，其纪律有足多者。洎自回军驻辽，强敌压境，战田庄台，战太平山，战感王寨，以兵千数百人，抗敌兵数万苦战连日夜，杀伤相当。其时金复、海盖相继沦陷，该提督兵单援寡，独能奋力支柱，屹然自全。蒙恩擢授浙江提督，调补直隶提督。拳匪肇乱，邻邦失和，联军集于津沽，诏征入卫，旋拜武卫左军之命，驰往津沽督战。时敌氛正炽，该提督激励将士，独支危局，初战于天津，继战于北仓，相持月馀。值盛夏积潦，该提督躬率所部，奋身泥淖，酣斗昼夜，无少休。卒以师无后援，势难持久，诏令移扎南苑，因得全师。扈陛西进，迨乘舆幸陕，该提督留办晋防，直晋接壤深得捍御之力。嗣旋师直境，剿办祁博、大苑、房固各属积匪，京邑粗安。回銮赏功，加太子少保衔，赐紫金城内骑马暨苑门骑马。

该提督感酬殊遇，益策桑榆。数年来，数年来整饬边防，为国保障，不谓偶染微疴，遽闻溘逝。听鼓鼙而思良将，经板荡而识纯臣。环顾戎行，求如该提督之宿望耆勋，实难再觏。在朝廷褒忠典，渥沛鸿施，无俟微臣陈请。至该故提督生平战绩，谨就夙昔所知缕晰上闻。所有代递已故提督马玉昆遗折，并胪陈战功事绩各缘由，理合恭折具陈，伏乞皇太后、皇上圣鉴。

再，已故提督马玉昆长子恩溥早殁，次子尽先补用游击马廉溥、三次分部郎中马廉德、长孙一品荫生马朝栋、次孙分部郎中马朝梁，合并声明。谨奏。

光绪三十四年八月二十七日奉朱批："另有旨。钦此。"

光绪三十四年八月二十五日。

（台北故宫藏档，文献编号：166096）

奏为以温州镇总兵沈大鳌暂行护理直隶提督一缺由（折片）

再，窃臣恭阅邸钞，光绪三十四年七月二十日，奉上谕"直隶提督著姜桂题调补。钦此。"伏查，故督臣马玉昆所遗武卫右军总统一差，姜桂题未到以前，钦派昆源暂行代统。其直隶提督一缺，现在姜桂题到任需时。查有管带直隶古北口练军浙江温州镇总兵沈大鳌，曾护斯缺，堪以暂时护理，理合附片陈明，伏乞圣鉴。谨奏。

光绪三十四年八月二十七日奉朱批："另有旨。钦此。"

（台北故宫藏档，文献编号：166104）

筹办河间天津两府灾赈折

头品顶戴、北洋大臣、直隶总督、臣杨士骧跪奏，为天津、河间两属，晴雨不时,收数歉薄,谨将赶办平粜,择要赈抚情形,并请展缓顺直购粮办粜期限,恭折仰祈圣鉴事。

窃臣查,顺直各属薄灾小歉,无岁无之,皆由河身浅狭,蓄水无多,稍旱则灌溉难资,多雨即漫溢为患,尤以永定河最关紧要。本年虽屡出险工,经竭力抢护,仰叨福庇,即庆安澜。此河无事,稍释深忧。惟各属自春徂夏,雨泽稀少,二麦歉收,嗣奉甘霖迭沛,如宣化、永平、大顺广等府,多已转歉为丰,而河间、天津两属得雨较晚,播种失时,禾苗未尽畅茂。七月以后,复雨旸不均,或匝月不雨,或秋雨连绵,此旱彼潦,农民抉望。一隅偏灾,固所恒有,但直省自乱后民情凋敝,若不设法惠恤,小民失所堪虞。所有灾情较重之献县、阜城、交河、东光、南皮、盐山、青县等七县,灾情较轻之宁津、故城、吴桥等三县,已札饬赈抚局司道拨款,派员分投,前往查看灾情轻重,分别由赈抚局发款平粜赈抚,一面酌派营队前往各该处,会同地方官妥为抚辑,弹压缉捕,以免别滋事端。其各该县民间,向有认筹学堂、巡警等项经费,若令照章筹备,民力必更拮据,而事关要政,又难因无款而辍。现拟由司局腾挪出资补助,所有民出学务、警务等费暂免,自筹以纾民力。一俟年岁发丰顺,即行仍旧办理。溯查前因,近畿及省南各属春夏亢旱,麦收歉薄,粮价昂贵。

五月,经臣会同顺天府尹臣奏请开办招商运粮平粜,展限三月,并请推广灾区。分赴奉天之新民府、沟帮子、田庄台、锦州、宁远州,河南之开封、彰德、卫辉、汝宁、许州等府州县所属,购办小麦、红粮,由京奉、京汉火车运至京津、宁河及大名、顺德、广平、保定、河间等属灾区平粜,仰蒙恩允,当饬赈抚局钦遵,接办在案。各粮商领照,分赴奉、豫购运平粜,小民受益良多。计自五月初一日展办起,至七月底止,业已限满,惟是七月间所发护照统计不下十数万石,而京奉路局每日仅能装运十车。且近来大雨,时行冲淹轨道,停运数日,以致领照尚未装车粮迄未运竣。现在需粮益多,不得不展缓期限,以济民食。已饬赈抚局招商迅速赴豫奉两省,广购米麦、红粮,仍请免税,减收车费,由京奉、京汉火车运至顺直各灾区,接办平粜。截至十月底,晚禾登场为限,再行停止。合无仰恳天恩俯念顺直受灾甚重,准如所请展限三月,以惠灾黎而广皇仁。

至本年收成歉薄,各州县受灾情形,应如何分别,妥议蠲缓,已饬司派员分往各属,会同各该牧令详细查勘,归入秋灾案内办理。其顺属各州县,并咨顺天府尹查核办理。除咨税务大臣、度支部、邮传部分饬查照外,所有筹办河间、天津两府灾歉情形,并请展购粮期限缘由,理合恭折具陈,伏乞皇太后、皇上圣鉴,训示。谨奏。

朱批:"著照所请,该部知道。钦此。"

光绪三十四年八月二十七日。

(《杨文敬公奏议》卷八)

奏为补用知县高淑琦请准免交留省银两以示体恤(折片)

再,留省补用知县高淑琦,浙江钱塘县人,由云骑尉世职,光绪十七年考入北洋水师学堂。肄业,嗣经派赴日本留学,二十八年毕业。三十年,调赴京师学务处考验合格,朝考二等。是年二月二十日引见,奉旨赏给举人出身,以知县分省补用。旋经升督臣袁世凯奏留直隶补用,掣签,是月二十二日钦奉朱批"著照所请。钦此。"咨准部发归于直隶候补知县班内,无论繁简缺出,酌量请补,毋庸计扣甄别,应令补交留省银两后,遇先缺出方准请补等因。

查,该员肄业中外学堂十馀年,始得一官,自奏留直隶以来,委办学务、洋务各差,均甚得力。该员本系难裔,家计萧然,若令补交留省银两,力有未逮。合无仰恳天恩,俯准该员高淑琦免交留省银两,以示体恤,出自鸿施逾格。理合附片具陈,伏乞圣鉴,训示。谨奏。

光绪三十四年九月八日奉朱批:"著照所请,该部知道。"

(台北故宫藏档,文献编号:166350)

奏为平乡县地粮三年连续按例完缴,请照例给奖

再,查定例,州县经征钱粮,如数在三千两至二万两以上,一官经征三年,于奏销前全完者准其加一级等语。今查,平乡县地粮无闰之年额征银一万七千八百八十九两二钱一分九厘;有闰之年额征银一万八千五百八十二两一钱五分一厘。现任平乡县知县左运枢,经征光绪二十九、三十两年地粮,按年扫数全完,其三十一年奏销虽系三任经征,惟该县左运枢以正月初一日至十月底卸事,正是年地粮,亦系一官照额征完。计二十九、三十、三十一等年经征钱粮,均于奏销前扫数解清,核与三载全完请奖之例相符。据前署藩司何彦升详请奏奖前来。臣复查无异,合无仰恳天恩俯准,照例给奖,以昭激劝。除分咨吏部、度支部查照外,理合附片具陈,伏乞圣鉴,训示。谨奏。

光绪三十四年九月八日奉朱批："著照所请，该部知道。"

（台北故宫藏档，文献编号：166351）

奏为顺直水旱交乘请将七项常捐再行接办一年

　　头品顶戴、北洋大臣、直隶总督、臣杨士骧跪奏，为顺直水旱交乘，请将七项常捐并部捐免保留省两项再行接办一年，以资赈抚，恭折仰祈圣鉴事。

　　窃查永定、北运等河先后漫决，沿河顺直各属州县悉成泽国，工抚兼施，需款甚钜。经升任督臣袁世凯会同顺天府府尹奏请，将原办七项常捐再展一年，并将部捐免保留省两项代收一年，钦奉朱批"著照所请。钦此。"钦遵办理在案。伏查以上两项捐输自光绪三十三年八月初三开办起，除去封印日期一个月，应扣至本年九月初三日一年限满，本应依限停止，唯查直隶向为缺额省分，庚子兵燹以后，灾歉频仍，无岁不筹工赈。上年被水地方宽广，灾象犹重，仰念朝廷轸念灾黎，发帑济赈，而恩振以外，急抚、加抚、冬抚并堵筑北运河以工代抚，及本年春抚春工前后，发款不下数十万，两库储已竭，全恃腾挪息借，并外省垫巨款，借资接济。虽接办常捐一年，收数未能畅旺。其免保留省两项，系与江南分收各仅得半。且以一半解部，所获尤属无多。欲以弥补前亏，并归还各省垫款，一时尚无所出。而各省同一拮据，兼以皖粤鄂等省，天荒迭告，于应还垫款之外，尚需量为协济。

　　本年春夏缺雨，畿南一带麦秋歉薄，秋后又复亢旱，大秋亦不无减色。钜鹿、隆平等县硝匪思逞，业已筹款购粮，前往平粜以安民心。阜平、东光、南皮、盐山、青县、宁津、故城、吴桥、深泽等县，以粮价昂贵，民食维艰。亦经拨款平粜。并以雨旸不时，雄县新城大清河、蓟州蓟运河均经大雨时行河水狂涨，先后漫口。此外，沿河低洼州县被水之区，报到者已有十徐州县。交河、栾亭、天津、献县四处已拨款派员先办急赈。徐视灾情轻重，分别妥筹调济工赈并举，需款浩繁。而年例若平粜局、习艺所、教养局、收养流民等项皆所给，于赈款亦预为筹备。舍接办捐输而外，实无把注之方。

　　据筹赈局司道请，将七项常捐并部捐免保留省两项再行接办一年，自本年九月初三限满之日起，再行接办一年，俾资补助。如蒙俞允，所有收捐成数、核奖章程，悉循其旧，仍由统捐局照案接办。至部捐银两仍照部议解部一半，以符原案。理合会同兼管顺天府府尹臣陆润庠、顺天府府尹臣凌福彭，恭折具陈，伏乞皇太后、皇上圣鉴，训示。谨奏。

光绪三十四年九月八日奉朱批："著照所请，该部知道。"

光绪三十四年九月五日。

（台北故宫藏档，文献编号：166361）

奏请准以张允翰补雄县令

头品顶戴、北洋大臣、直隶总督、臣杨士骧跪奏，为拣员请补要缺知县，恭折仰祈圣鉴事。

窃查，雄县知县禄坤升补滋州知州，经部核准，应以光绪三十四年四月二十七接到部文之日作为开缺日期，归四月分截缺。所遗雄县知县员缺，地居冲要，兼管河道堤工，系"冲、繁、难"要缺，例应在外拣选调补。查定例，各省知县如系奉旨命往，或督抚题明留于该省候补者，无论应题、应调、应选之缺，准该督抚酌量补用。其新进士奉旨分发各省即用知县，如遇应题应调缺出，亦准酌量补用。又应调缺出，令该督于现任人员内拣选调补，如实无合例堪调之员，准以候补人员题补等语。今雄县知县一缺，臣督同藩、学、京三司在于选缺知县内逐加遴选，非历俸未满，即人地未宜，一时实乏合例堪调之员，未便稍涉迁就，自应在于候补并进士即用班内拣选，酌量请补。

兹据升任藩司增韫、署提学司卢靖、署臬司李树棠查，有实缺候补知县张允翰堪以请补，会详请奏前来。臣查，张允翰，江苏仪征县优廪贡生，由郑工遇缺先府经历，以办海防运出力，保俟补缺后，以知县在任候补。光绪二十四年咨补正定府经历，二十五年四月到任。遵例捐加五离任，以知县留省补用。二十七年十二月初六日引见，奉旨照例用，二十四日领照到省。该员老成稳慎，明白安详，以之请补雄县要缺，实堪胜任，亦与例章相符。合无仰恳天恩，俯念员缺紧要，准以候补知县张允翰补授雄县知县，以资治理。如蒙俞允，该员衔缺相当，毋庸送部引见，除将该员履历清册咨部外，理合恭折具陈，伏乞皇太后、皇上圣鉴，训示。谨奏。

光绪三十四年九月八日奉朱批："吏部议奏。"

光绪三十四年九月五日。

（台北故宫藏档，文献编号：166370）

奏报查明察哈尔善因等寺喇嘛布控命案被参各款事

　　头品顶戴、北洋大臣、直隶总督、臣杨士骧，察哈尔都统诚勋跪奏，为查明察哈尔善因等寺喇嘛布控命案敕参各款，具实复陈，恭折仰圣鉴事。

　　窃臣等承准军机大臣字寄光绪三十四年五月三十日，奉上谕"有人奏察哈尔祥仁、慧宗两寺巴撒尔巴图彦以达玛元丹身死不明，在部控告一案，请饬查明，以成信谳等语。著杨士骧、诚勋按照所参各节查实奏明，秉公研究，毋稍循隐。原片均著抄给等看等因。钦此。"经臣杨士骧檄委候补道朴学城、加派候补知县郭崇功，臣诚勋檄委右司员外郎前往会同，按照所参各节逐一访询，证以案卷，务以确情奏复核办。兹据该道等访查明确，具奏前来。各原奏察哈尔祥仁、慧宗两寺达玛元丹故后，该寺巴撒尔巴图彦以身死不明，控呼图克图干珠拉瓦于理藩部，业经据呈行查。

　　察哈尔在案一节，查多伦诺尔厅西北有喇嘛庙两领座，系察哈尔所管。旧庙居东，曰汇宗寺；一新庙居西，曰善因寺，相距一二里之遥。慧宗，即系汇宗；祥仁，查无其寺，想即善因之讹。巴撒尔，即巴咱尔，系善因寺之达喇嘛；巴图彦，即巴音即勒噶尔，系善因寺之副达喇嘛，章嘉胡图克图之徒弟。达玛元丹，即巴特玛承端，系汇宗寺之达喇嘛，亦章嘉胡图克图之徒弟。呼图克图干珠拉瓦，甘珠尔瓦胡图克图，现在掌理管辖喇嘛扎萨克即信。该委员等潜访汇宗寺，近得巴音即勒噶尔其人，婉询以巴特玛承端身死之故情。据称巴特玛承端，当光绪三十二年时已六十五岁，十一月二十三四日后即不办公，二十八日告假，至十二月初三日，因患伤寒病故，并无别情形。未告病假之前数日，甘珠尔瓦胡图克图，有连日侍见办公数次之事。后来控告，即由于此然。当时实照病故报案，是以循作火化尸身埋葬。访诸各仓喇嘛及往来该寺商贾，并多年工作人等，所云大致相同。复查察哈尔档案内载，巴特玛承端因患病，向管事喇嘛请假十日调治，假内因病身死，即将尸骸火化埋藏。后以威逼致死，越境控告本管，并无确据。且查章嘉、仓办唐阿等所递呈词，有巴特玛承端尸身，并无凌身刀棍伤痕，亦无仰药等事。足见巴特玛承端实因病毙，并非身死不明。

　　又，原奏传言，巴撒尔巴图彦先曾盗用该寺香灯银两，似有避卸情事一节。查汇宗、善因两寺诵经大殿公中存有香灯银两，汇宗寺十仓、善因寺三仓，支应大殿仓头五处：曰大觉瓦仓、曰图们仓、曰纽耐仓、曰吹令仓、曰大觉瓦仓。合之其馀人仓，统共十三仓。每仓派有捏尔巴二、三人不等经管。各该仓上本银如有借用等项，即向该喇嘛于应得钱粮名下扣除。每年扣银二十两，所扣银两无论原借何仓并不管，还一批扣归大殿公中存储。因此香灯银两愈存愈多。凡达、副喇嘛等总管其事，多染指。巴咱尔、巴音即勒噶尔二人，各借用过公中所存银两。甘珠尔瓦胡图克图曾饬分年陆续归还。访问各喇嘛及久与各仓共事之人，议论相同。复查察哈尔档案内载，"该喇嘛等互抢图们图仓账簿内章嘉胡图克图仓作借银两，及喇嘛等名下借过银两，应令陆续偿还，俾修庙宇，及众胡巴拉克念经盘费"等语。是该喇嘛巴咱尔等借用香灯银两，既须偿还，其非盗用，可知自无避卸情事。

又，原奏口外风气，贿赂公行，查案委员每以此为曲直。该达喇嘛素为蒙宗信服，此次身死既滋物议，必须秉公研究，毋稍循隐，证明虚实，方足以服众心一节。查达喇嘛巴特玛承端身死一节，光绪三十三年二月间，经前察哈尔都统额勒珲派理刑满洲员外郎珍、理刑蒙古员外郎固勒敏色，会同传集章嘉胡图克图仓、甘珠尔瓦胡图克图仓及各喇嘛人证，按照部咨事理详议明确，取有两照呈词，据情秉公奏复，并未构拟办结，既无出四案情之词，安有受贿曲直之事？

且原奏并未指出各款无从根究，惟云该庙老木工云，前有北京嵩祝寺留派印务处宝达喇嘛结查甘珠尔瓦仓上修盖房屋之事，巴音即勒噶尔前至京时，诘以系小直攻甘珠食上达喇嘛，莫非受贿等语，贿赂之说或即由此而来。但宝达喇嘛并非委员，再四访查亦无确据，该委员等查明之实在情形也。

臣等复核案情，汇宗寺达喇嘛巴特玛承端年已老迈，感患伤寒，本有难瘳之势，假期以内，甘珠尔瓦胡图克图并未责令办公，何得称为逼毙？若果死由别情，该仓徒众理宜即为鸣宪，何以当时报案火化尸身自灭其迹？其非身死不明，又可概见。巴尔等事后检控枉撰，何足为凭？至巴咱尔、巴音即勒噶尔借用香灯银两款应归还，其非盗用，何须避卸？原审委员亦查无行贿之事，档案俱在，众论佥同，故请毋庸置议。所有遵旨查明缘由，理合会同恭折具陈，伏乞皇太后、皇上圣鉴，敕部核复。谨奏。

光绪三十四年九月初八奉朱批："知道了。钦此。"

光绪三十四年九月初五日。

（台北故宫藏档，文献编号：166612）

奏为永定河伏秋汛抢护平稳出力各员请奖

头品顶戴、北洋大臣、直隶总督、臣杨士骧跪奏，为永定河伏秋大汛，抢护平稳,获庆安澜,恭折由驿驰陈,仰慰圣怀事。

窃本届永定河安澜,前经臣奏报在案。当饬该河道道吕珮芬、帮办道员张恺康,将伏秋大汛事宜妥筹布置,并经臣咨调直隶州用山东候补知县黄亮来直派赴工次,随同该道等督率员弁亲往河干,加紧防护。即据等称,伏秋汛内上游山水迭发,即共长水八十七次,连底水深至二丈二尺五寸,较去岁尚加二尺有馀。浩瀚奔腾,有令全河莫容这势。遂致两岸险工迭生,如卢沟司之南岸四号、六七号,南上之二号、十号、十五六七号;南下之头二号、四五六七八号、十号、十一二号、十七号;南二之头号、五八号、十号十二号、十五六七号;南三之五号、十号、十五六七八九号;本四之二号、四号、十二号、十四五号、二十八号;南五之头二三四号、七八号、十一号;旱霸新工十二号、十五六七号、十九号、二十二号;南六之七号、十六七号;南七之西小堤四五号;北上之十四五号;北下之十四号、十七号;北二上之头号、四五六七号;北二下之八九号;北三之五号、十二三号;北四之二三号、十三四号;新工大霸北四下之十七号;北五下之头号、八九十号、十二三号;北六之头二号、五号、七号、十一号、十三号;北七之大坝头二三号;北遥堤之十八九号,至四十五号,各处新旧险工,或坍坎逼近堤根,或埽段蛰陷入水,甚有随镶随蛰。坍塌堤坝,溜溃堤身之处,情形皆极危险。经该道督率员弁,雇桩手卯夫,不分风雨昼夜,相机抢镶。或接筑新坝,抢筑柳坝,或加筑子埝,帮宽堤身,或卷用挂柳,用土沉压,一面启放芦沟桥减坝南二工金门闸,分泄盛涨,始得一律抢护平稳。节逾秋分,河流顺轨。卢沟桥底水现存七尺五寸,获庆安澜等情禀报前来。

伏查永定河易淤喜溃,素称难治。近年百口拥塞,几无河槽尾闾,宣泄不畅。胸腹节节受病,办理极艰。本年入伏以后,山洪奔注,河流涨出二丈二尺至五寸,惊涛骇浪,拍岸盈堤。通工奇险环生,防护几无虚日。六月初二日一日,水陡涨至一丈在馀,为历届所未有。迨至节逾白露,又复连次暴涨,水势与伏汛相埒。时值风狂浪涌,水势抬高,一线沙堤几至不保。经臣电饬该道等激励工员,无分风雨昼夜,撒手抢办,力与水争,卒能转危为安,保全甚大。

窃念河工紧要,全赖赏罚互施。上年永定河溃决为灾,经升任督臣袁世凯参办严惩,从事者咸知儆惧。本届在工各员,恐蹈前辙,奋励不遑。而埽新堤,犹难防守,节幸安然顺轨,俾沿河各州县民生得免昏垫之灾。其困险既属异常,奖励即难拘成格。倘竟没其劳勤,壅于上闻,是赏罚未平,不足以励将来而昭明允。查光绪二十七年一届永定河安澜,前督臣李鸿章将在事出力人员按照异常劳绩奏准在案,自应援案,择尤酌保。

永定河道吕珮芬,拟请加二品衔。存请道张恺康,拟请遇有河工道员缺请旨简放。分省补用直隶州知州汪延庚,拟请补缺后以知府用,并加三品衔。在任候补知府南岸同知沈葆恒,拟俟补知府在任以道员用。直隶州用山东候补知县黄亮臣,拟请俟归直隶州班后,免补直隶州,以知府仍留原省补用,并加三品衔。可否仰恳天恩俯准,照拟给奖,以示鼓励,出于鸿施逾格。其馀出力人员,仍俟下届安澜汇保,以符定例。除饬取请奖各员履历咨部外,理合恭折具陈,伏乞皇太后、皇上圣鉴,训示。谨奏。

光绪三十四年九月初九日奉朱批:"另有旨。钦此。"

光绪三十四年九月初七日。

(台北故宫藏档,文献编号:166375)

奏报永定河额定岁抢修防备工料银两数目情形

再,永定河岁抢修备防秸料并运脚共银九万四千七百两。光绪十九年,前督臣李鸿章奏添抛办砖坝银二万两。二十年,东河督臣许振祎勘治该河案内奏准加拨岁修银四万两,浚船经费银二万两,旋将此款奏明旋改办桩料。以上共银十七万四千七百两。工多险重之年,尚需添请另案银两。嗣因庚款支绌,将砖坝银两逐渐减发。二十九年,酌提归公案内,遂将砖坝、浚船两款一并停发。现在该河经费仅止十三万四千七百两,就款修防,殊形竭蹶。三十一年因加办土料,经升督袁世凯添拨另案银二万两,奏明有案。

本届伏秋大汛,河流涨至二丈二尺五寸,两岸险工林立,岌岌可危,情形较三十一年为重。经该河道禀请添拨款项,加办土料,将新工新埽一律抢护稳固,获庆安澜,共计用银四万两,应令该河道另案报销,以免牵混。理合附片具陈,伏乞圣鉴,敕部查照。谨奏。

光绪三十四年九月十四日奉朱批:"该部知道。钦此。"

(台北故宫藏档,文献编号:166464)

奏为前保筹办中立出力人员王汝贤等请准敕部更正改奖

再,升任督臣袁世凯奏保筹办中立在事各武员一案,钦奉朱批"著照所请,该部知道。钦此"等因,业经转饬遵照去后。

兹查,原保单开请以副将留直补用之王汝贤,前于留京各营宿卫巡防案内,经升任督臣袁世凯奏保以副将留直尽先补用。此次所保官阶重复,应请改为以总兵升用。前以都司补用之田书年,前于武备速成学堂案内保以免补守备,以都司尽先补用。此次所保官阶重复,应请改为免补都司,以游击尽先补用,并加副将衔。咨保千总曲同丰、毛继成、崔沛、孙树林、韩国饶等五员,于武备速成学堂案内咨保千总尽先拨补,此次系属重复,均应请改为免补千总,以守备尽先补用,并加都司衔。咨保千总王天才,前于拿获会匪案内已保千总,此次咨奖重复,拟请改为以守备尽先补用。咨保把总王忠魁,底衔系云骑尉世职,拟请改为以守备尽先补用。以上改奖各员,核与例章尚属相符,合无仰恳天恩俯准,敕部更正,照拟改奖,俾免向隅而昭激励。除咨呈陆军部查照外,谨附片陈明,伏乞圣鉴,训示。谨奏。

光绪三十四年九月十四日奉朱批:"著照所请,陆军部知道。钦此。"

(台北故宫藏档,文献编号:166482)

奏为报拨本年秋季分吉地差役钱粮米折等项银两数

头品顶戴、北洋大臣、直隶总督、臣杨士骧跪奏,为报拨本年秋季分吉地差役钱粮米折等项银两,恭折具陈,仰祈圣鉴事。

窃据前署布政使何彦升详称,玉田县供应菩陀峪万年吉地添设差役人等钱粮米折等项银两,向系由司按季专案详请题报,一面由该县赴司领回供应,历经遵办在案。今据玉田县请领光绪三十四年秋季分供应菩陀峪万年吉地差役钱粮米折等项,共银五百三十八两五钱,改发八成实银四百三十两八钱,核与历办成案相符,应请在于司库地粮银内动拨分晰,开具清单,详请核奏并声明吉地员役增减无定,难以预计,应照急需钱粮之例,一面具奏,一面先行拨给,俾得及早领回供应。其实在支领数目,统归于奏销案内核实销算,多则解还,不敷找给等情前来。臣复核无异,除清单咨部外,理合恭折具陈,伏乞皇太后、皇上圣鉴,敕部核复。谨奏。

光绪三十四年九月十四日奉朱批:"度支部知道。钦此。"

光绪三十四年九月初九日。

(台北故宫藏档,文献编号:166487)

奏为报拨玉田县本年秋季分供应各陵员役俸饷米折等项银两数

头品顶戴、北洋大臣、直隶总督、臣杨士骧跪奏，为报拨玉田县本年秋季分供应各陵员役俸饷米折等项银两，恭折具陈，仰祈圣鉴事。

窃据前署布政使何彦升详称，玉田县供应定陵、定东陵并顺水峪暨禧妃园寝员役俸饷、米折、豆草、车价等项银两，向系由司按季专案详请题报，一面由该县赴司领回供应，历经遵办在案。兹据玉田县请领光绪三十四年秋季分供应，定陵、定东陵并顺水峪，暨禧妃园寝员役俸饷、米折、豆草、车价等项，共银六千一百六十四两三钱三分七厘，改折八成实银四千九百三十一两四钱六分九厘，内扣豆草、车价六分部平银六十四两七钱七分，实发银四千八百七十两六钱九分九厘。核与历办成案均属相符，应请在于司库地，粮银内动拨，分晰开具清单，详请核奏并声明，陵工员役增减无定，难以预计应照急需钱粮之例。一面具奏，一面先行拨给俾得，及早领回供应。其实在支领数目统归于奏销案，内核实销算多则解还，不敷找给多等情前来。臣复核无异，除清单咨部外，理合恭折具陈，伏乞皇太后、皇上圣鉴，敕部核复。谨奏。

光绪三十四年九月十四日："度支部知道。钦此。"

光绪三十四年九月初九日。

（台北故宫藏档，文献编号：165488）

奏请将留直委用之侍卫蔡崇正等四员免扣资俸

再，弁学堂毕业之蔡崇正、何坤、林孟春、邓卓藩等四员，现充军官，均极得力。经臣于本年三月间附片奏请，一并留归直省留用，奉朱批"著照所请，该部知道。钦此。"钦遵转饬在案。兹据蔡崇正等呈称，现在一律扣除咨俸等情前来。

臣查，陆军部原奏学堂毕业各侍卫，各省实系得力之员，必须暂留委用，亦应由该督抚奏明，或以原班归该省补用，或请免扣资俸，仍归部选用等因。现该汉侍卫蔡崇正等，亦经臣奏准留直，自应以原班归直补用。臣查，该员等原班，或以游击、都司签选，或以都司、守备签选，未经选缺以前，应走何缺，归于何项班次补用，既未能确切指定，自未敢任便擅拟。是该侍卫等因得力而奏留委用，转以无班次致令向隅，殊非持平之道。臣惟陆军部原奏，既有或请免扣资俸，仍归部选等语,自应援照部章补行声明。合无仰恳天恩俯准,将直隶委用之侍卫蔡崇正、何坤、林孟春、邓卓藩等四员免扣资俸,俾资得力,而昭平允之处,出自逾格鸿施。除咨陆军部外,理合恭折具陈,伏乞圣鉴,训示。谨奏。

光绪三十四年九月十四日奉朱批:"著照所请,陆军部知道。钦此。"

(台北故宫藏档,文献编号:166489)

奏准请将以大名镇标军游击李培荣升补保定参将

再,督标保定营参将涂芳兰以守备降补,所遗之缺接准部咨系题调之缺,应拣合例人员调补等因。查实任参将,或现居要缺,或与缺人地未宜,一时实乏合例人员堪调,自应拣员升补。查,有大名镇标中军游击李培荣,年四十四岁,云南昆明县武进士,由侍卫期满进补督标右营游击,由光绪二十三年四月十一日到任,调补今职。该员年强才裕,熟悉戎行,现署斯缺,措置裕如,以之升补保定营督标参将,实堪胜任,亦与例章相符。合无仰恳天恩俯念员缺紧要,准以该游击李培荣升补保定营参将,以裨营伍。除饬取履历咨部外,理合附片具陈,伏乞圣鉴,训示。

再,所遗大名镇标中军游击员缺,直隶现有应补人员,并请留归外补。谨奏。

光绪三十四年九月十四日奉朱批:"陆军部议奏。钦此。"

(台北故宫藏档,文献编号:166492)

参考刑律草案请饬更订折

头品顶戴、北洋大臣、直隶总督、臣杨士骧跪奏,为参考刑律草案,谨摘纰缪,应请饬令更订,缮具清单,恭折仰祈圣鉴事。

窃臣承准宪政编查馆王大臣先后咨送刑律总则分则草案,行令讨论参考,分别签注,咨复汇核等因,节经督饬臬司暨天津审判门详加考订。窃维礼教所以化民,所以防民,古今法制代有损益,皆期适合乎民俗而止。各国立法之权,委之国会,亦以法律与民人之关系至为切要,因民制法,具有深意。现我国国会未开,立法机关尚未完全,而旧时刑律与现今情事又渐不足以墨守。如海禁改为保护商律,别辑专条之类,其应行酌改者,正多此项。新刑律草案,经修订法律大臣采取各国成法逐条详考沿革,诠述大要,并著引用之法,纂订至为精博。惟兹事体大不厌详求，臣愚虑所及有不能已于言者。人民之受治法律程度固分高下，俗尚尤有异同，各国订定法律，莫不各就本国之风俗习惯纂成一国之宪典。我国最重家族，故旧律于干犯伦纪诸条科之特严。又齐民之具，以礼为本，以利为末，其奸诱诸罪黩礼溃义，败坏名教，为人心所同恶，即为国法所不容。

修订之初，稍有不当，既无以止暴而禁奸，且不免惊世而骇俗。草案如谋为大逆过失者，亦许罚金；伤害尊亲属，虽致残废，仍贷死罪；和奸则仅科及有夫之妇，诱拐则不禁二十岁以上之人，似此有悖礼教之条不胜枚举。夫中国治民之道，断不能离伦常而更言文明，舍礼制而别求教化。今徒骛一时之风尚，袭他国之名词，强令全数国民以就性质不定之法律，在执笔者以为时会既趋于大同，法典宜取乎公共，不知师长去短，则可削足适履，则不可若以中国数千年尊君亲上之大防，制民遏俗之精意，翻然废弃而不顾。恐法权未收，防闲已溃，必致奸匿放恣，不可收拾。其他宽严轻重，互有出入之处甚多。兹举最要数条附加案语，谨缮清单，以备圣明甄择。总之弼教明刑，旷代盛业，可以与时为变通，不容数典而忘祖，必几经审慎体验于改革之中，仍寓维持之意，而后扞格始通，利用乃见。

查，本年正月间修订法律大臣等因新制刑律草案，虽经编拟，而一时教育、审判、警察、监狱各项规制诸未完善，急切难见实行。援日本从前新律纲领暨改订律例办法，奏请编定现行刑律，分删除总目、里正刑名、节取新章、删并例文四项，此系新旧递嬗。一定不易之次序，合无仰恳敕下宪政编查馆会同修订法律大臣暨法部，赶将现行刑律编订颁行，以为推行新律之预备。一面将新刑律草案复加考核，妥慎厘订，期与中国风俗、礼法、风俗、政教悉相符合。其公诉时效、犹豫行刑等类，以及民刑诉讼法内有未能通行者，一并参酌旧章，折衷至当，以仰副朝廷明罚敕法之至意。除咨复宪政编查馆，汇核所有参考刑律草案缘由，理合另缮清单，恭折具陈，伏乞皇太后、皇上圣鉴，训示。谨奏。

奉朱批："著修订法律大臣法部汇同京外各衙门条奏，详慎斟酌另订，具奏，单并发。钦此。"

谨将刑律草案内应行复核重订各条加具按语，缮单恭呈御览。

计开：

第十一条，凡未满十六岁之行为不为罪，但因其情节得命以感化教育。按旧律怜恤幼年罪犯，系分十五以下、十岁以下、七岁以下三项。十五以下仅止流罪，收赎死罪，仍照律科断。今统言未满十六岁之行为不为罪，在十岁、七岁以下，幼稚无知，姑勿具论。若十五岁以下犯罪者多矣，其实犯应死，如谋杀、故杀及有关服制等类，情无可恕，法无可逭；若一概不为罪，但置诸感化场，施以特别教育，是利用感化而无惩戒，断非中国所宜。

第四十九条，凡十六岁以上二十岁未满之犯罪者，得减本刑一等。按已成丁之犯，无可再宥。若予末减，纵恶实多，应照律全科，方为明允。

第五十条，凡聋哑者及满八十岁之犯罪者，得减本刑一等或二等。按聋哑仅止口耳二官不全，而心思动作仍类常人，此等罪犯似未便轻议末减，且仅言聋哑，亦未赅备其一切笃废疾情所当矜，及妇女到官攸关名节，似均宜另立专条，量加宥恕。至八十岁以上，按旧律犯反逆、杀人应死者上请，盗及伤人者收赎，馀皆勿论。今云得减本刑一、二等，则减等后仍在囹圄，不若旧律可以收赎勿论，况本案定则得减非必之谓，遇有侵损于人，仍不得减等。新律主宽，独此条较旧律加严，似非矜恤耄年之道。

第十三章，假出狱。按此章言假出狱凡二条，系为罪犯改悔而设，惟人情欺诈百出，改过还善，口与心连，审判官纵使一一伺察，何能尽得其情？且以已判结之犯，刑期未满，忽许出狱，其人是否知悔及出狱后是否安分，均不可知，转致原告纷纷控讦，枝节丛生，讼狱益繁。

第八十八条，凡加危害于乘舆车驾及将加者，处死刑。

第八十九条，凡因过失致生前条所揭危害者，处二等或三等有期徒刑，或三千元以下三百元以上罚金。按：大逆无道，不论过失，所以严乱臣贼子之防，今草案增入过失一条，仅处以二、三等有期徒刑，或三千元至三百元之罚金，此条尤为不经，亟应改订。

第二百七十八条，凡和奸有夫之妇，处四等以下有期徒刑，其相奸者亦同。按分则章内言和奸之罪，仅止此条，而指名有夫之妇，不及处女、孀妇。查新律不准比附定罪，然则犯奸处女、孀妇将为例所不禁矣。例所不禁，即礼教所不能防范，舆论所不能指摘，将公然犯之无顾忌。且亲属相奸，大悖伦理，此章亦未赅载，均须另行妥订。

第三百零二条，凡伤害尊亲属之身体，因而致死或笃疾者，死刑、无期徒刑或一等有期徒刑；因而致废疾者，无期徒刑，或二等以上有期徒刑；因而致单纯伤害者，二等至四等有期徒刑。按：尊亲属，包括祖父母、父母在内，犯之者，除致死或笃疾已有死刑，无庸议外，其致废疾及单纯伤害，同一逆伦，非处死刑，不足以严伦纪，即三百零五条所载未至伤害处四等以下有期徒刑，如系犯祖父母、父母，亦宜加重。

第三百零八条，凡教唆或帮助他人，使之自杀，或受人之嘱托承诺而杀之者。

第三百零九条，凡受本人嘱托或承诺而伤害人者，及因而致死者

按：以上两条，对于尊亲属不过二、三、四等有期徒刑，设系祖父母、父母，案

关逆伦,宜一体处以死刑。即祖父母、父母与子孙谋为同死,而子孙经救得生者,亦不得免其刑。

第三十章,关于略诱及和诱之罪。按:此章略诱、和诱未满二十岁之男女,均分别科罪,而诱取二十岁以上,则无明文。中国犯此者甚多,应明订科罪专条,以惩奸骗。

第三十二章,关于窃盗及强盗之罪。按:三百五十四条,强盗侵入现有人居住或看守之邸宅,及结伙三人以上,及于盗所强奸妇女者,处无期徒刑或二等以上有期徒刑。又三百五十五条,强盗结伙三人以上,在途行劫者,处死刑或一等有期徒刑等语。查,强盗侵入住宅,其情形重于途劫,至盗所强奸尤罪不容诛。此两条,科罪轻重,似未平允。应将行劫住户之犯,照结伙途抢一体科以死刑、无期徒刑或一等有期徒刑,以昭炯戒。

奉朱批:"览。钦此。"

光绪三十四年九月十四日。

(《杨文敬公奏议》卷八)

奏报勘办本省命案各案并摘叙案由

头品顶戴、北洋大臣、直隶总督、臣杨士骧跪奏,为命盗各案照章汇摘简明案由,恭折仰祈圣鉴事。

窃查,直隶寻常命盗死罪案件照章汇奏,造册送部。又经刑部奏准,如事在光绪二十七年十月以后者,仍将全案供招造册咨部等因,均经遵照在案。

兹据前署按察使李树棠呈称,查有香河县民妇郭赵氏,因与已获正法之逃兵张方儿通奸,听从奸夫张方儿谋杀本夫张洛准身死,并奸夫张方儿为从加功。将郭赵氏依妻因奸同谋杀死亲夫者凌迟律凌迟处死,照章改为斩立决。张方儿依因奸谋杀本夫之案,其为从加功之人亦系奸夫,仍拟斩候例拟斩立决,照章改为绞监候,秋后处决。

又,任邱县民人金六,因开饭铺诱雇该犯旧伙,争夺卖买,向理被骂,起意商同伊兄金三谋杀杨辰及其铺伙刑同来一家二命。将金六依杀一家死犯罪二人斩枭例,拟斩立决枭示,照章改为斩立决,酌充财产,一半分给养赡。金三依谋杀人从而加功者,拟绞候例拟绞监候,秋后处决。

又,延庆县获贼王异幅,听纠执持洋枪,伙抢事主王贵等银洋等物,逸贼拒毙事主。将王异幅依抢夺结伙三人以上，抢夺执持洋枪之从犯，斩决通行，拟斩立决，照章改为绞立决。

又，万全县获贼刘润等，听纠结伙九人，执持枪械，途抢事主张恒银银布等物。将刘润，即梁二；许有才，即搬不动；孙全玉，即三子，依抢夺结伙三人以上，抢夺执持洋枪之从犯，斩决通行，拟斩立决，照章改为绞立决。李万才在场，并未动手，依例拟遣改军。

以上四例，均系立决之案，业经由司提审，解勘发回，分造供招清册，汇呈请奏前来。臣复核无异，除清册分咨部院外，理合遵章摘叙简明案由，恭折具陈，伏乞皇太后、皇上圣鉴，敕部核复。谨奏。

光绪三十四年九月十七日奉朱批："法部议奏。钦此。"

光绪三十四年九月十三日。

（台北故宫藏档，文献编号：166538）

奏请以马宝华补授直隶州督标前营守备

再，臣标前营守备王汝霖，因母病开缺，接准部咨，系题补第一轮第七缺，应用尽先人员。兹查，有尽先补用守备马宝华，年五十九岁，安徽天长县人，由勇目随剿捻匪及抢办河工各案出力，历保以守备尽先补用，留直候补。该员久历戎行，明白稳慎，以之请补臣标前营守备员缺，实堪胜任，亦与例章相符。名次在前之吴应宗、许鸣鸾、郭永祥、沈金芳、唐鱼江、靳万福等均与此缺不宜，未便迁就。合无仰恳天恩俯准，以马宝华请补臣标前营守备，以裨营伍。除饬取履历咨部外，理合附片具陈，伏乞圣鉴，训示。谨奏。

光绪三十四年九月十七日奉朱批："陆军部议奏。钦此。"

（台北故宫藏档，文献编号：166540）

奏请旌奖捐银助赈之胡万氏（折片）

再，浙江萧山县人、前署河南盐法道胡翔林之妻、一品命妇胡方氏，于光绪三十三年因直隶永定河北四号工漫口被灾甚重，待赈孔殷，慷将钗锦变价捐银一千两，解直兑收济用，兹据赈抚局司道详请奏奖前来。臣查，绅民捐助赈银至一千两者,例准奏请建坊。前署河南盐法道胡翔林之妻、一品命妇胡方氏,捐赈银一千两,洵属见义勇为,有俾灾赈,所捐银数核于建坊之例相符。合无仰恳天恩俯准,胡翔林之妻、一品命妇胡方氏照例在于原籍自行建坊,给予"乐善好施"字样,以示旌奖。理合附片具陈,伏乞圣鉴,训示。谨奏。

光绪三十四年九月十七日奉朱批:"著照所请,礼部知道。钦此。"

（台北故宫藏档,文献编号:166547）

奏为本年秋季分供应各陵寝员役俸饷米折等银两事

头品顶戴、北洋大臣、直隶总督、臣杨士骧跪奏,为本年秋季分供应各陵寝员役俸饷、米折等银,循例拨给,恭折仰祈圣鉴事。

窃据前布政使何彦升详称,遵化、蓟州、丰润等三州县供应各陵寝员役俸饷、米折、豆草、车价,并马兰镇新旧汉兵米折等项银两,向系由司按季专案详请题拨,一面由各州县派役赴司领回供应,历经遵办在案。兹据遵化、蓟州、丰润三州县将光绪三十四年秋季分供应各陵寝员役俸饷、米折、豆草、车价,并尚膳茶正新添饭食马乾暨马兰镇新旧汉兵米折等项银两,开具估单请领,该司按单复核遵化、蓟州、丰润三州县光绪三十四年秋季分供应各陵寝员役俸饷、米折、豆草、车价,并尚膳、茶正、新添饭食、马乾暨马兰镇新旧汉兵米折等项银二万三千一百八十七两二钱七分七厘,改折八成实银一万八千五百四十九两八钱二分二厘。内扣官俸、豆草、车价六分部平银二百七十二两二钱,实发银一万八千二百七十七两六钱二分二厘,核与历年成案相符,应请在于司库地粮银内动拨分晰,开具清单,详请核奏,并声明陵工员役增减无定,难以预计,应照急需钱粮之列,一面具奏,一面先行拨给,俾得及早领回散放。其实在支领数目,统归于奏销案内核实销算,多则解还,不敷找给等情,前督臣袁世凯未及核办移交前来。臣复核无异,除清单咨部外,理合恭折具陈,伏乞皇太后、皇上圣鉴,敕部核复。谨奏。

光绪三十四年九月十七日奉朱批:"度支部知道。钦此。"

光绪三十四年九月十三日。

（台北故宫藏档,文献编号:166559）

奏报审香河县民孙幅第杀人命等二案（折片）

（缺）

光绪三十四年九月十七日奉朱批："法部议奏。钦此。"

（台北故宫藏档，文献编号：166565）

奏请将内阁中书梁志宸等员留直隶差遣（折片）

再，内阁中书梁志宸、易恩侯，学部七品小京官黄立猷，法部司务虞顺德，均系留学中西洋毕业学生，今年三月考取今职，例应分赴阁部供职。惟查，梁志宸现充北洋师范学堂教务长，易恩侯现充北洋法政专门学堂教习，黄立猷现充直隶高等农业学堂教务长，虞顺德现充医院医官，均属得力。拟仰恳天恩俯准，将该员等留直差遣，并免扣资俸，实于新政、教育大有裨益。谨附片具陈，伏乞圣鉴，训示。谨奏。

光绪三十四年九月十七日奉朱批："著照所有请，该部知道。钦此。"

（台北故宫藏档，文献编号：166566）

奏报拨发本年秋季分西陵兵员役俸饷米折等银两

头品顶戴、北洋大臣、直隶总督、臣杨士骧跪奏，为报拨本年秋季分西陵官员兵役俸饷等项银两，恭折仰祈圣鉴事。

窃据前署布政使何彦升呈称，易州供应各陵官兵月饷、俸粟、米折并运送豆草、车价等项银两，向系按季专案详请题拨，历经遵办在案。兹据易州请领光绪三十四年秋季分供应各陵官兵月饷、俸粟、米折，并运送豆草、车价等项，共银二万六千二百一十五两六分六厘，改折八成实银二万九百七十二两五分三厘，内扣豆草、车价项下每两六分部平银三百二十八两七钱二厘，实发银二万六百四十三两三钱五分一厘，核与历办成案相符，应在司库地粮银内动拨，开具简明细数清单，按照新章详请具奏，并声明陵工员役增减无定难以预计，应照急需钱粮之例先行发给。其实在支领数目统归奏销案内核实销算，多则解还，不敷找给等情前来。臣复查无异，除清单咨部外，理合恭折具陈，伏乞皇太后、皇上圣鉴，敕部核复，谨奏。

光绪三十四年九月十七日奉朱批："度支部知道。钦此。"

光绪三十四年九月十三日。

（台北故宫藏档，文献编号：166575）

奏报泰宁镇标马水口都司以胡永奎补授（折片）

再，泰斗宁镇标马水口都司陈鸿铨勒休，遗缺接准部咨，系陆路第三轮第三缺，轮用尽先人员，应拣合例人员请补等因。惟查，前此顺义营都司张鸿举，升补游击遗缺，系部推第三轮第二缺，应用卓异人员，因无人遇班，作为第四缺用拣发班人员，已以补用都司陈铨请补。此缺应作为第五缺，用尽先人员。

兹查有尽先都司胡永奎，年四十二岁，大兴县人，由武童办理剿匪及河工出力，历保以守备尽先补用。陆军第二镇训练三年，著有成效案内，保免补守备，以都司尽先补用，并加游击衔。该员年力强盛，熟悉营伍，以之请补马水口都司，实堪胜任，与例章相符。至名次在前之宋帮风已借补霸州营守备，朱春兰已借补三河营守备，马廷勋已借补河屯协右营守备，许大发已借补河间协右营守备，而王德芳、冯继祖、刘峻山、陆宣、刘芳山、刘元德、石成珍、郑崇山、刘钟尊、顾准寿、刘荣锦、李森、张强梁，均与此缺人地不宜，未便迁就。合无仰恳天恩俯准，以尽先都司胡永奎请补马水口都司，以裨营伍。除饬取履历咨部外，理合附片具陈，伏乞圣鉴，训示。谨奏。

光绪三十四年九月二十四日奉朱批："陆军部议奏。钦此。"

（台北故宫藏档，文献编号：166688）

奏报发放光绪三十四年秋季分惠陵员役俸饷事

头品顶戴、北洋大臣、直隶总督、臣杨士骧跪奏，为报拨本年秋季惠陵员役俸饷、米折等银循例拨给，恭折仰圣鉴事。

窃据布政使崔永安详称，查丰润县供应惠陵并妃园寝，暨新添淑慎皇贵妃园寝员役俸饷、米折、豆草、车价等项银两，向系由司按季专案详请题报，一面由该县赴司领回供应,历经遵办在案。今据丰润县请领光绪三十四年秋季供应惠陵并淑慎皇贵妃园寝兵役月饷、米折、豆草、草价等项银四千三百一十八两一钱七分二厘,改折八成实银三千四百五十四两五钱三分八厘。内扣豆草、车价六分部平银五十三两二钱九分三厘,实发银三千四百一两二钱四分五厘。核与历办成案相符,应请在核司库地粮银两动拨开单,详请核奏,并声明陵工员役增减无定,难以预计,应照急需钱粮之例先行拨给。其实在支领数目统归奏销案内核实销算,多则解还,不敷找给等情前来。臣复核无异,除清单咨送度支部外,理合恭折具陈,伏乞皇上圣鉴,敕部核复。谨奏。

光绪三十四年九月二十四日奉朱批:"度支部知道。钦此。"

光绪三十四年九月二十日。

(台北故宫藏档,文献编号:166692)

奏报津海、秦王岛两关第一百九十结洋税收支并实存各数(附清单一件)

头品顶戴、北洋大臣、直隶总督、臣杨士骧跪奏,为津海、秦王岛两关第一百九十结洋税收支并旧管实存各数,缮单恭折具陈,仰祈圣鉴事。

窃查,津海、秦王岛两关征收洋税,截至光绪三十三年十一月二十七日第一百八十九结止,业经缮单奏销在案,兹据津海关道蔡绍基详称,自光绪三十三年十一月二十八日起至三十四年二月二十九日止,按外国三个月一结。系届第一百八十九结期满,津海关除外国船只江海等关免单银三万五千三百二十三两九分,招商局船只江海等关免单银一万七百十九两四钱二分七厘,并未收银外,实计征收外洋及招商局船只进口正半各税、洋药税并子口税、中外船钞等银二十四万三千四百两八钱。又秦王岛关海外国船只江海免单银一千五百十八两八钱六分七厘并未收银外,实计征收进出口外税及船钞银二万四千七百十四两九钱八分三厘。计开支薪费等项共支发银五十九万一百四十六两八钱三分七厘三毫一丝五忽。经该道督分委员会同税务司详细稽核,调取收税总册,校对数目,均属相符。除俟分项造册详咨外,所有津海、秦王岛两关第一百九十结洋税收支并旧管实存各银数,开单详请核奏前来奉。臣复核无异,理合缮具简明清单,恭折具陈,伏乞皇上圣鉴。谨奏。

光绪三十四年九月二十四日奏朱批:"该部知道,单并发。钦此。"

光绪三十四年九月二十日。

清单

闰二月二十日

谨将津海关第一百九十结洋药厘捐收支各款数目缮具清单，恭呈御览。

旧管：一上结不敷银二十四万四千四百八十九两五钱六厘。

新收：

一收津海关自光绪三十三年十一月二十八日起至三十四年二月二十九日第一百九十结期满止，洋药厘捐银三千四百四十两。

一收本关八分经费项下拨补一百八十四结以前洋药厘捐不敷银二万两。

一收本关八分经费项下拨补一百九十结洋药厘捐支发不敷银一万一千一百五两二钱八分。以上新收项下共银三万四千五百四十五两二钱八分。

开除：

一支解江海关第一百九十结六厘火耗汇付赔款银二十两七钱四分。

一遵照部饬每两开支六厘倾镕等费银二十两七钱四分。

一拨发镇海轮船上年十二月并本年正二月薪费银四千二百五十四两。

一拨发镇海轮船煤价银一千二百五十两。

一拨发各项善举银三千五百两。

一补发一切经费不敷详明改归加复俸饷支用银二千五百两。

一拨发税司上年十二月并本年正二月税厘并征经费银三千两。

以上开除项下共银一万四千五百四十五两二钱八分。

实在：

一不敷银二十二万四千四百八十九两五钱六厘。

查前项银两，业经咨准部复，遵照暂在八分经费项下挪用，俟筹有的款，再行拨还，理合登明。

朱批："览。"

奏报津海关第一九十结洋捐银两用支实数（附清单一件）

头品顶戴、北洋大臣、直隶总督、臣杨士骧跪奏，为津海关第一百九十结洋药厘捐银两开支实在各数，缮单恭折，仰祈圣鉴事。

窃据津海关道蔡绍基详称，该关洋药厘捐截至光绪三十三年八月二十四日起，至十一月二十七日第一百八十结止，业经开单详请奏咨在案。兹自光绪三十三年十一月二十八日起，至三十四年二月二十九日第一百九十结期满止，征收洋药厘捐银三千三百四十两，又收本关八分经费项下拨补一百八十四结以前洋药厘捐不敷银二万两，又收本关八分经费项下拨补一百八十九结洋药厘捐支发不敷银一万一千一百五两二钱八分。其遵照部章，开支薪费等项共银一万四千五百四十五两二钱八分，当经会同税司督饬委员将收捐细数核对相符，开单详请奏咨前来。臣复核无异，理合缮单，恭折具陈，伏乞皇太后、皇上圣鉴，训示。谨奏。

光绪三十四年九月二十四日奉朱批："度支部知道。钦此。"

光绪三十四年九月二十日。

（台北故宫藏档，文献编号：166697）

清单

谨将津海秦王岛两关第一百九十结洋税并旧管实存各款，缮具清单，恭呈御览：

旧管：

一六成洋税不敷银四万三千六百十二两九钱九分七厘，此项银两业由四成洋税及子口税项下如数拨补。拟即毋庸接算。理合登明。

一存四成洋税银三百六十六两一钱六分八厘。

一招商局税六成不敷银三千五百三十一两七钱二分八厘，此项银两业由子口税项下如数拨补，拟即毋庸接算，理合登明。

一存招商局税四成税银一百二十一两四钱九分五厘。

一存招商局税二成银一万七千三百五十九两二钱七分一厘。

一八分经费不敷银九万六千四百六十八两七钱七分五厘七毫。

一存子口税银二十四万九千八十三两六钱四分三厘一毫七丝八忽，除以此项尽数拨补本结六成洋税招商税不敷银四万七千一百三十四两七钱二分五厘，净存银二十万一千九百四十八两九钱一分八厘一毫七丝八忽。

以上旧管项下共银二十一万九千七百九十五两九钱五分二厘一毫七丝八忽。除暂行挪垫八分经费项下不敷银九万六千四百六十八两七钱七分五厘七毫,俟有馀存再行归垫外,实际净存银十二万三千三百二十七两一钱七分六厘四毫七丝八忽。

新收:
一津海关收外国船只进口洋药税银二百二十二两。

一津海关收外国船只进口正税银五万二千七百十两二钱九厘。除扣还存票银四百四十七两四钱四分外,净收银五万二千二百六十二两七钱六分九厘。

一津海关收外国船只出口正税银四万四千七百十一两八钱九分。

前三项共银九万七千一百九十六两六钱五分九厘,除由进口正税项下提二成增收银一万四百五十二两五钱五分四厘外,余银八万六千七百四十四两一钱五厘,内应遵照奏案提归机器局经费四成银三万四千六百九十七两六钱四分二厘。

一津海关收外国船只复进口半税银八千九百七十六两六钱六分七厘。

前四项共银十万六千一百七十三两三钱二分六厘,应提一分二厘倾镕火耗银一千二百七十四两八分。遵照部饬,每两开支六厘倾镕等费银六百三十七两四分,其余改解江海关拨付赔款六厘银六百三十七两四分,八分经费银八千四百九十三两八钱六分六厘,六成银五万一千二百五十五两一钱八分四厘,内除提一成半出使经费银七千六百八十八两二钱七分八厘外,净六成银四万三千五百六十六两九钱六厘。

一津海关收招商局船只进口洋药税银一千六十八两。

一津海关收招商局船只进口正税银二百一两四钱五分四厘。

一津海关收招商局船只出口正税银二千六百七十六两三钱八分五厘。

一津海关收招商局船只复进口半税银二千六百七两三钱七分二厘。

前四项共银六千五百五十三两二钱一分一厘。除由进口正税项下提二成增收银四十两二钱九分一厘外,余银六千五百十二两九钱二分,应提二成银一千三百二两五钱八分四厘,下余银五千二百十两三钱三分六厘,仍按十成计算内四成银二千八十四两一钱三分四厘,六成银三千一百二十六两二钱二分。内除遵照奏案,提支一分二厘倾镕火耗银七十八两六钱三分九厘,遵照部饬每两开支六厘倾镕等费银三十九两三钱一分九厘五毫,其余改解江海关拨付赔款六厘银三十九两三钱一分九厘五毫,尚余六成银三千四十七两五钱六分三厘,内除提一成半出使经费银四百五十七两一钱三分四厘外,净六成银二千五百九十两四钱二分九厘。

一钞关拨来代收洋货入内地子口税银十二万四百七十七两七钱一分九厘。

一钞关拨来代收土货出内地子口税银四万一千五百七十二两三钱六分,除钞关于前二项内提拨税司及关道各一成经费共银三万二千四百十两一分六厘外,新关净收银十二万九千六百四十两六分三厘。

前二项,除由洋货入内地子口税项下提二成增收银二万四千九十五两五钱四分四厘外,仍按洋土货所收十成计提一分二厘倾镕火耗银一千九百四十四两六钱一厘,遵照部饬每两开支六厘倾镕等费银九百七十二两三钱五毫,其余改解江海关拨付赔款六厘银九百七十二两三钱五毫,下余银十万三千五百九十九两九钱一分八厘。内余提一成半出使经费银一万五千五百三十九两九钱八分八厘外,净余银八万八千五十九两九钱三分。

一秦王岛关收外国船只进口正税银七千四十八两八钱六分六厘,除内有一千二百五十一两六钱二分九厘归山海关提拨外,净收银五千七百九十七两二钱三分七厘。

一秦王岛关收外国船只出口正税银八千六百八十二两三钱六分,除内有一千六百七十一两五钱六分五厘归山海关提拨外,净收银七千十两七钱九分五厘。

前二项除归山海提拨银两不计外,实计净收银一万二千八百八两三分二厘,除由进口正税项下提二成增收银一千五百五十九两四钱四分七厘外,余银一万一千六百四十八两五钱八分五厘内,提四成备支机器局经费银四千六百五十九两四钱三分四厘。

一秦王岛关收外国船只复进口半税银九百八十二两五钱四分八厘,除内有四百十八两三钱一分七厘解归山海关提拨外,净收银五百六十四两二钱三分一厘。

前三项除归山海关提拨银两不计外,实计净收银一万三千三百七十二两二钱六分三厘内,提一分二厘倾镕火耗银一百六十两四钱六分七厘。遵照部饬每两开支六厘倾镕等费银八十两三钱三分三厘,其余改解江海关拨付赔款六厘银八十两三钱三分三厘,八分经费银一千六十九两七钱八分一厘,六成银六千三百二十三两一钱三分四厘。内除提一成半出使经费银九百四十八两四钱七分外,净六成银五千三百七十四两六钱六分四厘。

一秦王岛关收洋货入内地子口税银五千七百十四两八钱一分六厘,除内有三百四十五两三钱三厘拨归奉天厘金外,净收银五千三百六十九两五钱一分三厘。

一秦王岛关收土货出内地子口税银二百十二两二钱八分五厘,除内有一百七十五两七分八厘拨归奉天厘金外,净收银三十七两二钱七厘。

前二项除拨归奉天厘金银两不计外,实计净收银五千四百六两七钱,除由洋货入内地子口税项下提二成增收银一千九十三两九钱三厘外,仍按净收十成计算应提一分二厘倾镕火耗银六十四两八钱八分一厘,遵照部饬每两开支六厘倾镕等费银三十二两四钱四分五毫,其余改解江海关拨付赔款六厘银三十二两四钱四分五毫,下余银三千六百二十七两九钱三分六厘,内除提一成半出使经费银六百四十两一钱九分外,净余银三千六百二十七两七钱四分六厘。

一津海关收外国船钞银一千二十八两五钱,招商局船钞银五两七钱。
一秦王岛关外收外国船钞银五千九百三十六两。
以上新收项下共银二十六万八千一百十五两七钱八分三厘。

开除:
一发税务司中外船只七成船钞银四千八百七十九两六分。
一由六成洋税项下拨发税务司上年十二月及本年正二两月薪工等项并加增经费银三万二千五百两。
一拨解江海关道挪还本年二月英德洋款六成洋税银四万两,六成招商税银一万六千二百五十两。
一由六成洋税项下拨发北河改善河道上年十二月及本年正二两月经费银一万五千两。
一由六成洋税项下发解江海关上年十二月第一批加放俸饷银五千两。
一由六成洋税项下发解江海关上年浚浦经费一半银一万五千两。
一由六成洋税项下发解陆军部上年下届杂支额款银二万七千五百两。
一由四成洋税项下拨发机器局制造经费银一万四千两。四成招商税银一千两。
一发解江海关第一百九十结税二成增收银三万六千八百二十一两七钱三分

九厘。

一由八分经费项下支发上年十二及本年正二两月北洋大臣衙门及关道署津关各项经费银一万一千二百五十两七钱五分。

一由八分经费项下支发上年十二及本年正二两月秦关商埠一切经费银六千三百九两。

一由八分经费项下提拨卫生局上年十二及本年正二两月大沽北塘营口等处防疫医院经费银五千一百八十五两三钱二分六厘。

一由八分经费项下提拨卫生局戒烟总分各所上年十二及本年正二两月经费银四千七百四两二钱四分三厘。

一由八分经费项下支发造币北分厂应拨军医局防疫医院，自上年九月至十一月止，购买牛犊饲料、功课、纸墨及冬季煤炭治病器械各费，并上年十二及本年正二两月经费银一千二百二十五两四钱六分三厘。

一由八分经费项下发解江海关上年十二月第一批加放加复两项俸饷关平补水银七百六十五两六钱九分九厘。

一由八分经费项下发解江海关上年十二月第一批加放加复两项俸饷及税厘六厘火耗并二成增收汇费银一千六百七十七两七钱三分四厘。

一由八分经费项下发解税务处秋冬两季分办公经费银一万五千两。

一补解度支部三十一年八分经费银二万两。

一由八分经费项下拨解外务部修建公所工程银二万两。

一由八分经费项下垫拨农工商部上年冬季至本年春季分经费银一千五千两。

一由八分经费项下拨补一百八十四结以前洋药厘捐不敷银二万两。

一由八分经费项下拨补一百九十结洋药厘捐支发不敷银一万一千一百五两二钱八分。

一由子口税项下拨补常税不敷银十三万四千七十九两六钱七分五厘三毫一丝五忽。

一由子口税项下发解吉林边务经费银十万两。

一由发解江海关第一百九十结税项六厘火耗银一千七百六十一两三钱三分四厘。

一遵照部饬每两开支六厘倾镕等费银一千七百六十一两三钱三分四厘。

一支发一成半出使经费银二万五千二百七十四两六分。

以上开除项下共银五十九万一百四十六两八钱三分七厘三毫一丝五忽。

实在：

一六成洋税不敷银七万一千五十八两四钱三分。旧管不敷业由子口税拨补，母庸接算。本结新收开除不敷上数，即在四成洋税及子口税项下如数拨补。

一存四成洋税银二万五千七百二十三两二钱四分四厘，除挪移本结六成洋税不敷银二万五千一百六十一两八分二厘一毫三丝七忽外，净存银五百六十二两一钱六分一厘八毫六丝三忽，旧管存银三百六十六两一钱六分八厘正，新收存银二万五千三百五十七两七分六厘，除拨补本结六成洋税不敷银外，净存上数。

一招商局税六成不敷银一万三千六百五十九两五钱七分一厘，旧管不敷业由子口税拨补，本结新收开除不敷上数仍在子口税项下如数拨补。

一存招商局税四成银一千二百五两六钱二分九厘。旧管存银一百二十一两四钱九分五厘正。新收存银一千八十四两一钱三分四厘正。

一存招商局税二成银一万八千六百六十一两九钱五分五厘，旧管存银一万七千三百五十九两三钱七分一厘正。新收存银一千三百二两五钱八分四厘正。

一八分经费不敷银二十一万九千一百三十三两六钱二分二厘七毫。旧管不敷银九万六千四百六十八两七钱七分五厘七毫正。新收开除不敷银十二万六千六百六十四两八钱四分八厘正，均在别项存款内暂行挪垫。

一子口税银五万九千五百五十六两九钱一分八厘八毫六丝三忽。除以此项尽数拨补本结六成招商税不敷银外，实无余存。旧管净存银二十万一千九百四十八两九钱一分八厘一毫七丝八忽正。新收开除不敷银十四万二千三百九十一两九钱九分九厘三毫一丝五忽。除以旧存拨补外，尚有馀存尽数拨补六成不敷拨补之用，理合登明。

以上实在共应存银二万四百二十九两七钱四分五厘八毫六丝三忽，查本结八分经费项下不敷银二十一万九千一百三十三两六钱二分三厘七毫。除将所存银两尽数暂行挪垫外，尚不敷银十九万八千七百三两八钱七分七厘八毫三丝七忽。

朱批："览。"

筹办谘议局折

头品顶戴、北洋大臣、直隶总督、臣杨士骧跪奏，奏为遵旨创办谘议局，先行设立筹办处,选派官绅,切实经理,恭折仰祈圣鉴事。

光绪三十三年九月十三日,奉上谕"朕钦奉皇太后懿旨,著各省督抚速设谘议局,慎选公正明达官绅创办其事等因。钦此",当即遴员选绅,公同研究豫备调查,粗得要领,专候部颁章程,即行切实兴办。旋於三十四年六月二十四日,奉懿旨"著各督抚迅速举办,实力奉行,限一年一律办齐各等因。钦此",仰见朝廷集思广益,实行立宪之至意。

臣维宪政初基造端宏大,各省谘议局近参省议之规模,远储国会之豫备,关系綦要,责任匪轻。直隶地居三辅,风气早开,自叠次恭奉谕旨,群情鼓舞,向治喁喁,自应董劝兼施,以兴要政。窃谓国民程度未齐,提倡不力,则成效难期,组织权限未明,举行太骤则流弊滋甚,是在折衷允当,一秉大公,庶几程此日之功,能宽异时之责备。现经臣就天津设立筹办处,派藩、学、臬、运四司,天津道、津海关道兼理其事,札委奏调留直补用道祁颂威、丁忧留直道员用翰林院检讨金邦平为该处总办,统筹一切豫备选举事宜,并由臣手定该处办事章程,分科设课,选任通晓政法官绅,分别派充总检察参事科长,以期通力合作,俾克早底于成。又虑通邑大都智识输灌办理较易,穷僻乡隅囿于闻见,遇事恐多隔阂,复饬遴选士绅派充司选员,分赴各属讲演,帮同地方官办理选举,俾使洞晓源流,庶免疑误,业由该处筹定办法,分期任事:曰预备一切、曰实行调查、曰实行选举。自今年八月迄明年九月成立,次第施行,尚属妥洽。至京旗暨驻防专额议员定章,并归直隶办理,亦经咨照京旗各都统值年旗,暨各该管官照章会同筹办,其建设谘议局屋必须规制闳整,营造合法,方足耸动观听,淬历精神,并饬该处参考各国省会制度,择地建立,以规久远。

该处所需一切经费,已饬司局筹拨,至各属选举经费应由各该地方自备,虑有迟延致误期限,一并饬发济用,均请准其作正开销。除咨宪政编查馆、资政院、吏部、度支部查照外,所有筹办谘议局选委官绅切实办理缘由,恭折具陈,伏乞皇太后、皇上圣鉴。谨奏。

奉朱批:"该衙门知道。钦此。"

光绪三十四年九月二十五日。

(《杨文敬公奏议》卷八)

奏为师范学堂五年届满著有成效出力员司
教员照章开单保奖以资鼓励由

头品顶戴、北洋大臣、直隶总督、臣杨士骧跪奏，为师范学堂五年届满，著有成效出力员司教员，照章开单保奖，以资鼓励，恭折仰祈圣鉴事。

窃查，直隶师范学堂自光绪二十八年创办，先速成师范，至三十年增设优级班，特选高材，以资深造，先后六年，毕业八次。即成就初级简易科及优级完全科学生，共八百六十馀人，均经派充各级中小堂教员、董事，或由外省聘充各项学堂教员，并有山东、河南、蒙古等处附学生百数十人，各回本省，担任教育类，皆能修明学术，开通风化。迄今直隶各属学堂渐次增设，学生名额逐年增多，邻省学务亦日起有功，良由该堂造就师资，推广传习，发荣滋长，成效昭彰。所有在堂出力人员，或训迪不倦，或董理有方，历岁辛勤，始终罔懈，自应照章给奖，以示策励而劝来。兹据署提学使卢靖分别删减，详请具奏前来。

查《奏定学堂章程内》内载，议定各省学堂员绅，每届五年，准照同文馆成案择优保奖。又政务处议奏各省学堂员绅，应俟五年届期，查看办理情形及成就多寡，均定奖额，奏明办理，历经遵办在案。今直隶师范学堂设立已逾六年，学生先后毕业多达八百六十馀人，仅保异常七员，寻常二十三员，均系在事出力人员，毫无冒滥。谨缮具清单，恭呈御览。合无仰恳天恩，俯准照拟给奖，出自逾格鸿施。除饬取各该员等履历咨部外，理合恭折具奏，伏乞皇太后、皇上圣鉴，训示。谨奏。

光绪三十四年九月二十八日奉朱批："该部议奏，单并发。钦此。"

光绪三十四年九月二十五日。

（台北故宫藏档，文献编号：166821）

奏为师范学堂毕业学优生员及教员请奖

（缺）

光绪三十四年九月二十八日奉朱批："著照所请，该部知道。钦此。"

（台北故宫藏档，文献编号：166822）

奏为报拨给本年秋季分东陵官兵饷折等项银两事

头品顶戴、北洋大臣、直隶总督、臣杨士骧跪奏,为报拨本年秋季分东陵官兵俸饷、米折等项银两,恭折仰祈圣鉴事。

窃查,遵化、蓟县、丰润、玉田等四州县,供应各陵八旗官兵月饷、俸粟、米折并养育兵丁、钱粮等项银两,向系按季由司专案详请题报,一面由东陵承办事务衙门派员赴司请领散放,历经遵办在案。兹据署布政使何彦升呈称,东陵承办事务衙门造册请领,该司按册复核,原归遵化、蓟县、丰润、玉田等四州县光绪三十四年冬季分供应各陵八旗官兵俸饷、米折并孤寡养赡、养育兵丁钱粮等项,共银五千七百七十八两二钱二分五厘,改折八成实银四千六百二十二两五钱八分,核与历办成案相符,应请在于司库地粮银内动拨,由司分开清单,详请核奏并声明,陵工员役增减无定,难以预计,应照急需钱粮之例,一面具奏,一面先行拨给,领回散放。其实在支领数目统于奏销案内核实销算,多则解还,不敷找给等情前来。臣复核无异,除清单咨部外,理合恭折具奏,伏乞皇太后、皇上圣鉴,敕部核复。谨奏。

光绪三十四年九月二十八日奉朱批:"度支部知道。钦此。"

光绪三十四年九月二十五日。

(台北故宫藏档,文献编号:166830)

奏为办理直隶师范学堂出力之外籍教员请事(附清单一件)

再,直隶师范学堂开办多年,造就多才,所有在堂出力各员经臣分别奏奖。兹查理化物理科教员关本老太郎、博物科永井永助、教育科教员中谷延治等三员,在堂担任教科均属训导得宜,辛劳足录。合无仰恳天恩俯准,将关本老太郎赏给三等第一宝星,永井永助、中谷延治赏给三等第二宝星,以昭激劝,出自鸿慈。除咨外务部查照外,谨附片俱陈,伏乞圣鉴,训示。谨奏。

光绪三十四年九月二十八日奉朱批:"著照所请,外务部知道。钦此。"

光绪三十四年九月二十五日。

(台北故宫藏档,文献编号:166834)

奏报本省七月分粮价及雨水事（附清单一件）

头品顶戴、北洋大臣、直隶总督、臣杨士骧跪奏，为查明光绪三十四年七月分顺直各属市粮价值、雨水情形，恭折仰祈圣鉴事。

窃查，光绪三十四年六月分顺直各属市粮价值、雨水情形，业经奏报在案，嗣据藩司查明七月分市粮价值、雨水情形，开单请奏前来。查，七月分顺天、永平、保定、河间、天津、正定、顺德、广平、大名、宣化、遵化、易州、冀州、赵州、深州、定州等十六府州属得雨一、二、三、四、五次，每次一、二、三、四、五寸不等。又查，七月分粮价，顺天、宣化、遵化、赵州、深州等五府州属与上月相同，永平、保定、大名、易州等四府州属较上月价减，河间、天津、正定、顺德、广平、冀州、定州等七府属较上月价增。理合恭折具陈，并缮具粮价清单，恭呈御览，伏乞皇太后、皇上圣鉴。谨奏。

光绪三十四年九月二十八日奉朱批："知道了。钦此。"

光绪三十四年九月二十五日。

（台北故宫藏档，文献编号：166835）

清单

谨将顺直各属光绪三十四年七月分市粮价值缮具清单，恭呈御览。计开：

顺天府属，价平：

粟米，每仓石价银二两五钱六分至四两九钱，较上月减一钱。

麦，每仓石价银二两四钱七分至五两九钱七分，较上月增一钱九分。

黑豆，每仓石价银二两一钱至五两四钱八分，与上月相同。

高粱，每仓石价银一两五钱至三两四钱，较上月减一钱。

糜米，每仓石价银一两五钱至四两七钱，与上月相同。

永平府属，价减：

粟米，每仓石价银二两一钱九分至六两，较上月减五分。

麦，每仓石价银三两五钱一分至四两五钱，较上月减一钱五分。

黑豆，每仓石价银二两四钱九分至三两一钱八分，较上月减二钱四分。

高粱，每仓石价银一两七钱一分至二两一钱一分，较上月减三分。

糜米，每仓石价银二两九分，与上月相同。

保定府属，价减：

粟米，每仓石价银一两六钱九分至四两六钱，较上月减一两。

麦，每仓石价银二两九钱至五两九钱，较上月增二钱。

黑豆，每仓石价银二两三钱二分至四两一钱，与上月相同。

高粱，每仓石价银一两九钱至三两一钱四分，较上月增三分。

糜米，每仓石价银二两五钱七分至四两二钱，较上月减二钱。

河间府属，价增：

粟米，每仓石价银二两四钱五分至四两五钱，较上月增三钱五分。

麦，每仓石价银三两四钱一分至四两七钱，较上月增二钱五分。

黑豆，每仓石价银二两九钱六分至四两一钱，较上月增七钱八分。

高粱，每仓石价银二两一钱八分至四两一钱五分，较上月增一两五分。

糜米，每仓石价银二两六钱三分至四两五钱六分，较上月增一钱六分。

天津府属，价减：

粟米，每仓石价银一两三钱一分至四两五钱六分，较上月减六钱四分。

麦，每仓石价银一两六钱七分至四两六钱，较上月减四钱。

黑豆，每仓石价银一两五钱五分至四两一钱，较上月增一钱。

高粱，每仓石价银一两三钱至四两一钱，较上月增一两二钱。

糜米，每仓石价银一两三钱五分至四两五钱三分，较上月增一两四钱一分。

正定府属，价增：

粟米，每仓石价银二两五钱三分至四两一钱二分，与上月相同。

麦，每仓石价银二两五钱二分至四两二钱三分，较上月增四钱。

黑豆，每仓石价银一两八钱七分至三两八钱，与上月相同。

高粱，每仓石价银一两六钱七分至三两一钱四分，与上月相同。

糜米，每仓石价银一两八钱二分至三两八钱七分，与上月相同。

顺德府属，价增：

粟米，每仓石价银二两八钱至四两七钱五分，较上月增二钱。

麦，每仓石价银二两六钱至四两二钱，较上月增四钱。

黑豆,每仓石价银二两一钱至四两七钱五分,较上月增二钱。

高粱,每仓石价银二两五钱至三两五钱二分,较上月增一钱八分。

糜米,每仓石价银一两六钱至四两五钱,与上月相同。

广平府属,价增:

粟米,每仓石价银二两一钱至四两八钱五分,与上月相同。

麦,每仓石价银二两二分至四两三钱八分,较上月增三钱三分。

黑豆,每仓石价银二两一钱九分至三两九钱九分,较上月减九分。

高粱,每仓石价银一两六钱三分至三两二分,较上月减一分。

糜米,每仓石价银一两七钱至四两四分,与上月相同。

大名府属,价减:

粟米,每仓石价银二两四钱五分至三两一钱二分,与上月相同。

麦,每仓石价银二两七钱三分至三两五钱九分,较上月增六分。

黑豆,每仓石价银一两八钱八分至三两六钱五分,与上月相同。

高粱,每仓石价银一两八钱一分至二两九钱七分,较上月减一两三分。

糜米,每仓石价银二两一钱一分至三两,较上月减一钱三分。

宣化府属,价平:

粟米,每仓石价银一两至一两四钱五分,与上月相同。

麦,每仓石价银一两九分至二两八钱三分,较上月减七分。

黑豆,每仓石价银一两至一两八钱五分,与上月相同。

高粱,每仓石价银七钱二分至一两四钱三分,与上月相同。

糜米,每仓石价银五钱七分至一两七钱五分,与上月相同。

遵化州并属,价平:

粟米,每仓石价银三两二钱至三两八钱三分,与上月相同。

麦,每仓石价银四两一钱九分至四两四钱六分,与上月相同。

黑豆,每仓石价银二两九钱六分至五两四钱三分,与上月相同。

高粱,每仓石价银一两八钱八分至二两五钱一分,与上月相同。

糜米,每仓石价银一两五钱九分至三两二钱,与上月相同。

易州并属，价减：

粟米，每仓石价银一两三钱八分至三两七钱，较上月减九分。

麦，每仓石价银一两八钱三分至四两二钱，较上月增八分。

黑豆，每仓石价银一两三钱至五两三钱，较上月减三分。

高粱，每仓石价银一两三分至三两四钱，较上月减一钱二分。

糜米，每仓石价银一两一钱九分至三两七钱，较上月减一钱。

冀州并属，价增：

粟米，每仓石价银二两七钱至四两二钱，较上月增七钱。

麦，每仓石价银二两九钱二分至四两一钱，较上月增三钱二分。

黑豆，每仓石价银三两二钱至三两六钱，较上月增五钱。

高粱，每仓石价银二两至三两一钱，较上月增九钱五分。

糜米，每仓石价银三两一钱八分，与上月相同。

赵州并属，价平：

粟米，每仓石价银二两四钱四分至三两八钱，与上月相同。

麦，每仓石价银二两一钱七分至三两五钱，较上月增二分。

黑豆，每仓石价银一两六钱二分至三两二钱四分，与上月相同。

高粱，每仓石价银一两四钱七至三两六分，与上月相同。

糜米，每仓石价银二两七分至二两七钱四分，与上月相同。

深州并属，价增：

粟米，每仓石价银三两二钱至四两一钱九分，较上月增三钱。

麦，每仓石价银二两八钱至四两一钱，较上月增一钱。

黑豆，每仓石价银二两至三两三钱，较上月增一钱。

高粱，每仓石价银二两二钱四分至二两九钱五分，较上月增一钱五分。

糜米，每仓石价银二两二钱五分至四两，较上月增七钱。

定州并属，价增：

粟米，每仓石价银三两二钱五分至四两六钱，较上月增二钱。

麦，每仓石价银三两二钱九分至四两五钱，较上月增三钱。

黑豆，每仓石价银二两三钱五分至三两三钱五分，较上月减一钱五分。

高粱，每仓石价银二两至三两五钱，较上月增三钱。

糜米，每仓石价银二两一钱至三两一钱五分，与上月相同。

朱批："览。"

奏请以叶嗣高补遵化直隶州知州

头品顶戴、北洋大臣、直隶总督、臣杨士骧跪奏，为拣员请补要缺直隶州知州，恭折仰祈圣鉴事。

窃查，遵化直隶州严以盛以光绪三十四年五月十五日在位病故，业经臣奏咨开缺，照例以该员病故之日作为开缺日期，归是五月分截缺。所遗遵化直隶州州员缺，系"冲、繁、难"显要缺，例应由外拣选。

查定例，钦奉特旨以何项官员留省即补，及明保人员引见奉特旨以何项官员留省补用、尽先补用，适有缺出，悉准该督抚酌量先尽补用。又部议《疏通实缺京员章程》，"嗣后汉司员除照例截取保送外，实缺郎中准其改就直隶州知州。分省补用到省后，毋庸计扣甄别，如适应题应调繁要缺出，除坐补原缺先尽补用外，其馀均先尽改就人员酌量请一人，次于各项人员请补一人各等语。"今遵化直隶州知州员缺，查无坐补原缺及郎中改就直隶州知州人员。据前署藩司何彦升、署提学使卢靖、署臬司李树棠查，有特旨即补直隶州知州叶嗣高，堪以请补，会详请奏前来。

臣查，叶嗣高年五十二岁，山东聊城县廪生，由山西即补知县，于光绪二十六年闰八月奉委随扈当差，奉旨于行在内廷行走。二十七年八月初六日，军机大臣奉特旨"山西即补知县叶嗣高，著以知县尽先即补，嗣补缺后以直隶州知州用。钦此。"旋奉钦派随扈自陕到京。是年十二月二十八日，奉上谕"山西尽先即补知县叶嗣高，随由陕西随扈到京，著以原班留于直隶补用。钦此。"二十八年二月到省，补授盐山县知县。是年九月丁忧开缺，服满起复，三十一年二月二十五日引见，奉旨照例用。二十九年到省。

该员稳重安详，笃实可靠，以之请补遵化直隶州知州要缺，实堪胜任，与例亦属相符。合无仰恳天恩俯准，以特旨即补直隶州知州叶嗣高，补授遵化直隶州知州要缺，以资治理。如蒙俞允，该员衔缺相当，毋庸送部引见。除咨部查照外，理合恭折具陈，伏乞皇太后、皇上圣鉴，训示。谨奏。

光绪三十四年九月二十九日奉朱批："吏部议奏。钦此。"

光绪三十四年九月二十六日。

（台北故宫藏档，文献编号：166842）

奏报天津道征收海税数目

头品顶戴、北洋大臣、直隶总督、臣杨士骧跪奏，为天津关征收海税一年期满，恭折仰祈圣鉴事。

窃查，天津海税每年定额银四万两，以二万六千两作正解部，内应开除例支书役、工食；以一万四千两作为盈余解司充公。道光以前，轮船尚未通行，所收税银有盈无绌，迨轮船畅行以后，收数日见短少。幸有江浙海运漕粮沙轮各船，准免带装二成税银，并给事中洪日燕、御史胡寿椿奏免米稻杂粮各税银，约计每年共免征银三万一千余两，尚应征解部银五千二百余两，解司盈余银三千一百余两。历年虽无盈余，尚敷报解。迨甲午中东之役，海道梗阻，税收盈绌，经前督臣王文韶奏准尽征尽解后，虽复额历任均多赔累，庚子之变，海船毁失过半，其未毁者亦多歇业，而轮船较前亦多，奉省又开铁路，水陆畅行，运货尤便，以致海船无货揽载，收货寥寥。经前督臣袁世凯奏请尽征尽解，奉朱批"著照所请，户部知道。钦此。"嗣准部咨，行令按额征解。复经前督臣袁世凯于光绪三十一年奏准尽征尽解在案。

兹据天津道齐耀琳禀称，此项海税计前道凌福彭自光绪三十三年八月二十日开关经征起，至是年十二月初三日交卸之前一日止，征收银一千三百四十七两七钱三分二厘。又前升道张镇芳自是年十二月初三日到任起，至三十四年二月十三日交卸之前一日止，因在封河期内，尚未征收。该道自二月十三日到任起至八月二十日扣足一年期满止，征银二千七百四十一两三钱九分五厘，统共实征银四千八十九两一钱二分七厘。查历届成案，向除免征税银以实收之数按正额盈余分成折算，今实征银四千八十九两一钱二分七厘，自应循案分成折算，每万两折实银一千二十二两二钱八分一厘七毫五丝，计正额二万六千两，折实银二千六百五十七两九钱三分二厘五毫五丝，内除支销书役一成工食银二百六十五两七钱九分三厘二毫五丝五忽，实应解部银二千三百九十二两一钱三分九厘二毫九丝五忽。其盈余银一万四千两，折实银一千四百三十一两一钱九分四厘四毫五丝，应解藩库拨用等情，禀请具奏前来。臣复加确核，并无征多报少情弊。所有征收海税一年期满缘由,理合恭折具陈,伏乞皇太后、皇上圣鉴,敕部查照。

再,光绪三十四年海税仍饬天津道照章管理,合并声明。谨奏。

光绪三十四年九月二十九日奉朱批:"度支部知道。钦此。"

光绪三十四年九月二十六日。

(台北故宫藏档,文献编号:166867)

奏报东海关第一八五至一八八结洋税收支各数(附清单一件)

头品顶戴、北洋大臣、直隶总督、臣杨士骧跪奏,奏为东海关第一百八十五结至一百八十八结洋税收支各数,缮单恭折,仰祈圣鉴事。

窃查东海关洋税收支各数已截至一百八十一结至一百八十四结止,业经奏销在案。兹据东海关道何彦升详称,自光绪三十二年八月十四日第一百八十五结起,至三十三年八月二十三日第一百八十八结止,共征收进出口各税及船钞银五十七万七千九百六十三两五钱七分三厘,支发银七十一万四百九十七两二钱二分一厘九毫三丝九忽五微,分款开单,详请奏咨前来。臣复核无异,理合缮具清单,会同山东巡抚臣袁树勋恭折具陈,伏乞皇太后、皇上圣鉴。谨奏。

光绪三十四年十月初二日奉朱批:"该部知道,单并发。钦此。"

光绪三十四年九月二十八日。

(台北故宫藏档,文献编号:167069)

清单

十月初二日

谨将东海关第一百八十五至一百八十八结洋税收支并旧管实存各项银数,缮具清单,恭呈御览。

旧管:

一存外洋并招商局船税六成及半税及招商局二成银九万四千三百六十四两七钱一分三厘八毫一丝二微。

一存外洋并招商局船税四成银九万九千三百十一两七钱九分二厘五毫四丝三忽二微。

一存外洋并招商局船税六成作为十成提出一成半出使经费银一万三千五百

四十二两七钱七分五厘五毫六丝五忽。

一存外洋并招商局三成船钞银二万九千四百一两八钱。

以上旧管项下共存银二十三万六千六百二十一两八分二厘四丝八忽四微，又提存减余倾熔火耗银三千三百三两一钱五分六厘三毫八丝四忽。

新收：

一收外国船只进口洋药税银六千七百六十八两。

一收外国船只进口正税银二十万七百五十五两二钱七分八毫。

一收外国船只进口增收洋税值百足抽五与免税货完税两项银二万四千四十八两四钱五分七厘二毫。

一收外国船只出口正税银十六万五千一百四十九两三钱七分一厘。

一收外国船只复进口半税银四万三千二百八十七两六钱九分一厘。

一收招商局轮船进口洋药税银七千三百三十九两五分。

一收招商局轮船进口正税银五千八百六十二两四钱四厘。

一收招商局轮船出口正税银四万七千四百三十二两三钱七分五厘。

一收招商局轮船复进口半税银二万七百十五两五分四厘。

一收中外船只船钞银五万六千一百五两九钱。

以上新收项下共银五十七万七千九百六十三两五钱七分三厘。

开支：

一解光绪三十二年十一月及光绪三十三年二五八月应还英德本息洋税商局税六成银三万七千五百两。

一解光绪三十三年京饷截拨北洋陆军第四镇京饷洋税商局税六成银二万两。

一解光绪三十二年山东抚标左右两营勇饷洋税商局税六成银二万二千两。

一解光绪三十二年山东抚标先锋队军饷洋税商局税六成银四万两。

一解光绪三十二年阿尔泰防守经费洋税商局税四成银四万两六成银三万两，共银七万两。

一解北洋支应局及淮军银钱所洋税商局税四成银二十万两。

一解一百八十四结至一百八十七结一成半出使经费银四万二千八十一两七钱三分四厘七毫九丝。

一解一百八十结至一百八十四结三成船钞银二万九千四百一两八钱。

一支看守在烟炸沉俄艇用费及英员戴里尔由沪来烟偕交俄艇来往川资暂挪洋税商局税六成银一千三百七两四分四厘六毫七丝三忽五微。

一支专因日俄战事电费禀准作正开销洋税商局税支用六成银三百八十一两六分。

一解光绪三十二年外国十月起至光绪三十三年外国九月底止，增收洋税值百足抽五与免税货完税两项并补水归还赔款银二万四千五百四十八两四钱五分七厘二毫。

一支税务司薪水银八万两。

一支税务司七成船钞银三万九千二百七十四两一钱二分。

一解一百八十五结至一百八十八结照章扣洋税八分经济费银三万五千二百四十两七钱三厘二毫。

一支每两核扣六厘倾熔火耗银三千一百三十一两一钱四分六厘三丝八忽。

一支提存减余六厘倾熔火耗银三千一百三十一两一钱四分六厘三丝八忽。

（缺少一部分）

以上开支项下共银七十一万四百九十七两二钱二分一厘九毫三丝九忽五微。

实在：

一存外洋并招商局船税六成及半税银一万四千三两六钱八分三厘二毫一丝七微。

一存外洋并招商局船税四成银二万七千七百八十三两六钱七分四厘五毫四丝二忽二微。

一存外洋并招商局船税六成作为十成提出一成半出使经费银九千三百六十七两二钱一分四厘三毫五丝五忽。

一存外洋并招商局三成船钞银一万六千八百三十一两七钱七分。

一存招商局船税二成解部银三万六千一百一两九分一厘。查此款系奉饬自第一百七十七结起专款存储解部登明，

以上共应存银十万四千八十七两四钱三分三厘一毫八忽九微，又提存减余倾熔火耗银六千四百三十四两三钱二厘四毫二丝二忽。内除将截至第一百八十五结止，计银四千一百四十三两九厘六毫一丝二忽，于光绪三十二年十二月十八日备文报解外，计实存第一百八十六、七、八结银二千二百九十一两二钱九分二厘八毫一丝。

朱批："览。"

奏报牛庄海关第一百九十一结洋药厘捐银两开支实存各数目

头品顶戴、北洋大臣、直隶总督、臣杨士骧跪奏,奏为牛庄海关第一百九十一结洋药厘捐银两开支实存,缮单恭折,仰祈圣鉴事。

窃查,据署奉锦山海关道周长龄详称,该关洋药厘捐自光绪十三年正月初九日起改归海关厘税并征,嗣奉户部饬将收支洋药银两查照洋税收支定章按结开单奏报,一次扣足四结,专折奏销,一面造册送核等因,业经遵办在案。兹届一百九十一结期满,计上届旧管项下存银八千一百两四钱五厘八毫九丝五忽九微,新收银九十六两,除支给各项房租银三百两外,实存银七千八百九十六两四钱五厘六毫九丝五忽九微,开单详请奏咨前来。臣复核无异,理合缮单恭折具陈,伏乞皇太后、皇上圣鉴。谨奏。

光绪三十四年十月初二日奉朱批:"该部知道,单并发。钦此。"

光绪三十四年九月二十八日。

(台北故宫藏档,文献编号:167070)

奏为北洋陆军各镇建盖公所营房各款报销

头品顶戴、北洋大臣、直隶总督、臣杨士骧跪奏,为北洋陆军各镇建盖公所营房暨购买营基地亩收支专案报销,缮单恭折,仰祈圣鉴事。

窃查,北洋陆军各镇建盖公所营房应需工料价银,业经升任督臣袁世凯于光绪三十年分北洋常备军报销及直隶公债用款报销案内筹拨的款,奏咨有案。嗣将实用工料各款核明开单,咨部立案,各在案。兹查常备军第一镇,即现在陆军第二镇并第五、六两镇,工程告竣,所有收支用款细数,自应造册报销。即新将光绪三十年分北洋常备军报销及直隶公债用款报销两案内,共拨收湘平银七十九万一千八百七十六两二钱五分四厘六毫。内除拨过陆军第四镇建盖公所营房工料湘平银二十二万两,因工程尚未完竣另案造报外,即实收湘平银五十七万一千八百七十六两二钱五分四厘六毫。开支常备军第一镇,即现在陆军第二镇并第五、六两镇建盖公房动用工料,暨第六镇购买营基地亩地价并青苗籽种等项价值,收湘平银五十七万二千七百七十一两一钱四分六厘三毫。应归度支部核销银四万八百八十三两九钱四九厘八毫,陆军部核销银五十三万一千八百八十八两一钱九分六厘五毫。实在垫支不敷湘平银八百九十四两八钱九分一厘七毫,即在三十三年陆军饷杂款内照数拨发,并据陆军年款案内造报。据北洋陆军粮饷局造具清册,详请奏咨前来,臣复加确核。除将清册分咨查照外,理合恭折具陈,伏乞皇太后、皇上圣鉴,敕部核销施行。谨奏。

光绪三十四年十月初二日奉朱批:"该部知道,单并发。钦此。"

光绪三十四年九月二十八日。

(台北故宫藏档,文献编号:167072)

奏报永定河堵筑漫口并培筑新堤等工用款请核销(附清单一件)

头品顶戴、北洋大臣、直隶总督、臣杨士骧跪奏,为永定河堵筑漫口并培筑新堤挑挖引河及善后御水等工缮具工段用款清单,恭折仰祈圣鉴事。

窃照永定河于光绪三十三年北四上汛十四号漫口,当经臣将堵筑合龙日期奏报在案。兹据永定河道吕珮芬核明,北四上汛漫口补还残缺、软镶大垻、边埽加添、秫稭运脚、培筑新堤、添筑后戗、填垫坑塘、抢挑圈捻、挑究引河,暨补还南五工十一号、十九号两旱口,挑做外戗、修补堤埽以及南北两岸御水善后石土堤埽各工,共用银二十九万三千六百九十二两七钱四分一厘一毫四丝。除水旱各坝工各员应赔银三万四千六百九十二两七钱四分一厘一毫四丝,业已缴清抵用外,计领到直隶藩库指拨旗租银四千两,又垫发部款银五万两。津海关道库指拨八发经费银三万两,又垫发部款银二万七千七百两。长芦运库垫发部款银十二万七千七百两,并先由藩库领办要工银两万两。均系委实用在工,并无丝毫浮冒,据该河道禀请具奏前来。臣复核无异,除饬该河道另造细册送部核销外,缮具清单,恭折具奏,伏乞皇太后、皇上圣鉴,敕部核销。谨奏。

光绪三十四年十月初二日奉朱批:"该部知道,单并发。钦此。"

光绪三十四年九月二十八日。

(台北故宫藏档,文献编号:167081)

清单

十月初二日

谨将永定河堵筑漫口并培筑新堤、挑挖引河及善后御水等工,缮具工段丈尺、银数简明清单,恭呈御览。

一北堤上汛十四号直堤漫口,水势横射,恐难挑入,引河于合龙时不能得力,于内口提上生根,挑筑坝基。计口门宽一百四丈,挑坝基一道长二丈,计土一百六十方。又漫口两头冲涮残缺,凑长三十五丈,填垫沟槽,补还残缺,共土九千八百五十九方九尺。水中捞泥离堤三十丈至五十丈,每方速碹价钱二钱三分,四埽三进,共八进,计长八丈,镶垫四十层。

一西坝头软镶至龙门口前,除龙门五丈,用丁头大埽三进,已于前段声明外,计软镶长八十九丈,宽八丈,镶至入水蛰深四丈,又自软镶上加镶八层。

一龙门镶长五丈,宽八丈,镶垫蛰深四十八层。

一临河边埽连两头护埽,共三十段,共长一百五十丈。镶垫二十三层至四十层不等。

以上各工共用银四万七千二百七两八钱三分四厘。

又秫秸七十六万九千三百七十六束,每束照例加添运脚银二厘五毫,用银一千九百二十三两四钱四分。

前工软镶大坝连坝基,长一百六丈,加宽坝顶培宽外帮,计土一万九千七百四十七方八尺。又大坝连两头补还新堤坝基,共工长一百四十一丈,加高七尺,计土九千六百二十三方二尺五寸。又挑挖外戗一道,土长一百四十一丈,计土六千一百十九方四尺。又垫跌水坑塘,长二十六丈五尺,计土二千一百五十七方一民尺。又外帮抢挑圈埝一道,工长七十丈,计土八千五百二十六方。统共土四万六千一百七十三方五尺五寸。水中捞泥离地三十丈至五十丈,每方速碹价钱二钱三分四厘,共用银一万八百四两六钱一分七毫。

以上挑筑坝基、补还残缺、软镶大坝、临河边埽、加添秫秸运脚、培筑堤工外戗、填垫坑塘、抢挑圈埝等工,共用银六万二千六百四十三两一钱一厘三毫。内销六银三万七千三百四十五两八钱六分,赔四银二万四千八百九十七两二钱四分一厘三毫。

一水口大坝水势横射,恐合龙时水势抬高,大坝吃重,于西坝上首相机斜筑挑水坝逼入引河,以期合龙顺手,共土五千五百四十四方,近处有积水绕越五十丈以外至一百五十一丈旱地取土,每方速碹价钱一钱九分四厘,共用银一千七十五两五钱三分六厘。添做边埽,连护里坝头,共十二段,计长六十丈,镶垫十五层,用银一千五十两四钱五分。

以上挑水坝土埽共用银二千一百二十五两九钱八分六厘。

一北四上汛十四号水口以下,挑挖引河连沟工共二十六分,共工长二千一百十七丈,挑口宽二十八丈至十二丈五尺。底宽十九丈至十丈,深一丈八尺至二尺不等。沟工口宽九丈至七丈,底宽六丈至八丈五尺,深二尺至一尺不等。共计四十四万九千六百五十方七尺六寸九分。方价不一,共用银七万三百二十一两二钱一厘九丝。

一补还南五工十一号旱口门工长四十六丈。先挑补沟槽计土一万五百十五方六尺,绕越离堤五十丈以外至一百五十一丈旱地取土,每方速碛价钱一钱九分四厘,共用银二千四十两二分六厘四毫。

做占埽九段,共长四十六丈,高九尺,用银二百八十四两一钱六分五厘。

补还大堤顶宽十二丈六尺,底宽十五丈三尺,与占埽相平。又以占埽大堤顶宽十三丈五尺作底加高一丈五尺,顶宽六丈,再挑外半戗,顶底均宽二丈,高一丈八尺,计土一万四千一百五十八方八尺。又挑补旱口上下大堤内帮残缺凑顶宽四丈五尺长一百三十四丈。先填垫沟槽,计土五百五十二方,再挑顶宽四丈五尺,底宽九丈五尺,高二丈二尺。计土四万六百三十六方六尺。又挑补介帮残缺顶宽无底宽四丈,高一丈八尺,计土四千八百二十四方。再以新旧顶宽六丈作底加宽二尺,新顶宽五丈,计土一千四百七十四方。共计土四万一千六百四十四方八尺。绕越离堤五十丈以外至一百五十一丈旱地取土,每方速碛价钱一钱九分四厘,共用银八千七十九两九分一厘二毫。

一旱口坝添作边埽三十六段,共长一百八十丈,均镶垫二十层不等,用银四万一百三十二两八分。

一挑筑埽告工长一百八十丈,顶底均宽一丈三尺,高一丈二尺,共土二千八百八方。绕越离堤五十丈以外至一百五十一丈旱地取土,每方速碛价钱一钱九分四厘,共用银五百四十四两七钱五分二厘。

以上补还南五工十一号旱口门添作占埽及挑补口门上下大堤内外帮残缺、填垫沟槽、添做护埽、挑筑扫靠等工共用银一万五千八十一两一分四厘六毫。内销六银九千四十八两六分八厘七毫六丝。赔四银六千三十二两四分五厘八毫四丝。

一南五工十一号旱口以下，挑挖引河，共十四分连沟，共工长一千一百三丈六尺，挑口宽二十三丈至十一丈。底宽十六丈至九丈五尺，深一丈八尺至二尺不等。又引河尾接挑工口宽十一丈至十丈，底宽九丈五尺，深二尺至一尺不等。共计十二万八千四百四十五方七尺五寸。方价不一，共用银一万八千七百二十一两六钱五厘。

一南五工十九号旱口门工长二十四丈六尺，先填补沟槽，计土三千六百四十八方七尺五寸。绕越离堤五十丈以外至一百五十一丈，旱地取土，每方速碾价钱一钱九分四厘，共用银七百七两七钱一分二厘。

做占堆五段，共长二十四丈，高九尺，用银一百四十八两二钱六分。

补还顶宽十丈六尺，底宽十五丈一尺，与占堆平。又以大堤顶宽十一丈一尺作底加宽，加高一丈一尺，顶宽六丈，与两头原堤相平，再挑外半戗，顶底均宽二丈，高一丈五尺，计土五千八百五方六尺。又挑补旱口上下大堤内外帮残缺凑长一百五十丈。先填垫沟槽，凑长九十五丈，计土二千二百八十方，再挑补残缺，顶均宽二丈二尺，底均宽六丈二尺，高二丈，与原堤平。计土一万二千六百方。又旱口迤下外帮残缺迤下凑四十五丈六尺。先填垫沟槽，凑长九十五丈，计土二千二百八十方，连沟槽深三尺，高一丈八尺，顶宽无，底宽四丈五尺，一千八百四十六方八尺。又挑外戗长一百五十丈，顶底均宽二丈，大连沟槽深三尺，高一丈八尺，计土五千四百五方。共计土二万七千九百三十二方四尺。绕越离堤五十丈以外至一百五十一丈，旱地取土，每方速碾价钱一钱九分四厘，共用银五千四百十八两八钱八分五厘六毫。

一旱口坝添作边堆三十五段，共长一百七十丈，均镶垫十五层，用银二千八百六十一两六钱八分七厘五毫。

一挑筑堆告工长一百七十五丈，均宽八尺，高一丈，连加补堤顶浪窝，共土一千四百二方五尺三寸。绕越离堤五十丈以外至一百五十一丈旱地取土，每方速碾价钱一钱九分四厘，共用银二百七十二两九分。

以上补还南五工十九号旱口门添作占堆及挑筑后戗挑补旱口上下内外帮残缺、填垫沟槽、添做护堆、挑筑扫靠等工共用银九千四百八两六钱三分五厘一毫。内销六银五千六百四十五两一钱八分一厘一毫。赔四银三千七百六十三两钱五分四厘。

一南五工十九号旱口以下，挑挖引河，连沟工共三十三分，共工长二千一百三十四丈六尺，挑口宽二十四丈五尺至十丈。底宽十六丈五尺至九丈五尺，深一丈六尺至三尺不等。沟工口宽十丈至九丈，底宽九丈五尺至八丈五尺，深三尺至一尺不等。共计二十六万九百六方七尺五寸五分。方价不一，共用银三万八千六百五十两四钱五分二厘五毫。

一南北两岸各汛御水土埽各工共用银五万七千一百四十一两六钱四分五厘五毫五丝。

一南北两岸善后石土堤埽各工共用银二万两。

以上统共用银二十九万三千六百九十二两七钱四分一厘一毫四丝。

朱批："览。"

设立调查局片

再，上年九月间，承准宪政编查馆咨，奏请饬命各省设立调查局，钦奉谕旨咨行，钦遵查照办理等因。查原奏章程，调查局应分设法制、统计两科，一以供编制法规之甄择，一以征政要之资料，与宪政编查馆编制、统计二局相为系属，关系至钜，极应遵旨筹办，当令委派留直补用道汪士元为调查局总办，其科长暨管股委员等均遵章遴选，学习法政通达治理人员，酌量派允，刊发木质关防，于上年十二月设局开办。

旋据该道挈同科长等查照奏定章程，体察本省情形，拟定开办章程，暨两科及庶务办事细则，呈由臣复核釐定，并经臣通饬司道及府厅州县各衙门照章设统计处。其省会重要各局所，一并仿照设立，俾与该局承接。唯是事属创始，端绪纷繁，开办之初，自当加意考求，从事预备，迭经该局调取司道及府厅州县各衙门旧有图志，暨各局所章程规则，参立考证，一面查照两科各股事项，拟具办法，分别行文，派员次第调查。

现宪政编查馆所定表式尚未颁发，所有学部、农部、工商部、陆军部行查各项表式，均经饬发，该局会同主管各该署局查明禀报，仍由臣随时督饬，切实经理，按类编订，以期有裨宪政。所需开办及常年经费，由司局筹给，应请作正开支。除分咨宪政编查馆暨各部院查照外，谨附片具陈，伏乞圣鉴，训示。谨奏，

朱批："该衙门知道，钦此。"

光绪三十四年九月二十八日。

（《杨文敬公奏议》卷八）

筹办顺直灾赈折

头品顶戴、北洋大臣、直隶总督、臣杨士骧跪奏，为顺直被旱被水灾区，购办平粜赈抚，以苏民困，恭折仰祈圣鉴事。

窃照顺直境内，本年春夏雨泽愆期，畿南一带麦收歉薄，秋后又复亢旱，大秋亦不无减色。兼之雨旸不时，雄县新城大清河、蓟州运河，因七、八月大雨时行，河水狂灌。先后漫口，沿河低洼之区秋禾均被水淹，迭据各州县禀报，当即饬该管道府厅州亲往督同复勘，其灾情较重者，先行设法筹款补助，以济其急。现查被旱州县交州、景州、阜城、吴桥、宁津、南皮、青县、盐山、东光、故城、冀州、深泽、枣强县十三处；被旱而又被水者，计献县、沧州二处；被旱而又被虫者，计肥乡一处；被虫者，计大名一处；被水州县，计天津、乐亭、武清、清苑、安州、东明、饶阳、丰润、蓟州、宁河、东安、蠡县、雄县、静海、开州、玉田、霸州、香河、保定十九处；被水、被虫而又被雹者，计武清一处。旱灾以献县、交河、宁津、东光、南皮、阜城、吴桥、盐山为重。景州、青县粮价奇昂，已饬赈抚局一并筹拨款项办理平粜。献县于平粜外，又放急抚，均于前月即派员领款往办。水灾以天津、乐亭、蓟州、武清为重，天津、乐亭二处已饬赈抚局拨款，派员查放。急抚蓟州一处，咨会府尹臣核办。武清一处提先查放冬抚，避免流离失所。

此外，成灾各属应放冬抚，或应加抚，及以工代抚之处，容再体察情形，会商府尹臣并督司局妥筹办理，务使畿境灾黎出水火而登衽席，以仰副朝廷子惠元元，痌瘝在抱之至意。至各属灾歉分数及粮租应蠲应缓，俟藩司汇总详到再行奏乞恩施。所有被旱被水灾区筹办平粜赈抚情形，理合会同兼管顺天府尹臣陆润庠、顺天府尹臣凌福彭恭折具陈，伏乞皇太后、皇上圣鉴，训示。谨奏。

奉朱批："知道了。钦此。"

光绪三十四年九月二十九日。

（《杨文敬公奏议》卷八）

防护黄河险工折

头品顶戴、北洋大臣、直隶总督、臣杨士骧跪奏,为东明黄河南堤大汛期内新出险工,竭力抢办,另案添拨经费,恭折仰祈圣鉴事。

窃据大顺广道文冲详称,东明黄河南堤六十里,地势北高南下,郑工失事以后,中洪淤垫愈高,大溜侧注,南堤势成偏重。本年春间各汛,低矮埽段择要镶高,并将新旧各砖坝酌度加抛。甫交桃汛当行,埽段纷纷蛰陷,随即抢镶稳固,其稍可从缓者。因岁款支绌,未能一律加镶,土工一项系河防营兵挑筑,用铁车运取远,土帮宽坝基,追压埽面。入夏以来,河流屡涨,剽悍异常,临黄各埽,此镶彼蛰,奔命不遑。下汛四五铺一带,本为近数年新险,全河拥注,绝不外移当溜。各埽或蛰与水平,或蛰沈入水,督率厅营汛委各员竭力抢镶,原估岁防料物业已用罄。六月二十一、二等日,河水陡涨二尺九寸,奔腾澎湃,拍岸盈堤。下汛四铺新头坝第四埽地下大溜湾注,溃塌坝基。时值霪雨连绵,风狂浪涌,水势抬高,瞬息之间坝台刷及数丈,危险万分,赶即下抢新埽四段,甫经稳定。七月初五日,河水续涨三尺六寸,势尤劲厉,中汛二十铺第八坝,即光绪二十一年所筑第二道挑水坝一带,无工处所,塌崖溃坎,顷刻刷动坝基,情形岌岌。相机抢下新埽五段,不分风雨昼夜,撒手抢护,始臻平稳。计中汛二十铺第八坝抢下新埽五段,下汛四铺新头坝第四埽地抢下新埽四段。前均水深三、四丈不等,共抢下新埽九段,需用秸料、苇麻、柳橛、夫工等项,统共合银一万四千六百两。此项工程委系新出险工,并非原估所及,请归另案添拨等情前来。

臣查,东明黄河南堤工程重要防守极艰,从前每届岁款银七万三千馀两,尚多不敷。自光绪三十年起,在于岁款内酌提归公银一万两,每届只领银六万三千馀两,愈形竭蹶。是以三十一年而后无岁不请另案经费,历经奏明在案。本年入夏以来,黄水屡次盛涨,下汛四铺新头坝第四埽地下刷动坝基,中汛二十铺第八坝一带无工处所塌崖溃坝,危险异常,共抢下新埽九段,始克转危为安,另案用银一万四千六百两,委系核实动用,并无浮冒,现饬藩司、练饷局各拨银七千三百两,照章另案造报,不与岁款牵并,以清界线。所有东明南堤新出险工,竭力抢办,照章另案添拨经费缘由,理合恭折具陈,伏乞皇太后、皇上圣鉴,敕部查照。谨奏。

朱批:"该部知道。钦此。"

光绪三十四年九月二十九日。

（《杨文敬公奏议》卷八）

东明河工三汛安澜折

头品顶戴、北洋大臣、直隶总督、臣杨士骧跪奏，为东明黄河伏秋大汛，抢护平稳，获庆安澜，恭折仰祈圣鉴事。

窃据署大名镇总兵言敦源、大顺广道文冲会禀，据署大名府管河同知叶树勋、河防营营官总兵韩凤昌、现任东明县知县张联恩等禀称，东明黄河南堤六十余里，向系厅汛修守，并派练军帮理。光绪二十五年裁并练军，改挑大名镇标制兵三百名，作为河防营，仍由韩凤昌管带。直境黄河地势北高南下，本已势同建瓴，又兼中洪历年停淤，积垫愈高，下游复宣泄不畅，大溜逼南堤，工情吃重。上年凌汛期内，三汛临黄各埽捆下排桩，以资抢护。天气严寒，时有整块冰凌逐流拥注，擦损埽段，随即抢护平稳。入春后，即将土工择要兴挑，并用铁车运取，追土槌压埽面，帮宽坝基。各汛春镶埽段，竭力趱办，甫交桃汛，水势陡长，中下两汛工程吃紧，屡濒于危，赶即抢护稳固。

入夏以来，黄流暴涨，流势湍悍，逼注坝埽，或蛰与水平，或沈蛰入水，当饬员弁兵夫分投抢护，渐至稳定。六月二十一、二等日，河水陡涨二尺九寸，奔腾澎湃，拍岸盈堤，时值阴雨连绵，通宵达旦，狂风浪猛，势如倒海排山。下汛四铺新坝第四坝大溜湾注溃塌，坝基万分危险，在事员弁不分风雨昼夜，抢下新埽四段。七月初五日，河水续涨三尺六寸，势更劲厉，中汛二十铺第八坝一带无工处所大溜忽然坐卧，塌坝溃崖，顷刻刷坝基，情形倍岌。随又相机抢下新埽五段，撒手抢办，始克转危为安。业经臣将抢办险工，添拨另案款项各情奏明在案。

入秋后，水势犹未稍杀，淘底搜根，防护未敢松劲。现届霜清，通工一律巩固，获庆安澜，禀请核奏前来。臣查，东明黄河南堤上连豫疆，下接东境，地处中权，工多险重，防守倍难。本届黄流盛涨，凌桃小汛，即已纷纷出险，镶护不遑。入夏后，陕豫黄沁各河，先后暴涨二丈有奇，更迭而来，前涨未消，续涨继至，共计陡长十四次之多，势极猛骤，为近年罕有之事。各汛临黄坝埽，无不蛰陷频仍，而中汛二十铺及下汛四铺又复奇险环生，抢护极为棘手。当风雨交加之际，实安危呼吸之时，稍有疏虞，何堪设想？该道督率厅营员弁，力与水争，仰赖圣主福庇，化险为平。

兹届霜清安澜获庆，堪以仰慰宸廑。查李连庄、高林、黄庄三处，建有大王庙，凡遇险工，虔诚祈祷，灵应昭然，应请特聘大藏香十枝，交臣转发大顺广道文冲祇领前往敬谨祀谢，以答神庥。所有东明河工三汛安澜缘由，理合恭折由驿驰陈，伏乞皇太后、皇上圣鉴，训示。谨奏。

朱批："另有旨。钦此。"

光绪三十四年十月十七日。

《杨文敬公奏议》卷八）

具陈东海关第一百九十一结洋税收支各款银数折

头品顶戴、北洋大臣、直隶总督、臣杨士骧跪奏，为东海关第一百九十一结洋税收支各款银数，缮单恭折，仰祈圣鉴事。

窃照东海关征收洋税，截至光绪三十四年二月二十九日第一百九十结止，业经具奏在案。兹据东海关道徐扶辰详称，自光绪三十四年三月初一日起至六月初二日止，按外国三个月一结，系届第一百九十一结期满，共征收进口各税及船钞银十八万八千二百九十三两九钱二分九厘。该道督饬税务司暨委员检齐册档，查照红簿，逐细核算，数目相符。一切支发各款，共银十四万一百八十七两七钱五分六厘七丝六忽，连前结旧管，共实存银九万五千四百八十两五钱八分五厘一毫四丝九征，开具收支银数，请具奏前来。臣复核无异，理合缮单会同山东巡抚臣袁树勋恭折具陈，伏乞皇太后、皇上圣鉴，谨奏。

朱批："该部知道，单并发。"

光绪三十四年十月二十日。

（《光绪朝朱批奏折》第 75 辑，164）

报拨本年冬季分菩陀峪万年吉地员役俸饷米折等项银两折

头品顶戴、北洋大臣、直隶总督、臣杨士骧跪奏，为报拨本年冬季分菩陀峪万年吉地员役俸饷米折等项银两，恭折仰祈圣鉴事。

窃查，玉田县供应菩陀峪万年吉地八旗员役俸饷米折并养育兵丁钱粮等项银两，向系按季由司专案详请题报，一面由东陵承办事务衙门派员赴司请领散放，历经遵办在案。兹据布政使崔永安呈称，准东陵承办事务衙门造册请领，该司按册复核原归玉田县光绪三十四年冬季分,供应菩陀峪万年吉地八旗员役米折、马乾、孤寡养赡饷银、养育兵丁钱粮等项共银二百四十六两,改折八成实银一百九十六两八钱,核与历年成案相符,应请在于司库地粮银内动拨,由司分开清单,详请核奏并声明吉地员役增减无定难以预计,应照急需钱粮之例,一面具奏,一面先行拨给领回散放,其实在支领数目统归于奏销案内核实销算,多则解还,不敷找给等情前来。臣复核无异,除清单咨部外,理合恭折具陈,伏乞皇太后、皇上圣鉴,敕部核复。谨奏。

朱批:"度支部知道。"

光绪三十四年十月二十日。

(《光绪朝朱批奏折》第 90 辑,1012)

交纳光绪三十四年长芦盐课解充京饷第五批银两片

再,据长芦盐运使张镇芳详称,案查度支部奏拨光绪三十四年长芦盐课解充京饷银二十五万两内,于三、四、五、七月间拨解第一、第二、第三、第四批银二十万两,尚应解银五万两,遵即拨解第五批银五万两,随解加平银七百五十两,委试用大使董乃麟管解,于本年十月初七日起程、前赴度支部交纳,造具拨解款册,详请奏咨前来。臣复核无异,除册咨部外,谨附片陈明,伏乞圣鉴,敕部查照。谨奏。

朱批:"度支部知道。"

光绪三十四年十月。

(《光绪朝朱批奏折》第 90 辑,1031)

交纳光绪三十三年分应解度支部部分银两片

再,据长芦盐运使张镇芳详称,案查豫省芦盐加价改由各商每年随引摊交银五万两,由长芦就近解部,以补荣工经费等因,前将光绪三十四年分南引加价银五万两,已解二万五千两,今又拨解银二万五千两,随解加平银三百七十五两,找解清款。又,豫省应征芦盐加价前经部议令每年包解库平银十二万两,由运库收足以六万两解交河南备还洋款,以六万两解部等因,今饬商交足光绪三十三年分应解度支部银六万两，随解加平银九百两，均委试用大使王析道管解，于本年十月十七日起程，前赴度支部交纳，分造拨解款册，详请奏咨前来。臣复核无异，除册咨部外，谨附片陈明，伏乞圣鉴，敕部查照。谨奏。

朱批："度支部知道。"

光绪三十四年十月二十日。

（《光绪朝朱批奏折》第90辑，1032）

请以李长生调补京师教职折

头品顶戴、北洋大臣、直隶总督、臣杨士骧跪奏，为拣员请补京师教职，以资训迪，恭折仰祈圣鉴事。

窃查，顺天府汉学训导任宝征，于光绪三十四年七月初八日丁忧，前经顺天府尹咨部开缺，所遗顺天府汉学训导系属要缺，例应在外拣员调补。定例，顺天府汉学教授、训导二缺，令直隶总督会同学政于通省现任教职内拣选人品端方、学问优长者具题调补，六年俸满，准其一体保题升用。据布政使崔永安、前署提学使卢靖、按察使何彦升查，有东安县训导李长生堪以调补顺天府训导，会详请奏前来。

臣查，李长生，年三十六岁，高阳县人，由廪膳生考取光绪甲午科优贡生，光绪二十一年恭应朝考，取列二等，引见奉旨以教职用。二十二年调办海运，保归本班尽先选用；二十六年选授曲阳县训导，二月到任；二十七年二月丁父忧开缺，二十九年五月服满起复，选授东安县训导，是年十一月到任。该员品学俱优，年强才裕，以之调补顺天府汉学训导，洵堪胜任，与例亦属相符，合无仰恳天恩俯准调补，以资训迪。除履历册咨部外，理合恭折具陈，伏乞皇上圣鉴，训示。再，所遗东安县训导一缺，照章归部诠选，谨奏。

朱批："吏部知道。"

光绪三十四年十一月初九日。

（《光绪朝朱批奏折》第25辑，436）

奏为候补知府尹之鑫供差一年期满堪甄别以留直补用（折片）

再，定例，道府以至未入流劳绩保荐候补班人员，无论何项出身、何项劳绩，均应扣足一年,期满甄别。又新章内载,甄别年限应自该员奉差之日起供差一年,确实试验,方准出考于差委事实册送部,开具等第,奏明留省补用各等语。兹查有候补知府尹之鑫,于光绪三十三年二月初三日委办筹款局稽查差使,于中立案内奏保免补同知本班,以知府仍留原省补用,应自是年七月二日作为知府到省。该员奉差在先,到省在后,应自到省之日起扣至三十四年七月二十二日,供差一年期满,应即甄别。据筹款局造具该员履历事实清册,移由藩、学、臬三司确实试验,详请核办前来。臣查,该员明白安详,留心吏治,堪列一等,应留省照例叙补。除将该员履历册并事实册分咨吏部、宪政编查馆外,理合附片具陈,伏乞圣鉴。谨奏。

光绪三十四年十一月二十五日获朱批:"该衙门知道。"

((台北故宫藏档,文献编号:168088)

奏为试用道璧双一年期满堪甄别留省补用(折片)

再,定例,道府州县无论候补试用人员,均应扣足一年,期满甄别,应自到省之日起予限一年,详加查看,出具切实考语,奏明留补用。又新章内载,甄别年限应自该员奉差之日起供差一年,确实试验,方准出考于差委事实册送部,开具等第,奏留补用各等语。兹查有试用道璧双于光绪三十三年四月十八日到省,二十八日委办赈抚局事宜。应奉差日起扣至三十四年四月二十八日,供差一年期满,应即甄别。据该道造具履历事实清册,咨由藩、学、臬三司确实试验,详请核办前来。臣查,该员年强才裕,办事勤能,堪列一等,留省照例补用。除将该员履历册并事实册分咨吏部、宪政编查馆外,理合附片具陈,伏乞圣鉴。谨奏。

光绪三十四年十一月二十五日获朱批:"该衙门知道。"

((台北故宫藏档,文献编号:168090)

傅增湘应即饬赴新任片

再,新授直隶提学使傅增湘,现已到津,应即饬赴新任,以专责成。除饬遵外,理合附片陈明,伏乞圣鉴。谨奏。

朱批:"知道了。"

光绪三十四年十月二十二日。

为恭慰大孝仰祈圣鉴事折

头品顶戴、北洋大臣、直隶总督、臣杨士骧跪奏，为恭慰大孝，仰祈圣鉴事。

窃臣恭阅十月二十一日邸钞，痛悉大行皇帝龙驭上宾，奄弃臣庶，攀髯莫及，摧裂五中。伏念大行皇帝临御三十有四年，仰秉慈谟，勤求上理，当环海交通之日，处机务殷凑之时，酌古准今，奋兴百度，筹备立宪，诏策布陈，昭宜民通变之宏谟，垂千古一时之盛业，观听所系，中外咸钦。臣感荷知遇，备位畿疆，未有坠露之酬，遽遭抱弓之恨。及思叩谒梓宫，一展哀恋，钦奉谕旨，停止入谒，遥仰阙廷，攀号滋切。伏愿皇上俯眷含生，哀思勉抑，上慰九天之灵爽，下顺四海之舆情。臣不胜哀恋狠切之至，谨恭折叩慰大孝，伏乞皇上圣鉴。

朱批："览。"

光绪三十四年十月二十六日。

（《光绪朝朱批奏折》第 30 辑，596）

为恭慰大孝仰祈圣鉴事折

头品顶戴、北洋大臣、直隶总督、臣杨士骧跪奏，为恭慰大孝，仰祈圣鉴事。

窃臣恭阅十月二十二日邸钞，痛悉大行慈禧端佑康颐昭豫庄诚寿恭钦献崇熙太皇太后仙驭升遐，奄弃大养，五内摧裂，抢地呼天。伏念大行太皇太后临御寰宇，垂六十年训政忧勤，铄今迈古，削平寇乱，奠定寰区，近当世局多艰，事机日剧，维新布政，凤钦宵旰之筹；思立宪顺民，益仰圣慈之忧惕，天人交飐，中外腾声，遽弃臣民，摧慕罔极。兹奉谕旨"不必来京致旷职守"，只当钦遵。伏愿皇上孝治万方，哀思勉抑，以副中外亿兆仰望之情。臣受国恩深，守疆地近，追怀焘育，祗切攀号，惟有龟勉职思，罄竭知虑，以期仰承遗诰，上报主恩于万一，谨恭折叩慰皇上圣鉴。

朱批："览。"

光绪三十四年十月二十六日。

（《光绪朝朱批奏折》第 30 辑，597）

保奖王勘廉片

再,前准学部咨开议复升任督臣袁世凯奏请道员詹天佑等四员给以进士出身折内声明,凡专门学成回国在十年以外学力素优复有经验者,以及耆儒、硕彦、博通中外古今之故经师人师众望允洽者,或胪举实迹,或征其著述,咨送汇办,奏准通行在案,当经通饬去后。

前据署提学使卢靖详称,查有分省补用知县王勘廉,由天津水师学堂高等毕业生,于光绪十二年派赴英伦留学三载,回国后派充天津水师学堂、顺天五城等处中学堂教习及北洋大学教务提调,学望坚卓,规画井然,嗣后经部奏派学务公所议长,又经天津县公举议事会会长。每遇谘商事件,折衷至当,剖析精微,洵为留学诸生杰出之选,请奏咨汇案核办等情前来。臣查,该员早年游学成就专门,回国十余年来尽心教育,筹画地方公益事宜,经验既多,物望并洽,夷考生平事实怀保送章程相符。合无仰恳天恩敕部汇案考覈给奖,以示光荣而励科学。除将该员履历清册分谘查照外,理合附片具陈,伏乞圣鉴,训示。谨奏。

朱批:"该部知道。"

光绪三十四年十一月三日。

(《光绪朝朱批奏折》第 25 辑,448)

军械局添建药库、兵房购用民地,应征粮银请一律豁除片

再,查保定省城军械局添建药库、兵房,购用清宛县东关外空城百冢社地方业户刘书民地六亩三分四里。无闰之年,应征地丁正银一钱六分二厘,耗银二分一厘;有闰之年,应征地丁正银一钱七分,耗银二分二厘,核于征册数目相符。所有应征粮银,请自光绪三十四年为始一律豁除。惟该县系缺额之区,向征地粮本属不敷留支,此项请豁银两俟奉准照数拨补给领。该县造具册结呈送府道,转由升任藩司增韫核明,详请具奏前来。臣复核无异,除册结咨部外,理合附片具陈,伏乞圣鉴,敕部查照。谨奏。

朱批:"度支部知道。"

光绪三十四年十一月初六日。

（《光绪朝朱批奏折》第 70 辑,053）

审办长垣等县四起寻常命盗死罪案件,照章汇摘简明案由折

头品顶戴、北洋大臣、直隶总督、臣杨士骧跪奏,为命盗各案照章汇摘简明案由,恭折仰祈圣鉴事。

窃查,直隶寻常命盗死罪案件照章汇奏,造册送部。又经刑部奏准,如事在光绪二十七年十月以后者,仍将全案供招造册咨部等因,均经遵照在案。

兹据按察使何彦升呈称,查有长垣县获贼张二麻子等纠伙行劫事主王学增铺内钱衣等物,逸贼持有洋枪,将张二麻子张新年依强劫之案,但有一人执持洋枪,在场者不分首从斩枭通行,均拟斩立决枭示,照章俱改为斩立决。

又,宁晋县获贼王傻子听纠结伙十一人抢夺过客武福堂骡马银两等物,逸贼持有枪炮,将王傻子依结伙十人以上抢夺,但有一人执持洋枪,在场者不分首从,斩枭通行,拟斩立决枭示,照章改为斩立决。

又,晋州获匪刘小丢听纠结伙十五人执持洋枪,掳捉事主张云太家幼孩,勒赎得赃,将刘小丢依捉人勒赎之案,结伙三人以上,持械入室,倚强掳捉已成,照强盗得财律斩决。其有执持洋抢者,加拟枭示通行,拟斩立决枭示,照章改为斩立决,逢恩不准查办。

又,行唐县民人靳青昌因小功堂叔靳庆花侵占地边车道,理论争吵,经劝后复令让地,致相争殴,用手揪伤靳庆花身死,将靳青昌依卑幼殴本宗小功尊属死者斩律,拟斩立决,照章改为绞立决,逢恩不准援免。

以上四起均系立决之案,业经由司提审,解勘发回,分造供招清册,汇呈请奏前来。臣复核无异,除清册分咨部院外,理合遵章摘叙简明案由,恭折具陈,伏乞皇上圣鉴,敕部核复。谨奏。

朱批:"法部议奏。"

光绪三十四年十一月初八日。

（《光绪朝朱批奏折》第 109 辑,231）

请以孟清燮补授永清县知县折

头品顶戴、北洋大臣、直隶总督、臣杨士骧跪奏，为拣员请补选缺知县，恭折仰祈圣鉴事。

窃查，永清县知县余受禄于光绪三十三年十一月二十四日病故，应以本员病故之日作为开缺日期，归是年十一月分截缺，因与升调所遗之武强县同月出缺，又系同项到班，例应掣签，当将武强县知县掣定第一缺，永清县知县掣定第二缺，咨部在案，除武强县第一另行核办外，所遗永清县知县第二缺应即照例序补。

查，直隶病故休选知县一项，上次已用至大挑正班知县钟灵补唐山县止，今永清县知县一缺并无坐补原缺、裁缺即用、回避即用、新选新补、留省另补及曾任实缺服满分发原省并实缺、京员改就知县等项人员，郑工遇缺先亦无人，新海防遇缺先知县薛声山于光绪三十三年五月二十八日到省，尚未扣满半年定限，例不准补，此外无人，其旧海防先海防即旧例银捐遇缺先、遇缺均无人轮应，第二正途出身及曾任实缺分缺间到班、现在旧海防、郑工分缺间均无人。

据升任藩司增韫、署提学司卢靖、署臬司李树棠查，有正途出身新海防分缺间知县孟清燮堪以请补，详奏前来。臣查，孟清燮，年四十四岁，山西太谷县举人，由试用知县于光绪二十九年正月二十九日到省，遵新海防例加捐本班尽先补用，免试用，并加捐分缺间补用，三十二年三月二十三日接准部咨，业经扣满一年定限。

该员才具稳练，局度安详，以之请补永清县知县选缺，与例相符。合无仰恳天恩俯准，以正途出身新海防分缺间知县孟清燮补授永清县知县，以资治理。如蒙俞允，该员衔缺相当，毋庸送部引见。除咨部外，理合会同兼管顺天府府尹臣陆润庠、顺天府府尹臣凌福彭恭折具陈，伏乞皇太后、皇上圣鉴，训示。谨奏。

朱批："吏部议奏。"

光绪三十四年十一月十一日。

（《光绪朝朱批奏折》第 25 辑,033）

审办涿州等州县八起寻常命盗死罪案件,照章汇摘简明案由折

头品顶戴、北洋大臣、直隶总督、臣杨士骧跪奏，为命案照章汇摘简明案由，

恭折仰祈圣鉴事。

窃查，直隶寻常命盗死罪案件照章汇奏，造册送部。又经刑部奏准，如事在光绪二十七年十月以后者仍将全案供招造册咨部，又奏准新章应入秋审人犯例应缓决者定案具奏时，妥拟确实出语，声明酌入缓决等因，均经遵照在案。

兹据按察使何彦升呈称，查有涿州民人郝山，因夜间有人在窗外偷看伊女，该犯气忿，持刀赶骂无获，适冯起出见，斥其不应在伊家门首，辱骂致相口角、争殴。该犯用尖刀扎伤冯起身死，并扎伤冯振平复，将郝山依斗杀律拟绞监候。死先詈殴，伤由抵御，即另伤一人亦属轻罪不议，酌入缓决。

又，顺义县旬民苏拴头，因与范茂江争睡热炕，口角争殴，用砖殴伤范茂江身死，将苏拴头依斗杀律拟绞监候。死先詈殴，他物一伤，酌入缓决。

又，蔚州民人孟光吉，因见王德与张源长争吵，向劝，口角，被殴受伤，用小刀扎伤王德，越日身死，将孟光吉依斗杀律拟绞监候。身先受伤，死越一旬，酌入缓决。

又，平谷县民人刘桂心，因向刘王氏借钱不允，彼此口角，王潮曾向斥，致相争殴，用尖刀扎伤王潮曾身死，将刘桂心依斗杀律拟绞监候。死先逞凶，扎有急情，酌入缓决。

又，宣化县客民李淦因刘洛品向索赊买烟袋嘴钱文，央缓未允，口角争殴，用铁斧砍伤刘洛品身死，将李淦依斗杀律拟绞监候，情非赖欠，伤无折损，酌入缓决。

又，平乡县民人董成行因黄春林堂兄黄槐林向伊弟董成安索欠，互殴致伤，该犯趋护，用铁锛砍伤黄春林，越日身死，并砍伤黄槐林平复，将董成行依共殴人致死，下手致命伤重者绞律拟绞监候。殴非预纠，一伤适毙，即另伤一人亦属轻罪不议，酌入缓决。

又，蔚州民人杨三子因表侄李林书向张德索欠口角，经劝后，该犯同李林书复向理论，致相争殴，用镰刀扎伤张德身死，并杨山举等在场目击，将杨三子依共人殴死，下手致命伤重者绞律拟绞监候。死先扑扎，伤系抵御，酌入缓决。李林书、杨山举均依余人律拟杖，照章罚金。

又，易州民人辛然因疯用菜刀砍伤伊妻辛王氏身死，复审供吐明晰，将辛然即辛百苓依夫殴妻至死者绞律拟绞监候。刃毙妻命，究由疯发无知，酌入缓决。据供，母老丁单，是否属实，俟监禁五年后再行查办。

以上八起，均系例缓之案，业经由司提审解勘发回，造册取结，汇呈请奏前来。臣复核无异，除册结分咨部院外，理合遵章摘叙简明案由，恭折具奏，伏乞皇上圣鉴敕部核复。谨奏。

朱批："法部议奏。"

光绪三十四年十一月十四日。

（《光绪朝朱批奏折》第109辑，236）

审办天津等县五起寻常命盗死罪案件，照章汇摘简明案由折

头品顶戴、北洋大臣、直隶总督、臣杨士骧跪奏，为命盗杂案照章汇摘简明案由，恭折仰祈圣鉴事。

窃查，直隶寻常命盗死罪案件照章汇奏，造册送部。又经刑部奏准，如事在光绪二十七年十月以后者，仍将全案供招造册咨部，又奏准新章，应入秋审人犯若系例实及实缓矜留、暂难确定，仍照旧章归入秋审核办等因，均经遵照在案。

兹据按察使何彦升详称，查有天津县获匪赵四，因纠夥铸造假银元已成，将赵四依拿获私铸银元之犯，但经铸成，无论银数、次数多寡，为首斩候，照章改为绞候，入于秋审，情实通行，拟绞监候，入秋审，情实。

又，南皮县获匪李景莲等，因贫起意，私雕印信，并契尾木板，诓骗税契钱文，将李景莲依伪造诸衙门印信诓骗财物为数多者，照律依斩例拟斩监候，照章改为绞监候，秋后处决。李福宽系官中知情，同谋得赃，依例加等，拟军；李福荣酌照不应重律拟杖，照章罚银，逢恩均毋庸查办。

又，广平县获贼阴伏住等，因行窃事主马乱年家地内北瓜，未得财，用洋枪拒毙事主，将阴伏住依犯罪拒捕杀所捕人者斩律拟斩监候，照章改为绞监候，秋后处决。李五在场目击，依为从减一等律拟流；王黑依律拟笞，照章罚银。

又，东光县民人刘生，因在姬连家地边砍草，姬连疑伊偷砍苇子，致相口角争殴，用镰刀砍伤姬连身死，将刘生依斗杀律拟绞监候，秋后处决。

又，望都县过境马夫冯义，因闻另群马匹践食麦苗，折回驱护，被郄建功扑殴，用赶马木杆殴伤郄建功身死。将冯义依斗杀律拟绞监候，改毙逾七老人，死先扑殴，一伤适毙，并无欺凌情状，酌入缓决。据供，母老丁单，是否属实，应否留养，秋审时再行查办。

以上五案，均系应入秋审核办，业经由司提审解勘发回，分造供招清册，汇详请奏前来。臣复核无异，除清册分咨部院外，理合遵章摘叙简明案由，恭折具奏，伏乞皇上圣鉴，敕部核复。谨奏。

审办张秀安被砍伤越日抽风身死一案,按律定拟片

再,查交河县民人宋禄等用铁粪锄砍伤张秀安,越日抽风身死一案。前据尸弟张秀平呈控,经臣批司委审未结,详明提省,发交保定府知府王守堃审拟,由司勘转到院,因值驻津,饬委藩司代审无异,将犯发回,兹据按察使何彦升造册,详请奏咨前来。

臣复加确核,缘宋禄籍隶交河县,与已死张秀安并其弟张秀平素识无嫌。宋保庆即宋义杰,系宋禄之父,光绪三十年九月初八日,宋禄赶集粜谷,张秀平亦在集卖粮,宋禄照经纪评价出粜,张秀平因价轻不粜,并斥宋禄未经争价,使其不能贵卖,宋禄分辨,彼此争吵,经劝,各自回家。宋禄向宋保庆告知,当被训斥。是日傍晚,宋禄携带铁粪锄赴村外拾粪。张秀平亦向其兄张秀安告知,张秀安听闻生气,即与张秀平各执木杆,至宋禄家门外,指唤宋禄评理,宋保庆听闻,出向理论,张秀平不服混骂,宋保庆回詈彼,此互殴受伤,适宋禄回归瞥见,上前帮护。张秀安用木杆扑殴,宋禄闪至张秀安身后,顺用所带铁粪锄乘势砍伤其左后肋,张秀安转向夺锄,宋禄情急,又用铁粪锄向张秀安头上连砍两下,致伤其偏右脑门近左,并带划伤其右手中指。张秀安喊跌倒地,经人劝歇,报验讯医。张秀安伤已渐次平复,惟偏右脑门两伤因其自不谨慎,致伤口进风溃烂,越二十八日殒命。

复经报验讯详提省,发府审拟,由司勘转到院,臣确核无异。宋禄应依斗殴之案,如原殴致命伤轻因风身死,在十日以外声请改流例拟杖一百,流三千里,照章解所工作,仍追埋银,给领营葬。宋保庆即宋义杰,依馀人律拟杖罚银。除清册分咨部院外,理合附片具陈,伏乞圣鉴,敕部,核复。谨奏。

朱批:"览。"

光绪三十四年十一月十四日。

(《光绪朝朱批奏折》第 109 辑,238)

直隶总督兼北洋大臣杨 士骧奏议全集

审办扎伤张林被扎伤越日抽风身死一案,按律定拟片

再,新城县民人张久成,用尖刀扎伤张林,越日抽风身死一案,前据该县知县王锦阳详报,批据审拟,由府解司,审勘发回,兹据按察使何彦升核拟造册,呈请奏咨前来。

臣复加确核,缘张九成籍隶新城县,与已死无服族叔张林无嫌,光绪三十四年二月二十三日下午,张九成赴村人李义家闲逛,见李义睡熟,即出门走回。维时张林亦在至李义家闲坐,与张九成撞遇。迨李义睡醒,查知褡裢内失少洋银一元,即向张林查问有无别人进门,张林以遇见张九成走出,疑是张九成偷窃之言回答,李义亦复心疑,俟张林出门,当将前情找向张九成查问。张九成闻而气愤,欲拉李义与张林质对,李义复向劝歇回家。张九成因被张林疑窃,愈思愈愤,是日傍晚,执持尖刀防身,往找张林斥说疑窃之非。张林混骂,张九成回詈。张林拾砖欲殴,张九成乘势用尖刀扎伤张林右腰眼。张林还殴,张九成逃跑。张林追赶,经人劝歇,报县验讯饬医。张林伤已结痂,因自身不谨。饬将痂抓落,致伤口进风溃烂,越二十八日殒命。

复验讯详审拟,由府解司,勘拟呈院。臣确核无异,张九成应依斗殴之案原殴致命伤轻,因风身死,在十日以外声请改流例拟杖一百,流三千里,照章解所工作,仍追埋银,给领营葬。除清册分咨部院外,理合附片具陈。伏乞圣鉴,敕部核复。谨奏。

朱批:"览。"

光绪三十四年十一月十四日。

(《光绪朝朱批奏折》第 109 辑,239)

审办宝坻等县三起命案,遵章摘叙简明案由片

再,据按察使何彦升详称查,有宝坻县民人高牛因与无服族人刘高氏之母高王氏口角争殴,被刘高氏趋护扎伤。该犯夺刀还扎刘高氏致伤身死。将高牛依斗杀律,拟绞监候。刀毙妇女身先受伤,刀系夺获,酌入缓决。

又,新城县民人崔登因赴堂兄家借车,被王福荣用言刻薄致相口角争殴,该犯与崔大占等各用尖刀、铁镐殴扎王福荣,致伤身死。将崔登依共殴人致死下手

致命伤重者绞律,拟绞监候。死先逞凶,伤由抵御共殴,亦非预纠,酌入缓决。

又,张家口厅获匪丁三等,诱拐幼孩老根子等,已成,尚未价卖。将丁三依诱拐子女被诱之人不知情,为首绞例,拟绞监候系初犯诱拐,被诱之人已给亲完聚,酌入缓决。王顺依为从例,拟流照章解所习艺。

以上三起均系例缓决之案。业经由司提审解勘,发回分造供招。清册汇详请奏前来。臣复核无异,除清册分咨部院外,理合遵章摘叙简明案由,附片具陈,伏乞圣鉴,敕部核复,谨奏。

朱批:"览。"

光绪三十四年十一月十四日。

（《光绪朝朱批奏折》第 109 辑,240)

奏为查明热河朝阳府阜新县守令被参各节并就原案审明办理各情形据实复陈事

钦差大臣、东三省总督兼管三省将军事务兼署奉天巡抚、臣徐世昌,钦差大臣、办理北洋通商事宜、直隶总督、臣杨士骧奏,热河督统臣廷杰跪奏,为遵旨查明热河朝阳府阜新县守令被参各节,并就原案审明办理各情形,据实复陈,恭折仰祈圣鉴事。

窃臣等承准军机大臣字寄光绪三十四年五月三十日奉上谕,"有人奏,热河吏治败坏,刁蠹横行,请饬查惩一折,著徐世昌会同杨士骧、廷杰,按照所参各节,秉公查明,确实具奏,毋稍徇隐。原折著钞给阅看。钦此。"遵旨寄信前来。

臣世昌遵即会同臣士骧暨臣廷杰,分派奉天补用道郭宗熙、候补道林学瑊、热河候补知县尹福林,前往朝阳,按照所参各节,逐款确查去后。兹据该员等确切查明,并传集案内应讯犯证、尸亲人等,暨续获案犯,一并讯取确供,开单禀复,核办前来。臣等复就访明缘由,并证以案牍,暨现讯供词,详加查核,情形相同。盖朝阳,本热河之一县,幅员辽阔,蒙汉杂居,地方官耳目难周,或不免有顾此失彼之处。改设府县,实有鉴于兹。自划治以来,力加整顿,从前积习逐件划除。原奏所称已参署任知县镆麟,当系府县未经分治以前之事。如原奏所谓朝阳府阜新县牵连讹诈一案,查光绪三十一年五月初六日,据蒙古珍壕外乡约呈报,白土厂门居住民人蓝永德向称,伊兄蓝永成偕同村民董锡泽、董锡春兄弟,于三月二十二日携带七密里枪二杆、银洋六百一十五元,由家赴牌管腰衙门地方开设铁铺,走至沙河子附近被人炮毙。访问系官营子牌蒙古练总召七土练长道几满斗、什长乂歹、沙各拉道尔、吉希拉巴等,图财害命,并据已死董锡泽之堂兄董锡尊报同前情。

按沙河子地方,距府三百里,彼时尚属朝阳县境。据前署县锁麟等录供详报,迭经移缉,勘验在案。旋由土默特旗移送道几满斗到案,供称并无图财杀害之事,随据蓝永德、董锡尊结称,蓝永成等实被乂歹等图害,委无道几满斗、召七土沙、各拉希拉巴帮同情事,经县照准开释。三十二年闰四月,驻热练军移送乂四台,即乂苏台,又即乂歹,到案。据蓝永德呈明,枪毙伊兄蓝永成之乂歹,现在侯七营子安度,就近投报来营拿办等因。当经该署县郑绰讯明,据乂歹供称,旗主派令召七土充当练总,道几满斗、七们加卜当练长,伊随当炮勇。去年春天,不知何人将蓝永成等枪毙,尸亲称系召七土、道几满斗,并将伊牵扯在内,经人说合,蓝、董二家图钱不究,伊摊洋银六十元。到腊月又听说,蓝董二家合靖纯如,有将案外之人拉入花钱之事。本月,伊赴戚家取马,被蓝永生带兵拿获等语。迭经复讯,或称目睹七门加卜、拉立红保、阿立巴拉打死三命,伊并未动手,或称伊合小道尔已、道几满斗、七们加卜、拉立、红保六人一同动手,曾俵分赃银三十元等语。后经复讯,忽认忽翻,现尚在押。

复据蓝永德又呈,乂歹供出花钱情事,用特直陈伊访明此案,均系各家炮手所为。控案后,经靖纯如等中证,各家甘愿包补划去银圆枪价,伊只得银圆二百九十圆,仍请讯究等语。又据希儒布道尔济禀称,职系东土默特旗头等护卫,今有差役曹姓与蓝姓通谋,扑入职家勒索钱财,蓝董弟兄前在边外被害,其尸亲勾串扰害,有本村蒙古哈尔齐改等被诈,报县鸣冤,齐木森等出为阻拦说合,应许倒赃,迄今一文不缴,讹职未遂其愿,深恐捏告罗织,请严查法办等语,并据土默特旗移同前情。经郑令焯检核,尸亲原控道尔、吉希拉巴,本是两人,此去差传,并无希儒布道尔吉之名。去役听从诈财,当即提讯,将去役曹忠山严惩管押,各在案。即据该员等按照原奏所指各节提卷,逐加严究。如所称董锡村蓝永德者,皆为奉天白旗厂门游民,素与该府县差役同气一节。查董锡村,一名当系卷内尸亲董锡尊之误,白旗厂门当系白土厂门之误。董锡尊、蓝永德均在奉境营业,本与热河阜新县属接壤出事地方,复在边外,常赴县署控诉,牵涉多家,谓与差役同气,殆即指此。

又,所称梅勒、希拉多尔济等家道殷实,控其谋害索诈多赃一节,查与卷内希儒布道尔济禀诉情节稍符。其名想系译音稍误,惟据禀曾有讹职未遂其愿之语,与原奏出给钱文,具结完案微有不同。三十三年,亦查无复控希儒布道尔济之案。又所称县役孙定轩率役多人,在该梅勒家骚扰半月一节。调查县役卯册,并无孙定轩之名,询诸皂役赵长生,据称伊承差此案,曾邀过朝阳县人孙廷选帮同协缉,孙定轩或即孙廷选之讹。骚扰索诈,或即曹忠山之事。

又,所指哈尔乞盖等与此案有涉,带领其党佟义、佟发等二十余人,将蒙人勒索数百圆一节。查土默特旗移文内有哈尔齐改,当即其人。据称被蓝洛聚,即蓝永德,率众带至各店,诈去洋二百余圆。其党佟义、佟发虽未被指明,既称率众,想亦在内,原奏有因。又所称牵指齐门加布等多人,传县看押,经队长齐木森劝其出银息事一节。查复讯义歹时,曾有七们加卜上前放枪之供,殆即齐门加布之误。七们加卜于光绪三十二年七月初七日自行投案。九月,经蓝永德呈称,伊并未访出七们加卜、拉立、阿立、巴拉保等四名有同谋情弊,不敢妄赖无辜,请开释等语。即据该县将将七们加卜等保释。伏念蓝永德既系尸亲,不思即行复雠,一再替人解免,且称得过包补洋二百九十圆,出尔反尔,情节本极支离,是齐木森劝其出银息事,虽无确据,而哈尔乞盖案内亦有拦阻说合之事,则原奏不为无因。

以上原奏各节,稽之县卷,间有不同,考诸蒙旗来文及希儒布道尔济所禀,大致无异。总之,藉命诈索,固属尸亲通病,而正凶未得,又不能不旁采尸亲陈诉,以为破获之资。稽察稍疏,即生弊窦。此案出之边外,既属热奉毗连之境,又系蒙民混杂之区,广漠深宵,别无见证,乡约报案已逾一月之期,正犯稽诛瞬历五任之久,兼以尸亲狡猾,致有讹诈情形。从来命盗案件重在起初,果使该署县镇令于呈报之顷,立即诣验,勒限严缉办理,应有端绪,乃因循玩忽,时过境迁,接缉之员益无从措手,指摘之来,未必不由于此。该委员等此次所历朝阳一带缺分虽瘠,各守令深知朝廷励精图治,举劾又复严明,颇能洁己从公,尚不至簠簋不饬。至地方官缉押案件,或因人证不齐,或因犯供狡执,禀请展限,往往有之。即如朝阳府所押一里拐一犯,系奏明缉拿枪毙人命之匪凶,经蒙旗弋获解送,因认供反复,便致拖延,已于三十四年三月初九日在押病故。该犯,一名阿有力乌改,原奏所称阿玉勒乌桂,似即指此。而董锡泽等被害一案,事关三命,时阅三年,尸亲等出为伸冤催缉,诚属正理。乃受包补洋圆,显有私和情弊,无怪控案累累,人言啧啧。若不从严彻究,难期水落石出。即经臣廷杰,饬由该署县王令,将现获之凶犯义苏台,讹索多家之尸亲董锡尊、蓝永德、蓝永生、董锡祥,被控有案之帮乡约荆春如,队长齐木森,查非本籍人之佟义、佟发,听从诈财之革役曹忠山,帮同协缉之孙定轩,均分别押传,连同卷宗一并解热。其余被累各家梅勒希、拉多尔济、哈尔乞盖、齐门加卜人等,以及曾受骚扰呈控有案者,亦由县传知,令其自行赴热投审,以凭质讯。

旋据该委员尹福林,于是月十七日将凶犯乂苏台,革役曹忠山、孙廷选,乡约靖纯如,案证哈尔乞盖、齐门加布、齐木森,尸亲蓝永德、董锡祥等九名押解到热,饬据道府司员讯取各供呈阅。不特尸亲蓝永德、董锡祥,革役孙廷选、曹忠山,乡约靖纯如所称,并无籍案索诈,均未可信。即该犯乂苏台供认,与逸犯萨嘎拉等疑贼枪毙蓝永成、董锡泽、董锡春三命,事后用火烧尸灭迹之处,亦核与前署阜新县郑焯原验已死董锡泽受有铅子枪伤,余二尸仅带生前石绳伤痕,情形不符。其为图财害命,而未死用火烧毙情状显然。复督饬委员裁缺。赤峰县知县俞良臣、候补知县尹福林随同热河道谢希铨、承德府知府管廷献,并刑司司员提讯。

又,苏台供称,伊向充练长,道几满斗充局勇。光绪三十一年三月二十二日夜,伊与逸犯仁宗会同另局练长萨嘎拉,并练勇白音大来、哈立巴拉、什锦,赴沙河设卡。三更余时,因疑贼,各放洋枪,前往查看,知误放蓝永成受伤在地,尚有气,董锡泽受伤身死,哈立巴拉拾得钱褡一只,装银圆,递给萨嘎拉查看。萨嘎拉即起意用煤油将蓝永成烧死,同董锡泽尸身一并烧毁,得财分用。正在商允间,忽见董锡春由沟内爬起,萨嘎拉复用枪将董锡春放倒。伊与仁宗见董锡春尚能动弹,各拾石块赶砸董锡春头面,至伤殒命。哈立巴拉用马缰绳捆住蓝永成胳膊,拉在尸旁,用煤油烧董锡泽、董锡春尸身,旋被狼犬残食不全,以致闻有枪伤,无从验明等语。因查乂苏台现供同谋加功之人,何与到案时所供系道几满斗、齐门加布、小道尔吉、拉立、红保,同伊枪毙情事大相悬殊,诘据供称,当同谋各犯,实系伊与萨嘎拉、白音大来、哈立巴拉,什锦、任宗六人。前供道几满斗等随同枪毙三命,系因索借不遂,挟嫌妄扳,不信,请与尸亲质对。随提尸亲董锡祥、蓝永德同堂环质,据伊等历次访查,图财害命诸凶均与乂苏台现供大致相同。并据蓝永德供称,伊与董锡祥堂兄董锡尊,于光绪三十一年四月报案后,经乡约靖纯如说合,收受道几满斗由局包给失脏银洋一百九十圆。是年十二月,伊与堂兄蓝永田误闻小道尔吉在场,同谋带领十余人往拿,因白音得勒根、套克套呼、哈尔乞盖三人帮殴,将小道尔吉并该三人一并拿送白土厂门练会,经人将套克套呼、白音得勒根保回维时,伊患病回归,经蓝永田、董锡尊将小道尔吉、哈尔乞盖解至元宝洼客店,交乡约靖纯如送县,闻经蒙员色登保释,由练会凑给蓝永田、董锡尊锡洋二百圆,靖纯如分得银洋四十圆。

革役曹忠山供称伊于三十二年六月,奉票往传乂苏台,供出之齐门加布、拉立、红保未遇,因闻红保逃入希拉巴,即希儒布道尔济院内,伊与练军往找,误将希拉巴传至齐门加布家,问其名与票不符,即行放回。旋被希拉巴控县,经县官将伊重责革退。孙廷翼供称,伊充阜新县皂班散役,于三十三年夏秋之间,与伙役杨德三两次奉票，往传希拉巴，外出先后住宿十余日。因恐希拉巴回家逃避，前往把住大门，不令其工人等出门，因此与希拉巴之妻吵嚷。经蒙员令希拉巴之妻给伊与杨德三银洋四圆，回县销差。质之乡约靖纯如，蒙古哈尔乞盖、齐门加布、齐木森供各无异，并据齐门加布与哈尔乞盖均称，实未被尸亲讹诈。即齐木森亦称并未劝其花银息事。正值核办，适据阜新县续获要犯萨嘎拉一名，申解到案，复督同并据各投具甘结前来。

臣等详核情形，虽原奏守令与差役朋比需索，上下均有染指各节，传闻不无失实，惟其中所参尸亲、蠹役、乡约，藉案诈财，均属事出有因。推原其故，皆由前署朝阳县锁麟并不立时相验，缉凶究办所致。不然何至有尸亲人等牵连讹扰之事？似此玩视人命，致令生枝节，实属咎无可辞，业已另案奏参革职，仍请旨永不叙用，以示惩儆。前署阜新县知县窦人桢，于散役孙廷选等，藉案滋扰得赃，虽非故纵，究属约束不严，应请旨交部议处。前署县郑焯于差役曹忠山妄传案外无干之人，旋经查明释回，并将曹忠山重责革役，办理尚无不合，应毋庸议。另案阿玉勒乌桂，即一里拐，因王福将其猎犬殴毙，用枪放伤王福身死，经该旗送案，狡供，未及讯明，旋于光绪三十四年三月在押病故，禀经该府验看，役人等并无凌虐情弊，取具图结，详经批饬，核案办理。至热河吏治，应由臣廷杰妥议整顿办法，严定章程，另折会奏。尸亲、衙役、乡约应得罪名，附入萨嘎拉等图财谋害蓝永成等命案内拟结。逸犯白音大来等，饬缉获日，另结。

再，此折系臣世昌主稿，会同臣士骧暨臣廷杰办理，因往返咨商榷查，是以具奏稍迟，合并陈明。所有查明热河朝阳守令被参各节并审办缘由，谨恭折会奏，伏乞皇上圣鉴。谨奏。

朱批："著照所请，该部知道。"

光绪三十四年十一月十五日。

（台北故宫藏档，文献编号：408005180）

具奏光绪三十三年分广恩库地租奏销未完一分以上人员名单片

再，直省各项奏销应将经征未完一分以上员名先行开单奏报，应经办理在案。兹据藩司崔永安详称，光绪三十三年分广恩库地租奏销现已核竣，将经征已、未完分数员名开单请奏前来。除详细清单咨部外，所有未完一分以上员名谨缮具简明清单，恭呈御览，伏乞圣鉴，敕部查核，谨附片具奏。

朱批："该部知道,单并发。"

光绪三十四年十一月廿一日。

(《光绪朝朱批奏折》第80辑,032)

叩谢天恩恭折仰祈圣鉴事折

头品顶戴、北洋大臣、直隶总督、臣杨士骧跪奏,为叩谢天恩恭折仰祈圣鉴事。

窃臣恭阅邸钞,光绪三十四年十一月初九日钦奉恩诏,"内外满汉文武大小官员俱加一级等因。钦此",当即恭设香案,望阙叩头谢恩。

伏念臣猥守近畿,阻随迤列,仰纪乘乾之运,式呈交泰之符。钦维皇上,衣德絣麻,膺图缵录,龙飞紫极,朵云开乱缦之祥,凤锡丹书,枫露沛涵濡之泽,班洽联恺,阶级咸增。渥荷隆施,弥深感悚。臣惟有愈勤职守,倍励靖共,愿睹建极陈畴。总辑象鞮于万国,仰拜新纶敷宠,祇勤鳌戴于三山。所有微臣感激下忱,谨缮折叩谢天恩,伏乞皇上圣鉴。谨奏。

朱批："知道了。"

光绪三十四年十一月二十一日。

(《光绪朝朱批奏折》第25辑,444)

滨临黄河村庄秋禾被水灾歉,恳恩分别蠲缓粮赋折

头品顶戴、北洋大臣、直隶总督、臣杨士骧跪奏,为查明开州、东明、长垣三州县滨临黄河村庄秋禾被水灾歉,恳恩分别蠲缓粮赋,恭折仰祈圣鉴事。

窃查,直属州县本年秋禾灾歉村庄,业经另折奏办,所有开州、东明、长垣三州县滨临黄河村庄秋禾被淹情形,经大明府督同各州县勘拟禀,由藩司核明,具详请奏前来。臣查,开州武详屯等八十六村成灾七分,张密城等十三村成灾六分,吉家庄等六十一村成灾五分,王庄等六村歉收四分,东明县河道村等八十村成灾五分,公西集等四十七村歉收四分,长垣县任双禄等一百一十四村成灾八分,温寨等七十七村成灾六分,冯作村等二百五十村歉收三分。均请照例分别蠲缓带征,并据声明该州县被水灾区,幸有附近成熟村庄秋禾中稔,穷民均可佣趁谋食,民情尚称安贴。应照历次奏案蠲缓粮赋,毋庸另议调剂。将成灾五六分村

庄应征本年钱粮,照例蠲免十分之一。成灾七分村庄应征本年钱粮照例蠲免十分之二,成灾七分村庄应征本年钱粮照例蠲免十分之四,其成灾五、六、七分村庄蠲剩钱粮缓至宣统元年秋后,分作二年带征。成灾八分村庄蠲剩钱粮缓至宣统元年秋后,分作三年带征。其未被灾以前花户,如有长完银两,准其抵作次年正赋。至被灾各村庄未完节年粮银,及歉收四分村庄未完本节年钱粮,既歉收三分村庄未完节年粮银,及出借仓谷等项,一体缓至宣统元年秋后启征,仍减免差役。其歉收三分村庄应征本年钱粮,同毗连灾区之成熟村庄应征本节年钱粮,及出借仓谷等项,照例征收,以供支解。除饬将灾歉分数顷数册结造送核办外,所有查明开州、东明、长垣三州县本年秋禾被水灾歉村庄请蠲缓粮赋缘由,理合恭折由驿具奏,伏乞皇上圣鉴,训示。谨奏。

朱批:"另有旨。"

光绪三十四年十一月廿二日。

(《光绪朝朱批奏折》第 70 辑,093)

奏报顺直各属光绪三十四年八月分雨水粮价情形(附一件)

头品顶戴、北洋大臣、直隶总督、臣杨士骧跪奏,为查明光绪三十四年八月报顺直各属市粮价值、雨水情形,恭折仰祈圣鉴事。

窃查,光绪三十四年七月分顺直各属市粮价值、雨水情形,业经奏报在案。兹据藩司查明八月分市粮价值、雨水情形,开单请奏前来。臣查八月分顺天、永平、保定、河间、天津、正定、顺德、广平、大名、宣化、遵化、冀州、赵州、深州、定州等十五府州属得雨一、二、三、四、五次,每次一、二、三、四、五寸不等。易州并属并未得雨。又查十月分粮价,宣化、遵化、易州、冀州、深州等五府州属与上月相同。顺天、河间、天津、正定、顺德、广平、大名、赵州、定州等九府州属较上月价减。永平、保定二府州属较上月价增。理合恭折具陈,并缮具粮价清单,恭呈御览,伏乞皇上圣鉴。谨奏。

光绪三十四年十一月二十五日获朱批:"知道了。钦此。"

光绪三十四年十一月二十三日。

((台北故宫藏档,文献编号:168121)

清单

十一月二十三日,谨将顺直各属光绪三十四年八月分市粮价值缮具清单,恭呈御览。

计开：

顺天府属，价减：

粟米，每仓石价银二两五钱至四两九钱，较上月减六分。

麦，每仓石价银二两四钱七分至四两九钱七分，与上月相同。

黑豆，每仓石价银二两一钱至五两四钱八分，与上月相同。

高粱，每仓石价银一两五钱至三两四钱，与上月相同。

糜米，每仓石价银一两三钱至四两七钱，较上月减二钱。

永平府属，价增：

粟米，每仓石价银二两一钱九分至六两三钱二分，较上月增三钱二分。

麦，每仓石价银三两七钱一分至四两五钱分，较上月增二钱八分。

黑豆，每仓石价银二两三钱四分至三两二钱四分，较上月减九分。

高粱，每仓石价银一两五钱五分至二两一钱八分，较上月减九分。

糜米，每仓石价银二两九分，与上月相同。

保定府属，价增：

粟米，每仓石价银二两六钱九分至四两六钱，较上月增一两。

麦，每仓石价银二两九钱至六两，较上月增一钱。

黑豆，每仓石价银二两三钱二分至四两一钱，与上月相同。

高粱，每仓石价银一两八钱二分至三两二钱四分，较上月增二分。

糜米，每仓石价银二两五钱七分至四两七钱，较上月减二分。

河间府属，价减：

粟米，每仓石价银二两三钱五分至四两五钱，较上月减一钱。

麦，每仓石价银三两四钱一分至四两七钱，与上月相同。

黑豆，每仓石价银二两九钱六分至四两一钱，与上月相同。

高粱，每仓石价银二两一钱八分至四两一钱，较上月减五分。

糜米，每仓石价银二两六钱三分至四两五钱，较上月减六分。

天津府属，价减：

粟米，每仓石价银一两四钱至四两二钱，较上月增七钱三分。

麦,每仓石价银一两八钱至四两九钱,较上月增四钱三分。

黑豆,每仓石价银一两六钱至三两九钱,较上月减一钱五分。

高粱,每仓石价银一两四钱至三两八钱,较上月减二钱。

糜米,每仓石价银一两三钱五分至三两三钱五分,较上月减一两二钱。

正定府属,价减:

粟米,每仓石价银二两五钱三分至三两八钱三分,较上月减二钱九分。

麦,每仓石价银二两五钱二分至四两四钱三分,与上月相同。

黑豆,每仓石价银一两八钱七分至三两八钱,与上月相同。

高粱,每仓石价银一两六钱七分至三两一钱,与上月相同。

糜米,每仓石价银一两八钱二分至三两八钱二分,较上月减五分。

顺德府属,价减:

粟米,每仓石价银二两八钱至四两五钱,较上月减二钱五分。

麦,每仓石价银二两六钱至四两二钱,与上月相同。

黑豆,每仓石价银二两一钱至四两七钱五分,与上月相同。

高粱,每仓石价银一两九钱九分至三两五钱,较上月减五钱三分。

糜米,每仓石价银一两六钱至四两五钱,与上月相同。

广平府属,价减:

粟米,每仓石价银二两一钱至四两四钱六分,较上月减三钱九分。

麦,每仓石价银二两二分至四两五分,较上月减三钱三分。

黑豆,每仓石价银一两九钱九分至三两九钱九分,较上月减二钱。

高粱,每仓石价银一两五钱九分至三两,与上月减六分。

糜米,每仓石价银一两七钱至三两五钱九分,较上月减四钱九分。

大名府属,价减:

粟米,每仓石价银二两四钱五分至四两一钱三分,与上月相同。

麦,每仓石价银二两七钱三分至三两五钱九分,与上月相同。

黑豆,每仓石价银一两八钱八分至三两六钱五分,与上月相同。

高粱,每仓石价银一两六钱二分至二两九钱五分,较上月减二钱一分。

糜米,每仓石价银二两一钱至二两七钱九分,较上月减二钱二分。

宣化府属，价平：

粟米，每仓石价银一两至一两四钱五分，与上月相同。

麦，每仓石价银一两九分至二两八钱三分，与上月相同。

黑豆，每仓石价银一两至一两八钱五分，与上月相同。

高粱，每仓石价银七钱二分至一两四钱三分，与上月相同。

糜米，每仓石价银五钱七分至一两七钱五分，与上月相同。

遵化州并属，价平：

粟米，每仓石价银三两二钱至三两八钱三分，与上月相同。

麦，每仓石价银四两一钱九分至四两四钱六分，与上月相同。

黑豆，每仓石价银二两九钱六分至五两四钱三分，与上月相同。

高粱，每仓石价银一两八钱八分至二两五钱一分，与上月相同。

糜米，每仓石价银一两五钱九分至三两二钱，与上月相同。

易州并属，价减：

粟米，每仓石价银一两三钱四分至三两七钱，较上月减四分。

麦，每仓石价银一两七钱七分至四两二钱，较上月减六分。

黑豆，每仓石价银一两二钱六分至五两二钱，较上月减一钱四分。

高粱，每仓石价银一两至二两七钱，较上月增三钱。

糜米，每仓石价银一两一钱九分至三两六钱，较上月减一钱。

冀州并属，价平：

粟米，每仓石价银二两七钱至四两二钱，与上月相同。

麦，每仓石价银三两九钱二分至四两一钱，较上月增一钱一分。

黑豆，每仓石价银二两二钱至三两六钱，与上月相同。

高粱，每仓石价银二两至三两一钱，与上月相同。

糜米，每仓石价银三两一钱八分，与上月相同。

赵州并属，价减：

粟米，每仓石价银二两三钱四分至三两一钱，较上月减八钱。

麦，每仓石价银二两一钱七分至三两五钱，与上月相同。

黑豆，每仓石价银一两五钱七分至三两二钱四分，较上月减五分。

高粱，每仓石价银一两四钱至三两六分，与上月相同。

糜米，每仓石价银二两七分至二两七钱四分，与上月相同。

深州并属，价平：

粟米，每仓石价银三两二钱至四两一钱九分，与上月相同。

麦，每仓石价银二两八钱至四两一钱，与上月相同。

黑豆，每仓石价银二两至三两三钱，与上月相同。

高粱，每仓石价银二两二钱四分至二两九钱五分，与上月相同。

糜米，每仓石价银一两二钱五分至四两，与上月相同。

定州并属，价减：

粟米，每仓石价银三两二钱五分至四两二钱五分，较上月减三钱五分。

麦，每仓石价银三两二钱九分至四两三钱五分，较上月减一钱五分。

黑豆，每仓石价银二两五钱至三两三钱五分，较上月增一钱五分。

高粱，每仓石价银二两至三两一钱，较上月减四钱。

糜米，每仓石价银二两一钱至三两一钱五分，与上月相同。

朱批："览。"

具陈何彦升任期内钱粮收支情况折

头品顶戴、北洋大臣、直隶总督、臣杨士骧跪奏，为藩司接收交代清楚，恭折仰祈圣鉴事。

窃据布政使崔永安详称，前署司何彦升自光绪三十四年五月二十二日到任起，至三十四年八月初四日卸事前一日止，崔永安即于八月初四日到任，所有前署司何彦升接收前升司增韫交下司库并大名寄库实存恒裕库各款共银一百三十四万七千一百九十五两五钱七分三厘，制钱一千一百三十一串八百二十五文，兵饷朋建节省饷乾共存银五万九千九百七十九两一钱二分二厘，外寄库实存银八千八百十两三钱四分六厘。前署司何彦升任内经手本节年地丁、协饷、正杂钱粮按款盘查逐一核明，恒裕库共收银四十二万七千一百七十两八钱五分七厘，制钱七百五十三串六百二文，内正款收银四十二万六千二百八十四两四钱二分二厘，制钱七百五十三串六百二文,借款收银八百八十六两四钱三分五厘,开除共支银五十四万一千九百四十二两六钱六分四厘,内正款支银五十一万五千九百四十二两六钱六分四厘,借款支银两万六千两,实存银一百二十三万二千四百二十三两七钱六分六厘,制钱一千八百八十五串四百二十七文,兵饷朋建节省饷乾共正款收银一十万八千八百十一两八钱九厘,开除共正款支银九万七千八十两四钱一分二厘,实存银七万一千七百十两五钱一分九厘,外寄库共正款收银三百四十五两五钱二分二厘,实存银九千一百五十五两八钱六分八厘,均核与司库实存银款数目相符。除将各项细册磨对准确、装订钤印另文呈送外,拟合摘造简明总册,照例出具印结,详送前来。臣复查无异,除册结咨部外,理合恭折具陈,伏乞皇上圣鉴,敕部查照。谨奏。

朱批:"度支部知道。"

光绪三十四年十一月廿三日。

(《光绪朝朱批奏折》第 85 辑,632)

具陈光绪三十三年八项旗租奏销未完一分以上人员名单片

再,部定章程,经征各项粮租,应先将未完一分以上各员开单奏报等因,兹据藩司崔永安详称,光绪三十三年八项旗租奏销现已核竣,将经征未完分数员名开单具详前来。除详细清单咨部外,所有未完一分以上员名缮具简明清单,附片具陈,伏乞圣鉴,敕部查核。

再,额征银两均无一百两以内未完在五分以上,应行革职开缺之员,合并陈明。谨奏。

朱批:"该部知道,单并发。"

光绪三十四年十一月廿三日。

(《光绪朝朱批奏折》第 80 辑,033)

东明黄河南堤光绪三十四年修防用款照章估报折

头品顶戴、北洋大臣、直隶总督、臣杨士骧跪奏,为东明黄河南堤光绪三十四年修防用款照章估报,恭折仰祈圣鉴事。

窃查东明黄河前筑南堤六十馀里,划归直隶防守,因地势北高南下大溜愈趋愈南,工程吃重,移厅汛驻各员分拨修抢,续因溜势紧逼,堤身冲激日甚,工繁用钜,岁费不敷,添拨经费。又抽设制兵,设立河防营,经前督李鸿章、裕禄先后奏明,各在案。

兹据大顺广道文冲、转据大名管河同知萧树勋将光绪三十四年分修防工程,并另案砖石坝工动用经费,造册绘图,详请估报前来。臣查东明黄河南堤上汛李连庄、中汛高村、下汛黄庄,光绪三十四年伏秋汛内黄流节次盛涨,溜势湍悍,各势当冲坝埽,随蛰随镶,兼以大溜南卧,提挫靡常,各埽纷纷塌卸,岌岌可危,严饬各员督率兵夫分投镶护加抛砖石坝。又于中汛二十浦八坝,即二道挑水坝另案抢镶新埽五段。又于下汛四浦迤上挑水坝第四埽以下另案抢镶新埽四段,始得转危为安,经臣奏明在案。查本年额拨修银七万三千五百两内,除提归公节省防料防料经费银一万两应由藩司造报外,计拨银六万三千五百两,系由藩司练饷局凑拨,又添请另案埽工银一万四千六百两,又上届馀存砖石秸料三百三十六两零,内除馀存石料合银五十六两零,留归下届动用,汇销不计外,计归本届动用上年砖秸银二百八十两零,共银七万八千三百八十两零。内除另案抢办新埽用去银一万四千六百两,另册造报,共馀存砖料共银二百七十七两零,留归下年汇销外,实归二十四年岁修砖土埽工并各员津贴薪水河兵口粮等项,请销银六万三千五百二两零,均系核实动支。除将估销清册并河图咨部查照外,理合恭折具陈,伏乞皇上圣鉴,敕部核复。谨奏。

奉旨:"该部知道。"

光绪三十四年十一月廿三日。

(《光绪朝朱批奏折》第 101 辑,009)

请拨款培修永定河堤折

头品顶戴、北洋大臣、直隶总督、臣杨士骧跪奏,为永定河堤卑矮日甚,请由部分年拨款,加培土工以御盛涨,恭折仰祈圣鉴事。

窃据永定河道吕珮芬禀称,该河发源山西,会塞外万山之水奔腾下注,挟泥带沙,易淤善决,古称难治。自下游之各淀淤平,两岸之减坝壅闭,既无蓄水之地,又少泄水之区,以致奇险环生,修防终无善策。前任大学士左宗棠入关之初,首以修治永定河为急务,乃上下履勘,无从措手,但在石景山以上修筑玲珑坝,冀以遏淤,当年即被冲坏。光绪二十年间,前任东河督臣许振祎奉命来工,妥筹办法,于卢沟桥以上设立减水坝一座,并令多备桩料,撒手抢护,共用款七十余万,逾年仍不免于漫决。近年仅尽常年经费以上就款设法弥缝,间请筹拨另案,亦如杯水车薪,暂救燃眉之急。而河身日见淤垫,两堤日形卑矮。

今岁大汛之前,履勘两岸堤高滩面仅三、四、五、六尺不等。及八月十三日之盛涨水,距堤顶不过尺余,兼有不及一尺之处,风浪一拥,便越堤巅。幸彼时风浪尚不甚猛,而兵夫竭力抢护,始幸得保无事。现查,两岸滩面较大,汛前又淤高二尺有余,倘来年再如本届之盛涨,则已高过堤顶尺许,防无可防。再四思维,实非加培堤身,万不足以资抵御,情形危急,不敢不据实上陈。明知时势艰难,未易筹拨巨款,而工关紧要。如果因循敷衍,贻误事机,非特没遏大工,糜粮施赈糜费,难以数稽,而沿河数十万居民惨祸,实有不忍言者。其时即将河员严参而事机已误,地方受害非浅。与其事后而求焦头烂额之方,何若事前而为曲突徙薪之计?兹饬由厅汛将卑矮已甚之堤埝核实勘估,酌量加培。统计两岸四百余里,共估土二百万一千一百余方,需银三十七万四千八百七十两零。复加勘核,均属紧要应办之工。

第念库款支绌异常,一时难以筹措,拟分作三年排办,每年请拨银十二万余两,择要次第加培,以为工款两顾之计,故不敢谓确有把握。若平常汛涨,自可力保安澜,禀请奏明拨款等情前来。臣查,永定河年久失修,河身积淤,高于平地,伏秋汛涨,全恃一线沙堤以资捍御。昔人譬之筑垣储水,防守极艰。溯查光绪十六年以至十九年四岁之内,三次决口,可为殷鉴。二十年,前任河东督臣许振祎赴工勘治,亦无一劳永逸之策。庚子以后,该河砖坝潜船经费节省归公,工款益形竭蹶,未能普加挑培,堤岸遂日形卑薄。本年七月间,臣入都展觐,就近赴卢沟桥查看工情。适当秋汛期内,河流大涨,盈堤拍岸,岌岌可危。因饬赶筑子埝以防漫溢,一面激励工员竭力守护工险,卒能幸保安澜,是皆朝廷福庇。至堤身卑矮情形,实属处处可虑,核与所禀无异。且汛后河身又复高仰,来岁险工更甚,实在意中。

该河切近京师,修守倍宜慎重。若论办法,必须迁改河身,另筑堤岸,始可永保无事。无如工程浩大,钜款难筹,民情亦复不顺,未便轻议更张。急则治标舍,加培堤身,别无善策。估需银三十七万四千八百七十两零分,作三年筹拨,为时稍宽,当易办理。堤工安危为沿河数州县百姓身家财产所关,不得不为民请命。合无仰恳天恩俯准饬部,自宣统元年起至三年止,每年拨发加倍另案银十二万四千九百五十六两,以济要工。如蒙俞允,臣当责成该河道核实修办,工竣另案造报,不与岁款牵混,以清界限。理合恭折具陈,伏乞皇上圣鉴,训示。谨奏。

奉旨:"该部议奏,片并发。钦此。"

光绪三十四年十一月廿五日。

（《光绪朝朱批奏折》第 101 辑,007;《杨文敬公奏议》卷八）

请拨款修永定河减坝片

再,据永定河道吕珮芬禀称,该河堤岸卑矮,固须急于加培,而推究全河受病之原,其故有二:一由于下口高仰,宣泄不畅,尾闾有壅塞之虞。一由于减坝失修,分消无路,胸腹有涨满之患。然欲浚下口,不特款项过钜,财力有所不及。且连及北戴河,窒碍之处良多,姑从缓议。至兴修减坝,实为此时切要之功。

查,该河南北两岸,自卢桥沟而下,旧有减坝二十余座,渐次淤闭,现在仅存北岸三工之求贤坝、南岸二工之金门闸两处。求贤坝坝身酥裂,不堪启放,大汛前挑埝堵闭。金门闸本届虽经启放,惟丈量滩面,高过龙骨二尺有余,启放之时,大溜皆引归南岸,岌岌可危。所幸河水骤消,得保无恙。若不加高龙骨,来年再遇盛涨,恐有夺溜之虞。详察河势,非将该两处闸坝拆修坚固,实无可资泄之处。核实估计,求贤坝拆修工料并挑挖减河需银三万六千四百五十三两零,金门闸拆修工料并挑挖减河需银五万六千五百三十六两零。请奏明拨款修办等情前来。

臣查,该河发源晋省,伏秋大雨时行,关外万山之水建瓴而下,惊涛骇浪,拍案盈堤,有全河莫容之势。赖有减坝分泄盛涨,庶免漫溢为灾。卢沟桥以下旧有减坝多座,年久淤闭,仅存求贤坝、金门闸二处,一则龙骨过低,启放为难,已同虚设。该河道请款修办,委系万不可缓之工。据估,该坝闸拆修工料并挑挖减河两共需银九万二千九百八十九两零,亦属搏节核估,无可再减。合无仰恳天恩俯准饬部一并照数拨发,俾得及早兴修,实于河防有裨。理合附片具陈,伏乞圣鉴,训示。谨奏。

奉旨:"览。钦此。"

光绪三十四年十一月廿五日。

（《杨文敬公奏议》卷八）

秋禾灾歉州县恳恩蠲缓粮租,酌予抚恤折

头品顶戴、北洋大臣、直隶总督、臣杨士骧跪奏,为查明本年秋禾灾歉州县恳

恩蠲缓粮租，酌予抚恤，恭折仰祈圣鉴事。

本年顺直地方自春徂夏，雨泽稀少，二麦歉收，嗣幸雨水调匀，秋禾得以布种，满冀普庆丰登，咸歌大有。讵因五月以后，雨泽又复愆期，秋禾渐有旱象，迨至七八月间，节次大雨，河水涨发，漫溢出槽，加以沥水汇注，滨临各河洼地禾稼均多被水，并因天时不齐，各属有被雹、被虫、被旱之外，当饬分别据实勘办，旋据通州、三河、武清、宝坻、蓟州、香河、宁河、霸州、保定、东安、大兴、滦州、乐亭、清苑、蠡县、安州、献县、阜城、交河、景州、故城、吴桥、东光、宁津、天津、青县、静海、沧州、南皮、盐山、肥乡、开州、大名、东明、长垣、丰润、玉田、冀州、枣强、饶阳、围场厅等四十二州县厅先后禀报，当经各该道府厅州督同勘议，由藩司核明，具详前来。

除开州、东明、长垣三州县系久被黄水，应照案另奏，又沧州未据议定灾歉分数，应俟议复到日另行核办外，计武清县西柳行等十二村成灾九分，东州等十三村灾成灾八分，陈嘴等二十三村成灾七分，西州等二十五村成灾六分，石各庄等十七村成灾五分，西梁等九村歉收四分。蓟州青淀庄等十二村成灾七分，吴家套等四村成灾六分，寇各庄等二十二村成灾五分，牛圈子等七十六村歉收四分，南石庄等二十一村歉收三分。霸州南张家庄等三十村成灾五分，老堤村等四村歉收四分，阜兴庄等六村歉收三分。东安县惠家堡等十三村成灾七分，马头镇等二十八村成灾六分，南郭庄等十一村成灾五分，甄庄等三村歉收四分，西关等七村歉收三分。保定县崔家庄等三村成灾六分，张青口等十村成灾五分。乐亭县薛家房子等七村成灾七分，公官营等四十七村成灾五分，废河、庄康等四十四村歉收四分，韩庄等一百二十村歉收三分。献县万家寨等十一村成灾五分，前尹庄等九十九村歉收四分，小屯等二百八村歉收三分。阜城县高王柳等十八村成灾五分，刘麟桥等二十三村歉收四分，赵门庄等一百八十村歉收三分。交河县东官道等一百八十成灾八分，闾上村等八十八村成灾六分，辛店等九十九村成灾五分，东关等一百四十三村歉收四分，尹家店等六十七村歉收三分。吴桥县马司城庄等二十村成灾五分，后张家庄等二十四村歉收四分，老雅、张庄等三十六村歉收三分。东光县大柳树、张庄等六十九村成灾六分，刘家、八里庄等一百九十六村成灾五分，史集等六十三村歉收四分，十二里庄等一百九十二村歉收三分。宁津县李仙家等二十九村成灾七分，谢家庄等五十村成灾六分，中五街等二十九村成灾五分，白家庄等五十三村歉收四分，柳家庙等三十九村歉收三分。天津县大任庄等十五村成灾七分，大梨园等十村成灾六分，黑牛城等十九村歉收三分。南皮县六户刘庄等八十村成灾六分，冯家口等九十五村成灾五分，小白庄等十五村歉收四分。盐山县大许庄等五村成灾五分,周家庄等七村歉收四分,小黄庄等十七村歉收三分。丰润县东赵官庄等十八村成灾六分,倚岸庄等二十六村成灾五分,丰台等二十八村歉收四分,东蛇麻港等三十四村歉收三分。饶阳县菜元等九村成灾五分,北吕湖等九村歉收四分,邵家村等四村歉收三分。围场厅小杨树沟迤南一带七八里成灾六分,小巴斯哈达至松顶沟地约五里成灾五分,大水泉、育太和、杨家店、贾家梁地约十余里歉收四分,五大股、十大股、双头山、大巴斯哈达歉收三分。以上十八厅州县勘明成灾五、六、七、八、九分,及歉收三、四分不等,拟请将成灾五、六分村庄应征本年钱粮照例蠲免十分之一,成灾七分村应征本年钱粮蠲免十分之二、各项旗租蠲免十分之一。成灾八分村庄应征本年钱粮蠲免十分之四,各项旗租蠲免十分之二。成灾九分村庄应征本年钱粮蠲免十分之六,各项旗租蠲免十分之四。如有未被灾以前花户长完之项准其抵作下年正赋,被灾五、六、七分村庄蠲剩本年钱粮同成灾七分村庄,蠲剩旗租均分作二年带征。被灾八、九分村庄蠲剩本年钱粮分作三年带征。被灾五、六、七、八、九分村庄未完节年地丁钱粮并各项旗租同成灾五六分村庄,例不蠲免之本节年各项旗租,并歉收四分村庄应征本节年粮租,及歉收三分村庄应征节年粮租,均请缓至宣统元年秋后启征。凡有应征屯米、谷豆、草束、灶课、学租、旗产、钱粮,河淤、海防经费,储备、军饷,广恩库租,通津二帮屯租,均照民粮之例分别蠲缓带征。其向不免之陆军部马馆租、玺仪卫租、永济库租、代征租,及出借仓谷、籽粮、口粮、牛具等项,仍请一体缓至宣统元年秋后启征,仍分别减免差徭,以纾民力。其歉收三分村庄,应征本年粮租照章征收。又勘明宁河县张家庄等九十七村歉收四分,大杨庄等六十三村歉收三分。大兴县小葛顺村等八村歉收三分。通州沙窝等二十四村歉收四分,任辛庄等五十三村歉收三分。三河县钱公庄等三村歉收四分。宝坻县黄庄、半镇等一百三十八村歉收四分,马营庄等一百二十六村歉收三分。香河县达古庄等十村歉收四分,邵庄等十三村歉收三分。滦州朱家庄等七十三村歉收三分。清苑县御城等十五村歉收四分,喇喇地等九村歉收三分。蠡县大杨家庄等六村歉收四分,北蒲洼等三村歉收三分。雄县洪城等十二村歉收四分,二铺等六十四村歉收三分。安州何家庄等四村歉收四分,韩堡等五村歉收三分。景州佛台等一百二十四村歉收四分,苏庄等一百四十村歉收三分。故城县三郎镇等三十二村歉收四分,北化村等十三村歉收三分。青县鹅庄等八村歉收四分,何家庄等八村歉收三分。静海县小苏庄等二十五村歉收四分,大庄子等四十六村歉收三分。肥乡县刘儿寨等二十五村歉收三分。大名县双井集等二十六村歉收三分。玉田县李三庄等一十九村歉收三分。冀州魏家屯等八村歉收四分,大娄家疃等八村歉收三分。枣强县大桃园村等一百一十三村歉收三分。

以上二十州县勘明歉收三、四分不等，应请将歉收四分村庄应征本节年粮租并歉收三分村庄，应征节年粮租、屯米、谷豆、草束、灶课、学租、旗产、钱粮，河淤、海防经费，储备、军饷，广恩库租、陆军部马馆租、玺仪卫租、通津二帮屯租、永济库租、代征租并出借仓谷、籽粮、口粮、牛具等项，均请缓至宣统元年麦后启征，仍减免差徭。其歉收三分村庄，应征本年粮租照常征收。

又，二麦被雹之东安县白草洼等十八村歉收三分，请将应征节年粮租缓至来年秋后启征。又钜鹿县春夏雨少，地多干燥，麦收减色，秋禾亦难布种，民情困苦，请将本年上忙民欠钱粮缓至来年麦后启征。又，固安县上年被水各村今复麦收歉薄，请将上年被之五、六、七分村庄，原缓至本年秋后启征粮租及节年粮胜，请展缓至来年秋后启征带征。其上年歉收三、四分村庄，原缓至本年麦后启征粮租，请缓至来年麦后启征，暨减免差徭以纾民力。其津军厅应征苇渔课纳粮地亩，坐落天津武清地面者归入该二县灾歉村庄查办。又，各灾歉村庄内有承种内务府等衙门及京旗各府地亩，如何减收租数，应由各衙门各府自行督同庄头查勘情形，分别酌办。至灾重之区筹款急抚并招商购粮，办理平籴，业经奏明在案，民情尚称安贴。其被灾村庄，例应按户给赈。近年均改赈为抚，缘抚可择人而施，穷黎得沾实惠。此次各州县灾村冬抚，除顺属仍照案由府尹臣就近筹办外，直属即由臣督同司道妥筹办理。

除饬各属将灾歉项亩分数造具册结汇奏外，所有查明本年秋禾灾歉州县请蠲缓粮租，酌予抚恤缘由，理合会同兼管顺天府府尹臣陆润庠、顺天府府尹臣凌福彭恭折由驿四百里驰陈，伏乞皇上圣鉴，训示施行。

再，部章应开灾歉村庄地数及蠲缓银两数，但各项数目繁多，势难叙入折内，即藩司查取核明条款亦需时日，今将已到者开清单先行咨部，未到者俟再催缴另咨。其被灾地另饬运司开单详咨，已饬道府厅州于亲勘得实之日，先出简明告示，即行停征。其较重者于被水时已先停征，不准稍有含混，合并陈明。谨奏。

朱批："另有旨。"

光绪三十四年十一月二十五日。

(《光绪朝朱批奏折》第 70 辑，094)

济南等处商埠经费不敷，请旨饬部拨借折

头品顶戴、北洋大臣、直隶总督、臣杨士骧，头品顶戴、山东巡抚、臣袁树勋跪奏，为山东济南等处商埠经费不敷，请旨饬部拨借，以济要需，恭折仰祈圣鉴事。

窃据办理济南商埠总局候补道朱钟琪详称，伏查济南商埠开办已届三年，界内工程，如商埠总局、巡警局、审判公所、汽机房、市房、存货行栈、迎宾馆及马路等均次第建设。此外，如购回德领事房屋、地基及置办碾路机器、招练巡警、开掘井泉，虽亦略具端倪，然犹宜推广。现在，货品转输日见畅旺，洋商之订租地亩者固不乏人，其资本浅薄者每以埠界无屋可租，杂居城市。兹值严定新章，照会各国领事，凡外国商人概不准在城僦居贸易，此后一律迁徙，则市房、行栈均宜添造。此建筑之宜推广也。大马路岁久失修，重车辗压，渐多洼沼，若再不修补，他日需费愈多，将同另筑。二马路，虽经修竣，应添修横马路数条，以便往来，此修路之宜推广也。津浦铁路已届兴工，车站亦设埠内。他日洋商行旅，皆出其涂，其繁盛情形，无待著卜，则公园、菜市、卫生院等非特视听所要，亦主权所属，不得不先时筹度，则续购地亩三分之二，续迁坟冢五分之四，需款尤殷。此购地之宜推广也。种种急需，省无无可省，而先后两次奉拨胶关税银二十九万余两，已将次用罄，万不能辍工待款，贻误大局。

查三十二年十二月，臣士骧前在山东巡抚任内，会同升任督臣袁世凯奏请按年指拨胶关税银二十万两，嗣准部咨，仅拨银十万两，并称常年所需，仍应由该埠各项捐款内设法筹捐等因。今济南尚未设关，其巡警、马路、车辆等捐奏定章程，概从缓办拨。度情形自与苏、杭、长沙等埠迥不相侔。部咨亦有谓济南开埠，尚未设关，其情形微有不同，不得不勉为接济等语。目前，开办经费不敷颇巨，惟有仍请于胶海关六成洋税项下再行拨借银十万两，一俟设关后收有税捐，即便如数拨还，庶可无误要需等情，恳请具奏前来。

臣等复查，济南商埠事关重要，经费异常支绌，待用孔迫，且于苏、杭、长沙等埠情形不同，亟需筹拨，自系实情。合无仰恳天恩敕下度支部，再由胶关六成洋税项下拨借银十万两，一俟收有税捐，再行如数拨还，仍由臣等督饬局员随时核实动用，分析造报。除分咨查照外，谨合词恭折具陈，伏乞皇上圣鉴，训示。谨奏。

朱批："度支部议奏。"

光绪三十四年十一月二十六日。

核明公债项下动支各款，造册报销折

头品顶戴、北洋大臣、直隶总督、臣杨士骧跪奏，为核明公债项下动支各款，造册报销，缮单恭折具陈，仰祈圣鉴事。

窃照前因光绪三十一年北洋改编，添募陆军两镇一协，应须招募经费，建盖营房，购办骡马车辆、枪炮杂械等项，所费甚钜。维时北洋新政繁兴，同时并举，库款支绌，几于莫展一筹。而事关军政所需，又刻不容缓，经升任督臣袁世凯奏明试办直隶公债，计银四百八十万两，陆续收齐开支，前项各款之用，业将支用各数缮单奏报立案。旋准部咨，行令将军火等项造册报部。其建盖营房地价、骡马车辆、车装杂械、招募经费等款，钞录各项，奏咨案据，送部查核等因。

查，前项各款均系遵照《奏定陆军章程》及《北洋募练各镇成案》分别办理，此外并无奏咨专案报销。兹查，收款项下共收公债银四百八十万两，内库平银两百万两，行平化宝银二百八十万两，共计折合湘平银四百八十六万一千二百三十二两九钱。除将平馀银六万一千二百三十二两九钱，拨归陆军常年报销案内列收外，本案祇收银四百八十万两，以符原奏。支款项下，共支银四百八十万两，内除建造营房、地价及拨还垫发十三协饷项共银八十万八千五百两二钱六分三毫，剔归案造报外，计本案请销招募经费及购办骡马、车辆、军火、军装、杂械等项湘平银三百九十九万一千四百九十九两七钱三分九厘七毫。据陆军粮饷局造具清册，详请奏销前来。臣复核无异，除将清册咨部查照外，理合缮具简明清单，恭折具陈，伏乞皇上圣鉴，敕部核销施行。谨奏。

朱批："该部知道，单并发。"

光绪三十四年十一月二十七日。

张炳捐助赈银，请照拟给奖片

再，上年秋间，顺直突遭水患，灾民待哺嗷嗷，官赈之外复放义赈。天津县人候选道张炳遵故父内阁中书张鸿寿、故母二品命妇张常氏遗命，捐助顺直义赈银一千两,交由顺直义赈绅士大理院少卿刘若曾等妥为放讫,呈请奏奖前来。臣查,官绅捐助赈银千两以上者例准奏请建坊,给予"乐善好施"。今该道张炳遵其故父母遗命,慨捐顺直义赈银一千两,洵属善承先志,惠及梓桑,所捐银数核与建坊定例相符。合无仰恳天恩,俯准该道张炳为其故父张鸿寿、故母张常氏在于原籍自行建坊,给予"乐善好施"字样,以示旌奖,理合附片具陈,伏乞圣鉴,训示。谨奏。

朱批:"著照所请,礼部知道。"

光绪三十四年十一月廿七日。

(《光绪朝朱批奏折》第 30 辑,637)

于氏从容就义,请旌表片

再,据安徽京官御史石镜潢等呈称,原任直隶提督马玉昆之妾于氏,年二十三岁,平日婉淑,颇著贤声。本年八月十九日马玉昆因病出缺,该氏哀痛迫切,誓以身殉,遂于次夕潜服金镮殒命,恳请奏旌前来。臣维圣朝表彰节烈,靡菲无遗。前四川提督宋庆之妾伊氏、前安徽寿春镇总兵宋朝儒之妾陈氏捐躯殉节,均得仰邀旌典,立于褒扬。今已故提督马玉昆之妾于氏,从容就义,节烈可风,核与旌表之例相符,相应奏恳恩施,以维风教。谨附片具陈,伏乞圣鉴。谨奏。

朱批:"著照所请,礼部知道。"

光绪三十四年十一月廿七日。

(《光绪朝朱批奏折》第 30 辑,638)

请准李启瑞开缺片

再,据永定河道吕珮芬详,永定河营都司李启瑞自上年春间履查下口感受风寒,四肢疼痛,近来益复增剧,步履维艰,非刻日所能痊愈。该都司管理河营职司紧要,不敢以病躯恋栈,致滋贻误。禀经转请开去都司员缺,俾得回籍安心调理等情前来,应请准其开缺。除饬取验看印结咨部外,理合附片具陈,伏乞圣鉴,敕部查照开缺。至所遗都司员缺,容另拣员请补。谨奏。

朱批:"陆军部知道。"

光绪三十四年十一月廿七日。

（《光绪朝朱批奏折》第51辑，715）

具陈直属光绪三十四年上忙钱粮已、未完分数折

头品顶戴、北洋大臣、直隶总督、臣杨士骧跪奏，为查明直属光绪三十四年上忙钱粮已、未完分数，恭折仰祈圣鉴事。

窃查，各省征收钱粮应按上、下忙造册具奏，咸丰二年户部议准，嗣后应征上、下忙钱粮，丰年以额征数目为准，蠲缓之年以应征数目为准，责成藩司督催。又准部议办理上、下忙，应将留支银两与起运并列，匀作十分计算完报。又光绪二十三年经部议准，各省上、下忙钱粮自本年为始，更定九分完报，上忙匀为四分，下忙匀为五分。又光绪三十年接准部咨则例馆奏准，令将各省时宪书价量为删减以清积弊等因，所有直隶各州县时宪书价业经由司核实删减，自光绪三十年起拨归起运，造报在案。

兹据藩司崔永安详称，光绪三十四年约征地粮正银二百四十五万九千五百六两零，内起运正银一百九十二万二千一百六十两零，留支正银五十三万七千三百四十五两零。又应征起运项下耗银二十四万三千六百二十九两零，又改折正银一万五千四百四十四两零，改折耗银一千五百四十四两零，留支项下耗银五万六千九百六十六两零。已征完正银一百一十二万七千七百六十八两零，内起运正银八十六万七千三百四十两零，留支正银二十六万四百二十八两零。又起运项下耗银一十一万一千五百八十五两零，改折正银三千三百四十一两零，改折耗银三百三十四两零，留支项下耗银二万四千一百六十二两零。查光绪三十四年约征十分起运留支地粮正耗共银二百七十七万七千八十九两零，上忙匀为四分，应完银一百一十一万八百三十五两零，今已完银一百二十六万七千一百九十两零，核计在四分以上。其未完银两统归下忙核计造报等情前来。臣复核无异，除将清册咨部外，理合恭折具奏，伏乞皇上圣鉴，敕部查照。谨奏。

朱批："度支部知道。"

光绪三十四年十一月二十七日。

（《光绪朝朱批奏折》第70辑，097）

请以金树堂补授文安县知县折

头品顶戴、北洋大臣、直隶总督、臣杨士骧跪奏，为拣员请补选知县缺，恭折仰祈圣鉴事。

窃查，文安县知县杨同高升补昌平州知州，应以光绪三十四年五月二十七日接到部文之日作为开缺日期，归五月分截缺。因与衡水县知县同月出缺，业将衡水县知县掣定第一缺，文安县知县掣定第二缺，分别咨部知照。除将衡水县知县第一缺另行核办外，所遗文安县知县第二缺应即照章序补。

查奏定章程，内开嗣后道府以至未入流，如遇选缺出时，除坐补原缺人员仍先尽请补外，其余先用裁缺即用一人，次用各项一人，各项中先尽回避即用人员尽数补用，次尽新选新补留省另补人员尽数补用，次尽曾任实缺服满分发原省人员尽数补用，以上三项无人，方准以各项轮补班次请补。自回避即用以下，无论何项到班均与裁缺即用人员相间轮用各等语。今文安县知县一缺，并无坐补原缺及裁缺即用等项人员。

据藩司崔永安、前署提学司卢靖、臬司何彦升查，有回避即用知县金树堂堪以请补，会详请奏前来。臣查，金树堂，年三十九岁，江苏山阳县人，由附贡生报捐知县遇缺先选用，光绪三十年铨选河南洧川县知县，三十一年十月初九日到任，因回避亲父部选河南扶沟县知县金廷栋，遵例呈明，捐指直隶归回避即用班补用，三十四年三月二十七日到省。该员年力富强，谨饬有序，以之请补文安县知县选缺，实堪胜任，亦与新章相符。合无仰恳天恩俯准，以回避即用知县金树堂补授文安县知县。如蒙俞允，该员衔缺相当，毋庸送部引见。除该员履历清册谘部外，理合会同兼管顺天府府尹臣陆润庠、顺天府府尹臣凌福彭恭折具陈，伏乞皇上圣鉴，训示。谨奏。

朱批："吏部议奏。"

光绪三十四年十一月二十七日。

（《光绪朝朱批奏折》第 25 辑，468）

请以霖康补授衡水县知县折

头品顶戴、北洋大臣、直隶总督、臣杨士骧跪奏，为拣员请补选缺知县，恭折仰祈圣鉴事。

窃查，衡水县知县俞兰元调补河间县知县，应以光绪三十四年五月二十七日接到部文之日，作为开缺日期，归五月分截缺。因与文安县知县同月出缺，例应掣签，业将衡水县知县掣定第一缺，文安县知县掣定第二缺，分别咨部知照。除将文安县知县一缺另行核办外，所遗衡水县知县第一缺应即照章序补。查部议章程内开热河同知州县三年俸满，仍照开缺撤回内地。其循分供职各员撤回内地到省后，遇有内地本项应题应调应选缺出，先尽请补，不积各项班次之缺等语。今衡水县知县一缺照章应先尽边俸期满撤回另补之员请补。

兹据藩司崔永安、前署提学司卢靖、臬司何彦升查，有俸满撤回另补知县霖康堪以请补，会详请奏前来。臣查，霖康，年六十三岁，正蓝旗蒙古诚志佐领下监生，由县丞调营差委，于同治七年肃清岛匪案内保俟选缺后以知县即补，八年指分隶试用。十三年报捐免补本班，以知县仍留本省归本班尽先前补用。光绪元年丁忧，服满起复，四年三月初六日领照到省，咨调热河差委。二十二年委署滦平县知县，二十四年奉文实授。二十六年调补平泉州知州，五月二十四日到任。二十七年请假修墓，二十八年事竣回热，奏补平泉州知州原缺，三十二年正月二十四日到任。三十三年八月前，三年边俸期满开缺，撤回内地补用，三十四年二月二十四日领咨到省。该员资劳甚深，安详明白，以之请补衡水县知县选缺，实堪胜任，亦与新章相符。合无仰恳天恩，府准以俸满撤回另补知县霖康补授衡水县知县。如蒙俞允，该员衔缺相当，毋庸送部引见。除将该员履历清册咨部外，理合恭折具奏，伏乞皇上圣鉴，训示。谨奏。

朱批："吏部议奏。"

光绪三十四年十一月二十七日。

（《光绪朝朱批奏折》第 25 辑，469）

长芦豫岸引盐加耗限满，请照案推展三年折

头品顶戴、北洋大臣、直隶总督、臣杨士骧跪奏，为长芦豫岸引盐加耗限满，请照案推展三年以恤商艰，恭折仰祈圣鉴事。

窃据长芦盐运使张镇芳详称，豫岸引盐前因道远运艰，新盐质嫩，亏耗难支，经新升任督臣袁世凯奏请于每包额重之外，再加卤耗盐二十斤，奉部复准，自光绪二十八年九月起予限三年。嗣于三十一年八月底限满，复经升任督臣袁世凯援案奏请推展三年，奉部议复，此项耗盐应照减引并包办法，按斤加课，行经谕饬

豫岸各商,自光绪三十二年春关起,每引加银二分三厘九毫五丝,核入领引科则,随引完交,详咨复准在案。兹查,前项加耗截至三十四年八月底又届限满,本应饬令停止,惟据纲总商人杨俊元等转据豫岸商人杨成源等禀称,各场新产滩盐中含卤水,伤耗极多,从前各商均系预为批购运存津坨,俟数年后卤水净尽,始行配筑,抵岸时耗斤无多,民间亦乐买食。

兵燹以后,商情苦累,每届办运,无不措借息款藉资周转,数年以来,元气未复,焉有余力预存坨盐? 每当运务紧迫,现买滩盐,随运随筑,卤水淋漓,豫岸道远运艰,有数易舟车始能抵岸者,每包伤耗三、四十斤之多,所加耗盐二十斤尚不敷抵补所亏之数,若不予以展限,必致商力亏赔,纷纷歇业,与课运大有关系。且此项盐斤已核入平价成本之内,一旦停止,更与平价交款不符。况复加纳课银,毫无取巧之处,请将前加耗盐二十斤,自光绪三十四年九月起,再予展限三年等情。

该司查,该纲总等所禀新盐中含卤水,伤耗极多,豫岸道远运艰,加耗不敷抵补,均系实在情形。此项耗盐已入平价成本之内,又复加纳课银,势难遽行停止,拟请自光绪三十四年九月起再行推展三年,应纳加课仍照原案办理,俟限满查看情形,再行议停等情,具详请奏前来。臣查,该司所详委系实在情形,相应仰恳天恩俯准,将豫引前次加耗二十斤,自光绪三十四九月起再行推展三年,应纳加课仍照原案办理,以恤商艰,而裨库帑。除咨部外,理合恭折具陈,伏乞皇上圣鉴,训示。谨奏。

朱批:"度支部议奏。"

光绪三十四年十一月二十八日。

(《光绪朝朱批奏折》第 76 辑,655)

报拨本年冬季分西陵八旗养育兵丁钱粮银两折

头品顶戴、北洋大臣、直隶总督、臣杨士骧跪奏,为报拨本年冬季分西陵八旗养育兵丁钱粮银两,恭折仰祈圣鉴事。

窃据布政使崔永安呈称,易州供应西陵八旗养育兵丁应需钱粮,向系按季专案详请题拨,历经遵办。又于光绪二十九年二月十九日转准户部议复,守护西陵大臣载润等奏庄顺皇贵妃位前四旗兵丁生齿日繁请添设恩缺养育兵四分一折,奉旨"依议,钦此",等因,行知到司,当经转行在案。兹据易州请领光绪三十四年冬季分养育兵五十六名,每名季支银四两五钱共银二百五十二两;又新添养育兵四名,每名季支银四两五钱,共银十八两,以上统共银二百七十两,照章改折实银二百十六两,复核数目相符,应在司库地粮银内照数动拨给发。按照新章,详奏前来。臣复核无异,除咨部查照外,理合恭折具陈,伏乞皇上圣鉴,敕部核复。谨奏。

朱批:"度支部知道。"

光绪三十四年十一月二十八日。

(《光绪朝朱批奏折》第 30 辑,639)

盐斤四文加价,援案略为变通折

头品顶戴、北洋大臣、直隶总督、臣杨士骧跪奏,为通行盐斤四文加价,援案略为变通,按引呈交,以济要需,恭折仰祈圣鉴事。

窃查,前准度支部电咨,酌加盐价,抵补药税,无论何省,每斤通行暂加四文,以一半解部抵补练兵经费,以一半划归产盐省分,匀拨济用,统限本年七月初一日一律照数加收,不得彼此参差,致有畸轻畸重之弊等因。经臣饬司谕饬纲总传谕通纲各商遵照,并令将如何交款妥速议复。旋据长芦盐运使张镇芳详据通纲商人晋有孚等以近年盐价迭加,商民交困,禀请免再加价等情,详经驳饬遵办去后,兹复据该司详以饬据纲总商人杨俊元等禀称,此项加价,既奉批驳,不敢不勉为其难,照数加收。惟长芦盐价,已于近三年中平价两次,计直、豫各引每斤大致加至五、六文不等。

本年六月间,豫岸又加铁路盐捐四文,价值较前增重,已有不能敌私之势。加以近年钱盘日增,商人卖盐以钱,课运以银,现时各岸银价,每两均涨至制钱一千四百数十文及一千五百余文不等。至菜秋以后,易银愈多,银价必更增涨。即以现时银价计算,各商已受累不浅,请援光绪二十九年加价四文,每引交银一两二钱,统共包交银七十万两成案办理等情,禀经该司张镇芳查,从前加价一文,每引交银三钱;加价四文,应交银一两二钱。

此次加价四文,据该商等请交银一两二钱,核与光绪二十九年奏准之案相符。惟近年出库之引,总在六十馀万道,核计交款当在七十万两以上,较请包交七十万之数有增无减,应请仍照前案每引交银一两二钱,自本年七月初一日起,随引呈交。至请包交一节,迹近取巧,现拟按引计算,以期核实。所交之款,遵照原案以一半解部库抵补练兵经费，每年分两次起解，于十二月内解清；其余一半，划归产盐销盐省分，匀拨应用，详请奏咨前来。臣复加查核，确系实情，相应仰恳天恩俯准照拟办理，以济要需。所有通行盐斤加价，查照成案，略为变通，按引呈交缘由，除咨部查照外，理合恭折具陈，伏乞皇上圣鉴，训示。谨奏。

奉旨："度支部议奏。钦此。"

光绪三十四年十一月二十八日。

（《光绪朝朱批奏折》第 76 辑，656；《杨文敬公奏议》卷八）

安州积涝地亩，请豁免粮租折

头品顶戴、北洋大臣、直隶总督、臣杨士骧跪奏，为查明安州积涝地亩请豁免粮租，恭折仰祈圣鉴事。

窃查安州、河间、任县、冀州、南宫、新河、隆平、宁晋等八州县积涝地亩应征粮租，向照文安县大洼之例查勘有无收成，分别征减、豁缓。兹据藩司崔永安详称，光绪三十四年河间、任县、冀州、南宫、新河、隆平、宁晋等七州县积水消涸，布种秋禾，一律收获，毋庸查办，惟安州积涝地亩后被水淹，颗粒无收，计该州东北两淀共地三百二十八顷七十九亩二分七厘，应征光绪三十四年租银一千二百九十一两八厘，拟请全行豁免，如有花户长完本节年租银，准其抵作次年正赋。据保定府知府王守堃督同该州刘宝泰勘明，造具册结，由司转详前来。臣复核无异，已饬先期晓谕停征，相应仰恳天恩俯准，将安州积涝地亩应征光绪三十四年租银全行豁免，以纾民力。除册结咨部外，理合恭折具体陈，伏乞皇上圣鉴，训示。谨奏。

朱批："著照所请，该部知道。"

光绪三十四年十一月二十八日。

（《光绪朝朱批奏折》第 80 辑，034）

恭谢天恩折

头品顶戴、北洋大臣、直隶总督、臣杨士骧跪奏，为恭谢天恩仰祈圣鉴事。

十一月二十六日，内阁奉上谕"杨士骧，著穿带膆貂褂。钦此。"当即叩头，望阙谢恩。窃臣猥以庸愚,渥荷先朝恩遇,待罪畿疆艰钜,谬膺方深兢惕。钦逢皇上登极大典,恭上隆裕太后徽号礼成,推恩赐类,下逮疆臣,补衮奚裨,赐袭至渥。当访落临朝之始,正负扆居摄之时,荷此殊恩,涕零知感。顾无功受赏,深惭非分之荣;欲竭诚沥辞,转蹈沽名之习。臣惟有益加策厉,勉济艰难,颂九重以垂裳端拱之麻,使三辅有挟纩胪欢之象,举凡地方一切庶政,敢不因时筹备,殚力经营,以期仰答高厚鸿慈于万一。所有微臣感激悚惕下忱,谨恭折叩谢天恩,伏乞皇上圣鉴。谨奏。

朱批:"知道了。"

光绪三十四年十一月二十九日。

(《光绪朝朱批奏折》第 30 辑,640)

奏请准任光荣自行建坊由(折片)

再,浙江山阴县人、都察院经历任光荣,遵其父任维翰、母任郭氏之命捐助安徽赈银一千两,交由皖省筹济善会绅董陈惟壬妥为散放,据统捐局详请具奏前来。臣查,官绅捐助赈银千两以上者,例准奏请建坊,给予"乐善好施"字样。今都察院经历任光荣,遵其父母之命捐助赈皖银一千两,洵属善承亲志,有裨灾区,所捐银数核与建坊之例相符。合无仰恳天恩府准该员任光荣,为其其父任维翰、母任郭氏于原籍地方自行建坊,给予"乐善好施"字样,以示旌奖。谨附片具陈,伏乞圣鉴,训示。谨奏。

光绪三十四年十二月初三日获朱批:"著照所请,礼部知道。钦此。"

(台北故宫藏档,文献编号:168382)

奏陈广恩地租奏销未完一分以上各员(折片)

再,直省各项奏销,应将经征未完一分以上员名先行开单奏报,历经办理在案。兹据藩司崔永安详称,光绪三十四年分广恩库地租奏销现已核竣,将经征已未完分数员开单,请奏前来。除详细清单咨部外,所有未完一分以上员名,谨缮具简明清单,恭呈御览,伏乞圣鉴,敕部查核,谨附片具奏。

光绪三十四年十二月初四日获朱批:"该部知道,单并发。钦此。"

李德顺仍兼北洋办理交涉片

再，现准督办津浦铁大臣臣吕海寰来咨，调派丁忧调职记名补用道李德顺总办该路北段事宜，业经转饬遵照，以顾要工。惟北洋外交繁重，助理需员，李德顺随臣办理交涉多年，上年经臣由山东奏调来直，委办洋务、矿务等局，应付裕如，颇资得力。查，津浦路线发轫于津，而北段兴工购料等事亦皆在津筹办。李德顺本在天津当差，是该段路工该员自可就近经理，与调赴远省不同，自应查照奏准调直前案，仍兼北洋办理交涉，籍资赞助。除咨部查照外，谨附片具陈，伏乞圣鉴，训示。谨奏。

朱批："该部知道。"

光绪三十四年十二月初四日。

谢恺给咨赴部引见片

再，候选道前任蔚州知州谢恺，年六十三岁，河南商邱县人，由监生遵例报捐县丞，分发直隶。前在热河剿匪并海防五年期满案内，历保以知县尽先补用，并俟补知县后以同知直隶州用。光绪二十七年，因随回鉴大差出力奏保免补同知直隶州，以知府在任候补，调补雄县知县，复调宣化县知县。三十年，经升任督臣袁世凯保荐循良，奉旨嘉奖。是年大计，奏保卓异。三十年考核州县事实，保列优等。三十二年升补蔚州知州，经部复准。是年考核州县事实，复列优等。该县未到蔚州升任，报捐离任，归知府班用，并加捐道员，归部选用，委充天津地方审判厅刑事部长，新章两次优等，应作为最优等。

查，卓异及最优等人员，均应赴部引见，据该员禀请并案给咨等情前来。臣查，该员谢恺老成精练，资劳最深，久为邑宰，惠政甚多，曾保循良，复膺卓异，考核州县事实两次列入优等，新章作为最优等，其官声治行昭然在人耳目。自委充地方审判厅刑事部长以来，听断明允，民无冤狱，舆论翕然，堪称贤吏。现归道员候选，理合详叙事实，给咨赴部引见，恭候恩施。谨附片具陈，伏乞圣鉴，训示。

谨奏。

朱批:"吏部知道。"

光绪三十四年十二月初四日。

(《光绪朝朱批奏折》第 25 辑,497)

奏报安东海关暨东沟分关第一百九十二结洋税收支并旧管实存各数目

钦差大臣、东三省总督兼管三省将军事务兼署奉天巡抚臣徐世昌,钦差大臣、办理北洋通商事宜、直隶总督、臣杨士骧奏,为安东海关暨东沟分关第一百九十二结洋税收支并旧管实存各数目,缮具清单,恭折会陈,仰祈圣鉴事。

窃查,安东关征收洋税截至光绪三十四年六月初二日第一百九十一结,业经缮单奏报在案。兹据监督安东海关分巡东边兵备道沈桐详称,自光绪三十四年六月初三日起至九月初六日止,即西历七月一号起至九月三十号止,三个月作为一百九十二结,计收洋货进口正税银一万零三百八十五两六钱五分六厘,土货出口正税银一万四千九百九十两五钱五分四厘,土货复进口半税银三千四百六十八两六钱二分八厘,子口税银三百二十两零七钱二分,船钞银一千四百六十四两零一分。土药税银八十九两七钱,共收银三万零七百二十两零二钱七分八厘。此外,未收别项税饷,经该道会同税务司详细稽核校对数目,均属相符,开单详请核奏前来,臣等复核无异。除咨部查照外,谨会同北洋大臣杨士骧缮具简明清单,恭折具陈,伏乞皇太后、皇上圣鉴。

再,奉天巡抚系臣世昌兼署,是以未经列衔,合并陈明。谨奏。

朱批:"该部知道,单并发。"

光绪三十四年十二月初四日。

(台北故宫藏档,文献编号:408005197－1)

报销光绪三十一年分各属囚粮银米折

头品顶戴、北洋大臣、直隶总督、臣杨士骧跪奏,为报销光绪三十一年分各属囚粮银米,谨缮清单,恭折仰祈圣鉴事。

窃查,直隶并改归直属之团场厅额设囚粮米五千六百九十九石二斗八升二合八勺,制钱二千八百四十九千六百四十一文,遵章核银二千八百四十九两六钱四分一厘四毫,向系由司核明,桉年详请题销。兹据藩、臬两司会详称,光绪三十一年分,按察司并保定府司狱,清苑县及顺天、永平、保定、河间,天津、正定、顺德、广平、大名、宣化十府,张多独围场四厅,遵化、易州、冀州、赵州、深州、定州六直隶州,共支用过囚粮米九千四百六十石二斗四升八合七勺,银四千六百十八两三钱一分七厘二毫,实计各属不敷米三千七百六十石九斗六升五合九勺,不敷银一千七百六十八两六钱七分五厘八毫。应俟经部准销之日,分别摈给清项等情,详请会奏前来。臣复核无异,除清册咨部外,理合谨缮清单,会同兼管顺天府府尹臣陆润庠、顺天府府尹臣凌福彭,恭折具陈,伏乞皇上圣鉴,敕部核复。

再,此案例应依限造报,惟交河县知县荣俊造送迟延一年从上,例有处分。该员业已病故,应毋庸议。又因赶办历年销册,并各属造册错误,往返驳查。现始核造完竣,请免扣限,合并陈明。谨奏。

朱批:"该部知道,单并发。"

光绪三十四年十二月初九日。

(《光绪朝朱批奏折》第 90 辑,1057)

陆军第四镇训练著有成效,谨将出力各员照章拟奖折

校阅大臣、头品顶戴、陆军部右侍郎、臣荫昌,头品顶戴、北洋大臣、直隶总督、臣杨士骧跪奏,为陆军第四镇训练已经满三年,著有成效,谨将出力各员,照章拟奖,缮单恭折会陈,仰祈圣鉴事。

窃照练兵处兵部奏定章程内开,创练新军,编制已成,训练渐熟,可任征战,奏请简员认真校阅,果能著有成效,准其按照异常劳绩请奖一次,限营队每百人奏奖二人,咨奖三人等因,通行遵照。本年五月二十二日复经陆军部附奏,嗣后各省旗,凡属创练新军,经考验之后,初次校阅,果能一切如法,著有成效,拟仍准照异常劳绩请奖一次等因。本日奉旨依议咨行。查照臣士骧于四月间会同臣荫昌遵旨校阅陆军第四镇,业将详细情形专折奏报,声明该镇出力各员,照章另行奏请奖。光绪三十四年五月十五日,钦奉上谕"此次校阅各项情形,颇属精娴,成效渐著,深堪嘉许等因。钦此。"钦遵在案。

伏查,陆军第四镇成立较二镇为速,致力亦较二镇为难,溯自光绪二十九年

十一月至三十年二月,编配成镇,分驻马场小站。当该镇开练之初,正日俄构兵之始,战疆逼近,晰夕戒严,急切备用,猝难应手。该镇马队一标开驻榆关要隘,既责其分防操练,几无法兼顾。加以外省创练类多取才。该镇在各省借助攸资,程功较易,在该镇重行选补划一维艰,盖于教育稍有所妨,即于训练难收效果,此中关系至为细密。幸赖该镇统制官吴凤岭,督率官佐认真教练,劳怨不辞,讲授指挥,暑寒无闲。督练公所复派员时赴该镇,各就所学体察研究,悉心指示,并与陆军部人员往复商榷,力求改良。所有外容内务,场操野操,以及学术等科无不奋图进步,日辟新知。此外,如动员计画、出师准备、就地讲演战法等项,皆增设之课程,为该镇之特色。三载考绩,成效昭彰,仰叨嘉许,实非臣等初心所及料。在事文武各员,实属具有微劳。

查第二镇校阅后,于光绪三十二年四月间,经升任督臣袁世凯奏请奖励,钦奉朱批"著照所请,该衙门知道。钦此。"今第四镇历时五稔早逾三年,自愿照章请奖。以该镇一万二千五百余人计之,应奖二百四十余人。惟该镇上年夏间,经东三省奏准抽调步队三营,陆炮一营,工程一队,约共二千五百余人赴奉驻扎。其出力员弁应俟东三省奏请校阅后案保奖外,核计该镇官佐弁兵仍有一万员名,遵照定章应奏奖二百人。据该镇统制官吴凤岭呈恳奏请奖叙前来。臣士骧严加核减,择其尤为出力者,请奖异常一百二十七员,寻常五十三员,共一百八十员,核与练兵处兵部奏定营队每百人奏奖二人。有减无增,并与陆路军部附奏按照异常劳绩请奖一次,亦属相符,委实毫无冒滥。合无仰恳天恩照拟给奖,以资勉励。除将各员履历咨部并千把以下各员弁另行咨奖外,理合恭折会陈,伏乞皇上圣鉴,训示。再,此折系臣士骧主稿,合并声明。谨奏。

朱批:"该衙门议奏,单一件、片三件并发。"

光绪三十四年十二月初七日。

(台北故宫藏档,文献编号:408005773)

再,此次校阅第四镇,技术精娴,操练纯熟,而一切新知新法尤能研究实施,具征特色,是皆该镇统制吴凤岭忠勇奋发,识力沉雄,积四载之精勤,乃著此难能之成绩。而教练处总办张绍曾、办事朴诚,不辞劳怨。平日考验功课,讨论改良,该员之力居多。其兵备处总办张士钰,参谋处总办陆锦,或筹备军实,或画机宜,亦皆奉职尽心,措置悉当。伏思现在兴练路军,亟拟展拓,将才不易甄拔,宜先值军政校阅之时,正人才奋兴之际。以上各员,其劳绩固应予激劝,其才略实堪备驰驱,可否仰恳天恩俯准,将副将衔留直补用游击张绍曾,免补游击参将,以副将仍直补用；留直补用副将张士钰，免补副将，以总兵记名简放；副将衔留直补用参将路锦，免补参将，以副将仍留直补用，以示鼓励，出自鸿施。至记名提督、通永镇总兵、第四镇统制吴凤岭，官秩既崇，劳勚最著，应如给奖之处，未敢擅拟，恭候圣裁。谨附片陈请，伏乞圣鉴，训示。谨奏。

朱批："览。"

再，署大名镇总兵、二品衔、军机处存记、留直补用道言敦源，前于光绪二十八年春间，经升任督臣袁世凯委充北洋军政司兵备处提调，旋遵兵部练兵处奏定章程，改为督练公所，该员即升充兵备处总办。彼时常备军，事属经始，毫无成规可循，该员缔造经营，备偿难棘，赴机敏捷，纲举目张。迨三十二年四月间，调署大名镇总兵，计时已满三年。此次四镇校阅，督练公所在事期满人员业经巨择尤请奖，自未便令其向隅。又留直补用副将杨善德，开办四镇即充协统，分督训练，昕夕不遑。上年调归浙省，已有资劳在先。又留直补用副将孔庆塘，经理二、四两镇军械，悉心考求，不遗余力。枪械为军中命脉，关系至重。该员先期筹画，庶免贻误临时。又在任补用副将、直隶督标右营游击唐维珍，稽查四镇，悉本宪兵宗旨，维持军纪，不避劳怨，有裨于军政者甚大。

以上各员供差均足三年，具有微劳，合无仰恳天恩俯准，将军机处存记、留直补用道言敦源仍交军机处存记，杨善德、孔庆塘、免补副将，唐维珍开去直隶督标右营游击底缺，免补副将，一并以总兵记名简放，以资鼓励。出自逾格恩施，除饬取履历咨部外，谨附片具陈，伏乞圣鉴，训示。谨奏。

朱批："览。"

再，查奏定陆军校阅章程内载，校阅各随员事竣，酌择办事异常勤奋人员酌予奖叙等语，臣等此次校阅四镇，应带各项随员，遵章选调陆军部及京外陆军人员，明定职务，分别派充，或参与计划，或分任校阅。该镇步马炮工辎各兵科，暨军需军械军法等事宜，条理至为细密，经该员等悉心精核，于其真实内容均考验明确。其书记、承发、日记、收支等员，亦皆勤于职务，悉合机宜。各该员等事前协议办法，事后编纂报告，倍形繁重，贯属勤奋有加，自应照章奖叙，藉彰劳勚。

可否仰邀天恩俯准，将丁忧陆军部军学司司长正参领良弼、丁忧陆军部军咨处第二司司长副参领冯耿光，均俟服阕后以该升之缺升用，并加二品衔；分省补用道饶昌龄加二品衔，陆军部法律司司长、候选知府丁士源，陆军部医务司司长候选知府何守仁，均以道员归部选用。员外郎衔、陆军部主事恽宝惠俟补主事后以本部员外郎遇缺尽先前即补。分省补用直隶州知州于竣驹免补直隶州，以知府仍分省补用。留直补用知县陈汝贤，俟补缺后以直隶州知州在任候补。承政厅庶务科员主事杨葆元，俟主事期满后，作为员外郎补用。留直补用副将李长泰，俟得缺后，以应升之缺升用。副将衔、升用参将、补用游击王廷桢，免补游击，以参将留直补用。都司衔、补用守备朱廷灿，免补守备，以都司尽先补用。尽先千总程侍墀免补千总，以守备留直补用。尽先把总吴金声，免补把总，以千总留直补用，以示鼓励，出自逾格鸿施。谨附片陈请，伏乞圣鉴，训示。谨奏。

朱批："览。"

筹办永定河来年备防秸料，并岁抢修秸料照案加增运脚银两折

头品顶戴、北洋大臣、直隶总督、臣杨士骧跪奏，为筹办永定河来年备防秸料，并岁抢修秸料照案加增运脚银两，恭折仰祈圣鉴事。

窃照永定河两岸大堤计长四百余里，沙土松浮，每届大汛，溜势趋向靡定，各工埽段纷纷蛰陷，赖有秸料应手，随时抢镶，经前督臣那彦成奏准，于岁修料物之外，每年添购秸料二百四十万束，以资防护。又岁抢修各工所用秸料，因近堤所产稀少，须从远处购运，经前督臣颜检奏准，每束加增运脚银二厘五毫，历次遵照办理在案。兹据永定河道吕珮芬详称，本年凌、伏、秋三汛，水势迭次盛涨，备防秸料动用无存，请照案购办秸料二百四十万束，分储各工，以应来年要需。沿河地亩水冲沙压，产料甚少，仍须远处购运，照章添给运脚银两等情，具详请奏前来。

臣复核无异，合无仰恳天恩，俯准照案添购来年备防秸料二百四十万束，每束连运脚银一分五毫，共需实银二万五千二百两。又岁抢修秸料加增运脚，需实银八千五百两，一并全数拨发，以济工需。俟奉旨后，臣即饬藩司设法筹拨给领，责成该河道督率厅汛各员照数采买，分拨工次，核实验收备用。所有筹办永定河来年备防秸料缘由，理合恭折具陈，伏乞皇上圣鉴，训示。谨奏。

朱批："该部知道。"

光绪三十四年十二月初八日。

（《光绪朝朱批奏折》第 101 辑，013）

审办深州等州县八起寻常命盗死罪案件，照章汇摘简明案由折

头品顶戴、北洋大臣、直隶总督、臣杨士骧跪奏，为命盗各案照章汇摘简明案由，恭折仰祈圣鉴事。

窃查，直隶寻常命盗死罪案件照章汇奏，造册送部。又经刑部奏准，如事在光绪二十七年十月以后者仍将全案供招造册咨部，又奏准新章应入秋审人犯例应缓决者，定案具奏时妥拟确实出语，声明酌入缓决等因，均经遵照在案。

兹据按察使何彦升呈称，查有深州民人于长僧因于二黑斥伊非于氏子孙，不许收割红荆，分辩不服，致相争殴，用带钩木抢殴扎于二黑，致伤身死。将于长僧依斗杀律拟绞监候，死先詈殴，伤由抵御，酌入缓决。

又，永清县民人刘喜因同姓不宗之刘锡朋找至伊家混骂，该犯出向理论，致相争殴，用尖刀扎伤刘锡朋身死。将刘喜依斗杀律拟绞监候，扎由情急，一伤适毙，酌入缓决。

又，大名县民人聂二小因向马保得商借庄基开路不允，口角争殴，用瓷碗掷伤马保得，越日身死。将聂小二依斗杀律拟绞监候，死先詈殴，伤系他物，酌入缓决。

又，新乐县民人孙二成因无服族人孙得城拔伊地内韭菜，向阻口角，致相争殴，用镰刀扎伤孙得城，越日身死。将孙二成依斗杀律拟绞监候，刀扎一伤，死越旬馀，酌入缓决。

又，新城县民人张三，因王灿向索欠钱，央缓不允，口角争殴，用尖刀扎伤王灿身死，并砍划伤王昆等平复。将张三即张福荣依斗杀律拟绞监候，身死受伤，扎由情急，即另伤二人，亦属轻罪，不议酌入缓决。

又，河间县民徐洛因伊妻徐王氏常住母家，往接不归，向斥不服，该犯用尖刀扎伤徐王氏身死。将徐洛依夫殴妻至死者绞律拟绞监候，死系不顺之妻，酌入缓决。

又，平谷县民人马顺头，因伊妻马李氏不服管教，用麻绳捆殴马李氏，致伤越日身死。将马顺头依夫殴妻至死者绞律拟绞监候，死系不顺之妻，酌入缓决。

又，定州获贼王得藤听纠行窃事主薛洛红家马匹，弃赃逃走被获，用刀拒伤事主平复。将王得藤依窃盗弃财逃走被事主追逐，拒捕伤人未死，如刃伤者首犯绞候例拟绞监候。窃盗拒捕，金刃砍扎事主二伤，另划一伤，实因被获图脱，并无护贼挌斗重情，酌入缓决。

以上八起均系例缓之案，业经由司提审，解勘发回，分造供招清册，汇呈请奏前来。臣复核无异，除清册分咨部院外，理合遵章摘叙简明案由，恭折具陈，伏乞皇上圣鉴，敕部核复。谨奏。

朱批："法部议奏，片三件并发。"

光绪三十四年十二月初八日。

（《光绪朝朱批奏折》第109辑，254）

请准将邢端留津襄办扩充实业各事片

再，新政多端，全资财力，自非振兴实业，滋殖民生，则无以振困敝而裨时用。直隶工业，早经提倡，经营办有成效，近更扩充推演，必须有通才实学，专精助理，乃能发皇斯业，淬厉图功。兹查，有侍讲衔翰林院检讨邢端，学问淹通，践履笃实，由甲辰科庶吉士经进士馆保送出洋专习日本高等学科，毕业回京，考列优等，授职检讨加侍讲衔，曾经邮传部调在丞参厅兼电政司行走，并充图书局纂修，嗣丁外艰，回籍守制。该员以清华妙选，新旧兼通，于实业极有心得。本年来津，任以工业学堂事宜，计画精详，朴属微至，洵为有裨要政，臂助堪资。合无仰恳天恩，准将邢端留津襄办扩充实业各事，以资得力，出自鸿施。谨附片具陈，伏乞圣鉴，训示。谨奏。

朱批："该部知道。"

光绪三十四年十二月初八日。

（《光绪朝朱批奏折》第25辑，496）

奏销永定南北运三河光绪三十四年用过抢修银数折

头品顶戴、北洋大臣、直隶总督、臣杨士骧跪奏，为永定南北运三河光绪三十四年用过抢修银数，恭折仰祈圣鉴事。

窃照永定河每年抢修，原定续增共银二万七千两，南运河每年银六千，西北运河每年银一万七千两。嗣经历次部议，北运河自同治十年起，按原额每千两发给实银四百两，南运河自光绪五年起按原额每千两发给实银六百两，永定河自同治十二年为始，仍照原额实银发给。兹据永定河道吕珮芬详称，光绪三十四年汛

841

期,计用抢修银二万五千八百六十四两四钱。又两岸上游各汛加添运脚不敷,通融抢修项下银一千一百三十五两留钱,共用实银二万七千两。又据天津道齐耀琳、通永道衡吉详称,光绪三十四年汛期,南运河计用抢修实银三千五百九十八两七分五厘九毫二丝,北运河计用抢修实银六千七百九十九两二钱九分八厘,请奏前来。臣复查无异,除分节照例造册绘图,详请奏销外,理合恭折具陈,伏乞皇上圣鉴,敕部查照。谨奏。

朱批:"该部知道。"

光绪三十四年十二月初八日。

(《光绪朝朱批奏折》第101辑,014-1)

审办高阳等县六起寻常命盗死罪案件,照章汇摘简明案由折

头品顶戴、北洋大臣、直隶总督、臣杨士骧跪奏,为命案照章汇摘简明案由,恭折仰祈圣鉴事。

窃查,直隶寻常命盗死罪案件照章汇奏,造册送部。又经刑部奏准,如事在光绪二十七年十月以后者,仍将全案供招造册咨部。又奏准新章,应入秋审人犯例应缓决者,定案具奏时,妥拟确实出语,声明酌入缓决等因,均经遵照在案。

兹据按察使何彦升呈称,查有高阳县民人邢皂因见高振山从伊地内经过,疑窃高粱,查问争殴,用长枪扎伤高振山身死,将邢皂依斗杀律拟绞监候。衅起疑窃,抵扎一伤,酌入缓决。

又,定兴县民人朱黑仔因任树撅折伊地榆树,口角争殴,用土坯殴伤任树,越日身死,将朱黑仔依斗杀律拟绞监候。致毙逾七老人,衅起理直,他物一伤,骨无损折,尚无欺凌情状,酌入缓决。

又,永年县民武安身因向刘景祥索讨代完粮钱,口角争殴,用木棒并脚殴踢刘景祥致伤身死,将武安身依斗杀律拟绞监候。死先扑殴,致命伤系脚踢,酌入缓决。

又,宣化县客民刘老台因李永和句雇王自坤所管小工被阻理论,该犯代为分辩,致相争殴,用木棍并脚殴踢李永和,致伤身死。郝永等在场帮殴。将刘老台即刘德富依共殴人致死,下手致命伤重者绞律,拟绞监候。殴非预纠,致命伤系脚踢,酌入缓决。郝永、王有、萧庄儿均依徒人律,拟杖分别罚赎。

又,蒿城县民吴小秋,因接键误打周小福之子周金双头上。周小福闻知,持

锹寻衅，致相争殴。该犯用木棒殴伤周小福身死。逸犯吴傻楼在场帮殴。将吴小秋依共殴人致死，下手致命伤重者绞律，拟绞监候。殴非预纠，他物一伤，酌入缓决。

又，望都县民人葛混仔因妻葛田氏不服训斥，殴伤后复被辱骂，起意用手故按葛田氏咽喉，气闭身亡。将葛混仔依夫殴妻至死者绞，故杀亦绞律，拟绞监候。故杀妻命，尚无憎嫌诈赖别情，酌入缓决。

以上六起，均系例缓决之案，业经由司提审，解勘发回，分造供招清册，汇呈请奏前来。臣复核无异，现在恭逢光绪三十四年十一月初九日恩诏，此起汇办在先，未及查叙，发换亦稽时日，应由部院核办以归简捷。除清册分咨部院外，理合遵章摘叙简明案由，恭折具陈，伏乞皇上圣鉴，敕部核复。谨奏。

朱批："法部议奏。"

光绪三十四年十二月初九日。

（《光绪朝朱批奏折》第 109 辑，280）

报拨本年冬季分西陵官兵员役俸饷等项银两折

头品顶戴、北洋大臣、直隶总督、臣杨士骧跪奏，为报拨本年冬季分西陵官兵员役俸饷等项银两，恭折仰祈圣鉴事。

窃据布政使崔永安呈称，易州供应各陵官兵月饷、俸粟、米折并运送豆草、车价等项银两，向系按季专案详请题拨，历经遵办在案。兹据易州请领光绪三十四年冬季分供应各陵官兵月饷俸、粟米折，并运送豆草、车价暨尚膳、茶正、新添马乾饭银等项，共银一万九千三百四十九两一钱七分一厘，照章改折八成实银一万五千四百七十九两三钱三分七厘。内扣豆草、车价项下每两六分部平银一百六十二两一钱九分四厘，实发银一万五千三百七十两一钱四分三厘。核与历办成案相符，应请在于司库地粮钱内动拨，开具简明细数清单，照章详请具奏，并声明陵员工役增减无定，难以预计，应照急需钱粮之例，先行拨给。其实在支领数目统于奏销案内核实销算，多则解还，不敷找给等情前来。臣复核无异，除清单咨部外，理合恭折具陈，伏乞皇上圣鉴，敕部核复。谨奏。

朱批："该部知道。"

光绪三十四年十二月初九日。

（《光绪朝朱批奏折》第 64 辑，573）

报拨本年冬季分各陵寝兵役月饷米折等项银两折

头品顶戴、北洋大臣、直隶总督、臣杨士骧跪奏,为报拨本年冬季分各陵寝兵役月饷、米折等项银两,恭折仰祈圣鉴事。

窃据布政使崔永安详称,遵化、蓟州、丰润三州县供应各陵寝兵役月饷、米折、豆草、车价,并马兰镇新旧汉兵米折等项银两,向系由司按季专案详请题拨,一面由各该县派役赴司领回供应,历经遵办在案。兹据遵化、蓟州、丰润三州县将光绪三十四年冬季分供应各陵寝兵役月饷、米折、豆草、车价,并马兰镇新旧汉兵米折等项银两,开具估单请领,该司按单复核。遵化、蓟州、丰润三州县光绪三十四年冬季分供应各陵寝兵役、月饷、米折、豆草、车价,并马兰镇新旧汉兵米折等项银一万六千四百八十七两三钱五厘,改折八成实银一万三千一百八十九两八钱四分四厘,内扣豆草、车价六分,部平银二百九两三钱九分七厘,实发银一万两千九百八十两四钱四分七厘。核与历年成案相符,应请在于司库地粮银内动拨分晰,开具估单,详请核奏,并声明陵工员役增减无定,难以预计,应照急需钱粮之例,一面具奏,一面先行拨给,使得及早领回散放。其实在支领数目,统归於奏销案内核实销算,多则解还,不敷找给等情前来。臣复核无异,除清单咨部外,理合恭折具陈,伏乞皇上圣鉴,敕部核复。谨奏。

朱批:"该部知道。"

光绪三十四年十二月初九日。

(《光绪朝朱批奏折》第 64 辑,572)

奏陈知县黄国瑄禀请并案给咨由(折片)

再,知府用、在任候补直隶州知州、清苑县知县黄国瑄,年五十二岁,贵州贵筑县人,由议叙通判改捐知县,指分直隶试用,光绪十九年到省,因在永定河大工合龙出力,并办理海运等案内历保归候补班补用加同知衔,并俟补知县后以直隶州知州补用,历经委署高阳、高邑、博野、清丰等县知县、围场厅同知,奏补定兴县知县。因前在东明黄河两届安澜在事出力,保俟补直隶州后以知府用。三十年,升任督臣袁世凯考察该员治行最优,奏奉传旨嘉奖,调补清苑县知县,是年考核州县事实,列入最优等加考,复奏以应升之缺升用。三十二年,奏保贤能,奉朱批"著交军机处存记,钦此。"是年大计,保荐卓异,经部核准,查最优等及卓异人员均应赴部引见。

兹据该员禀请,并案给咨前来。臣查,该员精明干练,为守兼优,历任繁剧,所至有声,升任督臣袁世凯已将其治行贤能先后奏陈,久在朝廷洞鉴。三十年考核事实,列等最优,三十三年举行大计后膺卓异,其才堪重用,实为守令中不可多得之员。理合详叙事实,给咨送部引见,恭候恩施。谨附片具陈,伏乞圣鉴,训示。谨奏。

光绪三十四年十二月十二日获朱批:"吏部知道。钦此。"

(台北故宫藏档,文献编号:168668)

奏陈审理怀来县命案由(折片)

再,据怀来县民人郭双罗仔,因救父情切,用石掷伤胞叔郭先宝身死一案,前据署该县知县郑在中验讯详报批审,拟由府转司验,经保定府审照原拟,复解勘转到。臣因值驻津,饬委藩司代审无异,将犯发回。兹据臬司何彦升核拟造册,详请奏咨前来。

臣复加确核,缘郭双罗仔籍隶怀来县,已死郭先宝系郭双罗仔分居胞叔,素睦无嫌。郭先贵,系郭先宝之胞兄。光绪三十三年四月初五日午前,郭先贵到郭先宝家闲坐,见院内榆树生角,有榆钱,折取一枝回家煮食。当时郭先宝未留在家,午后回家查知,找到郭先贵家,将郭先贵唤出家门外,声称榆树自欲留作饭菜,不应擅自折取。郭先贵分辨,郭先宝不服混骂。当时,郭双罗仔在骡棚上垒墙瞥见,正欲下墙趋劝郭先宝,郭先贵气忿,已拾地石块,将郭先宝脊膂殴伤,郭先宝转身将郭先贵发辫揪住,掀按倒地,骑压身上,两手按住咽喉不放。郭先贵被按气闷,面色紫涨,喊不出声。郭双罗仔一时情急,恐下墙救护不及,即顺拾墙上鹅卵石吓掷致伤郭先宝右左太阳穴近上相连左额角,因掷势稍重,以致骨蹋。郭先宝松手喊跌倒地,郭双罗仔畏惧歇手。郭先贵因被按昏晕,经郭双罗仔赶下,将其唤醒扶起。郭先宝伤重,即时殒命,报验讯详审理,由府解司,勘转到院,委审确核无异。

郭双罗仔应依侄殴叔死者律拟斩立决,照章改为绞立决。惟伊父被按昏晕,实系势在危急,该犯情切救护,吓掷适毙,并非无故逞凶干犯,应照例呈明,由部夹签声请。除分咨部院外，理合遵章专案具陈，伏乞圣鉴，敕部核复。谨奏。

光绪三十四年十二月十二日奉朱批："览。钦此。"

（台北故宫藏档，文献编号：168669）

奏陈审办拟绞监候各案由（折片）

再，兹据按察司何彦升呈称，查有蓟州获匪董幅田，强奸良女孙黑了头已成，并用刀推伤平复，将董幅田依强奸刃伤本妇已成者例拟斩监候，照章改为绞监候，秋后处决。

又，遵化州民人陈尔昌，因疯用钊刀砍死田有富等非一家三命，复审供吐明晰，将陈尔昌依疯病杀人，连杀平人非一家三者绞候例，拟绞监候，照例入于秋审情实。

又，顺义县民人刘恒，因王堂贵佐工偷懒，向劝不服，口角争殴，用铁锄砍伤王堂贵身死，将刘恒依斗杀律拟绞监候。据供母老丁单，应否留养，秋审时照章核办。

又，多伦厅客民李兆祥，因李德多分伙割草朵，口角争殴，用木棍殴伤李德身死，将李兆祥依斗杀律拟绞监候。由抵御他物一伤，酌入缓决。据供母老丁单，秋审时照章核办。

又，邢台县捕役张名成，因抢案奉票缉贼，与另案窃匪高一霸为伙抢之犯，邀同焦得胜等往拿不服，致相争殴，用棍等械共殴高一霸致伤身死。张名成依共殴人致死下手重伤重者绞律。拟绞监候。差役致毙另案窃匪，事出有因，尚无挟诈吓逼情事，酌入缓决。据供亲老丁单，应否留养，秋审时再行查办。焦得胜依律拟杖，照章罚银，仍革役。

以上五案，均系拟入秋审核办，业经由司提审，解勘发回，造册取结，汇呈请奏前来。臣复核无异，除册结分咨部院外，理合附片具陈，伏乞圣鉴，敕部核复。谨奏。

光绪三十四年十二月十二日奉朱批："法部议奏。钦此。"

（台北故宫藏档，文献编号：168674）

奏陈审拟宝坻县属命案由（折片）

宝坻县民人郭雨，因与孟孙氏通奸，听从奸夫谋杀本夫孟秃子身死，奸妇并不知情，事后首告一案，前据该县知县廖毓英详报批据审拟，由府解司，勘转到臣。值臣驻津，饬委藩司代审无异，将犯发回。兹据按察司何彦升核拟造册，详请奏咨前来。

臣复加确核，缘郭雨籍隶宝坻县，与已死孟秃子邻村无嫌。孟孙氏系孟秃子之妻，郭雨与未获之刘亭章均孟孙氏母家邻居。刘亭章、郭雨商量图奸。光绪二十七年十二月二十八日，孟孙氏未出嫁时，郭雨与刘亭章偕至孟孙氏家闲逛，见孟孙氏独身，即调戏求奸。孟孙氏不允，郭雨将孟孙氏揪住，仰面按倒坑上。孟孙氏喊嚷，郭雨将孟孙氏口按住，刘亭章将孟孙氏强行奸污。忽闻外有人声，郭雨即与刘亭章逃回。孟孙氏因碍颜面，隐忍不言。二十八年正月初六日，孟秃子迎娶孟孙氏过门。三月间，孟孙氏回转母亲家，是月二十九日晌午，孟孙氏夫家有事，郭雨探知，与刘亭章赶至庄外漫地将孟孙氏拦住求奸，孟孙氏未允，刘亭章拔刀吓逼，孟孙氏无奈，即与郭雨等先后行奸，孟秃子等均不知情。

是年七月二十五日午后，孟秃子赴庄外地间捡拾棉花，其父孟守相等亦赴邻村观剧。郭雨与刘亭章路经孟秃子家门首，进去闲望，见无旁人，又与孟孙氏续奸一次。刘亭章声言，孟秃子愚笨，令孟孙氏跟随逃走，孟孙氏不理。刘亭章即与郭雨走出，私相郭雨商量说，不如将孟秃子谋害，设法将孟孙氏拐逃，可以永远奸好，郭雨允从。即与刘亭章回家，各持夹靶刀，偕至孟家庄外，见孟秃子在地里拾棉花，四顾无人，刘亭章上前揪住孟秃子发辫，用刀砍伤其左腮颊、左手大指二指、左耳根。郭雨亦用刀将孟秃子脊背近左近右砍伤。孟秃子挣扎喊痛，刘亭章将其揪按倒地，又用刀将孟秃子咽喉狠砍数下，将孟秃子头颅砍下殒命，即与郭雨逃跑。

经尸兄查见尸身告知，孟孙氏料定必系刘亭章、郭雨谋害，顿与夫报仇，即将先后奸情向姑哭诉。经其翁孟守相共同赴指名控。经验报，缉获郭雨讯供，通详审拟，由府解司勘转到院，委审确核无异。郭雨应依谋杀本夫为从加功之人、亦系奸夫斩候例，拟斩监候，照章改为绞监候，秋后处决。恭逢恩诏，不准援免。脱逃已逾三年，应否改为立决，听候部议。孟孙氏应依奸夫自杀其夫，奸妇虽不知情绞候律，拟绞监候。该犯妇事后首告，将奸夫指拿到案，实有不忍致死其夫之心，夹签声请减流。既经恭逢恩诏，应准援免。除分咨部院外，理合遵章，专案具陈，伏乞圣鉴，敕部核复。谨奏。

光绪三十四年十二月十二日奉朱批："览。钦此。"

（台北故宫藏档，文献编号：168675）

奏陈拣员调补京师教职

头品顶戴、北洋大臣、直隶总督、臣杨士骧跪奏,为拣员调补京师教职,以资巡迪,恭折仰祈圣鉴事。

查,顺天府汉学训导任宝征,于光绪三十四年七月初八日丁忧,前经顺天府尹咨部开缺,所遗顺天府汉学训导系属要缺,例应在外拣员调补。定例,顺天府学教授、训导二缺,令直隶总督会同学政于通省现任教职内,拣选人品端方学问优长者具题调补,六年俸满,准其一验,保题升用。兹据布政使崔永安、前署提学使卢靖、按察使何彦升查,有东安县训导李长堪以调补顺天府汉学训导,会详请奏前来。

臣查,李长生,年三十六岁,高阳县人,由廪膳生考取光绪甲午科优贡生,光绪二十一年恭应期考,取列二等,引见,奉旨以教职用。二十二年调办海运,保归本班尽先选用。二十六年选授曲阳县训导,二月到任。二十七年二月丁父忧开缺,二十九年五月服满起复,选授东安县训导,是年十一月到任。该员品学俱优,年强才裕,以之调补顺天府汉学训导,洵堪胜任,与例亦属相符。合无仰恳天恩俯准,以之调补,以资训迪。除履历册咨部查照外,谨恭折具陈,伏乞圣鉴,训示。所遗东安县训导一缺,照章归部铨选。谨奏。

光绪三十四年十二月十三日奉旨:"吏部知道。钦此。"

光绪三十四年十二月初九日。

(台北故宫藏档,文献编号:168708)

直隶高等农学堂学生毕业,恳恩照章给奖折

头品顶戴、北洋大臣、直隶总督、臣杨士骧跪奏,为直隶高等农学堂肄习各生毕业期满,恳恩敕部照章给奖,恭折仰祈圣鉴事。

窃直隶省城于光绪二十八年,经升任督臣袁世凯设立农务学堂,招考学生肄习实业,奏明在案,嗣遵部章改为高等农业学堂。该堂本科第一班学生冉杭等十九名,自开学考取入堂,至上年十一月间肄习预科二年,本科三年期满,详经臣督同学司及该堂监督严行考试,记名分数,分别等第,刊给文凭,由司详请奏奖前来。

查奏定章程,高等实业学堂毕业考列最优等及优等、中等者,一律作为举人,

分别奖给职官等语。今该堂预科二年、本科三年,因该堂开办在光绪二十八年冬季至二十九年冬季,尚未奉到奏定章程,故该生等肄业一年之后仍名预科,实则第二年预科课程已将本科课程参入,嗣奉到部章,始遵照更正名为本科。是该生等正名本科之后,虽只三年而肄习本科课程实及四年,与奏章并无歧异,且毕业时分门考试均与本科四年程度相符,毕业后仍令在堂实习一年,以资深造,似未便以未奉部章,正名稍晚,没其成绩。

所有该堂本科第一班最优等之冉杭、孙岐、刘鸿文、陈震、马登瀛、陈兆梅、梁兆璠、王祖华、梁思钰、王善元等十名均拟请作为举人,以知州归改选班用;优等王藩清、张家俊、石步瀛、刘庆琦、王敬止、任凤岐、贺澄源等七名均拟请作为举人以知县归改选班用;中等潘步云、刘桂阳等二名均拟请作为举人,以州同归改选班用。合无仰恳天恩,敕部照章核明给奖,以示鼓励,出自鸿施。除将表册、试卷咨部查照外,理合恭折具陈,伏乞皇上圣鉴,训示。谨奏。

朱批:"学部议奏。"

光绪三十四年十二月十三日。

(《光绪朝朱批奏折》第105辑,851)

请以左运枢补授元氏县知县折

头品顶戴、北洋大臣、直隶总督、臣杨士骧跪奏,为拣员请补选缺知县,恭折仰祈圣鉴事。

窃查,元氏县知县葛亮升升补多伦诺尔抚民同知,应以光绪三十四年七月二十一日接到部文之日作为开缺日期,归七月分截缺。是月仅只一缺,毋庸掣签,应即照章序补。查部议章程内开,嗣后道府以至未入流,如有选缺出时,除坐补原缺人员,仍先尽请补外,其余先用裁缺即用一人,次用各项一人,各项中先尽回避即用人员,尽数补用;次尽新选新补,留省另补人员,尽数补用;次尽曾任实缺,服满分发原省人员,尽数补用。以上三项无人,方准以各项轮补班次请补,自回避即用以下,无论何项到班,均与裁缺即用人员相间轮用等语。上次病故休班内藁城县出缺,已以曾任实缺服满回省候补知县高文才请补,今元氏县知县一缺并无坐补原缺、裁缺即用、回避即用、新选新补之留省另补人员,仍应曾任实缺、服满分发原省候补人员请补。

据藩司崔永安、提学司傅增湘、臬司何彦升查,有曾任实缺、服满分发原省候补知县左运枢,堪以请补,会详请奏前来。臣查,左运枢,年六十二岁,江苏阳湖县人,由监生报捐县丞,指分直隶,因办黄河大工出力,保俟补缺后以知县用,遵新海防例报捐三班,以知县仍留原省,归候补班补用。光绪十七年十二月引见,奉旨照例用。二十六日到省,业经期满甄别。十九年因办海运出力,保俟补缺后以直隶州补用,奏署平乡县知县。三十一年十月丁忧开缺,回籍守制。服满起复,呈请注销直隶州升阶,仍以知县分发原省补用。三十四年四月二十三日回省查注销升阶,到省后,如系顶补,例应扣补一次。惟该员到省时,本班名列第二,并非顶补,此次到班未便再行扣补。

该员精明干练,办事勤能,以之请补元氏县选缺知县,实堪胜任,亦与定章相符。合无仰恳天恩俯准,以曾任实缺、服满分发原省候补知县左运枢,补授元氏县知县,以资治理。如蒙俞允,该员衔缺相当,毋庸送部引见。除将该员履历清册咨部外,理合恭折具陈,伏乞皇上圣鉴,训示。谨奏。

朱批:"吏部议奏。"

光绪三十四年十二月十三日。

(《光绪朝朱批奏折》第 25 辑,510)

请将张鸿逵俟补缺后以知县用片

再,直隶师范学堂五年届满在事出力员司,前经奏请给奖,奉硃批"该部议奏,单并发,钦此",钦遵在案。兹查,原保寻常各员内之张鸿逵,系北河试用县丞,前按县丞职衔请奖系属错误,据提学司傅增湘详请更正前来,臣复核无异。合无仰恳天恩俯准,将北河试用县丞张鸿逵俟补缺后以知县用,出自鸿施。除饬取该员履历咨部外,理合附片具陈,伏乞圣鉴,敕部查照更正。谨奏。

朱批:"该部知道。"

光绪三十四年十二月十三日。

(《光绪朝朱批奏折》第 25 辑,512)

直隶高等学堂正科三年毕业照章请奖折

头品顶戴、北洋大臣、臣杨士骧跪奏,为直隶高等学堂正科三年毕业照章请奖,恭折仰祈圣鉴事。

窃直隶省城大学堂经升任督臣袁世凯,于光绪二十八年奏明创办,嗣遵学务大臣奏定章程改为高等学堂,堂规课程悉依定章办理。本年夏间,为正科三年期满,除选送出洋及改习师范各生不计外,所有在堂毕业各生照章考试计分,并以历年平均分数合并计算,当考取最优等第一类栗如桐等十七名,第二类汤泽清等十四名;优等第一类李廉泉等五十七名,第二类李堂等十七名;中等第一类燕世英第七名,第二类滑德铭等三十七名,均系课程完足,学业有成,据前署提学司卢靖照章详请奏奖前来。

臣查,奏定学堂章程内载各省高等学堂毕业考列最优等、中等者一律作为举人,分别奖给职官等语,今该堂学生所习学科经臣督同考校,均属合格,合无仰恳天恩敕部照章核明给奖,以示激劝。又第二类学生张渲,已由举人拣选知县,拟定请奖给知州并加四品衔,仍候部议。除将履历、表册,试卷咨部查照并给各生文凭升入大学专门肄习外,理合恭折具奏,伏乞皇上圣鉴,训示。谨奏。

朱批:"学部议奏,片二件并发。"

光绪三十四年十二月十三日。

(《光绪朝朱批奏折》第 105 辑,852)

奏报奉到德宗景皇帝遗诏、孝钦显皇后遗诰日期折

头品顶戴、北洋大臣、直隶总督、臣杨士骧跪奏,为奉到德宗景皇帝遗诏、孝钦显皇后遗诰日期,恭折仰祈圣鉴事。

窃查,臣前派候补知县刘永图前赴礼部恭领德宗景皇帝遗诏、孝钦显皇后遗诰,于光绪三十四年十一月十七日到津,当即率同文武员弁出郊跪接,迎至公所,敬谨开读,并行藩司刊刻誊黄,通颁文武,各衙门一体钦遵。除将实诏实诰咨送礼部恭缴外,所有奉到日期理合恭折奏报,伏乞皇上圣鉴,敕部查照。谨奏。

朱批:"礼部知道。"

光绪三十四年十二月十三日。

(《光绪朝朱批奏折》第 30 辑,647)

具陈永定南北运三河宣统元年岁修估需银数折

头品顶戴、北洋大臣、直隶总督、臣杨士骧跪奏,为永定南北运三河宣统元年岁修估需银数,恭折仰祈圣鉴事。

案照永定南北运三河每年抢修例应先行领银办料,分储备用。其岁修各工饬令该道等勘明确数,将应需实用银数题明请领。查永定河因嘉定六年河水异涨,两岸堤工浸益之后新增埽段较前多至一倍有馀。经钦差奏明,每年岁修埽工增添银一万两。其疏浚中洪下口及石景山岁修石工银两仍照旧请领,毋庸酌增。嗣又因两岸险工林立,原设岁修经费实不敷用,经前督温承惠奏请增估添办料物银两,于嘉庆十四年二月十七日钦奉上谕加恩增赏银五千两,以二千两归入岁修,以三千两归入抢修。每年随案估销,仍照例分案赴部请领。又三角淀岁修疏浚下口工程,经前督臣蒋筱铭奏准,于秋汛后察看情形,择其切滩取直实在得力之处量为疏浚,并将两岸残缺堤工择要修补加培,此两项工程仍不得过岁修五千两之数。

又,咸丰四年部议,变通部库放款章程内开永定南北运河每年岁修各工减半给领。又同治三年,永定河应领岁修各项经费照减半之数发给实银,又同治四年准户部酌议,北运河岁修银按额定工,每千两拨给实银三百七十五两。嗣因不敷工用,又经咨准户部议定,北运河岁修银两自同治十年,每千两照额发实银四百两。又同治九年准户部酌议,南运河岁修银按额定之数自同治十年起每千两拨给实银三百两。因所增无几,不敷工用,复于同治十年起经部议复准照北运河之案,自同治十一年起每千两拨给实银四百两。又同治十二年因永定河所领工需实不敷用,奏请仍照旧额发给,经部议准,自同治十二年起照额全数发给实银。又光绪五年因南运河所领工需不敷应用,奏请照额发给八成实银,经部议准,自光绪五年起照额全数发给六成实银。又永定河雇夫挑土经费,奏请自光绪十年起在于该河应领岁抢修款内扣存六分减平银两,照数动用。经部议,令汇入常年岁抢修案内造报,各等因均经转行遵照在案。兹据永定河道吕珮芬详报东西两岸岁修片石工程,估需实银一千九百九十七两九钱四分四厘一毫二丝五忽。南岸各汛岁修埽镶工程估需实银九千九百九十两九钱二分。北岸各汛岁修埽镶工程,估需实银一万一千九百九十七两四钱。两岸各汛岁修挑挖中洪工程,估需实银四千九百九十两八钱七分。三角淀岁修疏浚下口工程并择要修补两岸残缺堤工,估需实银四千九百九十八两九钱四分。以上通共需实银三万三千九百九十六两七分四厘一毫二丝五忽。

查,光绪三十四年挑挖中洪疏浚下口工程项下节省银一两六钱三分,照数抵用外,计需岁修实银三万三千九百九十四两四钱四分四厘一毫二丝五忽。其雇夫挑土经费需用减平银五千六百八十一两六钱六分六厘六毫四丝,因附案估报。又据天津道齐耀琳详报,南运河岁修草土各工,估需实银九千两,查光绪三十四年岁修节省银一两六钱八分一厘六毫二丝,抢修节省银一两九钱二分四厘八丝,照数抵用外,计需岁修实银八千九百九十六两三钱九分四厘三毫。又通永道衡吉详报,北运河岁修草土各工并筐儿港减河挑淤工程,估需实银七千五百九十九两一钱三分三厘等情前来。臣复加查核,永定南北运三河宣统元年岁修据估各工均不可缓,应请准其估办。除饬各该道分别领款,及时照估,如式兴修,于大汛前一律赶办完竣,另行核实造报外,理合遵新章恭折具陈,伏乞皇上圣鉴,敕部查照,谨奏。

朱批:"该部知道。"

光绪三十四年十二月十四日。

(《光绪朝朱批奏折》第 101 辑,015)

请将傅霖以道员分发省分补用片

再,山东昌邑县人分省知县傅霖,系已故直隶提督傅振邦之孙,因本年顺直水旱交乘,灾情甚重,需款孔急,变产报效赈银一万两,解局兑收济用,由统捐局详请奏奖前来。臣查顺直应办赈捐,凡有倡捐巨款者均经专案奏请优奖。近年江北淮徐海等属告灾,亦经援案陈请,无不立沛恩施。今傅霖,系勋臣后裔,励志读书,究心吏治,因念顺直灾区待赈,捐万两,核与优奖奏章相符,按之定例,由知县报捐道员,银数亦属有盈无绌。复查光绪二十七年间,广东香山县人主事职衔唐寿彭,报效顺直赈银一万两,经前督臣李鸿章请以道员分发补用,奏准在案。合无援案,仰恳天恩俯准,将傅霖以道员分发省分补用,以昭激劝。理合附片具陈,伏乞圣鉴,训示。谨奏。

朱批:"览。"

光绪三十四年十二月十四日。

(《光绪朝朱批奏折》第 25 辑,524)

请以高文才补授藁城县知县折

头品顶戴、北洋大臣、直隶总督、臣杨士骧跪奏，为拣员请补选缺知县，恭折仰祈圣鉴事。

窃查，藁城县知县江开泰于光绪三十四年六月二十六日在省病故，照例以本员病故之日作为开缺日期，惟据该家丁于七月初三日禀报到司，仍应勒归六月分截缺。是月仅此一缺，毋庸掣签，应即按照章序补。查部议章程内开嗣后道府以至未入流，如遇选缺出时，除坐补原缺人员仍先尽请补外，其余先用裁缺即用一人，次用各项一人，各项中先尽回避即用人员尽数补用，次尽新选新补留省另补人员尽数补用，次尽曾任实缺服满分发原省人员尽数补用。以上三项无人，方准以各项轮补班次请补，自回避即用以下，无论何项到班，均与裁缺即用人员相间轮用等语。上次升调遗班内文安县出缺，已以回避即用知县金树棠请补，今藁城县知县一缺并无坐补原缺、裁缺即用、回避即用、新选新补之留省另补人员，轮应曾任实缺服满分发原省候补知县人员请补。据藩司崔永安、提学司傅增湘、臬司何彦升查，有曾任实缺服满分发原省候补知县高文才堪以请补，会详请奏前来。

臣查，高文才年五十三岁，四川崇庆州人，由选授高邑县知县，光绪二十三年十二月到任，二十六年告病开缺，病痊起用，报捐分发，二十八年八月奉旨照例发往，二十九月领照到省委，署高邑县知县。三十年六月到任，补授斯缺，嗣因丁忧开缺，回籍守制。三十三年服满起复，在部呈请，仍回原省归候补班补用，三十四年三月初二日到省。该员稳练安详，民颇爱戴，以之请补藁城县知县选缺，实堪胜任，亦与定章相符。合无仰恳天恩俯准，以曾任实缺候补知县高文才补授藁城县知县，以资治理。如蒙俞允，该员衔缺相当，毋庸送部引见。除将该员履历清册咨部外，理合恭折具奏，伏乞皇上圣鉴，训示。谨奏。

朱批："该部议奏，片并发。"

光绪三十四年十二月十四日。

（《光绪朝朱批奏折》第 25 辑，523）

奏报举行大计后应举应劾人员名单折

头品顶戴、北洋大臣、直隶总督、臣杨士骧跪奏，为举行大计应举应劾各员缮单恭折,仰祈圣鉴事。

窃查,前准吏部咨,光绪三十三年十二月,三年之期已届,其各省官员大计卓异者应行按额荐举,佐杂教职亦不得全举一途,其有干六法者应照例统为一本参奏,仍令该督抚等将不谨浮躁等官俱确按实迹详细登注,不得笼统参奏等因,当经咨行一体,钦遵在案。现在届期,应即照例举行。兹据布政使增韫、署提学使卢靖、署按察使李树棠将正杂教职堪膺荐举及有干六法者分别开报前来,并准兼管顺天府尹臣陆润庠、顺天府府尹臣裴维侒考核相同,谨会同将应举应劾各员分缮清单,恭呈御览,伏乞皇太后、皇上圣鉴,敕部议复施行。

再,直隶定额保荐地方州县以上官员十三员,教职佐杂四员,河属一员,盐属一员。今堪膺卓异之选者,州县以上官十二员,教佐四员。其热河、承德府属应留州县一员,盐属、河属并无应行荐举之员。作为缺额,下届仍照原额保送,参劾各员仍照例摘取印信钤记,勒令离任。至不入举劾之平等官员,上届业经奏准免其造册送部,本届仍请照案免造,以归简易,合并声明。谨奏。

朱批:"吏部议奏,单二件并发。"

光绪三十四年十二月十五日。

(《光绪朝朱批奏折》第 24 辑,230)

奏销光绪三十四年南运河抢修工程用过银两折

头品顶戴、北洋大臣、直隶总督、臣杨士骧跪奏,为请奏销光绪三十四年南运河抢修工程用过银两,恭折仰祈圣鉴事。

窃照南运河岁抢修用款,前经奏明,除初估奏报外,仿照东明黄河成案一次奏销完结。光绪三十四年该河岁抢修用款前已估报,此次应即奏销。

据天津道齐耀琳详称,饬据天津府河防同知、河间府河防同知,先后各将所属光绪三十四年分岁修工程实计青县岁修草工银一千二百四十九两六分七厘四毫,又天津、静海、青县、沧州、南皮、交河、东光、吴桥、景州等九州县岁修土工银一万三千七百四十八两一钱二分九厘九毫,共银一万四千九百九十七两一钱九分九厘三毫,核发六成实银八千九百九十八两三钱一分八厘三毫八丝,前领银九千两,核计节省银一两六钱八分一厘六毫二丝,应请留作下半年添补工程之用。又天津、静海、青县、沧州、南皮、交河、东光、吴桥、景州等九州县抢修草土各工银五千九百九十六两七钱九分三厘二毫,核发六成实银三千五百九十八两七分五厘九毫二丝,前领银三千六百两,核计节省银一两九钱二分四厘八丝,应请留作下半年添补工程之用。分造册结图说,详请奏销前来。臣复核无异,除册结图说咨部外,理合恭折具陈,伏乞皇上圣鉴,敕部核销。谨奏。

朱批:"该部知道。"

光绪三十四年十二月十五日。

(《光绪朝朱批奏折》第 101 辑,016)

奏请恩奖北洋大学堂毕业学生吴敏向等员事(折片)

再,北洋大堂预备科学生吴敏向等前届毕业请奖,经部议复,将中西文理俱优之侯景和等十六名奖给举人,其王恩泽等八十六名中西文高下不等仍应补用习预科一年,再行考试等因,分别办理在案。兹查,是项学生于光绪三十二年预科毕业,迄今已逾两年,有留堂升习分科者,有改习师范一年者,有派赴外洋留学及毕业后自谋生计者,碍难一律折回补习,拟将派赴外洋留学及离堂自谋生计各学生毋庸置议。现在留堂升习分科之冯熙敏等三十七名展长毕业,期限已满二年,以所习二学年分科课程,推为补习预科三年期造诣,自加深邃。其安尚敏等十二名考入该堂中学师范班,即以加习一年之成绩作为补习预科之课程,所造亦各加完密,并应考试给奖,俾免向隅。经臣督同考校,除临时未经应考各生不计,所有胡振褆等三十八名,核其成绩,尚与预科毕业程度相符,由司开具分数,遵章补奖前来。臣复核无异,仰恳天恩敕部核议给奖,以昭激劝,出自鸿施。除将册卷咨部外,理合恭折具奏,伏乞圣鉴,训示。谨奏。

光绪三十四年十二月十七日奉旨:"览。钦此。"

(台北故宫藏档,文献编号:168877)

奏报顺直各属光绪三十四年九月分雨水粮价情形(附一件)

头品顶戴、北洋大臣、直隶总督、臣杨士骧跪奏,为查明光绪三十四年九月分顺直各属市粮价值、雨水情形,恭折仰祈圣鉴事。

窃查,光绪三十四年八月分顺直各属市粮价值、雨水情形,业经奏报在案。兹据藩司查明九月分市粮价值、雨水情形,开单请奏前来。臣查九月分顺天、永平、保定、河间、天津、正定、顺德、广平、大名、宣化、遵化、冀州、赵州、深州、定州等十五府州属得雨一、二、三、四、五次，每次一、二、三、四、五寸不等。易州并属并未得雨。又查十月分粮价，河间、正定、宣化、遵化、冀州、赵州、深州等七府州属与上月相同。顺天、永平、保定、天津、顺德、广平、大名、易州、定州等九府州属较上月价减。理合恭折具陈，并缮具粮价清单，恭呈御览，伏乞皇上圣鉴。谨奏。

光绪三十四年十二月十八日获朱批："知道了。钦此。"

光绪三十四年十二月十五日。

（（台北故宫藏档，文献编号：168934）

清单

十二月十八日，谨将顺直各属光绪三十四年九月分市粮价值缮具清单，恭呈御览。

计开：

顺天府属，价减：

粟米，每仓石价银二两五钱至四两九钱，与上月相同。

麦，每仓石价银二两四钱七分至五两九钱七分，与上月相同。

黑豆，每仓石价银二两五分至五两四钱八分，较上月减五分。

高粱，每仓石价银一两五钱至三两四钱，与上月相同。

糜米，每仓石价银一两三钱至四两六钱五分，较上月减五分。

永平府属，价增：

粟米，每仓石价银二两一钱九分至五两一钱二分，较上月减一两二钱。

麦，每仓石价银三两六钱五分至四两八钱四，较上月增二钱。

黑豆，每仓石价银二两二钱五分至三两八分，较上月减二钱五分。

高粱，每仓石价银一两五钱五分至二两二钱八分，较上月增一钱。

糜米，每仓石价银二两九分，与上月相同。

保定府属，价减：

粟米，每仓石价银二两六钱九分至四两六钱，与上月相同。

麦，每仓石价银二两九钱至六两，较上月增一钱。

黑豆，每仓石价银二两三钱二分至三两八钱，较上月减三钱。

高粱,每仓石价银一两八钱四分至二两二钱四分,较上月增二分。

糜米,每仓石价银二两五钱七分至三两九钱,较上月减三钱。

河间府属,价平:

粟米,每仓石价银二两三钱至四两五钱,较上月减五分。

麦,每仓石价银三两四钱三分至四两八钱,较上月增一钱二分。

黑豆,每仓石价银二两八钱四分至四两二钱,较上月减二钱。

高粱,每仓石价银二两二钱三分至四两一钱,较上月增五分。

糜米,每仓石价银二两六钱三分至四两五钱,与上月相同。

天津府属,价减:

粟米,每仓石价银一两一钱五分至四两五钱,较上月增五分。

麦,每仓石价银一两八钱至四两八钱,较上月减一钱。

黑豆,每仓石价银一两六钱至三两九钱,较上月减二钱。

高粱,每仓石价银一两四钱至三两五钱,较上月减三钱。

糜米,每仓石价银一两三钱五分至三两一钱二分,较上月减二钱一分。

正定府属,价平:

粟米,每仓石价银二两一钱至二两七钱七分,较上月减四钱九分。

麦,每仓石价银三两五分至四两四钱三分,较上月增五钱三分。

黑豆,每仓石价银二两二钱五分至三两三钱六分,较上月减六分。

高粱,每仓石价银一两六钱七分至三两一钱四分,与上月相同。

糜米,每仓石价银一两八钱二分至三两七钱七分,较上月减五分。

顺德府属,价减:

粟米,每仓石价银二两四钱一分至四两二钱,较上月减六钱九分。

麦,每仓石价银二两六钱至四两二钱,与上月相同。

黑豆,每仓石价银二两一钱至四两,较上月减七钱五分。

高粱,每仓石价银一两八钱五分至三两二钱,较上月减四钱四分。

糜米,每仓石价银一两六钱至三两,较上月减一两五钱。

广平府属,价减:

粟米，每仓石价银二两一钱至四两一钱八分，较上月减二钱八分。

麦，每仓石价银二两二分至四两五分，与上月相同。

黑豆，每仓石价银一两九钱九分至三两九钱九分，较上月减二钱。

高粱，每仓石价银一两五钱九分至三两，与上月减六分。

糜米，每仓石价银一两七钱至三两二钱，较上月减三钱九分。

大名府属，价减：

粟米，每仓石价银二两二钱八分至四两一钱二分，较上月减一钱七分。

麦，每仓石价银二两七钱二分至三两五钱九分，较上月减一分。

黑豆，每仓石价银一两八钱八分至三两四钱三分，较上月减二钱二分。

高粱，每仓石价银一两六钱至二两九钱一分，较上月减六分。

糜米，每仓石价银二两至二两六钱四分，较上月减二钱五分。

宣化府属，价平：

粟米，每仓石价银一两至一两四钱五分，与上月相同。

麦，每仓石价银一两九分至二两八钱三分，与上月相同。

黑豆，每仓石价银一两至一两八钱五分，与上月相同。

高粱，每仓石价银七钱二分至一两四钱三分，与上月相同。

糜米，每仓石价银五钱七分至一两七钱五分，与上月相同。

遵化州并属，价平：

粟米，每仓石价银三两二钱至三两八钱三分，与上月相同。

麦，每仓石价银四两一钱九分至四两四钱六分，与上月相同。

黑豆，每仓石价银二两九钱六分至五两四钱三分，与上月相同。

高粱，每仓石价银一两八钱八分至二两五钱一分，与上月相同。

糜米，每仓石价银一两五钱九分至三两二钱，与上月相同。

易州并属，价减：

粟米，每仓石价银一两三钱五分至三两七钱，较上月增一分。

麦，每仓石价银一两八钱至四两三钱，较上月增一钱三分。

黑豆，每仓石价银一两一钱九分至五两，较上月减二钱七分。

高粱，每仓石价银九钱九分至二两四钱，较上月减三钱一分。

糜米,每仓石价银一两一钱九分至三两六钱,与上月相同。

冀州并属,价平:
粟米,每仓石价银二两七钱至四两二钱,与上月相同。
麦,每仓石价银三两九钱二分至四两一钱,与上月相同。
黑豆,每仓石价银二两二钱至三两六钱,与上月相同。
高粱,每仓石价银二两至三两一钱,与上月相同。
糜米,每仓石价银三两一钱八分,与上月相同。

赵州并属,价平:
粟米,每仓石价银二两三钱四分至三两一钱,与上月相同。
麦,每仓石价银二两一钱七分至三两五钱,与上月相同。
黑豆,每仓石价银一两五钱七分至三两二钱四分,与上月相同。
高粱,每仓石价银一两四钱至三两六分,与上月相同。
糜米,每仓石价银二两七分至二两七钱四分,与上月相同。

深州并属,价平:
粟米,每仓石价银三两二钱至四两一钱九分,与上月相同。
麦,每仓石价银二两八钱至四两一钱,与上月相同。
黑豆,每仓石价银二两至三两三钱,与上月相同。
高粱,每仓石价银二两二钱四分至二两九钱五分,与上月相同。
糜米,每仓石价银一两二钱五分至四两,与上月相同。

定州并属,价减:
粟米,每仓石价银三两二钱五分至三两七钱,较上月减五钱五分。
麦,每仓石价银三两二钱九分至四两四钱五分,较上月增一钱。
黑豆,每仓石价银二两五钱至三两三钱五分,与上月相同。
高粱,每仓石价银二两至二两七钱五分,较上月减三钱五分。
糜米,每仓石价银二两一钱至三两一钱五分,与上月相同。
朱批:"览。"

报拨宣统元年春季分东陵官兵俸饷米折等项银两折

头品顶戴、北洋大臣、直隶总督、臣杨士骧跪奏，为报拨宣统元年春季分东陵官兵俸饷、米折等项银两，恭折仰祈圣鉴事。

窃查，遵化、蓟州、丰润、玉田等四州县供应各陵八旗官兵月饷、俸粟、米折并养育兵丁钱粮等项银两，向系按季由司专案详请题报，一面由东陵承办事务衙门派员赴司请领散放，历经遵办在案。兹据布政使崔永安呈称，准东陵承办事务衙门，造册请领，该司按册复核原归遵化、蓟州、丰润、玉田等四州县宣统元年春季分供应各陵八旗官兵俸饷米折，并孤寡养赡、养育兵丁钱粮等项，共银一万七百四十一两一钱四分三厘，改折八成实银八千五百九十二两九钱一分四厘，内扣官俸米折项下每两六分部平银一百二十三两二钱六厘，实发银八千四百六十九两七钱八厘，核与例年成案相符，应请在于司库地粮银内动拨，由司分开清单，详请核奏并声明陵工员役增减无定，难以预计，应照急需钱粮之例，一面具奏，先行拨给领回散放，其实在支领数目统归于奏销案管内核实销算，多则解还，不敷找给等情前来。臣复核无异，除清单咨部外，理合恭折具奏，伏乞皇上圣鉴，敕部核复。谨奏。

朱批："该部知道。"

光绪三十四年十二月十五日。

（《光绪朝朱批奏折》第 64 辑，584）

本年被水被旱灾歉村庄，应征粮租照例分别蠲缓带征片

再，顺直各属州县本年被水被旱灾歉村庄，业经奏请蠲缓粮租，酌予抚恤，并声明沧州未据议定灾歉分数，应俟议复到日，另行核办在案。

兹据藩司崔永安详称，据天津府知府胡远灿督同沧州知州陈钰勘明，该州聚馆等一百三十四村歉收四分，请将应征本节年粮租谷豆、旗产钱粮、河淤海防经费，通津二帮屯租并出借仓谷、籽种、口粮、牛具等项，均请缓至宣统元年麦后启征，仍减免差徭。又乐亭县薛家房子等七村。原勘成灾七分，业经详奏在案，惟该处逼近河身房，屋地亩均被冲塌，禾稼全被淹没，复经饬府督县复加勘得成灾情形较前更重，应请将薛家房子等七村改为成灾九分，应征粮租照例分别蠲缓带

征,以示体恤,具详请具奏前来。臣复核无异,理合附片具陈,伏乞圣鉴,训示。谨奏。

朱批:"著照所请,该部知道。"

光绪三十四年十二月十五日。

(《光绪朝朱批奏折》第 80 辑,036)

奏报奉到皇上登极实诏事

头品顶戴、北洋大臣、直隶总督、臣杨士骧跪奏,为奉到皇帝登基实诏仰祈圣鉴事。

窃臣派候补知县刘永图赴礼部恭领实诏,于光绪三十四年十一月十九日到津,当即率同文武员弁出郊跪接,迎至公所,敬谨开读,转行藩司刊刻誊黄,通颁文武各衙门遵照,并将实诏咨送礼部恭缴外,所有奉到日期理合恭折奏报,伏乞皇上圣鉴。谨奏。

朱批:"知道了。"

光绪三十四年十二月十六日。

(《光绪朝朱批奏折》第 30 辑,649)

具陈顺直各州县经征光绪三十三年八项旗租数目折

头品顶戴、北洋大臣、直隶总督、臣杨士骧跪奏,为查明顺直各州县经征光绪三十三年八项旗租数目,恭折祈圣鉴事。

窃查,直隶应征光绪三十三年旗租册籍,现据查造齐全,惟津厅应征租银因征册案卷全行毁失,咨部立案清丈地亩,俟查清征起,另行造报,应请剔除。其余顺直各州县经征旗租未完一分以上职名,业已开单具在案。

兹查光绪三十三年,直隶顺天、永平、保定、河间、天津、正定、顺德、广平、宣化等九府,并遵化、易州、冀州、定州等四直隶州暨所属额征存退等八项旗租,共银四十三万二千三百一十三两六分四厘,米一石九斗四升二合六勺,谷六百六石二勺,粮五十六石三斗二升二合六勺,草一十六束三分。内除蠲缓带征暨递抵民欠外,实征完存退等八项旗租,共银三十七万七千二百八十六两五钱八分,米一石九斗四升二合六勺,谷四百一石七斗四升一合八勺九抄,粮五十六石二斗二升二合六勺,草一十六束三分。又民欠未完光绪三十二年各项租银四万二百三十六两二钱一分八厘,租谷二百五十二石七斗八升九合七勺九抄。内除缓带征并民欠外实征完租银五百五十七两八钱六分八厘,租谷三十八石九斗九升一合七勺。又民欠未完光绪三十一年各项租银三万九千九百九十一两九钱七分六厘,租谷三百九石四斗八升六合五勺,内除缓带征并民欠外实征完租银一百六两九钱四分。又民欠未完光绪三十年各项租银四万七千七百六十九两九钱四分九厘,租谷三百四十六石五斗二升三合六勺九抄。内除缓带征并民欠外实征完租银八十一两四钱八分一厘。又民欠未完光绪二十九年各项租银四万四千三百七十五两三钱六分一厘,租谷三百三十一石一斗七升九合九抄。内除缓带并民欠外实征完租银五十五两三钱七分九厘。又民欠未完光绪二十八年各项租银三万七千八百六十六两九钱六厘,租谷三百九十九石四斗九升四合九勺八抄。内除缓带征并民欠外实征完租银四十二两六钱八分七厘。又民欠未完光绪二十七年各项租银七万七千四百九十三两六钱九分四厘,租谷五百八十一石七斗七合二勺。内除缓带征并民欠外,实征完租银五十一两一钱三厘。又附记节年已完各项租银四百四两九分五厘。据布政使崔永安造册开单,详请具奏前来,臣复核相符。除册单咨部并饬司赶造细册详咨外,理合会同兼管顺天府府尹臣陆润庠、顺天府府尹臣凌福彭,恭折具陈,伏乞皇上圣鉴,敕部查核。

再,经征旗租四百两以上、奏销前全完之现署肃宁县唐景嵩一员,应请议叙。又,八项旗租内屯庄一项,坐落在霸州、固安、永清、新城等四州县地亩内有霸州、固安二驻防,并保定府理事同知、易州理事通判、通州理事通判等三厅督催之项,向于该四州县册造经征,租银租谷内声除另作督催册造,现因册档无存,未能分析声造,应俟查明归于下年奏销案内分晰造报归结,合并声明。谨奏。

朱批:"该部知道。"

光绪三十四年十二月十六日。

(《光绪朝朱批奏折》第 80 辑,037)

筹拨宣统元年北洋陆军饷项折

头品顶戴、北洋大臣、直隶总督、臣杨士骧跪奏,为援案筹拨宣统元年北洋陆军饷项,恭折具陈,仰祈圣鉴事。

窃照北洋陆军二、四两镇饷需，或系就地自筹，或系零星凑集，或接支第六镇饷项，历经按年筹拨，奏报在案。现值岁杪，所有陆军二、四镇来年应需饷杂各款亟应预为筹画，以备供支。查二镇饷项系淮军节饷银六十万两、练军节饷银二十万两、制兵节饷银二十万两、烟酒税银四十万两、长芦运库盐斤加价银二十四万两，第四镇应接支第六镇饷项计武卫右军截留山东应解部款银一百十六万两，江南自强军底饷银二十二万馀两，长芦盐引均价馀利银十馀万两，拟请仍照原案筹拨，以资军食。惟查宣统元年，系属有闰之年，杂款在内遇闰，每镇应另筹银十万两。曾经办理有案。该两镇除底饷照拨外，每镇应加杂款银各十万两，尚无所出，惟有临时另筹，期无匮乏。除分咨外，理合专折具陈，伏乞皇上圣鉴，敕部立案。谨奏。

朱批："该部知道。"

光绪三十四年十二月十六日。

（《光绪朝朱批奏折》第 64 辑，587）

具陈天津、秦王岛钞关及五十里外各分口一年经征常税银两数目折

头品顶戴、北洋大臣、直隶总督、臣杨士骧跪奏，为天津、秦王岛钞关及五十里外各分口一年期满，经征常税银两数目，恭折仰祈圣鉴事。

窃查，前准行在户部咨各国偿款以各关常税做抵，常关分局在五十里以内者征税事宜改归新关税务司兼办等因，当经议定津海关道所管之天津钞关及大沽北塘各分局，按照公约归并税司经理征收税项拨抵赔款，如有不敷，即在钞关代征之子口税项下拨补，均经奏咨在案。

兹据津海关道蔡绍基详称，光绪三十二年五月十三日奉部札饬将税务司代征与监督自征各税并案分晰奏报等因。查，自光绪三十三年七月初一日起至九月底止，第一季天津钞关征收正税银十九万四千六百十二两七钱，大沽分局征收正税银一万二百九十八两五钱一分，北塘分局征收正税银八百八两二钱八分。又自十月初一日起至十二月底止，第二季，钞关征收正税银九万四千七百九十两四钱八分，大沽分局征收正税银二千九百四十两三钱一分，北塘分局征收正税银三百二十二两六钱六分。又自光绪三十四年正月初一日起至三月底止，第三季，钞关征收正税银十三万七千五百五十八两一钱五分，大沽分局征收正税银四千

六百二十九两五钱三分,北塘分局征收正税银一百十八两五钱二分。又自四月初一日起至六月底止,第四季钞关征收正税银十一万三千三百七十六两八钱六分,大沽分局征收正税银六千一十七两六钱六分,北塘分局征收正税银六百十一两一钱九分。以上天津钞关一年期满,统共征收正税银五十六万六千一百四十两八钱五分。又,秦王岛钞关自光绪三十三年七月初一日起至九月底止,征收正税银八十七两二钱七分。又自十月初一日起至十二月底止,征收正税银二百八十七两七钱四分。又自光绪三十四年正月初一日起至三月底至,征收正税银八十两九钱九分。又自四月初一日起至六月底止,征收正税银四十一两八钱五分。以上秦王岛共征收正税银四百九十七两八钱五分。又,五十里外各口自光绪三十三年七月初一日起至光绪三十四年六月底止,共征收正税银五千三百七十八钱。又,旧管计存解部秦王岛钞关正税八百四两六钱八分。又,五十里外各分口正税存银六千五十四两九钱六分六厘,共计收银五十七万八千八百七十三两一钱四分六厘,统共提支经费赔款等项银九千四百八十八两四钱七分八厘九毫二丝。除存解部秦王岛正税银三百九十八两二钱八分,又五十里外各分口税银四千八百三十三两七钱二分不计外,以入抵出,计不敷银三十三万五千八百四十七两三钱三分二厘九毫二丝,遵饬已在代征子口税项下如数拨补讫,经该道督饬委员详细稽核收支数目,均属相符,造具各项数目清单,详请查核奏咨前来。臣复核无异,除分咨查照外,理合缮单恭折具陈,伏乞皇上圣鉴,训示。谨奏。

朱批:"该部知道,单并发。"

光绪三十四年十二月十七日。

(《光绪朝朱批奏折》第 75 辑,175)

请以黄震调补长垣县知县并以张祖厚试署蠡县知县折

头品顶戴、北洋大臣、直隶总督、臣杨士骧跪奏,为拣员补署要缺知县,恭折仰祈圣鉴事。

窃查,准补长垣县知县赵惟庆,于光绪三十四年六月十五日病故,业经咨部开缺,照例以本员病故之日作为开缺日期,归六月分截缺。所遗长垣县知县员缺,地接东、豫二省,幅员辽阔,素称盗薮,且民情刁顽,政务殷繁,系"繁、疲、难"三字要缺,例应在外拣选调补。据藩司崔永安、提学司傅增湘、臬司何彦升查,有蠡县知县黄震,堪以调补。所遗蠡县知县员缺,查有奏明不论繁简补用知县张祖厚，堪以请署，会详请奏前来。

臣查，黄震年五十六岁，四川华阳县监生，由北河分缺间县丞，因办江浙海运出力，保俟补缺后以知县用。报捐离任，以知县任，留原省补用。光绪二十四年六月引见，奉旨以知县仍留直隶，归沿河候补班补用，领照到省，请补蠡县知县，经部复批准，二十年十月初四日到任。历俸己满三年，该员勤明笃实，缉捕贤能，以之调补长垣县知县，实堪胜任。又查，张祖厚，年四十二岁，江苏铜山县监生，由双月同知派赴东洋学习法政速成科，期满回津，呈请注销同知，改奖从九品，双月选用。复遵例捐升知县，分发直隶试用。光绪三十三年三月引见，奉旨照例发往，领照，于是月二十七日到省，奏保遇有缺出，无论繁简，何项班次，奏明请补。是年三月初一日奉旨"著照所请。钦此"。

该员稳练安详，讲求吏治，以之请署蠡县知县选缺，实堪胜任。惟蠡县知县遗缺，未经咨部复准，尚无开缺日期，可计先行拟补，与向办稍有未符，但际此整顿庶务之时，未便拘泥成例。该员张祖厚系奏明无论繁简缺出，不计班次，均可请补之员，自可酌量变通，先行请补。合无仰恳天恩俯念员缺紧要，准以蠡县知县黄震调补长垣县知县，并以无论繁简补用知县张祖厚试署蠡县知县，以咨治理。如蒙俞允，该员等衔缺相当，均毋庸送部引见。该员张祖厚仍俟试署期满，另请实授。除将该员履历册并参罚清册咨部外，理合恭折具陈，伏乞皇上圣鉴，训示。

再，该员黄震系属初调任内，并无审案缉盗、征解钱粮、已起降调、革职参限处分，且题调要缺任内一切因公处分例免，核计合并陈明。谨奏。

朱批："吏部议奏。"

光绪三十四年十二月十七日。

（《光绪朝朱批奏折》第 25 辑，538）

具陈东海关第一百九十二结洋税收支各款银数折

头品顶戴、北洋大臣、直隶总督、臣杨士骧跪奏，为东海关第一百九十二结洋税收支各款银数，缮单恭折，仰祈圣鉴事。

窃照东海关征收洋税，截至光绪三十四年六月初二日第一百九十一结止，业经具奏在案。兹据东海关道徐抚辰详称，自光绪三十四年六月初三日起，至九月初六日止，按外国三个月一结，系届第一百九十二结期满，共征收进出口各税及船抄银十六万四千七百四十九两六钱四分二厘。该道督饬税务司暨委员检齐册档，查照红簿，逐细核算，数目相符。一切支发各款，共银十九万八千五百六十一两八钱三分一厘三毫三丝，连前结旧管，共实存银六万一千六百六十八两三钱九分五厘八毫一丝九微，开具收支银数，请具奏前来。臣复核无异，理合缮单，会同山东巡抚臣袁树勋恭折具陈，伏乞皇上圣鉴。谨奏。

朱批："度支部知道。"

光绪三十四年十二月十七日。

（《光绪朝朱批奏折》第 75 辑，176）

审办逆伦重犯照律办理折

头品顶戴、北洋大臣、直隶总督臣杨士骧跪奏，为审明逆伦重犯照律办理，恭折具奏，仰祈圣鉴事。

窃查，延庆州民人卓报潴用信谋毒无服族祖卓进才，并误毒伊父卓廷荣各身死一案，前据该州禀经批饬提省办理，嗣据前署臬司李树棠督同保定府知府王守堃审明，移交该司何彦升拟议解勘，值臣驻津，饬委藩司崔永安代审无异。臣复加确核，缘卓报潴籍隶延庆州，与已死无服族祖卓进才邻居，先无嫌隙，已死卓廷荣系卓报潴之父。卓报潴平日并无违犯，卓进才因家仅一人，时常买面在卓报潴家煮食，卓廷荣并未吃过卓进才面饭。卓进才常同卓廷荣在外赌钱、吃烟，又哄诱卓廷荣将地卖完花用。卓报潴向卓进才央劝，卓进才反向卓廷荣挑唆，令将卓报潴殴詈。

光绪三十四年三月间，卓报潴向卓廷荣要得银洋九元，意欲伙开饭铺。嗣因资本不敷，后向卓廷荣添要银洋。是月十三日，卓廷荣向卓进才提及前事，卓进才声言卓报潴浪用，嗦令卓廷荣将卓报潴处死。卓报潴听闻，忆及卓进才哄诱伊父将地卖完，并被唆使伊父殴詈，今又嗦令将伊致死，忿恨难堪，起意将卓进才谋害。是日晚饭后，卓廷荣与卓进才出外闲游，卓报潴见卓进才遗有面粉，因思卓廷荣向不吃卓进才面饭，即找得种地药虫余剩信末拌入面内。卓廷荣与卓进才移时回归，卓报潴当即走出。十四日早，卓进才将面烙饼，因常在卓廷荣家打扰，过意不去，将面饼让与卓廷荣同食。讵卓廷荣、卓进才食毕，先后毒发殒命。即经该州周文藻访闻，获犯验讯，禀经批饬，提省审办，据各供晰前情不讳，案无遁饰。

查律载,子殴父杀者凌迟处死;又断罪无正条援引他律比附定拟各等语。此案卓报溚因无服族祖卓进才哄诱伊父卓廷荣将地卖完浪费,并被唆使伊父殴晷,并欲将伊致死,辄敢用信谋毒卓进才,并误毒卓廷荣各身死,实属罪大恶极。查该犯谋杀无服族祖卓进才,按律罪止斩候,惟误毒其父卓廷荣身死,律例并无治罪专条。第查谋杀人而误杀父,向办成案,比照殴杀父科断,自应比律从重问拟。卓报溚除谋杀卓进才身死轻罪不议外,比依子殴父杀者凌迟处死律拟凌迟处死,遵照新章改为斩立决。事犯在恭逢光绪三十四年十一月初九日以前,系罪干十恶不准查办,该州距省在三百里以外,已照例于审明后恭请王命,将该逆犯卓报溚即在省垣正法,以昭炯戒。除备录供招分咨部院外,所有审办缘由理合恭折具奏,伏乞皇上圣鉴,敕部查照。谨奏。

朱批:"法部知道。"

光绪三十四年十二月十七日。

(《光绪朝朱批奏折》第 109 辑,270)

请将卢聘卿、周嘉德分别免抄、查抄片

再,已故前署内邱县知县卢聘卿,亏欠内结杂款并剔归自解改归耗等项共银五百九十三两五钱二分四厘,又已革前署河间县知县周嘉德亏欠剔归自解项下屯米折价并田房税等项共银一千七百一十七两四钱九分九厘。前因屡催未解,当经奏参勒限两个月于该故员卢聘卿并周嘉德家属名下照数追缴,声明限满不完,再行奏明查抄家产备抵在案。嗣据该故员卢聘卿家属将前项未清银两依限照数完解司库清款,该革员周嘉德亏款勒限久逾,仍未完解,实属疲玩,据藩司崔永安声请分别免抄、查抄详奏前来。

臣查,已故前署内邱县知县卢聘卿亏欠银两已据家属依限完缴,尚知愧奋,应请免其查抄。已革前署河间县知县周嘉德亏欠甚巨,屡催未缴,自应查抄备抵。查,周嘉德系湖南长沙县人,应请旨饬下湖南巡抚,将该革员周嘉德原籍家产查抄备抵,解直归款,以重公帑。除分咨外,理合附片具陈,伏乞圣鉴,训示。谨奏。

朱批:"著照所请,该部知道。"

光绪三十四年十二月十七日。

(《光绪朝朱批奏折》第 85 辑,661)

陆嘉藻、李绮青摘去顶戴,令将亏欠银两勒限完缴片

再,前署密云县知县陆嘉藻交代案内未清自解田房税并改归自解贡生花红等项共银两五百九十三两四钱一分三厘,又前署鸡泽县知县李绮青交代案内未清自解改归耗等项银一千二百六两五钱四分,屡经严催,未据完解,二参例限早逾,以致现任不克造报,自应援案先行摘顶,勒限追缴,据藩司崔永安详奏前来。

臣复查无异,相应请旨,将前署密云县知县陆嘉藻、前署鸡泽县知县李绮青等二员先行摘去顶戴,将亏欠银两勒限两月照数完缴。如能依限缴清,另请开复;倘限满未完,或完不足数,再行奏明查抄原籍家产备抵。除咨部外,理合会同兼管顺天府府尹臣陆润庠、顺天府府尹臣凌福彭附片具陈,伏乞圣鉴,训示。谨奏。

朱批:"著照所请,该部知道。"

光绪三十四年十二月十七日。

(《光绪朝朱批奏折》第 85 辑,662)

请以李锡祉升补永定河营都司片

再,查永定河营都司李启瑞患病,业经奏启请开缺在案。所遗都司员缺有管辖两岸弁兵,督率修防石土堤埽各工,并发放兵饷,巡查下口之责,非勤慎耐劳熟习河务之员不克胜任,例应在外拣员请补。兹据永定河道吕珮芬查,有尽先补用都司、永定河营北岸协办守备李锡祉堪以升补,详请具奏前来。

臣查,李锡祉,年四十九岁,顺天府固安县人,由行伍历拔北岸协办守备,光绪三十三年永定河北四上汛大工合龙出力,保准以都司尽先补用,并加游击衔。该员年力强裕,熟悉修防,以之升补永定河营都司,实堪胜任,亦与例章相符,相应仰恳天恩俯准,尽先都司永定河营北岸协备李锡祉升补永定河营都司,以裨河防。除履历清册送部外,理合附片具陈,伏乞圣鉴,敕部核复。谨奏。

朱批:"陆军部议奏。"

光绪三十四年十二月十七日。

(《光绪朝朱批奏折》第 51 辑,755)

本年顺直灾歉州县来春应分别调剂折

头品顶戴、北洋大臣、直隶总督、臣杨士骧跪奏,为查明本年顺直灾歉州县来春应分别调剂,恭折驰陈,仰祈圣鉴事。

臣钦奉十月初三日上谕"本年直隶等省曾报偏灾,先后谕令该督抚等筹办急赈,妥为抚恤小民,谅可不致失所,所惟念来年春季青黄不接之时,民力未免拮据,著该督抚等体察情形,如有应行接济之处,查明据实复奏,候旨加恩等因,钦此",当经转行遵照,兹据藩司崔永安查明,具详前来。

臣查,本年顺直地方自春徂夏,雨泽稀少,二麦歉收,嗣幸雨水调均,秋禾得以布种,满冀普庆丰登,咸歌大有,讵因五月以后雨泽又复愆期,秋禾苗渐有旱象,迨至七八月间,节次大雨,河水涨发,漫溢出槽,加以沥汇注,滨临各河洼地禾稼均多被水,且因天时不齐,各属有被雹、被虫、被旱之处,灾重之区经臣率同司局筹措款项,派员查放急赈,办理平粜,暨将查明灾歉分数,奏奉恩旨,蠲缓粮租,减免差徭,以资调剂。顺属成受灾州县由府尹臣筹款办理冬抚,直属应赈州县经臣督同司道按灾分之重轻户口之多寡,拨给银两棉衣,遴委员分投投运往,会同各该牧令认真确查,核实散放。并于津郡设立平粜局,及保定省城建设暖厂,将极贫男女分处收养,俾附近贫黎藉资糊口,被淹民地已多涸出种麦,暂可不致失所。惟顺直各属地瘠民贫,荒歉频仍,元气未复,来春季青黄不接之时,必当妥筹补助。

刻下预请春抚者已有十四州县,且各河堤埝应培河身应浚者甚多,酌拨官款以工代抚,需款亦钜,届时当再督饬司局设法筹济。至各属田亩已被灾歉,来春应完粮赋,如照成熟村庄一律征收,民力殊形竭蹶,合无仰恳天恩将武清、蓟州、霸州、东安、保定、乐亭、献县、阜城、吴桥、东光、宁津、天津、南平、盐山、开州、东明、长垣、丰润、饶阳、围场厅等二十一州县厅成灾五、六、七、八、九分各村庄应完宣统元年春季赋税地租人口钱粮食并各项旗租,缓至宣统元年秋后启征,歉收三、四分村庄应征宣统元年春季赋税地丁钱粮和各项旗租,缓到宣统元年麦后启征。

又,勘不成灾之通州、三河、宝坻、香河、宁河、大兴、滦州、清苑、蠡县、雄县、安州、景州、故城、青县、静海、沧州、肥乡、大名、玉田、冀州、枣强等二十一州县歉收三、四分村庄,应征宣统元年春赋照常征收。其原缓至宣统元年麦后启征之歉收四分村庄,应完光绪三十四年并节年地丁钱粮各项旗租,同歉收三分村庄应完节年地丁钱粮各项旗租,均请缓至宣统元年秋后启征。

又,钜鹿县麦收减色应完本年上忙民欠钱粮,并固安县上年被水歉收三、四分村庄应完粮租,原缓至来年麦后启征,均请展缓至宣统元年秋后启征。凡有应征屯米谷豆草束灶课学租,通津二帮屯租、旗产、钱粮、海防经费、河道、钱粮、储库、军饷、广恩库租,水济库租、陆军部马馆租,銮仪卫租、代征租,暨出藉仓谷、籽种、口粮、牛具等项,随同正项粮租分别缓征。有坐落天津、武清二县地方者,归入该二县灾歉村庄一并查办,以舒民力而广皇仁。所有顺直州县来春应分别调剂缘由,理合会同兼管顺天府府尹臣陆润庠、兼署顺天府府尹陆树勋恭折驰陈,伏乞皇上圣鉴,训示。谨奏。

朱批:"候旨行。"

光绪三十四年十二月十八日。

(《光绪朝朱批奏折》第32辑,409)

奏报直隶赈抚报销经部驳查各款折

头品顶戴、北洋大臣、直隶总督、臣杨士骧跪奏,为光绪二十六年六月至二十九年六月,直隶赈抚报销经部驳查各款,缮单声复,恭折仰祈圣鉴事。

窃查,前准度支部核复直隶光绪二十六年六月至二十九年六月筹办赈抚报销一案内,有驳查各款奏明咨行逐款声复,并令嗣后造册送部核销等因,经升任督臣袁世凯转行查复在案。兹据赈抚居司道详称,遵经分别详咨移查,旋准山东、安徽各抚臣并直隶藩司、天津道、大顺广道、顺直赈捐局、海防支应局、陆军粮饷局先后查复,经该局按款确核逐条登复。查工抚向章,庚子以前顺属由府尹在于各省筹解备荒经费项下拨款,派员查放,事竣进行奏销;省南各属由藩司提拨地粮银两就近派员查放,天津、河间、永平、遵化等属由该局遴员往查酌量赈抚,或以工代赈,统俟事竣开具简明清单,详请奏报迄蒙特旨,循案准销,是以历届造报,均系认真确查核实勾稽,不敢稍涉浮冒。

此次灾赈,或在联军未退,京津省城三处尚未收回之时,民间惨遭大难,死伤载道,十室九空,兼以水旱交乘,灾荒迭报,流离困苦,待哺嗷嗷。其时伏莽众多,道路为之梗阻,委员携带棉衣、钱款绕道前往赈济,屡濒临于危。其办理艰难,迥非寻常可比,百物亦异常昂贵,未便以例章相绳,开单详请复奏等情前来。臣查此案赈抚报销部中驳查各款,该局逐条声复,均系实在情形,谨缮清单,恭呈御览,仰恳天恩敕造准销,嗣后仍照历届成案核实开单奏报,以归简易,理合恭折具陈,伏乞皇上圣鉴,训示。谨奏。

朱批:"度支部议奏,单并发。"

光绪三十四年十二月十八日。

(《光绪朝朱批奏折》第 32 辑,408)

请俯准官犯赛念成免发军台片

再,据管押解云南官犯委员、云南候补知县吴学祁禀称,云南开化府知府塞念成前因办理马敲硐匪,烧毙多命,未及详查转报,被参革职,发往军台效力赎罪。光绪三十四年正月二十四日,由滇起解。该官犯久居烟瘴之地,本有足疾,时发时愈。此次冒雨,中途感受烟热,两眼昏蒙,不能辨物,几同失明。兼以触发旧疾,两足又患斑疹,步履艰难。五月二十日,行抵天津,送至官医局调治,半载以来,迄未减轻,两耳复加重听,精神愈觉惝恍。据医生云,年老血衰,已成笃疾,难望速痊,恳请免解等情,据天津道札委候补知县平章查验,该官犯患病属实,已成笃疾,取有医生甘结,并由该员出具验结,呈道详请核办前来。

臣查,本年三月间直隶官犯前署务关同知戴世文因年老病废,家计赤贫,奏请免发军台,并免缴台费,奉旨允准在案。今该官犯由滇押解直,中途患病,两足既已不仁,耳目又难为用,委验已成笃疾,势难远成军台供差效力。且自获遣后,长征久病,窘迫异常,无力完缴台费,与戴世文情形相同。合无仰恳天恩俯准该官犯赛念成免发军台,并免缴台费银两,出自鸿施逾格,理合附片具陈,伏乞皇上圣鉴,训示。谨奏。

朱批:"著照所请,该部知道。"

光绪三十四年十二月十八日。

(《光绪朝朱批奏折》第 110 辑,432)

具陈牛庄海关第一百九十二结洋药厘捐银两开支实存各数折

头品顶戴、北洋大臣、直隶总督、臣杨士骧跪奏,为牛庄海关第一百九十二结洋药厘捐银两开支实存各数,恭折卸祈圣鉴事。

窃据奉锦山海关道周长龄详称,该关洋药厘捐自光绪十三年正月初九日起,改归海关厘税并征。嗣奉户部饬,将收支药厘银两查照洋税收支定章按结开单奏报,一次扣足四结,专折奏销,一面造册送核等因,历经遵办在案。兹届一百九十二结期满,上结旧管项下实存银七千八百九十六两四钱五厘八毫九丝五忽九微,新收无项,除支给房租银三百两外,计实存银七千五百九十六两四钱五厘八毫九丝五忽九微,开单详请奏咨前来。臣复核无异,理合恭折具陈,伏乞皇上圣鉴。谨奏。

朱批:"该部知道。"

光绪三十四年十二月十九日。

(《光绪朝朱批奏折》第75辑,178)

查办长垣等县六起寻常命盗死罪案件,照章汇摘简明案由折

头品顶戴、北洋大臣、直隶总督、臣杨士骧跪奏,为命盗各案照章汇摘简明案由,恭折仰祈圣鉴事。

窃查,直隶寻常命盗死罪案件,照章汇奏,造册送部。又经刑部奏准,如事在光绪二十七年十月以后者,仍将全案供招造册咨部等因,均经遵造在案。

兹据按察使何彦升呈称,查有长垣县获贼祁秋聚听纠夥窃,临时行强,劫得事主刘天荣等坊杂货各铺钱衣等物,拒伤铺夥,平复。逸贼持有洋枪,将祁秋聚依强劫之案,但有一人执持洋枪,在场者不分首从斩枭通行,拟斩立决枭示,照章改为斩立决。

又,长垣县获贼张旺妮等,听纠执持枪械,夥窃事主唐光普家,临时行强劫得衣布等物,将张旺妮即张聚妮,程二黑依窃盗临时行强之案。但有一人执持洋枪,在场者不分首从斩枭,通行均拟斩立决枭,示照章改为斩立决。

又,故城县拏获逃兵裴茝,听纠伙抢过客常连云等洋元衣被等物。该犯在场捆缚事主,将裴茝依抢夺数在三人以上,但经捆缚事主,在场动手之犯,照强盗律斩例拟斩立决,照章改为绞立决。

又,丰润县获贼张秀,听纠持械伙抢事主王荣驴头、洋元并拒伤事主,捕人平复,将张秀依抢夺数在三人以上。但经持械按捺并伤事主,在场动手之犯,照强盗律例拟斩立决,照章改为绞立决。

又，衡水县民人李辛酉，因争继挟嫌，用刀谋杀缌麻叔祖李步青，及无服族弟李锡朋二命；并伤李瑜平，复将李辛酉即李三妮，依谋杀缌麻以上尊长已杀者，皆斩律拟斩立决，照章改为绞立决。

又，藁城县获匪张凤彩，听从图得羊，只用刀谋砍张连正，致伤从掷入井内身。该犯在场帮同推拉，将张凤彩依图财害命，得财杀死人命从而加功者，斩决例拟斩立决，照章改为绞立决。

以上六起均系立决之案，业经由司提审解勘发回分照供招清册，汇呈请奏前来，臣复核无异。现在恭逢光绪三十四年十一月初九日。恩诏此起汇办在先，未及查叙发换亦稽时日，应由部院核办，以归简捷。除清册分咨部院。理合遵章摘叙简明案由，恭折具陈，伏乞皇上圣鉴，敕部核复。谨奏。

朱批："法部议奏。"

光绪三十四年十二月十九日。

（《光绪朝朱批奏折》第 109 辑，281）

审办因疯砍毙亲父重犯按律定拟折

头品顶戴、北洋大臣、直隶总督、臣杨士骧跪奏，为审明因疯砍毙亲父重犯按律定拟，照章声请改为斩决，恭折仰祈圣鉴事。

窃查，丰润县民人张克勤，因疯用菜刀砍伤亲父张巨身死一案，前据该县典史以印官公出，禀经批饬玉田县代验，一面饬司提省审办。嗣据臬司何彦升督同保定府知府王守堃审明，拟议解勘，值臣驻津，饬委藩司崔永安代审无异。臣复加确核，缘张克勤籍隶丰润县，已死张巨系张克勤之父，张克勤平日孝顺，并无违犯。光绪二十六年间，张克勤因被洋兵用枪吓唬受惊，得有疯迷病症，时发时止，每逢发时不省人事，过后即愈。地邻赵恩第等原欲报官锁锢，张巨因张克勤并不滋事，未经应允。

光绪三十四年二月二十七日夜，张克勤与张巨同屋睡宿，半夜时分，张克勤疯病复发，用菜刀将张巨左太阳穴、左腮颊、左耳及右耳近上、左耳轮鼻梁相连、右腮颊、上下唇䐁、左血盆骨、右肩甲、右胳膊、左手腕近上、左手大指、胸膛、脑后近下项颈并项颈近右、右臂膊、右肐肘、右手背砍伤身死。次日早，张克勤掉落菜刀，持取铁铣，跑出门首跳舞。经该庄乡总赵恩第路过，看见张克勤身上有血，找向该庄乡地郑福善、丰登坞镇乡地董广林，前往张克勤家，查见张巨尸身。张克勤弟妇张郑氏,亦由母家闻信赶回,将张克勤拴获,同凶器一并送县。适值该县马为瑗赴津公出,经代行典史陈宝均禀经批饬玉田县代验,一面饬司提省审办,旋经玉田县知县李学富过境验讯提验,张克勤目瞪口呆,语无伦次,交典史陈宝均收禁饬医。嗣该县马为瑗公回提验,张克勤疯病痊愈,讯供详报,并将犯卷解省,声明地邻尸亲人等,或系孀妇,或系年老患病,请免传解随委员赴县讯取供结到省,提犯研鞫,据供前情不讳,究诘不移,案无遁饰。

查律载,子殴父杀者凌迟,又光绪二十九年通行内开子因疯殴杀父母之案,审明平日孝顺,实系疯发无知,即比照误杀父母之例,仍照本律定拟,将可原情节于折内声叙,请旨改为斩立决。又,光绪三十二年通行内开疯病杀人案件,凡亲属、邻佑人等容隐不报,致杀他人者,均从宽一并免其照例治罪,乡约仍革役各等语。

此案张克勤因疯病复发,用菜刀砍伤亲父张巨身死,实属罪大恶极,自应按律问拟,张克勤合依子殴父杀者凌迟处死律拟凌迟处死,惟查该犯平日孝顺,实系疯发无知,应遵通行将可原情节于折内声叙请旨,改为斩立决。该犯事犯在恭逢光绪三十四年十一月初九日恩诏以前,系罪干十恶,不准查办,容隐不报之犯亲人等均照通行免其治罪,乡总赵恩第、乡地郑福善仍革役,丰登坞镇乡地董广林并无专管之责,应免置议。除备录供招分咨部院外,理合恭折具陈,伏乞皇上圣鉴,敕部核复。谨奏。

朱批:"法部议奏。"

光绪三十四年十二月十九日。

(《光绪朝朱批奏折》第 109 辑,282)

报销光绪三十三年分淮军收支各款折

头品顶戴、北洋大臣、直隶总督、臣杨士骧跪奏,为核明光绪三十三年分淮军收支各款,列为第六届造册报销,缮单具陈,仰祈圣鉴事。

窃照淮军收支正杂各款业经截至光绪三十二年底止,造册报销在案。查光绪三十三年正月起,承接上届截存马步五路共三十九营一队三哨师船四十二号,仍饬分布直境,弹压地方,缉捕盗贼,并保护陵寝之用,旋将淮军后路马队九营调扎奉天剿匪。因奉境伏莽尚多,至今未能撤防。其行营所需一切,均应妥为筹备,俾免缺乏。又淮军右路步队第五第六两营,又马队第一营,拨归铁路专司防护，改由铁路馀利项下支饷。北洋地面辽阔，兵力单薄，现存各营不敷分布，即以腾出饷力，另行募补三营，以免疏虞。所有本届增支各款，自是年正月起至十二月底止，业将支用各款照章造册，分咨度支、陆军二部立案。

兹复核明通年支放薪费口粮倒补马价，并随办营务支应等差员弁薪水，以及各营柴折炮费恤赏制造账房油舰船只正杂各项用款，现经逐一厘剔，详细句稽分类，造具细册，列为六案报销。计上届旧管共存库平银五千四十四两有奇，新收各省司关局额拨改拨，以及本案核扣平馀等项，共库平银一百六十一万八千七百四十六两有奇，内除遵照部饬酌还历年息借商款银五万两，登除拨归陆军粮饷局及陆军部收销并拨发购办枪枝价值拨还商款等项，共银六十三万六千五十三两有奇，实计收用银九十三万七千七百三十七两有奇，开除正杂各款应，归度支部核销银八十六万三百八两有奇，应归陆军部核销银七万二千六百七十三两有奇，统共请销银九十三万二千九百八十一两有奇，实在结存银四千七百五十六两有奇，应归下届滚接造报。据淮军银钱所详请具奏前来，臣复加查核，委系实用实销，并无丝毫浮冒。除将清册分咨查照外，理合缮具清单，恭折伏乞皇上圣鉴，敕部核销施行。谨奏。

朱批："该部知道，单并发。"

光绪三十四年十二月二十日。

（《光绪朝朱批奏折》第 64 辑，593）

长芦补欠二款仍难补征，请照案再展五年折

头品顶戴、北洋大臣、直隶总督、臣杨士骧跪奏，为长芦补欠、积欠二款势难补征，仍请照案推展五年，以纾商力，恭折仰祈圣鉴事。

窃查，长芦应征补欠、积欠二款系嘉庆、道光以前参商欠项，于道光二十八年清查案内议令现商按引摊交，前因商累已深，奏准自同治十三年起停征五年，嗣于光绪四年、九年、十四年、十九年、二十四年、二十九年六次奏准推展各五年在案，扣至三十四年十二月限满。据长芦监运使张镇芳详称，此项补欠积欠虽系远年参商悬久之款，究关课项，现值时艰帑绌，如果商力能完原（款），难再准展缓，惟自道光二十八年厘定科则以后，加征各项加价均于领引时先行筹垫，近复先课后盐并新增加价等款，运本增重，领引为艰。又值庚子兵燹，元气大伤，本年水旱成灾，参商旧欠责令代还，转恐掣动现年课款，得不偿失。据通纲商人沥情吁请

推展,该司详加体察,确系实在情形,请照案自宣统元年起展现五年,俟限满再行察酌核办等情具详前来。

臣查,现课本较旧欠紧要,必须先顾现课庶无误京协各项饷需,芦纲自遭兵劫,元气未复,兼以迭次加价,运本愈增愈重,商情艰窘异常,完交现课已属力尽筋疲,势难责令再还旧欠,应恳天恩准如请办理,藉恤商难。所有长芦补欠二款仍难补征,请照案再展五年缘由理合恭折具陈,伏乞皇上圣鉴,训示。谨奏。

朱批:"著照所请,该部知道。"

光绪三十四年十二月二十日。

(《光绪朝朱批奏折》第 76 辑,665)

具陈本届司道府提镇官员考核结果折

谨将本届应核司道府提镇各员出具切实考语缮单恭呈御览。

布政使崔永安,年五十一岁,正白旗汉军存龄佐领下进士,光绪三十四年八月初四日到任。政治通达,勤惠爱民,条理精详,为监司中不可多得之选。

按察使何彦升,年四十八岁,江苏江阴县副贡,光绪三十四年八月初五日到任。心精力果,官吏咸服,内政外交均能洞悉,靡遗新旧政治,并能兼顾允局长才。

长芦盐运使张镇芳,年四十四岁,河南项城县进士,光绪三十四年二月十二日到任。安详稳慎,精切不浮,商民均极悦服。

津海关道蔡绍基,年五十岁,广东香山县监生,光绪三十三年九月二十八日到任。精明稳练,熟悉情形,于保守主权处颇能力求周到。

清河道李树棠,年五十七岁,安徽合肥县附生,光绪二十八年六月十四日到任。资深才练,局度安详,修防颇能认真。

通永道衡吉,年三十九岁,正红旗蒙古文翰佐领下监生,光绪三十三年三月初五日到任。年强才裕,办事尽心,运河堤工极能加意讲求。

天津道齐耀林,年四十七岁,吉林伊通州进士,光绪三十四年三月十二日到任。器识凝重,为守俱优,于吏治民生勤求不懈。

大顺广道文冲,年四十六岁,镶红旗满洲永全佐领下举人,光绪二十九年十二月初九日到任。稳练和平,办事勤勉,修治河防极为得力。

口北道成和,年四十六岁,镶蓝旗满洲监生,光绪二十九年九月二十二日到任。勤慎耐劳,局度稳练,边缺良堪称职。

永定河道吕珮芬,年五十四岁,安徽旌德县进士,光绪三十四年四月十一日到任。任事勇往,朴质无华,到任未久,河务已多心得,洵为有用之才。

保定府知府王守堃,年六十三岁,河南祥符县监生,光绪三十四年四月十九日先到署任。老成谙练,任事实心,于地方事宜尤能认真。

永平府知府恩佑,年五十七岁,镶黄旗满洲海凌佐领下翻译生员,光绪三十二年十一月二十日到任。勤明稳慎,气度安和。

署河间府知府正任天津府知府黄昌年,年四十九岁,湖南善化县进士,光绪三十三年十月初六日到任。朴实任劳,有为有守。

署天津府知府正任河间府知府胡远灿,年四十七岁,河南杞县拔贡,光绪三十四年四月二十七日到任。才长肆应,体用兼优。

正定府知府刘绍邺,年五十八岁,湖北江陵县监生,光绪三十四年七月二十九日到任。稳慎安和,居心正大。

顺德府知府重燠,年五十九岁,正白旗满洲恒连佐领下文生,光绪三十二年十一月初九日到任。练远精详,勤求吏治。

平府知府刘中度,年六十三岁,山东章邱县进士,光绪三十二年正月二十六日到任。廉平笃实,不尚虚浮。

大名府知府锡龄阿,年五十三岁,盛京正蓝旗满洲宝贵佐领下附贡生,光绪三十二年八月十七日到任。折狱勤明,宅心不苟。

直隶提督姜桂题,年六十六岁,安徽亳州人,光绪三十四年九月十一日到任。朴实忠勇,老而不衰,办事认真,军民翕服。

马兰镇总兵恩霖,年六十五岁,镶红旗满洲多禄佐领下人,光绪三十三年十二月初九日到任。勤能诚朴,惠威兼施,军民一无怨咨,足副专阃之任。

泰宁镇总兵希廉,年五十二岁,正红旗第三族恩元佐领下人,光绪三十一年四月十八日到任。勇敢稳练,为守俱优,办事耐劳,军民翕服。

署天津镇总兵、正任正定镇总兵徐邦杰年五十九岁,江苏句容县人,光绪三十一年正月十九日到任。久历戎行,声威卓著。

宣化镇总兵黄懋澄,年五十七岁,福建平和县人,光绪三十三年三月二十三日到任。精明干练,劳瘁不辞。

光绪三十四年十二月。

(《光绪朝朱批奏折》第 25 辑,607)

本年淀地被水灾歉，请将租银分别征抵蠲缓折

头品顶戴、北洋大臣、直隶总督、臣杨士骧跪奏，为查明本年霸州、静海二州县淀地被水灾歉，请将租银分别征抵蠲缓，恭折仰祈圣鉴事。

窃查，文安、大城、霸州、静海四州县淀泊地亩应征租银，前经奏明，中稔之年照常征收；若值灾歉，应照安州东北两淀地亩成案，分别豁减缓征，历经照办在案。

兹据东淀水道局、天津道齐耀琳详称，本年文安县、大城县淀地均已成熟，并无灾歉，应征本节年租银照常征收。霸州淀地九顷五十三亩二分，额征租银二十八两五钱九分六厘，秋禾被水成灾，请蠲免十成之五银一十四两二钱九分八厘，尚应征蠲剩银一十四两二钱九分八厘，已于上忙征起。静海县淀地三百五十五顷五十九亩六分，额征租银五百三十三两三钱九分四厘，内除独流一村，共淀地二百四十六顷四十四亩七分。因大清河水涨淹涝，勘明歉收三分，请将应征租银三百六十九两六钱七分五毫援照成案，蠲免十成之三银一百一十两九钱一厘一毫。内有本年上忙花户长完银六两一钱六厘，应行流抵宣统元年租赋外，尚应征蠲剩银二百五十八两七钱六分九厘米四毫，照常征收。其积欠十四至三十三等年未完淀地租银二千九百六十五两九钱九分一厘二毫，请缓至宣统元年秋后启征。其余洋芬港、当城等二村，共淀地一百九顷一十四亩九分，均已成熟，额征租银一百六十三两七钱二分三厘五毫，照常征收，其节年民欠租银一并带征。又，静海县南北两泊地均已成熟，应征本节年租银照常征收，并造具册结，详奏前来。臣查系实在情形，仰恳天恩，俯准将霸州、静海二州县本年被水淀地租银并节年前分别征抵蠲缓，以苏民困。除将册结咨部外，理合缮折具陈，伏乞皇上圣鉴，训示。谨奏。

朱批："著照所请，度支部知道。"

光绪三十四年十二月二十日。

（《光绪朝朱批奏折》第 80 辑，043）

会奏顺直筹办禁烟折

头品顶戴、北洋大臣、直隶总督、臣杨士骧跪奏，为顺直各属筹办禁烟，请自明年为始，一律禁种罂粟，以治其本，恭折仰祈圣鉴事。

窃惟鸦片流毒至殷且烈,设禁之始,自以请查种烟吸售烟为入手办法。直省自光绪三十二年八月以来,钦遵叠奉谕旨,循照政务处、民政等部暨总理禁烟王大臣先后奏定章程,先就天津地方设立禁烟总局,檄饬司道综理其事,遴委明干之员驻局经办,酌拟详细规则,核定凭照保结式样,首申官吏戒烟之令,责成该管上司分别取结,设所调验,以端表率。各属种烟地亩、售烟铺户及吸烟军民各项人等,责成该管地方官并巡警员弁分别给照,认真编查,据实报告,不准稍有隐饰烦扰等弊。一面并由天津卫生局,医院,商会筹设戒烟公所、善会,俾为官民倡导;一面饬行所在州县联合绅耆邀集商富多设分所分会,剀切劝谕,妥慎诊治,以期普及而勉实行。

此外,禁止开灯烟馆及制造贩卖烟具,并其余有关禁烟要政各事均经严饬妥办。其津埠各国租界商民应给凭照,暨由局派员前往会同稽察各节,力与磋商,亦渐就范。顺属地方并已懔遵谕旨,恪守章程,设局派员一体举办,惟是查禁吸烟、售烟并属当务之急,而塞源拔本尤以禁种为先。综稽禁种定章,始议年减十分之一,继议年减八分之一,近准部行复有分年分省之议,较之按年递减办法,实为简捷。现计江苏、安徽、河南、云南、福建、黑龙江等处已禁种,顺直为首善之区,尤当先行禁绝。现已分饬所属出示晓谕,统限明年为始,一律禁种罂粟。自禁烟之后,倘在偷种之户,立即将烟苗划去,地亩充公,以期根株早尽。

臣当会同督饬禁烟各局务,将顺直各属州县等禁止栽种,以及劝戒吸食、限制贩售,并饬办各项事宜,严密稽查,切实考核。如有奉行不力及一切违禁情事,即行照章参劾究处,其慨助义举卓著成效者,亦即照章分别奖励,总期劝惩互用,持之以恒,力图逐渐廓请,仰副朝廷轸怀民瘼,转弱为强之至意。除将照章办理,详细情形随时咨明总理禁烟王大臣及各部外,所有顺直筹办禁烟并请禁种罂粟缘由,谨会同兼管顺天府府尹臣陆润庠、顺天府府尹臣凌福彭合词恭折具奏,伏乞皇上圣鉴。谨奏。

朱批:"该部知道。"

光绪三十四年十二月二十日。

(《光绪朝朱批奏折》第 110 辑,484;《杨文敬公奏议》卷八)

审办密云县彭大田身死一案按律定拟折

头品顶戴、北洋大臣、直隶总督、臣杨士骧跪奏,为审明命案按律定拟,恭折仰祈圣鉴事。

　　窃查，密云县旗人彭光海，用刀并脚扎踢致伤彭大田身死一案，前经御史奏参该前署县陆嘉藻信任丁役草菅人命折内牵涉是案，光绪三十三年五月初一日，钦奉谕旨饬查，当经前督臣袁世凯将被参各节委员逐款查明，复奏声明，彭光海致毙彭大田一案应由按察司提省审办，以诚信谳。嗣据该司何彦升督同保定府知府王守壑审明，拟议解勘，值臣驻津，饬委藩司崔永安代审无异。臣复加确核，缘彭光海系密云县镶黄旗屯居旗人，与已死无服族叔彭大田同村，无嫌。彭大田向在本村管理青苗会事。光绪三十一年七月间，青苗会上雇彭光海看青，嗣因彭大田家地内棒子被窃，经彭大田商同会众将彭光海撤退。

　　三十二年七月间，彭光海意欲仍旧看青，托人央恳，彭大田不允。彭光海心生气忿，欲找彭大田评理。是月十五日傍晚，彭光海携带夹柄刀，路经赁住彭大田房屋之苏文仲家，适彭大田在彼正欲走出，彭光海看见进院，即向理论前事，彼此骂詈。彭光海用刀背殴伤彭大田右肩甲近下近里、右胳膊、胸膛近左，彭大田扑殴，彭光海闪至彭大田身后，用脚踢伤其左臀近下左髋、近外右髋。彭大田揪住彭光海发辫揿按，彭光海情急，又用刀口下扎，致伤彭大田左髋近里，并带划伤左髋近上、右髋，倒地移时殒命。经彭大田之弟彭大墡投地获犯报县，时值该前署县陆嘉藻公出，经代行典史杨正墡申请邻封怀柔县知县陈泰过境代验。嗣陆嘉藻公回，讯供通详，批据会同古北口理事同知审拟解厅，翻供驳回。旋据尸亲迭次上控，饬县审办。陆嘉藻未及讯明卸事，该县郭廷谨到任接审，即经御史将陆嘉藻奏参，奉旨饬查。经前督臣袁世凯将被参各节委员逐款查明复奏，此案行司，提省审办，据前情不讳，究诘不移，案无遁饰。

　　查律载，斗殴杀人者不问手足、他物、金刃，并绞监候等语，此案彭光海先因看青被彭大田撤退，嗣因仍欲看青，央恳彭大田，不允。该犯找向理论，致相口角争殴，辄用夹柄刀并脚扎踢致伤彭大田身死。查已死彭大田，系该犯无服族叔，至死应同凡论，自应按律问拟。彭光海合依斗殴杀人者，不问手足、他物、金刃并绞监候律拟绞监候。衅起不曲，伤无损折，照章酌入缓决。事犯在恭逢光绪三十四年十一月初九日恩诏以前，系斗杀拟绞，在部议条款准免之例，应准援免后再有犯加一等治罪，仍追埋银二十两，给付至亲具领，以资营葬。至原奏所称彭光海纵容妻挈偷窃地内禾稼，并谋杀彭大田身死，暨有暧昧情节，及该县门丁萧姓索贿未遂各节，业经质讯明确，均无其事，应无庸议。除供招咨送部院外，理合恭折具陈，伏乞皇上圣鉴，敕部核复。谨奏。

　　朱批："法部议奏。"

（《光绪朝朱批奏折》第 109 辑,285）

密陈年终考核文武人员情况折

头品顶戴、北洋大臣、直隶总督、臣杨士骧跪奏,为年终考核文武各员缮单恭折密陈,仰祈圣鉴事。

窃查,司道府提镇各员应由督抚于年终出具切实考语密奏,历届循办在案。伏念直隶地瘠民贫,又为海疆要地,吏治、军政均应加意讲求。臣凡接见文武属僚及批行公牍中,无不随时告诫,以冀时艰共济,驯至富强。现届年终考核之期,除提学使傅增湘、宣化府知府高熙喆到任不及三月,通永镇总兵吴凤添、大名镇总兵李进才、天津镇总兵张怀芝尚未到任,无庸出考外,其余司道府提镇各员,谨就见闻所及出具切实考语,缮具清单,恭呈御览。臣仍当督率文武两途慎勤职业,以仰副朝廷整饬官常修明武备之至意,理合恭折密陈,伏乞皇上圣鉴。

再,天津府知府黄昌年现调署河间府篆,河间府知府胡远灿现调署天津府篆,正定镇总兵徐邦杰现调署天津镇篆,均于署任内出考。谨奏。

朱批:"知道了,单留中。"

光绪三十四年十二月二十二日。

（《光绪朝朱批奏折》第 25 辑,563）

审办深州等州县六起寻常命盗死罪案件,照章汇摘简明案由折

头品顶戴、北洋大臣、直隶总督、臣杨士骧跪奏,为命案照章汇摘简明案由,恭折仰祈圣鉴事。

窃查,直隶寻常命盗死罪案件照章汇奏,造册送部。又经刑部奏准,如事在光绪二十七年十月以后者,仍将全案供招造册咨部。又奏准新章,应入秋审人犯例应缓决者,定案具奏时,妥拟确实出语,声明酌入缓决等因,均经遵照在案。

兹据按察使何彦升呈称,查有深州民人霍林深踏损尹中经园地茄秧,尹中经找向该犯理论,口角争殴,用屠刀扎伤尹中经身死,将霍林深、霍锅依斗杀律拟绞监候。身先受伤,扎由情急,拟入缓决。

又，任邱县客民董连旺向刘万索欠，央缓不允，致相詈殴，用夺获小刀扎伤刘万，越日身死，将董连旺依斗杀律拟绞监候。刀系夺获，一刀适毙，酌入缓决。

又，龙门县瞽民潘发因周四向索赔输钱文，口角争殴，用拾获菜刀砍伤周四身死，并商令李存富等埋尸不失，将潘发等依斗杀律拟绞监候。双瞽致毙人命，死先逞凶，刀砍一伤，酌入缓决。李存富、王二即二王、阿升分别依例拟杖，照章罚金。

又，平谷县民人张蕃生，因高德顺将收归伊铺账钱擅自借用，向斥口角，致相争殴，用鞭杆石块并拳脚殴踢高德顺致伤，越日身死，将张蕃生依斗杀律拟绞监候。死先逞凶，他物伤无损折，酌入缓决。

又，万全县民人郑守宽因试唱秧歌，被杨云斥说，口角争殴，用夺获尖刀扎伤杨云身死，将郑守宽依斗杀律拟绞监候。刀系夺获，一伤适毙，酌入缓决。

又，邯郸县民人温黑妮因疯砍伤伊妻温李氏并子温僧妮身死，复审供吐明晰，将温黑妮依夫殴妻至死律拟绞监候。刀毙妻命，究由疯发无知，即砍毙其子亦属轻罪勿论，酌入缓决。

以上六起，均系例缓决之案，业经由司提审，解勘发回，分造供招清册，汇呈请奏前来。臣复核无异。现在恭逢光绪三十四年十一月初九日恩诏，此起汇办在先，未及查叙，发换亦稽时日，应由部院核办以归简捷。除清册分咨部院外，理合遵章摘叙简明案由，恭折具陈，伏乞皇上圣鉴，敕部核复。谨奏。

朱批："法部议奏。"

光绪三十四年十二月二十三日。

（《光绪朝朱批奏折》第 109 辑，286）

审办平山等州县七起寻常命盗死罪案件，照章汇摘简明案由折

头品顶戴、北洋大臣、直隶总督、臣杨士骧跪奏，为命盗杂案照章汇摘简明案由，恭折仰祈圣鉴事。

窃查，直隶寻常命盗死罪案件照章汇奏，造册送部。又经刑部奏准，如事在光绪二十七年十月以后者，仍将全案供招造册咨部。又奏准新章，应入秋审人犯若系例实及实缓矜留难确定仍照旧章归入秋审核办等因，均经遵照在案。

兹据按察使何彦升呈称，查有平山县民人封桃洛因奸用麻绳谋勒纵奸本夫商润庆身死，奸妇商齐氏并不知情。封桃洛依因奸杀死亲夫，若本夫纵容妻与人

通奸，人所共知者，奸夫起意，奸夫斩候例，拟斩监候，照章改为绞监候，秋后处决。商齐氏依纵容妻与人通奸者奸妇杖九十律拟杖罚银。

又，宣化县民人刘汰登莃因伊父刘成政与张喜口角争殴，被张喜骑压殴伤，该犯情急救护，用洋枪放伤张喜身死，将刘汰登莃依争斗擅将鸟枪施故杀人者，以故杀论故杀斩律，拟斩监候，照章改为绞监候，秋后处决。

又，龙门县民人郭盛憘因价雇只青云驴头，愆期未归，只青云向找，途遇口角争殴。复因只青云辱骂并称报复，该犯起意故杀，用木棍殴戳只青云身死，将郭盛憘依故杀律拟斩监候，照章改为绞监候，秋后处决。

又，昌黎县民人张秃子因赵兴头向伊立索赌输钱文，致相口角，用铁锹将赵兴头砍伤，赵兴头称欲报复，该犯复起意，用铁斧故杀赵兴头身死，弃尸不失，将张秃子依故杀斩律拟斩监候，照章改为绞监候，秋后处决。刘泮头在场同赌，依例拟以加杖，照章罚银。

又，元氏县获贼夏淘气途抢事主宋玉堂钱文，用尖刀拒伤事主平复，将夏淘气依抢夺伤人未死如刀伤者，首犯照本律斩候，例拟斩监候，照章改为绞监候，秋后处决。

又，成安县获匪李旦妮听纠发掘民妇李孟氏坟冢，开棺见尸，窃得首饰，将李旦妮依发掘常人坟冢开棺见尸，为从无论次数，俱拟绞候例，拟绞监候，秋后处决。

又，冀州民人张钰荟因向无服族叔张二黑索欠，央缓不允，口角争殴，用拳脚殴踢张二黑致伤，痰壅气闭身死，将张钰荟依斗杀律拟绞监候。据供嗣母年老，是否属实，应否留养，俟秋审时照章核办。

以上七起，均系应入秋审之案，业经由司提审，解勘发回，分造供招清册，汇呈请奏前来。臣复核无异，除清册分咨部院外，理合遵章汇摘简明案由，恭折具陈，伏乞皇上圣鉴，敕部核复。谨奏。

朱批："法部议奏。"

光绪三十四年十二月二十三日。

（《光绪朝朱批奏折》第 109 辑，287）

援案加收盐捐分认路股折

头品顶戴、北洋大臣、直隶总督、臣杨士骧跪奏，为直隶应摊津浦路款，据绅士请援豫案，加收盐捐，以济要需，恭折仰祈圣鉴事。

窃据直隶绅士民政部右丞刘彭年、学部右丞孟庆荣、邮传部左丞李焜瀛、大清银行正监督张允言、翰林院侍读学士恽毓鼎、侍讲学士李士珍、掌辽沈道监察御史履晋、候选道王毓芝、候选同知冯恕等呈称，津浦铁路暂借洋款兴修，由直、东、苏、皖四省招股筹款，十年后归还洋款，作为官商合办，直隶计地摊款合银七百余万两，为数过多，招股殊觉不易。查食盐一项，人所共需，豫省因自办铁路，所有行销河南之盐每斤加价四文提充路款。上年正月间，经升任河南抚臣林绍年奏，奉朱批"该部知道。钦此"，钦遵在案。

芦盐行销直、豫两省，豫省因路款加价四文，而直省未加。今直省，亦因路款照加四文，事得其平，商民无异议。至于民间，每日每口食盐不过三钱，全年统计不过多费二十余文，并不为难，而积少成多，每年可得银五十余万两。有此大宗的款，其余不难凑齐。此项加价，即作为铁路股本，仿照豫案，以二文归商，以二文归民，由公司发给股票作为永久财产，十年之后，铁路所进余利按股照付，归商者付给该商，归民者付给各州县本地绅民，以备地方办理公益之需。一俟十年期满，洋款还清，即将此项加捐停止，以纾民力等情，当经行司核议。兹据运司张镇芳以与豫案相符，议请援照办理，详奏前来。

臣查，津浦铁路关系大局，直隶计地摊款，其责任为全省人民共担，其权利亦应全省人民所共享。据请长芦行销直隶食盐每斤加价四文，提充路款，分给商民股票，作为永远财产。此项加价十年期满，即行停止，虽暂累于目前，实食利于日后，既非寻常加价归公者可比，又与豫省奏准之成案相符。合无仰恳天恩俯准照拟办理，以裨路政，理合恭折具奏，伏乞皇上圣鉴，训示。谨奏。

奉旨："该部知道。钦此。"

宣统元年正月二十二日。

（《杨文敬公奏议》卷九）

奏请以天津令唐瑀升补易州直牧由

头品顶戴、北洋大臣、直隶总督、臣杨士骧跪奏，为拣员升补要缺直隶州，恭折仰祈圣鉴事。

窃查，易州直隶州知州窦以筠，于光绪三十四年六日二十三日丁忧，业经咨部开缺，例以本员丁忧之日作为开缺日期，归六月分截缺。所遗易知直隶知州，属"繁难"要缺，例应在外拣员题补。查定例，遵化、易州两直隶州知州缺出，先以大、宛二县酌量拣选升补一次，次以清苑县知县升补一次，以大、宛二县知县酌量拣选升补一次。再于顺天府属并直隶阁属人员内酌量拣选升补一次。复以大、宛二县知县酌量拣选升补一次。至第六缺，以天津县知县升补一次，以六缺为一周。又，员缺紧要、人地实在相需，而所保之员与例稍有未符者，亦必须将该员不合例之处据实陈明，委非另有不合例事故，即行议准各等语。

今易如直隶州一缺，附近陵寝重地，差务纷繁，非精明干练之员，不足以资治理。现在轮升到班各员，非历俸未满，即与此缺人地不宜，均未便稍涉迁就，致滋贻误。据藩司崔永安、提学使傅增湘、臬司何彦升查，有天津县知县唐则瑀堪以升补，会详请奏前来。

臣查，唐则瑀，年五十七发，广西临桂县举人，由拣选知县投效军营，于扑灭贵州桐梓县等处各匪出力，保以知县分发省，令归候补班遇缺尽先前补用，并加五品衔，签掣直隶。光绪十二年六日二十六日到省，题署高邑县，二十三年丁忧开缺，旋经前督臣王文韶奏保循良，奉上谕"传旨嘉奖。钦此"。服满在部起复，呈请分发原省，以知县归候补班补用。二十八年六日二十三日到省，奏补天津县知县，三十年七月二十五日奉文任事。是年大计，案内保荐卓异，奉旨允准在案。

该员老成稳练，吏治勤能，以之升补易州直隶州知州要缺，实堪胜任。虽此次非天津县轮升到班，与例稍有未符，惟人地实在相需，例得声明奏请，合无仰恳天恩俯念员缺紧要，治理需才，准以天津县知县唐则瑀升补易州直隶州知州，实于地方有裨。如蒙俞允，俟接准部复，再行送部引见，不积轮升班次。至该员系属初升，任内并无审案缉盗、征解钱粮、已起降革、停升参恭限处分。且题升要缺任内一切因公处分，例免核计。所有参罚案件，均在光绪三十年正月十五日恩诏以前者，应行宽免。其恩诏以后参罚案件，已据选册呈送。除检同该员履历清册咨部外，理合恭折具奏，伏乞皇上圣鉴，训示。

再，所遗天津县知县要缺，俟接准部复，再行照例拣补。谨奏。

宣统元年正月二十八日奉旨："吏部议奏。钦此。"

宣统元年正月二十四日。

（台北故宫藏档，文献编号：175262）

奏报顺直各属十月分雨粮情形由

头品顶戴、北洋大臣、直隶总督、臣杨士骧跪奏，为查明光绪三十四年十月报顺直各属市粮价值、雨水情形,恭折仰祈圣鉴事。

窃查,光绪三十四年九月分顺直各属市粮价值、雨水情形,业经奏报在案。兹据藩司查明十月分市粮价值、雨水情形,开单请奏前来。臣查十月分顺天、保定、河间、天津、正定、顺德、广丰、大名、遵化、冀州等十府州属得雨一、二次,每次一、二、三、四寸不等。永平、宣化、易州、赵州、凉州、定州等六府属并未得雨。又查十月分粮价,顺天、宣化、冀州、深州等四府州属与上月相同。永平、保定、河间、天津、顺德、广丰、大名、遵化、易州、赵州、定州等十一府州属,较上月价减,正定府属较上月价增。理合恭折具陈,并缮具粮价清单,恭呈御览,伏乞皇上圣鉴,谨奏。

宣统元年正月二十八日奉旨:"知道了,钦此。"

宣统元年正月二十四日。

(台北故宫藏档,文献编号:175258)

清单

正月二十八日,谨将顺直各属光绪三十四年十月分市粮价值缮具清单,恭呈御览。

计开:

顺天府属,价平:

粟米,每仓石价银二两五钱至四两九钱,与上月相同。

麦,每仓石价银二两四钱七分至五两九钱七分,与上月相同。

黑豆,每仓石价银二两五分至五两四钱八分,与上月相同。

高粱,每仓石价银一两五钱至三两四钱,与上月相同。

糜米,每仓石价银一两三钱至四两六钱,较上月减五分。

永平府属,价减:

粟米,每仓石价银二两一钱一分至五两八分,较上月减一钱二分。

麦,每仓石价银三两六钱三分至四两五钱,较上月减三钱六分。

黑豆,每仓石价银一两九钱四分至二两七钱,较上月减六钱九分。

高粱,每仓石价银一两六钱三分至二两二钱三分,较上月增三分。

糜米,每仓石价银二两六钱一分,较上月增五钱二分。

保定府属,价减:

粟米,每仓石价银二两六钱九分至四两五钱,较上月减一钱。

麦,每仓石价银二两九钱至六两,与上月相同。

黑豆,每仓石价银二两三钱至三两七钱,较上月减二分。

高粱,每仓石价银一两八钱四分至三两二钱一分,较上月减三分。

糜米,每仓石价银二两五钱五分至三两九钱,较上月减二分。

河间府属,价减:

粟米,每仓石价银二两三钱至四两五钱,与上月相同。

麦,每仓石价银三两四钱三分至四两九钱,较上月增一钱。

黑豆,每仓石价银二两七钱四分至四两二钱,较上月减一钱。

高粱,每仓石价银二两至四两一钱,较上月减二钱三分。

糜米,每仓石价银二两六钱三分至四两五钱,与上月相同。

天津府属,价减:

粟米,每仓石价银一两一钱五分至四两一钱,较上月减四钱。

麦,每仓石价银一两八钱至四两五钱六分,较上月减二钱四分。

黑豆,每仓石价银一两六钱至三两三钱,较上月减四钱。

高粱,每仓石价银一两四钱至三两二钱,较上月减三钱。

糜米,每仓石价银一两三钱五分至四两,较上月增八钱八分。

正定府属,价增:

粟米,每仓石价银二两一钱至三两七钱二分,较上月减五分。

麦,每仓石价银三两五分至四两四钱三分,与上月相同。

黑豆,每仓石价银二两二钱五分至三两九钱六分,较上月增六钱。

高粱,每仓石价银一两六钱七分至三两一钱四分,与上月相同。

糜米,每仓石价银一两八钱二分至三两七钱二分,较上月减五分。

顺德府属,价减:

粟米,每仓石价银二两三钱五分至四两,较上月减二钱六分。

麦,每仓石价银二两六钱至四两二钱,与上月相同。

黑豆,每仓石价银二两五分至四两,较上月减五分。

高粱,每仓石价银一两九钱九分至三两二钱,较上月增一钱四分。

糜米，每仓石价银一两六钱至三两，与上月相同。

广平府属，价减：
粟米，每仓石价银一两九钱九分至三两九钱四分，较上月减三钱五分。
麦，每仓石价银二两二分至四两五分，与上月相同。
黑豆，每仓石价银一两九钱八分至三两九钱九分，较上月减一分。
高粱，每仓石价银一两五钱九分至三两，与上月相同。
糜米，每仓石价银一两七钱至三两二钱，与上月相同。

大名府属，价减：
粟米，每仓石价银二两一钱一分至三两一钱一分，较上月减一两一钱八分。
麦，每仓石价银二两七钱三分至三两五钱九分，较上月增一分。
黑豆，每仓石价银一两五钱三分至二两七钱四分，较上月减一两四分。
高粱，每仓石价银一两五钱三分至二两六钱，较上月减三钱八分。
糜米，每仓石价银一两五钱九分至二两四钱八分，较上月减五钱七分。

宣化府属，价平：
粟米，每仓石价银一两至一两四钱五分，与上月相同。
麦，每仓石价银一两九分至二两八钱三分，与上月相同。
黑豆，每仓石价银一两至一两八钱五分，与上月相同。
高粱，每仓石价银七钱二分至一两四钱三分，与上月相同。
糜米，每仓石价银五钱七分至一两七钱五分，与上月相同。

遵化州并属，价减：
粟米，每仓石价银三两一钱二分至三两八钱三分，较上月减八分。
麦，每仓石价银四两一钱九分至四两四钱六分，与上月相同。
黑豆，每仓石价银二两九钱六分至五两四钱三分，与上月相同。
高粱，每仓石价银一两八钱八分至二两三钱一分，较上月减二钱。
糜米，每仓石价银一两五钱九分至三两二钱，与上月相同。

易州并属，价减：
粟米，每仓石价银一两三钱九分至三两六钱，较上月减六分。

麦,每仓石价银一两八钱至四两一钱,较上月减二钱。

黑豆,每仓石价银一两二钱一分至四两九钱,较上月减八分。

高粱,每仓石价银一两一分至二两四钱,较上月增二分。

糜米,每仓石价银一两一钱九分至三两五钱,较上月减一钱。

冀州并属,价平:

粟米,每仓石价银二两七钱至四两二钱,与上月相同。

麦,每仓石价银三两至四两一钱三分,较上月增一钱一分。

黑豆,每仓石价银二两二钱至三两六钱,与上月相同。

高粱,每仓石价银二两至三两,较上月减一钱。

糜米,每仓石价银三两一钱八分,与上月相同。

赵州并属,价减:

粟米,每仓石价银二两三钱一分至二两九钱五分,较上月减一钱八分。

麦,每仓石价银二两一钱七分至三两五钱,与上月相同。

黑豆,每仓石价银一两五钱二分至三两一钱三分,较上月减一钱六分。

高粱,每仓石价银一两四钱至三两六分,与上月相同。

糜米,每仓石价银二两七分至二两七钱四分,与上月相同。

深州并属,价平:

粟米,每仓石价银三两二钱至四两一钱九分,与上月相同。

麦,每仓石价银二两八钱至四两一钱,与上月相同。

黑豆,每仓石价银二两至三两三钱,与上月相同。

高粱,每仓石价银二两二钱四分至二两九钱五分,与上月相同。

糜米,每仓石价银一两二钱五分至四两,与上月相同。

定州并属,价减:

粟米,每仓石价银三两五分至三两七钱,较上月减二钱。

麦,每仓石价银三两二钱九分至四两四钱五分,与上月相同。

黑豆,每仓石价银二两五钱至三两二钱五分,较上月减一钱。

高粱,每仓石价银二两至二两七钱五分,与上月相同。

糜米,每仓石价银二两一钱至二两九钱五分,较上月减二钱。

朱批:"览。"

奏为查明三十三年分广恩库租银两由

头品顶戴、北洋大臣、直隶总督、臣杨士骧跪奏,为报明光绪三十三年分广恩库租银两,恭折具陈,仰祈圣鉴事。

窃查,通州等州县应征光绪三十三年广恩库租前,已将经征未完一分以上各州县衔名开单奏明在案。兹据藩司详称,通州等三十一州县额征光绪三十三年广恩库租银九十五万二十八两六钱五厘一毫,内除蠲免缓带征并民欠租银一千三百五十四两七钱二分三厘一毫,实征完租银八千一百七十三两八钱八分二厘。又征完三十二年租银九钱九分二厘,二十九年租银五钱四分五厘,逐款层核,数目相符,遵照新章,详请核奏前来。

臣复核无异,除将册单咨部并饬赶缮细册,同督催各职名送部外,理合会同并管顺天府府尹臣陆润庠、顺天府府尹臣凌福彭恭折具陈,伏乞皇上圣鉴,敕部核复。谨奏。

宣统元年正月二十八日奉旨:"该部知道。钦此。"

宣统元年正月二十四日。

(台北故宫藏档,文献编号:175260)

奏为牛庄、秦王岛两关第一百九十二结洋税收支各税由

头品顶戴、北洋大臣、直隶总督、臣杨士骧跪奏,为牛庄、秦王岛两关第一百九十二结洋税收支各数,缮单恭折,仰折圣鉴事。

窃查,牛庄海关洋税收支各数,已截至一百九十一结,奏销在案。兹据奉锦山海关道周长龄详称,自光绪三十四年六月初三日起,至九月初六日止,系届第一百九十二结期满,计牛庄海关征收各洋船进出口正税、复进口半税、船钞、洋货入内地土货出内地各子口税、招商局船进出口正税、复进口半税、船钞、六厘火耗、改拨边防经费、奉饬归还新案赔款、练军核减募费及号目号兵津贴练饷扣平,并秦王岛海关征收各洋船进出口正税、复进口半税、土货出关入内地子口税、六厘火耗、改拨边防经费、奉饬归还新案赔款等款,共银二十三万三千五十八两四

钱八分七厘五毫二丝七忽六微。计除由华洋税款四成项下拨解北洋防费、加放俸饷、改还洋款六成项下提拨出使经费、英德俄法洋款税司经费、练军饷乾、倾熔火耗、边防经费、改还新案赔款、海关核扣八分经费、练军添购枪枝子弹价值运费、税司七成船钞、拨解税务处三成船钞,并由练饷项下开除多收练军募费、号目号兵津贴、扣平拨解边防经费、改还新案赔款。又秦王岛海关税款项下支给税司洋土各税一成经费核扣八分经费、六厘火耗、边防经费、归还新案赔款,土货出关入内地子口税划抵常税正额拨解边防经费、改还新案赔款等款,共银二十一万八百七十二两四钱一分三厘六毫三丝二忽六微。连旧管共实存银十三万四千九百八十九两五钱九分一厘八毫一丝八忽五微。开具奏册,详请奏咨前来,臣复核无异,理合缮单恭折具陈,伏乞皇上圣鉴。谨奏。

奉旨:"该部知道,单并发。钦此。"

宣统元年正月二十五日。

清单

谨将牛庄、秦王岛两关第一百九十二结洋税收支并旧管实存各款缮具清单,恭呈御览。

旧管:

一存日本交还税款四成银五千三百六十一两四钱五分二厘。

一存日本交还税款六成银五万五千三百七十三两七钱一分五厘八毫六丝七忽三微。

一存六成洋税银三千四百十一两九钱七分三厘一忽九微。

一存六成招商局税银六千七百八十两九分七厘二毫九丝六忽八微。

一存洋货入内地子口税银三千一百九十六两二钱八分五厘。

一存土货出内地子口税银一百八十六两二钱四分八厘。

一存内河进口税银四千六百五十三两八钱八分一厘。

一存内河出口税银一万三千三百八十四两九钱五分。

一存三成船钞银六千四百四十八两五分。

一存练饷扣平银四千九百五十四两九钱八分六毫七丝七忽九微。

一存练军添制雨衣鼓号军服等项扣平银三百三十二两六钱二分七厘九毫三丝九忽。

一存边防经费改还赔款银二千五百八十二两六钱一分四厘八毫三丝六忽。

一存秦王岛海关洋税银三百四两七分五厘四毫六丝四忽六微。

一存秦王岛海关四成洋税银四千二百十八两二钱九分四厘。

一存秦王岛海关六成洋税银五百二十两七钱九厘六毫七丝二忽六微。

一存秦王岛海关八分经费二百五十七两一钱二分三厘二毫八丝。

一存秦王岛海关扣提六厘火耗改拨边防经费奉饬归还新案赔款银二十三两三钱六分三厘九毫二丝八忽。

一存秦王岛海关营口练军添制军服等项扣平银八百十三两七分五厘九毫五丝九忽四微。

以上旧管项下共银十一万二千八百三两五钱一分七厘九毫二丝三忽五微。

新收：

一收各洋船进口正税银九万四千七百二十三两二钱五分二厘。

一收各洋船出口正税银八万六千三百十两九钱一厘。

一收各洋船复进口半税银一万四千九百九十八两一钱二分五厘。

一收各洋船钞银八千七百八十一两九钱。

一收招商局船进口正税银三百四十六两六钱九分七厘。

一收招商局船出口正税银一万七百二十二两五钱三厘。

一收招商局船复进口半税银一万二千一百五十两二钱九分四厘。

一收招商局船船钞银五百二十六两一钱。

一收洋货入内地子口税银八百八十四两八钱二分。

一收洋税招商局税每两扣提六厘，倾镕火耗改拨边防经费，奉饬归还新案赔款银一千三百二十一两七钱四分三厘五毫五丝二忽。

一收遵饬收回招募练军核减募费银八十七两三钱八分四厘。

一收遵饬收练军号目号兵自光绪三十三年七月半起至本年七月奉文止十二个半月核减贴银一百七十五两。

一收营口练军，自光绪三十四年三月初一日起至八月底止，计六个月饷乾等项扣平银七百三十七两三钱八分七厘二毫二丝五忽六微。

一收秦王岛海关进口正税银三十八两八钱八厘。

一收秦王岛海关出口正税银二十六两。

一收秦王岛海关复进口半税银五百九十四两八钱一分七厘。

一收秦王岛海关土货出关入内地子口税银四百七十四两七钱九分八厘。

一收秦王岛海关每两扣提六厘火耗改拨边防经费、奉饬归还新案赔款银三两九钱五分七厘七毫五丝。

　　以上新收项下共收银二十三万三千五十八两四钱八分七厘五毫二丝七忽六微。

　　开支：

　　一支洋税四成项下拨解北洋防费银六万九千四百十三两六钱六分一厘二毫。

　　一支招商局税四成项下拨解北洋防费银九千二百八十七两七钱九分七厘六毫。

　　一支洋税四成项下拨解江海关加放俸饷、改还新案赔款银三千两。

　　一支洋税四成项下拨解江海关一成半出使经费银一万五千九百六十七两二钱一分二厘二毫九丝四忽六微。

　　一支招商局税六成项下拨解江海关一成半出使经费银九百七十六两三钱三厘四毫四丝。

　　一支洋税六成项下拨解江海关，光绪三十四年八月分，英德洋款银九千三百七十五两。

　　一支洋税六成项下拨解江海关，光绪三十四年九月分，俄法四成洋款银一万两。

　　一支洋税六成项下拨给税司一百九十二结经费银二万三千两。

　　一支洋税六成项下支给营口练军，自光绪三十四年三月初一日起至八月底止，计六个月薪公饷乾等项银二万三千四十三两三钱五分八毫。

　　一支洋税六成项下拨给银号每两税款扣支六厘倾镕火耗银一千一百八十二两四钱二分六厘五毫丝八忽。

　　一支招商局税六成项下拨给银号每两税款扣支六厘倾镕火耗银一百三十九两三钱一分六厘九毫六丝四忽。

　　一支洋税六成项下扣提六厘火耗改拨边防经费、奉饬归还新案赔款银一千一百八十二两四钱二分六厘五毫八丝八忽。

　　一支招商局税六成项下扣提六厘，火耗改拨边防经费奉饬归还新案赔款银一百三十九两三钱一分六厘九毫六丝四忽。

　　一支洋税六成项下提支每两税款核扣八分，作为海关经费银一万五千六百八十二两五钱八分二厘二毫四丝。

　　查，本结计支道厅养廉委员书役薪公以及各项杂支，共银五千五百四十八两七钱五分五厘四毫八丝一忽七微。运脚解费五千七百七十六两七分八厘六毫一忽三微。加复奉饷银六千两,统共实支海关经费银一万七千三百二十四两八钱三分四厘八丝三忽,计不敷银一千六百四十二两二钱五分一厘八毫四丝三忽。再,上结不敷银二百五十二两八分五厘五毫六丝七忽八微,统共二结净不敷银一千八百九十四两三钱三分七厘四毫一丝八微,应俟下结期满拟有存款再行拨补,合并声明。

一支洋税六成项下拨解北洋支应局营口练军添购新式枪枝子弹价银七千七百十四两。

一支洋税六成项下支给营口练军领运枪枝子弹运费等项银三百二十六两二钱一分六厘六毫。

一支拨解税务司七成船钞银六千五百十五两六钱。

一支拨解税务处三成船钞银九千二百四十两四钱五分。

一支由练饷扣平项下多支核减募费扣平银二两七钱九分六厘二毫八丝八忽。

一支由练饷扣平项下多支核减练军号目号兵津贴扣平银五两六钱。

一支拨解江海关六厘火耗改拨边防经费,奉饬归还新案赔款银三千九百四两三钱五分八厘三毫八丝八忽。

一支秦王岛海关洋土各税支给税司一成经费银一百十三两四钱四分二厘三毫。

一支秦王岛海关洋税六成项下提支洋税,每两核扣八分经费银五十二两七钱七分。

查本结计支委员薪水等项银一百九十八两,尚不敷银一百四十五两二钱三分,由旧管八分经费项下拨补,合并声明。

一支秦王岛海关本结八分经费,不敷动支旧管项下经费银一百四十五两二钱三分。

一支秦王岛海关洋税六成项下,每两洋税拨给银号六厘倾镕火耗银三两九钱五分七厘七毫五丝。

一支秦王岛海关洋税六成项下扣提六厘火耗改拨边防经费奉饬归还新案赔款银三两九钱五分七厘七毫五丝。

一支秦王岛海关土货出关入内地子口税划抵常税正额银四百二十七两三钱

一分八厘二毫。

一支秦王岛海关拨解江海关边防经费，奉饬归还新案赔款银二十七两三钱二分一厘六毫七丝八忽。

以上开支项下共银二十一万八百七十二两四钱一分三厘六毫三丝二忽六微。

实存：

一存日本交还税款四成银五千三百六十一两四钱五分二厘。

一存日本交还税款六成银五万五千三百七十三两七钱一分五厘八毫六丝七忽三微。

一存六成洋税银一万九千五百五十七两三钱七分四厘六毫九丝一忽三微。

一存六成招商局税银一万九千四百五十六两八钱五分六厘三毫二丝八忽八微。

一存洋货入内地子口税银四千八十一两一钱五厘。

一存土货出内地子口税银三百四十两二钱四分八厘。

一存内河进口税银四千六百五十三两八钱八分一厘。

一存内河出口税银一万三千三百八十四两九钱五分。

一存练饷扣平银五千六百八十三两九钱七分一厘六毫一丝五忽五微。

一存练军添制雨衣鼓号军服等项，扣平银三百三十二两六钱二分七厘九毫三丝九忽。

一存遵饬收回招募练军，核减募费银八十七两三钱八分四厘。

一存遵饬收回，核减练军号目号兵津贴银一百七十五两。

一存秦王岛海关洋税银三百四两七分五厘四毫六丝四忽六微。

一存秦王岛海关四成洋税银四千二百四十四两二钱一分七厘二毫。

一存秦王岛海关六成洋税银一千二十七两七钱六分三厘四毫七丝二忽六微。

一存秦王岛海关八分经费一百十一两八钱九分三厘二毫八丝。

一存秦王岛海关营口练军添制军服等项，扣平银八百十三两七分五厘九毫五丝九忽四微。

以上实存共银十三万四千九百八十九两五钱九分一厘八毫一丝八忽五微。

朱批："览。"

（台北故宫藏档，文献编号：175207）

奏为报拨宣统元年春季分西陵八旗养育兵丁钱粮银两由

头品顶戴、北洋大臣、直隶总督、臣杨士骧跪奏,为报拨本年春季分西陵八旗养育兵丁钱粮银两,恭折仰祈圣鉴事。

窃据布政使崔永安呈称,易州供应西陵八旗养育兵丁应需钱粮,向系按季专案详请题拨,历经遵办。又于光绪二十九年二月十九日,转准户部议复守西陵大臣戴润等奏准,庄顺皇贵妃位前四旗兵丁生齿日繁,请添设恩缺养育兵丁四分一折,奉旨"依议。钦此"等因,行知到司,当经转行遵照详明,按季拨发在案。兹据易州请领宣统元年春季连闰分养育兵五十六名,每名连闰季支银六两,共银三百三十六两。又转添养育兵四名,每名连闰季支银六两,共银二十四两,以上共银三百六十两,照章改折八成实银二百八十八两。复核数目相符,应在司库地粮银内照数动拨给发,按照新章详奏前来。臣复核无异,除咨部查照外,理合恭折具陈,伏乞皇上圣鉴,敕部核复。谨奏。

奉旨:"该部知道。钦此。"

宣统元年正月二十五日。

（台北故宫藏档,文献编号:175208）

奏为光绪三十三年下半年直属各州县新案交代已未结起数由

头品顶戴、北洋大臣、直隶总督、臣杨士骧跪奏,为查明光绪三十三年七月起至年底止,直属各州县新案交代已、未结起数,缮单恭折,仰祈圣鉴事。

窃据藩司崔永安详称,直属各州县交代前奉部议,自光绪八年起作为新案,依限交代清楚,先行造册结报,半年汇奏一次,历经遵办。嗣因庚子军兴,藩署卷宗毁失,经前升司周馥设法整顿,拟将光绪二十七年九月初一日以前卸事各员作为旧案,分别委查催办,随时详咨,免扣例限费。自九月初一日以后交卸各员作为新案,一体遵照例章,依限造册结报,详经前督臣李鸿章奏,奉朱批"户部知道。钦此",钦遵在案。

兹又届办理案奏之期,该司调齐卷宗,逐一核明,计自光绪三十三年七月初一日起,到年底止,将各案交代,催令依限结报,造具妥确册结咨部,二参限内算清,尚有应交之项者,已奏参勒追。至上届结报案内,奏参勒追各员,于限内分别已完、未完,奏请免抄、查抄、备抵,未满二参各案归于下届办理等情前来。臣复核无异,除将送到详细清单咨部外,理合另缮简明清单,恭折具陈,伏乞皇上圣鉴,敕部查核。谨奏。

奉旨:"该部知道,单并发。钦此。"

宣统元年正月二十五日。

(台北故宫藏档,文献编号:175210)

清单

正月二十五日,谨将光绪三十三年七月初一日起至年底止,直属各州县已未结新案交代起数,缮具简明清单,敬呈御览。

初参限内算清结报者:已故前署交河县知县荣俊,应接前署知县吴宝棣,并代理知县吴光,并案交代。前署磁州知州唐则瑀、应接前署知州都林布,并代理知州李海清,并案交代。前署武邑县知县石之璞,应接前署知县黄震交代。前署广昌县知县张俪,应接前署知县畅文藻交代。署永年县知县马毓桂,应接前任知县苗玉珂交代。署唐山县知县佛勒混泰,应接前署知县李士田交代。前署邯郸县知县郑思壬,应接前署知县周文藻交代。署束鹿县知县阎骏业,应接前署知县钱国骧交代。前署盐山县知县王光鸾,应接前任知县段献增二次交代。前署清河县知县高绍陈,应接前署知县丁其珪交代。前署威县知县胡玉堂,应接前署知县承惠交代。前署滦州知州刘宝泰,应接前署知州耿守恩交代。署行唐县知县姚中林,应接前署知县姜宗泰交代。署沙河县知县陈惟庚,应接前署知县文元交代。署乐亭县蔡济勋,应接前署知县许塘并兼理县迎喜并案交代

以上十五案,均于初参限内算清结报,已造册结咨部。

二参限内算清结报者:署永清县知县何承谟,应接前署知县彭嵩龄交代。前署顺义县知县孙缵绪,应接前任知县吴亦琳交代。前任良乡县知县吴友贤,应接前署知县曾毓隽交代。前署宛平县知县曾毓隽,应接前署知县王维琛交代。前署庆云县知县和绅布,应接前任知县章绍洙交代。前署平谷县知县余受禄,应接前任知县郭廷谨交代。独石口厅同知瑞徵,应接前署同知龚庆霖交代。前署雄县知县吴钟英,应接前任知县谢鉴礼交代。无极县知县鲍德邻,应接前署知县钱国骧交代。前署束鹿县知县钱国骧,应接前任知县县张凤台二次交代。冀州知

州祝苄,应接前署知州唐则瑀交代。前署通州知州廖学荣,应接前署知州郑沛溶交代。前任容城县知县连德魁,应接前署知县赵植培交代。前署静海县知县夏继泉,应接前署知县潘震声交代。前署宝坻县知县沈其康,应接前任知县廖毓英交代。已故前署安肃县知县赵植培,应接已革前任知县宁济交代。前任井陉县知县许辰田,应接前署知县丁纶恩交代。前署元氏县知县张时霁,应接前任知县葛亮升二次交代。前署良乡县知县蒋士楫,应接前任知县吴友贤交代。前署三河县知县陈锡瑜,应接前任知县张泰封交代。迁安县知县刘道春,应接前署知县蔡济清交代。前署保定县知县毕宝瑛,应接前署知县周如镟交代。前署行唐县知县姜宗泰,应接前任知县唐应夔二次交代。前署蓟州知州周如镟,应接前署知州何则贤交代。前署宣化县知县畅文藻,应接前任知县谢恺并代理县蒋耀章并案交代。署昌平州知州何则贤,应接已故前任知州史延华交代。前署完县李丕裕,应接前署知县黄莹书交代。署吴桥县龚庆霖,应接前任知县陈庆彬交代。清苑县知县黄国瑄,应接前署知县孟广瀚交代。博野县知县邓彦芬,应接前代理知县蒲秉坤交代。前署望都县知县胡寿兰,应接前任知县阎骏业二次交代。前任宛平县知县廖毓英,应接前署知县曾毓隽交代。前署晋州知州孔繁潜,应接前任知州王秉谦二次交代。前署新乐县知县刘芬,应接前任知县王志范交代。前署成安县知县陈曾翰,应接前任知县张尔琨交代。前署大城县知县熊济熙,应接前任知县毕承绸交代。署多伦厅同知阮忠极,应接前任同知王锡光交代。前署安肃县知县李煦炳,应接已故前署知县赵植培交代。前署阜城县知县丁起鹏,应接前署知县马丙炎交代。署万全县知县饶怀义义,应接前任知县万和寅并代理县达洪额并案交代。署蔚州知州万和寅,应接前署知州王继武交代。延庆州知州周文藻,应接前署知州郑思壬,并代理州蒋耀章并案交代。前任正定县知县孟广瀚,应接前署知县刘传祁交代。

以上四十三案均于二参限内算清结报,已造册结咨部。

二参限内算清,尚有应交之项奏参著追者:密云县知县郭廷谨,应接前署知县陆嘉藻交代。署鸡泽县知县马长丰,应接前署知县李绮青交代。

以上二案已据算明,陆嘉藻、李绮青尚有应交之项,现已奏参著追。

未满二参,尚未结报者:前署安州知州李秉和,应接前署知洲宋功迪交代。保安州知州吕懋先,应接前署知州张治仁交代。前署安肃县知县张联恩,应接前署知县李煦炳交代。前署定兴县知县黄震,应接前署知县朱贞保交代。平山县知县余廷珪,应接前署知县方汝霖交代。前署大名县知县李绮青,应接前署知县曹荫彤交代。前代理开州知州章承绩,应接前署知州章焘交代。前署东明县知县张祖厚,应接前署知县周保琛交代。署怀来县知县王忠荫,应接前署知县郑在中交代。署怀安县知县王达,应接前任知县傅世榕二次交代。前任卢龙县知县张治仁,应接前署知县迎喜交代。曲周县知县裕昌,应接前署知县单晋鉥交代。署武强县知县韩炳枢,应接前署知县周学渊交代。前署东光县知县张荣凝,应接前任知县冯汝骧交代。前代理新乐县知县王肇洛,应接前署知县刘芬交代。前署唐县知县刘传祁,应接前署知县田鸿文交代。署柏乡县冯汝骧,应接前署知县赵巽年交代。宁晋县知县傅鸿诏,应接前署知县陈钰交代。故城县知县姜宗泰,应接前署知县朱远缙交代。前署东安县知县董开沃,应接前任知县王以安并兼理县周登皞并案交代。平谷县知县范中信,应接已故前署知县余受禄交代。前代理交河县知县高联翰,应接已故前署知县荣俊交代。前代理静海县知县李骏,应接前署知县夏继泉交代。署南宫县知县朱贞保,应接前署知县徐树廷交代。蓟州知州黄行简,应接前署知州周如锁交代。前署容城县知县马丙炎,应接已革前任知县连德魁交代。景州知州单晋鉥,应接前署知州严以盛交代。署天津县张寿龄,应接前署知县章师初并代理县孙鸿烈并案交代。前代理玉田县知县李学富,应接前署知县陈实铭交代。前署平乡县知县董恩庆,应接前署知县陈鸿烈交代。曲阳县知县郑在中,应接前署知县张尚瑛交代。

以上三十一案,现在严催,依限赶算,应归于下届汇案办理。

上届奏参勒追已完者内有:邱县知县施有方,应接已故前署知县卢聘卿,并代理县汪哲臣等两任并案交代。

以上一案,前因卢聘卿有亏短应交款项,当经奏参勒追,嗣据该故员家属依限完清,现经奏请免其查抄。

上届奏参著追者:前任河间县知县傅濲源,应接已革前署知县周嘉德,并代理县吴光等两任并案交代。

以上一案,前因周嘉德尚有应交亏项,当经奏参勒限追缴,现因逾限未完,另行奏参查抄家产备抵。

朱批:"览。"

奏为光绪三十年后直属兵差过境用过银两由

头品顶戴、北洋大臣、直隶总督、臣杨士骧跪奏，为查明直属各州县供应光绪三十年正月起，截至光绪三十二年十二月底止，兵差垫用银两，照章报销，恭折仰祈鉴事。

窃据布政使崔永安详称，直属各州县常年供应各路军营、调撤过境官兵并运送军火饷械、例销车价、房价暨各营采买战马、乾折、棚厂赁价等项报销，向系三年一办，历经遵照，已将光绪二十七年至二十九年止报销，汇造总册，详请奏咨，奉准部复在案。所有应造光绪三十年并三十一、二等三年销册，饬据为属将供应各项差挪垫用银两，陆续分项造册报销。该司查明向例、新章，分别准驳删减，按起联建，详细勾稽，妥细核造。计自光绪三十年正月起，截至光绪三十二年十二月底止，直属各州县供应调撤官兵，暨运送军火饷械等差，共请销、例销车价实银一万八千五十三两六分九厘，官兵房价实银一百二十一两三钱一分四厘，马差、乾折、棚厂赁价实银一万一千八百二十四两六钱五分。以上共请销各款实银二万九千九百九十九两三分三厘。内例销车价、照例销车价、照例核给全银，其马乾、棚厂价值，遵照停票章程，改给六成实银，而房价一项各州县均于官兵到站时随向民间重价租凭，较例定价银多至数倍，现均按照例价造报，应请查照例销车价，一律核给实银，俾免赔累。并请俟奏部准销后，在于兵差经费项下，分别核明，拨给归垫。其未奏准销以前，仍不准各州县先抵交代欠款，以免虚照而昭核实等情，详奏前来。臣复核无异，除饬造各项总细清册咨部外，理合恭折具奏，伏乞皇上圣鉴，敕部核销。谨奏。

宣统元年正月二十八奉旨："该部知道。钦此。"

（台北故宫藏档，文献编号：175261）

奏为有候补知州王缙等供差一年期满甄别由

再，定例，道府以至未入流劳绩保荐候补班人员，无论何项出身、何项劳绩，均应扣足一年，期满甄别。又新章内载，甄别年限应自该员奉差之日起供差一年，确实试验，方准出考于差委事实册送部，开具等第，奏明留省补用各等语。

兹查有候补知州王绶、候补知县朱昌枞等二员，均到省一年，期满例应甄别。由藩、学、臬三司详请核办前来。臣查，王绶，光绪三十三年五月二十八日到省，该员于未经到省以前，委充保定探访局差，调充天津南北段督查处侦探处正课长，并委充南段巡警局发审处检事长差。该员奉差在先，到省在后，应自光绪三十三年五月二十八日到省之日起扣至三十四年五月二十八日，供差一年期满，应即甄别。该员年强才裕，办事勤能，堪列优等。

又查朱昌枞，由试用府经历，光绪二十八年七月委充天津府属筹款局委员，三十三年二月初十以知县到省，仍供原差。该员奉差在先，到省在后，应以光绪三十三年二月初十到省之日起，扣至三十四年二月初十日，供差一年期满，应即甄别。该员精明稳练，综核綦详，堪列优等，均应留省照例补用。除将该员履历册并事实册分咨吏部、宪政编查馆外，理合附片具陈，伏乞圣鉴。谨奏。

宣统元年正月二十八日奉旨："该衙门知道。钦此。"

（台北故宫藏档，文献编号：175263）

奏为报拨光绪三十四年冬季分菩陀峪定东陵差役钱粮米折等由

头品顶戴、北洋大臣、直隶总督、臣杨士骧跪奏，为报拨光绪三十四年冬季分菩陀峪定东陵差役钱粮米折等项银两，恭折具陈，仰祈圣鉴事。

窃据布政使崔永安详称，玉田县供应菩陀峪定东陵添设差役人等钱粮米折等项银两，向系由司按季专案详请题报，一面由该县赴司领回供应，历经遵办在案。今据玉田县请领光绪三十四年冬季分供应菩陀峪定东陵差役钱粮米折等项，共银四百六十二两六钱，改折八成实银三百七十两八分，核与历办成案相符，应请在于司库地粮银内动拨分晰，开具清单，详请核奏并声明，陵寝员役增减无定，难以预计，应照急需钱粮之例，一面具奏，一面先行拨给，俾得及早领回供应。其实在支领数目归于奏销案内核实销算，多则解还，不敷找给等情前来。臣复核无异，除清单咨部外，理合恭折具陈，伏乞皇上圣鉴，敕部核复。谨奏。

宣统元年正月二十九日奉旨："该部知道。钦此。"

宣统元年正月二十五日。

（台北故宫藏档，文献编号：175326）

奏为永定河光绪三十三年抢修工程用过银两照章报销由

头品顶戴、北洋大臣、直隶总督、臣杨士骧跪奏，为永定河光绪三十三年抢修工程用过银两照章报销，恭折仰祈圣鉴事。

窃查，永定河每年抢修原定银一万二千两，嗣经钦差查明埽段较多，奏准增银一万二千两，每年预期赴部领回办料，分储工次备用。续因工险埽增，原设岁抢修经费仍有不敷，前督臣温承惠奏，奉恩赏银五千两，作为定额，以二千两归入岁修，以三千两归入抢修，历经随案报销在案。兹经永定河道吕珮芬，转据石景山同知沈葆澄等，将光绪三十三年抢修工程用过银两造册绘图，循例详请报销等情前来。

臣查，查永定河光绪三十三年抢修工程用过银两，前照原额银数，同南北运河等工汇案具奏，所有光绪三十三年分南岸各汛抢修镶垫工程并签桩，共用银一万二千三百六十七两四五钱，北岸各汛抢修镶垫工程并加签桩，共用银一万三千五百一十六两六钱九分，南北两岸共用银二万五千八百八十四两一钱九分。又南北两岸上游秫秸运脚用银四千六百三十一两七钱六分七厘三毫七丝五忽。查，采办秫秸，前经奏准每束加运脚银二厘五毫，共银八千五百两，除岁修动用银四千九百八十四两四分二厘六毫二丝五忽，计不敷一千一百一十五两八钱一分，系在抢修项下通融拨给。

以上南北两岸抢修镶垫工程加运脚，共用银三万一千六百三十一两六钱六分七厘三毫七丝五忽，均系核实动支，并无浮冒。除册结图说咨部外，理合遵照新章恭折具陈，伏乞皇上圣鉴，敕部核销。谨奏。

宣统元年正月二十九日奉旨："该部知道。钦此。"

宣统元年正月二十五日。

（台北故宫藏档，文献编号：175328）

奏为永定河岁修上年用过银两由

头品顶戴、北洋大臣、直隶总督、臣杨士骧跪奏，为永定河光绪三十三年岁修工程用过银两，遵章报销，恭折仰祈圣鉴事。

窃查，永定河光绪三十三年岁修工程，前经汇案奏明，按原额银数拨给，其雇夫挑土经费准在该河岁抢修款内扣存六分平银,照数动用。兹据永定河道吕珮芬,转据石景山同知沈葆澄等,将光绪三十三年分做过工程用过银两,造册绘图,详请报销等情前来。

臣查,永定河险工林立,岁修款项自同治十二年起,经前督李鸿章奏经部议,仍照原额给领,计光绪三十三年分石景山东西两岸岁修片石工程等,用银一千九百九十六两五钱五厘九毫五丝,南岸各汛岁修镶垫工程并加签桩,共用银两九千九百九十六两八钱八分,北岸各汛岁修镶垫工程并加签桩,共用银一万一千九百九十六两九钱。两岸各岁修挑挖中洪工程,共用银四千九百九十八两,三角淀各项岁修疏浚下口工程,共用银四千九百九十八两六钱二分四厘七毫五丝。以上石景山南北岸、三角淀岁修片石、埽镶挑挖、中洪疏浚下口等工,通共用银三万三千九百八十九两九钱一分七毫,其挑挖中洪疏浚下口工程项下较预估共节省银一两八钱八分五毛二毫五丝,留存道库作为下年之用。

再,两岸上游各汛采办秸秸,前经奏准每束加添运脚银二厘五毫,共用运脚银四千九百八十四两四分二厘六毫二丝五忽。其三十三年分雇夫挑土经费,共需减平银五千六百八十一两二钱二分六厘三毫五丝,均系实用销,并无浮冒。除册结图说咨部外,理合遵照新章恭折具陈,伏乞皇上圣鉴,敕部核销。谨奏。

宣统元年正月二十九日奉旨:"该部知道。钦此。"

宣统元年正月二十五日。

(台北故宫藏档,文献编号:175329)

奏为永定河堵筑漫口各工用过银两由

头品顶戴、北洋大臣、直隶总督、臣杨士骧跪奏,为永定河堵筑漫口挑挖引河各工用过工料银数,照章报销,恭折仰祈圣鉴事。

窃照光绪三十三年堵筑北四上汛十四号漫口,补还南五工十二、十九号两旱口,购办料物,镶做埽段,挑究引河,以及南北两岸御水善后石土堤埽等工需用银两及工段丈尺,业经臣开单,奏奉硃批"该部知道,单并发。钦此。"自行照例造册请销,当经转饬遵照去后。兹据永定河道吕珮芬,造具册结,绘图贴说,详送前来。

臣查,北四上汛十四号漫口,补还残缺,软镶大壩,边埽加添、秸稭运脚、培筑新堤,添筑后戗,填垫坑塘,抢挑圈捻,挑究引河,补还南五工十一号、十九号两旱口,挑做外戗,修补堤埽,以及南北两岸御水善后石土堤埽各工,共用银二十九万三千六百九十二两七钱四分一厘一毫四丝,其水旱各坝用银八万六千七百三十一两八钱五分一厘,计销共银五万二千三十九两一钱九厘八毫六丝,赔回银三万四千六百九十二两七钱四分一厘一毫四丝,已将赔款如数缴清抵用。所有做过工程用过银两,委系实用实销,并无浮冒。除册结图说咨部外,理合遵照新章,恭折具奏,伏乞皇上圣鉴,敕部核销。谨奏。

宣统元年正月二十九日奉旨:"该部知道。钦此。"

宣统元年正月二十五日。

(台北故宫藏档,文献编号:175330)

奏为报拨宣统元年春季西陵官兵俸饷等银两

头品顶戴、北洋大臣、直隶总督、臣杨士骧跪奏,为报拨本年春季连闰分西陵官员兵役俸饷等项银两,恭折仰祈圣鉴事。

窃据布政使崔永安等呈称,易州供应各陵官兵月饷、俸粟、米折并运送豆草车价等项银两,向系按季专案详请题报,历经遵办在案。

兹据易州请领宣统元年春季连闰分供应各陵官兵月饷、俸粟、米折并运送豆草车价、尚膳、茶正、新添马乾饭食等项,共银三万一千七百二十九两四钱七分二厘,改折八成实银二万五千三百八十三两五钱七分七厘,内扣米折项下每两六分部平银三百七十四两五钱九分六厘,实发银二万五千八两九钱八分一厘,核与历办成案相符,应请在于司库地粮银内动拨,开具简明细数清单,按照新章详请具奏,并声明陵工员役增减无定,难以预计,应照急需钱粮之例先行拨给,其实在支领数目统归奏销案内核实销算,多则解还,不敷找给等情前来。臣复核无异,除清单咨部外,理合恭折具陈,伏乞皇上圣鉴,敕部核复。谨奏。

宣统元年二月初七日奉朱批:"该部知道。钦此。"

宣统元年二月初四日。

(台北故宫藏档,文献编号:175483)

奏为报拨玉田县光绪三十四年冬季分供应各陵银两

头品顶戴、北洋大臣、直隶总督、臣杨士骧跪奏,为报拨玉田县光绪三十四年冬季分供应各陵员役俸饷、米折等项银两，恭折具陈，仰祈圣鉴事。

窃据布政使崔永安详称玉田县供应定陵、定东陵并顺水峪暨禧妃园寝员役俸饷、米折、豆草、车价等项银两，向系按季专案详请题报，一面由该县赴司领回供应，历经遵办在案。兹据玉田县请领光绪三十四年冬季分供应定陵、定东陵并顺水峪暨禧妃园寝员役俸饷、米折、豆草、车价等项，共银四千六百三十五两九钱一分五厘，改折八成实银三千七百八两七钱三分二厘，内扣豆草车价六分部平银四十二两三钱一分五厘，实发银三千六百六十六两四钱一分七厘，核与历办成案均属相符，应请在核司库地粮银两动拨分晰，开具清单，详请核奏，并声明陵工员役增减无定，难以预计，应照急需钱粮之例先行拨给，其实在支领数目统归奏销案内核实销算，多则解还，不敷找给等情前来。臣复核无异，除清单咨部外，理合恭折具陈，伏乞皇上圣鉴，敕部核复。谨奏。

宣统元年二月初七日奉朱批："该部知道。钦此。"

宣统元年二月初四日。

（台北故宫藏档，文献编号：175484）

奏为请销永定河光绪三十三年加拨岁修银两

头品顶戴、北洋大臣、直隶总督、臣杨士骧跪奏，为请销永定河光绪三十三年加拨岁修银两，恭折仰祈圣鉴事。

窃查，光绪二十年春间，前任东河督许振祎奉命勘治永定河，因原额经费不敷，奏请自二十年起每年加拨岁修银四万两，奉旨允准，当经部议，加拨岁修银两，由直隶藩库族租项下照拨，转行遵照在案。所有光绪三十三年加拨岁修银两四万两，经该道照数领回拨用。兹据永定河道吕珮芬将三十三年动用加拨岁修银两，造具册结图说，详请奏销前来。臣查，永定河光绪三十三年南岸各汛动用添拨岁修银两，做过土埽工程，用银一万八千一百三两五钱；北岸各汛动用添拨岁修银两，做过土埽工程，用银二万一千八百九十六两五钱，共用银四万两，委系实用实销，并无浮冒。除册结图说咨部外，理合遵照新章，恭折具奏，伏乞皇上圣鉴，敕部核销。谨奏。

宣统元年二月初七日奉朱批："该部知道。钦此。"

宣统元年二月初四日。

（台北故宫藏档，文献编号：175485）

奏报十一月分顺直各属市粮价雨水情形(附清单一件)

　　头品顶戴、北洋大臣、直隶总督、臣杨士骧跪奏,为查明光绪三十四年十一月分顺直各属市粮价值雨雪情形,恭折仰祈圣鉴事。

　　窃查,光绪三十四年十月分顺直各属市粮价雨水情形,业经奏报在案。兹据藩司查明十一月分市粮价值雨雪情形,开单请奏前来。臣查,十一月顺德、广平二府属得雪一、二次,每次一、二寸不等,顺天、永平、保定、河间、天津、正定、大名、宣化、遵化、易州、冀州、赵州、深州、定州等十四府州属并未得雪。又查十一月分粮价,宣化、遂化、易州、冀州、赵州、深州等六府州属与上月相同,顺天、永平、保定、正定、顺德、大名、定州等七府州属较上月价减,河间、天津、广平等三府属较上月价增。理合恭折具陈,并缮具粮价清单,恭呈御览,伏乞皇上圣鉴。谨奏。

　　宣统元年二月初七日奉朱批:"知道了。钦此。"

　　宣统元年二月初四日。

　　(台北故宫藏档,文献编号:175482)

　　清单　宣统元年二月初七日。

　　谨将顺直各属光绪三十四年十一月分市粮价值缮具清单恭呈,计开:

顺天府属,价减:

粟米,每仓石价银二两四钱一分至四两九钱,较上月减九分。

麦,每仓石价银二两四钱七分至五两九钱七分,与上月相同。

黑豆,每仓石价银二两五分至五两四钱八分,与上月相同。

高粱,每仓石价银一两五钱至三两四钱,与上月相同。

糜米,每仓石价银一两三钱至四两五钱,较上月减一钱。

永平府属,价减:

粟米,每仓石价银二两二钱九分至四两七钱二分,较上月减一钱八分。

麦,每仓石价银三两六钱三分至四两五钱八分,较上月增八分。

黑豆,每仓石价银一两九钱四分至二两五钱五分,较上月减一钱五分。

高粱，每仓石价银一两六钱三分至二两一钱一分，较上月减一钱二分。

糜米，每仓石价银二两六钱一分，与上月相同。

保定府属，价减：

粟米，每仓石价银二两六钱五分至四两五钱，较上月减四分。

麦，每仓石价银二两九钱至六两，与上月相同。

黑豆，每仓石价银二两二钱七分至三两六钱，较上月减一钱三分。

高粱，每仓石价银一两七钱二分至三两二钱一分，较上月减一钱二分。

糜米，每仓石价银二两五钱四分至三两九钱，较上月减一分。

河间府属，价增：

粟米，每仓石价银二两三钱至四两五钱，与上月相同。

麦，每仓石价银三两四钱三分至五两，较上月增一钱。

黑豆，每仓石价银二两七钱四分至四两二钱，与上月相同。

高粱，每仓石价银二两一钱至四两一钱，较上月增一钱。

糜米，每仓石价银二两六钱三分至四两五钱，与上月相同。

天津府属，价增：

粟米，每仓石价银一两九钱至三两五钱，较上月增一钱五分。

麦，每仓石价银二两四钱五分至四两七钱，较上月增七钱九分。

黑豆，每仓石价银一两八钱五分至二两九钱二分，较上月减一钱三分。

高粱，每仓石价银一两七钱四分至二两六钱，较上月减二钱六分。

糜米，每仓石价银一两六钱至三两九钱，较上月增一钱五分。

正定府属，价减：

粟米，每仓石价银二两一钱至三两七钱二分，与上月相同。

麦，每仓石价银三两五分至四两四钱三分，与上月相同。

黑豆，每仓石价银二两五分至三两九钱六分，较上月减二分。

高粱，每仓石价银一两六钱七分至三两一钱四分，与上月相同。

糜米，每仓石价银一两八钱二分至三两七钱二分，与上月相同。

顺德府属，价减：

粟米,每仓石价银二两二钱五分至四两,较上月减一钱。

麦,每仓石价银二两六钱至四两二钱,与上月相同。

黑豆,每仓石价银二两五分至四两,与上月相同。

高粱,每仓石价银一两九钱六分至三两二钱,较上月减三分。

糜米,每仓石价银一两六钱至三两,与上月相同。

广平府属,价增:

粟米。每仓石价银二两一钱至三两九钱四分,较上月增一钱一分。

麦,每仓石价银二两二分至四两五钱,与上月相同。

黑豆,每仓石价银一两九钱八分至三两九钱九分,与上月相同。

高粱,每仓石价银一两六钱三分至三两,较上月增四分。

糜米,每仓石价银一两七钱至三两二钱,与上月相同。

大名府属,价减:

粟米,每仓石价银一两九钱七分至三两一钱一分,较上月减一钱四分。

麦,每仓石价银二两七钱至三两三钱七分,较上月减二钱五分。

黑豆,每仓石价银一两四钱二分至二两七钱四分,较上月减一钱一分。

高粱,每仓石价银一两四钱二分至二两六钱,较上月减一钱一分。

糜米,每仓石价银一两六钱三分至二两三钱八分,较上月减六分。

宣化府属,价平:

粟米,每仓石价银一两至一两四钱五分,与上月相同。

麦,每仓石价银一两九钱至二两八钱三分,与上月相同。

黑豆,每仓石价银一两至一两八钱,较上月减五分。

高粱,每仓石价银七钱二分至一两四钱三分,与上月相同。

糜米,每仓石价银五钱七分至一两七钱五分,与上月相同。

遵化州并属,价平:

粟米,每仓石价银三两一钱二分至三两八钱三分,与上月相同。

麦,每仓石价银四两一钱九分至四两四钱六分,与上月相同。

黑豆,每仓石价银二两九钱六分至五两四钱三分,与上月相同。

高粱,每仓石价银一两八钱八分至二两三钱一分,与上月相同。

糜米，每仓石价银一两五钱九分至三两二钱，与上月相同。

易州并属，价平：
粟米，每仓石价银一两三钱六分至三两六钱，较上月减三分。
麦，每仓石价银一两八钱三分至四两一钱，较上月增三分。
黑豆，每仓石价银一两二钱至五两，较上月增九分。
高粱，每仓石价银一两一分至二两四钱，与上月相同。
糜米，每仓石价银一两一钱九分至三两五钱，与上月相同。

冀州并属，价平：
粟米，每仓石价银二两七钱至四两二钱，与上月相同。
麦，每仓石价银三两至四两一钱三分，与上月相同。
黑豆，每仓石价银二两二钱至三两六钱，与上月相同。
高粱，每仓石价银二两至三两，与上月相同。
糜米，每仓石价银三两一钱八分，与上月相同。

赵州并属，价平：
粟米，每仓石价银二两三钱一分至二两九钱五分，与上月相同。
麦，每仓石价银二两一钱七分至三两七钱一分，较上月增二钱一分。
黑豆，每仓石价银一两五钱二分至二两九钱，较上月减二钱三分。
高粱，每仓石价银一两四钱至三两六分，与上月相同。
糜米，每仓石价银二两七分至二两七钱四分，与上月相同。

深州并属，价平：
粟米，每仓石价银三两二钱至四两一钱九分，与上月相同。
麦，每仓石价银二两八钱至四两一钱，与上月相同。
黑豆，每仓石价银二两至三两三钱，与上月相同。
高粱，每仓石价银二两二钱四分至二两九钱五分，与上月相同。
糜米，每仓石价银一两二钱五分至四两，与上月相同。

定州并属，价减：
粟米，每仓石价银二两八钱五分至三两六钱二分，较上月减二钱八分。

麦，每仓石价银三两二钱九分至四两三钱五分，较上月减一钱。

黑豆，每仓石价银二两五钱至三两五钱，较上月减二钱。

高粱，每仓石价银二两至二两七钱，较上月减五分。

糜米，每仓石价银二两一钱至二两七钱五分，较上月减二钱。

朱批："览。"

奏为核明北洋陆军光绪三十三年分收支饷杂款报销

头品顶戴、北洋大臣、直隶总督、臣杨士骧跪奏，为核明北洋陆军光绪三十三年分收支饷杂各款，列为第六届报销，缮单恭折具陈，仰祈圣鉴事。

窃照陆军三十三年分收支饷杂各款，业经造册，奏销在案。所有光绪三十三年分北洋陆军收支饷杂，自应接续造报，以符定章。查是年陆军二、四两镇一切开支用款，前经查明大数，缮具清单，咨报立案。

现经逐细核明，自光绪三十三年正月起，截至年底止，原有两镇四协十二标步、马、炮、工、辎四十营、军乐两队，并督练公所、兵备参谋教练三处，暨粮饷军械军医三局，开支饷杂，列为第六届造册报销。计旧管不敷湘平银四十五万五千一百七十四两七钱九分二厘五毫，新收直隶裁减淮练绿营各节饷盐斤加价均价馀利、烟酒税、山东拨解武卫右军底饷、江南拨解自强军底饷、北洋海防经费协拨督练公所兵备参谋教练三处经费、津海关道子口税项下拨补第五镇三十二年以前不敷饷杂、近畿粮饷局拨还前用北洋陆军枪弹价值及二、四两镇缴回调拨东三省乐兵自三十三年五月至年底原领饷杂等项，共湘平银三百四十九万六千一百七十六两五钱六分六厘七毫。除还上届垫支不敷湘平银四十五万五千一百七十四两七钱九分二厘五毫外，本届实收湘平银三百四万一千一两七钱七分四厘二毫。登除拨支东三省陆军饷杂及河南陆军不敷饷杂项等款，共湘平银三十三万三千五百二十八两三钱三分，应归各该军列收造报。又除拨支军火价值及无线电报经费，并建盖营房案内不敷等款，共湘平银六万二千八百九十四两八钱九分一厘七毫，均应分别另案造报外，本届实请销湘平银二百九十九万九千二百九十两三钱五分三毫，内应度支部核销银二百三十万二千二百九十七两一钱二分六厘一毫，陆军部报销银六十九万六千九百九十三两二钱二分四厘一毫，实在不敷湘平银三十五万四千七百十一两七钱九分七厘八毫，业经移挪应付，应归下届滚接造报。据北洋陆军粮饷局司道造具清册，详请奏销前来。臣复加确核，委系实用实销，并无丝毫浮冒。除分咨查照外，理合缮具简明清单，恭呈御览，伏乞皇上圣鉴，敕部核销施行。谨奏。

宣统元年二月初八日奉朱批："该部知道。钦此。"

宣统元年二月初五日。

（台北故宫藏档，文献编号：175499）

奏为查明光绪三十三年分节地丁钱粮征收数目

头品顶戴、北洋大臣、直隶总督、臣杨士骧跪奏，为查明光绪三十三年分节年地丁钱粮征收数目，恭折仰祈鉴事。

窃照光绪三十三年分节年地丁钱粮征收数目，例应查明奏报。兹查，光绪三十二年奏销案内，顺天、永平、保定、河间、天津、正定、顺德、广平、大名、宣化、遵化、易州、冀州、赵州、深州、定州等十六府州属，未完光绪二十七、八、九、三十、三十一、三十二等年原参缓带征地粮正银九十五万二千三百八十五两九钱二分一厘，旗产正银一万二千九百二十六两五分七厘，地耗银一十一万四千一百一十二两三钱六分二厘，旗产耗银一千二百九两三钱六分。又顺天、永平二府属未完先行升科正银二千三百三两四分九厘。又顺天、永平、保定、河间、天津、宣化、深州等七府州属未完本色米、谷、粮、豆、高粱四万二千五百七十四石五升四合五勺六抄六撮，草一万七千四百五束五分九厘五毫，又改折正银二千九百四十五两五钱九分。内除缓带征民欠外，实征完起存地粮正银六千五百二十三两四钱六分一厘，旗产百银八两八钱一分五厘，地耗银七百五十一两六钱九分八厘，旗产耗银九钱五分五厘，先行升科正银二十七两二钱二分六厘。米、谷、粮、豆、高粱一千一百五十四石一斗一升六合六勺四抄六撮，草一百九十束一分一厘，改折正银三百三十二两四钱一分九厘。又征完节年起存地粮正银一千一百四十一两八钱九分七厘二毫，地耗银一百三十两四分八厘三毫，先行升科正银六两四钱六分九厘，米、谷、粮、豆二百三十五石六升九合七勺七抄，草一分一厘，改折百银一百一十四两五钱五分九厘。又顺天、永平、保定、河间、天津、正定、顺德、广平、大名、宣化、遵化、易州、冀州、赵州、深州、定州等十六府州属，未完光绪二十八、九、三十、三十一、三十二等年编俸银三千四百二两五钱四分一厘，余俸银一千二百七十四两八钱九分。按款核明，数目相符，据布政使崔永安造具清册简明清单，详奏前来。臣复核无异，除将册单咨部外，理合恭折具陈，伏乞皇上圣鉴，敕部查照。谨奏。

宣统元年二月初八日奉朱批："度支部知道。钦此。"

宣统元年二月初五日。

（台北故宫藏档，文献编号：175500）

奏为查明光绪三十三年顺天等府已完分杂项钱粮数目奏销

头品顶戴、北洋大臣、直隶总督、臣杨士骧跪奏，为查明光绪三十三年分杂项奏销，恭折仰祈圣鉴事。

窃直隶光绪三十三年分杂项奏销，除大兴、宛平两县门厂、官房等租、因遭兵燹，或被焚烧，或经圈占，各租征收无几，业经奏豁、启行剔除外，其馀各册均经造送。

兹查得光绪三十三年分顺天、永平、保定、河间、天津、正定、顺德、广平、大名、宣化等十府，并遵化、易州、冀州、赵州、深州、定州等六州并属，额征当税银一万八千四百三十五两，内已完银一万六千六百一十五两，未完银一千八百二十两。又直属各州县应解田房杂税银二十七万三千一百八十四两九钱三厘，内已完银二十六万八千一百一十两八钱八分一厘，未完银五千七十四两二分二厘。又顺天、永平、保定、宣化、易州等五府州属，应扣师生已完银八十三两三钱六分五厘。又天津府属应扣缺官已完银一钱七分五厘。又顺天、永平、保定、河间、天津、正定、顺德、广平、大名、遵化、易州、冀州等十三府州属，应扣文武知官罚俸银四百二十八两七钱六厘。又征收通厂木税银四千四百一两四钱六分。又顺天、永平、保定、河间、天津、正定、顺德、广平、大名、宣化等十府，遵化、易州、冀州、赵州、深州、定州等六州并属，应征学田租银二千七百二两一钱八分八厘，米豆杂粮租谷一千八百四十九石三斗九合三抄，租京钱六千七百文，租制钱六十二千七百文。内已完钱二千七百二两一钱三分四厘，米豆杂粮租谷一千八百四十九石三斗九合三抄，租京钱六千七百文，租制钱六十二千七百文，未完银五分四厘。又供应过度支部盛京行粮垫支银三百八十八两六钱一分七厘四毫。逐款自稽数目，均属相符，据布政使崔永安开具简明册单，详请具奏前来。臣复查无异，除将册单咨部外，理合恭折具陈，伏乞皇上圣鉴，敕部查照。谨奏。

宣统元年二月初八日奉朱批："度支部知道。钦此。"

宣统元年二月初五日。

奏为报拨光绪三十四年冬季惠陵员役俸饷米折等项银两

头品顶戴、北洋大臣、直隶总督、臣杨士骧跪奏,为报拨光绪三十四年冬季惠陵员役俸饷、米折等项银两,恭折仰圣鉴事。

窃据布政使崔永安详称,查丰润县供应惠陵并妃园寝,暨新添淑慎皇贵妃园寝员役俸餉、米折、豆草、车价等项银两,向系由司按季专案详请题报,一面由该县赴司领回供应,历经遵办在案。今据丰润县请领光绪三十四年冬季多供应惠陵并淑慎皇贵妃园寝兵役月饷、米折、豆草、草价等项银三千七百两钱三分一厘,改折八成实银二千九百六十两二钱六分五厘。内扣豆草、车价六分部平银四十六两七钱三分四厘,实发银二千九百一十三两五钱三分一厘。核与历办成案相符,应请在核司库地粮银两动拨开单,详请核奏,并声明陵工员役增减无定,难以预计,应照急需钱粮之例先行拨给,其实在支领数目统归奏销案内核实销算,多则解还,不敷找给等情前来。臣复核无异,除清单咨送度支部外,理合恭折具陈,伏乞皇上圣鉴,敕部核复。谨奏。

宣统元年二月初七日奉朱批："该部知道。钦此。"

宣统元年二月初五日。

光绪三十三年岁修添购工料用过银两报销

再,永定河工程绵长,埽镶林立,光绪三十三年岁抢修,秸料不敷大汛之用,前经奏准添购备防秸料二百四十万束,连加添运脚,发给实银二万五千二百两,饬遵在案。

兹据永定河道吕珮芬详报,光绪三十三年动用另案备防秸料,计南岸头工上下汛二、三、四工镶垫工程用银一万二百九十两,南岸五工镶垫工程用银三千四百六十五两,北岸头工上中下汛二工上汛镶垫工程用银三千三百六十两,北岸二工下汛三工四工上下汛镶垫工程用银三千九百九十两,北岸五六七工镶垫工程用银四千九十五两,通共用银二万五千二百两。据各所分晰造册,绘图加结,由道转详报销前来。臣复核无异,除册结图说钞奏咨部外,理合遵照新章附片具陈,伏乞圣鉴,敕部核销。谨奏。

宣统元年二月初七日奉旨:"该部知道。钦此。"

(台北故宫藏档,文献编号:175486)

谢赏会典折

头品顶戴、北洋大臣、直隶总督、臣杨士骧跪奏,为叩谢天恩,恭折仰祈圣鉴事。

窃臣接准外务部电知,蒙恩颁赏《大清会典》一部,当即派员赴部祗领,恭设香案,望阙叩头谢恩。钦维皇上圣秉渊冲,功隆继述,体累洽重熙之运,茵蔼宏基。扬悠久明远之徽,葳蕤方策。惟我朝显庸创制,迈三古以垂谟,斯圣明衣德绍闻,等百王而作则。观其会通,以行其典,礼用昭法守之常,经言为《尚书》而动,为《春秋》益阐神明之钜式,用是炳诸图府,颁及臣僚,俾仰治法心法之全,共识是训是行之准。臣惟有勤绅典册,慎率纲维,欣会要有成书,幸窥柱下守藏之钜制,奉典章于昭代,允集列朝掌故之大成。所有微臣感激下忱,谨缮折叩谢天恩,伏乞皇上圣鉴。谨奏。

奉朱批:"知道了。钦此。"

宣统元年二月初八日。

(《杨文敬公奏议》卷九)

奏为试用道马吉森奉差期满应甄别堪以留省试用

再定例,道府州县,无论候补、试用人员,应自到省之日起,予限一年,详加查看,出具切实考语,奏明补用。又,新章内载,甄别年限应自各该员奉差之日起,供差一年,确实试验,方准出考于差委事实册,送部开具等第,奏明留省补用各等语。

兹查,有试用道马吉森,于光绪三十三年四月初三日到省,十一月十八日委充北洋矿政调查局会办。计自奉差之日起,扣至三十四年十一月十八日,供差一年期满,应即甄别。据该员造具履历事实清册,咨由藩、学、臬三司确实试验,详请核办前来。臣查,该员朴实精明,任事勇往,堪列优等,应留省照例试用。除将该员履历册并事实清册分咨吏部、宪政编查馆外,理合附片具陈,伏乞圣鉴。谨奏。

宣统元年二月初八日奉朱批:"该衙门知道。钦此。"

（台北故宫藏档,文献编号:175503）

奏为深州直隶州知州续棉因卓异保送赴部引见

再,花翎知府衔、深州直隶州知州续棉,年四十八岁,镶红旗满州续麟佐领下人,进士,以主事签分户部。光绪二十四年补授广东司主事,二十六年京察二等,保送直隶州知州,引见,奏旨"照例发往"。遵例捐指直隶,是年五月到省。二十九年奏补深州直隶州知州,三十年调署赵州直隶州知州,三十一年调署定州直隶州知州,三十二年仍回深州本任。三十三年大计,保荐卓异,经部核准,调取引见。据该员禀请,给咨前来。

臣查,该员精明干练,为守兼优,历任三州向为多盗之区,素称难治。该员于城乡巡警加意整顿,匪徒敛迹,地面又安。他为学堂工艺等项新政,无不认真筹办,次第扩充,为国储才,为民兴利。其行政也,尤以慈爱为本,而听断又可极明允,舆情悦服。在任五年,从会民教,龃龉之案尤为人所难结。兹因卓异,赴部引见,除给咨外,理合详叙事实,附片具陈,伏乞圣鉴。谨奏。

宣统元年二月初八日奉朱批:"该部知道。钦此。"

（台北故宫藏档,文献编号:175504）

奏为报销各营并各驻防三十三年各兵马钱粮

头品顶戴、北洋大臣、直隶总督、臣杨士骧跪奏,为报销直隶各营并各驻防三十三年各兵马钱粮,恭折仰祈圣鉴事。

窃查,前准户部咨,核复直隶各营并各驻防兵马钱粮等项奏册,令将旗、绿各营并各驻防实存官兵并应支俸饷各数,向按几成支领,某营系发全饷,某营系发半饷,某员应扣建旷及某处应支米折豆草折价,某处应支本色,务须按年奏报,毋得延缓等因,遵办在案。

兹据布政使崔永安详称，查直属各提镇协营路并张、独二厅及承德府各捕盗营以及各驻防光绪三十三年各兵马钱粮等项奏册，旧管项下光绪三十二年十二月底，共银三万九十八两一钱三分三厘，内存剩三屯营光绪三十一年边储米豆抵充兵饷银三万九十二两九钱八厘，沿河口征存光绪三十二年谷折银五两二钱二分五厘。新收项下光绪三十三年正月起至十二月底，实估全半并续估续收共银五十二万八千四十二两六钱九分，内原估官兵俸饷乾折等银一百二十四万一千二百三十两五钱七分，内除挑拨练军并东明河防暨挑拨巡警学堂肄业、马步守兵及裁拨围场马匹饷米乾银二十四万四千四百二十六两八钱，裁减三成一成马步守兵并马匹节省饷米乾银一十二万八千七两三钱六分，新裁五成十成马步守兵并马匹节省饷米乾银二十一万六千二百九两七钱六分，应估需官兵俸饷乾折等银六十五万二千五百八十六两二钱五分，内除停拨一半俸饷乾折等银一十二万六千八百五两七钱六分四厘外，实估需全半俸饷乾折等银五十二万五千七百八十两八钱八分六厘。内一半俸饷乾折等银一十二万六千八百五两七钱二分四厘。全数俸饷乾折等银三十九万八千九百七十五两一钱二分二厘。又，续估沧州驻防坐落苏袼庄头地租银一千八百六十一两六钱七分一厘，冷口、喜峰、罗文等三驻防银六两，续收三屯营光绪三十二年边储米豆抵充兵饷银三万九十二两九钱八厘。沿河口征存光绪三十三年谷折银五两二钱二分五厘，又本色米五万二千八百四十六石二斗八升一合八勺八抄，蓟粮米一万四千二百二十一石一斗二升五合，本色豆四千一十石七斗七升三勺，本色草七万七千一百束。开除项下光绪三十三年正月起至十二月止，共银五十二万八千四百一十六两六钱九分，内管俸薪银四万五百五十五两一钱三分七厘，各兵饷米银三十四万二千二百九十三两九钱九分三厘，各驻防半折米价银等五万五千一百三十四两一钱四厘，蓟粮米折银七千六百二十八两五钱，马乾并豆草折银七万五千七百七十四两七分八厘。共收放俸饷乾折等银五十二万一千三百八十五两八钱一分二厘。又放光绪三十三年小建银五千六百七十一两七钱六分四厘，缺旷银五百九十两九钱八分一厘，共收建旷银六千二百六十二两七钱四分五厘，照数拨给泰宁马兰两镇寝地面官兵津贴、贴费、盘费并各驻防孤寡钱粮，期年丰饷等项银两讫。又三屯营光绪三十一年边储米豆折银三百九十二两九钱八厘，沿河口征存光绪三十二年谷折银五两二钱二分五厘，均已就充本营兵饷银两讫。又本色米五万二千二百九十九石三斗一升二合九勺八抄，蓟粮米一万四千二百二十一石一斗二升五合。又本色豆三千九百三十七石四斗五升三勺，本色草七万五千三百八十八束。又放剩归还原仓米五百四十六石九斗六升八合九勺，豆七十三石三斗二升，草一千七百一十二束。实在项下光绪三十三年十二月底,共银三百九十八两一钱三分三厘,内存剩三屯营光绪三十二年边储米豆抵充兵饷银三百九十二两九钱八厘,沿河口征存谷折银五两二钱二分五厘。逐一核明,汇造省总奏册,并简明清单,详请核奏前来。臣复核无异,除册单咨部外,理合会同兼管顺天府府尹臣陆润庠、顺天府府尹凌福彭恭折具陈,伏乞皇上圣鉴,敕部核复。谨奏。

宣统元年二月十一日奉朱批:"该部知道。钦此。"

宣统元年二月初八日。

(台北故宫藏档,文献编号:175549)

奏请以范金镛补河工同知由

头品顶戴、北洋大臣、直隶总督、臣杨士骧跪奏,为河工要缺同知,照章拣员请署,恭折仰祈圣鉴事。

查,正任永定河北岸同知裘锡荣,于光绪三十四年七月二十七日在省丁父忧,应以该员丁忧之日作为开缺日期。惟河道于十月初九日咨报到司,应勒归七月分截缺,是月仅只一缺,毋庸签掣。所遗北岸同知,系河工要缺,例应在外拣选。查定例,河工同知缺出,先用先尽,次用次尽,两次相间轮用。先尽无人,仍用次尽;次尽无人,仍用先尽。至第五缺,用报效分发试用一人。又新章,河工同知等项先用郑工、海防、新班及特旨留工、截取记名分发、正途曾任实缺服满回工之员。直隶河工同知一项,上次用至第三先尽正班同知王其鑫,补河间府河捕同知止,今北岸同知一缺,按例应用特旨留工人员。现在此项并截取记名分发、正途暨曾任实缺服满回工及郑工、新海防、遇缺先、旧海防、先海防、即旧例银捐遇缺、先遇缺各例次尽班先均无人,轮应劳绩次尽班先到班,此项班内亦无曾任河工实缺人员。

查有未经得缺之河工劳绩次尽班先补用同知范金镛堪以请署,据布政使崔永安、提学使傅增湘、按察使何彦升、永定河道吕珮芬会详前来。

臣查,范金镛,年四十一岁,浙江山阴县监生,由翰林院待招衔,遵新海例捐兵马司正指挥补用,注册报供。因在中城同善水局效力三年例保案内,保准交部从优议叙。光绪十九年三月二十六日,经钦派大臣拣选西城差委,遵即到城,派办正指挥事。二十年五月,试看一年期满甄别,咨部注册,派驻禁南海甸圆明园,稽查保甲、外城练勇局坐办。南海甸一年期满,保准加一级用。嗣因会同招募拿获抢劫盗犯案内出力，保准遇有西北二城正指挥缺出尽先拣补。二十三年九月丁父忧，回籍守制，服满起复当差。是年练勇局例保案内，交部从优议叙。二十六年九月丁母忧，回籍守制，二十八年十二月服满起复。三十一年八月初六日，经工巡局奏请，将兵马司正副指挥一律裁撤，经部议准正指挥外用，改以同知归委用班分尽补用。三十二年正月赴部，呈请分发。改归同知后，遵新海例捐北河补用，嗣经呈明保奖案内得有尽先拣补班次，经部归于劳绩次尽班尽先补用。正月二十八日，经钦派大臣验看。二月二十八日，经部带领引见，奉旨"照例发往"。二十五日领照，三月十八日到省，分天津道差委，八月初一至工。三十三年二月，改分永定河道差委，三月初九日到工。

该员年力强裕，熟悉修访，以之请署永定河北岸同知，实于河防有裨。如蒙俞允，俟试差期满，另请实授，给咨送部引见。所有拣员请署河工同知要缺，理合恭折具奏，伏祈圣鉴。谨奏。

宣统元年二月十一日奉朱批："吏部议奏。钦此。"

宣统元年二月初八日。

（台北故宫藏档，文献编号：175552）

奏为光绪三十二年分北洋海防经费等项用过银两报销（附清单一件）

头品顶戴、北洋大臣、直隶总督、臣杨士骧跪奏，为查明光绪三十二年分北洋海防经费、津防练饷收支各款，造册报销，缮单恭折，仰祈圣鉴事。

窃查，北洋海防经费、津防练饷收支正杂各款，截至光绪三十一年底止，列为第四案报销，业已分晰，造具清册，奏咨核销，并将三十二年分北洋海防经费、津防练饷项裁减增添各款照章摘叙案由、银数，先行造册，分咨度支、陆军二部立案。其添支款项，多与上届名目相同，统归报销册内详细开报，分部请销。其巡警各局队学堂购办操衣、靴帽等项价值，亦经咨明民政部立案复查。海防经费，前因短绌过钜，经前督臣袁世凯将支款竭力核减，奏明各局所学堂员司薪费，自三十二年正月起统按七成支发，将来饷需稍裕，仍复旧章，旋经度支部核准在案。除本届加支增添各款，已于立案册内声明外，所有北洋海防经费项下动支各局所学堂员司薪费，均照七成开支，以符奏案。

兹据北洋海防支应局司道详称，现经督饬局员，将应行造销光绪三十二年正月起至十二月底止，收支北洋海防经费、津防练饷等款，逐细核明，照案造具细册，列为第五案报销。计北洋海防经费项下旧管上届光绪三十一年底不敷银一百十六万三千九百十两三钱九分四厘二毫四丝，新收江西、浙江厘金、江海关华洋税银、直隶藩司裁减制兵节饷、长芦运司北引加价归公、通永道裁节经费、昌黎县地租、招商电报两局报效、收回军火价等款，共银二百五十七万三千四百七两六钱一分三毫。内除拨还上届不敷银一百二十六万三千九百十两三钱九分四厘二毫四丝外，实收用银四十万九千四百九十七两二钱一分六厘六丝，登除垫支各学堂、督练公所、兵备参谋教练三处、劝业铁工厂经费、水师学堂工程无线电工料薪费等款银三十二万二千八百两。开除造归度支部核销各学堂、医局、练营、并随办洋务差遣、翻译、船坞局所文武员弁学生薪费、击雷、赏赐各学堂局处洋员等项，共银二十三万六千五百五十二两一钱九分八厘三毫。造归陆军部核销，外海内河大小轮船华洋员弁薪饷、公费、药费并恤赏、川资、购办操衣、靴帽、家具、书籍、器物、煤炭、油料暨赔买船价油、修各船工料、各局处房租等项，共银七十二万三千一百六十两一钱四分九厘一毫，共开除银九十五万九千七百十二两三钱四分七厘四毫。统计登除、开除两项，共银一百二十八万二千五百十二两三钱四分七厘四毫，实在不敷银八十七万三千十五两一钱三分一厘三毫四丝，业经挪借支发，应于下届报销册内滚接造报。又津防练饷项下，旧管上届光绪三十一年底不敷银六十四万九千五百三十三两三钱六分六厘九毫，新收直隶藩、运、关三库拨解练饷、天津厘金、直豫火车货捐、张独多三厅缴解地粮、口北道拨解押荒等款，共银六十八万七千八百八两八钱六分二厘一毫，内除拨还上届不敷银六十四万九千五百三十三两三钱六分六厘九毫外，实收用银三万八千二百七十五两四钱九分五厘二毫。登除拨发密云练军饷项、永定河工添备麻袋、月支兵饭等款银七千六百五十二两一钱五分三厘四毫。开除造归度支部核销津防练军各营、巡警各局、学堂局所随辕文武员弁、学生、夫役薪粮、马乾柴草、暨加复俸饷、改拨赔款、各衙门津贴、养廉薪红、纸张、犒赏及洋员薪水等项，共银七十一万八千三百二十九两二钱五分八愿三毫。造归陆军部核销各营局队学堂辎重兵长夫、河巡轮船薪粮、恤赏、伤赏、运铅水脚、倒马价并制办账房、操衣、靴帽、各局处房租等项，共银五万九千四百二十四两六钱六分二厘一毫。造归民政部核销巡警各局队学堂购办操衣、靴帽、价值等项，共银六万四千一百三十七两三钱，共开除银八十四万一千八百九十一两二钱二分四毫。统计登除、开除两项，共银八十四万九千五百四十三两三钱七分三厘八毫，实在不敷银八十一万一千二百六十七两八钱七分八厘六毫，亦系挪垫支发，归于下届滚接造报，照案分造收支细数清册，开具清单,详请奏咨核销前来。臣复加确核,开支各款委系实用实销,并无丝毫浮冒。除将清册分咨各部查照外,理合缮单,恭折具奏,伏乞皇上圣鉴,敕部核销。谨奏。

宣统元年二月十一日奉朱批:"该部知道,单并发。钦此。"

宣统元年二月初八日。

(台北故宫藏档,文献编号:175555)

谨将光绪三十二年正月起截至是年十二月底止,北洋海防经费、津防练饷各案收支正杂各款,缮具清单,恭呈御览。计开:

北洋海防经费项下旧管:一上届北洋海防经费报销册内截至光绪三十一年底止,不敷银一百十六万三千九百十两三钱九分四厘二毫四丝。

新收:一收江西省拨解厘金银十万两。一收浙江省拨解厘金银四万两。一收江海关拨解华洋税八十二万二千三百二十一两一钱六厘八毫。一收直隶藩司拨解制兵节饷银九万七千九。一收长芦运司拨解北引加价归公银六万二百两。一收通永道拨解裁节经费银五千两。一收昌黎县拨解官荒地租银五百两。一收招商局拨解报效银五万四千七百四十四两五钱二分五厘五毫。一收电报局拨解报效银八万两。一收回三十、三十一两年报销案内整支军火价银三十一万二千九百四十一两九钱八分。以上新收共银一百五十七万三千四百七两六钱一分三毫。除拨还上届不敷银一百十六万三千九百十两三钱九分四厘二毫四丝外,实收用银四十万九千四百九十七两二钱一分六厘六丝。

登除:一拨支各学堂经费银十二万两。一拨支督练公所兵备参谋教练三处经费银六万五千两。一拨支天津大学堂经费银二万两。一拨支北洋劝业铁工厂经费银九千两。一拨支修盖水师学堂工程银一万八千八百两。一拨支无钱电工料薪费等项银九万两。以上登除共银三十二万二千八百两。

开除:一第一册请销各学壹医局水师练营薪粮公费等项系归度支部核销银五万三千二百八十八两一钱。一第二册请销随办洋务差遣、翻译、船坞局所文武员弁学生薪粮公费学费并击雷赏赐等项,系归度支部核销银十四万九千二百八两二分九毫。一第三册请销参谋教练等处各学堂局洋员薪水等项,系归度支部核销银三万四千五百五十六两七分七厘四毫。一第四册请销海军各船及统领薪饷公费药费等项,系归陆军部核销银三十九万三千二百十两三钱一分四厘一毫。一第五册请销恤赏川资及保险运费等项,归陆军部核销三万七千二百八十四两八钱一分一厘九毫。一第六册请销海军各船及海军事务处洋教习等薪水等项,系归陆军部核销银二万九百九十两五钱八分五厘五毫。一第七册请销海军各船及各学堂绿营医局购办操衣靴帽药料家具书籍器物等项系归陆军部核销银二万九千六百二十一两二钱六分五厘五毫。一第八册请销海军各船及船坞购办煤炭器具物料等项,系归陆军部核销银十六万二千九百六十六两三钱八厘五毫。一第九册请销购买船价及油修各船工料各局处房租等项,系归陆军部核销银七万九千八十六两八钱六分三厘六毫。

以上北洋海防经费第一册至九册止,共归度支部核销银二十三万六千五百五十二两一钱九分八厘三毫,陆军部核销银七十二万三千一百六十两一钱四分九厘一毫。以上开除九册,共请销银九十五万九千七百一十二两三钱四分七厘四毫。统计登除、开除两项,共支银一百二十八万二千五百一十二两三钱四分七厘四毫。实在不敷银八十七万三千十五两一钱三分一厘三毫四丝,归入下届旧管项下滚接造报,理合登明。

津防练饷项下旧管:一上届津防练饷报销册内截至光绪三十一年底止,不敷银六十四万九千五百三十三两三钱六分六厘九毫。

新收:一收直藩司拨解练军底饷改协银一万七千两。一收长芦运司发解军需复价银九万四千两。一收长芦运司拨解商课加拨练饷银一万二千二百二十两。一收长芦运司拨解年终加拨银一万八千八百两。一收长芦运司拨解热河练军防饷银六万四千八百六十两。一收津海关道拨解六成洋税银十七万两。一收天津厘金银二十五万二千六百四十七两二钱四分六厘九毫。一收直豫货捐局批解火车货捐并罚款银一万二千五百八十三两二钱一分五厘。一收张独多三厅共批解地粮银二万六百九十八两四钱二毫。一收口北道拨解押荒银二万五千两。

以上新收共银两六十八万七千八百八两八钱六分二厘一毫。内除拨还上届不数银六十四万九千五百三十三两三钱六分六厘九毫外,实收用银三万八千二百七十五两四钱九分五厘二毫。

登除:一拨归密云练军收销饷项银四千六十二两五钱。一拨归赈抚局收销永定河添备麻袋等项银三千五百八十九两六钱五分三厘四毫。

以上登除,共银七千六百五十二两一钱五分三厘四毫。

开除:一第一册请销津防练军各营队薪粮马乾等项,归度支部核销银十四万四千九百四十五两九钱三分一厘二毫。一第二册请销巡警各局队薪粮马乾等项,系归度支部核销银三十三万四千二百七十四两六钱七分六厘八毫。一第三册请销随辕学堂局所各员弁、学生、夫役薪粮等项,系归度支部核销银十四万六千四百八十两三分一厘五毫。一第四册请销各营局队柴价馕养等项,系归度支部核销银二万一千七百十两。一第五册请销加复俸饷、改拨赔款、各衙门津贴经费、薪水、养廉、薪红、纸张、犒赏等项,系归度支部核销银五万六千八百七十八两二钱八分三厘。一第六册请销警务学堂巡警局各洋员薪水,系归度支部核销银一万四千四十两三钱三分五厘八毫。一第七册请销各营队学堂、辎重、兵夫口粮、工食并河巡轮船薪粮等项,系归陆军部核销银二万七千八百八十两八钱。一第八册请销各营局阵伤亡故弁兵恤赏养伤并运铅水脚倒马价等项,系归陆军部核销银三千六两二分四毫。一第九册请销购制账房、操衣、靴帽并各局处房租等项,系归陆军部核销银二万八千五百三十七两八钱四分一厘七毫。一第十册请销巡警各局队学堂购办操衣靴帽价值等项系归民政部核销银六万四千一百三十七两三钱。

以上津防练饷,第一册至第十册共归度支部核销银七十一万八千三百二十九两二钱五分八厘三毫,陆军部核销银五万九千四百二十四两六钱六分二厘一毫,民政部核销银六万四千一百三十七两三钱。

以上开除十册,共请销银八十四万一千八百九十一两二钱二分四毫。统计登除、开除两项,共支银八十四万九千五百四十三两三钱七分三厘八毫,实在应不敷银八十一万一千二百六十七两八钱七分八厘六毫,归入下届旧管项下滚接造报,理合登明。

朱批:"览。"

奏请以补用守备张占鳌补授泰宁镇标易州营守备

再,准陆军部咨,泰宁镇标易州营守备李从龙病故,遗缺系陆路部推第一轮第十缺,轮用捐输人员,行令拣员请补等因。查题推各缺轮补班次章程,守备第十缺应用捐输,如无人,以期满差官抵补等语。查直隶现在并无捐输人员,照章应以期满差官抵补。兹查,有期满差官尽先补用守备张占鳌,现年四十一岁,直隶大兴县人,由武举充当兵部差官,期满呈请,分发直隶,以营守备先补用,于光绪三十三年三月十四日到标。该员年力正富,熟悉营伍,以之补授泰宁镇标易州营守备员缺,实堪胜任,与例亦属相符。合无仰恳天恩,俯念员缺紧要,准以官员张占鳌补授泰宁镇标易州营守备,以裨营伍。除饬取履历咨部外,理合会同直隶提督臣姜桂题附片具陈,伏乞圣鉴,训示。谨奏。

宣统元年二月十一日奉朱批："陆军部议奏。钦此。"

（台北故宫藏档，文献编号：175550）

奏为天津镇标大沽协前右营游击王凤冈
特请开缺回籍修墓，遗缺留外拣补

再，补授天津镇标大沽协前右营游击王凤冈，系河南淮宁县人，由勇目历保都司，因剿办直隶南境等处逆匪出力，奏保免补本班，以游击留直尽先补用，于光绪三十一年十二月间奏请补授斯缺，经部核准，尚未引见。兹据该员以祖墓年久失修，现值春融，正可兴工，特请开缺回籍修墓等情，应请准其开缺，回籍修墓，以遂孝思。理合会同直隶提督臣姜桂题附片具陈，伏乞圣鉴，敕部查照开缺。至所遗天津镇标大沽协前右营游击员缺，直隶现有应补人员，并请留归外补。谨奏。

宣统元年二月十一日奉朱批："陆军部知道。钦此。"

（台北故宫藏档，文献编号：175551）

奏为候补知县孙敬先、李学富期满甄别均堪留省补用

再定例，道府以至未入流劳绩保举、候补班人员，无论何项出身、何项劳绩，均应扣足一年，期满甄别。又新章内载，甄别年限应自各该员奉差之日起，扣足供差一年，确实试验，方准出考于差委事实册，送部开具等第，奏明留省补用各等语。兹查，有候补知县孙敬先、李学富等二员，均到省一年期满，例应甄别，由藩、学、臬三司详请核办前来。

臣查，孙敬先于光绪三十二年六月初三日到省，该员未到省以前已委充河间府筹款局并粮饷局差遣，复委办平乡县官运事宜兼充西河缉私差遣委员，到省后仍充平乡县官运原差。该员奉差在先，到省在后应自光绪三十二年六月初三日到省之日起，扣至三十三年六月初三日，供差一年期满，应即甄别。该员年力强裕，办事可靠，堪列优等。又查李学富，由县丞保归知县，于光绪三十二年九月十四日到省，旋即委署藩司恒裕库大使，收放银钞，稽查款目，责成较重，任事年馀，毫无贻误。迨代理玉田县篆务，亦属措置裕如，应以署事比照差使，核扣日期。该员自三十二年十一月十三日到库大使署任之日起，扣至三十三年十一月十三

日，一年期满，应即甄别。该员稳练朴实，稳练安详，堪列优等，均应留省补用。除将该员等履历并事实清册分咨吏部，宪政编查馆外，理合附片具陈，伏乞圣鉴。谨奏。

宣统元年二月十一日奉朱批："该衙门知道。钦此。"

（台北故宫藏档，文献编号：175553）

奏为顺义营都司陈铨与宣化镇中军都司沈增甲互调

再，提标顺义营都司员缺，前以补用都司陈铨请补，经部议准，以该员籍隶清苑县，距是缺在五百里以内，应拣员对调后再行送部引见等因，奉旨"依议。钦此"，自应拣员对调。兹查，有宣化镇标多伦协左营中军都司沈增甲，年五十九岁，安徽合肥县人，由尽先游击借补今职，光绪二十八年六月到任。该员久历戎行，人极稳练，堪以调补顺议营都司。其所遗多伦协左营中军都司一缺，即以陈铨调补，亦堪胜任。一转移间，人地各得其宜，亦与例章符合。除饬取履历咨部外，理合会同直隶提督臣姜桂题附片具陈，伏乞圣鉴，敕部核复。谨奏。

宣统元年二月十一日奉朱批："该部议奏。钦此。"

（台北故宫藏档，文献编号：175554）

奏为总兵叩谢天恩吁恳陛见据情代奏

头品顶戴、北洋大臣、直隶总督、臣杨士骧跪奏，为总兵叩谢天恩，吁恳陛见，据情代奏，恭折仰祈圣鉴事。

窃据新授陕西延绥镇总兵张定邦呈称，定邦在津供差，接到行知，钦奉上谕"陕西延绥镇总兵员缺，著张定邦补授。钦此。"闻命自天，感激无地。伏念定邦，皖淮愚质，知识凡庸，于咸丰八年投效豫胜营，历在安徽、江宁等处剿匪收城，猥以转战微荣，频蒙荐擢。光绪二十六年，经前直隶督李鸿章檄调到直带营，驻防保定，叙劳保升今职。涓埃未报，兢惕方深，复被恩纶，俾膺阃寄。

查，延绥为边陲要隘，全陕藩维，巡缉操防，均关紧要。荷鸿施之逾格，惧驽力之难胜。惟有仰恳天恩俯准入部陛见，俾得跪聆宸训，遇事有所遵循。所有定邦叩谢天恩，吁恳陛见缘由，呈请代奏前来。谨据情恭折具陈，伏乞皇上圣鉴，训示。谨奏。

宣统元年二月十七日奉朱批："著来见。钦此。"

宣统元年二月十五日。

（台北故宫藏档，文献编号：175667）

整顿西陵营制折

头品顶戴、北洋大臣、直隶总督、臣杨士骧跪奏，为守护西陵绿营兵丁筹议整顿办法，缮单恭折，仰祈圣鉴事。

窃臣等承准军机大臣字寄宣统元年正月十一日奉上谕"贝勒载洵奏，守护西陵绿营兵丁强半老弱疲软，不足以资防护一折，著杨士骧、希廉按照所陈各节妥议具奏，原折钞给阅看。钦此"，经臣士骧檄委候补道叶崇质先会同藩司查明兵额饷数，再行赴镇查看绿营兵丁情形，与臣希廉酌议办法，并由臣等函电筹商。

查得泰宁镇标左右两营计马步守兵一千四百七十五名，守护六陵地面辽阔，红桩界限周围合计一百六十余里，分管地面二十段，设内围、中围、外围汛，拨一百九十一处派兵驻守，昼夜巡逻。并有巡山海查割除火道各项要差，原额兵丁尚虑不敷差遣，况值德崇景皇帝梓宫奉移在迩，崇陵大工非数年不能竣事，巡防弹压，责任匪轻。原奏拟裁兵丁二成，委实难以裁减，拟请仍照原额汰去老弱，募补精壮。每名发给快枪一枝，酌配子药，轮班操练。并每年置给秋帽、布鞋、裤褂，每名约需银四两，共计银五千九百两。至该两营官弁兵丁廉俸饷乾本甚微薄，官既不敷办公，兵更难以糊口。如原奏所云，必须酌量加增，赡其身家，始能责其精整。计镇标原设中军游击一员，年支八成俸薪廉乾等银五百两八分左右。两营原设守备二员，每员年支八成俸薪廉乾等银二百五十五两六钱。原设千总八员，每员年支八成俸薪廉乾等银一百四十三两九钱二分。原设把总十二员，每年年支八成俸薪廉乾等银一百一十二两四钱四分。原设经制外委十八员，每员年支八成廉饷银四十两九钱七分六厘。原设额外外委四十五员，每员年支八成饷银二十七两四钱四分。均拟请按一半加给津贴，共需银二千七百四十二两一钱三分四厘。又左右两营，原设马兵二百九十四名，每名年支八成饷银二十七两四钱四分。原设步兵一千九十四名，每名年支八成饷银九两一钱八分。均拟按一半添给饷银，共计银一万四千六百三十一两二钱七分八厘。至泰宁镇标所属水东村、紫荆关、白石口、广昌营、插箭岭、攀山堡、易州营、涞水营、房山营、马水口、沿河口计十一营，原设马步守兵共一千七百四十五名，拟照原奏裁去二成，下余八成，挑选精壮，轮流操练，以所裁二成腾出之饷匀给下余八成兵丁支食，毋庸令添一半饷项。惟易州营原设游击一员、守备一员、千总一员、把总二员、经制外委二员、额外外委二员，虽非守护陵寝，然相距切近，青桩界内，归其管辖。

现在修建崇陵，圈占风水，又系该营地面，巡护、稽查均关重要。拟照左右营，官弁一律加给津贴，以免向隅，共需银六百三十两六钱四分六厘。该营兵丁亦拟发给枪支、子药，以资演用。阖镇兵丁按月轮流调操，以期整齐步伐，俾改旧观。各营有操法优长及奉差勤奋者，由镇奖赏鼓励。拟定镇署每年公费银二千四百两，以上通共每年应添拨银二万六千三百四两五分八厘。自本年春季为始，均由藩库发给。其枪支、子药，饬由军械局发给。又易州营、涞水营、房山营，除裁去二成，下余八成马步守兵三百十四名，本年恭值梓宫奉移，暨以后皇上恭谒西陵大差，跸路经临，系该三营所管地面，兵丁均须站道，应与守护陵寝兵丁一律置给秋帽、布鞋、袴褂一次，以壮观瞻。但毋须按年更换，以示限制。

伏思山陵重地，松楸菁密，庭殿端严，臣民之瞻慕所归，拱卫之精神宜振，似此量为变通酌筹办法，庶几士饱马腾，巡守可资得力，以仰副朝廷慎卫陵寝，整饬戎行之至意。所有拟给官弁兵丁津贴、饷项及置给军装银数，缮具清单，敬呈御览，仰恳天恩俯准照拟办理，以资整顿，理合会同恭折具陈，伏乞皇上圣鉴，训示。

再，此折系臣士骧稿，合并声明。谨奏。

奉朱批："著照所请，该衙门知道，单并发。钦此。"

宣统元年二月十五日。

（《杨文敬公奏议》卷九）

筹办法律学堂情形折

头品顶戴、北洋大臣、直隶总督、臣杨士骧跪奏，为筹办直隶法律学堂情形，恭折仰祈圣鉴事。

窃维近政日繁，亟赖讲明中外律例，广储裁判人材，以资佐理。直隶于光绪三十一年间筹办幕僚学堂，招考各署幕僚及本省士绅，延聘中东教习，授以中外法律及各国条约，定限三年毕业，更番补考，入学分班授课。自光绪三十一年秋间开学，至三十四年夏间三年届满，照章举行毕业考试，经臣发给文凭在案。该堂设立之初，原为造就幕僚，而就学各生多系举贡生监及候选人员，将来学业有成,并具有佐治官员资格。若仅以培植幕僚,范围较隘,难以造就多才。随饬令援照京师法律学堂之例,改名为直隶法律学堂,添招新生,并于官费外招考自费生三百余名,期多得通晓法律人材,以宏造就而资任用。甲班现已毕业,乙、丙两班应令补授功课,其丁班入堂未久,应于甲班毕业后合新招之生作为一班,仍定为三年毕业。一切教授课目、毕业奖励,悉遵学部奏定法律学堂别科章程办理。据臬司何彦升缮具章程、学员名册,详请奏咨立案前来。臣复核无异,除将章程、名册分咨查照外,理合恭折具陈,伏乞皇上圣鉴,敕部立案。谨奏。

奉朱批:"该部知道。钦此。"

宣统元年二月十五日。

(《杨文敬公奏议》卷九)

奏报芦属灶地秋禾灾歉,蠲缓银数事

头品顶戴、北洋大臣、直隶总督兼管长芦盐政、臣杨士骧跪奏,为禀报芦属灶地秋禾灾歉,蠲缓银数,恭折仰祈圣鉴事。

案据长芦盐运使张镇芳详称,查光绪三十四年芦属灶地曾被灾歉,前据沧州等州县场呈报,当饬天津分司转饬会勘,查明灾欠村庄蠲缓银数,先行分析晓示停征,开具简明清折,呈送核办。旋据天津分司运同耿守恩,饬据沧州、盐山、南皮、交河、青县、天津、静海、宁河、宝坻、海丰、栾陵等十一州县,并丰财、芦台、严镇、海丰等四场勘明秋禾被水、被旱、被霜、被潦歉收三、四分及成灾五、六、七、八、九分不等,开具清折,请核转等情。除批饬各州县将应送灶地被灾蠲缓灶课各册结呈送核转外,所有光绪三十四年分沧州等州县场灶地被灾缘由,详请查核奏咨等情。

臣查,芦属光绪三十四年灶地被水灾歉,于是年顺直秋灾案内声请分别蠲缓赋课,钦奉谕旨允准,转行遵照在案。兹据详送查明各州县场灶地顷亩灾歉分数,蠲缓带征灶课钱粮数目,开具清折前来。臣复核无异,除饬催各州县赶紧造具册结,呈送核转,并清折咨部外,理合恭折具陈,伏乞皇上圣鉴,敕部查明施行。谨奏。

宣统元年二月十七日奉朱批:"度支部知道。钦此。"

宣统元年二月十五日。

(台北故宫藏档,文献编号:175668)

奏报加发马兰镇官兵薪银事

再，马兰镇标绿营守护东陵，与泰宁镇标绿营守护西陵情事相同。本年十月间，孝钦显皇后梓宫奉安，而在东陵马兰镇标绿营亦应预筹整顿。所有营兵操练并约加官弁津贴、兵丁饷项暨置给军装，裁减并饷，及镇罚奖赏公费，拟请旨自本年春季起，按照泰宁镇标绿营一律办理，各蒙俞允，由臣照会马兰镇总兵遵照，并令查明官弁兵丁原额实支俸廉薪饷若干，及每年加给银数，咨由藩司核明，开单详结，咨部立案。理合附片具陈，伏乞圣鉴，训示。谨奏。

宣统元年二月十七日奉朱批："著照所请，该衙门知道。钦此。"

（台北故宫藏档，文献编号：175670）

奏以李进才署正定镇总兵

再，现署正定镇总兵正任开州协副将马廷裴奉请给咨，赴部引见。所遗正定镇营务，查有正任大名镇总兵李进才，年强才裕，久历戎引，堪以署理，并令接统正定练军，以专责成。除檄饬遵照外，理合附片具陈，伏乞圣鉴。谨奏。

宣统元年二月十七日奉朱批："陆军部知道。钦此。"

（台北故宫藏档，文献编号：175671）

设立巡警学堂教练所折

头品顶戴、北洋大臣、直隶总督、臣杨士骧跪奏，为遵章改设巡警学堂，暨各属设立巡警教练所，恭折具陈，仰祈圣鉴事。

窃准民政部咨奏定巡警学堂章程内开各省城需设高等巡警学堂一处，各府、厅、州、县需设巡警教练所一处，其各省已有设立巡警学堂者，均照此次奏定章程办理等因，当经转行遵办去后。伏查，巡警为内治之本，而学堂尤为造就警材之本。天津巡警学堂，设于光绪二十八年，名曰北洋高等巡警学堂，无论本省、客籍,由堂招考文理通顺之人,入堂肄业原定学员额数一百名,期以二年毕业;兵学生额数一百六十名,期以一年毕业。省城巡警学堂,设于光绪三十二年,定章由本省各府、厅、州、县申送举贡生监,考选入堂,分为高等、普通两班。彼时以需材孔亟,用速成教法,高等学生一年毕业,普通学生六个月毕业,即以学资之高下派充各厅、州县教员、巡官、区长等差,经前督臣袁世凯先后奏咨在案。

前年,臣到任后,查毕业学生派赴各州、县者暂可敷用,即饬宽定学期,俾资深造。当于省城天津各学堂添设完全高等警察一班,定期四年毕业,所授各科学有为部章所有,而本班所无者;有与部章分配稍异而大致相同者。此后应即遵照奏定章程,将限期课程一律更定,以资遵守。查,北洋巡警学堂学生,由京城各部院暨江浙、河南、甘肃、黑龙江、吉林等省咨送人员居其多数,前后共计录取官学生七百六十名,已毕业者六百七十六名。除在本省及赴各省当差并咨送回籍者不计外,现毕业留堂学生五十名,未毕业者五十名,亦饬遵照部章改令加习。伏思天津为通商口岸,华洋错居,保护地方,巡警尤为注重。且此间所用警员、警兵,多系取材于学堂。

该堂设立已历年所,成效昭著,与各省外府向未设立者情形不同,应请仍旧办理,以广造就。其省外各厅、州、县,向设巡警传习所,即遵章改为教练所,应习科学及毕业限期亦一律遵章办理,俾归画一。兹据警务处司道具详请奏前来,除饬将各学堂名册咨部查照外,理合恭折具陈,伏乞皇上圣鉴,敕部立案施行。谨奏。

奉朱批:"该部知道。钦此。"

宣统元年二月十八日。

(《杨文敬公奏议》卷九)

奏报牛庄海关第一百九十三结洋药厘捐银两开支实存数目(附清单一件)

头品顶戴、北洋大臣、直隶总督、臣杨士骧跪奏,为牛庄海关第一百九十三结洋药厘捐银两开支实存,如数恭折,仰祈圣鉴事。

窃据奉锦山海关周长龄详称,该关洋药厘捐,自光绪十三年正月初九日起,改归海关厘税并征。嗣奉户部饬将收支药厘银两,查照洋税收支定章,按结开单奏报一次,扣足四结,专折奏销,一面造册送核等因,历经遵办在案。兹届一百九十三结期满,上届旧管项下实存银七千五百九十六两四钱五厘八毫九丝五忽九微,新收洋药厘捐银九十六两,除支给房租银三百两外,计实存银七千三百九十二两四钱五厘八毫九丝五忽九微,开单详请奏咨前来。臣复核无异,理合恭折具陈,伏乞皇上圣鉴,谨奏。

宣统元年二月二十日奉朱批:"该部知道。单并发。钦此。"

清单:

闰二月二十九日,谨将牛庄海关第一百九十三结洋药厘捐收支各款数目,缮具清单,恭呈御览。

旧管:一存洋药厘捐银七千五百九十六两四钱五厘八毫九丝五忽九微。

新收:一收洋船进口洋药厘捐银九十六两,开除一除各项房租银三百两。

实在:一存洋药厘捐银七千三百九十二两四钱五厘八毫九丝五微。

(台北故宫藏档,文献编号:176807)

奏为武清县绅民等报捐学费请奖事

头品顶戴、北洋大臣、直隶总督、臣杨士骧跪奏,为绅民报捐学费,汇案请奖,恭折仰祈圣鉴事。

窃据前署提学使卢靖呈称:武清县王庆坨镇绅董都司衔武生曹植桢,因本镇筹办高等小学堂,捐助经费银六百七十五两。

又,景州职绅指分山东试用府经历赵鸿胪、县丞衔赵光宇,私立赵氏小学堂一所,赵鸿胪捐校舍地亩,其估值银六千余两,赵光宇捐修葺学堂工程校具共用银一千两。

又,遵化州宦庄职绅县丞职衔郝珣,遵其母郝牛氏之命,在本村捐建初等小学堂一所,共用银一千一百一十两。

又,宣化县附生赵志纯、张全仁在本城创立养正学堂一所,先后各捐经费银一千一百二十两。

又,沧州劝学员同知衔窦西铭在窦家庄私立窦氏初等小学堂一所,共捐经费银一千五百余两。县丞衔窦庆兰报捐地亩,充作经费,估值银一千二百两。

又,威县文童高维祺捐设初等小学堂一所,建筑校舍置买田地,共用银一千三百三十余两。该童生身故,呈请移奖。

又，房山县它里村民八郑纯，在本村创设初等小学堂一所，修建校舍，购备书籍学具，共捐银一千两。

又，南皮县职绅运同衔监生冯炳章，报捐学堂经费银五百两，从九品职衔冯培秋报捐学堂经费银一千二百两。

又，蠡县大曲堤村优增生齐蒸，因本村初等小学堂款项支出，报捐银一千五百四十余两，充作经费。

又，建平县监生徐廷瑞因创办学堂，筹款为难，遵其父徐文明之命，慨捐房地作为校舍，经费估值银一千八十余两。先后由司并各该州县分别呈请奏奖前来。

臣查《奏定学堂章程》内载，绅董能捐设公立私立各小学堂者，地方官分别给奖其一人，捐资较巨者禀请督抚奏明给奖等语。又，《户部奏定章程》，报效学堂经费准照《赈捐章程》，按五成实银奖给贡、监衔封翎枝等项。又，士民遇有地方义举，捐银在千两以上者，例循奏请建坊。今该绅等家仅中资，慨输巨款，洵属有功学校，嘉惠士林。

查，曹植桢捐银六百七十五两，酌照《赈捐章程》，拟请移奖伊弟曹植檀，由科中书衔请奖同知职衔。山东试用府经历赵鸿胪，捐银六千余两，拟请奖给同知职衔花翎并加六级请二品封典。县丞衔赵光宇、窦庆兰，附生赵志纯、张全仁，监生徐廷瑞等，各捐银一千余两，均拟请奖给同知职衔。县丞职衔郝珊，捐银一千一百一十两，拟请为其母郝牛氏在于原籍自行建坊，给予"乐善兴学"字样，并请奖给该员州同衔。同知衔窦西铭，捐银一千五百余两，拟请奖给知府衔。高维祺捐银一千三百三十余两，现已身故，拟请移奖伊侄文章高登洲同知职衔。郑纯捐银一千两，拟请奖给监生盐提举职衔。运同衔监生冯炳章，捐银五百两，拟请奖给三代四品封典。从九品职衔冯培秋，捐银一千二百两，拟请奖给盐提举职衔，并请五品封典。优增生齐蒸捐银一千五百四十余两，拟请奖给贡生同知职衔，并请本职五品封典，及移奖其子俊秀齐锡堂监生布理问职衔。

以上十六员，各核计所捐银数，如拟请奖，均尚有盈无绌，合无仰恳天恩俯准，照拟给奖，以昭激劝，出自鸿施。除饬取年貌、履历清册咨部外，理合恭折具陈，伏乞皇上圣鉴，训示。谨奏。

宣统元年闰二月初一日奉朱批："著照所请，该部知道。钦此。"

宣统元年二月二十八日。

（台北故宫藏档，文献编号：175923）

奏为查明光绪三十三年河淤代征带办等项银两数目

头品顶戴、北洋大臣、直隶总督、臣杨士骧跪奏，为查明光绪三十三年分河淤代征带办等项银两数目，恭折仰祈圣鉴事。

窃查，直隶各州县应造光绪三十三年分河淤代征带办等项奏册，向应分案详题，现奉新章改题为奏，且整顿庶政诸事务去浮文，自应汇案办理，以归简易。兹有通永、永定、清河、大名、天津等五道所属各州县，共额征光绪三十三年河淤租银七千四百六十六两七钱七分四厘，内除蠲缓带征共银一千八百三十九两八钱五分，已征完租银四千七百二十九两一钱八分五厘六毫，民欠未完租银八百九十七两七钱三分八厘四毫。又节年原参应缓带征项下，民欠未完光绪三十二年河淤租银一千二百六十两五钱六分五厘四毫，内缓带征租银四百五十六两五钱一分七厘，已完租银六两四分五厘，未完租银七百九十六两三厘四毫。又民欠未完光绪三十一年河淤租银一千五百三两二钱七分八厘四毫，内缓带征租银六百三十六两三钱二分四厘，未完租银六十六两九钱五分四厘四毫。又民欠未完光绪三十年河淤租银一千七百七两五钱九分五厘四毫，内缓带征租银八百三十四两五钱八分八厘，已完租银一十四两六钱一分九厘，未完租银八百五十六两三钱八分八厘四毫。又民欠未完光绪二十九年河淤租银一千六百二十一两二钱七分八厘四毫，内缓带征租银八百五十三两九钱四分，已完租银八两七钱一分八厘，未完租银七百五十八两六钱二分四毫。又民欠未完光绪二十八年河淤租银三千八十九两九钱七分五厘四毫，内缓带征租银二千二百三十五两七钱三分八厘，已完租八两四钱九分一厘，未完租银八百四十五两七钱四分六厘四毫。

又，顺天、永平、保定、河间、天津、正定、顺德、宣化等八府，并冀州、赵州、深州、定州等四州并属，共额征光绪三十三年代征租银二万一千三百一十九两八钱五分二厘九毫，租钱一千九百二十五吊八百九十四文，小数租钱一千一百四十八吊二百三文，粮二千四百六十三石四升三合七勺。内已完租银一万八千八百六十七两五钱一分五厘，租钱一千九百九吊七百五十二文，小数租钱一千九十四吊一百三十四文，粮二千二百七十九石二斗一升八石三勺。民欠未完租银二千四百五十二两三钱三分七厘九毫，租钱一十六吊一百四十二文，小数租钱五十四吊六十九文，粮一百八十三石八斗二升五合四勺。又顺天、永平、保定、河间、天津、正定、顺德、广平、大名、宣化等十府，并遵化、易州、冀州、赵州、深州、定州等六州并属，应解光绪三十三年带办共银九千七百八十九两三分六厘，内除已完解银九千三百八十两七钱八分八厘,未完银四百八两二钱四分八厘。逐款勾稽数目,均属相符。

据布政使崔永安造具省总清册并简明清单,暨各属督催经征未完各官职名清单,详请具奏前来。臣复核无异,除册结清单咨部外,理合会同兼管顺天府府尹臣陆润庠、顺天府府尹臣凌福彭恭折具陈,伏乞皇上圣鉴,敕部查照。谨奏。

宣统元年闰二月初一日奉朱批:"度支部知道。钦此。"

（台北故宫藏档,文献编号:175922）

奏为武围场厅增生王儒敬等人为故父祖辈捐款办学请准建坊

再,围场厅,增生王儒敬,遵其故父王国荣、母韩氏,刘氏、谭氏遗命,捐建初等小学堂一所,并捐地十亩,估值银一千三百余两。

又,丰润县职员同知衔陈王骏,遵其故祖母陈王氏遗命,质鬻服饰共银一千两,捐办女学堂一所。

又,昌平州职员、花翎同知衔、候选县丞李和,遵其故母二品命妇李阎氏遗命,捐助劝学所经费银一千两。

又,宣化县孀妇许段氏,捐银一千两,分充小学堂、女学堂经费。

又,遵化县马兰峪职绅、二品封职禄兴,遵其故父二品封职忠德遗命,在本镇创建初等小学堂二处,教育旗氏子弟,共捐银一千两,先后由各该厅州县详请奏奖前来。

臣查,该员等家仅中资,慨捐巨款,洵属善承先志,有裨学区。所捐银数,均核与建坊定例相符。虽据称不敢邀奖,究未便没其好义之忱,合无仰恳天恩俯准,增生王儒敬为其故父王国荣、母韩氏、刘氏、谭氏,同知衔陈之骏为其故祖母陈王氏,候选县丞李和为其故母李阎氏,二品封职禄兴为其故父忠德,孀妇许段氏为其本身,各在于原籍自行建坊,给予"乐善兴学"字样,以示旌奖。理合附片具陈,伏乞圣鉴,训示。谨奏。

宣统元年闰二月初一日奏朱批允行:"该部知道。钦此。"

（台北故宫藏档,文献编号:175924）

天津镇总兵张怀芝赴江西等省检查陆军事竣销差应即饬赴本任

再,正任天津镇总兵张怀芝,前缓署理陆军第五镇统制官,责重事繁,经前督臣袁世凯于光绪三十二年四月间奏准暂缓赴任。上年六月间，经陆军部奏派该镇前赴江西等省检查陆军。现已事竣，销差来津，应即饬赴天津镇总兵本任，并令接统陆军巡访左路马步水师等营，以专责成。除檄饬遵照外，理合附片具陈，伏乞圣鉴。谨奏。

宣统元年闰二月初一日奏朱批："知道了。钦此。"

（台北故宫藏档，文献编号：175926）

奏报津海、秦王岛两关第一百九十一结洋
税收支实存各款（附清单一件）

头品顶戴、北洋大臣、直隶总督、臣杨士骧跪奏，为津海、秦王岛两关第一百九十一结洋税收支并旧管实存各数，缮单恭折具陈，仰祈圣鉴事。

窃查，津海、秦王岛两关征收洋税，截至光绪三十四年二月二十九日第一百九十结止，业经缮单奏销在案，兹据津海关道蔡绍基详称，自光绪三十四年三月初一日起至六月初二日止，按外国三个月一结，系届第一百九十一结期满，津海关除外国船只江海等关免单银十四万三千九百六十一两五钱一分五厘，招商局船只江海等关免单银八万六千九百一两九钱八分二厘，并未收银外，实计征收外洋及招商局船只进口正半各税、洋药税并子口税、中外船钞等银六十八万四千七十两七钱六厘。又秦王岛关海外国船只江海免单银一万二千二百六十两二分四厘并未收银外，实计征收进出口外税及船钞银二万四千七百二十一两七厘。又收山海关道解还垫拨旗饷详明归入六成洋税内支用银二万七千一百一两九钱八分九厘九毫一丝五忽一微，计开支薪费等项共支发银八十一万三千二百七两二钱四分六厘八毫九丝七忽。

经该道督分委员会同税务司详细稽核，调取收税总册，校对数目，均属相符。除俟分项造册详咨外，所有津海、秦王岛两关第一百九十一结洋税收支并旧管实存各银数，开单详请核奏前来。臣复核无异，理合缮具简明清单，恭折具陈，伏乞皇上圣鉴。谨奏。

宣统元年闰二月初一日奏朱批："该部知道，单并发。钦此。"

宣统元年二月二十八日。

（台北故宫藏档，文献编号：175947）

清单

闰二月初一日

谨将津海秦王岛两关第一百九十一结洋税并旧管实存各款,缮具清单,恭呈御览:

旧管:

一六成洋税不敷银七万一千五十八两四钱三分,此项银两业由四成洋税及子口税项下如数拨补。拟即毋庸接算。理合登明。

一存四成洋税银二万五千七百二十三两二钱四分四厘,除拨补上结六成洋税不敷银二万五千一百六十一两八分二厘一毫三丝七忽外,净存银五百六十二两一钱六分一厘八毫六丝三忽。

一招商局税六成不敷银一万三千六百五十九两五钱七分一厘,此项银两业由子口税项下如数拨补,拟即毋庸接算,理合登明。

一存招商局税四成银一千二百五两六钱二分九厘。

一存招商局税二成银一万八千六百六十一两九钱五分五厘。

一八分经费不敷银二十一万九千一百三十三两六钱二分三厘七毫。

一存子口税银五万九千五百五十六两九钱一分八厘八毫六丝三忽,除以此项尽数拨补本结六成洋税招商税不敷外,实无余存。

以上旧管项下共银二万四百二十九两七钱四分五厘八毫六丝三忽,查上结八分经费项下不敷银二十一万九千一百三十三两六钱二分三厘七毫。除将所存银两尽数暂行挪垫外,计尚不敷银十九万八千七百三两八钱七分七厘八毫三丝七忽。

新收:

一津海关收外国船只进口洋药税银一百五十六两。

一津海关收外国船只进口正税银三十一万二千十一两二钱二分二厘。除扣还存票银二千四十八两三钱七分三厘外,净收银三十万九千九百六十二两八钱四分九厘。

一津海关收外国船只出口正税银十一万二百五两六钱八分三厘。

前三项共银四十二万三百二十四两五钱三分二厘,除由进口正税项下提二成增收银六万一千九百九十二两五钱七分外,余银三十五万八千三百三十一两九钱六分二厘,内应遵照奏案提归机器局经费四成银十四万三千三百三十二两七钱八分五厘。

一津海关收外国船只复进口半税银三万七百七十七两一钱一分。

前四项共银四十五万一千一百一两六钱四分二厘,应提一分二厘倾镕火耗银五千四百十三两二钱二分。遵照部饬,每两开支六厘倾镕等费银二千七百六两六钱一分,其余改解江海关拨付赔款六厘银二千七百六两六钱一分,八分经费银三万六千八十八两一钱三分一厘,六成银二十万四千二百七十四两九钱三分六厘,内除提一成半出使经费银三万六百四十一两二钱四分外,净六成银十七万三千六百三十三两六钱九分六厘。

一津海关收招商局船只进口洋药税银一千四十四两。

一津海关收招商局船只进口正税银一千八百四十九两九钱一分三厘。

一津海关收招商局船只出口正税银二万五千四百六十七两八钱一分三厘。

一津海关收招商局船只复进口半税银二万八百七十三两四钱九分四厘。

前四项共银四万九千二百三十五两二钱二分。除由进口正税项下提二成增收银三百六十九两九钱八分三厘外,余银四万八千八百六十五两二钱三分七厘,应提二成银九千七百七十三两四分七厘,下余银三万九千九十二两一钱九分,仍按十成计算内四成银一万五千六百三十六两八钱七分六厘,六成银二万三千四百五十五两三钱一分四厘。内除遵照奏案,提支一分二厘倾镕火耗银五百九十两八钱二分三厘,遵照部饬每两开支六厘倾镕等费银二百九十五两四钱一分一厘五毫,其余改解江海关拨付赔款六厘银二百九十五两四钱一分一厘五毫,尚余六成银二万二千八百六十四两四钱九分一厘,内除提一成半出使经费银三千四百二十九两六钱七分四厘外,净六成银一万九千四百三十四两八钱一分七厘。

一钞关拨来代收洋货入内地子口税银十七万四千六百七十三两六钱三分。

一钞关拨来代收土货出内地子口税银三万六千二百四十五两八钱,除钞关于前二项内提拨税司及关道各一成经费共银四万二千一百八十三两八钱八分六厘外,新关净收银十六万八千七百三十五两五钱四分四厘。

前二项,除由洋货入内地子口税项下提二成增收银三万四千九百三十四两七钱二分六厘外,仍按洋土货所收十成计提一分二厘倾镕火耗银二千五百三十一两三分三厘,遵照部饬每两开支六厘倾镕等费银一千二百六十五两五钱一分六厘五毫,其余改解江海关拨付赔款六厘银一千二百六十五两五钱一分六厘五毫,下余银十三万一千二百六十九两七钱八分五厘。内余提一成半出使经费银一万九千六百九十两四钱六分八厘外,净余银十一万一千五百七十九两三钱一分七厘。

一秦王岛关收外国船只进口正税银八千八百八十一两九钱四分,除扣还存票银四十八两外,净收银八千八百三十三两九钱四分。

一秦王岛关收外国船只出口正税银六千八百五十四两四钱一分,除内有二十九两一钱五分归山海关提拨外,净存银六千八百二十五两二钱六分。

前二项除归山海提拨银两不计外,实计净收银一万五千六百五十九两二钱,除由进口正税项下提二成,增收银一千七百六十六两七钱八分八厘外,余银一万三千八百九十二两四钱一分二厘内,提四成备支机器局经费银五千五百五十六两九钱六分五厘。

一秦王岛关收外国船只复进口丰税银八百二十五两八钱一分三厘,除内有一百六十三两九分三厘归山海关提拨外,净收银六百六十二两七钱二分。

前三项除归山海关提拨银两不计外,实计净收银一万六千三百二十一两九钱二分内,提一分二厘倾镕火耗银一百九十五两八钱六分三厘。遵照部饬每两开支六厘倾镕等费银九十七两九钱三分一厘五毫,其余改解江海关拨付赔款六厘银九十七两九钱三分一厘五毫八分,八分经费银一千三百五两七钱五分四厘,六成银七千四百九十六两五钱五分。内除提一成半出使经费银一千一百二十四两四钱八分三厘外,净六成银六千三百七十二两六分七厘。

一秦王岛关收洋货入内地子口税银九千七百十二两七钱九分一厘,除内有二千三两八钱九分一厘拨归奉天厘金外,净收银七千七百八两九钱。

一秦王岛关收土货出内地子口税银四十八两八钱八分七厘,除内有七钱拨归奉天厘金外,净收银四十八两一钱八分七厘。

前二项除拨归奉天厘金银两不计外,实计净收银七千七百五十七两八分七厘,除由洋货入内地子口税项下提二成增收银一千五百四十一两七钱八分外,仍按净收十成计算应提一分二厘倾镕火耗银九十三两八分五厘,遵照部饬每两开支六厘倾镕等费银四十六两五钱四分二厘五毫,其余改解江海关拨付赔款六厘银四十六两五钱四分二厘五毫,下余银六千一百二十二两二钱二分二厘,内除提一成半出使经费银九百十八两三钱三分三厘外,净余银五千二百三两八钱八分九厘。

一津海关收外国船钞银一万三千一百二十一两一钱,招商局船钞银一千八百七十七两二钱。

一秦王岛关外收外国船钞银六百四十二两。

一收山海关道解还垫拨旗饷详明归入六成洋税,内支用银二万七千一百一两九钱八分九厘九毫一丝五忽一微。

以上新收项下共银七十三万五千八百九十三两七钱二厘九毫一丝五忽

一微。

开除：

一发税务司中外船只七成船钞银一万九百四十八两二钱一分。

一支外务部三成船钞银四千六百九十二两九分。

一由六成洋税项下拨发税务司上年三、四、五三个月薪工等项并加增经费银三万二千五百两。

一拨解江海关道挪还上年三月俄法洋款六成洋税银九万两。

一拨解江海关道挪还上年五月英德洋款六成洋税银二万两，六成招商税银三万六千二百五十两。

一由六成洋税项下拨发支应局上年春季分海防练兵饷需银四万二千五百两。

一由六成洋税项下拨发北河改善河道上年三、四、五三个月经费银一万五千两。

一由六成洋税项下发解民政部三十四年分巡警经费银二万两。

一由六成洋税项下发解江海关上年三月第二期加放俸饷银五千两。

一由六成洋税项下发解江海关上年浚浦经费一半银一万五千两。

一由六成洋税项下拨发税务司上年三、四、五三个月药厘并征经费银三千两。

一由六成洋税项下暂行挪拨欧洲游学生监督蒯光典上年经费银二千五百两，又川资银一千两，共银三千五百两。

一由四成洋税项下拨发机器局制造经费银十一万两。

一发解江海关第一百九十一结税二成增收银十万六百五两八钱四分七厘。

一发解江海关第一百九十一结税项六厘火耗银四千四百十二两一分二厘。

一由八分经费项下支发上年三、四、五三个月北洋大臣衙门及关道署津关各项经费银九千四百四十七两三钱四分九厘。

一由八分经费项下支发上年三、四、五三个月秦关商埠一切经费银六千三百九两。

一由八分经费项下，提拨卫生局上年三、四、五三个月大沽北塘营口等处防疫医院经费银五千一百八十五两三钱二分六厘。

一由八分经费项下提拨卫生局戒烟总分各所上年三、四、五三个月经费银四千七百四两二钱四分三厘。

一由八分经费项下支发造币北分厂应拨军医局防疫医院，自三十三年十二月起至三十四年二月止，购买牛犊饲料、功课、纸墨及各项物件用费银一百五十四两九钱一分四厘。又上年三、四、五三个月经费银七百十四两五钱五分八厘。又该医院三十四年分房租津钱，合银一百六十二两六钱，共银一千三十二两七分二厘。

一由八分经费项下发解江海关上年三月第二期加放加复两项俸饷关平补水银一百三十一两四钱四分。

一由八分经费项下发解江海关上年三月第二期加放加复两项俸饷汇费银二百八十八两。

一由八分经费项下发解江海关第一百九十一结二成增收关平补水银一千六百五十二两九钱五分四厘。

一由八分经费项下发解江海关第一百九十一结二成增收汇费，银三千六百二十一两八钱一分。

一由八分经费项下发解江海关第一百九十一结税厘六厘火耗关平补水银七十二两八钱五厘。

一由八分经费项下发解江海关第一百九十一结税厘六厘火耗汇费银一百五十九两五钱二分四厘。

一由八分经费项下发解江海关上年浚浦一半经费关平补水银二百四十六两四钱五分。

一由八分经费项下发解江海关上年浚浦一半经费汇费银五百四十两。

一由八分经费项下发解税务处上年春夏两季分办公经费银一万五千两。

一由八分经费项下垫拨农工商部上年夏季分经费银七千五百两。

一由八分经费项下拨补一百八十四结以前洋药厘捐不敷银二万两。

一由八分经费项下拨补一百九十一结洋药厘捐支发不敷银八千三百四十二两四钱。

一由子口税项下拨补常税九万七千九百九十两一钱三分三厘八毫九丝七忽。

一由子口税项下支代造币北分厂拨解民政部三十四年分巡警经费银一万两。

一由子口税项下发解银钱所调直东军饷项银三万两。

一解度支部第一百八十九结招商税二成银一万七千三百五十九两三钱七分一厘。

一遵照部饬每两开支六厘倾镕等费银四千四百十二两一分二厘。

一支发一成半出使经费银五万五千八百四两一钱九分八厘。

以上开除项下共银八十一万三千二百七两二钱四分六厘八毫九丝七忽。

实在：

一六成洋税不敷银三万九千三百九十二两二钱四分七厘八丝四忽九微。旧管不敷业由子口税项下拨补，并暂由四成洋税项下挪移银二万五千一百六十一两八分二厘一毫三丝七忽，应俟下结在于六成项下支还，毋庸接算外，新收开除不敷，仍暂由四成洋税如数挪移。

一存四成洋税银三万九千四百五十一两九钱一分一厘八毫六丝三忽，除挪移本结六成洋税不敷银三万九千三百九十二两二钱四分七厘八丝四忽九微外，净存银五十九两六钱六分四厘七毫七丝八忽一微，旧净管存银五百六十二两一钱六分一厘八毫六丝三忽，新收银三万八千八百十九两七钱五分，除暂行挪移本结六成不敷外，净存上数。以上六成洋税不敷暂行挪移一百九十结、一百九十一结四成洋税银六万四千五百五十三两三钱二分九厘二毫二丝一忽九微。查四成洋税银两系属尽数提归机器局，作为制造经费之用，应俟下结在于六成洋税项下如数提还，以符原案。

一存招商局税六成不敷银一万六千八百十五两一钱八分三厘，旧管不敷业由子口税拨补开，不敷上数暂由四成招商税项下如数挪移。

一存招商局税四成银一万六千八百四十二两五钱五厘。除挪垫本结六成，招商局税不敷银一万六千八百十五两一钱八分三厘外，净存银二十七两三钱二分二厘。旧管存银一千二百五两六钱二分九厘。新收银一万五千六百三十六两八钱七分六厘，除暂行如数挪移本结六成招商税不敷外，净存上数。以上六成招商税不敷，暂行挪移一百九十一结四成招商税一万六千八百十五两一钱八分三厘。查四成招商局税银两，系属尽数提归机器局作为制造经费之用，应俟下结在于六成招商局税项下提还，以符原案。

一存招商局税二成银一万一千七十五两六钱三分一厘，旧管存银一万八千六百六十一两九钱五分五厘。新收提银九千七百七十三两四分七厘，除解部外，净存上数。

一八分经费不敷银二十六万五千九百七十三两一钱一分一厘七毫。旧管不敷银二十一万九千一百三十三两六钱二分三厘七毫。新收开除不敷银四万六千八百三十九两四钱八分八厘。

一子口税不敷银二万一千二百六两九钱二分七厘八毫九丝七忽。旧管存银已尽数拨补六成不敷之用。新收开除，不敷上数。

以上实在共应存银一万一千一百六十二两六钱一分七厘七毫七丝八忽一微，查本结八分。经费项下不敷银二十六万五千九百七十三两一钱一分一厘七毫。又子口税项下不敷银二万一千二百六两九钱二分七厘八毫九丝七忽。除将所存银两尽数暂行挪垫外，计尚不敷银二十七万六千十七两四钱二分一厘八毫一丝八忽九微。

朱批："览。"

奏为职绅张瑞芬报捐学费分别请奖由

头品顶戴、北洋大臣、直隶总督、臣杨士骧跪奏，为绅民报捐学费，汇奏请奖，恭折仰祈圣鉴事。

窃据前署提学使卢靖详称，宝坻县职绅同知衔山东长清县知县张瑞芬遵其母四品命妇张王氏之命，捐助学堂经费一千四百余两。

又，冀州监生黄登云，慨捐学堂工艺及习艺所等项经费，共银一千八百三十余两。

又，宁津县阚家道口庄职绅县丞衔阚锦章，在本村创立初等小学堂一所，共捐经费银五百两。

又，丰润县职绅五品衔李殿杰，捐助学堂房屋地址建筑等项经费，共银一千二百四十四两。

又，该县文生郑赞清遵嗣母郑刘氏之命，捐助宣讲所经费银九百二十二两。

又，藁城县耿家庄俊秀郭保善，慨捐公立初等小学堂地基，共值八百五十四两。

又，乐亭县高庄职绅府经历衔高宗舜，在本村创设私立初等小学堂一所，共捐经费银四千一百两。

又，吴桥县职绅山东试用府经历杨文苣，捐银二千两，分充女学堂、劝所、巡警等项经费。

又，滦州稻地镇职绅县丞衔贡生耿介臣，充膺本镇学堂董教员，因款项支绌，将应得薪水全数捐作经费，并捐修校居，购置器具，共计捐银一千三十三两。先后由司并各该州县呈请奏奖。

臣查《奏定学堂章程》内载，绅董能捐设公立私立各小学堂者，地方官分别给奖其一人，捐资较巨者禀请督抚奏明给奖等语。又《户部奏定章程》，报效学堂经费准照《赈捐章程》，按五成实银奖给贡、监衔封翎枝等项。又士民遇有地方义举，捐银在千两以上者，例循奏请建坊。今该绅等关怀地方公益，捐款兴学，洵见热诚。

查张瑞芬捐银一千四百余两，拟请为其母四品命妇张王氏在其原籍自行建坊，给与"乐善兴学"字样，并酌照赈捐章程移奖其弟张瑞棻，由俊秀请奖监生加中书科中书职衔。监生黄登云，捐银一千八百三十余两，拟请奖给同知职衔加一级，请从四品封典。县丞衔阚锦章捐银五百两，拟请奖其子阚景森，由俊秀请奖贡生州同职衔，并请本职六品封典。五品衔李殿杰，捐银一千二百四十四两，拟请移奖于其子李春城同知衔。文生郑赞清，捐银九百二十二两，拟请奖给贡生布理问职衔加二级，请从五品封典。郭保善，捐银八百五十四两，拟请奖给监生通判职衔。府经历高宗舜捐银四千一百两，拟请奖给花翎道员职衔，并请正四品封典。山东试用府经历杨文苣，捐银二千两，拟请奖给五品顶戴加随带一级，请正五品封典，并移奖其子杨树勋监贡生布理问职衔。县丞衔贡生耿介臣捐银一千三十余两，拟请奖给同知职衔。

以上十员名，核计所捐银数，如拟请奖，均尚有盈绌，合无仰恳天恩府准照拟给奖，以昭激劝，出自鸿施。除饬取年貌、履历清册咨部查核外，理合恭折具陈，伏乞皇上圣鉴，训示。谨奏。

宣统元年闰二月初六日奉朱批允行："该部知道。钦此。"

宣统元年闰二月初二日。

（台北故宫藏档，文献编号：176076）

奏寻常命盗各田牛等命犯审报照章汇陈

头品顶戴、北洋大臣、直隶总督、臣杨士骧跪奏，为命案照章汇摘简明案由，恭折仰祈圣鉴事。

窃查，直隶寻常命盗死罪案件照章汇奏，造册送部。又刑部奏准，如事在光绪二十七年十月以后者，仍将全案供招，造册咨部。又奏准新章，应入秋审人犯，若系例实及实缓矜留暂难确定，仍照旧章归入秋审等因，均经遵照在案。

兹据按察使何彦升呈称，查有霸州客民田牛，因柴顺蚁之母贪图媒钱，捏称该犯托其说媒，被女家埋怨，往找理论，致与柴顺蚁口角争殴，用尖刀扎伤柴顺蚁、柴拴，并任生先后身死。将田牛依斗杀之案，殴死一家两命者绞决例，拟绞立决，照章改为绞监候，入秋审情实。

又，万全县民人白憘竣，因违犯教令，致嗣父白中先气忿，自缢身死。将白憘竣依子不孝，致父自尽，本无触忤情节，但其行为违犯教令，以致抱忿轻生自尽者绞候例，拟绞监候，秋后处决。

又，滦州客民李滓汰，因向娼妇金桑讨要前留小鞋不给，口角争殴，用洋刀扎伤金桑身死，并扎伤刘长清，平复。将李滓汰依斗杀律拟绞监候。

又，大兴县民人冯万有，因毛发家小猪践食伊地内豆秧，议罚，口角争殴，用小刀扎伤毛发，越日身死。将冯万有依斗杀律拟绞监候。

又，任邱县民人杨锅，因观剧拥挤，踏落吕全谊鞋只，口角争殴，用刀扎伤吕全谊身死。将杨锅依斗杀律拟绞监候。该犯等恭逢光绪三十四年十一月初九日恩诏，田牛、白憘竣均不准援免，李滓汰、冯万有、杨锅均准援免，仍追埋银，给领营葬。

以上五案业经由司提审，解勘发回，分造供招清册，汇呈请奏前来。臣复核无异，除清册分咨部院外，理合照章摘叙简明案由，恭折具奏，伏乞皇上圣鉴，敕部核复。谨奏。

宣统元年闰二月初六日奉朱批："该部议奏，片并发。钦此。"

宣统元年闰二月初二日。

（台北故宫藏档，文献编号：176077）

奏为北洋陆军各学堂光绪三十二年分收支各款专案报销

头品顶戴、北洋大臣、直隶总督、臣杨士骧跪奏，奏为北洋陆军各学堂光绪三十二年分收支各款专案报销，缮单恭折，仰祈圣鉴事。

窃查，北洋陆军各学堂光绪三十一年以前支用各款，业已分年造册，附入北洋海防经费案内，奏销在案。所有三十二年分陆军各学堂一切支数、变通增改，业经开单咨部，自应由陆军粮饷局专案办理，以符名实。兹查光绪三十二年旧管项下，计垫支不敷库平银二十一万四千三百三十三两五钱六分六厘九毫，新收直隶藩库、北洋海防支应局及铁路余利项下拨补经费、光绪三十二年分陆军报销案内拨支学堂经费,共拨解学堂经费库平银一百四万三千九百六两七钱二分五厘,除拨还上届不敷库平银二十一万四千三百三十三两五钱六分六厘九毫,计实收存银八十二万九千五百七十三两一钱五分八厘一毫。开除各堂各营薪公、饭乾、购买马骡、购买补倒马、炮费、房租,购办操衣、靴帽、图书、器械以及讲武堂学兵营军医、学堂马医院、修理、速成宪兵各学堂电信队等处房间工料等项银九十三万四千五百三十一两三钱一分八厘八毫,内除编译局借支经费银二万八千九百四十九两一钱四分六厘,应候缴还列收造报。又除盖造各学堂工程等项银二十八万九千四百九十一两四钱六分,应候另案报销外,实销银六十一万六千九十两七钱一分二厘八毫,内应归度支部核销银四十八万四百二十八两六钱一分七厘八毫,陆军部核销银十三万五千六百六十二两九分五厘,实在不敷银十万四千九百五十八两一钱六分七毫。此项不敷银两,均系挪垫支发,应归下届滚接造报。据北洋粮饷局造具清册,详请奏咨前来。臣复核无异,均系实用实销,并无浮冒。除将清册咨度支部、陆军部查照外,理合恭折具陈,伏乞皇上圣鉴,敕部核销,施行。谨奏。

宣统元年闰二月初六日奉朱批:"该部知道。钦此。"

宣统元年闰二月初二日。

（台北故宫藏档,文献编号:176079）

奏谢议叙恩

头品顶戴、北洋大臣、直隶总督、臣杨士骧跪奏,为叩谢天恩,仰祈圣鉴事。

窃恭阅《邸钞》,宣统元年闰二月初二日奉上谕"三载考绩为国家激扬大典,兹当京察届期,直隶总督杨士骧宣勤畿辅,筹查精详,交部议叙等因。钦此"。当即恭设香案,望阙叩头谢恩。

臣伏念谬领近疆,未闻治状,计九年之预备,蒿艾方殷,论三辅之规模,萌芽甫启。因地制易于敷政,当官深觉其无功,乃蒙诏天语褒嘉,圣恩甄叙,勖以心怀,精勉以品节,详明朝廷激励群公,式著陈迹校名之典。微臣循思课绩,愧乏班条理务之庸,闻命悚惭,滋怀兢惕。臣惟有金思劼愍,倍竭愚诚,衡正局以奋新猷,冀释宵旰忧勤于万一,企崇谟而抒薄效,藉报恩施高厚于九重。所有微臣感悚下忱,理合恭折叩谢天恩,伏乞皇上圣鉴。谨奏。

宣统元年闰二月初七日奉朱批:"卿其勉之!副朕倚任之隆,可耳。钦此。"

宣统元年闰二月初五日。

（台北故宫藏档，文献编号：176381）

清查差徭折

头品顶戴、北洋大臣、直隶总督、臣杨士骧跪奏，为清查顺直各属差徭，痛除积弊，以苏民困，恭折仰祈圣鉴事。

窃维取民之力以役国事，其制昉自《周礼》，而时易代更，法既因革不同，名亦先后互异。国初，因明季加派纷繁，民生凋敝，屡经降旨，申禁科累，惟直隶为近畿省分，差务繁剧，供亿自多，势有不能尽革，故田赋较各省为轻，而民间岁出差徭一项实逾于额征粮银之数，赋有常经，徭无定额，行之既久，积弊实深，然果皆涓滴归官，挹注正用，则小民亦无可怨，咨长吏亦易于察核，无如牧令委之于书差，书差委之于乡保，一再假手辗转剥削。更有劣绅痞棍，包揽把持，从而分噬，公家有一分之差，民间有倍蓰之费。近则新政迭兴，用款日钜，如学堂、巡警等费亦无不取给于民。大县岁需六、七万串，小县亦需二、三万串，以地方之款办地方之事，势非得已，义固无辞，而民间担负之重，输纳之艰，日以加甚。我朝深仁厚泽，列圣无不以轻徭赋为训。

本年三月十二日，德宗景皇帝梓宫奉移西陵暂安，所需经费钦奉上谕"准其开销，丝毫不准摊派民间"等因，仰见朝廷轸念民艰，无微不至。臣忝应膺疆寄，敢不上体圣怀，力行惠恤？如差徭之厚取于民，多中归饱，言之痛心，亟应切实清理，以纾民困。兹已选派明干大员会同自治局暨清理财政局妥议办法，拟先从官绅合查入手，查明每年某属应官杂差若干、学堂巡警费若干、地方公共费若干，或应酌予减免，或应仍旧交官，或应划归地方，及向来书役浮收，而民间久已摊认之钱，如何酌量裁留，统俟查明总数，详拟办理，并揭明此次清理原由，要在力祛积弊，冀纾民困，劝谕周知，俾免疑沮。其地方一切常年应官差徭，查明实系公用者，将来拟酌定数目，折交州县自办，不得任意滥派。如有民间折钱而官仍派差者，查出立予参其胥役，书差由县自给津贴，不准向民间索取分文。

查，广平府属之永年、顺德府属之钜鹿、大名府属之南乐等处办法，大概类此，官民称便，著有成效。际此百事待兴，库藏支绌，如事事仰给于上，几于无米为炊；若处处取求于下，又同竭泽而渔。欲使下不加供，上有馀用，除严剔中保，别无良策。矧差徭中饱，为数不赀，若不设法整理，以黎元有限之膏脂任奸蠹无穷之朘削，积累加增，民力固有难堪，臣心何能自已？虽数百年相沿之弊政，积渐已久，头绪至繁，惟有不恤劳怨，尽力筹办，务令民间出一钱之费，即见一钱之用，事归实济，款不虚糜，庶几积弊一清，上下交益。且以后厘订地方自治之款，酌补州县公费之需，自可就此大略筹备，以资挹注。除俟通省查清，妥定章程，另行奏报外，所有查清差徭缘由，理合恭折具奏，伏乞皇上圣鉴，训示。谨奏。

朱批："所奏甚是。能善体朝廷轸念民艰至意，方不愧封疆大吏之任，勉之，特批答之。钦此。"

宣统元年闰二月初六日。

（《杨文敬公奏议》卷九）

奏为寻常命案张添蒽等各案摘叙情由汇陈

再，据按察使何彦升呈称，查有济州民人张添蒽、张景生因同姓不宗之张弼福挟嫌骂街，张添蒽之父向劝，被推跌倒。该犯张添蒽趋护，用木棍殴伤张弼福身死。该犯张景生往看，适遇张弼福之父张其生，疑护被骂，亦用木棍殴伤张其生，身死，并各伤张王氏，平复。将张添蒽、张景生均依斩杀律拟绞监候。

又，昌黎县客民刘鸿美，因韩起瑞向伊索欠，央缓不允，口角争殴，用铁斧殴砍伤韩起瑞身死。将刘鸿美依斩杀律拟绞监候。

又，天津县民人穆同因被贺洛拦阻推运粮食，口角争殴，用手推跌贺洛，痰雍气闭，身死。将穆同，即穆成名，依斩杀律拟绞监候。

又，昌黎县民人王庆林，因伊父与赵云廷收麦口角，致被揪殴。该犯情急救护，用木镐柄殴伤赵云廷身死，并伤赵云起平复。将王庆林依斩杀律拟绞监候。

又，束鹿县民人张小择，因卖梨与崔小福口角争殴，用脚踢伤崔小福，越日身死。将张小择依斗杀律拟绞监候。

又，蓟州民人周贵芬，因商元禄等登门索讨石块，伊父周得位向理口角，被商元禄扎伤，该犯同兄周贵清闻喊趋护，用花枪木扁担扎殴伤商元禄，越日身死。将周贵芬即周三拴头，依共殴人致死，下手致命伤重者绞律拟绞监候。周贵清，依余人律拟杖。

又，天津县民人刘庆沅，因伊妻刘韩氏以饭锅已破，向伊讥诮，口角争殴，用手殴伤刘韩氏身死。将刘庆沅依夫殴妻致死者绞律，拟绞监候。

又，多伦厅民人盖沨有，因疯用菜刀砍伤戴广珠，越日身死。复审供吐明晰，将盖沨有依斩杀律拟绞监候。

以上八案,该犯张添蕙等恭逢光绪三十四年十一月初九日恩诏,均准援免,刘庆沅毋庸追埋,余俱追取埋银,给领营葬。盖沨有仍监禁五年,限满察看释放。周贵芬案内周贵清则拟杖罪,亦准援免。业均由司提审,解勘发回,造册取结,汇呈请奏前来。臣复核无异,除册结分咨部院外,理合遵章摘叙简明案由,附折具陈,伏乞圣鉴,敕部核复。谨奏。

宣统元年闰二月初六日奉朱批:"览。钦此。"

(台北故宫藏档,文献编号:176078)

奏为直隶派往科布多换防官兵沿途供应驼只口给情形

再,准科布多参赞大臣来咨,光绪二十八年直隶派往科布多换防官兵已五年班满,应将兵丁酌换。其官弁九员内有把总一员、经制一员照旧留营,毋庸更换等因,计册开更换官弁七员、兵丁五十二名,内参游一员,应于旗员内拣选。

查,有提标三屯营游击荣康堪以派往,其余官弁兵丁已饬宣化镇照数拣派。从前此项官兵系由山西大同出口,道路迂远,往往阻误。嗣经前督臣李鸿章奏准,改由张家口台站前进,照例供给驼只,用能迅速到防。上届二十八年换防曾径照办在案。此次应循照上届成案,仍就近分起出张家口,由台站供应驼只前进。其应领盐菜、米折、借支等项,照案饬由口北道核给,以利遄行。除分别咨行外,理合缮单恭祈具陈,伏乞圣鉴。谨奏。

宣统元年闰二月初六日奉朱批:"该部知道。钦此。"

(台北故宫藏档,文献编号:176080)

奏为山海关一年期满到经征常税并动拨各款数目(附清单一件)

头品顶戴、北洋大臣、直隶总督、臣杨士骧跪奏,为山海关一年关期报满,经征常税并动拨各款银两数目,缮单恭折,仰祈圣鉴事。

窃据前署山海关监督奉锦道沈桐详称,该关常税自光绪二十五年三月间关期以后,即值拳匪滋扰,税收减色,征不足额,曾经前关道明保据实禀请,尽征尽解,经前北洋大臣荣禄咨部立案,业将光绪三十三年二月二十七日关期以前所属大关海旱各口征收税款款,并支解筹拨各项银两详请咨部核销在案。

查该关所辖常关海旱各个地方,虽属辽阔,而征收税款,向以营口、大关两处为大宗。自庚子以来,辽南一带兵燹迭遭,痍未复,迭经前道认真整顿,近年税收迄无起色。现在营口一埠,虽于前年十月收回,然乱离之后,商未复业,农未归耕,以致来货不多,出产日少。钞关榷税既大逊于前,五十里外各口亦同形短绌。且该关各局每年以八、九、十、冬四个月为旺往之时,光绪三十年九月间埠商东盛和等联号倒闭,全埠震惊,商情恐慌,百货停滞,影响所及,旺月转为淡收。及至大局稍安,商场客室,而各海口业已封冻,曾经该道据实陈请,咨部立案,一面督饬沿边旱口及火车经过各卡员司、书役人等,设法招徕,多方整顿,于正口则实力稽查,于枝路则严杜走漏。

计自光绪三十三年二月二十八日起,扣至三十四年二月底止,营口抄关征收银十二万六千二百二十两四钱九分九厘,秦关代征银八百十八两四钱四分三厘八毫,五十里外海旱各口并大关、车站各卡征收银三万三千四百五十八两八钱七分六厘,又收垫拨海关经费银七万三百五两二钱八分五厘二毫六丝三忽五微。以上共收银二十三万一千二百三两一钱四厘六丝三忽五微。计支销过银二十三万一千二百三两一钱四厘六丝三忽五微,均系实用实销,动拨无存,开具四柱简明清册,详请查核奏咨前来。臣复核无异,除咨部查照外,理合缮单恭祈具陈,伏乞皇上圣鉴,敕部查照施行。谨奏。

宣统元年闰二月十一日奉朱批:"该部知道,单并发。钦此。"

宣统元年闰二月初八日。

(台北故宫藏档,文献编号:176253)

清单

宣统元年闰二月二十一日

谨将山海关自光绪三十三年二月二十八日起,扣至三十四年二月底止,所有营口钞关并大关海旱各口征收,秦关划抵常税,收回垫拨海关经费以及动支补解各数目,缮具清单,恭呈御览。

旧管:无

新收:

一收营口钞关,共征税银十二万六千六百二十两四钱九分九厘。

一收秦关代征一百八十七结、一百八十八结划抵常税银三百三十九两八钱三分五厘五毫。

一收垫拨海关经费银七万三百五两二钱八分五厘二毫六丝三忽五微。

一收大关海旱各口共征税银三万三千四百五十八两八钱七分七厘。

一收秦关代征一百八十九结、一百九十结划抵常税银四百七十八两六钱八厘三毫。

以上共收银二十三万一千二百三两一钱四厘六丝三忽五微。

开除：

一支光绪三十三年二月二十八日起，至三十四年二月底止，新案二成赔款银二万五千三百二十四两九分九厘八毫。

一支光绪三十三年三月十九日起，至三十四年二月底止，税务司一成经费银一万二千一百十八两六钱四分七厘五毫。

一支光绪三十三年二月二十八日起，至三十四年二月底止，监督一成经费银一万二千六百六十二两四分九厘九毫。

一支山海关八旗各官支领光绪三十三年秋三十四年春两季俸银一千六百六十一两三钱。

一支世袭云骑尉荫魁俸银八十五两。

一支世袭云骑尉瑞常俸银八十五两。

一支八旗骁骑校，支领光绪三十三年四月起，扣至三十四年三月止，计十二个月俸银四百七十两。

一支山海关驻防八旗，支领兵饷银二万一百六十两。

一支孀妇半饷银一百三十九两。

一支鳏寡孤独养赡银九千六十二两三钱二分八厘八毫六丝六忽四微。

一支山海关八旗支领光绪三十三年夏秋冬、三十四年春四季白事赏银四百五十六两五钱一分九厘。

一支山海关驻防八旗官兵支领光绪三十三年夏秋冬、三十四年春四季米折银一万二千四百三十九两。

一支副都统衙门办公经费银四百两。

一支山海关副都统衙门支领光绪三十三年四月起，扣至三十四年三月止，计十二个月步甲饷银五千四百两。

一支副都统衙门支领光绪三十三年四月起，扣至三十四年三月止，计十二个月马干银四千八百两。

一支副都统衙门支领光绪三十三年分酬应聊军银五百两。

一支该关书吏饭食心红纸张银二千四百两,内扣核减银九百四十二两二钱四分,实发银一千四百五十七两七钱六分。

一支各口巡役饭食银一千两,内扣该减银四百两,实发银六百两。

一支各口房租银四百六十三两,内扣核减银一百三十八两九钱,实发银三百二十四两一钱。

一支解送各项银两铁箍木鞘解役饭食盘费,一年共给银七百六十九两八钱九分二厘六毫,内扣核减银五百三十八两九钱二分四厘八毫二丝,实发银二百三十两九钱六分七厘七毫八丝。

一支该关各役工食银三百六十二两,内扣核减银七十二两四钱,实发银二百八十九两六钱。

一支扣回该关经费项下核减二千九十二两四钱六分四厘八毫二丝。另具文批解部。

一支批解内阁并资助银四千二百两。

一支批解给事中官饭银七百二十两。

一支补解旧欠内务府经费银二万两。

一支补解津海关垫发旗饷银二万七千一百一两九钱八分九厘九毫一丝一微。

一支补解旧欠奉天各官养廉银五万四百四两九钱一分六厘四毫八丝二忽。

以上统共支银二十三万一千二百三两一钱四厘六丝三忽五微。

实在:无存。

朱批:"览。"

奏报顺直各属上年十二月分雨雪粮价情形(附清单一件)

头品顶戴、北洋大臣、直隶总督、臣杨士骧跪奏,为查明光绪三十四年十二月分顺直各属市粮价值、雨雪情形,恭折仰祈圣鉴事。

窃查,光绪三十四年十一月分顺直各属市粮价雨水情形,业经奏报在案。兹据藩司查明十二月分市粮价值雨雪情形,开单请奏前来。臣查,十二月分顺天、永平、保定、河间、天津、正定、顺德、广平、大名、宣化、遵化、易州、冀州、赵州、深州、定州等十六府州属得雪一、二、三次,每次一寸至八寸并微雪不等。又查十二月分粮价,顺天、正定、广平、宣化、易州、赵州、深州、定州等八府州属与上月相同,河间、天津、顺德、大名、遵化、冀州等六府州属较上月价减,永平、保定等二府州属较上月价增。理合恭折具陈,并缮具粮价清单,恭呈御览,伏乞皇上圣鉴。谨奏。

宣统元年闰二月十一日奉朱批:"知道了。钦此。"

宣统元年闰二月初八日。

(台北故宫藏档,文献编号:176254)

清单　闰二月十一日。

谨将顺直各属光绪三十四年十二月分市粮价值缮具清单恭呈,计开:

顺天府属,价平:

粟米,每仓石价银二两五钱一分至四两九钱,较上月增九分。

麦,每仓石价银二两四钱七分至五两九钱七分,与上月相同。

黑豆,每仓石价银二两五分至五两四钱八分,与上月相同。

高粱,每仓石价银一两五钱至三两四钱,与上月相同。

糜米,每仓石价银一两三钱至四两五钱,较上月减一钱。

永平府属,价增:

粟米,每仓石价银二两二钱九分至四两六钱八分,较上月减四分。

麦,每仓石价银二两七钱七分至四两九钱六分,较上月增五钱二分。

黑豆,每仓石价银一两九钱四分至二两六钱,较上月增五分。

高粱,每仓石价银一两六钱五分至二两一钱一分,较上月增二分。

糜米,每仓石价银二两六钱一分,与上月相同。

保定府属,价增:

粟米,每仓石价银二两六钱九分至四两五钱,较上月增四分。

麦,每仓石价银二两八钱七分至六两,较上月减三分。

黑豆,每仓石价银二两二钱五分至三两六钱,较上月增八分。

高粱,每仓石价银二两至三两一钱九分,较上月增二钱六分。

糜米,每仓石价银二两五钱四分至三两九钱,与上月相同。

河间府属,价减:

粟米,每仓石价银二两三钱至四两五钱,与上月相同。

麦,每仓石价银三两四钱三分至五两,与上月相同。

黑豆,每仓石价银二两六钱七分至四两二钱,与上月减七分。

高粱,每仓石价银二两一钱至三两五钱,较上月增六钱。

糜米,每仓石价银二两六钱三分至四两五钱,与上月相同。

天津府属,价减:

粟米,每仓石价银一两九钱至二两九钱,较上月减六钱。

麦,每仓石价银二两四钱五分至四两八钱,较上月增一钱。

黑豆,每仓石价银一两八钱五分至二两九钱二分,与上月相同。

高粱,每仓石价银一两五钱八分至二两五钱五分,较上月减一钱二分。

糜米,每仓石价银一两六钱至二两九钱,较上月减一两。

正定府属,价平:

粟米,每仓石价银二两一钱至三两七钱二分,与上月相同。

麦,每仓石价银三两五分至四两四钱三分,与上月相同。

黑豆,每仓石价银二两五分至三两九钱六分,较上月减二分。

高粱,每仓石价银一两六钱七分至三两一钱四分,与上月相同。

糜米,每仓石价银一两八钱二分至三两七钱二分,与上月相同。

顺德府属,价减:

粟米,每仓石价银二两二钱九分至四两,较上月增四分。

麦,每仓石价银二两六钱至四两二钱,与上月相同。

黑豆,每仓石价银二两五分至四两,与上月相同。

高粱,每仓石价银一两八钱至三两二钱,较上月减一钱六分。

糜米,每仓石价银一两六钱至三两,与上月相同。

广平府属,价平:

粟米。每仓石价银二两一钱至三两九钱四分,与上月相同。

麦,每仓石价银二两二分至四两五分,与上月相同。

黑豆,每仓石价银一两九钱八分至三两九钱九分,与上月相同。

高粱，每仓石价银一两六钱三分至三两，较上月增四分。

糜米，每仓石价银一两七钱至三两二钱，与上月相同。

大名府属，价减：

粟米，每仓石价银一两九钱五分至三两二分，较上月减一钱一分。

麦，每仓石价银二两六钱二分至三两四钱五分，较上月相同。

黑豆，每仓石价银一两三钱六分至二两七钱四分，较上月减六分。

高粱，每仓石价银一两四钱二分至二两六钱，与上月相同。

糜米，每仓石价银一两五钱二分至二两三钱八分，较上月减一钱一分。

宣化府属，价平：

粟米，每仓石价银六钱至一两四钱五分，与上月相同。

麦，每仓石价银一两九分至二两八钱三分，与上月相同。

黑豆，每仓石价银一两至一两七钱五分，较上月减五分。

高粱，每仓石价银七钱二分至一两四钱三分，与上月相同。

糜米，每仓石价银五钱七分至一两七钱五分，与上月相同。

遵化州并属，价减：

粟米，每仓石价银二两九钱三分至三两八钱三分，较上月减一钱九分。

麦，每仓石价银三两九钱四分至四两四钱六分，较上月减二钱五分。

黑豆，每仓石价银二两九钱六分至五两四钱三分，与上月相同。

高粱，每仓石价银一两八钱八分至二两三钱一分，与上月相同。

糜米，每仓石价银一两五钱九分至三两二钱，与上月相同。

易州并属，价平：

粟米，每仓石价银一两三钱五分至三两六钱，较上月减一分。

麦，每仓石价银一两八钱三分至四两一钱，较上月相同。

黑豆，每仓石价银一两二钱至五两，与上月相同。

高粱，每仓石价银一两一分至二两四钱，与上月相同。

糜米，每仓石价银一两一钱九分至三两五钱，与上月相同。

冀州并属，价减：

粟米，每仓石价银二两六钱至四两二钱，与上月减一钱。

麦，每仓石价银三两至四两一钱三分，与上月相同。

黑豆，每仓石价银二两二钱至三两六钱，与上月相同。

高粱，每仓石价银一两九钱至三两，较上月减一钱。

糜米，每仓石价银三两一钱八分，与上月相同。

赵州并属，价平：

粟米，每仓石价银二两三钱一分至二两九钱五分，与上月相同。

麦，每仓石价银二两一钱七分至三两七钱一分，与上月相同。

黑豆，每仓石价银一两五钱二分至二两九钱，与上月相同。

高粱，每仓石价银一两四钱至三两六分，与上月相同。

糜米，每仓石价银二两七分至二两七钱四分，与上月相同。

深州并属，价平：

粟米，每仓石价银三两二钱至四两一钱九分，与上月相同。

麦，每仓石价银二两八钱至四两一钱，与上月相同。

黑豆，每仓石价银二两至三两三钱，与上月相同。

高粱，每仓石价银二两二钱四分至二两九钱五分，与上月相同。

糜米，每仓石价银一两二钱五分至四两，与上月相同。

定州并属，价平：

粟米，每仓石价银二两八钱五分至三两六钱二分，与上月相同。

麦，每仓石价银三两二钱九分至四两三钱五分，与上月相同。

黑豆，每仓石价银二两五钱至三两五分，与上月相同。

高粱，每仓石价银二两至二两七钱，与上月相同。

糜米，每仓石价银二两一钱至二两七钱五分，与上月相同。

朱批："览。"

奏为候选同知姜世铎凌致身死请即行革职以便归案审办

再，据天津县民妇李周氏呈控，候选同知姜世铎，即姜廷珍，凌虐其妻姜氏身死一案，当经地方审判厅验明，姜李氏系属缢死，并有铁器、木器等伤二十余处。提讯两造供词，各执。据该厅追缴姜世铎执照，详经臬司何彦升请将姜世铎奏忝革职，归案审办前来。

臣查，姜世铎系由知县于光绪三十二年遵新海防例加捐同知，以双月选用，并在粤赈捐案内报捐花翎。该员宠妻灭嫡，屡次凌虐其妻，致令缢死。即使并无别情，亦属咎有应得。相应请旨将花翎候选同知姜世铎即行革职，以便归案审办。除将执照咨部查销外，谨附片具陈，伏乞圣鉴，训示。谨奏。

宣统元年闰二月十一日奉朱批："著照所请，该部知道。钦此。"

（台北故宫藏档，文献编号：176267）

奏为审拟寻常命盗死罪傅华聚等案照章摘由汇陈

头品顶戴、北洋大臣、直隶总督、臣杨士骧跪奏，为命案照章汇摘简明案由，恭折仰祈圣鉴事。

窃查，直隶寻常命盗死罪案件，照章汇奏，造册送部。又刑部奏准，如事在光绪二十七年十月以后者，仍将全案供招造册咨部。又奏准新章，应入秋审人犯，若系例实及实缓矜留暂难确定，仍照旧章归入秋审等因，均经遵照在案。

兹据按察使何彦升呈称，查有长垣县民人傅华聚，因妒奸谋杀无服族叔傅汝应身死，奸妇傅田氏不知谋情，将傅华聚依谋杀人造意者斩律拟斩监候，照章改为绞监候，秋后处决。傅田氏依律拟杖。

又，大名县民人梁湖，因被梁双全之父殴伤不甘，邀同伊侄梁连城等还殴泄忿。该犯用火枪放梁双全，越日身死。将梁湖依争斗擅将鸟枪施放杀人者以故杀论故杀斩律，拟斩监候，照章改为绞监候，秋后处决。梁连城依例拟徒，梁得子依律拟杖。

又，通州民人王得林，因见同姓不宗之王文起寅夜与伊无服族婶王石氏在屋坐谈，疑奸查问，致相争殴，用尖刀砍划伤王石氏，越日身死。将王得林依斗杀律拟绞监候，秋后处决。王文起依不应重律拟杖。

又，天津县民人孙汶萌，因向娼妇顺喜，即董程氏，索讨寄存洋元票，不给，口角争殴，用夺获小刀扎伤顺喜身死，将孙汶萌依斗杀律拟绞监候，秋后处决。

又，通州民人李小九因找雇工焦荣管麦，不允，致相争殴，该犯夺枪逃逸，误碰枪机，轰伤焦荣，越日身死。讯其主仆名分，将李小九，即李瑞昆，依斗杀律拟绞监候。该犯恭逢光绪三十四年十一月初九日恩诏,傅华聚、梁湖、王得林、孙汶萌均不准援免,王得林、孙汶萌仍酌入秋审缓决,傅华聚、梁湖均将入秋审办理,李小九,即李瑞昆,应准援免,追取埋银,给领营葬。傅华聚等案内,傅田氏所拟杖徒各罪,均准援免。

以上五案均由司提审,解勘发回,造册取结,汇呈请奏前来。臣复核无异,除册结分咨部院外,理合遵章摘叙简明案由,附折具陈,伏乞圣鉴,敕部核复。谨奏。

宣统元年闰二月十一日奉朱批:"法部议奏。钦此。"

宣统元年闰二月初八日。

(台北故宫藏档,文献编号:176270)

奏请准以尽先参将李瑞年借补督标前营游击

再,臣标前营游击杜鼎牮病故,遗缺接准部咨,系陆路题补第一轮第五缺,应用尽先人员。兹查,有尽先参将李瑞,年六十岁,直隶通州人,由行伍迭次剿匪出力,力保以游击奏留直隶补用。嗣在易州、涞水、广昌、完县、唐县各州县地方剿匪出力,保以参将仍留直隶尽先补用。该员老成谙练,熟悉戎行,以之借补臣标前营游击员缺,实堪胜任,亦与例章限制相符。合无仰恳天恩俯准,以尽先参将李瑞年借补臣标前营游击,以裨营伍。除饬取履历咨部外,理合附片具陈,伏乞圣鉴,训示。谨奏。

宣统元年闰二月十一日奉朱批:"陆军部议奏。钦此。"

(台北故宫藏档,文献编号:176275)

遵章胪陈筹备事宜折

头品顶戴、北洋大臣、直隶总督、臣杨士骧跪奏,为遵章胪陈直隶第一年筹备事宜,恭折仰祈圣鉴事。

窃臣恭读光绪三十四年八月初一日上谕"钦奉懿旨,宪政编查馆资政院会奏单开逐年应行筹备事宜,责成内外臣工依限举办,每届六个月将筹办成绩胪列奏闻等因。钦此。"十二月二十七日上谕"明年以后应行筹备各事者,内外各衙门按

957

期妥筹,次第举办等因。钦此。"仰见朝廷绍述前谟,注重宪政之至意。

臣案宪政编查馆,遵设等考核科目。自光绪三十四年八月至十二月底止,为第一届,以后每年六月底暨十二月底各为一届,限每年二月内及八月内各具奏一次。查筹事宜清单内筹办谘议局,各省督抚第一年应办之事,业经先筹办处派员任事,拟定分期办法,认真经理。于上年九月奏陈在案。兹届二月奏报之期,应将该处筹备成绩详细胪陈,以资考核。该处自上年八月遵照奏章筹办谘议局事宜,于九月初饬令司选员分赴各府直隶州厅讲演章程。

再,由各州县选派士绅充选举调查员,齐集各该管之府直隶州厅听讲,各归本籍,帮同办理选举事宜。其选举经费,先由该处通筹垫给,不得丝毫有累民间,致生疑沮。复虑地方官措施或有未当。遂致迁延限期,叠经渝饬该处橄电纷驰,促令依期举办。其余章程有所误会者,必详为辨正;官绅有未接洽者,必为疏通。各属部署情形随时报告,纠其非而奖其是。间有办事不力者,屡经臣严加训迪,振刷精神,一气贯注。现在,各属调查复查造册,均尚照章依限,未误事机。

大抵直隶办理选举与他省情形迥不相同,京旗暨驻防专额议员,照章皆属直隶兼办。就驻防论,有归密云山海关副都统者,有归东陵西陵承办事务衙门者,有归京营左右翼者,加以顺天府、热河二处管辖不一,端绪纷繁,非因得宜,不能速期藏事。京旗选举,业由值年旗王大臣奏办,复经宪政编查馆奏明请旨,以顺天府尹充复选监督,并由民政部内外城巡警总厅步军统领衙门各派专员,会同大、宛两县办理,京师内外城暨京营地面民警籍选举调查事宜,按京师首善,客籍居多,层转较繁,区域亦广,屡经内外协商,同心办理,不分畛域,成绩可期。其他各属人名册,除新设之开鲁、林西两县,地本沙漠,烟户零星,无从举办,馀由各复选监督于去腊今春间一律汇齐,复饬该处逐加考核。其所载资格与章程不合者,概予删除;填注不分明者,复令更正。公益事务一项,如民间公办青苗,水会等事,必其资望较著,始认为合格。财产一项,从前未行登记之法,无从确核,若严查细数,恐习为讳匿者,转甘放弃,因于表册但注五千元以上字样,冀无遗漏。

现据已到人名册合计,除驳回删汰外,综全省合格者十六万人有奇。一俟京城暨京营地面民籍初选名册造齐,即当统计全省人数,核定分配各府直隶州厅议员及各属初选当选人额数,其京旗暨驻防专额议员,已拟定专额议员调查选举规则,及初选监督,协办驻防选举规则,分行各都统各该管届期一律办理。

此直隶筹办第一届筹备事宜之详细情形也。此后,自三月起迄九月止,其中宣示选举人名册、行初选举、复选举三事,仍饬该处切实分办,不得少有延误。至筹办处一年经费,由臣饬司局筹拨,并饬该处核实动用,毋得虚糜。将来咨议局成立,建筑正式议场,正在饬令该处绘图估价,祇期规模宏敞,工料坚实,不取侈饰外观,致多靡费。除分咨查照外,所有直隶第一年筹办详细情形,理合恭折具陈,伏乞皇上圣鉴,训示。谨奏。

朱批:"该衙门知道。钦此。"

宣统元年闰二月十一日。

(《杨文敬公奏议》卷九)

筹办地方自治情形折

头品顶戴、北洋大臣、直隶总督、臣杨士骧跪奏,为遵章胪陈直隶第一年筹备奏为尊章筹办地方自治,并胪陈直隶试办成绩情形,恭折仰祈圣鉴事。

窃臣恭读本年正月二十七日上谕"宪政编查馆奏定分年筹备事宜,本年各省均应筹办各州县地方自治,设立自治研究所,一律依限成立各等因。钦此。"臣维自治名义,远法周汉旧制,近采欧美良规,宜统辖于国权,受官府之监督。直隶自治开办较先,光绪三十二年六月,经前任督臣袁世凯奏明试办在案。先于天津设天津府自治局,派员宣讲,刊行法政官话报,设研究所,召集津郡七属士绅听讲,令各归本籍传习,拟定试办天津县地方自治章程,创办合县选举。是年七月成立议事会,上年七月成立董事会,两年以来规模初具,并饬由提学司札知各属选举士绅来津讲习,择其优胜者一百六十余人,派赴日本,一面入校听讲,一面游历府县郡市町村,调查自治制度。归国后,各在籍开办自治学社,讲演劝导,颇资得力。自经叠奉谕旨,饬办自治,臣熟思审虑,目睹成效渐著,亟应逐渐推行,期臻完善。复与司道等商榷,推广预备方法。于上年四月间,改为直隶筹办地方自治总局,与谘议局、筹办处同设一处,专派按察使何彦升暨筹办处总办直隶补用道祁松威、道员用翰林院检讨金邦平督理其事,取其事理相因,机关统一,与宪政编查馆原奏责令筹办处兼理自治一应筹办事宜宗旨相符。又以前定学社通则尚未完备,复饬该局另定自治学社通则章程,通饬各属,一律试办。现在,呈报成立学社者已有五十余处。此次遵照奏定名称,改为自治研究所,其为报成立者,亦经严饬速办。此直隶试办自治之实在情形也。

正在筹办未及奏报间,准民政部咨到,奏颁城镇乡自治章程,当即发交该局,研究办法,克期举行。大抵城镇乡自治,较难于府厅州县,穷隅僻地,智识多未开通,董劝难期速效,不可因循塞事,尤不可揣切图功,揆厥先务,应由划分区域入手,已饬札催各属赶报本境村庄户口图表,由城而镇而乡。直隶百余县治,幅员辽阔,经费尤艰,既曰自治,必须就地筹款,东西各国办理自治,每于国税地方税外,收基本财产息金,不足更收附加税充之。方今官制未改,税则未定,安得大宗的款取用得宜? 现在,自治经费,臣为一时权宜之计,饬司局暂时筹垫,仍饬该局撙节动用,核实呈报,俟筹定地方款项,再行划还。叠经告谕该局,于定规划、慎选举、筹经费三事务,以公正和平为主,明其权限,示以范围,乃能蠲流弊而不失之滥取。诸公产用之地方,乃能程近功而不病其苛,庶于宪政初基,筹谋巩固。

再府、厅、州、县自治,已于天津一属试办,业经奏明,仍饬照常办理。其余各属专俟筹备第二年期内部颁府厅州县自治章程到后,再行依限办理。除将自治研究所章程及职员清单分咨查照外,所有遵章筹办自治情形,恭折具陈,伏乞皇上圣鉴。谨奏。

朱批:"该衙门知道。钦此。"

宣统元年闰二月十三日。

(《杨文敬公奏议》卷九)

奏报牛庄海关第一百八十九结至一百九十二 结收支各数目(附清单一件)

头品顶戴、北洋大臣、直隶总督、臣杨士骧跪奏,为牛庄海关第一百八十九结至一百九十二结洋药厘捐银两收支实在各数,缮单恭折,仰祈圣鉴事。

窃据奉锦山海关道周长龄详称,该关洋药厘捐自光绪十三年二月初九日起,改归海关厘税并征。嗣奉户部饬,将收支药座银两,查照《洋税收支定章》,按结开单,奏报一次,扣足四结,专折奏销,一面造册送候等因,历经遵办在案。兹自一百八十九结起至一百九十二结止,计上届旧管项下存银八千六百四两四钱五厘八毫九丝五忽九微,新收银一百九十二两,除收支给各项房租钱一千二百两外,实存银七千五百九十六两四钱五厘八毫九丝五忽九微。开单详请奏咨前来。臣复核无异,理合缮单恭折具陈,伏乞皇上圣鉴。谨奏。

宣统元年闰二月十五日奉朱批:"该部知道,单并发。钦此。"

宣统元年闰二月十三日。

(台北故宫藏档,文献编号:176374)

清单

谨将牛庄海关第一百八十九结至一百九十二结洋药厘捐收支各款,并旧管实存数目,缮单恭呈御览。

旧管:一存洋药厘捐银八千六百四两四钱五厘八毫九丝五忽九微。

新收:一收洋药厘捐银一百九十二两。

开除:各项房租钱一千二百两。

实在:一存洋药厘捐银七千五百九十六两四钱五厘八毫九丝五忽九微。

奏为津海关第一百九十一结洋药厘捐收支数目(附清单一件)

头品顶戴、北洋大臣、直隶总督、臣杨士骧跪奏,为津海关第一百九十一结洋药厘捐银两收支实在各数,缮单恭折,仰祈圣鉴事。

窃据津海关道蔡绍基详称,该洋药厘捐截至光绪三十三年十一月二十八日起至三十四年二月二十九日第一百九十结止,历经开单,详请奏咨在案。兹自光绪三十四年三月初一起至六月初二日,第一百九十一结期满,征收洋药厘捐银三千二百两,收本关八分经费项下拨补一百八十日结以二成洋药厘捐不敷银二万两。又收本关八分经费项下拨补一百九十一结洋药厘捐不敷银八千三百四十二两四钱。遵照部章开支薪费等项,共银一万一千五百四十二两四钱,当经会同税司委员将收捐细数核对相符,开单详请奏咨前来。臣复核无异,理合缮单恭折具陈,伏乞皇上圣鉴。谨奏。

宣统元年闰二月十五日奉朱批:"该部知道,单并发。钦此。"

宣统元年闰二月十三日。

(台北故宫藏档,文献编号:176375)

清单

谨将津海关第一百九十一结洋药厘捐收支各款数目,缮具清单,恭呈御览。

旧管:一上结不敷银二十二万四千四百八十九两五钱六厘。

新收:

一收津海关自光绪三十四年三月初一日起至六月初二日,第一百九十一结期满止,洋药厘捐银三千二百两。

一收本关八分经费项下拨补一百八十四结以前洋药厘捐不敷银二万两。

一收本关八分经费项下拨补一百九十一结洋药厘捐支发不敷银八千三百四十二两四钱。

以上新收项下共银三万五千四十二两四钱。

开除：

一支解江海关第一百九十一结六厘火耗汇付赔款银十九两二钱。

一遵照部饬每两开支六厘倾镕等费银十九两二钱。

一拨发镇海轮船上年三、四、五三个月薪费银四千二百五十四两。

一拨发镇海轮船煤价银一千二百五十两。

一拨发各项善举银三千五百两。

一拨补一切经费不敷详明改归加复俸饷支用银二千五百两。

以上开除项下共银一万一千五百四十二两四钱。

实在：

一不敷银二十万四千四百八十九两五钱六厘。查前项银两业经咨准部复遵照，暂在八分经费项下挪用，俟筹有的款，再行拨还，理合登明。

朱批："览。"

奏请成立谘议局拟设会议厅定期集议

再，谘议局成立以后，提议之事必多。全省经纬万端，谘谋宜有体要，是预备议案实第一要义。举凡行政、秩序、民生、乐利一切兴革大端，必须研究熟审，讨论精详，临事方有主宰。查《奏定官制》第六条，各省督抚应于本署设会议厅，传集司道以下官会议紧要事件。各省关于地方之事，亦可由官约择公正乡绅与议。

又查东西各国，议事会成立，必有参事会以执行之。取其上下交孚，并行不悖，成效具在，实可仿行拟就。臣署设立会议厅，饬拟章程，定期集议，应择本省重要事件公同悉心考核，撮其大端，随时编为议案，以备谘议局提议之用。必使官绅恫忱交应，毫无隔阂，乃能博彩精取，百庆咸兴。除咨呈宪政编查馆、资政院外，谨遵章拟设会议厅，附片陈明，伏乞圣鉴。谨奏。

宣统元年闰二月十五日奉朱批："该衙门知道。钦此。"

（台北故宫藏档，文献编号：176382）

奏为津海关第一百九十二结洋药厘捐银两开支数目(附清单一件)

闰二月二十二日

头品顶戴、北洋大臣、直隶总督、臣杨士骧跪奏,为津海关第一百九十二结洋药厘捐银两开支实在各数,缮单恭折,仰祈圣鉴事。

窃查,津海关道蔡绍基详称,该关洋药厘捐截至光绪三十四年三月初一日起至六月初二日第一百九十一结止,业经开单,详请奏咨在案。兹自光绪三十四年六月初三日起至九月初六日第一百九十二结期满止,征收洋药厘捐银二千九百六十两。又收本关八分经费项下拨补一百八十四结以前洋药厘捐不敷银二万两。又收本关八分经费项下拨补一百九十二结洋药厘捐支发不敷银八千五百七十九两五钱二分。遵照部章开支薪费等项,共银一万五百三十九两五钱二分。当经会同税司督饬委员,将收捐细数核对相符,开单详请奏咨前来。臣复核无异,理合缮单恭折,伏乞皇上圣鉴。谨奏。

宣统元年闰二月二十二日奉朱批:"该部知道。单并发。钦此。"

闰二月十九日。

(台北故宫藏档,文献编号:176504)

清单

闰二月二十日

谨将津海关第一百九十二结洋药厘捐收支各款数目缮具清单,恭呈御览。

旧管:一上结不敷银二十万四千四百八十九两五钱六厘。

新收:

一收津海关自光绪三十四年六月初三日起至九月初六日第一百九十二结期满止,洋药厘捐银二千九百六十两。

一收本关八分经费项下拨补一百八十四结以前洋药厘捐不敷银二万两。

一收本关八分经费项下拨补一百九十二结洋药厘捐支发不敷银八千五百七十九两五钱二分。以上新收项下共银三万一千五百两五钱二分。

开除:

一支解江海关第一百九十二结六厘火耗汇付赔款银十七两七钱六分。

一遵照部饬每两开支六厘倾镕等费银十七两七钱六分。

一拨发镇海轮船上年六、七、八三个月薪费银四千二百五十四两。

一拨发镇海轮船煤价银一千二百五十两。

一拨发各项善举银三千五百两。

一补发一切经费不敷详明改归加复俸饷支用银二千五百两。

以上开除项下共银一万一千五百三十九两五钱二分。

实在：

一不敷银十八万四千四百八十九两五钱六厘。

查前项银两，业经咨准部复，遵照暂在八分经费项下挪用，俟筹有的款，再行拨还，理合登明。

朱批："览。"

牛庄海关暨秦王岛第一百八十九结至一百九十二结收支各数目

头品顶戴、北洋大臣、直隶总督、臣杨士骧跪奏，为牛庄海关暨秦王岛第一百八十九结至一百九十二结，洋税收支并旧管实存各数，缮单恭折，仰祈圣鉴事。

窃查，牛庄海关暨秦王岛海关洋税收支总数，已截至一百八十五结至一百八十八结止，奏销在案。兹据奉锦山海关道周长龄详称，自光绪三十三年八月二十四日第一百八十九结起，至三十四年九月初六日第一百九十二结止，扣足四结，除洋商不提四成船钞，分作三成、七成，既洋货入内地土货出内地子口税、内河税银专款存储外，计收牛庄海关进出口税银内划分四成洋税、六成洋税、四成招商局税、六成招商局税，各洋船暨招商局船钞洋货入内地、土货出内地子口税、内河进出口税、练军薪饷暨添制鼓号、雨衣、军服等项扣平收回核减募费、津贴、六厘火耗、改拨边防经费、奉饬归还新案赔款；秦王岛海关四成洋税、六成洋税、土货出关入内地子口税、六厘火耗、改拨边防经费、奉饬归还新案赔款、练军军服扣平等款，共银七十一万一千七百八十四两三钱一分五厘五忽四微。

计除由旧管日本交还税款六成项下提拨善后经费、拨还奉天垫发接收营口办公经费、拨给俄国交还海关官所工料费，并由华洋税款四成项下拨解江海关加放俸饷、改还新案赔款、北洋军防费六成项下提拨出使经费、奉天军饷、英德俄法洋款、税司经费、练军官弁兵丁薪公饷乾津贴，及添制雨衣、鼓号、军服、机械、子弹价值运费，拨解北洋筹备饷需，提拨银号六厘火耗、边防经费、改还新案赔款、洋税核扣八分海关经费，练饷扣平项下提支练军募费、号目等津贴、多扣平年余船钞项下拨给税司七成、外务部三成；又秦王岛海关提支税司一成经费，核扣八分经费，提拨银号六厘火耗、边防经费、改还新案赔款、练军添制军服、拨解自强军不敷饷银、土货出关入内地子口税、划抵常税正额银两等款，共银八十四万三千二百七十三两四分八厘五毫六丝，连旧管共实存银十三万四千九百八十九两五钱九分一厘一丝八忽五微。开具清册，详请奏咨前来。臣复核无异，理合缮单，恭折具奏，伏乞皇上圣鉴。谨奏。

宣统元年闰二月二十二日奉朱批："该部知道，单并发。钦此。"

宣统元年闰二月十九日。

（台北故宫藏档，文献编号：176505）

清单

谨将牛庄、秦王岛两关第一百八十九结至一百九十二结洋税收支并旧管实存各款缮具清单，恭陈御览。

旧管：

一存日本交还税款四成银五千三百六十一两四钱五分二厘。

一存日本交还税款六成银二十万九千八百九十七两五钱一分九厘九毫五丝六忽五微。

一存练饷扣平银四千二百十四两六钱一厘四毫五丝二忽二微。

一存六成洋税银四千三两九钱八分一厘五丝五忽。

一存六成招商局税银二万一千五十二两九钱六厘九毫三丝八忽。

一存洋货入内地子口税银九百七十一两三钱三分三厘。

一存土货出内地子口税银九十一两八钱七分五厘。

一存内河进口税银七两二钱。

一存秦王岛海关洋税银一万六千五百十八两四钱二分一厘四毫四丝八忽六微。

一存秦王岛海关四成洋税银二千九百八十四两六钱八分八厘四毫。

一存秦王岛海关六成洋税银五百九两五钱一分九厘四毫七丝二忽。

一存秦王岛海关八分经费五百三十九两六钱四厘二毫四丝。

一存秦王岛海关扣提六厘火耗改拨边防经费奉饬归还新案赔款银二十三两三钱六分三厘九毫二丝八忽。

一存秦王岛海关营口练军添制军服等项扣平银三百二十六两一钱二分二厘四毫一丝二微。

以上旧管项下共银二十六万六千四百七十八两三钱二分五厘三毫七丝三忽一微。

新收：

一收四成洋税银二十一万四千七百九十七两二钱四分八厘四毫。

一收六成洋税银三十六万八百一两七钱五厘六毫。

一收招商局税四成税银二万八千七百七两七钱一分九厘六毫。

一收招商局税六成税银四万三千六十一两五钱七分九厘一毫。

一收各洋船及招商局船钞银三万八百一两五钱。

一收洋货入内地子口税银三千一百九两七钱七分二厘。

一收土货入内地子口税银二百四十八两三钱七分三厘。

一收内河进口税银四千六百四十六两六钱八分一厘。

一收内河出口税银一万三千三百八十四两九钱五分。

一收练饷扣平银一千四百七十七两七钱六分六厘四毫五丝一忽二微。

一收营口练军添制雨衣鼓号军服等项扣平银三百三十二两六钱二分七厘九毫三丝九忽。

一收遵饬收回招募练军核减募费银八十七两三钱八分四厘。

一收遵饬收练军号目号兵自光绪三十三年七月半起至三十四年七月底止十二个半月核减贴银一百七十五两。

一收洋税招商局税六厘火耗改拨边防经费，奉饬归还新案赔款银三千九百四两三钱五分八厘三毫八丝八忽。

一收秦王岛海关四成洋税银一千二百五十九两五钱二分八厘八毫。

一收秦王岛海关六成洋税银三千二百九十四两八分四厘二毫。

一收秦王岛海关土货出关入内地子口税银一千一百七十九两七钱六分一厘。

一收秦王岛海关六厘火耗改拨边防经费、奉饬归还新案赔款银二十七两三钱二分一厘六毫七丝八忽。

一收营口练军添制军服扣平银四百八十六两九钱五分三厘五毫四丝九忽

一微。

以上新收项下共收银七十一万一千七百八十四两三钱一分五厘五忽四微。

开支：

一支日本交还税款六成项下动支善后经费银十万两。

一支日本交还税款六成项下拨还奉天垫发接收营办公经费营平银一万三千七百八十二两三钱五分六厘，以九六五七一七折合库平银一万三千五百九两八钱五分五厘四毫八丝九忽二微。

一支日本交还税款六成项下拨还奉天垫发接收营办公经费小洋圆三万五千七百七十八圆七角一厘，以每圆作银六钱六分，折合库平银二万三千六百十三两九钱四分八厘六毫。

一支日本交还税款六成项下拨给营口领事衙门交还海关官厅工料费洋银二万卢布，以每卢布合银八钱八分，折合库平银一万七千六百两。

一支洋税四成项下拨解江海关加放俸饷、改还新案赔款银一万二千两。

一支洋税四成项下拨解北洋防费银二十万二千七百九十七两二钱四分八厘四毫。

一支招商局税四成项下拨解北洋防费银二万八千七百七两七钱一分九厘六毫。

一支洋税六成项下拨解江海关一成半出使经费银四万七千三百六十二两七钱九分三厘二毫七丝二忽二微。

一支招商局税六成项下拨解江海关一成半出使经费银三千七百九十六两三钱九分八厘四毫一丝一忽二微。

一支洋税六成项下拨解奉天军饷银四万两。

一支洋税六成项下拨解江海关光绪三十四年二、五、八三个月分英德洋款银二万八千一百二十五两。

一支洋税六成项下拨解江海关光绪三十四年三、九两个月分俄法洋款银二万五两。

一支洋税六成项下给税司经费银九万三千两。

一支洋税六成项下支给营口练军，自光绪三十三年九月初一日起至三十四年八月底止，计十二个月薪公饷乾等项银四万五千九百九十四两七钱一厘六毫。

一支洋税六成项下支给营口练军马乾暨号目号兵津贴银一百八十五两五钱。

一支洋税六成项下支给营口练军添制雨衣等项银一千七百二十五两一钱。

一支洋税六成项下支给营口练军添制鼓号银一百九十三两八钱。

一支洋税六成项下支给营口练军光绪三十四年冬季添制军服等项银三千六百二十四两八钱九分八厘九毫八丝四忽。

一支洋税六成项下支给营口练军添购新式枪枝子弹拨解北洋支应局价银七千七百十四两。

一支洋税六成项下支给营口练军由保定领运枪枝子弹运费等项银三百二十六两二钱一分六厘六毫。

一支招商局税六成项下拨解北洋筹备饷需等项银四万两。

一支洋税招商局税六成项下扣支每两税款拨给银号六厘倾镕火耗费银三千九百四两三钱五分八厘三毫八丝八忽。

一支洋税招商局税六成项下每两扣支六厘火耗,改拨边防经费,奉饬归还新案赔款银三千九百四两三钱五分八厘三毫八丝八忽。

一支洋税六成项下支给每两洋税扣提八分,作为海关经费银四万六千四十七两九钱一分六厘二毫二丝。

以上四结实支海关经费银四万五千八百二十七两三钱三分五厘三毫九丝一微。计余剩银二百二十五两五钱八分九毫二丝九忽九微。四结总销案内尚不敷经费银二千一百十四两九钱一分八厘三毫四丝七微,业经陆续拨补归垫,今值四结期满,此项经费仍属不敷,自应汇案推算,以清案款。除将四结余剩银二百二十五两五钱八分九毫二丝九忽九微尽数拨补外,下余不敷银一千八百九十四两三钱三分七厘四毫一丝八微,应俟下结期满提有存款再行拨补,合并声明。

一支由练饷扣平项下多支核减募费扣平银二两七钱九分六厘二毫八丝八忽。

一支由练饷扣平项下多支核减练军号目号兵津贴扣平银五两六钱。

一支拨给税司七成船钞银二万一千五百六十一两五分。

一支拨解税务处三成船钞银九千二百四十两四钱五分。

一支秦王岛海关洋土各税支给税司一成经费银五百七十三两三钱三分七厘四毫。

一支秦王岛海关洋税六成项下提支洋税,每两核扣八分经费银三百六十四两二钱八分九厘四丝。

一支秦王岛海关八分经费,不敷动支上届八分经费余剩银四百二十七两七钱一分九毫六丝。

一支秦王岛海关洋税六成项下，拨给银号每两税款扣支六厘倾镕火耗银二十七两三钱二分一厘六毫七丝八忽。

一支秦王岛海关洋税六成项下洋税六厘火耗改拨边防经费，奉饬归还新案赔款银二十七两三钱二分一厘六毫七丝八忽。

一支秦王岛海关拨解江海关六厘火耗改拨边防经费，奉饬归还新案赔款银二十七两三钱二分一厘六毫七丝八忽。

一支秦王岛海关洋税项下动支给营口练军光绪三十三年冬季添制军服等项银六千二百十四两三钱四分五厘九毫八丝四忽。

一支秦王岛海关洋税六成项下动支给营口练军光绪三十四年夏季添制军服等项银一千九百一两五钱四分六厘五毫三忽四微。

一支秦王岛海关洋税项下拨解北洋自强军不敷银一万两。

一支秦王岛海关土货出关入内地子口税划抵常税正额银一千六十一两七钱八分四厘九毫。

以上开支项下共银八十四万三千二百七十三两四分八厘五毫六丝。

实存：

一存日本交还税款四成银五千三百六十一两四钱五分二厘。

一存日本交还税款六成银五万五千三百七十三两七钱一分五厘八毫六丝七忽三微。

一存六成洋税银一万九千五百五十七两三钱七分四厘六毫九丝一忽三微。

一存六成招商局税银一万九千四百五十六两八钱五分六厘三毫二丝八忽八微。

一存洋货入内地子口税银四千八十一两一钱五厘。

一存土货出内地子口税银三百四十两二钱四分八厘。

一存内河进口税银四千六百五十三两八钱八分一厘。

一存内河出口税银一万三千三百八十四两九钱五分。

一存练饷扣平银五千六百八十三两九钱七分一厘六毫一丝五忽五微。

一存练军添制雨衣鼓号军服等项，扣平银三百三十二两六钱二分七厘九毫三丝九忽。

一存遵饬收回招募练军，核减募费银八十七两三钱八分四厘。

一存遵饬收回，核减练军号目号兵津贴银一百七十五两。

一存秦王岛海关洋税银三百四两七分五厘四毫六丝四忽六微。

一存秦王岛海关四成洋税银四千二百四十四两二钱一分七厘二毫。

一存秦王岛海关六成洋税银一千二十七两七钱六分三厘四毫七丝二忽六微。

一存秦王岛海关八分经费一百十一两八钱九分三厘二毫八丝。

一存秦王岛海关营口练军添制军服等项扣平银八百十三两七分五厘九毫五丝九忽四微。

以上实存共银十三万四千九百八十九两五钱九分一厘八毫一丝八忽五微。

朱批:"览。"

奏报本年春季分拨给惠陵员役俸饷等由

头品顶戴、北洋大臣、直隶总督、臣杨士骧跪奏,为本年夏季连闰分供应惠陵员役俸饷、米折等银,循例拨给,恭折仰祈圣鉴事。

窃据布政使崔永安详称,丰润县供应惠陵暨妃园寝员役俸饷、米折、豆草、车价等项银两,向系由司按季专案详请题报,一面由该司派役赴司领回供应,历经遵办在案。据丰润县将宣统元年春季连闰分供应惠陵并妃园寝暨淑慎皇贵妃园寝员役俸饷、米折、豆草、车价及尚膳、茶正、马乾、饭食等项银两开具估单请领,该司按单复核该县宣统元年春季连闰分供应惠陵并妃园寝暨淑慎皇贵妃园寝员役俸饷、米折、豆草、车价及尚膳、茶正、马乾、饭食等项银两,共五千二百五十两七钱七分一厘,改折八成实银四千二百两六钱一分七厘,内扣官俸、米折、豆草、车价六分部平银五十三两二钱九分三厘,实发银四千一百四十七两三钱二分四厘,核与历办成案相符,应请在于司库地粮银内动拨分晰,开具清单,详请核奏,并声明,陵寝员役增减无定,难以预计,应照急需钱粮之例,一面具奏,一面先行拨给,俾得及早领回供应。其实在支领数目归于奏销案内核实销算,多则解还,不敷找给等情前来。臣复核无异,除清单咨部外,理合恭折具陈,伏乞皇上圣鉴,敕部核复。谨奏。

宣统元年闰二月二十二日奉旨:"该部知道。钦此。"

(台北故宫藏档,文献编号:176512)

奏报清河道岁修工程动支银两事

再，据布政使崔永安详称，清河道岁修千里堤及太清、潴龙等处河堤，向由道库叙支生息项下动拨，尚有不敷在于司库旗租银内凑拨。兹届宣统元年，应需前项桩料尚短银一千五百两，应请由司照拨，详奏前来。臣查与成案相符，谨附片具陈，伏乞圣鉴。谨奏。

宣统元年闰二月二十二日奉朱批："知道了。钦此。"

（台北故宫藏档，文献编号：176513）

奏部敕部奖励北洋大学堂预备科学生颜景岚事

再，北洋大学堂预备科学生吴敏向等一百一十名，于光绪三十二年肄业期满，经前督臣袁世凯附片奏请分别给奖，并声明颜景岚系壬寅科补行庚子辛丑科河南乡试举人，嗣准学部议复，以中文优等、西文中等者一律作为举人，奉旨允准等因。颜景岚，原系举人，曾经注册以知县拣选，今经部议，仍奖给举人，系属重复，提学司增湘详请改奖前来。

臣查，山西大学堂西学专斋第二、三期毕业内有原系举人优等毕业之贾暎南等，经部议以知县不论双单月归部选用。又京师大学堂师范科毕业内有原系举人拣选知县优等毕业之张家驹等，均以原官原班补用。又由云就等，均以中书科中书尽先补用，各在案。该举人颜景岚事同一律，自应援案变通奖励，伏候敕部核议施行。除将履历咨部外，理合附片具奏，伏乞圣鉴。谨奏。

宣统元年闰二月二十二日奉朱批："该部议奏。钦此。"

（台北故宫藏档，文献编号：176514）

奏报本年春季供应各陵寝员役俸饷米折等项银两事

头品顶戴、北洋大臣、直隶总督、臣杨士骧跪奏，为本年夏季连闰分供应各陵寝员役俸饷、米折等银，循例拨给，恭折仰祈圣鉴事。

窃据布政使崔永安详称，遵化蓟州丰闰等三州县供应各陵寝员役俸饷、米折、豆草、车价并马兰镇新旧汉兵米折等项银两，向系由司按季专案详请题报，一面由该司派役赴司领回供应，历经遵办在案。据遵化、蓟州、丰润三州县将宣统元年春季连闰分供应各陵寝员役俸饷、米折、豆草、车价并尚膳、茶正、新添饭食、马乾暨马兰镇新旧汉兵米折等项银两，开具估单请。领司按单复核遵化、蓟州、丰润三州县将宣统元年春季连闰分供应各陵寝员役俸饷、米折、豆草、车价并尚膳、茶正、新添饭食、马乾，暨马兰镇新旧汉兵米折等项银二万五千一百八十一两三钱八分二厘，改折八成银二万一百四十五两一钱二厘，内扣官俸、米折、豆草、车价六分部平银二百九十九两七钱二分七厘，实发银一万九千八百四十五两三钱七分九厘，核与历办成案相符，应请在于司库地粮银内动拨分晰，开具清单，详请核奏，并声明，陵寝员役增减无定，难以预计，应照急需钱粮之例，一面具奏，一面先行拨给，俾得及早领回供应。其实在支领数目归于奏销案内核实销算，多则解还，不敷找给等情前来。臣复核无异，除清单咨部外，理合恭折具陈，伏乞皇上圣鉴，敕部核复。谨奏。

宣统元年闰二月二十二日奉旨："该部知道。钦此。"

宣统元年闰二月十九日。

（台北故宫藏档，文献编号：176515）

奏请以韩凤林借补直隶总督标前营守备（折片）

再，臣标前营守备王汝霖，因母病开缺，接准部咨，系第一轮第七缺，应用尽先人员。前以尽先守备马宝华请补，经部议驳，行文另拣请补等因。兹查，有尽先都司韩凤林，年六十二岁，安徽滁州人，由行伍迭次剿匪及抢办河工各案出力，历保以守备补用。复因克复连山关分水岭等处出力，保以都司尽先补用，奏留直隶。该员老成稳练，熟悉营伍，以之借补臣标前营守备员缺，实堪胜任，亦与例章限制相符。合无仰恳天恩俯准借补，以裨营伍。除饬取履历咨部外，理合附片具陈，伏乞圣鉴，训示。谨奏。

宣统元年闰二月二十二日奉朱批："陆军部议奏。钦此。"

（台北故宫藏档，文献编号：176516）

奏报正定镇标忠顺营都司王锦章开缺事

再，准补正定镇标忠顺营都司王锦章，山东聊城县人，由武童历保守备，嗣在山东剿匪案内出力，保以都司留直补用。光绪三十二年十月间，奏请补授斯缺，经部核准，尚未引见。兹据该员以久离乡里，祖墓失修，奏请开缺，回籍修墓等情，应请准其开缺，回籍修墓，以遂孝思。理合会同直隶提督臣姜桂题，附片具陈，伏乞圣鉴，敕部查照开缺。至所遗正定镇标中顺营都司员缺，直隶现有应补人员并请留归外补。谨奏。

宣统元年闰二月二十二日奉朱批："陆军部知道。钦此。"

（台北故宫藏档，文献编号：176518）

奏报东海关第一百九十三结洋税收支数目(附清单一件)

头品顶戴、北洋大臣、直隶总督、臣杨士骧跪奏，为东海关第一百九十三结洋税收支各款银数，缮单恭折，仰祈圣鉴事。

窃照东海关征收洋税，截至光绪三十四年九月初六日，第一百九十二结止业经具奏在案。兹据东海关道徐抚辰洋称，自光绪三十四年九月初七日起至十二月初九日止，按外国三个月一结，系届第一百九十三结期满，共征收进出口各税及船钞银十六万三百三十八两七钱八分三厘。该道督饬税务司暨委员检齐册档，查照红簿，逐细核算，数目相符。一切支发各款共银十二万六千九百二十四两九钱七分七厘五毫九丝六忽，连前结旧管共实存银九万五千八十二两二钱一厘二毫一丝四忽九微，开具收支银数，请具奏前来。臣复核无异，理合缮单，会同山东巡抚臣袁树勋恭折具陈，伏乞皇上圣鉴。谨奏。

宣统元年闰二月二十六日奉朱批："该部知道，单并发。钦此。"

宣统元年闰二月二十四日。

（台北故宫藏档，文献编号：176697）

清单

闰二月二十六日

谨将东海关第一百九十三结洋税收支并旧管实存各项银数缮具清单，恭呈御览。

旧管：

一存外洋并招商局船税六成及半税银无尚不敷银二万一千九百七十三两五钱九厘一毫三丝七忽三微，查此项不敷银两暂在洋税库存项下挪借，俟洋税六成收足，即如数提还登明。

一存外洋并招商局船税四成银三万四千六百十八两九钱六分二厘八毫二丝三忽二微。

一存外洋并招商局船税六成作为十成，提出一成半出使经费银一万一千三百五十一两七钱五分七厘一丝五忽。

一存外洋并招商局三成船钞银三万二千二百七十六两一钱九分。

一存招商局船税二成解部银五千三百九十四两九钱九分五厘一毫一丝。

以上共应存银六万一千六百六十八两三钱九分五厘八毫一丝九微，又提存减余倾熔火耗银五千八百两四钱九分七厘六丝。

新收：

一收外国船只进口洋药税银一千一百七两一钱五分。

一收外国船只进口正税银三万五千七百八十一两三钱四分九厘六毫。

一收外国船只进口增收洋税值百足抽五与免税货完税两项银一千四百二两九钱八分四厘四毫。

一收外国船只出口正税银六万二千八百五十五两七钱九分。

一收外国船只复进口半税银九千六百六十六两二钱七分九厘。

一收招商局轮船进口洋药税银六百六两三钱。

一收招商局轮船进口正税银四百五十六两七钱五分五厘。

一收招商局轮船出口正税银二万五千八百六十七两八钱六分六厘。

一收招商局轮船复进口半税银六千七百四十八两七钱九厘。

一收中外船只船钞银一万五千八百四十五两六钱。

以上新收项下共银十六万三百三十八两七钱八分三厘。

开支：

一支解北洋淮军银钱所洋税商局税四成银五万两。

一支解奉拨光绪三十四年十一月应还英德本息洋税商局税六成银一万五千六百二十五两。

一支解奉提本结增收洋税值百足抽五与免税货完税两项并补水归还赔款银一千四百二两九钱八分四厘四毫。

一支认筹练兵经费，截至光绪三十四年年底止，并南北各口巡船巡轮各经费截至光绪三十四年十一月底止，洋税八分经费，余款不敷，奉饬暂挪洋税商局税六成银一万七千六百六两七分七毫六丝。

一支登州府同知津贴每月银二百两，计自光绪三十四年九月初一日起至十一月底止，共三个月，禀明动用洋税商局税四成银六百两。

一支税务司七成船钞银一万一千九十一两九钱二分。

一支税务司薪水银二万两。

一支照章按扣洋税八分经费银八千八百六十五两八分四厘二毫四丝。

一支每两核扣六厘倾熔火耗银八百六十六两九钱五分五厘九丝八忽。

一支提存减余六厘倾熔火耗银八百六十六两九钱五分九厘九丝八忽。

以上开支项下共银十二万六千九百二十四两九钱七分七厘五毫九丝六忽。

实在：

一存外洋并招商局船税六成及半税银无尚不敷银七千五百三十一两一钱九分八毫六丝九忽三微。查此项不敷银两暂在洋税库存项下挪借，俟洋税六成收足，即如数提还登明。

一存外洋并招商局船税四成银三万二千五百三十四两五钱七分三厘三毫八丝三忽二微。

一存外洋并招商局船税六成作为十成提出一成半出使经费银二万二千二百六十七两七钱六分九厘三毫九丝一忽。

一存外洋并招商局三成船钞银三万七千二十九两八钱七分。

一存招商局船税二成解部银一万七百八十一两一钱七分九厘三毫一丝。

以上共应存银九万五千八十二两二钱一厘二毫一丝四忽九微，又提存减余倾熔火耗银六千六百六十七两四钱五分六厘一毫五丝八忽。

朱批："览。"

奏报甄别直隶省试用人员(折片)

再，定例，道府州县无论候补试用人员，应自到省之日起，予限一年，详加察看，出具切实考语，奏明补用。又新章内载，甄别年限，应自各该员奉差之日起，扣足供差一年，确实试验，方准出考于委事实册，送部开具等第，奏明留省补用各等语。

兹查，有候补道汪士元于光绪三十三年十一月十七日到省，未经到省以前，已派充臣署文案，嗣后派委调查局总办、清理财政局会办，并由总政编查馆札派谘议员，农工商部札派度量权衡局局长。计该员充当文案奉差在先，到省在后，应以到省之日作为到差日期，计自三十三年十一月十七日到省之日起，扣至三十四年十一月十七日，到省供差一年期满，应即甄别。据该员造具履历事实清册，移由藩、学、臬三司确实试验，详请核办前来。臣查，该员器识宏远，体大思精，堪列最优等，应留省照例补用。除将该员履历册并事实，清册分咨部院外，理合遵章摘叙简明案由，恭折具陈，伏乞圣鉴。谨奏。

宣统元年闰二月二十六日奉朱批："该部知道。钦此。"

（台北故宫藏档，文献编号：176710）

奏报代天津镇总兵张怀芝报到任事

头品顶戴、北洋大臣、直隶总督、臣杨士骧跪奏，为据请代奏，叩谢天恩，恭折仰祈圣鉴事。

窃据天津镇总兵张怀芝禀称，怀芝奉饬赴任，闰二月初三日准前署天津镇总兵徐邦杰将关防文卷稄交前来，当即恭设香案，望阙叩头谢恩，祗领任事。伏思怀芝，早厕戎行，粗谙武备，愧乏微功之建树，遽膺重寄于干城。查，天津地广要冲，总兵职司专阃，举凡整军强武，禁盗诘奸，在在均关紧要。自惭薄植，深惧勿胜，惟有恪勤职守，整顿操防，以期仰答高厚鸿慈于万一。所有任事日期暨感激下忱，禀请代奏，叩谢天恩等情前来，理合据情恭折代奏，伏乞皇上圣鉴。谨奏。

宣统元年闰二月二十六日奉朱批："知道了。钦此。"

宣统元年闰二月二十四日。

（台北故宫藏档，文献编号：176716）

奏销上年北运河岁修工程银两事

头品顶戴、北洋大臣、直隶总督、臣杨士骧跪奏，为请销北运河光绪三十四年岁抢修工程用过银两,恭折仰祈圣鉴事。

窃照北运河岁抢修用款,经前督臣袁世凯奏明,除初估奏报外,仿照东明黄河成案,一次奏销完结。光绪三十四年,该河岁抢修用款前已估报,此次应即奏销。

据通永道衡吉祥称,务关同知承办岁修运河两岸、河西务等汛、关门口等处堤坝工程,除河兵力作不开工价外,共用银三千五百九十九两三钱三分一厘。杨村通判承办岁修运河两岸、运河东岸、杨村县丞兼管高家楼等处堤坝工程,并挑淤等工,除河兵力作不开工价外,共用银三千九百九十九两五钱四厘。以上,北运河岁修工程共用实银七千五百九十八两八钱三分五厘。又务关同知承办抢修运河两岸、河西务等汛、秦家营等处堤坝,并挂扫挂柳等工,共用银三千一百九十九两八钱六分八厘。杨村通判承办抢修运河西岸、杨村北汛定福庄等处堤坝工程,共用银三千五百九十九两四钱三分。以上,北运河抢修工程,共用实银六千七百九十九两二钱九分八厘。分项造具册结图说,详请奏销前来。臣复核无异,除将册结图说送部外,理合恭折具陈,伏乞皇上圣鉴,敕部核销。谨奏。

宣统元年闰二月二十六日奉朱批:"该部知道。钦此。"

宣统元年闰二月二十四日。

(台北故宫藏档,文献编号:176722)

奏报直隶甄别劳绩候补人员事

再,定例,道府以至未入流劳绩保举候补班人员,无论何项出身、何项劳绩,均应扣足一年,期满甄别。又新章内载,甄别年限,应自各该员奉差三日起扣足供差一年,确实试验,方准出考于差委事实册,送部开具等第,奉明留省补用各等语。兹查有候补知县周宝辰,到者一年期满,例应甄别,由藩、学、臬三司详请核办前来。臣查,该员于光绪三十二年十一月二十八到省,先已派充文案洋办并高等审判分厅承审官等差,系奉差在先,到省在后,应以光绪三十二年十一月二十八日到省之日起,扣至三十三年十一月二十八日,一年期满,应即甄别。该员年力强裕,学识俱优,堪列最优等,应准留省补用。除将该员履历册并事实清册咨部外,理合附折具陈,伏乞圣鉴。谨奏。

宣统元年闰二月二十六日奉朱批:"该部知道。钦此。"

(台北故宫藏档,文献编号:176723)

奏报以毛殿卿借补直隶泰宁镇马水口都司(折片)

再,泰宁镇标马水口都司陈鸿铨勒休,遗缺准部咨,系陆路部推第三轮第五缺,轮用尽先人员。前以尽先都司胡永奎请补,经部议驳,应行另拣合例人员请补等因。兹查,有尽先补用游击毛殿卿,年三十九岁,顺天密云县人,由行伍随剿热河教匪,及海防期满案内,历保以千总补用,拔补河屯协左营千总,历次剿办热河、建昌、朝阳并彰武县贼股,保以游击尽先补用,归班注册,照例开去千总底缺。该员年力强裕,熟悉营伍,以之借补马水口都司,实堪胜任,亦与例章限制相符,合无仰恳天恩俯准借补,以裨营伍。除饬取履历咨部外,理合会同直隶提督臣姜桂题附片具陈,伏乞圣鉴,训示。

再,该员毛殿卿,原籍密云县,距马水口在五百里以外,毋庸回避,合并声明。谨奏。

宣统元年闰二月二十六日奉朱批:"陆军部议奏。钦此。"

(台北故宫藏档,文献编号:176724)

奏谢荫长孙恩

头品顶戴、北洋大臣、直隶总督、臣杨士骧跪奏,为叩谢天恩,恭折仰祈圣鉴事。

窃臣承准吏部行知,准礼部颁发光绪三十四年十一月初九日恩诏内开,"文官在外三品以上,各荫一子入监读书等因。钦此。"旋经吏部题荫改奏单开,"直隶总督杨士骧之长孙杨庆寿,应给从一品荫生,奉旨,依议。钦此",恭录咨行到臣,当即恭设香案,望阙叩头谢恩。伏念臣谬列近畿,叨承门荫,圣作圣述,便蕃沐高厚之施,懋赏懋官,系续戴生成之泽。祗承申锡,感极寅惶。臣惟有上念国恩,下劝家教,诚以致身忠孝,敢计燕翼诒后之遐谋,从顾咏蹈,承平长纪凤诏颁元之盛典。所有微臣感激下忱,理合恭折,叩谢天恩,伏乞皇上圣鉴。谨奏。

宣统元年闰二月二十六日奉朱批:"知道了。钦此。"

宣统元年闰二月二十四日。

(台北故宫藏档,文献编号:176735)

奏报永定河凌汛抢护平稳

头品顶戴、北洋大臣、直隶总督、臣杨士骧跪奏，为永定河凌汛抢平稳，恭折由驿驰陈，仰祈圣奏事。

窃臣前因永定河凌汛届期，行令该河道督促文武员弁分驻工次，妥慎防守。兹据永定河道吕珮芬禀称，二月十八日以后冰凌逐渐融化，河水迭次增涨，溜深之处自七、八尺至一丈二、三尺不等，势极汹涌。该道往来河干，逐段查看。南岸芦沟司六七号，南上六号、十七号，南下六七八号，南二七八号、十五号，南三十号、十六号，南四二号，南五七号、二十一二号，南六七十号。北岸之北二上五六号，北二下七八号，北三十二三号，北四上十四号，大坝新工北五头号，北六八号，北七大坝二三号，或河流坐湾，顶塌坍坎，或溜势侧注，埽段垂蛰，或陡蛰入水，甚有随镶随蛰，埽靠后溃，坍塌堤脚之处情形均极吃重。经该道督率员弁，多集兵夫，动用料物，不分风雨，昼夜竭力抢镶。并用麻袋装土沉压，添埽卷，由溃塌之处补还坚实，相机抢护，始得化险为平。闰二月十五日，全河冰凌化尽，水势渐落。查得芦沟桥现存屋水八尺，禀请奏报前来。除饬将修守事宜认真赶办以御伏秋汛涨外，所有永定河凌汛抢护平稳缘由，理合由驿恭折具奏，伏乞皇上圣鉴。谨奏。

宣统元年闰二月二十八日奉朱批："知道了。钦此。"

宣统元年闰二月二十五日。

（台北故宫藏档，文献编号：176759）

奏报地方粮价及雨雪情形（附清单一件）

头品顶戴、北洋大臣、直隶总督、臣杨士骧跪奏，为查明宣统元年正月分顺直各属市粮价值、雨雪情形，恭折仰祈圣鉴事。

窃查，光绪三十四年十二月分，顺直各属市粮价值、雨雪情形，业经奏报在案。兹据藩司查明，宣统元年正月分市粮价值、雨雪情形，开单请奏前来。臣查正月分天津、正定、宣化等三府属，得雪一次，计一、二、三寸不等。顺天、永平、保定、河间、顺德、广平、大名、遵化、易州、冀州、赵州、深州、定州等十三府州属，并未得雪。又查正月分粮价，保定、河间、宣化、遵化、冀州、赵州、深州、定州等八府州减，永平、天津、正定、大名、易州等五府州属较上月价增。理合恭折具陈，并缮具粮价清单，恭呈御览，伏乞皇上圣鉴。谨奏。

宣统元年闰二月二十九日奉朱批："知道了。钦此。"

（台北故宫藏档，文献编号：176774）

清单：

谨将宣统元年正月分顺直各属市粮价值谨缮具清单，恭呈御览。计开：

顺天府属，价减：

粟米，每仓石价银二两五钱至四两九钱，与上月相同。

麦，每仓石价银二两四钱七分至五两九钱七分，与上月相同。

黑豆，每仓石价银二两五分至五两四钱八分，与上月相同。

高粱，每仓石价银一两九分至三两四钱，较上月减四钱一分。

糜米，每仓石价银一两三钱至四两五钱，与上月相同。

永平府属，价增：

粟米，每仓石价银二两四钱六分至四两八钱六分，较上月增三钱五分。

麦，每仓石价银三两七钱七分至五两一钱七分，较上月增二钱一分。

黑豆，每仓石价银一两九钱四分至二两七钱九分，较上月增一钱九分。

高粱，每仓石价银一两八钱至二两二钱，较上月增二钱四分。

糜米，每仓石价银二两六钱一分，与上月相同。

保定府属，价平：

粟米，每仓石价银二两六钱九分至四两六钱，较上月增一钱。

麦，每仓石价银三两二钱至六两，较上月增三钱三分。

黑豆，每仓石价银二两三钱五分至三两七钱，较上月增一钱。

高粱，每仓石价银二两至三两一钱六分，较上月减三分。

糜米，每仓石价银二两一钱一分至三两九钱，较上月减四钱三分。

河间府属，价平：

粟米，每仓石价银二两三钱至四两五钱，与上月相同。

麦,每仓石价银三两四钱三分至五两,与上月相同。

黑豆,每仓石价银二两六钱五分至四两二钱,较上月减二分。

高粱,每仓石价银二两一钱至三两五钱,与上月相同。

糜米,每仓石价银二两六钱三分至四两五钱,与上月相同。

天津府属,价增:

粟米,每仓石价银一两九钱至三两五钱,较上月增六钱。

麦,每仓石价银二两四钱五分至四两八钱,与上月相同。

黑豆,每仓石价银一两五钱九分至三两一钱五分,较上月减三分。

高粱,每仓石价银一两四钱七分至二两六钱,较上月减六分。

糜米,每仓石价银一两六钱至二两九钱,与上月相同。

正定府属,价增:

粟米,每仓石价银二两一钱至三两九钱六分,较上月增二钱四分。

麦,每仓石价银三两五分至四两七钱五分,较上月增三钱二分。

黑豆,每仓石价银二两五分至三两九钱六分,与上月相同。

高粱,每仓石价银一两六钱七分至三两一钱四分,与上月相同。

糜米,每仓石价银一两八钱二分至三两七钱二分,与上月相同。

顺德府属,价减:

粟米,每仓石价银二两三钱一分至四两,较上月增二分。

麦,每仓石价银二两六钱至四两二钱,与上月相同。

黑豆,每仓石价银二两三分至四两,较上月减二分。

高粱,每仓石价银一两四钱七分至三两二钱,较上月减三钱三分。

糜米,每仓石价银一两六钱至三两,与上月相同。

广平府属,价减:

粟米,每仓石价银二两一钱至三两九钱四分,与上月相同。

麦,每仓石价银二两二分至四两五分,与上月相同。

黑豆,每仓石价银一两七钱九分至三两九钱九分,较上月减一钱九分。

高粱,每仓石价银一两六钱三分至三两,与上月相同。

糜米,每仓石价银一两七钱至三两二钱,与上月相同。

大名府属，价增：

粟米，每仓石价银二两八分至三两一钱一分，较上月增二钱二分。

麦，每仓石价银二两六钱二分至三两四钱五分，与上月相同。

黑豆，每仓石价银一两三钱七分至二两七钱四分，较上月增一分。

高粱，每仓石价银一两四钱三分至二两六钱一分，较上月增二分。

糜米，每仓石价银一两四钱三分至二两三钱八分，较上月减九分。

宣化府属，价平：

粟米，每仓石价银六钱至一两四钱五分，与上月相同。

麦，每仓石价银一两九分至二两八钱三分，与上月相同。

黑豆，每仓石价银一两至一两七钱五分，与上月相同。

高粱，每仓石价银七钱二分至一两四钱三分，与上月相同。

糜米，每仓石价银五钱七分至一两七钱五分，与上月相同。

遵化州并属，价平：

粟米，每仓石价银二两九钱三分至三两八钱三分，与上月相同。

麦，每仓石价银三两九钱四分至四两四钱六分，与上月相同。

黑豆，每仓石价银二两九钱六分至五两四钱三分，与上月相同。

高粱，每仓石价银一两八钱八分至二两三钱一分，与上月相同。

糜米，每仓石价银一两五钱九分至三两二钱，与上月相同。

易州并属，价增：

粟米，每仓石价银一两四钱至三两六钱，较上月增五分。

麦，每仓石价银一两八钱六分至四两二钱，较上月增一钱三分。

黑豆，每仓石价银一两二钱五分至五两，较上月增五分。

高粱，每仓石价银一两三分至二两四钱，较上月增二分。

糜米，每仓石价银一两一钱九分至三两五钱，与上月相同。

冀州并属，价平：

粟米，每仓石价银二两六钱至四两二钱，与上月相同。

麦，每仓石价银三两至四两一钱三分，与上月相同。

黑豆,每仓石价银二两二钱至三两六钱,与上月相同。

高粱,每仓石价银一两九钱至三两,与上月相同。

糜米,每仓石价银三两一钱八分,与上月相同。

赵州并属,价平:

粟米,每仓石价银二两三钱一分至二两九钱五分,与上月相同。

麦,每仓石价银二两一钱七分至三两七钱一分,与上月相同;

黑豆,每仓石价银一两五钱二分至二两九钱,与上月相同。

高粱,每仓石价银一两四钱至三两六分,与上月相同。

糜米,每仓石价银二两七分至二两七钱四分,与上月相同。

深州并属,价平:

粟米,每仓石价银三两二钱至四两一钱九分,与上月相同。

麦,每仓石价银二两八钱至四两一钱,与上月相同。

黑豆,每仓石价银二两至三两三钱,与上月相同。

高粱,每仓石价银二两二钱四分至二两九钱五分,与上月相同。

糜米,每仓石价银一两二钱五分至四两,与上月相同。

定州并属,价平:

粟米,每仓石价银二两八钱五分至三两六钱二分,与上月相同。

麦,每仓石价银三两二钱九分至四两四钱五分,与上月相同。

黑豆,每仓石价银二两五钱至三两五分,与上月相同。

高粱,每仓石价银二两至二两七钱,与上月相同。

糜米,每仓石价银二两一钱至二两七钱五分,与上月相同。

朱批:"览。"

奏报审办开州地方窃盗拒杀案

头品顶戴、北洋大臣、直隶总督、臣杨士骧跪奏,为审明窃盗拒杀事主,诬供因奸谋杀,致令无辜监毙,照章定拟,恭折仰祈圣事。

窃查,开州获贼赵三得平等,听从在监病故之刘保增,行窃事主阎兆奇家银钱、衣服等物。赵三得平用洋枪拒伤阎兆奇之子阎鸿儒,并刘保增贿串孟宪清等,教供捏奸,致阎鸿儒之妻阎赵氏被诬收禁,气闭殒命一案,前据该州将赵三得平审照因奸谋杀亲夫律拟议,解经该管大名府知府锡龄阿以案情支离,尸亲两次府控,提讯赵三得平,供词翻易牵,经前臬陆嘉谷提省发府审办,嗣据前署臬司、现任清河道李树棠派员督审明确,因值回任,未及拟结录供。经臣批饬现任臬司何彦升会同李树棠复审,兹据审明拟议解勘,值臣驻津,饬委藩司崔永安代审无异。

臣复加确核,缘赵三得平、孟宝、孟宪冬、孟宪清、王兆梅均籍隶开州。赵三得平投入杆子头赵二石换名下。孟宪清系大桑树集村正,王兆梅充当该州北班总役。赵三得平、孟宝、孟宪冬、孟宪清,与在监病故之刘保增、在逃之马二满囤素识。王兆梅与刘保增、马二满囤先未识面。刘保增原籍山东,其同乡阎兆奇向在大桑树集开设阎兴隆杂货铺,先邀刘保增作伙,后因刘保增偷窃货物,将共辞出。刘保增即自开杂货铺,假开阎兴隆戳记,串通马二满囤赴道口等处冒取货物,阎兆奇查知不依,经孟宪清说合,设席赔礼完事。刘保增因赔礼丢人,欲将阎兆奇偷窃扰害,使之不敢开铺。

光绪三十二年八月初一日夜,邀令赵三得平等往窃,赵三得平等允从。三更时分,赵三得平、孟保各带洋枪,孟宪冬、马二满囤分携七节鞭、刀子,同伙四人偕至阎兆奇家,拨门空窟,进院入室,窃得银钱、烟土等物,一同携赃逃逸。初四日夜,刘保增又邀允赵三得平等往窃。三更时分,赵三得平、孟保、马二满囤等各携带洋枪,赵三得平并携刀子,孟宪冬仍执七节鞭,原伙四人偕至阎兆奇家墙外,马二满囤掉落洋枪,换拿赵三得平所携刀子,一同爬墙下院,拨开房门。孟保、孟宪冬与马二满囤在外等候,赵三得平入室。窃得衣服。递交马二满囤接收,转身进屋复窃。经阎兆奇之子阎鸿儒惊觉起捕,赵三得平开放洋枪。致伤阎鸿儒身死,与马二满囤等携赃同逃。而阎兆奇于被窃后,报经前署开州知州章焘会蒙堪验差缉,旋经赵二石换看出赵三得平形迹可疑,向其盘出情由,因恐该州访知其名,疑其所为,即密告差地,将赵三得平拿获,送州讯系刘保增挟嫌究党。章焘饬差查拿,孟保闻讯逃逸,将刘保增、孟宪冬、马二满囤拿获到案。

刘保增即令其弟刘保祥,往找孟宪清,请其设法,一面狡不认供,与赵三得平同押班房。孟宪清旋赴班房看视,刘保增暗地央说:"如能将其保出,情愿送给银五十两,大钱一百千,烟土三百两"。孟宪清贪利允从。刘保增声言,拟令赵三得平改供与阎赵氏通奸,因奸同谋,将阎鸿儒杀死,伊与孟宪冬等即可无事。孟宪清赞说甚好,并恐原差王兆梅阻挡,商允刘保增向王兆梅花钱打点。刘保增即暗向赵三得平告知前情,应许设法相救,供给食用,并将应改供情教说明白。王兆梅亦令赵三得平供奸,许以官司完毕,收作徒弟。赵三得平应允,孟宪清复在四处布散奸杀谣言。次日过堂,赵三得平即照所教,妄供阎赵氏与伊通奸,因闻夫家欲回山东原籍,不愿随往,令伊将阎鸿儒杀死,可以另嫁续旧。伊恋奸允从,夜到阎鸿儒家,推门入室,用洋枪将其放死,拿取衣服装作贼偷而逸。前系捏供图脱罪各等语。章焘复加查访,因闻孟宪清布散谣言,多谓奸杀,随信以为真,即将刘保增等开释,严传阎赵氏到案质讯。赵三得平供认如前,阎赵氏则供与赵三得平并未通奸。章焘以赵三得平既经供明,当将阎赵氏收案。阎赵氏被诬忿迫,即在监气闭身死。刘保增送给王兆梅钱五十两,又付过孟宪清大钱五十千,烟土一百两,下余未给。章焘随将阎赵氏身死之处,移请邻封长垣县朱佑保过境验明详报。旋将赵三得平审照因奸谋杀亲夫律,拟斩改绞。

解经该管大名府锡龄阿以案情支离,且据尸亲两次府控,阎赵氏素等无不端情事,提讯赵三得平供称是盗,前系刘保增等教供,饬据该州拿获刘保增等解府,讯不承认。禀经前臬司陆嘉谷提省,发交保定府审办。嗣经前署臬司、现任清河道李树棠,因案悬已久,正在亲提审讯,闻据报刘保增在监病故,饬县验报,一面将全案提司派员督审明确,因值回任,未及拟结录供,详经臣批饬现任臬司何彦升会同李树棠复审,据供前情不讳,究诘不移,案无遁饰。除偷窃计赃逾贯,并教唆诬告平人被禁身死,应照诬告为首拟绞之刘保增,业已在监病故,毋庸议外,查光绪十三年通行内开,窃盗施放洋枪拒捕杀人者,拟斩立决枭示,寻棠行窃,但系执仗洋枪之犯,虽未拒捕,发极边充军。又律载窃盗赃一百二十两以上绞,为从减一等。又例载,教唆词讼诬告人之案好,本人起意欲告而教唆之人从旁怂恿者,依律与犯人同罪。又诬告平人被禁身死者,拟绞监候。又律例教唆词讼诬告人,与犯人同罪,至死减一等。又共犯罪者,以造意为首,随从减一等各等语。

此案,赵三得平听送刘保增伙同孟保等,分持枪械,送窃事主阎兆奇家银钱衣服等物,临时盗所拒捕,用洋枪放伤阎兆奇之子阎鸿儒身死,被获到官,复听从刘保增教唆,诬指与阎鸿儒之妻阎赵氏通奸,因奸将阎鸿儒杀死,致阎赵氏被传收禁,在监忿迫气闭身死。查该犯两次听纠行窃,初次赃逾贯,为从罪,止杖一百,流放三千里,即被唆诬告平人,被禁毙命,照诬告从,亦罚止满流,惟该犯临时盗所用洋枪将事主拒身死,自应按照通开拟。赵三得平合依窃贼施放洋枪拒捕杀人者,拟斩立决枭示,通行拟斩立决枭示,遵照新章,改为斩立决。孟保、孟宪清两次听纠行窃,末次赃虽无几,初次则已逾贯。孟宪冬应照满贯为从,依窃盗赃一百二十两以上绞，为从减一等律，拟杖一百，流三千里。孟保所持系属洋枪，应该重依寻常窃，但系执持洋枪之犯，虽未拒捕，发极边充军，通行拟发极边充军。孟宪清因刘保增犯案被获，贿求设法，并告以欲令赵三得平改供，因奸出脱伊与孟宪清等之罪，辄敢贪利赞成，并为关说差役，布散谣言，险恶已极，该犯经刘保增许送赃银五十两，大钱一百千，烟土三百两，数虽逾贯，而口许虚赃，未便科以实得之罪。查实在过付止大钱五十千、烟土一百两，共价值银七十两。该犯村正之职无禀于官，应以无禄人论。无禄人得受枉法赃七十两，罪止满徒。该犯于刘保增教唆诬告，既从旁怂恿，复散谣关说，其情较仅止听从教唆为重，应比照从旁怂恿与犯同罚科断。孟宪清应比依教唆词讼，诬告人案，如本人起意欲告而教唆之人从旁怂恿者，依律与犯人同罪，至死减一等，于诬告平人被禁身死绞监候例上减一等，拟杖一百、流三千里。王兆梅贪利听教供，致无辜被禁身死。该犯充当壮班总役，得受枉法赃银五十两，历办差役得受枉法赃，均照无禄人得枉法赃办理。该犯罪止拟徒，较听从诬告平人致死为轻。王兆梅应从重，依诬告平人被禁身死者拟绞监候，为从减一等例上系差役知法犯法，应加一等，拟发极边足四千里充军。

该犯等犯，系常赦不原，应俱照拟发配，应得杖一百，免其杖责，与拟军之孟保、王兆梅俱照章收入习艺所工作十年，限满预详开释，准其自营生计。该犯等恭逢光绪三十四年十一月初九日恩诏，孟宪冬、孟保系因窃分别问拟军流，王兆梅、孟宪清系官吏故入人罪，应均不准援免。前署开州、准补磁州知州、捐升直隶试用道章焘，承审窃贼拒杀事主重案，宜如何审慎，乃误听赵三得平诬蔑之供，孟宪清布散之谣，信为因奸谋害，将阎赵氏传案收禁，致令在监气闭身死，实属异常疏忽，应请将该员交部议处，事在赦前，由部核明办理。除备录供招咨送部院外，所有审明定拟缘由，理合恭折具陈，伏乞皇上圣鉴，敕部核复。谨奏。

宣统元年闰二月二十九日奉朱批："法部议奏。钦此。"

宣统元年闰二月二十六日。

（台北故宫藏档，文献编号：176776）

奏为奉办山陵大差并定期起程事

头品顶戴、北洋大臣、直隶总督、臣杨士骧跪奏，为恭报奉办山陵大差事宜，并微臣定期起程，仰祈圣鉴事。

恭照本年三月十二日，德宗景皇帝梓宫奉移西陵暂安，所有沿途桥道芦殿地盘，前经委员随同向导处察度勘定，分投修办，务期坚固坦平。杠夫一项，已饬藩司赴京雇定，此外各项事宜，遴选熟悉员并分别敬谨承办。所需经费，钦奉谕旨，准其作正开销，不准摊派民间，以免扰累筹因。臣已拟具告示，宣布朝廷德意，缮发张贴，俾使周知。其各项用款，饬由藩运两库分筹拨发，核实开支，不得稍有糜费。

现在差期临近，臣拟闰二月二十八日入都趋叩阙廷，跪聆圣训。届期恭送梓宫，恪慎将事，不敢稍涉疏虞。所有津署日行公事，已委运司张镇芳代拆代行，其紧要事件仍封送臣行次核办。理合恭折具陈，伏乞皇上圣鉴。谨奏。

宣统元年闰二月二十九日奉朱批："知道了。钦此。"

宣统元年闰二月二十六日。

（台北故宫藏档，文献编号：176777）

奏报直隶提标武员对调事（折片）

再，提标河屯协左营中军都司员缺，前请以唐三营守备马骏良升补，经部议准，如果该员原籍距是缺在五百里以内，应拣员对调后再行送部引见等因，奉旨"依议。钦此。"当经咨行，查复在案。兹准直隶提督臣姜桂题查明，该员马骏良，原籍密云县，距是缺系在五百里以内，咨复前来，自应拣员对调，以符例章。查有提标三屯营属燕河路都司陶良材，年六十一岁，安徽合肥县人。由宝坻营都司调补今职，光绪二十八年三月到任。该员老成稳慎，熟悉戎行，堪以调补河屯协左营都司。其所遗燕河路都司一缺，即以马骏良调补，亦堪胜任。是缺距该员原籍在五百里以外，亦与例章符。合无仰恳天恩俯准该员等互相调补，以裨营伍。除饬取履历咨部外，理合会同直隶提督臣姜桂题附片具陈，伏乞圣鉴，训示。谨奏。

宣统元年闰二月二十九日奉朱批："陆军部议奏。钦此。"

（台北故宫藏档，文献编号：176781）

奏报武强县李秃子因疯致毙亲父案

头品顶戴、北洋大臣、直隶总督、臣杨士骧跪奏，为因疯致毙亲父重犯，按律定拟,照章声请,改为斩决,恭折仰祈圣鉴事。

窃查武强县民人李秃子,因疯用绳勒伤伊父李来祥身死,弃尸井内一案,前经该县禀经批饬提省审办,嗣据臬司何彦升督同保定府知府王守望审明,拟议解勘,值臣驻津,饬委藩司崔永安代审无异。臣复加确核,李秃子籍隶武强县,已死李来祥系李秃子之父。李秃子平日孝顺,并无违犯。李来祥素有疯病,常将绳索布条缠挂身子,杂乱妆扮,与人玩笑。李秃子亦患疯迷,时发时止,如逢发时,不省人事,事过即愈。地邻葛德成等原欲报官锁锢,李秃子之母李张氏,因李来祥、李秃子并不滋事,未经应允。

光绪三十四年八月初六日,李张氏同幼子往邻庄探亲,其时李秃子疯病未发,李张氏托伊表兄李月川照顾。至初七日夜,李张氏未回。李秃子在园地看守菜蔬,二更时分,李来祥疯迷,用麻绳搭在项脖,走至菜园跳舞,李秃子惊觉起视,陡然迷糊,疯病复发,揪住李来祥脖脖绳倒地,两手分执麻绳,拉勒殒命至命。微明,李秃子稍觉清楚,知将李来祥勒死,心生畏惧,将尸身掷入李月川家干井内,致磕伤李来祥右耳。李秃子即行逃逸。李月川因不见李来祥父子,当将李张氏接回,访获李秃子,询悉情由,报地报经该县韩炳枢验讯饬医,通禀批饬,提省审办。据各供晰前情不讳,究诘不移,案无遁饰。

查律载,子殴父杀者凌迟处死。又光绪二十九年通行内开,子因疯殴杀父之案,如审明平日孝顺,实系疯发无知,即比照误杀父之例,仍照本律定拟,将可原情节于折内声叙,请旨改为斩立决。又三十二年通行内开,疯病杀人案件,亲属邻佑等容隐不报致杀他人者,均从宽,一并免其治罪,乡约仍革役各等语。

此案李秃子因疯病复发,用绳将亲父李来祥勒死,弃尸井内,实属罪大恶极,自应按律问拟。李秃子合依子殴父杀者凌迟处死律,凌迟处死。惟查该犯平日孝顺,实系疯发无知,应照通行将可原情节于折内声叙请旨,改为斩立决。恭逢先绪三十一年十一月初九日恩诏,系因疯致毙亲父,罪干斩决,毋庸查办。容隐不报之亲属人等均照通行免其治罪,地方张福盛业已病故,应毋庸议。除备录供招咨送部院外,理合恭折具陈,伏乞皇上圣鉴,敕部核复。谨奏。

宣统元年闰二月二十九日奉朱批:"法部议奏。钦此。"

宣统元年闰二月二十六日。

(台北故宫藏档,文献编号:176782)

奏报实行禁烟办法

头品顶戴、北洋大臣、直隶总督、臣杨士骧跪奏，为直隶实行禁烟，谨将一切办法遵旨复陈，恭折仰祈圣鉴事。

窃臣恭读宣统元年二月二十四日上谕"禁烟一事，乃今日自强实政教养大端，于卫生足民、兴地利塞漏巵各节皆有极大关系，万国属目，赞助同殷。特是禁吸、禁种及筹款抵补洋土药税厘三事相为表里，倘一端办不力，则其二端不免牵制观望，恐限满仍难收效，特此再行申谕禁吸一事：文职官，责之禁烟大臣及京外各衙门长官务须认真纠察，不得徇情避怨；各营兵夫、各学堂师生，责之该管长官尤须立即严行禁绝；至于商民人等，责之民政部暨各省督抚、顺天府尹及管理地方之将军、都统等，亦须多访良方，设局施药，励其廉耻，酌采东西各国办法，设法减瘾，由少而无，期于比户可封而后已。其禁种一事，亦责之各省督抚、顺府尹及管理地方之将军、都统等酌量本省情形，督饬所属，认真禁拔，相其土宜，改莠为良，定当考其成绩，优予奖擢，并由民政部查核。其抵补税厘一事，责之度支部悉心擘画。此时筹款诚艰，要当权其利害轻重，多方筹集，迅速举行。各省督抚，如有抵补良策，亦著奏陈备采。似此各分权限，各专责成，不得互相推诿，务须各尽乃职，相助为理，以弼成朝廷利用厚生之盛治。京外各衙门接奉此旨后，各将该衙门如何办法，自行切实复奏等因，钦此"，仰见朝廷锐意自强，实事求是之至意。

伏查直隶各属，自光绪三十二年八月钦奉谕旨通行禁烟以来，业将遵照定章设局派员一切办法，先后分别奏咨在案。兹奉特谕，饬令切实具复，谨将历办禁烟情形为我皇上缕析陈之。

鸦片一物，流毒至远，廓清之法，宜先查禁官场吸食，以端表率。直隶候补文武各员，即经督饬所属遵章取具印、甘保结，互相稽考。查有沾染嗜好之员，概令依限戒断，并照禁烟大臣调验章程，于天津、保定两处设所，派员专司其事。凡属情形可疑者，均饬赴所投验。臣复酌量抽调，亲自审查，合共陆续调验一百余人。遇有欺饰规避者，即行分别撤任、撤差，听候核办。其余各员，仍即责成该管各长官随时检举揭报。此外，幕友、书差暨在官人役，亦饬令一律办理。各营兵夫、各学堂师生并已一再申儆，不准招集容留素有烟癖之人。商民人等，复经督率地方州县巡警员司一面循章给照，藉严限制，一面邀集士绅广为劝导，俾速戒除。复因嗜烟之人，类皆羸弱，医药一或不慎，往往害及生命。其偏僻贫寒欲戒而不能者，更居多数，特于禁烟局内附设医院，择医备药，随查诊治，并就经验之方配制丸剂，分散省内外各乡镇收储给领，以资倡导而广救济。其私售吗啡药针以及暗将吗啡入药网利者，亦经严密查验禁究，以免贻害。年余以来，统计在院戒断约四千余人，发给各处药品约五千五百余斤。各府州县先后筹设官立、公立、民立戒烟分所、分会共一万九千余处，戒断不下二三万人，此禁烟之所历办情形也。

至于开灯烟馆，薮汇丛奸，已吸者易于隐藏，未吸者易于偕染。直隶开办之初，即首严烟馆之禁，其制造贩运吸烟器具，各肆及游燕之所开灯供客者一律查禁。经售膏土诸铺，并经明定规则，均以现有为跟，不准添设移置，以期有减无增。核定稽核账簿，验对牌照办法，借以查知运入销出实数。其资本微薄，远近烟馆恐涉影射，勒令改业者八百余家。由局密饬员董常川侦访，计陆续查获私卖私买之案，照章惩处者亦约一千三百余起。

惟治本之法，究以禁种为先。罂粟所获，倍蓰稻粱利之所在，易滋私种等弊。且直隶种烟各地畸零错杂，分析尤难，始在明确调查，继宣严密访查。计自三十二年，饬行州县先行清查亩数户数，列册给照，以凭稽考。复于布种之时，切饬各属亲历巡查。一年之间，减种一百三十余顷。臣察看情形，以为分成递减，收效不免需时，不若概行禁绝办法较为简捷，故于上年十二月间，会同兼管顺天府府尹臣陆润庠等议，自宣统元年为始，一律禁种罂粟。并于奏准之后，通饬州县剀切示谕，晓以利害，事在必行，饬取永不再种供状。由局派员分投查看，加具该管各官印结备案，以杜蒙混隐匿之弊，并行令量其土宜，设法劝导改种有益衣食植物，以免小民失业。叠据申报，均系改种粮食居多，并有数处议及种靛、种柿之事。此禁种之历办情形也。

惟禁烟一事，为我今日自强实政，贵得办理之法，尤贵得办理之人。当此众论赞成，群望倾向，外惜不可失之时机，内惕不容贷之职任，臣惟有懔遵谕旨，共勉责成，督率僚属，切实办理，不敢稍涉纷烦，亦不敢稍涉疏懈，随时循照政务处禁烟王大臣及各部院所定章程，暨臣上次奏案，策惰奖勤，申明赏罚，以冀劝惩互用，积累早臻，仰舒宵旰焦劳于万一。至于抵补洋土药税厘，事关进款大宗，亟宜妥筹良策，以顾军国需用。现除盐斤加价之外，后经度支部议令推广牌照捐项，寓禁于征，业已遵办。臣当尽心筹画，如有可以上备采择之处，再行专疏奏陈。所有遵旨复陈禁烟办法缘由，理合恭折具奏，伏乞皇上圣鉴，训示。谨奏。

宣统元年闰二月二十九日奉朱批："该衙门知道。钦此。"

宣统元年闰二月二十七日。

（台北故宫藏档，文献编号：176784）

奏请以赵治补授直隶泰宁镇标水东村守备（折片）

再，泰宁镇标水东村守备张长发革职，遗缺接准部咨，系陆路题补第一轮第八缺，轮用武进士人员，令拣合例人，员请补等因。兹查，有营用守备武进士赵三台，年四十二岁，束鹿县人，由武进士以营守备用，到标期满，考验咨部留营候补。该员年强才裕，熟悉营伍，以之补授水东村守备，实堪胜任，亦与例章相符。合无仰恳天恩俯准补授，以裨营伍。除饬取履历咨部外，理合会同直隶提督臣姜桂题附片具陈，伏乞圣鉴，训示。谨奏。

宣统元年闰二月二十九日奉朱批："陆军部议奏。钦此。"

（台北故宫藏档，文献编号：176787）

奏报长芦盐课解充京饷银两事（折片）

再，据长芦盐运使张镇芳详称，案查度支部奏拨宣统元年长芦盐课解充京饷银二十五万两，遵即拨解第一批银五万两，随解加本银七百五十两。委候补大使陈畴于本年闰二月十六日起程，前赴度支部交纳，造具拨解款册，详请奏咨前来。臣复核无异，除册咨部外，谨附片陈明，伏乞圣鉴，敕部查照。谨奏。

宣统元年闰二月二十九日奉朱批："度支部知道。钦此。"

（台北故宫藏档，文献编号：176789）

奏报堪估温榆河渠岁修工程事（附清单一件）

头品顶戴、北洋大臣、直隶总督、臣杨士骧跪奏，为勘估温榆河果渠村岁修各工，恭折仰祈圣鉴事。

窃查，通州境内温榆河上游果渠村坝埽等工，向归漕运通判勘估，拨款兴修，嗣因漕运通判一缺经部核准裁撤，此项工程改归通州兼管。复因通州公事纷繁，未便兼顾，改令通永道遴委妥员勘估兴办。

兹据通永道衡吉详称，饬委通州平家疃汛外委张景辉，将宣统元年果渠村岁修各工择要估报。现据勘得大坝旧龙门迤东边埽及龙门迤西边埽共二段，又接西边埽二段、里头边埽一段、西土堤一道,或坝根空虚,或堤身卑薄。又大坝前淤滩一段,亟应分别拆修加高,挑挖通畅。经该道复勘,需银一千四百九十七两三钱六分三厘,开单请奏前来。臣查该工历办章程,每银千两折给实银七百五十两。今据估报需银一千四百九十七两三钱六分三厘,应折给实银一千一百二十三两二分二厘二毫五丝。查此项工款,向由粮税并淤租项下动拨,自担头关奏奉裁撤,仅止淤租一项不敷支放,经臣饬由赈抚局拨银一千两,其馀银两仍由淤租项下动用。除饬通永道督率该弁认真办理,务于大汛前照估赶办完竣,以御盛涨外,理合缮单具奏,伏乞皇上圣鉴,敕部知照。谨奏。

宣统元年闰二月二十九日奉朱批:"该部知道,单并发。钦此。"

宣统元年闰二月二十七日。

(台北故宫藏档,文献编号:176802)

清单:

谨将温榆河果渠村应行拆修加培坝埽及挑滩等工丈尺银数缮具清单,恭呈御览,计开:

一大坝旧龙门迤东边一段,长二十五丈,均宽八尺内十五丈,腐朽过甚,坝根空虚,应亟拆修。均高二丈四尺,估银五百四十五两四钱六分三厘。其余边埽长七丈,均宽一丈二尺,应加高八尺,估银六十一两七钱四分六厘一。

龙门迤西边埽一段,长九丈均宽八尺,应加高三尺,估银四十六两二分四厘一。

接西边埽一段长十丈均宽八尺,应加高五尺,估银五十九两二钱九分六厘一。

接西边埽一段长九丈宽八尺,应加高五尺,估银五十三两三钱六分八厘。其余边埽长十丈,均宽一丈二尺,应加高五尺,估银八十一两七钱三分八厘一。

头边埽一段长七丈,均宽八尺,应加高四尺,估银三十八两六钱五分二厘。

一西土堤一道内长九十丈堤身残缺,卑矮单薄,应加高培厚,估银一百六十一两四钱六分。

一大坝前淤滩,一段长五十八丈、口宽十五丈、底宽九丈,挑高深五尺,每丈合土六十方。除旧河形口宽二丈底宽一丈,均深二尺。应除土三方外,实挑土五十七方,内挑旱方深二尺,每丈合土二十二方八尺计五十八丈,共合土一千三百二十二方四尺。水中涝泥深三尺,每丈合土三十四方二尺,共合土一千九百八十三方六尺,旱方共合土一千三百二十二方四尺,每方银七分,估银九十二两五钱六分八厘。水中涝泥共合土一千九百八十三方六尺,每方银一钱八分,估银三百五十七两四分八厘。以上通共估需银一千四百九十七两三钱六分三厘。

奏为宁世福、宁奎章在本籍创设小学堂一所请奖等由(折片)

再,职绅三品衔候选知府宁世福,率其子法部学习郎中宁奎章,在本籍青县兴济镇创设两等小学堂一所,共捐开办常年经费银一万三千两,又为青县城内书院倡捐银三千两,购地十馀顷,已改立学堂,合计先后共捐银一万六千两,经提学司详请奏奖前来。

臣查学务大臣奏定初等小学堂章程内开,绅董能捐设公立、私立各小学堂者,由地方官分别给奖;其一人捐资较钜者,禀请督抚奏明给奖等语。又查天津县绅士、湖北试用道石元士,暨该绅之姪候选翰林院待诏石作藩,创设中学堂,共捐银二万馀两,奏请赏给石元士头品顶戴,其姪石作藩请以道员双月选用,奉旨允准在案。

今该绅士宁世福寄居天津,率其子宁奎章慨捐钜款,在本籍青县创设学堂,洵属热心教育,裨益枌乡。虽据称不敢邀奖,究未便没其悃忱。宁世福系三品衔候选知府,已请从一品封典,毋庸再行加奖。其子宁奎章,特请援照石作藩成案,请以道员双月选用。所捐银数有盈无绌,合无仰恳天恩俯准,照拟给奖,以昭激劝,出自圣裁。除饬取履历清册咨部外,理合附片具陈,伏乞圣鉴,训示。谨奏。

宣统元年三月二十日奉朱批:"著照所请,该衙门知道。"

(台北故宫藏档,文献编号:177363)

办差文武各员加级谢恩折

头品顶戴、北洋大臣、直隶总督、臣杨士骧跪奏,为率属叩谢天恩,恭折仰祈圣鉴事。

窃臣恭阅邸钞,宣统元年三月十七日内阁奉上谕:"此次隆裕皇太后躬送德宗景皇帝梓宫,奉移山陵,直隶大小官员办理一切差务,均属妥协。总督杨士骧及办差文武大小员弁著加恩,各赏加一级等因。钦此。"

伏维德宗景皇帝梓宫奉移山陵暂安,事关钜典,臣忝任地方,于修垫桥道,供办各差,责无旁贷。自去冬奉命以来,即督饬所部员弁昕夕图维,敬谨将事。仰赖圣主福庇,连日天气晴和,幸免贻误。臣等何力之有?乃蒙加恩,普予铨叙,仰鸿施之逾格,实感悚以同深。谨率属叩谢天恩,恭折具陈,伏乞皇上圣鉴。谨奏。

奉朱批:"知道了。钦此。"

宣统元年三月二十日。

(《杨文敬公奏议》卷九)

奏为通永镇吴凤岭丁忧开缺由

头品顶戴、北洋大臣、直隶总督、臣杨士骧跪奏,为统将丁忧,拟请开去总兵底缺,仍留原差,以俾戎政,恭折仰祈圣鉴事。

窃照陆军第四镇统制官、正任通永镇总兵吴凤岭,据报宣统二年闰二月二十一日,该员亲母周氏在徐州原籍病故,该员系属亲子,例应丁忧,回籍奔丧,呈请开去差缺前来。查本月初四日,奉上谕:"嗣后内外各衙门丁忧人员,无论满汉,一律离任终制。其有责任重要,关系大局,势难暂离,不能不从权夺情者,应候特旨。钦此。"钦遵在案。

查通永镇总兵吴凤岭,自任第四镇统制本缺,并未到任,数年以来,系记名道员雷震春署理。该总兵吴凤岭现既丁忧,应该开去通永镇总兵底缺,以便回籍奔丧。所有统制一差,即令该镇协统暂行护理,俾有责成。惟查该员久统陆军,实力讲求,卓著成效。该镇驻扎马厂小站,逼近津估,又为各国观瞻所系,实属责任重要,关系大局,迁易生手,恐碍陆军进步。且统制本系军职,究属差使与实任职官不同,可否留任统制原差,准令百日后照旧到镇,以资熟手而俾戎行之处,非臣所敢擅便,相应请旨遵行。至所遗通永镇总兵员缺紧要,并请迅赐简放,以重责守。所有统协丁忧请开底缺并可否留原原差各缘由,理合恭折具陈,伏乞皇上圣鉴。谨奏。

宣统元年三月二十三日奉朱批:"通永镇总兵已简放矣,吴凤岭著百日后仍充统制原差。该部知道。钦此。"

宣统元年三月二十日。

(台北故宫藏档,文献编号:177364)

奏为直隶练饷等款报销由

头品顶戴、北洋大臣、直隶总督、臣杨士骧跪奏，为直隶练饷筹拨法律警务学堂等款，业经报部，应请立案以便报销，恭折仰祈圣鉴事。

窃查，度支部奏定清理财政章程，凡光绪三十三年以前未经报部各款，概作为旧案，统限宣统元年十二月以前一律开报截请等因，咨行遵照在案。兹据直隶练饷总局司道详称，该局经理练饷出入款项，向系按年造册报销，业已结至光绪三十一年年底止，其自三十二年起收支各款，自应照章作为旧案，分年续接造报，送部核销，以清案款。惟查近年奉饬筹拨法律学堂、审判研究所，暨新编大名巡防步队两哨、全省警务处警务学堂以及警务局、消防队、保定四乡巡警等项所需经费、薪粮杂用，全年约共支银一十六万四千二百两零，均属紧要之款，未经报部，请先行奏咨立案，以便造销等情前来。经臣核无异，除清单分咨度支部、陆军部、民政部外，理合恭折具陈，伏乞圣鉴，敕部立案。谨奏。

宣统元年三月二十三日奉朱批："该部知道。钦此。"

宣统元年三月二十日。

（台北故宫藏档，文献编号：177365）

奏为查明宣统元年二月份顺直各属市粮价值雨雪情形（附清单一件）

头品顶戴、北洋大臣、直隶总督、臣杨士骧跪奏，为查明宣统元年二月份顺直各属市粮价值、雨雪情形，恭折仰祈圣鉴事。

窃查，宣统元年正月份顺直各属市粮价值雨雪情形，业经奏报在案。兹据藩司查明二月分市粮价值雨雪情形，开单请奏前来。臣查二月分，顺天、永平、保定、河间、天津、正定、顺德、广平、大名、宣化、遵化、易州、冀州、赵州、深州、定州等十六府州属得雪一、二、三、四次，每次一、二、三、四、五寸不等。又查二月分粮价，宣化、遵化、冀州、深州等四府州属与上月相同，天津、顺德二府属较上月价减，顺天、永平、保定、河间、正定、广平、大名、易州、赵州、定州等十府州属较上月价增。理合恭折具陈，并缮具粮价清单，恭呈御览，伏祈皇上圣鉴。谨奏。

宣统元年三月二十八日奉朱批："知道了。钦此。"

宣统元年三月二十五日。

（台北故宫藏档，文献编号：177520）

附清单

三月二十八日，谨将宣统元年二月分顺直各属市粮价值缮具清单恭呈，御览。计开：

顺天府属，价增：

粟米，每仓石价银二两五钱至五两，较上月增一钱。

麦，每仓石价银二两四钱七分至六两一钱一分，较上月增一钱四分。

黑豆，每仓石价银二两五分至五两四钱八分，与上月相同。

高粱，每仓石价银一两五钱至三两四钱，较上月增四钱一分。

糜米，每仓石价银一两五钱至三两四钱，较上月相同。

永平府属，价增：

粟米，每仓石价银二两四钱六分至五两二分，较上月增一钱六分。

麦，每仓石价银三两九钱一分至四两九钱二分，较上月减一钱一分。

黑豆，每仓石价银二两一钱四分至二两八钱一分，较上月增二钱二分。

高粱，每仓石价银一两八钱四分至二两二钱六分，较上月增一钱。

糜米，每仓石价银二两六钱一分，与上月相同。

保定府属，价增：

粟米，每仓石价银二两六钱九分至四两三钱，较上月减三钱。

麦，每仓石价银三两二钱至六两，与上月相同。

黑豆，每仓石价银二两三钱五分至三两七钱，与上月相同。

高粱，每仓石价银二两至三两一钱六分，与上月相同。

糜米，每仓石价银二两五钱四分至三两九钱，较上月增四钱三分。

河间府属，价增：

粟米，每仓石价银二两三钱至四两五钱，与上月相同。

麦，每仓石价银三两四钱六分至五两，较上月增三分。

黑豆，每仓石价银二两八钱四分至四两二钱，较上月增一钱九分。

高粱,每仓石价银二两一钱至四两五钱,较上月增一两。

糜米,每仓石价银二两六钱三分至四两五钱,与上月相同。

天津府属,价减:

粟米,每仓石价银一两八钱二分至三两六钱,较上月增二分。

麦,每仓石价银二两四钱五分至五两四分,较上月增二钱四分。

黑豆,每仓石价银一两四钱至二两九钱二分,较上月减四钱二分。

高粱,每仓石价银一两三钱七分至二两六钱,较上月减一钱。

糜米,每仓石价银一两六钱至二两九钱,与上月相同。

正定府属,价增:

粟米,每仓石价银二两一钱至三两九钱六分,与上月相同。

麦,每仓石价银三两五分至五两,较上月增二钱五分。

黑豆,每仓石价银二两五分至三两九钱六分,与上月相同。

高粱,每仓石价银一两六钱七分至三两一钱四分,与上月相同。

糜米,每仓石价银一两八钱二分至三两七钱二分,与上月相同。

顺德府属,价减:

粟米,每仓石价银二两二钱三分至四两,较上月减八分。

麦,每仓石价银二两六钱至四两较上月减二钱。

黑豆,每仓石价银一两九钱六分至三两八钱五分较上月减二钱二分。

高粱,每仓石价银一两六钱六分至三两二钱,较上月增一钱九分。

糜米,每仓石价银一两六钱至三两,与上月相同。

广平府属,价增:

粟米,每仓石价银二两一钱至四两一钱,较上月增一钱六分。

麦,每仓石价银二两二分至四两五分,与上月相同。

黑豆,每仓石价银二两一钱八分至三两九钱九分,较上月增三钱九分。

高粱,每仓石价银一两六钱三分至三两,与上月相同。

糜米,每仓石价银一两七钱至三两二钱,与上月相同。

大名府属,价增:

粟米，每仓石价银二两四分至三两一钱一分，较上月减四分。

麦，每仓石价银二两七钱三分至三两四钱八分，较上月增一钱四分。

黑豆，每仓石价银一两五钱三分至二两七钱四分，较上月增一钱六分。

高粱，每仓石价银一两五钱五分至二两六钱一分，较上月增一钱二分。

糜米，每仓石价银一两五钱九分至二两三钱八分，较上月增一钱六分。

宣化府属，价平：

粟米，每仓石价银六钱至一两四钱五分，与上月相同。

麦，每仓石价银一两九分至二两八钱三分，与上月相同。

黑豆，每仓石价银一两至一两七钱五分，与上月相同。

高粱，每仓石价银七钱二分至一两四钱三分，与上月相同。

糜米，每仓石价银五钱七分至一两七钱五分，与上月相同。

遵化州并属，价平：

粟米，每仓石价银二两九钱三分至三两七钱三分，较上月减一钱。

麦，每仓石价银三两九钱四分至四两五钱六分，较上月增一钱。

黑豆，每仓石价银二两九钱六分至五两四钱三分，与上月相同。

高粱，每仓石价银一两八钱八分至二两三钱一分，与上月相同。

糜米，每仓石价银一两五钱九分至三两二钱，与上月相同。

易州并属，价增：

粟米，每仓石价银一两四钱至三两六钱，与上月相同。

麦，每仓石价银一两八钱至四两四钱，较上月增一钱四分。

黑豆，每仓石价银一两二钱七分至五两二钱，较上月增二钱二分。

高粱，每仓石价银一两三分至二两四钱，与上月相同。

糜米，每仓石价银一两一钱九分至三两六钱，较上月增一钱。

冀州并属，价平：

粟米，每仓石价银二两六钱至四两二钱，与上月相同。

麦，每仓石价银三两至四两一钱三分，与上月相同。

黑豆，每仓石价银二两二钱至三两六钱，与上月相同。

高粱，每仓石价银一两九钱至三两，与上月相同。

糜米,每仓石价银三两一钱八分,与上月相同。

赵州并属,价增:

粟米,每仓石价银二两三钱四分至二两九钱五分,较上月增三分。

麦,每仓石价银二两二钱一分至三两七钱一分,较上月增四分。

黑豆,每仓石价银一两五钱七分至二两九钱,较上月增五分。

高粱,每仓石价银一两四钱四分至三两六分,较上月增四分。

糜米,每仓石价银二两七分至二两七钱四分,与上月相同。

深州并属,价平:

粟米,每仓石价银三两二钱至四两一钱九分,与上月相同。

麦,每仓石价银二两八钱至四两一钱,与上月相同。

黑豆,每仓石价银二两至三两三钱,与上月相同。

高粱,每仓石价银二两二钱四分至二两九钱五分,与上月相同。

糜米,每仓石价银一两二钱五分至四两,与上月相同。

定州并属,价增:

粟米,每仓石价银二两八钱五分至三两六钱二分,与上月相同。

麦,每仓石价银三两二钱九分至四两六钱,较上月增一钱五分。

黑豆,每仓石价银二两五钱至三两五分,与上月相同。

高粱,每仓石价银二两至二两七钱,与上月相同。

糜米,每仓石价银二两一钱至二两七钱五分,与上月相同。

奏为盗犯张受八等案审拟由

头品顶戴、北洋大臣、直隶总督、臣杨士骧跪奏,为盗案照章汇摘简明案由,恭折仰祈圣鉴事。

窃查,直隶寻常命盗死罪案件照章汇奏,造册送部。又经刑部奏准,如事在光绪二十七年十月以后者,乃将全案供招造册咨部等因,均经遵照在案。

兹据按察使何彦升呈称,查有晋州获贼张受八,听纠伙抢事主王侦祥等钱物,用洋枪拒放事主身死,将张受八以结伙三人以上抢夺执持洋枪之从犯斩决伤人,仍加枭示,通行拟斩立决枭示,照章改为斩立决。

又,开获贼句平,听纠持械,伙动事主邓国桢钱铺银钱、衣物,逸贼拒伤捕人平复,将句平,即构平依抢劫之案,但有一人执持洋枪在场者,不论曾否伤人,不分首从斩枭,通行拟斩立决枭示,照章改为斩立决。

又,开获贼姜蚊茂等纠伙执持洋枪行窃程兴献等钱铺,临时行强,劫得银钱、衣物,该犯段三黑在外把风。将段三黑依窃盗临行强之案,但有一人执持洋枪在场者,不分首从斩枭,通行均拟斩立决枭示,照章改为斩立决。

又,抚宁县获贼刘二听纠伙抢事主赵秉中首饰铺银圆、首饰等物,该犯上墙把风,逸贼持有洋枪。将刘二依行窃之案,但有一人执持洋枪在场者,不分首从斩枭,通行均拟斩立决枭示,照章改为斩立决。

又,行唐县获贼王赃样,听纠持械伙抢事主王志义等钱衣等物,捆缚拒伤事主平复,将王赃样依抢夺聚众三人以上,但经持械捆缚并伤事主,在场动手之犯照强盗律斩决例拟斩立决,照章改为绞立决。

又,宛平县获贼李长友独自抢夺事主巴常浒马匹,用刀拒伤事主身死,将李长友白昼抢夺杀人例拟斩立决,照章改为绞立决。

又,开获贼孙王茂,听纠持械,行劫事主朱兴家驴马衣物,逸贼拒伤事主平复,将依孙王茂强盗已行但得财者不分首皆斩律,拟斩立决,照章改为绞立决。

又,抚宁县获贼邸有,听纠伙劫事主赵清树家洋圆衣服等物,将邸有依强盗已行但得财者不分首皆斩律,拟斩立决,照章改为绞立决。

以上八案该犯等恭逢先绪三十一年十一月初九日恩诏,张受八、句平、姜蚊茂、段三黑、刘二、王赃样、李长友、孙王茂、邸有均不准查办,王赃样兼不准查办留养,业均由司提审解勘,发回分造供招清册,汇呈请奏前来。臣复核无异,除清册分咨部院外,理合遵章摘叙简明案由,恭折具陈,伏乞皇上圣鉴,敕部核复。谨奏。

宣统元年三月二十八日奉朱批:“法部议奏。钦此。”

宣统元年三月二十五日。

（台北故宫藏档,文献编号:177535）

奏为请销光绪三十四年岁修温榆河果渠村坝埽工程银两由

头品顶戴、北洋大臣、直隶总督、臣杨士骧跪奏,为请销光绪三十四年岁修温榆河果渠村坝埽等工用过银两，恭折仰祈圣鉴事。

窃查，温榆河光绪三十四年岁修果渠村坝埽等工需用银两，前已开单奏报在案。兹据通永道衡吉详称，通州平家疃汛外委承办光绪三十年分岁修温榆河果渠村坝埽加镶并挑挖淤滩等工，共用银一千四百七十六两九钱八分七厘七毫，造具册结图说呈送。该道按册复核，并无浮冒，遵照章程折给实银一千一百七两七钱四分，除赈抚留解到银一千两尽数援用外，其不敷银一百七两七钱七分在于道库淤租银内凑拨领用。将册结图说详请奏销前来，臣复核无异，除将册结图说咨部外，恭折具陈，伏乞皇上圣鉴，敕部核销。谨奏。

宣统元年三月二十八日奉朱批："该部知道。钦此。"

宣统元年三月二十五日。

（台北故宫藏档，文献编号：177536）

奏为驿站钱粮奏销由

头品顶戴、北洋大臣、直隶总督、臣杨士骧跪奏，为请销驿站钱粮，恭折仰祈圣鉴事。

窃查，直隶省驿站钱粮，前已奏销至光绪三十年止。上年接准部咨，以各省驿站钱粮报销事关统计，应将三十四年以前各年分动用钱粮赶造清册，奏咨送部核办，以便按数咨报，刊行年鉴等因，即经饬遵在案。兹据按察使何彦升呈称，顺天、永平、保定、河间、天津、正定、顺德、广平、大名、宣化等十府，并古北口驿站员外郎，暨定州、冀州、赵州、深州、易州、遵化等直隶州及所属各州县驿站旧额、新增、续增、续新增新设夫马、工料、杂支、涿州、良乡、昌平等州县新增工料，宣化府旧额马夫、工料、麦麸，应给并改归磁州、蔚州、广昌，又改归军站，暨吉阳、长清二驿，清苑、石亭、多伦诺尔，又安匠屯、王家营调拨马匹、增添夫役、工料，正定县伏城驿雇有夫马，暨天津等州县额外添设夫马并续设夫马等项工料，应自光绪三十一年起，至三十三年止，分年造册，一并奏报。

查，光绪三十一年分，共用银三十六万四千七百八十五两四钱六分七厘，扣存夫马小建留二廪粮官支等项，共银三万五千二百二十万两六分八厘。又临榆县迁安驿应付过折给车价银三万六十一两八钱，除在于预拨车价六成银一千二百两，遵照奏定新章发给一半实银六百两支用外，尚馀剩下二百三十四两二钱。又万全县应付过张家口站折给车价银六百七十一两八钱，俟准销之日饬领归垫。

又张家口、独石口并宣化府属之榆林等驿站马匹动支过本色料豆三千五百六石四斗七升五合。又榆林等驿站马匹动支过豆折银六千二百九十二两二分,麦麸价银九百五十两八钱四厘。又榆林等驿递马杠轿等共动支过米折银一千八百三十八两九钱。又张家口并云州、赤城等二驿站军夫马杠等共动支过本色米二百八十四石。

又,光绪三十二年连闰分共用一百三十九万二千七百二十七两八分三厘,扣存夫马小建留二廪粮官支等项,共百三万八千三两九钱八分五厘。又临榆县迁安驿应付过折给车价银三百六十五两八钱二分钞二分八厘,除在于预拨车价六成银一千二百两,遵照奏定新章发给一半实银六百两支用外,尚馀剩银二百三十四两一钱八分。又万全县应付过张家口站折给车价银二百四十一两五钱,俟准销之日饬领归垫。又张家口、独石口并宣化府属之榆林等驿站马匹动支过本色料豆三千七百七十四石。又榆林等驿站马匹动支过豆折银六千八百六两一分六厘,麦麸价银一千二十八两四钱六分六厘。又榆林村驿递马杠轿等夫动支过米折银一千九百八十九两一钱二分。又张家口市云顶、赤城等二驿站军夫马杠等夫动支过本色月米三百七石二斗。又光绪三十三年分共用银三十六万二千七百五十七两三钱四分扣存。夫马小建留二廪粮官支等项,共银三万七千七百六两六钱三分四厘。又临榆县迁安驿应付过折给车价银三百一十七两五钱八分,除去于预拨车价六成银一千二百两,遵照奏定新章发给一半实银六百两支用外,尚余剩银二百八十四两四钱二分。又万全县应付过张家口站折给车价银一百一十九两九钱五分,俟准销之日,饬领归垫。又张家口、独石口并宣化府属之榆林等驿站马匹动支过本色料豆三千四百九十七石二斗五升。又榆林等驿站马匹动支过豆折银六千二百七十四两二钱九分六厘,麦麸价银九百四十八两一钱一分四厘。又榆林等驿递马杠轿等夫动支过米折银一千八百三十三两七钱二分。又张家口并云州、赤城等二驿站军夫马杠轿等夫动支过本色月米二百八十三石二斗。

所有应付细数支给款项,逐一造册,遵章详请奏销,并声明此案奏销例应次年五月内造报。因光绪三十一年分交河县知县荣俊迟至三十三年十一月始据转送到司,临榆县知县谭垚迟至三十四年三月始据转送到司,核计迟延均一年以上,例有处分,该员等均已病故,应毋庸议。又此项册籍因赶造历年销册,各属册造舛错,往还驳查,以致迟逾。再六分减平银两已奉部复免扣等情前来。臣复核无异,除将清册分别送部并给事中、山西道外,理合会同兼管顺天府府尹臣陆润庠、顺天府府尹臣凌福彭恭折具陈,伏乞皇太后、皇上圣鉴,敕部核复。谨奏。

宣统元年三月二十八日奉朱批:"该部门知道。钦此。"

宣统元年三月二十五日。

（台北故宫藏档，文献编号：177537）

南和县地粮均于奏销前扫数解清，请准照例给奖由

再，查定例，州县经征钱粮，如数在三千两至二万两以上，一官经征三年，于奏销前全完者准其加一级等语。今查南和县地粮无闰之年，额征银二万三千六百二十六两二钱二分四厘；有闰之年，额征银二万四千四百三十一两三钱七分九厘。现任南和县知县妠锡章，经征光绪三十三、四两年地粮，按年扫数全完，其三十二年奏销虽系两任经征，惟该县妠锡章以正月二十六日到任，至年底正是年地粮，亦系一官照额征完。计三十二、三、四等年经征钱粮，均于奏销前扫数解清，核与三载全完请奖之例相符。据藩司崔永安详请奏奖前来。合无仰恳天恩俯准，照例给奖，以昭激劝。除分咨吏部、度支部查照外，理合附片具陈，伏乞圣鉴，训示。谨奏。

宣统元年三月二十八日奉朱批："该部门知道。钦此。"

（台北故宫藏档，文献编号：177543）

奏报津海秦王岛两关百九十二结收支银两数由（附清单一件）

头品顶戴、北洋大臣、直隶总督、臣杨士骧跪奏，为津海、秦王岛两关第一百九十二结洋税收支并旧管实存各款，缮单恭折具陈，仰祈圣鉴事。

窃查，津海、秦王岛征收洋税，截至光绪三十四年六月初二日第一百九十一结止，业经缮单奏销在案。兹据津海关道蔡绍基详称，自光绪三十四年六月初三日起至九月初六日止，按外国三个月一结，系届第一百九十二结期满，津海关除外国船只江海等关免单银八万七千六百六十二两七钱五厘，招商船只江海等关免单银八万五千九百六十八两六钱七分三厘，并未收银外，实际征收外洋及招商船只进出口正半各税、洋药税并子口税、中外船钞等银五十四万九千二十九两八钱六分五厘。又秦王岛关，除外国船只江海等关免单银八千一百五十七两五钱三分二厘并未收银外，实计征收进出口各税及船钞银二万二千一百十两九钱三分，两共收银五十七万一千一百四十两七钱九分五厘，计开支薪费款项共支发银

一百十二万二千三百九十八两五钱四毫八丝九忽,收支相抵,计不敷银五十五万一千二百五十七两七千五厘四毫八丝九忽,连同上结旧管不敷银二十七万六千十七两四钱二分一厘八毫一丝八忽九微,合计共不敷银八十二万七千二百七十五两一钱二分七厘三毫七忽九微。经该道督饬委员会同税务司详细稽核,调取收税总册校对数目,均属相符,除俟分项造册详咨外,所有津海、秦王岛两关第一百九十一结洋税收支并旧管实存各银数,开单详请核奏前来。臣复核无异,理合缮具清单,恭折具陈,伏乞皇太后、皇上圣鉴。谨奏。

宣统元年四月初六日奉朱批:"该部知道。单并发。"

宣统元年四月初三日。

(台北故宫藏档,文献编号:177687)

谨将津海、秦王岛两关第一百九十二结洋税收支并旧管实存各款缮具清单恭呈御览:

旧管:

一六成洋税不敷银三万九千三百九十二两二钱四分七厘八丝四忽九微。查一百九十、九十一两结六成不敷共挪移四成洋税银六万四千五百五十三两三钱二分九厘二毫二丝一忽九微。应俟六成洋税项下有余,即行支还,拟即毋庸接算,理合登明。

一存四成洋税银三万九千四百五十一两九钱一分一厘八毫六丝三忽,除挪垫上结六成洋税不敷银三万九千三百九十二两二钱四分七厘八丝四忽九微外,净存银五十九两六钱六分四厘七毫七丝八忽一微。

一招商局税六成不敷银一万六千八百十五两一钱八分三厘,此项银两业由四成招商税项下暂行如数挪移,应俟六成招商税项下有余,即行支还,拟即毋庸接算,理合登明。

一存招商税四成银一万六千八百四十二两五钱五厘,除挪垫上结六成招商税不敷银一万六千八百十五两一钱八分三厘外,净存银二十七两三钱二分二厘。

一存招商局税二成银一万一千七十五两六钱三分一厘。

一八分经费不敷银二十六万五千九百七十三两一钱一分一厘七毫。

一子口税不敷银二万一千二百六两九钱二分七厘八毫九丝七忽。

以上旧管项下共银一万一千一百六十二两六钱一分七厘七毫七丝八忽一微。查上结八分经费项下不敷银二十六万五千九百七十三两一钱一分一厘七毫。又子口税项下不敷银一千二百六两九钱二分七厘八毫九丝七忽。除将所存银两尽数暂行挪垫外，计尚不敷银二十七万六千十七两四钱二分一厘八毫一丝八忽九微。

新收：

一津海关收外国船只进口洋药税银五百五十二两。

一津海关收外国船只进口正税银二十一万八百五两六钱四分四厘。

一津海关收外国船只出口正税银八万八千三百八十三两八钱二分。

前三项共银二十九万九千七百四十一两四钱六分四厘。除由进口正税项下提二成增收银四万二千一百六十一两一钱二分九厘，余银二十五万七千五百八十两三钱三分五厘内，应遵照奏案提归机器局经费四成银十万三千三十二两一钱三分四厘。

一津海关收外国船只复进口半税银一万八千八百三十四两四钱五分七厘。

前四项共银三十一万八千五百七十五两九钱二分一厘，应提一分二厘倾熔火耗银三千八百二十二两九钱一分一厘。遵照部饬，每两开支六厘倾熔等费银一千九百十一两四钱五分五厘五毫，其余改解江海关发付赔款六厘银一千九百十一两四钱五分五厘五毫，八分经费银二万五千四百八十六两七分四厘，六成银十四万四千四百七十三两六钱七分三厘。内除提一成半出使经费银二万一千六百十一两五分一厘外，净六成银十二万两千四百六十二两六钱二分二厘。

一津海关收招商局船只进口洋药税银五百五十八两。

一津海关收招商局船只进口正税银一千二百四十九两八钱七分五厘。

一津海关收招商局船只出口正税银二万七千一百七十九两七钱一分一厘。

一津海关收招商局船只复进口半税银二万四千二百三十两五钱二分二厘。

前四项共银五万三千二百十八两一钱八厘。除由进口正税项下提二成增收银二百四十九两九钱七分五厘外，余银五万二千九百六十八两一钱三分三厘，应提二成银一万五百九十三两六钱二分七厘，下余银四万二千三百七十四两五钱六厘。仍按十成计算内四成银一万六千九百四十九两八钱二厘，六成银二万五千四百二十四两七钱四厘，内除遵照奏案提支一分二厘倾熔火耗银六百三十八两六钱一分七厘，遵照部饬，每两开支六厘倾熔等费银三百十九两三钱八厘五毫，其余改解江海开发付赔款六厘银三百十九两三钱八厘五毫，尚余六成银二万四千七百八十六两八分七厘，内除提一成半出使经费银三千七百十七两九钱一分三厘外，净六成银二万一千六十八两一钱七分四厘。

一钞关拨来代收洋货入内地子口税银十五万四千二百三十两五钱一分八毫。

一钞关拨来代收土货出内地子口税银四万五千六百四十八两四钱六分六厘。除钞关于前二项内提拨税司及关道各一成经费共银三万九千九百七十五两七钱九分八厘外，新关净收银十五万九千九百三两六钱八分六厘。

前二项除由洋货入内地子口税项下提二成增收银三万八百四十六两一钱四厘外，仍按洋土货所收十成计提一分二厘倾熔火耗银二千三百九十八两五钱四分八厘。遵照部饬，每两开支六厘倾熔等费银一千一百九十九两二钱七分四厘，其余改解江海关拨付赔款六厘银一千一百九十九两二钱七分四厘，下余银十二万六千六百五十八两五钱三分四厘，内除提一成半出使经费银一万八千九百九十八两七钱八分外，净余银十万七千六百五十九两七钱五分四厘。

一秦王岛关收外国船只进口正税银五千七百三十三两一钱二分七厘，除内有三十八两八钱八厘归山海关提拨外，净收银五千六百九十四两三钱一分九厘。

一秦王岛关收外国船只出口正税银七千九百七十二两八分七厘，除内有二十六两归山海关提拨外，净收银七千九百四十六两八分七厘。

前二项除归山海关提拨银两不计外，实计净收银一万三千六百四十两四钱六厘，除由进口正税项下提二成增收银一千一百三十八两八前六分四厘外，余银一万二千五百一两五钱四分二厘，内提四成备支机器局经费银五千两六钱一分七厘。

一秦王岛关收外国船只复进口半税银一千二百八十二两一钱六分八厘，除内有五百九十四两八钱一分七厘归山海关提拨外，净收银六百八十七两三钱五分一厘。

前三项除归山海关提拨银两不计外，实计净收银一万四千三百二十七两七钱五分七厘。内提一分二厘倾熔火耗银一百七十一两九钱三分三厘。遵照部饬，每两开支六厘倾熔等费银八十五两九钱六分六厘五毫，其余改解江海关拨付赔款六厘银八十五两九钱六分六厘五毫，八分经费银一千一百四十六两二钱二分一厘，六成银六千八百七十两一钱二分二厘，内除提一成半出使经费银一千三十两五钱一分八厘外，净六成银五千八百三十九两六钱四厘。

一秦王岛关收洋货入内地子口税银七千四百七十一两二钱四分九厘，除内有一千八百二十二两六钱二分六厘拨归奉天厘金外，净收银五千六百四十八两六钱二分三厘。

一秦王岛关收土货出内地子口税银一百三十九两七钱五分。

前二项除拨归奉天厘金银两不计外，实计净收银五千七百八十八两三钱七分三厘。除由洋货入内地子口税项下提二成增收银一千一百二十九两七钱二分五厘外，仍按净收十成计算应提一分二厘倾熔火耗银六十九两四钱六分。遵照部饬，每两开支六厘倾熔等费银三十四两七钱三分，其余改解江海关拨付赔款六厘银三十四两七钱三分，下余银四千五百八十九两一钱八分八厘。内除提一成半出使经费银六百八十八两三钱七分八厘外，净余银三千九百两八钱一分。

一津海关收外国船钞银一万六千五百二十两五钱五分。招商局船钞银八百十二两一钱。

一秦王岛关收外国船钞银一千九百九十四两八钱。

以上新收项下共银五十七万一千一百四十两七钱九分五厘。

开除：

一发税务司中外船只七成船钞银一万三千五百二十九两二钱一分五厘。

一支外务部三成船钞银五千七百九十八两二钱三分五厘。

一由六成洋税项下拨发税务司光绪三十四年六、七、八三个月薪工等项并加增经费银三万二千五百两。

一拨解江海关道摊还光绪三十四年八月英德洋款动用六成洋税银二万六千二百五十两，六成招商税银三万两。

一拨解江海关道摊还光绪三十四年九月俄法洋款动用六成洋税银六万两。

一由六成洋税项下拨发支应局光绪三十四年夏秋两季分海防练兵饷需银八万五千两。

一由六成洋税项下拨发北河改善河道光绪三十四年六、七、八三个月经费银一万五千两。

一由六成洋税项下发解江海关光绪三十四年六、九两月第三、四两期加放俸饷银一万两。

一由六成洋税项下找解江海关光绪三十四年濬浦经费一半银一万五千两。

一由六成洋税项下垫发接待美国舰队置备一切银八万两。

一由六成洋税项下发解度支部光绪三十四年分京饷银六万两。

一由六成洋税项下发解度支部光绪三十四年分阿尔泰地方防守经费银六万两。

一由六成洋税项下发解内务府光绪三十四年分经费银二万两。

一由六成洋税项下发解陆军部光绪三十四年上下两届陆军第一镇杂支额款银五万五千两。

一由六成洋税项下拨发税务司光绪三十四年六、七、八三个月药厘并征经费银三千两。

一拨发机器局制造经费动用四成洋税银十万五千两,四成招商税银一万五千两。

一发解江海关第一百九十二结二成增收银七万五千五百二十五两七钱九分七厘。

一发解江海关第一百九十二结税项六厘火耗银三千五百五十两七钱三分四厘五毫。

一由八分经费项下支发光绪三十四年六、七、八三个月北洋大臣衙门,及关道署津关,各项经费银一万一千六百七两一钱九分。

一由八分经费项下支发光绪三十四年六、七、八三个月秦关商埠一切经费银六千三百九两。

一由八分经费项下,提拨卫生局光绪三十四年六、七、八三个月,大沽北塘营口等出防疫医院经费银五千一百八十五两三钱二分六厘。又加拨添设医院经费银四千一百四十八两二钱六分二厘,共银九千三百三十三两五钱八分八厘。

一由八分经费项下拨发卫生局戒烟总分各所,光绪三十四年六、七、八三个月经费银四千七百四两二钱四分三厘。

一由八分经费项下支发造币北分厂应拨军医局防疫医院,自光绪三十四年三月起至五月止,购买牛犊饲料功课纸墨以及凉棚煤炭一切费用银一百九十八两九钱四分三厘,又光绪三十四年六、七、八三个月经费银七百五十四两七钱三分四厘,共银九百五十三两六钱七分七厘。

一由八分经费项下发解江海关光绪三十四年六、九两月第三、四两期加放加付两项俸饷关平补水银二百六十二两八钱八分。

一由八分经费项下发解江海关光绪三十四年六、九两月第三、四两期加放加复两项俸饷汇费银五百七十六两。

一由八分经费项下发解江海关第一百九十二结二成增收关平补水银一千二百四十两八钱八分九厘。

一由八分经费项下发解江海关第一百九十二结二成增收汇费银二千七百十八两九钱二分九厘。

一由八分经费项下发解江海关第一百九十二结税厘六厘火耗银平补水银五

十八两六钱三分。

一由八分经费项下发解江海关第一百九十二结税厘六厘火耗银汇费银一百二十八两四钱六分六厘。

一由八分经费项下找解江海关光绪三十四年滬浦一半经费关平补水银二百四十六两四钱五分。

一由八分经费项下找解江海关光绪三十四年滬浦一半经费汇费银五百四十两。

一由八分经费项下发解税务处光绪三十四年秋冬两季分办公经费银一万五千两。

一由八分经费项下垫拨农工商部光绪三十四年秋季分经费银七千五百两。

一由八分经费项下拨发外务部公所工程并电灯机器等项银九万两。

一补解度支部光绪三十二年分八分经费银二万两。

一由八分经费项下拨补一百八十四结以前洋药厘捐不敷银二万两。

一由八分经费项下拨补一百九十二结洋药厘捐支发不敷银八千五百七十九两五钱二分。

一由子口税项下拨补常税不敷银七万八百八十七两六钱八分二厘四毫八丝九忽。

一由子口税项下发解银钱所调直东军饷项银一万二千两。

一由子口税项下发解银钱所自强军饷项不敷银二万两。

一遵照部饬每两开支六厘倾熔等费银三千五百五十两七钱三分四厘五毫。

一支发一成半出使经费银四万六千四十六两六钱四分。

以上开除项下共银一百十二万二千三百九十八两五钱四毫八丝九忽。

实在：

一六成洋税不敷银三十九万三千四百四十七两七钱七分四厘,旧管不敷先后暂由四成洋税项下挪垫共银六万四千五百五十三两三钱二分九厘二毫二丝一忽九微,应俟六成洋税项下有余,即行支还,毋庸接算外,新收开除不敷上数现无款挪拨。

一存四成洋税银三千九十二两四钱一分五厘七毫七丝八忽一微,旧管净存银五十九两六钱六分四厘七毫七丝八忽一微,新收存银三千三十二两七钱五分一厘。

一招商局税六成不敷银八千九百三十一两八钱二分六厘,旧管不敷暂由四成招商税项下挪垫银一万六千八百十五两一钱八分三厘,应俟六成招商税项下有余,即行支还,毋庸接算外,新收开除不敷上数现无款挪拨。

一存招商税四成银一千九百七十七两一钱二分四厘,旧管净存银二十七两三钱二分二厘,新收存银一千九百四十九两八钱二厘。

一存招商局税二成银二万一千六百六十九两二钱五分八厘,旧管存银一万一千七十五两六钱三分一厘。新收提存银一万五百九十三两六钱二分七厘。

一八分经费不敷银四十三万九千一百两二钱七分八厘七毫,旧管不敷银二十六万五千九百七十三两一钱一分一厘七毫。新收开除不敷银十七万三千一百二十七两一钱六分七厘。

一子口税不敷银一万二千五百三十四两四分六厘三毫八丝六忽,旧管不敷银二万一千二百六两九钱二分七厘八毫九丝七忽。除将本结收支余银八千六百七十二两八钱八分一厘五毫一丝一忽尽数拨补外,计仍不敷上数。

以上实在共应存银二万六千七百三十八两七钱九分七厘七毫七丝八忽一微,共不敷银八十五万四千四十三两九钱二分五厘八丝六忽。除将所存银两尽数暂行挪垫外,计尚不敷银八十二万七千二百七十五两一钱二分七厘三毫七忽九微。此项不敷银两现无款项可以挪拨,均系暂向商号息借应付。所有应付息银,业经咨由度支部准在八分项下开支,拟俟一百九十三结届满,核算付过息银数目,开列请销,合并登明。

奏请以陆培余补芦台场大使由

头品顶戴、北洋大臣、直隶总督兼管长芦盐政、臣杨士骧跪奏,为请补场员,以资治理,恭折仰祈圣鉴事。

窃查,芦台场大使周德钊因病出缺,详经咨准部复,留归外补等因。查芦台场大使周德钊于宣统元年正月二十七日病故,应归正月分截缺,是月仅止一缺,毋庸掣签,自应查照例章,拣员请补。此次芦台场大使出缺,既准部咨,按照新章系属第二轮第二次出缺,郑工新班遇缺先无人,应用新海防遇缺先人员。兹据长芦盐运使张镇芳查,有新海防遇缺先补用大使陆培余堪以请补,详奏前来。

臣查,陆培余,年三十七岁,系江苏长洲县人,由监生遵新海防例,在江苏藩库报捐盐大使,指分长芦试用。光绪二十九年十月二十八日验看,十一月十一日经部带领引见,奉旨"照例发往。钦此。"先于二十七年遵新海防例,在江苏藩库报捐分缺先补用免试用，复遵新海防例在江苏藩库由分缺先加捐遇缺先补用免试用。二十九年十一月十四日经部核准，是月二十一日领照，十二月初八日到芦。该员年富力强，办事稳慎，以之请补，洵堪胜任，与例所属相符。合无仰恳天恩俯准该员陆培余，补授芦台场大使员缺，以资治理。谨恭折具陈，伏乞皇上圣鉴，训示。谨奏。

宣统元年四月初六日奉朱批："吏部议奏。钦此。"

宣统元年四月初三日。

（台北故宫藏档，文献编号：177688）

奏为甄别候补知县宋渭嘉由

再定例，道府以至未入流劳绩保举候补班人员，无论何项出身、何项劳绩，均应扣足一年，期满甄别。又新章内载，甄别年限应自于该员奉差之日起，扣足供差一年，确实试验，方准出考于差委事实册，送部开具等第，奏明留省补用各等语。兹查，有候补知县宋渭嘉到省一年期满，例应甄别。由藩、学、臬三司详请核办前来。臣查，该员由试用巡检于光绪三十一年二月二十日经前督臣袁世凯派充内巡捕兼管稽查队等差，于三十四年二月二十四日以知县到省，仍充原差，兼委兼禁烟局稽查委员差事。该员奉差于先，到省于后，应以光绪三十四年二月二十四到者之日起，扣至宣统元年二月二十四日，一年期满，应即甄别。该员安详稳慎，办事耐劳，堪列优等，应准留省补用。除将该员履历册并事实清册咨部外，理合附片具陈，伏乞圣鉴。谨奏。

宣统元年四月初六日奉朱批："吏部知道。钦此。"

（台北故宫藏档，文献编号：177691）

奏为报拨夏季分东陵官兵饷折等项银两

头品顶戴、北洋大臣、直隶总督、臣杨士骧跪奏，为报拨本年夏季分东陵官兵饷折等项银两，恭折仰祈圣鉴事。

窃查遵化、蓟州、丰润、玉田等四州县，供应各陵八旗官兵月饷俸、粟米折，并养育兵丁钱粮等项银两，向系按季由司专案详请题报，一面由东陵承办事务衙门派员赴司请领散放，历经遵办在案。兹据升任布政使崔永安呈称，准东陵承办事务衙门造册请领，该司按册复核原归遵化、蓟州、丰润、玉田等四州县，宣统元年夏季分供应各陵八旗官兵饷、米折并孤寡养赡、养育兵丁钱粮等项，共银六千二十五两五钱二分五厘，改给八成实银四千八百二十两四钱，核与历年成案相符，应请在于司库地粮银内动拨，由司分开清单，详请核奏，并声明陵工员役增减无定，难以预计，应照急需钱粮之例，一面具奏，一面先行拨给，领回散放。其实在支领数目统于奏销案内核实销算，多则解还，不敷找给等情前来。臣复核无异，除清单咨部外，理合恭折具陈，伏乞皇上圣鉴，敕部核复。谨奏。

宣统元年四月初六日奉朱批："该部知道。钦此。"

宣统元年四月初三日。

（台北故宫藏档，文献编号：177692）

奏报牛庄、秦王岛两关第一百九十三结洋税收支数目由

头品顶戴、北洋大臣、直隶总督、臣杨士骧跪奏，为牛庄、秦王岛两关第一百九十三结洋税收支各数，缮单恭折，仰祈圣鉴事。

窃查，牛庄海关洋税收支各数已截至一百九十二结，奏销在案。兹据奉锦山海关道周长龄详称，自光绪三十四年九月初七日起至十二月初九日止，系届第一百九十三结期满，计牛庄海关征收各洋船进出口正税、洋药税、复进口半税、洋土货子口税、船钞、招商局船进出口正税、复进口半税，光绪三十四年分内河进出口税、六厘火耗、改拨边防经费、奉饬归还新案赔款、练饷扣平、遵饬收回练军添购枪枝子弹价值运费，并秦王岛海关进出口正税、复进口半税、土货出关入内地子口税、六厘火耗、改拨边防经费、奉饬归还新案赔款等项，共银三十二万七千八百二十两一钱二分九厘八毫二丝七忽二微。计除由日本交还税款六成项下动支善后经费、练军添置枪枝子弹价值运费，并照章由华洋税款四成项下拨解北洋防费、加放俸饷、改还洋款六成项下提拨出使经费、英德洋款、税司经费、奉天军饷、练军薪公饷乾、倾镕火耗、边防经费、奉饷、归还新案赔款、洋税核扣八分作为海关经费。又奉准自本结起，由华洋船洋货进口税正税、子口税项下按照百分提出三十五分作为新增洋税，归还新案赔款，并由光绪三十三、四两年分内河进出口税拨解移驻东省军队加给饷乾、拨给税司七成船钞。秦王岛关洋土各税、支给税司一成经费、核扣八分经费、倾镕火耗、边防经费、改还赔款、洋货进口正税项下

按照百分提出三十五分作为新增洋税、归还新案赔款、土货出关入内地子口税、划抵常税正额等项,共银三十三万四千三百十三两七钱四分二厘九毫九丝二微,连旧管共费存银十二万八千四百九十五两九钱七分八厘六毫五丝五忽五微,开具清册,详请奏咨前来。臣复核无异,理合缮单恭折具奏,伏乞皇上圣鉴。谨奏。

宣统元年四月初七日奉旨:"该部知道,单并发。钦此。"

宣统元年四月初四日。

(台北故宫藏档,文献编号:177720)

清单

谨将牛庄、秦王岛两关第一百九十三结洋税收支并旧管实存各款缮具清单,恭陈御览。

旧管:

一存日本交还税款四成银五千三百六十一两四钱五分二厘。

一存日本交还税款六成银五万五千三百七十三两七钱一分五厘八毫六丝七忽三微。

一存六成洋税银一万九千五百五十七两三钱七分四厘六毫九丝一忽三微。

一存六成招商局税银一万九千四百五十六两八钱五分六厘三毫二丝八忽八微。

一存洋货入内地子口税银四千八十一两一钱五厘。

一存土货出内地子口税银三百四十四两二钱四分八厘。

一存内河进口税银四千六百五十三两八钱八分一厘。

一存内河出口税银一万三千三百八十四两九钱五分。

一存练饷扣平银五千六百八十三两九钱七分一厘六毫一丝五忽五微。

一存练军添制雨衣鼓号军服等项扣平银三百三十二两六钱二分七厘九毫三丝九忽。

一存遵饬收回招募练军核减募费银八十七两三钱八分四厘。

一存遵饬收回核减练军号目号兵津贴银一百七十五两。

一存秦王岛海关洋税银三百四两七分五厘四毫六丝四忽六微。

一存秦王岛海关四成洋税银四千二百四十四两二钱一分七厘二毫。

一存秦王岛海关六成洋税银一千二十七两七钱六分三厘四毫七丝二忽六微。

一存秦王岛海关八分经费一百十一两八钱九分三厘二毫八丝。

一存秦王岛海关营口练军添制军服等项扣平银八百十三两七分五厘九毫五丝九忽四微。

以上旧管项下共银十三万四千九百八十九两五钱九分一厘八毫一丝八忽五微。

新收：

一收各洋货进口正税银七万五千四百三十五两九钱九分九厘。查此款详奉核准自本结起按照百分核算提出三十五分作为新增洋税、归还新案赔款，即提出前项新增洋税二万六千四百二两五钱九分九厘六毫五丝，其馀银四万九千三十三两三钱九分九厘三毫五丝，仍遵历经奏案划分四成六成，合并声明。

一收进口洋药税银八万六千三百十两九钱一厘。

一收各洋船出口正税银十五万四千九百二十两七钱二分。

一收各洋船复进口半税银一万八千五百七十一两五钱一厘。

一收各洋船钞银九千三百五十四两八钱。

一收洋货入内地子口税银二千五百八两一钱八厘。查此款详奉核准自本结起按照洋货进口正税办法，按照百分核算提出三十五分作为新增洋税、归还新案赔款，即提出前项新增洋税八百七十七两八钱三分七厘八毫，其馀银一千六百三十两二钱七分二毫，汇入历结洋货子口税银项下存候指拨。

一收土货出内地子口税银五十三两七钱四分六厘。

一收招商局船进口正税银二千六百一两九钱四分一厘。查此款详奉核准自本结起按照百分核算提出三十五分作为新增洋税、归还新案赔款，即提出前项新增洋税九百十两六钱七分九厘三毫五丝，下馀银一千六百九十一两二钱六分一厘六毫五丝，仍遵历经奏案划分四成六成，合并声明。

一收招商局船出口正税银二万四千三百十八两二钱八分一厘。

一收招商局船复进口半税银八千一百十二两二钱二分六厘。

一收光绪三十四年内河进口税银四千六百三十七两七钱六分二厘。

一收光绪三十四年内河出口税银一万五千三百四十九两七钱九分厘。

一收洋税招商局税每两扣提六厘倾镕火耗改拨边防经费银一千七百十九两三钱六分九厘一毫三丝二忽。

一收营口练军，自光绪三十四年九月初一日起至十一月底止，计三个月饷乾等项扣平银三百六十八两九钱六分九厘七丝五忽二微。

一遵饬收回上结由洋税六成项下支给营口练军添购新式枪枝子弹价银七千七百十四两二钱一分六厘六毫。此款归入六成洋税案内存储。

一遵饬收回上结由洋税六成项下支给营口练军领运枪枝子弹运费等项银三百二十六两二钱一分六厘六毫。此款归入六成洋税案内存储。

一收秦王岛海关进口正税银六百九十六两六钱一分六厘。此款援照牛庄海关办法提出百分三十五分为新增洋税,下馀银两仍照向章划分四成六成。

一收秦王岛海关出口正税银三百八两九钱五分。

一收秦王岛海关复进口半税银六百三十三两八钱一分四厘。

一收秦王岛海关土货出关入内地子口税银一百三十九两九钱一分。

一收秦王岛海关每两扣提六厘火耗改拨边防经费、奉饬归还新案赔款银九两八钱三分二厘二丝。

以上新收项下共收银三十二万七千八百二十两一钱二分九厘八毫二丝七忽二微。

开支:

一支日本交还税款六成项下拨给营口善后银三万两。

一支日本交还税款六成项下拨给营口练军购买新式枪枝子弹价银七千七百十四两二钱一分六厘六毫。

一支日本交还税款六成项下拨给营口练军领运枪枝子弹运费等项银三百二十六两二钱一分六厘六毫。

一支洋税四成项下拨解北洋防费银七万五千七百九十六两四分七厘七毫四丝。

一支招商局税四成项下拨解北洋防费银一万三千六百四十九两一钱七厘四毫六丝。

一支洋税四成项下拨解江海关加放俸饷、改还新案赔款银六千两。

一支洋税四成项下拨解江海关一成半出使经费银一万七千九百四十四两四钱三厘八毫四丝七忽三微。

一支招商局税六成项下拨解江海关一成半出使经费银二千二百九十二两四钱二厘四毫三丝八忽九微。

一支洋税六成项下拨解江海关,光绪三十四年十一月分,英德洋款银九千三百七十五两。

一支洋税六成项下拨给税司一百九十三结经费银二万三千两。

一支洋税六成项下拨解光绪三十四年分奉天官饷银四万两。

一支洋税六成项下支给营口练军,自光绪三十四年九月初一日起至十一月底止,计三个月薪公饷乾等项银一万一千五百三十两二钱八分三厘六毫。

一支洋税六成项下拨给银号每两税款扣支六厘倾镕火耗银一千五百九两一钱六分八厘四毫四丝四忽。

一支招商局税六成项下拨给银号每两税款扣支六厘倾镕火耗银二百十两二钱六毫八丝八忽。

一支洋税六成项下扣提六厘火耗改拨边防经费、奉饬归还新案赔款银一千一百八十二两四钱二分六厘五毫八丝八忽。

一支招商局税六成项下扣提六厘,火耗改拨边防经费奉饬归还新案赔款银一百三十九两三钱一分六厘九毫六丝四忽。

一支洋税六成项下提支每两税款核扣八分,作为海关经费银一万九千九百十七两一钱三分七厘六毫。

查,本结计支道厅养廉委员书役薪公以及各项杂支,共银五千五百四十八两七钱五分五厘四毫八丝一忽七微。运脚解费七千八百八十六两九钱三分五厘七毫四丝六忽九微。统共实支海关经费银一万三千四百三十五两六钱九分一厘二毫二丝八忽六微,计馀剩银六千四百八十一两四钱四分六厘三毫七丝一忽四微。再,上结销册尚不敷银一千八百九十四两三钱三分七厘四毫一丝八微,应由此结馀剩项下如数拨销外,净馀海关经费银四千五百八十七两一钱八厘九毫六丝六微,应俟四结期满,此款是否盈绌,再行分别列收,合并声明。

一支洋船进口洋货正税项下提出三十五分新增洋税拨解江海关新案赔款银二万六千四百二两五钱九分九厘六毫五丝。

一支洋货入内地子税项下提出三十五分新增洋税拨解江海关新案赔款银八百七十七两八钱三分七厘八毫。

一支招商局船进口洋税项下提出三十五分新增洋税拨解江海关新案赔款银九百十两六钱七分九厘三毫五丝。

一支光绪三十四年分征收内河进出口税银项下拨解移驻东省军队加给饷银一万九千九百八十六两八钱四分一厘。

一支拨给税务司七成船钞银六千五百四十八两三钱六分。

一支秦王岛海关洋土各税支给税司一成经费银一百七十七两八钱五分

八厘。

一支秦王岛海关洋税六成项下提支洋税，每两核扣八分经费银一百三十一两九分三厘六毫。

一支秦王岛海关本结八分经费，不敷动支旧管项下经费银六十六两九钱六厘四毫。

一支秦王岛海关洋税六成项下，每两洋税拨给银号六厘倾镕火耗银九两八钱三分二厘二丝。

一支秦王岛海关洋税六成项下扣提六厘火耗改拨边防经费奉饬归还新案赔款银九两八钱三分二厘二丝。

一支秦王岛海关洋货出口正税项下提出三十五分新增洋税拨解江海关新案赔款银二百四十三两八钱一分五厘六毫。

一支秦王岛海关土货出关入内地子口税项下划抵常税正额银一百二十五两九钱一分九厘。

以上开支项下共银三十三万四千三百十三两七钱四分二厘九毫九丝二微。

实存：

一存日本交还税款四成银五千三百六十一两四钱五分二厘。

一存日本交还税款六成银一万七千三百三十三两四钱九分九厘二毫六丝七忽二微。

一存六成洋税银四万三千七百七十八两一厘九毫六丝六微。

一存六成招商局税银三万七千二百十七两七钱一分三厘七毫三忽九微。

一存洋货入内地子口税银五千七百十一两三钱七分五厘二毫。

一存土货出内地子口税银三百九十五两九钱九分四厘。

一存三成船钞银二千八百六两四钱四分。

一存练饷扣平银六千五十二两九钱四分六毫九丝七微。

一存练军添制雨衣鼓号军服等项扣平银三百三十二两六钱二分七厘九毫三丝九忽。

一存遵饬收回招募练军，核减募费银八十七两三钱八分四厘。

一存遵饬收回，核减练军号目号兵津贴银一百七十五两。

一存边防经费奉饬归还新案赔款银一千七百十九两三钱六分九厘一毫三丝二忽。

一存秦王岛海关洋税银三百四两七分五厘四毫六丝四忽六微。

一存秦王岛海关四成洋税银四千五百四十八两九钱一分七厘三毫六丝。

一存秦王岛海关六成洋税银一千八百三两二钱九分三厘七丝二忽六微。

一存秦王岛海关八分经费四十四两九钱八分六厘八毫八丝。

一存秦王岛海关扣提六厘火耗改拨边防经费奉饬归还新案赔款银九两八钱三分二厘二丝。

一存秦王岛海关营口练军添制军服等项,扣平银八百十三两七分五厘九毫五丝九忽四微。

以上实存共银十二万八千四百九十五两九钱七分八厘六毫五丝五忽五微。

朱批:"览。"

奏报考核候补道叶增涛及补用道任凤苞二员由(折片)

再,道府州县无论候补试用人员,应自到省之日起予限一年,详加察看,出具切实考语,奏明补用,又新章内载,嗣后甄别年限应自各该员奉差之日起,扣足供差一年,确实试验,方准出考于差委事实册,送部开具等第,奏于留省补用各等语。兹查省候补道叶增涛、补用道任凤苞二员均到省一年期满,例应甄别。据藩、学、臬三司详请核办前来。

臣查,叶增涛于光绪三十三年十一月初六日到省,十二月初六日委办臣署文案,是月十六日到差,计自到差之日起,扣至三十四年十二月十六日,供差一年期满,应即甄别。该员办事稳慎,事理通达,堪列优等。又查,任凤苞于光绪三十三年十月二十八日到省,三十四年二月十六日委充洋务局会办并津浦铁路北段总局帮办及兼办北段购地局各差使,计自三十四年二月十六日奉差之日起,扣至宣统元年二月十六日供差一年期满,应即甄别。该员精明干练,才具优长,堪列优等。除将该员等履历册,并差委事实清册咨部外,理合附片具陈,伏乞圣鉴。谨奏。

宣统元年四月初六日奉朱批:"吏部知道。钦此。"

(台北故宫藏档,文献编号:177689)

奏为筹拨北洋陆军闰二月饷银由

头品顶戴、北洋大臣、直隶总督、臣杨士骧跪奏，为筹拨宣统元年北洋陆军闰二月饷银，恭折具陈，仰祈圣鉴事。

窃照北洋陆军二、四两镇饷项，历年援案奏拨，计第二镇底饷银一百六十四万两，第四镇底饷银一百五十万两。常年仅敷开支，遇闰之年，每镇即请照案加拨银十万两。查光绪三十二年闰月应需加饷银，曾经部拨有案。本年闰二月两镇应加饷银二十万两，臣于上年十二月曾经奏明临时另筹，并咨部在案。惟闰月饷需关系计授，自应设法腾挪，以期无误军糈。当经饬据长芦盐运使在于运库征收北引将士加赏项下，筹拨库平银二十万两，解局应用。此项饷银应请汇案造报，作正开销。除分咨外，理合恭折具陈，伏乞皇上圣鉴，敕部立案。谨奏。

宣统元年四月初七日奉朱批："该部知道。钦此。"

宣统元年四月初四日。

（台北故宫藏档，文献编号：177721）

奏报考核补用知府袁乃宽、候补知县胡中英、袁文彦等三员由（折片）

再，劳绩保举候补班人员，无论何项出身、何项劳绩，均应扣足一年，期满甄别。又新章内载，甄别年限应自于该员奉差之日起，扣足供差一年，确实试验，方准出考于差委事实册，送部开具等第，奏明留省补用各等语。兹查者有补用知府袁乃宽、候补知县胡中英、袁文彦等三员，均到省供差一年期满，例应甄别，由藩、学、臬三司详请核办前来。

臣查，袁乃宽于光绪三十三年十月二十四日到省，未到省以前已委办朝鲜交涉文案，并武卫右军、粮饷局、顺直赈捐局等项差使，现派北洋陆军粮饷局提调。该员奉差在先，到省在后，应自光绪三十三年十月二十四日到省之日起，至三十四年十月二十四日，供差一年期满，应即甄别。该员才具练达，综核精详，堪列优等。

又查，胡中英，由北河县丞，劝办顺直赈捐出力，奏保充补县丞，以知县仍原原省补用，经部核准，于光绪二十九年七月十六日奉旨，应以七月三十日作为知县到省日期。三十年委办天津杨柳青镇保甲，二月十一日到差，嗣于三十一、三十三等年,先后委办天津府局发审,并天津县局帮审。现充天津地方审判厅审判官各差使。该员到省在先,奉差在后,应自光绪三十年二月十一日到差之日起,扣至三十一年二月十一日,供差一年期满应即甄别该员独自安详、任事勤慎、堪列优等。

又查袁文彦,于光绪三十三年十一月二十四日到省,惟该员未到省,以前已派充北洋陆军粮饷局文案,系奉差在先到省在后,应自光绪三十三年十一月二十四到省之日起,扣至三十四年十一月二十四日,供差一年期满,应即甄别。该员年富力强、认真办事、堪列优等,均应留省补用。除将该员等履历并事实清册咨部外,理合附片具陈,伏乞圣鉴。谨奏。

宣统元年四月初六日奉朱批:"吏部知道。钦此。"

(台北故宫藏档,文献编号:177690)

奏为前署密云县知县陆嘉藻缴清未完银两请予开复由

再,前署密云县知县陆嘉藻交代案内未清自解田房税等项银五百九十三两四钱一分三厘,前因屡催未解,经臣援案会同奏请摘去顶戴,勒限两月照数完缴,声明依限缴清,另请开复,倘逾限未完,或完不足数,再请查抄家产备抵在案。兹据该员陆嘉藻将前项未清银两,依限照数完解司库清款,由藩司崔永安详请开复前来。臣查,该员陆嘉藻亏欠交款,既于奏参后全数解清,尚知愧奋,应请旨俯准开复前署密云县知县陆嘉藻原参摘顶处分,以昭激劝。除咨部外,理合会同兼管顺天府府尹臣陆润庠、顺天府府尹臣凌福彭附片具陈,伏乞圣鉴,敕部查照。谨奏。

宣统元年四月初七日奉朱批:"著照所请,该部知道。钦此。"

(台北故宫藏档,文献编号:177722)

奏为补用守备薛安迭著战功请留直按原保官阶补用由(折片)

再,花翎都司衔尽先补用守备薛安,前投新疆军营随剿陕西回匪,及来直隶防营剿办拳土各匪,迭著战功,历保花翎都司衔尽先补用守备,于营务地方情形均甚熟悉,应请留直按照原保官阶班次补用。除该员履历清册前已咨部外,理合附片具陈,伏乞圣鉴,敕部查照。谨奏。

宣统元年四月初七日奉朱批："该部知道。钦此。"

（台北故宫藏档，文献编号：177723）

奏为代奏大名镇李进才谢署正定镇总兵恩由

头品顶戴、北洋大臣、直隶总督、臣杨士骧跪奏，为据情代奏，叩谢天恩，恭折仰祈圣鉴事。

窃据正任大名镇总兵、署正定镇总兵李进才，奉委署理正定镇总兵，遵于闰二月十七日到任，准前署总兵马廷襄移交关防文卷前来，当即恭设香案，望阙叩头谢恩，祗领任事。伏念进才一介武夫，粗谙军略，领偏师于畿辅，愧无尺寸之功，膺专阃于天碓，未效涓埃之报。兹复委权正定镇篆，地当冲要，责任操防，自顾驽庸，深虑弗克胜任。惟有剪除积习，弗怀五日京兆之心，慎饬戎行，弥廑十驾驰驱之志，以冀仰答高厚鸿慈于万一。所有感激下忱，暨到任日期，呈请代奏叩谢天恩等情前来，理合恭折据情代奏，伏乞皇上圣鉴。谨奏。

宣统元年四月初七日奉朱批："知道了。钦此。"

（台北故宫藏档，文献编号：177724）

奏为审明命盗各犯刘小城等案定拟摘由汇陈

头品顶戴、北洋大臣、直隶总督、臣杨士骧跪奏，为命盗各案照章汇摘简明案由，恭折仰祈圣鉴事。

窃查，直隶寻常命盗死罪案件，照章汇奏，造册送部。又经刑部奏准，如事在光绪二十七年十月以后者，仍将全案供招造册咨部，又奏准新章，应入秋审人犯，若系例实及实缓矜留、暂难确定，仍照旧章归入秋审核办等因，均经遵照在案。

兹据按察使何彦升详称，查有晋州民人刘小城，因挟无服族侄刘添蕊霸奸之嫌，纠邀前获拟结之刘小妹等谋杀刘添蕊身死亡，弃尸不失，将刘小城，即刘浔成，依杀人造意者斩律拟斩监候，照章改为绞监候，脱逃已逾三年，例应改为立决。造逢恩诏，不准援免，唯免逃罪，仍应监候，秋后处决。

又，祁州人陈领儿，因听从图得车骡，谋杀杨石儿身死，该犯并未加功。将陈领儿依图财害命得财而杀人命，从而不加功者斩候例拟斩监候，照章改为绞监候,秋后处决。

又,丰润县民人陈顺,因傅钟贤向伊对换马匹不允,口角争殴,该犯用洋斧将其砍伤倒地。傅钟贤骂称定行杀害,并喊傅鸿元帮助。该犯恐两人难敌,且忆及屡被欺侮,起意故砍傅钟贤身死,并伤傅鸿元平复,将陈顺依故杀律拟斩监候,照章改为绞监候,秋后处决。

又,宣化县获匪任当库,与同姓不宗之任后寸,听纠途抢得赃后,因索欠,口角争殴,用刀砍任后寸倒地后,因被骂,并称伤痊杀害,起意故砍任后寸身死。将任当库依故杀律拟斩监候,照章改为绞监候,秋后处决。

又,多伦厅革役梁箴山因妒奸,听从本夫谋杀王济元身死,为从加功,并尹王氏在场并未加功。奸妇张李氏不知情,将梁箴山依谋杀人从而加功者绞候例拟绞监候,秋后处决。尹王氏、张李氏分别拟以杖枷。

又,成安县狱贼胡保的等,听纠行窃事主丁叶堂家,未得财逃走,被获,图脱用刀拒伤事主平复。将胡保的,即胡全保,依窃盗未得财逃走,被追拒捕伤人未死,如刀伤者首犯绞候例拟绞监候,秋后处决。刘从洮闻喊先逃,依例减等拟徒。

又,宝坻县民人齐梦黉,向无服兄齐存善还账,因齐存善写账糊涂,理论口角,致相争殴,用尖刀等械扎伤齐存善身死,将齐梦黉依斗杀律拟绞监候,秋后处决。

又,束鹿县民人苏扎活等,因赵栓住赴伊窝留之娼妇沨茞屋内滋扰,往劝不服,口角争殴,用尖刀等械共殴赵栓住,致伤身死,将苏扎活,即苏扎贺,又名苏清明,依共殴人致死下手致命伤重者律拟绞监候,秋后处决。贺二墩从重依窝顿流娼为日无几例,拟以枷杖。该犯等适逢光绪三十年正月十五、三十四年十一月初九等日恩诏,除刘小城前已声明,准免逃罪仍监候外,陈领儿等均不准援免,陈顺应否酌缓,听候部议。胡保的、齐梦黉、苏扎活均酌入秋审缓决,梁箴山等案内尹王氏等均准援免。

以上八起均系应入秋审之案,业由司逐起提审解院委勘,发回分造供招清册,汇呈请奏前来。臣复核无异,惟成安县获贼胡保的案内刘从洮一犯,现据该县续报在监病故,已批司取结,另文详咨。除清册分咨部院外,理合遵章摘叙简明案由,恭折具陈,伏乞圣鉴,敕部核复。谨奏。

宣统元年四月十五日奉朱批:"法部议奏。钦此。"

宣统元年四月十三日。

(台北故宫藏档,文献编号:177888)

奏为报拨各陵寝员役俸饷米折等项银两

头品顶戴、北洋大臣、直隶总督、臣杨士骧跪奏，为报拨本年春季连闰分供应各陵员役俸饷米折等项银两，恭折具陈，仰祈圣鉴事。

窃据布政使崔永安详称，玉田县供应定陵、定东陵并顺水峪暨禧妃园寝员役俸饷、米折、豆草、车价等项银两，向系按季专案详请题报，一面由该县赴司领回供应，历经遵办在案。兹据玉田县请领宣统元春季连闰分供应定陵、定东陵并顺水峪暨禧妃园寝员役俸饷、米折、豆草、车价等项，共银七千七百七十三两九分七厘，改折八成实银六千二百一十八两四钱七分七厘，内扣豆草、车价六分部平银六十两七钱七分，实发银六千一百五十七两七钱七厘，核与历办成案均属相符，应请在核司库地粮银两动拨分晰，开具清单，详请核奏，并声明陵工员役增减无定，难以预计，应照急需钱粮之例先行拨给，其实在支领数目统归奏销案内核实销算，多则解还，不敷找给等情前来。臣复核无异，除清单咨部外，理合恭折具陈，伏乞皇上圣鉴，敕部核复。谨奏。

宣统元年四月十五日奉朱批："该部知道。钦此。"

宣统元年四月十三日。

（台北故宫藏档，文献编号：177889）

奏为报拨宣统元年春季分定东陵差役钱粮等款

头品顶戴、北洋大臣、直隶总督、臣杨士骧跪奏，为报拨本年春季连闰分普陀峪定东陵差役俸饷、米折等项银两，恭折仰祈圣鉴事。

据布政使崔永安详称，玉田县供应普陀峪定东陵添设差役人等钱粮、米折等项银两，向系由司专案详请题拨，一面由该县赴司请回供应，历经遵办在案。今据玉田县请领宣统元年春季连闰分供应普陀峪定东陵差役人等钱粮、米折等项，共银七百一十八两，改发八成实银五百七十两四钱，核与历届成案相符，应请在于司库地粮银内动拨，由司分开清单，详请核奏并声明，陵工员役增减无定，难以预计，应照急需钱粮之例一面具奏，一面先行拨给领回散放。其实在支领数目统归于奏销案内核实销算，多则解还，不敷找给等情前来。臣复核无异，除清单咨部外，理合恭折具陈，伏乞皇上圣鉴，敕部核复。谨奏。

宣统元年四月十五日奉朱批："该部知道。钦此。"

宣统元年四月十三日。

（台北故宫藏档，文献编号：177890）

奏请将宣化镇标多伦协右营守备穆兴云革职以便归案（折片）

再，多伦厅民人王蓝田在山被杀身死一案，因该厅守备穆兴云查拿王蓝田在先，恐有知情谋害情事，前饬口北道提审未结，复提省发交保定府审办。兹据该府屡讯，该守备穆兴云供词狡托，由臬司详请参革审办前来。相应请旨，将宣化镇标多伦协右营守备穆兴云先行革职，以便归案审办。理合会同直隶提督姜桂题附片具陈，伏乞圣鉴，训示。

再，所遗宣化镇标多伦协右营守备员缺，直隶现有应补人员，应请留归外补，合并声明。谨奏。

宣统元年四月十五日奉朱批："著照所请，该部知道。钦此。"

宣统元年四月十三日。

（台北故宫藏档，文献编号：177891）

奏请以马廷襄调补督标中军副将（折片）

再，臣标军中副将梁永福病故，遗缺系陆路题调之缺，经臣奏请以开州协副将马廷襄调补，接准部复，以该员马廷襄奏补开州协副将，曾经调引，尚未赴部，不得作为现任实缺副将，碍难奉准等因。臣查，开州协副将马廷襄，现年四十七岁，河南项城县人，由武进士花翎侍卫当差，期满，选补天津镇右营游击。直境土匪渐次平定及驻京缉捕出力各等因，力保以副将尽先补用。奏开游击底缺，补开州协副将，经部复准，奏署正定镇篆务，未及赴部引见。现已交卸镇篆，给咨赴经部，带领引见，发给札付，祗领在案。该员老成谙练，办事认真，以之调补臣标中军副将，定堪胜任，与例相符。合元仰恳天恩俯准调补，以裨营伍。除履历清册前已送部外，里合附片具奏，伏乞圣鉴，训示。

再，所遗开州协副将员缺，直隶现有应补人员，并请留归外补。谨奏。

宣统元年四月十五日奉朱批："陆军部议奏。钦此。"

奏为本届秋审已饬委崔永安等代为提勘（折片）

再，近年秋审人犯，因臣驻津，均委在省司道代勘。本届审录之期，清河道李树棠出省督办河工，臣已照案饬委藩司崔永安、臬司何彦升代为提勘，由臣逐案复核具奏，理合附片陈明，伏乞圣鉴。谨奏。

宣统元年四月十五日奉朱批："知道了。钦此。"

（台北故宫藏档，文献编号：177893）

奏陈命犯刘汝得等案汇奏由

头品顶戴、北洋大臣、直隶总督、臣杨士骧跪奏，为命案照章汇摘简明案由，恭折仰祈圣鉴事。

窃查，直隶寻常命盗死罪案件，照章汇奏，造册送部。又刑部奏准，如事在光绪二十七年十月以后者，仍将全案供招，造册咨部。又奏准新章，应入秋审人犯，系入缓决者，定案具奏时，妥拟确实出语，声明酌入缓决等因，均经遵照在案。

兹据按察使何彦升呈称，查有蓟州牌头刘汶得，因向句万成派还借垫摊捐赔款，句万成拒不认捐，争吵后途遇催问，口角争殴，用扑枪扎伤句万成身死。将刘汶得依斗杀律，拟绞监候。

又，怀来县民人程得章，因找同姓不宗程绪昌之弟程绪照索讨前借雨布，未晤，途遇程绪昌，令其捎信，口角争殴，用剃刀扎伤程绪昌，越日身死。将程得章依斗杀律，拟绞监候。

又，宣化县民人潘渚，因冀明谦阻伊引水浇地，口角争殴，同铁锹戳殴冀明谦致伤，越日身死。将潘渚依斗杀律，拟绞监候。

又，鸡泽县民李二的，因无服族兄李有才家癫狗咬毙猪只，许赔未偿，催问口角，致相争殴，用砖块掷伤李有才，越日身死。将李二的依斗杀律，拟绞监候。

又，晋州民人王澜汶，因同姓不宗之王小保假冒伊父经纪为人评价，向理争殴，用木棍殴伤王小保身死。将王澜汶依斗杀律，拟绞监候。

又，蒿城县民人尹苌命，因向王福春索欠被斥，口角争殴，用夺获尖刀扎伤王福春身死。将尹苌命依斗杀律,拟绞监候。

又,威县民人张溃生,因赵振禄挟伊不肯作保之嫌,屡向滋闹后途遇辱骂,互相争殴,用铁斧砍伤赵振禄,越日抽风身死。将张溃生依斗杀律,拟绞监候。

又,磁州秋审绞犯孙恒和,前犯斗杀拟绞入缓,因犯母误信犯兄病故,经查办留养保释,现犯兄由外回家,该犯不准留养,将孙恒和仍照原拟依斗杀律,拟绞监候。

该犯等恭逢光绪三十四年十一月初九日恩诏,刘汶得、程得章、潘渚、刘二的、王澜汶、刘苌命、张溃生、孙恒和均准援免,孙恒和毋庸重追埋银,馀均照例追给领营葬。

以上八案,业经由司提审,解勘发回,分造供招清册,汇呈请奏前来。臣复核无异,除清册分咨部院外,理合照章摘叙简明案由,恭折具奏,伏乞皇上圣鉴,敕部核复。谨奏。

宣统元年四月二十五日奉朱批:"法部议奏,片三件并发。钦此。"

宣统元年四月二十四日。

(台北故宫藏档,文献编号:178093)

奏为报拨宣统元年夏季分西陵养育兵丁银两

头品顶戴、北洋大臣、直隶总督、臣杨士骧跪奏,为报拨本年春季分西陵八旗养育兵丁钱粮银两恭折仰祈圣鉴事。

窃据布政使崔永安呈称,易州供应西陵八旗养育兵丁应需钱粮,向系按季专案详请题拨,历经遵办。又于光绪二十九年二月十九日转准户部议复,守护西陵大臣载润等奏,庄顺皇贵妃位前四旗兵丁生齿日繁,请添设恩缺养育兵四分一折,奉旨"依议,钦此"等因,行知到司,当经转行遵照详明,按季拨发在案。兹据易州请领宣统元年夏季分养育兵五十六名,每名季支银四两五钱,共银二百五十二两;又新添养育兵四名,每名季支银四两五钱,共银十八两,以上共银二百七十两,照章改折八成实银二百十六两,复核数目相符,应在司库地粮银内照数动拨给发,按照新章详奏前来。臣复核无异,除咨部查照外,理合恭折具陈,伏乞皇上圣鉴,敕部核复。谨奏。

宣统元年四月二十七日奉朱批:"该部知道。钦此。"

宣统元年四月二十四日。

(台北故宫藏档,文献编号:178091)

奏为通永道征收三十三年分木税银两动用数目由

头品顶戴、北洋大臣、直隶总督、臣杨士骧跪奏，为通永道征收光绪三十三年正月起至年底止木税银两，并动用数目，恭折仰祈圣鉴事。

窃查通永道所管板木船窑等税，每年应征收正额银七千一百十五两零，盈余银三千九百两，共应征正额盈余银一万一千六百八两零，酌加一成耗银两作为各口税局公费并解部科饭银之用，倘有不敷，由该道随时捐发，不准另请开销，历经遵办在案。

兹据通永道衡吉呈称，该前署道张孝谦并该道自光绪三十三年正月初一日起至年底止，共收税银二千八百一两四钱六分，遵照定章，免征各项官工需用木植并船料税银一千七百三十一两三钱五分三厘，又免征铁路道木税银九百八十五两二钱四分，又免征电报线杆税银八百六十三两六钱八分，又免征外国商人雇用中国船艇不输船钞银四千九百一十二两九钱二分，统共实征免征银一万一千二百九十四两六钱五分三厘。又随解一成耗银二百八十两一钱四分六厘，例应动支各口收税委员、书役饭食、纸张等项公费之用。今收一成耗银，不敷拨给，已由前署道张孝谦并该道随时捐发。此外，尚有应解部科饭银六百八两，亦经捐廉，批解造册，详请具奏前来。臣复核无异，除清册咨部外，理合遵照新章恭折具陈，伏乞皇上圣鉴，敕部核复。谨奏。

宣统元年四月二十七日奉朱批："该部知道。钦此。"

宣统元年四月二十四日。

（台北故宫藏档，文献编号：178092）

奏陈命案陈宝坤等案汇陈由（折片）

再，据按察使何彦升呈称，查有永清县民人吴宝坤，因王三向其索欠，口角争殴，用夺获尖刀扎伤王三，越日身死。将吴宝坤依斗杀律拟绞监候。

又，天津县民人李洛，因向杨杨氏索欠，不给，口角争殴，用尖刀并手扎推杨杨氏，致伤身死，弃尸不失，将李洛，即李殿莨，依斗杀律拟绞监候。

又，永清县民人刘宝恒，因误削同姓不宗之刘泽地内树枝，被骂，理论争殴，用木棍殴伤刘泽身死。将刘宝恒依斗杀律拟绞监候。

又，宝安州民人张幅有，因伊兄向苗忠谊之叔索讨担保短欠牛价，口角争殴，经劝后该犯归，与苗忠谊途遇，复相詈殴，用长枪扎伤苗忠谊身死。并张凤观、张万仓先殴伤苗澍、苗唐氏，平复。将张幅有依斗杀律拟绞监候，张凤观、张万仓依他物殴人成伤律拟笞。

又，武清县民人朱苊莛因遗失扇子，在苏克让门首骂街，苏克让出阻拦，致相争殴，用刀扎伤苏克让身死。将朱苊莛依斗杀律拟绞监候。

又，沧州民人刘宝溁，因忆及无服族人刘墨林前曾诬赌，向理争殴，用小刀扎伤刘墨林身死。将刘宝溁依斗杀律拟绞监候。

又，邢台县客民张小九，因疑同姓不宗之张廷宾偷窃银元，唤同赵会用绳棒捆缚拷打并用烟卷火烧伤张廷宾身死。将张小九依疑贼毙命例，照威力制缚人拷打致死者律拟绞监候，赵会依馀人律拟杖。

又，新城县民人王三沅，因刘忠和等白昼行窃伊看青地内棒子，临拿被拒，用夺获火枪放伤刘忠和身死，并殴伤刘顺，平复。将王三沅，即王泽，依贼犯旷野，白日盗田谷麦，被事主殴打致死，不论是否登时，照擅杀律绞例拟绞监候。陈长树依斗律拟杖。

该犯等恭逢光绪三十年正月十五日、光绪三十四年十一月初九日恩诏，吴宝坤、李洛，即李殿莨、刘宝恒、张幅有、朱苊莛、刘宝溁、张小九、王三沅即王泽均准援免，王三沅毋庸追埋，馀均追缴埋银，给领营葬。张幅有等案内张凤观等均准援免。以上八案，业均由司提审解勘，发回分造供招清册，汇呈请奏前来。臣复核无异，除清册分咨部院外，理合遵章摘叙简明案由，恭折具陈，伏乞皇上圣鉴，敕部核复。谨奏。

宣统元年四月二十七日奉朱批："览。钦此。"

（台北故宫藏档，文献编号：178094）

奏陈命案袁菪等案汇陈由（折片）

再，据按察使何彦升呈称，查有抚宁县民人袁菪，因鲍振文捡拾伊家山场树枝，向阻口角，经劝后，复遇理论，致相争殴，用夺获小刀扎伤鲍振文，越日身死。将袁菪依斗杀律拟绞监候。

又，天津县民人王黑，因杨四与伊玩笑，致相揪殴。该犯用拳嘴殴咬杨四致伤,越日身死。将王黑依斗杀律拟绞监候。

又,蔚州民人卢万忠,因与胡贤善之兄胡宝瑞间言口角,致相争殴,用刀扎伤胡宝瑞。后经胡宝善趋护,该犯复用刀扎伤胡宝善,越日身死。将卢万忠依斗杀律拟绞监候。

又,任邱县民人白双进,因张汝明任子糟践伊家地内庄稼,向张汝明告述,致相口角争殴,用木棍殴伤张汝明,越日身死。将白双进依斗杀律拟绞监候。

又,献县民人刘恩溁,因向赵兴其索讨地租未偿,故相口角争殴,用双尖刀扎伤赵兴其身死。将刘恩溁,即刘雄,依斗杀律拟绞监候。

又,广平县民人李洗同,因伊兄与马九亮口角争殴,被砍受伤,该犯拢护,用夺获镰刀砍伤马九亮身死。将李洗同依斗杀律拟绞监候。

又,广平县民人韩得胜,因费增光擅自挪用伊玉秫钱文,向理不服,口角争殴,用刀扎伤费增光身死。将韩得胜依斗杀律拟绞监候。

以上七案该犯等,恭逢光绪三十四年十一月初九日恩诏,袁萡、王黑、卢万忠、白双进、刘恩溁即刘雄、李洗同、韩得胜均准援免,仍然追取埋银,给领营葬。业均由司提审解勘,发回分造供招清册,汇呈请奏前来。臣复核无异,除清册分咨部院外,理合遵章摘叙简明案由,恭折具陈,伏乞皇上圣鉴,敕部核复。谨奏。

宣统元年四月二十七日奉朱批:"览。钦此。"

(台北故宫藏档,文献编号:178095)

奏请旌表贞烈女刘秀金由(折片)

再,井陉县民人何董狗因事与民女刘秀金口角秽骂致金羞忿自缢身死一案。前据该县知县许辰田详报批据审拟,由府解司因犯翻供驳据,保定府审且原拟,解司复审拨回。据按察使何彦升核拟造册量请案咨前来。臣复加确核。缘何董狗籍隶井陉县,与刘高氏之女已死刘秀金同村矣,嫌刘秀金为人正经。

光绪三十四年三月二十日下午时分,何董狗由田地工作间归路经刘高氏家门外毛厕。何董狗进去小便,刘秀金正在出恭,何董狗自知冒昧,即忙退出。刘秀金瞥见当向呵斥,何董狗分辩,刘秀金愈加混骂。何董狗生气顺口骂其养汉,刘秀金不依赶向何董狗撞头拼命,何董狗走避。刘高氏闻声趋出询悉情,由刘秀金向刘高氏哭诉被何董狗为此辱骂,不愿为人。刘高氏将刘秀金劝回家去,何董狗亦即走散,讵刘秀金羞忿莫释。是日傍晚,刘高氏在旁屋做饭。刘秀金乘间用绳自缢，及刘高氏进屋看见，即喊同邻人何雪洋解救，罔效气绝殒命。报验获犯讯供通详审拟，由府解司驳据，保定府审照原拟，解司复审呈院。

臣确核无异。何董狗应依因他事与妇女口角彼此詈骂。妇女一闻秽语气忿轻生者，杖一百，流三千里。例拟杖一百，流三千里。逢光绪三十四年十一月初九日，恩诏应准援免仍追埋银给领营葬刘秀金，以茅檐少女一闻秽语即行捐躯明志，贞烈可嘉，自应吁请旌表，以慰幽魂，而维风化。除清册分咨部院外，理合专案具陈，伏乞圣鉴，敕部核复。谨奏。

宣统元年四月二十七日奉朱批："览。钦此。"

（台北故宫藏档，文献编号：178096）

为奏销长芦光绪三十四年商课事折

头品顶戴、北洋大臣、直隶总督兼管长芦盐政、臣杨士骧跪奏，为长芦光绪三十四年商课奏销，恭折仰祈圣鉴事。

窃据长芦盐运使张镇芳详称：光绪三十四年分商课、钱粮、引课、加课银四十九万一千九百三十两六钱六分一厘，内道光二十四年清查库款案内援照山东引课并展成案奏准自二十三年起至二十八年止每年停引十万道。嗣于道光二十八年，咸丰四年、九年，同治三年、八年、十三年，光绪五年均经奏准推展五年。复于光绪十年、十三年、十六年奏准推展三年，又于光绪十九年、二十四年奏准推展五年，又于二十九年奏准推展三年，又于三十二年、三十四年奏准推展二年。核计每年停课银六万三千三百八十三两三钱五分五厘。又同治九年前督臣曾国藩具奏：长芦盐务减轻成本案内奉部议准将京纲应领额引自同治九年起至十三年止每年停引二万道。又于光绪元年、六年、十一年、十六年、二十一年、二十六年节次奏准推展五年，又于三十一年奏准推展一年。又自光绪三十二年起奉部复准推展二年。又于光绪三十四年奏准推展二年。每年停课银一万二千六百七十六两二钱一分八厘，净应征银四十一万五千八百七十一两八分八厘，赃罚银三千一百两，昌平牙税银三百两，怀庆府属赈济盐丁银四百六十三两三钱八分一厘，陈西输租银一百六十三两三钱五分二厘，坨租银四千二两，内京纲停引二万道每年停银一百十七两二钱七分五厘，净应征银三千八百八十四两七钱二分五厘。共银四十二万三千七百八十二两五钱四分六厘。内除永平府属卢龙等七州县应征引课加课银一万九百七两八钱八分六厘、坨租银一百两九钱一分五厘，共银一万一千八两八钱一厘。

自光绪二十九年改归委员设局试办，所有应征课款详经部复照额包课停支缉费，余利尽收尽解。等因。除将拨解三十四年额课银两另册造报外，尚应征银四十一万二千七百七十三两七钱四分五厘。又除参遗邢台等十县悬岸，除认运各商应完引课、加课、坨租等银已照认额全完外，其无商认领之悬引应征引课加课银一千二十一两六分九厘，坨租银九两四钱四分七厘，共银一千三十两五钱一分六厘。以办理天津口岸补用知府仓永龄等认领代销悬引交款银两归补全完。净现商及认运悬岸各商共应完引课加课银四十万七千九百六十八两八钱六分六厘，坨租银三千七百七十四两三钱六分三厘，共银四十一万一千七百四十三两二钱二分九厘。旧管无项。新收银四十一万二千七百七十三两七钱四分五厘，内现商及认运各商完交引课银四十万七千九百六十八两八钱八分六厘，归补参遗悬岸引课银一千二十一两六分九厘。现商及认运各商完交坨租银三千七百七十四两三钱六分三厘，归补参遗悬岸坨租银九两四钱四分七厘，开除银三十八万九千五百六十六两四钱一分四厘，实在存银二万三千二百七两三钱三分一厘，系应留备凑解各项饷需之用。

所有应征光绪三十四年分商课钱粮，现商及认运悬岸各商应完引课坨租银两，均已全完等情，造具清册详请具奏前来。臣复核无异，除清册咨移度支部给事中外，理合恭折具陈，伏乞皇上圣鉴，敕部察核施行。谨奏。

朱批："度支部知道。钦此。"（宫中朱批奏折）

宣统元年四月二十八日。

（中国第一历史档案馆，天津市档案馆，天津市长芦盐业总公司编：《清代长芦盐务档案史料选编》，天津人民出版社，2014年12月，第566页）

奏报本省宣统元年闰二月分粮价及雨雪事（附清单一件）

头品顶戴、北洋大臣、直隶总督、臣杨士骧跪奏，为查明宣统元年闰二月分顺直各属市粮价值、雨雪情形，恭折仰祈圣鉴事。

窃查，宣统元年二月分顺直各属市粮价值、雨雪情形业经奏报在案。兹据藩司查明宣统元年闰二月分市粮价值、雨雪情形，开单请奏前来。臣查，闰二月分顺天、永平、河间、天津、顺德、大名、宣化、遵化等八府州属得雨雪一、二次，每次一、二、三寸等。保定、正定、广平、易州、冀州、赵州、深州、定州等八府州属并未得有雨雪。又查闰二月分粮价,宣化府属与上月相同,河间府属较上月价减。顺天、永平、保定、天津、正定、顺德、广平、大名、遵化、易州、冀州、赵州、深州、定州等十四府州属,较上月价增。理合恭折具陈,并缮粮价清单恭呈御览,伏乞皇上圣鉴。谨奏。

宣统元年五月初一日奉朱批:"知道了。钦此。"

宣统元年四月二十八日。

(台北故宫藏档,文献编号:178209)

清单　五月初一日
谨将宣统元年闰二月分顺直各属市粮价值,谨缮清单恭呈御览。计开:

顺天府属,价增:
粟米,每仓石价银二两五钱至五两一钱,较上月增一钱。
麦,每仓石价银二两四钱七分至六两一钱一分,与上月相同。
黑豆,每仓石价银二两五分至五两四钱八分,与上月相同。
高粱,每仓石价银一两五钱至三两五钱,较上月增一钱。
糜米,每仓石价银一两三钱至四两五钱,与上月相同。

永平府属,价增:
粟米,每仓石价银二两四钱八分至五两六分,较上月增六分。
麦,每仓石价银三两九钱五分至四两八钱九分,较上月增一分。
黑豆,每仓石价银二两一钱四分至二两七钱九分,较上月减二分。
高粱,每仓石价银一两九钱四分至二两四钱五分,较上月增二钱九分。
糜米,每仓石价银二两六钱一分,与上月相同。

保定府属,价增:
粟米,每仓石价银二两六钱九分至四两四钱,较上月增一钱。
麦,每仓石价银三两二钱至六两二钱,较上月增二钱。
黑豆,每仓石价银二两三钱五分至三两七钱,与上月相同。
高粱,每仓石价银二两一钱二分至三两一钱六分,较上月增一钱二分。
糜米,每仓石价银二两五钱四分至三两九钱,与上月相同。

河间府属,价减:

直隶总督兼北洋大臣杨士骧奏议全集

粟米，每仓石价银二两三钱二分至四两五钱，较上月增二分。

麦，每仓石价银三两五钱一分至五两，较上月增五分。

黑豆，每仓石价银二两八钱四分至四两二钱，与上月相同。

高粱，每仓石价银二两五钱至三两五钱，较上月减六钱。

糜米，每仓石价银二两五钱至四两五钱，较上月减一钱三分。

天津府属，价增：

粟米，每仓石价银二两二钱至二两九钱八分，较上月减二钱四分。

麦，每仓石价银二两八钱五分至五两，较上月增三钱六分。

黑豆，每仓石价银一两七钱六分至三两四钱，较上月增八钱四分。

高粱，每仓石价银一两六钱五分至二两七钱，较上月增三钱八分。

糜米，每仓石价银二两至二两九钱二分，较上月增四钱二分。

正定府属，价增：

粟米，每仓石价银二两三钱五分至四两二钱七分，较上月增五钱六分。

麦，每仓石价银三两五分至五两三钱一分，较上月增三钱一分。

黑豆，每仓石价银三两五分至三两九钱六分，与上月相同。

高粱，每仓石价银一两六钱七分至三两一钱四分，与上月相同。

糜米，每仓石价银一两八钱二分至三两九钱六分，较上月增二钱四分。

顺德府属，价增：

粟米，每仓石价银二两四钱一分至四两，较上月增一钱八分。

麦，每仓石价银二两六钱至四两五钱，较上月增五钱。

黑豆，每仓石价银二两一钱四分至三两四钱，较上月减二钱七分。

高粱，每仓石价银一两八钱一分至三两三钱，较上月增二钱七分。

糜米，每仓石价银一两六钱至三两，与上月相同。

广平府属，价增：

粟米，每仓石价银二两一钱至四两一钱，与上月相同。

麦，每仓石价银二两五钱七分至四两二钱。较上月增七钱。

黑豆，每仓石价银二两一钱八分至三两九钱九分，与上月相同。

高粱，每仓石价银一两六钱三分至三两，与上月相同。

糜米,每仓石价银一两七钱至三两二钱,与上月相同。

大名府属,价增:
粟米,每仓石价银二两一钱二分至三两一钱一分,较上月增八分。
麦,每仓石价银二两七钱三分至三两六钱七分,较上月增一钱九分。
黑豆,每仓石价银一两七钱二分至二两七钱四分,较上月增一钱九分。
高粱,每仓石价银一两五钱五分至二两六钱二分,较上月增一分。
糜米,每仓石价银一两九钱五分至二两五钱一分,较上月增四钱九分。

宣化府属,价平:
粟米,每仓石价银六钱至一两四钱五分,与上月相同。
麦,每仓石价银一两九分至二两八钱三分,与上月相同。
黑豆,每仓石价银一两至一两七钱,较上月减五分。
高粱,每仓石价银七钱二分至一两四钱三分,与上月相同。
糜米,每仓石价银五钱七分至一两七钱五分,与上月相同。

遵化州并属,价增:
粟米,每仓石价银二两九钱三分至三两八钱三分,较上月增一钱。
麦,每仓石价银四两一钱一分至四两五钱六分,较上月增一钱七分。
黑豆,每仓石价银二两八钱六分至五两四钱三分,较上月减一钱。
高粱,每仓石价银一两九钱八分至二两六钱一分,较上月增四钱。
糜米,每仓石价银一两五钱九分至三两二钱一分,较上月增一分。

易州并属,价增:
粟米,每仓石价银一两四钱一分至三两八钱,较上月增二钱一分。
麦,每仓石价银一两八钱一分至四两六钱,较上月增二钱一分。
黑豆,每仓石价银一两二钱七分至五两二钱,与上月相同。
高粱,每仓石价银一两四分至二两五钱,较上月增一钱一分。
糜米,每仓石价银一两一钱九分至三两六钱,与上月相同。

冀州并属,价增:
粟米,每仓石价银三两至四两二钱,较上月增四钱。

麦，每仓石价银三两四钱至四两一钱三分，较上月增四钱。

黑豆，每仓石价银二两二钱至三两六钱，与上月相同。

高粱，每仓石价银二两至三两，较上月增一钱。

糜米，每仓石价银三两一钱八分，与上月相同。

赵州并属，价增：

粟米，每仓石价银二两三钱四分至三两二分，较上月增七分。

麦，每仓石价银二两二钱三分至三两八钱一分，较上月增一钱二分。

黑豆，每仓石价银一两五钱七分至二两九钱七分，较上月增七分。

高粱，每仓石价银一两四钱四分至三两六分，与上月相同。

糜米，每仓石价银二两七分至二两八钱二分，较上月增八分。

深州并属，价增：

粟米，每仓石价银三两二钱至四两三钱四分，较上月增一钱五分。

麦，每仓石价银二两八钱至四两一钱，与上月相同。

黑豆，每仓石价银二两至三两三钱，与上月相同。

高粱，每仓石价银二两二钱四分至三两五分，较上月增一钱。

糜米，每仓石价银一两二钱五分至四两，与上月相同。

定州并属，价增：

粟米，每仓石价银二两八钱五分至三两六钱二分，与上月相同。

麦，每仓石价银三两二钱九分至四两九钱，较上月增三钱。

黑豆，每仓石价银二两五钱至三两五分，与上月相同。

高粱，每仓石价银二两至二两八钱，较上月增一钱。

糜米，每仓石价银二两一钱至二两七钱五分，与上月相同。

朱批："览。"

奏销长芦应征历年商课银两

头品顶戴、北洋大臣、直隶总督兼管长芦盐政、臣杨士骧跪奏，为长芦光绪三十三年应征历年商课奏销,恭折仰祈圣鉴事。

　　窃据长芦盐运使张镇芳详称,光绪三十四年应征历年商课钱粮册内,光绪三十四年河工银一万两,铜斤脚价银二万一千五百九十四两三钱八分二厘,共额征银三万一千五百九十四两三钱八分二厘,内同治九年前督臣曾国藩具奏长芦盐务减轻成本案内奉部复,准将京纲应领额引每年停引二万道,计河工银二百九十三两四分三厘,铜斤脚价银六百三十二两八钱五厘,共应征银三万六百六十八两五钱三分四厘。内除永平府属卢龙等七州县应征河工银二万五十一两一钱六分二厘,铜斤脚价银五百四十四两五钱二分四厘,共银七万九十六两六钱八分六厘,自光绪二十九年改归委员设局试办,所有应征课款详经部复,照额包课,停支缉费,馀利尽收尽解等因。除将拨解三十四年额课银两造入续收外,尚应征银二万九千八百七十一两八钱四分八厘,又除参遗缺额邢台等十县悬岸,除认运各商应完河工铜斤脚价等银,已照认额全完外,其无商认领之悬引应征河工银二十三两六钱四厘,铜斤脚价银五十两九钱七分八厘,共银七十四两五钱八分二厘。内以办理天津口岸补用知府仓永龄认领代销悬引交款银两,照数归补全完,净项商及认运悬岸各商,共应完河工银九千四百三十一两一钱九分一厘,铜斤脚价银二万三百六十六两七分五厘,共银二万九千七百九十七两二钱六分六厘。查旧管存银四十一万二千八百六十八两二钱四分七厘,新收银二万九千八百七十两八钱四分八厘,又续收不在征额之内银二十四万五千九百四十两五钱二厘,共新收银二十七万五千八百十二两三钱五分,管收共银六十八万八千六百八十两五钱九分七厘,开除共银五十五万二千九百三十六两四钱六分八厘,实在存银十三万五千七百四十四两一钱二分九厘。内除河工银一万八千三百十八两八钱六厘,留解永定河工经费外,净存银十一万七千四百二十五两三钱二分三厘,系应留备凑解各项饷需之用。

　　所有应征光绪三十四年分历年商课钱粮现商及认运悬岸各商,应完河工铜斤脚价银两,均已全完。又查平馀一款、旧管无项、新收银一万三千四百七十九两七钱九分六厘,开除银一万三千四百七十九两七钱九分六厘,实在无项等情,造具清册,详请具奏前来。臣复核无异,除循例出具印结,同送到清册咨移度支部给事中查照外,理合恭折具奏,伏乞皇上圣鉴,敕部查核施行。谨奏。

　　宣统元年五月初一日奉朱批:"度支部知道。钦此。"

　　宣统元年四月二十八日。

　　(台北故宫藏档,文献编号:178211)

奏为报拨宣统元年夏季分西陵官兵员役俸饷等项银两

头品顶戴、北洋大臣、直隶总督、臣杨士骧跪奏,为报拨本年夏季分西陵官兵员役俸饷等项银两,恭折仰祈圣鉴事。

窃据升任布政使崔永安呈称,易州供应各陵官兵月饷俸粟、米折并运送豆草、车价等项银两,向系按季专案详请题拨,历经遵办在案。兹据易州请领宣统元年夏季分供应各陵官兵月饷、俸粟、米折,并运送豆草、车价等项,共银一万九千三百四十九两一钱七分一厘,改折八成实银一万五千四百七十九两三钱三分七厘,内扣豆草、车价项下每两六分部平银一百六十二两一钱九分四厘,实发银一万五千三百一十七两一钱四分三厘,核与历办成案相符,应在司库地粮银内动拨,开具简明细数清单,按照新章详请具奏,并声明陵工员役增减无定难以预计,应照急需钱粮之例先行发给,其实在支领数目统归奏销案内核实销算,多则解还,不敷找给等情前来。臣复查无异,除清单咨部外,理合恭折具陈,伏乞皇太后、皇上圣鉴,敕部核复。谨奏。

宣统元年五月初一日奉朱批:"该部知道。钦此。"

宣统元年四月二十八日。

(台北故宫藏档,文献编号:178214)

奏请祁振标补授插箭岭守备(折片)

再,泰宁镇标插箭岭守备董纪胜勒休,遗缺接准部咨,系陆路部推第一轮第九缺,轮用尽先员,令拣合例人员请补等因。兹查,有尽先补用守备祁振标,年五十五岁,江苏宿迁县人,由勇目派驻朝鲜缉捕防护,三年期满,及在山东迭次剿办匪徒出力各案内,历保以千总尽先补用。在山东陈家窑河工墙口合龙案内奏保免补千总,以守备留直尽先补用,并加都司衔。该员年力强裕,熟悉行伍,以之补授插箭岭守备,实堪胜任,亦与例章相符。至于名次在前之吴应宗、许鸣鸾、郭永祥、沈金芳、唐鱼汶、靳万福、马宝华、王建功、哈梦兰、林荫元、孙定远、李庆云、冯加升、梁得胜、刘士斌,均与此缺人地不宜。马金梁业已病故,凯龄已补左卫城守备。合无仰恳天恩俯准,以祁振标补授插箭岭守备,以裨营伍。除饬取履历咨部外,理合会同直隶提督臣姜桂题附片具陈,伏乞圣鉴,训示。谨奏。

奏为正任怀安县傅世榕按例回避事

再,查案例,现任候补各官,道府以至佐杂,无论官阶大小,如系祖孙、父子、胞伯叔、兄弟,概不准同官一省。如非同官,令官小者回避。又,如系报捐指省人员,准其另指一省等语。查,正任怀安县知县傅世榕,年六十五岁,四川江安县监生,由江西万年县县丞捐离本任,以知县仍归原省补用。复例捐离原省,改指直隶,归候补班补用,奏补怀安县知县。光绪二十八年到任,三十年十月调津署委,三十四年十月二十日该员禀报与简放直隶提学使傅增湘系父子同官一省,例应回避等情。禀由藩臬两司详咨开缺,接准部复,令准奏明等因前来。臣查,傅世榕,系指省分拨人员,今与其子傅增湘同官一省,例应回避,应准其开去怀安县底缺,另指一省,归入回避即用班内补用,以符定例。理合附片具陈,伏乞圣鉴,勅部开缺。

再,怀安县知县遗缺,直隶现有应补人员,应请留归外补。谨奏。

宣统元年五月初一日奉朱批："知道了。钦此。"
宣统元年四月二十八日。
（台北故宫藏档,文献编号:178216）

奏报直隶省捐纳试用人员(折片)

再,查定例,道府以至未入流捐纳试用人员到省后,试用一年期满,甄别留省补用。又奉新章内开嗣后甄别年限,应自各该员奉差之日起,扣足供差一年,确实试验,方准出具考语,于差委事实册达部后,并开具学堂等第,奏明留省补用各等语。兹查,试用道洪述祖,于光绪三十三年十月二十三日到省,十一月初一日派委会办直隶全省水利总局事宜,计自光绪三十三年十一月初一日到差之日起,扣至三十四年十一月初一日,供差一年期满,应即甄别。据藩、学、臬三司造具履历事实清册，详请核办前来。臣查该员精明干练，颇知磊体，堪列优等，应准留省补用。除该员履历并事实清册前已咨送部外，理合附片陈明，伏乞圣鉴。谨奏。

宣统元年五月初一日奉朱批："吏部知道。钦此。"

宣统元年四月二十八日。

（台北故宫藏档，文献编号：178217）

遗折

奏为臣病垂危，报效无日，不胜哀恋之诚，谨具遗折，叩谢天恩，仰祈圣鉴事。

窃臣禀赋素强，年龄正富，起家词馆，承乏畿疆。溯自光绪二十六年随同全权大臣庆亲王奕劻、前大学士李鸿章议办和约，勉效驰驱。荷先朝特达之知，由监司荐膺疆寄，抚东三载，筹议济南开埠、胶高撤兵及治盗防河一切要政，愚诚勉竭，遂伏病机。

洎简任直隶总督兼北洋大臣，内治外交，益形艰巨。抵任以来，时发怔忡眩晕之疾。念时事方艰之日，正臣子效命之年，黾勉从公，未敢请假调理。去冬叠遭两宫升遐之变，椎心泣血，宿恙益深。其时中外惶惶，不能不勉拄病躯，持以镇定。本年三月，德宗景皇帝奉移暂安，臣恭办陵差，瞻望桥山，愈增怆恻。回津后复发下血旧病，益觉不支，猝于四月二十八日夜间陡患风痹，手足拘挛，语言蹇涩，蒙恩赏假二十日调理，多方医治，迄未见效。数日以来，病益困顿，自知不起，永睽天颜，伏枕哀鸣，神魂飞越。

伏念微臣世受国恩，仰蒙圣朝殊遇，每思捐麋踵顶，以期上答鸿施，乃未效涓埃，遽撄沉痼，犬马之报，誓以来生。惟有勖励臣之子孙勉为忠孝，以继臣志，则臣死之日犹生之年也。方今时局艰危，百事待举，臣伏愿皇上励精图治，登崇俊良，庶新政奋兴，邦畿永固，慺慺愚忠，不胜凄恋。谨口授遗折，缮由藩司代递，叩谢天恩，伏乞皇上圣鉴。谨奏。

宣统元年五月初十日。

（《杨文敬公奏议》卷九）

附录一

电文、咨呈、札事、诗文、信函等文献

李经迈、杨士骧致孙宝琦电

光绪二十六年十二月二十四日(1901,2,12) 北京盛宗丞转西安孙慕韩：
化石桥宅，少卿、梦陶已商理，教民退后，似应先找刘姓接收。迈、骧。
(陈旭麓等主编:《义和团运动》,上海人民出版社,2001 年 6 月,第 530 页)

杨士骧致胡燏棻电

光绪二十六年九月二十一日(1900,11,12)北京盛京堂转芸楣：
假折发。骧。
(陈旭麓等主编:《义和团运动》,上海人民出版社,2001 年 6 月,第 530 页)

致外务部代奏电

光绪三十二年九月二十七日。昨据德驻青岛大臣都沛禄文称，现奉其本国皇帝谕旨，奖赠士骧头等金冕宝星一座，道员徐抚辰、萧应椿、李德顺三等宝星各一座，胶州余则达、直隶州德林四等宝星各一座，可否准其佩带？ 循例谨请钧部代奏，恭候谕旨遵行，士骧。沁。
(《杨文敬公奏议》卷十)

致外务部代奏电

奉元电旨，实深惶悚。办理曹属盗匪，自八月间改编游击四营，饬兖沂曹道胡建枢统带，又奏调六镇协统陆建章到东，以先锋五营饬其统带，并力剿办，两月以来，获匪甚多。前月二十二日，在钜野孙家堂，经胡建枢军歼获全股杆匪五十余名。本月十一日，又经陆建章军在菏泽新集周家楼等处歼获全股一百余名。以上两役尤为得手，军势甚振，到处搜寻，并力追袭，散盗外窜，势所不免。

前月，因曹盗闪窜泰兖，外窜汴省，深恐蔓延，意在兜剿净尽，而兵力又实在不敷,特商陆军部暨北洋大臣调拨第五镇马步炮数营,分由泰兖进兵,会合曹队兜剿,以期荡灭。昨已分投开往,现据河南巡抚张人骏电商会剿,已电饬曹州镇靳呈云、兖沂曹道胡建枢督率所部,商同归德镇并力会剿。

正在拟奏上陈,兹奉电旨,自应懔遵,督饬各营迅速严办,不敢稍涉因循,致误事机。此后剿拿情形,自当随时电奏。惟查,曹属办盗情形与他省剿办土匪不同,聚散无常,盗与民混并,无一定巢穴;杆首不止一人,每杆多至二百余人,少至数十人不等,亦无实在大股。现在民情浮动,未容稍涉张皇,更未敢稍涉大意。除将详细情形另行恭折具奏外,请代奏,杨士骧。寒。

光绪三十二年十一月十四日。

(《杨文敬公奏议》卷十)

会山东巡抚杨士骧致外务部电

咸电祇悉。查英使前请在威设埠,似即系添设华工出口之处。威非通商口岸,本与工章不合。现英使既允我另派专员,于工章所载各节在威施行,自可由东关派员驻威专办保工事宜,仍随时与英员会商,并由我海关派员在威征收所完船钞及经抽招工经费,与通商口岸无异,不妨照准。但须声明,倘允准后,我于保工事权或在威有未能实行之处,仍可随时由中国知会停止在威招工出口。业经会同筹商,并饬东关道妥酌,如此办法,尚无流弊,应请大部与英使切实订明,行知遵办。世凯、士骧。养。

光绪三十一年六月二十二日。

(骆宝善,刘路生主编:《袁世凯全集》第一三卷,河南大学出版社,2013 年 7 月,第 599 页)

(《杨文敬公奏议》卷十)

山东巡抚杨士骧致军机处电

(光绪三十二年十一月十三日)

承电传十二日谕旨,所有湘省击散余匪,遵即飞饬文武认真防范查拿。谨复。(宫中电报档)

致外务部代奏电

顷承准字寄十一月二十四日奉上谕，"都察院代递山东京官公呈，曹州一带土匪肆行劫掠，请派劲旅，如需夏辛酉前往剿办，著该抚速即电奏，原奏著抄给阅看。钦此，等因。"查，曹属匪势自孙家堂周家楼迭次获胜，渐即平靖，业经电奏在案。

本月十九日经先锋营又在城武、曹县交界之陈庄拿获著名匪首郑四妮等九名，并格毙八名，剿办尚属得手。倘再得熟悉情形督办之大员扑灭，尤易为力。云南提督夏辛酉籍隶郓城，于曹属情形较熟，拟即请旨饬下北洋大臣转饬该提督，同原统队伍迅速来东，督办兖曹剿匪事宜。所有在曹先锋及巡防各营均归调遣，以一事权。请代奏，杨士骧。勘。

光绪三十二年十一月二十八日。

（《杨文敬公奏议》卷十）

致军机处代奏电

二十八电传谕旨，谨悉安徽匪党滋事，戕及巡抚大员，实堪发指。先于二十七、八两日连接江督来电，当以变出意外，深虑该匪必有外应。沿海一带匪党尚多，飞饬烟台道及沿海各州县文武严密查缉，格外防范。兹奉传旨应再严饬各属文武，一体钦遵，不敢稍有疏懈，冀消祸萌而靖人心。谨复乞代奏，士骧。艳。"

光绪三十三年五月二十九日。

致军机处代奏电

上月访闻登州府属，有乡民造言惑众，正在查拿，适由邮政局递到文登县耶稣教民赛荣峰函，内论圣道耶稣两教均有微词，遂自立建都教会，各省发信劝人入道，语多鄙俚，且有毁谤，迹近疯癫。当电饬东海关道何彦升密往查拿。兹据电称，业于初四日拿获赛犯，并有传徒姜于林三人，供认立会著书并各省发信四十余封不讳,现正严讯究办等情。

查该民等乡愚妄诞胆,敢立会著书,自立宗教,邪言惑众。本拟讯办后再行上陈,因该犯发信各省十余封之多,诚恐各省接信者不免惶惑。除查明发信各省再行分电外,谨将现已拿获首从讯供情形先行电陈,俟讯究有无党羽惩办后再行详奏。乞代奏,士骧。庚。

光绪三十三年六月初八日。

直隶总督杨士骧复军机处电

光绪三十三年九月初九日

阳电敬悉,津署旧卷,经燹亦多散失。前奉咨取吉韩界务及越垦各案,迭经按单细查,已将检得者,赶紧抄录,即日咨送备核。士骧。青。

致军机处代奏电

早间奉廷寄,即赶派曾任营道之津海关道蔡绍基迅速前往,顷又奉号电,遵即责成蔡道认真查办,不准稍有瞻徇。粤督、沪道早经急电查封备抵,惟尚未得复查此案。得电之始,即严电沈道查其财产,一面维持市面,由直奉两省各筹巨款;一面严究奸商倒骗。惟现银腾挪极难,津市尤易摇动,只得设法罗掘五十万,幸国家银行允筹二百万,以救眉急。日来接电知,营市自闻三处筹款消息,地方已大致平靖,不致败坏,只须将该商寄顿详查,分别偿还,便易清结。请代奏,士骧。马。

光绪三十三年十月二十一日。

致军机处代奏电

接奉电传谕旨"以现在议定币制,或主一两,或主七二,两说互歧,饬令议复等因。钦此",仰见朝廷整齐国币,执两用,中下怀,曷胜钦佩!当经传集司道,延询通人,并就士骧历官所至,目睹情形,详为研究。以各国币制,皆以金币为本位货币,银币、铜币为辅助货币,我国向用生银货币,其制钱一种,几以铜为本位。今欲改从金本位,使不受外人镑价之折耗,必从铸造画一银币入手,以为金本位之预备。我国金银皆以两计,甚得权量相准之宜。

且银币之不可铸为七二,约有四端:七二银元来自墨西哥,各省仿其式,鼓铸龙元,特为一时权宜之计。而通国赋税廉俸饷,顷以及关税价款出纳,皆以两计算。若定七二为国币,则一切制度皆须更定,不但上下大扰,且零整折合断难适切,非抹零,即卷尾,不上亏国,即下累民,此不可者一。七二银元,最通行者江、浙、皖、鄂诸省,然贾贸易亦银元、银两并用,且银元市价仍以银两估合。即通商最久之广东,所用碎银,仍以分两计算。中国行用七二银元,以省分计,本居少数,若强令多数之拥银省分一律改用,必滋分扰,此不可者二。墨西哥产银极富,其铸为七二银元,阑入中国,以牟利者何虑亿万,然究居客位,行用不过数省。若国币既定七二,不啻为墨元更辟销场,其浸灌益无底止。况东北诸省俄、日之羌帖手票,行使颇广,其币制亦正与七二相等,将来失利无形,为患甚烈,此不可者三。主七二之说者,或以日本币制为言,不知日本币制全为推行纸币地步,其后纸币既行,银元几废不用,可知其用意所在。中国地广人众,若贸然师法,不计其将来收束推移之术,则利少害多,此不可者四。综此四端,则国币宜铸一两,而不铸七二明矣。

惟定制之时,有相因者三事,应预行计及:一改铸。各省已铸之七二银元,不下数千万,若全收回改铸,亏耗过巨,部库何从筹措?现拟定铸一两者为国币,其旧有七二银元暂听其于市廛行使,仿之外国商币。将来国币畅行,旧银元供过乎求,自归退废。观于墨元流通,则本洋渐少。山东铁路收用湖北银元,则站洋元贬价,此其明证。然后徐议收回改铸之方,则民间可无抑勒之虞,官家可少亏赔之累。二出纳。我国司出纳者约分三级,曰州县,曰藩司,曰部库,火耗平余相沿已久,各项办公经费多取给于此。今既定铸一两为国币,应如何补筹公费,似宜预计。三折合。银元难以十成镕铸,中必减成,将来以生银易币,暨一切出入款项,应如何折合,收放从同,方昭公允?闻各国官商于我国画一币制,均乐赞成,其关税及偿款两项尤宜预商妥订,以免日后饶舌。以上三者,事属相因,若不连类通筹,恐格于一端,即不免有碍全局。

正在集议具复间,复奉电传谕旨"以银元成色,或主十足,或主暗减,两说莫衷一是,饬令一并议复等因。钦此。"当再与在事各员详商金,以十足生银,其质过软,必须掺和铜铅杂质方能坚实。若于十足之外,另加杂质,名为一两,已逾一两之重,更属无此办法。且铸费须待另筹。通国生银甚多,现值经费支绌,恐难广铸,亦非速求集事之道。各国铸造货币,无论金银,皆主暗减,不若仍以九五等减成为准,以广鼓铸而节经费。币制为财政之枢纽,主权所寄附,所关甚钜,考求必须精详,应请旨饬下会议,政务处、外务部、度支部一并妥议,早日颁行。暂时小有阻碍,亦宜坚持不变,勿为所挠。所有并案依限议复国币分制成色各缘由,理合电陈,乞代奏。士骧。佳。

光绪三十四年正月初九日。

(《杨文敬公奏议》卷十)

致军机处代奏电

前奉齐电圣躬欠安,当以良医乏才,未敢冒昧率荐。一面仍加意探访,电陈在案。兹访得候选道张彭年,安徽人,脉理素精,讲求调理,屡经试验,尚极慎重,拟饬赴京,恭候传诊。乞代奏候复遵往。士骧。庚。

光绪三十四年六月初八日。

(《杨文敬公奏议》卷十)

致军机处代奏电

顷准恭办丧礼王大臣来咨,颁到德宗景皇帝遗念服物:薰貂冠一顶,灰色江绸棉袍一件,石青毡褂一件,烟壶一件,玉佩一件。跪领之下,攀仰实深,感悚下忱,敬祈代奏。士骧。文。

宣统元年二月十二日。

(《杨文敬公奏议》卷十)

致军机处代奏电

天津等处各国驻兵,骧于接晤各兵官时,历与商请撤退。前年冬间,英国撤回驻扎唐山、芦台山、海关各处兵队,归还地面。去冬,日本亦将京津、山海关各队减去大半,兹准德统领巴副司函称,该国军队现定军官三员、军佐五员、弁兵一百名于本月内回国,其留华军队分驻北京一百名、天津四十名、唐沽十名,均于西六月内,即华四、五月间一律以水兵更替。该统领及随员等亦即于彼时归国等语。似此情形,德日诸国军队,现均陆续减少,京津一带所驻外兵,或可望其逐渐撤退。除仍随时相机商办外,合先电达,应否代奏,候钧酌。士骧。祃。

宣统元年二月二十三日。

(《杨文敬公奏议》卷十)

锡良档存冯梦公(冯煦)收直隶藩司骧(杨士骧)来电抄件

冯梦公鉴:宙密苛电悉,计里二百之沉亩数全错,现在分查各州县,俟查定再详请督示会商。五省大概不能一律,烟酒遵认八十万,中饱酌提三十万。直隶只天津、大名厘捐二局统捐难办,惟官场报效督司道府,共十万。谨先复。骧。马。

(中国社科院近代史所编,虞和平主编:《近代史所藏清代名人稿本抄本》第3辑 121 册,大象出版社,2017 年 1 月,第 430 页)

致锡良电

锡清帅钧鉴:忝摄齐封,蒙贺感谢。骧。真印。

光绪三十一年二月十一日。

(中国社科院近代史所编,虞和平主编:《近代史所藏清代名人稿本抄本》第3辑 100 册,大象出版社,2017 年 1 月,第 112 页)

致锡良电

锡清帅鉴:承贺感谢。新政繁兴,诸祈批示一切。骧。皓。

光绪三十二年七月十九日。

(中国社科院近代史所编,虞和平主编:《近代史所藏清代名人稿本抄本》第3辑 121 册,大象出版社,2017 年 1 月,第 593 页)

致锡良电

锡清帅鉴:洪咸电悉。东省土药稀浆,现遵巽庵侍郎新定章程,按七折征收。敬复。骧。谏。

光绪三十二年九月十六日。

(中国社科院近代史所编,虞和平主编:《近代史所藏清代名人稿本抄本》第3辑24册,大象出版社,2017年1月,第200页)

致锡良电

锡清帅鉴:文电敬悉,滇疆任重,宏济钜艰,非公莫属。福星移曜,两省蒙庇,至为庆贺。委查开埠各章,遵即抄录全卷寄奉,聊为备条择。骧。元。

光绪三十三年二月十三日。

(中国社科院近代史所编,虞和平主编:《近代史所藏清代名人稿本抄本》第3辑38册,大象出版社,2017年1月,第328页)

致锡良电

锡清帅鉴:洪密号电敬悉。胶济铁路,从前并未筹设警察治路,遇有交涉,至为棘手。骧到东后,始于环界内外一律添设铁路巡警,遴派熟悉交涉人员承办,并有妥定章制,总以维持路政,保守重矿为要。所于命盗重案,仍照例归地方官办理,寻常违警案件归铁路巡警局托办。其有关交涉事案件归路矿局、洋务局督饬地主官会同德员照约办理。现时未另添交涉专员,将来仍须奏明添设,以一事权等需,恐亦非为此办法不可。惟经费太多,亦不能省,千万日用伊津贴是为最要。渥承奖誉,遇情曷胜愧谢!

铁路巡警章程,容即照钞邮寄,或派一委员来东调查,照此仿办,德人照允,他人不容不照允,仍候卓裁。至于铁路警察及专门谙练交涉裁判人员,东省现亦不易特色,非精通德文、心地纯正者不可,当随时留意,代搜罗以諿诿。骧。祃。

光绪三十三年六月二十三日。

致锡良电

锡清帅密案：查五月间，得尊处号电，以滇省警察需才，嘱遴派专于铁路巡警教习一员。目兵一、二员来滇等因。当经袁宫保札饬巡警学妥选后，嗣据选定毕业学员杨公颂夔，令先赴津榆铁路各章考查一切，以期谙练，而资驱策。现已事业峻回津。虽为日已久，是否派往，请示复为荷。骧。东。

光绪三十三年十月初二日。

（中国社科院近代史所编，虞和平主编：《近代史所藏清代名人稿本抄本》第
3 辑 27 册，大象出版社，2017 年 1 月，第 530 页）

致锡良电

锡清帅鉴：奉沁电，欣谂贵军已于廿七日收复河口，具此伟略，无任钦佩。弟现正马厂阅操，世兄亦同来。得公电，遍示诸将，靡不喜跃。从此小丑不难殄灭净夷。为国贺并为公贺。骧。勘。

光绪三十四年四月二十八日。

（中国社科院近代史所编，虞和平主编：《近代史所藏清代名人稿本抄本》第
3 辑 28 册，2 大象出版社，2017 年 1 月，第 181—182 页）

复锡良电

锡清帅鉴：承贺感悚，任重材轻，诸希指示。骧。东。

光绪三十四年七月初一日。

（中国社科院近代史所编，虞和平主编：《近代史所藏清代名人稿本抄本》第
3 辑 28 册，大象出版社，2017 年 1 月，第 296 页）

致锡良电

锡清帅鉴:咸电悉,各项章程容即检寄。骧。巧。

光绪三十四年九月十八日。

(中国社科院近代史所编,虞和平主编:《近代史所藏清代名人稿本抄本》第3辑28册,大象出版社,2017年1月,第441页)

致锡良电

锡清帅鉴:阁钞悉。公荣移东省,密尔雄疆,诸得匡助,无任庆抃。骧。勘。

宣统元年正月二十一日。

(中国社科院近代史所编,虞和平主编:《近代史所藏清代名人稿本抄本》第3辑96册,大象出版社,2017年1月,第353页)

致锡良电

锡清帅鉴:洪东电敬悉。当饬饷局赶筹。顷据禀称,各处协饷尚未解到,实属无法。想尊处待饷既亟,只得暂由商号挪借腊、正两月饷银七万八千两,由大德恒汇奉。到时祈饬局查收,见复为荷。骧。江。

宣统元年四月初三日。

(中国社科院近代史所编,虞和平主编:《近代史所藏清代名人稿本抄本》第3辑33册,大象出版社,2017年1月,第162页)

致锡良电

锡清帅鉴:洪顷麦道由京来津,面称外部有经手事件,一时未能了结,惟感公知遇,一二日内即赴奉叩谒,尽可再回京了结其经手等语,特转。骧。皓。

宣统元年四月十九日。

（中国社科院近代史所编，虞和平主编：《近代史所藏清代名人稿本抄本》第3辑33册，大象出版社，2017年1月，第178页）

致锡良电

锡清帅鉴：效电悉，已电饬机器局查照办理。俟复到，即电达。骧。哿。

宣统元年四月二十一日。

（中国社科院近代史所编，虞和平主编：《近代史所藏清代名人稿本抄本》第3辑33册，大象出版社，2017年1月，第176页）

致锡良电

锡清帅鉴：鲁漾电感悉。近来舍侄媳患病甚重，来津就医，确系实情。兼以家兄来函，思舍侄赴杭一行，承给假三月，至为铭感。假满时必属其赶即趋侍，敬盼聆教诲。先此鸣谢。骧。敬。

宣统元年四月二十五日。

（中国社科院近代史所编，虞和平主编：《近代史所藏清代名人稿本抄本》第3辑33册，大象出版社，2017年1月，第178页）

致锡良电

锡清帅鉴：电悉。顷据机器局电称，清帅来电，微嫌弹价较昂，未能适用。查新厂创办伊始，铜药挠酌尚未合宜，匠艺甚疏，机器未熟，日成弹数甚少，剔去甚多，核之成本较贵。今春稍有进步，迩核耗费较少。照前纸包总计，千粒合库平足银三十二两三分零，耗用纸盒千粒加银二两三分零。请转电。若饬代造，恳照章先赐价三分之一，以备购料赶造备运等情，请查核办理，见复饬遵饬。骧。漾。

宣统元年四月二十五日。

（中国社科院近代史所编，虞和平主编：《近代史所藏清代名人稿本抄本》第3辑33册，大象出版社，2017年1月，第179—180页）

致锡良电

锡清帅、程雪帅鉴：骧前夜忽觉气逆痰结，服西药颇效。昨日连得大解，今日病势顿轻，已乞假廿日，藉资调理。承注盛谢。骧。江。

宣统元年四月二十五日。

（中国社科院近代史所编，虞和平主编：《近代史所藏清代名人稿本抄本》第3辑33册，大象出版社，2017年1月，第186页）

致锡良电

锡清帅、程雪帅鉴：贱恙经西医调治，甚见功效。大解数次，心神较爽。食粥亦多。承注盛谢。骧。支。

宣统元年五月初四日。

（中国社科院近代史所编，虞和平主编：《近代史所藏清代名人稿本抄本》第3辑33册，大象出版社，2017年1月，第186页）

复锡良电

锡清帅、程雪帅鉴：佳电悉。承注盛谢。尊处陆军月饷已饬饷局，遵即速筹。惟敝处饷，湖南欠解太钜，挪垫实有为难。尽力以筹，惟祈原谅。骧，蒸。

宣统元年五月初十日。

（中国社科院近代史所编，虞和平主编：《近代史所藏清代名人稿本抄本》第3辑33册，大象出版社，2017年1月，第186页）

致招商局电

宣统元年三月二十二日（1909.5.11）到北京

招商局：个电悉。商局隶部，实非意料所及。此次入京，邮部并未提此事，以为断无更动。自陵返京，始见归部之旨。明谕煌煌，夫复何言？股东如有议论，只得径与部接，所有为难情形，不妨婉达。骧。枵。印。

（三月廿二夜九点到）

（陈旭麓、顾廷龙、汪熙主编：《盛宣怀档案资料》第 8 卷《轮船招商局》，上海人民出版社，2016 年 12 月，第 874 页）

署直隶总督杨（土骧）为札饬事

光绪三十四年二月十六日准邮传部尚书陈、顺天府府尹陆、袁咸电内开：铜元入城，旧定每人准带二千枚。日来京市价高，各路灌注来京，自应严定限制，每人准带五百枚。除通饬火车各路一律遵守外，理合电闻等因，到本署部堂，准此。除照会并分行外，合行札饬，札到，该会即便遵照办理。此礼。

（津商会三类 637 号卷。天津市档案馆：《中国近代经济史资料丛刊，天津商会档案汇编（1903—1911）》（上册），天津人民出版社，1989 年 9 月第 1 版，第 459 页）

署直隶总督杨（土骧）为札饬事

据津海关蔡道禀称，本月十七日奉宪台札开，案查前奉寄谕饬令整顿天津、保定两处钱价，务期一律平均等因。当经分饬商会暨天津银号邀集钱商公议平价办法，严定规条，不准奸商抬价居奇，并专派杨道嘉辰会同天津道、海关道、巡警探访各局、天津府县，将私铸私贩严密查拿在案。迄今多日，未据该商会该银号议复办法，而杨道等如何派员查拿，如何分别讨办银钱价值，能否就平，私铸私贩有无拿获，均未据禀报来辕。此系钦奉寄谕饬办之件，该商会银号暨各该道局所地方官并不认真办理，切实筹商，殊同玩延。务各遵照前饬迅速妥筹，克日禀办，仍不得虚应故事，敷衍塞责，毫无实效。除照会并分行外，札道遵照毋违，切切。等因奉此。

职道遵查此案，上年奉宪台札据天津银号详核议挽救铜元各弊缘由，奉批：“市面受铜元之害，非本省铜元之充斥，由于私铸私运之浸灌，今欲救济市面，自非先从严禁入手不可。饬将私铸私运一律严禁,暨由道照会各国领事查照办理"等因。即经职道照会各国领事暨新钞两关税司一体严禁稽查,并以津郡铜元壅积,固由于私铸私运之浸灌,但若不使之周转流通,人益视铜元为不足信用,价值愈贱,则补救愈难,遏之入境所以冀壅积之渐通。至出境铜元与本省圜法无关,苟非有心贩运,似可通融放行,不须查扣以惠行旅。复经函致钞关税司……。

二月二十三日。

(天津市档案馆:《中国近代经济史资料丛刊,天津商会档案汇编(1903—1911)》(上册),天津人民出版社,1989 年 9 月第 1 版,第 460—461 页)

致陆军部咨

钦差大臣·办理北洋通商事宜·头品顶戴·陆军部尚书·都察院都御史·直隶总督部堂杨为咨呈事。

据北洋陆军军械局、兵备处会呈称:窃照江南制造局禀复筹造北洋二、四两镇七生半速射炮用榴霰弹并代用榴霰弹两种,估计添配厂机及制造工料,需用银两数目一案,奉宪台札饬职局、处会议具复等因。奉此,遵即会同妥议。

查原禀内称:配造两种炮弹共四万三千二百颗,分三年造成,所需制造工料暨添配机厂,共需银三十九万两。按照购买外洋子弹价值比较,仅多筹银十数万两,而子弹造齐之后,厂屋俱在,机器俱在,仍可续造各种炮弹,将来源源不断,缓急足恃,无虞受制于人。所拟办法诚为尽善,但北洋只有二、四两镇,所需炮弹究属有限,前经职处呈奉升任督宪袁批准,札饬该局筹议能否代造二、四两镇炮弹。原就该局现有厂机而论,既须添建厂屋、添购机器,需款甚巨,若专为北洋二、四两镇炮弹,颇觉难于为力,似宜南、北洋合办,由陆军部主持,饬由该局另行筹议,查照南、北洋各镇所需炮弹数目,均归该局制造。虽须从事扩充,而子弹成数愈多,而经费愈省。应需款项即按镇摊筹,庶较专为二、四两镇筹造尤为便益。如蒙允可,即请咨商陆军部察核办理。

所有遵议沪局代造炮弹缘由,谨合词呈复,是否有当,伏乞鉴核批示施行等情,到本大臣。据此,除批示外,相应备文咨呈大部,谨请查照酌核办理,并希见复施行。

须至咨呈者。

右咨呈陆军部。

（陆军部档）

光绪三十四年十一月廿四日。

（《中国近代兵器工业档案史料》（一），第 411 页）

为校试江南制造局炮弹合用情形事致陆军部之咨呈

（宣统元年正月十三日，1909.2.3）

钦差大臣·办理北洋通商事宜·头品顶戴·陆军部尚书·都察院都御史·直隶总督部堂杨为咨呈事。

据北洋陆军军械局孔副将庆塘禀称，窃查上海制造局前次解交仿造各种炮弹，曾经验收，当将仿造日炮子弹、先造第二镇日炮，详细校试，甚属合用，业经填表禀呈宪鉴。并声明其余费开士、克鲁苏、克鹿卜管退陆山各炮，均在三、五、六镇操用，应由职局另行派员分赴各镇，会同校试各在案。旋即遴派提调滕都司毓藻，随带库兵并携带沪局仿造费开士山炮子弹十颗，克鹿卜管退陆山炮子弹三十颗，驰赴新民府、长春府，会同五镇、三镇炮标详细校试；又派委员任贵泰随带武弁，并携带沪局仿造克鲁苏陆山炮子弹每种四颗，前赴第六镇，会同该镇炮标切实考校。兹据该提调等考校事竣，先后填表呈请核办前来。

伏查该员等校试沪局仿造各种炮弹，其装用均于子膛吻合。以及飞行（秒）（秒）数均于放炮表相符，亦无半途开炸疵弊，确与洋厂所造者无甚悬殊，颇能合用。该局若能承造大批，必更求精良。以各种炮弹，将来统归沪局推广仿造，嗣后不特不仰给于人，且可源源接济。惟沪局必须另行建厂购机，方能开办。职局前次曾将拟议该局筹造日炮子弹办法，会同兵备处详复宪鉴亦在案。所有三、五、六镇应需各种炮弹，统应如何办法之处，拟恳俯赐咨商陆军部核饬遵办。俾合将该员等此次校试炮弹合用情形，填表禀请宪台鉴核，分别转咨陆军部查照备案，实为公便。计呈试验表二份等情，到本大臣。据此，除批据禀并表均悉。候咨商陆军部酌核办理，缴表存印发外，相应备文咨呈大部，谨请查核见复施行。

须至咨呈者，计咨呈试验表份。（缺）

右咨呈陆军部。

宣统元年正月十三日。

（陆军部档）

（《中国近代兵器工业档案史料》（一），第 546 页）

致陆军部之咨呈

宣统元年三月十一日(1909.4.30)

杨士骧为经查北洋机器制造局所购物料价值尚属实在情形,致陆军部之咨呈(附清折)

钦差大臣·办理北洋通商事宜·头品顶戴·陆军部尚书·都察院都御史·直隶总督部堂杨为咨呈事。

闰二月初十日承准大部电开:机器局订购各项物料,据前咨所开价值,比较各省所购较昂,能否核减希电复,以便知照税务处等因。当经电饬该局迅速查明禀复。旋据该局禀称:窃奉十三电谕,以陆军部咨称职局所购物料较昂各省,着即速复等因,业经据情电禀在案。伏思职局制造军火,关系匪轻,倘货品不求精良。则子弹难臻完善,所以紫铜、白铅、镍钢盂、钢条等项动必挑选上品,盖上等紫铜、白铅挽合熔化,可以撞出五六成铜盂,其所剩钢边亦可配兑重化,不至弃之如遗。倘购次等铜、铅,价值虽廉,而所撞铜盂适用者十只二三,其余悉为废料。此中得失不待智者知之矣。镍钢盂为枪子箭头之用,在外洋有分为上、次价值,其次等较上等可减售四分之一。盖次等镍钢盂恒有高下厚薄不均之病,即撞出箭头瑕瑜参半,且所镀铜可不纯,易于生锈,是以必选上等,外虽贵而内实廉。钢条系为枪子模撞,若钢质不佳,易于磨损,日必数换;盖钢质坚则能经久,与其多换而糜工,何如少换而省料,此职局购料要择精美大概之情形也。

至向由海防营务处比较价值,因冠雄晨夕督饬制造,动必躬亲,何能往返津德以订购料件,常离职守?且洋商估价不止一家,总须一人主持,择货高价廉者购,且免居奇,所以荷蒙升任督宪袁札委海防营务处评价,历办在案,以昭慎重。近得李副将鼎新来电云:奉宪台面谕,欲召冠雄确询底细。冠雄遵于十八日起程,念一晚到津,即遍查各洋商如何昂贵情形。据称:货有优劣,即价有低昂,承购物料均系最上等,不敢以次等低价希图鱼目混珠。且在津比在沪定料情形又自不同,河捐汇费增其一,保险运脚增其一,再加局例九五扣价充为部中公费之用,是津购比沪购不止十贵之一。商等欲多广一分招徕,自应多加一分克己,安敢抬价求售,自损名誉等情。据此,冠雄复将李副将比较价单,再四估核,委系实在情形,似难议减。乞念职局订购外洋材料立有合同,历年认真议罚,毫无私徇。如逸信洋行交货逾期,按章罚银八千余两;荣华洋行运来白铅成色稍次,亦按章罚银八百两。此两款亦不为少,断无料价可以核减而不与之理较,愿干部诘,此情当难逃宪鉴之中。

所有奉谕详查各洋商物料昂贵情形,理合缮折呈请察核。计呈订购外洋材料各等价值清折一扣等情。复经饬据海防营务处李副将鼎新禀称:窃查德州制造局每年冬夏应购各项材料,由该局开明各货名目清单,分寄天津各洋行报价,旋由各洋行照所开各物估具价目前来。经职处比较低昂,择其货高价廉者分定,即将符洋行合同转寄德局查核,加盖关防寄回转交,或径寄该行历办在案。设如所定之货,仅向一二处购定,难免任价居奇,今定之料由六七家估价而来,不惟无货物之居奇,并可得相宜之价值。第市价早晚不同,而材料低昂有别,德局所购料件均选极高之品,则真价必不过廉。此次所购逸信、老顺记、荣华、裨臣四洋行物料,委系核实具报,且关税、码头捐、河工捐暨九五扣用均在其内,有此各节情形,故觉价值较昂。并将现向各洋行采办五金杂料实价,以及各项费用情形,另列清折呈请查核各等情前来。并另派王道亨鉴详细查复,所称大致相同。当经本大臣复加查核,尚属实在情形,所购各项物料价值似难核减,相应备文咨复。为此咨呈大部谨请查核准照办理,迅此赐电复,以便给发护照,并知照税务处分饬津、沪两关,并税务司查验放行,实为公便。

须至咨呈者,计粘抄机器局清折、李副将鼎新清折。

右咨呈陆军部。

北洋机器制造局开呈订购外洋材料各等价值分别开列清折。

计开

六密里五枪子用镍钢盂,上等货每担行平化宝银八十三两五钱,二等货每担行平化宝银六十二两五钱,三等货每担行平化宝银五十八两。

七密里九枪子用镍钢盂,上等货每担行平化宝银八十三两五钱,二等货每担行平化宝银六十二两五钱,三等货每担行平化宝银五十八两。

醋噫哒,上等货每一百启罗行平化宝银九十二两,二等货每一百启罗行平化宝银六十五两。

白铅(名大恒罗),上等货每担行平化宝银十五两,二等货每担行平化宝银十三两五钱。

七密里九枪子用纸盒坯,上等货每一千副行平化宝银十四两,二等货每一千副行平化宝银十二两。

华胡鲁紫铜,头等挑选货每担行平化宝银四十五两,二等寻常货每担行平化宝银四十两。

以上所开各价值低昂不等，惟职局制造军火，均须最上等货色，择廉定购。凡外洋绕沪运津水脚、保险、各捐项，以及火车驳力、九五扣，均在价内。载明合同：傥洋商以次等货品混售上等价值，一经察出，照章议罚。傥职局以上等价值只购次等货品，咎有专归，此中虚实情形，拟请派查，以昭慎重。

李副将鼎新开呈德州机器局现向各洋行采办五金运费、保险、捆扎、装箱、上下脚力暨各杂料定价以及税捐、扣用等费并从前订购枪炮各情形，分别详列清折。

计开

一、各种枪炮子弹向由外洋订定价值，外另加运脚及保险、装箱各费，查炮位按厂价每百分约加二十分左右，枪械按厂价每百分约加十五分左右。盖因军火险物，关系綦重，装备时要视炮位之大小，以定各费之多寡，故运保等项向无定章。

一、五金杂料巨细不一，且其中有军火险物，必须加意防患，所以各洋船均不愿装载，时有迟滞误期之处，是以近年各商与外洋订定一切费用包在价内。推查运俄水脚、保险、捆扎、装箱、上下脚力等费，按料价每百分约加十分左右（即每百两加十两），惟镍钢盂、醋噫哒最为贵重险要之物，每百分须加十七分左右（即每百两加十七两）。

一、进口关税照合同定价值百抽五，如值价银百两，应纳正税关平银五两。

一、码头捐每值价银百两，应纳捐关平银一钱。

一、河工捐每值价银百两，应纳捐关平银二钱。

一、公家扣用每值价银百两，计扣行平银五两。

以上五金各料运保等费，及各项税捐、九五扣用等项合计，每值价银百两，即须除去行平银二十两有零，如系贵重险要物件，其各项用费合计，每值价银百两，须除去行平银二十七两有奇。

（外务部档）

（《中国近代兵器工业档案史料》（一），第 1038—1040 页）

北洋大臣杨士骧为唐山现无疫症无庸另聘西医事致外务部信函

敬复者，日贾使等请聘西医襄办唐山防疫一事，前奉无醋两次电，当将查明，该处现无疫症，暨无庸另聘西医，一切情形先行电陈，并饬关局认真防范，一面广登西报在案。兹复承准函示遵，又饬行妥办。现据津海关蔡道复称，唐山疫症自上年冬季设局防救,早已救平,卫生局称恐馀气未净,春间恐复发堪虞,派令医官林基并西医谋海常川驻扎该处随时防疫,医院随时查验,并加派法医士梅尼来往唐山督察一切,以期有备患。据梅尼报称,唐山及附近各处由西历一千九百八年十二月十六号至今并无新疫症发现,并据林基谋海报告相同,是唐山现时疫气尽净,实已确凿可信。且前准驻津领袖领事美领事卫理函请会商预防办法,当于正月二十二日在职署会议,曾经中外医官再三讨论,金称现时实无疫症等语,但事关公共治安,防范不厌。……。正月二十八日。

(中国第一历史档案馆、北京大学、澳门理工学院编:《清代外务部中外关系档案史料丛编:中西关系卷》第三册,中华书局,2004 年 9 月第 1 版,第 1125 页)

北洋大臣杨士骧为开送接待西班牙专使船只及人员衔名清单事致外务部信函

敬肃者,昨奉钧函:以日斯巴尼亚专使吴礼巴称,本大使来京过大沽时有兵船一只鸣炮施礼,请将此船船名、船主、副船主兵官首领三名衔名一并开送,以便请给本国宝星三面等语,饬即开送等因,兹特将接待船名及三人衔名另单开呈,敬祈鉴察,转复为祝祷,专肃祗请钧安。另附清单一件。杨士骧谨肃。附件 计开船名:珠琛。船主:署参将汤廷先。副船主:署都司戴锡侯。总管轮:参将王齐辰。三月十二日。

(中国第一历史档案馆、北京大学、澳门理工学院编:《清代外务部中外关系档案史料丛编:中西关系卷》第三册,中华书局,2004 年 9 月第 1 版,第 1200 页)

直隶总督杨士骧批准滦州煤矿开矿文

钦命头品顶戴、署理北洋大臣、直隶总督、部堂杨札文,为札饬事。案查滦州煤矿,前经升任部堂袁将办法章程矿界图说咨明农工商部,复准在案。近来,北洋轮轨交通局厂林立,需煤日多,滦矿界内陈家岭地方早经试探,产煤甚富,而煤苗最旺之区尚有多处,亟当宽备股本,大加扩充,以辟利源而供取给。

查,该矿股份原定贰百万两,商股已招集伍拾万,现拟合以官股伍拾万,先凑足股额一半以敷建设局厂购置机器之用,余俟陆续添招,即于天津设立办公处,名曰北洋滦州官矿有限公司。至董理公司事宜,自应遴派总理一员、协理一员。

查,有前署直隶臬司周运司学熙,体用兼优,讲求实业,堪以派为总理。直隶补用道孙道多森,久办工艺,任事实心,堪以派为协理。其矿产一切事务,应派驻矿监督一员,以专责成。查有分省试用道孙道传未鼎心细才长,熟悉矿务,堪以委派,仍随时会商总协理,妥慎筹办。除分行并刊刻关防另文发给外,合即札饬,札到该公司,即便遵照。此札。

光绪三十四年四月初九日。

(开滦矿务局史志办公室编:《开滦煤矿志》第 1 卷 1878—1988,新华出版社,1992 年 11 月,第 373 页)

致胜亭仁兄将军姻大人(绰哈布)函

斧柯倖假,策单骑于东风;璪翰遝颁,获双鱼于西蜀。辰维胜亭仁兄将军姻大人,珥戈焕采,彝鼎书庸,威播龙骧。铜柱状风云之气,名扬螭陛;彤弓拜雨露之恩,燕颔翘詹,鸿遙式颂。弟轻材自愧,重任遽膺,愿心迹之同清,珠泉作鉴;钦肤功之克奏,剑佩铭勋。复谢,敬请台安,诸惟伟照不儩。姻愚弟杨士骧顿首。

致竹翁函

竹兄尊翁方伯世大人座右:前次厚扰郇厨,感谢。尊处淮黄水利诸书藏者必多,如《治河方略》《治水宝鉴》,以有《黄河图说》尤妙,可否假弟二三种,一阅即缴。祗请勋安。世小弟杨士骧顿首。

(左志丹:《近现代名人书札手迹鉴赏》3,四川美术出版社,2015 年 5 月,第 48 页)

《江山万里楼诗钞》跋

壬辰秋,余谒合肥相国于津门,时云史新婚相国之女孙公子。通州范肯堂为幕府上客,见其诗,为余数道杨郎清才。旋于大通河同舟入都,清仪秀骨,年始十八也。出其诗,惊才绝艳,出入温李家数。后以姻娅过从且十年。

今秋云史赴汴闱应试，道出保定，余留宿藩署西斋。薄暮具小酌共饮，出示箧中诗二卷，语必惊人，言皆有物，诗格一变矣。清雄典雅，直逼唐人，五言尤多名句。方今士子偏重西学，风雅沦亡，不绝如发。云史方学鲜卑之语，习婑隅之文，乃出其馀力，清思独勤，原其风调，可风世矣。云史温文尔雅，持身恭，与人忠义，外婀娜而内刚健，与论事有远识。以其才器用于世，必成伟事业。我知共为欧苏，而非温李也。用渊识源，即以为别。

壬寅中元前一日，士骧。

（杨圻著，马卫中、潘虹校点：《江山万里楼诗钞》，上海古籍出版社，2003 年 6 月，第 682—683 页）

洞仙歌　题子潇先生《红叶双豆图》

临风把卷，认东南词赋。象笔鸾笺按金缕。是湖山胜日，歌咏清时，按顿好、多少绮思琼绪。　　春芳凭挹佩，解彻相思。未信天涯怨迟暮。坛誓玉人知，便悟真如。徜现出、天花衹树。只一样，承明旧词人，甚打叠吟魂，输君容与。

（林葆恒辑，张璋整理：《词综补遗　第 3 册》，2005 年 7 月，第 1826 页）

崂山听韩太初琴

我闻太清宫，道士善弹琴。访得韩道长，琴床眠龙吟。为我再一弹，领略太古音。右手弹古调，左手合正音。泛音击清磬，实音捣寒砧。声声入淡远，余音绕柟林。指点断文古，传留到如今。不求悦俗耳，但求养自心。斯言合我意，清淡忘夜深。

光绪三十三年三月二十四日，山东巡抚杨士骧巡视青胶，道经即墨，登崂山，宿华严寺。（《崂山石刻》）

清故江苏巡抚黎文肃公继室诰封一品夫人王太夫人墓表

赐进士出身、兵部侍郎兼都察院右副都御史、山东巡抚、前翰林院编修、泗州杨士骧撰文。

赐进士出身、翰林院庶吉士、善化郭宗熙书丹。

光绪三十有二年春二月丙午，江苏巡抚黎文肃公继室诰一品夫人王太夫人薨于里，第其嗣君承礼以状邮致士骧，乞为文以表墓道。昔在辛壬之间，士骧尝客文肃公清河使署，即习闻太夫人脱簪珥饷军，助文肃公平龙贵，禽潘满亡事。方文肃督学贵州，以一编修劾去二督抚，绕道粤楚蜀边，按试各郡县，初降洒洞苗首梁维干，继以古州拔贡杨嘉相招降小播五、闻国兴，后斩不法提督林自清，骄将悍卒，无敢反侧者，拔荐岑襄勤毓英于偏裨之间，请朝旨专任以滇事。滇乱，卒赖以救定，知名哲伟略固有大过人者，而又得贤明英特，如太夫人者左右其间以为助，俾一意官事无内顾忧。且共历艰险，履危不惊，虽倾一时筐篚之储，卒成宇宙不刊之勋，则曰天道压乱，抑亦有人事之巧斡旋其间，而将美弼谐之模，非寻常妇人之所得哉！其达识高行，实远过儒人才士矣。

夫有佼佼之行者，不务为赫赫之名，苟旦夕之安者，无弥牟百世之虑。使太夫人不备历艰危困啬之遇，则所为相夫子成大勋者，将碌碌无所表见。然非有太夫人之识鉴超越，则虽经历艰啬，极人生困厄之域，亦惟憔悴忧劳，汶汶而生，汨汨而殁已而焉。所为特立独行，有以高当世而传无穷哉！

按状，太夫人，江西泰和王氏，生于道光二十有九年二月丙辰，年十七，侍文肃公于黔。高祖，讳思举，妣氏陈。曾祖，讳元松，妣氏李。祖，讳国琇，妣氏刘。父，讳明杰，以外孙承礼，貤赠奉政大夫。妣氏张，貤封太宜人。太夫人事文肃公五年，时惟同治己巳，女君楚太夫人薨，遗女二子一，以教以育，为毕婚嫁。谷我之爱，逾于所生。从文肃公在黔，自学使迁布政，晋巡抚，论平黔功，锡类三代，逮于本身。于是，太夫人四子二女，以继室承一品封，会有郡守觊迁贵东道者，因缘戚属，密上兼金。太夫人语之曰："节使廉威，孰为此者？若上闻，旦夕挂弹事，速持去，毋相溷，善辞而成，以后宜自谨。"某闻悔奋，率勉为良士，荐陟置帅，以功名终。有相询者，曾未一举其姓氏。后文肃公述职入都，以言事左官，太夫人方挈子归寓黔，闻命从容返湘，粮饩刍秣，不烦属邑，曰君志也。旋驰书文肃，谓补官且速赴，卜之，主眷朝望具瞻，今暂踬，当复兴公心。君图引退，非其时耳。已耳果授川臬，则深有味太夫人之言，而惟太夫人能知文肃公之用心，故所言辄如其虑而得。其间显晦忧娱，物态万变，太夫人闾闾如畏，与文肃相子盖二十年如一日也。

岁辛巳，文肃移抚江苏，新命下，犹自履勘河工，捕蝗蝻，察苇营，官局置钱以利用。士骧在幕府，见文肃未明而兴，蔬粥潇灞，供致于内，蠲絜以事，如凤具者，则皆太夫人躬为之也。迨治装莅苏，行有期，文肃猝中风，甚剧。是前后使者，当受代官书丛脞，乞假引告疏两上，幕僚省候取进止不得，太夫人则为宣述机要，吐辞发问，毓约靡遗。既而将发，二、三厮私于榜人贩私盐舟底，太夫人侦知，立弃河干，偿以金。士骧时送使节，承命勾当，深叹服焉。越岁，文肃薨于长沙，幼子弱女，犹在襁褓，孤稚伶俜，甫弁冠，而待婚嫁者方数数辈也，自侍疾以逮遭丧，数月之间，二百余昼夜，扶掔抑撩，授餐调药，逾滔澣纫，必身亲之，形声之微，周于视听，戚不征色，疲不告劳，谨敏忧慕之忱，家人所不得知。文肃虽病，未尝不嘉叹慇恤，不能喻之于言也。营丧归葬，朝使临祭，封树赐茔，必酌于礼，无不如制。校刊遗书六十余卷，踵文肃公成例，四修族谱，均督课诸子为之。凡四娶妇，嫁二女，孜孜励学诏之。从政诸子卓然，皆克自树立，一惟太夫人之教是率。

晚遭痛痹，不良于行者八年，殚虑家政，事无纤钜，兼综擘理，以授厥成，无稍差迕，一门之内不威而肃。薨年五十有八。初感寒嗽，偶示征疾，十日之间遂以不起。属纩之顷，神明莹彻，丧纪袭敛，咸有遗命，其达于生死之理如此。先是太夫人茕然孷居，而家难作，难厄之遇，伤于怫逆，夭亡之戚继之，其困变百倍于在黔时，然卒能隐忍揢挂，门祚复隆，锡封重申，晋一品夫人。子姓□□□□□，文肃公身后未竟事业发舒而毕张之，而犹若歉然不盈于中者。□□□□□□□□□□□□□□□□□□□，卜太夫人湘潭九都五甲李家坤杉冈之原。士骧昔依文肃，知己之怆，深于感恩。今随东诸候，谬执旄节，阅世以还，时变互异。漕河省并，官制数更，淮泗相距一衣带水，士骧每过遗祠，辄窥署园，抚高柯低徊，流连而不能去。今表懿徽，敢举当日亲炙乎文肃暨得诸闻诸之表者，参比来状，以揭示原，昭示无极。

男，锦缨，从二品衔荫生，光禄寺署正。女，长适同邑优贡生分部主事齐敦元。次殇。次适同邑花翎三品衔分省补用道何湘楫，楚太夫人出。

锦彝，附贡生，化翎二品衔，江苏补用道。承礼，甲午进士，翰林院庶吉士，四川崇宁县知县，员外郎衔分部主事。锦绩，中书科中书。承福，附贡，候选知府。承椅，翰林院待诏。

女，长殇。次，适衡阳花翎五品衔，江苏补用知县赵庆熙。次，殇。次适茶陵从一品荫生三品衔分部员外郎谭恩闿。孙丹，丁酉副贡，甘肃宁州知州。锦缨出。泽清、泽泮，锦彝出。泽洪、泽来、泽汇，承礼出。法洵，锦绩出。泽瀛，承福出。泽泮，承椅出。

孙女十二人。二，锦缨出；四，锦彝出；四，承礼出；二，承椅出。

曾孙宗模，曾孙女一，均丹出。

光绪三十有二年，岁次丙午孟冬月甲子朔三日丙寅建。

长沙蒋畴勒石。

（拓片，国家图书馆藏）

杨士骧自题联

平生喜读游侠传，到死不识绮罗香。——自挽
人游霁月光风表，家在廉泉让水间。——自题

杨士骧撰题联

曾陪丞相后车，暂筹笔不才，获睹日月重扶之烈；
又见神州大陆，创崇祠以报，足增云霄万古之光。
——题天津李文忠公祠

杨士骧贺赠联

北牖萱荣，良辰衍庆；西池桃宴，令子承欢。
——贺北洋大臣、淮军首领李鸿章之母寿诞

马玉昆忠武公祠题联

落日焰军门，提孤军抗六国雄师，飒爽英姿，想见褒公毛发动；
大星沉冀北，拼百战博两宫优眷，摩挲故垒，难忘祈父爪牙才。

杨士骧挽张百熙

味王仲任今古一言，独挽神州光大陆。

诵贾太傅治安七策,尚闻宣室吊长沙。

杨士骧贺赠联

和璧隋珠辉光照国　　紫芝朱草福喜上堂

青灯古寺

青灯古寺已三年,风景重来倍怆然。尊酒怕谭前度事,爱才惟余古人贤。销魂京国春如梦,回首梁园客自怜。一院海棠香寂寞,新词愁赋柏梁篇。

□□□□□□□,追陪髯杜客诸侯。南渡词人夜有恨,东还天子竟无愁。清时物望导鸾凤,宦海随缘作马牛。劫换红羊人万里,玉京风雨梦螭头。

小兰贤内既请属,壬寅五月士骧。

（文稿藏国家图书馆）

《约园存稿》题辞

延陵仲氏气浩湃,权奇天骧脱羁绊。诗酒藏名三十春,俗眼何人识豪骭？纷纷作者谈风骚,握管终苦力疲软。杜陵巨笔自付君,紫凤碧鸡空璀璨。愧我落落负狂才,自谓落笔绝畔岸。那知大集世界开,奇情卓越惊混瀚。秣陵风雨说连床,电光在舌闪烂烂。座中许我愧负君,青山依旧坐浩叹。筝琶得志匋钧天,空山素琴自操缦。少年历碌苦无成,引镜生惭发颠汗。虽然生世等浮云,得一知己已无憾。何时痛饮三百杯,与君相期渺汗漫。谁甘碌碌贱生涯,不作龙腾作鼯鼠？

奉题

莼甫仁兄姻大人大集,即祈斧正。

光绪癸未仲春后学姻世小弟莲府杨士骧呈稿

余亦淮阴别,扁舟次第程。最难秋作客,将与雁同行。此去西风急,谁家团月明？垂杨多少树，无事送兼迎。

江上承平象，吾乡苦未央。春星双不落，初月独生芒。民困灾荒急，官书大有忙。云行如有意，微雨各殊方。

光绪己亥七月，宝应舟中留别，

莼公方家录请正之。

小弟莲士骧呈稿

（吴炳仁《约园存稿》）

附录二

未收录相关文献存目

致外务部电

623 光绪三十一年十一月十四日（一九〇五、一二、一〇），外务部发《山东巡抚杨士骧文，咨送兵部尚书徐会澧等密陈山东矿务情形折朱批》，第 1161 页。

624 光绪三十二年二月十一日（一九〇六、三、五），外务部收《山东巡抚杨士骧电，开办五矿议就章程底稿八条请饬德商回续议》，第 1162 页。

627 光绪三十二年二月二十七日（一九〇六、三、二一），外务部发《山东巡抚杨士骧电德商议改五矿章程底稿请将议商情形报部核复》，第 1165 页。

628 光绪三十二年二月二十八日（一九〇六、三、二二），外务部收《山东巡抚杨士骧电，议改五矿合同底稿事遵示办理》，第 1165 页。

629 光绪三十二年四月初八日（一九〇六、五、一），外务部收《署山东巡抚杨士骧函，附山东五处矿务合同底稿，议定山东五矿合同底稿咨请核示》，第 1166 页。

630 光绪三十二年四月十一日（一九〇六、五、四），外务部发《山东巡抚杨士骧电，德商办理五矿合同俟详核后再与订定》，第 1175 页。

633 光绪三十二年四月二十八日（一九〇六、五、二一），外务部收《山东巡抚杨士骧电，请示德商请改制煤砖炼铁等事》，第 1177 页。

637 光绪三十二年九月二十二日（一九〇六、一一、八），外务部发《山东巡抚杨士骧电，德矿准制煤砖焦炭》，第 1179 页。

640 光绪三十三年八月十三日（一九〇七、九、二〇），外务部收军机处交《杨士骧奏折，附华德采矿公司勘办山东五处矿务合同，密陈改订山东五处矿务合同办理情形》，第 1181 页。

（中央研究院近代史研究所编：《中国近代史资料汇编　矿务档　山东》，1960 年 8 月）

2718 光绪三十三年十月十六日（一九〇七、一一、二一），外务部收《署北洋大臣杨士骧文，俄使要求赔款等事已咨黑省暨刘焕查复》，第 4698 页。

2721 光绪三十三年十一月十七日（一九〇七、一二、二一），外务部收《署北洋大臣杨士骧文，咨复俄人交还漠河观音山等处金厂情形》，第 4701 页。

2723 光绪三十三年十二月廿五日（一九〇八、一、二八），外务部收《署北洋大臣杨士骧文，请商俄使将俄商采矿执照作废》，第 4705 页。

（中央研究院近代史研究所编：《中国近代史资料汇编　矿务档　吉林　黑龙江》1960 年 8 月）

中英关系卷

一五七《北洋大臣杨士骧为津海关印发英国参将德威施游历护照事致外务部咨呈》，光绪三十三年十一月初四日（1907.1.28），第 337 页。

一九二《直隶总督杨士骧为英国驻津总领事改派禄福礼署理事致外务部咨呈》，宣统元年三月十一日（1909.4.30），第 396 页。

（中国第一历史档案馆、北京大学、澳大利亚拉筹伯大学编：《清代外务部中外关系档案史料丛编　中英关系卷　第 4 册　交聘往来》，中华书局，2009 年 10 月）

一三四《署理北洋大臣杨士骧为津海关印发英国教师纪正纲由津赴直隶山东陕西等地游历护照事致外务部咨呈》，光绪三十三年九月初二日（1907.10.8），第 303 页。

一三八《署理北洋大臣杨士骧为津海关印发英教师戴存信等由津赴直隶山东等地游历护照事致外务部咨呈》，光绪三十三年十月初八日（1907.11.13），第 327 页。

一三九《署理北洋大臣杨士骧为津海关印发英国教师义德丰由津赴直隶山东等地游历护照事致外务部咨呈》，光绪三十三年十月二十日（1907.11.25），第 329 页。

一四〇《署理北洋大臣杨士骧为英教师达雅各等由津赴直隶山东等地游历护照由津海关印发事致外务部咨呈》，光绪三十三年十月二十日（1907.11.25），第 330 页。

一四四《北洋大臣杨士骧为津海关印发乌姓英国教师等由津赴直隶山东内蒙等地游历护照事致外务部咨呈》，光绪三十三年十一月二十二日（1907.12.25），第 334 页。

一六五《北洋大臣杨士骧为英教师柯维忠由津赴直隶山东河南等地游历护照由津海关印发事致外务部咨呈》，光绪三十四年十二月二十七日（1909.1.18），第 400 页。

一六六《北洋大臣杨士骧为英国北京美圣书公会教师宋明德由津赴直隶山东等地游历护照由津海关印发事致外务部咨呈》,光绪三十四年十二月二十七日(1909.1.18),第 402 页。

（中国第一历史档案馆、北京大学、澳大利亚拉筹伯大学编：《清代外务部中外关系档案史料丛编　中英关系卷　第 2 册　留办学校》,中华书局,2009 年 10 月）

中葡关系卷

二三三《北洋大臣杨士骧为葡国王及太子被害已转告海关照章下半旗致哀事致外务部咨呈》,第 595 页。

二三五《北洋大臣杨士骧为葡已定前国君及太子安葬日期请查照事致外务部咨呈》,第 603 页。

（中国第一历史档案馆、北京大学、澳门理工学院编：《清代外务部中外关系档案史料丛编　中葡关系卷》,中华书局,2004 年 9 月）

中西关系卷

三九三《北洋大臣杨士骧为唐山现无疫症无庸另聘西医事致外务部信函》,(宣统元年正月二十八日)(1909.02.18),第 1124 页。

四二二《北洋大臣杨士骧为开送接待西班牙专使船只及人员衔名清单事致外务部信函》,(宣统元年三月十二日)(1909.05.01),第 1200 页。

（中国第一历史档案馆、北京大学、澳门理工学院编：《清代外务部中外关系档案史料丛编　中西关系卷　第 1 册》,中华书局,2004 年 9 月）

中美关系卷

二一《署理直隶总督杨士骧为津海关印发美国商人赵习农由津往保定府地方游历护照事致外务部咨呈》,光绪三十三年九月初二日(1907.10.08),第 353 页。

（中国第一历史档案馆、北京大学、澳门理工学院编：《清代外务部中外关系档案史料丛编中美关系卷　第1册交聘往来》，中华书局，2017年1月）

一三五《署理山东巡抚杨士骧为委派县丞夏廷献赴美国渔业赛会事致外务部谘呈》，光绪三十一年四月三十日（1905.06.02），第433页。

（中国第一历史档案馆、北京大学、澳门理工学院编：《清代外务部中外关系档案史料丛编中美关系卷　第6册国际会议》，中华书局，2017年1月）

五七《署理北洋大臣杨士骧为美馆运炮已遵饬放行事致外务部信函》，光绪三十三年八月二十四日（1907.10.01），第170页。

（中国第一历史档案馆、北京大学、澳门理工学院编：《清代外务部中外关系档案史料丛编中美关系卷　第8册综合》，中华书局，2017年1月）

庚子赔款筹付卷

一二三三《署山东巡抚杨士骧为划解本年八月赔款交商汇沪事致外务部咨文》，光绪三十一年七月初八日［外务部档］，第1403页。

一二四七《署山东巡抚杨士骧为在上海招商局存款内照数划交运库应解本年九月赔款事致外务部咨文》，光绪三十一年七月十八日［外务部档］，第1417页。

一三〇〇《署山东巡抚杨士骧为运库筹解本年十月赔款银两事致外务部咨文》，光绪三十一年八月二十四日［外务部档］，第1490页。

一三二六《署山东巡抚杨士骧为藩运两库筹解光绪三十一年十一月赔款银数日期事致外务部咨文》，光绪三十一年九月二十日［外务部档］，第1523页。

一四一七《署山东巡抚杨士骧为录呈赔款片稿事致外务部咨文（尾缺）》，光绪三十一年十二月二十二日［外务部档］，第1633页。

附件：《署山东巡抚杨士骧奏报部拨山东加放俸饷等项抵解一年赔款片》，光绪三十一年十二月十七日［外务部档］，第1634页 。

一四二三《署山东巡抚杨士骧为录呈赔款折稿事致外务部咨文》，光绪三十一年十二月二十六日［外务部档］，第1640页。

附件：《署山东巡抚杨士骧奏报奉派赔款解清一年折》，光绪三十一年十二月十九日［外务部档］，第1641页。

一四七一《署山东巡抚杨士骧为本年四月分赔款汇沪事致外务部咨文》，光绪三十二年二月二十日［外务部档］，第 1702 页。

一四七四《署山东巡抚杨士骧为批解本年五月分赔款银两汇沪事致外务部咨文》，光绪三十二年二月二十六日［外务部档］，第 1705 页。

一五二九《署山东巡抚杨士骧为运库筹解本年七月分赔款银两折》，光绪三十二年闰四月二十日［外务部档］，第 1770 页。

一五三一《署山东巡抚杨士骧为筹解本年六月赔款银两事致外务部咨文》，光绪三十二年闰四月二十五日［外务部档］，第 1773 页。

（中国第一历史档案馆编：《庚子事变清宫档案汇编　14　庚子赔款筹付卷4》，中国人民大学出版社，2003 年 7 月）

一〇八一《署山东巡抚杨士骧为因镑亏缓解上年司库及东海关已解银两留抵赔款事致外务部咨文》光绪三十一年二月十九日［外务部档］，第 1214 页。

一一〇六《署山东巡抚杨士骧为镑亏解银抵作四五月分赔款事致外务部咨文（尾缺）》［光绪三十一年三月初十日外务部档］，第 1250 页。

一一一四《署山东巡抚杨士骧为由沪存镑价银两拨解运库应还本年五月赔款事致外务部咨文》光绪三十一年三月十五日［外务部档］，第 1262 页。

一一五三《署山东巡抚杨士骧为上海道如数解还东海关所存沪镑亏银两事致外务部咨文》光绪三十一年五月初五日［外务部档］，第 1310 页。

（中国第一历史档案馆编：《庚子事变清宫档案汇编　13　庚子赔款筹付卷3》，中国人民大学出版社，2003 年 7 月）

一五八一《署山东巡抚杨士骧为本年藩库提解八月限新案赔款银两汇沪事致外务部咨文（尾缺）》，光绪三十二年七月初二日［外务部档］，第 1843 页。

一五八五《署山东巡抚杨士骧为本年九月赔款银两已汇沪事致外务部咨文》，光绪三十二年七月初九日［外务部档］，第 1848 页。

一五九八《山东巡抚杨士骧为运库筹解本年十月赔款银数日期事致外务部咨文》，光绪三十二年七月二十四日［外务部档］，第 1865 页。

一六三三《山东巡抚杨士骧为筹解本年十一月赔款赴沪事致外务部咨文》，光绪三十二年九月十六日［外务部档］，第 1914 页。

一六五一《山东巡抚杨士骧为录呈赔款折稿事致外务部咨文》，光绪三十二年十月十三日［外务部档］，第 1944 页。

附件：《山东巡抚杨士骧奏报奉派赔款解清片》，光绪三十二年九月二十日［外务部档］，第 1945 页。

一七一五《山东巡抚杨士骧为录呈赔款片稿事致外务部咨文》，光绪三十二年十二月二十七日［外务部档］，第 2037 页。

附件：《山东巡抚杨士骧奏报加放俸饷等项作为赔款委解上海道衙门兑收汇付片》，光绪三十二年十一月十八日［外务部档］，第 2038 页。

一七三七《山东巡抚杨士骧为光绪三十三年四月分赔款由藩库照款交沪事致外务部咨文》，光绪三十三年二月十二日［外务部档］，第 2066 页。

一七五三《山东巡抚杨士骧为运库筹解本年五月赔款数目请查照事致外务部咨文》，光绪三十三年二月二十三日［外务部档］，第 2085 页。

一七七〇《山东巡抚杨士骧为汇解本年六月限赔款银两事致外务部咨文》，光绪三十三年三月十三日［外务部档］，第 2106 页。

一七九〇《山东巡抚杨士骧为运库汇解本年七月分赔款银数事致外务部咨文》，光绪三十三年四月初十日［外务部档］，第 2130 页。

一八三九《山东巡抚杨士骧为东省藩库应解本年八月限赔款汇沪致外务部咨文》，光绪三十三年六月初六日［外务部档］，第 2197 页。

一八四二《山东巡抚杨士骧为藩库代解运库本年九月限赔款银两汇沪事致外务部咨文》，光绪三十三年六月十四日［外务部档］，第 2201 页。

一八七〇《山东巡抚杨士骧为筹解本年十月赔款汇沪事致外务部咨文》，光绪三十三年七月十六日［外务部档］，第 2236 页。

（中国第一历史档案馆编：《庚子事变清宫档案汇编　15　庚子赔款筹付卷5》，中国人民大学出版社，2003 年 7 月）

致徐世昌等电

《杨士骧为驻津法武官游历奉天日俄战地请照料事致徐世昌等电》，第 981 页。

《杨士骧为天津银根亦紧恐不能提现银事致徐世昌等电》，第 1096 页。

《杨士骧为度支部拨给第一批现银由火车直运营口事致徐世昌等电》，第 1136 页。

《杨士骧为奉军机处命派蔡绍基查办营口叶商倒闭案并维持市面事致徐世昌等电》，第 1137 页。

《杨士骧就奉令如何查办地方官徇庇奸商事致徐世昌等电》，第 1196 页。

（林开明、陈瑞芳、陈克、王会娟：《北洋军阀史料　徐世昌卷　2》，天津古籍出版社，1996 年 2 月）

《杨士骧为直奉两省担负营口市面银两妥筹后再上奏事致徐世昌等电》，第 84 页。

《杨士骧为奉直两省出借营口款项待与户部商明后再行出奏事致徐世昌等电》，第 100 页。

《杨士骧就拨款济营口市面事既不允则单衔入告致徐世昌等电》，第 103 页。

（林开明、陈瑞芳、陈克、王会娟：《北洋军阀史料　徐世昌卷　3》，天津古籍出版社，1996 年 2 月）

《杨士骧为光绪举哀慈禧晏驾事致徐世昌电》，第 581 页。

（林开明、陈瑞芳、陈克、王会娟：《北洋军阀史料　徐世昌卷　4》，天津古籍出版社，1996 年 2 月）

致锡良电

锡良收东抚杨（杨士骧）来电（光绪三十三年七月三十日到），第 462 页。

（中国社科院近代史所编，虞和平主编：《近代史所藏清代名人稿本抄本》第 3 辑 27 册，大象出版社，2017 年 1 月）

锡良收天津杨莲帅（杨士骧）来电（宣统元年四月初一日），第 161 页。

锡良收天津杨莲帅（杨士骧）来电（宣统元年四月初二日），第 161 页。

锡良收天津杨莲帅（杨士骧）来电（宣统元年四月十五日），第 172 页。

锡良收天津杨莲帅（杨士骧）来电（宣统元年四月二十二日），第 177 页。

锡良收天津杨莲帅（杨士骧）来电（宣统元年五月初一日），第 182 页。

锡良收天津杨莲帅（杨士骧）来电（宣统元年五月初三日），第 186 页。

锡良收天津杨莲帅（杨士骧）来电（宣统元年五月初八日），第 187 页。

（中国社科院近代史所编，虞和平主编：《近代史所藏清代名人稿本抄本》第 3 辑 33 册，大象出版社，2017 年 1 月）

札饬津商务总会

《署直隶总督杨为查禁高丽五分铜元事札饬津商务总会》，第 707 页。

《署直督杨士骧为取缔津埠华界钱摊以杜私铸私贩事札饬津商会》，第 451 页。

《署直督杨为津海关道报告天津保定两地铜元过剩危机处理经过及驻津各领事所拟整顿铜元办法事札饬津商会》，第 461 页。

《直督杨为杨以德查得各埠铜元价格并准外埠商人备银来津购运事札饬津商会》，第 449、450 页。

（天津市档案馆等编：《天津商会档案汇编(1903—1911)》，天津人民出版社，1987 年）

图书在版编目(CIP)数据

直隶总督兼北洋大臣杨士骧奏议全集/王泽强辑校. —上海：
上海三联书店,2024.7
ISBN 978-7-5426-8497-4

Ⅰ.①直… Ⅱ.①王… Ⅲ.①奏议-汇编-中国-清后期
Ⅳ.①K252.065

中国版本图书馆 CIP 数据核字(2024)第 088038 号

直隶总督兼北洋大臣杨士骧奏议全集

辑　　校 / 王泽强

责任编辑 / 郑秀艳
装帧设计 / 徐　徐
监　　制 / 姚　军
责任校对 / 王凌霄

出版发行 / 上海三联书店
　　　　　(200041)中国上海市静安区威海路 755 号 30 楼
邮　　箱 / sdxsanlian@sina.com
联系电话 / 编辑部：021-22895517
　　　　　发行部：021-22895559
印　　刷 / 上海颛辉印刷厂有限公司

版　　次 / 2024 年 7 月第 1 版
印　　次 / 2024 年 7 月第 1 次印刷
开　　本 / 710mm×1000mm　1/16
字　　数 / 1200 千字
印　　张 / 70.5
插　　页 / 6 页
书　　号 / ISBN 978-7-5426-8497-4/K·782
定　　价 / 298.00 元(上下册)

敬启读者,如发现本书有印装质量问题,请与印刷厂联系 021-56152633